LES GRANDES DÉCISIONS DE LA JURISPRUDENCE DE DROIT PÉNAL GÉNÉRAL SÉNÉGALAIS

Commentées et annotées

Papa Assane TOURÉ

Inspecteur général d'État

Docteur en droit privé et sciences criminelles

LES GRANDES DÉCISIONS DE LA JURISPRUDENCE DE DROIT PÉNAL GÉNÉRAL SÉNÉGALAIS

Commentées et annotées

L'Harmattan Sénégal

10 VDN, Sicap Amitié 3, Lotissement Cité Police, DAKAR

senharmattan@gmail.com
senlibrairie@gmail.com

ISBN : 978-2-336-45309-5
EAN : 9782336453095

SIGLES ET ABRÉVIATIONS

Act. jur. pén.	Actualité juridique pénal
AJDA	Actualité juridique de droit administratif
AJPI	Actualité juridique de la propriété immobilière
ALD	Actualité législative Dalloz
Ann. fr. dr. intern	Annuaire français de droit international
Arch. phil. dr.	Archives de philosophie du droit
Arch. pol. crim.	Archives de politique criminelle
AUSCGIE	Acte uniforme relatif au droit des sociétés commerciales et du groupement d'intérêt économique
Bull. civ.	Bulletin des arrêts de la chambre civile de la Cour de Cassation
Bull. crim.	Bulletin des arrêts de la chambre criminelle de la Cour de Cassation
C. ass.	Cour d'assises
C. cass.	Cour de Cassation
CA	Cour d'appel
Cah. dr. entr.	Cahier de droit de l'entreprise
Cah. lamy dr. inf.	Cahiers Lamy droit de l'informatique
Cah. séc.	Cahiers de la sécurité
Cass. ass. plén.	Assemblée plénière de la Cour de Cassation
Cass. crim.	Chambre criminelle de la Cour de Cassation
Cass. req.	Chambre des requêtes de la Cour de Cassation
CCE	Cour des Communautés Européennes
CE	Conseil d'État
CEDEAO	Communauté Economique des États de l'Afrique de l'Ouest
CEDH	Cour européenne des droits de l'homme
Ch. civ. et comm.	Chambre civile et commerciale
Ch. acc.	Chambre d'accusation
Ch. crim.	Chambre criminelle
Ch. crim. spéc.	Chambre criminelle spéciale

Ch. corr.	Chambre correctionnelle
Ch. mil.	Chambre militaire
Ch. min.	Chambre des mineurs
Ch. réun.	Chambres réunies
Chr.	Chronique
Comm. com. électr.	Revue commerce communication électronique
COCC	Code des obligations civiles et commerciales
Concl.	Conclusions
Cons. const.	Conseil constitutionnel
CP	Code pénal
CPC	Code de procédure civile
CPP	Code de procédure pénale
CREDILA	Centre de recherche, d'étude et de documentation sur les institutions et les législations africaines
CS	Cour suprême
D. aff.	Recueil Dalloz affaires
D.	Recueil Dalloz
Délib.	Délibération
Dir.	Sous la direction de
Doc. fr.	La Documentation française
Doct.	Doctrine
Dr. banc. fin.	Revue de droit bancaire et financier
Dr. et patr.	Droit et patrimoine
Dr. fam.	Revue de droit de la famille
Dr. pén.	Revue de droit pénal
Dr. soc.	Revue de droit social
EDJA	Editions juridiques africaines
Expertises	Expertises des systèmes d'information
Gaz. pal.	Gazette du palais
Ibid.	Ibidem
IDEF	Institut international de droit d'expression française
IR	Informations rapides (Dalloz)
Juris-class. pén	Juris-classeur pénal
JAP	Juge de l'application des peines
Juri-class. pén. aff	Juris-classeur droit pénal des affaires

Juris-class. proc. pén.	Juris-classeur procédure pénale
Juris-class. comm.	Juris-classeur communication
Juris-class. intern	Juris-classeur international
JCP, éd. E.	Semaine juridique édition entreprise
JCP, éd. G.	Semaine juridique édition générale
JOAN	Journal officiel de l'Assemblée nationale
JOCE	Journal officiel des communautés européennes
JORS	Journal officiel de la République du Sénégal
JT	Journal des tribunaux
Juris-data	Bases de données juridiques
Lamy dr. médias comm	Lamy droit des médias et de la communication
Le Monde	Journal le Monde
Le Monde diplomatique	Journal le Monde diplomatique
Les Échos	Le journal des Échos
LGDJ	Librairie générale de droit et de jurisprudence
OAPI	Organisation africaine de la propriété intellectuelle
OHADA	Organisation pour l'harmonisation en Afrique du droit des affaires
Option Finance	Magasine Option finance
PA	Les petites affiches
PNUD	Programme des Nations unies pour le développement
Pouvoirs	La revue Pouvoirs
Procédures	Revue Procédures
Propr. intell.	Propriétés intellectuelles
PUAM	Presses universitaires d'Aix-Marseille
PUF	Presses universitaires de France
RDP	Revue de droit public
RDTI	Revue du droit des technologies de l'information
Rép. civ.	Répertoire civil
Rép. intern.	Répertoire international
Rép. pén.	Répertoire pénal
Rép. pén. proc. pén.	Répertoire pénal et procédure pénale
Rép. soc.	Répertoire sociétés
Rev. (belge) dr. pén.	Revue belge de droit pénal

Rev. adm.	Revue administrative
Rev. ass. sén. dr. pén	Revue de l'association sénégalaise de droit pénal
Rev. Banque	Revue Banque
Rev. déf. nat. et séc. coll.	Revue Défense nationale et sécurité collective
Rev. dr. aff.	Revue de droit des affaires
Rev. dr. pén. crim.	Revue de droit pénal et de criminologie
Rev. fr. dr. adm.	Revue française de droit administratif
Rev. inter. pol. crim.	Revue internationale de police criminelle
Rev. intern. crim. pol. tech.	Revue internationale de criminologie et de police technique
Rev. intern. dr. comp.	Revue internationale de droit comparé
Rev. jur. pol. ind. coop.	Revue juridique et politique indépendance coopération.
Rev. pénit. dr. pén	Revue pénitentiaire et de droit pénal
Rev. sén. dr	Revue sénégalaise de droit
RGCT	Revue générale des collectivités territoriales
RIDA	Revue internationale du droit d'auteur
RIDP	Revue internationale de droit pénal
RIPAS	Revue des institutions politiques et administratives du Sénégal
RLDI	Revue Lamy droit de l'immatériel
RRJ	Revue de recherche juridique et de droit prospectif
RSC	Revue de sciences criminelles et de droit pénal comparé
RTD civ.	Revue trimestrielle de droit civil
RTD com.	Revue trimestrielle de droit commercial
RTDH	Revue trimestrielle de droits de l'homme
Sem. jur.	Semaine juridique
Somm.	Sommaires commentés (Dalloz)
TGIHC	Tribunal de grande instance hors classe
Trib. corr.	Tribunal correctionnel
UEMOA	Union économique et monétaire ouest africaine

SOMMAIRE

AVANT-PROPOS

Dans sa présentation du Code pénal de 1810, Portalis rappelait qu' : « *en matière criminelle, il faut des lois précises, point de jurisprudence* ». Cette assertion pourrait laisser penser que la jurisprudence criminelle n'a aucune place dans les sources du droit pénal. Mais, il n'en est rien.

En réalité, nonobstant la consécration constitutionnelle du principe de la légalité criminelle, le droit pénal sénégalais, dans son intégralité, n'est pas gravé dans le marbre de la loi.

L'acte législatif, en effet, fournit et ne peut fournir que des règles générales et abstraites du droit criminel.

Il revient, dès lors, au juge pénal, dans les différents cas d'espèce portés à son attention, conformément aux préceptes de l'interprétation téléologique, de donner un contenu conceptuel aux différentes notions pénales et de fixer les modalités concrètes d'application des principes et techniques mobilisés par le législateur.

Aussi à la faveur des transformations numériques et de l'avènement de la cybercriminalité, la jurisprudence criminelle sénégalaise s'est particulièrement attachée à procéder à l'adaptation des textes à des situations que le législateur de l'époque ne pouvait prévoir.

Je trouve ici une belle occasion de rendre un hommage mérité à tous les collègues magistrats qui, souvent dans des conditions très difficiles, et bien loin des projecteurs médiatiques et du buzz digital, ont rendu de précieuses décisions de justice contribuant à affiner les contours des notions et instruments fondamentaux du droit pénal.

Le droit pénal est, dans son essence, un droit contentieux et réaliste qui ne s'embarrasse pas de fictions juridiques et demeure fortement pénétré par les dynamiques des enseignements jurisprudentiels.

Ainsi, la compréhension des réponses législatives dans tous les compartiments du droit pénal est largement tributaire de l'accès et de l'analyse des décisions rendues par les cours et tribunaux.

Au lendemain de l'indépendance, la jurisprudence des cours et tribunaux du Sénégal pouvait être trouvée dans plusieurs supports documentaires. Il s'agit notamment du *Recueil de Législation et de Jurisprudence, de la Revue sénégalaise de droit* (RSD), du *Recueil de l'Association sénégalaise d'Études et de Recherches juridiques* (ASERJ), de la *Revue des institutions politiques et administratives du Sénégal* (RIPAS), des *Éditions juridiques africaines*, de la

Revue juridique et politique indépendance coopération, du *Bulletin des arrêts rendus par la Cour d'Appel de Dakar en matière pénale*, du *Bulletin des arrêts de la Cour suprême et plus récemment du Recueil des décisions (janvier1993-mars 2019).*

Ces publications ont vivifié le droit pénal sénégalais sous les éclairages d'une doctrine assez dynamique.

Mais, depuis quelques temps, l'accès aux décisions rendues par les juridictions pénales est rendu ardu en raison du fait que la plupart de ces recueils et revues ont cessé de paraître.

Dans un tel contexte marqué une sècheresse jurisprudentielle, beaucoup de travaux académiques et universitaires, sevrés des précisions et des éclairages de la jurisprudence sénégalaise se nourrissent bien souvent des solutions prétoriennes françaises. L'on est souvent frappé dans la récurrence des références à la jurisprudence pénale française dans les cours et autres travaux universitaires.

L'ouvrage que vous tenez entre les mains a pour objet de publier, dans un support unique, près de deux cents (200) décisions de justice rendues en matière de droit pénal général par les juridictions sénégalaises dont l'ensemble constitue un véritable droit pénal général jurisprudentiel.

Le ou les décisions reproduites relatives à une même question sont assorties d'observations destinées à la compréhension de la portée des solutions jurisprudentielles.

Le présent ouvrage, qui constitue une sorte d'anthologie du droit criminel jurisprudentiel sénégalais, est le complément scientifique de notre ouvrage intitulé *Droit pénal général sénégalais,* publié en deux tomes.

Il est indispensable tant aux praticiens (avocats, policiers, magistrats), ayant à connaître et à appliquer le droit pénal, qu'aux étudiants et chercheurs désireux d'avoir une vision concrète de cette discipline.

Papa Assane TOURE
Inspecteur général d'Etat
Docteur en droit privé et sciences criminelles

TITRE PRÉLIMINAIRE : CONSIDÉRATIONS GÉNÉRALES SUR LE DROIT PÉNAL

CHAPITRE PREMIER :

LE PRINCIPE DE L'AUTONOMIE DU DROIT PÉNAL

- **Autonomie du droit pénal-exécution provisoire- inapplicabilité des règles du Code de procédure civile**

1. CA Dakar, ch. corr. n° 435 du 31 mai 2016, *MP et Mame Yacine DIOP et Fa NIANG DIOP c/ Samba Lobatt DIALLO, inédit*

Du fait de l'autonomie du droit pénal par rapport au droit civil, il est impertinent d'invoquer les règles du Code de procédure civile en matière pénale dès l'instant où le législateur n'a prévu aucune formalité concernant l'exécution provisoire dans le Code de procédure pénale.

LA COUR,

Considérant que dans ses écrits du 09 mai 2016, le demandeur a soutenu d'une part que l'exécution provisoire n'a pas été autorisée sur le fondement des dispositions de l'article 270 du Code de Procédure pénale pour n'avoir pas été demandée et d'autre part les sommes allouées par le juge pénal ont une conséquence sur le partage successoral opéré à l'amiable entre les parties puisqu'elles représentent la part des dames M. Y. D. et F. N. D. qui ont déjà reçu l'or laissé par le de cujus et qui voudraient avoir des prétentions sur les autres biens ; ;

Considérant qui dans ses écritures en réplique du 13 mai 2016, le conseil des défenderesses a sollicité le rejet de ces arguments du fait de la spécificité du droit pénal par rapport aux règles du Code de procédure civile et que la mesure a effectivement été demandée au premier juge ;

Considérant que le Ministère public a déclaré s'en rapporter ;

SUR CE,

Considérant que du fait de l'autonomie du droit pénal par rapport au droit civil, il est impertinent d'invoquer les règles du Code de procédure civile en matière pénale dès l'instant où le législateur n'a prévu aucune formalité concernant l'exécution provisoire au niveau du Code de procédure pénale ;

Considérant qu'à l'examen des éléments du dossier, il ressort que les parties sont des héritiers de feue Fatimata Camara épouse du demandeur aux défenses et mère des défenderesses ;

Qu'un partage à l'amiable ayant été fait et au vu des divergences notées sur les lots dont sont bénéficiaires les uns et les autres et les interprétations contradictoires qui sont à l'origine de la saisine du juge pénal, il y a lieu d'ordonner les discontinuations des poursuites jusqu'à l'intervention d'une décision au fond ;

Qu'il échet de mettre les dépens à la charge du Trésor public ;

PAR CES MOTIFS

Statuant publiquement, contradictoirement, en matière de défense à exécution provisoire, en premier et dernier ressort ;

En la forme

Déclare la procédure recevable ;

Au fond

Fait droit à la demande ;

Ordonne la discontinuation des poursuites ;

Met les dépens à la charge du Trésor public.

- **Autonomie du droit pénal- exécution provisoire- absence d'obligation de motivation**

2. CA Dakar, ch. corr. n° 1155 du 05 novembre 2014, *MP et autre c/ Young. A. J., inédit*

En matière d'exécution provisoire l'autonomie du droit pénal prévaut en ce qu'aucun texte ne prescrit au juge répressif une obligation de motivation spéciale.

LA COUR,

Considérant que par jugement correctionnel n° 640 rendu par le Tribunal de grande instance hors classe de Dakar qui, statuant en matière correctionnelle en date du 22 juillet 2014,Y. A. J. a été déclaré coupable d'abus de confiance et condamnée à deux (02) mois d'emprisonnement avec sursis ainsi qu'au paiement de la somme de trente-huit millions trois cent vingt un mille six cent (38.321.600) francs à titre de dommages et intérêts de la partie civile B. C. ;

Considérant que par déclaration au greffe en date du 24/07/2014 Y. a relevé appel du jugement susvisé ;

Que ledit appel doit être déclaré recevable pour avoir été fait dans les forme et délai légaux ;

Considérant que par ordonnance n° 579 rendue pour le compte de Monsieur le Premier Président de la Cour d'Appel de Dakar en date du 17 septembre 2014, Young a été régulièrement autorisée à assigner B. aux fins de défenses à exécution provisoire ;

Que par exploit de Maître Abdoulaye BÂ, Huissier de Justice à Dakar, en dates des 24 et 28 septembre 2014, Young a fait servir assignation à B. et au Ministère public assignation à comparaître devant la Cour d'Appel (chambre des appels correctionnels) statuant en matière de défenses à exécution provisoire ;

Que la procédure étant régulière, il y a lieu de la déclarer telle et de recevoir l'action aux fins de défense;

Au fond

Considérant que les conseils de la demanderesse ont invoqué le défaut de la motivation sur l'exécution provisoire le péril face à une insolvabilité de la défenderesse en cas d'infirmation et des erreurs dans la prise en compte des taux de change de nature à entraîner une variation du montant alloué à titre de dommages et intérêts ;

Que le conseil de la défenderesse a soutenu une consistance des faits de la cause, un risque d'insolvabilité périlleuse pour la supposée créance consistant au montant alloué et une conformité à la loi de la décision sur l'exécution provisoire ;

Considérant que l'Avocat général a requis l'application de la loi ;

Considérant qu'en matière d'exécution provisoire l'autonomie du droit pénal prévaut en ce qu'aucun texte ne prescrit au juge répressif une obligation de motivation spéciale ;

Considérant que s'il n'est guère établi qu'une continuation des poursuites serait périlleuse aux intérêts de la défenderesse surtout que l'issue du procès au fond est encore inconnue, il y a lieu tout de même à douter de la possibilité de remboursement en cas d'infirmation, la défenderesse n'étant qu'une représentante d'une société domiciliée à l'étranger, d'où l'existence d'un péril pouvant justifier le cantonnement du montant de la condamnation au tiers ;

PAR CES MOTIFS

Statuant publiquement, contradictoirement, en matière correctionnelle sur défenses à exécution provisoire et en dernier ressort ;

En la forme

Reçoit l'appel du demandeur et l'action aux fins de défenses ;

Au fond

Ordonne la continuation des poursuites à concurrence du tiers du montant alloué à titre de dommages et intérêts ;

Réserve les dépens.

- **Autonomie du droit pénal-exécution provisoire- inapplicabilité des conditions particulières**

3. CA Dakar, ch. corr. n° 375 du 30 mars 2011, *MP et Cheikh Tidiane KONTEY c/ Mame Gor TOURE, inédit*

L'autonomie du droit pénal justifie que seules les dispositions du Code de procédure pénale ont vocation à s'appliquer notamment ses articles 451 et 482 et suivants ; au regard de ces textes et du principe sus énoncé, le juge ne peut ajouter là où la loi pénale n'a pas ajouté ; que les règles civiles ne peuvent y suppléer. En matière pénale en effet, l'exécution provisoire n'est subordonnée pour être ordonnée à aucune condition particulière.

LA COUR,

Considérant que par ordonnance n°68 du 16 février 2011, le premier Président de la Cour d'Appel de Dakar a autorisé M. G. T. à assigner en défenses à Exécution provisoire, du jugement n° 865du 16 septembre 2010 rendu par le tribunal des flagrants délits de Diourbel qui a déclaré celui-ci coupable du chef d'abus de confiance, l'a condamné à trois (03) mois d'emprisonnement ferme et à payer à C. K. la partie civile, défenderesse somme d'un million six cent mille (1 600 000) francs à titre de réparation, en ordonnant l'exécution provisoire de ladite décision ;

Considérant que l'ordonnance précitée a été signifiée à K ; par exploit de Maître Mactar MBOW, Huissier de Justice à Diourbel en date du 22 décembre 2010 et au Procureur général près la Cour d'Appel de Dakar par exploit de Maître Pape FAME, Huissier de Justice à Diourbel en date du 04 février 20011 ;

Considérant que le demandeur a, au précable relevé appel de la décision déférée ;

(...)

Considérant que l'Avocat général a déclaré s'en rapporter ;

SUR CE,

Considérant que le moyen tiré d'une qualification commerciale alléguée des faits, est lié au fond du litige dont le juge des défenses ne saurait préjuger pour remettre en cause l'exécution provisoire;

Considérant qu'en l'espèce, il importe de préciser que l'autonomie du droit pénal justifie que seules les dispositions du Code de procédure pénale ont vocation à s'appliquer notamment ses articles 451 et 482 et suivants ; qu'au regard de ces textes et du principe énoncé, le juge ne peut ajouter là où la loi pénale n'a pas ajouté ; que les règles civiles ne peuvent y suppléer ;

Qu'en matière pénale en effet, l'exécution provisoire n'est subordonnée pour être ordonnée à aucune condition particulière ; qu'ainsi la seule déclaration de culpabilité peut suffire à l'ordonner comme en l'espèce ;

Qu'il échet en conséquence d'ordonner la continuation des poursuites sauf cantonnement de l'exécution provisoire à la somme de six cent mille (600 000) francs ;

PAR CES MOTIFS

Statuant publiquement, contradictoirement, en matière pénale et en défenses à exécution provisoire en premier et dernier ressort ;

En la forme

Déclare la demande de M. G. T. recevable ;

Au fond

Ordonne la continuation des poursuites avec cantonnement de l'exécution provisoire à la somme de six cent mille (600 000) francs ;

Réserve les dépens.

- **Autonomie du droit pénal -exécution provisoire-inapplicabilité des conditions tirées de l'urgence ou du péril**

4. CA Dakar, ch. corr. n° 94 du 20 janvier 2012, *MP et Mama Diagne. c/ Amou Faye, inédit*

En vertu du principe de l'autonomie de la procédure pénale, les dispositions des articles 86 et 87 du Code de procédure civile n'ont pas vocation à s'appliquer en la matière ; l'article 451 al 3 du Code de procédure pénale, qui est le siège de la matière, est un texte pénal régi par le principe de l'interprétation stricte ne prévoit aucune condition relative à l'urgence ou au péril quand il s'agit d'ordonner l'exécution provisoire.

LA COUR,

Considérant qu'en vertu de l'ordonnance en date du 11 décembre 2011 de Monsieur le Premier Président de la Cour d'Appel de céans, A. F. a assigné M. D. en défenses à exécution provisoire du jugement n° 1364/11 rendu par le Tribunal de grande instance hors classe de Dakar dont le dispositif est ainsi conçu ;

« Statuant publiquement, contradictoirement, en matière correctionnelle et en premier ressort ;

Relaxe A. F. des délits d'escroquerie, recel et d'abus de confiance ;

Requalifie les faits de fus et usage de faux dans un document administratif en faux et usage de faux en écritures privées ;

Le déclare coupable de ce chef ;

Le condamne à 2 ans assortis de sursis et à une amende ferme de cent mille francs (100 000)

Et statuant à fins civiles ;

Reçoit V. O. en sa constitution de partie civile ;

Ordonne la restitution du véhicule de marque NATVA immatriculé DK 3161 AC immobilisé à la brigade de gendarmerie de la Foire à V. O.;

Le déboute du surplus de sa demande ;

Faisant application de l'article 457 al 2 du Code de procédure pénale, alloue à M. D. la somme de huit millions (8 000 000) à titre de réparation ;

Ordonne l'exécution provisoire ;

Fixe la durée de la contrainte par corps au maximum pour le paiement de l'amende ;

Condamne le prévenu aux dépens ; »

E n la forme

Considérant que les défenses ont été introduites dans les conditions prescrites par la loi, qu'il y a lieu des les déclarer recevables ;

Au fond

(...)

SUR CE,

Considérant qu'il y a lieu de rappeler qu'en vertu du principe de l'autonomie de la procédure pénale, les dispositions des articles 86 et 87 du Code de procédure civile n'ont pas vocation à s'appliquer en la matière;

Considérant qu'il importe de préciser aussi que l'article 451 al 3 du Code de procédure pénale qui est le siège de la matière est un texte pénal régi par le principe de l'interprétation stricte ; qu'il ne ressort pas dudit texte aucune condition relative à l'urgence ou au péril quand il s'agit d'ordonner l'exécution provisoire ;

Considérant cependant qu'en l'espèce, pour condamner le demandeur à des dommages et intérêts et ordonner l'exécution provisoire, le premier juge a mis en œuvre l'article 457 du Code de procédure pénale et énoncé que « les agissements du prévenu sont constitutifs d'une faute civile de nature à fonder une demande de dommages et intérêts » ;qu'en se déterminant ainsi, le juge n'a pas caractérisé la faute et qu'il échet, en raison du principe du double degré de juridiction, ordonner la suspension des poursuites jusqu'à l'intervention d'un arrêt rendu sur le fond ;

Considérant qu'il y a lieu de réserver les dépens ;

PAR CES MOTIFS

Statuant publiquement, contradictoirement, en matière de défenses à exécution provisoire, en premier et en dernier ressort ;

Déclare les défenses recevables et y faisant droit ;

Ordonne la suspension des poursuites jusqu'à l'intervention d'un arrêt rendu sur le fond;

Réserve les dépens.

- **Autonomie du droit pénal-exécution provisoire-inapplicabilité des conditions tirées de l'urgence ou du péril**

5. CA Dakar, ch. corr. n° 364 du 13 avril 2012, *MP et Modou LEYE et consorts c/ Demba SECK, inédit*

En vertu du principe de l'autonomie de la procédure pénale, les dispositions du Code de procédure civile n'ont pas vocation à s'appliquer dans cette matière ; en effet l'article 451 du Code de procédure pénale dispose que le juge peut ordonner l'exécution provisoire sans l'exigence de la condition de l'urgence ou du péril.

LA COUR,

Considérant qu'en vertu de l'ordonnance en date du 30 janvier 2012 de Monsieur le Premier Président de la Cour d'Appel de céans, D. S. a assigné M. L. et autres en défenses à exécution provisoire du jugement 297/11 du 26 avril 2011 rendu par le Tribunal de grande instance hors classe de Dakar et dont le dispositif est ainsi conçu :

« Statuant publiquement, contradictoirement, en matière correctionnelle et en premier ressort ;

Déclare D. S. coupable d'escroquerie ;

Disqualifie les faits initialement reprochés à S. B. en complicité de ce délit et en vente illégale portant sur une terre du domaine national ;

Les condamne chacun à une peine d'emprisonnement de deux (2) mois ferme en vertu des articles 379, 433 et 5 du Code pénal ;

Reçoit les constitutions des parties civiles;

Condamne solidairement D. S. et S. B. à payer à M. S., D. H. C., A. W., A. S. N. , D. A. K. A. M., A. F.et H. N. la somme de quatre millions sept cent mille (4 700 000) FCFA chacun à titre de dommages et intérêts pour toutes causes de préjudice confondues et à payer aux autres parties civiles les sommes ci-après fixées :

B. S. B. ; huit millions (8 000 000) FCFA ;

R. S. ; sept millions quatre cent mille (7 400 000) FCFA ;

C. S. ; cinq millions cinq cent mille (5 500 000) FCFA ;

M. L. ; huit millions (8 000 000) FCFA ;

O. D. ; quatre millions (4 000 000) FCFA ;

Mb. D. ; quatre millions (4 000 000) FCFA 0à titre de dommages et intérêts pour toutes causes de préjudice confondues ;

Condamne en outre S. B. à payer à F. S. la somme de cinq millions (5 000 000) FCFA à titre de dommages et intérêts ;

Ordonne l'exécution provisoire ;

Fixe la contrainte par corps au maximum ;

Condamne les prévenus aux dépens » ;

En la forme

Considérant que les défenses ont été introduites dans les conditions prévues par la loi ; qu'il y a lieu de les déclarer recevables ;

Considérant que les parties ont conclu ; qu'il échet de statuer contradictoirement ;

Au fond

(...)

SUR CE,

Considérant qu'il y a lieu de rappeler qu'en vertu du principe de l'autonomie de la procédure pénale, les dispositions du Code de procédure civile n'ont pas vocation à s'appliquer dans le cas d'espèce ; qu'en effet l'article 451 du Code de procédure pénale dispose que le juge peut ordonner l'exécution provisoire sans l'exigence de la condition de l'urgence ou du péril ;

Considérant, par ailleurs, qu'en l'espèce, il ressort des mentions du jugement contesté que le demandeur a soutenu être attributaire des parcelles en cause par le Maire de Pikine au titre de ses droits coutumiers sur un terrain qu'il a fait lotir ; qu'il a produit à cet effet une correspondance en date du 28 octobre 2004 par laquelle le Maire de Pikine l'informait de cette situation ;

Considérant toutefois que ladite lettre n'a pas été soumise à la Cour qui ne peut dès lors en apprécier toute la pertinence ;

Considérant qu'en tout état de cause, les contestations du demandeur sont de nature, eu égard à l'insuffisance de la motivation de la condamnation et au principe du double degré de juridiction, à justifier le sursis à l'exécution du jugement entrepris jusqu'à l'intervention d'un arrêt rendu en appel sur le fond ;

Considérant qu'il y a lieu de réserver les dépens ;

PAR CES MOTIFS

Statuant publiquement, contradictoirement, en matière des défenses à exécution provisoire, en premier et dernier ressort ;

Déclare les défenses recevables ;

Ordonne le sursis à l'exécution provisoire du jugement n° 297/11 rendu par le Tribunal de grande instance hors classe de Dakar le 26 avril 2011 jusqu'à l'intervention d'un arrêt rendu sur le fond et en appel ;

Réserve les dépens.

- **Autonomie du droit pénal- défense à exécution provisoire**

6. CS, n° 31 du 29 juillet 1972, *Joséphine N'dong et M'bissine Faye c/ El hadji Saliou Faye et Moussa Amar, ASERJ*, 1972, n° 03, p. 62 ; *Rev. sén. dr.* juin 1974, n°15, p. 133

L'article 1er du Code de Procédure civile, excluant l'application en matière pénale des dispositions du Code de Procédure civile, n'est donc pas applicable en matière de défenses à exécution provisoire telle que prévue par l'article 269 du Code de Procédure civile.

LA COUR,

Sur le premier moyen pris de la violation des articles premier du Code de procédure civile, 10, 451 et 495 du Code de procédure pénale ;

Attendu qu'aux termes de l'article 451 du Code de procédure pénale, le tribunal peut, lorsqu'il statue sur l'action civile, ordonner le versement provisoire, jusqu'à concurrence de la moitié des dommages-intérêts alloués :

Que ni ce texte qui déroge à l'effet suspensif de l'appel, ainsi que le confirme l'article 495 du Code de procédure pénale, ni aucune autre disposition de la loi ne confèrent à l'appelant le droit de demander qu'il soit sursis à l'exécution des jugements ordonnant un tel versement ;

Que l'article premier du Code de procédure civile exclut, en effet, l'application en matière pénale des dispositions de ce Code ; que n'est donc applicable en cette matière l'article 269, relatif aux défenses à exécution provisoire que peut obtenir rappelant devant la juridiction civile et qui ne font pas partie, n'étant pas prévues par le Code civil, des règles auxquelles l'article 10 du Code de procédure pénale soumet l'action civile ;

Attendu que S. F. et M. A. ont interjeté appel d'un Jugement du Tribunal correctionnel de Dakar, qui les a, d'une part, déclarés civilement responsables de leurs préposés ND. et N., coupables d'homicide involontaire, d'autre part, les condamnés à des réparations civiles au profit des dames J. ND. et MB. F., et a, enfin, prescrit le versement provisoire d'une partie des dommages et intérêts alloués ;

Attendu que statuant sur une demande introduite par F. et A., et tendant à voir dire qu'il serait sursis à l'exécution provisoire ordonnée par le premier juge, l'arrêt attaqué a fait droit à la requête des appelants ;

Mais attendu, qu'en statuant ainsi, la cour d'appel a excédé ses pouvoirs et violé l'article 451 précité;

PAR CES MOTIFS

Et sans qu'il y ait lieu d'examiner les autres moyens proposés ;

Casse et annule l'arrêt n° 274, rendu le 11 mai 1970 par la Chambre correctionnelle de la Cour d'Appel de Dakar.

OBSERVATIONS

L'autonomie constitue une des caractères les plus marquants du droit pénal. Le droit criminel ne se rattache en réalité ni au droit public, ni au droit privé, mais constitue une construction juridique autonome ayant, d'un point de vue technique, ses propres concepts, et sous l'angle fonctionnel, ses objectifs propres. Il forme un troisième domaine du droit.

Les principes de la légalité criminelle, de non-rétroactivité de la loi pénale, de la responsabilité pénale personnelle, de la personnalité des peines, du non-cumul des peines ou de l'indifférence des mobiles ainsi que les notions de tentative, de complicité, de repentir actif, entre autres, sont propres au droit pénal et ne doivent rien au droit privé ou au droit public. Si ces principes ou notions sont parfois mis en œuvre dans d'autres disciplines, notamment en matière de répression disciplinaire ou administrative, c'est par emprunt au droit pénal. En outre, le droit pénal présente une autonomie dans l'application des concepts extrapénaux *(Sur l'ensemble de cette question, V. l'ouvrage collectif, « Quelques aspects de l'autonomie du droit pénal », préface de G. Stefani, Dalloz, 1956 ; Mme ALT, « L'autonomie du droit pénal, mythe ou réalité d'aujourd'hui ou de demain ? », RSC 1987, p. 347 ; V. J.-L. GROUTAL, « L'autonomie du droit pénal : reflux et métamorphose », RSC 1980, p. 911, spéc. p. 927 ; R. VOUIN, « Justice criminelle et autonomie du droit pénal », D. 1947, p. 81, chron. XXI ; R. MEURISSE, « À propos de l'autonomie du droit pénal », S., 1964, chr., p. 59 ; Ph. BONFILS, « L'autonomie du juge pénal», Mélanges Bouloc, Paris, Dalloz 2006, p. 47 ; J-H. ROBERT, « L'autonomie du droit pénal : survie ou déclin », Cahiers de droit de l'entreprise n° 04, juillet 2021, dossier 32 ; H. MATSOPOULOU, « L'autonomie du droit pénal et le droit commercial », Cahiers de droit de l'entreprise n° 4, juillet 2021, dossier 29 ; 1 A. M. LARGUIER, « L'exécution provisoire en matière pénale », RSC 1980, p. 587).*

Les définitions du droit criminel présentent une autonomie par rapport à celles des autres branches du droit. Lorsqu'il est amené à mettre en œuvre des notions extrapénales, le juge répressif s'émancipe du sens qui leur est donné dans leur domaine d'origine. La jurisprudence criminelle n'hésite pas à faire preuve d'un particularisme assez spectaculaire. Certaines décisions judiciaires paraissent attribuer à la loi pénale une sorte de pouvoir novateur à l'égard des concepts extrapénaux.

Ainsi, la mise en œuvre de la procédure d'exécution provisoire et de celle des défenses à exécution provisoire a donné l'occasion, dans les arrêts ci-dessus rapportés, à la Cour d'Appel de Dakar, de rappeler l'autonomie du droit pénal (*A. M. LARGUIER, « L'exécution provisoire en matière pénale », RSC 1980, p. 587*). Il a été jugé que du fait de l'autonomie du droit pénal par rapport au droit civil, il est impertinent d'invoquer les règles du Code de procédure civile en matière pénale dès lors que le législateur n'a prévu aucune formalité concernant l'exécution provisoire dans le Code de procédure pénale *(CA Dakar, ch. corr. n° 435 du 31 mai 2016, MP et M. Y. D. et F. N. DIOP c/ S. L. D., inédit).*

La cour a précisé qu'il ne résulte pas des dispositions des articles 451 et suivants du CPP que l'exécution provisoire étendue sur la totalité des sommes doit être subordonnée à la constitution d'une garantie et que l'on ne peut *« au regard de l'autonomie du droit pénal, faire grief au juge pénal de ne pas avoir respecté des dispositions du Code de procédure civile, en l'absence d'une disposition expresse qui lui fait précisément obligation d'appliquer le texte invoqué ».*

Un arrêt de la Cour suprême du 29 avril 1987 a jugé qu'en matière pénale, le mécanisme de l'exécution provisoire n'est pas soumis aux conditions énumérées par l'article 86 du Code de Procédure civile *(A. M. LARGUIER, « L'exécution provisoire en matière pénale », RSC, 1980, p. 587)*. En conséquence, la condition de l'urgence pour l'exécution provisoire n'est pas exigée en matière pénale, la loi pénale étant d'interprétation stricte *(CS, n° 16 du 29 avril 1987, Assane Dieng c/ Coopérative des bouchers du Cap Vert, inédit ; dans le même sens, ND. FALL, Le droit pénal africain à travers le système sénégalais, Dakar, EDJA, 2003, p. 112).*

Aussi, au Sénégal, avant l'institution de la procédure de défenses à exécution provisoire en matière pénale par la loi n° 85-25 du 27 février 1985 modifiant le Code de Procédure pénale, la jurisprudence sénégalaise a eu l'occasion, dans plusieurs espèces, de récuser l'applicabilité au procès pénal de la réglementation prévue par le Code de Procédure civile en cette matière prévue par les articles 269 et s. du Code de Procédure civile. En effet, un arrêt rendu par la Cour suprême le 29 juillet 1972 a jugé que les dispositions du Code de procédure civile relatives aux défenses à exécution provisoire que peut obtenir l'appelant devant la juridiction civile et qui ne font pas partie des règles auxquelles l'article 10 du CPP soumet l'action civile (*CA Dakar ch. corr., n° 379 du 27 août 2019, MP et R. W c/ V. D., inédit ; CA Dakar ch. corr., n° 111 du 1er avril 2019, MP et K. Y. c/ El H. Nd. D., inédit*).

Dans le même sens, la Cour d'Appel de Dakar énonce, dans un arrêt rendu le 20 avril 2012, que « *la loi pénale est d'interprétation stricte et qu'il ne ressort pas de l'article 451 du CPP qui traite de l'exécution provisoire l'exigence d'une condition d'urgence ou de péril* ». Ainsi, précise la cour, en vertu du principe de l'autonomie de la procédure pénale, les dispositions du droit civil n'ont pas vocation à s'appliquer en la matière (*CA Dakar, n° 409 du 20 avril 2012, MP et J. B. M., E. D. c/ P. L., inédit ; CA Dakar ch. corr., n° 364 du 13 avril 2012, MP et M. L. et cons. c/ D. S., inédit ; CA Dakar ch. corr., n° 94 du 20 janvier 2012, MP et M. D. c/ A. F., inédit ; CA Dakar ch. corr., n° 375 du 30 mars 2011, MP et Ch. T. K. c/ M. G. T., inédit : « l'autonomie du droit pénal justifie que seules les dispositions du Code de procédure pénale ont vocation à s'appliquer, notamment ses art. 451 , 482 et suivants ; qu'au regard de ces textes et du principe énoncé, le juge ne peut ajouter là ou la loi pénale n'a pas ajouté ; que les règles civiles ne peuvent y suppléer ; Qu'en matière pénale, en effet, l'exécution provisoire n'est subordonnée, pour être ordonnée, à aucune condition particulière ; qu'ainsi la seule déclaration de culpabilité peut suffire à l'ordonner comme en l'espèce »).*

Que dire de ces décisions de justice ? Il résulte de l'article 1er du Code de procédure civile que « *sauf en matière pénale et sous réserve des dispositions particulières, la procédure à suivre est réglée par le présent Code* ». Il en résulte que la procédure pénale est régie par des dispositions particulières contenues dans le Code de procédure pénale. D'ailleurs, l'exécution provisoire en matière pénale a pour siège l'article 451, alinéa 2 du CPP qui dispose que le juge « *peut ordonner le versement provisoire de tout ou partie des dommages et intérêts alloués* ». Or, ce texte, qui encadre de façon spécifique l'exécution provisoire en matière pénale, ne subordonne nullement son bénéfice à une demande ou à la justification d'une urgence ou d'un péril en la demeure au sens de l'article 86 du CPC.

Il faut rappeler que le dernier alinéa de l'article 10 du CPP énonce que « *L'action civile est soumise à tous autres égards aux règles du Code civil* ». Ce renvoi aux dispositions du Code civil français s'explique par le fait qu'au moment de l'entrée en vigueur du Code de procédure pénale en 1965, le Code des obligations civiles et commerciales n'étaient pas encore élaborés et que les dispositions du Code civil français avaient seules vocation à s'appliquer à l'époque lorsque le juge pénal statue sur les intérêts civils. Mais de nos jours, il faut sans doute renvoyer aux dispositions du Code des obligations civiles et commerciales.

Dès lors, lorsque le juge pénal statue sur l'action civile, il a une « *casquette* » un juge civil et applique, à cet effet, les principes directeurs de la réparation du dommage, notamment la forme et les modalités de la réparation (principe de la réparation intégrale, etc.).

Par ailleurs, du point de vue procédural, dans le silence des dispositions du Code de procédure pénale, le juge pénal est habilité à recourir aux dispositions du Code de procédure civile. En effet, en énonçant que « *sauf en matière pénale et sous réserve des dispositions particulières, la procédure à suivre est réglée par le présent code* », l'article 1er du Code de procédure civile, qui semble élever la procédure civile, au rang de droit commun procédural. C'est en ce sens que le juge pénal, se prononçant sur l'action civile en réparation du dommage causé par l'infraction, n'hésite pas à recourir aux principes directeurs du procès civil, à savoir notamment l'interdiction de statuer *ultra, infra ou extra petita*. Il résulte de l'article 1-4, alinéa 3, du Code de procédure civile le juge ne peut ni statuer sur des choses non demandées, ni omettre de statuer sur des choses demandées, ni adjuger plus qu'il n'a été demandé.

CHAPITRE II :

LES MANIFESTATIONS DE L'AUTONOMIE DU DROIT PÉNAL

- **Autonomie du droit pénal- notion pénale de domicile**

7. CA Dakar ch. corr., n° 182 du 13 février 2012, *MP et Ahmed Gérard BA c/ Niakhana BADIANE., inédit*

Il est admis que la notion de domicile, doit au sens du texte pénal susvisé, couvrir la demeure occupée par la partie civile lorsque cette occupation résulte d'un droit.

LA COUR,

Considérant que par déclaration au greffe du Tribunal de grande instance hors classe de Dakar en date du 1er mars 2010, la dame N. B. a relevé appel du jugement n° 501 rendu le 26/05/2009 par ladite juridiction statuant en matière correctionnelle et dont le dispositif est conçu ainsi qu'il suit :

« Statuant publiquement, par défaut réputé contradictoire à l'encontre de la prévenue, contradictoirement à l'égard de la partie civile, en matière correctionnelle et en premier ressort ;

Déclare N. B. coupable d'occupation illégale de terrain appartenant à autrui ;

La condamne à une peine d'emprisonnement de trois (03) mois assortie du sursis, en application des dispositions des articles 423, 433 du Code pénal, 704 et suivants du Code de Procédure Pénale ;

Reçoit la constitution de partie civile de A. G. B. ;

Condamne N. B. à lui payer la somme de cinq cent mille (500 000) francs à titre de dommages et intérêts ;

Ordonne l'exécution provisoire ;

Condamne la prévenue aux dépens ; »

Considérant que par déclaration audit greffe le même jour, le Ministère public a interjeté appel incident du jugement susvisé ;

En la forme

Considérant que les appels ont été faits dans les forme et délai de la loi ;

Qu'il échet de les déclarer recevables ;

Considérant en outre, que les parties ont régulièrement comparu à l'audience de la Cour de céans ;

Qu'il échet en l'espèce de statuer contradictoirement à leur égard ;

Au fond

Considérant qu'il appert des pièces de la procédure, notamment du procès-verbal n° 457 du 15 novembre 2008 établi par les services de police du Commissariat de la Médina que le sieur A. G. B., confirmant les termes de sa plainte déposée le 31 octobre 2008 contre le nommé N. B. pour violation de domicile et occupation illégale de terrain appartenant à autrui, a déclaré qu'à la suite du décès de son grand-père adoptif feu M. B. survenu le 26 juin 1969, une liquidation successorale a été faite en présence de certaines notabilités du quartier de Ngaraff parmi lesquels le chef de quartier de l'époque, aujourd'hui décédé, à l'issue de laquelle, il lui a été attribué, conformément aux dernières volontés de son grand-père, une portion du bien foncier laissé par ce dernier, sis à la rue 10 angle 9 à la Médina ;

Que c'est ainsi, selon la partie civile, qu'elle y a construit un bâtiment composé de trois pièces pour y loger sa famille, ce qui a provoqué de vives contestations de la part des autres héritiers au point qu'il a été obligé de déménager mais en prenant toutefois le soin de commettre un huissier pour sceller toutes les issues qui mènent à l'intérieur dudit bâtiment dans l'attente d'une décision de justice, dés lors que le Tribunal d'instance de Dakar était saisi pour connaître du contentieux ;

Que le sieur B. s'est dit surpris de constater par la suite que la nommée N. B. s'est installée dans son appartement après avoir brisé les scellés, ce qu'elle a également fait constater par exploit d'huissier versé aux débats ;

Considérant que la prévenue n'a pas fait valoir de moyens en audience de première instance pour n'y avoir pas comparu ;

Que toutefois lors de l'enquête préliminaire, elle avait reconnu qu'elle occupait effectivement le bâtiment construit par le sieur B. mais en faisant observer aux enquêteurs que ce dernier ne devait s'en prendre qu'à lui-même d'avoir construit dans une maison qui ne lui appartenait pas et d'où il a, du reste été expulsé par voie d'huissier car ayant occupé les locaux sans droit, ni titre ;

Qu'elle a ainsi contesté à la partie civile la qualité d'héritier de feu M. B. en soutenant que sa Tante F. B. n'a jamais entendu léguer ses biens à celui-ci ;

Qu'elle a assuré que l'acte notarié produit par A. G. B. est un faux ;

Considérant qu'en cause d'appel, la prévenue a réitéré ses déclarations faites devant les agents enquêteurs ;

Que de son côté la partie civile a précisé que la partie de l'immeuble occupée par N. B. lui revenait de droit car il l'a héritée de sa tante feue F. B., elle-même héritière de feu M. B. en sa qualité de fille de ce dernier ;

Qu'à cet égard, il a produit un acte notarié en date du 19 novembre 1990, aux termes duquel il est légataire universel des biens de sa tante susnommée ;

Considérant que pour sa part, le Ministère public a requis l'infirmation du jugement entrepris en estimant que les parties sont dans une situation d'indivision ;

Que les conseils de la partie civile quant à eux, ont, l'un sollicité que les faits soient requalifiés en délit de violation de domicile, l'autre expliqué que la prévenue elle-même n'a pas rapporté la preuve de sa qualité d'héritière de feu M. B. ;

Sur ce

(…)

Considérant qu'il est par ailleurs invoqué l'application de l'article 164, alinéa 2 du Code pénal qui punit le fait pour tout individu de s'introduire à l'aide de menaces ou de violences dans le domicile d'un citoyen ;

Considérant qu'il est admis que la notion de domicile, doit au sens du texte pénal susvisé, couvrir la demeure occupée par la partie civile lorsque cette occupation résulte d'un droit ; or en l'espèce il a déjà été établi supra que A. G. B. n'avait, en l'état du dossier, aucun droit sur le terrain sur lequel il a construit son bâtiment, qui plus est, il n'habite même plus la demeure en question ;

Que dès lors, la prévenue N. B., ne peut aucunement être déclarée coupable du délit de violation de domicile;

Considérant qu'ainsi les faits poursuivis contre la prévenue ne constituent aucune infraction à la loi pénale car s'analysant simplement comme un contentieux successoral pour lequel la juridiction civile demeure seule compétente ;

Qu'il échet en conséquence, infirmant le jugement entrepris et statuant à nouveau, de renvoyer la prévenue des fins de la poursuite ;

(…)

PAR CES MOTIFS

Statuant publiquement, contradictoirement, en matière correctionnelle et en dernier ressort ;

Reçoit les appels de la prévenue et du Ministère public ;

Infirme le jugement entrepris ;

Et statuant à nouveau :

Renvoie la prévenue des fins de la poursuite ;

Déboute la partie civile de sa demande à titre de dommages et intérêts ;

Le tout en application de l'article 457 alinéa 1er du Code de procédure pénale ;

Laisse les dépens à la charge du Trésor public.

- **Autonomie du droit pénal- inapplicabilité de la procédure d'hypothèque judiciaire aux mesures conservatoires sur les biens de l'inculpé**

8. CA Dakar, ch. corr. n° 244 du 19 décembre 2000, *MP et Cheikh Tidiane BA c/ Maamadou SOUARE, inédit*

La procédure d'hypothèque judiciaire prévue par l'Acte uniforme portant organisation des Sûretés ne peut s'appliquer dans le cas où le juge d'instruction a pris l'initiative des mesures provisoires, notamment une saisie qui, en vertu de l'autonomie du droit pénal peut s'appliquer sur tous les biens aussi bien mobiliers qu'immobiliers de l'inculpé.

LA COUR,

Attendu que par actes en date du 19 septembre 2000, M. S., inculpé des chefs d'abus de confiance et de faux en écritures privées, a fait appel d'une part de l'ordonnance de saisie conservatoire portant sur les terrains et impenses immatriculées répertoriées sous les numéros de parcelles 624 à Médina - Mbour et 1112 et d'autre part de l'ordonnance de mise en liberté provisoire et de placement sous contrôle judiciaire de l'inculpé, toutes deux rendues le même jour ;
Attendu qu'il résulte de la procédure les faits suivants :

Au cours d'un séjour à Nianing (Mbour, Sénégal) les époux V. B. ressortissants belges ont fait la connaissance de M. S. à qui ils auraient versé une somme de 37 000 000 de francs par virements dans un compte ouvert à la BICIS de Mbour ou par tradition à l'occasion de séjour au Sénégal ;

M. S. qui devait, selon eux acquérir des terrains et les mettre en valeur par l'édification de construction pour leur compte a acheté des parcelles qu'il a mis à son nom ;

Attendu que le juge d'instruction saisi a placé sous mandat de dépôt M. S., et pris une mesure de saisie conservatoire sur les parcelles litigieuses ;

Attendu que faute d'avoir renouvelé le mandat de dépôt à l'issue de la période de six mois conformément aux dispositions 127 bis du Code de procédure pénale, la détention de M. S., a pris fin le 15 septembre 2000 par les effets de l'ordonnance du juge de la même date comportant également une décision de placement sous contrôle judiciaire ;

Que le 14 septembre 2000, avant la libération de l'inculpé le juge d'instruction a ordonné des mesures provisoires sur les biens sus indiqués de l'inculpé ;

Attendu que la mise en liberté provisoire n'est pas discutée par l'appelant qui en est bénéficiaire en application de l'article 127 bis du Code de procédure pénale ;

Attendu que contrairement aux articulations des réquisitions du Ministère public reprises par l'appelant que le contrôle judiciaire qui est une mesure de sûreté alternative à la détention peut être prise à toute hauteur de la procédure et notamment après la mainlevée du mandat pour une cause quelconque si d'une part l'inculpé encourt une peine d'emprisonnement correctionnelle ou une peine plus grave et d'autre part si cette mesure est justifiée par les nécessités de l'enquête ;

Qu'en tout état de cause la mise sous contrôle est un acte d'instruction et non de juridiction même si, comme en l'espèce le juge a incorporé cet acte dans ordonnance de mise en liberté ;

Que les actes d'instruction étant insusceptibles d'appel, il y a lieu de déclarer irrecevable l'appel du prévenu en tant qu'il vise la réformation de la mesure de placement sous contrôle judiciaire ;

Attendu que les mesures conservatoires ordonnées par le juge d'instruction se justifient amplement par la sauvegarde des intérêts des parties civiles et ne paraissent comporter aucun préjudice pour l'inculpé qui occupe avec sa famille les immeubles litigieux ;

Attendu que par ailleurs l'article 87 bis du CPP habilite le juge d'instruction à « ordonner toutes mesures conservatoires sur les biens de l'inculpé ;

Que l'objection de l'appelant suivant laquelle seule l'hypothèque forcée judiciaire est prévu par la loi en vigueur notamment l'article 136 de l'Acte uniforme portant organisation des sûretés et non une saisie conservatoire sur un immeuble ne saurait prospérer en vertu d'une part des dispositions de l'Acte Uniforme lui-même et de la règle de l'autonomie du droit pénal ;

Qu'en effet l'Acte uniforme sur les sûretés prévoit en son article 132, alinéa 3 que les hypothèques forcées autres que celles prévues par les dispositions particulières de la loi nationale de chaque État partie

Que l'hypothèque forcée judiciaire prévue par l'Acte uniforme suppose l'autorisation d'un créancier agissant en vertu d'une décision de la juridiction compétente à prendre une inscription provisoire d'hypothèque et auquel est fixé un délai pour former devant la juridiction compétente l'action en validité ;

Qu'une telle procédure ne peut s'appliquer dans le cas où le juge d'instruction a pris l'initiative des mesures provisoires notamment une saisie qui, en vertu de l'autonomie du droit pénal peut s'appliquer sur tous les « biens » aussi bien mobiliers qu'immobiliers de l'inculpé ;

Attendu de ce qui précède qu'il échet de confirmer les ordonnances querellées ;

Attendu qu'il y a lieu de réserver les dépens ;

PAR CES MOTIFS

Statuant en chambre du Conseil conformément à la loi ;

Déclare irrecevable l'appel de M. S. en tant qu'il vise la réformation de la mesure de placement sous contrôle judiciaire ;

Reçoit l'appel pour le surplus ;

Confirme l'ordonnance poursuivant les mesures provisoires ;

Réserve les dépens ;

Ordonne l'exécution du présent arrêt à la diligence de Monsieur le Procureur général près la Cour d'Appel de Dakar.

OBSERVATIONS

La définition de la notion de domicile dans le texte d'incrimination de la violation de domicile (*V. art. 164 du CP*) a également donné l'occasion aux juges de rappeler l'autonomie du droit pénal. Dans l'arrêt n° 182 rendu le 13 février 2012, la Cour d'Appel de Dakar a jugé « *qu'il est admis que la notion de domicile, doit au sens du texte pénal susvisé, couvrir la demeure occupée par la partie civile lorsque cette occupation résulte d'un droit* ». Le juge d'appel a estimé qu'une personne ne saurait être déclarée coupable de violation de domicile, dès lors que la partie civile n'avait aucun droit sur un terrain sur lequel elle a seulement construit son bâtiment.

Ainsi, le juge ne définit pas la notion de domicile par référence au droit civil. Ainsi, la jurisprudence pénale se démarque ainsi de la conception civiliste du domicile considéré comme le lieu du principal établissement de la personne, conformément à l'article 12 du Code de la Famille (*Sur cette conception, F. TERRE et D. FENOUILLET, Droit civil, Les personnes, La Famille, Les incapacités, Paris, Dalloz, 7e éd. 2005, n° 201 ; G. CORNU, Droit civil, Les personnes, Paris, Montchrestien, Domat Droit privé, 13e éd. 2007, n° 68 ; Y. BUFFELAN-LANORE, « Domicile et Demeure », Rép. civ. Dalloz, n° 53; B. TEYSSIE, Droit civil, Les personnes, Paris, Litec, 10e éd. 2007, n° 200 ; M. PLANIOL, G. RIPERT et R. SAVATIER, Traité pratique de droit civil français, Paris, LGDJ, 2e éd. 1952, T. I, n° 141 et 143 ; J. CARBONNIER, Droit civil, T. I, Les personnes, Paris, PUF, coll. Thémis, 20e éd. 1996, n° 53*).

En réalité, cette conception étroite du domicile ne permettrait pas de protéger les résidences secondaires ou tertiaires, même lorsque les intéressés y résideraient effectivement (*H. MATSOPOULOU, « Violation de domicile », Juris-class. pén. Code, art. 226-4, fasc. 20, 2019*). Dans l'arrêt rendu le 13 février 2012, la cour d'appel a repris une approche pénale du domicile de la Cour suprême du Sénégal qui constitue une illustration assez frappante du réalisme du droit pénal. Cette haute juridiction a jugé, dans un arrêt du 21 juillet 1975 (*CS, n° 224 du 21 juillet 1975, MP c/ SAGNA, inédit*) que le domicile, au sens de l'article 164 du CP, renvoie à toute demeure occupée par une personne lorsque cette occupation résulte d'un droit.

En France, la jurisprudence a assimilé à un domicile toute demeure permanente ou temporaire occupée par celui qui y a droit, ou de son consentement, par un tiers (par exemple un véhicule). Selon la Cour de Cassation française, « *le domicile ne signifie pas seulement le lieu où une personne a son principal établissement, mais encore le lieu où, qu'elle y habite ou non, elle a le droit de se dire chez elle, quels que soient le titre juridique de son occupation et l'affectation donnée aux locaux*» (*Cass. crim., 26 févr. 1963, Bull. crim., n° 92 ; Cass. crim., 13 oct. 1982, Bull. crim., n° 212 ; RSC 1983, p. 670, obs. G. Levasseur ; Cass. crim., 24 avr. 1985, Bull. crim., n° 158 ; RSC 1986, p. 103, obs. G. Levasseur*).

Sont visés par le texte d'incrimination de la violation de domicile, les seuls lieux qui peuvent servir effectivement d'habitations. Ainsi, les squatters qui s'introduisent dans un appartement vide de meubles entre deux locations ou dans un appartement neuf et non occupé ou encore dans un appartement vide de meubles en attente de démolition, même par effraction, ne se rendent pas coupables de violation de domicile (*Cass. crim. 19 juillet 1957, Bull. crim., n° 513 ; CA Versailles, 31 janv. 1995, Juris-Data n° 040700*).

En outre, la Cour d'Appel de Dakar, dans l'arrêt rendu le 19 décembre 2000, a déjà eu l'occasion de considérer que la procédure d'hypothèque judiciaire prévue par l'Acte uniforme portant organisation des Sûretés « *ne peut s'appliquer dans le cas où le juge d'instruction a pris l'initiative des mesures provisoires, notamment une saisie qui, en vertu de l'autonomie du droit pénal peut s'appliquer sur tous les « biens » aussi bien mobiliers qu'immobiliers de l'inculpé* ».

- **Autonomie du droit pénal- indifférence de la nullité du contrat en vertu duquel la remise est faite à la constitution de l'infraction d'abus de confiance**

9. CA Dakar ch. corr. n° 593 du, *MP et D. M. et autres c/ Nd. Kh. N., inédit*

En vertu de l'autonomie du droit pénal la nullité du contrat en vertu duquel la remise est faite ne saurait faire obstacle à la constitution du délit d'abus de confiance.

LA COUR,

Considérant que par actes en date du 11 octobre 2000, la prévenue ND. Kh. N. par l'organe de son Conseil Maître Yahya FALL et le Procureur de la République près le tribunal de céans ont interjeté appel du jugement contradictoirement rendu le 26 Septembre 2000 par le Tribunal correctionnel de Dakar qui a condamné la susnommée à six (6) mois ferme et à payer aux partie civiles la somme totale de 12.900 à titre de dommages et intérêts et ce du chef d'abus de confiance.

EN LA FORME

Considérant que ces appels ont été relevés dans les formes et délais de la loi, il y a lieu de les déclarer recevables ;

AU FOND

Considérant qu'il résulte des faits de la cause que les nommés D., D. M., Ph. et F. G. ont remis respectivement à la dame Nd. Kh. N. 3 600 000 (trois million six cent mille francs) 2 300 000 (deux millions trois cent mille francs) 3 500 000 (trois millions cinq cent mille francs) et 3 500 000 (trois millions cinq cent mille francs) soit au total 12 900 000 (douze millions neuf cent mille francs) pour l'obtention d'un visa et d'un permis de séjour italien

Mais ils n'ont reçu ni les documents, ni leur argent ;

Considérant qu'en cause d'appel, la prévenue revenant sur toutes ses déclarations soutient que les susnommés ne lui ont jamais remis de l'argent ;

Considérant que les parties civiles persistent et exposent les circonstances dans lesquelles les remises ont eu lieu ;

Considérant que le conseil de la prévenue soutient qu'il n'y a pas dans la cause remise directe

Qu'il poursuit que les faits n'étant pas prouvés, il y a lieu de relaxer purement et simplement la prévenue et de débouter les parties civiles.

Considérant que Maître Ibrahima KANE autre conseil de la prévenue plaide que le contrat qui lie les parties civiles est inexistant car l'objet est illicite ;

Qu'il ajoute également qu'il n'y a pas de remise prouvée et que l'a Cour doit infirmer le jugement et relaxer la dame ;

Considérant que Maître Pape Niokhor DIOUF conclut à la relaxe aux motifs que soit l'argent a été remis à la prévenue à titre de paiement donc il n'y a pas de délit soit le contrat est nul parce que l'objet est illicite.

Considérant que l'Avocat général requiert la confirmation du jugement motif pris de ce que la prévenue a reçu les sommes qu'elle conteste et que la nullité du contrat n'influe en rien à la réalisation du délit d'abus de confiance ;

Considérant que les conseils de parties civiles Maître BARRY et Maître MBODJ sollicitent la confirmation du jugement ;

Considérant qu'il résulte des pièces du dossier et des débats que la prévenue a reçu des parties civiles la somme totale de 12 900 000 (douze millions neuf cent mille francs comme elle l'a reconnu tant à l'enquête préliminaire que devant le Procureur de la République ;

Qu'un engagement écrit signé des parties en date du 17 juillet 2000 est versé au dossier duquel il résulte que la prévenue s'oblige à rembourser les sommes reçues si les visas ne sont pas obtenus;

Considérant qu'en première instance la prévenue a reconnu les faits ;

Que son système de défense en appel est puéril et inopérant, les faits étant suffisamment établis;

Considérant au surplus que l'autonomie du droit pénal induit que la nullité du contrat ne saurait affecter la constitution du délit d'abus de confiance ;

Considérant que le premier juge a procédé à une bonne appréciation des faits et une exacte application de la loi ;

Qu'il y a lieu cependant compte tenu de la qualité de délinquant primaire de la prévenue de réformer partiellement le jugement prévu et de la condamner à 6 mois d'emprisonnement avec sursis ;

PAR CES MOTIFS

Statuant publiquement contradictoirement, en matière Correctionnelle et en dernier ressort ;

En la forme

Reçoit les appels enregistrés ;

Au fond

Reforme partiellement le jugement ;

Statuant à nouveau :

Condamne Nd. Kh. N. à six (6) mois avec sursis ;

Confirme le surplus du jugement ;

Condamne la prévenue aux dépens liquidés à la somme de cinq cent un mille deux cent quatre-vingt-cinq (501 285) francs.

OBSERVATIONS

Le délit d'abus de confiance suppose pour être constitué une remise préalable faite en vertu d'un des contrats énumérés à l'article 383 du Code pénal (*ND. FALL, « L'abus de confiance en droit sénégalais », La Balance, Journal de l'Union des Magistrats sénégalais, août 2002, p. 12*). La constitution du délit d'abus de confiance suppose des conditions préalables, à savoir une remise d'un bien faite en vertu d'un des contrats énumérés à l'article 383 du Code pénal.

La Cour d'Appel de Dakar a déjà jugé, dans un arrêt rendu le 22 juin 2012, que l'existence du contrat qui a fondé la remise d'un bien constitue la condition préalable et non l'un des éléments constitutifs du délit d'abus de confiance (*CA Dakar, ch. corr. n° 696 du 22 juin 2012, MP et W. Ch. Y. c/ A. S., inédit*).

La doctrine a vite considéré que la nullité du contrat civil en vertu duquel la chose détournée avait été remise, à titre précaire, ne fait pas obstacle aux poursuites du chef d'abus de confiance, dès lors que la loi civile ne détermine les causes de nullité des contrats que du point de vue des intérêts civils, abstraction faite des éléments délictueux ou de leurs conséquences (*V. M. VASSEUR, « Des effets en droit pénal des actes nuls ou illégaux d'après d'autres disciplines », RSC 1951, p. 45 ; R. SALOMON, « L'autonomie du droit pénal et le droit des contrats spéciaux ? », Cahiers de droit de l'entreprise n° 4, juillet 2021, dossier 23*).

La Chambre correctionnelle de la Cour d'Appel de Dakar a jugé, dans l'arrêt rendu le 23 juillet 2001, que « *l'autonomie du droit pénal induit que la nullité du contrat ne saurait affecter la constitution du délit d'abus de confiance* » (*CA Dakar, ch. corr., n° 593 du 23 juillet 2001, MP et D. M. et autres c/ Nd. Kh. N., inédit*).

Cette décision doit être approuvée. En réalité, le rôle du droit pénal n'est pas seulement de garantir le respect des règles juridiques posées par d'autres disciplines, mais de sanctionner les comportements antisociaux. Il a pour objet de protéger les intérêts essentiels de la société, et cela explique que, partout où ces intérêts sont en cause, même quand il ne fait qu'apporter à d'autres droits le secours de ses peines, c'est lui-même et lui seul qui doit déterminer les conditions dans lesquelles ces sanctions sont prononcées et appliquées (*B. BOULOC, Droit pénal général, Paris, Dalloz, 21e éd. 2009, n° 36*).

Ainsi, le droit criminel est un droit réaliste, qui ne s'embarrasse pas de fictions juridiques *(F. DESPORTES et F. LE GUENEHEC, Droit pénal général, Paris, Economica, 12e édition, 2005, n° 46 ; M. BRENAUT, « Sur la justification du principe d'autonomie du droit pénal », Cahiers de droit de l'entreprise n° 04, juillet 2021, dossier 22*).

CHAPITRE III :

LES LIMITES DE L'AUTONOMIE DU DROIT PÉNAL

- **Abus de blanc-seing- preuve de l'obligation en vertu de laquelle le blanc-seing avait été remis suivant les règles du droit commercial**

10. CS n° 06 du 8 janvier 1966, *MP et Kassem Nehmé c/ Mounir M'Rouch, inédit*

La preuve de l'obligation en vertu de laquelle le blanc-seing avait été remis et de la résiliation du contrat doit être rapportée conformément aux règles dc preuve des contrats en matière commerciales.

LA COUR,

Sur le moyen unique pris de la violation de l'article 407 au Code pénal et du décret-loi du 30 octobre 1935 et de l'article 1315 du code civil, en que l'arrêt attaqué a relaxé M. M. des fins la poursuite pour le motif que K. N. n'avait pas rapporté la preuve de l'existence d'un contrat civil ou commercial justifiant la remise du blanc-seing, alors précisément que ce contrat n'a jamais reçu que aucun commencement d'exécution si ce n'est la remise du chèque en blanc et alors que le chèque n'est qu'un instrument de paiement n'exigeant pas la preuve de l'objet du paiement et qu'enfin c'est à celui qui demande l'exécution d'une obligation d'en rapporter la preuve ;

Mais attendu qu'il résulte des énonciations de l'arrêt attaqué que M. de M. civile a été poursuivi sur plainte pour avec constitution de partie civile de K. N. pour avoir à Dakar, le 3 janvier 1961 abusé d'un blanc-seing en l'espèce un chèque ne portant que la signature du tireur qui lui avait été confié comme tel par le sieur K. N., frauduleusement écrit ou fait écrire au-dessus de la signature de ce dernier une obligation de la somme de 2 775 000 francs pouvant compromettre la personne ou la fortune dudit K. ;

Attendu qu'en application de l'article 407 du Code pénal, la partie civile, qui alléguait que ledit chèque en blanc avait été remis pour servir au paiement d'une vente commerciale de marchandises à livrer dont la valeur devait être fixée ultérieurement et ajoutait que la livraison n'ayant pas été réalisée, aucune somme n'aurait pu être portée sur le chèque, devait rapporter la preuve de l'obligation en vertu de laquelle le blanc-seing avait été remis et de la résiliation du contrat ;

Qu'ainsi en décidant que cette preuve devait être rapportée conformément aux règles dc preuve des contrats en matière commerciales, la Cour a fait une exacte application de l'article 407 du Code pénal visé au moyen;

Attendu que les juges ont la libre appréciation des preuves produites par les parties et soumises à une discussion contradictoire et que cette appréciation ne peut être discutée devant la Cour suprême ; d'où il suit que le moyen ne peut être accueilli en ce qu'il tend à critiquer l'appréciation souveraine de la cour d'appel selon laquelle ni le Ministère public, ni la partie civile n'auraient rapporté la preuve de l'existence du contrat allégué;

Attendu que lorsqu'il a été émis, le chèque ultérieurement argué de blanc-seing ne comportait pas d'indication de la somme à payer ; qu'ainsi lors de son émission par le tireur il n'avait pas d'existence légale d'où il suit que le moyen pris de la violation du décret du 30 octobre 1935 ne peut être accueilli ;

PAR CES MOTIFS

Rejette le pourvoi

- **Abus de confiance- preuve du contrat en vertu duquel la remise suivant les règles du droit civil**

11. Cass. ch. pén. n° 52 du 20 juillet 1993, *Babacar Niang et autre c/Oumar Diop, inédit*

La preuve de l'existence du contrat, base de l'abus de confiance, doit être faite, lorsqu'elle est contestée, selon les règles du Code des obligations civiles et commerciales.

LA COUR,

Sur les deux moyens réunis et pris de la violation des articles 14 et 16 du Code des Obligations civiles et commerciales et de la dénaturation des faits, en ce que l'arrêt attaqué a d'une part prouvé l'existence du contrat de mandat dont la violation est poursuivie et a déclaré M. K. coupable d'abus de confiance en se fondant sur des témoignages et présomptions alors que l'objet dudit contrat excède la somme de 20 000 Frs et qu'il n'a pas été fourni de commencement de preuve par écrit et que d'autre part, aucun témoin n'a affirmé avoir été présent au moment de la remise des fonds litigieux;

ATTENDU qu'il résulte des constatations de l'arrêt confirmatif attaqué qu'A. Y. N. a porté plainte contre M. K. pour abus de confiance portant sur la somme de 2 435 000 Frs qu'il lui a remise pour être versée à son compte en banque que M. K. a nié cette remise soutenant n'avoir été mandaté qu'une seule fois dans le passé pour remplir une mission similaire qui avait porté sur la somme de 1 740 000 Frs qu'il a été cependant produit à la procédure le reçu de versement de cette somme portant la signature de N. lui-même ainsi que d'autres reçus prouvant que K. avait auparavant effectué des versements bancaires pour le compte de N. ; que tous les témoins, y compris deux agents de la banque, ont déclaré que K. leur a soutenu avoir versé la somme litigieuse au compte bancaire de N. mais5ans qu'il lui ait été délivré reçu et sans qu'il puisse indiquer le guichet de l'opération, ce qui du reste a obligé ces agents à de minutieuses investigations, sans résultat ;

ATTENDU d'une part, qu'il est fait grief à l'arrêt entrepris d'avoir déclaré K. coupable d'abus de confiance en se fondant uniquement sur des témoignages et présomptions alors que ceux-ci ne peuvent avoir de valeur probatoire que si le plaignant avait fourni un commencement de preuve par écrit, et d'autre part qu'aucun témoin n'a affirmé avoir assisté à la remise des fonds litigieux contrairement aux énonciations de l'arrêt.

ATTENDU que la preuve de l'existence du contrat, base de l'abus de confiance, doit être faite, lorsqu'elle est contestée, selon les règles du Code des obligations civiles et commerciales ;

MAIS ATTENDU que si l'article 14 du COCC exige un écrit, l'article 16 déclare recevables les témoignages et présomptions lorsqu'il existe un commencement de preuve par écrit auquel sont assimilées les déclarations, même contradictoires et imprécises du prévenu, ses dénégations ou réticences recueillies par l'officier de police judiciaire ou le juge d'instruction lorsqu'elles sont de nature à rendre vraisemblable le fait allégué

ATTENDU en l'espèce, qu'en tirant la preuve de l'existence du contrat violé des déclarations et dénégations du prévenu des multiples témoignages qui relèvent tous de leur souveraine appréciation et sans énoncer que les témoins ont attesté avoir assisté à la remise de la somme litigieuse, les juges du fond, contrairement aux affirmations du demandeur n'ont aucunement violé les textes visés au moyen et dénaturé les faits :

D'OU il suit que les moyens ne sauraient être accueillis

SUR le moyen relève d'office et pris de la violation des articles 383 et 433 du Code pénal.

ATTENDU qu'aux termes de l'article 383 du Code pénal : « quiconque ayant -reçu des propriétaires, possesseurs ou détenteurs, des effets, deniers, marchandises, billets ; quittances ou écrits , contenant ou opérant obligation ou décharge à titre de louage de dépôt ; de mandat , de nantissement, de prêt à usage ou pour un travail salarié ou non salarié, n'aura pas, après simple mise en demeure, exécuté son engagement de les rendre ou représenter ou d'en faire un usage ou un emploi déterminé, sera puni d'un emprisonnement de six mois au moins et quatre an au plus et d'une amende de 20 000 Frs au moins et de 3 000 000 de Frs au plus »

QU'ainsi les juges du fond étaient tenus de prononcer cumulativement une peine d'emprisonnement de 6 mois au moins et une peine d'amende sauf si des circonstances atténuantes étaient retenues en faveur du prévenu ;

QU'EN l'espèce, l'existence de telles circonstances ne résulte pas des énonciations de l'arrêt attaqué:

D'OU il suit qu'en omettant de prononcer cumulativement contre M. K. la peine minimum d'emprisonnement et la peine minimum d'amende prévues à l'article 383 du Code pénal sans faire application de l'article 433 du même Code, ledit arrêt a violé les prescriptions desdits articles

PAR CES MOTIFS

CASSE et annule l'arrêt n° 187 rendu le 13 avril 1992 par la cour d'appel mais seulement en ce qu'il a omis d'appliquer soit la peine minimum de l'emprisonnement et la peine minimum d'amende édictées par l'article 383 du Code pénal soit le bénéfice des circonstances atténuantes prévues par l'article 433 du même Code et, pour être statué conformément à la loi en ce qui touche l'application desdits articles du Code pénal, les autres dispositions de l'arrêt concernant la culpabilité et l'action civile demeurant expressément maintenues ;

RENVOIE la cause et le prévenu devant la cour d'appel autrement composée ;

LAISSE les dépens à la charge du Trésor public ;

DIT que le présent arrêt sera imprimé ;

Qu'il sera transcrit sur les registres de la cour d'appel, en marge ou à la suite de la décision attaquée;

ORDONNE l'exécution du présent arrêt à la diligence de Monsieur le Procureur général près la Cour de Cassation.

- **Abus de confiance- preuve du titre contractuel qui a fondé la remise suivant les règles du droit civil**

12. CA Dakar, ch. corr. n° 696 du 22 juin 2012, *MP et Wolf Chantal Yvonne c/Alphonse SANE, inédit*

Le principe de la liberté de la preuve en matière pénale consacrée par l'article 414 du Code de procédure pénale ne s'applique que lorsqu'il s'agit de prouver des infractions qui sont des faits juridiques ; au contraire, lorsqu'il s'agit de prouver des actes juridiques tel que le titre contractuel qui a fondé la remise, le juge pénal doit appliquer les règles du droit commun de la preuve et non celles de la procédure pénale.

LA COUR,

Considérant que suivant déclaration en date du 12 janvier 2011reçue au greffe, le prévenu A. S. a interjeté appel du jugement n°32 rendu le 11 janvier 2011 par le Tribunal de grande instance de Ziguinchor qui l'a condamné à un mois d'emprisonnement avec sursis, à payer la somme de 1 000 000 FCFA à titre de dommages et intérêts à la partie civile et à lui restituer le véhicule ;

Que par déclaration également reçue au greffe le même jour, le Procureur de la République a aussi relevé appel incident de la même décision ;

En la forme

Considérant que lesdits appels ont été introduits dans les conditions prévues par la loi ; qu'il y a lieu de les déclarer recevables ;

Considérant que les parties ont comparu à l'audience en présence de leur conseil respectif, qu'il échct de statuer contradictoirement ;

Au fond

Sur les faits et la procédure

Considérant qu'il résulte du dossier de la procédure les faits suivants : le 1er décembre 2010, C. Y. W. portait plainte contre A. S. auprès du commissaire de police de Ziguinchor ; qu'elle exposait que courant septembre 2008, elle a acheté un véhicule Toyota Hiace 14 places à 8 500 000 CFA ; qu'elle précisait le destiner au transport public de personnes et elle a, pour ce faire, dépensé la somme de 1 000 000 CFA pour l'aménager en vue de répondre aux normes exigées pour cette activité ; qu'elle poursuivait que n'étant pas inscrite au registre du commerce, elle a muté ledit véhicule au nom de A. S. qui était son petit ami ; qu'elle ajoutait que celui-ci en assurait l'exploitation et devait lui verser quotidiennement les recettes quelle mettait de côté ; qu'elle déclarait que cependant S. avait arrêté de faire des versements et ayant mené des investigations, elle a découvert que le véhicule continuait toujours à circuler ;

Que l'enquête subséquente a abouti à l'arrestation de A. S. ; qu'il contestait les faits et déclarait que la plaignante, qui était sa petite amie depuis trois ans, lui a offert le véhicule et c'est pour cela qu'elle avait mis son nom sur les papiers du véhicule ; qu'il indiquait que les versements étaient toujours divisés en trois parties ; l'une allait à la plaignante, la seconde à lui et la troisième était réservée au financement des éventuelles pannes du véhicule ; qu'il ajoutait qu'il faisait les versements à la plaignante pour qu'elle l'aide à mieux gérer ses revenus et que celle-ci n'arrêtait pas de l'encourager ; qu'il verse au dossier de la procédure le certificat de vente du véhicule, l'attestation d'assurances ainsi que la carte grise qui portent tous son nom ;

Qu'attrait devant le tribunal correctionnel du chef d'abus de confiance, délit prévu et puni par l'article 383 du Code pénal, il a été déclaré coupable de ce chef par le jugement dont est appel;

Sur la culpabilité

(...)

Sur ce ;

Considérant que l'article 383 du Code pénal dispose que quiconque, ayant reçu des propriétaires, possesseurs, ou détenteurs, des effets, deniers, marchandises, billets, quittances ou écrits contenant ou opérant obligation ou décharge à titre de louage, de dépôt, de mandat, de nantissement, de prêt à usage ou pour un travail salarié ou non salarié, n'aura pas, après simple mise en demeure, exécuté son engagement de les rendre ou représenter ou d'en faire un usage ou un emploi déterminé, sera puni d'un emprisonnement de six mois au moins et quatre ans au plus et d'une amende de 20 000 francs au moins et de 3 000 000 de francs au plus ;

Qu'il en découle que celui qui reçoit doit respecter l'affectation de la chose afin d'être en mesure de la restituer au terme prévu par le contrat ;

Considérant toutefois qu'en l'espèce le prévenu a de façon constante soutenu être propriétaire du véhicule en vertu d'une donation qui lui a été faite par la partie civile qui vivait en couple avec lui ; que celle-ci doit donc apporter la preuve de l'existence du contrat qui a fondé la remise alléguée puisqu'elle constitue la condition préalable de l'infraction et non l'un de ses éléments constitutifs ;

Considérant qu'à cet égard, il y a lieu de faire observer que le principe de la liberté de la preuve en matière pénale consacrée par l'article 414 du Code de procédure pénale ne s'applique que lorsqu'il s'agit de prouver des infractions qui sont des faits juridiques ; qu'au contraire, lorsqu'il s'agit de prouver des actes juridiques tel que le titre contractuel qui a fondé la remise, le juge pénal doit appliquer les règles du droit commun de la preuve et non celles de la procédure pénale;

Considérant que face aux allégations de la partie civile, le prévenu a opposé le certificat de vente et la carte grise du véhicule ; que ces documents officiels non contestés portent son nom;

Considérant que s'agissant d'un bien meuble immatriculé et en de pareilles circonstances, seule la production d'un écrit démontrant la détention précaire du prévenu est admissible à l'exclusion de tout témoignage ou présomptions conformément aux dispositions de l'article 29 du COCC ;

Considérant qu'ainsi donc, l'existence d'un titre contractuel au sens de l'article 383 susvisé n'est pas établie et que le jugement entrepris procède d'une mauvaise interprétation de la loi ; qu'il y a lieu de l'infirmer en toutes ses dispositions et statuant à nouveau relaxer le prévenu purement et simplement et débouter la partie civile de toutes ses demandes ;

Considérant qu'il échet de laisser les dépens à la charge du Trésor public ;

PAR CES MOTIFS

Statuant publiquement, contradictoirement, en matière correctionnelle et en dernier ressort ;

Déclare les appels recevables ;

Infirme le jugement entrepris en toutes ses dispositions et statuant à nouveau ;

Relaxe le prévenu purement et simplement ;

Déboute la partie civile de toutes ses demandes ;

Met les dépens à la charge du Trésor public.

OBSERVATIONS

Dans les décisions ci-dessus rapportées, l'application des infractions d'abus de confiance et d'abus de blanc-seing a donné l'occasion aux magistrats de limiter l'autonomie du droit criminel. Pour rappel, le délit d'abus de confiance suppose pour être constitué une remise préalable faite en vertu d'un des contrats énumérés à l'article 383 du Code pénal (*ND. FALL, « L'abus de confiance en droit sénégalais », La Balance, Journal de l'Union des Magistrats sénégalais, août 2002, p. 12*). La constitution du délit d'abus de confiance suppose des conditions préalables, à savoir une remise d'un bien faite en vertu d'un des contrats énumérés à l'article 383 du Code pénal.

D'abord, un arrêt de la Cour de Cassation sénégalaise a énoncé que « *la preuve de l'existence du contrat, base de l'abus de confiance, doit être faite, lorsqu'elle est contestée, selon les règles du Code des obligations civiles et commerciales* » (*C. cass. ch. pén. n° 52 du 20 juillet 1993, M. K. c/ A. Y. N., inédit*). Selon la haute juridiction, si l'article 14 du COCC exige un écrit, l'article 16 dudit code déclare recevables les témoignages et présomptions, lorsqu'il existe un commencement de preuve par écrit, auquel sont assimilées les déclarations, même contradictoires et imprécises du prévenu, ses dénégations ou réticences recueillies par l'officier de police judiciaire ou le juge d'instruction lorsqu'elles sont de nature à rendre vraisemblable le fait allégué.

Ensuite, la Cour d'Appel de Dakar a jugé que « *le principe de la liberté de la preuve en matière pénale consacré par l'article 414 du CPP ne s'applique que lorsqu'il s'agit de prouver des infractions qui sont des faits juridiques ; qu'au contraire, lorsqu'il s'agit de prouver des actes juridiques comme le titre contractuel qui a fondé la remise, le juge pénal doit appliquer les règles du droit commun de la preuve et non celles de la procédure pénale* » (*CA Dakar, ch. corr. n° 696 du 22 juin 2012, MP et W. C. Y. c/ A. S., inédit*).

Dans l'arrêt rendu le 8 janvier 1966, la Cour suprême a jugé que la preuve de l'obligation en vertu de laquelle le blanc-seing avait été remis et de la résiliation du contrat doit être rapportée conformément aux règles dc preuve des contrats en matière commerciales.

Ces deux arrêts ne peuvent qu'être approuvés. En effet, l'autonomie du droit pénal poussée très loin pourrait être source d'arbitraire et d'insécurité juridiques. Ainsi, c'est par application des règles du droit civil que le juge pénal recherche si la personne poursuivie du chef d'une atteinte au bien d'autrui était ou non le propriétaire de ce bien (*Crim. 5 septembre 2001, Bull. crim. n° 173*).

De même, c'est en se référant aux règles du droit administratif que la chambre criminelle de la Cour de Cassation française a défini la notion de délégation de service public pour l'application du principe de la responsabilité pénale des personnes morales (*Crim. 3 avril 2002, Bull. crim. , n° 77 ; RJDA 2002*).

La chambre pénale de la Cour suprême du Sénégal a jugé, dans un arrêt rendu le 08 janvier 1966, qu'une cour d'appel qui admet que la preuve de l'obligation en vertu de laquelle le blanc-seing avait été remis et de la résiliation du contrat « *devait être apportée conformément aux règles de preuve des contrats en matière commerciale* », a fait une exacte application de l'article 407 du CP (*CS n° 5 du 8 janvier 1966, K. N. c/ M. M'R, inédit*).

TITRE PREMIER :

L'INFRACTION PÉNALE

CHAPITRE PREMIER :

LA NOTION D'INFRACTION

• Constatation de l'existence de l'infraction- crime, délit et contravention- Éléments constitutifs-Appréciation des tribunaux

13. CS Sénégal, 30 avril 1966, *arrêt Mamadou Keita*, *Penant*, n° 715, janvier février mars 1967, p. 109, Rapport G. Arrighi.

En fixant les éléments qui caractérisent les diverses infractions, le législateur n'a pas pu déterminer les faits matériels qui constitueraient ces éléments ; que dès lors c'est aux juges du fond qu'il appartient d'en constater l'existence et d'en apprécier la valeur, sous le contrôle de la Cour suprême

LA COUR,

Sur le premier moyen pris de la violation de l'article 379 du Code pénal,

Attendu que de l'arrêt confirmatif attaqué, du jugement dont il adopte les motifs et des pièces de procédure auxquelles il se réfère, il résulte que le 23 mars 1964 M. K., délégué du personnel des Établissements Fresseline s'emparait dans un atelier, d'un cahier contenant les noms des clients et des travaux à effectuer pour chacun d'eux, dans le but de le soumettre à son syndicat ct à l'inspection du travail en vue de prouver que le licenciement d'une partie du personnel, décidé par la direction de l'entreprise n'était pas justifié; qu'il a spontanément informé son chef d'atelier de cette appréhension:

Attendu que l'arrêt déféré déclare que par cet usage dans un but différent de celui pour lequel le cahier avait été établi ct d'une manière telle que cet usage devait nuire aux intérêts de son véritable propriétaire, M. K. s'cst bien conduit lui-même en maître absolu de la chose sous-traite et a commis le délit de vol ;

Attendu qu'en fixant les éléments qui caractérisent les diverses infractions, le législateur n'a pas pu déterminer les faits matériels qui constitueraient ces éléments ; que dès lors c'est aux juges du fond qu'il appartient d'en constater l'existence et d'en apprécier la valeur, sous le contrôle de la Cour suprême ;

Attendu que l'un des éléments légaux du délit de vol consiste dans le caractère frauduleux de l'appréhension de la chose d'autrui ;

Attendu que s'il est vrai que la loi réprime la soustraction lorsqu'elle révèle l'intention de se comporter même momentanément en propriétaire, elle n'atteint pas celui qui, sans l'autorisation du propriétaire utilise même abusivement la chose d'autrui sans avoir l'intention de l'en déposséder ;

Qu'en l'espèce l'erreur commise par M. K., et justement relevée par le tribunal, sur l'étendue de ses pouvoirs relatifs à l'accomplissement des missions des délégués du personnel définies par l'article 189 du Code du travail, l'intention et le but de poursuivi dépouiller par indûment lui ne révèlent le propriétaire pas qu'il ait eu l'intention de dépouiller indument le propriétaire et ne confèrent pas le caractère frauduleux à la soustraction qui lui est reprochée ;

D'où il suit qu'en statuant comme ils l'ont fait les juges d'appel ont violé le texte visé au moyen;

PAR CES MOTIFS

Et sans avoir à examiner le second moyen ;

Casse et annule.

OBSERVATIONS

Dans un système légaliste, la loi pénale a pour objet spécifique de déterminer les infractions pénales. En effet, la norme pénale définit les différentes incriminations, les sanctions ainsi que les autres règles générales qui leur sont applicables.

L'infraction est l'une des pierres angulaires du droit pénal et représente son point d'ancrage. (*G. BEAUSSONIE, « Infraction », Rép. dr. pén. proc. pén. 2021, n° 1*).

Mais malgré la centralité de la notion d'infraction, le Code pénal n'a pas procédé à sa définition.

Étymologiquement, le mot « *infraction* » vient du latin *infragere* qui signifie «*briser*». L'infraction renvoie ainsi à une rupture du pacte social, puisqu'elle traduit une atteinte aux valeurs cardinales de la société. On considère généralement qu'elle désigne le comportement d'une personne déterminée contraire à la loi pénale (*J-Y. LASSALLE, « La notion criminologique de l'infraction pénale », in Mélanges Gassin, p. 421*).

Dans un sens plus juridique, l'infraction s'entend du comportement interdit sous la menace d'une peine tel qu'il est défini de manière générale et impersonnelle par la loi pénale. Il s'agit de toute action ou omission humaine prévue et punie par la loi pénale (*A. MARCHAL et J. SCHEERS, « Une borne franchie : une nouvelle théorie conceptuelle de l'infraction », RSC 1983, p. 433*). L'infraction constitue un « *cas de figure* », une situation juridique et matérielle correspondant à une incrimination abstraite, générale et impersonnelle (*R. MERLE et A. VITU, Traité de droit criminel. Problèmes généraux de la science criminelle. Droit pénal général, tome 1, Paris, Cujas, 7e édition 1997, n° 383*).

Par exemple, le meurtre, le vol et la diffamation sont des infractions puisqu'étant des comportements humains prévus et sanctionnés par le Code pénal (*V. art. 280, 264 et s., 248, et 261 du CP*).

Les termes « *infraction* » ou « *crime* » sont souvent employés indifféremment. Mais techniquement, il importe de faire une distinction entre l'infraction et le crime. L'infraction est une notion plus large que le crime qui n'est qu'une catégorie spécifique d'infraction, à côté du délit et de la contravention (*A.-C. DANA, Essai sur la notion d'infraction pénale, 1982, Paris, LGDJ, nos 15 et 19 ; N. STONESTREET, La notion d'infraction pénale, thèse, Bordeaux 4, 2009*).

L'infraction pénale comporte deux éléments, à savoir, d'une part, l'incrimination et, d'autre part, la sanction. L'incrimination est la description des divers éléments constitutifs du comportement interdit. Au sens strict, l'infraction est la transgression d'un interdit pénal. Elle présuppose donc qu'un comportement ait préalablement fait l'objet d'une incrimination, c'est-à-dire d'une interdiction sous la menace d'une peine. «*Incriminer* », en effet, c'est déclarer un fait infractionnel.

L'opération d'incrimination consiste à « *nommer une situation, un comportement, parfois innommé jusqu'alors* », en vue de garantir la protection des valeurs cardinales de la société (*M. DELMAS-MARTY, Les grands systèmes de politique criminelle, Paris, PUF 1992, p. 306 : « La criminalisation passe par l'opération juridique et sociale de l'incrimination. Incriminer, c'est définir un crime, au sens large d'infraction pénale, donc à la fois nommer et diviser (...) » ; du même auteur, Modèles et mouvements de politique criminelle, Paris, Economica, 1983, p.159 et s.*). C'est une façon de « *désigner le mal* » (décrire le comportement interdit) et par la même occasion de « *nommer le bien* » (protéger une valeur de la société) (*G. BEAUSSONIE, « Infraction », Rép. dr. pén. proc. pén. 2021, n° 07).*

La sanction est la mesure prononcée par le juge en réaction à la commission d'une infraction pénale, sous forme de peine ou de mesure de sûreté (emprisonnement, amende, confiscation, etc.) (*F. DESPORTES et F. LE GUENEHEC, Droit pénal général, Paris, Economica, 2005, 12e édition, p. 10, n° 22*).

Toute infraction pénale n'est constituée que si tous ses éléments constitutifs sont réunis. L'absence de l'un de ces éléments fait disparaître l'infraction (*C. BALLOT-SQUIRAWSKI, Les éléments constitutifs de l'infraction : essai sur les composantes de l'infraction, thèse, Paris-Saclay, 2017 ; H. ROBERT, « Histoire des éléments constitutifs de l'infraction », RSC 1977, p. 269*). Il s'agit donc de conditions cumulatives. La jurisprudence consacre expressément la formule «*éléments constitutifs*» (*Cass. crim., 6 mars 1996, n° 95-83.997, JurisData n° 1996-002594*). Ces éléments essentiels constituent ce que l'on appelle la structure de l'infraction.

Mais l'expression « *éléments constitutifs de l'infraction* » ne doit pas être confondue avec d'autres notions voisines.

L'élément constitutif se distingue de la notion de circonstances aggravantes. Il s'agit d'éléments, fixés de façon limitative par la loi, qui sont rattachés à un comportement pénalement répréhensible et entraînent l'accroissement des peines encourues dans des proportions également définies par le législateur (*M. DALLOZ, « Circonstances aggravantes », Rép. dr. pén. proc. pén. Dalloz, 2017, n° 1 ; A. CHAVANNE, « Les circonstances aggravantes en droit français », RID pén. 1965. 527 ; M. DALLOZ, Les circonstances aggravantes légales en droit criminel français, thèse, Nice, 2001 ; E. DREYER, « Notations sur l'éclatement des circonstances aggravantes », in La réforme du Code pénal et du Code de procédure pénale-Opinio doctorum, in V. MALABAT, B. DE LAMY et M. GIACOPELLI (dir.), 2009, coll. Thèmes et commentaires, Dalloz, p. 63 ; C. DE JACOBET DE NOMBEL, Théorie générale des circonstances aggravantes, Paris, Dalloz 2006*).

Les circonstances aggravantes ne remettent pas en cause l'existence de l'infraction, mais aggravent seulement la répression.

Les éléments constitutifs de l'infraction doivent aussi être distingués des conditions préalables de celle-ci. Cette dernière notion vise des faits matériels ou juridiques précédant l'activité infractionnelle qui, en leur absence, ne serait pas concevable. C'est le cas de la situation de péril dans l'infraction de non-assistance à une personne en danger, de la caractérisation d'une remise faite en vertu d'un des contrats visés par l'article 383 du CP dans l'abus de confiance ou de l'existence d'un système informatique dans le cas des infractions relatives aux systèmes informatiques (*P. DOUCET, « La condition préalable à l'infraction », Gaz. pal. 1972. 2, doctr. 726 ; B. THELLIER DE PONCHEVILLE, La condition préalable de l'infraction, PUAM, 2010*).

Dans une conception classique, toute infraction pénale nécessite la réunion de trois éléments constitutifs. Un élément légal, un élément matériel et un élément psychologique ou moral.

Dans l'arrêt rendu le 30 avril 1966, dans l'affaire Mamadou Keita, la Cour suprême a jugé qu'en fixant les éléments qui caractérisent les diverses infractions, le législateur n'a pas pu déterminer les faits matériels qui constitueraient ces éléments ; dès lors c'est aux juges du fond qu'il appartient d'en constater l'existence et d'en apprécier la valeur, sous le contrôle de la Cour suprême. Ainsi, il revient au juge pénal, dans chaque espèce, de déterminer si les éléments constitutifs des infractions pénales sont réunies pour entrer en voie de condamnation.

- **Faute pénale (infraction) et faute disciplinaire**

14. CA Dakar, ch. corr., n° 115 du 06 juin 2013, *arrêt Sanou DIOUF*, in *Bulletin des arrêts rendus par la Cour d'Appel de Dakar en matière pénale*, année 2014, p. 125

Commet une faute pénale et une faute disciplinaire ouvrant droit à des sanctions, le commissaire de Police qui, sans justification, a privé de liberté un gendarme dans la chambre de sûreté pendant une quarantaine de minutes. En outre, le commissaire de

Police s'était transporté dans une zone hors de son domaine de compétence territoriale sans en avoir informé préalablement le procureur de la République et rendu compte à ce magistrat de son intervention.

LA COUR,

EN LA FORME

Considérant que la saisine est régulière pour avoir été faite dans les formes requises par la loi ;

Qu'il échet de la déclarer comme telle ;

AU FOND

Considérant qu'il ressort des pièces de la procédure les faits suivants :

Le 17 septembre 2012, le gendarme S. A. N., en service à la brigade territoriale des hydrocarbures, saisissait le Procureur de la république d'une plainte dirigée contre le commissaire S. D., chef du commissariat de Bel-Air. Il expliquait, dans sa plainte, que dans la matinée du 12 septembre 2012, aux environs de 07 heures 20 mn, vêtu de sa tenue, il s'était rendu au commissariat de Bel-Air pour y déposer les clés de son véhicule que son frère, inspecteur de police au commissariat du Point E, devait venir récupérer. Selon lui, au moment où il remettait lesdites clés au chef de poste, qui avait accepté la commission, il s'est vu interpeller par une dame en tenue de sport qui lui demandait l'objet de sa présence, avant de le sommer d'un ton ferme de quitter le commissariat aux motifs qu'elle n'acceptait pas le stationnement des véhicules dans le service. Ayant signifié à la dame, qui se trouvait être le commissaire S. D., que le véhicule n'était pas stationné à l'intérieur du service et qu'il ne faisait qu'en déposer les clés pour son frère qui devait passer les récupérer, celle-ci le rabrouait et devant ses protestations, l'injuriait provocant ainsi sa riposte. C'est alors, selon lui, que le commissaire S. D., après l'avoir brutalisé et malmené avec l'aide de ses trois agents qui lui ont déchiré sa tenue, ordonnait qu'on le mît dans la chambre de sûreté, ce qui fût fait. Ainsi, après avoir passé une quarantaine de minutes dans la chambre de sûreté du commissariat, il n'a du sa remise en liberté que sur intervention de ses chefs hiérarchiques, en l'occurrence l'adjoint au commandant de compagnie et son commandant de brigade. Il déposait, à l'appui de sa plainte, un certificat médical daté du 17 septembre 2012, concluant à une ITT de cinq jours ;

Entendu par la brigade prévôtale de la gendarmerie nationale, saisie par le Procureur de la république, le plaignant reprenait les termes de sa plainte. Également entendu par ladite brigade, l'adjudant-chef A. F., commandant de la brigade des hydrocarbures à laquelle appartient le plaignant confirmait s'être rendu au commissariat de Bel-Air, sitôt informé des faits, où il trouvait S. A. N. dans la chambre de sûreté déshabillé et déchaussé ;

Dans le rapport n°482/CBA en date du 05/10/2012 établi à l'attention du Procureur de la république et sur demande de ce dernier, le commissaire S. D. soutenait avoir juste rappelé au chef de poste de son service, à qui le gendarme ND. était entrain de remettre des clés, l'interdiction qu'elle avait faite contre le stationnement des véhicules dans l'enceinte du commissariat. Selon elle, c'est après ce rappel que le gendarme aurait réagi violemment en tenant à son égard des propos déplacés, l'amenant à lui demander de quitter le service. Devant le refus du gendarme ND. qui l'aurait injuriée, elle a du le faire mettre dans la chambre de sûreté pour « injure, acte de vandalisme, outrage au commissaire chef de service et scandale au poste ». Elle ajoutait avoir par la suite porté mention de ces faits sous le numéro 4834 du 12/09/2012, rendu compte à sa hiérarchie et à celle du plaignant et avisé le chef de la brigade prévôtale de la gendarmerie ;

Dans son rapport n°001/4 du 20/01/2013, l'adjudant A. D., commandant de la brigade prévôtale, soutenait qu'au sortir du commissariat de Bel-Air, où il venait d'obtenir la libération du gendarme ND. après quelques conciliabules, il s'est rendu à la caserne de Potou où résidait ledit gendarme et y trouvait le véhicule cause de l'incident garé et bâché.

Le commandant de la compagnie de gendarmerie maritime, en l'occurrence le capitaine B. ND., déclarait, dans son rapport n°144/4 du 18/09/2012, avoir constaté que la tenue du gendarme était déchirée sous l'aisselle et les boutons arrachés ;

En transmettant les pièces de la procédure au Procureur général près la Cour d'Appel, le Procureur de la république, outre la plainte du gendarme S. A.N., portait à la connaissance dudit magistrat d'autres faits antérieurs impliquant le commissaire S. D. dans l'exercice de ses fonctions d'officier de police judiciaire. Il exposait en effet que cette dernière avait eu à s'attaquer au Procureur de la république adjoint qui lui faisait des observations sur l'illégalité d'une mesure de garde à vue qu'elle avait prise contre une personne pour une affaire purement civile. Il soutenait également que ledit commissaire avait eu à se déplacer au parc d'attraction dit « Magic LAND », situé hors de son secteur de compétence pour porter secours à l'un de ses proches, ce, sans en aviser le Procureur de la République. Ces faits s'ajoutant au placement en garde à vue, à l'insu du Procureur de la république, du gendarme S. A. N., le tout en l'espace de deux ans, traduisent, selon lui, des comportements méritant sanction ;

Entendue devant la chambre de céans, le commissaire S. D. réitérait l'essentiel de ses déclarations contenues dans son rapport adressé au Procureur de la république. Elle soutenait n'avoir pas avisé le Procureur de la république de l'arrestation du plaignant parce que, selon sa compréhension, d'une part la mesure ne s'analysait pas en garde à vue mais plutôt en « rétention » et d'autre part lorsque des faits impliquent un homme de tenue, elle avait l'obligation d'informer au préalable ses chefs hiérarchiques. Elle justifiait également la mesure prise par le fait que le plaignant était trop agité et risquait de prendre la fuite et de ne plus être retrouvé. S'agissant de l'incident qui l'avait opposée au Procureur de la république adjoint, elle soutenait que celui-ci lui reprochait de ne pas répondre à ses appels téléphoniques alors que, selon elle, le numéro utilisé par ce dernier était masqué et que, de ce fait, elle n'a pas pu l'identifier. Répondant sur l'affaire du « Magic LAND » invoquée par le Procureur de la république, elle faisait observer que son intervention dans ce secteur était due au fait que des personnes résidant dans sa zone de compétence ont été victimes d'agression et, faute d'intervention de l'officier de police judiciaire compétent, elle a du se rendre sur les lieux pour procéder à des opérations. Elle admettait néanmoins que, sur ce cas précis, elle aurait du aviser le Procureur de la république ;

Considérant que le Ministère public, dans son réquisitoire, a relevé que la mise en garde à vue du gendarme ND., sans aucune information préalable du Procureur de la république, constituait une violation des dispositions de l'article 18 du Code de procédure pénale ; Que le certificat médical produit au dossier ainsi que les pièces de la procédures établissent que des violences ont été exercées sur le plaignant ; Qu'à cela s'ajoute, selon lui, le déplacement du commissaire S. D. hors de son secteur de compétence et à l'insu du Procureur de la république ainsi que le fait pour la mise en cause de ne pas daigner répondre aux appels du Procureur de la république adjoint lequel voulait simplement lui faire des observations sur une mesure illégale de garde à vue ;

Que compte tenu de la gravité de tous ces faits, il sollicite le retrait pur et simple de la qualité d'officier de police judiciaire du commissaire S. N. ;

Considérant que Maître Demba Ciré BATHILY, conseil de la mise en cause, a fait observer que la mise du gendarme D. dans la chambre de sûreté était légale dans la mesure où ce dernier avait commis un outrage au commissaire chef de service et que ce dernier l'a retenu en attendant l'arrivée de la Prévôtale conformément à la loi ;

Qu'il a soutenu, par ailleurs que la loi permet aux officiers de police judiciaire d'exercer leurs fonctions sur toute l'étendue de la région ; Que l'intervention du commissaire S. D. au lieudit « Magic LAND » n'était pas fautive ;

Que s'agissant de l'incident ayant opposé cette dernière au Procureur de la république adjoint, il fait remarquer que celui-ci avait appelé celle-là à partir d'un numéro masqué ; Que dans ces conditions, conclut-il, il ne pouvait être reproché à sa cliente de ne pas avoir répondu aux appels de ce magistrat qu'elle n'a pu identifier ;

Que compte tenu de toutes ces considérations, il soutient qu'il n'y a pas lieu d'appliquer une sanction disciplinaire au commissaire S. D. ;

SUR CE :

Considérant qu'il y a lieu de relever d'emblée que les faits qualifiés d' « attaque » dans le rapport du Procureur de la république et qui ont opposé son adjoint au commissaire S. D. ne sont pas suffisamment caractérisés, celle-ci ayant déclaré n'avoir pu reconnaître le numéro d'appel du Procureur adjoint du fait qu'il était masqué ; Que même si l'Avocat général conteste ce fait, soutenant que les numéros des procureurs de la république étaient toujours visibles, il n'en demeure pas moins qu'aucun élément de la procédure n'a permis d'établir que le commissaire S. D. avait pu identifier le Procureur adjoint à partir du numéro avec lequel ce dernier l'appelait ;

Considérant, en revanche, qu'il est constant que le commissaire S. D., suite à l'altercation l'ayant opposée au gendarme S. A. N. a fait enfermer ce dernier dans la chambre de sûreté du commissariat pendant environ une quarantaine de minutes ; Que pour expliquer cette mesure, elle a invoqué, notamment dans son rapport n°482.CBA du 05/10/2012, la grande agitation du plaignant et le fait que ce dernier aurait voulu précipitamment quitter les lieux ;

Considérant toutefois, qu'en dehors de la mesure de garde à vue prévue aux articles 55 et suivants du Code de procédure pénale, aucune disposition légale ne permettait , dans le cas d'espèce, à l'officier de police judiciaire qu'est le commissaire S. D., de faire retenir S. A. N. de force dans ses locaux ; Que la « rétention » qu'elle invoque et qu'elle paraît distinguer de la mesure de garde à vue n'est prévue par aucun texte de loi et ne pourrait s'analyser dès lors qu'en détention illégale; Que s'agissant de la mesure de garde à vue, il importe de rappeler qu'elle ne peut être entreprise par l'officier de police judiciaire, aux termes de l'article 55 du Code de procédure pénale, que pour les nécessités d'une enquête ouverte ou en cas d'indices graves et concordants de nature à motiver l'inculpation du mis en cause ; Or, il n'est pas établi en l'espèce que ces conditions étaient réalisées au moment de la mise en détention du plaignant; Qu'en tout état de cause et quel que soit le statut civil ou militaire de la personne en cause, le commissaire S. D. était tenue d'informer immédiatement le Procureur de la République, sa seule autorité en la matière, et ce, conformément aux articles 18 alinéa 1er et 55 alinéa 3 du Code de procédure pénale; Qu'ainsi, en retenant S. A. N. dans ses locaux en violation des dispositions légales précitées, le commissaire S. D. a méconnu une obligation professionnelle résultant de sa qualité d'officier de police judiciaire ;

Considérant, par ailleurs, que, contrairement aux arguments du conseil de la mise en cause, les officiers de police judiciaire ont une compétence limitée à la circonscription urbaine où ils exercent leurs fonctions, conformément à l'article 17 du Code de procédure pénale ; Que le commissaire S. D. a reconnu que le lieu dit « Magic LAND » où elle s'était transportée pour une intervention dans le cadre de ses fonctions d'officier de police judiciaire, était situé en dehors de sa circonscription de compétence ; Que n'ayant pas rendu compte au Procureur de la république de ce déplacement, comme elle l'a du reste admis, elle a également violé une obligation professionnelle prévue à l'article 17 alinéa 2 du Code de procédure pénale ;

Considérant que les fautes ci-dessus relevées justifient amplement l'application d'une sanction disciplinaire conformément à l'article 216 du Code de procédure pénale ;

Que toutefois, il n'est ni allégué ni établi par aucune pièce de la procédure que le commissaire S. D. a déjà été sanctionnée dans l'exercice de ses fonctions d'officier de police judiciaire ;

Que pour sa première traduction en procédure disciplinaire, une suspension de six mois de ses fonctions d'officier de police judiciaire et de déléguée du juge d'instruction apparaît raisonnable ;

Qu'il échet ainsi de dire que Madame S. D., commissaire de police, est suspendue de ses fonctions d'officier de police judiciaire et de déléguée du juge d'instruction pour une durée de six mois ;

Considérant, par ailleurs, qu'aux termes de l'article 216, alinéa 2 du Code de procédure pénale, « si la chambre d'accusation estime que l'officier de police judiciaire a commis une infraction à la loi pénale, elle ordonne en outre la transmission du dossier au Procureur général à toutes fins qu'il appartiendra. » ;

Considérant que la détention de S.S.N. en dehors de tout cadre légal ainsi que les violences exercées sur sa personne, sont susceptibles de constituer une infraction à la loi pénale ;

Qu'il échet en conséquence et en application du texte précité d'ordonner la transmission du dossier à Monsieur le Procureur général aux fins qu'il lui appartiendra d'apprécier sur la plainte de la victime ;

PAR CES MOTIFS

Statuant en chambre du conseil, hors la présence de la mise en cause, de son conseil, du Ministère public et du greffier ;

EN LA FORME

Déclare la saisine régulière ;

AU FOND

Dit que S. D., commissaire de police, est suspendue de ses fonctions d'officier de police judiciaire et de déléguée du juge d'instruction pour une durée de six mois ;

Ordonne la transmission du dossier au Procureur général près la Cour de céans aux fins qu'il lui appartiendra d'apprécier sur la plainte de S. S. N. ;

Dit que la présente décision sera notifiée aux autorités compétentes à la diligence du Procureur général.

OBSERVATIONS

L'infraction doit être distinguée de la faute disciplinaire. La faute disciplinaire renvoie à la violation des règles qui sont propres à des groupements restreints, sociaux ou professionnels. Toutefois, la faute pénale résulte de la violation de la loi pénale, applicable à tous les citoyens, sans exception (*J. PRALUS-DUPUY, «Discipline », Rép. dr. pén. proc. pén., Dalloz, 2002*)

La faute et la procédure disciplinaire présentent une certaine autonomie par rapport à la faute et à la procédure pénale. Ainsi, un arrêt rendu par la chambre administrative de la Cour suprême le 11 juillet 2019 a énoncé « *qu'en raison de son autonomie, la procédure disciplinaire suivie contre un maire pour manquement aux obligations liées à l'exercice de ses fonctions, peut aboutir à une décision de révocation, alors même qu'il n'a pas été statué définitivement sur l'action pénale engagée à son encontre sur la base des mêmes faits* » (*CS ch. adm. n° 30 du 11 juillet 2019, A. Y. Z. c/État du Sénégal : https://juricaf.org/*)

De plus, si, en vertu du principe de la légalité, la faute pénale doit être expressément prévue par le législateur, la faute disciplinaire peut résider dans un fait qui n'est pas expressément interdit par les règles du groupement. Par exemple, tout manquement à la dignité ou l'honorabilité de la profession peut constituer, de la part d'un médecin, une faute disciplinaire. Il faut préciser qu'un fait unique peut constituer à la fois une faute pénale et une faute disciplinaire (*J. PRALUS-DUPUY, « La répression disciplinaire de l'infraction pénale », RSC 1992, p. 22*).

Dans le présent arrêt, la Cour d'Appel de Dakar a jugé que commet une faute pénale et une faute disciplinaire ouvrant droit à des sanctions, le commissaire de Police qui, sans justification, a privé de liberté un gendarme dans la chambre de sûreté pendant une quarantaine de minutes. En outre, le commissaire de Police s'était transporté dans une zone hors de son domaine de compétence territoriale sans en avoir informé préalablement le procureur de la République et rendu compte à ce magistrat de son intervention.

Un arrêt de la Cour de Cassation du Sénégal rendu le 12 janvier 2000 a précisé que « *l'autonomie du droit disciplinaire et du droit pénal permet à l'employeur de sanctionner des faits qu'il reproche à l'employé, qu'il considère comme fautifs et qui portent préjudice à l'entreprise et ce, même si ces actes sont susceptibles d'incrimination pénale* ». Elle a ainsi approuvé une décision d'une cour d'appel qui a considéré que le détournement reproché à un employé, établi au vu des éléments recueillis au cours de l'enquête préliminaire dont le procès-verbal versé au dossier, constitue une faute lourde justifiant le licenciement (*Cass. soc. n° 21 du 12 janvier 2000, A. A. c/ La société DAMAG https://juricaf.org/*).

Par ailleurs, l'infraction est punie des sanctions prévues par la loi pénale et prononcées par une juridiction répressive. Par contre, la faute disciplinaire entraîne l'application de mesures concernant l'exercice de la profession, comme le blâme, l'avertissement, une suspension ou l'interdiction provisoire d'exercer la profession ou la radiation. Ces mesures sont généralement prononcées par des instances disciplinaires. C'est le cas du Conseil supérieur de la Magistrature, pour les magistrats ou du Conseil de l'ordre des avocats, pour les avocats.

CHAPITRE II :

LA CLASSIFICATION DES INFRACTIONS

- **Infraction instantanée- faux et usage de faux et escroquerie - point de départ du délai de prescription de l'action publique**

15. CS, ch. crim. n° 10 du 16 février 2017, *arrêt Moustapha DIAWARA*, *Cour suprême- Bulletin des arrêts, n°* 13-14, année judiciaire 2017, juin 2019, p. 15

À l'égard des délits de faux et usage de faux, le délai de prescription court du jour de l'établissement du faux ou à partir de la date de chacun des actes par lesquels le prévenu se prévaut de la pièce fausse ; s'agissant du délit d'escroquerie, le point de départ de la prescription n'est pas reporté à la date à laquelle l'infraction est apparue.

LA COUR,

(...)

Attendu qu'il résulte de l'arrêt attaqué et des pièces de procédure que M. D. a, suivant exploit des 27 mars et 3 juin 2013, cité devant le Tribunal de grande instance hors classe de Dakar, statuant en matière correctionnelle, A. N. bénéficiaire d'un contrat de prêt la liant à la BHS enregistré le 11 mai 2001 qu'il prétend faux, les signataires de l'attestation du 3 mars 2000 également arguée de faux, en l'occurrence M. M. et M. B. D., respectivement directeur du crédit et chargée du prêt Sénior à la Banque de l'Habitat du Sénégal ainsi que ladite banque aux fins d'entendre déclarer la première nommée coupable d'usage de faux et d'escroquerie, faux et complicité d'escroquerie pour les deux employés de la banque, les condamner solidairement avec celle-ci à lui rembourser la somme de 16 616 000 francs à titre de dommages et intérêts et déclarer la BHS civilement responsable des condamnations prononcées contre M. M. et M. B. D. ; qu'il soutient n'avoir pris connaissance du faux que le 18 septembre 2012, date à laquelle il a reçu communication du contrat de prêt ;

Sur le premier moyen tiré de la violation des articles 7 dernier alinéa et 8 du Code de procédure pénale en ce qu'en retenant, pour confirmer le jugement entrepris ayant constaté la prescription et subséquemment l'extinction de l'action publique, comme point de départ du délai de prescription le jour d'utilisation par le prévenu du faux et non le jour où l'usage de faux est apparu et a pu être constaté dans des conditions permettant l'exercice de l'action publique, « la cour d'appel a privé sa décision de base légale » ;

Attendu que, pour confirmer le jugement du 10 avril 2014 constatant la prescription de l'action publique et déclarant celle-ci éteinte, la cour d'appel relève : « Qu'il est, en effet, constant comme résultant des pièces produites notamment les conclusions en date du 20 juin 2005 prises par M. D. dans l'instance d'appel ayant abouti à l'arrêt de la cour de céans du 10 août 2007 (arrêt civil définitif) qu'il a pris connaissance, au moins depuis cette date, de l'existence du contrat de prêt liant la BHS et A. N. en ce qu'il y est fait référence à la lettre en date du 10 octobre 2000 envoyée par la BHS au notaire M. ND., lettre dans laquelle il est précisé qu'A. N. est l'unique bénéficiaire du prêt octroyé pour l'acquisition de la villa n° 87 du projet SNHLM Hann Maristes » et retient « Qu'au regard de ces considérations, les prévenus étant cités devant la juridiction correctionnelle suivant exploit des 27 mars et 03 juin 2013, soit plus de trois ans après la commission des faits alors qu'aucun acte interruptif de prescription n'a été déposé, c'est à bon droit, que le premier juge a déclaré l'action publique prescrite » ;

Qu'en cet état, dès lors que, d'une part, à l'égard des délits de faux et usage de faux, le délai de prescription court du jour de l'établissement du faux ou à partir de la date de chacun des actes par lesquels le prévenu se prévaut de la pièce fausse et, d'autre part, s'agissant du délit d'escroquerie, le point de départ de la prescription n'est pas reporté à la date à laquelle l'infraction est apparue, la cour d'appel a légalement justifié sa décision ;

D'où il suit que le moyen ne peut être accueilli ;

Sur le second moyen pris de la dénaturation des faits (annexé) ;

Mais attendu que, le grief de dénaturation n'est accueilli qu'en cas de méconnaissance du contenu ou du sens d'un écrit clair et précis alors qu'en l'espèce le requérant se borne à rediscuter les éléments de fait et de preuve qui relèvent de l'appréciation souveraine des juges du fond ;

D'où il suit que le moyen est irrecevable ;

PAR CES MOTIFS

Rejette le pourvoi formé par M. D. contre l'arrêt n° 1118 du 28 juillet 2015 de la Cour d'Appel de Dakar ;

Le condamne aux dépens ;

Dit que le présent arrêt sera imprimé, qu'il sera transcrit sur les registres de la Cour d'Appel de Dakar en marge ou à la suite de la décision attaquée ;

Ordonne l'exécution du présent arrêt à la diligence du Procureur général près la Cour suprême.

- **Infraction instantanée- faux et usage de faux : point de départ du délai de prescription de l'action publique-jour où l'infraction est réalisée**

16. CA Dakar ch. corr., n° 517 du 08 avril 2015, ***MP et R. G et M. G c/ A. G. D., inédit***

Les délits de faux et usage de faux sont des infractions instantanées qui sont réalisées, en un trait de temps ; le point de départ du délai court à partir du jour où l'infraction est réalisée.

LA COUR,

Considérant que, suivant actes en date du 30 septembre 2009, Me Moustapha Diop, avocat à la cour, agissant au nom et pour le compte de la dame A. G. D., prévenue de faux et usage de faux en écritures publiques et le Ministère public, ont respectivement relevé appel principal et incident du jugement rendu par défaut réputé contradictoire, le 1er septembre 2009 par le Tribunal de grande instance hors classe de Dakar l'opposant aux parties civiles R. G. et M. G., qui l'avait condamnée à deux ans d'emprisonnement ferme pour le délit précité et à payer aux parties civiles R. G. et M. G. la somme de 500 000 000 F pour toutes causes de préjudice confondues ;

(…)

SUR CE,

Considérant que les délits de faux et usage de faux, contrairement à ce qui a été soutenu par l' Avocat général et le conseil des parties civiles, sont des infractions instantanées qui sont réalisées, en un trait de temps ; que le point de départ du délai court à partir du jour où l'infraction est réalisée, tout en retenant, bien entendu, qu'il se décompte le lendemain de la commission de l'infraction (dies a quo, dies ad quem) ;

Considérant que, selon la minute de l'acte de vente notariée, produite aux débats par l'appelante, il ressort de celle-ci que la vente a été réalisée le 22 décembre 1998, et attaquée, pour faux et usage de faux le quinze(15) janvier 2009 : soit plus de dix (10) ans après ; qu'il y a lieu de constater que l'action publique a été mise en mouvement , alors que la prescription de l'action publique était déjà acquise(s'agissant de délit, le délai de prescription de l'action publique est de trois ans) et qu' au moment de son introduction, plus aucune poursuite ne pouvait être entamée (le délai de prescription étant acquise depuis le 23 décembre 2001 pour le faux, et pour l'usage de l'acte argué de faux , depuis le 25 juin 1999, si l'on se fie au bordereau analytique mentionné à la section iv) ;

Qu'il échet, dès lors, d'infirmer le jugement attaqué et statuant à nouveau, recevoir l'exception de prescription de l'action publique et dire que l'action publique est, désormais, éteinte ;

PAR CES MOTIFS

Statuant publiquement, contradictoirement, en matière correctionnelle et en dernier ressort ;

En la forme

Rejette l'exception d'irrecevabilité de l'appel ;

Déclare les appels recevables ;

Au fond

Déclare recevable la fin de non-recevoir tirée de la prescription de l'action publique ;

Déclare l'action publique éteinte ;

Condamne les parties civiles aux dépens.

OBSERVATIONS

L'infraction instantanée est l'infraction dont l'élément matériel s'exécute en un trait de temps (*D. NZOUABETH, « Le temps et l'infraction », Annales africaines, décembre 2016, n° 5, p. 106)*. Comme l'a écrit le président Ndongo FALL, toutes les composantes de l'infraction se réunissent dans une courte séquence (*Nd. FALL, Le droit pénal africain à travers le système sénégalais, Dakar, EDJA, 2003, p. 33*).

Les infractions instantanées sont constituées d'une action ou d'une omission qui s'exécute d'un seul trait (*sur la classification des infractions en général, V. G. RIVES, « La classification des infractions selon leur gravité en droit sénégalais », Annales africaines 1974, p. 185*). Elles se distinguent des infractions continues qui exigent pour leur réalisation un seul acte qui s'étale dans le temps par une réitération de la volonté coupable. Par exemple, le vol est une infraction instantanée réalisée par l'acte de soustraction frauduleuse de la chose n'appartenant pas au prévenu (*V. art. 364 du CP*). C'est aussi le cas pour l'escroquerie qui est consommé par la remise de la chose frauduleusement obtenue.

Il importe peu que les effets de l'infraction se prolongent dans le temps. C'est ainsi que l'abandon de famille est considéré comme une infraction instantanée alors même qu'il suppose l'absence de paiement de la pension alimentaire pendant plus de deux mois (*Cass. crim. 2 déc. 1998, D. 2000.36, obs. Y. Mayaud*).

De même, la bigamie, qui se réalise en un trait de temps, est un délit instantané, seuls ses effets se prolongeant après la consommation de l'infraction (*V. Cass. crim. 12 avr. 1983, Bull. crim., n° 97*).

La distinction entre les infractions instantanées et les infractions continues présente plusieurs intérêts, notamment en matière de prescription de l'action publique.

En outre, la prescription de l'action publique court pour l'infraction instantanée à compter du jour où l'acte consommant l'infraction a été accompli (*Cass. crim., 16 déc. 1964, JCP G. 1965, II, 14086, note J. Schwob ; Cass. crim., 25 nov. 1975, Bull. crim., n° 257*).

Dans l'arrêt rendu par la Cour d'Appel de Dakar le 08 avril 2015, il a été jugé que les délits de faux et usage de faux sont des infractions instantanées qui sont réalisées, en un trait de temps ; dès lors, le point de départ du délai court à partir du jour où l'infraction est réalisée (*Dans le même sens, CA Dakar ch. corr., n° 299 du 18 avril 2017, MP et A. D. c/ E. D., inédit ; dans le même sens, CA Dakar ch. corr., n° 357 du 11 avril 2012, MP et AJE c/ M. TH., inédit ; CA Dakar ch. corr., n° 819 du 03 juin 2013, MP et L. F. S. c/Z. B., inédit ; CA Dakar ch. corr., n°1536 du 15 novembre 2013, MP et M. Ng. et M. MB. c/ la Congrég. des filles du Saint Coeur de Marie et mère M. Th. D., inédit ; CA Dakar ch. corr., n° 517 du 08 avril 2015, MP et R. G et M. G c/ A. G. D., inédit : « les délits de faux et usage de faux (...) sont des infractions instantanées qui sont réalisées, en un trait de temps ; que le point de départ du délai court à partir du jour où l'infraction est réalisée »*).

Toutefois, l'infraction continue se prescrit qu'à compter de la cessation de l'activité délictueuse, c'est-à-dire lorsque l'action pénale réitérée a pris fin (*T. corr. Lille, 27 février1954, D., 1954, som., 57 ; crim., 19 déc. 1963, G.P., 1964.1.230; crim., 18.mars 1986, Bull. crim., n° 283; (présentation de bilan inexact à une assemblée générale) ; crim., 17 juin 1987, D., 1987, 1. R., 175; (détournement de correspondance); crim., 11 fèv, 1985, Bull. crim n° 66 ; (contravention à la réglementation des tarifs aériens) ; cass. crim., 16 juill. 1964, Bull. crim., n° 241)*. Par exemple, en matière de recel de choses, le délai de prescription de l'action publique ne court qu'à partir du moment où le receleur ne se trouve plus en possession de la chose détenue.

L'arrêt de la Cour d'Appel de Dakar rappelle, en réalité, des principes bien établis en droit pénal général.

- **Infraction instantanée- escroquerie- point de départ du délai de prescription de l'action publique**

17. CS ch. crim. n° 113 du 16 juin 2016, *Virgile André DAMADO c/ El Hadji Malick SY, inédit*

Même si la doctrine et la jurisprudence française classent habituellement le délit d'escroquerie dans la catégorie des infractions instantanées dont le point de départ de la prescription coïncide avec la date de remise des fonds, il y a lieu de ne pas généraliser cette doctrine, mais de raisonner au cas par cas pour fixer ce point de départ. Dans le cas d'espèce, le contexte et la nature des rapports existants entre les parties en litige doivent être pris en compte pour déterminer si le point de départ de la prescription doit coïncider avec la date de remise des fonds ou avec celle à laquelle la victime de l'escroquerie en a pris réellement connaissance et s'est trouvée à même d'intenter des poursuites pénales contre l'auteur de cette infraction. Ainsi, les circonstances de la cause permettent de retarder le point de départ de la prescription jusqu'à la date de réalisation par la victime de l'escroquerie.

LA COUR,

SUR LE MOYEN UNIQUE PRIS DE LA VIOLATION DES ARTICLES 379 DU CODE PENAL ET 6, 8 DU CODE DE PROCEDURE PENALE ;

VU LESDITS ARTICLES

Attendu que le premier texte dispose que « quiconque, soit en faisant usage de faux noms ou de fausses qualités, soit en employant des manœuvres frauduleuses quelconques, se sera fait remettre ou délivrer, ou aura tenté de se faire remettre ou délivrer des fonds, des meubles ou des obligations, dispositions, billets, promesses, quittances ou décharges, et aura par un de ces moyens, escroqué ou tenté d'escroquer la totalité ou partie de la fortune d'autrui, sera puni d'un emprisonnement d'un an au moins et de cinq ans au plus, et d'une amende de 100 000 à 1 000 000 de francs »

Que le deuxième texte dispose que l'action publique pour l'application de la peine s'éteint par la mort du prévenu, la prescription l'amnistie, l'abrogation de la loi pénale et la chose jugée.

Toutefois, si des poursuites ayant entraîné condamnation ont révélé la fausseté du jugement ou de l'arrêt qui a déclaré l'action publique éteinte, l'action publique pourra être reprise ; la prescription doit alors être considérée comme suspendue depuis le jour où le jugement où l'arrêt était devenu définitif jusqu'à celui de la condamnation du coupable de faux ou usage de faux.

Elle peut, en outre, s'éteindre par transaction, lorsque la loi en dispose expressément ; il en est de même, en cas de retrait de plainte lorsque celle-ci est une condition nécessaire de la poursuite ».

Que le troisième texte dispose que « En matière de délit, la prescription de l'action publique est de trois années révolues, elle s'accomplit selon les distinctions spécifiées à l'article précédent.

Toutefois, en matière de détournement de deniers publics, la prescription est de 7 années révolues ; elle s'accomplit selon les distinctions spécifiées à l'article 7 ».

Que par ailleurs, l'article 7 in fine du même Code dispose que « la prescription est suspendue par tout obstacle de droit ou de fait empêchant l'exercice de l'action publique».

Attendu que l'arrêt attaqué a retenu, que le délai de prescription de l'action publique de l'infraction d'escroquerie, délit instantané, pour laquelle est poursuivi E. M. S., doit être compté à partir de la date de remise du chèque de 6 000 000 frs CFA par V. A. D., le 19 février 2003 et qu'en conséquence celle-ci était acquise le 24 mai 2011 date des poursuites initiées contre SY par D. ;

Mais attendu que c'est plutôt la date du 28 mai 2010 à laquelle E. M. S a fait connaître, par courrier en réponse à celui de de D. du 14 mai 2010 lui réclamant le remboursement de ses 6 000 000 frs CFA, sa volonté de ne pas mener à terme son offre d'acquisition des 5% parts sociales de SOTRATOURS, qui doit être prise comme point de départ de la computation du délai de prescription ; qu'entre le 24 mai 2011, date de la citation directe de D., et celle du 28 mai 2011, date d'information de D. par E. M. S. de son refus de finaliser le projet d'acquisition des 5% des parts sociales convenu entre eux, il s'est écoulé moins d'un an, et que donc l'action publique n'était pas encore prescrite, contrairement à ce qu'ont retenu les juges de la cour d'appel ;

Qu'en effet, même si la doctrine et la jurisprudence française classent habituellement le délit d'escroquerie dans la catégorie des infractions instantanées dont le point de départ de la prescription coïncide avec la date de remise des fonds, il y a lieu de ne pas généraliser cette doctrine, mais de raisonner au cas par cas pour fixer ce point de départ ;

Que dans le cas d'espèce, le contexte et la nature des rapports existants entre les parties en litige doivent être pris en compte pour déterminer si le point de départ de la prescription doit coïncider avec la date de remise des fonds ou avec celle à laquelle la victime de l'escroquerie en a pris réellement connaissance et s'est trouvée à même d'intenter des poursuites pénales contre l'auteur de cette infraction ;

Attendu qu'on fera observer alors qu'entre un chef d'agence (D.) et son Directeur général (E. M. S), il est difficile de soupçonner et de déceler, de prime abord, une intention ou une volonté délictuelle ferme, indubitable de la part de ce dernier par le premier nommé ; qu'une certaine dose de patience et de compréhension « révérencielle » du subordonné vis-à-vis du supérieur s'impose de fait entre les parties ;

Attendu que l'article 7 du Code de procédure pénale auquel renvoie l'article 8 du même Code dispose que la prescription est suspendue par tout obstacle de droit ou de fait empêchant l'exercice de l'action publique ; que le caractère particulier des relations professionnelles existant entre S. et D. peut être considéré comme constituant un obstacle de fait, retardant le point de départ du délai de prescription ;

Qu'ainsi, les circonstances de la cause permettent de retarder le point de départ de la prescription jusqu'à la date de réalisation par la victime de l'escroquerie de son supérieur;

Que D. s'étant retrouvé dans cette situation seulement à l a date du 28 mai 2011 celle de réception du courrier de E. M. S. l'informant de son refus de concrétiser l'offre de cession des 5% des parts sociales de la société SOTRATOURS, il est évident que la date du point de départ de prescription de l'action publique doit être computé à partir de ce moment précis, et non à la date de remise de la somme de 6 000 000 frs CFA représentant le prix de cession des 5% des parts sociales ;

D'où il suit que la cassation est encourue ;

PAR CES MOTIFS

Casse et annule l'arrêt n°1059 du 26 août 2014 de la Cour d'Appel de Dakar ;

Et pour qu'il soit à nouveau jugé :

Renvoie la cause et les parties devant la Cour d'Appel de Saint-Louis ;

Met les dépens à la charge du Trésor public ;

Dit que le présent arrêt sera imprimé, qu'il sera transcrit sur les registres de la Cour d'Appel de Dakar ;

Ordonne l'exécution du présent arrêt à la diligence du Procureur général près la Cour suprême.

- **Infraction continue- occupation illégale d'un terrain appartenant à autrui**

18. CA Dakar ch. corr., n° 1234 du 14 septembre 2015, *MP et Amadou Lamine SECK, inédit*

Le délit d'occupation illégale de terrain est une infraction continue qui exige pour sa réalisation la détention préalable par la victime de l'un des titres visés à l'article 423 du Code pénal et l'occupation de mauvaise foi par le prévenu des lieux.

LA COUR,

Considérant que, le 20 décembre 2013, K. S. a interjeté appel principal du jugement contradictoire rendu la veille par le Tribunal de grande instance hors classe de Dakar qui, saisi par ordonnance de renvoi d'un de ses juges d'instruction, l'a déclarée coupable du délit d'occupation illégale d'un terrain dont A. L. S. pouvait disposer en vertu de titre foncier et, en répression, l'a condamnée à six (06) mois d'emprisonnement avec sursis et ordonné, avec exécution provisoire, son expulsion des lieux, par application des articles 423 du Code pénal, 704 et suivants du Code de procédure pénale ;

Que le Ministère public a relevé appel incident à la même date ;

En la forme

Considérant que ces appels sont réguliers et recevables ;

Considérant que devant la Cour, les parties ont comparu, assistées de leurs conseils ;

Que la décision sera en conséquence contradictoire ;

Au fond

Considérant qu'il résulte du jugement attaqué et des pièces de la procédure que A. L. S. et la dame K. S. se disputent la propriété d'une parcelle sur laquelle la seconde a érigé un immeuble R+1, mis en location ; que celle dont se prévaut le premier est le lot n°23, d'une superficie de 268 mètres carrés, sise à Liberté VI, objet du titre foncier n°25.887/DG, devenu TF 9451/GRD, alors que la seconde a acquis devant notaire la parcelle, lot n°2, d'une superficie de 218 mètres carrés, située à Ouakam au sud de fort A, à distraire du titre foncier n°13.477/GRD appartenant aux sieurs A. D., E. M. D.et B. D. ;

Que l'enquête et l'instruction ouvertes, suite à la plainte du premier, ont abouti à la conclusion que la dame S. a construit sur le lot n°27 appartenant au plaignant et conduit à l'inculpation, outre de la susnommée, par ailleurs émigrée, du nommé P. M. K., celui-là même qui l'avait aidé à l'acquérir et qui avait supervisé les travaux de construction ; que les mis en cause ont cependant contesté les faits ; qu'à l'issue de l'instruction P. M. K. a bénéficié d'un non-lieu ;

Que devant le tribunal correctionnel où elle a été renvoyée du chef d'occupation illégale d'un terrain dont autrui pouvait disposer en vertu d'un titre foncier, K. S. a maintenu ses dénégations ; qu'à l'issue d'un débat contradictoire, le tribunal rendait la décision déférée;

Considérant que devant la Cour, chaque partie, se fondant sur le titre qu'elle détient, a réitéré ses prétentions ; que la partie civile a soutenu que la prévenue s'est trompée de parcelle, ce que cette dernière a de son côté vigoureusement contesté ; que les parties ne s'opposent d'ailleurs pas à une éventuelle expertise pour les départager ;

Considérant que le conseil de la prévenue a plaidé l'infirmation du jugement et la relaxe à titre principal ; qu'il a fait valoir que la preuve de la réalité de l'occupation du terrain de la partie civile n'a pas été rapportée ; que le terrain revendiqué par cette dernière n'est pas le même que celui acquis par la prévenue ; que le jugement a conclu à une confusion alors qu'il n'y a eu d'expertise ; que dans tous les cas la prévenue a acquis sa parcelle devant notaire ; que subsidiairement, il a sollicité une expertise ;

Considérant que l'Avocat général s'en est rapporté non sans avoir fait observer que beaucoup de titres fonciers ont changé de numéro en raison du remembrement et qu'il serait par conséquent utile de recourir à une expertise pour départager les parties ;

(...)

Considérant que le délit d'occupation illégale de terrain est une infraction continue qui exige pour sa réalisation la détention préalable par la victime de l'un des titres visés à l'article 423 du Code pénal et l'occupation de mauvaise foi par le prévenu des lieux ;

Considérant que s'il résulte des pièces versées au dossier que la prévenue K. S. a acquis la parcelle dont elle se prévaut devant notaire au prix de 26 000 000 FCFA ; que toutefois il est apparu des débats que pour son identification et sa délimitation, elle ne s'est pas attachée les services d'un géomètre ou d'une personne qualifiée ; que par ailleurs, alors que le terrain qu'elle a acquis est situé à Ouakam comme cela résulte de l'acte de cession et de l'état des droits réels qu'elle détient, elle est allée construire sur un terrain situé à Liberté VI comme attesté par le rapport de la DSCOS susdit ; que plus décisivement, malgré ce rapport établissant de manière incontestable qu'elle a occupé le terrain de la partie civile, elle s'est entêtée en refusant de libérer les lieux ; que ce faisant, elle fait montre d'une mauvaise foi justifiant sa condamnation pour occupation illégale d'un terrain appartenant à autrui ;

Que le jugement entrepris, sera dès lors confirmé sur la culpabilité ;

Considérant qu'en revanche, sur la peine, la prévenue n'ayant pas eu d'antécédent judiciaire, la Cour estime qu'une peine d'emprisonnement de trois (03) mois assortie du sursis est mieux adaptée ;

Considérant que le jugement a prononcé l'expulsion de la prévenue des lieux ;

Mais considérant que le jugement pénal est incompétent pour prononcer l'expulsion d'un occupant sans droit ni titre ;

Que le jugement sera en conséquence infirmé sur ce chef et les dépens mis à la charge de la prévenue, qui a succombé en appel ;

PAR CES MOTIFS

Statuant publiquement, contradictoirement, en matière correctionnelle et en dernier ressort ;

Déclare recevables les appels ;

Confirme le jugement entrepris sur la culpabilité ;

L'infirmant sur les autres chefs et, statuant à nouveau :

Condamne K. S. à trois (03) mois d'emprisonnement avec sursis ;

Se déclare incompétente pour prononcer l'expulsion de la prévenue ;

Condamne la prévenue aux dépens.

- **Infraction continue : occupation illégale d'un terrain appartenant à autrui**

19. CA Dakar, ch. corr. n° 1065 du 01 septembre 2014, *MP et Abdou WADE c/ Moussa DIOUF et autres, inédit*

L'article 423 du Code pénal incrimine toute personne qui aura occupé de manière quelconque un terrain d'un autrui pouvait disposer, soit en vertu d'un titre foncier, soit en vertu d'une décision administrative ou judiciaire ; il s'agit d'une infraction continue dont l'auteur ne peut échapper à la sanction qu'en démontrant sa bonne foi.

LA COUR,

Considérant que par actes reçus au greffe les 18 et 27 décembre 2013, M. D., M. T. n°1, M. C. T., B. T., N. M., C. D., M. L., K. L., M. K., F. N., N. N., M. T. n°2, A. M. D. et I. C. E ont formé opposition contre l'arrêt n°980 du 24 juin 2013 de la Cour de cèans (première chambre correctionnelle) ayant déclaré recevables leurs appels et confirmé en toutes ses dispositions le jugement n°127 du 07 février 2012 du Tribunal de grande instance de Diourbel qui, saisi par citation directe du procureur de la République, les avait déclaré coupables du chef d'occupation illégale de terrains dont A. W. pouvait disposer en vertu de titres fonciers et, en répression, les a condamnés à un (01) mois d'emprisonnement avec sursis chacun, par application des articles 423 et 433 du Code pénal ;

En la forme

Considérant que devant la Cour, seuls les prévenus M. D., C. D. et K. L. ont comparu, assistés de leurs conseils ; que la partie civile a également comparu, assistée de son conseil ;

Qu'il échet dès lors de statuer par décision contradictoire à leur égard et par arrêt réputée contradictoire à l'égard des autres prévenus dont il est établi qu'ils ont eu connaissance de l'audience pour avoir initié la présente procédure ;

Au fond

Considérant qu'il résulte du jugement attaqué et des pièces de la procédure que, propriétaire des titres fonciers numéros 967/Baol et 1043/Baol, lots 200 et 202, situés aux alentours du marché Ndoumbé DIOP de Diourbel, acquis en 2010 et 2011 auprès de la Société Nationale de Recouvrement (SNR), A. W. a saisi, le 18 août 2011, le procureur de la République d'une plainte pour occupation illégale dirigée contre M. K. et 17 autres personnes, tous commerçants ou ouvriers;

Que l'enquête ouverte a permis d'entendre 14 des mis en cause qui tous, à l'exception de K. L., ont reconnu ne pas disposer de titre, affirmant cependant avoir été autorisés à s'installer sur les lieux par des agents de la mairie ;

Que devant le tribunal, qui a rendu la décision frappée d'appel, les prévenus avaient contesté les faits ;

Considérant que par arrêt avant dire droit n°252 du 17 février 2014, la Cour avait reçu les oppositions, déclaré non advenu l'arrêt du 24 juin 2013, déclaré recevables les appels interjetés le 1er mars 2012 par les prévenus et le Ministère public contre le jugement du 07 février 2012 et ordonné une expertise pour déterminer les contours des titres fonciers numéros 967/Baol et 1043/Baol de la partie civile, situés à Diourbel, et établir avec précision si oui ou non les prévenus les occupent d'une manière quelconque ;

Que le 20 mai 2014, l'expert commis a déposé son rapport ;

(...)

-Sur le délit d'occupation illégale

Considérant que les prévenus M. D., C. D. et K. L. ont contesté les faits qui leur sont reprochés ; qu'ils ont déclaré occuper la voie publique avec une autorisation de la mairie de ville ;

Considérant que la partie civile a mis hors de cause M. D. et K. L. à qui elle reproche cependant d'avoir érigé des constructions l'empêchant d'accéder à son terrain ; que pour les autres prévenus, elle a maintenu ses déclarations ;

Considérant que le conseil des prévenus a sollicité l'infirmation du jugement et leur relaxe au motif que l'article 423 du Code pénal n'est pas applicable ; qu'il a fait valoir qu'il s'agit plutôt d'une affaire civile se rapportant à un trouble de jouissance en ce que les prévenus n'occupent pas le terrain de la partie civile, mais la rue y menant ; que le juge pénal est incompétent pour connaître de ce contentieux ;

Considérant que le Ministère public a requis l'application de la loi en faisant observer que la matérialité de l'occupation est établie par le rapport d'expertise et l'identification des auteurs rendue possible par le procès-verbal de constat d'huissier versé au dossier, lequel fait foi jusqu'à inscription de faux ;

Considérant que le conseil de la partie civile a demandé l'infirmation du jugement en ce qui concerne C. D., pour absence de preuve ; que pour le reste des prévenus, y compris M. D.et K. L., il a sollicité la confirmation en faisant valoir qu'il ressort du constat d'huissier qu'ils occupent soit le lot n°202, soit les emprises du lot n°200 alors qu'ils ne disposent d'aucun titre ou que les titres qu'ils exhibent sont irréguliers ;

Considérant que l'article 423 du Code pénal punit de peines de prison et d'amende toute personne qui aura occupé de manière quelconque un terrain d'un autrui pouvait disposer, soit en vertu d'un titre foncier, soit en vertu d'une décision administrative ou judiciaire ; qu'il s'agit d'une infraction continue dont l'auteur ne peut échapper à la sanction qu'en démontrant sa bonne foi ;

Considérant qu'il ressort du rapport d'expertise et du procès-verbal de constat d'huissier du 06 juin 2014 que les prévenus M. D., M. L., K. L., F. N., I. C. et C. D. n'ont pas empiété sur les terrains de la partie civile mais ont érigé des constructions longeant l'emprise et bloquant l'accès au lot n°200 du TF n°967/Baol ;

Qu'il s'ensuit que le délit d'occupation de terrain d'autrui ne pas être retenu contre eux ; qu'il s'agit plutôt d'une affaire civile qui échappe à la compétence du juge correctionnel;

Qu'infirmant le jugement sur ce point, il y a lieu de renvoyer les concernés des fins de la poursuite;

Considérant qu'en revanche, l'examen des documents susvisés montre que les prévenus M. T., M. C. T., B. T., N. M, M. K., N. N. et A. M. D. occupent effectivement le lot n°202 du TF n°1043/Baol;

Qu'en refusant de libérer les lieux qu'ils occupent sans titre, malgré les multiples démarches de la partie civile, ces derniers, dont la mauvaise foi est manifeste, se sont bien rendus coupables du délit susvisé ;

Que le jugement, qui a par ailleurs fait une application correcte de la sanction pénale, doit par conséquent être confirmé en ce qui les concerne et les dépens mis à leur charge ;

PAR CES MOTIFS

Statuant publiquement, contradictoirement à l'égard de la partie civile, des prévenus M. D., K. L. et C. D., par arrêt réputé contradictoire à l'égard des autres prévenus, en matière correctionnelle et en dernier ressort ;

Vu l'arrêt avant dire droit n°252 du 17 février 2014 ;

Infirme partiellement le jugement correctionnel n°127 du 07 février 2012 du Tribunal de grande instance de Diourbel et, statuant à nouveau :

Renvoie M. D., M. L., K. L., F. N. , I. C. et C. D. des fins de la poursuite ;

Confirme pour le surplus ;

Condamne les prévenus M. T. , M. C. T., B. T., N. M ., M. K. , N. N. et A. M. D. aux dépens.

OBSERVATIONS

Les infractions continues exigent pour leur réalisation un seul acte qui s'étale dans le temps par une réitération de la volonté coupable (*E. LETOUZEY, La répétition d'infractions, Paris, Dalloz, 2016*). Les actes constitutifs des infractions continues sont indiscutablement caractérisés par une certaine durée. Deux éléments sont donc indispensables : la continuité matérielle des actes d'exécution et la persistance de l'intention coupable de l'auteur (*Nd. FALL, op. cit., p. 34*).

Par exemple, le délit de port illégal de costume (*V. art. 227 du CP*), la séquestration arbitraire et la non-représentation d'enfant se prolongent tant que la personne persiste dans son attitude. Il en est de même du recel de choses qui se perpétue tant que le receleur refuse de se dessaisir de la chose détenue (*V. art. 430 du CP*) et de l'occupation illégale d'un terrain appartenant à autrui (*En ce sens, V. CA Dakar ch. corr., n° 357 du 11 avril 2012, MP et AJE c/ M. TH., inédit; CA Dakar ch. corr., n° 819 du 03 juin 2013, MP et L. F. S. c/ Z. B., inédit ; CA Dakar ch. corr., n° 845 du 03 juin 2013, MP et M. MB. c/ M. G., inédit ; CA Dakar ch. corr., n° 923 du 03 septembre 2012, MP et A. D. c/ D. ND., inédit : « le délit d'occupation illégale de terrain appartenant à autrui, étant un délit continu, il y a réitération de la volonté coupable tant que l'acte matériel d'occupation n'a pas encore pris fin » ; CA Dakar ch. corr., n° 1536 du 15 novembre 2013, MP et M. NG. et M. MB. c/ La Congrég. des filles du Saint Coeur de Marie et mère M. Th. D., inédit ; CA Dakar ch. corr., n° 1065 du 01 septembre 2014, MP et A. W. c/M. D. et autres, inédit ; CA Dakar ch. corr., n°78 du 19 janvier 2015, MP et B. NG. c/ R. S., inédit ; CA Dakar, ch. acc. n°135 du 07 mai 2015, MP c/M. D. et autres, inédit ; CA Dakar ch. corr., n° 1234 du 14 septembre 2015, MP et A. L. S. rep. par I. S. c/ Kh. S., inédit*).

La distinction entre les infractions instantanées et les infractions continues présente plusieurs intérêts.

L'infraction continue est soumise à la loi nouvelle, même si elle a commencé avant son entrée en vigueur. À cet égard, peu importe que la loi nouvelle soit plus sévère que l'ancienne, dès l'instant où l'infraction continue s'est poursuivie sous l'empire de la nouvelle loi (*Crim., 23 déc. 1925, S., 1927.1.199 ; Cass. crim. 11 févr. 1998, Bull. crim. n° 53*).

De plus, les lois d'amnistie ne s'appliquent pas aux infractions continues qui ont persisté après son entrée en vigueur. Un délit continu peut même être puni en dépit d'une loi d'amnistie, s'il se prolonge après l'intervention de cette dernière (*Cass. crim., 31 août 1922, S. 1923, 1, p. 237 ; Cass. crim., 27 févr. 1973, Bull.*

crim., n° 96 ; CA Colmar, 20 janv. 1967, JCP G 1967, II, 15134, note J. Michaud).

En outre, la prescription de l'action publique court pour l'infraction instantanée à compter du jour où l'acte consommant l'infraction a été accompli (*Cass. crim., 16 déc. 1964, JCP G. 1965, II, 14086, note J. Schwob ; Cass. crim., 25 nov. 1975, Bull. crim., n° 257*).

Dans un arrêt rendu le 18 avril 2017, la Cour d'Appel de Dakar a jugé que les délits de faux en écritures privées et d'escroquerie sont des infractions instantanées qui ont pour point de départ du délai de prescription de l'action publique le jour de leur réalisation, c'est-à-dire respectivement au jour de la confection du faux et à la date de la remise de la chose par la victime (*CA Dakar ch. corr., n° 299 du 18 avril 2017, MP et A. D. c/ E. D., inédit ; dans le même sens, CA Dakar ch. corr., n° 357 du 11 avril 2012, MP et AJE c/ M. TH., inédit ; CA Dakar ch. corr., n° 819 du 03 juin 2013, MP et L. F. S. c/Z. B., inédit ; CA Dakar ch. corr., n°1536 du 15 novembre 2013, MP et M. Ng. et M. MB. c/ la Congrég. des filles du Saint Coeur de Marie et mère M. Th. D., inédit ; CA Dakar ch. corr., n° 517 du 08 avril 2015, MP et R. G et M. G c/ A. G. D., inédit : « les délits de faux et usage de faux (...) sont des infractions instantanées qui sont réalisées, en un trait de temps ; que le point de départ du délai court à partir du jour où l'infraction est réalisée »*).

Toutefois, l'infraction continue se prescrit qu'à compter de la cessation de l'activité délictueuse, c'est-à-dire lorsque l'action pénale réitérée a pris fin (*T. corr. Lille, 27 février1954, D., 1954, som., 57 ; crim., 19 déc. 1963, G.P., 1964.1.230; crim., 18.mars 1986, Bull. crim., n° 283; présentation de bilan inexact à une assemblée générale ; crim., 17 juin 1987, D., 1987, 1. R., 175; détournement de correspondance; crim., 11 fèv, 1985, Bull. crim n° 66 ; contravention à la réglementation des tarifs aériens ; cass. crim., 16 juill. 1964, Bull. crim., n° 241*).

Par exemple, en matière de recel de choses, le délai de prescription de l'action publique ne court qu'à partir du moment où le receleur ne se trouve plus en possession de la chose détenue.

Mais la jurisprudence ne se conforme pas toujours à cette règle. Ainsi, un arrêt de la chambre d'accusation de la Cour d'Appel de Dakar, rendu le 07 mai 2015, a énoncé que l'infraction d'occupation illégale de terrain appartenant à autrui, comme dans la plupart des cas en matière d'urbanisme, est une infraction continue qui ne peut être poursuivie qu'à la découverte des agissements des mis en cause (*CA Dakar, ch. acc. n° 135 du 07 mai 2015, MP c/ M. D. et autres, inédit*).

Il faut cependant préciser que, pour des raisons de politique criminelle, la jurisprudence fait reculer parfois le point de départ du délai de prescription pour certaines infractions instantanées considérées comme des infractions occultes par nature et/ou dissimulées.

La jurisprudence sénégalaise a apporté des nuances au principe de fixation du point de départ du délai de prescription au jour de la commission de l'infraction en matière d'escroquerie. La Cour d'Appel de Dakar a jugé que « *le point de départ de la prescription commencera à courir à compter de la connaissance de la fraude, de la tromperie consistant, en connaissance de cause, à proposer une solution de rechange qui ne pouvait prospérer* » (*CA Dakar ch. corr., n° 253 du 18 février 2014, MP et Ch. C. c/ D. ND. MB., inédit*). Dans un arrêt rendu le 23 septembre 2008, la chambre criminelle de l'ancienne Cour de Cassation sénégalaise a estimé que « *si la doctrine et la jurisprudence française classent habituellement le délit d'escroquerie dans la catégorie des infractions instantanées dont le point de départ de la prescription coïncide avec la date de remise des fonds, il y a lieu de ne pas généraliser cette doctrine, mais de raisonner au cas par cas pour fixer ce point de départ* » (*CS ch. crim. n° 113 du 16 juin 2016, V. A. D. c/ El H. M. S., inédit*).

La haute juridiction de cassation a considéré que le contexte et la nature des rapports entre les parties en litige doivent être pris en compte pour déterminer si le point de départ de la prescription doit coïncider avec la date de la remise des fonds ou avec celle à laquelle la victime de l'escroquerie en a pris réellement connaissance et s'est trouvée à même d'intenter des poursuites pénales contre l'auteur de cette infraction.

En outre, en matière de faux, un arrêt de la chambre criminelle de la Cour suprême, rendu le 4 juin 2020, a énoncé que « *la prescription commence à courir à compter du jour de la découverte de l'altération de la vérité* » et non à compter à la réalisation de l'acte d'altération de la vérité (*CS ch. crim. n° 21 du 04 juin 2020, A. MB. c/ A. D., inédit*).

En ce qui concerne la compétence, l'infraction continue relève de la compétence territoriale de tous les tribunaux dans le ressort desquels la volonté du prévenu a été réitérée (*Crim, 31 août 1922, S., 1923.1.237*).

Mais les infractions instantanées sont de la compétence exclusive de la juridiction dans le ressort duquel elles ont été réalisées.

- **Infraction complexe-escroquerie- point de départ de la prescription de l'action publique**

20. CA Dakar, ch. corr. n°17 du 11 janvier 2013, *MP et El H. O. D. c/ P. S., inédit*

Le délit d'escroquerie qui suppose l'accomplissement nécessaire de plusieurs actes de nature différente (manœuvres frauduleuses, remise d'un bien) est en droit une infraction complexe ; le point de départ de la prescription court donc à compter de la remise des sommes qui consomme le délit et non à compter de la date de la manœuvre frauduleuse ou du jour de la découverte de l'infraction.

LA COUR,

Considérant que suivant déclaration reçue au greffe le 18 janvier 2011, Me Papa Sène, Avocat à la cour, pour le compte de la partie civile E. O. D., a interjeté appel du jugement rendu le 18 janvier 2011 par le Tribunal de grande instance hors classe de Dakar qui a déclaré l'action publique prescrite dans la cause opposant le Ministère public à P. S. prévenu d'escroquerie ;

En la forme

Considérant que ledit appel a été fait dans les conditions prévues par la loi ; qu'il échet de le déclarer recevable ;

Au fond

Sur les faits et la procédure

Considérant qu'il résulte du dossier de la procédure les faits suivants : le 3 juin 2009, E. O. D. a porté plainte contre P. S. devant le Procureur de la République de Dakar ; qu'il exposait que le mis en cause lui a vendu une parcelle de terrain sise à Rufisque au prix de 850 000fcfa ; qu'il précisait lui avoir versé le montant de 800 000fcfa et ne restait lui devoir que 50 000 F CFA mais que son cocontractant, malgré ses multiples démarches, ne lui a pas encore remis les documents de la parcelle ;

Qu'au cours de l'enquête subséquente ; P. S. reconnaissait que courant année 2002, il avait fait une promesse de vente au plaignant d'une parcelle de terrain à Rufisque pour un montant de 1 500 000fcfa ; que celui-ci lui a fait un versement de 300 000fca en plusieurs tranches ; qu'il ajoutait que compte tenu du rythme très lent des versements, il a mis fin à la transaction et a voulu rembourser 100 000 FCFA à D. qui lui devait 200 000 francs CFA ; qu'il précisait que toutefois D. ne voulait pas et a continué à garder les documents qu'il lui avait remis ; que poursuivant, il a soutenu qu'en 2008, D. est revenu lui parler à nouveau de la parcelle alors qu'il n'en parlait plus les années passées ;

Que C. D., entendu, a révélé aux enquêteurs que c'est lui qui a mis en rapport E. O. D. et P. S. qui lui avait demandé de lui trouver un acquéreur puisqu'il voulait vendre sa parcelle ; que D. l'a informé après de ce qu'ils étaient tombés d'accord sur le prix de 850 000 francs CFA sur lesquels il avait versé 250 000 francs CFA et le reste était payable au fur et mesure avec ses primes ; qu'il ajoutait que quelques mois plus tard, D. lui a demandé d'intervenir auprès de S. afin qu'il lui remette les documents de la parcelle pour lui permettre de procéder à la mutation ; qu'ainsi il s'est rendu chez S. cinq fois et qu'un jour sa belle-sœur a déclaré être qui est la véritable propriétaire de la parcelle et n'a chargé personne de la vendre ;

Qu'attrait devant le tribunal correctionnel du chef d'escroquerie, délit prévu et puni par l'article 379 du Code pénal, l'action publique a été déclarée prescrite par le jugement dont est appel ;

Considérant qu'en cause d'appel, Me Fall et Me Sène, pour le compte de la partie civile appelante, ont exposé que l'escroquerie est un délit complexe et non instantané comme l'a soutenu le premier juge ; qu'ils ont estimé que le point de départ du délai de la prescription retenu par le premier juge est le jour de la remise or, en l'espèce, la date de la dernière remise n'est pas connue ; que poursuivant, ils ont précisé qu'en réalité c'est à la date de la découverte de la manœuvre que court la prescription car l'escroc crée une sorte d'ambiance de confiance qui fait que la victime ne sait pas qu'elle a été abusée ; qu'ils ont articulé qu'en l'espèce, le prévenu avait déclaré avoir plusieurs parcelles et les avait mises au nom de ses frères, sœurs et belle-sœur et que la vente ayant eu lieu en 2004, il a été mis en demeure par voie d'huissier de remettre les documents en 2009 et il n'a pas répondu et c'est pourquoi le parquet a été saisi quelques jours après ; que l'action n'est donc pas prescrite et qu'il échet d'infirmer le jugement sur ce point et évoquant, constater que le délit est constant puisque le prévenu a déclaré avoir mis le nom de sa belle-sœur sur la parcelle parce qu'il en avait plusieurs ; que selon eux, il y a eu mensonge conforté par des éléments extérieurs et qu'il y a lieu donc de le déclarer coupable, de le condamner à telle peine que voudra bien requérir Monsieur l'Avocat général et allouer à la partie civile la somme de 5 000 000 francs CFA à titre de dommages et intérêts ;

Considérant que l'Avocat général a soutenu qu'en matière d'escroquerie, le point de départ du délai de prescription dépend de la réalité des faits ; que précisant, il a expliqué qu'en la vente a eu lieu en 2004 et en 2009 la partie civile a porté plainte ; qu'il a ajouté que les 800 000 francs CFA ont été versés en plusieurs tranches mais c'est en 2004 que la partie civile a réclamé les papiers de la parcelle et s'est engagée dans des négociations qui n'ont pas abouti ; que, pour lui donc c'est en 2004 que la partie civile savait qu'elle a été escroquée et que donc le délai de la prescription court à partir de 2004 et qu'il échet de confirmer le jugement entrepris ;

Considérant que Me Faye, pour le compte du prévenu, a soutenu qu'en l'espèce, le prévenu n'a pas volé l'acte de la parcelle mais qu'il lui a été remis par sa belle-sœur ; que selon lui, il n y a pas eu non plus de faux nom ni de fausse qualité mais que c'est la partie civile qui n'a pas payé le prix ; qu'il a ajouté que la vente ayant eu lieu en 2004, le point de départ de la prescription est le jour de la remise comme l'a affirmé le premier juge ; avant de soutenir que si l'appel est recevable on ne peut cependant aggraver le sort du prévenu du seul fait de l'appel de la partie civile puisque celle-ci ne peut faire appel que sur ses intérêts ; qu'il plaide alors la confirmation du jugement entrepris ;

Sur ce ;

Considérant qu'il y a lieu de faire observer que le délit d'escroquerie qui suppose l'accomplissement nécessaire de plusieurs actes de nature différente (manœuvres frauduleuses, remise d'un bien par exemple) est en droit une infraction complexe ; que le point de départ de la prescription court donc à compter de la remise des sommes qui consomme le délit et non à compter de la date de la manœuvre frauduleuse ou du jour de la découverte de l'infraction ;

Considérant qu'en l'espèce, il résulte de la sommation interpellative en date du 9 avril 2009 que la vente a eu lieu en 2004 ; qu'en l'absence de documents écrits, il y a lieu donc de considérer que c'est à cette date que la remise a eu lieu ; que la partie civile n'ayant porté plainte devant le Procureur de la République que le 3 juin 2009, il y a lieu de relever que plus de trois années se écoulées entre la constitution du délit et les poursuites ; qu'il s'y ajoute qu'aucun acte interruptif ou suspensif de la prescription n'ait été accompli dans cet intervalle ; qu'il échet de confirmer le jugement entrepris en toutes ses dispositions et de condamner la partie civile appelante aux dépens;

PAR CES MOTIFS

Statuant, publiquement, contradictoirement, en matière correctionnelle et en dernier ressort ;

Déclare l'appel enregistré recevable ;

Confirme le jugement entrepris en toutes ses dispositions ;

Condamne la partie civile appelante aux dépens.

OBSERVATIONS

L'infraction simple se réalise par une seule opération matérielle. Dans la majorité des cas, un seul type d'opération matérielle suffit à consommer l'infraction au regard de la loi. Ainsi, le vol est constitué, dès qu'il y a soustraction frauduleuse de la chose, l'escroquerie se consomme par la remise de la chose et la non-assistance à une personne en danger se réalise avec l'omission de porter secours à une personne en péril.

Mais il existe aussi une minorité d'infractions complexes, dont la consommation suppose au contraire l'accomplissement de plusieurs actes matériels de nature différente. Par exemple, l'escroquerie en est le prototype, puisque, selon l'article 379 du CP, elle comporte deux séries d'actes: l'usage d'un faux nom, d'une fausse qualité ou l'emploi de manœuvres frauduleuses, d'une part, et la remise de fonds, de meubles, d'obligations, de dispositions, de billets, de promesses, de quittances ou de décharges ou de biens quelconques, d'autre part.

La distinction entre infractions simples et infractions complexes entraîne d'importantes conséquences juridiques.

La première conséquence a trait au point de départ du délai de prescription de l'action publique.

La prescription de l'action publique, s'agissant de l'infraction simple, court à compter du jour où le fait constituant l'élément matériel est réalisé.

S'agissant de l'infraction complexe, sa prescription court à compter de l'accomplissement de tous les actes constitutifs de l'infraction, c'est-à-dire du jour où toutes les opérations constitutives de l'infraction sont achevées. La prescription de l'action publique en matière d'escroquerie ne court qu'à compter de la remise de la chose.

L'arrêt rendu par la Cour d'Appel de Dakar le 11 janvier 2013 énonce clairement que « *le délit d'escroquerie, qui suppose l'accomplissement nécessaire de plusieurs actes de nature différente (manœuvres frauduleuses, remise d'un bien par exemple), est en droit une infraction complexe ; que le point de départ de la prescription court donc à compter de la remise des sommes qui consomme le délit et non à compter de la date de la manœuvre frauduleuse ou du jour de la découverte de l'infraction* » (*CA Dakar, ch. corr. n°17 du 11 janvier 2013, MP et El H. O. D. c/ P. S., inédit*).

La deuxième conséquence est relative à la détermination de la juridiction territorialement compétente. En ce qui concerne l'infraction simple, seul le tribunal du lieu où l'acte matériel constituant l'infraction a été commis est compétent pour en connaître.

S'agissant de l'infraction complexe, chaque tribunal dans le ressort duquel est réalisé un des actes matériels de l'infraction est compétent.

En droit pénal interne, on décide depuis longtemps que le tribunal compétent est, au choix du Ministère public, celui dans le ressort duquel a été commis l'un des actes qui entrent dans la structure de l'infraction (*Crim 12 déc. 1935, G.P, 1936.1.116 ; crim 6 janv. 1872, D.P., 72.1.142 (dans un escroquerie des manœuvres frauduleuses ont été accomplis à Londres et la remise des fonds faite à Paris ; on admet donc la compétence du Tribunal de la Seme) ; V. aussi Crim., 18 déc. 1908, D.P., 1911.5.11*).

En droit pénal international, le Code de Procédure pénale a transposé cette solution. L'article 668 du CPP énonce qu'est réputée commise sur le territoire de la République toute infraction dont un acte caractérisant un de ses éléments constitutifs a été accompli au Sénégal. Le législateur a ainsi consacré ce que certains auteurs ont appelé « *un territorialisme de fiction* » (*R. KOERING-JOULIN et A. HUET, « Compétence des tribunaux répressifs français et de la loi pénale française, Introduction générale. Infractions commises en France », Juris-class. dr. inter., fasc. 403-10, 11, 1995, p. 13, n° 44*).

• Infraction d'habitude : exercice illégal de la médecine

21. CA Dakar ch. corr. n° 195 du 15 février 2012, *MP et Ordre des Médecins du Sénégal c/ H. P. M., inédit*

L'exercice illégale de la médecine est une infraction d'habitude ; l'accomplissement d'un acte isolé, attesté par la délivrance d'une seule ordonnance, ne suffit pas à caractériser l'infraction.

Considérant que par jugement correctionnel contradictoire du 13 juillet 2011, le Tribunal de grande instance hors classe de Dakar, saisi par procès-verbal d'interrogatoire de flagrant délit du procureur de la République, a déclaré H. P. M. coupable d'usurpation de fonction, d'exercice illégale de la profession de médecin, de faux et d'usage de faux en écritures privées et, en répression, l'a condamné à un (01) an d'emprisonnement ferme, par application des articles 226, 135 du Code pénal et de la loi n° 66 - 69 du 04 juillet 196 ; qu'il a en outre déclaré irrecevable la constitution de partie civile de l'Ordre National des Médecins du Sénégal ;

Que par déclarations reçues au greffe le lendemain, le prévenu, à titre principal, et le Ministère public, à titre incident, ont interjeté appel de toutes les dispositions de ce jugement ;

Considérant que ces appels sont recevable pour avoir été relevés dans les forme et délai légaux;

Considérant que devant la Cour, le prévenu a comparu, assisté de son conseil ; que l'Ordre National des Médecins du Sénégal, qui a régulièrement cité, n'a pas comparu ;

Qu'il sera dès lors statué contradictoirement à l'égard du premier et par défaut à l'encontre du second ;

Rappel des faits et de la procédure

Considérant qu'il résulte du jugement attaqué et des pièces de procédure que le 16 juin 2011, la dame H. C. D., Médecin et chef de la Division de la Médecine Privée, Médecine du Travail et Médecine Traditionnelle au Ministère de la Santé et de la prévention, recevait la visite d'un individu, préférant garder l'anonymat, muni d'une ordonnance, venue vérifier si le nommé Hubert Patrick Manga, se disant médecin diplômé de la faculté de liège de Belgique, établi au cabinet médical dénommé « les flamboyants » sis à Liberté I villa n°1343, était bien autorisé à exercer la médecine au Sénégal ;

Qu'après vérifications, elle avisait à son tour le vice-Président de l'Ordre ; que convoqué et, après plusieurs tergiversations, le susnommé se présentait le 20 juin 2011 à son bureau et, ne pouvant pas fournir des documents justificatifs, elle l'a faisait conduire au Commissariat du Point E où l'enquête a permis d'établir qu'il s'agit en réalité d'un ressortissant Camerounais, commerçant, établi au Sénégal depuis 2009 et n'a fait aucune étude ou formation en médecine; que le même jour l'Ordre des Médecins, par biais de son vice - Président, déposait plainte ;

Que la perquisition effectuée dans la villa qu'il occupe avec sa fiancée, H. D., permettait de saisir des ordonnances vierges à l'entête « Cabinet médical les flamboyants Liberté I, villa n°1343 », deux copies de bulletins d'analyse à l'entête « Cabinet les flamboyants PLAN JAXAAY » un cachet libellé au nom de « Dr H. M., diplômé de la faculté de Médecine de Liège (Belgique) » et un stéthoscope ; que l'ordonnance remise par le dénonciateur a également été saisie et placée sous scellé ;

Qu'interrogé, le mis en cause reconnaissait sans difficulté les faits ; que déféré au parquet où il a été inculpé des chefs d'usurpation de fonction, d'exercice illégal de la profession de médecin, de faux et usage de faux en écritures privées, il les contestait

Que devant les premiers juges, qui ont rendu la décision attaquée, il a reconnu les infractions qui lui sont reprochées ; que cependant son conseil a plaidé, à titre principal, la relaxe et, à titre subsidiaire, la clémence ;

Motifs de la décision

Considérant que le prévenu a reconnu les faits tels que relatés dans le procès-verbal d'enquête ; que son conseil a plaidé, à titre principal, l'infirmation du jugement entrepris et la relaxe par voie de conséquence du prévenu de tous les chefs d'inculpation en faisant valoir :

Que les documents saisis sont des copies non certifiées conformes par l'autorité publique; qu'ainsi, en application de l'article 28 du COCC, elles ne peuvent servir de preuve pour asseoir les délits de faux et d'usage de faux ;

Que l'usurpation de fonction suppose un caractère public des fonctions ; or, en l'espèce, l'ordre des Médecins n'exerce pas une mission publique ; qu'il s'agit d'une entité privée;

Que l'exercice illégale de la médecine est une infraction d'habitude alors qu'en l'espèce on est en présence d'un acte isolé attesté par la seule ordonnance délivrée ;

Qu'à titre subsidiaire, l'Avocat de l'appelant a sollicité une application bienveillante de la loi pénale en faisant observer que le prévenu est un délinquant primaire qui regrette profondément son acte ; que le temps passé en prison lui a servi de leçon ;

Considérant que le Ministère public a requis la confirmation du jugement ; qu'il a soutenu que le prévenu a reconnu les faits à l'enquête et devant la Cour en présence de son avocat ; que peu importe que les documents produits soient des copies, le prévenu ayant avoué les avoir établis ou délivrés ; que les fonctions de médecin sont publiques ; que l'Ordre des Médecins est délégataire d'une mission de l'autorité publiques ;qu'enfin, même si c'est une seule ordonnance qui a été saisie, le prévenu s'est comporté de façon continue comme un médecin ;

Considérant qu'il convient tout d'abord de constater que le jugement entrepris n'est pas motivé violant ainsi gravement les dispositions de l'article 472 du Code de procédure pénale ;

Mais considérant que H. P. M. a reconnu tant à l'enquête première instance qu'en appel les faits qui lui sont imputées ; que son conseil, qui demande à titre principal la relaxe, n'a lui-même pas contestés les faits dans sa requête aux fins de mise en liberté provisoire du 09 janvier 2012 et lors de sa plaidoirie à l'occasion de l'audience ; tenue à cet effet ;le principal concerné n'a pas nié les faits ; qu'il constant qu'il a consulté et délivré au moins une ordonnance à un patient, établi des ordonnances et des bulletins d'analyses vierges, confectionné et fait usage d'un cachet faux ; qu'il se comportait habituellement comme un médecin et exerçait les fonctions de médecin qui, contrairement à ce qu'à soutenu son conseil, sont des fonctions publiques, l'Ordre des Médecins n'étant qu'un simple délégataire dont la mission consiste à administrer et gérer la profession ;

Que les infractions visées à la prévention sont dès lors bien caractérisées ; qu'en conséquence le jugement doit être confirmé sur la culpabilité ;

Considérant qu'en revanche, s'agissant de la peine, la Cour tiendra compte de la personnalité du prévenu, délinquant primaire qui a reconnu sans difficulté les faits, pris conscience de leur gravité et manifesté des sentiments profonds de regrets ;

Qu'il sera en conséquence sursis à l'exécution de la moitié de la peine d'un (01) an d'emprisonnement à laquelle il a été condamné, par application des textes susvisés et des articles 5 et 433 du Code pénal ;

Considérant que l'Ordre des Médecins n'ayant pas interjeté appel, les dispositions civiles du jugement, qui sont favorables au prévenu, seront dans ces conditions entièrement confirmées et les dépens mis à la charge de l'appelant ;

PAR CES MOTIFS

Statuant publiquement, contradictoirement à l'égard du prévenu, par défaut à l'encontre de l'Ordre National des Médecins du Sénégal, en matière correctionnelle et en dernier ressort ;

En la forme

Déclare recevables l'appel principal du prévenu H. P. M. et celui incident du Ministère public;

Au fond

Confirme le jugement déféré en toutes sa disposition sauf sur la peine ;

Le réformant de ce dernier chef ;

Condamne H. P. M. à un (01) an d'emprisonnement dont la moitié avec sursis ;

Le condamne en outre aux dépens.

OBSERVATIONS

Aux infractions simples, il faut également opposer les infractions d'habitude. L'infraction d'habitude suppose pour sa réalisation plusieurs actes matériels semblables dont chacun pris isolément ne serait pas punissable (*Sur cette définition, CS 3 mai 1975, PG et État du Sénégal c/E. L., cité par ND. FALL, op. cit., p. 39, note n° 40 ; G. ENDREO, « L'habitude », D. 1981, chron. 313 ; A. FAYE, L'habitude en droit pénal, Thèse Dakar, 1988, p. 67 et s.*). Seule la répétition de ces actes est constitutive d'une infraction. L'infraction d'habitude est généralement consommée, comme l'infraction simple, par une seule opération matérielle.

Mais elle n'est punissable, aux termes des textes qui l'incriminent dans chaque cas, que dans la mesure où cette opération matérielle a été commise plusieurs fois.

Ainsi, constituent des infractions d'habitude, le recel de malfaiteurs (*V. art. 47 du CP ; J.-L. AUBERT, « Le recel de délinquants », JCP 1969. I. 2266*), l'exercice illégal de la médecine, l'accès à des contenus de pornographie enfantine (*V. art. 431-39 du CP ; (V. P. A. TOURE, Le traitement de la cybercriminalité devant le juge : l'exemple du Sénégal, Paris, l'Harmattan, 2012, n° 359*), l'excitation de la jeunesse à la débauche ou la corruption de la jeunesse (*V. art. 324, alinéa 2 du CP*) et les coups ou violences à conjoint pratiqués habituellement ayant entraîné la mort sans intention de la donner (*V. art. 297 bis, alinéa 5 du CP*).

Dans l'arrêt rendu le 15 février 2012, la Cour d'Appel de Dakar a rappelé que l'exercice illégale de la médecine constitue une infraction d'habitude. Pour déclarer une personne coupable du délit d'exercice illégal de la médecine, la

Cour d'Appel de Dakar en date a énoncé « *qu'il constant que (le prévenu) a consulté et délivré au moins une ordonnance à un patient, établi des ordonnances et des bulletins d'analyses vierges, confectionné et fait usage d'un cachet faux; qu'il se comportait habituellement comme un médecin et exerçait les fonctions de médecin* ».

Pour qu'il y ait habitude, il n'est pas nécessaire que les actes aient été accomplis à l'égard de personnes différentes (*Cass. crim. 9 déc. 1993, n° 93-81.669, Bull. crim., n° 379*) ou que le nombre d'actes soit élevé, sauf disposition législative contraire. Deux actes peuvent constituer l'habitude, quel que soit le temps qui les a séparés (*Cass. crim. 21 oct. 1841, S. 1842.1.904 ; crim. 24 mars 1944, DA 1944.75, note Lebrun*).

La qualification d'infractions d'habitude présente plusieurs intérêts.

D'abord, en ce qui concerne la prescription de l'action publique, les infractions d'habitude se prescrivent à partir du dernier acte constitutif de l'habitude, puisque l'habitude est un élément de la consommation de l'infraction. Il importe peu d'ailleurs que les divers actes antérieurs aient été séparés du dernier acte par un intervalle de temps plus long que le délai de la prescription.

Ensuite, l'intérêt de la distinction tient à la compétence territoriale des juridictions. En effet, chacun des tribunaux dans le ressort duquel ont été accomplis les actes matériels constitutifs de l'infraction d'habitude est compétent.

De même, du point de vue de la compétence pénale internationale, les juridictions sénégalaises sont compétentes, dès lors qu'un acte constitutif de l'infraction a été commis au Sénégal, même si les autres actes matériels ont été accomplis à l'étranger.

Enfin, en matière de conflits de lois dans le temps, une loi pénale nouvelle plus rigoureuse ne saurait régir l'infraction instantanée déjà commise.

Toutefois, même plus rigoureuse, la loi nouvelle s'applique à l'infraction d'habitude, dès lors que le dernier acte constitutif est postérieur à son entrée en vigueur. Il a été jugé que la loi nouvelle saisit l'infraction dès qu'un seul des actes requis a été commis après son entrée en vigueur, même si les actes antérieurs ont été accomplis sous l'empire de la loi ancienne (*CA Poitiers, 16 août 1940, D.P., 1941.1.58, note Lebrun*).

- **Actes de terrorisme- entreprise ayant pour but de troubler l'ordre public ou le fonctionnement normal des institutions**

22. TGIHC Dakar, ch. crim. n° 91 du 19 juillet 2018, *https://juricaf.org*

L'entreprise individuelle ou collective ayant pour but de troubler l'ordre public ou le fonctionnement normal des institutions nationales ou internationales, par l'intimidation ou la terreur, traduit l'existence d'un dessein formé ou d'un plan concerté qui se manifeste par des actes coordonnés en vue d'atteindre le but terroriste qu'est le trouble à l'ordre public ou le fonctionnement normal des institutions, par les moyens d'intimidation ou de terreur ; qu'en somme, elle suppose préméditation et organisation; le but terroriste projeté se déduit quant à lui des moyens d'actions auxquels envisage de recourir l'entreprise et l'intention qui anime l'agent pénal se confond avec le but de l'entreprise.

LA CHAMBRE,

Attendu que par ordonnance en date du 15 décembre 2017, rectifiée le 19 mars 2018, le Doyen des juges d'instruction a renvoyé devant la chambre criminelle du Tribunal de Grande Instance de céans, siégeant en formation spéciale les nommés :

1. Numéro 1 alias A.B.N et autres

Sous les accusations,

- CONTRE TOUS,

- D'avoir à Dakar, courant année 2015, en tout cas avant temps non couvert par la prescription de l'action publique, commis intentionnellement, en relation avec une entreprise individuelle ou collective, ayant pour but de troubler l'ordre public ou le fonctionnement normal des institutions nationales ou internationales, par l'intimidation ou la terreur, les infractions suivantes:

1- les attentats et complots visés par les articles 72 à 76 et 84 du Code pénal;

2- les crimes commis par participation à un mouvement insurrectionnel visé par les articles 85, 86 et 87 du Code pénal;

3- les violences et voies de fait commises par les personnes et les destructions ou dégradations commises lors de rassemblement et visés par l'article 98 du Code pénal ;

4- les enlèvements et séquestrations prévus par les articles 334 et 337 du Code pénal ;

5- les destructions, dégradations, dommages visés aux articles 406 à 409 du Code pénal;

6- la dégradation des biens appartenant à l'Etat ou intéressant la chose prévue par l'article 225 du Code pénal

7- l'association de malfaiteurs prévue par les articles 238 à 240 du Code pénal;

8- les atteintes à la vie prévues par les articles 280 à 289 du Code pénal;

9- les menaces prévues par les articles 290 à 293 du Code pénal;

Faits prévus et punis par l'article 279-1 du Code pénal ;

- D'avoir dans les mêmes circonstances de temps et de lieu, par quelque moyen que ce soit, directement ou indirectement, délibérément fourni, réuni, géré ou tenté de fournir, réunir ou gérer des fonds, biens, services financiers ou autres dans l'intention de les voir utiliser ou en sachant qu'ils seront utilisés en tout ou partie pour commettre:

- un acte constitutif d'une infraction au sens de l'un des instruments juridiques internationaux énumérés en annexe de la loi uniforme 2009-16 du 02 mars 2009 relative à la lutte contre le financement du terrorisme, indépendamment de la survenance d'un tel acte;

- tout autre acte destiné à tuer ou blesser grièvement un civil ou toute autre personne qui ne participe pas directement aux hostilités dans une situation de conflit armé, lorsque, par sa nature ou son contexte cet acte vise à intimider une population ou à contraindre un gouvernement ou une organisation internationale à accomplir ou à s'abstenir d'accomplir un acte quelconque, avec cette circonstance que l'infraction de financement du terrorisme a été commise en bande organisée;

- D'avoir dans les mêmes circonstances de temps et de lieu, par quelque moyen que ce soit, établi une entente ou participé à une association, en vue de commettre ou de préparer à commettre un fait constitutif du financement du terrorisme ou pour commettre ledit fait, aider ou inciter ou d'en faciliter l'exécution ;

Faits prévus et punis par les articles 279-3 du Code pénal et 4, 5, 6, 32, 33, 34 de la loi uniforme numéro 2009-16 du 02 mars 2009 relative à la lutte contre le financement du terrorisme ;

- D'avoir dans les mêmes circonstances de temps et de lieu, par quelque moyen que ce soit intentionnellement converti, transféré ou manipulé des sommes d'argent qu'ils savaient provenir d'un crime ou d'un délit dans le but de dissimuler ou déguiser l'origine illicite desdits biens ou d'aider une personne impliquée dans la commission de ce crime ou délit à échapper aux conséquences judiciaires de ses actes ;

Faits prévus et punis par les articles 2, 3, 37 à 41 et 45 de la loi uniforme n° 2004-09 du 06 février 2004 relative à la lutte contre le blanchiment de capitaux ;

- CONTRE,

Numéro 1 alias A.B.N, Numéro 2 alias S. ou B.Z., Numéro 3, Numéro 4 alias A.N. ,Numéro 8 alias «A.A. », Numéro 9 alias « A.H.»

- D'avoir dans les mêmes circonstances de temps et de lieu fait l'apologie des crimes visés par les articles 279-1 à 279-3 du Code pénal en faisant usage des moyens prévus par l'article 248 du Code pénal en l'espèce les groupes de réseaux sociaux « AG, Whatsapp, Telegram ... » ;

Faits prévus et punis par l'article 279- 5 du Code pénal ;

- CONTRE,

Numéro 1 alias A.B.N et Numéro 12,

- D'avoir, dans les mêmes circonstances de temps et de lieu détenu, sans au préalable disposer d'une autorisation administrative, le premier, un pistolet de calibre 22 et 8 munitions de calibre 12 mn et le second des munitions de calibre 4,5 mm ;

Faits prévus et punis par la loi n°66-03 du 18/01/1966 relative au régime général des armes et des munitions ;

Attendu que suivant jugement en date du 10 Avril 2018, la chambre s'est déclarée incompétente à l'égard de l'accusé Numéro 20, mineur au moment des faits ;

Que tous les autres accusés ont comparu à l'audience ;

Qu'il échet de statuer contradictoirement à leur égard ;

- EN LA FORME

- Sur l'exception tirée de l'illégalité des poursuites ;

Attendu que les conseils de la défense ont sollicité l'annulation des poursuites sur le fondement de l'article 4 du Code de procédure pénale et pour violation du principe de non rétroactivité des lois pénales ;

Qu'ils ont articulé que le juge d'instruction a visé les articles 279-1 à 279-19 de la loi n°2016-29 du 08 novembre 2016 portant modification du Code de procédure pénale comme base légale des poursuites alors que cette loi n'est pas applicable aux faits de l'espèce ;

Qu'en effet, selon eux, cette loi n'était pas en vigueur au moment des premières arrestations des accusés en 2015 et qu'il n'est indiqué ni dans le réquisitoire définitif ni dans l'ordonnance de renvoi que les accusés ont commis des faits postérieurement à l'entrée en vigueur de ce texte ;

Qu'ils ont soutenu que la loi n°2007-01 du 12 février 2007 étant abrogée par l'article 3 de la loi n°2016-29 du 08 novembre 2016, aucune condamnation ne peut être prononcée sur la base de celle-là ;

Qu'enfin, ils ont estimé que la loi de 2016 est plus sévère en ce qu'elle a modifié les éléments constitutifs de l'acte de terrorisme et créé de nouvelles infractions ;

Attendu que dans ses réquisitions, le Ministère public a sollicité le rejet du moyen soulevé;

Qu'il a estimé qu'aucun principe n'a été violé et qu'il n'a pas été fait référence à la loi du 08 novembre 2016 dans les procès-verbaux d'interrogatoire de première comparution ;

Sur ce

Attendu que l'article 4 du Code pénal dispose « nul crime, nul délit, nulle contravention ne peuvent être punis de peines qui n'étaient pas prévues par la loi ou le règlement avant qu'ils fussent commis » ;

Que le principe de légalité des poursuites pénales posé par ce texte, exige que tout comportement pénalement répréhensible soit apprécié à la lumière du droit en vigueur au moment de sa commission ;

Attendu qu'en l'espèce, l'accusation porte sur les infractions d'actes de terrorisme, d'apologie du terrorisme, de financement du terrorisme en bande organisée, de blanchiment de capitaux dans le cadre d'activités terroristes et de détention d'arme et de munitions de la 3ème catégorie sans autorisation administrative ;

Attendu que ces infractions sont prévues et punies par la loi n°2007-01 du 12 février 2007 portant modification du Code pénal, la loi uniforme n°2009-16 du 02 mars 2009 relative à la lutte contre le financement du terrorisme, la loi uniforme n°2004-09 du 06 février 2004 portant lutte contre le blanchiment de capitaux et la loi n°66-03 du 18 janvier 1966 relative au régime général des armes et des munitions;

Attendu qu'il est vrai, comme l'ont relevé les conseils de la défense, que loi n°2007-01 du 12 février 2007 a été abrogée et remplacée par la loi n°2016-29 du 08 novembre 2016 qui dispose en son article 3 que « les articles 279-1 à 279-5 sont abrogés et remplacés par le titre II du livre III du Code pénal » ;

Que cependant, un examen attentif des dispositions des deux lois, montre que le législateur n'a jamais entendu enlever de l'ordonnancement juridique les dispositions réprimant le terrorisme, mais simplement les modifier en reprenant l'ensemble des incriminations figurant dans la loi de 2007 ;

Qu'en d'autres termes, sous l'empire de l'ancienne loi, comme sous celui de la nouvelle, les faits d'actes de terrorisme gardent toujours leur caractère d'infraction à la loi pénale ;

Que ce souci du législateur transparaît nettement d'ailleurs dans l'emploi des termes « abrogés et remplacés » ;

Que ces observations étant faites, il importe de rappeler que si en principe la loi nouvelle exclut toute concurrence de la loi ancienne qu'elle a vocation à remplacer pour l'avenir, il n'en demeure pas moins qu'il est admis, en considération des impératifs de sécurité juridique, que les faits commis avant l'entrée en vigueur de la loi nouvelle et qui n'ont pas encore fait l'objet de jugement, restent soumis à la loi en vigueur au moment de la commission des faits, si les dispositions de cette loi sont moins sévères que celles de la loi nouvelle;

Que dans la présente cause, les faits de terrorisme visés dans l'ordonnance de renvoi étant supposés commis entre 2012 et 2015, c'est la loi n° 2007-01 du 12 février 2007 qui est applicable, puisque c'est elle qui était en vigueur au moment des faits et, quand bien même les deux lois infligent des peines de même nature pour les infractions qualifiées d'acte de terrorisme, savoir les travaux forcés à perpétuité, cette loi doit être considérée comme moins sévère que celle de 2016 qui a introduit de nouveaux éléments dans la définition de l'acte de terrorisme et élargi considérablement le champ d'application de la loi par la création de nouvelles infractions ;

Qu'au demeurant, même si le juge d'instruction a visé dans l'ordonnance de renvoi les articles 279-1 à 279-19 du Code pénal, ce qui suppose l'application de la loi de 2016, il reste que cela n'a aucune incidence sur la légalité des poursuites, puisque que lesdits visas ne lient pas la chambre, à qui il revient de rechercher les textes applicables au moment de la commission des faits ;

Qu'ainsi, il s'infère des développements qui précèdent que l'exception tirée de l'absence de base légale des poursuites n'est pas fondée ;

Qu'il échet par conséquent de la rejeter ;

- Sur l'annulation du procès-verbal de première comparution de Numéro 25, tirée de la violation de l'article 101 du Code de procédure pénale ;

Attendu que le conseil de l'accusé Numéro 25 a rappelé qu'aux termes de l'article 101 du Code de procédure pénale, l'assistance d'un avocat est obligatoire lors de la première comparution ;

Qu'il a soutenu que le procès-verbal dressé à l'occasion de la première comparution de son client ne renseigne pas sur la présence de l'avocat ;

Qu'il a ajouté que ce même texte serait doublement violé, s'il s'avère que l'avocat n'était pas présent, parce que Numéro 25 a été entendu et inculpé le même jour, sans observation du délai de vingt-quatre (24) heures prévu dans un tel cas ;

Attendu que le Ministère public n'a pas requis sur ce point ;

Sur ce,

(…)

- AU FOND

(…)

- SUR L'ACTION PUBLIQUE

- SUR LA CULPABILITÉ

- Sur les actes de terrorisme visés à l'article 279-1

Attendu que tous les accusés ont été renvoyés devant la chambre pour répondre des crimes visés à l'article 279-1 ;

Attendu que ce texte dispose : « Constituent des actes de terrorisme, lorsqu'elles sont commises intentionnellement en relation avec une entreprise individuelle ou collective ayant pour but de troubler l'ordre public ou le fonctionnement normal des institutions nationales ou internationales, par l'intimidation ou la terreur, les infractions suivantes :

- les attentats et complots visés par les articles 72 à 76 et 84 du Code pénal ;

- les crimes commis par participation à un mouvement insurrectionnel visés par les articles 85, 86 et 87 du Code pénal ;

- les violences ou voies de fait commises contre les personnes et les destruction ou dégradations commises lors de rassemblements et visées par l'article 98 du Code pénal ;

- les enlèvements et séquestrations prévus par les articles 334 et 337 du Code pénal ;

- les destructions, dégradations, dommages visés aux articles 406 à 409 du Code pénal ;

- la dégradation des biens appartenant à l'État ou intéressant la chose publique prévue par l'article 225 du Code pénal ;

- l'association de malfaiteurs prévue par les articles 238 et 240 du Code pénal ;

- les atteintes à la vie prévues par les articles 280, 281, 284, 285 et 286 du Code pénal ;

- les menaces prévues par les articles 290 à 293 du Code pénal ;

- les blessures et coups volontaires prévus par les articles 294 à 298 du Code pénal ;

- la fabrication ou la détention d'armes prohibées prévues par l'article 302 du Code pénal et la loi n°66-03 du 18 janvier 1966 ;

- les vols et extorsions prévus par les articles 364 et 372 du Code pénal ;

Attendu pour ce qui est de l'association de malfaiteurs placée au point 7 de ce texte, elle est définie par l'article 238 du Code pénal comme « toute association formée, quelle que soit sa durée ou le nombre de ses membres, toute entente établie dans le but de préparer ou de commettre un ou plusieurs crimes ou délits contre les personnes ou les propriétés»;

Que cette infraction vise à prévenir la perpétration de crimes ou délits en incriminant les premières étapes de leur planification, indépendamment même de leur exécution et sans qu'il soit nécessaire d'identifier tous les membres de l'association, ni les moyens devant servir à atteindre le but criminel ou la nature précise des crimes qu'ils se proposent de commettre ;

Que ce délit est réalisé contre la personne aussi bien lorsqu'elle a participé à l'établissement de l'entente que quand elle s'est contentée de rejoindre l'entente déjà constituée, il suffit que ce ralliement ait été fait en connaissance du but criminel ou délictuel de l'entente ;

Attendu que l'association de malfaiteurs reçoit la qualification d'acte de terrorisme, lorsqu'elle s'inscrit dans un contexte terroriste, autrement dit lorsqu'elle est « intentionnellement en relation avec une entreprise individuelle ou collective ayant pour but de troubler l'ordre public ou le fonctionnement normal des institutions nationales ou internationales, par l'intimidation ou la terreur » ;

Que cette entreprise, qu'elle soit individuelle ou collective, traduit l'existence d'un dessein formé ou d'un plan concerté qui se manifeste par des actes coordonnés en vue d'atteindre le but terroriste qu'est le trouble à l'ordre public ou le fonctionnement normal des institutions, par les moyens d'intimidation ou de terreur ; qu'en somme, elle suppose préméditation et organisation ;

Que le but terroriste projeté se déduit quant à lui des moyens d'actions auxquels envisage de recourir l'entreprise et l'intention qui anime l'agent pénal se confond avec le but de l'entreprise ;

Attendu qu'en l'espèce, il est constant comme résultant de la procédure, qu'à la suite de l'incident ayant opposé l'imam A.K.N. à des talibés mourides à Diourbel, deux réunions ont été tenues en 2014 à Rosso en Mauritanie et à Richard-Toll, lors desquelles, les participants devaient se déterminer sur le choix du groupe djihadiste à soutenir entre Daesh et Al Qaïda ;

Que tel qu'il ressort des déclarations tenues à l'enquête, les accusés Numéro 8 alias «A.A.», Numéro 17 alias «A.Y.», Numéro 30 alias « A.D.» et Numéro 10 alias «A.M.» ont participé à l'une ou l'autre de ces réunions ;

Qu'il est également constant comme résultant de leurs aveux corroborés par les éléments de la procédure, que les accusés Numéro 8 alias «A.A.», Numéro 17 alias «A.Y.», Numéro 9 alias « A.H.», Numéro 27 alias «A.O.», Numéro 28 alias «A.Z.», Numéro 29 alias «A.Z.», Numéro 16 alias « A.J.», Numéro 22 alias « A.K.», Numéro 21 alias « A.M.», Numéro 30 alias « A.D.» et Numéro 10 alias «A.M.» ont séjourné au Nigéria dans la zone contrôlée par le groupe C Am ;

Que même s'ils n'ont pas effectué en même temps le voyage, il reste constant que ces accusés ont tous reçu leur frais de transport soit de M.D., par le biais de I.B., soit de Z.B. pour des montants identiques, variant entre 150 000 FCFA et 200 000 FCFA ;

Qu'ils ont emprunté le même itinéraire, avaient les mêmes contacts au Ac et se sont retrouvés, presque tous ensemble, à Az ;

Qu'il s'infère de ces éléments, que le voyage des accusés identifiés dans ce groupe, ne procède pas seulement de démarches individuelles isolées, mais s'inscrivait manifestement dans un projet collectif, ayant nécessité une concertation préalable et entraîné des préparatifs en communs avec des échanges mutuels d'informations ;

Qu'en outre, il résulte des déclarations concordantes de ces accusés, faites depuis l'enquête, réitérées devant le magistrat instructeur et confirmées à la barre que leurs contacts au Ac étaient des éléments du groupe C Am qui les ont d'abord accueillis, puis conduits dans la ville d'Az où ils étaient logés et pris en charge par un certain Al Ar qu'ils ont présenté comme étant un des chefs de ce groupe;

Qu'ils se sont ensuite retrouvés dans la ville de Gwoza, rebaptisée Bc At à la suite de sa conquête par le groupe C Am, avant de se retrancher, à l'exception de Numéro 10 alias «A.M.», dans la forêt de AL avec les combattants de ce groupe, après la reprise de cette ville par l'armée nigériane ;

Que leur retour au Sénégal n'a été possible qu'avec l'autorisation du leader du groupe C Am, Au AJ que certains d'entre eux ont rencontré et qui d'ailleurs leur a remis un consistant appui financier de 6 000 000 de nairas soit l'équivalent de 15 600 000 FCFA ;

Que par ailleurs, exceptés Numéro 29 alias «A. Z.», Numéro 22 alias « A.K.», Numéro 8 alias «A.A.» et Numéro 10 alias «A.M.», tous les accusés ayant séjourné au Nigéria ont reconnu à l'enquête avoir subi une formation de type militaire portant notamment sur le maniement des armes;

Qu'en dépit des dénégations faites à l'audience par ce groupe d'accusés, les détails fournis par certains d'entre eux, sur le contenu de cette formation et les types d'armes sur lesquelles portaient celle-ci, ne laissent aucun doute quant à la réalité de ce fait, confirmé d'ailleurs devant le magistrat instructeur par les accusés Numéro 17 alias «A.Y.», Numéro 27 alias «A.O.» et Numéro 28 alias «A.Z.» pour ce qui les concerne ;

Qu'il s'y ajoute que, malgré les contestations faites à la barre, Numéro 30 alias « A.D.», Numéro 28 alias «A.Z.» et Numéro 17 alias «A.Y.» avaient fait à l'enquête des aveux circonstanciés au sujet de leur participation à des combats menés par le groupe C Am contre l'armée nigériane ;

Que pour ce qui est de Numéro 8 alias «A.A.», non seulement il résulte de ses propres aveux qu'il ne connaît de son supposé employeur que le fait que c'est un saoudien, mais également il a admis, qu'en contrepartie du travail qu'il effectuait comme enseignant arabe à AI, il recevait son salaire des éléments de C Am ;

Que de surcroît, c'est sur son intervention auprès de A.S., à la suite d'une rencontre qui se serait tenue de 09 h à 17h, que ses co-accusés ont obtenu du susnommé l'autorisation de quitter la zone contrôlée par C Am pour rentrer au Sénégal :

Que cela atteste à suffisance qu'il agissait pour le compte de ce groupe auquel il était étroitement lié, ce que corroborent d'ailleurs, outre les déclarations de Numéro 4 alias A.N, selon lesquelles sa coépouse lui a rapporté que leur mari a révélé être un membre dudit groupe, les nombreux documents lui appartenant et prônant le Djihad violent, saisis chez son épouse Numéro 3 ;

Qu'ainsi, sa négation de tout lien avec le groupe C Am, apparaît comme un simple argument de défense, qui ne résiste guère à l'analyse des éléments du dossier ;

Qu'il ressort aussi de ces éléments, que le déplacement dans le fief de C Am, n'est pas seulement dicté par un engagement religieux, mais constitue pour Numéro 8 alias «A.A.», Numéro 17 alias «A.Y.», Numéro 30 alias « A.D.» et Numéro 10 alias «A.M.» une concrétisation des décisions de soutien à un groupe armé se réclamant djihadiste, arrêtées au cours des réunions tenues à Rosso et Richard-Toll et auxquelles se sont ralliés les accusés Numéro 9 alias « A.H.», Numéro 27 alias «A.O.», Numéro 28 alias «A.Z.», Numéro 29 alias «A.Z.», Numéro 16 alias « A.J.», Numéro 22 alias « A.K.» et Numéro 21 alias « A.M.»;

Que l'adhésion de ce groupe d'accusés à l'idéologie de C Am est tout aussi indiscutable et c'est vainement qu'ils ont plaidé leur ignorance des idées développées et revendiquées par cette secte, puisque lors des réunions tenues à Rosso ou à Richard-Toll, avant le départ pour le Nigéria, il était justement question pour les participants à ces réunions de se prononcer sur le choix du groupe djihadiste auquel il fallait s'affilier ;

Attendu que s'agissant de Numéro 26, il est constant comme résultant de ses propres aveux faits à l'audience, qu'il a séjourné au sein du groupe Al Qaïda au Ba As dit AQMI au nord Mali ;

Qu'il a participé activement aux activités dudit groupe pour avoir été formé au maniement des armes et aux explosifs et avoir lui-même, en retour, formé une quarantaine de djihadistes ;

Qu'il s'y ajoute, qu'il a décrit dans les moindres détails, le déroulement de son séjour au sein du groupe AQMI, reconnaissant avoir été préposé à la surveillance d'otages à Tenidembé et avoir participé au combat de Savaré contre l'armée malienne ;

Qu'au regard de ses agissements, il ne fait aucun doute qu'il s'est associé à l'idéologie et aux actions du groupe AQMI ;

Que concernant numéro 2 alias S. ou B.Z., il est établi à son encontre qu'il a facilité à Numéro 26 son voyage au Nord Mali pour l'avoir mis en rapport avec un dénommé A.B. qui a financé ledit voyage et pour lui avoir apporté son soutien en lui offrant la somme de 10 000 FCFA ;

Que de surcroît, sa forte conviction quant aux idéaux de ses co-accusés est corroborée par ses échanges d'informations avec Numéro 8 alias «A.A.» et son projet de voyage pour la Syrie dont le but était de soutenir le Groupe État Islamique, projet qui aurait abouti, n'eût été le rejet de ses demandes de visas ;

Qu'il résulte des développements qui précèdent, que les actes posés par les accusés Numéro 8 alias «A.A.», Numéro 17 alias «A.Y.», Numéro 30 alias « A.D.», Numéro 10 alias «A.M.», Numéro 9 alias « A.H.», Numéro 27 alias «A.O.», Numéro 28 alias «A.Z.», Numéro 29 alias «A.Z.», Numéro 16 alias « A.J.», Numéro 22 alias « A.K.», Numéro 21 alias « A.M.», Numéro 26 et Numéro 2 alias S. ou B.Z., soit à titre individuel, soit collectivement, à savoir les réunions, les échanges d'informations, les circonstances et déroulement de leur voyage dans le fief de C Am au Nigéria ou AQMI au Mali et leurs activités pendant leur séjour en ces lieux, démontrent à suffisance, l'existence d'une entente dont le but est de prêter main forte à ces groupements, connus pour leurs actions violentes, assumées et souvent revendiquées à travers des communiqués, comme les attentats à la bombe, les prises d'otages, les attaques ou enlèvements de civils ;

Qu'il est indéniable que ces actions d'une violence inouïe, qui ont fini d'installer un climat d'insécurité générale, constituent des moyens d'intimidation et de terreur portant une atteinte grave à l'ordre public, d'où leur nature terroriste ;

Que l'entente ainsi établie, en connaissance de cause, par les accusés susnommés, en vue d'apporter à ces groupements leur soutien, concrétisée par le déplacement ou l'assistance au déplacement vers les lieux passés sous le contrôle de ces groupements, suffit à caractériser à leur encontre, le crime d'acte de terrorisme par association de malfaiteurs ;

Attendu que la défense a objecté que l'accusation n'a pas rapporté la preuve des crimes ou délits commis au Nigéria, aucune constatation n'ayant été faite in situ ;

Mais attendu que cet argument ne peut prospérer ;

Qu'en effet, il est de jurisprudence constante que l'association de malfaiteurs est une infraction autonome et indépendante des crimes préparés ou commis ;

Qu'il importe donc peu que les infractions à la réalisation desquelles tendent ses membres soient déterminées ou aient été ou non, consommées ;

Attendu que l'un des conseils de l'accusé Numéro 26 a plaidé la démence de celui pour demander, à titre principal, l'acquittement et à titre subsidiaire une expertise psychiatrique ;

Attendu qu'en vertu de l'article 50 du Code pénal, il n'y a ni crime ni délit lorsque le prévenu était en état de démence au temps de l'action ;

Attendu que rien dans le comportement de l'accusé numéro 26 ne suggère qu'il est dément ;

Qu'en effet, les réponses qu'il a servies lors de son interrogatoire à l'audience, ont été bien précises et cohérentes et certaines de ces réponses concordent d'ailleurs parfaitement avec celles fournies à l'enquête ou devant le magistrat instructeur ;

Qu'en tout état de cause, il n'a été versé au dossier aucun élément objectif, laissant penser qu'il était affecté par une altération de ses facultés mentales au point qu'il n'a eu conscience des actes qu'il a posés relativement notamment à la préparation de son voyage au Nord Mali et aux activités qu'il a menées lors de son séjour dans cette zone ;

Que la démence plaidée ne peut donc être accueillie, tout comme la demande d'expertise qui apparaît inopportune ;

Attendu qu'il y'a lieu, au vu de tout ce qui précède, de déclarer Numéro 8 alias «A.A.», Numéro 17 alias «A.Y.», Numéro 30 alias « A.D.», Numéro 10 alias «A.M.», Numéro 9 alias « A.H.», Numéro 27 alias «A.O.», Numéro 28 alias «A.Z.», Numéro 29 alias «A.Z.», Numéro 16 alias « A.J.», Numéro 22 alias « A.K.», Numéro 21 alias « A.M.», Numéro 26 et Numéro 2 alias S. ou B.Z. atteints et convaincus des faits d'acte de terrorisme par association de malfaiteurs ;

Attendu qu'en revanche, pour ce qui concerne Numéro 5 alias « Imam A.», sa seule participation à la rencontre des jeunes sunnites à Mbao et sa connaissance de certains accusés, ne sauraient constituer à son encontre une adhésion à l'idéologie des groupes terroristes dès lors qu'il ne ressort du dossier la preuve de ce qu'il a eu à poser postérieurement des actes allant dans ce sens ;

Qu'il y'a donc lieu de le renvoyer des fins de la poursuite pour les faits d'acte de terrorisme par association de malfaiteurs ;

Attendu qu'il en sera de même en faveur des accusés Numéro 23 et Numéro 24, en ce sens que, s'il est établi comme résultant de leurs aveux qu'ils avaient l'intention de rejoindre le groupe BF. en Libye, il reste qu'au regard des éléments du dossier, ils n'ont accompli aucun acte matériel allant dans le sens de concrétiser cette volonté ;

Que concernant les accusés numéro 3, numéro 4 alias A.N, numéro 6, numéro 7, numéro 18, numéro 15, numéro 19, numéro 14, numéro 13, numéro 12 et numéro 11, il n'est ressorti du dossier et des débats aucune preuve formelle qu'ils ont participé à un groupement ou entente ayant pour but de préparer ou de commettre des actes terroristes;

Qu'ils n'ont en effet assisté à aucune des réunions sus évoquées ni posé des actes laissant supposer qu'ils ont adhéré aux idéologies d'un quelconque groupement terroriste ;

Que leur acquittement s'impose dès lors ;

Que s'agissant de Numéro 1 alias A.B.N, il ne résulte pas des débats qu'il a participé aux différentes réunions sus évoquées ;

Qu'il n'est pas établi non plus qu'il a prodigué des conseils ou donné des instructions en ce sens, pas plus qu'il n'est démontré qu'il s'est associé avec ses coaccusés ou avec d'autres personnes pour préparer la perpétration de crimes ou délits ;

Que sa connaissance de certains accusés ou la circonstance que certains accusés le connaissent, n'impliquent nullement l'existence d'une connivence avec eux ou une adhésion de sa part à leurs idées ;

Que si plusieurs documents, portant essentiellement sur C Am et l'Etat Islamique et des fichiers vidéo représentant des scènes d'exécution de militaires loyalistes ou d'initiation de jeunes enfants au maniement des armes, ont été trouvés dans sa bibliothèque ou sur le disque dur de son ordinateur, aucun élément objectif du dossier ne permet cependant d'affirmer, avec certitude, qu'il est en contact avec lesdits groupes ou a établi avec eux une entente pour planifier, préparer ou mener des actions terroristes ;

Que l'acte de terrorisme par association de malfaiteurs ne saurait donc être retenu à son encontre ;

Attendu qu'en définitive, il échet d'acquitter Numéro 3, Numéro 4 alias A.N, Numéro 6, Numéro 7, Numéro 18, Numéro 15, Numéro 19, Numéro 14, Numéro 13, Numéro 12, Numéro 11, Numéro 5 alias « Imam A.», Numéro 23, Numéro 24 et Numéro 1 dit Imam A.B.N du crime d'acte de terrorisme par association de malfaiteurs ;

Attendu que s'agissant des autres crimes d'actes de terrorisme reprochés aux accusés, force est de relever qu'aucune des infractions de droit commun visées par l'article 279-1 qui en constituent le soubassement, n'est établie à leur encontre ;

Que les messages suivants : « Louange à Ap qui nous a facilité la hidjra et nous a sélectionnés parmi ses soldats. Je suis en train d'écrire un message au taghout Macky SALL, vous aurez la vidéo du message adressé au président Macky SALL par les soldats d'Allah au dawlatoul islam de Lybie incha Allah », « Que la paix soit sur ceux qui suivent la droiture. Bientôt, vous recevrez le message des soldats d'Allah au président SALL et à l'armée sénégalaise », postés sur AG sous le pseudonyme A.K.N., s'ils peuvent être qualifiés d'actes de terrorisme par menaces, visés au point 9 de l'article 279-1 du Code pénal, il n'est cependant pas prouvé que ces messages sont imputables à l'un quelconque des accusés ;

Qu'il en est de même du projet d'installation d'une base djihadiste au sujet duquel il n'est produit aux débats aucun élément objectif permettant de renseigner sur sa consistance ;

Qu'il échet par conséquent d'acquitter les accusés des autres chefs de crimes visés en l'article 279-1 du Code pénal ;

(...)

PAR CES MOTIFS

Statuant publiquement, contradictoirement, en matière criminelle et en premier ressort ;

EN LA FORME

Rejette l'exception tirée de l'illégalité des poursuites comme mal fondée;

Annule le procès-verbal de première comparution de l'accusé Numéro 25 en date du 28 Juillet 2016 et tous les actes subséquents le concernant ;

Ordonne en conséquence sa libération d'office s'il n'est détenu pour autre cause;

Rejette toutes les autres exceptions de nullité soulevées comme mal fondées ;

Déclare l'action publique recevable ;

AU FOND :

Rejette la demande d'expertise formulée par Numéro 26 ;

Acquitte Numéro 3, Numéro 4 alias A.N, Numéro 6, Numéro 5 alias « Imam A.», Numéro 3, Numéro 7, Numéro 18, Numéro 15, Numéro 19, Numéro 14, Numéro 13, Numéro 23, Numéro 24, Numéro 12 et Numéro 11 de tous les chefs d'accusation retenus contre eux ;

Acquitte Numéro 1 alias A.B.N des crimes d'actes de terrorisme et de financement du terrorisme en bande organisée, ainsi que des délits de blanchiment de capitaux, d'apologie du terrorisme et de détention de munition sans autorisation administrative ;

Acquitte Numéro 8 alias «A.A.», Numéro 17 alias «A.Y.», Numéro 9 alias « A.H.», Numéro 27 alias «A.O.», Numéro 28 alias «A.Z.», Numéro 29 alias «A.Z.», Numéro 10 alias «A.M.», Numéro 16 alias « A.J.», Numéro 30 alias « A.D.», Numéro 22 alias « A.K.», Numéro 21 alias « A.M.», Numéro 26 et Numéro 2 alias S. ou B.Z. des chefs de crime du financement du terrorisme en bande organisée, du délit de blanchiment de capitaux, du crime d'actes de terrorisme par attentats et complots, par crimes commis par participation à un mouvement insurrectionnel, par violences ou voies de fait commises contre les personnes et les destruction ou dégradations commises lors de rassemblements, par enlèvements et séquestrations, destructions, dégradations, dommages, par dégradation des biens appartenant à l'État ou intéressant la chose publique, par atteintes à la vie, par menaces, par blessures et coups volontaires, par fabrication ou détention d'armes prohibées, par vols et extorsions ;

Acquitte également Numéro 2 alias S. ou B.Z., Numéro 8 alias «A.A.» et Numéro 9 alias « A.H.» du délit d'apologie du terrorisme ;

Requalifie les faits de détention d'arme de la 3ème catégorie initialement reprochés à Numéro 1 alias A.B.N en détention d'arme de la 2ème catégorie sans autorisation administrative ;

Le déclare coupable de ce chef ;

Déclare Numéro 8 alias «A.A.», Numéro 17 alias «A.Y.», Numéro 9 alias « A.H.», Numéro 27 alias «A.O.», Numéro 28 alias «A.Z.», Numéro 29 alias «A.Z.», Numéro 10 alias «A.M.»,

Numéro 16 alias « A.J.», Numéro 30 alias « A.D.», Numéro 22 alias « A.K.», Numéro 21 alias « A.M.», Numéro 26 et Numéro 2 alias S. ou B.Z. coupables du crime d'acte de terrorisme par association de malfaiteurs :

Condamne Numéro 8 alias «A.A.» à une peine de vingt (20) ans de travaux forcés ;

Condamne Numéro 17 alias «A.Y.», Numéro 27 alias «A.O.» et Numéro 26 à une peine de quinze (15) ans de travaux forcés ;

Condamne Numéro 9 alias « A.H.», Numéro 28 alias «A.Z.», Numéro 16 alias « A.J.», Numéro 30 alias « A.D.», Numéro 22 alias « A.K.» et Numéro 21 alias « A.M.» à une peine de dix (10) ans de travaux forcés ;

Condamne Numéro 29 alias «A.Z.», Numéro 10 alias «A.M.», et Numéro 2 alias S. ou B.Z. à une peine de cinq (5) ans de travaux forcés ;

Condamne Numéro 1 alias A.B.N à une peine d'un (1) mois d'emprisonnement assortie du sursis;

Ordonne la confiscation de l'arme automatique de calibre 12 mm saisie sur Numéro 1 alias A.B.N;

Ordonne la confiscation au profit du Trésor public de la somme de quatorze mille cinq cents (14 500) Euros saisie sur Numéro 3 et celle de quatorze mille (14 000) Euros consignée par Numéro 1 alias A.B.N ;

Ordonne la restitution de tous autres biens, deniers ou objets saisis et appartenant aux accusés acquittés ;

Condamne Numéro 8 alias «A.A.», Numéro 17 alias «A.Y.», Numéro 9 alias « A.H.», Numéro 27 alias «A.O.», Numéro 28 alias «A.Z.», Numéro 29 alias «A.Z.», Numéro 10 alias «A.M.», Numéro 16 alias« A.J.», Numéro 30 alias « A.D.», Numéro 22 alias « A.K.», Numéro 21 alias « A.M.», Numéro 26, Numéro 2 alias S. ou B.Z.et Numéro 1 alias A.B.N aux dépens ;

Le tout en application des articles 2 et 37 de la loi n° 2004-09 du 06 février 2004, relative à la lutte contre le blanchiment de capitaux, 4 et 32 de la loi n° 2009-16 du 02 mars 2009, relative à la lutte contre le financement du terrorisme, 279-1, 279-4 et 279-5 de la n° 2007-01 du 12 février 2007 portant modification du Code pénal, 13 et 14 de la loi n°66-03 du 18 janvier 1966 relative au régime général des armes et des munitions, l'article 1er du décret n°66-889 du 17 novembre 1966 fixant les modalités d'application de la ladite loi, 4, 44-2, 432 du Code pénal, 101, 147, 164, 166, 704 et suivants du Code de procédure pénale, 294, 295, alinéa 1, 301 et 302 de la loi n°2016-30 du 08 novembre 2016 portant modification du Code de procédure pénale.

OBSERVATIONS

La multiplication des actes de terrorisme dans le monde ainsi que la stupeur suscitée par les attentats terroristes ont incité le législateur sénégalais à apporter quelques aménagements au Code pénal par l'adoption de la loi n° 2007-01 du 12 février 2007 modifiant le Code pénal (*JORS n°6323 du 10 mars 2007, p. 2375*). Ce texte a intégré dans l'arsenal répressif une nouvelle catégorie d'infractions qualifiées « *actes terroristes* ». L'article 1er de cette loi a inséré, après l'article 279 du CP, une section VII intitulée « *Des actes terroristes* » (*J. PRADEL, « Les infractions de terrorisme, un nouvel exemple de l'éclatement du droit pénal», D. 1987, chron. p. 39 à 50 ; CH. O. CISS, « La procédure pénale dérogatoire de répression du terrorisme. Explications et critiques », in Justice et intégration, Mélanges en l'honneur du professeur Ndiaw DIOUF, Cotonou, édition du CREDIJ et éditions de l'ERSUMA, 2020, tome I : la Justice, p. 117 et s.*).

Avec l'acuité particulière que revêt le phénomène du terrorisme au regard de ses manifestations récentes aussi bien sur le plan international que dans la sous-région, « *il a paru nécessaire de renforcer la lutte contre le cyberterrorisme* » (*V. exposé des motifs de la loi n° 2016-29 du 08 novembre 2016 modifiant le Code pénal*).

À cet effet, la loi n° 2016-29 du 08 novembre 2016 modifiant le Code pénal (*JORS n° 6975 du vendredi 25 novembre 2016. p. 1613*) a intégré les infractions liées aux technologies de l'information et de la communication dans la liste des actes terroristes.

Plus récemment, la loi n° 2021-33 du 23 juillet 2021 modifiant le Code pénal a renforcé le dispositif de lutte contre le terrorisme par la prise en compte d'incriminations prévues, notamment par la Convention internationale pour la répression du financement du terrorisme du 09 décembre 1999. Ce texte a également autonomisé le délit d'apologie du terrorisme en l'incriminant dans un texte spécifique (*V. art. 279-2 du CP*).

Le droit pénal sénégalais n'a pas défini la notion de terrorisme. Il s'est contenté d'énumérer les différents actes terroristes (*Sur la notion, V. J.-P. MARGUENAUD, « La qualification pénale des actes de terrorisme », RSC 1990, n° 1, p. 1 à 28 ; V. SANSICO, « Le terrorisme, vie et mort d'une notion juridique (1930-1945)», Arch. pol. crim., vol. 38, n° 01, 2016, p. 27 ; M. MASSE, « La criminalité terroriste », RSC 2012, p. 89 ; Y. MAYAUD, « Terrorisme», Rép. dr. pén. proc. pén., Dalloz, 1995 ; J. PRADEL, «Les infractions de terrorisme, un nouvel exemple de l'éclatement du droit pénal », D. 1987, chron., 39*).

Il résulte de l'article 279-1 du CP, issu la loi n° 2021-33 du 23 juillet 2021, que constituent des actes de terrorisme punis de la réclusion criminelle à perpétuité, lorsqu'ils sont commis intentionnellement en relation avec une entreprise individuelle ou collective ayant pour but d'intimider une population de troubler gravement l'ordre public ou le fonctionnement normal des institutions nationales ou internationales, de contraindre un Gouvernement ou une organisation internationale à accomplir ou à s'abstenir d'accomplir un acte quelconque par la terreur :

- les attentats et complots visés par les articles 72 à 84 du CP ;
- les crimes commis par participation à un mouvement insurrectionnel visés par les articles 85 à 87 du CP ;
- les violences ou voies de fait commises contre les personnes et les destructions ou dégradations commises lors de rassemblements et visées par l'article 98 du CP ;
- les enlèvements et séquestrations prévus par les articles 334 à 337 bis du CP ;
- les destructions, dégradations et dommages visés aux articles 406 à 409 du CP;
- la dégradation des biens appartenant à l'État ou intéressant la chose publique prévue par l'article 225 du CP ;
- l'association de malfaiteurs prévue par les articles 238 à 240 du CP ;
- les atteintes à la vie prévues par les articles 280, 281, 284, 285 et 286 du CP ;
- les menaces prévues par les articles 290 à 293 du CP ;
- les blessures et coups volontaires prévus par les articles 294 à 298 du CP ;
- la fabrication ou la détention d'armes prohibées prévue par la législation sur les armes ;
- la fabrication, l'acquisition, la possession, le transport, le transfert, par tout acteur non étatique, d'armes nucléaires, chimiques, biologiques et leurs vecteurs ;
- les vols et extorsions prévus par les articles 364 et 372 du CP ;
- le fait d'introduire dans l'atmosphère, sur le sol, dans le sous-sol ou dans les eaux une substance de nature à mettre en péril la santé de l'homme ou des animaux ou le milieu naturel ;
- les infractions liées aux technologies de l'information et de la communication ;
- les atteintes à la défense nationale (*D. GUERIN, « Les actes de terrorisme », Juris-class. pén. code, art. 421-1 à 422-7, fasc. 20*).

De façon traditionnelle, les actes terroristes constituent des infractions graves portant atteinte à la sécurité publique, à l'intégrité physique et psychique des personnes ainsi qu'à la propriété des biens lorsqu'elles sont intentionnellement en relation avec une entreprise individuelle ou collective ayant pour but de troubler l'ordre public ou le fonctionnement normal des institutions nationales ou internationales, par l'intimidation ou la terreur (*V. CRETTIEZ, « Les modèles conceptuels d'appréhension du terrorisme », Cah. sécurité int., n° 38, 1999, p. 199*). Les actes de terrorisme ne sont pas des infractions autonomes ; ils recoupent en réalité des infractions préexistantes en droit pénal commun et qui présentent la spécificité d'être en relation avec une entreprise terroriste.

Selon l'article 279-9 du CP, les actes terroristes sont punissables alors même qu'il n'existerait pas un acte commis ou tenté, dès lors qu'un acte matériel tendant à les réaliser est entrepris.

L'exigence légale d'une relation de l'acte terroriste avec une entreprise individuelle ou collective ayant pour but de troubler l'ordre public ou le fonctionnement normal des institutions par l'intimidation ou la terreur constitue une particularité du terrorisme (*J. PRADEL et M. DANTI-JUAN, Droit pénal spécial. Droit commun droit des affaires, 4e édition, Paris, édition Cujas, 2007, p. 828 ; M. L. RASSAT, Droit pénal spécial, 6e édition, Paris, Dalloz, 2011, p. 635, n° 859 ; V. OLIVERI, « Terrorisme et radicalisation : la nécessité d'un régime carcéral adapté», Dr. pén. 2017, entretien 1 M.-E. CARTIER, «Le terrorisme dans le nouveau Code pénal français», RSC 1995, n° 02, p. 225 à 246; B. BOULOC, Le terrorisme, Problèmes actuels de science criminelle, PUAM, vol. II, 1989, p. 65 ; J. ALIX, «Flux et reflux de l'intention terroriste», RSC 2019, p. 505*). La qualification terroriste ne peut être appliquée qu'aux infractions qui sont « *en relation* » avec une entreprise ayant pour but de troubler gravement l'ordre public par l'intimidation ou la terreur. Tout le dispositif répressif antiterroriste repose sur cette formule. Selon le professeur Jean PRADEL, l'acte terroriste est « *celui qui suscite une peur collective dans la population pour l'amener à céder ou pour amener le Gouvernement qui le représente à céder* » (*J. PRADEL, « Les infractions de terrorisme, un nouvel exemple de l'éclatement du droit pénal (loi n° 86-1020 du 9 septembre 1986) », D. 1987, chron. p. 39*).

La définition législative de l'entreprise terroriste a été fréquemment dénoncée comme étant trop imprécise et ouvrant la voie à tous les abus.

Cependant, malgré les critiques de la doctrine (*J.-P. MARGUENAUD, « La qualification pénale des actes de terrorisme », RSC 1990, n° 1, p. 1 à 28*), le Conseil constitutionnel français a estimé, dans sa décision n° 86-213 DC du 3 septembre 1986, que cette formule ne heurtait pas le principe de la légalité des délits et des peines.

C'est en réalité l'intention terroriste qui permet de distinguer les actes terroristes des infractions de droit commun. L'entreprise terroriste suppose une organisation, des actes, une stratégie, voire une planification qui révèlent de manière univoque chez ceux qui la portent leur détermination à commettre, à plus ou moins long terme, une action terroriste propre à troubler gravement l'ordre public par l'intimidation ou la terreur.

L'entreprise doit consister en une action d'intimidation ou de terreur se caractérisant par un mode d'action tendant à répandre dans la population un sentiment d'épouvante, de sidération ou de peur violente et à faire naître chez les personnes un sentiment de menace personnelle. Cette action d'intimidation ou de terreur cause ainsi un trouble grave à l'ordre public qui revêt, en conséquence, un retentissement national ou international et affecte le pays tout entier ou une partie importante de son territoire ou de sa population.

L'action commise peut consister en la déstabilisation des institutions, la désorganisation de l'économie, la fracturation de la société ou, plus généralement, en l'instauration d'un climat de peur (*D. GUERIN, « Les actes de terrorisme », Juris-class. pén. code , art. 421-1 à 422-7, fasc. 20, 2021, n° 27).* L'action terroriste est une action violente dont les effets psychologiques sont hors de proportion. En pratique, l'adhésion à une idéologie tendant à imposer par la violence des convictions politiques ou religieuses est souvent l'un des éléments révélant l'existence de l'entreprise terroriste.

La notion d'entreprise recouvre un dessein formé ou un plan concerté se traduisant par des efforts coordonnés en vue de l'atteinte d'un objectif déterminé.

Qu'elle s'applique à un fanatique isolé ou à un réseau international, elle est exclusive de toute idée d'improvisation ; elle suppose des préparatifs et un minimum d'organisation. Peuvent ainsi être pris en considération des éléments tels que l'établissement d'un plan d'action, le rassemblement de moyens matériels, la mise en place d'un dispositif de repli ou encore la rédaction d'un communiqué destiné à la presse (*circulaire n° crim. 86.21/F1 du 10 oct. 1986, sur la mise en œuvre des dispositions de la loi n° 86-1020 du 9 sept. 1986, BOMJ 1986. 57 s., spéc. p. 62, n° 2113*). C'est dire que les actes de terrorisme ne trouvent leur véritable nature que s'ils sont le résultat d'une détermination suffisamment élaborée, d'une véritable « *stratégie*» (*Crim. 7 mai 1987, n° 87-80.822, Bull. crim. n° 186*).

Dans un jugement rendu le 10 avril 2019, le Tribunal de grande Instance hors classe de Dakar a considéré que l'entreprise individuelle ou collective est un concept nommé et non défini par l'article 279-1 du CP. Le tribunal a énoncé qu'il s'agit d'un « *projet mûrement réfléchi, planifié, organisé, ayant une logique interne, se traduisant par des actes matériels et tendant à des buts terroristes* » (*TGIHC Dakar, ch. crim. n°028 du 10 avril 2019, MP c/ S. K., inédit*).

La condition tirée de l'entreprise individuelle ou collective renvoie volontiers au crime ou délit organisé, mais entendu différemment, selon le caractère collectif ou individuel de l'entreprise. À la manière de la bande organisée, définie à l'article 132-71 du Code pénal français, elle s'apparente d'abord à ce qui porte la marque d'actions coupables particulièrement graves et redoutées, pour ce qu'elles représentent d'initiatives à base d'entente, de concertation ou d'idéologie partagée entre plusieurs personnes (*Y. MAYAUD, « Le crime organisé », in P. MÉHAIGNERIE (dir.), Le nouveau Code pénal. Enjeux et perspectives, Paris, Dalloz, 1994, p. 60*).

Elle rejoint alors l'entreprise terroriste collective, dont l'organisation est d'autant plus redoutable qu'elle peut se confondre avec un terrorisme d'État.

En revanche, lorsqu'elle est individuelle, sans le relais de structures d'appui, l'entreprise terroriste se rapproche davantage de la préméditation, du « *dessein formé avant l'action* », pour reprendre la formule du Code pénal.

L'idée d'organisation est la meilleure pour rendre compte de l'entreprise terroriste. La Cour de Cassation française a approuvé une juridiction du fond pour avoir retenu qu'un acte de terrorisme implique « *un minimum d'organisation*» et avoir relevé que l'acte dont le demandeur avait été victime constituait une action isolée contre un établissement scolaire, et que son mode de perpétration ne révélait pas le professionnalisme de son ou de ses auteurs, demeurés inconnus, avec pour conséquence légale et justifiée de ne pouvoir assimiler cet acte à un acte de terrorisme (*Cass. civ., 17 oct. 1995, n° 93-14.837, Bull. civ. I, n° 368 ; D. 1995. IR 245 ; RCA 1996. comm. 72*).

- **Terrorisme- auteur-mineur- compétence du tribunal pour enfants pour juger le mineur**

23. TGIHC Dakar, ch. crim. spéc. n° 044 bis du 10 avril 2018, *MP c/ Mouhamadou SECK, inédit.*

La compétence exclusive de la chambre criminelle spéciale instituée par la loi n° 2016-30 du 08 novembre 2016 portant modification du Code de procédure pénale, qui est une loi nationale, ne peut être appliquée au mineur, sous peine de violation du principe de la hiérarchie des normes, alors surtout qu'il est admis qu'en cas de contrariété entre les dispositions d'un traité et celles d'une loi nationale, les premières s'appliquent

LA CHAMBRE,

Attendu que par ordonnance de mise en accusation rendue le 15 décembre 2017, le doyen des juges d'instruction a renvoyé M. S. et vingt-neuf (29) autres devant la chambre Criminelle du Tribunal de grande instance de céans siégeant en formation spéciale pour les faits d'actes de terrorisme, d'apologie du terrorisme, de blanchiment de capitaux dans le cadre d'activités terroristes et de financement du terrorisme en bande organisée, faits prévus et punis par les articles 279-1, 279-4 et 279-5, 2, 37 de la loi n° 2004-09 du 06 février 2004 et 4, 32 de la loi n° 2009-16 du 02 mars 2009 ;

EN LA FORME

Sur l'incompétence ;

Attendu que les conseils de l'accusé M. S. ont excipé de l'incompétence de la chambre pour juger ce dernier aux motifs que celui-ci, né le 21/01/1999, était mineur au moment des faits et que, conformément aux articles 566 et suivants du Code de Procédure pénale, il n'est justiciable, pour les crimes et les délits, que du tribunal pour enfants ;

Qu'ils ont en outre fait valoir que l'article 677-30 de la loi n° 201630 du 08/11/2016 modifiant le Code de procédure pénale édicte seulement une prorogation de la compétence *ratione loci* du Tribunal de grande instance de Dakar pour les infractions terroristes en ce qu'elle rend cette juridiction compétente pour des faits commis en dehors de son ressort, sans toucher à l'ordre public judiciaire qui inclut les procédures particulières établies aux articles 566 et suivants en vertu desquelles les mineurs sont justiciables du tribunal pour enfants ;

Qu'ils ont ainsi conclu à la disjonction de la cause du mineur M. S. ;

Attendu qu'en réaction, le Ministère public a soutenu que les actes dont la répression est poursuivie ont été prévus par des textes spéciaux qui ont entendu donner compétence exclusive et absolue à la Chambre criminelle du Tribunal de grande instance hors classe de Dakar siégeant en formation spéciale pour connaitre des affaires afférentes au terrorisme ;

Qu'il a rappelé que l'article 677-30 alinéa premier du code précité dispose que : « la Chambre criminelle du Tribunal de grande Instance de Dakar, siégeant en formation spéciale est seule compétente pour juger les crimes rentrant dans l'une des catégories visées par les articles 279-1 à 279-19... » ;

Qu'il a estimé que la rédaction claire et en des termes généraux dudit texte ne laisse place à aucun doute sur la compétence de la chambre pour connaître des infractions visées, même si elles sont commises par un accusé mineur ;

Que poursuivant, il a soutenu que la loi n°2016-30 du 08 novembre 2016 est une loi spéciale au même titre que celle instituant le tribunal pour enfants et qu'il est de règle qu'en cas de conflits apparents entre deux lois spéciales, la dernière en date doit prévaloir parce que plus conforme à la dernière volonté du législateur ;

Qu'il a précisé, au demeurant, que pour ce qui concerne le traitement des affaires relatives au terrorisme, la loi a institué une exclusivité en centralisant ce traitement à Dakar tant en ce qui concerne l'enquête (Section de Recherches de la Gendarmerie et Division des Investigations Criminelles), la poursuite et l'instruction (Parquet et cabinets spécialisés de Dakar) que pour le jugement (chambre criminelle spéciale du TGI de Dakar et chambre criminelle spéciale de la Cour d'Appel de Dakar) ;

Qu'il a estimé qu'une décision d'incompétence de la chambre de céans profiterait, ipso facto, au Tribunal de grande Instance de Saint-Louis en vertu des règles de compétence *ratione loci*, M. S. ayant été arrêté dans ce ressort et qu'une telle éventualité serait en contradiction avec l'esprit de la loi 2016-30 du 08 novembre 2016 qui a entendu attribuer une compétence exclusive, en matière de terrorisme, aux organes spécialisés situés à Dakar ;

Qu'il a fait valoir, au surplus, que seule la chambre criminelle de la Cour d'Appel de Dakar siégeant en formation spéciale est compétente en cas de recours en matière de terrorisme et que cette chambre ne peut connaître que des appels interjetés contre les décisions rendues par la chambre criminelle du Tribunal de grande instance de Dakar siégeant en formation spéciale, de sorte que selon lui, faire droit à l'exception d'incompétence soulevée entrainerait le risque de voir l'accusé privé de son droit d'appel;

Qu'il a requis, en conséquence, que l'exception soulevée par les conseils de M. S. soit rejetée et les débats continués ;

SUR CE,

Attendu qu'il résulte de la copie littérale d'acte de naissance délivrée le 09 janvier 2018 par l'officier d'état-civil du centre secondaire de

Keur Moussa que l'accusé M. S. est né le 21 janvier 1999 ;

Qu'ainsi au moment de son arrestation en 2015, il était âgé de seize (16) ans et était donc mineur;

Attendu que comme l'a fait remarquer le Ministère public, l'article 677-30 alinéa premier de la loi n° 2016-30 du 08 novembre 2016 portant modification du Code de procédure pénale, rédigé en des termes généraux, donne compétence exclusive aux juridictions de Dakar pour connaitre des infractions de terrorisme quel qu'en soit l'auteur, écartant ainsi toute exception liée à la compétence *ratione personae* ;

Qu'il apparait cependant que ledit texte qui n'a prévu aucune mesure adaptée à la situation spécifique du mineur impliqué dans des affaires de terrorisme, est manifestement en contradiction non seulement avec les autres dispositions internes existantes relatives au mineur en l'occurrence les articles 566 et suivants du Code de procédure pénale instituant le tribunal pour enfants et une procédure spéciale pour le jugement des mineurs soupçonnés d'avoir commis des infractions, mais également avec les engagements internationaux souscrits par le Sénégal comme la Convention Internationale des droits de l'enfant adoptée par l'Assemblée générale de l'Organisation des Nations Unies le novembre 1989 entrée en vigueur à l'égard du Sénégal le 02 septembre 1990 ;

Attendu que ladite convention relative notamment au traitement des mineurs devant la justice, promeut en son article 40, l'adoption de lois, de procédures, la mise en place d'autorités et d'institutions spécialement conçues pour les enfants suspectés d'infraction;

Qu'en d'autres termes, ce texte fait obligation aux États parties de mettre en place un système de justice pour mineurs chargé de la poursuite et du jugement de ceux-ci, sans aucune exception à la compétence de ce système fondée sur la gravité de l'infraction ;

Qu'il en est de même d'ailleurs de la Charte africaine des droits et du bien-être de l'enfant adoptée, le 18 mai 1992, par l'Organisation de l'Unité Africaine, devenue Union Africaine et entrée en vigueur à l'égard du Sénégal le 29 juillet 1998 qui, en son article 17-2.d, exige des États qu'ils veillent à ce qu'il soit interdit « *à la presse et au public d'assister au procès* » de « *tout enfant accusé d'avoir enfreint la loi pénale* » ;

Attendu qu'il importe de rappeler sur ce point qu'au sens de l'article 79 de la Constitution du Sénégal, les traités ou accords régulièrement ratifiés ou approuvés ont, dès leur publication, une autorité supérieure à celle de la loi ;

Qu'il en résulte que la compétence exclusive de la chambre criminelle spéciale instituée par la loi n° 2016-30 du 08 novembre 2016 portant modification du Code de procédure pénale, qui est une loi nationale, ne peut être appliquée au mineur, sous peine de violation du principe de la hiérarchie des normes, surtout qu'il est admis qu'en cas de contrariété entre les dispositions d'un traité et celles d'une loi nationale, les premières s'appliquent ;

Qu'en considération des éléments ci-dessus, il échet de dire qu'en ce qui concerne le cas des mineurs accusés d'infractions terroristes, les dispositions du Code de procédure pénale instituant le tribunal pour enfants prévalent sur celles du même code issues de la loi n° 2016-30 du 08 novembre 2016, ce qui en l'espèce, rend la chambre incompétente pour connaître de la cause concernant le mineur M. S.

PAR CES MOTIFS

Statuant publiquement, contradictoirement en matière criminelle et en premier ressort ;

Se déclare incompétente à l'égard de l'accusé M. S., mineur au moment des faits ;

Renvoie le Ministère public à mieux se pourvoir.

OBSERVATIONS

La chambre criminelle du Tribunal de grande Instance hors classe de Dakar, siégeant en formation spéciale, est seule compétente pour juger les actes de terrorisme et les délits qui leur sont connexes (*V. art. 677-30 du CPP*). L'appel contre les décisions rendues par la chambre criminelle spéciale du tribunal de grande instance est porté devant une chambre criminelle spéciale de la Cour d'Appel de Dakar composée d'un président et de quatre conseillers désignés par ordonnance spéciale du premier président de la cour d'appel.

Ainsi, l'article 677-30 du CPP attribue une compétence exclusive aux juridictions de Dakar pour connaître des infractions de terrorisme, quel qu'en soit l'auteur, ce qui semble écarter l'exercice de toute autre compétence *ratione personae*.

Mais que décider lorsque la personne poursuivie était mineure au moment des faits ? On se retrouve ainsi en présence d'un conflit entre deux règles spéciales de compétence : celle qui donne compétence à la chambre criminelle spéciale du Tribunal de grande Instance hors classe de Dakar pour statuer sur les actes de terrorisme et les délits connexes et celle qui attribue compétence au tribunal pour enfants pour connaître des crimes et des délits reprochés aux mineurs.

La chambre criminelle spéciale du Tribunal de grande Instance hors classe de Dakar a été confrontée à ce délicat problème dans le jugement rendu le 10 avril 2018 ci-dessus rapporté.

Dans cette espèce, la chambre criminelle a jugé que l'article 677-30 du CPP, qui « *n'a prévu aucune mesure adaptée à la situation spécifique du mineur impliqué dans des affaires de terrorisme, est manifestement en contradiction non seulement avec les autres dispositions internes existantes relatives au mineur, en l'occurrence les articles 566 et suivants du Code de procédure pénale instituant le tribunal pour enfants et une procédure spéciale pour le jugement des mineurs soupçonnés d'avoir commis des infractions, mais également avec les engagements internationaux souscrits par le Sénégal, comme la Convention internationale des droits de l'enfant adoptée par l'Assemblée générale de l'Organisation des Nations Unies le 20 novembre 1989 entrée en vigueur à l'égard du Sénégal le 02 septembre 1990* ».

Le juge criminel a ajouté que l'article 40 de la Convention internationale des droits de l'enfant promeut l'adoption de lois, de procédures, la mise en place d'autorités et d'institutions spécialement conçues pour les enfants suspectés d'infractions, sans aucune exception liée à la compétence fondée sur la gravité de l'infraction. Il en est de même, d'ailleurs, de la Charte Africaine des droits et du bien-être de l'enfant adoptée, le 18 mai 1992, par l'Organisation de l'Unité africaine, devenue Union africaine et entrée en vigueur à l'égard du Sénégal le 29 juillet 1998 qui, en son article 17-2. d, exige des États qu'ils veillent à ce qu'il soit interdit à la presse et au public d'assister au procès de tout enfant accusé d'avoir enfreint la loi pénale.

Le juge a tiré argument du principe de la supériorité des traités sur les lois posé par l'article 98 de la Constitution, pour en conclure que « *la compétence exclusive de la chambre criminelle spéciale instituée par la loi n° 2016-30 du 08 novembre 2016 portant modification du Code de procédure pénale, qui est une loi nationale, ne peut être appliquée au mineur, sous peine de violation du principe de la hiérarchie des normes, alors surtout qu'il est admis qu'en cas de contrariété entre les dispositions d'un traité et celles d'une loi nationale, les premières s'appliquent* ».

En conséquence, la chambre criminelle spéciale s'est déclarée incompétente pour connaître de la cause concernant le mineur accusé d'infractions terroristes, au motif que les dispositions du CPP, instituant le tribunal pour enfants, prévalent sur celles du même code issues de la loi n° 2016-30 du 08 novembre 2016.

- **Infractions commises par tous moyens de diffusion publique : exigence de la publicité**

24. CA Dakar, ch.corr. n° 567 du 07 août 2017, ***MP et Philippe KPENOU c/ Amadou THIAM, inédit***

La diffamation suppose sous l'angle de la matérialité, l'attribution à une personne ou à un corps déterminé, d'un fait précis de nature à atteindre l'honneur ou la considération de celui auquel il est imputé ; en tant que délit de presse, il suppose une certaine publicité et doit se réaliser par l'un des moyens définis à l'article 248 du Code pénal.

LA COUR,

Considérant que par acte n° 2218 et 2132 en date des 24 et 12 décembre 2014, maitre Emmanuel Diatta, avocat à la cour, agissant au nom et pour le compte du prévenu A. Th. et du civilement responsable le SUTBEFS et le Procureur de la République ont respectivement relevé appel principal et incident du jugement n° 918 rendu contradictoirement par le Tribunal de grande Instance hors classe de Dakar le 02 décembre 2014 dans la cause opposant Amadou Thiam et le Syndicat Unique des Travailleurs des Banques et Établissements Financiers du Sénégal dit SUTBEFS à Ph. K.et dont le dispositif est ainsi conçu :

« Statuant publiquement, contradictoirement, en matière correctionnelle et en premier ressort ;

En la forme ;

Reçoit l'action ;

Au fond ;

Déclare Amadou Thiam coupable de diffamation et d'injures ;

Le condamne à une amende ferme de 200 000 francs ;

Reçoit la constitution de partie civile de Ph. K. ;

Lui alloue la somme de 5 000 000 francs à titre de dommages et intérêts ;

Condamne le Syndicat Unique des Travailleurs des Banques et Établissements Financiers du Sénégal dit SUTBEFS, civilement responsable de A. Th. au paiement de la dite somme ;

Ordonne l'exécution provisoire ;

Fixe la durée de la contrainte par corps au maximum ;

Condamne le prévenu aux dépens ; »

EN LA FORME.

Considérant que les appels ont été interjetés conformément aux règles de délai et forme prescrites par la loi, qu'il échet de les déclarer recevables ;

Considérant que le prévenu et la partie civile régulièrement cités à parquet n'ont pas comparu, qu'il échet dès lors de statuer par défaut à leur encontre ;

AU FOND.

Sur les faits et la procédure

Considérant qu'il est constant, comme résultant du jugement attaqué et de la procédure, que par acte en date du 26 novembre 2013 de Maître Oumar Tidiane Diouf, Huissier de Justice à Dakar, le sieur Ph. K., Administrateur général de la société International Commercial Bank Sénégal S. A dite ICB Sénégal, domicilié au 18 Avenue Léopold Sédar Senghor à Dakar mais ayant domicile élu en l'étude de Maître Oumy Sow LOUM, avocat à la Cour à Dakar a cité A. Th. et le Syndicat Unique des Travailleurs des Banques et Établissements Financiers du Sénégal dit S.U.T.B.E.F.S pour diffamation et injures ;

Que réitérant les termes de la citation directe, il a soutenu que dans une déclaration en date du 02 aout 2013, le sieur A. T., secrétaire général du Syndicat Unique des Travailleurs des Banques et Établissements Financiers du Sénégal dit S.U.T.B.E.F.S a sorti un communiqué qui le vise en sa qualité de Directeur général de la Société Internationale Commercial Bank Sénégal S.A contenant les passages suivants :

« Considérant le motif de ces licenciements qui frise le ridicule et témoigne de l'irrespect dont fait preuve Ph. K. à l'égard des lois et règlements de notre pays ; »

« Dénonçant la répulsion de Ph. K. pour toute forme d'expression des libertés syndicales et des libertés tout court au sein de ICB Sénégal, le conduisant à considérer comme ses ennemis les délégués du personnel affiliés à une organisation syndicale ; »

« Dénonçant la terreur exercée sur le personnel de ICB Sénégal que Ph. K. considère comme ses sujets, taillables et corvéables à merci et qu'il humilie à longueur de journée, selon son humeur du moment ; »

« Considérant les états de service de Ph. K. au sein de ICB Sénégal, qui se résument à des mises à pied et licenciements, qui lui valent aujourd'hui de détenir le triste record des contentieux en instance à l'inspection régionale du travail et de la sécurité sociale et au tribunal du travail » ;

« S'engage à faire face à l'injustice, à l'arbitraire et à la politique de la terreur érigée en règle par Ph. K. ; »

« Invite les autorités à arrêter les agissements de cet individu… ; »

« Met en garde l'opinion sur les dérives de cet individu » ;

Qu'il a ajouté que A. Th. a organisé un point de presse avec la Télévision Futur Média ou il est revenu en force pour le traiter de fou en ces termes : « Je pense qu'on a affaire à un fou ; c'est ça parce que c'est quelqu'un qu'on ne peut pas circonscrire dans ses actes, son comportement, c'est comme ça qu'il se comporte avec tout le monde au quotidien avec l'ensemble des travailleurs » ;

Que ces propos sont consignés dans le procès-verbal de constat interpellatif du 31 octobre 2013 servi par Maître Oumar Tidiane DIOUF, Huissier de Justice à Dakar ;

Qu'il estime que ces propos portent atteinte à son honneur, et sa considération et sont également outrageants par le mépris manifeste à son égard à travers les termes proférés à son encontre tels que « individu » et « fou » ;

Que poursuivant, il a soutenu que la référence faite relativement au prétendu mépris de sa part aux lois et règlements du pays dont il n'est pas originaire, a manifestement pour but d'inciter à la haine à son encontre, puisqu'il est peint comme un étranger qui ne respecte pas les lois en vigueur au Sénégal ;

Qu'il a ajouté qu'il est possible de défendre les intérêts des travailleurs sans porter atteinte à son honneur et à sa dignité ;

Qu'en outre, les propos du prévenu ont été relayés par les journalistes du groupe Futurs Médias qui ont assisté à une conférence de presse tenue par le secrétaire général dudit syndicat ;

Que toutes ces allégations qui sont constitutives des délits de diffamation et d'injure, lui causent selon ses propres termes, un préjudice tant moral que professionnel, raison pour laquelle, il sollicite que A. TH. soit déclaré coupable de diffamation et d'injure et condamné, sous la garantie du S.U.T.B.E.F.S, à lui payer la somme de 100 000 000 francs de dommages et intérêts sous le bénéfice de l'exécution provisoire et de la contrainte par corps fixée au maximum ;

Considérant que le prévenu n'a pas été entendu car aucune enquête n'a été faite ;

Considérant que prenant la parole, l'Avocat général a déclaré s'en rapporter ;

SUR CE,

Sur la culpabilité et la peine

Considérant qu'aux termes de l'article 258 du Code pénal, toute allégation ou imputation d'un fait qui porte atteinte à l'honneur ou à la considération de la personne ou du corps auquel le fait est imputé est une diffamation ;lorsqu'elle a été faite par l'un des moyens visés à l'article 248, elle est punissable même si elle s'exprime sous une forme dubitative ou si elle vise une personne ou un corps non expressément nommé, mais dont l'identification est rendue possible par les termes des discours, cris, menaces, écrits ou imprimés, placards ou affiches incriminés;

Que toute expression outrageante, tout terme de mépris relatif ou non à l'origine d'une personne, toute invective qui ne renferme l'imputation d'aucun fait est une injure ;

Considérant que la diffamation suppose sous l'angle de la matérialité, l'attribution à une personne ou à un corps déterminé, d'un fait précis de nature à atteindre l'honneur ou la considération de celui auquel il est imputé ;

Qu'en tant que délit de presse, il suppose une certaine publicité et doit se réaliser par l'un des moyens définis à l'article 248 du Code pénal ;

Qu'en l'espèce, il est reproché au prévenu d'avoir tenu des propos diffamatoires contenus dans une déclaration faite par le bureau du Syndicat Unique des Travailleurs des Banques et Établissements Financiers du Sénégal (S.U.T.B.E.F.S) au cours de sa réunion tenue le 1er aout 2013 à son siège, suite au licenciement de quatre agents de la Banque dénommée International Commerce Bank dite I.C.B, parmi lesquels figurent deux délégués du personnel nommés M. N'G. et F. F.T. par le Directeur général Ph. K., en violation des articles 214,216 et 217 du Code du travail faisant obligation à tout employeur de demander l'autorisation de l'Inspecteur du Travail avant de licencier un délégué du personnel ;

Qu'en effet, les propos visés dans la citation directe de la partie civile figurent dans la déclaration qui a été remise aux membres affiliés au Syndicat des Travailleurs des Banques et Établissements Financiers dit S.U.T.B.E.F.S qui constitue un groupement de personnes liées par une communauté d'intérêts ou de préoccupations ;

Qu'à la lumière des pièces du dossier et des débats d'audience, aucun élément ne prouve que la diffusion de la déclaration contenant les propos visés dans l'acte de poursuite a dépassé cette sphère déterminée, atteignant ainsi une personne étrangère aux intérêts qui l'animent ;

Considérant qu'en outre, il importe de faire remarquer que les propos contenus dans la déclaration ont été tenus dans le cadre d'un conflit social et ne revêtent le caractère d'une diffamation publique que s'ils excédent les limites admissibles de la polémique syndicale;

Qu'en l'espèce, la partie civile qui a initié les poursuites n'a pas prouvé ni offert de prouver que les propos contenus dans la déclaration ont été portés à la connaissance d'une personne étrangère au syndicat et qu'ils dépassent le cadre de l'activité syndicale ;

Que ces preuves n'ayant pas été apportées par la partie civile, initiatrice des poursuites, qu'il échet de considérer que la condition de publicité qui constitue le principal élément constitutif de la diffamation et de l'injure n'est pas établie ;

Considérant que par ailleurs, la partie civile a soutenu que les propos tenus contre lui ont été relayés au cours d'un point de presse ou était présente la Télévision Futur Média en ajoutant que cette rencontre avec la presse aura lieu à une date qui est mentionnée dans la déclaration ;

Que cette contradiction manifeste notée dans les déclarations de la partie civile qui ont été vivement contestées par le prévenu, prouve à suffisance que la condition liée à la publicité fait défaut, qu'il échet par conséquent de considérer que la matérialité des délits de diffamation et d'injure n'est pas établie en l'espèce ;

Considérant qu'en outre, le premier juge n'a pas caractérisé les faits qui sont reprochés au prévenu, il s'est simplement limité à qualifier les propos contenus dans la déclaration de diffamation et d'injure ;

Qu'en procédant de la sorte, il n'a pas donné aux faits objet de la poursuite une qualification juridique claire et précise ;

Considérant qu'en déclarant le prévenu coupable de diffamation et d'injure sans caractériser les propos qui lui sont imputés par la partie civile ni faire de distinction entre les deux délits qui sont différents, le premier juge a fait une mauvaise appréciation des faits de la cause ;

Considérant par ailleurs, que le premier juge a déclaré le Syndicat Unique des Travailleurs des Banques et Établissements Financiers du Sénégal civilement responsable alors que cette structure n'a pas été installée dans la cause ;

Qu'en outre, il a prononcé la durée de la contrainte par corps au maximum à l'encontre dudit syndicat qu'il a déclaré civilement responsable ;

Qu'en statuant ainsi, le premier juge n'a pas fait une application correcte des dispositions légales ;

Qu'il échet, par conséquent, d'infirmer le jugement entrepris en toutes ses dispositions, et statuant à nouveau, de renvoyer le prévenu des fins de la poursuite, de mettre hors de cause le Syndicat Unique des Travailleurs des Banques et Établissements Financiers du Sénégal et dire qu'il n'y a lieu à prononcer la contrainte par corps à l'encontre du S.U.T.B.E.F.S ;

(...)

PAR CES MOTIFS

Statuant publiquement, par défaut à l'encontre du prévenu et de la partie civile en matière correctionnelle et en dernier ressort ;

En la forme

Reçoit les appels enregistrés ;

Au fond

Infirme le jugement entrepris en toutes ses dispositions, et statuant à nouveau, renvoie le prévenu des fins de la poursuite ;

Met le Syndicat Unique des Travailleurs des Banques et Établissements Financiers du Sénégal dit S.U.T.B. E.F.S hors de cause ;

Dit n'y avoir lieu à prononcer la contrainte par corps à son encontre ;

Déboute la partie civile de sa demande en réparation comme mal fondée ;

Met les dépens à la charge du Trésor public.

- **Infractions commises par tous moyens de diffusion publique : exigence de la publicité**

La diffamation suppose une certaine publicité et le mémoire contenant les propos qualifiés de diffamatoires n'a pas été porté à la connaissance du public.

25. CA Dakar, ch. corr. n° 508 du 22 juin 2016, *MP et Aminata Marthe DIOP c/Ababacar NIANG, inédit*

LA COUR,

Considérant que par acte n° 1459 en date du 25 juin 2013, Maître Youssoupha Camara, avocat à la cour agissant au nom et pour le compte de la dame A. D. partie civile a relevé appel contre le jugement n°589 rendu par le Tribunal de grande instance hors classe de Dakar le 20 juin 2013 dans la cause l'opposant à A. N. et dont le dispositif est ainsi conçu:

« Statuant publiquement, contradictoirement, en matière correctionnelle et en premier ressort ;

En la forme :

Reçoit l'action ;

Au fond :

Relaxe A. N. ;

Déclare l'action civile irrecevable ;

Met les dépens à la charge de A. D. ; »

EN LA FORME.

Considérant que l'appels a été interjeté conformément aux règles de délai et forme prescrites par la loi, qu'il échet de le déclarer recevable ;

Considérant que le prévenu régulièrement cité n'a pas comparu qu'il échet de statuer par défaut à son encontre ;

Considérant que la partie civile régulièrement citée e a été représentée par son conseil en la personne de Maître Youssoupha Camara, qu'il échet de statuer contradictoirement à son égard;

AU FOND.

Sur les faits et la procédure ;

Considérant qu'il résulte du jugement attaqué, et des pièces du dossier, que par exploit daté du 27 juin 2012 de Maître Issa Mamadou Dia, Huissier de Justice à Dakar , la dame A. D. demeurant au point E mais ayant élu en l'étude de Maître Youssoupha Camara, avocat à la cour a fait citer A. N. devant le Tribunal correctionnel de Dakar pour diffamation , injures et dénonciation calomnieuse,

Qu'elle a déclaré que dans le cadre d'une procédure initiée contre sa mère R. R. D. pour sa mise sous curatelle et le contrôle de ses biens, A. N. a rapporté des propos diffamatoires calomnieux et injurieux à son encontre ;

Que dans le même sillage, A. N. a produit un mémoire qu'il a remis à son conseil Maître Aliou Cissé et dans lequel il déclare porter plainte contre elle pour abus de faiblesse et détournement d'actif à son encontre ;

Qu'il a qualifiée dans la mémoire de « vieille fille » qui n'a jamais connu d'homme dans sa vie , cupide , provocatrice et d'une méchanceté Diabolique ;

Que ne s'arrêtant pas là, il l'a formellement accusée d'avoir allègrement détourné les comptes et les loyers de leur mère R. R. D. ;

Que ces fausses allégations ont été portées sur sa personne par le prévenu dans le but de la nuire et de tenir son image ; qu'en conséquence, il doit être déclaré coupable des délits de diffamation , d'injures et de dénonciation calomnieuse et condamné à lui payer la somme de 15 000 000 francs à titre de dommages et intérêts en réparation du préjudice qu'elle a subi ;

Considérant que Maître Youssoupha Camara, conseil de la partie civile a plaidé l'infirmation du jugement entrepris au motif que c'est à tort que le prévenu a été relaxé et la demande en réparation de la partie civile déclaré irrecevable ;

Qu'il a soutenu que dans le mémoire versé au soutien de sa demande de placement de sa mère sous curatelle , A. N. qui refuse de travailler pour gagner sa vie à la sueur de son front a accusé A. D. d'avoir dilapidé les biens de leur mère en vendant les trois appartements de celle - ci âgée de 89 ans ;

Qu'il ajouté qu'elle exerce une influence néfaste sur leur mère octogénaire en le poussant à brader ses appartements situés à Paris ;

Qu'il l'a en plus traitée de vieille fille qui n'a jamais connu d'homme dans sa vie , provocatrice et d'une méchanceté diabolique ;

Que de tel propos sont constitutifs des délits d'injures, de diffamation et de dénonciation calomnieuse, et en relaxant le prévenu, le premier juge s'est trompé ; qu'en conséquence , il sollicite qu'il plaise à la cour , d'infirmer le jugement entrepris et statuant à nouveau, déclarer le prévenu coupable des faits qui lui sont reprochés et le condamner à payer à la partie civile le franc symbolique à titre de dommages et intérêts ;

Considérant que le prévenu régulièrement cité n'a pas comparu, qu'il échet de statuer par défaut à son encontre ;

Considérant que prenant la parole ; l'Avocat général a déclaré s'en rapporter à la sagesse de la cour ;

SUR CE.

Considérant qu'en l'espèce, le prévenu et le Ministère public n'ont pas relevé appel, seule la partie civile a interjeté appel ;

Qu'en pareil cas, les dispositions pénales du jugement devenues définitives ne peuvent être modifiées sur le seul appel de la partie civile ;

Considérant que cependant, il résulte de la jurisprudence de la Cour de Cassation française (*Cass. crim 26 sept 1989.Bull.crim n° 328 ; 28 nov.1989 ibid, n° 441 et Cass ; crim.18 octobre 1995. Bull. crim n° 312)* et de celle de la Cour suprême du Sénégal *(arrêt n° 04 en date du 20 janvier 2011, Affaire O. S. et M. P. c/ le Ministère public et héritiers de feu A/ M/ N.*), que saisie du seul appel de la partie civile, contre un jugement de relaxe, la cour d'appel, peut même en face d'une décision qui a acquis l'autorité de la chose jugée, et , examiner à nouveau les faits, constater qu'il résulte des faits une faute civile à l'origine du préjudice cause à la victime et, sans revenir sur la décision pénale, condamner celui - ci à payer des dommages et intérêts à la partie civile, rechercher un lien de causalité avec le dommage subi par la partie civile pour décider s'il y 'a lieu de lui allouer des dommages et intérêts ;

Considérant qu'aux termes e l'article 258 du Code pénal, toute allégation ou imputation d'un fait qui porte à l'honneur ou la considération de la personne ou du corps auquel le fait est imputé est une diffamation ;

Que l'alinéa 3 du même article dispose que toute expression outrageante ,tout terme de mépris relatif ou non à l'origine d'une personne , toute invective qui ne renferme l'imputation d'un fait est une injure ;

Considérant qu'en l'espèce, il est constant comme résultant des pièces du dossier que dans le cadre d'une demande de placement sous curatelle de la dame R. D. formulée par son fils nommé B. D., un mémoire dans lequel il est indiqué que la partie civile « A/ M. D. aujourd'hui âgée de soixante - deux ans est une vieille fille, qui n'a jamais connu d'homme dans sa vie, qu'elle est cupide, provocatrice et d'une méchanceté diabolique ce qui a poussé sa mère à le déshériter » a été versé au dossier ;

Qu'en outre, « munie d'une procuration de leur maman, elle a vendu secrètement ses trois appartements qui se trouvaient en France ; »

Considérant que le mémoire dans lequel figurent ces propos visés dans la citation directe ne porte la signature d'aucune personne ;

Qu'en outre, aucune sommation interpellative contenant la version du prévenu sur les propos qui lui sont imputés n'a été versé aux débats et aucun élément objectif du dossier ne prouve qu'il est l'auteur de telles allégations ;

Considérant par ailleurs, que la diffamation suppose une certaine publicité et en l'espèce le mémoire contenant les propos qualifiés de diffamatoires n'a pas été porté à la connaissance du public ; que la preuve de la publicité des allégations ou imputations n'ayant pas été apportée, qu'il échet de considérer que c'est à bon droit que le tribunal a relaxé le prévenu ;

Considérant qu'en ce qui concerne l'injure reprochée au prévenu, aucun élément objectif du dossier ne prouve que le sieur A. N. s'est exprimé de manière outrageante ou a véhiculé un terme de mépris ou invective qui renferme l'imputation d'un fait précis ;

(…)

PAR CES MOTIFS

Statuant publiquement, par défaut à l'encontre du prévenu et contradictoirement à l'égard de la partie civile, en matière correctionnelle et en dernier ressort ;

EN LA FORME.

Déclare l'appel recevable ;

AU FOND

Dit que les dispositions pénales du jugement sont devenues définitives ;

Infirme le jugement entrepris sur les dispositions civiles ;

Statuant à nouveau :

Déboute la partie civile de sa demande en réparation comme mal fondée ;

Condamne la partie civile appelante aux dépens.

- **Infractions commises par tous moyens de diffusion publique : publication via Facebook**

26. CA Dakar n° 97 du 06 février 2017, *MP et Antoine DRAME et Daouda DIOP c/ Abdoulaye GUEYE, inédit*

En publiant sur sa face Facebook un article dans lequel il traite une personne de bandit ayant agressé un autre individu sans défense avant de le partager avec d'autres amis par le biais du réseau social Facebook, le prévenu a commis le délit de diffamation.

LA COUR,

Considérant par que acte en date du 18 mars 2015, maitre Youssoupha Camara avocat à la cour, agissant au nom et pour le compte des parties civiles A. D.D. et D. D. a relevé appel du jugement n° 294 rendu par le Tribunal correctionnel de Dakar le 18 mars 2015 dans la cause opposant A. G. au Ministère public et à A.D. et D.D. et dont le dispositif est ainsi conçu ;

« Statuant publiquement, contradictoirement, en matière correctionnelle et en premier ressort ;

En la forme ;

Reçoit l'action ;

Au fond ;

Renvoie le prévenu des fins de la poursuite ;

Sur les intérêts civils ;

Reçoit la constitution de partie civile d'Antoine Dramé ;

Le déboute de sa demande ;

Le condamne aux dépens ;

EN LA FORME.

Considérant que l'appel a été interjeté conformément aux règles de délai et forme prescrites par la loi, qu'il échet dès lors de le déclarer recevable ;

Considérant que le prévenu régulièrement cité à parquet n'a pas comparu ;

Que la partie civile A. D. citée a été représentée par son conseil maitre Youssoupha Camara, qu'il échet de statuer par défaut à l'encontre du prévenu et contradictoirement à l'égard de la partie civile ;

AU FOND.

Sur les faits et la procédure ;

Considérant qu'il résulte du jugement attaqué, et des pièces de la procédure, que suivant exploit en date du 20 juin 2014 de Maitre Mamadou Dia, Huissier de Justice à Dakar, le sieur A. D. demeurant à Ouakam Santhie et D. D. demeurant à Ouakam M'Boul à Dakar mais faisant élection de domicile en l'étude de Maitre Youssoupha Camara avocat à la cour à Dakar, ont cité A. G. demeurant à Ouakam devant le tribunal correctionnel de Dakar pour diffamation ;

Qu'entendus, les sieurs A. D. et D.D. ont déclaré que le 12 juin 214, A.G. a publié sur sa page Facebook un article dans lequel il déclare que » M. NG . ND. a été sauvagement agressé par quatre individus que sont A. D., B. D., P. M. D. et D. D. qui sont des voyous ayant eu maille à partir avec la justice dans le passé pour avoir commis des faits similaires sur un individu sans défense ; » ;

Que poursuivant, ils ont déclaré que de tels propos sont de nature à portant atteinte à leur honneur et à leur considération ;

Considérant que maître Youssoupha Camara, conseil des parties civiles a sollicité l'infirmation du jugement entrepris au motif que c'est à tort que le premier juge a relaxé le prévenu purement et simplement en déboutant les parties de leur demande en réparation alors que le délit de diffamation qui est reproché au prévenu est caractérisé en l'espèce ;

Qu'il a ajouté qu'en publiant sur sa page Facebook l'article dans lequel il traite Antoine Dramé , D. D., P. M. D et B. D. d'agresseurs et de voyous avant de le partager avec ses amis, le prévenu a porté atteinte à leur honneur et à leur dignité ; qu'en conséquence le jugement entrepris doit être infirmé et statuant à nouveau, le déclarer coupable de ce chef et le condamner à payer à Antoine Dramé la somme de 20 000 000 francs à titre de dommages et intérêts en réparation de son préjudice moral ;

Qu'interrogé à son tour, A. G. a reconnu avoir partagé l'article qui se trouve sur sa page Facebook avec ses amis mais n'a jamais traité A. D., D. D., P. M. D. et B. D. de voyous ;

Considérant que prenant la parole, l'Avocat général a déclaré s'en rapporter à la sagesse de la Cour ;

SUR CE,

Considérant qu'il importe de préciser d'emblée que le prévenu ni le Ministère public n'ont interjeté appel, seule la partie civile a relevé appel et dans pareil cas, les dispositions pénales du jugement devenues définitives ne peuvent être modifiées sur le seul appel de celle-ci ;

Considérant que cependant, aux termes de l'article 457, alinéa 2 du Code de procédure pénale, en cas de relaxe, la partie civile peut demander réparation du dommage résultant de la faute du prévenu, telle qu'elle découle des faits qui sont l'objet de la prévention ;

Qu'en l'espèce, le prévenu a reconnu avoir publié sur sa page Facebook un article dans lequel, il déclare que le secrétaire général de leur association nommée P. NG ND. a été agressé par quatre voyous nommés A. D., B. D., P. M. D. et D. D. qui ont déjà eu maille à partir avec la justice pour avoir commis des faits similaires sur un individu sans défense ;

Qu'en publiant sur sa face Facebook l'article dans lequel il traite la partie civile de bandit ayant agressé une personne sans défense avant de le partager avec d'autres amis par le biais du réseau social Facebook, le prévenu a porté atteinte à son honneur et à sa considération ;

Que le préjudice moral subi par la partie civile étant incontestable, qu'il échet de considérer que c'est à tort que le premier juge a débouté A. D. de sa demande en réparation, d'infirmer le jugement entrepris en ses dispositions civiles et statuant à nouveau, de condamner A. G. à lui payer la somme de 2 000 000 francs à titre de dommages et intérêts en réparation de son préjudice moral ;

PAR CES MOTIFS.

Statuant publiquement, par défaut à l'encontre du prévenu et contradictoirement à l'égard de la partie civile A. D. en matière correctionnelle et en dernier ressort ;

EN LA FORME

Reçoit l'appel enregistré ;

AU FOND.

Infirme le jugement entrepris sur l'action civile ;

Statuant à nouveau :

Condamne A. G. à payer à A. D., la somme de 2 000 000 francs à titre de dommages et intérêts en réparation de son préjudice moral ;

Confirme le jugement entrepris pour le surplus ;

Condamne A. G. aux dépens.

OBSERVATIONS

L'infraction de droit commun est « *celle qui est soumise aux règles de fond, de compétence judiciaire ou de procédure généralement applicables aux crimes, aux délits et aux contraventions* » (*R. MERLE et A. VITU, op. cit., n° 375*). Il en est ainsi du vol, du meurtre, du chantage, etc. Selon cette définition, toutes les infractions soumises à un régime particulier se trouvent donc placées hors du domaine des infractions de droit commun.

On assiste à une tendance actuelle à la reconnaissance de la particularité des infractions les unes par rapport aux autres et à une multiplication des infractions soumises à des règles particulières dérogeant aux principes généraux du droit pénal de fond et de la procédure pénale.

Les infractions commises par tous moyens de diffusion publique constituent des infractions spéciales. Elles ont pour siège la section VI du chapitre IV, du titre premier, du livre troisième du Code pénal intitulé : « *Des infractions commises par tous moyens de diffusion publique* » (*V. art. 248 à 269 du CPP*). Ce chapitre du Code pénal, inspiré des dispositions de la loi française du 29 juillet 1881 sur la liberté de la presse, regroupe une variété d'infractions pénales limitativement énumérées par le législateur, à savoir la diffamation, la diffusion de fausses nouvelles, l'injure publique, l'apologie de crime ou délit, la provocation suivie ou non suivie d'effets, l'offense au chef de l'État, etc. (*Sur les infractions de presse, A. LEPAGE, «Le Code pénal et la loi du 29 juillet 1881 sur la liberté de la presse », in V. MALABAT, B. DE LAMY et M. GIACOPELLI (dir.), « La réforme du Code pénal et du Code de procédure pénale. Opinio doctorum », éditions Dalloz, 2009, p. 135 et s ; J. GENTHIAL, « Les principales infractions en matière de presse », Rev. pol. nat., janv. 1972, p. 29 ; O. SEYE, « La procédure en matière de délits de presse », Nouvelles Annales africaines, n° 2, 2008, p. 349*).

Les infractions commises par tous moyens de diffusion publique ne doivent pas être confondues avec les infractions de presse au sens strict du terme. En effet, ces dernières infractions commises par voie de presse (presse écrite, audiovisuelle ou presse en ligne) ne constituent qu'une catégorie d'infractions commises par des moyens de diffusion publique. En réalité, les délits commis par tous moyens de diffusion publique n'ont pas toujours pour support la presse ; ils peuvent être réalisés par des cris ou menaces proférées dans des lieux ou réunions publics. Les infractions de presse, et notamment les délits de presse, ont une existence presque « *clandestine* » en droit pénal sénégalais, qui prévoit plutôt la catégorie des « *infractions commises par tous moyens de diffusion publique* ».

Tout au plus, le Code de Procédure pénale évoque la notion de délits de presse, en déclarant inapplicable la procédure de flagrant délit « *en matière de délits de presse* » (*V. art. 63 du CPP*).

Récemment, à la faveur de la loi n° 2021-33 du 23 juillet 2021 modifiant le Code pénal, l'article 41-1 dudit code prévoit la possibilité pour le juge de prononcer la peine de confiscation pour les crimes et les délits punis d'une peine d'emprisonnement d'une durée supérieure à un an « *à l'exception des délits de presse* ».

En matière de presse, « *c'est la publication qui fait le délit* », écrivait Barbier, dès 1911, dans son *Code expliqué de la presse* (*BARBIER, Code expliqué de la presse, 2e édition, 1911, tome I, n° 243*). Les infractions commises par tous moyens de diffusion publique ont un élément en commun : c'est la publication (*P. AUVRET, « Les éléments communs aux délits de la loi de 1881 » in Droit de la presse, Paris, éd. Litec, fasc. 122, p. 24 ; H. GUILLOT, « Presse », Rép. dr. pén. proc. pén., Dalloz, B. BEIGNIER, B. DE LAMY et E. DREYER (dir), Traité de droit de la presse et des médias, Paris, Litec, 2009, p. 1233 : « Ces infractions de presse ne sont constituées que si les actes ont reçu une certaine publicité (...) L'acte de publicité est fondamental pour qualifier l'infraction de presse » ; E. DERIEUX, « La notion de "publication" en droit de la communication », in Droit et Actualité Études offertes à Jacques Béguin, Paris, Lexisnexis, 2005, p. 124 ; P. A. TOURÉ, « Les infractions commises par tous moyens de diffusion publique à l'épreuve du cyberespace », in Justice et intégration, Mélanges en l'honneur du professeur Ndiaw DIOUF, Cotonou, édition du CREDIJ et éditions de l'ERSUMA, 2020, tome I : la Justice, p. 661 et s.).*

Cette notion constitue l'élément constitutif essentiel conditionnant l'application du régime dérogatoire de ces infractions (prescription abrégée, exigence de la plainte préalable, responsabilité en cascade, exclusion de principe du flagrant délit, etc.). Les infractions commises par tous moyens de diffusion publique sont par essence des « *délits de publication* ».

L'ancienne Cour de Cassation sénégalaise a déjà jugé que les propos injurieux tenus dans un bureau au sein de la Cour des Comptes ne constituent pas l'infraction d'injure publique, faute d'un élément de publicité comme prévu par l'article 248 du CP (*C. cass . n ° 01 du 29 septembre 2006, MP et Ch. L. c/ A. S. D., inédit*).

Dans l'arrêt rendu le 07 août 2017, la Cour d'Appel de Dakar a énoncé qu'en tant que délit de presse, la diffamation «*suppose une certaine publicité et doit se réaliser par l'un des moyens définis à l'article 248 du CP* (*CA Dakar, ch.corr. n° 567 du 07 août 2017, MP c A. TH., inédit*).

Dans un autre arrêt rendu le 22 juin 2016, la Cour d'Appel de Dakar a jugé que la diffamation suppose une certaine publicité et le mémoire contenant les propos qualifiés de diffamatoires n'a pas été porté à la connaissance du public.

Aux termes de l'article 248 du CP : « *sont considérés comme moyens de diffusion publique : la radiodiffusion, la télévision, le cinéma, la presse, l'affichage, l'exposition, la distribution d'écrits ou d'images de toutes natures, les discours, chants, cris ou menaces proférées dans des lieux ou réunions publics, et généralement tout procédé technique destiné à atteindre le public*» (*CA Dakar, ch.corr. n° 567 du 07 août 2017, MP c A. TH., inédit*). Selon cet arrêt, en tant que délit de presse, la diffamation « suppose une certaine publicité et doit se réaliser par l'un des moyens définis à l'article 248 du CP ».. Ce texte, qui énumère limitativement les moyens de publication, vise les vecteurs de publication médiatique et les supports de publication non médiatique.

Les supports médiatiques, en tant qu'intermédiaires dans la transmission d'un message, renvoient aux vecteurs de reproduction de l'information (la presse écrite, l'affichage, l'exposition, la distribution d'écrits ou d'images de toutes natures) et les moyens de représentation de l'information (la radiodiffusion, la télévision, le cinéma) (*E. DREYER, Droit de l'information, Paris, Litec, 2002, p. 129, n° 266*).

Les moyens de publicité ne concernent pas seulement les médias, la loi pénale énumère, en effet, « *les discours, chants, cris ou menaces proférées dans des lieux ou réunions publics* ». La notion de publicité, au sens du droit de la presse, déborde donc largement le domaine des activités des médias, pour couvrir « *toute communication d'un message au public* » (*E. DREYER, op. cit, p. 129, n° 266*).

Dans l'arrêt rendu le 06 février 2017, la Cour d'Appel de Dakar a estimé qu'une personne, en publiant sur sa face Facebook un article dans lequel il traite la partie civile de bandit ayant agressé une personne sans défense avant de le partager avec d'autres amis par le biais du réseau social Facebook, a commis le délit de diffamation.

Pour rappel, le législateur a levé toute ambigüité sur l'applicabilité du droit pénal de la presse à l'environnement électronique en intégrant, de façon explicite, les moyens de communication électronique dans les moyens de diffusion publique. Il résulte de l'article 431-59 du Code pénal issu de la loi du 08 novembre 2016 que sont considérés comme moyens de diffusion publique, au sens de l'article 248 dudit code, les moyens de communication électronique (*P. A. TOURE, Le traitement de la cybercriminalité devant le juge : l'exemple du Sénégal, Paris, l'Harmattan, 2010, p. 321 ; P. A. TOURE, « Les infractions commises par tous moyens de diffusion publique à l'épreuve du cyberespace », in Justice et intégration, Mélanges en l'honneur du professeur Ndiaw DIOUF, Cotonou, édition du CREDIJ et éditions de l'ERSUMA, 2020, tome I : la Justice, p. 675*).

L'article 341-7 du Code pénal définit la communication électronique comme toute mise à la disposition du public ou d'une catégorie de public, par un procédé électronique ou magnétique, de signes, de signaux, d'écrits, d'images, de sons ou de messages de toute nature (*V. G. VERCKEN, « Aperçu rapide des nouvelles définitions de la communication et des services dans la LEN », Cah. Lamy droit de l'informatique et des réseaux, juillet 2004, p. 19*). Les communications électroniques sont composées des communications au public par voie électronique, d'une part et de la correspondance privée, d'autre part. Cette définition très large est susceptible de couvrir toutes les formes de communication via les réseaux numériques, comme les services de l'internet (web, forums de discussion, *mail listing*, les réseaux sociaux ou même dans certains cas le courrier électronique) (*N. MALLET-POUJOL, « La notion de publication sur l'internet et son incidence concernant la prescription des délits en ligne », in Le droit de la presse : une spécialité légitime ou dépassée ?, Actes du forum Légipresse du 29 septembre 2005, Légicom, n° 35, 2006, p. 57*). Constituant une mise à la disposition du public de messages, les moyens de communication électronique doivent en principe présenter un caractère public.

- **Infractions commises par tous moyens de diffusion publique : critère de la communauté d'intérêts**

27. CA Dakar ch. corr., n° 70 du 12 janvier 2007, *MP et Mme Kène TOP SY c/ Mamadou DIALLO, inédit*

Pour apprécier la distribution secrète en tant que mode de publicité donc comme constitutif d'un des éléments du délit de diffamation, il faut tenir compte dans le cas d'espèce des situation imposées nécessairement par les rapports sociaux ; qu'il est de jurisprudence que les relations verbales et épistolaires entre personnes qui sont liées par une communauté d'intérêts quelle qu'en soit la nature en vue de leur information sur un objet concernant cet intérêt ne sont susceptibles d'aucune incrimination

LA COUR,

Considérant que par acte enregistrée au greffe le 28 juillet 2004 la dame K. T. S. a, par l'organe de son conseil Me Ibrahima Diawara Avocat à la Cour relevé appel du jugement n° 3443 rendu le 18 juillet 2004 par le Tribunal de grande instance hors classe de Dakar statuant en matière Correctionnelle qui a renvoyé le prévenu M. D. des fins de la poursuites et l'a déboutée de sa demande en dommages - intérêts ;

Considérant que l'appel de la partie civile a été fait dans les forme et délai prescrits, il y a lieu de le déclarer recevable ;

Considérant que les parties n'ayant pas comparu qu'il y a lieu de statuer par défaut à leur égard ;

AU FOND

Considérant qu'il résulte des pièces de la procédure notamment de la citation directe servie aux parties au procès par dame K. T. S. que le contrat de Gérance libre du bureau d'Agent Général dénommée Afric Assur qu'elle avait conclu avec la Société Alliance d'Assurances a été rompu abusivement ; que suite à cette rupture et dans le dessein de porter atteinte à ses intérêts notamment en l'empêchant de travailler avec une autre compagnie d'Assurance, le sieur M. D. responsable des réseaux de l'alliance d'Assurances a envoyé une lettre au Directeur Général du « Pool Co - Assurances des risques TPV » dans laquelle on peut dire «Nous vous informons de l'arrêt de notre Collaboration avec Mme K. T. S. ex - gérante du bureau de notre Agent général Afric Assur, sis à la gare Routière - Pompiers . Elle a commis de graves malversations dans la gestion de nos produits» ; qu'ainsi aux dires de la plaignante cette fausse allégation qui porte atteinte à son honneur et à sa considération est constitutive du délit de diffamation alors surtout qu'en conclusion de sa lettre susvisée le mis en cause a demandé à son destinataire d'en faire une large diffusion auprès des autres compagnie du Pool ; qu'attrait devant le Tribunal correctionnel du chef de diffamation, M. D. a été déclaré non coupable de ce chef et renvoyé des fins de la poursuite par le juge d'instance;

Considérant que le prévenu a nié les faits à lui reprochés ;

Considérant que l'Avocat général a requis la confirmation du jugement attaqué ;

Considérant que le prévenu a expliqué que la dame S. détournait des montants sur les primes encaissées auprès des clients soit en minorant sur le bordereau de reversement les montants effectivement encaissés sur le client et figurant sur l'avis de recette, soit en minorant la puissance fiscale des véhicules ; que ce procédé lui a ainsi permis de commettre des malversations au préjudice de son employeur ou plus précisément de son cocontractant ; qu'il a précisé qu'en envoyant la lettre incriminée il n'a fait que se conformer aux dispositions de l'article 15 du règlement intérieur de l'Association Pool TPV dont sa Société est membre ;

Considérant qu'il y a lieu de rappeler à l'instar du 1er juge que l'article 251 du Code pénal ne punit la diffamation que lorsqu'elle a été commise par l'un des moyens de diffusion publique énumérés par l'article 248 du Code pénal ; qu'il s'en infère que l'allégation ou l'imputation qui n'est pas assortie de la publicité dans les conditions et formes prévues expressément par les textes de loi susvisées ne constitue par le délit de diffamation ;

Considérant qu'à ce stade, il convient de faire observer que la distribution d'écrits est considérée comme moyen de diffusion publique ; qu'il est également constant que le prévenu a demandé au destinataire de la lettre d'en faire une large diffusion ;

Considérant toutefois que pour apprécier la distribution secrète en tant que mode de publicité donc comme constitutif d'un des éléments du délit de diffamation, il faut tenir compte dans le cas d'espèce des situations imposées nécessairement par les rapports sociaux ; qu'il est de jurisprudence que les relations verbales et épistolaires entre personnes qui sont liées par une communauté d'intérêts quelle qu'en soit la nature en vue de leur information sur un objet concernant cet intérêt ne sont susceptibles d'aucune incrimination ;

Considérant que la diffusion de la lettre incriminée dans le cadre de l'Association Pool Co-Assurances, faite conformément au règlement intérieur lui ôte le caractère de publicité telle qu'elle se conçoit au sens du Code pénal ;

Que l'absences de cet élément rend impossible le délit de diffamation articulé contre D. ; qu'en conséquence il y a lieu de le renvoyer des fins de la poursuite et de confirmer le jugement entrepris sur ce point ;

Considérant que D. ayant été relaxé il y a lieu de débouter la partie civile de sa demande tendant à obtenir des dommages - intérêts en confirmant le jugement déféré ;

Considérant qu'il échet de mettre les dépens à la charge de la partie civile

PAR CES MOTIFS

Statuant publiquement par défaut en matière Correctionnelle et en dernier ressort ;

En la forme

Reçoit l'appel de la partie civile ;

Au fond

Confirme le jugement dont est appel dans toutes ses dispositions ;

Met les dépens à la charge de la partie civile.

- **Infractions commises par tous moyens de diffusion publique : critère de la communauté d'intérêts**

28. CA Dakar, ch. corr., n° 833 du 16 juin 2014, *MP et Mouhamed Salem Ould MERZOUG c/ Ousmane THIOYE DIENE, inédit*

Le mail reste un moyen de communication privée à condition que son contenu revête un caractère purement confidentiel, c'est-à-dire non accessible à des tiers ; lorsqu'il y a plusieurs destinataires, il faudrait que ceux-ci soient unis par une communauté d'intérêts.

LA COUR,

Considérant que le 14 février 2013, O. T. D. a interjeté appel de toutes les dispositions du jugement rendu contradictoirement, le même jour, par le Tribunal de grande instance hors classe de Dakar qui, saisi par citation directe de M. O. M. et de l'OMVS, l'a déclaré coupable de diffamation envers le premier nommé et, en répression, l'a condamné à deux (02) mois d'emprisonnement avec sursis ainsi qu'au paiement à celui-ci du franc symbolique à titre de dommages et intérêts, l'action de la seconde ayant par ailleurs été déclarée irrecevable, le tout par application des articles, 248, 259, 260, 431-58, 433 et 677-40 du Code pénal, 704 et suivants du Code de procédure pénale ;

En la forme

Considérant que l'appel est recevable pour avoir été relevé dans les forme et délai légaux;

Considérant que devant la Cour, le prévenu a comparu, assisté de son conseil alors que la partie civile a été représentée par le sien ;

Que la décision sera dès lors contradictoire ;

Sur la nullité de la citation

Considérant que le conseil de l'appelant, dans ses plaidoiries, a sollicité au principal la nullité de la citation pour violation des articles 539, 618 et suivants du Code de procédure pénale aux motifs que, d'une part, la partie civile ne peut pas agir sans délibération du conseil d'administration de son organisation et, d'autre part, son immunité diplomatique ne lui permet pas d'ester en justice ; que par ailleurs, alors que le quotidien « *L'Enquête* » a été visé dans la citation, l'auteur de l'article et le directeur de publication n'ont jamais été installés dans la procédure ; que le prévenu ne peut être cité que comme complice ;

Considérant que le conseil de la partie civile a conclu au rejet de l'exception par adoption des motifs du premier jugement ;

Considérant que l'Avocat général a requis la confirmation du jugement ;

Considérant que le prévenu n'a soulevé l'exception de nullité de la citation que lors de ses plaidoiries ; qu'il viole ainsi les dispositions de l'article 373 CPP aux termes desquelles les exceptions tirées de la nullité de la citation doivent, à peine de forclusion être présentées avant toute défense au fond;

Considérant que, de surcroît, le jugement n'a pas prononcé la nullité de la citation ; que néanmoins il a déclaré irrecevable l'action de l'OMVS pour non-respect des formalités d'engagement de l'organisation en ce que le Haut-Commissaire n'a pas obtenu une délibération préalable du conseil d'administration ; que sur l'action intentée intuitu personae par M. O. M. , par ailleurs un diplomate, il a fait observer qu'aucune disposition pénale au Sénégal n'interdit à un diplomate d'ester en justice lorsqu'il estime avoir été victime d'une infraction ;

Considérant que sur le second moyen tiré de la non poursuite du journal « l'Enquête », notamment du directeur de publication et de l'auteur de l'article, la diffamation dont s'agit est devenue un délit autonome dans la mesure où le prévenu est plutôt poursuivi pour avoir, d'une part, copié et transmis par voie électronique le contenu dudit article à plusieurs personnes et, d'autre part, rédigé et envoyé, le 08 juin 2012, un mail contenant des propos qualifiés de diffamatoires à des personnes ;

Considérant qu'en vertu de ce qui précède, les exceptions soulevées doivent être rejetées;

Au fond

Considérant qu'il résulte du jugement attaqué et des pièces de la procédure que, dans sa parution du 14 juillet 2012 le quotidien « *L'Enquête » a publié un article intitulé « Corruption et commissions présumées à l'OMVS, la Banque Mondiale traque 8,3 milliards, le Haut-Commissaire O. M. éclaboussé* » dans lequel il est écrit : « L'organisation pour la mise en valeur du fleuve Sénégal (OMVS) est citée dans une affaire de perception de commission aux relents de corruption, de concussion et de prise illégale d'intérêt. Le montant en jeu tourne autour de 8,3 milliards de francs CFA dans le cadre du marché de Félou. La Banque mondiale et la banque européenne d'investissement (BEI), bailleurs du projet pour un montant de 150 milliards, sont en train d'enquêter sur la question. Cela s'appelle être en eaux troubles. Une affaire de commission de 5,5%, représentant 8,3 milliards de francs CFA sur un marché de 152 milliards, met en scène le Mauritanien M. O. M., Haut-Commissaire de l'Organisation pour la mise ne valeur du fleuve Sénégal (OMVS), et son compatriote Y. A. F. , les Sénégalais Saloum Cissé (ancien Directeur de l'Energie) et A. B. S. (gérant de l'hôtel des députés), et la société chinoise Sinohydro » ; que le 16 juillet 2012, O. T. D. , se disant consultant en investissements, a envoyé par courriel ledit article à l'OMVS ainsi qu'aux nommés S. C., Y. A. F., S. C. et S. J. avec comme objet « plainte contre S. et ses complices différent de la constitution avec partie civile contre F. et S. » ; qu'auparavant, le susnommé avait dans un mail en date du 08 juin 2012 transmis aux mêmes destinataires écrit : « Que des infractions liées au marché de Félou : la prise illégale d'intérêt ; la corruption active et passive ; le trafic d'influence ; la concussion. Les infractions connexes : le manquement au devoir de probité c-à-d. la soustraction et le détournement de deniers publics et corruption de fonctionnaires. Les délits économiques il s'agit : l'abus de biens sociaux ; le blanchiment ; l'escroquerie ; l'abus de confiance ; le recel. Les infractions financières en relation avec la grande criminalité : extorsion de fonds ; chantage… C'est pourquoi je sollicite auprès de tribunaux de bien vouloir déclencher l'action publique même en citation directe. Qu'il me plaie d'assigner les chinois et leurs complices : M. S. C. B. A. F. A. B. S. en civil par à me payer ; les actions auprès de juridictions administratives sont déclenchées ; et les procédures autorités de la concurrente idem » ;

Que jugeant ces propos diffamatoires, M. S. O. M., agissant es-nom et es-qualité de Haut-Commissaire de l'OMVS, a par exploit d'huissier, du 13 septembre 2012, fait citer O. T. D. devant le tribunal correctionnel pour le voir, au visa des textes de loi précités, déclarer coupable de complicité de diffamation pour l'article du journal « L'Enquête » et de diffamation pour les courriels et condamner à leur payer le franc symbolique à titre de dommages et intérêts ;

Que par jugement susvisé, le tribunal rendait la décision dont appel ;

Considérant que devant la Cour, le prévenu a contesté le délit qui lui est reproché, soutenant que les mails incriminés sont privés ; que les destinataires sont des acteurs du dossier ; qu'au surplus les faits dénoncés sont avérés car la partie civile a récemment été interpellée et inculpée ; que par ailleurs la CENTIF et l'Inspection générale d'Etat se sont saisies du dossier ; qu'il a affirmé que dans le cadre du financement du barrage de Félou, en sa qualité de consultant en investissement, il était convenu qu'il devait recevoir une commission de 3% sur le montant du contrat remporté par la société Sinohydro ; que cependant, à sa grande surprise, le Haut-Commissaire est intervenu auprès des chinois pour faire bénéficier le marché sur les commissions à son compatriote Y. A. F. au taux de 5,5%, soit 8,500 000 000 FCFA au lieu des 4,500 000 000 FCFA convenus avec lui ;

Considérant que le conseil du prévenu a subsidiairement demandé l'infirmation du jugement et la relaxe de son client ; qu'il a fait valoir que la messagerie électronique ne peut selon la jurisprudence de la Cour de Cassation française être considérée comme un moyen de diffusion publique ; que l'article 259 du Code pénal vise les moyens de diffusion publique ; que de toute façon, le prévenu n'avait aucune intention de nuire ;

qu'il voulait tout juste se faire payer ; qu'il en veut comme preuve un versement de 12 000 000 FCFA ; qu'enfin, sur le blanchiment la partie civile a fait l'objet d'une inculpation par la justice sénégalaise ; qu'il a sollicité 10 000 000 FCFA de dommages et intérêts pour citation abusive ;

Considérant que le conseil de M. S. O. M. , qui a sollicité la confirmation du jugement entrepris, a soutenu que ce dernier fait l'objet d'acharnements de la part du prévenu qui rêve de commissions dont il est incapable de fournir la preuve qu'elles lui sont dues ; que celui-ci n'est même pas un employé de la société qu'il a citée ; que le mail a été pris en compte par la loi de 2008 car on peut le diffuser à plusieurs personnes ; qu'il s'y ajoute que le prévenu n'a pas rapporté la preuve des faits allégués ; que la partie civile a bénéficié d'un non-lieu devenu définitif et, sur les enquêtes déclenchées en cours, elle jouit de la présomption d'innocence ;

Considérant que l'Avocat général a déclaré s'en rapporter non sans avoir fait observer que le prévenu a fait des affirmations incendiaires dont il n'a pas été en mesure de prouver le bien fondé;

Sur la diffamation

Considérant qu'aux termes des articles 248 et suivants du Code pénal la diffamation est toute allégation ou imputation d'un fait qui porte atteinte à l'honneur ou à la considération de la personne à laquelle le fait est imputé ; que lorsqu'elle a été faite par un moyen de diffusion publique, elle est punissable, même si elle est faite sous forme dubitative ;

Considérant que le mail reste un moyen de communication privée à condition que son contenu revête un caractère purement confidentiel, c'est-à-dire non accessible à des tiers ; que lorsqu'il y a plusieurs destinataires, il faudrait que ceux-ci soient unis par une communauté d'intérêts ;

Considérant qu'en l'espèce, les écrits incriminés ont été envoyés par mail par le prévenu à des personnes dont il n'est pas établi qu'elles forment une communauté d'intérêts ; que dès lors ils sont exclusifs de tout caractère confidentiel ;

Considérant que dans ces écrits, le prévenu est traité comme un délinquant, auteur de plusieurs infractions à caractère économique et financier ; qu'ils mettent en cause sa probité et partant, portent atteinte à son honneur et à sa considération ;

Considérant que les imputations diffamatoires sont réputées faites de mauvaise foi ; qu'il suit de là que l'auteur ne peut échapper à la condamnation qu'en justifiant de sa bonne foi, preuve qui se fait par la démonstration de la légitimité du but poursuivi, de l'absence d'animosité personnelle contre la victime, du sérieux de l'enquête et de la prudence dans les propos ;

Considérant que le prévenu n'a pas su faire la preuve de cette démonstration ; que le ton de l'article a dépassé le seuil d'objectivité et de prudence requis pour l'exercice normal du droit d'informer les autorités ou les destinataires ; que l'intention de nuire et l'acharnement contre la partie civile sont si manifestes que le prévenu a multiplié les sorties, plaintes et dénonciations contre celle-ci et les autres personnes citées dans le mail ; que tout est parti du refus de payer au prévenu des commissions sur l'attribution à la société chinoise Sinohydro du marché de construction du barrage de Félou financé par la Banque Mondiale et la Banque Européenne d'Investissement et dont il a été incapable de fournir la preuve qu'elles lui sont dues ; que certes des enquêtes ont été déclenchées suite à ces dénonciations, mais jusqu'à ce jour ni la partie civile ni les autres personnes visées n'ont été inquiétées ; que la procédure sur le blanchiment de capitaux ouverte contre M. et celle initiée par le prévenu contre A. B. S. et A. F. pour abus de confiance ont abouti à des décisions de non-lieu ;

Que les éléments constitutifs de la diffamation sont ainsi réunis ; qu'en outre la peine prononcée est adaptée aux faits de l'espèce et à la personnalité du prévenu dont il n'est pas établi qu'il a eu des antécédents judiciaire ;

(…)

PAR CES MOTIFS

Statuant publiquement, contradictoirement, en matière correctionnelle et en dernier ressort ;

Reçoit les appels ;

Confirme le jugement déféré en toutes ses dispositions ;

Condamne le prévenu aux dépens.

OBSERVATIONS

La publicité constitue l'élément constitutif commun à toutes les infractions commises par tous moyens de diffusion publiques (injures publique, diffamation, offense au chef de l'Etat, diffusion de fausses nouvelles, etc.).

Mais, devant les incertitudes de la notion de publication (*E. DERIEUX, « La notion de "publication" en droit de la communication », in Droit et Actualité Études offertes à Jacques Béguin, Paris, Lexisnexis, 2005, p. 363*), les juridictions pénales ont tenté d'établir le départ entre le message présentant un caractère public, susceptible de consommer l'infraction commise par tous moyens de diffusion publique relevant du droit de la communication et le message privé soumis au droit des télécommunications.

À cet effet, les juges ont eu recours au critère fondamental de la « *communauté d'intérêts* (*Sur l'ensemble de cette question, J. THERON, « De la communauté d'intérêts », RTD Civ., janvier-mars 2009, p. 19 ; Y. MAYAUD, « Communauté d'intérêts », RSC 1998, p. 104 ; A. LEPAGE, « Précisions sur la communauté d'intérêts », Comm. com. électr. 2009, comm. 102 ; Th. CASSUTO, « Vie privée, vie publique et cybercriminalité », Sécurité globale, 2008/4, n° 6, p. 45 ; P. A. TOURÉ, Le traitement de la cybercriminalité devant le juge : l'exemple du Sénégal, Paris, l'Harmattan, 2010, p. 319 et s. ; P. A. TOURÉ, « Les infractions commises par tous moyens de diffusion publique à l'épreuve du cyberespace », in Justice et intégration, Mélanges en l'honneur du professeur Ndiaw DIOUF, Cotonou, édition du CREDIJ et éditions de l'ERSUMA, 2020, tome I : la Justice, p. 661*).

Initialement, c'est à propos de l'interprétation de l'expression « *réunion publique* » que cette notion a été dégagée par la jurisprudence. Elle a fini par imprégner tous les moyens de communication (*P. AUVRET, « Éléments constitutifs des infractions de la loi de 1881 », Juris-class. Communication, fasc. 3020, juin 2006, p. 8, n° 40 ; N. MALLET-POUJOL, « La notion de publication sur l'Internet et son incidence concernant la prescription des délits en ligne », in « Le droit de la presse : une spécialité légitime ou dépassée ? », Actes du Forum Légipresse du 29 septembre 2005, Légicom, n° 35, 2006, p. 54*).

La Cour de Cassation française voit dans la communauté d'intérêt «*un groupe de personnes liées par une appartenance commune, des aspirations et des objectifs partagés, et formant une entité suffisamment fermée pour ne pas être perçue comme des tiers par rapport à l'auteur des propos mis en cause* » (*crim. 28 avr. 2009, n° 08-85.249*).

L'articulation jurisprudentielle du critère de la communauté d'intérêts a, en réalité, pour objectif de préserver la liberté des débats dans des groupements privés qui constituent des « *enceintes emblématiques et privilégiées* » (*N. MALLET-POUJOL, « La liberté d'expression sur l'Internet : aspects de droit interne », D. 2007, n° 9, p. 595)*.

La Cour de Cassation française a rappelé, dans un arrêt rendu par sa chambre criminelle le 27 mai 1999, que « *la diffusion d'un écrit n'est une distribution publique (...) que si les destinataires de cet écrit sont étrangers à un groupement de personnes liées par une communauté d'intérêts* » (*Cass. crim. 27 mai 1999, Bull. crim., n° 112 ; aussi Cass. civ. 24 janvier 2002, Bull. civ. II, n° 2 ; D. 2002. IR. 1179*). Ainsi, le message public constitutif du délit de presse est celui adressé à un public inconnu et imprévisible, par opposition à celui destiné à des personnes liées par une communauté d'intérêts, comme une entreprise, une association ou tout groupement de droit ou de fait poursuivant un but commun.

La Cour régulatrice a jugé que « *la diffusion litigieuse sur le réseau internet, à destination d'un nombre illimité de personnes nullement liées par une communauté d'intérêts, constitue un acte de publicité commis dès lors que l'information a été mise à la disposition des éventuels utilisateurs du site* » (*Crim, 16 octobre 2001, n° 00-85.728*)

Le critère de la communauté d'intérêts est présent dans la jurisprudence pénale sénégalaise.

Dans l'arrêt rendu le 12 janvier 2007, la Cour d'Appel de Dakar a énoncé « *qu'il est de jurisprudence que les relations verbales et épistolaires entre personnes qui sont liées par une communauté d'intérêts, quelle qu'en soit la nature en vue de leur information sur un objet concernant cet intérêt ne sont susceptibles d'aucune incrimination* » (*CA Dakar ch. corr., n° 70 du 12 janvier 2007, MP et K. T. S. c/M. D., inédit*).

Le professeur Mayaud s'est particulièrement attaché à affiner les contours de la notion de communauté d'intérêts. Selon l'auteur, elle renvoie à « *une appartenance commune, des inspirations ou des objectifs partagés formant une entité suffisamment fermée pour ne pas être perçue comme regroupant des tiers par rapport à l'auteur des propos (...). Mais encore faudrait-il que les liens qui tissent cette communauté soient réels, par référence à des intérêts véritablement partagés, situant chacun de ses membres dans une situation de proximité par rapport aux autres, comme adhérant à la même sensibilité ou aux mêmes motivations* » (*Y. MAYAUD, obs. sous Cass. crim, 3 juin 1997, RSC 1998, p. 104 ; plus récemment, Ch. BIGOT, Pratique du droit de la presse, Victoires éditions, 2013, p. 85*). Cette communauté d'intérêts est généralement reconnue lorsque le message est diffusé dans un cercle restreint de personnes unies par un lien associatif, politique, professionnel ou syndical.

Mais l'analyse des juges d'appel est sans doute très radicale, puisque les propos tenus dans une correspondance destinée à une ou des personnes liées par une communauté d'intérêts, faute de constituer des infractions commises par tous moyens de diffusion publique, peuvent, tout de même, être incriminés sous la qualification d'injure non publique.

La jurisprudence sénégalaise a aussi eu l'occasion, en mettant en œuvre le critère de la communauté d'intérêts, de limiter l'assimilation du courrier électronique à un moyen privé de communication. Dans une décision rendue le 16 mars 2010, dans l'affaire Palluci (*TGI Dakar, n° 1159 du 16 mars 2010, affaire Palluci, inédit*), le Tribunal correctionnel de Dakar a jugé que le fait pour un peintre français d'envoyer par mail des photographies obscènes à une dizaine de personnes qui ne sont pas liées par une communauté d'intérêts, constitue une diffusion publique d'images contraires aux bonnes mœurs. Ce jugement a été confirmé sur ce point par un arrêt de la Cour d'Appel de Dakar du 25 mars 2011 (*CA Dakar, n° 356 du 25 mars 2011, affaire PALUCCI, inédit*).

Dans arrêt ci-dessus rapporté rendu le 16 juin 2014, la Cour d'Appel de Dakar a considéré que le mail reste un moyen de communication privée à condition que son contenu revête un caractère purement confidentiel, c'est-à-dire non accessible à des tiers (*CA Dakar, ch. corr. 1 n° 833 du 16 juin 2014, MP et Mouhamed Salem Ould MERZOUG c/ Ousmane THIOYE DIENE, inédit*). Ainsi, lorsqu'il y a plusieurs destinataires, il faudrait que ceux-ci soient unis par une communauté d'intérêts pour que le message revête un caractère privé. Dès lors, la cour a jugé que les écrits diffamatoires envoyés par mail par le prévenu à des personnes dont il n'est pas établi qu'elles forment une communauté d'intérêts sont exclusifs de tout caractère confidentiel et revêtent un caractère public.

- **Infractions commises par tous moyens de diffusion publique : exclusion de la contrainte par corps et présomption de mauvaise foi**

29. Cass. ch. pén., n° 71 du 15 juin 1999, ***Abdoulaye Ndiaga SYLLA. et autres c/ Jean Claude MIMRAN et C.S.S, inédit***

Selon l'article 711 du Code de procédure pénale, la contrainte par corps ne peut jamais être prononcée pour une infraction ayant un caractère politique ; les infractions de presse doivent être assimilées à cet égard à des infractions politiques. En matière de diffamation l'intention de nuire est présumée.

LA COUR,

(...)

MAIS SUR LE MOYEN D'OFFICE pris de la violation de l'article 711 du Code de procédure pénale en ce que l'arrêt attaqué a prononcé la contrainte par corps en garantie de la condamnation des prévenus sur l'action civile et sur les dépens ;

Attendu que selon l'article 711 du Code de procédure pénale, la contrainte par corps ne peut jamais être prononcée pour une infraction ayant un caractère politique; que les infractions de presse doivent être assimilées à cet égard à des infractions politiques;

Qu'il suit de là qu'en prononçant la contrainte par corps contre les demandeurs la cour d'appel n'a pas légalement justifié sa décision ;

PAR CES MOTIFS

Déclare les sociétés « Sud Sarl» et « Sud Communication» déchues de leur pourvoi ;

Casse et annule, mais seulement par voie de retranchement et sans renvoi l'arrêt de la cour d'appel du 4 Juin 1997, dans celles de ses dispositions qui ont condamné A. N. S., B. N., S. G.et M. A. F. à la contrainte par corps, toutes autres dispositions étant expressément maintenues ;

Met les dépens à la charge des demandeurs ;

Dit que le présent arrêt sera imprimé, qu'il sera transcrit sur les registres de la cour d'appel en marge ou à la suite de la décision attaquée ;

Ordonne l'exécution du présent arrêt à la diligence du Procureur général près la Cour de Cassation.

OBSERVATIONS

Les infractions commises par tous moyens de diffusion publique sont assimilées à des délits politiques du point de vue de leur régime (exclusion de la contrainte par corps, du flagrant délit et de l'extradition, etc.). Il s'en suit que les règles particulières applicables aux infractions politiques doivent être étendues à ces infractions. Ainsi, elles excluent l'application de la contrainte par corps et ne peuvent donner lieu à l'extradition.

Selon l'article 711 du CPP, la contrainte par corps ne peut jamais être prononcée pour une infraction ayant un caractère politique. Il s'agit du mécanisme par lequel une personne qui ne s'acquitte pas du paiement de ses obligations pécuniaires résultant d'une condamnation pénale est incarcérée. Sur la contrainte par corps, (*A. LABORDE, « La contrainte par corps », Lois nouvelles, 1929. I. 167 ; A. LÉGAL, « Les garanties d'indemnisation de la victime d'une infraction », Mélanges Hugueney, 1964, p. 35 et s. ; J. M. GONNARD, « Contrainte par corps », Juris-class. proc. pén., art. 749 à 762 ; S. DETRAZ, La contrainte par corps, thèse, Bordeaux, 2002 ; L. DEYMÈS, L'évolution de la nature juridique de la contrainte par corps, thèse, Toulouse, 1942 ; M. H. RENAUT, « La contrainte par corps. Une voie d'exécution civile à coloris pénal », RSC 2002. 791 ; D. LOCHOUARN, « La contrainte par corps : nature, évolution, actualité », Rev. huissiers 1998, p. 449 ; L. NURY, « Le processus de la répression. La contrainte par corps », Gaz. pal. 1997, 2, doctr. p. 1065 ; Y. DIALLO, Le procureur de la République, Dakar, l'Harmattan, 2018, p. 423)*. En pratique, elle constitue un moyen puissant pour contraindre le débiteur au paiement.

Dans l'arrêt ci-dessus rapporté rendu le du 15 juin 1999, a rappelé la règle de l'exclusion de la contrainte par corps en matière d'infraction de presse. D'après la cour régulatrice, selon l'article 711 du Code de procédure pénale, la contrainte par corps ne peut jamais être prononcée pour une infraction ayant un caractère politique; les infractions de presse doivent être assimilées à cet égard à des infractions politiques.

- **Diffamation : présomption de mauvaise foi**

30. CA Dakar ch. corr. n° 1307 du 04 novembre 2015, *MP et O. B. c. M. B. inédit*

En matière de diffamation, pour se soustraire à sa responsabilité pénale, le prévenu doit rapporter la preuve du fait allégué ou celle de sa bonne foi.

LA COUR,

Considérant que par déclaration enregistrée au greffe le 29 février 2012, M. B. a relevé appel du jugement n° 65/2012 rendu le 22 février 2012 par le Tribunal correctionnel de Kolda et dont le dispositif est conçu ainsi qu'il suit :

« Statuant publiquement, contradictoirement, en matière correctionnelle et en premier ressort ;

Vu le jugement en date du 25 janvier 2012 ;

Déclare l'action recevable ;

Vu les articles 258, 261, 248, 272 du Code pénal et 704 et suivants du Code de Procédure pénale;

Déclare M. B. coupable du délit de diffamation ;

Le condamne à six (06) mois d'emprisonnement assorti du sursis et cent mille francs d'amende ferme ;

Sur les intérêts civils

Reçoit la constitution de partie civile de O. B. ;

Lui alloue la somme de trois millions de francs (3 000 000) pour toutes causes de préjudice confondues ;

Condamne M. B. à lui payer ladite somme ;

Déclare le journal le quotidien Groupe Avenir Communication SA civilement responsable ;

Ordonne l'exécution provisoire ;

Fixe la contrainte par corps au maximum ;

Condamne M. B. et le journal le quotidien Groupe Avenir Communication SA aux dépens.» ;

Que par déclaration enregistrée au greffe le même jour, le Ministère public a interjeté appel du jugement susvisé ;

En la forme

Considérant que les appels ont été faits dans les forme et délai de la loi ;

Qu'il échet de les déclarer recevables ;

Considérant en outre, que les parties ont régulièrement comparu ;

Que dès lors, il y a lieu de statuer contradictoirement ;

Au fond

Considérant qu'il appert des pièces du dossier et du jugement dont appel que par acte d'huissier du 5 juillet 2011, O. B., Directeur d'école à Goudomp a donné citation à M. B. , Directeur de publication du journal « *Le Quotidien* » d'avoir à comparaître devant le Tribunal correctionnel de Kolda pour le délit de diffamation ;

Considérant que la partie civile a exposé que dans sa livraison du 04 mars 2011, le journal « Le Quotidien » du Groupe Avenir Communication a publié l'article suivant :

« Commune de Goudomp- attaque d'un cantonnement militaire- 4 rebelles et leurs complices arrêtés. L'armée a procédé hier à Goudomp, à l'interpellation de quatre rebelles abandonnés par leurs camarades après un bombardement du cantonnement militaire de la ville. Les maquisards ont été remis à la gendarmerie qui a procédé à l'arrestation de quatre de leurs complices, dont trois enseignants qui les avaient hébergés. « parmi les complices sont des enseignants. Les quatre rebelles interpellés par l'armée ont été remis à la gendarmerie. Lors de leur audition par les hommes en bleu, ils ont soutenu avoir bénéficié de l'appui de quatre personnes qui les ont hébergés chez eux. Trois parmi les personnes citées sont des enseignants : le sieur M., M. D. qui travaille à l'Hôtel de ville de Goudomp et Monsieur B. un Directeur d'école, qui est coutumier des faits. Puisque nos sources rappellent que Monsieur B. s'est déjà illustré lors d'une attaque de la ville en janvier dernier, à 19 heures, dans les mêmes circonstances que celle de la journée d'hier. A l'époque, il avait été interpellé avant d'être relâché informe notre interlocuteur. » ;

Qu'elle a estimé que cette article est diffamatoire puisque les faits allégués ne sont pas exacts et portent atteinte à son honneur, sa dignité et à sa considération ;

Considérant qu'à la barre de la juridiction d'instance, M. B. a affirmé que les informations données dans l'article incriminé sont exactes quand bien même il ne peut révéler sa source qui se trouve au sein de la gendarmerie ;

Que son conseil a ajouté que rien n'indique que c'est la partie civile qui est visée dans ledit article, qui fait seulement mention d'un certain M. B. ;

Considérant qu'en dépit de ses contestations, le prévenu a été déclaré coupable du délit de diffamation et condamné aux peine et paiement ci-dessus indiqués ;

Considérant qu'en cause d'appel, M. B. a plaidé sa bonne foi et réaffirmé avoir informé juste et vrai ;

Que la partie civile a entendu faire la démonstration de son préjudice en déclarant notamment que l'article incriminé a gravement porté atteinte à sa considération dans la mesure où il est un éducateur et a 43 ans d'ancienneté dans l'enseignement ;

Que le Ministère public, estimant que le délit est suffisamment établi, a requis la confirmation du jugement entrepris ;

Sur quoi, la cour

Considérant qu'il résulte de l'article 264 du Code pénal que « toute reproduction d'une imputation qui a été jugée diffamatoire sera réputée faite de mauvaise foi, sauf preuve contraire de son auteur » ;

Qu'ainsi, pour se soustraire à sa responsabilité pénale, le prévenu doit rapporter la preuve du fait allégué ou celle de sa bonne foi ;

Considérant qu'en l'espèce, M. B. n'a produit au dossier aucun élément objectif de nature à établir la vérité des faits ou sa bonne foi ;

Que dès lors, c'est à juste titre que les premiers juges l'ont déclaré coupable du délit de diffamation;

Considérant en outre, que les peines prononcées et la somme allouée à titre de dommages et intérêts procèdent d'une bonne appréciation des faits de la cause et d'une juste application de la loi ;

Qu'il échoit en conséquence, de confirmer en toutes ses dispositions le jugement entrepris en application des articles 248, 258, 261, 270 du Code pénal, 2, 3, 451 et 704 du Code de Procédure pénale;

PAR CES MOTIFS

Statuant publiquement, contradictoirement, en matière correctionnelle et en dernier ressort ;

En la forme

Reçoit les appels du prévenu et du Ministère public ;

Au fond

Confirme le jugement entrepris en toutes ses dispositions en application des articles visés au présent arrêt ;

Met les dépens à la charge du prévenu.

- **Diffamation-présomption de mauvaise foi**

31. CS, ch. crim. n° 124 du 7 juillet 2016, *arrêt Momar NDAO, Cour suprême-Bulletin des arrêts, n°* 11-12, année judiciaire 2016, mai 2018, p. 39.

Au sens de l'article 258 du Code pénal, à défaut de la preuve de la vérité, la présomption d'intention de nuire attachée de droit aux imputations diffamatoires peut être annihilée par la bonne foi du prévenu. Fait une exacte application de ce texte, une cour d'appel qui, pour retenir la bonne foi d'un prévenu du chef de diffamation, a relevé que pour tenir les propos incriminés, ce dernier s'est fondé sur un rapport d'un groupe de sociétés versés aux débats.

LA COUR,

Attendu que par arrêt n°616 du 28 avril 2015, la Cour d'Appel de Dakar a infirmé partiellement le jugement entrepris et, statuant à nouveau, relaxé des fins de la poursuite du chef de diffamation le prévenu M. N., débouté la SONATEL de sa demande en dommages et intérêts, confirmé pour le surplus ;

Sur le premier moyen tiré de la violation de l'article 258 du Code pénal, par fausse application, en ce qu'après avoir fait le constat que le prévenu a bel et bien tenu les propos incriminés publiés sur le site OSIRIS le 11 juin 2011, reconnu « qu'il ne peut en l'espèce, être sérieusement contesté le caractère diffamatoire des propos du prévenu relayé par le site OSIRIS » et ajouté, pour le relaxer, qu'«il en va autrement pour ce qui est de l'intention de nuire que lui prête la partie civile», la cour d'appel a opéré une distinction et recherché un élément constitutif alors que le texte visé ne le prévoit pas ;

Mais attendu qu'après avoir énoncé « qu'à défaut de la preuve de la vérité, la présomption d'intention de nuire attachée de droit aux imputations diffamatoires peut être annihilée par la bonne foi du prévenu ; », la cour d'appel qui a en déduit, pour retenir la bonne foi du prévenu, que « pour tenir les propos incriminés M. N. s'est fondé sur le rapport annuel 2010 du GROUPE SONATEL versé aux débats.../... », a fait une exacte application du texte visé au moyen ;

Qu'il s'ensuit que le moyen est mal fondé ;

(...)

PAR CES MOTIFS

Rejette le pourvoi formé par la Société Nationale des Télécommunications du Sénégal dite SONATEL contre l'arrêt n°616 du 28 avril 2015 de la Cour d'Appel de Dakar ;

La condamne aux dépens ;

Dit que le présent arrêt sera imprimé, qu'il sera transcrit sur les registres de la Cour d'Appel de Dakar ;

Ordonne l'exécution du présent arrêt à la diligence du Procureur général près la Cour suprême.

OBSERVATIONS

Dans la plupart des infractions commises par tous moyens de diffusion publique, la mauvaise foi du prévenu est présumée (*Cf. TOULEMON, « La publicité et l'intention en matière de diffamation», Gaz. pal. chron. 1953. 2, doct. 12 ; Ph. CONTE, « La bonne foi en matière de diffamation ; notion et rôle », Mélanges Chavanne, 1990, p. 49*). Il en est ainsi notamment en matière de diffamation et d'injure.

D'ailleurs, la reproduction d'une imputation diffamatoire est présumée faite de mauvaise foi. Aux termes des dispositions de l'article 264 du CP : « *Toute reproduction d'une imputation qui a été jugée diffamatoire sera réputée faite de mauvaise foi, sauf preuve contraire par son auteur* ».

La jurisprudence a posé une présomption de mauvaise foi, l'intention en matière de diffamation étant présumée. En d'autres termes, l'imputation matérielle est censée englober nécessairement l'élément psychologique de culpabilité. La chambre criminelle de la Cour de Cassation sénégalaise a déjà eu l'occasion de juger, dans l'arrêt rendu le 15 juin 1999, que « *l'intention coupable, en matière de diffamation, étant présumée, se déduit des imputations diffamatoires mêmes* » (*C. cass, n° 71 du 15 juin 1999, A. Nd. S. et autres c/ J. Cl. M. et C.S.S, inédit. Ainsi, l'intention coupable, en matière de diffamation est présumée et se déduit des imputations diffamatoires mêmes (crim. 3 mai 1966, n° 65-90.515 ; crim. 24 février 1966, n° 64-92.614 , Bull. crim. n° 72 ; crim. 16 décembre 1986, n° 85-96.064, Bull. crim. n° 374; crim. 21 février 1967, n° 65-92.437, Bull. crim. n° 76*).

Le juge répressif n'a donc pas à établir l'existence de cette intention pour motiver la condamnation qu'il prononce. D'ailleurs, le diffamateur ne peut échapper aux poursuites en alléguant sa bonne foi ; ni la croyance en l'exactitude des faits rapportés, ni l'absence d'animosité, ni la notoriété des imputations ne suffit à exonérer le prévenu (*Ph. CONTE, « La bonne foi en matière de diffamation : notion et rôle », in Mélanges Chavanne, 1990, Paris, Litec, p. 49*).

D'ailleurs, l'arrêt de la Cour d'Appel de Dakar rendu le 04 novembre 2015 ci-dessus reproduit énonce qu'en vertu de l'article 264 du Code pénal « *pour se soustraire à sa responsabilité pénale, le prévenu doit rapporter la preuve du fait allégué ou celle de sa bonne foi* ».

En matière d'injure, l'intention est présumée, puisqu'on ne conçoit pas que l'auteur du fait ait pu, de bonne foi, user de termes grossiers ou méprisants à l'égard d'autrui. La jurisprudence affirme d'ailleurs l'existence d'une présomption de mauvaise foi contre l'auteur de propos injurieux : « *Attendu que les expressions outrageantes, termes de mépris ou invectives visés par la loi comme constitutifs d'injures sont réputés, de droit, écrits ou prononcés avec une intention coupable* » (*Crim.10 mai 2006, n° 05-82.971, D. 2006. 2220, note E. Dreyer ; Dr. pén. 2006. Comm. 135, obs. M. Véron ; crim. 18 janvier 1950, Bull. crim. n° 23*).

Cependant, un arrêt isolé de la Cour d'Appel de Dakar, rendu le 10 décembre 2019, a jugé qu'en matière de diffamation « la mauvaise foi n'est présumée que si les allégations ou imputations sont fausses» (*CA Dakar ch. corr., n° 509 du 10 décembre 2019, MP et M. K. S. c/ A. S., Ch. M. S., inédit*).

- **Infractions militaires- compétence de la formation spéciale du Tribunal de grande instance hors classe de Dakar**

32. C. cass. ch. pén. 04 mai 2004, *B. TH. c/ M. D.* , *inédit*

L'infraction de coups et blessures volontaires reprochée à des gendarmes, qui ont agi dans l'exercice de leurs fonctions est de nature militaire et relève de la formation spéciale du Tribunal de grande instance hors classe de Dakar chargée des affaires militaires.

LA COUR,

Attendu qu'il résulte de la requête susvisée que par ordonnance en date du 22 février 1996 le doyen des juges d'instruction du Tribunal de grande instance hors classe de Dakar, compétent en matière d'affaires militaires a renvoyé devant le tribunal correctionnel, les gendarmes M. D. et A. S. du chef de coups et blessures volontaires occasionnés à B. TH. dans l'exercice de leurs fonctions ;

Attendu que par jugement en date du 23 juillet 1996, la formation spéciale chargée des affaires militaires a renvoyé « le Ministère public à mieux se pourvoir aux motifs que le tribunal correctionnel initialement saisi, n'a rendu aucune décision d'incompétence pour en être dessaisi et que le tribunal militaire est saisi de manière irrégulière ».

Que sur appel du Ministère public du même jour, la Cour d'Appel de Dakar, a par arrêt du 24 février 1997, déclaré cet appel irrecevable ;

Attendu que l'infraction reprochée aux gendarmes M. D. et A. S., qui ont agi dans l'exercice de leurs fonctions est de nature militaire ;

Qu'il s'ensuit que le jugement de cette affaire doit être fait devant la formation spéciale du Tribunal de grande instance hors classe de Dakar chargée des affaires militaires ;

PAR CES MOTIFS

Désigne la formation spéciale du tribunal de grande instance hors classe de Dakar chargée des Affaires militaires comme compétente pour juger les gendarmes M. D. et A. S. prévenus de coups et blessures volontaires sur la personne de B. TH. ;

Ordonne la restitution de l'amende ;

Condamne M. D. et A. S. aux dépens.

Dit que le présent arrêt sera imprimé, qu'il sera transcrit sur les registres de la Cour d'Appel de Dakar en marge ou à la suite de la décision attaquée ;

Ordonne l'exécution du présent arrêt à la diligence du Procureur général près la Cour de Cassation.

- **Infractions militaires- infractions de droit commun commise par un douanier- compétence de la Cour d'assises**

33. CS ch. crim. n°43 du 20 mars 2014, *MP c/ Serigne Mbaye FALL*, in *Cour suprême- Bulletin des arrêts, n°* 08, année judiciaire 2014, décembre 2015, p. 13

Lorsque l'infraction reprochée à des préposés des douanes est une infraction de droit commun ne faisant pas partie de celles énumérées par la loi pour être dévolues à la justice militaire, relève de la compétence de la formation ordinaire de la Cour d'assises de Saint-Louis.

LA COUR,

Attendu que, suite à un incident survenu à Guiraye Réo, village situé en République Islamique de Mauritanie, opposant une patrouille de la Brigade des Douanes de Matam à des piroguiers sénégalais et ayant fait un mort par balles, le préposé des douanes S. MB. F. a été inculpé de meurtre ;

Attendu qu'après sa mise en accusation pour meurtre et son renvoi devant la Cour d'assise de Saint-Louis, cette juridiction s'est déclarée incompétente aux motifs que c'est la Cour d'assises de Dakar statuant en formation spéciale qui a compétence pour connaître des faits reprochés à l'accusé du fait de son statut de préposé des douanes et de la nature de l'infraction commise à l'occasion de son service ; que la Cour d'assise de Dakar réunie en session spéciale militaire, constatant l'irrégularité de sa saisine pour défaut d'un arrêt de renvoi a renvoyé le Ministère public et l'accusé à se pourvoir ainsi qu'ils aviseront ; qu'enfin la chambre d'accusation de la Cour d'Appel de Dakar s'est déclarée incompétente pour renvoyer l'accusé devant la Cour d'assise militaire aux motifs qu'il s'agit d'une infraction de droit commun relevant de la compétence des juridictions ordinaires ;

Qu'il en résulte un conflit négatif entre deux cours d'appel n'ayant aucune juridiction supérieure en dehors de la Cour suprême, ce qui justifie un règlement des juges dans l'intérêt d'une bonne administration de la justice ;

Attendu qu'il résulte des dispositions de article 27 du Code de justice militaire que les juridictions ordinaires à formation spéciale connaissent notamment des infractions prévues par les statuts des corps paramilitaires ; qu'au sens de l'article 18 de loi n° 69-64 du 30 octobre 1969 relative au statut du personnel de la douane, les dispositions des articles 194, 195, 204, 205, 208, 209, 210, 212, 213, 218, 219, 220, 221, 225, 227, 229, 230, 240 du Code de justice militaire pour l'armée de terre en temps de paix sont applicables au personnel de la douane ;

Attendu que l'infraction reprochée au préposé des douanes S. MB. F. est une infraction de droit commun ne faisant pas partie de celles énumérées par la loi pour être dévolues à la justice militaire;

Qu'il s'ensuit que le jugement de cette affaire doit être fait devant la formation ordinaire de la Cour d'assises de Saint-Louis ;

PAR CES MOTIFS

Réglant des juges ;

Désigne la Cour d'assises de Saint-Louis comme compétente pour juger S. MB. F. accusé de meurtre ;

Met les dépens à la charge du Trésor public ;

Dit que le présent arrêt sera imprimé, qu'il sera transcrit sur les registres de la Cour d'Appel de Dakar ;

Ordonne l'exécution du présent arrêt à la diligence du Procureur général près la Cour suprême.

- **Infractions militaires- actes commis dans l'exercice de la fonction de militaire- compétence du tribunal de grande instance dans sa formation militaire**

34. CA Dakar ch. corr. n° 955 du 25 juillet 2014, *MP et Issa COLY et autres c/ Serigne Baba DIAGANA, inédit*

Les *actes commis dans l'exercice de ses fonctions de militaire relèvent de la compétence du tribunal de grande instance dans sa formation militaire*

LA COUR,

Considérant que par acte n° 61 en date du 19 janvier 2011 reçu au greffe du Tribunal de grande instance hors classe de Dakar, Me Alioune Cissé, agissant pour le compte de I. C.et des autres parties civiles, a interjeté appel contre le jugement n°47/11 rendu le 13 janvier 2011 par ledit tribunal qui s'est déclaré incompétent pour statuer dans l'affaire opposant S. B.D., la Coopérative de Construction Militaire (COMICO) contre I. C., B. N., L. S. et autres , par application des dispositions de l'article 197 bis, 55 du Code pénal, 381 du Code des obligations civiles et commerciales, 405 et suivants du Code de procédure pénale, 4 et suivants du Code de justice militaire;

Considérant qu'au regard des dispositions des articles 485 et suivants du Code de procédure pénale, l'appel est recevable ;

AU FOND

Considérant que la partie civile appelante n'a pas comparu et n'a pas soutenu son appel ;

Considérant que le Ministère public a requis la confirmation du jugement déféré, soutenant que le prévenu a agi en sa qualité de militaire, rattaché à la COMICO en restant dans l'administration militaire ;

Que les actes ont été commis dans l'exercice de ses fonctions de militaire et que le premier juge avait raison de se déclarer incompétent ;

Considérant que le prévenu n'a pas comparu, non plus, que sa citation a été reçue par Monsieur Sy du secrétariat ;

Considérant que la Cour n'a reçu de la partie civile appelante aucun argument pour indiquer le sens de son appel ; que l'appel n'étant pas soutenu, il y a lieu de le déclarer mal fondé, de confirmer le jugement attaqué et de condamner I. C. et les autres parties civiles aux dépens ;

PAR CES MOTIFS

Statuant publiquement, par défaut réputé contradictoire, en matière correctionnelle et en dernier ressort;

EN LA FORME

Déclare l'appel des parties civiles recevable ;

AU FOND

Dit que l'appel de I. C. et des autres parties civiles est mal fondé ;

Confirme le jugement déféré ;

Condamne I. C. et les autres parties civiles aux dépens.

- **Les infractions militaires- infraction commise par un médecin-militaire en activité - compétence du tribunal de grande instance dans la formation militaire**

35. CA Dakar ch. corr. n° 1269 du 23 août 2013, *MP et Adama LY c/ El Hadji Amadou FAYE et autres, inédit*

L'infraction commise par un médecin-militaire en activité à l'Hôpital Principal de Dakar, dans cet hôpital à l'occasion du service relève de la compétence du tribunal de grande instance dans la formation militaire.

LA COUR,

Qu'ainsi, en application des textes susvisés, le Tribunal de grande instance hors classe de Dakar, dans sa composition telle quelle résulte du jugement attaquée et la cour d'appel dans sa composition ordinaire sont incompétents pour connaître des infractions qui lui sont reprochés Considérant que par jugement correctionnel contradictoire du 1er juin 2010, le Tribunal de grande instance hors classe de Dakar, saisi par ordonnance de renvoi d'un de ses juges d'instruction, a rejeté l'exception de prescription, relaxé P. S. MB. du chef de complicité de blessures involontaires, déclaré en revanche le susnommé coupable du délit de non-assistance à personne en danger, déclaré A. L. et EL. H. A. F. coupables de blessures involontaires et, en répression, a condamné tous les coupables à deux (02) mois d'emprisonnement avec sursis, par application des articles 49 et 307 du Code pénal, 704 et suivants du Code de procédure pénale, reçu la constitution de partie civile de A. D. et condamné solidairement les prévenus à lui payer, sous la garantie de la compagnie Allianz Assurances et sous le bénéfice de l'exécution provisoire et de la contrainte par corps, la somme de 50 000 000 FCFA à titre de réparation, l'Hôpital Principal de Dakar, leur employeur, ayant été déclaré civilement responsable ;

Que le 03 juin 2010, le prévenu P. S. M. et l'Hôpital Principal de Dakar ont interjeté appel principal de ce jugement, suivi du Ministère public qui a relevé appel incident à la même date;

Que le 14 juin 2010, la partie civile a de son côté relevé appel des dispositions civiles ;

Que le 15 juin 2010, la compagnie d'assurances a elle aussi interjeté appel de toutes les dispositions du jugement, suivi du Procureur de la république, qui a fait appel incident le même jour ;

En la forme

Considérant que ces appels sont recevables pour avoir été relevés selon les forme et délai légaux ;

Considérant que devant la Cour, seul P. S. M. a comparu et constitué conseil ; que la partie civile n'a ni comparu ni été représentée ;

Qu'il sera dès lors statué contradictoirement à l'égard du prévenu appelant et par défaut à l'égard de la partie civile ;

Au fond

Considérant qu'il résulte du jugement attaqué et des pièces de procédure que, le 06 septembre 1997, A. S., qui souffrait d'un neuro-palu ayant entraîné des troubles de comportement, a été admis vers 13 heures aux urgences de l'Hôpital Principal de Dakar où il a été reçu par le Docteur S. P. ; qu'il est devenu très agité pendant la nuit à telle enseigne qu'il était impossible pour les infirmiers de garde, A. L. et E. H. A. F., de le maîtriser ; que ces derniers, sur instructions de P. S. M., Médecin de garde, saisi téléphoniquement chez lui, l'auraient immobilisé en le ligotant des deux mains sur le lit ; que le lendemain à son arrivée, le Médecin de garde, ayant constaté que la manière dont le patient a été ligoté était contraire aux règles habituelles, a aussitôt ordonné qu'il soit détaché, ce qui a été fait ; que malheureusement une ischémie aigue a été décelée au niveau des membres supérieurs ; que le même jour, en accord avec ses parents, le patient a été amputé du bras droit ;

Que le 12 septembre 1997, la victime saisissait le parquet d'instance d'une plainte dirigée contre X, pour blessures involontaires ayant entraîné l'amputation d'un membre ;

Que l'enquête ouverte a conduit à l'inculpation, en 2005 et en 2008, par le juge d'instruction du 3ème cabinet saisi, des nommés A. L. E. H. A. F. et P. S. M., les deux premiers, pour blessures involontaires et, le dernier, pour complicité de ce délit et pour non-assistance à personne en danger, sur le fondement des articles 45, 46, 49 et 307 du Code pénal ;

Que devant le Juge d'instruction, qui a bouclé son information le 09 février 2009, et devant le tribunal, qui a rendu la décision dont appel, les prévenus ont toujours contesté les délits qui leur sont reprochés ;

Considérant que devant la Cour le prévenu P. S. M. a soulevé à titre principal l'incompétence au motif qu'en sa qualité de médecin colonel militaire, il relève du tribunal militaire ;

Que par mémoire reçu au Parquet général, le 11 avril 2013, le Commandant M. B. W., se disant conseil de tous les prévenus, a saisi la Cour d'une demande aux fins d'annulation de la procédure;

Considérant que l'Avocat général a requis la confirmation du jugement ;

Considérant qu'il convient tout d'abord souligner que devant les juridictions ordinaires comme la Cour de céans, les défenseurs militaires ne sont pas admis à plaider ; que la loi n°94-44 portant Code de justice militaire les autorise à plaider seulement devant les tribunaux ou cours militaires ;

Qu'en conséquence, le mémoire déposé par le Commandant M. B. W. doit être déclaré irrecevable;

Considérant que la compétence est une règle d'ordre public qui peut être soulevée à toutes les étapes de la procédure ;

Considérant qu'il ressort des articles 27 et suivants du Code de justice militaire que les infractions de toutes natures commises par des militaires dans le service, les casernes, les quartiers, les établissements militaires et même chez l'hôte sont justiciables des juridictions ordinaires à formation spéciale ;

Considérant qu'il n'est pas contesté que le médecin P. S. M. était et est toujours un militaire en activité à l'Hôpital Principal de Dakar, qui est également une structure militaire ; que les faits qui lui sont reprochés ont été commis dans cet hôpital à l'occasion du service ;

Qu'ainsi, en application des textes susvisés, le Tribunal de grande instance hors classe de Dakar, dans sa composition telle quelle résulte du jugement attaqué et la cour d'appel dans sa composition ordinaire sont incompétents pour connaître des infractions qui lui sont reprochés ;

Qu'il y a lieu d'infirmer en conséquence le jugement entrepris en toutes ses dispositions le concernant et de renvoyer la cause à l'audience du 13 décembre 2013 pour statuer sur les autres appels et citations des parties concernées ;

Considérant que les dépens sont mis à la charge du Trésor public

PAR CES MOTIFS

Statuant publiquement, contradictoirement à l'égard de P. S. M., par défaut à l'égard de la partie civile, en matière correctionnelle et en dernier ressort ;

Déclare recevables les appels ;

Déclare irrecevable le mémoire déposé par le Commandant M. B. W. ;

Dit et juge que l'appel de P. S. M. est bien fondé ;

Infirme partiellement le jugement entrepris et, statuant à nouveau :

Se déclare incompétent pour connaître des infractions reprochées à P. S. M. ;

Renvoie le Ministère public à mieux se pourvoir en ce qui le concerne ;

Renvoie la cause au 13 décembre 2013 pour statuer sur les autres appels et citations de l'Hôpital Principal de Dakar et de Allianz Assurances ;

Met les dépens à la charge du Trésor public.

- **Infractions militaires- infraction de droit commun commise par un militaire dans l'exercice de ses fonctions : compétence du tribunal de grande instance à formation militaire**

36. CA Dakar ch. acc. n° 02 du 08 janvier 2013, *MP c/ Gora DIOP*, *inédit*

Un meurtre commis par un militaire dans l'exercice de leurs fonctions relève de la compétence des juridictions ordinaires à formation militaire.

LA COUR,

Considérant qu'en l'espèce, G. D., gendarme, est poursuivi pour meurtre commis dans l'exercice de ses fonctions ;

Après en avoir délibéré conformément à la loi ;

EN LA FORME

Considérant que la requête a été introduite dans les forme et délai légaux ;

Qu'il échet de la déclarer recevable ;

AU FOND

Considérant qu'il ressort des pièces de la procédure les faits suivants :

Dans la nuit du 11/08/2009, suite à un contrôle de routine, le gendarme G. D., en service au carrefour Gandigal, dans la commune de Joal, immobilisait un véhicule transportant du poisson, conduit par M. M. et à bord duquel se trouvait S. M. et S. M.. Estimant que ce dernier, propriétaire des poissons, ne détenait pas de certificat de salubrité, il invitait les occupant du véhicule à le suivre, avec le chargement, au Service des Pêches Maritimes. Arrivés audit service, une dispute éclatait entre S. M. et le gendarme G. D. à qui le premier reprochait de faire une discrimination sur les véhicules à contrôler. Suite à cette dispute, G. D. dégainait son arme et tirait à bout portant sur S. M., l'atteignant mortellement à la tête.

Le certificat de genre de mort établit par le docteur I. B. de l'hôpital Aristide LEDANTEC concluait en une mort résultant d'un « traumatisme cranio-encéphalique avec polyfracture et hémorragie interne et externe par arme à feu ».

Entendu par les enquêteurs de la Brigade de Recherches de la Gendarmerie Nationale sise à Thiès, G. D. soutenait que c'est S. M. qui, après lui avoir reproché la saisie du poisson, s'est montré agressif à son égard en l'attaquant. Pour parer à cette attaque, il a dégainé son arme mais S. M. s'y est agrippé et, dans ce tiraillement, le coup de feu est parti atteignant M. mortellement. Il précisait n'avoir jamais eu l'intention de tuer la victime et que le drame n'est survenu que parce qu'il avait oublié de remettre la sûreté de l'arme.

Entendus comme témoins, S. S., agent technique des pêches, M. TH., riverain, et S. M., propriétaire des poissons, déclaraient tous avoir vu le gendarme G. D. rejoindre S. M., qui avait fini par se calmer, l'empoigner, sortir son arme et lui tirer une balle dans la tête.

Inculpé de meurtre, G. D. persistait dans ses dénégations.

Les témoins précités réitéraient également leurs déclarations devant le juge d'instruction.

Ce dernier, son information terminée, rendait à l'égard de G. D. une ordonnance de mise en accusation et de renvoi devant la cour d'assises Militaire.

Par arrêt n°01 du 30/05/2012, cette juridiction constatait la nullité de l'ordonnance de renvoi aux motifs que seule la chambre d'accusation pouvait renvoyer l'inculpé devant elle au regard des dispositions de l'article 70 du Code de justice militaire.

Suivant réquisitoire du 22/11/2012, le Procureur général saisissait la Chambre de céans aux fins de voir ordonner le renvoi de G. D. devant la Cour d'assises militaire.

Considérant que le Ministère public a requis le renvoi de G. D. devant la Cour d'assises militaire;

Considérant que les conseils de G. D. s'en sont rapportés aux réquisitions du Ministère public;

SUR CE,

Considérant qu'il ressort de l'article 70 du Code de justice militaire que lorsque les faits de nature criminels reprochés à l'inculpé relèvent de la compétence des juridictions ordinaires à formation spéciale, le renvoi devant la Cour d'assises avec jury militaire ne peut être prononcé que par la Chambre d'accusation de la Cour d'Appel de Dakar ;

Considérant qu'en l'espèce, G. D., gendarme, est poursuivi pour meurtre commis dans l'exercice de ses fonctions ;

Que ce fait relève ainsi de la compétence des juridictions ordinaires à formation spéciale conformément aux articles 4 et 27 du Code de justice militaire ;

Considérant, par ailleurs, qu'aucun des témoins oculaires entendus en l'occurrence M. T., S. M. et S. S.S. n'a confirmé la version de G. D. selon laquelle la victime aurait tenté de lui reprendre l'arme lorsque le coup est parti ;

Qu'au contraire, aussi bien M. TH. que S. M. ont déclaré devant le magistrat instructeur que la victime, qui s'était déjà calmée après sa dispute avec l'inculpé, a été rejoint par ce dernier qui l'a empoigner avant de sortir son arme et de tirer sur lui à bout portant ;

Que la partie du corps visé (la tête) démontre suffisamment l'intention de donner la mort;

Considérant qu'il résulte de tout ce qui précède charges suffisantes contre G. D., d'avoir à Joal, le 11/08/2009, avant prescription de l'action publique, commis volontairement un homicide sur la personne de S. M. ; crime prévu et puni par les articles 280 et 289 du Code pénal ;

Qu'il échet, en application de l'article 70 du Code de justice militaire, de prononcer sa mise en accusation et son renvoi devant la Cour d'assises avec jury militaire pour y être jugé conformément à la loi ;

Qu'il y a lieu également de décerner ordonnance de prise de corps contre lui ;

PAR CES MOTIFS

Statuant en chambre du conseil, hors la présence de l'inculpé, de ses conseils, du Ministère public et du Greffier ;

EN LA FORME

Reçoit la requête ;

AU FOND

Vu l'article 70 du Code de justice militaire ;

Prononce la mise en accusation et le renvoi de G. D. devant la Cour d'assises avec jury militaire ;

Décerne ordonnance de prise de corps contre lui ;

Réserve les dépens.

OBSERVATIONS

Les infractions militaires constituent des infractions spéciales par rapport aux infractions de droit commun. La spécificité de l'institution militaire exerce une influence sur les règles applicables aux infractions militaires. Le Code de Justice militaire a instauré un régime pénal spécifique aux infractions militaires qui prévoit notamment les règles relatives à la compétence des juridictions.

Le législateur a prévu des règles de compétence qui dérogent à bien des égards au droit pénal commun. Il résulte de l'article 6 de la loi n° 94-44 du 27 mai 1994 portant Code de Justice militaire (*JORS n° 5602 du samedi 15 octobre 1994, p. 451 et s.*), qu'en matière de contravention et de délit, le Tribunal de grande Instance hors classe de Dakar est compétent pour le jugement des hommes de troupe, des sous-officiers et officiers jusqu'au grade de capitaine inclusivement et des personnels des corps paramilitaires de grade correspondant.

Pour le jugement des officiers supérieurs ou des personnels des corps paramilitaires de grade correspondant et des officiers généraux, la Cour d'Appel de Dakar est compétente pour connaître des mêmes infractions. Selon l'exposé des motifs du Code de Justice militaire « *cette exception de juridiction se justifie par le fait que c'est à Dakar qu'il est plus facile de trouver les personnels susceptibles de remplir les conditions requises pour exercer les fonctions d'assesseurs, de jurés et de défenseurs* ».

En matière militaire, le Tribunal de grande Instance hors classe de Dakar statue en formation spéciale. En effet, en vertu de l'article 5 du Code de Justice militaire, la Cour d'Appel et le Tribunal de grande Instance hors classe de Dakar en formation collégiale rendent la justice militaire. Ils prennent à cette occasion l'appellation de juridictions ordinaires à formation spéciale (*V. notamment, V. CA Dakar, ch. mil. n°006 du 29 octobre 2014, MP c/ A. D., inédit ; CA Dakar, ch. mil. n°001 du 23 décembre 2014, MP c/ S. S. et A. S., inédit*).

Les juridictions ordinaires à formation spéciale statuent en premier et dernier ressort (*V. art. 7 du Code de Justice militaire*). Il s'agit là d'une des particularités du droit pénal militaire, puisque le seul recours recevable est le pourvoi en cassation. Selon l'article 80 du Code de Justice militaire, en tout temps, les décisions rendues par les juridictions ordinaires à formation spéciale peuvent être attaquées par la voie du pourvoi devant la Cour suprême, conformément aux règles de procédure et de fond applicables devant cette juridiction.

Le Code de Justice militaire a prévu que les juridictions ordinaires à formation militaire s'adjoignent avec voix délibérative, deux assesseurs militaires ou assimilés désignés par le président de la juridiction sur une liste dressée par le Ministre chargé des Forces armées, le Ministre chargé de l'Intérieur et par l'autorité habilitée par les statuts propres aux personnels des corps paramilitaires, pour ce qui concerne les personnels des corps paramilitaires.

D'ailleurs, aux termes de l'article 9 de la loi du 03 novembre 2014 fixant l'organisation judiciaire : « *Le tribunal de grande instance en formation spéciale est complété par des assesseurs* ». L'article 7 du Code de Justice militaire précise que les assesseurs sont d'un grade supérieur ou au moins égal à celui des prévenus et, dans ce dernier cas, d'une ancienneté supérieure. Ils doivent appartenir à la même arme et au même service que le prévenu (*C. DIAKHOUMPA, Traité théorique et pratique de procédure pénale. Tome 2 : la phase décisoire du procès pénal, 3e édition, 2022, p. 201 et s.).*

Dans un arrêt rendu le 04 mai 2004, la chambre pénale de la Cour de Cassation sénégalaise a considéré qu'une infraction de droit commun (coups et blessures volontaires) reprochée à deux gendarmes, qui ont agi dans l'exercice de leurs fonctions, est de nature militaire et relève de la compétence de la formation spéciale du Tribunal de grande Instance hors classe de Dakar chargée des affaires militaires (*C. cass. ch. pén. du 04 mai 2004, B. TH. c/ M. D. , inédit*).

La Cour d'Appel de Dakar a jugé, dans un arrêt du 23 août 2013, qu'en application des articles 27 et suivants du Code de Justice militaire, le Tribunal de grande Instance hors classe de Dakar et la cour d'appel, dans leur composition ordinaire, sont incompétents pour connaître des infractions reprochées à un médecin militaire en activité à l'Hôpital Principal de Dakar, qui est également une structure militaire (*CA Dakar ch. corr., n° 1269 du 23 août 2013, MP et A.*

L. c/ El H. A. F., A. L. et P. S. MB., in Bulletin des arrêts rendus par la Cour d'Appel de Dakar en matière pénale, année 2014, p. 10).

• Infractions militaires : ordre de poursuite

37. CS ch. crim. n° 86 du 18 octobre 2012, *Le Groupement d'achat de la Gendarmerie nationale, inédit*

Aux termes de l'article 60 alinéa 5 de la loi n° 94-44 portant Code de Justice militaire, aucun recours n'est possible contre un ordre de poursuite ; dès lors, le Procureur de la République était fondé à qualifier les faits contenus dans le procès-verbal servant de base aux poursuites.

LA COUR,

Attendu que par le jugement attaqué, la juridiction ordinaire à formation spéciale, statuant en premier et dernier ressort, a condamné le capitaine de gendarmerie P. A. S., gérant du Groupement d'achat de la Gendarmerie nationale, pour prise illégale d'intérêt et complicité d'escroquerie, à un an d'emprisonnement ferme et 2 500 000 francs d'amende et à payer au Groupement la somme de 23 millions de francs à titre de dommages et intérêts, l'interdiction d'exercer tout emploi dans la Fonction publique civile ou militaire ayant en outre été prononcée contre le prévenu ;

Sur le premier moyen, en ses deux branches, tiré de la nullité des poursuites, en ce que d'une part, le Procureur de la République, qui a sollicité et obtenu un ordre de poursuite pour la seule infraction de prise illégale d'intérêt, a excédé ses pouvoirs et méconnu le sens de l'article 60, alinéa 4 du Code de Justice militaire, en initiant contre le mis en cause des poursuites non autorisées des chefs d'escroquerie, complicité d'escroquerie, complicité de faux et usage de faux, alors qu'aux termes de l'alinéa susvisé aucune poursuite devant les juridictions ordinaires à formation spéciale ne peut avoir lieu, à peine de nullité, que sur ordre de poursuite, et en ce que d'autre part, l'ordre de poursuite délivré dans la cause ne satisfait pas aux exigences de l'article 60, alinéa 5 du même Code, qui prescrit l'indication exacte des faits, leur qualification et la mention des textes de lois applicables ;

Mais attendu qu'il ne résulte pas de la décision attaquée que l'exception de nullité alléguée a été présentée devant le juge du fond ; qu'en espèce, un ordre de poursuite a bien été délivré le 28 juin 2010 par le Ministre des Forces armées ; que cet acte renvoie à un procès-verbal d'enquête préliminaire du 14 juin 2010, constatant diverses infractions à la loi pénale ;

Et attendu qu'aux termes de l'article 60, alinéa 5 de la loi n° 94-44 portant Code de Justice militaire, aucun recours n'est possible contre un ordre de poursuite ;

Que, dès lors, le Procureur de la République était fondé à qualifier les faits contenus dans le procès-verbal servant de base aux poursuites ;

D'où il suit que le moyen ne saurait être accueilli en aucune de ses deux branches ;

(...)

PAR CES MOTIFS

Rejette le pourvoi formé par P. A. S. contre le jugement n° 130 rendu le 27 mai 2011 par la juridiction ordinaire à formation spéciale du Tribunal de grande instance hors classe de Dakar ;

Le condamne aux dépens ;

Dit que le présent arrêt sera imprimé, qu'il sera transcrit sur les registres de la Cour d'Appel de Dakar en marge ou à la suite de la décision attaquée ;

Ordonne l'exécution du présent arrêt à la diligence du Procureur général près la Cour suprême.

- **Infractions militaires-ordre de poursuite**

38. CA Dakar ch. acc. n° 240 du 22 octobre 2012, *MP c/ Alioune FAYE et autres, inédit*

Les infractions d'association de malfaiteurs, de négligence et facilitation de l'évasion de détenus qui constituent des infractions de droit commun n'entrent aucunement dans l'énumération des infractions purement militaires qui exigent, avant toute poursuite devant une juridiction ordinaire à formation spéciale, un ordre de poursuite.

LA COUR,

En la forme

Considérant que la requête a été introduite dans les forme et délai légaux ;

Qu'il échet de la déclarer recevable ;

Au fond

Considérant qu'il résulte de la procédure les faits suivants :

Dans la nuit du 05 au 06 février 2012, quatre détenues étrangères, toutes condamnées pour trafic international de drogue, se sont évadées de la maison d'arrêt et de correction de Rufisque à partir de la chambre n° 3, où elles étaient détenues ensemble; l'enquête a révélé que ce jour-là, la surveillance de la prison était assurée par la Brigade A, à savoir par le nommé A. F., le chef, secondé, par les surveillantes A. B., D. C. et F. D. ;

Il ressort de ladite enquête, que la surveillante A. B. a omis de fermer la porte de la cellule n° 3, après l'avoir ouverte pour permettre aux détenues de se rendre aux toilettes extérieures, celles de l'intérieur n'étant pas fonctionnelles ce jour-là ; qu'il apparaît des diverses auditions, que le chef de brigade A. F. n'a pas , comme le lui recommandent les dispositions sécuritaires, vérifié ou fait vérifier la fermeture de toutes les cellules avant de quitter la maison de détention pour des raisons non encore élucidées ; que ce sont ces défaillances d'une grande gravité de la part de cette équipe de garde qui ont motivé l'ouverture d'une information judiciaire ;dans ce cadre, A. F. et A. B. ont été inculpés par le juge du 6ème cabinet d'instruction et placés sous mandat de dépôt ;

Considérant que le Commandant W., conseil des inculpés soutenu par d'autres avocats constitués pour les inculpés, ont, par la même voix, soulevé l'incompétence du juge d'instruction qui a placé leurs clients en détention ; qu'ils ont tous estimé que le juge d'instruction a violé les dispositions de la n° 94-44 portant Code de justice militaire dont dépendent les deux agents de l'Administration pénitentiaire susnommés, car selon leur statut personnel, ils sont justiciables, en tant qu'agents paramilitaires, du tribunal ordinaire à formation spéciale, les dispositions de l'article 27 et 28 du Code de justice militaire, précisant bien, qu'ils sont justiciables des juridictions précitées, à chaque fois qu'ils commettent des infractions de toute nature dans leurs service, dans les casernes, quartier et établissement militaire et chez l'hôte ;

Qu'ils dénoncent également que le juge d'instruction, non content de violer les dispositions suscitées, a aussi fait fi de celles de l'article 60 du même code qui prévoit, en son alinéa 4, qu' « aucune poursuite devant les juridictions ordinaires à formation spéciale ne peut avoir lieu, à peine de nullité, que sur un ordre de poursuite »

Qu'ils pensent que compte tenu de toutes ces violations flagrantes, les actes pris par le magistrat instructeurs doivent être annulés ainsi que tous les actes subséquents ;

Considérant que le Ministère public, s'éloignant de ses réquisitions écrites a, souligné oralement que, lorsque des militaires commettent des infractions dans l'exercice de leurs fonctions et qu'ils doivent être jugés par les juridictions ordinaires à formation spéciale, un ordre de poursuite doit être obligatoirement envoyé au procureur, à peine de nullité, avant toute poursuite et qu'il en est de même, des corps paramilitaires, si leur statut leur permet ; qu'il poursuit que ce sont des corps qui doivent bénéficier de privilèges de protection, dus à leur qualité, et qu'ils ne doivent pas être jugés comme de simples citoyens ordinaires ; qu'en l'espèce, ces agents de l'Administration pénitentiaire ont commis des infractions dans l'exercice de leur fonction, et la procédure a été déclenchée sans qu'aucun ordre de poursuite préalable n'ait été envoyé, qu'il y a, par conséquent, violation de la loi, notamment de l'article 60 du Code de justice militaire ; que dès lors, il sollicite de la Chambre, de constater qu'il n'y a pas eu ordre de poursuite , qu'ils ont commis l'infraction dans l'exercice de leur fonction, qu'ils relèvent de la juridiction ordinaire à formation spéciale, qu' en conséquence, au regard de tout cela, il convient d'annuler les mandats de dépôts qui ont été décernés à leur encontre, pour violation de la loi ;

SUR CE,

Considérant que le Code de justice militaire n'est applicable aux corps paramilitaires que si leur statut le prévoit ;

Considérant que l'article 17 de la loi n°2006-34 du 16 octobre 2006 portant statut du personnel de l'Administration pénitentiaire prévoit l'application du Code de justice militaire à ce corps à partir de l'article 108 dudit code ;

Considérant que ces articles précités et suivants du Code de justice militaire ne concernent que des infractions purement militaires à savoir « désertion de toute sorte », or les agents concernés dans la présente procédure ont été inculpés du chef d'association de malfaiteurs, de négligence et facilitation d'évasions qui constituent des infractions de droit commun n'entrant aucunement dans le champ de compétences des infractions purement militaires qui exigeraient, avant toute poursuite devant une juridiction ordinaire à formation spéciale, un ordre de poursuite ;

Qu'en conséquence, le juge d'instruction, en l'espèce, n'avait besoin d'aucun ordre de poursuite préalable à l'inculpation ;

Qu'ils ont été à bon droit inculpés et placés sous mandat de dépôt par le juge d'instruction;

Qu'il a lieu, dès lors, de rejeter la requête comme non fondée ;

PAR CES MOTIFS

Statuant en chambre de conseil, hors la présence des parties, de leurs conseils du Ministère public et du greffier ;

En la forme

Déclare recevable la requête ;

Au fond

La rejette comme non fondée ;

Réserve les dépens.

OBSERVATIONS

En matière militaire, le droit de poursuite du Ministère public comporte quelques limitations. En effet, une fois la procédure établie par l'officier de police judiciaire militaire ou ordinaire, il revient à l'autorité ministérielle de juger de l'opportunité des poursuites et de saisir le Procureur de la République de Dakar par un ordre de poursuite (*S. RAYNE, « Justice militaire», Rép. dr. pén. proc. pén., Dalloz, 2012, n° 239 ; M. GUÈYE, Les procédures pénales dérogatoires au Sénégal, Thèse doctorat Dakar, Presses universitaires de Dakar, 2021, p. 127*).

L'article 60 du Code de Justice militaire énonce que lorsque le Ministre chargé des Forces armées, le Ministre chargé de l'Intérieur ou l'autorité habilitée par les statuts propres aux personnels des corps paramilitaires estime qu'il y a lieu de poursuivre un justiciable des juridictions ordinaires à formation spéciale, il délivre un ordre de poursuite au procureur de la République.

Lorsque le justiciable a le grade d'officier général, l'ordre de poursuite ne peut être délivré que sur autorisation du Président de la République, après communication de la procédure.

Mais lorsqu'une infraction de la compétence des juridictions ordinaires à formation spéciale a été dénoncée par un juge d'instruction, par un procureur de la République, par un Procureur général ou par la chambre d'accusation de la cour d'appel, les autorités habilitées à délivrer l'ordre de poursuite sont tenues de donner cet ordre.

En tout état de cause, aucune poursuite devant les juridictions ordinaires à formation spéciale ne peut avoir lieu, à peine de nullité, que sur un ordre de poursuite.

L'ordre de poursuite, qui est sans appel, doit mentionner exactement les faits, leur qualification et l'indication des textes de loi applicables.

Un arrêt de la Chambre criminelle de la Cour suprême du 18 octobre 2012 a énoncé qu'aux termes de l'article 60, alinéa 5 du Code de Justice militaire, aucun recours n'est possible contre un ordre de poursuite. À l'ordre de poursuite, sont joints les rapports, les procès-verbaux, pièces, objets saisis ou tous autres documents à l'appui *(CS ch. crim. n° 86 du 18 octobre 2012, P. A. S. c/ Le Groupement d'achats de la Gendarmerie nationale, inédit*).

Lorsqu'il s'agit d'une infraction punissable de peines correctionnelles, l'autorité habilitée peut, après consultation du procureur de la République, ordonner que le prévenu soit traduit directement devant le tribunal sans instruction préalable, sous la réserve qu'il ait été procédé à une enquête préliminaire dans les formes prescrites par la loi (*V. art. 61 du Code de Justice militaire*).

CHAPITRE III :

LES ÉLÉMENTS CONSTITUTIFS DE L'INFRACTION

SECTION PREMIÈRE : L'ÉLÉMENT LÉGAL DE L'INFRACTION

PARAGRAPHE PREMIER : LA CONSÉCRATION DU PRINCIPE DE LA LÉGALITÉ CRIMINELLE

- **Principe de la légalité criminelle-signification**

39. CA Dakar ch. acc. n° 230 du 27 août 2015, *MP c/ Aïcha SY, inédit*

En vertu du principe de légalité des délits et des peines, un comportement ne peut tomber sous le coup de la loi pénale que si l'interdiction était prévue avant qu'il ne fût accompli.

LA COUR,

EN LA FORME

Considérant que la requête a été introduite dans les forme et délai légaux , qu'il y a lieu de le déclarer recevable ;

AU FOND

Considérant qu'il résulte du dossier de la procédure les faits suivants ;

Suivant procès-verbal d'enquête n 00142, établi le 05 juin 2015 par l'office central pour la répression du trafic illicite de stupéfiants (OCRITIS), A. S. a été appréhendée le 03 juin 2015 par les agents de la douane au niveau des colis postaux à Dakar avec 72,8 Kg de KHAT en provenance d'Éthiopie qu'elle tentait de réexpédier vers les Etats-Unis, le Canada et l'Australie. Elle soutenait que c'est pour rendre service à une cousine nommée K. B., basée au Mali, qu'elle a accepté de recevoir, depuis l'Éthiopie et d'un certain M., un produit qui lui a été présenté comme étant du thé vert (thé MORINGA) qu'elle devait réexpédier après reconditionnement dans des paquets de 4 ET 10 kilos ;

Poursuivie pour trafic international de drogue, elle a été inculpée et placée sous mandat de dépôt depuis le 09 juin 2015. Maître Malick MBENGUE, Avocat à la Cour, a déposé pour le compte de l'inculpée une requête aux fins d'annulation de l'inculpation et a sollicité la main levée du mandat de dépôt au motif que, d'une part, il n'existe aucune certitude que le produit incriminé serait du KHAT, au regard de la délégation judiciaire donnée par le juge d'instruction à l'OCRITIS aux fins d'analyser la nature du produit, et, d'autre part, même s'il agit du KHAT, il y aurait lieu de relever qu'un tel produit n'entre dans aucun des tableaux figurant à la convention unique de 1961 sur les stupéfiants, la convention de 1971 sur les substances psychotropes et la convention de 1988 sur la répression contre le trafic de stupéfiants et substances psychotropes auxquelles renvoie le code des drogues ;

Le parquet général a conclu par écrit au rejet de la requête comme mal fondée en ce le chef du laboratoire d'analyse des drogues par rapport daté du 07 juillet 2015 a attesté que le produit est revenu positif au test de marquis et par cathine, qui est l'un des principes actifs du KHAT, or l'examen de la liste des stupéfiants de la convention de 1971 montre que la cathinome figure bien au tableau I ;

A l'audience de la Chambre, l'Avocat général officiant sur le banc du Ministère public a sollicité l'annulation de la procédure en faisant observer que le KHAT ne figure sur aucun des tableaux des conventions de 1961 et de 1971;

SUR CE

Considérant qu'il ressort de l'article 3 de la convention de 1961 sur les stupéfiants et de l'article de la convention de 1971 sur les substances psychotropes que l'incorporation ou le déclassement d'un produit au niveau des tableaux figurant auxdites conventions sont opérés par la commission des stupéfiants du conseil économique et social des Nations Unies après avis du comité d'experts de l'organisation mondiale de la Santé (OMS); que malgré plusieurs études menées au sujet du KHAT, aucune décision n'a été prise à ce jour pour l'incorporer dans l'un des tableaux susvisés; que l'analyse toxicologique effectuée par le laboratoire national d'analyse des drogues ne peut suppléer la décision de la commission susdite;

Considérant qu'en vertu du principe de légalité des délits et des peines, un comportement ne peut tomber sous le coup de la loi pénale que si l'interdiction était prévue avant qu'il ne fût accompli; que les poursuites entamées contre l'inculpé étant dépourvues de base légale, il convient d'annuler son inculpation et d'ordonner sa mise en liberté;

PAR CES MOTIFS

Statuant en chambre du conseil, hors la présence du Ministère public et de l'inculpée;

EN LA FORME

Déclare la requête recevable;

AU FOND

Annule les poursuites;

Ordonne la mainlevée du mandat de dépôt décerné contre Aïcha SY.

- **Principe de la légalité criminelle- absence de répression de stellionat**

40. CA Dakar ch. corr., n° 827 du 09 mai 2007, *arrêt Amadou GUEYE, inédit*

En l'état actuel de notre législation, aucune sanction pénale ne peut être appliquée au stellionataire sur le fondement du décret de 1932 car, eu égard au principe de la légalité des infractions et des peines, le juge ne pouvant d'office procéder à la substitution de peines, par le procédé de l'équivalence.

LA COUR,

Considérant que par actes enregistrés le 11 Avril 2003 au greffe du Tribunal de grande instance hors classe Me Dimingo DIENG, conseil du prévenu A. G. et le Procureur de la

République près ce Tribunal ont relevé appel du jugement rendu le 13 mars 2003 par ledit tribunal qui a relaxé le prévenu A. G. du chef d'escroquerie et l'a déclaré coupable de stellionat pour le condamner sur la peine à trois (03) mois avec sursis et sur les intérêts civils, à payer la somme de neuf millions (9 000 000) de francs toutes causes de préjudice confondues à la partie civile Y. S. B. ;

En la forme

Considérant que tant l'appel du prévenu que celui du Ministère public ont été faits dans les formes et délais prescrits par la loi, il échet de les déclarer recevables ;

Considérant que le prévenu a été cité à parquet, et la partie civile au domicile élu,

Qu'il échet de statuer par défaut simple contre le prévenu par arrêt contradictoire à l'égard de la partie civile ;

Au fond

Considérant qu'il résulte des pièces du dossier que suivant lettre du 07 mars 2002, le sieur Y. S. B. a initié une plainte avec constitution de partie civile pour soutenir que le sieur A. G., Directeur de la société civile immobilière ATIS SARL lui a cédé deux parcelles de terrain, portant le numéro 6 et un autre moins lisible, d'une superficie globale de six cent quatorze mètres carrés (614 m2) se trouvant sur le morcellement de l'extension Ngor Sunugal pour la somme de huit millions sept cent quarante-neuf mille cinq cents (8.749.500) francs suivant acte de vente établi le 25 Juin 1997 ; Qu'après l'érection d'un mur de clôture, il a reçu une lettre de l'administration des Domaines l'informant que la surface qui lui a été vendue appartient à l'État du Sénégal et qu'il doit se retirer des parcelles que l'État a attribuées à d'autres personnes ;

Considérant que l'appelant A. G. a tenu à préciser depuis l'instruction que, d'une part, c'est en qualité de mandataire de la famille G. N. D. qu'il a vendu les deux parcelles à Y. S. B.et, d'autre part, contrairement aux propos de la partie civile, les deux parcelles n'ont pas été retirées à celle-ci, mais ont plutôt été amputées d'une centaine de mètres carrés environ à la suite d'un remembrement opéré par l'Administration ;

Considérant que l'infraction de stellionat est prévue par les articles 178 et 179 du décret du 26 Juillet 1932 portant réorganisation du régime de propriété foncière en Afrique Occidentale Française et que pour la répression de cette infraction l'article 178 dudit renvoie à l'article 405 du Code pénal précédemment en vigueur et qu'il s'avère que le nouveau Code pénal sénégalais en son article 434 a expressément abrogé les articles 1er à 463 ; Qu'il suit de là, qu'en l'état actuel de notre législation, aucune sanction pénale ne peut être appliquée au stellionataire sur le fondement du décret de 1932 car, eu égard au principe de la légalité des infractions et des peines, le juge ne pouvant d'office procéder à la substitution de peines, par le procédé de l'équivalence ; Qu'il y a lieu en conséquence, infirmant la décision du premier juge, se déclarer incompétent du chef de stellionat ;

Considérant que les éléments du dossier font ressortir que la partie civile a pu bénéficier d'un bail sur une surface de 462 m2 portant au moins sur l'une des parcelles ; Qu'en tout état de cause aucun élément tendant à retenir l'usage de faux nom, de fausse qualité ou encore moins l'usage de manœuvres frauduleuses quelconques, n'a été relevé à l'encontre du prévenu A. G.;

Qu'il y a lieu de confirmer la décision de relaxe du premier juge sur le chef d'escroquerie;

Considérant qu'il y a lieu en conséquence de débouter la partie civile de sa demande de dommages et intérêts, aucun délit n'ayant été retenu à l'égard du prévenu ;

PAR CES MOTIFS

Statuant publiquement, par défaut simple contre le prévenu et contradictoirement à l'égard de la partie civile, en matière correctionnelle et en dernier ressort :

En la forme

Déclare recevables les appels enregistrés ;

Se déclare incompétent du chef de stellionat ;

Au fond

Relaxe le prévenu du chef d'escroquerie ;

Déboute la partie civile de sa demande de dommages et intérêts ;

Condamne la partie civile aux dépens liquidés à la somme de vingt mille francs (20 000).

- **Principe de la légalité criminelle- répression du stellionat par l'article 88 du Code de l'Urbanisme**

41. C. cass. n° 20 du 04 mars 2008, *Yéro BASSE c/Amadou GUEYE, inédit*

Pour se déclarer incompétente, la cour d'appel retient qu'en l'état actuel de notre législation, aucune sanction pénale ne peut être appliquée au stellionataire sur le fondement du décret de 1932 car, eu égard au principe de la légalité des infractions et de peines, le juge ne pouvant d'office procéder la substitution de peines, par le procédé de l'équivalence ; mais en se déterminant ainsi alors que l'article 88 du Code de l'Urbanisme prévoit et réprime ladite infraction, la cour d'appel n'a pas légalement justifié sa décision.

LA COUR,

Sur le second moyen tiré de la violation de l'article 4 du Code pénal, en ce que le juge d'appel s'est déclaré incompétent pour statuer sur le délit de « stellionat » au motif qu'en l'état actuel de notre législation, aucune sanction pénale ne peut être appliquée au stellionataire, alors que l'incrimination et la répression de ladite infraction ont été reprises dans le code de l'Urbanisme en son article 88 ;

Vu l'article 88 du Code de l'Urbanisme ;

Attendu selon ce texte que, « quiconque aura vendu ou tenté de vendre des terrains faisant partie du domaine national, du domaine de l'État ou des collectivités locales, ou appartenant à des personnes privées est puni d'une amende de 500 000 à 2 000 000francs et d'un emprisonnement de six mois à trois ans ou de l'une de ces deux peines seulement»;

Attendu que pour se déclarer incompétente, la cour d'appel retient que « l'infraction de stellionat est prévue par les articles 178 et 179 du décret du 26 juillet 1932 portant réorganisation du régime de la propriété foncière en Afrique occidentale française et que pour la répression de cette infraction, l'article 178 dudit décret renvoie à l'article 405 du Code pénal précédemment en vigueur et qu'il s'avère que le nouveau Code pénal sénégalais en son article 434 a expressément abrogé les articles 1er à 463 ; qu'il suit de là, qu'en l'état actuel de notre législation, aucune sanction pénale ne peut être appliquée au stellionataire sur le fondement du décret de 1932 car, eu égard au principe de la légalité des infractions et de peines, le juge ne pouvant d'office procéder la substitution de peines, par le procédé de l'équivalence » ;

Attendu qu'en se déterminant ainsi alors que l'article 88 du Code de l'Urbanisme prévoit et réprime ladite infraction, la cour d'appel n'a pas légalement justifié sa décision ;

PAR CES MOTIFS

Et sans qu'il ne soit besoin de statuer sur le premier moyen ;

Casse et annule l'arrêt n° 707 rendu le 26 juillet 2006 par la Cour d'Appel de Dakar et pour être statué conformément à la loi, renvoie la cause et les parties devant la Cour d'Appel de Dakar autrement composée ;

Ordonne la restitution de l'amende consignée ;

Met les dépens à la charge du Trésor public ;

Dit que le présent arrêt sera imprimé, qu'il sera transcrit sur les registres de la Cour d'Appel de Dakar en marge ou à la suite de la décision attaquée ;

Ordonne l'exécution du présent arrêt à la diligence du Procureur général prés la Cour de Cassation.

- **Principe de la légalité criminelle-obligation du législateur d'édicter des lois précises**

42. CA Dakar, n° 289 du 27 avril 1981, *MP c/ Mamadou MBODJ, inédit*

Le principe de la légalité des délits et des peines exige du législateur de faire des lois précises et non rétroactives, mais surtout fait obligation au juge pénal dans le souci de protection des libertés individuelles et de défense sociale, de s'en tenir uniquement aux termes de la loi

Le juge pénal ne peut raisonner par analogie ou juger en dehors du mobile légal, l'inverse aboutit nécessairement à inventer des infractions sans élément légal, la mission du juge devenant alors une menace terrible pour les libertés publiques.

LA COUR,

Considérant que les appels relevés par le prévenu et le Ministère public sont recevables pour avoir été interjetés dans les forme et délais de la loi ;

Qu'il échet de les recevoir;

AU FOND

Statuant sur les appels régulièrement interjetés le 4 octobre 1980 par le sieur MB. et le Ministère public d'un jugement du Tribunal de grande instance de Diourbel, qui le 3 octobre 1980, condamnait le premier et quatorze autres aux peines de 45 jours d'emprisonnement et 20 000 francs d'amende en application de l'article 232 du Code pénal qui prévoit et punit le délit de profanation d'un lieu servant à l'exercice d'un culte ;

Considérant que d'un ensemble de procès-verbaux dressés entre le 18 et le 27 septembre 1980 par la brigade de gendarmerie de Mbacké, MB. et les susnommés ont été à ta suite de la plainte réitérée du Khalife général des Mourides à Touba inculpés d'outrage d'un ministre du culte dans l'exercice de ses fonctions en circulant dans la ville de Touba en état d'ébriété manifeste, nonobstant l'interdiction de ce ministre du culte délit de l'article 233 du Code pénal, puis après disqualification condamnés, sur le fondement de l'article 232 du même mie, délit de profanation d'un lieu servant à l'exercice d'un culte;

Qu'il leur était reproché invariablement d'avoir excessivement bu de l'alcool ou en état de cause, de sentir l'alcool ;

Considérant que les uns et les autres entendus par les gendarmes enquêteurs et par le parquet de Diourbel ont reconnu partiellement les faits et expliquent qu'ils ont bu dans des endroits hors de la ville de Touba parfois la veille de leur interpellation ou qu'ils ont simplement fumé du tabac ou même ne sont nullement concernés par l'inculpation ; que si certains ont été arrêtés dans la rue sur simple dénonciation anonyme d'autres se trouvaient dans des maisons d'amis ou même dans des véhicules en stationnement, parfois en transit vers leurs villages.

Considérant aux termes de l'article 4 du Code pénal, nulle contravention, nul crime, nul contravention ne peuvent être punis do peines qui n'étaient pas prononcées par la loi avant qu'ils fussent commis ; que cette disposition de la loi qui consacre le principe de la légalité des délits et des peines exige du législateur de faire des lois précises et non rétroactives, mais surtout fait obligation au juge pénal dans le souci de protection des libertés individuelles et de défense sociale, de s'en tenir uniquement aux termes de la loi ; que sanctionner un acte non prévu par un texte lors de sa commission conduit à une répression imprévisible et divinatoire, le droit écrit devant servir à tracer la frontière entre le licite et illicite, seul moyen de garantir la Justice et d'éviter les abus ;

Considérant que si le juge pénal ne peut prendre des libertés avec les textes au risque de s'en affranchir, le droit pénal n'a de valeur que conforme à la loi, qui échappe au pouvoir créateur du pouvoir judiciaire, ce qui assure le règne de l'état de droit par opposition à l'état de police activité juridique sans limite et source d'arbitraire ;

Considérant que personne ne peut soutenir valablement que la Cité sanctifiée par son illustre fondateur Cheikh Ahmadou Bamba est dans l'intégrité de son territoire un sanctuaire ou la pratique du culte, honneur rendu à la divinité est la seule préoccupation de ses habitants ; que le premier juge dans des motifs peu sérieux, faux et dangereux, a délibérément mais gravement élargi ses prérogatives dans le but évident de réprimer des faits qui ne pouvaient l'être ;

Considérant que le juge pénal à cause du caractère strict d'interprétation de la pénale doit nécessairement veiller à ce qu'un rapport de conformité entre cette loi et ses actes s'applique parfaitement aux agissements qui lui sont soumis, qu'il ne peut raisonner par analogie ou juger en dehors du mobile légal, car la légalité juridique qui n'est ni la compatibilité, ni la contradiction l'oblige à respecter les règles d'incrimination et de pénalité ; que ceci n'exclut pas la possibilité d'interprétation de la loi pénale sans modification m déformation de la libre recherche scientifique, mais une interprétation étroite déclarative de l'intention du législateur à partir de la formule législative; que l'inverse aboutit à inventer des infractions sans élément légal, la mission du juge devenant une menace terrible pour les libertés publiques;

Considérant que les hésitations du premier juge dans la qualification, question de fond, des faits déférés à sa censure traduisent suffisamment les difficultés, voire l'impossibilité de la poursuite dirigée contre MB. et ses co-inculpés ; que c'est à tort qu'il corrobore les mentions des procès-verbaux par les déclarations du Khalife de Touba, qui n'a ni de prés. ni de loin participé à l'enquête préliminaire ;

Considérant que le principe de la légalité ainsi compris interdit au juge pénal d'appliquer un texte au sens clair et précis, comme en l'espèce, en le détournant de sa signification à des faits placés hors de son champ d'application même si l'intérêt social ou celui de la communauté appelle cette extension de la loi pénale à des cas voisins ou similaires ou cherchant à combler des lacunes de loi, il veut punir *ad exemplum legis* ;

Considérant que de ces constatations et énonciations, il échet infirmant le jugement attaqué, de déclarer les poursuites illégales donc mal fondées et de relaxer purement et simplement M. MB.

- **Principe de la légalité criminelle- interdiction de la répression hors-la-loi**

43. CS n°59 du 21 décembre 1983, *MP c/ Mamadou MBODJ, inédit.*

Condamner une personne pour profanation d'un lieu servant au culte équivaudrait à sanctionner un acte non prévu par un texte.

LA COUR,

Attendu que de l'arrêt attaqué il résulte que les 18 et 27 septembre 1980 Individus dont le requérant MB., furent arrêtés sur la voie publique dans des véhicules en stationnement ou dans des maisons d'amis, sur plainte du Khalife général, inculpés d'outrage à un ministre culte dans l'exercice de ses fonctions, pour avoir bu ou fumé dans la ville Touba, contrevenant ainsi à un interdit de cette autorité religieuse, et enfin condamnés après disqualification sur le fondement l'article 232 1° du Code pénal réprimant le délit de profanation d'un lieu servant à l'exercice d'un culte;

Sur le premier moyen, tiré d'un défaut de motifs en ce que les termes de l'arrêt sont généraux et ne s s'appliquent pas au cas particulier de M. MB. les motifs étant vagues et évasifs,

Mais attendu d'une part qu'on ne saurait reprocher au juge du fond de rappeler dans ses décisions les faits de la cause et les principes du droit qu'il entend leur appliquer ;

Attendu d'autre part que contrairement à ce que soutient le pourvoi, l'arrêt attaqué s'applique bien au cas de MB. ; qu'en effet ledit arrêt énonce qu'il est rendu dans la cause entre le Ministère public, appelant et intimé d'une part et d'autre part le nommé MB., prévenu de profanation d'un lieu servant à l'exercice d'un culte, que ledit arrêt après avoir relevé que les faits retenus à la charge de MB. ne constituent pas l'infraction prévue punie par l'article 232, du Code pénal, par application du principe «pas de peine sans textes» a prononcé la relaxe M. MB. d'où il suit que le moyen n'est pas

Sur le deuxième moyen pris de la violation d'une règle de fond en ce que la Cour, dans son arrêt énonce que « condamner M. MB. pour profanation d'un lieu servant au culte équivaudrait à sanctionner un acte non prévu par un texte et qu'il doit être relaxé les poursuites étant illégales » ;

Mais attendu qu'en décidant que les faits ci-dessus relavés ne constituent pas le délit prévu et puni par l'article 232 1° du Code pénal, en dépit de motifs surabondants, le juge d'appel a fait une exacte application de la loi.

PAR CES MOTIFS

Rejette le pourvoi du Procureur général près la Cour suprême. Met les dépens à la charge du Trésor public.

- **Principe de la légalité criminelle : prohibition de la répression hors la loi**

44. CS ch. crim. n° 34 du 10 septembre 2020, *PG près la Cour d'Appel de Saint-Louis c/ la Société Laborex et autres, inédit*

En prononçant la relaxe au motif que l'infraction de défaut d'immatriculation au registre du commerce et du crédit mobilier n'était pas pénalement sanctionnée au moment des faits alors que la loi n° 94-63 du 22 août 1994 sur les prix, la concurrence et le contentieux économique qui assimile le fait pour tout producteur, commerçant ou industriel d'effectuer des actes de commerce sans inscription au registre du commerce à l'infraction de pratique illicite de prix qu'elle prévoit et punit d'une peine d'amende de 25 000 FCFA à 50 millions FCFA et d'un emprisonnement de 3 mois à 3 ans en cas de manœuvres frauduleuses, la cour d'appel a méconnu le sens et la portée du texte visé au moyen.

LA COUR,

(...)

Attendu que LABOREX soulève également la déchéance au motif qu'il ne ressort d'aucune pièce du dossier que la consignation prévue à l'article 34-2 de ladite loi organique a été effectuée par le Procureur général près la Cour d'Appel de Saint-Louis, demandeur au pourvoi ; que non plus la justification n'a pas été faite par la production du récépissé de versement dans le délai imparti par ledit texte ;

Mais attendu que le Ministère public n'est pas assujetti à la formalité de la consignation;

Qu'il s'ensuit que la déchéance n'est pas encourue ;

Attendu qu'il résulte de l'arrêt attaqué (Saint louis 27 novembre 2019 n°248), que suivant procès-verbal de constat et de saisie, le service régional du commerce de Saint Louis a saisi le procureur de la République des faits de défaut d'immatriculation au Registre du commerce et de pratique illicite de prix contre les responsables de la société de distribution de produits pharmaceutiques (LABOREX) ;

Qu'après l'ouverture d'une information, le juge d'instruction, suite à une requalification partielle, a renvoyé S. V. et V. D. devant le tribunal correctionnel pour y être jugé des chefs de pratique de prix illicite et défaut d'inscription au registre du commerce secondaire, faits prévus et punis par la loi n° 94- 63 du 22 août 1994 sur les prix, la concurrence et le contentieux économique ;

Que par jugement n°957/2018, les susnommés ont été déclarés coupables et condamnés à une peine d'emprisonnement avec sursis, à une amende ferme de 2 000 000 FCFA et à payer à l'État du Sénégal, sous la garantie de LABOREX, civilement responsable, la somme de 200 000 000 FCFA ;

Que suite à un appel du Ministère public, de LABOREX et du prévenu S. V., la décision a été infirmée, les prévenus relaxés et l'État du Sénégal débouté de sa demande de réparation ;

Sur le premier moyen tiré de la violation de l'article 497 du code de procédure pénale en ce que, l'arrêt attaqué a relaxé le prévenu V. D. alors que, celui-ci n'ayant pas relevé appel, les dispositions pénales du jugement entrepris étaient devenues définitives à son égard ;

Mais attendu, qu'en présence d'un appel du Ministère public même qualifié « d'incident », la juridiction d'appel est tenue de se prononcer sur l'action publique et en application des dispositions de l'article 503 du Code de procédure pénale, infirmer en tout ou partie le jugement entrepris, « dans un sens favorable ou défavorable au prévenu » ;

D'où il suit que le moyen est mal fondé ;

Sur le second moyen tiré d'une fausse application de la règle *nullum crimen, nullem poena sine lege* qui a son pendant en l'article 4 du Code pénal, lequel dispose que « Nul crime, nulle délit, nulle contravention ne peuvent être punis de peines qui n'étaient pas prévues par la loi ou le règlement avant qu'ils fussent commis » ; en ce que la cour d'appel a relaxé les prévenus du chef de défaut d'immatriculation au registre du commerce et du crédit mobilier alors, selon le moyen que la loi n° 94-63 du 22 août 1994 sur les prix, la concurrence et le contentieux économique prévoit bien en ses articles 46, 47 et 67 des sanctions contre tout producteur, commerçant ou industriel qui effectue des actes de commerce sans inscription au registre de commerce ;

Attendu que pour renvoyer les prévenus des fins de la poursuite les juges d'appel se sont fondés sur les dispositions de la loi n° 98-22 du 26 mars 1998 portant sur les sanctions applicables aux infractions contenues dans l'Acte Uniforme relatif au droit des Sociétés Commerciales et du Groupement d'Intérêt Économique qui effectivement n'a pas prévu de sanction pénale pour l'incrimination visée et celles de la loi n°2018-13 du 27 avril 2018 relative à la répression des infractions prévues par les Actes Uniformes adoptés en application du Traité relatif à l'Harmonisation du Droit des Affaires en Afrique dit OHADA qui, elle, bien qu'ayant prévu des sanctions n'a pas vocation à s'appliquer à des faits commis antérieurement à sa promulgation comme c'est le cas en l'espèce ;

Qu'ainsi, en prononçant la relaxe au motif que l'infraction de défaut d'immatriculation au registre du commerce et du crédit mobilier n'était pas pénalement sanctionnée au moment des faits alors que la loi n° 94-63 du 22 août 1994 sur les prix, la concurrence et le contentieux économique qui assimile le fait pour tout producteur, commerçant ou industriel d'effectuer des actes de commerce sans inscription au registre du commerce à l'infraction de pratique illicite de prix qu'elle prévoit et punit en ses articles 46, 47 et 67 d'une peine d'amende de 25 000 FCFA à 50 millions FCFA et d'un emprisonnement de 3 mois à 3 ans en cas de manœuvres frauduleuses, la cour d'appel a méconnu le sens et la portée du texte visé au moyen ;

D'où il suit que la cassation est encourue ;

PAR CES MOTIFS

Casse et annule en toutes ses dispositions l'arrêt n° 248 du 27 novembre 2019 de la Cour d'Appel de Saint-Louis ;

Et, pour être statué à nouveau conformément à la loi, renvoie la cause et les parties devant la Cour d'Appel de Dakar ;

Met les dépens à la charge du Trésor public ;

Dit que le présent arrêt sera imprimé, qu'il sera transcrit sur les registres de la Cour d'Appel de Dakar en marge ou à la suite de la décision attaquée ;

Ordonne l'exécution du présent arrêt à la diligence du Procureur général près la Cour suprême.

• Principe de la légalité criminelle : office du Ministère public

45. CA Dakar ch. corr. n° 790 du 14 novembre 2001, *MP et Abdoulaye DIENG c/ Léonel Louis LABARRE et autres, inédit*

Étant maître des poursuites le Ministère public doit vérifier si les éléments constitutifs du délit qu'il poursuit se trouvent réunis et que les poursuites revêtent une suffisante légalité.

LA COUR,

Considérant que par acte daté du 2 août 2000 reçu au greffe du Tribunal de grande instance hors classe de Dakar, Monsieur le Procureur de la République de cette juridiction a déclaré interjeter appel contre le jugement n° 2627 rendu le 6 juillet 2000 par ledit tribunal statuant contradictoirement en matière correctionnelle ;

Considérant que par acte reçu au greffe du Tribunal de grande instance de Dakar et daté du 12 juillet 2000, Me Boubacar Wade agissant au nom et pour le compte de A. D. a déclaré interjeter appel contre ce même jugement dont le dispositif est libellé ainsi :

« Relaxe L. , L. et L. ;

Met la SDV hors de cause ;

Déboute Dieng de ses demandes ;

Met les dépens à la charge du Trésor public » ;

Considérant que les appels ont été faits dans les forme et les délai prévus par la loi ; qu'il échet de les déclarer recevables en la forme ;

Au fond

(...)

SUR QUOI, LA COUR,

Considérant qu'il participe de l'équité dans le procès et du respect des droits de la défense d'articuler de manière précise les faits pour lesquels les prévenus sont poursuivis et de déterminer la base légale du délit étant rappelé que « nul crime, nul délit, nulle contravention ne peuvent être punis de peines qui n'étaient pas prévues par la loi ou le règlement avant qu'ils fussent commis ;

Considérant qu'il appartient au Ministère public d'examiner la légalité des poursuites et qu'à cet égard il doit s'assurer que toutes les conditions permettant de faire condamner les prévenus sont vraisemblablement réunies, que l'infraction qu'il poursuit paraît bien exister et que la responsabilité pénale de la ou des personnes prévenues est engagée ;

Qu'il appartient au Ministère public de voir sous le coup de quelle disposition précise de la loi tombent les faits ;

Qu'en plus, étant maître des poursuites le Ministère public doit vérifier si les éléments constitutifs du délit qu'il poursuit se trouvent réunis et que les poursuites revêtent une suffisante légalité ; que le Ministère public ne pouvant dans le cas d'espèce dans des réquisitions prises à l'audience, dire pour quel délit précis il poursuit les prévenus, il y a lieu de limiter les poursuites aux délits de détournement d'objets saisis contre L. L. L., de faux en écriture privée de commerce et usage de faux contre M. L. et S. L. et de recel contre M. L. ;

Considérant que le délit de détournement d'objets saisis ne peut être apprécié dans le cas présent qu'au regard des dispositions des lois qui régissent les saisies ; que la légalité et la régularité de la saisie est bien une condition préalable du délit de détournement d'objets saisis;

Considérant qu'il ne résulte d'aucune des pièces versées au dossier qu'une quelconque saisie a été opérée sur des biens appartenant à ORCOCO ;

Que tout l'argumentaire de A. D. et du Ministère public consiste à soutenir qu'il y a eu collusion entre les prévenus dans le but de dissiper des biens appartenant à son débiteur OLAM et qui auraient pu constituer une garantie de paiement de sa créance ;

Que cette collusion est déduite de renseignements qu'ils auraient obtenus de sources gardées secrètes d'un fax mandaté dont l'origine n'est pas déterminée et de la modification de la date figurant sur le contrat entre ORCOCO et M L. ;

Considérant que les dénonciations n'ont pas été corroborées et étayées par des témoignages à la barre et que du fait que la source n'a pas été révélée, il échet de les éluder et de se limiter au fax et au faux ;

Considérant que la valeur probante du fax ne peut être que très limitée dans la mesure où la photocopie versée au dossier est illisible en partie et ne répertorie qu'un ensemble de listes qui n'établissent aucunement que du riz appartenant à OLAM a été débarqué à Dakar ; que ce riz a été réceptionné et détenu par la SDV ;

Qui plus est, ce seul document ne peut détruire ou faire écarter les autres documents versés au dossier et qui retracent les opérations depuis le chargement jusqu'aux opérations de dédouanement ;

Qu'il échet d'en déduire que ce document ne peut fonder à lui seul une décision de condamnation ;

(…)

PAR CES MOTIFS

Statuant publiquement, contradictoirement, en matière correctionnelle et en dernier ressort :

En la forme

Déclare recevables les appels du Ministère public et de A. D. ;

Au fond

Déclare les appels mal fondés ;

Relaxe purement et simplement les prévenus des chefs de poursuites ;

Déboute A. D. de ses demandes comme mal fondées ;

Laisse les dépens à la charge du Trésor public.

- **Principe de la légalité criminelle : office du juge d'instruction**

46. CA Dakar ch. acc. n°193 du 09 août 2012, *MP c/ Patrick HERZOG HESS, inédit*

Le juge d'instruction saisi in rem et non in personam, vérifie, conformément au principe de légalité, dans un premier temps si les faits relèvent d'une disposition légale et choisit dans un second temps parmi les qualifications, celle qui est la plus à même de s'appliquer à l'espèce.

LA COUR,

En la forme

Considérant que l'appel est recevable pour avoir été introduit dans les forme et délais légaux ;

Au fond

Le 28 mars 2001, la dame M. D. C. B., par une plainte avec constitution de partie civile dirigée contre le nommé P. H. H., saisissait le juge d'instruction du premier cabinet du Tribunal de grande instance de Thiès ; Elle soutenait avoir mandaté le mis en cause pour la représenter dans la cession de parts sociales de la société en commandite simple dénommée « Saly Océan» et l'établissement d'un bail avec la SAPCO ; Elle faisait remarquer que dans l'acte de cession de droit au bail établi le 23 avril 2007 avec la

SAPCO, seul le nom de P. H. H. y figure comme bénéficiaire du bail portant sur les lots numéros 3 et 4 du titre foncier 3405/TH ; Sentant sa supercherie découverte, le sieur Herzog selon les déclarations de la plaignante est parvenu à se faire délivrer le 24 novembre 2011 un avenant en substituant le nom de P. H. H. à celui de P. H. H. ; Elle ajoutait qu'ayant informé la SAPCO de sa plainte , la SAPCO annulait l'avenant ; Nonobstant cette décision , le mis en cause a tenté de l'expulsion par voie de référé et a fait inscrire l'avenant au livre foncier ;

Le 07 avril 2011, le Procureur de la République prenait un réquisitoire de non informer ;

Le 09 juin 2011, le juge d'instruction rendait une ordonnance aux fins d'informer et procédait le 27 février 2012 à l'inculpation de P. H. H. pour faux et usage de faux dans un document administratif sur la base de l'article 137 du Code pénal;

Le 26 mars 2011 le conseil de l'inculpé soulevait l'incompétence du juge au motif que l'infraction retenue par le magistrat instructeur est un délit de la compétence du tribunal d'instance ;

Le doyen des juges prenait une ordonnance de refus d'incompétence et de requalification ;

C'est cette ordonnance qui est attaquée ;

Considérant que le Ministère public a requis la confirmation de l'ordonnance entreprise en avançant que le juge d'instruction pouvait valablement requalifier les faits et retenir sa compétence, ce qui rendait le déclinatoire de compétence sans objet ;

SUR CE

Considérant qu'il y a lieu de rappeler que le juge d'instruction saisi *in rem* et non *in personam*, vérifie conformément au principe de légalité dans un premier temps si les faits relèvent d'une disposition légale et choisit dans un second temps parmi les qualifications, celle qui est la plus à même de s'appliquer à l'espèce ; Que dès lors en retenant souverainement le délit de faux et usage de faux dans un document administratif le juge s'est rendu incompétent pour examiner ces faits qui relèvent de la compétence du tribunal d'instance ; Qu'en procédant à une requalification postérieurement à la requête aux fins d'incompétence et en tenant compte du réquisitoire supplétif du parquet le juge n'a pas répondu au déclinatoire de compétence ainsi soulevé et a tenté d'étendre sa compétence, ce qui constitue une violation manifeste des droits de la défense ;

PAR CES MOTIFS

Statuant en chambre du conseil, hors la présence de l'inculpé du Ministère Public et du greffier ;

En la forme

Reçoit l'appel ;

Au fond

Infirme l'ordonnance entreprise ;

Dit que le juge d'instruction est incompétent au regard de la qualification, retenue lors de l'interrogatoire de première comparution ;

Mets les dépens à la charge du Trésor public.

- **Principe de la légalité criminelle : sanction**

47. CA Dakar ch. acc. n° 210 du 12 juillet 2016, *MP c/ Samba Youma THIOUB et autres, inédit*

La violation du principe de la légalité criminelle prévue par l'article 4 du Code pénal est sanctionnée par le non-lieu et non par l'annulation de la procédure.

LA COUR,

EN LA FORME

Considérant que la requête a été introduite dans les formes légales ;

Qu'il échet de la déclarer recevable ;

AU FOND

Considérant qu'il résulte des pièces de la procédure les faits suivants ;

Le 13 février 2016, les éléments de la brigade des douanes de Dakar ont, suite à une dénonciation anonyme, appréhendé le nommé S. Y. T. qui s'était présenté dans leurs locaux pour réceptionner une quantité du produit dénommé « Khat » d'un poids total de 20, 6 KG ;

Interrogé par les agents du service sur la propriété de cette marchandise, le mis en cause a soutenu avoir reçu ce colis d'un individu dont il ignore l'identité et précise n'avoir agi que sur instructions de son grand-frère M. T. résidant aux États-Unis à qui il devait réexpédier le colis dont il déclarait ignorer le contenu ;

Inculpé de trafic de drogue à haut risque des tableaux n°1 et 3, association de malfaiteurs et contrebande de marchandises prohibées, S. Y. T. contestait les faits ;

Estimant que l'inculpation manquait de base légale, son conseil saisissait la chambre de céans aux fins d'obtenir l'annulation de la procédure ;

Considérant qu'au soutien de sa requête aux fins d'annulation, le conseil de S. Y. T. a fait observer que le produit dénommé « khat » n'est pas classé stupéfiant par les conventions de 1961 et 1971 sur les stupéfiants et substances psychotropes auxquelles se réfère le Code des drogues ;

Qu'en vertu du principe de légalité des délits et des peines prévu par l'article 4 du Code pénal, un comportement ne peut tomber sous le coup de la loi pénale que s'il avait été préalablement interdit par ladite loi, ce qui n'est pas le cas en l'espèce ;

Qu'il sollicite en conséquence l'annulation des poursuites et la mise en liberté provisoire de T. ;

Considérant que l'Avocat général, contrairement à ses réquisitions écrites tendant au rejet, a sollicité à l'audience de la juridiction de céans, qu'il soit fait droit à la demande d'annulation aux motifs que le « khat » ne constitue pas une drogue au regard du droit positif sénégalais ;

SUR CE

Considérant qu'il y a lieu de relever d'emblée que la requête aux fins d'annulation se fonde sur le principe de la légalité des crimes et délits prévu par l'article 4 du Code pénal aux termes duquel « nul crime, nul délit ne peuvent être punis de peine qui n'étaient pas prévus par la loi ou le règlement avant qu'ils fussent commis. » ;

Or, ce texte n'est pas sanctionné par la nullité ; Que sa violation ne constitue pas également une atteinte aux droits de la défense laquelle implique que la personne poursuivie ne soit pas mise à même de présenter ses moyens de défense, ce qui n'est pas le cas en l'espèce ; Qu'il ne fait pas non plus partie des textes énumérés par l'article 164 du Code de procédure pénale dont la violation entraîne la nullité encore moins des dispositions substantielles prévues par l'article 166 du même code, lequel vise plutôt celles contenues dans le titre III dudit code ;

Que dès lors la demande en annulation de la procédure est mal fondée, la violation de l'article 4 du Code pénal étant plutôt sanctionnée par le non-lieu ;

Considérant que s'agissant de la demande de mise en liberté provisoire, il importe de relever que celle-ci est sans objet puisque le sieur S. Y. T. a déjà bénéficié d'une décision de mise en liberté provisoire rendue par la chambre de céans suivant arrêt n°153 du 07 juin 2016 ; Que cette décision n'a pas encore été remise en cause ;

Qu'il échet de déclarer la demande de mise en liberté provisoire sans objet ;

PAR CES MOTIFS

Statuant en chambre du conseil, hors la présence du conseil du requérant, du Ministère public et du greffier ;

EN LA FORME

Déclare la requête recevable ;

AU FOND

Rejette la requête aux fins d'annulation ;

Déclare sans objet la demande de mise en liberté provisoire ;

Réserve les dépens.

- **Principe de la légalité criminelle- sanction**

48. CA Dakar ch. acc. n° 278 du 27 octobre 2015, *MP c/ Daouda Djiby SY et autres, inédit*

La violation du principe de la légalité criminelle prévue par l'article 4 du Code pénal est sanctionnée par le non-lieu et non par l'annulation de la procédure.

LA COUR,

EN LA FORME

Considérant que la requête a été introduite dans les forme requises par la loi ;

Qu'il échet de la déclarer recevable ;

AU FOND

Considérant qu'il résulte des pièces de la procédure les faits suivants ;

Le 08 juin 2015, les éléments du bureau des douanes de l'aéroport International de Dakar saisissaient 20 colis contenant du khat séché destinés aux nommés D. D.S., M. S., K. C. et E. N. ;

Entendu, D. D. S., qui était déjà interpellé en possession de 05 colis du même produit, contestait être destinataire du lot saisi par les douaniers de l'aéroport. Selon, il devait bien recevoir livraison dudit produit, mais au niveau du service des colis postaux et que le produit qu'il attendait devait provenir d'Éthiopie ;

Le 22/06/2015, les douaniers du bureau postal de Dakar saisissaient à leur tour quatre cartons contenant des khats séchés d'un poids total de 69,2 KG. Le nommé M. S. qui s'était présenté pour réceptionner le produit était appréhendé par les douaniers. Entendu, il déclarait que le produit lui avait été envoyé depuis l'Éthiopie par un certain O. H. et que son rôle devait consister à le garder jusqu'à ce que son propriétaire se présente à lui en vue de le réexpédier vers Londres. Il déclarait qu'il ne savait pas que ledit produit était classé drogue ;

Inculpés de trafic international de drogue à haut risque du tableau I et association de malfaiteurs, D. D. S. et M. O. contestaient les faits ;

Par requête en date du 09 octobre 2015, les conseils de D. D. S. et M. S. sollicitaient l'annulation des inculpations et la mainlevée des mandats de dépôts décernés contre les susnommés ;

Qu'à l'audience de la juridiction de céans, ils faisaient valoir que le Khat n'était classé stupéfiant dans aucun des tableaux prévus par le code des drogues du Sénégal ;

Qu'ils sollicitent en conséquence la mainlevée des mandats de dépôts décernés contre D. D.S. et M. S. ;

Considérant que l'Avocat général a relevé que les conventions internationales invoquées par les agents enquêteurs, en l'occurrences celles de 1961 et 1971 ne mentionnent le Khat sur aucun des tableaux où sont classés les drogues à haut risque ; Que le code des drogues du Sénégal ne mentionne pas non plus ledit produit sur ses tableaux comme étant un produit stupéfiant ; Qu'en vertu du principe de la légalité des délits et des peines, un fait criminel ne peut tomber sous le coup de la loi pénale que si l'interdiction était prévue avant qu'il ne fût accompli ;

Que les poursuites dirigées contre D. D.S. et M. S. sont dépourvues de base légale ;

Qu'il sollicite l'annulation des inculpations et la mainlevée des mandats de dépôt décernés contre eux ;

SUR CE

Considérant qu'il y'a lieu de relever d'emblée que la requête aux fins d'annulation se fonde sur la violation de l'article 4 du Code pénal aux termes duquel « nul crime, nul délit ne peuvent être punis de peine qui n'étaient pas prévus par la loi ou le règlement avant qu'ils fussent commis. » ;

Or, ce texte n'est pas sanctionné par la nullité ; Que sa violation ne constitue pas également une atteinte aux droits de la défense laquelle implique que la personne poursuivie ne soit pas mise à même de présenter ses moyens de défense, ce qui n'est pas le cas en l'espèce ; Qu'il ne fait pas non plus partie des textes énumérés par l'article 164 du Code de procédure pénale dont la violation entraîne la nullité encore moins des dispositions substantielles prévues par l'article 166 du même code, lequel vise plutôt celles contenues dans le titre III dudit code ;

Que dès lors la demande en annulation des inculpations est mal fondée, la violation de l'article 4 du Code pénal étant plutôt sanctionnée par le non-lieu ;

Considérant, en revanche, qu'il ressort de l'article 194, alinéa 2 du Code de procédure pénale que la chambre d'accusation peut, dans tous les cas, ordonner la mise en liberté d'office de l'inculpé ;

Qu'en l'espèce, comme l'ont relevé pertinemment le Ministère public et les conseils des inculpés, les faits poursuivis ne peuvent pas revêtir une qualification pénale étant donné que le Khat ne constitue pas un stupéfiant au regard de l'état actuelle de la législation pénale au Sénégal ;

Que la détention des inculpés ne se justifie pas dès lors ;

Qu'il échet en conséquence d'ordonner, d'office, la mise en liberté de D. D. S. et M. S. ;

PAR CES MOTIFS

Statuant en chambre du conseil, hors la présence des inculpés, de leur conseil, du Ministère public et du greffier ;

EN LA FORME

Déclare les requêtes recevables ;

AU FOND

Les rejette ;

Ordonne, d'office, la mise en liberté provisoire de D. D. S. et M. S. ;

Réserve les dépens.

- **Principe de la légalité criminelle- mise en liberté provisoire**

49. CA Dakar, ch. corr. n° 269 du 20 octobre 2015, *MP c/ Daouda Djiby SY et autres, inédit*

Le fait de détenir et de transporter la substance dite « Khat » qui ne constitue pas une drogue répertoriée n'est pas constitutif d'infraction et justifie une décision de mise en liberté provisoire

LA COUR,

EN LA FORME

Considérant que l'appel relevé dans les forme et délai de l'article 180 du Code de procédure pénale est recevable ;

AU FOND

Considérant qu'il résulte des pièces de la procédure les faits suivants ;

Le 1er juin 2015, les éléments du bureau des douanes de Dakar Yoff, appuyés par ceux de la cellule aéroportuaire anti trafic ont appréhendé à l'aéroport international Léopold Sédar Senghor, le nommé D. D. S. Selon le rapport oral du chef du bureau des douanes de Dakar Yoff, le susnommé a été interpellé suite à une demande d'ouverture de marchandises. Après l'ouverture des cinq colis, il a été constaté que ceux-ci contenaient des feuilles susceptibles d'être du Khat séché d'un poids de 112 kilogrammes ;

Interrogé, le sieur S. a affirmé que ce produit lui a été envoyé depuis Nairobi par un certain Galaxy Ahmet. Il précisait que son rôle consistait à réceptionner lesdits colis puis à les réexpédier par fret aux Etats-Unis moyennant une commission de 25 dollars par colis envoyé. De l'interrogatoire, il est ressorti que le même D. D. S. devait recevoir d'autres colis de Khat, ce qui a entrainé le transport des éléments enquêteurs au niveau du bureau postal des douanes. C'est sur ces entrefaites que la nommée A. S. qui s'y était présentée pour expédier au Canada soixante-douze kilogrammes huit cents (72,8 kg) de khat répartis dans cinq colis a été également appréhendée ;

Interrogée, la mise en cause a affirmé que le Khat lui a été envoyé d'Éthiopie par un certain M. sans autres précisions. Selon elle son rôle consistait à réexpédier les colis après réception vers des pays comme le Canada, l'Australie et les Etats-Unis ;

Inculpés de trafic international de drogues, les susnommés ont été placés sous mandat de dépôt le 09 juin 2015 ;

Par requête en date du 1er septembre 2015, le conseil de l'inculpé D. D. S. a saisi la Cour de céans en annulation de la procédure ;

Considérant qu'à l'audience le conseil de l'inculpé a sollicité l'annulation de la procédure par application de la jurisprudence constante de la Cour de céans en faisant valoir que le Khat n'est pas une substance classée dans le tableau I des drogues à haut risque dont entre autres, la détention, le transport et la consommation sont réglementés ;

Qu'il a fait observer que le comité d'experts de la pharmacodépendance de l'Organisation Mondiale de la Santé, organe habilité exclusivement par les conventions de 1961 sur les stupéfiants et 1971 sur les substances psychotropes, à inscrire, modifier ou supprimer l'inscription aux tableaux des substances interdites, a expressément affirmé dans son 34e rapport que le Khat présentait un potentiel d'abus et de dépendance si faible au point qu'il ne recommande pas son inscription dans un tableau de la convention ;

Que le Sénégal, qui pour sa part, ne mentionne nulle part le khat dans son code des drogues, dans lequel d'ailleurs il s'est limité à transposer les tableaux des conventions internationales de 1961, 1971 et 1988, ne peut sans violer la règle de la légalité des infractions et des peines poursuivre quelqu'un de trafic de drogue pour le fait d'une détention ou d'un transport de Khat ;

Que donc, les poursuites souffrent d'une absence d'élément matériel caractérisant l'infraction d'où qu'il sollicite l'infirmation de l'ordonnance et la mise en liberté provisoire de l'inculpé ;

Considérant que l'Avocat général reprenant le réquisitoire écrit a soutenu qu'au soutien de leur requête, les conseils font valoir l'absence d'élément matériel de l'infraction au motif que le rapport d'expertise de l'OCRTIS révèle la présence de traces de cathinone alors que ce qui est prohibé par les conventions de 1961 à 1971, c'est plutôt la cathinone et la cathine à l'état pur, c'est-à-dire isolées et non un produit qui contient ces substances;

Qu'il fait relever que les conventions susvisées ne mentionnent pas le KHAT sur aucun des tableaux classés drogues à haut risque et que plus décisivement, le code des drogues sénégalais ne mentionne pas le KHAT dans ses tableaux comme étant un produit stupéfiant ;

Qu'en vertu du principe de légalité des délits et des peines, un comportement ne peut tomber sous le coup de la loi pénale que si l'interdiction était prévue avant qu'il ne fut accompli ;

Qu'il requiert ainsi l'annulation de l'inculpation et la mainlevée du mandat de dépôt car les poursuites entamées contre D. D. S. sont dépourvues de base légale ;

MOTIFS DE LA DECISION

Considérant qu'il y a lieu de faire observer eu égard à la requête du conseil de l'inculpé et au réquisitoire de l'Avocat général tendant à l'annulation de la procédure, qu'il résulte de l'article 171 du Code de procédure pénale que, le juge d'instruction examine s'il existe contre l'inculpé des charges constitutives d'infraction à la loi pénale ; S'il estime que les faits ne constituent ni crime, ni délit, ni contravention, (…), il déclare par ordonnance, qu'il n'y a lieu à suivre ;

Qu'il résulte donc sans équivoque d'un tel texte que l'absence d'infraction dans le fait de détenir et de transporter de la substance dite Khat doit être sanctionnée par une décision de non-lieu et non par la nullité de la procédure qui elle, résulterait de la violation d'une part des dispositions des articles 101 à 105 et d'autre part des dispositions substantielles du titre III du Livre 1er du Code de procédure pénale notamment des droits de la défense;

Qu'en conséquence ;

Considérant qu'il résulte de la procédure que le sieur D. D. S. est inculpé de trafic international de drogues pour avoir introduit sur le territoire sénégalais une substance appelée Khat ;

Qu'il faut convenir avec le conseil de l'inculpé et l'Avocat général que le « khat » n'est pas répertorié aux tableaux des drogues à haut risque du code des drogues et que l'inculpé qui est poursuivi sur la base du fait qu'il a été retrouvé détenteur de cette substance provenant de Nairobi, peut être mis en liberté provisoire ;

Qu'en effet, la détention n'étant plus nécessaire, il y a lieu d'ordonner d'office la mise en liberté provisoire de l'inculpé D. D. S. ;

PAR CES MOTIFS

Statuant en chambre du conseil, hors la présence des parties, de leurs conseils, du Ministère public et du greffier ;

EN LA FORME

Déclare recevable la requête ;

AU FOND

Rejette la requête aux fins d'annulation ;

Ordonne la mise en liberté provisoire d'office de l'inculpé Daouda Djiby SY ;

- **Principe de la légalité criminelle- accessibilité et intelligibilité de la loi pénale- objectif à valeur constitutionnelle**

50. Cons. const. n° 02/C/21 du 20 juillet 2021, *Cheikh Mamadou Abiboulaye DIÉYE et autres, inédit*

L'intelligibilité de la loi, souvent corrélée à l'accessibilité de la loi, est un des objectifs de valeur constitutionnelle qui participent à la sécurité juridique ; qu'en deuxième lieu, l'intelligibilité et l'accessibilité de la loi s'apprécient au regard du bon entendement de la norme législative par les destinataires de celle-ci et également par rapport aux conditions d'application de la loi, qu'en troisième lieu l'objectif d'intelligibilité est poursuivi à travers les exigences liées au principe de clarté de la loi.

En vertu du principe de légalité consacré par l'article 9 de la Constitution, une personne ne peut être condamnée pour un crime ou pour un délit si ce n'est en vertu d'une loi entrée en vigueur avant la commission de l'acte ; que le respect de ce principe constitutionnel implique que les termes utilisés pour fixer les incriminations et déterminer les peines qui leur sont applicables soient clairs et précis ; le fait pour le législateur de réprimer un fait sous différentes qualifications ne constitue pas une atteinte au principe de légalité, dès lors que les éléments constitutifs de ces infractions ainsi que les peines qui leur sont applicables ont été fixés par la loi de façon claire et précise.

LE CONSEIL CONSTITUTIONNEL,

Statuant en matière constitutionnelle, conformément à l'article 74 de la Constitution et à l'article premier de la loi organique n° 2016-23 du 14 juillet 2016 relative au Conseil constitutionnel, a rendu la décision dont la teneur suit :

(…)

– « Sur le moyen tiré de la violation du principe d'intelligibilité et d'accessibilité de la loi pénale en raison de l'atteinte des articles 4, 5, 6 et 16 de la déclaration des droits de l'homme et du citoyen de 1789 » :

Considérant que les requérants exposent que le principe d'intelligibilité et d'accessibilité de la loi pénale qui découlent des articles 4, 5, 6 et 16 de la Déclaration des Droits de l'Homme et du Citoyen de 1789, imposent au législateur des dispositions suffisamment précises et des formules non équivoques ;

Considérant que selon eux, aux termes des articles 279-1 à 279-9, « une infraction qualifiée d'acte de terrorisme n'est plus référable à un acte caractérisé mais imputable seulement à l'appartenance à un groupe ou un mouvement voire à l'occasion d'une manifestation émaillée de violences, d'actes de destruction de biens », et que « l'article 279-14 de la loi 10-2021 confond terrorisme maritime et piraterie maritime » ;

Considérant qu'ils en déduisent que les articles 279-1 à 279-9, 279-14 à 279-19 doivent être déclarés non conformes à la Constitution pour violation des articles 4,5,6 et 16 de la Déclaration des Droits de l'Homme et du Citoyen de 1789 et violation du principe d'intelligibilité et d'accessibilité de la loi pénale ;

Considérant, que l'exigence d'accessibilité et d'intelligibilité de la loi qui, pour les règles pénales de fond, est inséparable du principe de la légalité criminelle dont elle constitue la dimension substantielle, impose au législateur l'adoption de lois suffisamment claires et prévisibles dans leurs conséquences afin que chaque citoyen sache exactement ce qui lui est interdit et ce qu'il encourt comme sanction en cas de violation de l'interdiction ; que les incriminations visées par les dispositions des articles 274-1 à 274-9 sont formulées de manière claire, les éléments constitutifs des infractions étant définis sans ambiguïté ; que la circonstance que les actes visés puissent être poursuivis sous des qualifications distinctes est indifférente en l'espèce, dès lors que la peine encourue ne peut dépasser le maximum de celle qui est attachée à l'infraction la plus sévèrement réprimée ;

Considérant que les articles incriminés, rédigés en termes clairs et précis, ne peuvent soulever aucune équivoque quant à la qualification des différentes infractions prévues et sanctionnées pénalement ; qu'il n'y a non plus aucune confusion entre le terrorisme maritime et la piraterie maritime ;

(...)

DÉCIDE :

Article premier. – La demande tendant à faire contrôler l'ensemble des dispositions de la loi n° 65-60 du 21 juillet 1965 portant Code pénal est irrecevable.

Article 2.- Les articles 90-16, 677-47, 677-48, 677-56, 677-57, 677-66, 677-67 de la loi adoptée sous le n° 13/2021 du 25 juin 2021 modifiant la loi n° 65-61 du 21 juillet 1965 portant Code de procédure pénale ne sont pas contraires à la Constitution.

Article 3.- Les articles 279-1 à 279-9 et 279-14 à 279-19 ne sont pas contraires à la Constitution.

Article 4.- La présente décision sera publiée au Journal officiel de la République du Sénégal.

OBSERVATIONS

Exprimé par la règle fondamentale *nullum crimen sine lege*, le principe de la légalité a été très tôt affirmé par Montesquieu, dans un contexte marqué par la prédominance de l'école classique (*L'esprit des lois, livre XII, ch. IV*). L'idée a été reprise et développée par Beccaria, qui a écrit dans son *Traité des délits et des peines que* : « *seules les lois peuvent fixer les peines qui correspondent aux délits* » (*L. JULLIOT DE LA MORANDIERE, De la règle nulla poena sine lege, thèse Paris, 1910 ; M. ANCEL, « La règle nulla poena sine lege dans les législations modernes », in Annales de l'institut de droit comparé de l'Université de Paris, 1936, p. 245 et s. J. LEAUTE, « Le changement de fonction de la règle nullum crimen sine lege », Mélanges Hamel, Paris, 1959, p. 81 ; A. RACINE, « Maintien ou abandon de la règle nullum crimen...devant les juridictions pour enfants », Rev. (belge) dr. pén. et crim 1937, p. 149 ; SOLER, « La formulation actuelle du principe nullum crimen », RSC 1952, p. 11*).

Portalis rappelait ce principe en forme de maxime dans sa présentation du Code pénal de 1810 : « *en matière criminelle, il faut des lois précises, point de jurisprudence* ».

Le principe de la légalité criminelle est inscrit dans toutes les Constitutions d'obédience libérale. Ce principe signifie que la loi est la seule source du droit pénal ; elle seule détermine les incriminations, fixe les peines attachées aux infractions ; il revient également à la loi de fixer les règles de procédure à suivre pour sanctionner ces infractions (procédure pénale) (*M. A. AGARD-PEANO, « Faut-il repenser le principe de la légalité criminelle », Rev. pénit. 2001, p. 247 s. ; A. GIUDICELLI, « Le principe de la légalité en droit pénal français : aspects législatifs et jurisprudentiels », RSC 2007, 509 ; M.-C. ROCCA, « Le principe de la légalité et l'incrimination», Rev. pénit. 2001.272 ; M.-A. AGARO-PEANO, « Le principe de la légalité et la peine », Rev. pénit. 2001.28 ; R. GASSIN, « Le principe de la légalité et la procédure pénale », Rev. pénit. 2001.300 ; PH. CONTE, « La distinction de la légalité formelle et de la légalité matérielle : ses dits et non-dits », Dr. pén. n° 7-8, juillet 2020, étude 23 ; F. DIENG, « Le principe de la légalité en droit pénal à l'épreuve du mysticisme », Nouvelles Annales africaines, 2007, p. 137; J.-P. DELMAS-SAINT-HILAIRE, « Les principes de la légalité des délits et des peines », Mélanges Bouzat, Paris, Pédone, 1980, p. 149 et s ; D. ZEROUKI, La légalité criminelle, enrichissement de la conception formelle par une conception matérielle, thèse Lyon-III, 2001 ; W. JEANDIDIER, « Principe de légalité criminelle. Sources du droit pénal. Contrôles de constitutionnalité et de conventionnalité des lois. Contrôle de légalité et interprétation des actes administratifs », Juris-class.pén. Code, art. 111-2 à 111-5, fasc. 10, 2011 ; Ch. CLAVERIE-ROUSSET, « La légalité criminelle », Dr. pén. 2011, n° 9, étude 16, p. 21 ; P. MAISTRE DU CHAMBON, « Le déclin du principe de la légalité en matière pénale », Mélanges en l'honneur du doyen R. Decottignies, PUG, 2003, p. 209 et s.*).

Le principe de la légalité suppose d'abord la prédétermination textuelle des infractions, des peines et de la procédure pénale, imposant de vérifier l'existence préalable d'une norme pénale.

Au Sénégal, la légalité a été érigée en principe à valeur constitutionnelle. Aux termes des dispositions de l'article 9, alinéa 1er de la Constitution du 22 janvier 2001 : « *Nul ne peut être condamné si ce n'est en vertu d'une loi entrée en vigueur avant l'acte commis* ».

Au plan législatif, l'article 4 du CP exprime clairement ce principe en énonçant que nulle contravention, nul délit, nul crime ne peuvent être punis de peines qui n'étaient pas prononcées par la loi ou le règlement avant qu'ils fussent commis.

Le législateur a le monopole de la création du droit criminel. Le principe de la légalité dans la répression donne à la loi le pouvoir d'établir les incriminations pénales et les sanctions applicables. L'article 67 de la Constitution énonce que la loi fixe les règles concernant la détermination des crimes et délits ainsi que les peines qui leur sont applicables. Il s'agit du domaine exclusif de la loi.

Ce monopole de la loi rejoint le principe de la séparation des pouvoirs. En effet, la loi, expression de la volonté générale, formulée par le Parlement, organe souverain, peut seule apprécier le trouble social causé par tels ou tels agissements et déterminer les sanctions applicables. Ni le pouvoir exécutif ni le pouvoir judiciaire ne peut créer, en principe, des incriminations et prévoir des sanctions pénales. Dans sa décision des 19 et 20 janvier 1981 relative à la loi Sécurité et Liberté, le Conseil constitutionnel français a affirmé qu'il ne lui appartient pas de substituer sa propre appréciation à celle du législateur en ce qui concerne la nécessité des peines attachées aux infractions définies par celui-ci ; tout au plus, le pouvoir exécutif ne peut intervenir en droit pénal que pour établir les contraventions et les peines prévues à cet effet.

Au Sénégal, le Conseil constitutionnel, dans une décision rendue le 20 juillet 2021, à propos du recours en inconstitutionnalité dirigé contre les projets de loi modifiant le Code pénal et le Code de Procédure pénale a énoncé « *qu'en vertu du principe de la légalité consacré par l'article 9 de la Constitution, une personne ne peut être condamnée pour un crime ou pour un délit si ce n'est en vertu d'une loi entrée en vigueur avant la commission de l'acte* » (*Cons. const. n° 02/C/21 du 20 juillet 2021, Ch. M. A. D. et autres, inédit*).

La haute juridiction constitutionnelle a estimé que le fait pour le législateur de réprimer un fait sous différentes qualifications ne constitue pas une atteinte au principe de la légalité, dès lors que les éléments constitutifs de ces infractions ainsi que les peines qui leur sont applicables ont été fixés par la loi de façon claire et précise.

En contrepartie du rôle majeur qu'il lui confie, comme source du droit criminel, le principe de la légalité impose au législateur d'exercer effectivement son pouvoir créateur de la norme pénale. Le Parlement ne doit déléguer ni trop aisément ni trop largement à l'exécutif une fonction qui ne doit être exercée que par les représentants élus du Peuple.

Lorsque, pour répondre à des circonstances politiques ou économiques exceptionnelles, l'Assemblée nationale doit déléguer ses pouvoirs à l'exécutif, conformément à la procédure de délégation législative (*V. art. 38 de la Constitution*). Aux termes des dispositions de l'article 77, alinéa 1er de la Constitution, l'Assemblée nationale peut habiliter par une loi le Président de la

République à prendre des mesures qui sont normalement du domaine de la loi. Il se doit de définir avec netteté les termes de la délégation et d'en limiter étroitement la durée. D'ailleurs, le Président de la République ne peut prendre des ordonnances de législation déléguée que « *dans les limites de temps et de compétence fixées par la loi d'habilitation* ».

Le principe de la légalité impose au législateur l'élaboration de textes clairs et précis. Il est évident qu'une incrimination vague ôte toute garantie aux citoyens et les laisse en particulier à la merci de l'arbitraire du juge (*F. PALAZZO, « Précision de la loi pénale et certitude de la peine : principes et expériences», Mélanges Giudicelli-Delage, p. 633*). À quoi servirait l'affirmation de la légalité des délits et des peines si, par des formules vagues, les rédacteurs de la loi ouvrent la porte à un arbitraire judiciaire que ce principe avait précisément pour objectif d'empêcher. La loi doit définir sans ambiguïté un comportement interdit et une peine correspondante et éviter ainsi qu'une infraction ou une peine définie en termes vagues ne donne trop de liberté aux organes chargés de sa mise en œuvre. D'ailleurs, le Conseil constitutionnel français a jugé que les principes d'accessibilité et d'intelligibilité de la loi sont des *« objectifs à valeur constitutionnelle »* (*Cons. const., déc. 16 déc. 1999, D. 2000, chron. p. 361, note M.-A. Frison-Roche et W. Baranès*).

Le juge constitutionnel a réaffirmé, dans la décision n° 2004-492 DC du 2 mars 2004 que : « *le législateur tient de l'article 34 de la Constitution, ainsi que du principe de légalité des délits et des peines, l'obligation de fixer lui-même le champ d'application de la loi pénale et de définir les crimes et délits en termes suffisamment clairs et précis ; que cette exigence s'impose non seulement pour exclure l'arbitraire dans le prononcé des peines, mais encore pour éviter une rigueur non nécessaire lors de la recherche des auteurs d'infractions* (*Cons. const., 2 mars 2004, n° 2004-492 DC, préc. n° 15, cons. 5. Cette interprétation se retrouve, dans la décision n° 2006-540 DC : « il résulte [de l'article 8 de la Déclaration et de l'article 34 de la Constitution] que le législateur est tenu de fixer lui-même le champ d'application de la loi pénale et de définir les crimes et délits en termes suffisamment clairs et précis ; que cette exigence s'impose non seulement pour exclure l'arbitraire dans le prononcé des peines, mais encore pour éviter une rigueur non nécessaire lors de la recherche des auteurs d'infractions » (Cons. const., 27 juill. 2006, n° 2006-540 DC, préc. n° 59, cons. 10) ; également, Cons. const., 8 déc. 2016, n° 2016-741 DC, cons. 35 : JO 10 déc. 2016, texte n° 4 ; Cons. const., 21 janv. 2016, n° 2015-727 DC, Loi de modernisation de notre système de santé, cons. 25 : JO 27 janv. 2016, texte n° 2 : il appartient au législateur de « définir les crimes et délits en termes suffisamment clairs et précis pour permettre la détermination des auteurs d'infractions et exclure l'arbitraire dans le prononcé des peines et de fixer dans les mêmes conditions le champ d'application des immunités qu'il instaure »).*

Au Sénégal, dans l'affaire Mamadou MBODJ, jugée le 27 avril 1981, la Cour d'Appel de Dakar a estimé que l'article 4 du CP, « *qui consacre le principe de la légalité des délits et des peines exige du législateur de faire des lois précises (...) » (CA Dakar, n° 289 du 27 avril 1981, MP c/ M. MB., inédit).*

Le Conseil constitutionnel sénégalais, dans la décision rendue le 20 juillet 2021 (*Cons. const. n° 02/C/21 du 20 juillet 2021, Ch. M. A. D. et autres, inédit) a eu l'occasion, pour la première fois à notre connaissance, de donner un contenu au principe d'accessibilité et d'intelligibilité de la loi (Sur cette question, A. L. COULIBALY et P. A. TOURÉ, « Au-delà des turbulences, la constitutionnalisation du principe de l'intelligibilité de la loi : à propos de la décision du Conseil constitutionnel n° 02/C/21 du 20 juillet 2021 » : https://www.pressafrik.com. D'ailleurs, par une circulaire n° 000003 SGG/SGA/JUR/SP du 05 août 2021 relative à l'objectif de valeur de l'intelligibilité de la loi, le Ministre, Secrétaire général du Gouvernement a rappelé aux départements ministériels l'obligation constitutionnelle de veiller à l'intelligibilité et à la qualité rédactionnelle des textes que leurs services introduisent dans le circuit normatif*).

Le juge constitutionnel a considéré que le respect du principe constitutionnel de la légalité « *implique que les termes utilisés pour fixer les incriminations et déterminer les peines qui leur sont applicables soient clairs et précis* » et que l'accessibilité de la loi, souvent corrélée au principe d'intelligibilité de la loi, « *s'apprécie au regard du bon entendement de la norme législative par les destinataires de celle-ci et également par rapport aux conditions d'application de la loi* ».

Il a précisé que « *l'exigence d'accessibilité et d'intelligibilité de la loi qui, pour les règles pénales de fond, est inséparable du principe de la légalité criminelle dont elle constitue la dimension substantielle impose au législateur l'adoption de lois suffisamment claires et prévisibles dans leurs conséquences afin que chaque citoyen sache exactement ce qui lui est interdit et ce qu'il encourt comme sanction en cas de violation de l'interdiction* ».

Toutefois, l'exigence de clarté et d'intelligibilité des textes pénaux ne saurait évidemment être poussée à l'absurde. En effet, le législateur ne peut intervenir que par la voie de dispositions générales et on ne peut lui demander, à tout instant, d'énumérer dans les moindres détails tous les comportements incriminés que l'imagination suggère ; sa tâche deviendrait impossible.

D'ailleurs, les rédacteurs du Code pénal se sont efforcés de définir avec précision les incriminations retenues, mais force est de constater que certaines formulations législatives sont relativement larges. Il est vrai que certaines notions sont assez connues du langage courant ou ont été suffisamment précisées par une jurisprudence pour qu'il ne soit pas nécessaire de les définir dans les textes. Il en est ainsi des notions d'homicide, de tentative, de violence, de menaces ou de violation de domicile (*R. MERLE et A. VITU, op. cit. n° 156*).

Toutefois, il y a des notions qui sont forcément laissées à l'appréciation du juge. Il en est ainsi notamment du concept « *bonnes mœurs* », de l'offense au Chef de l'État et des manœuvres de nature à troubler la sécurité publique.

Il résulte du principe de la légalité criminelle que le juge ne peut créer lui-même des incriminations ou des peines ni appliquer les incriminations ou les peines existantes hors les cas prévus par la loi en s'érigeant en autorité législative ; il violerait ainsi à la fois le principe de la légalité et celui de la séparation des pouvoirs.

Le principe de la légalité criminelle s'impose au juge. Le rôle de l'autorité judiciaire, dans la création du droit, est singulièrement limité en matière pénale.

S'agissant des incriminations, dans chaque affaire, les autorités de poursuite, d'instruction et de jugement ont le devoir de rechercher la disposition légale exactement applicable au fait poursuivi ; elles doivent rechercher la qualification correcte.

La Cour d'Appel de Dakar a rappelé l'office du parquet conformément au principe de la légalité criminelle. Elle a jugé « *qu'il appartient au Ministère public d'examiner la légalité des poursuites et qu'à cet égard il doit s'assurer que toutes les conditions permettant de faire condamner les prévenus sont vraisemblablement réunies, que l'infraction qu'il poursuit paraît bien exister et que la responsabilité pénale de la ou des personnes prévenues est engagée ; Qu'il appartient au Ministère public de voir sous le coup de quelle disposition précise de la loi tombent les faits ; Qu'en plus, étant maître des poursuites, le Ministère public doit vérifier si les éléments constitutifs du délit qu'il poursuit se trouvent réunis et que les poursuites revêtent une suffisante légalité* » (*CA Dakar ch. corr., n° 790 du 14 novembre 2001, MP et A. D. c/ L. L. L. et autres, inédit*).

La Chambre d'Accusation de la Cour d'Appel de Dakar a eu l'occasion de juger, dans un arrêt du 27 août 2015, « *qu'en vertu du principe de légalité des délits et des peines, un comportement ne peut tomber sous le coup de la loi pénale que si l'interdiction était prévue avant qu'il ne fût accompli* » (*CA Dakar ch. acc. n° 230 du 27 août 2015, MP c/ A. S., inédit*). Dès lors, elle a annulé les poursuites engagées contre une inculpée à qui il était reproché des faits de trafic portant sur un produit appelé « *Khat* », non répertorié dans la liste des stupéfiants. La chambre d'Accusation a estimé que les poursuites étaient dépourvues de base légale. Il est ainsi fait défense au juge pénal d'étirer les éléments constitutifs des infractions au-delà de ce qu'autorise la légalité criminelle.

Le juge en prononçant une peine doit constater, dans sa décision, les éléments constitutifs exigés par la loi pour que le fait soit punissable (*Cass. crim., 23 juin 1964, D. 1964, p. 579 ; Cass. crim., 18 mai 2004, JurisData n° 2004-024242 ;*

Cass. crim., 18 mai 2004 , JurisData n° 2004-024411 ; Cass. crim., 2 juin 2004, JurisData n° 2004-024330 ; sur tous ces arrêts, V. obs. J.-H. Robert, Dr. pén. 2004, comm. 146). Le premier devoir du juge est de s'assurer qu'une qualification pénale est bien applicable aux faits qui lui sont soumis. La juridiction pénale ne saurait punir un fait qui n'est pas prévu et réprimé par la loi pénale (*Crim. 23 juin 1964, D., 1964, 578*) ; elle doit, selon la formule jurisprudentielle, constater «*l'existence des circonstances exigées par la loi pour que tous les faits soient punissables* » (*Crim. 2 déc. 1991, JCP, 1992, IV, 958 ; 3 avril 2001, Bull. crim., n° 90*).

Il a été jugé que « *le juge d'instruction saisi in rem vérifie conformément au principe de légalité dans un premier temps si les faits relèvent d'une disposition légale et choisit dans un second temps parmi les qualifications, celle qui est à même de s'appliquer au cas d'espèce* » (*CA Dakar ch. acc. n° 193 du 09 août 2012, MP c/ P. H. H., inédit ; dans le même sens, V. CA Dakar ch. acc. n° 204 du 23 août 2012, MP c/M. B. S., inédit*).

Toutefois, s'il interdit de réprimer des faits qui ne seraient pas prévus par la loi, le principe de la légalité ne s'oppose pas à ce qu'une infraction soit poursuivie et jugée sous une qualification moins grave que celle résultant de la stricte application des dispositions légales. La correctionnalisation judiciaire est une atteinte aux règles de compétence juridictionnelle, mais n'est pas contraire au principe de la légalité criminelle.

Le principe de la légalité criminelle prohibe la répression hors-la-loi. En vertu de ce principe, le juge ne peut prononcer de peine autre que celle prévue par la loi pour l'infraction qu'il retient. Si le fait considéré n'est pas prévu par la loi (par exemple une faute civile), il ne peut y avoir ni de poursuites ni de condamnation (*Cass. crim., 16 juin 1981, D. 1982, p. 190, note Sfez ; Cass. crim., 24 novembre 1983, Bull. crim., n° 315 ; Cass. crim., 5 mars 2002, JurisData n° 2002-013623 ; Cass. crim., 3 juin 2004, JurisData n° 2004-024246 ; Bull. crim. 2004, n° 152; Dr. pén. 2004, comm. 154, obs. J.-H. Robert ; RSC 2004, p. 892 , obs. D. Rebut ; JCP E 2004, 1600 , note M. Raimon ; Cass. crim., 1er sept. 2005, JurisData n° 2005-030560*). Pour Beccaria « *aucun magistrat, qui fait partie de la société, ne peut sans injustice infliger de son chef des châtiments contre un autre membre de la société* ». Peu avant lui, Montesquieu affirmait, dans une formule demeurée célèbre, que les juges ne devaient être que « *les bouches qui prononcent les paroles de la loi* ».

Dans l'affaire Mamadou MBODJ, jugée par la Cour d'Appel de Dakar le 27 avril 1981, à la suite de la plainte réitérée du Khalife général des Mourides, des personnes qui circulaient dans la Ville de Touba en état d'ébriété manifeste, ont été arrêtées et inculpées d'outrage d'un ministre de culte dans l'exercice de ses fonctions, délit prévu par l'article 233 du CP (*CA Dakar, n° 289 du 27 avril 1981, MP c/ M. MB. inédit.*) Après disqualification, le tribunal a condamné les prévenus, sur le fondement de l'article 232 du même code, sanctionnant le délit de profanation d'un lieu servant à l'exercice d'un culte.

Mais la Cour d'Appel de Dakar a infirmé le jugement d'instance. Selon le juge d'appel, l'article 4 du Code pénal, « *qui consacre le principe de la légalité des délits et des peines exige du législateur de faire des lois précises et non rétroactives, mais surtout fait obligation au juge pénal dans le souci de protection des libertés individuelles et de défense sociale, de s'en tenir uniquement aux termes de la loi ; que sanctionner un acte non prévu par un texte lors de sa commission conduit à une répression imprévisible et divinatoire, le droit écrit, devant servir à tracer la frontière entre le licite et l'illicite, est le seul moyen de garantir la Justice et d'éviter les abus* ».

La cour d'appel a ajouté que « *le juge pénal ne peut prendre des libertés avec les textes au risque de s'en affranchir (...) Que le principe de la légalité ainsi compris interdit au juge pénal d'appliquer un texte au sens clair et précis, comme en l'espèce, en le détournant de sa signification, à des faits placés hors de son champ d'application même si l'intérêt social ou ceux de la communauté appelle cette extension de la loi pénale à des cas voisins ou similaires*».

Les magistrats de la cour d'appel ont ainsi soutenu que le délit de profanation de lieu de culte n'est pas constitué en l'espèce, puisque « *personne ne peut soutenir valablement que la Cité de Touba sanctifiée par son illustre fondateur Cheikh Ahmadou Bamba est dans l'intégralité de son territoire, un sanctuaire où la pratique du culte, honneur rendu à la divinité est la seule préoccupation de ses habitants* ». Ainsi, estime le juge d'appel, le premier juge a délibérément, mais gravement élargi ses prérogatives dans le but évident de réprimer des faits qui ne pouvaient l'être.

Dans un arrêt rendu le 21 décembre 1983, la Cour suprême a rejeté le pourvoi formé contre l'arrêt de la cour d'appel, au motif qu'en décidant que les faits relevés contre les prévenus ne constituent pas le délit de profanation de lieu de culte, a fait une exacte application de la loi (*CS n° 59 du 21 décembre 1983, PG/ CS c/ M. MB., inédit*).

La Cour d'Appel de Dakar a jugé aussi, dans un arrêt rendu le 26 juillet 2006, que pour la répression de l'infraction de stellionat, l'article 178 du décret du 26 juillet 1932 portant réorganisation du régime de la propriété foncière en Afrique Occidentale Française renvoie à l'article 405 du Code pénal français. Or, l'article 434 du CP de 1965 a expressément abrogé les articles 1er à 463 du CP précédemment en vigueur. Le juge d'appel en a conclu « *qu'en l'état actuel de notre législation, aucune sanction pénale ne peut être appliquée au stellionataire sur le fondement du décret de 1932 car, eu égard au principe de la légalité des infractions et de peines, le juge ne pouvant d'office procéder la substitution de peines, par le procédé de l'équivalence* » (*CA Dakar ch. corr., n° 707 du 26 juillet 2006, inédit ; dans le même sens, V. CA Dakar ch. corr., n° 827 du 09 mai*

2007, MP et A. S. c/Ch. D., inédit : « En l'état actuel de notre législation, aucune sanction pénale ne peut être appliquée au stellionataire sur le fondement du décret de 1932 car, eu égard au principe de la légalité des infractions et des peines, le juge ne peut d'office procéder à la substitution de peines, par le procédé de l'équivalence »).

Mais cette décision a été cassée par un arrêt de la chambre criminelle de la Cour suprême du 04 mars 2008. Selon la haute juridiction de cassation « *en se déterminant ainsi alors que l'article 88 du Code de l'Urbanisme prévoit et réprime ladite infraction, la cour d'appel n'a pas légalement justifié sa décision* » (*C. cass. n° 20 du 04 mars 2008, Y. B. c/ A. G., inédit*).

Dans une autre affaire, pour renvoyer les prévenus des fins de la poursuite, les juges d'appel se sont fondés sur les dispositions de la loi n° 98-22 du 26 mars 1998 portant sur les sanctions applicables aux infractions contenues dans l'Acte uniforme relatif au droit des sociétés commerciales et du groupement d'intérêt économique qui n'a pas prévu de sanction pénale pour l'incrimination. La cour d'appel a ajouté que la loi n° 2018-13 du 27 avril 2018 relative à la répression des infractions prévues par les Actes uniformes, adoptée en application du Traité de l'OHADA, bien qu'ayant prévu des sanctions, n'a pas vocation à s'appliquer à des faits commis antérieurement à sa promulgation.

La Cour suprême, dans un arrêt rendu le 10 septembre 2020, a cassé la décision de la cour d'appel. Selon la haute juridiction « *en prononçant la relaxe au motif que l'infraction de défaut d'immatriculation au registre du commerce et du crédit mobilier n'était pas pénalement sanctionnée au moment des faits alors que la loi n° 94-63 du 22 août 1994 sur les prix, la concurrence et le contentieux économique qui assimile le fait pour tout producteur, commerçant ou industriel d'effectuer des actes de commerce sans inscription au registre du commerce à l'infraction de pratique illicite de prix qu'elle prévoit et punit en ses articles 46, 47 et 67 d'une peine d'amende de 25 000 francs CFA à 50 millions francs CFA et d'un emprisonnement de 3 mois à 3 ans en cas de manœuvres frauduleuses* », la cour d'appel a méconnu le sens et la portée de la loi (*CS ch. crim. n° 34 du 10 septembre 2020, PG près la Cour d'Appel de Saint-Louis c/ V. D., S. V. et la société Laborex, inédit*).

Aucune poursuite n'est envisageable également lorsque le fait n'est plus prévu par la loi (*Cass. crim., 1er déc. 2009, JurisData n° 2009-050988 ; T. corr. Bordeaux, 17 févr. 2000, JurisData n° 2000-156465 ; D. 2001, p. 2922, note F. Agostini ; Cass. crim., 16 janv. 2002, JurisData n° 2002-012801 ; Bull. crim., n° 6 ; Dr. pén. 2002, comm. 56 , obs. J.-H. Robert ; D. 2002, p. 1225, note M. Dobkine)* ou lorsqu'il est ignoré par la loi au moment où il a été commis, quand bien même il serait incriminé ultérieurement (*Cass. crim., 17 janv. 2003, D. 2004, p. 92, note J. Daniel*).

Les juridictions pénales doivent être censurées lorsqu'elles prononcent une peine existant dans l'échelle générale des peines, mais non prévue par le texte spécial réprimant l'infraction considérée. Il s'agit le plus souvent d'une peine complémentaire, notamment la publication de la décision (*Crim. 25 sept. 1995, Bull. crim., n° 277 ; crim. 12 janv. 2000, Bull. crim., n° 20 ; crim. 18 févr. 2004, Bull. crim., n° 47 ; crim. 26 oct. 2004, Bull. crim., n° 256; crim. 18 mai 2005, ECPB ; crim. 21 mai 1990, Dr. pén., 1990, n° 244*).

PARAGRAPHE II : LES CONSÉQUENCES DU PRINCIPE DE LA LÉGALITÉ CRIMINELLE

A. LA DÉTERMINATION DU CHAMP D'APPLICATION DE LA LOI PÉNALE

1. L'APPLICATION DE LA LOI PÉNALE DANS L'ESPACE

- **Infractions réputées commises sur le territoire de la République-Territorialisme de fiction.**

51. CS n° 2 du 11 janvier 1964, *arrêt Amina Fakry, inédit.*

Doit être réputée commise dans le territoire de la République toute infraction dont un acte caractérisant un de ses éléments constitutifs a été commis au Sénégal.

LA COUR,

SUR le moyen tiré de ce que la Cour d'Appel de Dakar (Chambre Correctionnelle) saisie de poursuites contre la demoiselle A. F. pour infraction à la réglementation des changes s 'est déclarée incompétente au motif que Ladite infraction a été commise à l'étranger par un étranger alors que la prévention reprochait à la demoiselle A. F. d'avoir à Dakar, dans le courant du mois de février 1939 :

1. exporté 'des capitaux et notamment des espèces pour un montant de 950 000 francs CFA sans autorisation du Ministre des Finances ou de l'un de ses représentants habilités à cet effet;

2. effectué des transports entre la Zone franc et l'étranger en employant des modes de paiement autres que ceux prévus par l'avis n° 257 de l'Office des changes et sans autorisation expresse du dit Office de changes ; faits prévus et punis par les articles 15, I6 et 17 du décret du 17 novembre 1947 ;

Attendu qu'il appert l'arrêt attaqué ct des pièces procédure auquel il se réfère que la demoiselle F., en février 1957 domiciliée à Dakar et se rendant au Liban via Paris a endossé, dans cette ville à un de ses compatriotes et parents, deux chèques payables à elle-même à La Société générale à Paris, chèques achetés à l'Agence de Dakar de cette banque 'un de 200 000 anciens francs métropolitains payé par elle-même par remise de 100 000 francs CFA en billets de banque, l'autre de 1 700 000 anciens francs métropolitains payé par son père A. S. F. par débit de 850 000 francs CFA de son compte n° 4814 à la même agence ; que ces chèques ont été par la suite négociés au Liban et ont permis d'exporter vers ce pays, hors de la zone franc 1 900 000 anciens francs métropolitains ;

Attendu qu'il s'agit d'une exportation de capitaux à l 'étranger de moyens de paiement de la zone francs, sans autorisation de l'Office des changes ;

Attendu que doit être réputée commise dans le territoire de la République toute infraction dont un acte caractérisant un de ses éléments constitutifs a été commis au Sénégal ;

Que dans le cas le cas d'espèce, cet acte consiste dans le fait que les moyens de paiement en francs CFA, ayant servi au transfert de capitaux, non autorisé, ont été achetés et changés en francs métropolitains à Dakar ct exportés hors de la zone franc ;

Attendu qu'en décidant que l'infraction a été commise à l'étranger par un étranger et en se déclarant incompétente la Cour d'Appel de Dakar n'a pas donné une base légale à sa décision;

PAR CES MOTIFS

Casse et annule l'arrêt de la Cour d'Appel de Dakar n° 204 en date du 6 juin 1962 et pour qu'il soit statué à nouveau renvoie la cause et parties devant la Cour d'Appel de Dakar autrement composée;

Met les dépens du pourvoi à la charge du Trésor public ;

Ordonne l'impression du présent arrêt, sa transcription sur les registres du Greffe de la Cour d'Appel de Dakar et sa mention en marge ou à la suite de l'arrêt annulé ;

Ordonne l'exécution du présent arrêt à la diligence de Monsieur le Procureur général près la Cour suprême.

OBSERVATIONS

En droit pénal international, la compétence des juridictions des États pour juger des infractions commises sur leurs territoires constitue un aspect de leur souveraineté (*H. SCHULTZ, «Compétence des juridictions pénales pour les infractions commises à l'étranger », RSC, 1967. p. 305 : « Le droit pénal dans son essence est l'expression et la défense la plus forte de la souveraineté d'un État»).* À l'instar de plusieurs systèmes juridiques contemporains, le droit sénégalais a consacré le principe de territorialité. Il est vrai qu'aucune disposition du Code de Procédure pénale ne prévoit expressément ce principe territorialiste, mais il reste que le droit sénégalais y est particulièrement attaché (*E. VERNY, « Le principe de territorialité de l'ordre répressif français : quand tu seras à Rome, conduis-toi en romain », in « Une certaine idée du droit », in Mélanges André Decocq, Litec, 2004, p. 593 ; sur ce principe en droit sénégalais, A. CISSÉ, « Droit sénégalais », in A. CASSESE et M. DELAMAS-MARTY, « Juridictions nationales et crimes internationaux », Paris, PUF, 2002, p. 439*).

D'ailleurs, le principe de territorialité se déduit implicitement de l'article 841, alinéa 2 du Code de la Famille selon lequel « *Les lois de police et de sûreté obligent tous ceux qui habitent le territoire sénégalais* ».

Ce principe de territorialité conduit à retenir la compétence des juridictions sénégalaises pour connaître de toutes les infractions commises sur le territoire national. La nationalité de l'auteur ou de la victime importe peu (*Cass. crim., 1er mars 2000, n° 98-86.353, Bull. crim. 2000, n° 101 ; RSC 2000, p. 814, obs. B. Bouloc*). Il suffit qu'une infraction ait été commise sur le territoire de la République pour que les juridictions sénégalaises soient compétentes.

Pour que le juge sénégalais puisse retenir sa compétence, il est nécessaire qu'au moins l'un des faits constitutifs de l'infraction ait été commis au Sénégal ; ce qui pose un problème de localisation de l'infraction sur le territoire de la République. Mais la notion de faits constitutifs de l'infraction est interprétée très largement. En vertu de l'article 668 du Code de Procédure pénale : « *est réputée commise sur le territoire de la République toute infraction dont un acte caractérisant un de ses éléments constitutifs a été accompli au Sénégal* ».

Ce texte consacre ce que certains internationalistes pénalistes appellent « *un territorialisme de fiction* » (*R. KOERING-JOULIN et A. HUET, « Compétence des tribunaux répressifs français et de la loi pénale française, Introduction générale. Infractions commises en France », Juris-class. dr. inter., fasc. 403-10, 11, 1995, p. 13, n° 44*). Le législateur présume qu'une infraction a été commise sur le territoire de la République alors qu'elle ne l'a été que partiellement.

Il faut préciser que cette théorie du territorialisme de fiction avait déjà été forgée par la jurisprudence sénégalaise bien avant l'adoption de la loi n° 65-61 du 21 juillet 1965 portant Code de Procédure pénale. En effet, la Cour suprême, dans l'arrêt ci-dessus rapporté, rendu le 11 janvier 1964 a jugé que « *doit être réputée commise dans le territoire de la République, toute infraction dont un acte caractérisant un de ses éléments constitutifs a été commis au Sénégal* » (*CS n° 2 du 11 janvier 1964, Directeur du service des douanes du Sénégal c/ dame Amina Fakry, inédit*).

La doctrine a toujours considéré que ne devrait être pris en considération que l'élément matériel de l'infraction seul susceptible de « *dissection territoriale* » (*V. notamment, A. HUET et R. KOERING-JOULIN, Droit pénal international, Paris, PUF, coll. Thémis, 2005, p. 211, n° 128; Y. LESEC, « Application de la loi pénale dans l'espace, infractions commises ou réputées commises sur le territoire de la République », Juris-class. pén, 1998, 2008, art. 113-1 à 113-12, fasc. 10, p. 11, n° 38*).

Au contraire, pareil éclatement géographique ne se conçoit pas pour les éléments légal ou moral de l'infraction (*Crim. 4 juin 1969, Bull. crim. n° 190 ; CA Paris, 22 févr. 1967, JCP 1967. II. 15167, pour le refus de vente ; Crim. 20 oct. 1959,*

D. 1960. 300, note Lagarde, janv. 2002, n° 01-83.122, Bull. crim. n° 13 ; D. 2002. 1352).

La jurisprudence a toujours interprété, de façon très extensive, la notion d'acte caractérisant un des éléments constitutifs de l'infraction (*A. LEGAL, « La localisation internationale du délit commis partiellement en France », RSC 1971, p. 1).*

D'abord, elle considère parfois, comme un acte caractérisant un des éléments constitutifs de l'infraction, un acte préparatoire qui, précédant le commencement d'exécution de l'infraction, n'est normalement pas répréhensible. Ainsi, pour la chambre criminelle de la Cour de Cassation française « *une tentative d'escroquerie est réputée commise en France si des actes préparatoires constituant l'une des composantes nécessaires des manœuvres frauduleuses retenues ont été perpétrés sur le territoire national*» (*Crim. 11 avril 1988, Bull crim., n° 144*).

Ensuite, la jurisprudence assimile la condition préalable d'une infraction à l'un de ses faits constitutifs. Certains arrêts ont reconnu la compétence des juridictions françaises en matière d'abus de confiance, dès lors que la remise de la chose (condition préalable de l'abus de confiance) détournée à l'étranger avait eu lieu en France (*Crim. 12 fév. 1979, Bull. crim., n° 60, D., 1979, IR, 177, obs. Roujou de Boubée, RSC, 1980, 417, obs. Larguier; crim 13 oct. 1981, Bull. crim., n° 271, JCP, 1982, 11, 19862, note Chambon*).

Enfin, la jurisprudence admet la compétence de l'ordre juridictionnel français, non seulement quand l'action délictueuse s'est déroulée en France, mais également lorsqu'elle y a développé ses effets.

- **Infractions commises à l'étranger-incompétence des juridictions sénégalaises**

52. CA Dakar, n° 43 du 4 juin 1962, *Ali Fackry*, *RLJ*, 1963, p. 131

Lorsque des libanais, alors domiciliés à Dakar ont, en février 1937 perpétré à Paris des faits susceptibles de tomber sous la réglementation des changes, le Tribunal de Dakar se trouvait, à l'époque, compétent pour en connaître, en raison de la situation, dans son ressort, du domicile des prévenus.

Mais, ultérieurement, par suite de l'accession de la République du Sénégal à l'indépendance, la juridiction précitée s'est trouvée saisie d'un délit entièrement perpétré hors du Sénégal, par des étrangers à ce pays.

En vertu de l'article 7 du Code d'instruction criminelle, les juridictions sénégalaises ne sont pas compétentes pour juger un tel délit.

Cette incompétence absolue doit recevoir application immédiate, dès que survient un changement de nationalité du territoire, en l'espèce l'accession du Sénégal à l'indépendance ;

LA COUR,

Attendu que A. F. et A. F. ont été renvoyés devant le Tribunal correctionnel de Dakar pour avoir, dans le courant de mois de février 1957 à Dakar et à Paris ou autres lieux de la Communauté, ensemble et de concert :

- exporté des capitaux et notamment des espèces pour un montant de 950 000 francs CFA, sans autorisation du Ministère des Finances ou l'un des représentants habilités à cet effet ;
- effectué des transports de francs entre la zone franc et l'étranger en employant des modes de règlement autres que ceux prévus par l'avis n° 257 de l'Office des Changes de l'AOF (J. O du 7 août 1951, page 1118) et sans autorisation expresse dudit Office des Changes, fait prévu et puni par les articles 15, 16 ct 17 du décret dit 17 novembre 1947 ;

Attendu qu'il est constant que la demoiselle F., en février 1957, alors domiciliée Dakar ct se rendant au Liban, via Paris, a endossé dans cette ville à un de ses compatriotes et parents deux chèques payables à elle-même à la Société Générale à Paris, achetés à l'agence à Dakar de cette banque, l'un de 100 000 francs C.F.A. par elle-même, l'autre par F. A. S., son père, de 850 000 francs C.F.A., lesquels ont été par la suite négociés au Liban ct ont permis d'exporter dans ce pays, hors de la zone Franc, 1 900 000 francs métropolitains; Que la négociation des chèques Paris, vraisemblablement à des ressortissants libanais, pour être exportés dans ce pays, constitue le commencement d'exécution, sur le territoire français, par des ressortissants étrangers au Sénégal, dc faits susceptibles de tomber sous le coup de la réglementation des Changes, commencement d'exécution auquel F. A. S. resté à Dakar n'a pas participé;

Qu'à cette époque, en février 1957, le territoire du Sénégal étant assimilé au territoire français (lu point de vue de la compétence judiciaire en raison de l'appartenance de ce pays à la Communauté française, le Tribunal de Dakar, juridiction de la Communauté, se trouvait compétent en raison de la situation, dans son ressort, du domicile des prévenus ;

Qu'ultérieurement, par suite de l'accession de la République du Sénégal à l'indépendance, la juridiction sénégalaise s'est trouvée saisie d'un délit entièrement perpétré hors du Sénégal, par des étrangers à ce pays ;

Attendu qu'aux termes de l'article 7 du Code d'instruction criminelle du Sénégal, écrit, alors que le territoire du Sénégal était territoire français, mais qui doivent s'appliquer mutatis mutandis à la situation nouvelle résultant de l'accession de ce pays à l'indépendance, la juridiction sénégalaise ne se trouve plus compétente sur le terrain du droit pénal international pour connaitre d'une infraction autre que celles prévues à cet article susvisé du Code d'instruction criminelle, et entièrement commise hors du territoire du Sénégal, par des étrangers à ce pays, dont l'un, au surplus, la demoiselle F., n'y réside

Que l'incompétence des juridictions nationales pour juger des étrangers à raison d'infractions commises à l'étranger et autres que celles visées à l'article 7 du Code d'instruction criminelle, lesquelles constituent une exception au principe de la territorialité de la loi pénale pour la protection d'intérêts nationaux particulièrement importants, est absolue ;

Qu'elle doit recevoir application immédiate, dès que survient un changement de nationalité du territoire, ainsi qu'il est de jurisprudence en cas d'annexion, auquel peut être assimilé la récupération de son territoire par un pays accédant à l'indépendance ;

Qu'il appartient, en conséquence, à la Cour d'annuler la décision entreprise et de se déclarer incompétente, pour le dossier être éventuellement transmis à la juridiction française compétente.

PAR CES MOTIFS

Déclare l'appel du prévenu recevable en la forme ;

Annule le jugement entrepris.

- **Principe de la compétence universelle**

53. CA Dakar, ch. acc. n° 135 du 04 juillet 2000, *Hissène HABRE, inédit*

Les tribunaux sénégalais ne peuvent connaître des faits de crimes contre l'humanité et que, d'autre part, la compétence universelle n'était pas intégrée dans le dispositif procédural sénégalais. Le principe constitutionnel de la supériorité des conventions internationales sur les lois nationales ne saurait recevoir application, dès lors que l'exécution de la convention nécessite que soient prises par le Sénégal des mesures législatives préalables.

LA COUR,

En la forme

1°) Sur la recevabilité formelle

Considérant que les parties civiles pour faire obstacle à la recevabilité de la requête de H. H. soutiennent que celle-ci ne spécifie pas le cabinet saisi ; qu'elles poursuivent que le juge ne peut se fonder sur sa connaissance personnelle d'une affaire pour suppléer à la carence du demandeur ;

Considérant cependant qu'au soutien d'un tel argument les avocats de la partie civile ne citent pas de texte et encore moins ne précisent le fait sanctionné ni comment ;

Il convient de préciser qu'aucun obstacle de nature juridique n'empêche la juridiction de second degré qu'est la chambre d'Accusation de réclamer dans les conditions susdécrites une procédure ; au demeurant si les spécifications n'étaient pas suffisantes, il serait loisible au destinataire du soit transmis de retourner celui-ci pour manque de précision sur la procédure visée ;

Qu'il convient dès lors de rejeter cette exception comme mal fondée ;

2°) Sur la saisine de la chambre d'Accusation

Considérant que les parties civiles soutiennent que la requête a été adressée uniquement au Président de la chambre d'Accusation en lieu et place du Président et des conseillers composant la chambre ;

Considérant que les dites parties font abstraction de la requête du 18 février 2000 portant effectivement les mentions « Monsieur le Président, Messieurs les conseillers de la chambre d'Accusation » versée aux débats rectifiant ce que le conseil de l'inculpé a qualifié lors de sa plaidoirie d'omission matérielle, qu'en tout état de cause, tout doute sur le destinataire de la requête est levé puisqu'en visant l'article 169 du Code de Procédure pénale, le demandeur s'adresse sans équivoque à la chambre d'Accusation (président et conseillers) et non au président en tant que tel dont les pouvoirs propres sont précisés par les articles 210 et suivants du Code de Procédure pénale ; dès lors il échet de dire que la chambre est régulièrement saisie;

3°) Considérant enfin que les dispositions de l'article 169 du Code de procédure Pénale prévoit la possibilité pour l'inculpé qui estime qu'une nullité a été commise, de saisir la chambre d'Accusation par une requête motivée et dès lors qu'elle a été introduite dans des conditions régulières du point de vue de la procédure, la requête susvisée est donc recevable ;

Au fond

Considérant que H. H. a été inculpé le 03 février 2000 des chefs de complicité de crimes contre l'humanité, d'actes de torture et de barbarie et mis en résidence surveillée ;

Considérant que par requête susvisée son conseil demande l'annulation du procès-verbal d'interrogatoire de première comparution sur le fondement des articles 669, 7 du Code de Procédure Pénale, 6 de la Constitution de la République du Sénégal, 4 du Code pénal et 27 de la Convention contre la torture, pour incompétence des juridiction sénégalaises, défaut de base légale, prescription des faits violation de la constitution, de la loi n° 65-60 du 21 juillet 65 portant Code pénal, et de la convention contre la torture ;

3°) Sur la compétence des juridictions sénégalaises

Considérant que les conseils de l'inculpé soutiennent que la juridiction Sénégalaise au regard des règles de droit interne ne sont pas compétentes : qu'il s'agit d'étrangers qui déposent plainte au Sénégal contre un autre étranger alors que précisent-ils la requête ne satisfait pas aux prescriptions de l'article 669 du Code de Procédure Pénale lequel énumère limitativement les cas pour lesquels des poursuites peuvent être engagées contre des étrangers au Sénégal : crimes et délits attentatoires à la sûreté de l'État, contrefaçon du sceau de l'État et de monnaies nationales ayant cours légal ;

Considérant que pour s'opposer à ces arguments les conseils des parties civiles font appel à la convention des Nations Unies du 10/12/1984 contre la torture et autres peines ou traitements inhumains, cruels ou dégradants ratifiée par le Sénégal par la loi n° 86-26 du 16 juin 1986 et publiée au JORS du 08 août1986 ;

Ils poursuivent que l'article 669 du Code de Procédure Pénale doit s'effacer devant la convention dès l'entrée en vigueur de celle-ci au nom du principe de la hiérarchisation des normes juridiques ; que par ailleurs précisent-ils bien avant l'adoption de la convention de New York de 1984, l'article 288 du Code pénal permettait de poursuivre H. H. pour les faits de torture qui lui sont reprochés ;

Qu'à l'appui de cette argumentation sur la supériorité de la convention sur la loi les conseils des parties civiles citent un arrêt de la Cour suprême du Sénégal en matière sociale qui avait eu à annuler l'application d'une loi nationale qu'elle avait jugée contraire aux dispositions d'une convention internationale ratifiée et publiée au Sénégal ;

Considérant que dans sa réplique, H. H. réaffirme l'incompétence des juridictions sénégalaises nonobstant les arguments développés par ses poursuivants qu'en effet soutient-il, l'inculpation a été faite sur la base de l'article 288 du Code pénal pour l'infraction de torture et 46 du Code pénal sur la complicité écartant ainsi l'article 1er de la convention précitée ;

Que l'article 288 du Code pénal fondant l'acte d'inculpation est un texte de droit interne, il s'en suit d'évidence que la logique de l'acte d'inculpation s'inscrit dans la compétence tant juridictionnelle que législative du droit interne sénégalais distinct des normes de compétence universelle de la convention du 10/12/1984 ;

Que poursuit H. H., le juge en respectant les règles de compétence ainsi édictées devait se déclarer incompétent ;

Que d'ailleurs la convention de New York de 1984 à l'instar des conventions de Genève sur le Droit International Humanitaire, celle des Nations Unies conte le génocide a désigné les tribunaux compétents :

Elle a formellement délégué aux États à qui la convention est applicable le soin de prendre des mesures spéciales pour établir leur compétence juridictionnelle ;

Que les législateurs français et belges à titre d'illustration ont pris des lois de procédure pour établir la compétence de leurs tribunaux ; que cela n'a pas été le cas du Sénégal alors que l'article 9 de ladite convention prévoit que : « tout État prend les mesures nécessaires pour établir sa compétence aux fins de connaître des infractions (visées à l'article 4) dans le cas où l'auteur présumé de celles-ci se trouve sur tout territoire sous sa juridiction ... »;

Que pour les parties civiles cet argument est erroné ;

Que l'article 5 vise essentiellement à s'assurer qu'aucun tortionnaire ne puisse se soustraire aux conséquences de son acte en se réfugiant dans un autre pays, cet État doit en effet l'extrader ou le poursuivre ;

Que d'ailleurs aux termes de l'article 27 de la convention de Vienne sur le droit des traités convention ratifiée par le Sénégal « qu'une partie ne peut invoquer les dispositions de son droit interne comme justifiant la non-exécution d'un traité » ;

Considérant que le Doyen des Juges a inculpé H. H. de complicité de crime contre l'humanité, d'actes de barbarie et de tortures commis à Djaména entre juillet 1982 et décembre 1990, période au cours de laquelle il exerçait les fonctions de Président de la République en visant les articles 45-46-294 bis 288 du Code pénal, 77 et 130 du Code de procédure Pénale ;

Considérant que le droit positif sénégalais ne renferme à l'heure actuelle aucune incrimination de crime contre l'humanité, qu'en vertu du principe de la légalité des délits et des peines affirmées à l'article 4 du Code pénal, les juridictions sénégalaises ne peuvent matériellement connaître de ces faits ;

Considérant par contre que par la loi n° 96-16 du 28 août 1996 complétant l'article 295-1 du Code pénal le législateur sénégalais a érigé en infraction autonome les actes de torture qui jusque-là n'étaient connues que comme circonstances aggravantes des crimes ou des délits visés par l'article 288 du Code pénal ;

Considérant que cette nouvelle incrimination est en conformité avec l'article 4 de la convention de New York qui oblige les états parties à veiller à ce que tous les actes de torture constituent des infractions au regard de leur droit pénal ;

Considérant que l'article 05 de la même convention prescrit que les états parties doivent prendre les mesures nécessaires pour établir leur compétence juridictionnelle ;

Que cette disposition contrairement à l'accord de Londres du 08 novembre 1945 et de la charte du Tribunal militaire ancêtre de la convention des Nations Unies du 09 décembre 1948 sur le génocide ne détermine aucune compétence juridictionnelle ;

Considérant que la matière qui nous intéresse est relative à la justice pénale ; qu'elle est bâtie sur deux grandes règles : d'une part les règles de fond qui définissent les infractions et fixent les peines et d'autres part les règles de forme qui déterminent la compétence, la saisine et le fonctionnement des juridictions ;

Elle a toujours manifesté son autonomie par rapport aux autres normes juridiques ; que cette particularité est due au caractère sanctionnateur du droit pénal qui tend à la protection des intérêts de la société comme ceux des individus en cause et exige un certain formalisme de procédure ;

Considérant de ce fait que toute comparaison avec les autres branches du droit est vouée à l'échec, que l'arrêt cité pour soutenir la compétence universelle ne saurait prospérer en l'espèce, que l'incrimination universelle ne peut se confondre avec la compétence universelle;

Considérant que le législateur sénégalais devrait parallèlement à la réforme entreprise dans le Code pénal apporter des modifications à l'article 669 du Code de procédure pénale en y incluant l'incrimination de torture, qu'en le faisant il se mettrait en harmonie avec les objectifs de la convention et reconnaîtrait par conséquent le principe de la compétence universelle ;

Considérant que le législateur français après l'adoption de l'article 222-1 du Code pénal français réprimant la torture a voté la loi du 16 décembre 1992 entrée en vigueur le 1er mars 1994 relative au titre X^e se rapportant aux infractions commises hors du territoire français ; qu'en effet l'article 689 (C.P.P. français) dispose « les auteurs ou complices d'infraction commises hors du territoire de la République peuvent être poursuivis et jugés par les juridiction françaises soit lorsque, conformément aux dispositions du titre 1er du Code pénal ou d'un autre texte législatif, la loi française est applicable soit lorsqu'une convention internationale donne compétence aux juridictions françaises pour connaître de l'infraction » ;

L'article 689-1 cite « en application des conventions internationales visées aux articles suivants : peut être poursuivi et jugé par la juridiction française si elle se trouve en France toute personne qui s'est rendue coupable hors du territoire de la République de l'une des infractions visées par ces articles ;

Et l'article 689-2 poursuit : « pour l'application de la convention contre la torture... adoptée à New York le 10 décembre 1984 peut être poursuivie et jugée dans les conditions prévues à l'article 689-1 toute personne coupable de torture au sens de l'article 1er de la convention ;

Considérant qu'il résulte de ce qui précède que les juridictions sénégalaises ne peuvent connaître des faits de torture commis par un étranger en dehors du territoire sénégalais quelles que soit les nationalités des victimes, que le libellé de l'article 669 du Code de Procédure pénale exclut cette compétence ;

Considérant que les règles de compétence sont d'ordre public, qu'en inculpant H. H. de complicité de crime contre l'humanité et d'acte de torture et de barbarie le juge d'instruction a manifestement violé les règles de compétence matérielle et territoriale ;

Considérant que la méconnaissance de cette règle doit être sanctionnée par la nullité, que celle-ci rentre dans la catégorie des nullités substantielles d'ordre public qui peuvent être soulevées en tout état de cause et tout état de la procédure ;

Qu'en conséquence il y a lieu sans qu'il soit nécessaire d'examiner les autres arguments invoqués dans la requête susvisée d'annuler le procès-verbal d'interrogatoire de première comparution et la procédure subséquent pour incompétence du juge saisi ;

PAR CES MOTIFS

Statuant en chambre du conseil hors la présence des conseils de l'inculpé et des parties civiles, du Ministère public et du greffier ;

EN LA FORME :

Rejette les exceptions soulevées ainsi que la dernière note en cours de délibéré de Maître Madické NIANG ;

Déclare la requête recevable ;

AU FOND :

Annule le procès-verbal d'inculpation et la procédure subséquente pour incompétence du juge saisi;

Met les dépens à la charge du Trésor public ;

Ordonne l'exécution du présent arrêt à la diligence du Procureur général près la Cour d'Appel de Dakar.

• Principe de la compétence universelle

54. Cass. crim, n° 14, 20 mars 2001, *Hissène HABRÉ*, in, *La Balance, le Journal de l'Union des Magistrats sénégalais*, août 2002, p. 36, note, A. NDIAYE

Aucun texte de procédure ne reconnaît une compétence universelle aux juridictions sénégalaises en vue de poursuivre et de juger, s'ils sont trouvés sur le territoire de la République, les présumés auteurs ou complices de faits qui entrent dans les prévisions de la loi du 28 août 1996 portant adaptation de la législation sénégalaise aux dispositions de l'article 4 de la Convention lorsque ces faits ont été commis hors du Sénégal par des étrangers; la présence au Sénégal d'H. H. ne saurait à elle seule justifier les poursuites intentées contre lui.

LA COUR,

Sur les requêtes des 10 août 2000, 18 août 2000 et 20 décembre 2000 ;

Attendu que S. G. et autres qui s'étaient pourvus le 7 juillet 2000 contre l'arrêt de la chambre d'accusation en date du 4 juillet 2000, ont produit au greffe de la Cour de Cassation les requêtes suscitées contenant des moyens de cassation à l'appui de leur pourvoi ;

Mais attendu qu'il ne saurait être fait état de ces mémoires qui, n'ayant pas été déposés dans le délai d'un mois imparti par l'article 46 de la loi organique susvisée, ne saisissent pas la Cour de Cassation des moyens qui y sont formulés ;

Vu le mémoire du 17 juillet 2000 régulièrement déposé et les mémoires en défense ;

Attendu qu'il appert de l'arrêt attaqué et des pièces de la procédure que courant janvier 2000, S. G. et autres, tous ressortissants tchadiens, ont déposé plainte avec constitution de partie civile auprès du juge d'instruction de Dakar contre personne non dénommée et H. H. pour tortures, peines ou traitements cruels, inhumains ou dégradants dont ils auraient été victimes au Tchad entre juin 1982 et décembre 1990, période durant laquelle ce dernier a exercé la fonction de président de la République de ce pays;

Que le 3 février 2000, le juge d'instruction a inculpé H. H. de complicité de crimes contre l'humanité, d'actes de torture et de barbarie en visant les articles 45, 46, 294 bis, 288 du Code pénal et l'a placé en résidence surveillée; que par requête du 18 février 2000, l'inculpé a saisi la chambre d'accusation aux fins de voir annuler la procédure pour incompétence des juridictions sénégalaises, défaut de base légale et prescription de l'action publique; que par l'arrêt attaqué, la chambre d'accusation a fait droit à sa demande pour incompétence du juge saisi ;

(...)

Sur le septième moyen de cassation pris de la violation du principe de compétence universelle en ce que la chambre d'accusation a déclaré les juridictions sénégalaises incompétentes au motif que la compétence universelle ne peut être admise sans modification de l'article 669 du Code de procédure pénale alors que cet article ne peut faire échec à l'application d'une convention internationale édictant une compétence universelle ni aux dispositions de la Convention de Vienne, applicable au Sénégal, notamment en ses articles 27 et 53 qui ne permettent pas à un Etat signataire d'une convention internationale de s'abriter derrière les lacunes et les insuffisances de son droit interne pour se soustraire à ses engagements internationaux ;

Les moyens étant réunis ;

Attendu que pour annuler le procès-verbal d'inculpation d'H. H. et la procédure subséquente, la chambre d'accusation énonce notamment que pour se conformer à l'article 4 de la Convention de New York qui oblige tout Etat partie à veiller à ce que tous les actes de torture constituent des infractions au regard de son droit pénal et soient passibles de peines appropriées, le législateur a promulgué la loi n° 96.15 du 28 août 1996 instituant l'article 295-1 du Code pénal qui a incriminé ces actes lesquels, avant cette date, ne constituaient aux termes de l'article 288 du même code visé dans le procès-verbal d'inculpation, que des circonstances aggravantes de certains crimes contre les personnes; que les juges relèvent qu'aucune modification de l'article 669 du Code de procédure pénale n'est intervenue et en déduisent que les juridictions sénégalaises sont incompétentes pour connaître des actes de torture commis par un étranger en dehors du territoire quelle que soit la nationalité des victimes ;

Attendu qu'en cet état, la Cour de Cassation est en mesure de s'assurer que la décision n'encourt pas les griefs allégués ; que l'article 5-2 de la Convention de New York du 10 décembre 1984 contre la torture et autres peines ou traitements cruels inhumains ou dégradants fait peser sur chaque État partie l'obligation de prendre des mesures nécessaires pour établir sa compétence aux fins de connaître des infractions visées à l'article 4 dans le cas où l'auteur présumé de celles-ci se trouve sur tout territoire sous sa juridiction et où ledit État ne l'extrade pas ; qu'il en résulte que l'article 79 de la Constitution ne saurait recevoir application dès lors que l'exécution de la Convention nécessite que soient prises par le Sénégal des mesures législatives préalables ;

Qu'aucun texte de procédure ne reconnaît une compétence universelle aux juridictions sénégalaises en vue de poursuivre et de juger, s'ils sont trouvés sur le territoire de la République, les présumés auteurs ou complices de faits qui entrent dans les prévisions de la loi du 28 août 1996 portant adaptation de la législation sénégalaise aux dispositions de l'article 4 de la Convention lorsque ces faits ont été commis hors du Sénégal par des étrangers; que la présence au Sénégal d'H. H.ne saurait à elle seule justifier les poursuites intentées contre lui ;

D'où il suit que les moyens ne peuvent être accueillis ;

Et attendu que l'arrêt est régulier en la forme ;

PAR CES MOTIFS

Rejette le pourvoi formé par S. G. et autres contre l'arrêt rendu le 4 juillet 2000 par la chambre d'accusation de Dakar ;

Prononce la confiscation de l'amende ;

Met les dépens à la charge des demandeurs ;

Dit que le présent arrêt sera imprimé, qu'il sera transcrit sur les registres de la cour d'appel en marge ou à la suite de la décision attaquée ;

Ordonne l'exécution du présent arrêt à la diligence du Procureur général près la Cour de Cassation.

OBSERVATIONS

Le système de la compétence universelle dit aussi système de l'universalité du droit de punir attribue compétence aux tribunaux d'un État pour juger certaines infractions graves (crimes de guerre, crimes contre l'humanité, génocide et terrorisme), lorsque l'auteur est arrêté sur son territoire ou s'y trouve même passagèrement, quelle que soit sa nationalité ou celle de la victime et quel que soit le lieu de commission de l'infraction (*judex deprehensionis*) (*H.*

DONNEDIEU DE VABRES, « Le système de la répression universelle », RIDP 1922-1923, p. 533 s. ; D. CARREAU, « La compétence universelle au regard du droit international », Mélanges Bouloc, Paris, Dalloz, 2007, p. 89 ; F. DESPORTES et F. LE GUNEHEC, op. cit. n° 375 et 409 s. ; G. GUILLAUME, « La compétence universelle. Formes anciennes et nouvelles », Mélanges Levasseur, Paris, Litec, 1992, p. 23 s. ; G. DE LA PRADELLE, « La compétence universelle », in H. ASCENSIO, E. DECAUX et A. PELLET (dir.), Droit international pénal, Paris, Pedone, 2e éd. 2012 ; C. LOMBOIS, op. cit, n° 235 s. ; R. MERLE et A. VITU, op. cit, n° 291, 315 s. ; I. MOULIER, La compétence pénale universelle en droit international, Thèse, Paris I, 2006 ; B. STERN, « La compétence universelle en France. Le cas des crimes commis en ex-Yougoslavie et au Rwanda », German Yearbook of international law, 1997, vol. 40, p. 280 s. ; L. DIE KASSABO, « La compétence universelle des juridictions pénales burkinabé », Annales africaines, avril 2021, n° 14, p. 433).

La compétence universelle exprime la solidarité des États dans la lutte contre la délinquance internationale. Plusieurs instruments juridiques internationaux ont consacré le principe de compétence universelle (*Parmi ces textes internationaux, il faut citer notamment la Convention de Genève du 12 septembre 1923 pour la répression de la circulation et du trafic des publications obscènes, la Convention de Genève du 20 avril 1929 relative à la répression du faux monnayage, les quatre conventions de Genève du 12 août 1949 concernant le droit humanitaire en temps de guerre et la Convention 7 septembre 1956 relative à l'abolition de l'esclavage et à la traite des esclaves du. Il en est de même de la Convention de New York du 30 mars 1961 sur le trafic de stupéfiants, de la convention de Vienne du 21 février 1971 sur les substances psychotropes, de la Convention de Londres du 29 décembre 1972 sur la prévention de la pollution marine par l'immersion de déchets et de la Convention de Londres du 2 novembre 1973 sur la prévention de la pollution par les navires*).

Pendant longtemps, le principe de compétence universelle n'était pas prévu dans le CPP. La consécration de ce chef de compétence, notamment en matière de crimes de guerre et de crimes contre l'humanité, est étroitement liée à l'affaire Hissein Habré.

Le 07 juin 1982H. H., un jeune général tchadien renversait, suite à une rébellion armée, le régime de son ex-compagnon et frère d'armes, G. W., alors Président de la République du Tchad.

Mais durant les huit années de son règne, celui qui a été surnommé le «*général Pinochet africain* », a été accusé d'avoir commis de graves crimes de masse contre les groupes ethniques qui s'opposaient à son régime.

Ayant été chassé du pouvoir le 1er décembre 1990, par son ancien chef d'état-major, I. D. commission d'enquête instituée par un décret n° 014/PCE/CJ/90 du 29 décembre 1990 signé par I. D., a évalué à environ quarante mille (40 000) le nombre de victimes d'assassinats politiques et de torture du régime de H. La conclusion de cette commission a été, dès 1992, d'engager des poursuites contre les auteurs des crimes (*K. DIAKITE, La justice pénale internationale en Afrique. Aspects juridiques, défis et perspectives, Paris, l'Harmattan, 2014, p. 56-57*).

Le 25 janvier 2000, sept victimes et l'Association des Victimes de Crimes et Répression Politiques au Tchad (AVCRP) avaient porté plainte avec constitution de partie civile devant M. Demba KANDJI, Doyen des juges d'instruction près le Tribunal de grande Instance hors classe de Dakar, pour notamment, crimes contre l'humanité, tortures et actes de barbarie.

Par une ordonnance du 03 février 2000, le magistrat instructeur inculpa H. H. pour complicité de crimes contre l'humanité, d'actes de tortures et de barbarie et le plaça en résidence surveillée.

Mais suite à un appel interjeté par l'inculpé, la chambre d'accusation de la Cour d'Appel de Dakar, par un arrêt du 04 juillet 2000, a infirmé l'ordonnance du 03 février 2000, avant d'annuler le procès-verbal d'inculpation de M. H. ainsi que la procédure subséquente (*CA Dakar, ch. acc. n° 135 du 04 juillet 2000, inédit*).

La chambre d'accusation a jugé, d'une part, que les tribunaux sénégalais ne peuvent connaître des faits de crimes contre l'humanité et que, d'autre part, la compétence universelle n'était pas intégrée dans le dispositif procédural sénégalais. Selon la chambre d'accusation, le principe constitutionnel de la supériorité des conventions internationales sur les lois nationales ne saurait recevoir application, dès lors que l'exécution de la convention nécessite que soient prises par le Sénégal des mesures législatives préalables.

À la suite d'un pourvoi formé par les victimes, l'arrêt de la Cour de Cassation du 20 mars 2001 a énoncé que la seule présence de H. H. sur le sol sénégalais ne saurait justifier les poursuites dirigées contre lui, dès lors que la compétence universelle n'était consacrée par aucune disposition du Code de procédure pénale (*cass.crim, n° 14, 20 mars 2001, affaire Hissène HABRÉ, in, La Balance, le Journal de l'Union des Magistrats sénégalais, août 2002, p. 36, note, A. NDIAYE ; sur cette affaire, V. Le Sénégal. Le secteur de la justice et l'État de droit. Une étude d'AFRIMAP et de l'Open society initiative for West Africa-OSIWA, novembre 2008, p. 26-27*).

Selon la haute juridiction, « *aucun texte de procédure ne reconnaît une compétence universelle aux juridictions sénégalaises en vue de poursuivre et de juger, s'ils sont trouvés sur le territoire de la République, les présumés auteurs ou complices de faits qui entrent dans les prévisions de la loi du 28 août 1996 portant adaptation de la législation sénégalaise aux dispositions de l'article 4 de la Convention lorsque ces faits ont été commis hors du Sénégal par des étrangers*» (*A. CISSÉ, « Droit sénégalais », in A. CASSESE et M. DELMAS-MARTY, Juridictions nationales et crimes internationaux, Paris, PUF, Paris, 2002, p. 437 et s.*)

L'affaire HABRÉ a connu des rebondissements et plusieurs péripéties juridico-diplomatiques inattendus (*A. SALL, L'affaire Hissein Habré. Aspects judiciaires nationaux et internationaux, Paris, l'Harmattan, 2013, p. 13 ; A. AZE KERTE, L'affaire Hissène Habré. Une première tentative de mise en œuvre de la compétence universelle en Afrique, Paris, l'Harmattan, 2016 ; Gh. POISSONNIER, « Affaire Hissein Habré : le Sénégal devra juger ou extrader l'ancien chef d'État tchadien », D. 2012 p. 2184 ; J. SEROUSSI, « L'internationalisation de la justice transitionnelle : l'affaire Hissène Habré. », Critique internationale 1/2006 (n° 30), p. 83-101 ; P. SY, « Le juge répressif sénégalais face à la compétence universelle : l'affaire Hissène Habré», Africajuris, n° 06 ; S. THIAM, « Les droits de la défense dans le procès Hissène Habré», in Justice et intégration, Mélanges en l'honneur du professeur Ndiaw DIOUF, Cotonou, édition du CREDIJ et éditions de l'ERSUMA, 2020, tome I : la Justice, p. 613 et s.*).

Lors de la réunion des 1er et 02 juillet 2006 tenue à Banjul, la Conférence des Chefs d'États de l'Union africaine a donné à la République du Sénégal mandat pour poursuivre H. et le juger «*au nom de l'Afrique par une juridiction compétente avec les garanties d'un procès juste* ».

Le Sénégal, en vue de se conformer à ses engagements conventionnels, a modifié son Code pénal, par une loi n° 2007-02 du 12 février 2007, en y prévoyant les crimes de génocide, les crimes contre l'humanité, les crimes de guerre définis par le Statut de Rome.

Par ailleurs, la loi n° 2007-05 du 12 février 2007 modifiant le Code de procédure pénale (JORS, n° 6332 du 10 mars 2007, p. 2384) a consacré expressément le principe de la compétence universelle dans le système procédural sénégalais.

Il résulte de l'article 669 du CPP, issu de la loi n° 2007-05 du 12 février 2007 précitée, que tout étranger qui, hors du territoire de la République, s'est vu reproché d'être l'auteur ou le complice d'un des crimes visés aux articles 431-1 à 431-5 du CP ou d'actes visés aux articles 279-1 à 279-3, 295-1 du CP peut être poursuivi et jugé d'après les dispositions des lois sénégalaises ou applicables au Sénégal, s'il se trouve sous la juridiction du Sénégal ou si une victime réside sur le territoire de République du Sénégal, ou si le Gouvernement obtient son extradition.

Le chef de compétence universelle habilite l'ordre répressif sénégalais à juger les crimes de génocide, les crimes contre l'humanité, les crimes de guerre, définis par le Statut de Rome et les actes de terrorisme et de tortures, indépendamment du lieu de commission ou de la nationalité de leurs auteurs.

Le système de la compétence universelle n'est prévu que pour une catégorie d'infractions. Il s'agit des crimes de génocide, des crimes contre l'humanité, des crimes de guerre définis par le Statut de Rome, des actes de terrorisme et des actes de tortures.

Comme le précise son exposé des motifs, cette loi consacre en droit sénégalais la compétence universelle pour permettre au Sénégal de se conformer à son obligation « *de réprimer les infractions graves telles que définies par les Conventions de Genève de 1949 et par d'autres instruments juridiques internationaux de même que les actes de terrorisme* » (*Sur la compétence universelle en général, V. A. CISSÉ, « La compétence universelle des juridictions pénales sénégalaises : l'affaire Hissène Habré », Africajuris, du 14 au 20 novembre 2002, p. 4 ; également, P. SY, « Le juge répressif sénégalais face à la compétence universelle : l'affaire Hissène Habré », Africajuris, n°6 ; D. CHILSTEIN, « De la retenue en matière de compétence universelle », in V. MALABAT, B. DE LAMY et M. GIACOPELLI (dir.), La réforme du Code pénal et du code de procédure pénale. Opinio doctorum, Paris, Dalloz, 2009, p. 25*). En effet, les articles 431-1 à 431-5, intégrés au Code pénal par la loi n° 2007-02 du 12 février 2007, ont introduit dans ce code les crimes de génocide, les crimes contre l'humanité, les crimes de guerre définis par le Statut de Rome.

Les articles 279-1 à 279-3, 295-1, insérés dans le Code pénal par la loi n° 2007-01 du 12 février 2007 (*JORS n° 6332 du 10 mars 2007, p. 2375*), répriment les actes de terrorisme et l'article 295-1 du CP sanctionnent les actes de tortures (*D. ROETS, « Le crime français de tortures et actes de barbarie à l'aune du droit international des droits de l'Homme », in Mélanges R. Koering-Joulin, p. 649*).

Mais force est de constater que les dispositions de l'article 669 du CPP ne prennent pas en compte le réaménagement de la liste des actes de terrorisme opéré par la loi n° 2016-29 du 08 novembre 2016 et la loi n° 2021-33 du 21 juillet 2021 modifiant le Code pénal.

La seule condition prévue par l'article 669 du CPP est que l'auteur de l'infraction doit se trouver *« sous la juridiction du Sénégal »* ou que « *la victime réside sur le territoire de République du Sénégal* ».

Malgré la confusion des régimes des compétences réelle et universelle entretenue par la loi n° 2007-05 du 12 février 2007 modifiant le Code de procédure pénale, il est certain que la condition liée à l'obtention de l'extradition de l'auteur de l'infraction par le Gouvernement du Sénégal, compréhensible en matière de compétence réelle, n'a pas vocation à s'appliquer à la compétence universelle.

Cette interprétation est confortée par l'exposé des motifs de la loi n° 2007-05 du 12 février 2007 précitée, selon lequel la compétence universelle est commandée par l'obligation du Sénégal de réprimer des infractions graves indépendamment du lieu où l'infraction a été commise, de la nationalité de son auteur *« pour peu que celui-ci ou la victime réside au Sénégal »*.

2. L'APPLICATION DE LA LOI PÉNALE DANS LE TEMPS

• Principe de la non-rétroactivité de la loi pénale

55. Cons. const. n° 11/93 du 23 juin 1993, Rabat d'arrêt, in Conseil constitutionnel du Sénégal. *Recueil des décisions-janvier 1993-mars 2019*, 2020, p. 64 ; I. M. FALL, *Les décisions et avis du Conseil constitutionnel du Sénégal*, Dakar, CREDILA, 2008, 89, obs. A. NDIAYE

La règle de la non-rétroactivité des lois n'a de valeur constitutionnelle qu'en matière pénale, conformément aux articles 6 de la Constitution, 8 de la Déclaration des Droits de l'Homme et du Citoyen de 1789 et 11.2 de la Déclaration universelle des Droits de l'Homme de 1948 ; en tout autre domaine, elle est un principe général du droit auquel la loi peut déroger ; qu'il s'ensuit que le législateur est en droit de donner un caractère rétroactif à une loi.

La modification, l'abrogation d'une loi comme la rétroactivité d'une loi nouvelle, ne peuvent remettre en cause des situations existantes, que dans le respect des droits et libertés de valeur constitutionnelle. S'il appartient au législateur, sous réserve de l'application immédiate de la loi pénale plus douce, de déterminer la date d'entrée en vigueur d'une loi, le pouvoir qui lui est ainsi conféré n'est pas sans limites.

LE CONSEIL CONSTITUTIONNEL,

Statuant en matière constitutionnelle, conformément à l'article 82 (alinéa premier) de la Constitution et à l'article premier de la loi n° 92-23 du 30 mai 1992 portant loi organique sur le Conseil constitutionnel, a rendu la décision dont la teneur suit :

Vu la Constitution, notamment en son article 82, alinéa premier ;

Vu la loi n° 92-23 du 30 mai 1992 portant loi organique sur le Conseil constitutionnel, notamment en son article 20 ;

Vu la loi n° 92-25 du 30 mai 1992 relative à la Cour de Cassation, notamment en son article 33;

Vu les requêtes en rabat d'arrêt du 17 novembre 1992 de Monsieur le Procureur général près la Cour de Cassation, d'ordre du Garde des Sceaux et du 22 novembre 1992 du conseil de la Compagnie multinationale Air Afrique ;

Vu la requête en date du 28 décembre 1992 de Maîtres Doudou NDOYE et Moustapha NDOYE, Avocats à la Cour, invoquant l'inconstitutionnalité de l'article 33, alinéa 2 de la loi organique n° 92-25 du 30 mai 1992 ;

Vu l'arrêt n° 1 du 19 février 1993 rendu par la Cour de Cassation, toutes Chambres réunies ;

Vu la lettre n° 245 du 3 juin 1993 du Greffier en chef de la Cour de Cassation, enregistrée le même jour au greffe du Conseil constitutionnel, sous le numéro 2/C/93 ;

Madame Marie-José CRESPIN ayant été entendue en son rapport ;

Après en avoir délibéré conformément à la loi ;

1. Considérant que par arrêt n° 1/C.C/C.R/93 du 19 février 1993, la Cour de Cassation, statuant toutes chambres réunies, a décidé :

de surseoir à statuer sur les requêtes en date des 17 et 22 novembre 1992 de Monsieur le Procureur général près la Cour de Cassation, d'ordre du Garde des Sceaux et de la Compagnie Multinationale Air Afrique, représentée par Maître Rasseck BOURGI, Avocat à la Cour, aux fins de rabat de l'arrêt n° 34 du 11 Avril 1990, rendu par la deuxième Section de la Cour suprême, statuant en matière sociale, dans le litige opposant la compagnie précitée à cinq de ses ex-agents ;

de saisir le Conseil constitutionnel de l'exception d'inconstitutionnalité de l'article 33, alinéa 2 de la loi organique n° 92-25 du 30 mai 1992 relative à la Cour de Cassation et soulevée par Maîtres Doudou NDOYE et Moustapha NDOYE, Avocats à la Cour représentant ces cinq ex-agents d'Air Afrique, défendeurs au recours en rabat d'arrêt ;

(...)

– SUR LE PRINCIPE DE LA NON-RÉTROACTIVITÉ DES LOIS :

6. Considérant qu'en instituant, par le vote de la loi organique n° 92-25 du 30 mai 1992, une nouvelle voie de recours qu'est le rabat d'arrêt, et en décidant de l'appliquer aux décisions de l'ancienne Cour suprême, le législateur a conféré à ladite loi un caractère rétroactif ;

7. Considérant que la règle de la non-rétroactivité des lois n'a de valeur constitutionnelle qu'en matière pénale, conformément aux articles 6 de la Constitution, 8 de la Déclaration des Droits de l'Homme et du Citoyen de 1789 et 11.2 de la Déclaration universelle des Droits de l'Homme de 1948 ; qu'en tout autre domaine, elle est un principe général du droit auquel la loi peut déroger ; qu'il s'ensuit que le législateur est en droit de donner un caractère rétroactif à une loi ;

8. Considérant, néanmoins, que la modification, l'abrogation d'une loi comme la rétroactivité d'une loi nouvelle, ne peuvent remettre en cause des situations existantes, que dans le respect des droits et libertés de valeur constitutionnelle ;

Qu'en effet, s'il appartient au législateur, sous réserve de l'application immédiate de la loi pénale plus douce, de déterminer la date d'entrée en vigueur d'une loi, le pouvoir qui lui est ainsi conféré n'est pas sans limites ;

(...)

DÉCIDE :

Article premier.- L'exception d'inconstitutionnalité soulevée devant la Cour de Cassation et relative au rabat de l'arrêt n° 34 du 11 avril 1992 de la Cour suprême est recevable.

Article 2.- L'alinéa 2 de l'article 33 de la loi organique n° 92-25 du 30 mai 1992, sur la Cour de Cassation, n'est pas conforme à la Constitution.

Article 3.- Il ne peut plus être fait application de cette disposition conformément à l'article 20 de la loi organique n° 92-23 du 30 mai 1992 sur le Conseil constitutionnel.

Article 4.- La présente décision sera notifiée au Président de la République, au Président de l'Assemblée nationale et aux auteurs du recours.

Article 5.- La présente décision sera publiée au *Journal officiel* du Sénégal.

• Principe de non-rétroactivité des règlements

56. CS, ch. adm. n°52 du 10 novembre 2022, *le Syndicat des Armateurs en Container du Sénégal dit « SACS » c/ État du Sénégal (AJE), inédit*

Le principe de non-rétroactivité suppose qu'une réglementation nouvelle ne puisse régir que des situations juridiques postérieures à son entrée en vigueur.

Qu'à travers l'article 12 de l'arrêté interministériel du 27 juillet 2021 qui dispose que les pénalités portant sur la détention des conteneurs ou sur les immobilisations de matériels de transport et antérieures à la signature du présent arrêté sont annulées, l'autorité administrative règlemente les situations juridiques entièrement constituées telles des créances résultant des conventions commerciales nées entre des acteurs privés et des engagements en cours d'exécution, sous l'empire de l'arrêté du 17 janvier 2018. En l'absence de dispositions législatives l'y autorisant et de dispositions transitoires, l'arrêté précité ne saurait régir des situations juridiques dont les effets ont été entièrement consommés sous l'empire de l'ancien arrêté ou éteintes antérieurement à son entrée en vigueur ; ainsi, l'autorité administrative a méconnu le principe de la non rétroactivité du règlement.

ENTRE :

Le Syndicat des Armateurs en Container du Sénégal dit « SACS »: prise en la personne de ses représentants légaux ayant son siège à la Direction générale de Maersk Line Sénégal, km 3,5 Boulevard du Centenaire de la Commune de Dakar faisant élection de domicile en l'étude de Me Assane Dioma Ndiaye, Avocat à la Cour ;

DEMANDEUR,

D'une part,

ET :

L'État du Sénégal pris en la personne de Monsieur l'agent judiciaire de l'État, en ses bureaux sis au Ministère de l'Économie et des Finances, building Peytavin, Avenue de la République x Avenue Carde à Dakar ;

DEFENDEUR,

D'autre part,

Vu la requête reçue le 7 décembre 2021 au greffe central par laquelle le Syndicat des Armateurs en Container du Sénégal (SACS) élisant domicile en l'étude de Maître Assane Dioma Ndiaye, avocat à la cour, sollicite l'annulation de la décision implicite de rejet de son recours gracieux contre l'arrêté interministériel n°026864 du 27 juillet 2021 des Ministres des Infrastructures, des Transports terrestres et du Désenclavement, du Commerce, des petites et moyennes Entreprises, des Pêches et de l'Economie maritime portant règlementation du transport routier et de la livraison de conteneurs en provenance ou à destination du Port de Dakar ;

Vu la loi organique n°2017-09 du 17 janvier 2017, modifiée par la loi organique n°2022-16 du 23 mai 2022 sur la Cour suprême;

Après en avoir délibéré conformément à la loi ;

Considérant que les Ministres des Infrastructures, des Transports terrestres et du Désenclavement, du Commerce, des petites et moyennes Entreprises, des Pêches et de l'Économie maritime ont pris, le 27 juillet 2021, un arrêté interministériel portant réglementation du transport routier et de la livraison de conteneurs en provenance ou à destination du Port de Dakar ;

Qu'à la suite de son recours gracieux formé le 16 août 2021 et resté plus quatre mois sans réponse, le Syndicat des Armateurs en Container du Sénégal (SACS) a introduit la présente requête en articulant trois moyens tirés de la violation du principe de la non rétroactivité, de l'erreur manifeste d'appréciation et de la violation de la liberté d'entreprendre et du principe d'égalité des citoyens ;

(...)

Sur le premier moyen tiré de la violation du principe de la non rétroactivité de la loi en ce que l'arrêté attaqué, en énonçant que les pénalités portant sur la détention des conteneurs ou sur les immobilisations de matériels de transport et antérieures à la signature du présent arrêté sont annulées, remet en cause les rapports commerciaux entre acteurs privés, alors qu'en vertu du principe de la non rétroactivité, les opérations ou prestations commerciales déjà constituées et conclues entres privés sous l'empire de l'arrêté du 17 janvier 2018 ne peuvent valablement être remises en cause ;

Considérant que le principe de non-rétroactivité suppose qu'une réglementation nouvelle ne puisse régir que des situations juridiques postérieures à son entrée en vigueur ;

Considérant que l'article 12 de l'arrêté interministériel du 27 juillet 2021dispose que « les pénalités portant sur la détention des conteneurs ou sur les immobilisations de matériels de transport et antérieures à la signature du présent arrêté sont annulées » ;

Qu'à travers cette disposition, l'autorité administrative règlemente les situations juridiques entièrement constituées telles des créances résultant des conventions commerciales nées entre des acteurs privés et des engagements en cours d'exécution, sous l'empire de l'arrêté du 17 janvier 2018 ;

Considérant qu'en l'espèce, en l'absence de dispositions législatives l'y autorisant et de dispositions transitoires, l'arrêté attaqué ne saurait régir des situations juridiques dont les effets ont été entièrement consommés sous l'empire de l'ancien arrêté ou éteintes antérieurement à son entrée en vigueur ;

Qu'ainsi, l'autorité administrative a méconnu le principe de la non rétroactivité du règlement ;

Sur le deuxième moyen, en ses quatre branches réunies, pris d'une erreur manifeste d'appréciation en ce que l'arrêté attaqué prévoit :

que les blocages ne sont plus autorisés aux compagnies maritimes qui doivent se référer à l'autorité portuaire pour se prononcer sur les différends nés des facturations, alors qu'aucune autorité de régulation indépendante n'est encore légalement mise en place au port ;

la restitution des conteneurs visés doit se faire dans les ICD (ports secs) ou dans les dépôts de conteneurs situés dans un rayon maximum de 4 km de l'enceinte portuaire et oblige les armateurs à faire de lourds investissements, inappropriés et irréalistes en mettant en place des ICD, à moins de s'arranger pour se situer dans le périmètre qu'il a défini ;

les valeurs de remplacement des conteneurs DRY et spéciaux, alors que ces barèmes remettent en cause les tarifications qui ont toujours eu cours et, de toute évidence, ne tiennent pas compte des lourds investissements en termes d'équipements exigés pour ce transport spécifique, violant ainsi leurs droits acquis en matière de tarification ;

que les délais de franchise de détention sont de quatre jours pour la Région de Dakar, cinq jours pour la Région de Thiès, huit jours pour les autres régions et 23 jours pour les autres corridors, la journée de détention équivalant à vingt-quatre (24) heures accomplies, alors que les délais étaient respectivement de quarante-huit (48) heures, quatre (4) et six (6) jours et a revu à la hausse les franchises au bénéfice des transporteurs et des clients, sans aucunement tenir compte de l'immobilisation de l'outil de travail de l'armateur ni recueillir son avis sur la question ;

Considérant que l'erreur manifeste d'appréciation s'analyse en une erreur apparente et grave rendant la décision inadaptée aux motifs qui l'ont provoquée ou est constituée lorsque l'administration s'est trompée de manière grossière dans l'appréciation des faits qui ont motivé sa décision ;

Considérant que l'article 11 de l'arrêté interministériel prévoit que les différends nés des facturations doivent, au préalable, être soumis à l'arbitrage de l'organe de régulation établi au sein du Port autonome de Dakar ;

Considérant qu'en l'espèce, le SACS ne précise pas en quoi l'autorité administrative qui prévoit la saisine ou l'intervention d'un organe de régulation pour le règlement des différends nés des activités au sein du Port de Dakar a commis une erreur manifeste d'appréciation ;

Qu'en outre, l'argument selon lequel ledit organe de régulation n'est pas encore créé, n'entache en rien la légalité de l'acte incriminé dès lors que l'autorité administrative peut, à tout moment, prendre les dispositions nécessaires pour le mettre en place ;

Considérant que s'agissant de la restitution des conteneurs, le requérant ne critique pas la légalité de l'acte attaqué mais plutôt sa pertinence par rapport au coût des investissements que l'application des dispositions pourraient engendrer pour ses membres ;

Considérant que sur les valeurs de remplacement des conteneurs DRY et spéciaux, il ne peut y avoir de droits acquis au maintien d'un acte réglementaire dès lors que l'acte attaqué a pour objet d'organiser le service du transport public au sein du port ;

Considérant que pour les délais de franchises des détentions, le SACS ne précise pas en quoi la hausse des délais de franchise de détention, applicable à tous, est un facteur de déséquilibre ou d'inégalité de traitement entre armateurs, transporteurs et clients et aucune disposition ne fait obligation à l'autorité administrative de recueillir son avis avant de prendre de la décision attaquée;

Qu'il s'ensuit que le moyen n'est pas fondé ;

(...)

PAR CES MOTIFS

Annule l'arrêté interministériel n°026864 du 27 juillet 2021 portant règlementation du transport routier et de la livraison de conteneurs en provenance ou à destination du Port de Dakar mais uniquement en son article 12 en ce qu'il annule les pénalités portant sur les détentions de conteneurs ou sur les immobilisations de matériels de transport et antérieures à sa signature.

- **Principe de la non-rétroactivité de la loi pénale**

57. TGIHC Dakar, ch. crim. n° 91 du 19 juillet 2018, *https://juricaf.org*

Le principe de légalité des poursuites pénales exige que tout comportement pénalement répréhensible soit apprécié à la lumière du droit en vigueur au moment de sa commission et que les faits commis avant l'entrée en vigueur de la loi nouvelle et qui n'ont pas encore fait l'objet de jugement restent soumis à la loi en vigueur au moment de la commission des faits, si les dispositions de cette loi sont moins sévères que celles de la loi nouvelle.

LA CHAMBRE,

Attendu que par ordonnance en date du 15 décembre 2017, rectifiée le 19 mars 2018, le Doyen des juges d'instruction a renvoyé devant la chambre criminelle du Tribunal de grande Instance de céans, siégeant en formation spéciale les nommés :

1. Numéro 1 alias A.B.N et autres

Sous les accusations,

- CONTRE TOUS,

- D'avoir à Dakar, courant année 2015, en tout cas avant temps non couvert par la prescription de l'action publique, commis intentionnellement, en relation avec une entreprise individuelle ou collective, ayant pour but de troubler l'ordre public ou le fonctionnement normal des institutions nationales ou internationales, par l'intimidation ou la terreur, les infractions suivantes:

1- les attentats et complots visés par les articles 72 à 76 et 84 du Code pénal;

2- les crimes commis par participation à un mouvement insurrectionnel visé par les articles 85, 86 et 87 du Code pénal;

3- les violences et voies de fait commises par les personnes et les destructions ou dégradations commises lors de rassemblement et visés par l'article 98 du Code pénal;

4- les enlèvements et séquestrations prévus par les articles 334 et 337 du Code pénal ;

5- les destructions, dégradations, dommages visés aux articles 406 à 409 du Code pénal;

6- la dégradation des biens appartenant à l'Etat ou intéressant la chose prévue par l'article 225 du Code pénal ;

7- l'association de malfaiteurs prévue par les articles 238 à 240 du Code pénal ;

8- les atteintes à la vie prévues par les articles 280 à 289 du Code pénal;

9- les menaces prévues par les articles 290 à 293 du Code pénal ;

Faits prévus et punis par l'article 279-1 du Code pénal ;

- D'avoir dans les mêmes circonstances de temps et de lieu, par quelque moyen que ce soit, directement ou indirectement, délibérément fourni, réuni, géré ou tenté de fournir, réunir ou gérer des fonds, biens, services financiers ou autres dans l'intention de les voir utiliser ou en sachant qu'ils seront utilisés en tout ou partie pour commettre:

- un acte constitutif d'une infraction au sens de l'un des instruments juridiques internationaux énumérés en annexe de la loi uniforme n° 2009-16 du 02 mars 2009 relative à la lutte contre le financement du terrorisme, indépendamment de la survenance d'un tel acte;

- tout autre acte destiné à tuer ou blesser grièvement un civil ou toute autre personne qui ne participe pas directement aux hostilités dans une situation de conflit armé, lorsque, par sa nature ou son contexte cet acte vise à intimider une population ou à contraindre un gouvernement ou une organisation internationale à accomplir ou à s'abstenir d'accomplir un acte quelconque, avec cette circonstance que l'infraction de financement du terrorisme a été commise en bande organisée;

- D'avoir dans les mêmes circonstances de temps et de lieu, par quelque moyen que ce soit, établi une entente ou participé à une association, en vue de commettre ou de préparer à commettre un fait constitutif du financement du terrorisme ou pour commettre ledit fait, aider ou inciter ou d'en faciliter l'exécution ;

Faits prévus et punis par les articles 279-3 du Code pénal et 4, 5, 6, 32, 33, 34 de la loi uniforme numéro 2009-16 du 02 mars 2009 relative à la lutte contre le financement du terrorisme ;

- D'avoir dans les mêmes circonstances de temps et de lieu, par quelque moyen que ce soit intentionnellement converti, transféré ou manipulé des sommes d'argent qu'ils savaient provenir d'un crime ou d'un délit dans le but de dissimuler ou déguiser l'origine illicite desdits biens ou d'aider une personne impliquée dans la commission de ce crime ou délit à échapper aux conséquences judiciaires de ses actes ;

Faits prévus et punis par les articles 2, 3, 37 à 41 et 45 de la loi uniforme numéro 2004-09 du 06 février 2004 relative à la lutte contre le blanchiment de capitaux;

- CONTRE,

Numéro 1 alias A.B.N, Numéro 2 alias S. ou B.Z., Numéro 3 , Numéro 4 alias A.N. ,Numéro 8 alias «A.A. », Numéro 9 alias « A.H.»

- D'avoir dans les mêmes circonstances de temps et de lieu fait l'apologie des crimes visés par les articles 279-1 à 279-3 du Co de pénal en faisant usage des moyens prévus par l'article 248 du Code pénal en l'espèce les groupes de réseaux sociaux « AG, Whatsapp, Telegram ... » ;

Faits prévus et punis par l'article 279- 5 du Code pénal ;

- CONTRE,

Numéro 1 alias A.B.N et Numéro 12,

- D'avoir, dans les mêmes circonstances de temps et de lieu détenu, sans au préalable disposer d'une autorisation administrative, le premier, un pistolet de calibre 22 et 8 munitions de calibre 12 mn et le second des munitions de calibre 4,5 mm ;

Faits prévus et punis par la loi n°66-03 du 18/01/1966 relative au régime général des armes et des munitions ;

Attendu que suivant jugement en date du 10 avril 2018, la chambre s'est déclarée incompétente à l'égard de l'accusé Numéro 20, mineur au moment des faits ;

Que tous les autres accusés ont comparu à l'audience ;

Qu'il échet de statuer contradictoirement à leur égard ;

- EN LA FORME

- Sur l'exception tirée de l'illégalité des poursuites ;

Attendu que les conseils de la défense ont sollicité l'annulation des poursuites sur le fondement de l'article 4 du Code de procédure pénale et pour violation du principe de non rétroactivité des lois pénales ;

Qu'ils ont articulé que le juge d'instruction a visé les articles 279-1 à 279-19 de la loi n°2016-29 du 08 novembre 2016 portant modification du Code de procédure pénale comme base légale des poursuites alors que cette loi n'est pas applicable aux faits de l'espèce ;

Qu'en effet, selon eux, cette loi n'était pas en vigueur au moment des premières arrestations des accusés en 2015 et qu'il n'est indiqué ni dans le réquisitoire définitif ni dans l'ordonnance de renvoi que les accusés ont commis des faits postérieurement à l'entrée en vigueur de ce texte ;

Qu'ils ont soutenu que la loi n°2007-01 du 12 février 2007 étant abrogée par l'article 3 de la loi n°2016-29 du 08 novembre 2016, aucune condamnation ne peut être prononcée sur la base de celle-là ;

Qu'enfin, ils ont estimé que la loi de 2016 est plus sévère en ce qu'elle a modifié les éléments constitutifs de l'acte de terrorisme et créé de nouvelles infractions ;

Attendu que dans ses réquisitions, le Ministère public a sollicité le rejet du moyen soulevé ;

Qu'il a estimé qu'aucun principe n'a été violé et qu'il n'a pas été fait référence à la loi du 08 novembre 2016 dans les procès-verbaux d'interrogatoire de première comparution ;

SUR CE

Attendu que l'article 4 du Code pénal dispose « nul crime, nul délit, nulle contravention ne peuvent être punis de peines qui n'étaient pas prévues par la loi ou le règlement avant qu'ils fussent commis» ;

Que le principe de légalité des poursuites pénales posé par ce texte, exige que tout comportement pénalement répréhensible soit apprécié à la lumière du droit en vigueur au moment de sa commission ;

Attendu qu'en l'espèce, l'accusation porte sur les infractions d'actes de terrorisme, d'apologie du terrorisme, de financement du terrorisme en bande organisée, de blanchiment de capitaux dans le cadre d'activités terroristes et de détention d'arme et de munitions de la 3ème catégorie sans autorisation administrative ;

Attendu que ces infractions sont prévues et punies par la loi n°2007-01 du 12 février 2007 portant modification du Code pénal, la loi uniforme n°2009-16 du 02 mars 2009 relative à la lutte contre le financement du terrorisme, la loi uniforme n°2004-09 du 06 février 2004 portant lutte contre le blanchiment de capitaux et la loi n°66-03 du 18 janvier 1966 relative au régime général des armes et des munitions ;

Attendu qu'il est vrai, comme l'ont relevé les conseils de la défense, que loi n°2007-01 du 12 février 2007 a été abrogée et remplacée par la loi n°2016-29 du 08 novembre 2016 qui dispose en son article 3 que « les articles 279-1 à 279-5 sont abrogés et remplacés par le titre II du livre III du Code pénal » ;

Que cependant, un examen attentif des dispositions des deux lois, montre que le législateur n'a jamais entendu enlever de l'ordonnancement juridique les dispositions réprimant le terrorisme, mais simplement les modifier en reprenant l'ensemble des incriminations figurant dans la loi de 2007 ;

Qu'en d'autres termes, sous l'empire de l'ancienne loi, comme sous celui de la nouvelle, les faits d'actes de terrorisme gardent toujours leur caractère d'infraction à la loi pénale ;

Que ce souci du législateur transparaît nettement d'ailleurs dans l'emploi des termes « abrogés et remplacés » ;

Que ces observations étant faites, il importe de rappeler que si en principe la loi nouvelle exclut toute concurrence de la loi ancienne qu'elle a vocation à remplacer pour l'avenir, il n'en demeure pas moins qu'il est admis, en considération des impératifs de sécurité juridique, que les faits commis avant l'entrée en vigueur de la loi nouvelle et qui n'ont pas encore fait l'objet de jugement, restent soumis à la loi en vigueur au moment de la commission des faits, si les dispositions de cette loi sont moins sévères que celles de la loi nouvelle;

Que dans la présente cause, les faits de terrorisme visés dans l'ordonnance de renvoi étant supposés commis entre 2012 et 2015, c'est la loi n° 2007-01 du 12 février 2007 qui est applicable, puisque c'est elle qui était en vigueur au moment des faits et, quand bien même les deux lois infligent des peines de même nature pour les infractions qualifiées d'acte de terrorisme, savoir les travaux forcés à perpétuité, cette loi doit être considérée comme moins sévère que celle de 2016 qui a introduit de nouveaux éléments dans la définition de l'acte de terrorisme et élargi considérablement le champ d'application de la loi par la création de nouvelles infractions ;

Qu'au demeurant, même si le juge d'instruction a visé dans l'ordonnance de renvoi les articles 279-1 à 279-19 du Code pénal, ce qui suppose l'application de la loi de 2016, il reste que cela n'a aucune incidence sur la légalité des poursuites, puisque que lesdits visas ne lient pas la chambre, à qui il revient de rechercher les textes applicables au moment de la commission des faits ;

Qu'ainsi, il s'infère des développements qui précèdent que l'exception tirée de l'absence de base légale des poursuites n'est pas fondée ;

Qu'il échet par conséquent de la rejeter ;

(...)

- PAR CES MOTIFS :

Statuant publiquement, contradictoirement, en matière criminelle et en premier ressort ;

EN LA FORME

Rejette l'exception tirée de l'illégalité des poursuites comme mal fondée;

Annule le procès-verbal de première comparution de l'accusé Numéro 25 en date du 28 Juillet 2016 et tous les actes subséquents le concernant ;

Ordonne en conséquence sa libération d'office s'il n'est détenu pour autre cause;

Rejette toutes les autres exceptions de nullité soulevées comme mal fondées ;

Déclare l'action publique recevable ;

AU FOND

Rejette la demande d'expertise formulée par Numéro 26 ;

Acquitte Numéro 3, Numéro 4 alias A.N, Numéro 6, Numéro 5 alias « Imam A.», Numéro 3, Numéro 7, Numéro 18, Numéro 15, Numéro 19, Numéro 14, Numéro 13, Numéro 23, Numéro 24, Numéro 12 et Numéro 11 de tous les chefs d'accusation retenus contre eux ;

Acquitte Numéro 1 alias A.B.N des crimes d'actes de terrorisme et de financement du terrorisme en bande organisée, ainsi que des délits de blanchiment de capitaux, d'apologie du terrorisme et de détention de munition sans autorisation administrative ;

Acquitte Numéro 8 alias «A.A.», Numéro 17 alias «A.Y.», Numéro 9 alias « A.H.», Numéro 27 alias «A.O.», Numéro 28 alias «A.Z.», Numéro 29 alias «A.Z.», Numéro 10 alias «A.M.», Numéro 16 alias « A.J.», Numéro 30 alias « A.D.», Numéro 22 alias « A.K.», Numéro 21 alias « A.M.», Numéro 26 et Numéro 2 alias S. ou B.Z. des chefs de crime du financement du terrorisme en bande organisée, du délit de blanchiment de capitaux, du crime d'actes de terrorisme par attentats et complots, par crimes commis par participation à un mouvement insurrectionnel, par violences ou voies de fait commises contre les personnes et les destruction ou dégradations commises lors de rassemblements, par enlèvements et séquestrations, destructions, dégradations, dommages, par dégradation des biens appartenant à l'Etat ou intéressant la chose publique, par atteintes à la vie, par menaces, par blessures et coups volontaires, par fabrication ou détention d'armes prohibées, par vols et extorsions ;

Acquitte également Numéro 2 alias S. ou B.Z., Numéro 8 alias «A.A.» et Numéro 9 alias « A.H.» du délit d'apologie du terrorisme ;

Requalifie les faits de détention d'arme de la 3ème catégorie initialement reprochés à Numéro 1 alias A.B.N en détention d'arme de la 2ème catégorie sans autorisation administrative ;

Le déclare coupable de ce chef ;

Déclare Numéro 8 alias «A.A.», Numéro 17 alias «A.Y.», Numéro 9 alias « A.H.», Numéro 27 alias «A.O.», Numéro 28 alias «A.Z.», Numéro 29 alias «A.Z.», Numéro 10 alias «A.M.»,

Numéro 16 alias « A.J.», Numéro 30 alias « A.D.», Numéro 22 alias « A.K.», Numéro 21 alias « A.M.», Numéro 26 et Numéro 2 alias S. ou B.Z. coupables du crime d'acte de terrorisme par association de malfaiteurs :

Condamne Numéro 8 alias «A.A.» à une peine de vingt (20) ans de travaux forcés ;

Condamne Numéro 17 alias «A.Y.», Numéro 27 alias «A.O.» et Numéro 26 à une peine de quinze (15) ans de travaux forcés ;

Condamne Numéro 9 alias « A.H.», Numéro 28 alias «A.Z.», Numéro 16 alias « A.J.», Numéro 30 alias « A.D.», Numéro 22 alias « A.K.» et Numéro 21 alias « A.M.» à une peine de dix (10) ans de travaux forcés ;

Condamne Numéro 29 alias «A.Z.», Numéro 10 alias «A.M.», et Numéro 2 alias S. ou B.Z. à une peine de cinq (5) ans de travaux forcés ;

Condamne Numéro 1 alias A.B.N à une peine d'un (1) mois d'emprisonnement assortie du sursis;

Ordonne la confiscation de l'arme automatique de calibre 12 mm saisie sur Numéro 1 alias A.B.N;

Ordonne la confiscation au profit du Trésor public de la somme de quatorze mille cinq cents (14 500) Euros saisie sur Numéro 3 et celle de quatorze mille (14 000) Euros consignée par Numéro 1 alias A.B.N ;

Ordonne la restitution de tous autres biens, deniers ou objets saisis et appartenant aux accusés acquittés ;

- Condamne Numéro 8 alias «A.A.», Numéro 17 alias «A.Y.», Numéro 9 alias « A.H.», Numéro 27 alias «A.O.», Numéro 28 alias «A.Z.», Numéro 29 alias «A.Z.», Numéro 10 alias «A.M.», Numéro 16 alias« A.J.», Numéro 30 alias « A.D.», Numéro 22 alias « A.K.», Numéro 21 alias « A.M.», Numéro 26, Numéro 2 alias S. ou B.Z.et Numéro 1 alias A.B.N aux dépens ;

Le tout en application des articles 2 et 37 de la loi n° 2004-09 du 06 février 2004, relative à la lutte contre le blanchiment de capitaux, 4 et 32 de la loi n° 2009-16 du 02 mars 2009, relative à la lutte contre le financement du terrorisme, 279-1, 279-4 et 279-5 de la loi n° 2007-01 du 12 février 2007 portant modification du Code pénal, 13 et 14 de la loi n°66-03 du 18 janvier 1966 relative au régime général des armes et des munitions, l'article 1er du décret n°66-889 du 17 novembre 1966 fixant les modalités d'application de la ladite loi, 4, 44-2, 432 du Code pénal, 101, 147, 164, 166, 704 et suivants du Code de procédure pénale, 294, 295 alinéa 1, 301 et 302 de la loi n°2016-30 du 08 novembre 2016 portant modification du Code de procédure pénale.

OBSERVATIONS

Le principe de la non-rétroactivité signifie que la loi nouvelle ne s'applique que pour l'avenir. En matière civile, on retrouve en filigrane ce principe dans les dispositions de l'article 831 du Code de la Famille.

Selon ce texte, la loi nouvelle « *régit les actes et faits juridiques postérieurs et les conséquences que la loi tire des actes ou faits qui ont précédé sa mise en application* » (*Pour des applications de ce principe, CA Dakar, ch. civ. comm. n° 301 du 16 avril 2007, I. O. c/ la Soc. Conf. T. L., inédit ; CA Dakar, c. civ. n° 84, 02 juin 2014, la comp. d'Ass. NSIA c/ H. V., inédit : « Aux termes d'un principe de droit, la loi ne disposant que pour l'avenir ; n'ayant point d'effet rétroactif, elle ne peut s'appliquer qu'aux conventions ou actes ou faits juridiques nés sous son empire »*).

Corollaire du principe de la légalité, la non-rétroactivité de la loi pénale est un principe fondamental qui assure la protection de la liberté individuelle (*S. VAN DROOGHENBRŒK, « Interprétation jurisprudentielle et non-rétroactivité de la loi pénale », RTDH 1996, p. 463 ; J.-P. DOUCET, « L'entrée en vigueur d'une nouvelle loi d'incrimination », Gaz. pal. 1990. 2. doctr. 130)*. La loi pénale n'est légitime que si elle prévient avant de réprimer (*lex moneat priusquam feriat*) (*J. CALVO, « La notion de prévisibilité infractionnelle », LPA 24 octobre 1997, no 128, p. 4 s. ; J. BOURIN, « Échec aux conséquences funestes des revirements en droit pénal », Gaz. pal. 1995. 2. Doctr. 343 ; S. VAN DROOGHENBRŒK, op. cit, p. 463*). Dans un État de droit attaché au principe de la légalité criminelle, il est impensable que les citoyens soient punis pour des actes non prévus par la loi au moment de leur commission (*C. cass. n° 45 du 24 mars 1999, A. T. et 68 autres c/ la Soc. Sav. SALY, inédit ; Cons. const., 30 décembre 1982, n° 82-155 DC, Lebon, p. 88, cons. n° 32 et 33 ; RDP 1983, p. 333, note L. Favoreu ; adde N. MOLFESSIS, Le Conseil constitutionnel et le droit privé, Paris, LGDJ, 1997, n° 236 s.)*

Il est tout aussi inadmissible que les individus soient sanctionnés pour des faits incriminés seulement après leur commission, puisqu'ils n'ont pas été solennellement mis en garde par le législateur. Aux termes de l'article 9, alinéa 2 de la Constitution du Sénégal : « *Nul ne peut être condamné si ce n'est en vertu d'une loi entrée en vigueur avant l'acte commis » (V. également l'art. 4 du CP*).

Dans l'affaire Mamadou MBODJ jugée le 27 avril 1981, la Cour d'Appel de Dakar a considéré que l'article 4 du Code pénal, «*qui consacre le principe de la légalité des délits et des peines exige du législateur de faire des lois précises et non rétroactives* » (*CA Dakar, n° 289 du 27 avril 1981, MP c/ M. MB. inédit*).

Dans une décision rendue le 23 juin 1993, le Conseil constitutionnel sénégalais s'est prononcé sur la valeur du principe de la non-rétroactivité des lois. Il a jugé que ce principe « *n'a de valeur constitutionnelle qu'en matière pénale, conformément aux articles 6 de la Constitution, 8 de la Déclaration des droits de l'homme et du citoyen de 1789 et 11.2 de la Déclaration universelle des droits de l'homme de 1948* » (*Cons. const. n° 11/93 du 23 juin 1993, Rabat d'arrêt, in I. M. FALL, Les décisions et avis du Conseil constitutionnel du Sénégal, Dakar, CREDILA, 2008, 89, obs. A. NDIAYE. Pour commentaire de cette décision, EL H. MBODJ, « La mise à mort du rabat d'arrêt ? Observations s/c Conseil constitutionnel : 23 juin 1993 », Revue EDJA, n° 23, octobre-novembre-décembre 1994, p. 80).*

Le juge constitutionnel a précisé que la rétroactivité d'une loi nouvelle ne peut remettre en cause des situations existantes que dans le respect des droits et libertés de valeur constitutionnelle (*G. LEVASSEUR, « Opinions hétérodoxes sur les conflits de lois répressives dans le temps », Mélanges J. Constant, Faculté de droit de Liège, 1971, p. 189 ; du même auteur, « Le domaine d'application dans le temps des lois relatives à l'exécution des sanctions répressives », Mélanges A. VITU, Paris, Cujas 1989, p. 349 ; A. DEKEUWER, « La rétroactivité in mitius en droit pénal : un principe encore et toujours contesté ! », JCP G. 1997, I, 4063 ; J. LARGUIER et A.-M. LARGUIER, « Le rejet de l'analyse rétroactive en droit pénal », RSC 1972, p. 759 ; C. A. FOPA TAPON, « Le principe constitutionnel de la non-rétroactivité des lois : radioscopie d'un principe « méprisé » par le législateur camerounais»: http://afrilex.u-bordeaux ; J. A-M. LARGUIER, « Le rejet de l'analyse rétroactive en matière pénale », RSC 1972, p. 759; T. PIAZZON, « Le principe de non-rétroactivité de la loi pénale, in Code pénal et Code d'instruction criminelle, Livre du bicentenaire, Paris, Dalloz 2010, p. 127*).

Le législateur se voit interdire la faculté de faire rétroagir, non pas seulement les peines plus sévères prononcées par le juge répressif, mais plus largement «*toute sanction ayant le caractère d'une punition même si le législateur a cru devoir laisser le soin de la prononcer à une autorité de nature non judiciaire*» (*Cons. const., 30 décembre 1982, n° 82-155 DC*).

Le principe de la non-rétroactivité s'applique aux règlements. La chambre administrative de la Cour suprême a jugé, dans un arrêt du 10 novembre 2022, qu'un arrêté interministériel du 27 juillet 2021, qui dispose que les pénalités portant sur la détention des conteneurs ou sur les immobilisations de matériels de transport et antérieures à la signature du présent arrêté sont annulées, règlemente les situations juridiques entièrement constituées telles des créances résultant des conventions commerciales nées entre des acteurs privés et des engagements en cours d'exécution, sous l'empire de l'arrêté du 17 janvier 2018 (*CS, ch. adm. n°52 du 10 novembre 2022, le Syndicat des Armateurs en Container du Sénégal dit « SACS » c/ Etat du Sénégal (AJE), inédit)*. Ainsi, estime le juge administratif, en l'absence de dispositions législatives l'y autorisant et de dispositions transitoires, l'arrêté précité ne saurait régir des situations juridiques dont les effets ont été entièrement consommés sous l'empire de l'ancien arrêté ou éteintes antérieurement à son entrée en vigueur. Dès lors, un tel arrêté méconnaît le principe de la non-rétroactivité du règlement.

- **Principe de l'application immédiate des lois pénales de procédure**

58. CS ch. pén. n° 35 du 15 mai 1976, S.P.C.A., *C.R. et André THUBET c/ M.P. et Administration des Douanes, P.C., Rev. sén. dr.* n° 30, juillet-août-septembre 1983, p. 77

Les lois nouvelles sur la prescription pénale peuvent, en principe, seulement s'appliquer dès leur promulgation, il en va autrement lorsque, les dispositions nouvelles ne font que reproduire celles précédemment en vigueur ; en pareil cas, c'est à bon droit que la cour d'appel a décidé de l'application du Code de procédure pénale aux faits antérieurement commis.

LA COUR,

Attendu par déclaration souscrite au greffe de la Cour d'Appel de Dakar le 6 juillet 1972, le A.T. s'est pourvu en cassation contre na 374 rendu le 3 juillet de la année par la chambre correctionnelle de Cour d'Appel de Dakar qui a le rendu le 2 décembre 1965 par lequel le requérant a été, pour importation frauduleuse de marchandises, condamné à la peine de 50 000 francs d'amende avec sursis, à la confiscation des marchandises litigieuses et à une amende de 964 116 francs égale à la valeur de ces marchandises ;

(…)

AU FOND,

Sur la confiscation :

Sur le moyen pris de la non application, en ce qui concerne la prescription pénale du Code de procédure pénale en ce que les dispositions dudit code, entrées seulement en vigueur après le renvoi de l'affaire devant le tribunal correctionnel ne pouvaient être invoquées pour le règlement d'une instruction déjà clôturée ;

Mais attendu que si les lois nouvelles sur la prescription pénale peuvent, en principe, seulement s'appliquer dès leur promulgation, il en va autrement lorsque, comme en l'espèce, les dispositions nouvelles ne font que reproduire celles précédemment en vigueur ; qu'en pareil cas, c'est à bon droit que la cour d'appel a décidé de l'application du Code de procédure pénale aux faits antérieurement commis ;

(…)

PAR CES MOTIFS

Dit n'y avoir lieu à statuer sur le pourvoi du sieur A. T. , l'action publique éteinte ;

Rejette le pourvoi formé par la société Parisienne des Comptoirs Africains ;

Condamne ladite Société aux dépens ;

Prononce la confiscation de l'amende consignée ;

Ordonne l'exécution du présent arrêt à la diligence de Monsieur le Procureur général près la Cour suprême.

- **Principe de l'application immédiate des lois pénales de procédure**

59. CS ch. crim. n°001 du 03 janvier 2019, *Khalifa Ababacar SALL et autres c/ MP et État du Sénégal représenté par l'Agent judiciaire de l'État, inédit*

Une loi nouvelle, notamment, en matière de prescription, qui ne modifie ni les caractéristiques de l'infraction, ni la peine encourue, encore moins, la responsabilité de l'auteur mais se limite à préciser le mode de poursuites, revêt le caractère de loi de forme ou de procédure et, comme telle, est d'application immédiate, y compris dans les instances pénales en cours au moment de son entrée en vigueur.

LA COUR,

(...)

Sur le moyen tiré de la violation du principe de la non rétroactivité de la loi pénale ;

Mais attendu qu'une loi nouvelle, notamment, en matière de prescription, comme c'est le cas en l'espèce, qui ne modifie ni les caractéristiques de l'infraction, ni la peine encourue, encore moins, la responsabilité de l'auteur mais se limite à préciser le mode de poursuites, revêt le caractère de loi de forme ou de procédure et, comme telle, est d'application immédiate, y compris dans les instances pénales en cours au moment de son entrée en vigueur ;

D'où il suit que le moyen n'est pas fondé ;

(...)

PAR CES MOTIFS

Ordonne la jonction des pourvois dirigés contre l'arrêt n° 382 du 10 juillet 2018, objet des procédures n° J/322/RG/18 et J/400/RG/ 2018 ; des pourvois dirigés contre l'arrêt n° 398 du 18 juillet 2018, objet des procédures n° J/323/RG/18 et J/401/RG/18 ; des pourvois dirigés contre l'arrêt n° 399 du 18 juillet 2018, objet des procédures n°J/ 324/RG/18, J/396/RG/18 et J/402 /RG/18 et des pourvois dirigés contre les arrêts n°398 du 18 juillet 2018 et n°454 du 30 août 2018, objet des procédures n° J/395/RG/18, J/391/RG/18, J/398/RG/18, J/404/RG/18 et J/405 /RG/2018;

Rejette l'exception d'inconstitutionnalité soulevée et, en conséquence, dit n'y avoir lieu à renvoi de la procédure devant le Conseil constitutionnel ;

Rejette les pourvois formés par K. A. S. contre l'arrêt avant dire droit n° 382 du 10 juillet 2018 de la Cour d'Appel de Dakar ;

Rejette les pourvois formés par K. A. S. et Y. B. contre les arrêts avant dire droit n° 398 et n° 399 du 18 juillet 2018 de ladite cour ;

Rejette les pourvois formés par K. A. S., Y. B., F. T. et la Ville de Dakar contre l'arrêt n° 454 du 30 août 2018 de la Cour d'Appel de Dakar ;

Les condamne aux dépens.

- **Principe de l'application immédiate des lois pénales de procédure**

60. CS ch. crim. n°47 du 20 décembre 2018, *Khalifa Ababacar SALL et autres c/MP et État du Sénégal représenté par l'Agent judiciaire de l'État, inédit*

Une loi nouvelle, notamment en matière de prescription, qui ne modifie ni les caractéristiques de l'infraction, ni la peine encourue, encore moins, la responsabilité de l'auteur mais se limite à préciser le mode de poursuites, revêt le caractère de loi de forme ou de procédure et, comme telle, est d'application immédiate, y compris dans les instances pénales en cours au moment de son entrée en vigueur.

LA COUR,

(...)

Sur le moyen tiré de la violation du principe de la non rétroactivité de la loi pénale ;

Mais attendu qu'une loi nouvelle, notamment en matière de prescription, comme c'est le cas en l'espèce, qui ne modifie ni les caractéristiques de l'infraction, ni la peine encourue, encore moins, la responsabilité de l'auteur mais se limite à préciser le mode de poursuites, revêt le caractère de loi de forme ou de procédure et, comme telle, est d'application immédiate, y compris dans les instances pénales en cours au moment de son entrée en vigueur ;

(...)

PAR CES MOTIFS

Rejette les pourvois formés par K. A. S., Y. B., F. T. et la Ville de Dakar contre l'arrêt n° 454 du 30 août 2018 de la Cour d'Appel de Dakar ;

Les condamne aux dépens ;

Dit que le présent arrêt sera imprimé, qu'il sera transcrit sur les registres de la Cour d'Appel de Dakar en marge ou à la suite de la décision attaquée ;

Ordonne l'exécution du présent arrêt à la diligence du Procureur général près la Cour suprême.

OBSERVATIONS

Les lois de procédure échappent en principe à la non-rétroactivité de la loi pénale. Elles sont régies par le principe de l'application immédiate et s'appliquent immédiatement même à des infractions commises antérieurement. Constituent des lois de procédure, les textes relatifs à l'organisation judiciaire, à la compétence et à l'instance pénale ainsi qu'à l'exécution des peines. La Cour de Cassation française, dans deux avis rendus le 22 mars 1999, a énoncé qu'en vertu des principes généraux du droit transitoire « *en l'absence de disposition spéciale, les lois relatives à la procédure [...] sont d'application immédiate. Cependant, si elles sont applicables aux instances en cours, elles n'ont pas pour conséquence de priver d'effet les actes qui ont été régulièrement accomplis, sous l'empire de la loi ancienne* » (*Cass. avis, 22 mars 1999, Bull. civ. 1999, n° 2 ; V. également Cass. 2e civ., 30 avril 2003, n° 00-14.333, Jurisdata n° 2003-018801 ; Bull. civ. 2003, II, n° 123, p.105 ; Cass. 2e civ., 17 février 2011, n° 10-13.977, 437, Jurisdata n° 2011-001963 ; V. déjà, Cass. 1re civ., 23 mars 1965, JCP G 1965, II, 14344, note Bulté*).

Autrement dit, les lois de procédure sont applicables immédiatement aux instances en cours, mais elles ne régissent que les actes postérieurs à la loi ; les actes de procédure régulièrement faits selon la loi ancienne restant valables. La Cour de Cassation sénégalaise a rappelé le principe de l'effet immédiat des lois de procédure dans un arrêt rendu le 24 mars 1999. Selon la haute juridiction : « *les lois de procédure ont un effet immédiat et sont applicables aux instances en cours* » (*C. cass. n° 45 du 24 mars 1999, A. T. et 68 autres c/ la Soc. Savana Saly, inédit)*.

Cette solution de l'application immédiate des lois nouvelles de procédure s'explique par le fait qu'elles n'influent pas sur la situation des justiciables, mais ont été instituées dans le but d'assurer une meilleure administration du service public de la justice (*H. DE LAROSIERE, « L'application dans le temps des lois de procédure pénale (organisation judiciaire et compétence, procédure, prescription et voies de recours) », Gaz. pal. Rec. 1996, 1, doct., p. 465 ; C. LE GUNEHECN, « Bilan de deux années d'application du Code pénal par la Cour de Cassation », Rev. pénit. 1996, p. 217 ; G. LEVASSEUR, « Opinions hétérodoxes sur les conflits de lois répressives dans le temps », Mélanges J. Constant, 1971, p. 192 ; G. MATHIEU, « L'application de la loi pénale dans le temps (Dans la perspective du Code pénal de 1992) », RSC 1995, p. 257 ; T. PIAZZON, « Le principe de non-rétroactivité de la loi pénale » in Code pénal et code d'instruction criminelle, livre du Bicentenaire, ouvrage collectif de l'Université Panthéon-Assas, Paris, Dalloz, 2010)*.

L'application immédiate de la loi de procédure subit néanmoins une limitation : aucune décision sur le fond ne doit être intervenue en première instance. Dans le cas contraire, la loi nouvelle n'aura aucune incidence pour la suite de la procédure (*Crim. 30 janvier 2002, RSC 2002. 623, obs. Giudicelli. Pour une critique de cette solution, V. G. LEVASSEUR, «Opinions hétérodoxes sur le domaine d'application des lois répressives dans le temps », Mélanges constant, 1971, Université de Liège, Faculté de droit p. 189*). Ainsi, le principe de l'effet immédiat des lois de compétence et d'organisation judiciaire est écarté si, au jour de l'entrée en vigueur de la loi nouvelle, un jugement au fond a été rendu en première instance. La personne poursuivie continue alors de relever du même ordre procédural jusqu'à la fin du procès.

Une loi nouvelle peut modifier la durée de la prescription de l'action publique.

La Cour de Cassation estime que les lois relatives à la prescription de l'action publique qui, assimilées à des lois de procédure, s'applique immédiatement aux prescriptions en cours, même si elles étaient plus sévères (*Crim. 16 mai 1931, Gaz. pal., 1931, 11, 178, rap. Legris ; 26 mars 1997, Bull crim., n° 122*). Il a été jugé qu'une loi nouvelle sur la prescription de l'action publique s'applique immédiatement aux prescriptions en cours.

Mais elle est sans effet sur les prescriptions déjà acquises (*Crim. du 03 novembre 1994, Bull. crim. n° 349 ; crim. 28 février 1995, Bull. crim. n° 87 ; crim. 03 septembre 1997, Bull. crim. n° 294*). La Cour de Cassation française a jugé qu'« *une disposition modifiant le délai d'une prescription est applicable à toutes les actions nées avant la date de promulgation de cette disposition et non encore prescrites* ». Lorsque la prescription est acquise, la loi nouvelle ne peut l'atteindre, qu'elle en modifie le délai ou la computation (*Cass. crim., 14 mai 1991, n° 90-83.783, Bull. crim. n° 203*).

Dans un arrêt rendu le 03 janvier 2019, la chambre criminelle de la Cour suprême sénégalaise a jugé « *qu'une loi nouvelle, notamment, en matière de prescription, comme c'est le cas en l'espèce, qui ne modifie ni les caractéristiques de l'infraction, ni la peine encourue, encore moins, la responsabilité de l'auteur, mais se limite à préciser le mode de poursuites, revêt le caractère de loi de forme ou de procédure et, comme telle, est d'application immédiate, y compris dans les instances pénales en cours au moment de son entrée en vigueur* » (*CS ch. crim. n° 001 du 03 janvier 2019, Kh. A. S. et autres c/ MP et AJE, inédit, aussi, CS ch. crim. n° 47 du 20 décembre 2018, Kh. A. S. et autres c/ MP et AJE, inédit)*.

- **Rétroactivité de la loi pénale plus douce**

61. CA Dakar, ch. corr. n° 308 du 10 mai 2010, *MP c/ Cheikh NDIAYE et autres, inédit*

La loi n° 2008-48 du 03 septembre 2008 relative à la répression des infractions en matière de chèque, de carte bancaire et d'autres instruments et procédés électroniques de paiement, ayant dépénalisé l'émission de chèque sans provision, est une loi plus douce qui peut s'appliquer à des situations produites avant son entrée en vigueur.

LA COUR,

Considérant que suivant actes reçus au greffe le 23 avril 2008, le sieur Ch. Nd. à titre principal et le Ministère public à titre incident ont relevé appel du jugement correctionnel n°132 rendu le 08 avril 2008 par le Tribunal de grande instance de Thiès ;

Que le 7/05/2008, le sieur K. D. a également interjeté appel contre le même jugement dont le dispositif est ainsi conçu :

« Statuant publiquement, contradictoirement en matière correctionnelle et en dernier ressort ;

En la forme

Rejette l'exception de nullité soulevée par les avocats de CH. ND. ;

Au fond

Sur l'Action publique

Relaxe K. D. du chef de pratiques usuraires ;

Déclare Ch. Nd. coupable du délit d'émission de chèque sans provision ;

le condamne à trois (3) mois d'emprisonnement ; dit qu'il sera sursis à l'exécution de la peine ; prononce contre lui, pour une durée d'un an, une interdiction d'émettre des chèques autres que ceux qui permettent exclusivement le retrait de fonds par le tireur auprès du tiré ou ceux qui sont certifiés ;

Sur l'action civile

Déboute C. N. de sa demande en dommages - intérêts ;

Le condamne à payer à K. D. la somme de 30 000 000 de francs CFA toutes causes de préjudice confondues ;

Ordonne l'exécution provisoire ;

Condamne Ch. Nd. aux dépens ;

Condamne en outre Ch. Nd. aux frais liquidés à la somme de 1 504 600 francs ;

Le tout en application des articles 457, 460, 704 et suivants du Code de procédure pénale, la loi n° 96-13 du 28 août 1996 et celle n°81-25 du 25 juin 1981 » ;

En la forme

Considérant que les appels susvisés ont été faits dans les forme et délai prescrits, qu'il y a lieu de les déclarer recevables ;

Considérant que les parties ont comparu assistées de leurs conseils respectifs ;

Qu'il échet de statuer contradictoirement à leur égard ;

Considérant qu'à l'audience de la Cour, le conseil de Ch. Nd. en l'occurrence Me Aliou Sow a réitéré *in limine litis* l'exception de la nullité de la procédure pour défaut de base légale des poursuites du fait de l'absence de date ainsi que d'autres mentions obligatoires sur le « chèque » ; qu'à ses dires de telles omissions ont pour conséquence l'absence de l'élément matériel puisque le prétendu chèque n'en est pas un et qu'en réalité il est inexistant ;

Considérant que le conseil de K. D. en l'occurrence Me Fadel FALL a fait observer que le prévenu est de mauvaise foi puisqu'il tente de se prévaloir de mentions omises sciemment ; qu'il a en conséquence plaidé le rejet de l'exception ;

Considérant que l'Avocat général invoquant l'autonomie du droit pénal a soutenu que l'élément intentionnel et la remise du chèque suffisent pour asseoir le délit d'émission de chèque sans provision ;

Considérant que l'article 7 de la loi n° 96-13 du 28 août 1996 énumère les mentions que contient le chèque et au nombre desquelles figurent « l'indication de la date et du lieu où le chèque est créé » ; Que l'article 8 du même texte indique en son alinéa 1er que « le titre dans lequel une des énonciations indiquées à l'article 7 de la présente loi fait défaut ne vaut pas comme chèque, sauf dans les cas déterminés par les alinéas suivants » ; qu'ainsi que l'a relevé le premier juge, l'alinéa 3 du texte de l'article 8 susvisé énonce « A défaut de ces indications ou de toute autre indication, le chèque est payable au lieu où le tiré a son principal établissement » ;

Qu'il s'y ajoute que le chèque querellé présenté comme tel au tiré à la date du 31/03/2006 est revenu impayé avec la mention « l'état actuel du compte ne permet pas le paiement du chèque » ; qu'à contrario, le tiré aurait payé ledit chèque si la provision le permettait ; que dès lors toute allégation tendant à déclarer le chèque litigieux inexistant ne saurait prospérer et qu'il échet en conséquence de rejeter l'exception présentée par le conseil du prévenu ;

Au fond

Considérant qu'il résulte de la procédure les faits suivants :

Par lettre en date du 31 mai 2006, adressée au délégué du Procureur de la République à Mbour, le sieur K. D. a par l'organe de son conseil, porté plainte contre le sieur Ch. Nd. pour le délit d'émission de chèque sans provision portant sur la somme de 30 000 000 de francs CFA ; que lors de l'enquête subséquente il a précisé que ND. lui a remis ledit chèque pour garantir le recouvrement d'une créance du même montant ; qu'à ses dires il avait accepté de recevoir le chèque dont s'agit en sachant qu'au moment de son émission le compte du tireur n'était pas provisionné du même montant ;

Qu'exécutant les instructions du Ministère public, les policiers enquêteurs ont procédé à l'arrestation du mis en cause qui après audition a été déféré devant ladite autorité ; qu'une information fut ouverte des chefs d'émission de chèque sans provision contre Ch. Nd. et de pratiques usuraires contre le plaignant, en l'occurrence K. D. ; Que renvoyés devant le Tribunal correctionnel, le premier nommé sera déclaré coupable des faits visés dans la prévention tandis que le second nommé sera renvoyé des fins de la poursuite par le juge d'instance suivant jugement en date du 08/04/2008 ; que toutes les parties ont relevé appel de ladite décision, le Ministère public ayant formé appel incident à la suite de celui du prévenu Ch. Nd. ;

Considérant qu'à toutes les étapes de la procédure, le prévenu a invariablement reconnu l'émission du chèque litigieux en parfaite connaissance de l'inexistence de la provision non sans préciser que le bénéficiaire l'avait accepté comme tel pour servir de garantie du recouvrement de la dette du même montant qu'il restait lui devoir ;

Considérant que l'Avocat général a requis la confirmation du jugement attaqué ;

Considérant que le prévenu a sans ambages reconnu avoir émis le chèque querellé tout en sachant que la situation de son compte ne permettait pas de l'honorer ; qu'à sa suite son conseil a plaidé à titre principal sa relaxe au motif qu'en droit ce chèque qui ne comporte pas certaines mentions notamment la date n'en est pas un ; qu'ainsi l'élément matériel faisant défaut les poursuites sont dépourvues de base légale et qu'en conséquence le prévenu doit être relaxé ; qu'à titre subsidiaire il a demandé à la Cour le cas échéant de faire application des dispositions de l'article 457 alinéa 2 du CPP et de condamner ND. au paiement à la partie civile du montant dudit chèque soit la somme de 30 000 000 de francs ;

Considérant que le Conseil de K. D. bénéficiaire du chèque impayé a plaidé la confirmation du jugement attaqué dans ses dispositions pénales et sa réformation quant à ses intérêts civils notamment par l'allocation à son profit de la somme de 60 000 000 de francs toutes causes de préjudice confondues ;

Considérant que le premier juge a reconnu le prévenu Ch. Nd. coupable du délit d'émission de chèque sans provision en application des dispositions de la loi n° 96-13 du 28 août 1996 qui englobait dans les faits punissables l'émission d'un chèque sans provision préalable et disponible ; qu'en retenant la culpabilité du prévenu sur la base du texte susvisé le premier juge a fait une correcte application de la loi ; que cependant qu'alors que la cause est en instance d'appel donc ledit jugement frappé d'appel n'étant donc pas définitif, une nouvelle loi est intervenue, relative à la répression des infractions en matière de chèque, de carte bancaire et d'autres instruments et procédés électroniques de paiement ; que cette loi étant plus douce, elle demeure immédiatement applicable au cas d'espèce ; qu'en effet ce texte ne vise pas l'émission de chèque sans provision préalable et disponible à l'instar de la loi n° 96-13 du 28 août 1996 appliquée par le juge d'instance ;

Considérant qu'avec la nouvelle législation, l'émission de chèque sans provision comme c'est le cas en l'espèce n'est réprimée que lorsque l'émetteur a agi de mauvaise foi c'est-à-dire s'il a émis le chèque en connaissance de cause « sur un compte clôturé » ou « si après l'émission du chèque il retire tout ou partie de la provision par transfert, virement ou quelque moyen que ce soit dans l'intention de porter atteinte aux droits d'autrui » ;

Considérant qu'il est évident qu'en l'espèce aucune de ces conditions n'est alléguée encore moins établie ;

Que dès lors il y a lieu de renvoyer le prévenu des fins de la poursuite en application des dispositions de la loi n° 2008-48 du 03 septembre 2008 notamment en son article 2 ;

Considérant que le conseil de K. D. a réclamé au nom et pour le compte de ce dernier la somme de 60 000 000 de francs toutes causes de préjudice confondues ; que vu la décision sur l'action publique il y a lieu de le débouter de sa demande comme mal fondée ;

Considérant que l'application des dispositions de l'article 457, alinéa 2 comme le suggère le conseil de C. N. pour la 1ère fois en cause d'appel ne peut prospérer en tant que s'analysant comme une demande nouvelle ;

Considérant qu'il échet au regard de ce qui précède de condamner K. D. aux dépens ;

PAR CES MOTIFS

Statuant publiquement, contradictoirement en matière correctionnelle et en dernier ressort ;

En la forme

Reçoit les appels principaux des parties et celui incident du Ministère public ;

Rejette l'exception présentée par le conseil du prévenu Ch. Nd.;

Au fond

Infirme le jugement dont est appel et statuant à nouveau :

Renvoie le prévenu Ch. Nd. des fins de la poursuite ;

Déboute la partie civile K. D. ;

Condamne le susnommé aux dépens.

- **Rétroactivité de la loi pénale plus douce**

62. CA Dakar ch. corr., n° 636 du 03 mai 2013, *MP et Immad Hamoud c/ Mamadou Khalifa DRAME,* in *Bulletin des arrêts rendus par la Cour d'Appel de Dakar en matière pénale,* année 2014, p. 139

La loi n° 2008-48 du 03 septembre 2008 relative à la répression des infractions en matière de chèque, de carte bancaire et d'autres instruments et procédés électroniques de paiement, ayant dépénalisé l'émission de chèque sans provision, est une loi plus douce qui peut s'appliquer à des situations produites avant son entrée en vigueur.

LA COUR,

Considérant que par actes enregistrés au greffe le 17 décembre 2008, le prévenu M. K. D. à titre principal et le Ministère public à titre incident ont relevé appel contre le jugement rendu le 08 décembre 2008 par le Tribunal de grande instance hors classe de Dakar et dont le dispositif est le suivant : « statuant publiquement contradictoirement en matière correctionnelle et en premier ressort ;

Déclare le prévenu coupable ;

Le condamne à six mois d'emprisonnement assorti du sursis ;

lui interdit pour une durée d'un an d'émettre des chèques autres que ceux qui sont certifiés ou qui permettent exclusivement le retrait de fonds par le tireur auprès du tiré ;

Lui enjoint en outre d'avoir à restituer aux banquiers qui les avait délivrées les formulaires de chèque en sa possession et celles de ses mandataires ou préposés ;

Reçoit la constitution de partie civile de I. H. ;

Condamne le prévenu à lui payer la somme de dix-huit millions de FCFA à titre de dommages et intérêts pour toutes causes de préjudice confondues ;

Ordonne l'exécution provisoire ;

Fixe la contrainte par corps au maximum ;

Met les dépens à la charge du prévenu ; »

Considérant que les appels sont réguliers en la forme ;

Considérant que les parties régulièrement citées n'ont pas comparu, il échet de statuer par défaut contre elles ;

Au fond

Considérant qu'il résulte du jugement attaqué et des pièces de la procédure que le 19 novembre 2008 I. H. déposait plainte à la brigade de recherche de la gendarmerie contre M. K. D.; qu'il expliquait avoir reçu du mis en cause deux chèques numéros 1020855 et 1020856 respectivement de 13 000 000 francs CFA et 4 527 500FCFA qui sont revenus impayés après dépôt d'une part dans un compte logé à la SGBS et d'autre part dans le compte CBAO de son épouse pour défaut de provision; Qu'il produisait les copies des chèques et les copies avis de débit pour défaut de provision ;

Qu'interpellé le mis en cause reconnaissait les faits qui lui sont reprochés ;

Que devant la juridiction qui a rendu la décision attaquée, il maintenait ses déclarations ;

Considérant que le prévenu a relevé appel mais ne s'est pas présenté pour critiquer la décision contestée;

Considérant que l'Avocat général a requis la confirmation ;

Considérant qu'il y a lieu de rappeler que l'appelant a été condamné pour émission de chèque sans provision ;

Mais considérant que s'il est vrai qu'au moment où le tribunal statuait, les faits étaient punissables ; Qu'en revanche depuis l'intervention de la loi uniforme numéro 2008-48 du 03 septembre 2008 abrogeant et remplaçant la loi n° 96-13 du 28 août 1996, l'émission de chèque sans provision n'est plus pénalement punissable ;

Qu'en effet sur les infractions visées à l'article 2 de cette dernière loi ce délit n'en fait pas partie ; Qu'or aux termes de l'article 6 du Code pénal, l'abrogation de la loi pénale est une cause d'extinction de l'action publique ; Que par ailleurs par dérogation à la règle de la non-rétroactivité des lois, les dispositions de la loi nouvelle ont vocation à s'appliquer immédiatement aux infractions commises avant leur entrée en vigueur et n'ayant pas donné lieu à une condamnation passée en force de chose jugée lorsqu'elles sont moins sévères que les dispositions anciennes, comme c'est le cas en l'espèce ; Qu'en conséquence ,l'action publique doit être déclarée éteinte ;

PAR CES MOTIFS

Statuant publiquement par défaut contre les parties en matière correctionnelle et en dernier ressort

Déclare recevables les appels enregistrés ;

Au fond

Infirme le jugement déféré en toutes ses dispositions et statuant à nouveau :

Déclare l'action publique éteinte pour cause d'abrogation de la loi pénale ;

Met les dépens à la charge du Trésor public.

- **Rétroactivité de la loi pénale plus douce**

63. CA Dakar ch. corr., n°398 du 18 avril 2012, *MP et Madina TALL LY c/ Aïssatou Guèye DIAGNE, inédit*

La loi n° 2008-48 du 03 septembre 2008 relative à la répression des infractions en matière de chèque, de carte bancaire et d'autres instruments et procédés électroniques de paiement, ayant dépénalisé l'émission de chèque sans provision, est une loi plus douce qui peut s'appliquer à des situations produites avant son entrée en vigueur.

LA COUR,

Considérant que par jugement correctionnel réputé contradictoire du 23 décembre 2008, le Tribunal de grande instance hors classe de Dakar, saisi par citation directe de la partie civile, a :

Sur l'action publique

Déclaré A. G. D. coupable d'émission de chèque sans provision et, en répression, l'a condamné à six (06) mois d'emprisonnement ferme et à une amende de deux cent cinquante mille (250 000) francs, outre l'interdiction bancaire d'émettre des chèques pendant un an et l'obligation de restituer aux banquiers les formules de chéquiers, par application des articles 83 de la loi n° 96 -13 du 28 août 1996 et 433 du Code pénal ;

Sur les intérêts civils

Reçu la constitution de partie civile de M. T. L et condamné la prévenue à lui payer , avec exécution provisoire et contrainte par corps, la somme de vingt-cinq millions (25 000 000) francs à titre de dommages et intérêts pour toutes causes de préjudice confondues;

Que le 13 janvier 2009 A. G. D. et le Ministère public ont respectivement relevé appels principal et incident de toutes les dispositions de ce jugement ;

Considérant que ces appels sont recevables pour avoir été relevés dans les forme et délai prévus aux articles 490 et suivant du Code de Procédure pénale ;

Considérant que devant la Cour, la prévenue n'a pas comparu alors qu'elle a reçu la citation et même constitué conseil ; que la partie civile n'a pas comparu bien que citée ;

Qu'il sera dès lors statué par défaut à l'égard de la partie civile et par arrêt réputé contradictoire à l'égard de la prévenue ;

Rappel des faits et de la procédure :

Considérant qu'il résulte du jugement attaqué et des pièces de la procédure qu'en sa qualité de Notaire A. G. D. avait reçu de A. D. la somme de trente millions (30 000 000) francs représentant le prix d'acquisition de la villa n° 8612/D, sise à Sacré-Coeur II, objet du TF N° 13 655/GDKR, appartenant à la dame M. T. L;

Que le 18 juin 2008, elle avait remis à la dame Ly un chèque BHS d'un même montant qui, présenté à l'encaissement, était revenu impayé pour « insuffisance de provision » ;

Que toutes les démarches entreprises pour entrer en possession de son argent étant demeurées vaines, la dame L. lui a servi, le 03 juillet 2008, une citation directe devant le tribunal correctionnel sous la prévention d'émission de chèque sans provision et sollicité, outre le montant du chèque, le paiement de la somme de cinq millions (5 000 000) francs à titre de dommages et intérêts ;

Que devant les premiers juges, qui ont rendu la décision attaquée, la prévenue, qui avait pourtant constitué un conseil et versé à la victime un acompte de dix millions (10 000 000) francs n'a pas comparu ;

Sur l'action publique

Considérant que la prévenue n'a pas comparu pour soutenir son appel ; que le Ministère public a requis la confirmation du jugement déféré ;

Considérant que A. G. D. a été condamnée sur la base de la loi n°96 -13 du 28 août 1996 relatives aux instruments de paiement laquelle a été abrogée et remplacée par la loi uniforme n° 2008-48 du 03 septembre 2008 portant répression des infractions en matière de chèque, et de carte bancaire et d'autres instruments et procédés électroniques de paiement ;

Considérant que cette dernière loi ne réprime plus pénalement l'émission de chèque sans provision mais seulement certaines infractions liées au chèque comme le retrait de la provision après l'émission d'un chèque ;

Considérant qu'il ressort de l'article 6 du Code de procédure pénale que l'abrogation de la loi pénale est une cause d'extinction de l'action publique ; que par ailleurs, par dérogation à la règle de non-rétroactivité de la loi, les dispositions de la loi nouvelle plus douces s'appliquent immédiatement aux infractions commises avant leur entrée en vigueur et n'ayant pas donné lieu à une condamnation passée en force de chose jugée, comme c'est le cas en l'espèce ;

Que l'action publique à l'égard de A. G. D. est ainsi devenue éteinte ;

Qu'il s'ensuit que le jugement entrepris doit être infirmé en toutes ses dispositions pénales et la prévenue renvoyée des fins de la poursuite ;

Considérant que, s'agissant des intérêts civils, aucune faute pénale n'ayant été retenue à l'encontre de la prévenue et aucune faute civile plaidée et retenue contre elle, il y a lieu d'infirmer également les dispositions civiles de la décision attaqué et débouter en conséquence la partie civile de toutes ses demandes ;

Considérant que l'appel ayant prospéré, les dépens seront supportés par la partie civile qui a mis en mouvement l'action publique ;

PAR CES MOTIFS

Statuant publiquement, par arrêt réputé contradictoire à l'égard d'Aïssatou Guèye Diagne, par défaut à l'encontre de M. T. L., en matière correctionnelle et en dernier ressort ;

En la forme

Déclare recevables les appels ;

Au fond

Infirme le jugement déféré en toutes ses dispositions ;

Statuant à nouveau :

Renvoie A. G. D. des fins de la poursuite ;

Déboute M. T. L de toutes ses demandes ;

Met les dépens à la charge de la partie civile.

OBSERVATIONS

Malgré l'affirmation du principe de non-rétroactivité dicté par un besoin d'assurer la sécurité juridique des personnes, il comporte des exceptions impliquant la rétroactivité de la loi pénale.

Le principe de non-rétroactivité de la loi pénale perd sa raison d'être lorsque la loi nouvelle adoucit la répression (*R. VIENNE, « Le principe de la rétroactivité de la loi pénale plus douce doit-il être considéré comme absolu ? », JCP 1947. I. 618 ; R. BÉRAUD, « La non-rétroactivité des lois nouvelles plus douces », RSC 1949, p. 7*). En effet, la rétroactivité est possible si la nouvelle loi correspond à un allégement des sanctions pénales, qualifiée de rétroactivité *in mitius*, ce qui signifie en latin « *plus doux* » ou « *plus clément* ».

Lorsqu'une nouvelle loi est plus douce, l'intérêt du délinquant rejoint celui de la société. Jugée par cette dernière inutile, la répression sévère doit être écartée et la norme plus douce appliquée même à ceux qui ont commis leur forfait sous l'empire de la loi ancienne.

Le Conseil constitutionnel français a affirmé la valeur constitutionnelle du principe de rétroactivité de la loi pénale plus douce comme étant un principe autonome dérivé du principe de nécessité des peines, énoncé dans l'article 8 de la Déclaration des droits de l'Homme de 1789 (*Cons. const. 19 et 20 janvier 1981, JCP 1981. II. 19707, note C. Franck ; D. 1982. 441, note A. Dekeuwer*). Selon le juge constitutionnel français, « *le fait de ne pas appliquer aux infractions commises sous l'empire de la loi ancienne la loi pénale nouvelle, plus douce, revient à permettre au juge de prononcer les peines prévues par la loi ancienne et qui, selon l'appréciation même du législateur, ne sont plus nécessaires* ».

De même, dans la décision n° 93-327 DC du 19 novembre 1993, relative à la loi organique sur la Cour de justice de la République, le Conseil constitutionnel français a pris soin de préciser que l'ensemble des organes de la Cour de justice sont soumis au principe de l'application immédiate de la loi pénale moins sévère, alors même qu'aucune disposition de la loi organique examinée n'était susceptible de porter atteinte à ce principe (*Cons. const., 19 nov. 1993, n° 93-327 DC, cons. 15, JO 23 nov. 1993*).

Le principe de non-rétroactivité de la loi pénale plus douce est également consacré au plan international. Ainsi, l'article 15, § 1er, du Pacte international relatif aux droits civils et politiques admet le principe de non-rétroactivité lorsque la peine prévue par le nouveau texte est « *plus légère* ». Aux termes de ce texte : « *Si, postérieurement à (l'infraction), la loi prévoit l'application d'une peine plus légère, le délinquant doit en bénéficier*».

Si la formulation de ce texte semble ne renvoyer qu'à la notion de «*peine* », le Comité des droits de l'homme retient une approche extensive de cette disposition, puisqu'il considère qu'elle vise non seulement une loi qui diminue une peine, mais aussi, a fortiori, une loi «*prévoyant une suppression de peine pour un acte qui ne constitue plus une infraction*» (J. *HUET, « La France, le Comité des droits de l'homme de l'ONU et la rétroactivité de la loi pénale plus douce », D. 2010, chron. 2865*).

Toutefois, la chambre criminelle de la Cour de Cassation française ne partage pas cette analyse, car elle interprète de façon restrictive cette disposition en considérant que ce texte ne concerne que les sanctions et non les incriminations (*Crim. 06 octobre 2004, n° 03-84.827, D. 2005. Pan. 1528, obs. Roujou de Boubée ; Dr. pén. 2005, n° 09, obs. Robert ; V. également J. HUET, « Une méconnaissance du droit international, à propos de la rétroactivité in mitius », JCP 1987. I. 3293*).

La loi pénale plus douce s'applique aux faits commis avant son entrée en vigueur et qui n'ont pas fait l'objet d'une condamnation définitive.

Les lois pénales plus douces ont un effet rétroactif. La chambre correctionnelle de la Cour d'Appel de Dakar a jugé, dans un arrêt du 06 septembre 2013, que « *par dérogation à la règle de non-rétroactivité des lois, les dispositions de la loi nouvelle plus douces s'appliquent immédiatement aux infractions commises avant leur entrée en vigueur et n'ayant pas donné lieu à une condamnation passée en force de chose jugée* » (*CA Dakar, ch. corr. n° 1376 du 06 septembre 2013, MP et SDV c/ Ph. S., inédit*).

Une loi de fond est plus douce lorsqu'elle supprime une incrimination existante par le procédé de la dépénalisation, c'est-à-dire lorsqu'elle abroge une incrimination (*crim. 18 juin 1997, n° 96-81.264 P, D. aff. 1997. 956 ; RSC 1998. 315, obs. Bouloc ; crim. 22 mars 2011, n° 10-80.203, D. act, 20 avril 2011, obs. Bombled ; D. 2011. Pan. 2825, obs. Roujou de Boubée ; Act. jur. pén. 2014. 412, obs. Gallois ; Crim. 24 janvier 2012, n° 11-84.045, D. act., 27 février 2012 ; RSC 2013, p. 93, obs. Castérot*). La Cour suprême a jugé que les dispositions plus douces de la loi nouvelle sont immédiatement applicables, même aux faits antérieurs à sa promulgation ; il en est ainsi notamment de l'article 1er de la loi n° 64-28 du 07 avril 1964 qui attribuait compétence au tribunal correctionnel pour connaître de tous les détournements quel qu'en soit le montant (*CS n° 30 du 6 juin 1967, M. B. c/ MP et CRAD du Fleuve, Rev. sen. dr. juin 1974, n° 15, p. 7)*.

La jurisprudence pénale sénégalaise a eu l'occasion de mettre en œuvre la rétroactivité *in mitius* des lois pénales de fond plus douces à la suite de la dépénalisation du délit d'émission de chèque sans provision par la loi uniforme n° 2008-48 du 03 septembre 2008 relative à la répression des infractions en matière de chèque, de carte bancaire et d'autres instruments et procédés électroniques de paiement (*JORS n° 6453, du 7 février 2009, p. 120*). Cette loi a donc été considérée par les juges comme plus douce que la législation pénale antérieure (*CA Dakar ch. corr., n° 308 du 10 mai 2010, MP c/ Ch. ND.-K. D., inédit ; CA Dakar ch. corr., n° 103 du 31 janvier 2011, MP et D. A. c/ Cath. G. L., inédit ; CA Dakar ch. corr., n°398 du 18 avril 2012, MP et M. T. L. c/ A. G. D., inédit ; CA Dakar ch. corr., n° 60 du 21 janvier 2011, MP et S. A. C.-M. Nd. MB. c / Nd. M. ND., inédit ; CA Dakar ch. corr., n° 1376 du 06 septembre 2013, MP et SDV c / Ph. S., inédit ; dans le même sens, CA Dakar ch. corr., n° 636 du 03 mai 2013, MP et I. H. c / M. Kh. D., in Bulletin des arrêts rendus par la Cour d'Appel de Dakar en matière pénale, année 2014, p. 139 ; CA Saint-Louis ch. corr., n° 95 du 29 avril 2011, MP et O. S. c/ A. S., inédit ; CA Dakar ch. corr., n° 497 du 08 avril 2013 , El H. S., M. T. c / MP et M. T. et El H. S. S. M. D., inédit*).

La loi pénale est aussi plus douce lorsqu'elle exclut une responsabilité pénale ou prévoit des circonstances atténuantes, un fait justificatif ou encore lorsqu'elle supprime une circonstance aggravante (*Crim. 19 juillet 1961, D. 1961, p. 548*), modifie les éléments constitutifs d'une circonstance aggravante par des exigences supplémentaires (*Crim. 11 décembre 1996, n° 96-82.303*), donne au juge le pouvoir de tenir compte de l'intention (*Crim. 16 novembre 1987, Bull. crim. n° 403 ; crim. 07 décembre 1987, Bull. crim. n°446*) ou restreint l'étendue d'une présomption défavorable (*Crim. 14 septembre 2010, n° 10-80.718, D. 2010. 2434*).

Il en est de même de la loi qui supprime une présomption réfragable (*crim. 28 juin 1995, n° 94-84.811, Dr. pén. 1995. 223, obs. Véron ; JCP 1996. II. 22576, note Dekeuwer*), admet un fait justificatif nouveau ou une nouvelle cause de non-imputabilité (*crim. 12 janvier 1994, n° 92-86.390, Bull. crim. n° 19 ; RSC 1994. 759, obs. B. Bouloc. Constitue aussi une loi plus douce celle qui établit une excuse absolutoire ou atténuante V. crim. 18 mars 1965, Bull. crim. n° 81*). Un arrêt de la Cour suprême du Sénégal rendu le 20 mai 2008 a énoncé que la loi n° 2004-38 du 28 décembre 2004, qui prévoit l'abolition de la peine de mort, s'applique aux infractions qui lui sont antérieures, mais non encore définitivement jugées (*CS, n° 42 du 20 mai 2008, A. C. dit A. c/ MP, inédit*).

B. L'INTERPRÉTATION DE LA LOI PÉNALE

• Interprétation stricte de la loi pénale : signification

64. CA Dakar, ch. corr. n° 557 du 06 septembre 2004, *MP et Abdoulaye DIENG c/ Moustapha LO et autres, inédit*

La règle de l'interprétation restrictive en droit pénal, ne s'oppose pas aux pouvoirs de jurislateur du juge lui permettant de restituer à un texte de loi son esprit pour éviter ainsi d'en faire une application littérale non conforme aux principes d'hermeneutique usuels et en même temps préjudiciable dans une large mesure à la nécessaire conciliation de la défense de l'ordre public et des droits des citoyens ; en prévoyant et réprimant l'infraction de détournement d'objets saisis, le législateur n'a pas entendu soustraire des poursuites du chef de ce délit le tiers détenteur qui aura, en dépit de décisions ordonnant le placement sous-main de justice des biens objet de la tierce détention, aliéné ces biens au seul motif qu'ils ne seraient pas la propriété du débiteur poursuivi.

LA COUR,

Considérant que par arrêt n° 02 du 4 novembre 2003, la première chambre de la Cour de Cassation statuant en matière pénale a, dans la cause opposant le Ministère public et le sieur A. D. à L. L. L. , la SDV Sénégal, M. L. et S. L. :

« Cassé et annulé l'arrêt n° 790 du 14 novembre 2001 de la Chambre Correctionnelle de la Cour d'Appel de Dakar et renvoyé l'affaire devant la Cour d'Appel de Dakar autrement composée »

Considérant que suivant acte du 12 juillet 2000, le Ministère public et Me Boubacar WADE agissant au nom et pour le compte du sieur A. D. ont interjeté appel du jugement du Tribunal de grande instance hors classe de Dakar du 06 juillet 2000 dont le dispositif est ainsi conçu :

« Relaxe L. , L. et L. ;

Met la SDV hors de cause ;

Déboute Dieng de ses demandes ;

Met les dépens à la charge du Trésor public » ;

Qu'il échet de déclarer la saisine régulière ;

Considérant que les appels tant principal du Ministère public qu'incident de la partie civile ont été faits dans les formes et délais de la loi ; Qu'il échet par conséquent de les déclarer recevables en la forme ;

Au fond

Considérant que A. D., partie civile appelante, en l'organe de son conseil Me Boubacar Wade avocat à la Cour, a, au terme de sa plaidoirie, déposé des conclusions dont la teneur suit :

M D. a acheté du riz de bonne foi par le biais de sa société, a payé le prix d'achat de ce riz, détenant tous les documents relatifs à cette vente, mais la SDV a vendu le riz qu'il a acheté à une autre personne.

Il soutient que c'est un arrêt de la cour d'appel du 1er février 1999 qui a condamné SUDIP SANYAL à lui payer la somme de 200 000 000 F. Le pourvoi formé contre ledit arrêt a été rejeté.

Me Djiby Diatta, Huissier de Justice a procédé le 23 février 1999 à la saisie de 9 000 tonnes de riz et la SDV a été désignée gardien.

La société OLAM a sollicité en référé l'annulation de la saisie au motif qu'elle n'est pas propriétaire du riz objet de la saisie et le juge d'instance lui a donné gain de cause par ordonnance du 18 mars 1999 puis sur appel de Dieng, la Cour l'a infirmée par ordonnance en date du 30 avril 1999.

La Société ORCOCO a saisi le juge du fond à la date du 16 mars 1999, mais le riz avait déjà été vendu.

Lamech a donné des ordres à L. de livrer le riz litigieux à M. L. , mais Lamech n'était pas propriétaire contrairement à ce qu'a retenu le premier juge qui, à tort, a considéré que ni Lamech ni L. n'ont la qualité de saisi.

Le riz objet de la saisie appartenait bien à la société OLAM et il détient les preuves de ses allégations, soutenant en outre que le connaissement avait été falsifié au Sénégal puisque la télécopie qu'il a versée au dossier atteste bel et bien que le riz appartient à la société OLAM.

Il demande à la Cour de constater que L. L. et L. ont disposé du riz qui constituait sa seule garantie, au moment où des procédures de distraction d'objets saisis qu'ils avaient initiées étaient encore pendantes devant le juge du fond de céans.

Il sollicite à titre principal l'infirmation du jugement et la condamnation des prévenus pour les faits qui leur sont reprochés à telle peine qu'il plaira au Ministère public de requérir et à titre subsidiaire l'application des dispositions de l'article 457 du Code de procédure pénale.

Il demande à la Cour de condamner les prévenus à payer à A. D. les sommes de 5 500 000 000 (cinq milliards cinq cent millions) à titre de dommages-intérêts toutes causes de préjudice confondues en déclarant la SDV et OROCOCO civilement responsables de L. et L. en fixant la contrainte par corps au maximum.

Considérant que le Ministère public, appelant principal, a soutenu que les faits sont établis à l'égard des prévenus qui ont initié des procédures de référé et de distraction d'objets saisis pendant qu'ils continuaient à vendre le riz qu'ils savaient litigieux et placé sous main de justice, ce qui constitue à ses yeux le délit de détournement d'objets saisis ;

Qu'il a articulé que le contrat antidaté par les prévenus constitue une altération matérielle de la vérité et un « deal » ayant permis à M. L. d'avoir des prétentions sur 9000 tonnes de riz en lieu et place de 3000 tonnes auxquelles il aurait pu prétendre à l'origine et avant l'arrivée au Port de Dakar de la cargaison de riz ;

Qu'en conséquence, il a requis l'infirmation du jugement entrepris et la condamnation des prévenus pour les faits déférés à 6 mois d'emprisonnement ;

Considérant que Mes François SARR et associés avocats à la Cour, intervenant pour le compte de L. L. et la SDV ont, par écritures des 14 juillet et 11 août 2004, conclu à la confirmation en toutes ses dispositions du jugement entrepris pour les motifs suivants :

- L L. qui n'a jamais été désigné en qualité de gardien, n'a jamais été placé en situation d'accepter ,de refuser la mission de gardien ou de demander à en être déchargé, ne peut rigoureusement être recherché pour détournement d'objets saisis alors que les dispositions des articles 109 à 112 de l'Acte Uniforme de l'OHADA sur les procédures simplifiées de recouvrement et les voies d'exécution ont été violées par l'huissier qui a élaboré les actes de saisie ;

- le gardien n'est pas au nombre des personnes punissables au titre de l'article 373 du Code pénal, alors et surtout que la SDV ne détenant pas de riz pour OLAM INTERNATIONAL, toute saisie effectuée ou poursuivie en dépit de cette déclaration est nécessairement entachée d'une irrégularité qui s'apparente à une voie de fait.

Considérant que Mes Mame Adama Guèye et Issa Diaw, avocats à la Cour, conseils de M. L., ont plaidé que ce dernier a acheté de bonne foi le riz de manière régulière en procédant à toutes les formalités requises pour le dédouaner et qu'il est impensable que l'administration des Douanes ait pu aider LO à faire sortir du riz qui a fait l'objet de saisie ;

Qu'ils soutiennent, en ce qui concerne le faux, qu'il n'y a aucune fraude, ni altération de la vérité et que les parties ont volontairement modifié le contrat qui les liait en ce qui concerne la date pour des raisons de commodité et pour pouvoir accomplir les formalités de douanes et surtout parce que les autres personnes qui avaient manifesté le désir d'acheter le riz avaient renoncé alors que L. avait déjà fait un déposit entre les mains de la SODIPCO ;

Que ces seules circonstances ne suffisent pas à établir le délit de faux et d'usage de faux prévu et puni par la loi, l'élément moral du délit n'existant pas en l'espèce ;

Qu'ils soutiennent par ailleurs que les délits de faux, usage de faux et recel ont fait l'objet d'une relaxe définitive car la cassation n'aurait concerné que le délit de détournement d'objets saisis ;

Considérant que Mes Guédel N'DIAYE et associés conseils de L. ont plaidé, en ce qui concerne la saisie, que l'huissier est allé à Hann Mariste dresser un procès-verbal de saisie vente, a signifié et laissé copie de ce procès-verbal à I. F. pour désigner L. gardien du riz qui se trouvait au Port ; qu'ils ont ajouté que si L. ne peut pas être déclaré coupable de détournement d'objets saisis, L. non plus ne pourrait l'être ;Que l'huissier a commis un faux puisque le riz ne pouvait pas être saisi à Hann puisqu'il ne s'y trouvait pas ;

Que le Commissaire-priseur, lui aussi, ne pouvait pas vendre du riz qu'il n'a pas vu puisque le magasin dans lequel était supposé être le riz était hermétiquement fermé comme l'atteste le procès-verbal dressé par huissier;

SUR QUOI, LA COUR

SUR L'ACTION PUBLIQUE :

Considérant que L. L. L. et S.R.L.M., quoique régulièrement cités à parquet, n'ont pas comparu ;

Qu'il y a lieu de statuer par défaut à leur égard ;

Considérant que l'arrêt n° 02 du 4 novembre 2003 de la première chambre de la Cour de Cassation statuant en matière pénale a cassé et annulé l'arrêt n° 790 du 14 novembre 2001 de la chambre correctionnelle de la Cour d'Appel de Dakar et renvoyé l'affaire devant la Cour d'Appel de Dakar autrement composée ;

Que cependant, il s'agit en l'espèce d'une annulation limitée au délit de détournement d'objets saisis ne permettant pas à la Cour, autrement composée, de connaître des infractions de faux et usage de faux non concernées par l'arrêt de cassation;

Considérant, cela étant, que la régularité des procédures judiciaires de saisie diligentées dans le présent litige par Me Djiby Diatta, Huissier de Justice pour le compte de A. D. constitue une question préjudicielle civile déjà tranchée par les juridictions civiles par des décisions passées en force de chose jugée qu'il n'appartient pas à la juridiction répressive, fût elle d'appel, de remettre en cause ;

Considérant que le délit de détournement d'objets saisis prévu à l'article 373 du Code pénal s'entend du fait pour le saisi, le débiteur, le tiers donneur de gage de détruire, détourner ou tenter de détruire ou de détourner des objets saisis sur lui ou confiées à sa garde ou à celle d'un tiers ;

Considérant que la règle de l'interprétation restrictive en droit pénal, ne s'oppose pas aux pouvoirs de jurislateur du juge lui permettant de restituer à un texte de loi son esprit pour éviter ainsi d'en faire une application littérale non conforme aux principes d'hermeneutique usuels et en même temps préjudiciable dans une large mesure à la nécessaire conciliation de la défense de l'ordre public et des droits des citoyens ;

Que cela étant, il ne saurait être discuté qu'en prévoyant et réprimant l'infraction de détournement d'objets saisis, le législateur n'a pas entendu soustraire des poursuites du chef de ce délit le tiers détenteur qui aura, en dépit de décisions ordonnant le placement sous-main de justice des biens objet de la tierce détention, aliéné ces biens au seul motif qu'ils ne seraient pas la propriété du débiteur poursuivi ;

Que L. et L , qui ont, au terme d'un concert frauduleux découvert par l'enquête de gendarmerie, procédé à la vente à M. L. de la cargaison de riz qu'ils savaient saisie alors qu'en ce moment même des procédures de distraction d'objets saisis qu'ils avaient initiées étaient encore pendantes, tombent sous le coup des dispositions de l'article 373 du Code pénal ;

Qu'au surplus, l'ensemble de ces éléments de fait et de droit renferment, dans le sens d'une déclaration de culpabilité, une puissance totale de conviction ;

Qu'il y a lieu, infirmant, de les déclarer coupables de ce délit et pour la répression de les condamner à 6 mois d'emprisonnement ferme et de décerner mandat d'arrêt contre eux ;

(...)

PAR CES MOTIFS

Statuant publiquement, par défaut à l'égard de L. L. L. et de S.R.L.M., en matière correctionnelle et en dernier ressort ;

Vu l'arrêt n° 02 du 04 novembre 2003 de la Première Chambre de la Cour de Cassation statuant en matière pénale ;

Déclare la saisine régulière ;

EN LA FORME

Déclare recevables les appels tant principal du Ministère public qu'incident du sieur A. D. partie civile;

AU FOND

SUR L'ACTION PUBLIQUE

Dit et juge que les délits de faux et usage de faux ne sont pas concernés par l'arrêt de cassation ;

Infirmant le jugement entrepris sur le délit de détournement d'objets saisis et statuant à nouveau :

Déclare L. L. L. et S.R.L.M. coupables de détournement d'objets saisis et les condamne à 6 mois d'emprisonnement ferme et décerne contre eux mandat d'arrêt ;

SUR L'ACTION CIVILE

Reçoit en la forme la constitution de partie civile de A. D. ;

Au fond, y faisant droit, condamne solidairement L . L. L. et S.R.L.M. à payer la somme de 2 500 000 000 F (deux milliards cinq cent millions) à titre de dommages intérêts toutes causes de préjudice confondues ;

Déclare les sociétés SDV SENEGAL et ORCOCO civilement responsables respectivement de L. et de L. ;

Fixe la contrainte par corps au maximum ;

Condamne les prévenus aux dépens liquidés à la somme de trente millions de francs (30 000 000) francs CFA.

• Interprétation stricte de la loi pénale- principe

65. C. Cass. n° 029 du 04 mars 1992, *Adel KORBAN c/ MP et adm. Douanes, inédit*

Il est de principe, en matière pénale, que les textes sont d'interprétation stricte.

LA COUR,

Attendu que la décision a été rendue contradictoirement entre les parties 17 février 1991, et le pourvoi du requérant introduit le 20 février 1991.

Qu'il apparaît ainsi, que le pourvoi formé plus de six jours après le prononcé de la date décision, doit être déclaré irrecevable conformément aux dispositions de l'article 73 de la loi organique sur la Cour suprême.

2°/ Sur les pourvois l'A. K. sur les moyens tirés de la violation de l'article 187 du Code procédure pénale :

En ce que la chambre d'accusation qui a statué hors du délai d'un mois prévu par l'article précité, n'en a pour autant ordonné la mise en liberté provisoire d'office de l'inculpé.

ATTENDU que les 21 décembre 1990 et 21mars 1991 A. K. relevait appel des ordonnances de refus de mise en liberté provisoire rendues respectivement les 20 décembre 1990 et 21 mars 1991.

Que la chambre d'accusation a statué sur ces appels respectivement les 29 janvier 1991 et 8 Août 1991, soit plus d'un mois après la formation de ces de

Attendu que pour refuser la mise en liberté provisoire de l'inculpé la chambre d'accusation énonce « qu'il est de jurisprudence constante, depuis l'arrêt Mandiamé rendu par la Cour suprême le 2 Mars 1974, que les dispositions de l'article 187 du Code de procédure pénale ne visent pas les détentions provisoires faisant l'objet de dispositions particulières notamment en matière de délits économique, de détournements de deniers publics et de délits douaniers».

Attendu cependant que l'article 178 susvisé dispose que le Procureur général met l'affaire en état dans les quarante-huit heures de la réception des pièces ne matière de détention préventive et dans les dix jours en toute autre matière.

Il la soumet avec réquisitoire à la chambre d'accusation. Celle-ci doit en matière de détention provisoire, se prononcer au plus tard dans le mois de l'appel prévu à l'article 180 du CPP faute de quoi, l'inculpé est mis d'office en liberté provisoire, sauf si des vérifications concernant sa demande ont été ordonnées.

ATTENDU qu'il est de principe, en matière pénale, que les textes sont d'interprétation stricte.

Que c'est donc abusivement que la chambre d'accusation a jouté les délits Douaniers à celui de détournement de deniers publics uniquement retenu par l'arrêt cité.

ATTENDU par ailleurs, que la chambre d'accusation, qui a statué ainsi qu'elle l'a fait, alors qu'aucune disposition des articles 140 du Code de Procédure pénale et 262 du Code des Douanes ne déroge aux dispositions d'ordre public de l'article 187 précité qui ont, dès lors, vocation à s'appliquer en la cause ; n'a pas donné de base légale à sa décision qui encourt de ce fait la cassation.

PAR CES MOTIFS

Casse et annule, mais sans renvoi, les arrêts numéros 10 du 29 janvier 1991 et 107 du 8 août 1991 rendus par la chambre d'accusation ;

Dit que A. K. doit être mis en liberté provisoire et élargi de ce fait, par le Parquet général ;

Met les dépens à la charge du Trésor public ;

Dit que le présent arrêt sera imprimé, qu'il sera transcrit sur les registres de la cour d'appel en marge ou à la suite de la décision attaquée ;

Ordonne l'exécution du présent arrêt à la diligence du Procureur général près la Cour de suprême.

- **Interprétation stricte de la loi pénale- détournement de deniers publics**

66. CA Dakar, ch. acc. n° 168 du 29 août 2000, ***MP c/Aliou KANDJI, inédit***

La matière pénale pour éviter tout arbitraire doit être d'interprétation restrictive et que l'article 152 énumère les personnes susceptibles d'être poursuivies pour détournement de deniers publics et le tuteur ne fait pas partie des énumérations de l'article 152 du Code pénal ; ainsi c'est à tort que la qualification de détournement a été retenue en se fondant suivant l'acte d'inculpation de sa qualité de séquestre de la succession de feue M. D., détourné ou soustrait des bijoux et lingots d'or au préjudice des héritiers à l'occasion de l'exercice de ses fonctions.

LA COUR,

Considérant que dans la procédure suivie contre A. K. le juge du 2ème cabinet a rendu le 31/07/2000 des ordonnances de refus de disqualification et de mise en liberté provisoire ; Que Me Moustapha DIOP, conseil de l'inculpé a relevé appel de ces ordonnances ;

Considérant que l'appel interjeté dans les forme et délai requis doit être déclaré recevable;

Au fond

Considérant qu'il résulte de la procédure les faits suivants :

- suivant acte de partage en date du 08 décembre 1996 A. K. tuteur aux biens des enfants mineurs M. D. a reçu les parts de bijoux revenant aux dits mineurs à titre de dépôt ;

- Le 28 février 1998 le conseil de famille désignait Serigne M. S. MB. en qualité de tuteur des enfants mineurs en remplacement de A. K.;

Sommé par le nouveau tuteur de restituer les bijoux à lui confiés à titre de dépôt, il invoquait dans un premier temps son droit de rétention pour finalement incriminer A. D. à qui il prétend avoir confié les bijoux ;

En tout état de cause les bijoux n'ont pas été restitués d'où l'inculpation de détournement de deniers publics ou privés ;

Placé sous mandat de dépôt de ce chef d'inculpation, son conseil sollicite du juge la disqualification des faits en abus de confiance et sa mise en liberté provisoire ;

Sur la disqualification le conseil de l'inculpé considère que la qualité de tuteur des enfants mineurs conférée par le conseil de famille ne constitue pas un mandat public ;

Quant au magistrat instructeur il estime que l'inculpé a été désigné séquestre de la succession de feue M. D. K., que son obligation principale consistait à garder la chose (bijoux, lingots) et à l'administrer jusqu'au moment où il devra les rendre à celle des parties en faveur de laquelle le juge se prononce ;

Qu'il y a lieu de rappeler que dans le cas d'espèce, il s'agit d'un séquestre judiciaire et non d'un séquestre conventionnel qu'il reçoit ainsi du juge un caractère public ; que ce détournement s'applique aux faits ;

SUR LA DISQUALIFICATION

Considérant qu'à la lumière des faits sus-décrits il échet de distinguer entre A. K. séquestre de la succession de feue M. D. A. K. tuteur des enfants mineurs de feue M. D. dépositaire des bijoux leur appartenant ; Que cette assertion est si évidente que Serigne M. S. MB. nommé tuteur des enfants mineurs ne réclame que les bijoux en laissant intacte sa nomination de séquestre qui lui confère l'administration des biens de la défunte et non des enfants mineurs ;

Que la qualité de séquestre relativement aux bijoux à lui confiés doit être exclue en l'espèce ; que la question qu'il y a lieu de se poser est celle de savoir si le tuteur des mineurs qui reçoit à titre de dépôt des objets appartenant à ceux-ci et qui omet de les restituer peut être poursuivi de détournement de deniers publics ou privés ;

Que contrairement à l'argumentaire du magistrat instructeur le caractère public ou privé n'est pas conféré par le juge mais bien par les lois ou décrets ;

Considérant que la matière pénale pour éviter tout arbitraire doit être d'interprétation restrictive et que l'article 152 énumère les personnes susceptibles d'être poursuivies pour détournement de deniers publics et le tuteur ne fait pas partie des énumérations de l'article 152 du Code pénal ; Qu'ainsi c'est à tort que la qualification de détournement a été retenue en se fondant suivant l'acte d'inculpation de sa qualité de séquestre de la succession de feue M. D., détourné ou soustrait des bijoux et lingots d'or au préjudice des héritiers à l'occasion de l'exercice de ses fonctions ;

Outre que cette qualification ne relate pas exactement les faits reprochés à l'inculpé, elle manque de pertinence lorsque la qualité de séquestre devient un élément de l'article 152 du Code pénal ;

Qu'en effet le séquestre n'est ni un officier ministériel encore moins une personne revêtue d'un mandat public ; selon le juris classeur civil il se définit plutôt comme la remise entre les mains d'un tiers d'une chose mobilière ou immobilière dans le but de sauvegarder les droits des parties intéressées à sa conservation ;

Qu'ainsi ni sa qualité de tuteur, encore moins celle de séquestre utilisée à tort ne permet l'application des dispositions de l'article 152 du Code pénal; qu'il échet en conséquence de dire que les faits sus évoqués sont constitutifs plutôt du délit d'abus de confiance ;

(...)

PAR CES MOTIFS

Statuant en Chambre du Conseil, hors la présence du Ministère public, des avocats et du greffier de la chambre ;

En la forme

Déclare l'appel recevable ;

Au fond

Disqualifie les faits en abus de confiance ;

Confirme la saisie conservatoire à titre de cautionnement ;

Ordonne la mise en liberté provisoire de A. K.

Réserve les dépens ;

Ordonne l'exécution du présent arrêt à la diligence du Procureur général près la cour d'appel.

- **Interprétation stricte de la loi pénale- droit pénal : un droit de certitude**

67. CA Dakar n° 397 du 25 juin 2003, *MP et les ICS c/ Oumar SARR, inédit.*

Le droit pénal est un droit de certitude et que le doute doit profiter au prévenu.

LA COUR,

En la forme

Considérant que par acte en date du 19 mars 2001 reçu au greffe du Tribunal de grande instance de Thiès, Maître René Louis LOPY, avocat à la Cour, agissant pour le compte de O. S. poursuivi pour complicité de vol en réunion au préjudice de l'employeur, a déclaré interjeter appel contre le jugement n° 199 rendu contradictoirement le 20 février 2001 par le Tribunal correctionnel de Thiès qui a condamné O. S. à deux (02) ans d'emprisonnement ferme ;

Que le Ministère public a également relevé appel incident à la même date contre ledit jugement ;

Considérant que ces appels interjetés conformément à la loi, doivent être déclarés recevables ;

Au fond

Considérant que l'appelant a été condamné à la peine précitée pour complicité par instigation de vol en réunion commis au préjudice de l'employeur, délit prévu et puni par les articles 45, 46, 364, 366, 368 du Code pénal ;

Considérant qu'à l'appel de la cause, maître René Louis LOPY et O. S. ont exposé à la barre de la Cour leurs moyens de défenses et développé leurs arguments ;

Considérant que Maître René Louis LOPY a plaidé la relaxe pure et simple de son client ou à défaut au bénéfice du doute et subsidiairement une application bienveillante de la loi en lui accordant le sursis aux motifs que O. S. conteste les faits à lui reprochés et les charges qui pèsent sur lui émanent des déclarations de ses co-prévenus qui n'ont pas comparu, ni en première instance ni en appel ; que son client est le seul à avoir interjeté appel contre le jugement sus-énoncé ;

qu'il n'existe pas de preuves pour asseoir sa culpabilité et son client a toujours répondu à la convocation de la justice ;

Considérant que le Ministère public a soutenu que S. n'a pas soustrait, qu'il est poursuivi pour complicité par instigation et a requis la confirmation du jugement déféré et si les éléments sont insuffisants la relaxe au bénéfice du doute ;

Considérant que la partie civile les ICS représentée par son conseil I. B. N. a soutenu que le matériel soustrait frauduleusement a été récupéré et O. S. a nié du début à la fin et s'il est vrai qu'il a fait dix-huit (18) ans de service aux ICS, cela ne constitue pas un gage de probité ; qu'il déclare s'en rapporter ;

SUR QUOI LA COUR

Considérant qu'il est reproché à O. S. le délit de complicité de vol en réunion au préjudice de l'employeur ; qu'à l'interrogatoire devant le magistrat instructeur, en première instance et à la barre de la Cour O. S. a toujours nié les faits ;

Considérant que devant le magistrat instructeur, O. S. a déclaré que le Samedi 26 Juillet 1997 aux environs du crépuscule, O. C. est venu le trouver pour lui demander de se rendre chez O. N. qui exploite un champ près de l'usine pour voir une pièce qui pourrait l'intéresser, le lendemain dimanche, il s'est rendu chez lui mais ne l'a pas trouvé et quelques instants après les gendarmes sont venus le chercher et c'est à la brigade qu'il a su qu'on lui reprochait des faits de vol en réunion, c'est également sur ce lieu qu'il a vu pour le première fois la culasse ;

Qu'il ajoute que les déclarations qu'il a faites à la gendarmerie s'expliquent par le fait qu'il a un différend avec l'adjoint au Commandant de brigade qui a profité de cette affaire pour essayer de le charger ;

Considérant qu'à la barre de la Cour, O. S. s'est expliqué sur ce différend qui découle d'un véhicule qu'il devait réparer pour le compte de l'adjoint au commandant de brigade;

Considérant comme l'a soutenu le premier juge, que O. S.ne peut être poursuivi pour vol pour n'avoir pas participé à la soustraction frauduleuse de la culasse, raison pour laquelle les faits à lui imputés ont été disqualifiés de complicité par instigation ;

Considérant que O. S., à différents étages de la procédure, a contesté avoir participé au vol, que c'est O. C. qui est venu lui dire qu'une pièce qui pourrait l'intéresser était déposée chez O. N.; qu'il gère un garage et s'il a été cité par ses co-inculpés, c'est parce qu'ils savent que dans toute l'usine, c'est lui seul qui peut acheter certaines pièces ;

Considérant qu'à la barre du Tribunal correctionnel de Thiès, O. S. qui était seul à avoir comparu n'a pas varié dans ses déclarations soutenant que c'est le commandant de brigade qui l'a obligé à signer le procès-verbal afin qu'il puisse sortir, que les gendarmes n'ont rien trouvé chez lui, qu'il avait des antécédents avec l'adjoint du commandant qui s'occupait du procès-verbal ;

Considérant qu'il est constant comme résultant des pièces du dossier que les seules charges qui pèsent sur O. S. émanent de ses co-prévenus ; que le doute qui a obligé les premiers juges à disqualifier les faits de vol en complicité par instigation, ce même doute habille les mêmes juges d'appel pour asseoir la culpabilité de S. ;

Considérant que le droit pénal est un droit de certitude et que le doute devant profiter au prévenu, il échet d'infirmer le jugement entrepris pour ce qui concerne O. S.et le relaxer au bénéfice du doute ;

Considérant qu'il échet de mettre les dépens à la charge du Trésor public ;

PAR CES MOTIFS

Statuant publiquement, contradictoirement, en matière correctionnelle et en dernier ressort :

En la forme

Déclare recevables les appels enregistrés ;

Au fond

Déclare l'appel de O. S. bien fondé ;

Infirme le jugement entrepris pour ce qui le concerne, le relaxe au bénéfice du doute ;

Met les dépens à la charge du Trésor public.

- **Interprétation stricte de la loi pénale- exécution provisoire**

68. CA Dakar ch. corr. n°409 du 20 avril 2012, *MP et Jacques Boniface MENDY c/ Patrice LEBRUN, inédit*

La loi pénale est d'interprétation stricte et il ne ressort pas de l'article 451 du Code de procédure pénale, qui traite de l'exécution provisoire, l'exigence d'une condition d'urgence ou de péril ; en vertu du principe de l'autonomie de la procédure pénale, les dispositions du droit civil n'ont pas vocation à s'appliquer en la matière.

LA COUR,

Considérant qu'en vertu de l'ordonnance en date du 07 mars 2012 de Monsieur le Premier Président de la cour d'appel de céans, B. L. a assigné J. B. M. en défenses à exécution provisoire du jugement n°404/11 du 27 mai 2011 rendu par le Tribunal de grande instance de Thiès qui l'a condamnée à 03 mois d'emprisonnement avec sursis et à payer à la partie civile la somme de 3 000 000 FCFA à titre de dommages-intérêts ;

En la forme

Considérant que les défenses ont été faites dans les conditions prescrites par la loi ; qu'il y a lieu de les déclarer recevables ;

Considérant que les parties ont été représentées par leurs conseils ; qu'il échet de statuer contradictoirement ;

Au fond

Considérant qu'au soutien de son action, le demandeur a fait valoir que la décision dont l'exécution est poursuivie a été rendue par défaut ; qu'il n'a donc pas eu l'occasion de présenter ses moyens de défense et qu'il n'a jamais eu des relations d'affaires avec le défendeur ;

Qu'il estime, en outre, que l'exécution provisoire a été ordonnée en méconnaissance des dispositions des articles 86 et 87 du Code de procédure civile et 472 du Code de procédure pénale parce qu'elle n'a pas été motivée et paraît sans fondement ;

Qu'il ajoute que l'exécution provisoire ordonnée pour la totalité doit être subordonnée à la constitution d'une garantie sauf exceptions prévues limitativement par la loi ;

Qu'il sollicite en conséquence le sursis à l'exécution du jugement jusqu'à l'intervention d'un arrêt sur le fond ;

Considérant que le défendeur a répliqué qu'en matière pénale, seul le Code de procédure pénale a vocation à s'appliquer et que l'article 472 dudit Code ne parle pas d'exécution provisoire ; qu'il fait remarquer que le jugement contesté a été motivé et que le premier juge s'est fondé sur des pièces qui lui ont été produites ; qu'il estime que la demande n'est donc pas fondée et que la Cour doit ordonner la continuation des poursuites ;

Considérant que le demandeur a rétorqué que le jugement est un tout qui doit être motivé dans son ensemble dont l'exécution provisoire ; qu'il fait observer en outre que la réparation obéit aux règles du droit civil ; que l'article 86 exige l'urgence ou le péril comme conditions de l'exécution provisoire et quand celle-ci porte sur la totalité, l'article 87 rend obligatoire la constitution d'une garantie sauf les exceptions énumérées par la loi;

Considérant que l'Avocat général a déclaré s'en rapporter à justice ;

SUR CE,

Considérant qu'il y a lieu de rappeler que la loi pénale est d'interprétation stricte et qu'il ne ressort pas de l'article 451 du Code de procédure pénale qui traite de l'exécution provisoire l'exigence d'une condition d'urgence ou de péril ;

Considérant qu'également, en vertu du principe de l'autonomie de la procédure pénale, les dispositions du droit civil n'ont pas vocation à s'appliquer en la matière ;

Considérant qu'il ressort des mentions du jugement contesté que celui-ci a été rendu par défaut ; que le demandeur, qui n'a pas fait valoir de moyens, conteste énergiquement les faits pour lesquels il a été condamné ; qu'ainsi, en raison du principe du double degré de juridiction, il y a lieu d'ordonner le sursis à l'exécution du jugement entrepris jusqu'à l'intervention d'un arrêt rendu en appel sur le fond ;

Considérant qu'il échet de réserver les dépens ;

PAR CES MOTIFS

Statuant publiquement, contradictoirement, en matière de défenses à exécution provisoire, en premier et en dernier ressort ;

Déclare les défenses recevables ;

Ordonne le sursis à l'exécution provisoire du jugement n°404/11 rendu le 27 mai 2011 par le Tribunal de grande instance de Thiès jusqu'à l'intervention d'un arrêt rendu sur le fond et en appel;

Réserve les dépens.

OBSERVATIONS

Interpréter la loi, c'est en rechercher la signification exacte, de manière à permettre son application correcte aux cas concrets qu'elle doit régir. Toute loi doit être interprétée surtout lorsqu'elle est imprécise ou obscure, puisqu'il est nécessaire d'assurer le passage de la règle abstraite à l'espèce concrète. C'est pourquoi il est nécessaire de dégager les principes directeurs qui gouvernent une correcte interprétation des textes.

En droit civil et administratif, on admet l'usage de méthodes, non seulement extensives, mais même analogiques, d'interprétation des textes.

En droit criminel, où les libertés sont toujours menacées par la défense des intérêts de la société, il est évident que de telles méthodes d'interprétation ne sauraient être généralisées sous peine de favoriser des abus les plus criants. La pondération du juge apparaît, dès lors, essentielle (*A. LEGAL, « Les pouvoirs d'interprétation du juge pénal en France », Mélanges Germann, 1959, p. 94*).

Dans l'absolu, d'ailleurs, il serait préférable, au nom des libertés, de priver les tribunaux de la moindre marge d'appréciation. Le principe même d'une interprétation judiciaire est, en effet, porteur d'un risque de déformation du sens de la loi.

Mais l'interprétation judiciaire est inévitable, puisque la loi n'est jamais parfaite et le juge au demeurant a l'obligation de statuer en cas d'obscurité ou de silence de la loi.

En matière pénale, les méthodes d'interprétation présentent des particularités, parce que les libertés individuelles sont toujours sous-jacentes à l'application de la loi et s'opposent plus ou moins aux nécessités de la défense de l'ordre public.

L'analyse des décisions rendues par les tribunaux répressifs montre que la jurisprudence a rejeté l'interprétation littérale des textes et a fait triompher l'interprétation téléologique. Elle a admis, avec quelques réserves, la technique d'interprétation par analogie.

L'interprétation téléologique ou déclarative est sans conteste l'interprétation dominante en jurisprudence. Les expressions utilisées par la Cour de Cassation sont diverses : « *interprétation stricte* » ou « *interprétation restrictive* » (*G. ROUJOU DE BOUBEE, «Grandeur et décadence de l'interprétation stricte », in Ruptures, mouvements et continuité du droit, autour de M. Gobert, Paris, Économica 2004, 195 et s.*). Ces expressions peuvent dérouter si l'on sait que la méthode littérale peut être en doctrine qualifiée identiquement. En réalité, « *interpréter strictement* », c'est s'en tenir aux frontières de la loi.

Le principe de l'interprétation stricte de la loi pénale a été rattaché par le Conseil constitutionnel français au principe de la légalité. Le juge constitutionnel considère que « *le principe de la légalité impose d'interpréter strictement la loi pénale, de se prononcer sans que son appréciation puisse encourir la critique d'arbitraire* » (*Cons. const., 16 juill. 1996, n° 96-377 DC, préc. n° 64, cons. 11*).

Le Conseil a repris son argumentation dans la décision n° 98-399 DC du 5 mai 1998, Loi relative à l'entrée et au séjour des étrangers en France et au droit d'asile : « *il appartient au juge, conformément au principe de légalité des délits et des peines, d'interpréter strictement les éléments constitutifs de l'infraction définie par l'article 21 de l'ordonnance du 2 novembre 1945 susvisée, notamment lorsque la personne morale en cause est une association à but non lucratif et à vocation humanitaire, ou une fondation, apportant, conformément à leur objet, aide et assistance aux étrangers* » (*Cons. const., 5 mai 1998, n° 98-399 DC, préc. n° 60, cons. 8*).

Les juridictions sénégalaises rappellent souvent le principe de l'interprétation stricte des textes pénaux. La Cour suprême du Sénégal a déjà eu l'occasion de juger à plusieurs reprises « *qu'il est de principe, en matière pénale, que les textes sont d'interprétation stricte* » (*CS n° 29 du 04 mars 1992, A. D. et autres c. MP et l'adm. des Douanes, inédit ; CS n°72 du 17 décembre 1986, K. S. c/ MP, inédit ; CS n° 71 du 30 juillet 1980, MP c/ B. T., inédit dans le même sens, CS n° 72 du 30 juillet 1980, MP c/ M. F., inédit ; CS n° 41 du 30 mai 1981, MP c/ M. D., inédit ; CA Dakar ch. corr., n° 1300 du 30 octobre 2015, MP et D. D. G. c/ K. K. A., inédit ; C A Dakar ch. corr., n° 409 du 20 avril 2012, MP et J. B. M. E. D. c/ P. L., inédit ; CA Dakar ch. corr., n° 1153 du 30 novembre 2012, MP et B. C. c/ A. B., inédit ; CA Dakar ch. corr., n° 95 du 20 janvier 2012, MP et A. D. c/ M. D., inédit ; CA Dakar ch. corr., n° 1192 du 07 décembre 2012, MP, et I. Nd. S. c/ R. J. F. R., inédit*) ou que « *le droit pénal et la procédure pénale sont des droits d'interprétation stricte » (CS ch. crim. n° 22 du 7 février 2013 M. ND. SGBS et A. O. D. c/ et M. A. D., inédit)*. Il a été aussi jugé que « *le droit pénal est le droit de la certitude* » (*CA Dakar ch. corr., n°06 du 09 novembre 2009, MP et U. F. D. c/ I. D., inédit*).

Un arrêt de la Cour d'Appel de Dakar du 15 juin 2012 a indiqué qu'en vertu du principe de l'interprétation stricte de la loi pénale, l'infraction de détournement de gage de l'article 373, alinéa 2 du CP ne peut être commise que par le débiteur et l'emprunteur, c'est-à-dire le donneur de gage et non par le bénéficiaire du gage (*CA Dakar ch. corr., n° 665 du 15 juin 2012, MP et L. B. c/ S. BA, inédit*).

Dans une autre espèce, il a été jugé que « *la matière pénale, pour éviter tout arbitraire, doit être d'interprétation restrictive et que l'article 152 du CP énumère les personnes susceptibles d'être poursuivies pour détournement de deniers publics* ». Dès lors, le séquestre ayant détourné ou soustrait des bijoux et lingots d'or au préjudice de certains héritiers à l'occasion de l'exercice de ses fonctions ne saurait être poursuivi pour détournement de deniers publics *(CA Dakar, ch. acc. n° 168 du 29 août 2000, MP c/A. K., inédit*).

La Cour d'Appel de Dakar, dans un arrêt rendu le 27 avril 1981, a jugé que le principe de l'interprétation stricte de la loi pénale « *n'exclut pas la possibilité d'interprétation de la pénale, sans modification, ni déformation de la libre recherche scientifique, mais une interprétation étroite déclarative de l'intention du législateur à partir de la formule législative* » (*CA Dakar, n° 289 du 27 avril 1981, MP c/ M. MB. inédit*).

S'agissant en particulier des lois d'amnistie, la jurisprudence considère qu'en raison de leur caractère de lois d'exception, elles font l'objet d'une interprétation stricte. La Cour de Cassation française rappelle souvent que « *les lois d'amnistie sont des lois d'exception qui doivent être appliquées dans leurs termes mêmes [;] il ne saurait appartenir aux juges d'étendre leurs dispositions à des cas qu'elles n'ont pas prévus* » (*Cass. crim., 25 mars 1980, JurisData n° 1980-096100 ; Bull. crim. n° 100*).

Dans une espèce, les juges ont refusé d'étendre à la peine d'annulation du permis de conduire l'amnistie qui était expressément prévue pour la suspension et l'interdiction d'obtenir la délivrance dudit permis (*Cass. crim., 21 déc. 1987, Bull. crim. n° 473*).

- **Rejet de l'interprétation par analogie : exclusion de l'immunité familiale en matière d'abus de confiance**

69. CS ch. crim. n° 15 du 16 décembre 2008, *Ibrahima BALDE et autres c/ MP et Khaoussou DRAME, Cour suprême- Bulletin des arrêts, n°* 1, année judiciaire 2008-2009, décembre 2011, p. 9

L'immunité familiale consacrée par l'article 365 du Code pénal s'applique uniquement au délit de vol.

LA COUR,

Attendu qu'il ressort des énonciations de l'arrêt attaqué que, F.B. B., son père M. D. B ainsi que son frère I. B. ont été déclarés coupables d'abus de confiance et de complicité d'abus de confiance et condamnés chacun à deux ans d'emprisonnement ferme ;

Sur le premier moyen, en sa première branche, tirée de la violation des articles 43, 365,383 du Code pénal et 17 de la constitution en ce que la cour d'appel a condamné F. B. B. à deux ans d'emprisonnement ferme pour abus de confiance au préjudice de son époux, en méconnaissance de la portée de l'immunité familiale et de la protection de la famille garantie par les textes susvisés;

Attendu que l'immunité familiale consacrée par l'article 365 du Code pénal s'applique uniquement au délit de vol ;

Qu'il s'ensuit que le moyen en sa première branche est mal fondée ;

Sur le premier moyen, en sa troisième branche, tiré de la violation de l'article 472 du Code de procédure pénale en ce que l'arrêt attaqué n'indique pas les moyens de droit des parties et ne mentionne pas dans son dispositif les textes de loi appliqués ;

Attendu que le défaut de mention des textes appliqués dans le dispositif de l'arrêt ne peut donner lieu à cassation dès lors qu'il n'existe aucune incertitude quant aux infractions retenues contre les prévenus ;

Qu'il s'ensuit que le moyen, en sa troisième branche, doit être déclaré mal fondé ;

Sur le deuxième moyen, sur la deuxième branche du premier moyen et la seconde branche du troisième moyen, tirés de la violation des droits de la défense en ce que d'une part, la cour d'appel a jugé contradictoirement toutes les parties sans qu'elles aient été régulièrement convoquées ; d'autre part, en ce que la juridiction d'appel ne pouvait, conformément à l'article 500 du Code de procédure pénale, rendre un jugement contradictoire à l'égard des parties sans s'assurer qu'elles avaient été régulièrement citées à comparaître ; enfin, en ce que pour statuer contradictoirement, la cour d'appel s'est limitée à déclarer que « les parties ont toutes comparu aux différentes audiences de renvoi ou ont régulièrement été représentées avec des demandes de mise en liberté provisoire » et n'a pas suffisamment motivé sa décision;

Attendu qu'il ressort des qualités de l'arrêt, faisant foi jusqu'à inscription de faux, que les appelants ont tous comparu et conclu par l'organe de leur conseil Maître Ciré Clédor LY ;

Qu'il s'ensuit que ces différents griefs manquent en fait et doivent par conséquent être écartés;

Sur le troisième moyen, en sa première branche, pris de l'insuffisance de motifs en ce que la cour d'appel s'est abstenue de rechercher l'élément intentionnel dans le comportement de la prévenue et s'est limitée à relever dans ses constatations que «le détournement par la dame F. B. B. de la somme de 48 millions de francs a été réalisé par l'entremise notamment de son frère O. B. qui l'aidait dans la gestion du bureau de Tamba et qui lui réclamait de l'argent sous prétexte que les sommes reçues étaient insuffisantes» alors que, selon le moyen, la dame a bien pu être abusée par son frère ;

Attendu que le moyen, tel que présenté, ne tend qu'à rediscuter les faits souverainement constatés par les juges du fond ; qu'il doit dès lors être déclaré irrecevable ;

Sur le quatrième moyen tiré de la dénaturation en ce que pour condamner M. D. B., la cour d'appel s'est contentée d'affirmer qu'il «n'a pas justifié les retraits successifs qu'il a reconnu avoir fait à l'insu du plaignant» alors que ce prévenu a, selon le moyen, toujours soutenu avoir agi dans le cadre d'une procuration reçue a cet effet et a déclaré avoir reversé toutes les sommes à l'épouse de K. D. ;

Mais attendu que le grief de dénaturation n'est admis que lorsque, les juges du fond ont méconnu le sens clair et précis d'un écrit ; d'où il suit que le moyen est irrecevable ;

Sur le cinquième moyen tiré de l'ultra petita en ce que la juridiction d'appel a statué sur les exceptions tirées de l'immunité familiale alors que, ni les prévenus, ni leurs conseils n'ont comparu pour conclure dans ce sens ;

Attendu que, sans s'attarder sur la contradiction entre le premier moyen, en sa première branche, et le cinquième, l'arrêt qui a statué sur les exceptions dans les limites de l'acte d'appel n'encourt pas les griefs allégués ;

Qu'il s'ensuit que le moyen est mal fondé;

PAR CES MOTIFS

Rejette le pourvoi formé contre l'arrêt n° 228 rendu le 05 septembre 2007 par la Cour d'Appel de Kaolack ;

Ordonne la confiscation de l'amende consignée ;

Condamne les demandeurs aux dépens ;

Dit que le présent arrêt sera imprimé, qu'il sera transcrit sur les registres de la Cour d'Appel de Kaolack en marge ou à la suite de la décision attaquée ;

Ordonne l'exécution du présent arrêt à la diligence du Procureur général près la Cour suprême.

- **Rejet de l'interprétation par analogie- Abus de confiance- remise faite en vertu d'un contrat de vente-délit non constitué**

70. CA Dakar, n° 672 du 26 octobre 2016, *MP et Aliou DIALLO c/ Cheikh GOUMBALA, inédit*

Lorsque la remise est faite en vertu d'un contrat de vente, le délit d'abus de confiance n'est pas constitué.

LA COUR,

Considérant que par déclaration en date du 20 avril 2015, enregistrée au greffe le même jour, Maître Mounth DIAGNE, avocat à la Cour, agissant au nom et pour le compte de A. D., a interjeté appel du jugement correctionnel n° 472/15 rendu contradictoirement le 16 avril 2015 par le tribunal correctionnel de céans qui a relaxé C. G. du délit d'abus de confiance et a déclaré irrecevable l'action d'A. D. es nom et es qualité ;

EN LA FORME

Considérant que l'appel ayant été régulièrement formé conformément à la loi, doit être déclaré recevable ;

AU FOND

Considérant qu'il résulte des pièces de la procédure et notamment du procès-verbal de renseignements judiciaires n 192 du 23 mai 2014 de la Brigade de la gendarmerie de Dakar la Foire que le cabinet de Maître Mounth Diagne au nom et pour le compte de A. D. a porté plainte contre C. G. pour abus de confiance en expliquant au cours de l'année 2009, il avait reçu sommation pour le déguerpissement de sa cantine et celles de ses frères T. Y.D., S. D. et A. D. en vue d'une reconstruction et qu'avant la fin de celle-ci, l'entrepreneur qui s'était engagé à lui remettre une cantine de 4 m^2 en bordure de route lui en a remis une provisoirement pour garder ses affaires et quand il a mis ses affaires dans ladite cantine, et à la fin des travaux C. G. a ordonné à un de ses employés de sortir ses affaires ;

Qu'interpellé sur les faits à lui reprochés, C. G. a expliqué qu'à l'issue de la médiation du 8 juin 2009 et avant achèvement des constructions des cantines, le plaignant lui a servi une citation et un jugement a été rendu au civil et à son détriment et malgré tout il s'est exécuté en versant entre les mains de l'avocat l'intégralité de la condamnation soit 2 millions pour chaque partie ;

Qu'à l'audience le prévenu a contesté les faits d'abus de confiance en réitérant les déclarations faites à l'enquête préliminaire, expliquant qu'il leur avait vendu des cantines et ils avaient porté plainte qui a abouti à une médiation pénale intervenue le 8 juin 2009 de laquelle il résulte que je m'engageais à leur attribuer après construction deux cantines de 4m2 chacune en bordure de route et en contrepartie A. D. avait consenti à libérer la cantine qui lui a été initialement attribuée ;

Qu'avant même la réalisation de la médiation, ils ont encore saisi le juge civil qui par jugement en date du 21 juillet 2010 l'a condamné à payer à A. D., T. Y. D., A. D. chacun la somme de 2 000 000 francs à titre de dommages et intérêts et a débouté ces derniers de leur demande de restitution de cantines ;

Que la partie civile a contesté avoir reçu 2 millions du tribunal et a expliqué qu'ils avaient acheté 10 cantines à raison de 2 millions par cantines lui et ses frères ;

Qu'elle a souligné que les deux procédures civile et pénale sont distinctes et a réclamé la somme de 20 millions de dommages et intérêts ;

Considérant que le Ministère public, en appel, s'en est rapporté à la décision de la Cour ;

SUR CE ;

Considérant que les dispositions de l'article 383 du Code pénal punit sous l'incrimination d'abus de confiance, celui qui ayant reçu des effets, deniers des fonds en vertu des 6 contrats limitativement énumérés, n'aura pas après simple mise en demeure, exécuté son engagement de les rendre ou représenter ou d'en faire un usage ou un emploi déterminé;

Considérant qu'il est constant que les parties étaient liées par un contrat de vente de cantine pour un nombre de 10 en raison de 2 millions l'unité ;

Qu'à l'intervention d'un projet de démolition reconstruction, les parties avaient conclu un accord d'une remise de deux cantines de 4 m^2 à la partie civile, et en attendant une cantine lui a été donné provisoirement ;

Qu'après une plainte au pénal, une médiation est intervenue et selon laquelle le prévenu s'engageait à leur attribuer après construction deux cantines de 4m2 chacune en bordure de route et en contrepartie A. D. avait consenti immédiatement à libérer la cantine qui lui a été initialement attribuée provisoirement ;

Qu'avant même la réalisation de cet accord, un jugement est intervenu au civil pour condamner la partie civile à payer 2 millions à chaque partie civile ;

Que la condamnation a été entièrement libérée entre les mains du conseils des parties civiles qui ne le contestent pas ;

Qu'il s'ensuit que dans ces conditions, les éléments constitutifs de l'abus de confiance ne sont pas réunis puisque cette infraction suppose une remise, alors que la remise en l'espèce est faite en vertu d'un contrat de vente, contrat non prévu par le texte susvisé, encore qu'il n'ya ni détournement ni dissipation imputable au prévenu ;

Que dans ces conditions en l'absence de preuve de la remise des sommes et du fait que le contrat de vente n'est pas prévu par l'article 383 du Code pénal, le délit n'est constitué;

Considérant que le parquet n'a pas fait appel ;

Considérant qu'en l'absence de l'appel du parquet les dispositions pénales du jugement sont devenues définitives ;

Qu'en l'absence de faute dûment établie, il y a lieu de débouter la partie civile de sa demande de dommages et intérêts ;

Que le jugement doit être confirmé en toutes ses dispositions ;

PAR CES MOTIFS

Statuant publiquement, contradictoirement en matière correctionnelle et en dernier ressort ;

EN LA FORME

Déclare recevable l'appel ;

AU FOND

Confirme le jugement entrepris en toutes ses dispositions ;

Condamne l'appelant aux dépens.

OBSERVATIONS

Les règles d'interprétation en matière pénale sont marquées par la prohibition de principe de l'analogie.

La jurisprudence refuse d'admettre que les textes d'incrimination soient l'objet d'interprétations extensives par la voie du raisonnement analogique. Permettre au juge de raisonner par analogie, c'est donc lui reconnaître le pouvoir de créer des infractions. L'histoire et le droit comparé révèlent qu'un tel pouvoir est souvent admis dans les États totalitaires, dans le seul dessein d'assurer la permanence de l'ordre établi.

La jurisprudence considère qu'il n'est pas possible de retenir le délit de vol contre l'individu utilisant un décodeur pirate pour capter des émissions télévisées (*CA Paris, 24 juin 1987, G.P., 1987.2.512, note Marchi, RSC, 1987.21 l, obs. Bouzat. La loi 10 juill. 1987, complétant la loi du 30 sept. 1986 relative à la liberté de communication*), a prévu spécialement la captation frauduleuse d'émissions télévisées., ni d'étendre l'incrimination d'abus de confiance à la violation frauduleuse de contrats autres que ceux visés par l'article 408 de l'ancien Code pénal français (*Crim., 29 juill. 1905, D., 1907.1.55; crim. 25 fév. 1916, Bull. crim., n° 50*). Ainsi, la Cour d'Appel de Dakar a considéré, dans un arrêt rendu le 8 avril 2013, que le non-respect d'un engagement pris en vertu d'un contrat de partenariat ne saurait constituer le délit d'abus de confiance, dès lors que ce contrat ne fait pas partie de la liste des contrats limitativement énumérés par l'article 383 du CP (*CA Dakar ch. corr., n° 499 du 08 avril 2013, MP et B. D. rep. la soc. B. Expl. c/ M. T., inédit*).

Dans l'affaire Mamadou MBODJ jugée le 27 avril 1981, la Cour d'Appel de Dakar a eu l'occasion de rejeter sans réserve la règle de l'interprétation par analogie des textes d'incrimination (*CA Dakar, n° 289 du 27 avril 1981, MP c/ M. MB. inédit*). On peut lire sous la plume de la juridiction d'appel que le juge pénal en raison du principe de l'interprétation stricte de la loi pénale doit nécessairement veiller à ce qu'il ait un rapport de conformité entre la loi et les agissements qui lui sont soumis. Le juge répressif « *ne peut raisonner par analogie ou juger en dehors du mobile légal, car la légalité juridique qui n'est, ni la compatibilité, ni la contradiction, l'oblige à respecter les règles d'incrimination et de pénalité (...) l'inverse aboutit nécessairement à inventer des infractions sans élément légal, la mission du juge devenant alors une menace terrible pour les libertés publiques* ».

La cour d'appel a, en conséquence, estimé que le simple fait pour des personnes de circuler dans la Ville de Touba en état d'ébriété manifeste ne saurait caractériser le délit de profanation de lieu de culte prévu par l'article 232 du CP, puisque la cité de Touba, sanctifiée par son illustre fondateur, ne constitue pas dans l'intégralité de son territoire un lieu de culte.

Dans un arrêt rendu le 21 décembre 1983, la Cour suprême a rejeté le pourvoi formé contre l'arrêt de la cour d'appel au motif qu'en décidant que les faits relevés contre les prévenus ne constituent pas le délit de profanation de lieu de culte, elle a fait une exacte application de la loi (*CS n° 59 du 21 décembre 1983, PG/ CS c/ M. MB., inédit*).

Un arrêt de la chambre criminelle de la Cour suprême du 7 février 2013 a énoncé qu'en raison du principe de l'interprétation stricte « *on ne peut sanctionner une omission par une nullité alors qu'aucun texte ne le prévoit* » (*CS ch. crim. n° 22 du 7 février 2013, M. ND., SGBS et A. O. D. c/ et M. A. D., inédit*).

De même, en raison du caractère limitatif du libellé du texte d'incrimination de l'abandon de famille, la Cour de Cassation française a estimé qu'elle ne protège que les enfants légitimes et non les enfants naturels (*Crim. 28 mars 1984, Bull. crim., n° 132 RSC, 1984. 742. obs. Levasseur*).

Dans la célèbre affaire dite de « *la séquestrée de Poitiers* », le prévenu avait laissé sa sœur, pendant plusieurs années, cloîtrée dans une chambre sans air et sans lumière. Les magistrats avaient refusé d'assimiler cette abstention coupable à des violences, celles-ci supposant un comportement positif (*CA Poitiers 20 nov. 1901, D., 1902, II, 81, note Le Poitevin ; S., 1902, II, 305, note Hémard*).

Il arrive que le progrès technique suscite l'apparition de formes inédites de criminalité auxquelles les textes répressifs ne sont pas adaptés. À cet égard, la jurisprudence, refusant toute analogie, renvoie le législateur à ses responsabilités.

La Cour de Cassation française a ainsi considéré, dans l'arrêt Lafont rendu le 24 novembre 1983 (*Cass. crim. 24 novembre 1983, affaire Lafont, Bull. crim., n° 315, p. 810 ; D. 1984, p. 465, note Lucas de Leyssac*), que les faits relatifs à l'utilisation abusive d'un distributeur de billets de banque s'analysent en « *en l'inobservation d'une obligation contractuelle et n'entrent dans les prévisions d'aucun texte répressif* » (*Sur cet arrêt, V. SOUSI-ROUBI, « Le retrait abusif de fonds d'un distributeur automatique de billets : de l'impunité à la sanction », Gaz. pal. 1984, 2, 570 ; J. LARGUIER, « L'abus de distributeur de billets par le titulaire d'un compte insuffisamment approvisionné ne peut-il être pénalement incriminé ? », JCP 1982. I. 3061 ; M. CABRILLAC et B. TEYSSIE, « Carte de prélèvement auprès d'un distributeur automatique. Irresponsabilité pénale du titulaire qui l'utilise au-delà des possibilités du compte », RTD. com., 1981, p. 334*).

Au Sénégal, la Cour suprême a jugé, dans un arrêt rendu le 20 mai 1981, que les dispositions pénales ne peuvent être étendues et doivent être interprétées restrictivement (*CS du 20 mai 1981, Moctar DIOP c/ MP, inédit*). Dès lors, les prescriptions de l'ancienne loi du 17 juin 1964, qui opérait en matière d'abus de confiance un renversement de la charge de la preuve, ne peuvent être étendues à un autre cas que cette loi ne prévoyait pas, notamment en matière de détournement de deniers publics (*V. ND. FALL, « Les infractions de détournement (s), soustraction (s) et escroquerie (s) portant sur des biens publics ou privés commis par les agents publics ou de détournement (s), soustraction (s) et escroquerie (s) portant sur des biens publics commis par quiconque », La Balance, Journal de l'Union des Magistrats sénégalais, août 2002, p. 16)*.

La jurisprudence sénégalaise ne se conforme pas toujours au principe de l'analogie *in favorem* en droit pénal de fond, puisqu'elle refuse d'étendre l'immunité familiale à des infractions autres que le vol. La Cour suprême a jugé, dans l'arrêt ci-dessus rapporté rendu le 16 décembre 2008, que « *l'immunité familiale consacrée par l'article 365 du CP s'applique uniquement au délit de vol* » (*CS, ch. crim. n° 15 du 16 décembre 2008, I. B. et autres c/ MP et Kh. D., inédit*). La Cour d'Appel de Dakar a également jugé, dans un arrêt du 26 février 2003, que « *l'immunité familiale n'existe pas en matière d'abus de confiance* » (*CA Dakar ch. corr., n° 142 du 26 février 2003, MP et A. ND. c/ A. ND., inédit ; contra, CA Dakar ch. corr., n° 917 du 22 juin 2015, MP et A. D. c/I. S., inédit : l'immunité familiale prévue par l'article 365 CP est « valable non pas seulement pour le vol, mais aussi pour les autres infractions portant sur les biens »*).

En effet, la Cour d'Appel de Saint-Louis a considéré, dans un arrêt rendu le 14 novembre 2012, « *que l'immunité familiale est exclusivement cantonnée au vol entre époux et les termes utilisés par le législateur, notamment les soustractions, sont assez illustratifs ; Qu'en vertu du principe de l'interprétation stricte des dispositions pénales, l'extension de l'immunité familiale prévue par l'article 365 du CP à l'abus de confiance ne peut être acceptée par le droit positif sénégalais* » (*CA Saint-Louis ch. corr., n° 148 du 14 novembre 2012, MP et S. G. c/ S. C., inédit ; également, CA Saint-Louis ch. corr., n° 32 du 25 janvier 2012, MP et A. B. C. c/ Adj. M. F G. K., inédit).*

De plus, dans un arrêt rendu par la Cour d'Appel de Dakar le 26 octobre 2016, il a été jugé que lorsque la remise est faite en vertu d'un contrat de vente, le délit d'abus de confiance n'est pas constitué. Cette décision doit être approuvée puisqu'en matière d'abus de confiance, les contrats en vertu desquels la remise doit être sont limitativement énumérés par l'article 383 du Code pénal (*sur cette question, V. ND. FALL, « L'abus de confiance en droit sénégalais », La Balance, Journal de l'Union des Magistrats sénégalais, août 2002, p. 12*).

C. LA QUALIFICATION PÉNALE DES FAITS

• Obligation de qualification pénale des faits

71. CA Dakar, ch. corr. n° 748 du 25 septembre 2006, *MP c/ Barthélémy Toye DIAZ, inédit*

Les faits poursuivis dans le cadre d'une prévention déterminée, doivent pour être qualifiés comme telle, correspondre de par leur réalité matérielle (suffisamment établie) à la règle de droit visée au moyen.

LA COUR,

Considérant que par actes respectivement enregistrés sous les numéros 862 et 863 délivrés par le Greffe du Tribunal de grande instance hors classe de Dakar et portant la même date du 23 août 2006, Maître Papa NDIAYE, Avocat à la Cour occupant pour B. T. D. prévenu des faits de diffusion de fausses nouvelles et d'outrages à magistrats dans l'exercice de ses fonctions, et le Ministère public ont régulièrement relevé appel principal et incident du jugement n° 4451 contradictoirement rendu entre les parties le 17 août 2006 par ladite juridiction statuant en police correctionnelle et dont le dispositif est ainsi conçu :

- Déclare B. T. D. atteint et convaincu des faits qui lui sont reprochés ;

- Et pour la répression, lui faisant application des textes susvisés ;

- Le condamne à six (06) mois d'emprisonnement ferme ;

Considérant qu'il échet avant tout, de statuer sur les exceptions de nullités visées aux articles 57 et suivants du Code de Procédure Pénale soulevées par la défense à l'audience publique de la Cour d'Appel de céans du 04 octobre 2006 et tendant à faire prononcer la nullité du procès-verbal d'enquête préliminaire et de tous actes de la procédure qui lui sont subséquents dont le jugement déféré à la censure de la Cour;

(...)

Au fond

Sur les faits

Considérant qu'il est constant, comme résultant, de la lecture de l'ensemble des documents de la procédure et des débats, que le jeudi 9 août 2006 à 16h49 minutes, B. T. D. leader du « Mouvement Convergence Socialiste » escorté par ses gardes de corps et accompagnés de quelques militants arriva devant les locaux du commissariat de la DIC lieu par lui ainsi choisi, pour tenir un meeting au cours duquel il a abordé tour à tour des problèmes économiques et sociaux du pays ;

Que le « sit-in » ainsi organisé a servi de cadre et d'occasion appropriés pour B. T. D. de d'en prendre directement au président de la République et au Procureur de la République près le Tribunal de grande instance hors classe de Dakar (les citant nommément) par des propos particulièrement virulents et outrageants ainsi articulés en ces :

« W. est le principal corrupteur dans ce pays et je pèse mes mots (fait-il souligner). Il ne peut plus diriger ce pays, les sénégalais doivent prendre leurs responsabilités. La CPA doit prendre ses responsabilités car W. ne peut plus diriger ce pays. Son état mental ne le lui permet plus. Une commission parlementaire doit être mise en place pour statuer sur son état de santé mentale. Il faut qu'il parte. Il est à l'origine de l'émigration suicidaire ayant entraîné la mort de plusieurs jeunes sénégalais. La corruption est érigée en règle et c'est grave. Dans une République, si le dernier rempart tombe, le pays va vers la déchéance » fin de citation ;

Considérant que dans la même foulée, parlant du Procureur de la République Monsieur L. C., il a ainsi déclaré que « ce magistrat corrompu et opportuniste constituait une véritable honte pour la Justice Sénégalaise... » et ceci, pour citer les propres termes articulés par le prévenu ;

Considérant que ces propos et déclarations qui auraient été enregistrés dans un « CD » précédemment produit devant le premier juge (et dont la défense a instamment demandé qu'il soit écarté des débats en cause d'appel pour des raisons qui leur sont personnelles) ont été également relayés par des quotidiens d'information de la place (pour ne citer que deux d'entre eux, parmi les plus lus) que sont « L'AS » et « Wal Fadjiri », dont les collaborateurs et reporters (en même temps que d'autres représentants de la presse écrite) faisaient le pied de grue devant les locaux de la DIC ;

Considérant que les articles consacrés à cet événement dans les quotidiens suscités (dont un exemplaire de chaque a été est versé aux débats) ont relaté dans les moindres détails, l'atmosphère et les circonstances dans lesquelles B. T. D. est arrivé aux abords des locaux de la DIC accompagné de ses gardes corps (certains détails allant jusqu'à décrire son habillement et le ton avec lequel il abordait son discours) ;

Considérant que ledit « CD » incriminé, qui aurait enregistré l'intégralité de ce discours, n'a pas été produit aux débats ; Que toutefois B. T. D. entendu en ses explications devant la barre de la Cour, a déclaré avoir formellement identifié par endroits, sa voix dans ce CD lors de sa diffusion à l'audience publique du tribunal;

Qu'il reconnaît notamment avoir fait certaines déclarations sous le coup de l'énervement, outré et révolté (qu'il était), par les faits et circonstances qui ont accompagné l'arrestation de son père, et l'état dans lequel il aurait retrouvé sa mère ensanglantée, victime selon lui, de brutalités policières;

Considérant qu'il résulte de ce qui précède, que B. T. D. ne conteste donc point ainsi formellement les propos et déclarations qui lui sont imputés, propos du reste suffisamment relayés pour l'essentiel, par de nombreux passages d'articles de journaux, dont ceux produits aux débats, et lesquels reproduisant le style et les propres termes usités par le prévenu ;

Considérant que dès lors il échet de dire et juger que les propos et déclarations imputés à B. T. D. s'avèrent, on ne peut plus, constants et en tant que suffisamment rapportés en l'espèce ;

Sur la disqualification partielle des faits poursuivis sous la prévention de « diffusion de fausses nouvelles »

Considérant qu'il est de principe que le droit pénal est d'interprétation stricte ;

Qu'il résulte clairement de ce principe que les faits poursuivis dans le cadre d'une prévention déterminée, doivent pour être qualifiés comme telle, correspondre de par leur réalité matérielle (suffisamment établie) à la règle de droit visée au moyen ;

Considérant qu'il résulte de l'espèce considérée que les faits imputés à B. T. D. ont été poursuivis sous la prévention de « diffusion de fausses nouvelles » ;

Considérant qu'il appert clairement des termes de l'incrimination ainsi visée que le délit de diffusion de fausses nouvelles, est articulée sur trois éléments matériels nettement distincts et suffisamment spécifiés à savoir que :

1ème Le délit consiste avant tout en l'existence de « nouvelles » ou « information » données par le prévenu ;

2ème Le caractère de « fausseté » reconnu ou attaché à ces nouvelles » :

- soit parce que lesdites « informations » ou « nouvelles » procèdent d'affirmations gratuites ou de pures inventions de son auteur ;

- soit plutôt que l'auteur desdites nouvelles s'est limité simplement, le cas échéant, à « colporter , et vérifier l'authenticité de leur source, et notamment, par la détention préalable d'éléments de preuve, devant permettre, au besoin, d'établir leur véracité ;

3ème) Leur « diffusion » ou moyen par lequel lesdites « nouvelles » ou « informations » ont été portées à l'attention de l'opinion publique, et parmi ces moyens, ceux énumérés à l'article 248 du Code pénal, dont le «discours » ;

Considérant qu'il résulte de ce qui précède que les faits reprochés à B. T. D. (tels que rapportés) ne sauraient se rattacher en aucun cas au concept de « nouvelles » dès lors qu'ils s'articulent plutôt à leur analyse et de manière claire et précise, en des jugements de valeur, le tout véhiculé par des propos virulents et outrageants, à l'endroit de la personne visé, en l'espèce le Président de la République, ainsi nommément cité par le prévenu ;

Que ces propos, loin de correspondre à des « nouvelles » ou « informations » destinées à être portées à la connaissance de l'opinion, constituent plutôt un moyen de porter atteinte à l'honneur et à la considération de la personne visée ; Que tel est notamment le cas en l'espèce lorsque le prévenu use des qualificatifs, entre autres, comme celui de « principal corrupteur », ou de « l'inaptitude »prêtée à ladite autorité visée, à gouverner et consécutive selon B. T. D., en un « état de santé mentale » par lui jugé préoccupant, avant de la déclarer enfin, d'être à l'origine, (si non même responsable), des tragédies vécues par les candidats à l'immigration clandestine vers l'Espagne ;

Considérant que dès lors, les faits reprochés au prévenu ne sauraient en aucun cas (de par leur allure, termes et caractéristiques (ainsi rapportés), du point de vue de leur qualification juridique, être en adéquation avec les termes de l'incrimination visée à l'article 255 du Code pénal, par le Parquet de première instance (et repris dans les mêmes termes par le Parquet Général près ladite Cour en cause d'appel) ;

Considérant qu'il est de principe que la juridiction de jugement n'est point liée par la qualification donnée par les parties aux faits soumis à son appréciation souveraine ;

Que c'est précisément, tirant conséquence de ce principe qu'il lui revient en pareil cas de restituer aux faits leur véritable qualification juridique ;

Considérant que dès lors, et compte terme de l'ensemble des développements qui précèdent, il échet, infirmant partiellement le jugement entrepris, et statuant à nouveau, disqualifier les faits poursuivis sous la prévention de « diffusion de fausses nouvelles » en délit d' «offenses au Président de la République » faits prévus et punis par les dispositions de l'article 254 du Code pénal, avec la circonstance que ledit délit a été commis dans les conditions et moyens visés à l'article 248 au même code ;

Considérant qu'il échet en conséquence de déclarer B. T. D. coupable des faits d'offenses au Chef de l'État et d'outrages à magistrat dans l'exercice de ses fonctions, faits prévus et punis par les articles 254 et 194 du Code pénal ;

Considérant que toutefois, il existe en la cause, des circonstances atténuantes en faveur du prévenu (largement entendu en ses explications, lors de l'audience publique du 04 octobre 2006) et qui permettent à la Cour de réduire la peine infligée, au titre de répression desdits délits visés au moyen, et de la ramener à quatre (04) mois d'emprisonnement ferme, par réformation du premier juge ;

PAR CES MOTIFS

Statuant publiquement, contradictoirement en matière correctionnelle et en dernier ressort ;

En la Forme

Déclare recevables les appels enregistrés ;

Déclare par contre irrecevables, les exceptions de nullités tirées des dispositions des articles 57 et suivants du Code de Procédure pénale, soulevées par la défense, par application des dispositions de l'article 373 du même code ;

Au Fond

Infirmant partiellement le jugement entrepris et statuant à nouveau :

Disqualifie les faits poursuivis sous la prévention de « fausses nouvelles » en délit d'offenses au Chef de l'État, faits prévus et punis par les dispositions de l'article 254 du Code pénal ;

Déclare en conséquence B. T. D. coupable des faits d'«offense au Chef de l'État » et d' « outrage à magistrat » dans l'exercice de ses fonctions », faits constants et suffisamment rapportés en l'espèce, avec la circonstance que les faits ont été commis dans les conditions et moyens visés à l'article 248 du même code ;

Dit et juge qu'il existe toutefois en la cause des circonstances atténuantes en faveur du prévenu B. T. D. (largement entendu, en ses explications, à l'audience publique de la Cour d'Appel de céans du 04 octobre 2006) qui permettent à ladite juridiction d'appel de réduire la peine infligée en répression desdits délits retenus, et de la ramener à quatre mois d'emprisonnement ferme, par réformation du premier juge.

- **Qualification pénale des faits : pouvoir de la cour d'appel de restituer aux faits leur exacte qualification**

72. CA Dakar, ch. corr. n° 351 du 17 mai 2017, *MP et Alé SENE rep. Fatou Demba THIAM c/ Souleymane DIONE, inédit*

La cour d'appel a le pouvoir de restituer aux faits leur réelle qualification, et d'appliquer le texte de loi conforme, il échet, appliquer aux faits de la poursuite l'article 409 du Code pénal.

LA COUR,

Considérant que par actes du 09 février 2016, S. D. a interjeté appel principal, et le Ministère public, à titre incident, contre le jugement contradictoire n°61/2016 du 12 janvier 2016, par lequel, le Tribunal de grande instance hors classe a déclaré S. D. coupable de destruction de constructions, et l'a condamné à une peine d'emprisonnement d'un(01) mois ferme, et à payer à la partie civile, A. S. la somme de cinq cent mille (500 000) francs avec exécution provisoire, et les dépens à sa charge ;

EN LA FORME

Considérant les appels sont recevables pour avoir été interjetés dans les formes et délais légaux ;

Que les parties citées, ont comparu, il échet statuer contradictoirement à leur égard ;

AU FOND

Sur les faits

Le 14 avril 2014, A. S. a déposé une plainte contre S. D. pour destructions de constructions édifiées sur un terrain. Il a expliqué en substance que la garde dudit lui a été confiée par la propriétaire qui est à l'étranger, et pour ce faire, il a construit des murs que le mis en cause aurait détruits selon des témoins.

Devant les enquêteurs, il a réitéré ses déclarations.

Sur la culpabilité

Considérant que selon le jugement querellé, « il ressort des déclarations des parties et des constatations de l'huissier, des constructions appartenant à F. D. T. ont été détruites, et l'auteur de ces destructions a été identifié comme étant le nommé S. D. ; que cependant, le mis en cause interrogé a contesté les faits à toutes les étapes de la procédure ;que les témoins l'ont décrit comme une personne se disant professeur, de taille élancé et de teint noir, avec une chevelure touffue qui a détruit les pans du mur de clôture de la partie civile ;que malgré les dénégations du prévenu, les témoins l'ont clairement identifié comme étant l'auteur des faits qui sont suffisamment établis ; qu'il échet, le déclarer coupable, et le condamner à une peine d'emprisonnement d'un mois ferme (01) ; »

Considérant qu'à l'audience de la cour du 26 avril 2017, l'appelant a contesté les faits qui lui sont reprochés en soutenant pour sa défense, que le terrain appartient à son père, et il s'y rendait souvent;

Qu'il a contesté le fondement légal de la poursuite au motif que le maître des poursuites s'est trompé sur la base légale, et il a sollicité l'infirmation du jugement ;

Que le représentant de la partie civile, A. S. a demandé la confirmation de la culpabilité de S. D. car ce dernier a été identifié par des jeunes comme l'auteur des destructions ; Qu'il a demandé, après de réformation sur les dommages et intérêts, la somme de deux millions de francs (2 000 000) à ce titre ;

Que l'Avocat général a requis la confirmation du jugement en demandant à la cour de céans de corriger la base légale des poursuites par application des articles 408 et 409 du Code pénal;

Sur ce ;

Sur le texte applicable

Considérant que le prévenu a été poursuivi sur le fondement de l'article 423 du Code pénal qui punit les actes d'occupation ou de culture de manière quelconque d'un terrain dont autrui pouvait disposer ;

Considérant que de l'article 423 du Code pénal visé par le maître des poursuites résulte d'une erreur qui ne saurait influencer en rien la régularité de la procédure dès lors que la cour a le pouvoir de restituer aux faits leur réelle qualification, et d'appliquer le texte de loi conforme, il échet, appliquer aux faits de la poursuite l'article 409 du Code pénal ;

Considérant que malgré ses dénégations à la barre, le prévenu a été confondu par les témoins lesquels, ont dit l'avoir vu démolir les murs construits par la partie civile ; que les faits sont établis, et en retenant sa culpabilité du chef de destruction de constructions, le premier juge a correctement analysé les faits, il échet, confirmer sur la culpabilité et la peine ;

(...)

PAR CES MOTIFS

Statuant publiquement, contradictoirement, en matière correctionnelle, et en dernier ressort ;

EN LA FORME

Reçoit les appels ;

AU FOND

Confirme le jugement en toutes ses dispositions ;

Condamne l'appelant aux dépens.

OBSERVATIONS

Le principe de la légalité criminelle interdit qu'un comportement soit réprimé s'il n'entre pas dans les prévisions d'un texte pénal. La qualification en droit pénal est un enjeu décisif permettant de réaliser le principe de la légalité (*E. LETOUZEY, « Concours et cumul d'infractions », Juris-class. pén. Code, art. 132-2 à 132-7, fasc. 20, n° 1*).

La première préoccupation des autorités judiciaires est de vérifier si les faits reprochés à une personne correspondent à l'une des qualifications pénales qui sont prévues par les textes; c'est-à-dire si les faits qui leur sont soumis sont qualifiables pénalement et qu'ils se rattachent à une définition légale abstraite (*B. PERREAU, De la qualification en matière criminelle, Librairie générale de droit et de jurisprudence, 1926, 372 p. ; E. GALLARDO-GONGGRYP, La qualification pénale des faits, PU Aix-Marseille, 2013 ; A. OUATTARA, « Les qualifications en matière pénale », in Justice et intégration, Mélanges en l'honneur du professeur Ndiaw DIOUF, Cotonou, édition du CREDIJ et éditions de l'ERSUMA, 2020, tome I : la Justice, p. 559 et s.*).

Dans l'affirmative, il incombe aussi à ces autorités de discriminer éventuellement parmi plusieurs qualifications voisines celle qui s'applique exactement à l'espèce. La qualification des faits est l'opération intellectuelle qui permet « *d'appliquer la règle (abstraite et générale) de droit au cas (concret et particulier) de l'espèce* » (*J. PRADEL, Droit pénal général, Paris, Cujas, 19e éd., 2012, n° 297, p. 261*).

Dans un arrêt ci-dessus rapporté rendu le 25 septembre 2006, la Cour d'Appel de Dakar a jugé « *que les faits poursuivis dans le cadre d'une prévention déterminée, doivent pour être qualifiés comme telle, correspondre, de par leur nature, à une réalité matérielle suffisamment établie*» (*CA Dakar, ch. corr. n° 748 du 25 septembre 2006, MP c/ B. T. D., inédit*). Ainsi, précise la cour, des propos virulents et outrageants à l'endroit de la personne du Président de la République constitutifs d'outrage au Chef de l'État ne sauraient être assimilés à l'infraction de diffusion de fausses nouvelles.

La qualification a donc pour objet de déterminer avec précision quel texte d'incrimination est applicable aux faits envisagés et quelle infraction a ainsi été commise. C'est une opération indispensable au regard du principe de la légalité, selon lequel il n'y a pas d'infraction ni de peine sans texte, et de ses corollaires, notamment le principe de l'interprétation stricte de la loi pénale.

En d'autres termes, la qualification pénale des faits désigne l'opération intellectuelle qui consiste à déterminer le texte d'incrimination applicable aux faits considérés en comparant le comportement de l'agent avec celui que réprime de la loi pénale. Il s'agit de trouver un habillage juridique approprié au fait infractionnel. La qualification, en ce qu'elle permet de classer les faits dans les différentes catégories procédurales d'infractions n'est pas dénuée d'enjeux et d'intérêts au regard de la fonction répressive de la loi pénale.

Cette opération permet non seulement de se prononcer sur leur caractère répréhensible, mais encore de déterminer leur régime juridique. Elle consiste à découvrir le texte incriminateur de telle ou telle activité humaine et le nom que porte cette activité dans la terminologie du droit pénal spécial (vol, abus, recel, terrorisme, etc.).

La qualification pénale des faits doit être distinguée de l'interprétation de la loi pénale, même si intellectuellement ces deux opérations sont étroitement liées En effet, elles s'effectuent toutes deux à l'occasion de l'application de la loi pénale.

Dans le syllogisme judiciaire, la majeure est constituée par la règle de droit (le meurtre est l'homicide commis volontairement), la mineure renvoie aux faits poursuivis (X a donné volontairement la mort à Y), la conclusion désigne l'application de la règle de droit aux faits (X a commis un meurtre).

Dans cette démarche intellectuelle, l'interprétation tend à cerner le sens et la portée exacte de la règle de droit (le meurtre suppose-t-elle une volonté de donner la mort ?), tandis que la qualification est l'opération qui, par le rapprochement de la règle de droit interprétée au cas d'espèce, conduit à la conclusion (*F. DESPORTES et F. LE GUNEHEC, Droit pénal général, Paris, Economica, 12ᵉ éd., 2005, p. 115*). Ainsi, la qualification pénale des faits est le « *nerf du raisonnement judiciaire* » (*F. RIGAUX, La loi des juges, Paris, O. Jacob, 1997, p. 51*).

Il convient de distinguer également l'opération de qualification des faits de celle de la qualification des infractions. Faits et infractions constituent les deux objets de la qualification pénale. En effet, après avoir qualifié le fait, il faut encore qualifier l'infraction constituée par ce fait, puisque chaque qualification pénale, c'est-à-dire chaque infraction particulière, s'intègre dans plusieurs classifications (crimes, délits, contraventions, infractions de droit commun, politiques, militaires, fiscales, etc.) qui parachèvent son régime juridique.

La qualification pénale des infractions désigne l'opération intellectuelle complémentaire qui consiste, en se fondant sur les classifications légales des infractions, à déterminer la catégorie pénale à laquelle appartient le texte d'incrimination identifié à l'issue de la qualification pénale des faits.

La qualification des faits est souvent une opération délicate, en raison de la grande diversité des incriminations. En effet, le droit contemporain est fortement marqué par une inflation législative considérable, et le droit pénal ne fait pas exception (*DE BRESSON, « Inflation des lois pénales et législations ou réglementations techniques », RSC 1985, p. 241 ; L. JOSSERAND,« Les transformations récentes de la technique législative », D. H. 1939, chron., p. 10*).

Cette floraison pénale est telle qu'il n'est pas possible de déterminer avec précision le nombre des incriminations actuellement en vigueur.

Par ailleurs, et indépendamment de ce phénomène d'inflation législative, le principe de la légalité criminelle conduit le législateur à définir de façon très précise les comportements qu'il entend interdire, en multipliant ainsi les textes d'incriminations. Dans ce contexte, l'opération de qualification peut s'avérer fort délicate, puisque bien souvent plusieurs incriminations différentes sont susceptibles de qualifier un seul et même fait infractionnel (*E. LETOUZEY, La répétition d'infractions, Thèse, Dalloz, coll. NBT, 2016, vol. n° 153, p. 72 ; A. GAMALELDINE, Pluralité d'infractions et concours apparent des normes pénales, Thèse, Paris, 1963, p. 46*).

L'une des particularités de la qualification pénale des faits est d'être une opération encadrée par les principes généraux. Mais elle peut poser parfois de délicats problèmes liés aux qualifications multiples.

- **Changement de qualification- Disqualification-office de la cour d'appel**

73. CS, pén. n° 10 du 27 mars 1971, *Djibril NDIAYE c/ MP, Recueil AERJ*, 1971, n° 1, 2e année, p. 20

Il appartient à la cour de disqualifier lorsqu'elle constate que la prévention visée ne s'applique pas aux faits de la procédure.

LA COUR,

Sur le premier moyen pris d'une violation de l'article 159 du Code pénal ;

Attendu qu'après avoir constaté que ND., contrôleur des impôts, avait incité la tenancière d'un bar à régler « la patente et la licence correspondant à la catégorie de son établissement », l'arrêt attaqué relève que le « fonctionnaire, qui n'avait pas qualité pour percevoir des impôts ou taxes des contribuables ni effectuer la promesse d'obtenir une licence, ce qui était hors de ses attributions », a accepté, « après quelques hésitations » et sans fournir de reçu, la somme que lui avait proposée la commerçante, laquelle lui avait demandé « s'il était en mesure de lui obtenir la licence moyennant versement de quarante mille francs » ;

Attendu que la cour d'appel a décidé « que ces faits, poursuivis et réprimés sous la qualification de concussion de l'article 156 du Code pénal, constituant plutôt les faits de corruption passive prévue par l'article 161 du code, étant en effet établi que le prévenu a agréé une offre de 40 000 francs tendant à la corruption, en usant de la promesse d'obtenir une licence d'exploitation, que cette corruption est réalisée par les seuls échanges de l'offre et de la promesse, même si le prévenu n'en a pas pris l'initiative ct devient punissable, même si elle ne se réduit qu'à une simple tentative non suivie d'effet, qu'il échet donc de disqualifier la prévention en ce sens et de retenir la culpabilité de D. ND. de ce chef » ;

Attendu que le dispositif de l'arrêt porte que la condamnation pour corruption passive est prononcée « en application des dispositions de la loi visées au jugement », lequel avait cependant condamné ND. pour concussion en vertu de l'article 156 du Code pénal;

Attendu que, la cour d'appel n'ayant pas recherché si les droits perçus n'étaient pas dus ou excédaient ce qui était dû, le délit de concussion n'est pas constitué ;

Attendu, d'autre part, que la corruption passive, réprimée non par l'article 161 mais par l'article 159 du Code pénal, ne peut être reprochée à ND. que s'il est établi avec certitude que le fonctionnaire, appréhendé aussitôt après cette perception, a reçu la somme, non pas en vue du règlement des taxes que devait la commerçante mais à titre de rétribution pour l'accomplissement ou l'abstention par ND. d'un acte, non sujet à salaire, entrant dans ses fonctions ou facilité par elles ;

Attendu que la relation que donne des faits, la cour d'appel n'apporte pas cette certitude, que les termes dans lesquels de l'argent aurait été proposé à ND. sont notamment ambigus, eu égard surtout à la réclamation antérieure concernant le paiement d'une patente, réclamation qui avait motivé la prévention de concussion;

D'où il suit que le moyen est fondé ;

PAR CES MOTIFS

Et sans qu'il y ait lieu d'examiner l'autre moyen soulevé ;

Casse et annule l'arrêt attaqué ;

Laisse les dépens à la charge du Trésor public ;

Et pour être statué à nouveau, renvoie la cause et les parties devant la cour d'appel autrement composée.

- **Changement de qualification- Disqualification : office de la cour d'appel**

74. CS, ch. crim. n° 34 du 16 août 2018, *Cheikh Sadibou TAMBA et autres c/ la société Ressort Company Invest dite RCI « Café de Rome », Cour suprême- Bulletin des arrêts, n° 15-16, année judiciaire 2018*, juillet 2019, p. 24

La cour d'appel, à l'instar des juges de première instance, est saisie in rem ; elle n'est pas tenue en conséquence de se limiter à la qualification retenue dans l'acte de saisine initiale lorsqu'au cours des débats les faits admettent une autre qualification.

LA COUR,

Attendu que la défenderesse soulève l'irrecevabilité de la requête sur le fondement de l'article 33 de la loi organique n°2017-09 du 17 janvier 2017 sur la Cour suprême au motif qu'il n'y a pas été mentionné le domicile de K. D. pour qui il a été indiqué qu'elle serait domiciliée à Dakar sans autres précisions ;

Mais attendu que la défense a produit un mémoire dans les délais et n'a pas justifié que l'imprécision relative au domicile de la requérante lui a fait grief ;

Qu'il s'ensuit que l'irrecevabilité n'est pas encourue ;

Attendu que par arrêt n°17 du 9 janvier 2018 la Cour d'Appel de Dakar a infirmé partiellement le jugement entrepris et, statuant à nouveau, renvoyé des fins de la poursuite M. D., A. D., W. S., A. D., A. D. D., M. N. et C. N. F., ordonné la restitution des sommes saisies sur eux, déclaré F. T., K. D., O. G., A. F. et C. S. T. coupables de vol au préjudice de l'employeur et les a condamnés à 2 ans d'emprisonnement avec sursis, reçu la constitution de partie civile de l'entreprise « Café de Rome » en lui allouant le franc symbolique, déclaré irrecevable la demande portant sur la somme de 20 millions ;

Sur la première branche du premier moyen tirée de la violation de l'article 14-5 du pacte international sur les droits civils et politiques en ce qu'en requalifiant pour la première fois en appel les faits initialement qualifiés d'abus de confiance en vol au préjudice de l'employeur, la cour d'appel a, par l'arrêt attaqué, privé les requérants de leur droit de faire examiner par une juridiction supérieure, conformément au texte sus visé, la déclaration de culpabilité et la condamnation pour les faits relatifs à ce dernier délit qui sont les conséquences directes de la requalification ;

Sur la deuxième branche du premier moyen tirée de la violation de l'article 376 du Code de procédure pénale et de l'article 14-1 du pacte international sur les droits civils et politiques en ce que les juges d'appel ont requalifié les faits en vol au préjudice de l'employeur sans avoir permis aux requérants de se défendre sur cette nouvelle qualification alors surtout que sous le prétexte d'une requalification ils ne peuvent ajouter des faits et des délits non visés à la prévention sans qu'au préalable l'intéressé ait été mis en mesure de se défendre sur la nouvelle qualification envisagée ;

Les branches étant réunies ;

Mais attendu que la cour d'appel, à l'instar des juges de première instance, est saisie *in rem* ;

Qu'elle n'est pas tenue en conséquence de se limiter à la qualification retenue dans l'acte de saisine initiale lorsqu'au cours des débats les faits admettent une autre qualification ;

Qu'il s'ensuit que le moyen n'est pas fondé ;

Sur la troisième branche du premier moyen tirée de la violation de l'article 472 du Code de procédure pénale en ce que l'arrêt attaqué a retenu la culpabilité des requérants sur le chef d'association de malfaiteurs sans énoncer dans son dispositif, conformément audit article, ce chef d'infraction ainsi que la peine et le texte de loi appliqué ;

Mais attendu que le moyen invoque une illégalité qui, au lieu d'affecter la situation des prévenus demandeurs, leur profite ;

Qu'ainsi ces derniers, n'ayant aucun intérêt à aggraver leur situation, ne sauraient valablement se plaindre du grief invoqué ;

Qu'il s'ensuit que le moyen, en cette branche, est irrecevable ;

Sur le deuxième moyen pris du défaut de motifs et de la contrariété de motifs ;

Sur la première branche du deuxième moyen prise du défaut de motifs relativement au délit d'association de malfaiteurs en ce que l'arrêt attaqué, en se bornant à renvoyer aux autres éléments supposés objectifs du dossier et aux seules déclarations des requérants, a déclaré ces derniers coupables de ce chef sans en caractériser de façon suffisante, les éléments constitutifs comme définis à l'article 238 du Code pénal ;

Sur la deuxième branche du deuxième moyen prise de la contradiction de motifs en ce que l'arrêt attaqué a relaxé les autres prévenus en retenant qu'ils ont admis avoir été vus se partager des sommes d'argent, alors que pour ce même argument relatif au partage de sommes d'argent, il a retenu la culpabilité des requérants sur le chef d'association de malfaiteurs ;

Sur le troisième moyen pris de l'insuffisance de motifs constitutive d'un défaut de base légale en ce que la cour d'appel a requalifié les faits d'abus de confiance initialement retenus contre les requérants en les déclarant coupables de vol au préjudice de l'employeur prévu par les articles 364 et 368 du Code pénal sans caractériser les éléments constitutifs de ce délit à savoir la soustraction et les montants soustraits alors surtout que non seulement les considérations sur lesquelles elle s'est basée ne résultent pas des faits et des débats mais en plus l'employeur a déclaré n'avoir pas établi la preuve d'une quelconque soustraction ni en avoir subie ;

Les deuxième et troisième moyens étant réunis ;

Attendu que toutes les énonciations de l'arrêt attaqué mettent la Cour suprême en mesure de s'assurer que la cour d'appel a, sans insuffisance ni contradiction, caractérisé en tous leurs éléments, tant matériel qu'intentionnel, les délits reprochés aux prévenus ;

Qu'il s'ensuit que les griefs, qui reviennent à remettre en question l'appréciation souveraine par les juges du fond, des faits et circonstances de la cause, ainsi que des éléments de preuve contradictoirement débattus, ne sauraient être accueillis

PAR CES MOTIFS

Rejette le pourvoi formé par C. T., O. G., A. F., F. T., K. D. contre l'arrêt n°17 du 9 janvier 2018 ;

Les condamne aux dépens ;

Dit que le présent arrêt sera imprimé, qu'il sera transcrit sur les registres de la Cour d'Appel de Dakar en marge ou à la suite de la décision attaquée ;

Ordonne l'exécution du présent arrêt à la diligence du Procureur général près la Cour suprême.

• Changement de qualification- Disqualification

75. CS ch. pén. n° 24 du 29 juin 1977, *USB c/ P. J. B. D. et D. S., Rev. sén. dr.*, n° 31, oct-nov-déc. 1983, p. 80.

La partie civile ne saurait se faire un grief de la disqualification que la cour d'appel a cru devoir opérer au regard de la loi pénale, dès lors que le changement de qualification était sans influence sur l'étendue de sa créance indemnitaire.

LA COUR,

Statuant sur le pourvoi formé le 18 février 1976 au greffe de la Cour d'Appel de Dakar de I'U.S.B. partie civile, contre l'arrêt n° 91 rendu le 16 février de la même année par la Chambre des appels correctionnels de ladite Cour dans le litige opposant cet établissement bancaire à P. J. B. D. ainsi qu'à D. S. prévenus de faux ;

Oui Monsieur Rocca, Conseiller, en son rapport ;

Ouï Monsieur Dupuy-Dourreau, Avocat général en ses conclusions ;

Après en avoir délibéré conformément à la loi ;

Vu l'ordonnance portant loi organique sur la Cour suprême ;

1) Sur le pourvoi de la demanderesse et sur le moyen unique de cassation pris de la violation de l'article 153 du Code pénal; en ce que l'arrêt attaqué, après avoir énoncé que I'U.S.B. ne pouvait se prévaloir des dispositions de ce texte, a retenu à la charge des prévenus le délit (l'abus de confiance et non celui de détournement de deniers publies, alors qu'il est constant que l'État détient plus de la moitié du capital de cet établissement bancaire ;

Attendu qu'il appert de l'arrêt attaqué que la Cour d'Appel de Dakar, statuant sur appel de toutes les parties en cause a décidé que les faits commis par P. J. B. D. et par D. S., tous deux prévenus de détournement de deniers publics, faux et usage ct faux en écritures de banque, devaient être retenus sous qualification d'abus de confiance, délit prévu et puni par l'article 383 du Code pénal et les a condamnés, outre les peines d'emprisonnement et d'amende, à réparer l'intégralité du préjudice subi par l'Union Sénégalaise de Banque, partie civile ;

Attendu qu'en cet état, I'U.S.B. ne saurait se faire un grief de la disqualification que la cour d'appel a cru devoir opérer au regard de la loi pénale, dès lors que le changement de qualification était sans influence sur l'étendue de sa créance indemnitaire ;

D'où il suit que le moyen, faute d'intérêt, ne peut qu'être déclaré irrecevable ;

2) Sur le pourvoi dans l'intérêt de la loi formé par le Procureur général près la Cour suprême et sur le moyen pris de la violation de l'article 383 du Code pénal;

Attendu que l'article 383 du Code pénal punit le délit d'abus de confiance d'un emprisonnement de six mois au moins et quatre ans au plus ainsi que d'une amende de 20 000 frs au moins et de 3 000 000 frs au plus ;

Attendu qu'en condamnant pour abus de confiance P. J. B. D. et D. S., respectivement à quatre ans et deux ans d'emprisonnement, à l'exclusion de toute peine d'amende et sans déclarer exister en leur faveur des circonstances atténuantes, l'arrêt attaqué a violé le texte visé au moyen ;

PAR CES MOTIFS

Rejette le pourvoi formé par l'U.S.B. ;

Ordonne la confiscation de l'amende consignée et met les dépens à sa charge ;

Casse et annule l'arrêt n° 91 du 16 février 1976 de la Cour d'Appel de Dakar, mais sans renvoi et dans l'intérêt de la loi seulement, en ce que cet arrêt, sans déclarer exister en faveur des prévenus des circonstances atténuantes, ne les a pas condamnés à des peines d'amende ;

Dit que le présent arrêt sera imprimé, qu'il sera transcrit sur les registres de la Cour d'Appel de Dakar et que mention en sera faite en marge ou à la suite de la décision attaquée ;

Ordonne l'exécution du présent arrêt à la diligence de Monsieur le Procureur général près la Cour suprême.

- **Changement de qualification- Disqualification : office de la cour d'appel**

76. CA Dakar, ch. corr. n° 541 du 13 avril 2015, *MP et M. A. H. c/ Hadiatou CAMARA*, *inédit*

La disqualification s'impose à la cour d'appel qui est tenue de donner aux faits leur véritable qualification, en vertu des articles 503 et suivants du CPP.

LA COUR,

Le 03 février, Maître Ciré Clédor LY, pour le compte de H. C., a fait opposition contre l'arrêt n° 106 rendu le 27 janvier 2014 par la Cour de céans et confirmant le jugement rendu le 13 août 2009 par le Tribunal correctionnel de Dakar, condamnant la prévenue à 6 mois d'emprisonnement avec sursis pour abus de confiance et au paiement de la somme de 40 000 000 CFA à la partie civile, toutes causes de préjudice confondues ;

(...)

Au fond

Sur les faits

Le 8 janvier 2006, M. A. H. a déposé plainte devant le Procureur de la République du Tribunal de grande instance hors classe de Dakar, contre H. C., pour escroquerie, faux et usage de faux portant sur la somme de 45 000 000 CFA. D'après sa plainte et ses déclarations recueillies par les gendarmes, il a fait la connaissance de la dame Camara lors d'une rencontre entre émigrés sénégalais en Italie et en France et les autorités, organisée par l'association des émigrés pour le développement du Sénégal dont la susnommée était la responsable de la communication. Des liens ont été alors immédiatement noués, et H. C., qui lui avait révélé être une étudiante en dernière année de journalisme, l'avait convaincu de rejoindre son projet de création d'un groupe multimédia qu'elle s'apprêtait à lancer au Sénégal avec des partenaires installés en France et au Luxembourg, lequel projet exigeait l'obtention d'une autorisation préalable des autorités sénégalaises habilitées et d'un terrain d'une superficie de 4000 mètres carrées. Les deux parties s'étaient alors séparées mais avaient gardé le contact au téléphone avant que le plaignant ne se rende à Paris où il a accompagné H. C. à un rendez-vous avec son banquier devant qui elle a fait une présentation du projet portant sur deux chaines de télévision, des magazines spécialisés, une imprimerie ainsi qu'une agence de communication marketing. Le banquier lui ayant opposé un refus poli à cause d'un compte débiteur à hauteur de 12000 euros, sa partenaire s'est retournée alors vers lui pour lui demander de financer le projet par des décaissements étalés, ce qu'il a accepté sans hésiter avec l'achat immédiat d'un billet d'avion pour le Sénégal à son profit, accompagné de la somme de 500 euros, suivi par d'autres envois par Moneygram d'un montant de 9000 euros qui devaient servir à faciliter les démarches administratives pour la mise en place du projet. A son retour, la dame Camara lui a présenté une attestation de dépôt d'un dossier portant plusieurs cachets, dont celui du Ministre de la Communication. Les versements ont continué avec 5000 euros devant servir de caution pour le terrain sur le site du Technopole et 6000 euros pour l'achat d'un véhicule Peugeot 406 pour les besoins de ses déplacements à Dakar.

En décembre 2005, toujours selon le plaignant, les partenaires, dont les relations avaient glissé dans le domaine sentimental, se sont retrouvés à Paris où H. a versé à C. 25000 euros pour les besoins de l'acquisition du terrain, outre 4000 euros pour ses études et son loyer et un billet d'avion Paris –Dakar. Toutefois, devant l'ampleur des dernières remises, il a sollicité et obtenu de H., le 5 janvier 2006, une décharge au titre des sommes prêtées et une autre au titre des sommes versées dans le cadre du projet. Depuis cette date, il n'arrivait plus à joindre sa partenaire jusqu'au jour où il l'a retrouvée chez elle à Dakar, coïncidant avec son mariage.

D'après le plaignant le total des versements et cadeaux faits à H. C. se chiffre à la somme de 68750 euros.

Entendue à l'enquête, H. C. a confirmé les circonstances de sa rencontre avec le plaignant, telles que décrites par ce dernier, suivies de relations sentimentales, bénies par leurs parents respectifs, mais qui n'ont pas pu aboutir à cause de la propension de son partenaire à boire, de la peur qu'il lui inspirait et des médisances qu'il faisait courir à son sujet. Toutefois elle a nié avoir eu avec lui le moindre projet, et rencontré un banquier, même si elle a reconnu les cadeaux et la somme de 4 000 000 CFA devant servir à l'achat d'un véhicule que des proches l'ont dissuadée d'effectuer dans la mesure où elle ne restait jamais longtemps au Sénégal, tout comme elle conteste avoir signé les deux reconnaissances de dettes brandies par H.

Les parties sont restées figées dans leur position devant le juge d'instruction qui a fait entendre le banquier de Paris dans le cadre d'une commission rogatoire internationale et ordonné une expertise sur les deux reconnaissances de versement et de prêt.

Le banquier, R. B., a confirmé avoir rencontré H. C., accompagnée d'un « monsieur », qui était venue lui présenter un projet commun qu'il ne pouvait pas de toutes les façons financer compte tenu de la situation de découvert perpétuel que connaissait le compte de la cliente et du montant sollicité. D'après ses déclarations, il avait l'impression que le « monsieur » servait de caution.

Quant à l'expert informatique, il arrivait, dans un rapport du 13 novembre 2008, à la conclusion que les documents intitulés « reçu de sommes avancées » et « reconnaissance de dette » ainsi que les cachets et signatures apposés sont des originaux qui n'ont pas fait l'objet d'une quelconque manipulation à l'aide de l'outil informatique (scanner ou autre).

Renvoyée devant le tribunal correctionnel pour abus de confiance (article 383 CP), H. C. a été reconnue coupable de ce délit, condamnée à la peine de six mois d'emprisonnement avec sursis et au paiement à la partie civile de la somme de 40 000 000 CFA.

Elle a fait appel de cette décision, tout comme le Ministère public.

Devant la Cour, la prévenue a maintenu ses dénégations portant sur les démarches communes auprès de son banquier, les sommes alléguées reçues dans le cadre d'un projet et les reconnaissances de dettes qui ne portent que sa signature scannée et des cachets dont elle n'a jamais été détentrice. Elle a aussi nié tout projet de mariage avec le plaignant, limitant leurs relations sentimentales aux simples présentations aux parents, au téléphone. Par contre elle a reconnu des cadeaux en nature, les sommes de 6000 euros pour acheter un véhicule à Dakar, 6000 à 7000 euros pour ses études et 1500 euros pour ses frais de scolarité. Enfin, elle a soutenu avoir créé sa propre structure, mettant l'action de la partie civile sur le compte d'une volonté de vengeance animée par un dépit amoureux.

La partie civile a persisté dans ses déclarations et sollicité la confirmation du jugement.

Le Ministère public a requis la relaxe, car s'agissant d'une dispute entre anciens amoureux.

Sur l'action publique

La Cour entend dès l'entame préciser que l'existence de liens amoureux, jalonnés de cadeaux, n'exclut pas automatiquement la commission d'une infraction d'une partie au détriment de l'autre. Dans ce cadre, la Cour fait la différence entre les cadeaux de toutes sortes donnés et les prêts faits par le plaignant à la prévenue et les faits délictueux que cette dernière a pu commettre à son encontre.

La prévenue a soutenu de façon péremptoire qu'elle n'avait aucun projet avec le plaignant et qu'elle n'avait jamais rencontré son banquier à Paris, accompagnée de ce dernier. Ses déclarations sont contredites en tous points par le banquier lui-même, R. B., chargé de clientèle à la SGBS Paris Montogueil, entendu dans le cadre d'une commission rogatoire internationale, qui a soutenu avoir reçu sur sa demande la prévenue, accompagnée d'un « monsieur » avec qui elle avait un projet. Il a précisé avoir reçu la prévenue « par pure courtoisie », car elle était titulaire « d'un compte courant présentant un découvert perpétuel ». Cette déclaration anéantit la défense de la prévenue fondée sur l'inexistence d'un projet commun avec le plaignant, tout comme elle rend crédibles les affirmations de ce dernier lorsqu'il soutient que c'est au sortir de leur entretien négatif avec le banquier que sa partenaire lui a demandé de financer lui-même le projet, ce qu'il fit avec un versement de 25000 euros pour lequel il avait sollicité et obtenu de cette dernière la signature de deux reconnaissances de dettes.

Les arguments de la prévenue pour contester les deux documents ayant pour objet « reçu des sommes avancées » pour l'un (cote D90), et « reconnaissance de dette » pour l'autre (cote D80) ne sont pas crédibles. En effet, après avoir contesté sa signature à l'enquête et à l'information, la prévenue a évolué dans sa défense en soutenant que sa signature a été scannée à l'aide d'un passeport qu'elle n'utilisait plus et qui s'était retrouvé entre les mains du plaignant. Pourtant l'expert informatique désigné par le juge d'instruction, dans son rapport en date du 13 novembre 2008, a affirmé sans aucune hésitation que les « documents... ainsi que les cachets et signatures qui y sont apposés sont des originaux et qu'ils n'ont fait l'objet d'une quelconque modification ou manipulation à l'aide de l'outil informatique (scanner ou autre) ». L'argument de la défense consistant à dénier à un informaticien toute compétence pour éclairer le sujet, qui devrait plutôt revenir à un graphologue, est assurément aussi surprenant que peu crédible, car il ne s'agit pas en l'espèce d'une contestation de signature, que la prévenue a abandonnée chemin faisant, mais d'une accusation de manipulation d'un document avec un outil informatique (le scanner).

En vertu de ce qui précède, les déclarations de la partie civile, confortées par le banquier et les documents signés de la main de la prévenue comme l'atteste l'expert, emportent plus la conviction de la Cour que les dénégations maladroites de la susnommée.

Sur la disqualification

Il apparaît clairement à la Cour que H. C. n'a jamais eu l'intention de partager un projet avec M. A. H., même si elle est arrivée à convaincre ce dernier du contraire. Sa rencontre avec le banquier, dont elle savait pertinemment qu'il n'allait jamais lui accorder un financement compte tenu de sa situation bancaire désastreuse, en compagnie de H., n'avait pour seul but que de soutirer au susnommé, mal avisé et amoureux, un dernier déboursement important, 25000 euros reconnus, en donnant du crédit à sa démarche, le banquier servant de caution à son insu ; il s'agit là d'une manœuvre frauduleuse caractérisée et fûtée qui transforme le délit d'abus de confiance, retenu par les poursuites, alors que la plainte initiale visait l'escroquerie et le faux, en escroquerie. Cette disqualification s'impose à la Cour qui est tenue de donner aux faits leur véritable qualification (article 503 et suivants CPP).

Sur la peine

La prévenue étant délinquante primaire, et compte tenu des circonstances de l'espèce déjà décrites, la Cour lui inflige une peine d'emprisonnement de 3 mois assortie du sursis

Sur les intérêts civils

Comme déjà indiqué, la Cour ne prend en considération que les sommes avancées par la partie civile dans le cadre du « projet » et faisant l'objet d'un reçu pour un montant de 55750 euros (côte D90) soit 36.516.250 CFA.

Elle écarte en conséquence de la procédure la reconnaissance de dette de 12500 euros, soit 8.187.500 CFA.

Au total, la Cour arrête à 36 516 250 CFA le préjudice subi au principal par la partie civile, et considère ainsi que la somme de 40 000 000 CFA allouée par les premiers juges est justifiée, si l'on y ajoute les dommages et intérêts.

PAR CES MOTIFS

Statuant publiquement, contradictoirement, en matière correctionnelle et en dernier ressort,

Reçoit les appels interjetés, et l'opposition formée par la prévenue ;

Dit que l'arrêt n° 106 de la Cour de céans du 27 janvier 2014 est non avenu en toutes ses dispositions ;

Statuant à nouveau, déclare la prévenue coupable d'escroquerie et la condamne à la peine de 3 mois assortie du sursis ;

Confirme la décision entreprise pour le surplus ;

Met les dépens à la charge de l'appelante.

- **Changement de qualification- pouvoir de la juridiction de jugement**

77. CA Dakar n° 602 du 06 juin 2012, ***MP et Mamadou Aliou DIALLO c/ Alpha Omar DIALLO, inédit***

La juridiction de jugement n'est pas tenue par la qualification retenue par l'acte de saisine ; qu'elle peut analyser les faits visés dans ledit acte et leur donner la qualification qu'elle juge correcte.

LA COUR,

Considérant que par arrêt n°46 du 03 juin 2008, la Cour de Cassation (première chambre), statuant sur pourvoi de M. A. D., a déclaré irrecevable le mémoire produit par celui-ci, cassé et annulé, en toutes ses dispositions, l'arrêt n°148 rendu le 19 janvier 2007 par la Cour d'Appel de Dakar, autrement composée, laquelle, infirmant le jugement n°086 du 29 mars 2006 du Tribunal de grande instance de Kolda, a relaxé les prévenus A. O. D. et M. N. des fins de la poursuite puis, renvoyé la cause et les parties devant la présente Cour dans sa composition actuelle ;

Considérant que devant la Cour, les prévenus ont comparu, assistés de leurs conseils ; que la partie civile a été représentée par son conseil ;

Qu'il sera dès lors statué par arrêt contradictoire ;

Considérant que par arrêt n°714 du 24 juillet, devenu définitif, la présente Cour, autrement composée, avait déclaré recevables les appels principaux des prévenus et du civilement responsable et incidents du Ministère public formés contre le jugement susvisé ;

Sur l'abus de confiance

Considérant que la juridiction de jugement n'est pas tenue par la qualification retenue par l'acte de saisine ; qu'elle peut analyser les faits visés dans ledit acte et leur donner la qualification qu'elle juge correcte ;

Considérant que dans l'arrêt de renvoi, il est reproché à l'arrêt cassé, pour insuffisance de motifs, de ne s'être pas prononcé sur la qualification d'abus de confiance requise par le Ministère public ainsi que par la partie civile ;

Considérant que l'abus de confiance prévu et puni par l'article 383 du Code pénal, suppose la remise d'une chose portant obligation ou décharge, au titre d'un des contrats y visés, et le refus, après simple mise en demeure, d'exécuter son engagement de la rendre ou représenter ou d'en faire un usage ou un emploi déterminé, accompagné d'une intention délictuelle ;

Considérant qu'il n'est pas contesté que A. D. et A. O. D. étaient des amis très proches ; que l'examen des pièces du dossier notamment des déclarations des parties et des témoins révèle que A. D. était illettré ; qu'à ce titre il était donc incapable de tenir une comptabilité ou de remplir des documents administratifs et des chèques ; qu'il en résulte que comme il l'a de reste reconnu à l'enquête (côte D1) à l'instruction (côte D30 et D35) et même devant la Cour (notes d'audience) que A. O. D., qui a subi une formation en comptabilité (côte D 28), était, dans le cadre de sa collaboration avec CASA DOUNIA Kolda, chargé de la comptabilité, de l'accomplissement des tâches administratives et financières, des relations avec les fournisseurs et clients, de la prospection de marchés et de l'exécution des travaux tels que les chantiers de Bafata (Guinée Bissau) et le village artisanal de Kolda ;

Considérant qu'il en résulte que les parties étaient bien liées par un contrat de mandat ;

Considérant que A. O. D. n'a jamais contesté la remise de chèques par A. D. ;

Considérant qu'il ressort du rapport d'expertise qu'il a retiré dans les comptes bancaires de M. A. D. logés à la SGBS de Kolda les sommes cumulées de 92 191 700 FCFA ; que, comme l'ont souligné les premiers juges, l'expert a relevé que les sommes d'argent tirées dans lesdits comptes sont reversées dans les comptes personnels SGBS, UNACOIS et CNCAS du prévenu soit le même jour ou le lendemain soit un peu plus, sans justificatif ;

Considérant que l'intéressé a reconnu ces retraits qu'il a justifiés par le fait que les sommes prélevées étaient destinées aux paiements de fournisseurs et de créances que lui devait A. D. ; qu'il a par ailleurs soutenu que ce dernier, qui l'a toujours contesté, était au courant de l'existence de sa structure personnelle, Casa Dounia Entreprise ;

Mais considérant que l'alinéa 2 de l'article 383 du Code susvisé met à la charge du prévenu la preuve du fait justificatif ; or, en l'espèce A. O. D. n'a pas fourni la preuve des faits justificatifs allégués malgré la mise en demeure à travers la plainte ;

Que ses dénégations n'emportent aucune conviction face aux déclarations constantes de la partie civile corroborées par le rapport d'expertise et les déclarations des témoins desquelles il résulte que Casa Dounia Entreprise était inconnue à Kolda encore moins de la victime sinon il n'aurait pas utilisé, au vu et au su de celle-ci, les mêmes NINEA et Niti de Casa Dounia dont il était naturellement le concurrent ; que son entreprise n'a jamais été déclarée ; que le prévenu a par ailleurs été incapable de justifier les opérations importantes supposées avoir été faites pour le compte de sa structure entre 1998 et août 2002, date d'ouverture de son compte personnel à la SGBS ; qu'en outre pendant que les comptes de la partie civile se vidaient ceux personnels du prévenu connaissaient de juillet 2000 au 31 décembre 2003 des mouvements cumulés de crédits de 239 513 310 FCFA contre 239 993 184 FCFA de débits, sans justifications de leur origine ou emploi ;

Considérant que ces constatations achèvent de convaincre de sa mauvaise foi ;

Considérant qu'il est dès lors établi que le prévenu a profité d'une situation contractuelle pour détourner à son profit ou dissiper des chèques qui lui avaient été légitimement remises ;

Considérant qu'il ressort de l'enquête de personnalité figurant dans le dossier que A. O. D. n'a pas d'antécédent judiciaire ; qu'il est marié et père de deux enfants ;

Que lui faisant bénéficier des circonstances atténuantes, il y a lieu en application des articles 383 et 433 du Code pénal de le condamner à trois (03) ans d'emprisonnement dont la moitié avec sursis ;

(...)

PAR CES MOTIFS

Statuant publiquement, contradictoirement, en matière correctionnelle et en dernier ressort ;

Vu l'arrêt n°714 du 24 juillet de la présente Cour, autrement composée ;

Vu arrêt n°46 du 03 juin 2008 de la Cour de Cassation (première chambre) ;

Infirme partiellement le jugement déféré ;

Statuant à nouveau :

Requalifie les faits en abus de confiance et complicité d''abus de confiance ;

Déclare A. O. D. et M. N. coupables respectivement d'abus de confiance et de complicité de ce délit ;

Condamne A. O. D. à trois (03) ans d'emprisonnement dont la moitié avec sursis ;

Condamne M. N. à six mois d'emprisonnement avec sursis ;

Confirme pour le surplus ;

Condamne les prévenus aux dépens.

- **Changement de qualification- requalification- cumul idéal d'infraction**

78. CA Dakar, ch. corr. n° 271 du 05 avril 2016, *Astou NDIONGUE dite Aïda et autres, inédit*

La requalification, qui est différente du cumul de qualifications, consiste à modifier une qualification retenue au début des poursuites en tenant compte des éléments qui ont été apportés soit au cours de l'information soit au cours des débats d'audience.

LA COUR,

Considérant que par acte en date du 29 mai 2015 reçu et enregistré au greffe Tribunal de grande Instance hors classe de Dakar, le Ministère public a interjeté appel contre le jugement rendu le 28 mai 2015 par ladite juridiction qui, statuant publiquement, contradictoirement, en matière correctionnelle, a renvoyé A. A. D. , M. S., A. N. et A. D. dite A. des faits des poursuites, reçu la constitution de partie civile de l'État du Sénégal, l'a débouté de toutes ses demandes, ordonné la mainlevée des saisies pratiquées sur les biens de A. D. dite A. ainsi que la restitution après expertise de leurs valeurs vénales au moment des saisies et à la date du dépôt du rapport d'expertise, le tout sous le bénéfice de l'exécution provisoire;

En la forme

Sur l'exception tirée de l'irrecevabilité de l'appel du Ministère public

Considérant que les prévenus ont par l'organe de leurs conseils soulevé l'irrecevabilité de l'appel du Ministère public au motif que ce recours a été introduit es qualité par un substitut et non pas par le Procureur de la République en personne;

Qu'ils ont en effet développé que l'appel est une prérogative spéciale dévolue au Procureur de la République qui doit ainsi l'exercer personnellement ou par le biais de ses substituts munis toutefois d'une procuration régulièrement établie;

Qu'or poursuivent-ils, le recours introductif de la présente instance fait par un substitut en personne, et non d'ordre et pour le compte du Procureur de la République doit être déclaré irrecevable;

Considérant que le Ministère public a soutenu que s'il est bien vrai qu'aux termes des dispositions de l'article 484 du Code de procédure pénale, la faculté d'interjeter appel est un pouvoir dévolu au Procureur de la République, il n'en demeure pas moins admis que les substituts sont parfaitement autorisés à intervenir dans le cadre de sa mise en œuvre;

Qu'il a requis en conséquence le rejet de l'exception soulevée;

Considérant que les conseils de la partie civile ont plaidé le rejet de la demande au motif que le substitut n'a pas besoin d'un mandat spécial pour interjeter un appel; qu'il tient ce pouvoir de la loi;

Considérant qu'aux termes de l'article 484 du Code de procédure pénale, "la faculté d'appeler appartient: au prévenu, à la personne civilement responsable, à la partie civile quant à ses intérêts civils seulement, au Procureur de la République, aux administrations publiques, au cas où celles-ci exercent l'action publique, au Procureur général."

Que s’agissant du Ministère public, l'article 31 du code suscité dispose que " le Procureur de la République représente en personne ou par ses substituts le Ministère public près le tribunal de grande instance sans préjudice des dispositions prévues par les lois spéciales."

Qu'il ressort du premier texte suscité que la faculté de faire appel est une des attributions dévolues au parquet d'instance et en particulier au Procureur de la République qui peut l'exercer à titre personnel;

Que toutefois dans le cadre du principe de représentation résultant de l'indivisibilité du Ministère public, ces attributions dont notamment le pouvoir de mettre en œuvre cette voie de recours, peuvent parfaitement, au sens des dispositions pertinentes de l'article 31 du Code de procédure pénale, être exercées par le substitut;

Que ce pouvoir de représentation sui generis que le substitut tient de la loi n'a pas besoin d'être confirmé par le Procureur de la République dès lors qu'il n'est pas discuté qu'il ait agi en l'espèce dans l'exercice de ses fonctions et il s'étend aux champs de compétence du parquet d'instance et n'a de limites que celles prévues par les lois spéciales;

Que dès lors que la preuve d'une limitation n'étant pas rapportée, l'appel interjeté par le substitut du Procureur de la République dans les formes et délais prévus par la loi doit être déclaré recevable;

Qu'il y a lieu au vu de ses éléments de rejeter l'exception de l'irrecevabilité de l'appel du Ministère public soulevée par la défense ;

Sur l'exception tirée de l'irrecevabilité de la constitution de partie civile de l'État :

Considérant que les prévenus ont aussi soulevé par l'organe de leurs conseils l'exception tirée de l'irrecevabilité de la constitution de partie civile de l'État du Sénégal;

Qu'ils ont fait remarquer que l'État du Sénégal, à travers l'agence judiciaire n'ayant pas relevé appel dans les délais prescrits, doit être déclaré irrecevable en sa constitution de partie civile au motif que les dispositions civiles du jugement attaqué sont devenues définitives et ont acquis force de chose jugée;

Considérant que le Ministère public a observé que l'appel étant fait par ses soins, ce sont toutes les dispositions du jugement querellé qui sont soumises à la censure de la Cour;

Qu'il a conclu en conséquence au rejet de l'exception;

Considérant que la partie civile a, par le biais de ses conseils, sollicité le rejet de la demande du fait que l'article 503 du Code de Procédure pénale permet à la Cour, sur appel du Ministère public, de confirmer ou d'infirmer tout ou partie du jugement attaqué ;

Considérant qu'aucune demande n'ayant été formulée par l'agent judiciaire de l'État à ce stade de la procédure, il est prématuré de statuer sur ce point ;

Sur l'exception tirée de la nullité de la citation de l'État du Sénégal ;

Considérant que l'État du Sénégal, a l'instar des prévenus, a été cité par l'appelant pour participer aux débats en vue de la manifestation de la vérité ; qu'il n' a donc pas comparu volontairement et distinction doit être faite entre les débats et les demandes et toute personne citée devant une juridiction est tenue de comparaître ou de se faire représenter;

Que les articles 539 et 553 du Code de Procédure pénale invoqués pour soutenir cette exception n'ayant pas vocation à s'appliquer en l'espèce, il y'a lieu de la rejeter ;

Au fond

Sur les faits

Considérant qu'il résulte de la procédure les faits suivants:

Le 02 décembre 2013, à la suite d'une information provenant d'un "lanceur d'alerte", le Procureur de la République saisissait la section de recherches de la gendarmerie nationale aux fins de mener des investigations sur cinq (5) chèques portant respectivement sur des montants de 3 789 988 967 frs, 3 998 750 000 frs, 1 350 000 000 frs et deux chèques de 5 000 000 000 frs, chacun émis par le projet de construction de logements sociaux et de lutte contre les inondations, communément appelé "Plan Jaxaay" et par le PAPCREE (maison de l'outil) à l'ordre des entreprise EGFED, Ets Walo services et Y. K. A. S., dont les comptes sont domiciliés à la CBAO Attijariwafa Bank.

Des premières vérifications effectuées, il ressortait que le compte de l'entreprise EGFED affichait un solde créditeur de 16 244 225 905 frs et celui de Y. K. A. S. un solde créditeur de 6 910 932 005 frs.

L'enquête préliminaire diligentée permettait d'établir qu'en 2010, le projet pour l'achèvement des programmes de construction et de réhabilitation d'édifice de l'État (PAPCREE) du Ministère de l'habitat, de la construction et de l'hydraulique avait, suivant actes n°F.1327/10, passé un contrat de marché portant sur l'équipement en matériels de trente (35) maisons de l'outil d'une valeur de 3 989 462 071 frs avec l'entreprise générale de fournitures, d'entretien et divers (EGFED) et en qu'en 2011, d'autres contrats étaient signés par le même ministère au profit d'entreprises, toutes placées sous le contrôle de la dame A. N. Il s'agit:

-du marché n°F0060/11 avec les entreprises Walo services pour les fournitures de 5 000 bacs à ordure d'un montant de 1 593 000 000 frs;

-du marché n°F0062/11 avec l'entreprise Y. K. A. S. pour la fourniture de 500 motopompes de 500 m3/heure d'un montant de 5 000 000 000 frs;

-du marché n°F0061/11 avec l'entreprise EGTGFM pour la fourniture de 5 000 tentes en coton d'un montant de 5 900 000 000 frs.

Poursuivant les investigations en exécution d'une délégation judiciaire, les éléments de la brigade de recherches de la gendarmerie relevaient au niveau de la CBAO Attijariwafa Bank des comptes bancaires ouverts pour le compte de ces entreprises, que sont:

Keur Marame Bercy Ninea 0204852 C1,

Entreprise générale de négoce et de fournitures "Keur Cheikh Ahmed Tidiane" RCCM SN DKR 2007 AO998 Ninea 26039852 CI;

-Entreprise générale de travaux et fournitures de matériels RCCM SN DKR 2004 A16974, Ninea 26117482 C1;

Entreprise générale de travaux fournitures "Keur Ya Khalifa AbabacarSy" RCCM SN DKR 2010 A6513, Ninea 004212073.

Etablissement Walo services RCCM SN DKR 94 A4029 Ninea 02104772 C1.

-Générale d'Entreprise Fatma et Frères n° RCCM SN DKR 2004 A 16975, Ninea 26076142 C1.

Les éléments enquêteurs, procédant aux vérifications au niveau du service des titres et cautions de la CBAO, découvraient également des coffres appartenant à A. dite A. N. et contenant des bijoux de grande valeur, des bons du trésor et d'importantes sommes d'argent qui ont été saisis à titre conservatoire et confiés à la caisse de dépôt et de consignations.

La perquisition effectuée aussi au domicile de cette dernière permettait de découvrir un lot de quarante-cinq (45) cachets de différentes sociétés et une correspondance n° 000190/MEF saisis et placés sous scellés ;

SUR L'ACTION PUBLIQUE

Considérant que les prévenus ont tous réitéré les propos tenus devant le juge d'instance;

Que s'agissant de A. dite A. N., elle a ajouté qu'après avoir obtenu sa carte d'import-export, elle a quitté en 1988 la fonction publique où elle officiait en qualité d'enseignant pour créer sa première entreprise dénommée D. et qu'à la suite de trente (30) années d'entrepreneuriat, elle a eu à gagner légalement beaucoup de marchés à travers d'autres structures mises en place par ses frères et neveux auxquels elle apportait sa caution morale et financière;

Qu'elle a relevé que ces derniers lui ont régulièrement établi des procurations pour lui permettre d'accéder aux comptes des entreprises aux fins de réception ou de décaissement de fonds;

Qu'elle a sollicité la confirmation aux motifs d'une part que le faux n'est pas prouvé et que d'autre part la remise des matériel commandé est avérée du fait qu'elle a été confirmée par D. H. T., comptable du plan Jaxaay qui a déclaré avoir signé le procès- verbal de réception;

Considérant que M. S. a soutenu qu'en sa qualité de secrétaire général du Ministère de l'Urbanisme, de l'Habitat et de la Construction, il n'a joué aucun rôle ni dans l'attribution ni dans l'exécution des marchés incriminés, que ces prérogatives étant dévolues respectivement au ministre et aux structures habilitées de son département;

Qu'il a fait observer qu'exceptée la correspondance de 2011 relative aux produits phytosanitaires et qui fait l'objet d'une procédure distincte, il n'a posé aucun acte ayant trait aux marchés litigieux et a sollicité également la confirmation de la décision querellée;

Considérant que A. N. a, quant à lui, déclaré avoir occupé plusieurs postes au niveau du plan Jaxaay, mais qu'en sa qualité de membre de la commission de réception, il a participé à la livraison du matériel qui a été décompté en la présence constante de la dame A. N. dite A. et des autres membres;

Qu'il a ajouté que le délit de complicité d'escroquerie retenu contre sa personne et fondé sur la prétendue fausseté de sa signature apposée sur le bordereau de livraison ne correspond pas à la réalité puisque le matériel a effectivement été livré et réceptionné ;

Qu'il a demandé en conséquence la confirmation du jugement attaqué;

Considérant enfin qu'A. A. D. a reconnu avoir commandé le matériel sur instructions des autorités dont notamment le ministre de l'urbanisme, de l'habitat et de la construction et procédé à l'ordonnancement en vue du paiement sur présentation de pièces comptables ;

Qu'il a souligné n'être intervenu ni dans la procédure d'attribution qui relève de la cellule de passation des marchés placée sous l'autorité du secrétaire général, ni dans la phase d'exécution;

Que s'agissant du matériel de la maison de l'outil correspondant au chèque Ecobank d'un montant de 3 789 988 967 frs émis à l'ordre de l'entreprise EGFED, il a soutenu que l'autorité contractante est le PAPCREE et non le plan JAXAAY et qu'il n'était pas concerné par ce marché ;

Que relativement à ce marché, l'un des intendants du complexe Maurice DELAFOSSE entendu a déclaré n'avoir reçu aucune livraison puisque la présence de ce matériel au niveau de la cour de son établissement s'expliquait uniquement par le fait que son ministre de tutelle de l'époque qui était le véritable destinataire lui avait demandé de le garder pour son compte faute de lieu de stockage ;

Que les deux autres ont quant à eux soutenu n'avoir aucune information à donner par rapport audit matériel du fait de la séparation qui existe entre les trois établissements composant le complexe ;

Quant aux deux marchés de 5 000 000. 000 frs chacun contractés par le plan Jaxaay avec les sociétés EGTFGM pour l'acquisition de tentes et Y. K. A. S. pour l'acquisition de motopompes d'un débit de 500m3/heure, Monsieur Mar Lo, directeur de la protection civile, déclarait n'avoir reçu que 1947 tentes sur 5 000 et 100 motopompes de petites capacités (inférieur à 500m^3/heure).

Qu'il en est de même du commandant du groupement national des sapeurs- pompiers, le colonel O. O., qui dans une correspondance n°2125 du 22/07/2011 rendait compte au ministre de l'intérieur de la réception de 100 motopompes NS 150 avec leurs accessoires.

Enfin D. H. T., comptable matière du plan Jaxaay et membre de la commission de réception entendu, soutenait avoir participé à la réception de matériels composés de tentes, de bacs à ordures et de motopompes dans un dépôt à Colobane, en présence de la dame K. S. D. du contrôle des opérations financières (COF) du ministère de l'économie et des finances, de A. N. et de A. N dite A. mais précisait que la disposition des matériels était telle qu'il était impossible de faire le décompte ;

Qu'il a également confirmé que l'État ne disposait pas assez d'entrepôts pour stocker le matériel ce qui pourrait expliquer sa présence dans les locaux du fournisseur après la livraison;

Que c'est lui-même qui établissait les fiches de sortie de ce matériel suivant les instructions qu'il recevait de ses supérieurs ;

Considérant que les attributaires des marchés litigieux à savoir EL H. M. N., Adama Konaté et M. B. ont tous confirmé avoir des liens de parenté avec A. N. en tant que frères ou neveux et qu'ils ont eux-mêmes créé leurs entreprises avant de soumissionner aux marchés ;

Qu'ils ont tous soutenu que A. N. étant la caution morale de leur famille, des procurations sous seings privés ont été établis en sa faveur pour les encadrer et gérer les comptes de ces structures ;

Qu'aucun d'entre eux n'a été en mesure de préciser les montants des marchés gagnés par leurs entreprises respectives ;

Considérant que B. S. qui dirigeait la cellule de passation des marchés au ministère de l'Habitat au moment des faits et chargé de ce fait de sélectionner les entreprises qui devaient soumissionner, a déclaré que la procédure s'est déroulée régulièrement et qu'il lui était impossible de savoir que la dame A. N. pouvait être intéressée par ces marchés puisque son nom n'apparaissait nulle part ;

Considérant que la dame K. S. D. de la cellule des opérations financières (COF) membre de la commission de réception du matériel et signataire des bordereaux de livraison versés aux débats a déclaré que les opérations ont été effectuées dans les règles de l'art puisqu'elle a contrôlé et compté tout le matériel avant d'apposer sa signature

Considérant que le Ministère public a estimé que les faits reprochés aux prévenus sont avérés;

Qu'il a en effet soutenu que l'appel d'offre restreint lancé pour choisir les entreprises prestataires n'est que de façade et a permis d'attribuer les marchés à des entités préalablement connues et contrôlées toutes par A. N. dite A., ce qui constitue une atteinte notoire à l'article 74 du code des marchés publics et à la charte de transparence et d'éthique en matière de marchés publics;

Qu'il a ensuite noté que la commission de réception n'était pas composée comme tentent de le faire croire les prévenus des autorités contractantes et des attributaires des marchés, mais en réalité de A. N., K. D. S., A. N. dite A. et de D. H. T. et que la signature de M. N. figurant sur le procès- verbal du marché des outils était différente de celle apposée sur le procès- verbal du marché du plan Jaxaay;

Que s'agissant de A. A. D., il a souligné qu'il émettait des ordres de paiement sur la seule base d'un bordereau de livraison et non d'un procès- verbal de réception de sorte que les produits objets des marchés litigieux n'ont jamais été réceptionnés;

Qu'il a soutenu que ledit procès-verbal est exigé pour tout marché supérieur à 300 000 francs et qu'en son absence, l'État doit être considéré comme n'avoir pas pris possession du matériel ; qu'il a ainsi demandé que soit écarté des débats le procès-verbal de la DIC établi en 2015 constatant qu'une partie de ce matériel était stocké dans les entrepôts de A. N. alors que les faits remontent à 2013 ;

Qu'il a également soutenu que le matériel livré n'était pas conforme en se fondant sur les déclarations de M. L. et du commandant des sapeurs- pompiers ;

Qu'il a ainsi requis la relaxe de A. dite A. N. des faits d'exercice illégal du commerce par un fonctionnaire mais en soutenant néanmoins qu'un tel fait est constitutif de manœuvres et sa condamnation à quatre (4) ans d'emprisonnement dont deux (2) ferme et une amende ferme de cinq cent mille (500 000) frs pour le délit de faux sur des documents administratifs, à une peine d'emprisonnement de cinq (5) ans et une amende de trois (3) millions frs pour le délit d'escroquerie portant sur les deniers publics;

Que pour A. A. D., il a sollicité la disqualification des faits en complicité d'escroquerie portant sur les deniers publics et sa condamnation de ce chef à une peine d'emprisonnement ferme de cinq (5) ans et une amende ferme de trois (3) millions;

Quant à A. N., il a requis sa condamnation pour chacun des délits de complicité de faux et d'usage de faux et d'escroquerie portant sur des deniers publics à une peine d'emprisonnement ferme de quatre (4) ans;

Que s'agissant de M . S. à qui il est reproché d'avoir sélectionné en connaissance de cause les entreprises de A. N., il a sollicité sa condamnation à une peine d'emprisonnement de cinq (5) ans ferme et à une amende ferme de trois (3) millions frs pour la complicité d'escroquerie portant sur des deniers publics;

Qu'il a demandé concernant A. N. dite A. et A. N., la confusion des peines en application des dispositions de l'article 5 du Code de Procédure pénale;

Qu'il a enfin requis la confiscation des sommes d'argent saisies sur A. N. et versées au niveau de la Caisse de Dépôts et de Consignation qui font l'objet des procès-verbaux n° 135, 341 et 468 de la section de recherches de la gendarmerie et dont le cumul s'élève à la somme de 13 milliards 339 millions de francs CFA ;

Considérant que les conseils de l'État du Sénégal ont plaidé l'infirmation du jugement entrepris ;

Qu'ils ont en somme fait noter qu'il y a eu des irrégularités sur le choix des entreprises dans le cadre d'un appel d'offre restreint ;

Qu'en l'espèce les manœuvres frauduleuses tiennent au fait que les entreprises adjudicataires des marchés ont soumissionné avec des prête-noms et que le paiement a été effectué par la suite à d'autres personnes qui ont signé lors de la réception;

Qu'ils ont énoncé que le bordereau de livraison n'est pas un document comptable pour l'administration, mais plutôt une pièce privée émanant du fournisseur ;

Qu'ils ont estimé qu'il y a paiement irrégulier par l'État du Sénégal de matériel qui n'est jamais entré dans sa comptabilité ;

Qu'ils ont sollicité le paiement de la somme de 20 000 000 000 FCFA en compensation du préjudice subi par leur client, et 5 000 000 000 FCFA à titre de dommages et intérêts;

Considérant que les conseils d'A. N. ont plaidé la confirmation du jugement entrepris ;

Qu'ils ont fait remarquer à l'entame de leurs propos que les poursuites ont été engagées à l'endroit de leur cliente alors que l'Agence Judiciaire de l'État n'a jamais saisi le Procureur de la République en violation du décret organisant ladite agence ;

Que la dame N. n'était pas fonctionnaire au moment des faits ;

Qu'elle avait déposé depuis 1986 une demande de disponibilité, et que depuis lors, elle n'a jamais été réintégrée, ce qui l'a rend ainsi démissionnaire ;

Que sous ce rapport, l'exercice illégal du commerce n'existant pas, il ne saurait être retenu comme manœuvre frauduleuse ;

Que pour ce qui concerne les marchés litigieux, ils ont indiqué que doivent être exclus les marchés portant sur les produits phytosanitaires ainsi que les marchés de pulvérisation qui font l'objet de procédures distinctes pour lesquelles une ordonnance de règlement a été rendue ;

Qu'ils ont rappelé que l'État n'a jamais porté plainte contre qui que ce soit pour dissipation de sa commande ;

Qu'ils ont souligné qu'il y a lieu de distinguer en l'espèce la livraison de l'enlèvement ;

Que selon eux, l'État a reçu sa commande et en a fait usage ;

Que la TVA a été précomptée ;

Que poursuivant, ils ont ajouté que la dame N. n'a jamais caché son implication active dans la vie des entreprises adjudicatrices ;

Que celui qui est derrière les marchés n'intéresse pas l'État qui ne se préoccupe que de la satisfaction de sa commande ;

Qu'ils ont soutenu que les entreprises mises en cause ont été régulièrement créées et admises à soumissionner aux marchés litigieux qui ont été régulièrement exécutés tant en qualité qu'en quantité comme prouvé par les documents produits aux débats et corroboré par les dépositions des témoins ;

Que pour étayer le bien fondé de leurs propos, ils ont convoqué la lettre de la DCMP du 25 avril 2012 qui n'a selon eux décelé aucune irrégularité dans la soumission des entreprises sus visées ;

Qu'ils ont déclaré en outre que les bordereaux de livraison ont été signés par les personnes habilitées ;

Qu'il n'y a pas de prête-nom en l'espèce, la prévenue étant la caution morale et financière des entreprises ;

Qu'au cas où il y aurait même livraison partielle, cela ne constituerait qu'une faute civile pour défaut de conformité ;

Que l'État a refusé d'enlever sa commande, et n'a pas compté si ce qu'il a reçu est conforme à la livraison;

Qu'aucun avantage indu n'est établi entre elle et ses co-prévenus ;

Que l'État a passé des contrats réguliers avec des personnes qui ne sont pas poursuivies ;

Qu'ils ont rappelé qu'en matière de marché de fourniture comme en l'espèce, le procès-verbal est la reprise des mentions du bordereau de livraison pour justifier la prise en charge par le comptable matière ;

Qu'aucune preuve ne peut être admise contre les pièces authentiques si ce n'est la procédure d'inscription de faux ;

Que toujours selon eux, s'agissant de l'appellation de la prévenue tantôt A. N., tantôt A., il est de jurisprudence que l'escroquerie ne peut être retenue contre celui qui use du pseudonyme ou du sobriquet pour lequel il est connu ;

Qu'il n'est pas rapporté la preuve de la signature du bordereau de livraison par la dame N., lequel n'étant pas délictuel ne peut servir de base à l'existence de l'escroquerie;

Qu'elle n'a pas signé le bordereau de livraison, n'importe qui pouvait le faire, et seule la signature du créancier est importante ;

Qu'en tant que déposant l'État avait l'obligation de faire le décompte du matériel confié à A. N. par ses administrations ;

Qu'il a également été soulevé l'irrégularité de l'ordonnance de renvoi tirée du fait que A. N. a été renvoyée devant la juridiction de jugement du chef d'exercice illégal de commerce par un fonctionnaire alors qu'elle n'a pas été inculpée de ce chef ;

Considérant que les conseils d'A. A. D. ont eux aussi plaidé la confirmation du jugement entrepris;

Qu'ils ont soutenu à cet effet qu'en sa qualité de Directeur de cabinet du ministère de l'Habitat et de l'Urbanisme, il est tiers dans la passation des marchés incriminés et n'a donc posé aucun acte;

Que l'ordonnancement des paiements effectué par leur client doit être distingué du paiement assuré par le comptable public ;

Qu'il ne faisait pas partie de la commission de réception des matériels livrés par les entreprises incriminées ;

Qu'il ne peut lui être reproché aucun faux ou complicité de faux dans l'ordonnancement du paiement ;

Qu'il n'y a non plus complicité dans la création des entreprises par la dame N. ;

Que sa responsabilité ne peut être engagée qu'en cas de réquisition de paiement ;

Que la distribution des motopompes a été effectuée dans le cadre de ses fonctions, et qu'aucun manquant n'est quantifié ;

Considérant que la défense de M. S. a exposé que la correspondance intervenue en 2011 à laquelle fait référence le Ministère public ne concerne pas les marchés mis en cause qui sont antérieurs et approuvés par la DCMP ;

Que le sieur S. n'est pas associé à la passation de ces marchés ;

Que pour le paiement par chèque, il n'a fait que répercuter une information d'une autre administration en tant que Secrétaire général du Ministère ;

Qu'il n'a commis aucun acte de complicité de faux ;

Qu'elle a conclu à la confirmation du jugement entrepris ;

Que les conseils de A. N. ont également sollicité la confirmation de la décision entreprise du fait qu'il s'est limité à jouer son rôle de membre de la commission de réception et d'agent comptable particulier sans qu'aucune faute ne puisse lui être imputée ;

SUR CE

SUR LE DELIT D'EXERCICE ILLEGAL DU COMMERCE PAR UN FONCTIONNAIRE REPROCHE A ASTOU N'DIONGUE :

Considérant que A. N. a été renvoyée suivant ordonnance de requalification par le magistrat instructeur devant la juridiction de jugement et s'est retrouvée avec un nouveau chef de prévention pour lequel elle n'a pas été inculpée à savoir le délit susvisé avec le maintien de l'infraction primitive ;

Considérant que la requalification qui est différente du cumul de qualifications consiste à modifier une qualification retenue au début des poursuites en tenant compte des éléments qui ont été apportés soit au cours de l'information soit au cours des débats d'audience ;

Qu'elle ne peut donc avoir pour conséquence de faire cohabiter les deux incriminations comme c'est le cas en l'espèce ;

Qu'ainsi la dame N. n'ayant pu se défendre en tant qu'inculpée avec toutes les conséquences de droit de ce chef de prévention doit être relaxée d'autant qu'aucun élément objectif du dossier ne permet d'établir ce délit ;

(...)

PAR CES MOTIFS

Statuant publiquement, contradictoirement, en matière correctionnelle et en dernier ressort :

EN LA FORME

Sur les exceptions

Rejette les exceptions tirées de l'irrecevabilité de l'appel du Ministère public et de la nullité de la citation de l'Agent judiciaire de l'État ;

Déclare par conséquent l'appel recevable ;

AU FOND

SUR L'ACTION PUBLIQUE

Relaxe A. N. dite A. du chef d'exercice illégal du commerce par un fonctionnaire et de faux dans un document administratif ;

Infirmant partiellement, la déclare coupable d'escroquerie portant sur des deniers publics sur le fondement de l'article 153 du Code pénal;

La condamne à une peine d'un (1) an d'emprisonnement assorti du sursis et à deux millions de francs d'amende ferme en vertu des dispositions des articles 154 et 155 du Code pénal ;

Dit n'y avoir lieu à prononcer des peines complémentaires du fait de l'exécution des marchés litigieux ;

Renvoie A. A. D., M. S. et A. N. des fins de la poursuite ;

SUR LES INTERETS CIVILS

Déclare irrecevables les demandes formulées par l'Agent judiciaire de l'État pour défaut d'appel ;

Ordonne la mainlevée des saisies opérées sur les biens et sommes d'argent de A. N. dite A. relatifs à la présente procédure et leur restitution ;

Condamne cette dernière aux dépens.

OBSERVATIONS

La qualification n'est pas fixée irrémédiablement dans l'acte de saisine. Le juge pénal étant saisi *in rem,* il est saisi de faits et non d'une qualification (*Sur ce point, S. GUINCHARD et BUISSON, Procédure pénale, Paris, coll. Manuels, Litec, 9e éd., 2013, n° 1802, p. 1086*). Partant, il est donc libre de requalifier les faits (*Chr. GUÉRY, « De la difficulté pour le juge pénal d'appeler un chat un chat [requalification stricte ou élargie : devoirs et pouvoirs du tribunal correctionnel] », Dr. pén. 2005. étude 6, n° 19, p. 8 ; Chr. GUERY, « Aux confins du droit et de la procédure pénale : la relative liberté de qualification du juge d'instruction », D. 1996, p. 335*).

Dans la pratique judiciaire, on parle de disqualification, lorsque le juge pénal écarte le rattachement d'un fait délictueux à une catégorie d'infraction grave (meurtre) pour opérer son rattachement à une catégorie moins grave (coups mortels). Le terme « *requalification* » est réservé à l'hypothèse inverse consistant à retenir une qualification plus grave.

De plus, compte tenu de l'importance que revêt la qualification et du souci de déterminer celle qui est la plus adaptée, il est du devoir du juge de requalifier les faits qui lui sont soumis, si la qualification retenue ne lui paraît pas adaptée, quitte à se déclarer incompétent (*Crim. 22 mai 1996, n° 95-84.899, Bull. crim. n°212*).

La Cour suprême a jugé dans un arrêt rendu le 27 mars 1971, qu'il appartient à la Cour de disqualifier lorsqu'elle constate que la prévention visée ne s'applique pas aux faits de la procédure.

La chambre d'Accusation de la Cour d'Appel de Dakar a déjà considéré que « *le juge d'instruction peut qualifier librement les faits...les inculpations sont purement indicatives...le juge saisi d'un fait et non d'une infraction déterminée a le pouvoir et même le devoir, si les circonstances le justifient, de substituer une autre qualification à la qualification initiale... même s'il faut éviter les disqualifications in limine litis...* » (*CA Dakar, ch. acc. n° 39 du 15 février 1996, MP c/ P. G et S., inédit ; CA Dakar, ch. acc. n° 38 du 20 février 1997, MP c/ B/ MB. et S. B., inédit*).

Dans un autre arrêt rendu le 13 avril 2015, la chambre correctionnelle de la Cour d'Appel de Dakar a jugé que la disqualification s'impose même au juge « *qui est tenue de donner aux faits leur véritable qualification (articles 503 et suivants CPP)* » (*CA Dakar, ch. corr. n° 541 du 13 avril 2015, MP et M. A. H. c/ H. C., inédit*). À cet égard, selon la chambre criminelle de la Cour suprême « *la cour d'appel, à l'instar des juges de première instance, est saisie in rem ; Qu'elle n'est pas tenue en conséquence de se limiter à la qualification retenue dans l'acte de saisine initiale lorsqu'au cours des débats les faits admettent une autre qualification* » (*CS ch. crim. n°34 du 16 août 2018, C. S. T. et autres c/ la Société Ressort Company Invest dite RCI «Café de Rome», inédit*).

- **Changement de qualification- Disqualification des faits- conditions- exigence du respect des droits de la défense**

79. CA Dakar, ch. corr. n° 378 du 18 mars 2013, *MP et Marème TANDIAN c/ Alassane DARRY et autres, inédit*

En changeant d'office les faits d'utilisation frauduleuse d'un réseau de télécommunication public ou privé, pour retenir contre les prévenus le délit de vol de service, sans avoir mis les parties en position de discuter cette nouvelle prévention, le premier juge n'a pas respecté les règles fondamentales du procès pénal.

LA COUR,

Considérant que par actes n°083/2010 et 0834/2010 en date du 07 juin 2010, reçus au greffe du Tribunal de grande instance de Diourbel, A. D., M. T., S. N., E. S., T. D.et C. F. S., tous prévenus, et le Procureur de la République près ladite juridiction ont interjeté appel contre le jugement n°551 rendu le 03 juin 2010, qui a déclaré les prévenus suscités coupables du délit de vol de service et les a condamnés à trois mois d'emprisonnement avec sursis et ordonné la confiscation de leur matériel, le tout en application des articles 364, 370,433 du Code pénal et 704 du Code de procédure pénale ;

Considérant que les appels ayant été faits dans les formes et délais de la loi, sont recevables en la forme ;

AU FOND

Considérant que cette affaire est inscrite au rôle de la chambre depuis le 04 juillet 2011 et a fait l'objet de plusieurs renvois pour que les parties puissent comparaître et que les conseils constitués puissent plaider la cause; que la Cour a décidé de retenir et de juger l'affaire en l'état puisque les parties ont reçu les citations qui leur été adressées ;

Considérant que Monsieur l'Avocat général a requis la confirmation du jugement ;

Considérant que les prévenus étaient poursuivis pour utilisation frauduleuse d'un réseau public ou privé de télécommunication, délit prévu et puni par l'article 58 de la loi n° 2001-15 du 27 décembre 2001 portant code des télécommunications ; que toutes les plaidoiries des prévenus ont porté sur ce délit et le Ministère public a requis leur condamnation et soutenu que les prévenus avaient bien utilisé un réseau public de télécommunication à des fins personnelles ;

Considérant que les prévenus ont tous nié avoir utilisé le service ou le matériel de Canal Horizon qui a été à l'origine de la plainte ; que les prévenus ont tous soutenu qu'ils utilisaient des paraboles et des amplificateurs d'images pour fournir à leurs abonnés des chaînes de télévision qui ne sont pas ceux de Canal Horizon ;

Que le procès-verbal de constat d'huissier n'a pas établi les faits reprochés aux prévenus ; qu'en plus le procès-verbal de police dit clairement ceci : « les différentes chaînes à savoir Walf TV, 2S et autres chaînes des différents bouquets sont diffusées dans l'ensemble de ces réseaux, même si Canal Horizon ne figurait pas parmi leur programme au moment de notre passage dans leurs différents sites » ; qu'il n'a pas été établi que les chaînes diffusées par les prévenus n'étaient pas des chaînes privées et protégées » ;

Considérant par ailleurs, que le premier juge a constaté que la loi visée par l'acte de poursuite et sur le fondement de laquelle était basée la procédure, n'était pas applicable à l'affaire qui lui a été soumise ;

Qu'en disqualifiant en changeant d'office les faits d'utilisation frauduleuse d'un réseau de télécommunication public ou privé, pour retenir contre les prévenus le délit de vol de service, sans avoir mis les parties en position de discuter cette nouvelle prévention, le premier juge n'a pas respecté les règles fondamentales du procès pénal ;

Qu'au regard de toutes ces considérations il y a lieu de dire et juger que l'appel des prévenus est bien fondé, d'infirmer en toutes ses dispositions le jugement déféré et de décharger les prévenus des condamnations prononcées contre eux et d'ordonner la restitution de leur matériel saisi ;

Considérant qu'il y a lieu de laisser les dépens à la charge du Trésor public ;

PAR CES MOTIFS

Statuant publiquement, contradictoirement, en matière correctionnelle et en dernier ressort ;

En la forme

Déclare recevables les appels des prévenus et du Ministère public ;

Au fond

Dit et juge que l'appel des prévenus est bien fondé ;

Infirme le jugement entrepris ;

Relaxe les prévenus des fins des poursuites ;

Les décharge des condamnations prononcées contre eux ;

Ordonne la restitution du matériel saisi ;

Laisse les dépens à la charge du Trésor public.

OBSERVATIONS

La liberté de requalification pénale des faits est enfermée dans des conditions assez strictes.

L'une des principales limites est liée au principe du respect des droits de la défense. Jusqu'à la condamnation de la France par la Cour européenne des droits de l'homme, la portée conférée à ce principe est demeurée étroite, la chambre criminelle de la Cour de Cassation ne l'imposant qu'à propos de la prise en considération d'une circonstance aggravante non visée à la prévention (*Cass. crim., 5 déc. 1978, D. 1979, p. 50 note Kehrig; Cass. crim., 22 juin 1983, Bull. crim. 1983, n° 193; Cass. crim., 2 juill. 1991, Bull. crim. 1991, n ° 290; Cass. crim., 20 mars 1996, Bull. crim. 1996, n° 123; Cass. crim., 3 avr. 1996, Bull. crim. 1996, n° 154; Cass. crim., 17 déc. 1997, Bull. crim. 1997, n° 434; Cass.*

crim., 4 mars 1998, Bull. crim. 1998, n° 85; Cass. crim., 21 nov. 1998, Bull. crim. 1998, n° 347; Cass. crim., 21 nov. 2000, n° 00-80.616, Jurisdata n° 2000-007525 ; Bull. crim. 2000, n° 347).

L'attitude restrictive de la chambre criminelle de la Cour de Cassation française a été condamnée par la Cour européenne des droits de l'homme au motif essentiel que « *l'article 6, § 3, a), de la Convention européenne de sauvegarde des droits de l'homme et des libertés fondamentales reconnaît à l'accusé le droit d'être informé non seulement de la cause de l'accusation, c'est-à-dire des faits matériels qui sont mis à sa charge et sur lesquels se fonde l'accusation, mais aussi de la qualification juridique donnée à ces faits et ce [...] de manière détaillée* » (*CEDH, 25 mars 1999, D. 2000, note D. Roets ; RTDH 2000, p. 281, note T. Massis et G. Flécheux*).

En effet, la requalification modifie diamétralement la défense de la personne poursuivie et il est une condition du droit à un procès équitable que celle-ci soit régulièrement informée et amenée à discuter de la nouvelle qualification (*Ph. BONFILS et E. GALLARDO, « Concours d'infractions », Rép. dr. pén. proc, pén. Dalloz, 2015, n° 26*).

Désormais, la chambre criminelle énonce, sous le visa des articles 388 du Code de procédure pénale français et 6, § 1 de la Convention européenne de sauvegarde des droits de l'homme et des libertés fondamentales ainsi que de l'article préliminaire du Code de procédure pénale que « *s'il appartient aux juges répressifs de restituer aux faits dont ils sont saisis leur véritable qualification, c'est à la condition que les prévenus aient été mis en mesure de se défendre sur la nouvelle qualification proposée* » (*Cass. crim., 5 mars 2003, n° 01-87.045, JurisData n° 2003-018407 ; Bull. crim. 2003, n° 60 ; Dr. pén. 2003, comm. 81; Cass. crim., 4 nov. 2003, n° 03-80.838, Juris-Data n° 2003-021329 ; D. 2004, p. 673, note J. Pradel ; Procédures 2004, comm. 38; adde Cass. crim., 23 janv. 2001, n° 00-80.562, JurisData n° 2001-008883 ; Bull. crim. 2001, n° 18 ; D. 2002, somm. p. 1131, obs. S. Durrande ; RTD com. 2001, p. 794, obs. B. Bouloc; Cass. crim., 16 mai 2001, n° 00-85.066, JurisData n° 2001-009788 ; Bull. crim. 2001, n° 128 ; D. 2002, p. 31 note B. Lapérou-Scheneider ; JCP G 2001, I, 346, obs. A. Maron ; RSC 2004, p. 821, obs. J.-F. Renucci; Cass. crim., 12 sept. 2001, n° 00-86.493, JurisData n° 2001-011245 ; Bull. crim. 2001, n° 177 ; D. 2002, somm., p. 1460, obs. J. Pradel; Cass. crim., 17 oct. 2001, Bull. crim. 2001, n° 213; Cass. crim., 16 oct. 2002, n° 01-83.936, Jurisdata n° 2002-016672 ; Dr. pén. 2003, comm. 28; Cass. crim., 3 mars 2004, D. 2004, inf. rap. p. 1213; Cass. crim., 26 oct. 2010, n° 09-87.671, JurisData n° 2010-022001*).

Au Sénégal, on retrouve cette solution dans la jurisprudence de la Cour d'Appel de Dakar. En effet, dans une espèce, des prévenus ont été poursuivis pour utilisation frauduleuse d'un réseau public ou privé de télécommunication, délit prévu et puni par l'ancien article 58 de la loi n° 2001-15 du 27 décembre 2001 portant Code des Télécommunications.

Le Tribunal de grande Instance de Diourbel a disqualifié les faits en vol de service et a condamné les prévenus à trois mois d'emprisonnement avec sursis et ordonné la confiscation du matériel saisi.

Dans un arrêt rendu le 18 mars 2013, la Cour d'Appel de Dakar a jugé « *qu'en changeant d'office les faits d'utilisation frauduleuse d'un réseau de télécommunication public ou privé, pour retenir contre les prévenus le délit de vol de service, sans avoir mis les parties en position de discuter cette nouvelle prévention, le premier juge n'a pas respecté les règles fondamentales du procès pénal* » (*CA Dakar, ch. corr. n° 378 du 18 mars 2013, MP et M. T. c/ A. D. et autres, inédit*). Ainsi, la cour a infirmé, en toutes ses dispositions, le jugement d'instance en déchargeant les prévenus des condamnations prononcées contre eux et a ordonné la restitution du matériel saisi.

- **Disqualification- limites- infractions commises par tous moyens de diffusion publique**

80. CS, ch. pén., n° 21 du 29 mai 1971, *Saloum SAKHO c/ MP et Serigne Mamadou Khary GUEYE, inédit*

La disqualification de faits de dénonciation calomnieuse en diffamation a été opéré en violation des articles 621 et 624 du CPP selon lesquels, en matière d'infractions commises par tous moyens de diffusion publique, le réquisitoire et la citation doivent, à peine de nullité de la poursuite, d'une part, articuler et qualifier le fait incriminé, d'autre part, indiquer le texte de loi applicable

LA COUR,

Sur le moyen unique tiré de la violation des articles 621 à 632 du Code de procédure pénale ;

Attendu que l'arrêt infirmatif attaqué a décidé que constituaient la diffamation réprimée par l'article 261 du Code pénal les faits pour lesquels S. S. avait fait l'objet de poursuite du chef de dénonciation calomnieuse

Attendu que ce changement de qualification a été opéré en violation des articles 621 et 624 du CPP selon lesquels, en matière d'infractions commises par tous moyens de diffusion publique, le réquisitoire et la citation doivent, à peine de nullité de la poursuite, d'une part, articuler et qualifier le fait incriminé, d'autre part, indiquer le texte de loi applicable ;

(…)

Par ces motifs

Casse et annule l'arrêt n° 501 rendu le 22 décembre 1969 par la Cour d'Appel de Dakar ;

Ordonne la restitution de l'amende consignée ;

Laisse les dépens à la charge du Trésor public ;

Et pour statuer à nouveau, renvoie la cause et les parties devant la Cour d'Appel de Dakar autrement composée.

OBSERVATIONS

Le pouvoir de requalification des juridictions répressives comporte certaines dérogations.

En effet, en matière d'infraction commises par tous moyens de diffusion publique, aux termes de l'article 621 du CPP : « *si le Ministère public requiert une information, il sera tenu dans son réquisitoire d'articuler et de qualifier les provocations, outrages, diffamations et injures, à raison desquels la poursuite est intentée, avec indication des textes dont l'application est demandée à peine de nullité du réquisitoire de ladite poursuite* ».

En outre, selon l'article 624 du CPP, la citation précisera et qualifiera le fait incriminé, elle indiquera le texte de loi applicable à la poursuite. Ainsi, l'acte qui met en mouvement les poursuites doit articuler et qualifier les faits incriminés (*R. MERLE et A. VITU, Traité de droit criminel. Droit pénal spécial, Paris, Cujas, 1981, t. 1, par A. Vitu, p. 1255, n° 1589*).

L'articulation des faits consiste dans l'énonciation nette et précise des faits objet de la poursuite, avec leur localisation dans le temps et dans l'espace, et avec les circonstances qui impriment à ces faits les caractères constitutifs d'une infraction déterminée.

La jurisprudence de la chambre criminelle de la Cour de Cassation française en a déduit un principe de « *cristallisation de la qualification d'origine* » (W. *JEANDIDIER, op. cit., n° 192*). En effet, en matière de presse, la qualification est irrévocablement fixée par le réquisitoire introductif (*Crim. 12 janv. 1956, Bull. crim. n° 53; crim. 12 juin 1956, Bull. crim. n° 458; crim. 10 oct. 1963, Bull. crim. n° 279*). Aucun changement n'est permis en direction d'une autre infraction de presse, sauf s'il s'avère que l'élément de publicité fait défaut : en ce cas, il est permis et même prescrit aux juges de retenir la contravention correspondante (*Crim. 21 févr. 1995, Bull. crim., n° 76; crim. 8 avr. 2008, n° 07-87.226, Bull. crim. n° 94*).

En d'autres termes, les juridictions répressives ont le droit de substituer à une qualification visée par la loi de 1881 sur la liberté de la presse, une qualification de droit commun (remplacer une diffamation par une dénonciation calomnieuse), mais qu'il leur est interdit de permuter entre elles deux qualifications visées par cette loi (remplacer une injure publique par une diffamation) ou de substituer à une qualification de droit commun une qualification prévue par la loi 1881 (*Cass. crim., 18 nov. 1975, Bull. crim., n° 250; cass. crim., 25 sept. 1991, n° 90-83.140, JurisData n° 1991-003717 ; Bull. crim. 1991, n° 319*) (remplacer un outrage à agent public par une injure publique) (*Cass. crim., 6 févr. 1990, n° 88-86.436, Jurisdata n° 1990-700875 ; Bull. crim. 1990, n° 64; cass. crim., 4 janv. 1991, n° 90-81.872, Jurisdata n° 1991-700793 ; Bull. crim. 1991, n° 70; Cass. crim., 7 avr. 1994, n° 91-86.115; Jurisdata n° 1994-001032 ; Bull. crim. 1994, n° 142*).

Cette interdiction de principe des requalifications en matière d'infractions commises par tous moyens de diffusion publique n'est inscrite, en tant que telle, nulle part dans le Code pénal. Elle résulte de la particularité des actes initiant les poursuites pénales. C'est ainsi que l'on peut lire sous la plume des juges de cassation français : « *qu'en matière de délits de presse, l'acte initial de poursuite fixant définitivement et irrévocablement la nature et l'étendue de la poursuite quant aux faits et à leur qualification, la juridiction de jugement ne peut prononcer aucun changement de qualification sur le rapport de la loi sur la presse, et doit statuer sur la prévention telle qu'elle résulte de cet acte* » (*Cass. crim., 8 avr. 2014, n° 13-81.808 , Jurisdata n° 2014-006954).*

Au Sénégal, dans une espèce, une cour d'appel avait décidé que constituaient une diffamation réprimée par l'article 261 du CP, les faits pour lesquels une personne avait fait l'objet de poursuite du chef de dénonciation calomnieuse.

Dans un arrêt rendu le 29 mai 1971, la Cour suprême a jugé que « *ce changement de qualification a été opéré en violation des articles 621 et 624 du CPP selon lesquels, en matière d'infractions commises par tous moyens de diffusion publique, le réquisitoire et la citation doivent, à peine de nullité de la poursuite, d'une part, articuler et qualifier le fait incriminé, d'autre part, indiquer le texte de loi applicable* » (*CS n° 21 du 29 mai 1971, S. S. c/ MP et S. M. KH. G., inédit).*

Au-delà du formalisme, le fondement principal du principe d'interdiction de la requalification en matière d'infractions commises par tous moyens de diffusion publique réside dans la préservation de l'exception de vérité du fait diffamatoire, soumise à des conditions très précises. Si un outrage ou une injure était poursuivi, avant d'être requalifié de diffamation, le prévenu serait condamné sans pouvoir démontrer la véracité de ses propos. Mais force est de constater que cette justification ne vaut que pour le délit de diffamation.

- **Concours de qualifications : règle de l'unité de qualification-théorie de la plus haute expression pénale**

81. CA Dakar n° 286 du 03 mars 2015, *MP et Odette BATIGA c/ Joseph Timothé BLECK alias LELOU, inédit*

La qualification des faits, le cumul idéal entre les délits de viol sur mineure âgée de moins de 13 ans et de pédophilie, les gestes et attouchements à des fins sexuelles qui caractérisent la pédophilie ayant été nécessaire à la réalisation du délit de viol ; ainsi le même fait ne pouvant faire l'objet de deux qualifications et de deux sanctions, il y a lieu de retenir seul le viol sur mineur de moins de treize ans qui traduit la plus haute expression pénale des faits commis.

LA COUR,

Considérant que par acte enregistré le 20 janvier 2014 au greffe du Tribunal de grande instance de Ziguinchor, J. T. B. alias L. a interjeté appel du jugement n° 001 rendu le 07 janvier 2014 par ladite juridiction et dont le dispositif est conçu ainsi qu'il suit,:

« Statuant publiquement, contradictoirement, en matière correctionnelle et en premier ressort ;

-Déclare le prévenu coupable des délits de viol, de pédophilie et de détournement de mineur ;

-Le condamne après confusion des peines à 10 ans d'emprisonnement en application des articles 5, 320,320 bis et 348 du Code pénal;

-Reçoit la constitution de partie civile de O. B. ès qualité de A. D. ;

-Lui alloue la somme deux millions (2 000 000) francs à titre de dommages intérêts ;

-Condamne J. T. B. à lui payer ladite somme ;

-Ordonne l'exécution provisoire du présent jugement ;

- Condamne le prévenu J. T. B. aux dépens ;

- Fixe la contrainte par corps au maximum ; »

Considérant que par acte enregistré à la même date, le Ministère public a relevé appel incident du jugement ;

Considérant que le prévenu averti ainsi que la partie civile citée à personne, n'ont ni comparu ni été représentés ;

Qu'il échet de statuer par défaut réputé contradictoire ;

EN LA FORME

Considérant que les appels du prévenu et du Ministère public ont été interjetés dans les forme et délai légaux;

Qu'il échet de les déclarer recevables ;

AU FOND

Sur les faits

Considérant qu'il résulte du dossier de la procédure les faits suivants :

Le 20 décembre 2013, O. B. déposait plainte contre J. T. B. alias Lélou devant le Procureur de la République près le Tribunal de grande instance de Ziguinchor pour viol commis sur sa fille A. D., mineure âgée de 04 ans ;

Entendue par les gendarmes de la brigade de recherche de Ziguinchor, elle déclarait que le 19 novembre 2013, sa fille de retour d'une commission, se tordait de douleur et avait des difficultés pour uriner ; interpellée, elle lui révélait après quelques réticences que c'est

J. T. B. alias L. qui l'avait mise dans cet état ; mis au courant ce dernier a nié les faits tout en s'engageant à payer les frais médicaux ;

Entendue en présence de sa mère, A. D. déclarait que sur le chemin du poste militaire, le sieur L. l'a prise à bord de son vélo et l'a amenée dans sa chambre où il lui a enlevé son slip avant d'abuser d'elle ; après son forfait, il lui a offert une tige de canne à sucre et lui a ordonné de n'en parler à personne ;

Interrogé, L. reconnaissait les faits et précisait ne pouvoir en dire d'avantage car ayant certainement agi sous le coup de l'alcool qu'il avait l'habitude de prendre;

Déféré devant le Procureur de la République, il reconnaissait les faits et expliquait ne plus se souvenir de la manière dont il a commis le viol ;

1) Sur l'action publique

Sur la culpabilité

Considérant que le prévenu, faute de comparaître, n'a fait valoir de moyen au soutien de son appel;

Considérant que le Ministère a requis la confirmation du jugement entrepris;

Considérant qu'il est constant comme résultant des déclarations faites par le prévenu tant à l'enquête préliminaire que devant le Procureur de la République, que le sieur B. a entraîné A. D., mineure âgée de moins de 13 ans, dans sa chambre et a abusé d'elle ;

Que par le certificat médical établi sur réquisition le 18 décembre 2013 par le docteur L. S. du service Gynécologie du Centre Hospitalier régional de Ziguinchor, fait état de déchirure hyménale ancienne ;

Considérant cependant qu'en ce qui concerne la qualification des faits, il y a lieu de relever le cumul idéal entre les délits de viol sur mineure âgée de moins de 13 ans et de pédophilie, les gestes et attouchements à des fins sexuelles qui caractérisent la pédophilie ayant été nécessaire à la réalisation du délit de viol;

Qu'ainsi donc le même fait ne pouvant faire l'objet de deux qualifications et de deux sanctions, il y a lieu de retenir seul le viol sur mineur de moins de treize ans qui traduit la plus haute expression pénale des faits commis ;

Considérant que le détournement de mineur qui exige de la part de son auteur une volonté de soustraire le mineure de l'autorité de ses parents, n'est pas caractérisé en l'espèce car le prévenu a entraîné A. D. dans sa chambre uniquement pour entretenir avec elle des rapports sexuels et, l'a aussitôt laissée partir;

Qu'il échet donc d'infirmer partiellement le jugement entrepris et, statuant à nouveau ; relaxer le prévenu des faits de détournement de mineur, constater le cumul idéal entre le délit de viol sur mineure âgée de moins de 13 ans et le délit de pédophilie et, déclarer le prévenu coupable du premier délit ;

Sur la peine

Considérant que l'article 320 du Code pénal punit le viol commis sur un enfant au-dessous de 13 ans accomplis d'un emprisonnement de dix (10) ans ferme ;

Qu'il échet de condamner le prévenu à ladite peine, en application de l'article sus visé ;

(…)

PAR CES MOTIFS

Statuant publiquement, par défaut réputé contradictoire, en matière correctionnelle et en dernier ressort ;

EN LA FORME

Déclare recevables les appels principal du prévenu et incident du Ministère public ;

AU FOND

Infirme partiellement le jugement ;

Statuant à nouveau :

Relaxe le prévenu des faits de détournement de mineur ;

Constate le cumul idéal entre les infractions de viol sur mineur de moins de treize ans et de pédophilie ;

Déclare le prévenu coupable de viol sur mineur de moins de treize ans ;

Le condamne à dix (10) ans d'emprisonnement ferme ;

Confirme le jugement pour le surplus ;

Met les dépens à la charge du Trésor public ;

- **Concours de qualifications : règle de l'unité de qualification-théorie de la plus haute expression pénale**

82. CA Dakar, ch. corr. n° 1451 du 15 décembre 2015, *MP et A. F. es qualité Narinane Hachem NDIAYE c/ Mor Talla SECK, inédit*

Il y a cumul idéal d'infraction lorsque les faits imputés au prévenu tombent sous le coup des qualifications de pédophilie et de viol ; il importe de retenir la peine prévue pour le viol.

LA COUR,

Considérant que par acte enregistré le 23 septembre 2014 au greffe du Tribunal de grande instance Hors classe de Dakar, Maître Sidy KANOUTE, a, au nom et pour le compte de son client M. T. S., interjeté appel du jugement correctionnel n° 4067 rendu le 15 septembre 2014 par ladite juridiction qui a condamné celui-ci pour viol et pédophilie à trois (03) ans d'emprisonnement ferme et au paiement de la somme de 600 000 FCFA à titre de dommages et intérêts ;

Considérant que par acte enregistré le 18 novembre 2014, le Ministère public a formé appel incident du jugement susvisé;

EN LA FORME

Considérant que les appels tant principal du prévenu qu'incident du Ministère public, ont été interjetés dans les forme et délai légaux ;

Qu'il échet de les déclarer recevables ;

Considérant qu'il échet de statuer contradictoirement contre le prévenu qui a comparu, et par défaut à l'égard de la partie civile qui, régulièrement cité, n'a pas comparu ;

AU FOND

Sur les faits

Considérant qu'il résulte du dossier de la procédure les faits suivants :

Le 14 aout 2014, la dame A. F. saisissait le Poste de police de Wakhinane Nimzatt d'une plainte dirigée contre M. T. S. pour viol commis sur sa fille N. H. N., âgée de 14 ans ;

Entendue en présence de sa mère, N. H. N. déclarait aux enquêteurs que s'étant rendue à l'appartement de B. D. dit M. pour y faire le ménage, M. T. S. est venue la trouver dans le salon et a refermé la porte derrière lui ; Alors qu'elle était en train de se pencher pour prendre les oreillers, il l'a surprise par derrière en se jetant sur elle ; Étant tombée sur le lit, il s'est plaqué sur elle et lui a collé la main sur sa bouche l'empêchant ainsi de crier avant d'abuser d'elle sous la menace de la tuer si elle ne s'exécutait pas ;

Interpellé, M. T. S. réfutait les faits mis à sa charge ; Il affirmait avoir trouvé la demoiselle ND. inerte couchée sur le lit de Marcel, il l'a aspergé d'eau sur le visage pour la réanimer ; Au même moment A. F. est venu les trouver, et il lui a expliqué la situation ; Quelques minutes plus tard, elle est tombée en syncope ;

Entendu en qualité de témoin, A. F. déclarait aux enquêteurs que s'étant rendu à l'appartement de son oncle M., il a tapé à plusieurs reprises avec force sur la porte avant que le sieur S. ne dégage une partie du rideau de sa main pour l'identifier et lui demander l'objet de sa visite ; Au même moment, il a aperçu la silhouette de N. H. N. qui lui faisait signe de la main pour se faire remarquer ; Il a aussitôt poussé le sieur S. pour entrer de force dans la chambre et rejoindre la demoiselle N. qui, haletante, s'est agrippé à lui en indexant du doigt le susnommé avant de tomber en syncope ;

Les policiers constataient des traces de sang sur le cuissard que portait N. H. N. ;

Attrait devant le tribunal des flagrants délits des chefs de viol et pédophilie, faits prévus et punis par les articles 320 et 320 bis du Code pénal, il a été déclaré coupable de ces chefs par le jugement dont est appel ;

Sur l'action publique

Considérant que devant la Cour le prévenu a nié les faits et a exposé que N. H. N. s'est subitement évanouie devant A. F. sans qu'il en sache la cause;

Considérant que le Ministère public requis la confirmation du jugement ;

SUR CE,

Considérant qu'il est constant comme résultant des pièces du dossier notamment le certificat médical établi par le docteur S. Y. gynécologue ainsi que des constations faites par les policiers enquêteurs que N. H. N., mineur âgée de 14 ans, a fait l'objet de rapports sexuels non consentis;

Que les rapports sus évoqués sont imputables au prévenu au regard des déclarations constantes de N. H. N. corroborées par la déposition du témoin A. F. faite à l'enquête de police et devant le premier juge ;

Considérant cependant qu'il y a en l'espèce cumul idéal d'infraction en ce que les faits imputés à M. T. S. tombent sous le coup de deux qualifications ; Que les actes matériels du délit de pédophilie étant des actes nécessaires pour la réalisation du délit de viol qui était recherché contre le prévenu ; Qu'il échet, réformant le jugement entrepris, retenir contre M. T. S. le délit de viol, l'en déclarer coupable, le condamner à trois (03) ans d'emprisonnement ferme, et confirmer le jugement entrepris pour le surplus ;

Considérant qu'il y a lieu de condamner le prévenu aux dépens ;

PAR CES MOTIFS

Statuant publiquement, contradictoirement à l'égard du prévenu et par défaut à l'encontre de la partie civile, en matière correctionnelle et en dernier ressort ;

EN LA FORME

Déclare recevables les appels du prévenu et du Ministère public ;

AU FOND

Réformant le jugement entrepris ;

Constate le cumul idéal entre les infractions de pédophilie et le viol;

Déclare M. T. S. coupable de viol ;

Le condamne de ce chef à trois (03) ans d'emprisonnement ferme ;

Confirme le jugement entrepris pour le surplus ;

Condamne M. T. S. aux dépens.

• Concours idéel d'infractions- qualifications générales et spéciales

83. CA Dakar, ch. corr. n° 1386 du 24 novembre 2015, *MP et AJE c/ Saliou DIOP*, *inédit*

Le délit de faux n'était qu'un moyen pour se faire indûment payer, on est en présence d'un cumul idéal d'infractions, la finalité de l'opération étant d'obtenir frauduleusement de l'État des sommes d'argent conformément aux dispositions de l'article 153 du Code pénal . Il échet par conséquent d'infirmer sur la déclaration de culpabilité relativement aux faits de faux et d'usage de faux.

LA COUR,

Considérant que par actes enregistrés le 16 mars 2015 au greffe du Tribunal de grande instance hors classe de Dakar, S. D. et le Ministère public ont relevé appel principal et incident du jugement correctionnel rendu le 10 mars 2015 par ladite juridiction qui a condamné S. D. à 10 ans ferme et à 5 000 000 frs d'amende ;

EN LA FORME

Considérant que les appels, tant principal du prévenu qu'incident du Ministère public, ont été interjetés dans les forme et délai légaux ;

Qu'il échet de les déclarer recevables ;

AU FOND

Considérant qu'il résulte des éléments de la procédure que le 08 avril 2013, suite à une plainte de l'Agent Judiciaire de l'État, S. D. Chef du bureau de coordination des pensions et rentes viagères du Ministère de l'Économie et des Finances et I. C. ont été poursuivis des faits de détournement et d'escroquerie portant sur des deniers publics ;

En effet, le procédé utilisé par le sieur D. consistait à percevoir des pensions de retraite de personnes décédées ou à introduire dans le système des numéros fictifs de pensions qu'il virait soit dans ses propres comptes ouverts au sein des établissements bancaires de la place soit dans ceux d'autres personnes qui après encaissement des sommes illégalement perçues venaient lui verser les deux tiers ;

C'est le cas de I. C. titulaire de la pension 967.984/B, qui recevait chaque mois un montant supérieur à ce qui lui était dû et qui gardait par dévers lui le tiers du trop-perçu pour retourner le reste à D. et sa propre femme servait de relai quand il est tombé malade;

Considérant que S. D., a constamment reconnu les faits à lui reprochés expliquant avoir posé le premier acte en 1994 et a tenté de justifier ses agissements par le fait que ses revenus n'étaient pas à la hauteur de ses responsabilités puisqu'il ne percevait qu'un salaire de 100 000 F qui est passé à 350 000 F suite à son reclassement tardif ;

Qu'il a expliqué qu'il continuait à alimenter certaines pensions dont les titulaires étaient décédés, à s'attribuer ou à attribuer à un tiers avec lequel il avait préalablement discuté de numéros de pensions, omis par le bureau de gestion ;

Qu'il a reconnu avoir détourné la somme totale de 204 000 000 F CFA ;

Considérant que l'Agent Judiciaire de l'État a sollicité la confirmation de la décision entreprise sur l'action publique et la condamnation de D. à payer la somme de 300 000 000 F à titre de dommages-intérêts à l'État du Sénégal ;

Considérant que le Ministère public a requis la confirmation sur la déclaration de culpabilité et la réformation sur la peine en demandant que celle de 5 ans d'emprisonnement ferme soit prononcée à l'encontre de S. D. ;

SUR CE

(...)

Sur l'escroquerie portant sur des deniers publics, le faux et usage de faux en écritures authentiques;

Considérant que S. D. a reconnu avoir introduit dans le système en sa qualité de chef du bureau de coordination des pensions et rentes viagères des numéros fictifs de pension qu'il utilisait pour se faire payer par la Direction de la solde, des pensions et rentes viagères ;

Que cependant, ledit faux n'était qu'un moyen pour se faire indûment payer, ceci s'analysant comme un cumul idéal d'infractions, la finalité de l'opération étant d'obtenir frauduleusement de l'État des sommes d'argent conformément aux dispositions de l'article 153 du Code pénal ;

Qu'il échet par conséquent d'infirmer sur la déclaration de culpabilité relativement aux faits de faux et d'usage de faux, réformant de ramener la peine à celle de 5 ans d'emprisonnement et de limiter l'interdiction de l'exercice des droits civiques aux cas prévus par l'article 34 al. 2 ; 3 et 7 du CP ;

(...)

PAR CES MOTIFS

Statuant publiquement, contradictoirement, en matière correctionnelle et en dernier ressort ;

En la forme

Déclare les appels recevables ;

Au fond

Confirme la décision entreprise sur la déclaration de culpabilité relative aux faits d'escroquerie portant sur des deniers publics ;

L'infirme sur celle relative au faux et usage de faux du fait du cumul idéal d'infractions;

Relaxe par conséquent S. D. de ce chef ;

Réformant sur la peine ;

Condamner S. D. à 5 ans d'emprisonnement ferme ;

Dit que l'interdiction des droits civiques de l'article 34 du Code pénal se limite à l'éligibilité, la possibilité d'être nommé à des fonctions publiques et à la possibilité d'être nommé expert ou témoin sauf pour donner en justice de simples renseignements ;

Dit que l'Agent Judiciaire de l'État devra au préalable formuler ses demandes devant le juge d'instance par respect du principe du double degré de juridiction ;

Confirme pour le surplus ;

Condamne s ; d ; aux dépens.

• Concours de qualifications : règle de l'unité de qualification

84. CA Dakar, ch. corr. n° 1430 du 09 décembre 2015, *MP et M Maguette DIANE c/ Mamadou MBENGUE, inédit.*

En cas de commission de deux infractions, on est en présence d'un cumul idéal d'infraction et il convient, dans ce cas, de retenir l'infraction dont la sanction est plus sévère.

LA COUR,

Considérant que par acte enregistré le 05 mars 2013 sous les numéros 493 et 494, le prévenu M. MB. et le procureur de la République ont relevé appel contre le jugement rendu le 28 février 2013 par le Tribunal correctionnel de Dakar dont le dispositif est ainsi libellé ;

« Par ces motifs

Statuant publiquement, contradictoirement, en matière correctionnelle et en premier ressort ;

Déclare M. MB. coupable des faits qui lui sont reprochés ;

Le condamne à une peine de six mois ferme ;

Reçoit la constitution de partie civile de M. D. ;

Lui alloue la somme de 2 500 000FCFA à titre de dommages et intérêts pour toutes causes de préjudice confondues ;

Condamne le prévenu au paiement ;

Ordonne l'exécution provisoire. »

En la forme

Considérant que les appels sont recevables pour avoir été interjetés dans les forme et délai prescrits par la loi ;

Au fond

Considérant qu'il ressort des éléments de la procédure que courant 2013 , M. D. déposait plainte contre M. MB. ; qu'elle déclarait qu'en 2009 , désirant acquérir un terrain , une tierce personne l'a mise en rapport avec M. MB. qui , au cours des discussions, lui déclarait qu'il est propriétaire d'un terrain d'une superficie de 150m2 sis à Pikine ; qu'en compagnie du mis en cause , elle a visité le site et une fois sur les lieux , ils ont convenu d'un prix de 1 150 000FCFA ; que pour matérialiser la vente , le mis en cause lui a remis un acte de vente signé par des témoins ; que, puisque le terrain était submergé d'eau , elle a fait l'opération de terrassement avec 16 camions de gravas et a entamé les constructions ; que c'est à ce moment qu'un nommé M. D. se déclarant propriétaire légitime du terrain, est venu y installer des bornes qu'elle a détruits ; ce qui lui a valu une plainte pour destruction de biens appartenant à autrui ; que c'est suite à cette procédure intentée contre elle, qu'elle s'est résolue à déposer plainte contre M. MB. pour la sauvegarde de ses droits ; qu'entendu , M. MB. reconnaît avoir cédé à la partie civile le terrain litigieux en 2009 à la somme de 950 000FCFA et ajoutait qu'au moment de la transaction , il disposait d'un titre coutumier ; que c'est par la suite qu'il a été informé que le même terrain a été vendu à M. D. par A. D. ;

Considérant que les parties ont fait défaut devant la cour ; que l'Avocat général a requis la confirmation du jugement ;

Considérant qu'il est reproché aux prévenus le délit d'escroquerie et de conclusion de convention portant sur le domaine national ;

Considérant que le délit d'escroquerie suppose pour sa constitution l'usage d'un faux nom ou de fausse qualité ou l'emploi de manœuvres frauduleuses, pour se faire remettre des sommes indues ; que s'agissant de la conclusion de la convention portant sur une terre du domaine national , l'article 433 alinéa 2 du Code pénal le définit comme le fait de vendre un terrain du domaine nationale en s'en déclarant propriétaire ;

Considérant qu'il ressort de la lecture de l'acte de vente en date du 15 février 2009 que M. MB. a cédé à Maguette Diane un terrain d'un superficie de $150m^2$ sis à Pikine rue 10 pour un montant d'un 1 150 000 dont 950 000 FCFA ont été payé comptant ;

Que sous ce rapport, il appartient au prévenu d'établir la preuve d'un titre lui permettant de conclure des conventions sur lesdites parcelles ;

Considérant que le titre coutumier produit par le prévenu ne peut justifier sa qualité de propriétaire sur le terrain qu'il a cédé à M. D. lequel reste toujours dans le domaine national, faute d'éléments pouvant édifier la cour sur son véritable statut ; qu'il s'y ajoute qu'avant de conclure la vente le prévenu a fait déplacer la partie civile sur le site et a même procédé à la délimitation du terrain ; que ces faits s'analysent à la fois en conclusion de convention sur un terrain du domaine national ,en manœuvres frauduleuses et en usage de fausse qualité lesquels ont déterminé la partie civile à remettre ses fonds ; qu'ainsi les faits d'escroquerie et de convention portant sur le domaine national sont suffisamment établis à l'encontre du prévenu :

Considérant qu'en l'espèce le prévenu , par ses agissements a commis deux infractions ; qu'ainsi on est en présence d'un cumul idéal d'infraction ; qu'il convient dans cette situation retenir l'infraction dont la sanction est plus sévère en l'occurrence l'escroquerie et confirmer le jugement entrepris puisque la peine de six mois ferme prononcée contre le prévenu en application des article 379 et 433 du Code pénal est justifiée ;

Sur les intérêts civils

Considérant que le premier juge a condamné le prévenu à payer M. D. la somme de 2 250 000FCFA à titre de dommages et intérêts pour toutes causes de préjudice confondues;

Considérant qu'en allouant à la partie civile le montant ci-dessus, les juges ont fait une correcte appréciation du préjudice qu'il a subi ;

Qu'il échoit confirmer le jugement sur ce point ;

PAR CES MOTIFS

Statuant publiquement, par défaut à l'encontre de toutes les parties en matière correctionnelle et en dernier ressort ;

EN LA FORME

Reçoit les appels ;

AU Fond

Confirme le jugement en toutes ses dispositions ;

Condamne le prévenu aux dépens.

- **Concours de qualifications : règle de l'unité de qualification-théorie de la plus haute expression pénale**

85. CA Dakar n° 589 du 04 juin 2012, ***MP et Khady MBENGUE es qualité de sa fille Ndèye Ndoumbé NDIAYE c/ Mbaye BASSELE, inédit***

En cas de concours des qualifications d'attentat à la pudeur avec violences et de pédophilie, le juge doit sur le fondement de l'application de la règle de la plus haute expression pénale, retenir la peine la plus forte.

LA COUR,

Considérant que par déclaration enregistrée au greffe du Tribunal de grande instance hors classe de Dakar le 04 octobre 2010, MB. B. a relevé appel du jugement n° 3926 rendu le 29 septembre 2010 par ladite juridiction statuant en matière correctionnelle et dont le dispositif est conçu ainsi qu'il suit :

« Statuant publiquement, contradictoirement, en matière correctionnelle et en premier ressort ;

-Déclare MB. B. coupable des faits qui lui sont reprochés ;

-Le condamne à dix (10) années d'emprisonnement ferme ;

-Reçoit la constitution de partie civile de K. MB. es qualité de sa fille mineure ND. ND. ND. ;

-Condamne MB. B. à lui payer la somme de cinq millions (5 000 000) FCFA pour toutes causes de préjudice confondues ;

-Ordonne l'exécution provisoire ;

-Fixe la contrainte par corps au maximum ;

-Condamne le prévenu aux dépens » ;

Considérant que suivant acte reçu audit greffe le 26 octobre 2010, le Ministère public a interjeté appel incident du jugement susvisé ;

En forme

Considérant que les appels ont été faits dans les forme et délai de la loi ;

Qu'il échet de les déclarer recevables ;

Considérant en outre que les parties ont régulièrement comparu ;

Qu'il y a lieu en l'espèce, de statuer contradictoirement ;

Au fond

Considérant qu'il appert des pièces du dossier que le 13 septembre 2010, la dame K. MB. a déposé plainte au Poste de police des H.L.M 5 à Dakar, contre le nommé MB. B. pour viol commis sur sa fille ND .ND. ND. âgé de dix (10) ans ;

Que confirmant les termes de sa plainte, la partie civile a déclaré aux enquêteurs que le 12 septembre 2010, MB. B. interpellé sa fille qui se rendait à la boutique du coin, pour lui demander de venir récupérer dans son atelier de couture, les vêtements de sa mère qu'il avait fini de confectionner ;

Que selon la dame K. MB., lorsqu'elle a constaté que ND. ND. ND. tardait à rentrer, elle a envoyé sa fille S. ND. aller la chercher ;

Qu'elle a révélé qu'un instant plus tard, cette dernière est accourue lui dire qu'elle a ouvert la porte de l'atelier et surpris MB B. couché sur petite sa sœur ;

Que la partie civile a souligné que sans désemparer, elle s'est rendue sur place et a trouvé le prévenu debout devant la porte, tenant ND. ND. ND.. par le bras ;

Considérant que ND. ND. ND.. a précisé que dès qu'elle est entrée dans l'atelier de couture, Mbaye BASSELE s'est levé pour fermer la porte, puis l'a couchée à plat ventre avant de mettre de son sexe sur son anus ;

Considérant que la partie civile a versé au dossier un certificat médical établi le 20 septembre 2010 par le Médecin Colonel G. D. de l'Hôpital général de Grand Yoff qui fait mention d' « hymen rompu à 9h et à 15h » et d'une absence de « traces de violence»;

Considérant que le prévenu a nié les faits en soutenant lors de l'enquête préliminaire, avoir fait venir ND. ND. ND.. dans son atelier uniquement pour prendre les mesures de celle-ci car il envisageait de les utiliser pour des modèles de vêtements à confectionner ;

Qu'il a ajouté qu'à peine a-t-il fini de couper dans le tissu, que la dame K. MB. a surgi et a commencé à donner des gifles à sa fille en lui intimant l'ordre de s'expliquer ;

Que c'est alors, a-t-il fait observer, qu'il a entendu celle-ci crier « *c'est lui qui est monté sur moi* »;

Que le prévenu a par ailleurs affirmé que la porte de l'atelier s'était refermée sous l'effet du vent sans même qu'il ne s'en rende compte ;

Qu'il a également laissé entendre que lui et ND. ND. ND.. n'étaient pas seuls dans l'atelier puisqu'à ses dires, son ami prénommé P. s'y trouvait aussi ;

Considérant que devant le premier juge, la partie civile et sa fille ont réitéré leurs déclarations ; cette dernière précisant que le prévenu a entretenu des rapports sexuels avec elle en la prenant par derrière lors même qu'il l'a couchée à plat ventre sur un matelas posé à même le sol ;

Considérant qu'à la barre de la juridiction d'instance, le prévenu a apporté des modifications à sa version servie lors de l'enquête préliminaire ;

Qu'à cet égard, il a d'une part, affirmé que la jeune fille lui avait fait comprendre que sa mère avait demandé qu'il fasse pour elle une jupe avec le morceau de tissu qu'il restait du vêtement qu'il a confectionné pour sa sœur S. ND. et d'autre part, indiqué que c'est ND. ND. ND.. elle-même qui a refermé la porte derrière elle ;

Considérant qu'en cause d'appel, la partie civile a confirmé toutes ses déclarations antérieures;

Qu'en ce qui le concerne, le prévenu a, une nouvelle fois changé certains aspects de sa version des faits ;

Qu'au sujet de la jupe, il a expliqué qu'en la confectionnant pour ND. ND. ND.., il entendait par ce moyen, rembourser le prix du petit déjeuner qu'il avait l'habitude de prendre à la table tenue par la dame K. MB. devant son lieu de travail ;

Qu'en outre, il a admis qu'il était bel et bien resté seul avec ND. ND. ND. dans l'atelier de couture car l'ami évoqué tantôt était déjà parti ;

Considérant que le Ministère public a requis la disqualification des faits de viol en attentat à la pudeur commis sur une mineure de moins de 13 ans et sollicité la confirmation du jugement entrepris quant à la peine ;

Sur ce

Considérant que le document médical susvisé met en lumière des constatations au niveau vaginal, alors qu'il ressort clairement des déclarations de ND . ND. ND. que le prévenu a abusé d'elle, notamment « en mettant son sexe sur son anus », alors qu'il l'avait couchée à plat vente ;

Considérant qu'en l'espèce, l'acte de pénétration sexuelle constitutif du délit de viol prévu à l'article 320, alinéa 1 du Code pénal, n'étant pas clairement établi, il échet de disqualifier les faits reprochés à MB. B., en attentat à la pudeur avec violence commis sur un enfant en dessous de l'âge de 13 ans accomplis ;

Considérant qu'à cet égard, il y a d'abord lieu de relever les variations répétées du prévenu relativement au motif de la présence de ND. ND. ND. dans l'atelier de couture ;

Que cette inconstance traduit simplement la mauvaise foi du prévenu qui n'a pas été en mesure de justifier la présence de la jeune fille dans son lieu de travail ;

Considérant qu'en tout état de cause, il demeure constant que MB. B. a invité ND. ND. ND. à le rejoindre, à l'insu de sa mère, qui, inquiète du retard de sa fille a envoyé la soeur de celle-ci, Sophie aller la chercher ;

Considérant qu'il résulte des déclarations combien formelles et circonstanciées de cette dernière que lors qu'elle a ouvert la porte, elle a vu le prévenu couché sur sa sœur ;

Qu'il s'y ajoute que ladite jeune fille s'en est allé dans une spontanéité excluant toute équivoque, raconter à sa mère la scène à laquelle elle venait d'assister ;

Qu'en outre, l'intervention surprise de la jeune fille susnommée corrobore suffisamment les déclarations de la partie civile selon lesquelles, MB. B. s'était enfermé seul avec sa fille dans son atelier de couture ;

Qu'il reste sans aucun intérêt que le prévenu ait déclaré que la porte a été refermée par ND. ND. ND. puis rouverte par le vent et non par la petite Sophie ;

Considérant qu'il est constant que la dame K. MB., dans une réaction naturelle, s'est immédiatement présenté chez le prévenu où elle a retrouvé sa fille, comme indiquée par la sœur de celle-ci ;

Considérant que les déclarations constantes et circonstanciées de ND. ND. ND. selon lesquelles MB. B. a abusé sexuellement d'elle, ne sauraient être écartées au profit des dénégations sans fondement du prévenu qui a plusieurs fois varié, alors surtout lesdites déclarations ont été corroborées par les éléments ci-dessus caractérisés du dossier, notamment le fait d'attirer la jeune fille dans un lieu fermé sa raison valable, l'intervention surprise de la sœur de la victime qui est allée spontanément raconter la scène à sa mère, et l'arrivée dans la foulée de celle-ci sur lieux ;

Considérant que les faits-ci dessus spécifiés sont constitutifs à la fois des délits d'attentat à la pudeur avec violences et de pédophilie ;

Que sur le fondement de l'application de la règle de la plus haute expression pénale, il échet de le déclarer MB. B. coupable du délit d'attentat à la pudeur avec violence ;

Considérant qu'il résulte clairement de l'extrait d'acte de naissance délivré le 21 septembre 2000 par le centre d'état civil Amitié à Dakar, que ND. ND. ND. est née le 12 Janvier 2000, donc âgée de 10 ans au moment des faits ;

Qu'ainsi, il importe, confirmant la peine prononcée contre le prévenu de faire application de l'article 320, alinéa 7 du Code pénal;

PAR CES MOTIFS

Statuant publiquement, contradictoirement, en matière correctionnelle et en dernier ressort ;

En la forme

Reçoit les appels du prévenu et du Ministère public ;

Au fond

Réforme le jugement entrepris quant à la qualification ;

Et statuant à nouveau :

Disqualifie du chef de viol commis sur un enfant en dessous de 13 ans accomplis en attentat à la pudeur avec violence commis sur un enfant en dessous de l'âge de 13 ans accomplis ;

Déclare le prévenu coupable de ce chef ;

Confirme quant à la peine en application de l'article 320 alinéa 6 et 7 du Code pénal ;

Confirme également quant au surplus ;

Met les dépens à la charge du prévenu ;

Fixe la durée de la contrainte par corps au maximum.

- **Concours de qualifications : règle de l'unité de qualification-théorie de la plus haute expression pénale**

86. CA Dakar, ch. corr. n° 1002 du 05 août 2014, *MP et Ndèye Fama FALL rep. Diogomaye FALL c/ Daouda DIOP, inédit*

En cas de concours idéal d'infractions la qualification la plus haute est seule retenue.

LA COUR,

Considérant que par actes reçus au greffe du Tribunal de grande instance hors classe de Dakar le 16 mai 2011, Maître El Hadji Diabel SAMB, substituant M^e^ El Hadji DIOUF, avocat à la Cour, agissant au nom et pour le compte de D. D., prévenu et le Procureur de la République ont respectivement interjeté appel principal et incident du jugement rendu par cette juridiction le 12 mai 2011 et dont le dispositif est ainsi conçu :

« Statuant publiquement, contradictoirement en matière correctionnelle et en premier ressort ;

Déclare D. D. atteint et convaincu des faits qui lui sont reprochés ;

Le condamne à dix (10) ans d'emprisonnement fermes ;

Lui interdit l'exercice des droits civils, civiques et de famille prévus à l'article 34 du Code pénal ;

Réserve les intérêts civils ;

Condamne en le prévenu aux dépens » ;

EN LA FORME

Considérant que l'appel principal et incident ont été faits dans les conditions de forme et de délai prescrits par la loi ;

Qu'il échet de les déclarer recevables en la forme ;

Considérant que le prévenu assisté de son conseil et la partie civile ont comparu ;

Qu'il échet de statuer contradictoirement à leur égard .

AU FOND

Sur les faits et sur la procédure

Considérant qu'il résulte des pièces de la procédure les faits suivants :

Le 14 Mars 2011, D. F. a saisi le poste de police de Grand Yoff d'une plainte dirigée contre D. D. pour viol commis sur sa fille mineure D. F. F. ;

Dans cette plainte et lors de son audition, il a expliqué qu'il a inscrit sa fille N. F. F., qui est en classe de 4eme à l'école primaire de Grand Yoff, au Daara de D. D. où elle se rend après les heures d'école ainsi que les Samedi et Dimanche ;

Qu'à partir du mois de novembre 2010 il a constaté qu'elle n'était pas très enthousiaste à aller apprendre le coran ;

Que lorsqu'il l'a interpellée sur cette attitude, N. F. F. lui a déclaré que chaque fois qu'elle se trouvait avec d'autres talibés, D. D. l'envoyait chercher quelque chose dans sa chambre où il la rejoignait pour se coucher sur elle ;

Qu'il l'a alors conduite, en compagnie de sa mère, au centre de santé Nabil Choucair, puis à l'Hôpital de Fann où un certificat médical lui a été délivré ;

Il a en outre fait remarquer, qu'en possession de ce document il s'était rendu auprès de D. D., qui malgré ses dénégations, lui a remis la somme de 200 000f pour qu'il ne porte pas plainte ;

Entendue à son tour, N. F. F. a expliqué que son maître coranique l'envoyait fréquemment acheter soit du sucre soit du café qu'elle devait déposer dans sa chambre ;

Que ce dernier profitait de ces occasions pour venir l'y rejoindre ;

Qu'il enlevait alors son pagne ou sa jupe pour introduire dans un premier temps son doigt dans son sexe ;

Que dès qu'il remarquait du sang il l'essuyait sur le matelas ;

Que finalement c'est son sexe même qu'il posait sur le sien ;

Que D. D. la menaçait de la tuer à l'aide d'un couteau au cas où elle en parlerait à ses parents ;

Interrogé sur ces faits A. D. les a entièrement réfutés ;

Il a soutenu que D. F. F. fréquente son Daara depuis 03 ans ;

Que le 09 novembre 2011, alors qu'il était malade couché dans sa chambre, il a envoyé une tasse de thé à son disciple, qui assurait son intérim au niveau de son Daara ;

Que lorsque ce dernier a fini de boire, il a remis la tasse à N. F. F. qui est venue la déposer dans la chambre pour en ressortir aussitôt en courant ;

Que la nuit de ce même jour ce remplaçant est venu l'informer des accusations de viol perpétré sur cette dernière, et portées à son encontre par un individu qui l'a appelé au téléphone avec un numéro inconnu ;

Il a ajouté que le 05 décembre 2011 il a été convoqué au domicile de l'Imam de la grande mosquée pour une solution à l'amiable ;

Que malgré ses dénégations il lui a été demandé de verser la somme de 200 000 f pour régler le différend ;

Que devant l'insistance des uns et des autres il a fini par accepter et a effectivement remis la somme sollicitée qu'il a pu réunir avec l'aide des parents trouvés au village ;

Déféré au parquet et traduit devant le tribunal sous la prévention de viol commis sur un enfant mineur âgé de moins de 13 ans, D. D. a été déclaré coupable de ce délit par le jugement dont est appel.

Sur l'action publique

Considérant que devant la juridiction de céans les parties ont pour l'essentiel réitéré les déclarations faites en première instance ;

Que le prévenu a fait observer que sa chambre est séparée de la mosquée, où est situé le Daara, d'une seule rue ;

Qu'il a soutenu n'avoir jamais vue ni jamais fait entrer N. F. F. dans la dite chambre ;

Que sur interpellation du conseil du prévenu, N. F. F. a déclaré qu'il n'y avait pas de sang ni sur elle ni sur ses habits ;

Qu'elle a par ailleurs affirmé qu'il s'était écoulé un temps plus ou moins long entre le moment des faits et la date de la dénonciation ;

Que le sieur D. F., père de la victime, a en outre fait préciser qu'il a reçu les 200 000f non pas directement du prévenu mais de l'imam de la mosquée ;

Considérant que les conseils du prévenu ont plaidé l'infirmation du jugement querellé et la relaxe de leur client ;

Qu'ils ont en effet fait valoir que l'accusation repose sur les seules déclarations de la partie civile qui sont contestées par la prévenu ;

Que ces déclarations sont difficiles à concevoir puisque N. F. F. a affirmé devant la Cour que le prévenu l'a prise debout sans enlever son slip alors que leur différence de taille rend cette hypothèse improbable ;

Que ses déclarations sont également contradictoires avec les mentions du certificat médical versé au dossier qui font état de blessures récentes sans précision de date alors que la partie civile parle de faits anciens ;

Que ces blessures récentes doivent être le fait de la tante de la victime qui, voulant certainement vérifier sa virginité en la doigtant, s'y est prise maladroitement ;

Qu'il se pose donc en l'espèce un problème d'imputabilité qui requiert la relaxe du prévenu ;

Considérant que le Ministère public a, au contraire requis la confirmation du jugement ;

Qu'il a, en effet, fait observer que les affirmations constantes de la victime sont corroborées par les mentions du certificat médical.

SUR CE

Considérant que le prévenu était poursuivi du chef de viol commis sur une mineure âgée de moins de 13 ans et de pédophilie, délits prévus et punis par les articles 320 al 5 et 320 bis du Code pénal;

Considérant que le délit de viol suppose tout acte de pénétration sexuelle de quelque nature qu'il soit commis sur la personne d'autrui par violence, contrainte, menace ou surprise ;

Considérant qu'en l'espèce il est produit au dossier un certificat médical en date du 09 novembre 2010 faisant état chez N. F. F. d'une déchirure récente de l'hymen à 11 heures;

Que la preuve de la pénétration sexuelle est donc établie ;

Considérant qu'elle a invariablement désigné D. D. comme étant l'auteur de cette pénétration effectuée selon elle sous la menace d'un couteau et sous la contrainte ;

Qu'elle a précisé que les faits ont eu lieu à plusieurs reprises ;

Que le prévenu a d'abord fait usage de ses doigts pour finalement poser son sexe sur le sien ;

Considérant qu'en l'espèce il est constant les faits n'ont été découverts qu'à la suite de refus répétés de la victime à aller à son école coranique ;

Qu'il y a lieu à cet égard de faire remarquer qu'au même moment elle fréquentait régulièrement l'école élémentaire de Grand Yoff ou aucune absence n'a été relevée à son encontre ;

Qu'elle était donc au moment des faits, en sus des gens de son quartier en contact avec plusieurs autres personnes, de lieux différents ;

Que parmi ces personnes elle n'a cependant désigné que celle dont elle devrait raisonnablement avoir le plus de crainte, crainte qui justifie du reste qu'elle ait gardé pendant un temps plus ou moins long son mal en silence ;

Que le peu d'enthousiasme dont elle a fait montre à aller à son lieu d'apprentissage a été donc le fait révélateur de ce calvaire qu'elle vivait toute seule ;

Considérant par ailleurs qu'aucun élément objectif de la procédure ne laisse entrevoir qu'elle ait été influencée dans ses déclarations ou qu'un complot quelconque ait été ourdi contre le prévenu comme ce dernier tente de le faire croire ;

Que le fait d'affirmer également qu'elle aurait été blessée par une tante qui essayait de la doigter est une simple imagination de l'esprit qui ne repose sur aucun élément probant du dossier ;

Que d'autre part s'il est constant que la plainte a été introduite au mois de mars 2011 soit plus de trois mois après les faits, il est en même temps établi que le certificat médical qui fait état de blessures récentes a été dressé juste après leur découverte ;

Que ce retard dans la dénonciation qui est le résultat de «pressions» exercées par le voisinage dans le but d'étouffer l'affaire est insuffisant à établir son innocence ;

Qu'est également insuffisant à rapporter cette preuve le seul fait que le prévenu vivait avec une de ses épouses du moment que celle-ci peut s'absenter à tout instant de la maison, maison dont la configuration et la proximité avec le Daara rendent possible la commission des faits ;

Qu'il échet, au vu de tout ce qui précède de déclarer D. D. coupable du délit de viol qui lui est reproché ;

Considérant qu'il est également produit au dossier un extrait de naissance en date du 08 Août 2001 duquel il résulte que la demoiselle N. F. F. est née le 22 Juillet 2001 ;

Qu'il est ainsi établi qu'elle était âgée de moins de 13 ans au moment des faits ;

Que c'est donc à bon droit que le juge a retenu la circonstance aggravante de la minorité prévue par l'article 320, alinéa 5 ;

Qu'il échet en conséquence de confirmer le jugement sur ce point ;

Considérant qu'est constitutif du délit de pédophilie aux termes de l'article 320 bis susvisé, tout geste, attouchement, caresse, manipulation pornographique, utilisation d'images ou de sons par un procédé technique quelconque à des fins sexuelles sur un enfant de moins de seize ans de l'un ou l'autre sexe ;

Considérant que les faits susvisés emportent également cette qualification en ce que l'acte de pénétration commis par le prévenu est « un geste à des fins sexuels » tel que prévu par le texte précité ;

Qu'en l'espèce, il y a donc un concours idéal d'infractions, à savoir un même fait susceptible de plusieurs qualifications pénales ;

Considérant qu'en cas de concours idéal d'infractions la qualification la plus haute est seule retenue ;

Considérant que le viol commis sur un enfant âgé de moins de 13 ans est la qualification la plus haute que celle de pédophilie puisque le maximum de la peine de 10 ans doit être prononcé ;

Qu'il échet dés lors de retenir la seule qualification de viol ;

Qu'il échet en conséquence d'infirmer le jugement entrepris sur ce point et statuant à nouveau, de déclarer D. D. coupable de viol commis sur un mineure âgée de moins de 13 ans, et de le condamner à 10 ans d'emprisonnement ferme.

Sur l'action civile

Considérant que le jugement querellé a réservé les intérêts de la partie civile qui n'avait pas comparu à l'audience ;

Qu'il échet de confirmer le jugement également sur ce point.

PAR CES MOTIFS

Statuant publiquement, contradictoirement à l'égard des parties, en matière correctionnelle et en dernier ressort ;

EN LA FORME

Déclare recevable les appels enregistrés ;

AU FOND

Infirme partiellement le jugement entrepris et statuant à nouveau :

Déclare D. D. coupable de viol sur une mineure âgée de moins de 13 ans ;

Le condamne à 10 ans d'emprisonnement fermes ;

Confirme le jugement pour le surplus ;

Le condamne en outre aux dépens le tout en application des articles 320 alinéa 05, 320 bis du Code pénal et 503 du Code de procédure pénale.

• Concours de qualifications : règle de l'unité de qualification

87. CA Dakar ch. corr. n° 1071 du 17 juillet 2015, *MP et ONG HUNGER PROJET c/ Fadiop Gueye SALL, inédit*

Un même fait ne peut être qualifié à la fois d'escroquerie et d'abus de confiance; que s'il y a un cumul idéal, le premier juge ne devait retenir qu'une seule qualification et prononcer une seule peine.

LA COUR,

Considérant que suivant actes du 13 juin 2014, F. G. S. a interjeté appel principal, et le Ministère public, à titre incident contre le jugement réputé contradictoire n°477/2014, rendu le 22 mai 2014, par le Tribunal de grande instance hors classe de Dakar ;

Que le dispositif dudit jugement est conçu ainsi qu'il suit ;

« Statuant publiquement, par défaut réputé contradictoire contre F. G. S., contradictoirement contre Hunger Project, en matière correctionnelle et en dernier ressort;

Au fond

Déclare F. G. S. coupable du délit d'escroquerie et d'abus de confiance en application des articles 379 et 383 du Code pénal ;

La condamne à six (06) mois d'emprisonnement, assorti du sursis, en application de l'article 704 et suivants du Code de procédure pénale ;

Reçoit la constitution de partie civile de Hunger Project ;

Déclare l'appel en cause de la CNCAS irrecevable ;

Condamne F. G. S. à payer à l'ONG HUNGER PROJECT, la somme de 80.577.956 francs, pour toutes causes de préjudice confondues ;

Ordonne l'exécution provisoire ;

Condamne la prévenue aux dépens » ;

EN LA FORME

Considérant que les appels sont conformes à la loi ; qu'il échet de les recevoir ;

Considérant que citée à comparaître, la prévenue a comparu ; qu'il échet de statuer contradictoirement à son égard, et par défaut, contre la partie civile, citée à domicile, non comparant, ni représentée ;

AU FOND

Considérant qu'il résulte des pièces du dossier, que Madame F. G. S. avait été renvoyée devant le tribunal correctionnel, sous les préventions de s'être à Dakar, courant 1990-2001, en tout cas, avant la prescription de l'action publique ;

-Usant de manœuvres frauduleuses, s'est fait remettre des sommes d'argent au préjudice de l'ONG Hunger Project, escroquant, tout ou partie de la fortune de celle-ci ;

-D'avoir dans les mêmes circonstances de temps et de lieu, reçu de ladite ONG, à titre de mandat, des fonds d'un montant de soixante millions cinq cent soixante-dix-sept mille neuf cent cinquante-six (60.577.956) francs, et omis après simple mise en demeure, d'exécuter son engagement de les rendre ou représenter, ou d'en faire un usage ou un emploi déterminé ;

Considérant que devant le premier juge, la prévenue a été déclarée coupable, et d'escroquerie et d'abus de confiance, et condamnée par la décision déférée à la censure de la Cour de céans;

Considérant que devant la Cour de céans, la prévenue a plaidé par l'organe de son conseil, Me Ibrahima MBENGUE, la relaxe aux motifs que d'une part, le rapport sur la base duquel elle a été jugée et condamnée, n'est pas contradictoire parce que l'expert ne l'a pas entendu d'une part et elle a conclu d'autre part, que la comptabilité n'était pas tenue; que par ailleurs, les mêmes faits ont été qualifiés par le premier, d'escroquerie et d'abus de confiance; que l'ONG Hunger Project n'ignorait pas que la double signature a été supprimée et le montant initial du financement reçu n'est pas connu ; qu'il n'y a pas de manœuvres de sa part pour pouvoir asseoir le délit d'escroquerie, étant donné, qu'elle n'était pas la comptable de l'ONG et l'argent remis était destiné au financement des projets de femmes du monde rural ; que si, manquant, il y a, il ne peut être qualifié de détournement ;

Considérant que le représentant du Ministère public a requis la confirmation du jugement ;qu'il a estimé d'abord, sur la prescription, qu'elle n'est pas acquise dans la mesure où la plainte a été déposée en 1999 et les poursuites ont débuté en 2002 ;que le rapport d'audit a décelé des manquants et la prévenue a reconnu cela ;qu'elle a supprimé la double signature à l'insu de la cellule mère, basée à New York par conséquent, le délit d'escroquerie est établi ; que même si, le rapport ne peut emporter la conviction de la Cour, la prévenue a reconnu les faits ;qu'il y a lieu de confirmer le jugement querellé en toutes ses dispositions ;

Considérant que pour déclarer Madame F. G. S. coupable du chef d'escroquerie, le premier juge a considéré que la prévenue a supprimé la formalité de la double signature et a profité de l'analphabétisme de Y. D. pour la faire signer un document, qui ne lui pas été traduit par la suite, et a biffé le nom de celle-ci ; que le délit d'escroquerie est établi par ces manœuvres ;

Que s'agissant du délit d'abus de confiance, le premier juge a estimé que les fonds ont été remis dans le cadre d'un mandat et pour un programme de financement qui est piloté par Hunger Project et après mise en demeure, la prévenue n'a pas respecté ses engagements ;que le délit d'abus de confiance est établi ;

Considérant que pour les mêmes faits reprochés à la prévenue, le premier juge a retenu, et l'escroquerie, et l'abus de confiance et l'a déclarée coupable de ces deux délits ;

Considérant que ce raisonnement est inadmissible et est contraire au principe de la spécialité des infractions parce qu'un même fait ne peut être qualifié à la fois d'escroquerie et d'abus de confiance ; que s'il y a un cumul idéal, le premier juge ne devait retenir qu'une seule qualification et prononcer une seule peine ;

Considérant cela étant précisé, le reproche fait à la prévenue sous le chapitre de l'infraction d'escroquerie tient uniquement au fait que selon le premier juge, la prévenue a supprimé le principe de la double signature en se passant du concours de Y. D. ;

Considérant que même si la double signature a été supprimée, cela ne saurait suffire à caractériser l'infraction d'escroquerie parce que celle-ci requière que soient établies contre la prévenue des manœuvres frauduleuses ou l'usage d'une fausse qualité au préalable, et ayant pour conséquence, la remise de fonds ou de biens par la victime ;

Considérant cependant, que la prévenue ne s'est pas fait remettre des fonds ou des biens par Hunger Project par l'effet de manœuvres frauduleuses ou de fausse qualité de sa part;

Qu'il est constant en outre que la prévenue était coordonnatrice du programme de financement des femmes ;

Que dans son audition par le magistrat instructeur, la nommée Y. D. n'a pas clairement déclaré, contrairement au premier juge, que la prévenue a abusé de son analphabétisme pour s'emparer des fonds logés au compte domicilié à la CNCAS ;

Que par conséquent, l'infraction d'escroquerie qui lui est reprochée manque de pertinence ; qu'au moins, une faute de gestion peut lui être reprochée pour avoir contrevenu aux procédures et règles prévues pour la tenue régulière des comptes de la structure en s'abstenant d'établir une comptabilité du programme et en faisant abstraction comme elle l'a reconnu du reste à la double signature décidée par l'assemblée générale des femmes;

Considérant que, pour le délit d'abus de confiance retenu par le premier juge, aucun élément du dossier ne permet de savoir à combien s'élevait le montant du financement remis par Hunger Project à Madame F. G. S. ;que si le premier juge a estimé qu'il s'agissait d'un mandat, il n'a pas démontré les actes de dissipation posés par la prévenue ;qu'il a estimé que la prévenue était dépositaire et mandataire en même temps, ce qui ne ressort pas des éléments du dossier car, les fonds provenant de la tontine étaient déposés à la CNCAS ;qu'il appartenait au premier juge de démontrer que la prévenue a retiré ces fonds et en a fait un usage contraire à sa véritable destination et en l'espèce, tel n'est pas le cas ; que l'infraction d'abus de confiance manque de pertinence également ;

PAR CES MOTIFS

Statuant publiquement, contradictoirement à l'égard de la prévenue et par défaut contre la partie civile, en matière correctionnelle et en dernier ressort ;

Déclare les appels recevables ;

Infirme le jugement entrepris;

Statuant à nouveau :

Relaxe F. G. S. ;

Met les dépens à la charge du Trésor public.

OBSERVATIONS

Il arrive assez fréquemment qu'une seule activité pénale, par suite des particularités de son agencement matériel, tombe sous le coup de plusieurs textes répressifs prévoyant des incriminations et des peines différentes.

Dans le cas du concours de qualification, encore appelé concours idéal d'infractions, un fait unique (ou une activité matérielle unique) est ainsi susceptible de tomber sous le coup de plusieurs incriminations (*Sur cette question, E. LARCHER, « Du concours idéal d'infractions», RCLJ, 1898, p. 44 à 64 et 96 à 112 ; Y. CHALARON, « Le concours idéal d'infractions », JCP, 1067, I, 2088 ; J. SALVAIRE, « Le concours idéal de contraventions », JCP, 1960, I, 1588 ; A. DEKEUWER, « La classification des concours de qualifications », RSC 1974, p. 511*). Ainsi, le concours idéal de qualifications proprement dit se révèle en l'absence de qualifications incompatibles, alternatives ou redondantes.

Ainsi, le viol, lorsqu'il est commis dans un lieu public, met en jeu, d'une part, l'article 320 du CP qui punit de peines criminelles tout acte de pénétration sexuelle commis sur la personne d'autrui par violence, contrainte ou surprise et, d'autre part, l'article 318 du CP sanctionnant de peines correctionnelles l'outrage public à la pudeur. De même, l'escroquerie commise à l'aide d'un faux en écritures publiques ou de commerce répond cumulativement à la définition de l'escroquerie et du faux en écritures.

Dans toutes ces hypothèses, la diversité des éléments légaux applicables à une seule action matérielle pose un problème très délicat. Il s'agit de déterminer dans quelle mesure le juge doit tenir compte de toutes les qualifications applicables.

Existe-t-il, comme le suggère le vieil adage *tot deliera quod leges laesae*, autant d'infractions que de lois violées ? Le délinquant est-il donc exposé à subir autant de peines que son acte comporte de qualifications ? Ou bien, compte tenu de l'unité de l'activité matérielle, une seule infraction lui est-elle imputable ?

La jurisprudence apporte une réponse nuancée à ce problème, puisqu'elle consacre le principe de l'unité de qualification, mais à titre d'exception, elle retient la possibilité d'une pluralité de qualifications.

La situation du concours idéal de qualifications se résout en principe par l'unité de qualification et du non-cumul des peines. Au fait matériel unique correspond donc normalement une seule qualification et, partant, une seule déclaration de culpabilité et le prononcé d'une seule peine.

L'analyse de la jurisprudence pénale sénégalaise montre que les magistrats sont très attachés à la théorie de l'unité de qualification. La Cour d'Appel de Dakar a déjà eu l'occasion de juger que le raisonnement consistant à qualifier les mêmes faits d'escroquerie et d'abus de confiance « *est contraire au principe de la spécialité des infractions parce qu'un même fait ne peut être qualifié à la fois d'escroquerie et d'abus de confiance; que s'il y a un cumul idéal, le premier juge ne devait retenir qu'une seule qualification et prononcer une seule peine* » (*CA Dakar ch. corr. n° 1071 du 17 juillet 2015, MP et ONG Hunger Projet c/ F. G. S., inédit*).

La jurisprudence considère clairement que le principe de solution du concours idéal de qualifications est l'unité de qualification.

Mais les fondements de cette solution sont assez flous. Certaines décisions se fondent sur la règle *non bis in idem (O. DECIMA, L'identité des faits en matière pénale, Thèse, Dalloz, coll. NBT, 2008, vol. n° 74, spéc. n° 46 ; J.-H. ROBERT, « Application ou non-application de la règle non bis in idem entre les sanctions pénales, civiles et administratives », Arch. pol. crim., 1984, n° 7, p. 136 ; M. PUECHAVY, Le principe non bis in idem, Nemesis, coll. Droit et justice, 2012 ; J. LELIEUR-FISCHER, Du principe de l'autorité de la chose jugée au principe d'unicité d'action répressive, Étude à la lumière des droits français, allemand et européen, Thèse Paris I, 2005 ; Ph. CONTE, « Non bis in idem : bref exercice d'exégèse d'où il résulte que le droit n'est pas la physique », Dr. pén. 2020, étude 10)*, en considérant qu'un même fait autrement qualifié ne peut entraîner une double déclaration de culpabilité (*Crim. 25 févr. 1921, S. 1923. 1. 89, note Roux ; crim. 28 janv. 1969, Bull. crim. n° 51; crim. 26 mars 1974, Bull. crim. n° 129 ; crim. 22 nov. 1983, Bull. crim. n° 308 ; V. égal., bien que la solution adoptée ne soit pas exactement la même, CEDH 30 juill. 1998, Oliveira c/ Suisse, § 22, Rec. 1998 ; CEDH 29 mai 2001, Fischer c/ Autriche, § 25 ; CEDH 4 mars 2008, Garetta c/ France, req. n° 2529/04 , § 78).*

La cour régulatrice a estimé que la violation du principe *non bis in idem* ne peut pas être écartée sur le simple constat qu'une personne a été poursuivie ou punie sur la base de deux infractions nominalement distinctes se fondant sur un seul et même comportement ; encore faut-il examiner si les deux infractions ne présentent pas en réalité les mêmes éléments essentiels.

La CEDH a considéré que l'article 4 du Protocole n° 7 « *doit être compris comme interdisant de poursuivre ou de juger une personne pour une seconde infraction pour autant que celle-ci a pour origine des faits identiques ou des faits qui sont en substance les mêmes* », alors même qu'ils relèveraient de qualifications juridiques distinctes, dès lors que la première condamnation est passée en force de chose jugée (*CEDH, gr. ch., 26 mars 2008, Sergueï Zolotoukhine c/ Russie, req. n° 14939/03, JCP 2009. I. 143, obs. Sudre ; D. 2009. 2014, note Pradel; D. 2009. 2014, obs. Darsonville*).

D'autres décisions, plus laconiquement, se contentent d'affirmer qu'une seule action ne peut faire l'objet de qualifications distinctes et de peines séparées (*Crim. 16 mai 1984, Bull. crim. n° 181; crim. 5 févr. 1986, Bull. crim. n° 47; crim. 4 févr. 1998, n° 97-82.417, Bull. crim. n° 46 ou qu'une faute pénale unique ne peut être sanctionnée que par une seule peine ; crim. 8 mars 2005, n° 04-*

83.341, Bull. crim. n° 78 ; V. aussi crim. 11 mai 2004, n° 03-85.925, Bull. crim. n° 115).

Si le principe est donc l'unité de qualification, encore faut-il pouvoir déterminer laquelle des qualifications en concours doit être retenue. Le choix du juge pénal doit se porter vers la qualification la plus grave (*D. CRUT, La relativité du principe de la plus haute expression pénale : la vie judiciaire, 1967, p. 1 et 6*). C'est tout le sens de la règle dite de la plus haute qualification pénale qui est ancienne et bien assise dans la jurisprudence criminelle (*P. CAZALBOU, « Retour critique sur le principe d'unicité de qualification des faits en droit pénal », RSC 2018, p. 387*).

Cette dernière règle est énoncée de façon générale par la chambre criminelle de la Cour de Cassation française, qui énonce avec constance que « *le fait objet de la poursuite peut et doit même être envisagé sous la plus haute acception pénale dont il est susceptible* » (*Cass. crim., 26 juin 1930, Bull. crim. n° 190; cass. crim., 19 févr. 1941, Bull. crim. n° 18 ; JCP G 1941, 1662; cass. crim., 4 févr. 1943, Bull. crim. n° 8; cass. crim., 17 juin 1948, Bull. crim. n° 163; cass. crim., 13 janv. 1953, Bull. crim. n° 12 ; RSC 1953, p. 655, obs. A. Légal; cass. crim., 29 nov. 1956, JCP G 1957, 9727, note P. Chambon ; Bull. crim. n° 588; cass. crim., 12 juin 1958, Bull. crim. n° 457; cass. crim., 10 févr. 1965, Gaz. pal. Rec. 1965, 1, p. 413 ; RSC 1965, p. 871, obs. A. Légal; cass. crim., 9 mars 1966, D. 1966, somm. p. 115; cass. crim., 3 janv. 1970, Bull. crim. n° 4; cass. crim., 16 févr. 1971, Bull. crim. n° 53 ; JCP G 1971, 16386; cass. crim., 26 mars 1974, Gaz. pal. Rec. 1974, 2, som., p. 250 ; cass. crim., 21 avr. 1976, Bull. crim. n° 122; cass. crim., 20 nov. 1978, Bull. crim. n° 323; cass. crim., 15 déc. 1993, Bull. crim. n° 389; crim. 15 déc. 1993, n° 93-84.515, Bull. crim. n° 389; crim. 16 mai 2006, n° 05-86.860, inédit, Dr. pén. 2006, comm. 121, obs. Robert : s'agissant du concours entre la qualification de destruction d'un animal non domestique appartenant à une espèce protégée et de chasse en temps et par des moyens prohibés, la chambre criminelle estime que «les faits procèdent d'une action indivisible qui, en raison de la similitude des valeurs sociales protégées, ne peut pas entraîner plusieurs déclarations de culpabilité, et doit être exclusivement réprimée sous sa plus haute expression pénale »).* Ainsi, la situation pénale, dépouillée de ses complications textuelles, se trouve donc ramenée à l'hypothèse classique de l'infraction unique régie par une seule qualification.

De l'obligation faite au juge répressif de ne retenir que la qualification la plus élevée découle la possibilité de ne prononcer qu'une seule déclaration de culpabilité, la Cour de Cassation jugeant en ce sens « *qu'un même fait autrement qualifié ne peut donner lieu à une double déclaration de culpabilité* » (*Cass. crim., 19 avr. 1967, Bull. crim. 1967, n° 126; cass. crim., 26 mai 1976, Bull. crim. 1976, n° 181; Cass. crim., 4 févr. 1998, Bull. crim. 1998, n° 46*).

Dans plusieurs décisions, la jurisprudence sénégalaise a eu l'occasion de mettre en œuvre la règle de la plus haute expression pénale. Dans une espèce, une personne avait entraîné une mineure, âgée de moins de 13 ans, dans sa chambre et avant d'abuser d'elle.

La Cour d'Appel de Dakar a jugé qu'en ce qui concerne la qualification des faits, « *il y a lieu de relever le cumul idéal entre les délits de viol sur mineure âgée de moins de 13 ans et de pédophilie, les gestes et attouchements à des fins sexuelles qui caractérisent la pédophilie ayant été nécessaires à la réalisation du délit de viol* ». La Cour a estimé que « *le même fait ne pouvant faire l'objet de deux qualifications et de deux sanctions, il y a lieu de retenir seul le viol sur mineur de moins de treize ans qui traduit la plus haute expression pénale des faits commis* » (*CA Dakar n° 286 du 03 mars 2015, MP c/ O. B. et J. T. B. alias Lelou, inédit*).

Dans une autre espèce, un jeune homme avait conduit une jeune fille âgée de moins de seize ans dans un lieu fermé avant de lui faire des attouchements. La Cour d'Appel de Dakar a considéré que ces faits sont constitutifs à la fois des délits d'attentat à la pudeur avec violences et de pédophilie. Dès lors, « *sur le fondement de l'application de la règle de la plus haute expression pénale* », elle a déclaré le prévenu coupable du délit d'attentat à la pudeur avec violence (*CA Dakar n° 589 du 04 juin 2012, MP et K. MB. es qualité de sa fille Nd. Nd. ND. c/ Mb. B., inédit*).

Dans un arrêt rendu le 05 août 2014, la Cour d'Appel de Dakar a jugé que face au concours entre les infractions de viol et de pédophilie, cette dernière devrait l'emporter. Selon la cour « *est constitutif du délit de pédophilie aux termes de l'article 320 bis susvisé, tout geste, attouchement, caresse, manipulation pornographique, utilisation d'images ou de sons par un procédé technique quelconque à des fins sexuels sur un enfant de moins de seize ans de l'un ou l'autre sexe ; Considérant qu'il est produit au dossier un extrait de naissance d'où il résulte que la demoiselle Y. K. est née le 10 juillet 1997 ; Qu'elle était donc âgée de moins de 16 ans au moment des faits ; Considérant que ces faits emportent également cette qualification en ce que l'acte de pénétration commis par le prévenu est un geste à des fins sexuelles*» (*CA Dakar, ch. corr. n° 1002 du 05 août 2014, MP et RF es qualité de Y. K. c/A. K. S., inédit)*.

Selon le juge d'appel, c'est à bon droit que les premiers juges ont déclaré également le prévenu coupable de viol au motif « *qu'il y a en l'espèce un concours idéal d'infractions, c'est-à-dire un même fait susceptible de plusieurs qualifications pénales ; Considérant qu'en cas de concours idéal d'infractions la qualification la plus haute est seule retenue* ».

Dans une autre affaire, avant de conclure un contrat de vente avec la partie civile portant sur un terrain du domaine national, le prévenu l'avait conduit sur le site et a même procédé à la délimitation du terrain. Il a été jugé que ces faits s'analysent à la fois en conclusion d'une convention sur un terrain du domaine national ainsi qu'en manœuvres frauduleuses et en usage de fausse qualité, lesquels ont déterminé la partie civile à remettre les fonds.

La Cour d'Appel de Dakar a estimé que « *le prévenu, par ses agissements, a commis deux infractions ; ainsi on est en présence d'un cumul idéal d'infractions ; qu'il convient dans cette situation de retenir l'infraction dont la sanction est plus sévère en l'occurrence l'escroquerie* » (*CA Dakar, ch. corr. n° 1430 du 09 décembre 2015, MP et M. D. c/ M. Mb., inédit ; dans le même sens, CA Dakar, ch. corr. n° 1451 du 15 décembre 2015, MP et A. F. es qualité N. H. ND. c/ M. T. S., inédit*).

Le choix de la qualification correspondant à l'expression pénale la plus élevée est logique et le Conseil constitutionnel français a considéré qu'« *en vertu de l'article 8 de la Déclaration de 1789, la loi ne doit établir que des peines strictement et évidemment nécessaires [et] que le principe de proportionnalité qui en découle implique que, lorsque plusieurs dispositions pénales sont susceptibles de fonder la condamnation d'un seul et même fait, les sanctions subies ne peuvent excéder le maximum légal le plus élevé* » (*Cons. const. 12 janv. 2002, n° 2001-455 DC, JO 18 janv. 2002 ; RSC 2002 , p. 674, obs. Bück)*.

Il est généralement aisé de déterminer quelle qualification traduit « *la plus haute expression pénale* » et, à cet égard, on aura recours aux mêmes méthodes que lorsqu'on détermine le caractère plus doux ou plus sévère d'une loi pour l'appliquer dans le temps. Il s'agira alors de négliger les qualifications les moins graves pour n'imputer au délinquant que la qualification majeure.

Mais lorsque les deux qualifications en concours idéal ont une sévérité identique, la jurisprudence fait alors primer « *l'infraction-fin* » sur « *l'infraction-moyen* » (*J. PRADEL, op. cit., n° 306, p. 270*). Autrement dit, l'infraction qui est celle recherchée par l'auteur prime sur celle qui est le moyen de perpétration de la première (*En ce sens, crim. 3 mars 1966, Bull. crim. n° 79*).

En vertu du non-cumul des peines, le juge répressif ne peut prononcer que la peine afférente à la qualification qui a fait l'objet de la déclaration de culpabilité. La règle est énoncée par la chambre criminelle de la Cour de Cassation : « *une faute pénale unique ne peut être sanctionnée que par une seule peine* » (*Cass. crim., 28 janv. 1969, Bull. crim. 1969, n° 51; cass. crim., 16 mai 1984, Bull. crim. 1984, n° 182; cass. crim., 22 févr. 1995, Bull. crim. 1995, n° 80; cass. crim., 22 févr. 1995, Bull. crim. 1995, n° 81; cass. crim., 21 sept. 1999, Bull. crim. 1999, n° 191*). À ce titre, encourent la censure les juges du fond qui retiennent le même fait sous plusieurs qualifications pénales issues du Code des Douanes et prononcent plusieurs confiscations pour un même objet de fraude (*Cass. crim., 30 oct. 1997, Bull. crim. 1997, n° 364*).

D. LE CONTRÔLE DE LA VALIDITE DE LA LOI PÉNALE

1. Le contrôle de la constitutionnalité de la loi pénale

- **Exception d'inconstitutionnalité- compétence exclusive du Conseil constitutionnel**

88. CA Dakar, ch. crim. n° 524 du 19 mars 2007, *MP c/ Boubacar NDIAYE, inédit*

La mission de vérifier la conformité ou non d'une loi à la Constitution relève de la compétence d'une autre juridiction ; il échet par conséquence de rejeter l'exception d'inconstitutionnalité soulevée pour être mal fondée.

LA COUR,

En la forme

Considérant que par actes en date du 14 juin 2006 au Greffe du Tribunal de grande instance hors classe de Dakar B. N., poursuivi pour organisation de migration clandestine et Monsieur le Procureur de la République près ledit tribunal ont déclaré interjeter appel contre le jugement rendu le 24 Mai 2006 par le tribunal correctionnel de céans qui l'a condamné à deux (02) ans d'emprisonnement dont un (01) an ferme ledit jugement ayant ordonné confiscation de la pirogue ;

Considérant que les appels du prévenu et du Ministère public introduits dans les forme et délai légaux, doivent être déclarés recevables,

Sur l'exception d'inconstitutionnalité soulevée par Maître Mbaye Jacques NDIAYE conseil du prévenu B. N. ;

Considérant que Maître Mbaye Jacques NDIAYE, conseil de B. N. a soulevé in limine litis l'exception d'inconstitutionnalité de la loi n° 2005 -06 du 10 Mai 2005 relative à la lutte contre la traite des personnes et pratiques assimilées et à la protection des victimes ;

Considérant que la mission de vérifier la conformité ou non d'une loi à la constitution relève de la compétence d'une autre juridiction ; qu'il échet par conséquence de rejeter l'exception d'inconstitutionnalité soulevée par Me Mbaye Jacques NDIAYE parce que mal fondée ;

(...)

PAR CES MOTIFS

Statuant publiquement, contradictoirement, en matière correctionnelle et en dernier ressort ;

En la forme

Déclare recevables les appels du prévenu et du Ministère public ;

Rejette l'exception d'inconstitutionnalité soulevée par Me Mbaye Jacques NDIAYE ;

Au fond

Infirmant le jugement déféré et statuant à nouveau :

Relaxe B. N. des fins de la poursuite sans peine ni dépens ;

Ordonne la restitution de la pirogue à son légitime propriétaire O. dit M. N. ;

Met les dépens à la charge du Trésor public.

- **Exception d'inconstitutionnalité : obligation de sursis à statuer de la Cour de Cassation et de saisine du Conseil constitutionnel**

89. C. cass. ch. pén. n° 12 du 18 avril 1995, *MP c/ Demba MBAYE, inédit*

L'article 67 de la loi organique sur la Cour de Cassation dispose que lorsque la solution d'un litige porté devant la Cour de Cassation est subordonnée à l'appréciation de la conformité des dispositions d'une loi ou des stipulations d'un accord international à la Constitution, la Cour de Cassation saisit obligatoirement le Conseil constitutionnel de l'exception d'inconstitutionnalité ainsi soulevée et sursoit à statuer jusqu'à ce que le Conseil constitutionnel se soit prononcé. Ce texte ne met à la charge de la Cour de Cassation que la seule obligation de saisir le Conseil constitutionnel de l'exception d'inconstitutionnalité des dispositions d'une loi ou des stipulations d'un accord international soulevée par une partie à l'occasion d'un litige porté devant elle et dont la solution dépend de l'appréciation de cette exception et de surseoir à statuer jusqu'à ce que le Conseil constitutionnel se soit prononcé sur cette exception.

LA COUR,

ATTENDU qu'au soutien d'un pourvoi qu'il a formé contre l'arrêt n° 7 du 20 Janvier 1994 rendu par la chambre d'accusation, D. M. soulève l'exception d'inconstitutionnalité de l'article 140 du Code de procédure pénale en ce que la Chambre d'Accusation pour confirmer l'ordonnance du juge d'instruction rejetant s. demande de mise en liberté provisoire, s'est fondée sur ledit article alors qu'il est contraire, d'une part, au Préambule de la Constitution lequel se réfère à la Déclaration des Droits de l'homme et du Citoyen de 1789 et à la Déclaration Universelle de 1948 et proclame le respect et la garantie intangible des droits et libertés de la personne humaine et, d'autre part, à l'article 6-4° de la Constitution qui dispose que: " La liberté de la personne est inviolable ... la défense est un droit absolu dans tous les états et à tous les degrés de la procédure" et qu'il institue ainsi une présomption de culpabilité et porte atteinte aux droits de la défense ;

ATTENDU que l'article 67 de la loi organique sur la Cour de Cassation dispose que: " Lorsque la solution d'un litige porté devant la Cour de Cassation est subordonnée à l'appréciation de la conformité des dispositions d'une loi ou des stipulations d'un accord international à la Constitution, la Cour de Cassation saisit obligatoirement le Conseil constitutionnel de l'exception d'inconstitutionnalité ainsi soulevée et sursoit à statuer jusqu'à ce que le Conseil constitutionnel se soit prononcé ;

ATTENDU que par arrêt n° 2 du 17 janvier 1995, la Cour de Cassation a saisi le Conseil constitutionnel de l'exception ainsi soulevée ;

QUE par décision n° 16/95 du 13 février 1995, le Conseil constitutionnel a jugé "que la Cour de Cassation doit se prononcer avant toute saisine du Conseil constitutionnel sur sa compétence et sur la recevabilité du pourvoi ou la déchéance, tout examen de « la solution du litige, leur étant subordonné; qu'un pourvoi, non purgé de toutes fins de non-recevoir ou simplement fantaisiste, ne saurait servir de prétexte pour saisir le Conseil constitutionnel d'une exception d'inconstitutionnalité qui, si elle devait être reçue et examinée par le Conseil, constituerait un véritable détournement de procédure ».

ATTENDU que cette injonction du Conseil constitutionnel à la Cour de Cassation ne résulte pas des termes de l'article 67 précitée ;

QU'en effet ce texte ne met à la charge de la Cour de Cassation que la seule obligation de saisir le Conseil constitutionnel de l'exception d'inconstitutionnalité des dispositions d'une loi ou des stipulations d'un accord international soulevée par une partie à l'occasion d'un litige porté devant elle et dont la solution dépend de l'appréciation de cette exception et de surseoir à statuer jusqu'à ce que le Conseil constitutionnel se soit prononcé sur cette exception, ce qu'elle a fait ;

ATTENDU qu'en dépit de ce qui précède la Cour de Cassation, dans l'arrêt du 17 Janvier 1995, a pris soin de préciser que le pourvoi formé par D. M. est régulier, qu’elle n'a pu affirmer la régularité dudit pourvoi qu'après avoir vérifié sa compétence et constaté que le pourvoi a satisfait à toutes les conditions exigées par la loi pour être déclaré recevable;

ATTENDU que la solution du litige soumis à la Cour est subordonnée à l'appréciation par le Conseil constitutionnel et la conformité à la constitution de l'article 140 du Code de procédure

susvisé ;

QU'il y a lieu en conséquence de saisir le Conseil constitutionnel de l'exception d'inconstitutionnalité ainsi soulevée et de surseoir à statuer sur le pourvoi dirigé contre l'arrêt N° 7 du 20 janvier 1994 rendu par la chambre d'accusation ;

PAR CES MOTIFS

DECIDE de saisir le Conseil constitutionnel de l'exception d'inconstitutionnalité de l'article 140 du Code de procédure pénale ;

DECIDE de surseoir à statuer sur ledit pourvoi jusqu'à ce que le Conseil constitutionnel se soit prononcé ;

DIT que le présent arrêt sera imprimé ; qu'il sera transcrit sur les registres de la cour d'appel en marge ou à la suite de la décision attaquée ;

ORDONNE l'exécution du présent arrêt à la diligence du Procureur général près la Cour de Cassation.

- **Exception d'inconstitutionnalité : obligation de sursis à statuer de la Cour de Cassation et de saisine du Conseil constitutionnel**

90. C. cass.. ch. pén. n° 02 du 17 janvier 1995, ***Demba MBAYE c/ Caisse de Péréquation et MP, in Recueil des arrêts de la Cour de Cassation. Années judiciaires : 1993-1998,*** **Paris, édition Giraf, 2001, p. 90**

La solution du litige est subordonnée à l'appréciation par le Conseil constitutionnel de la conformité à la Constitution de l'article 140 du Code de procédure pénale; il y a lieu en conséquence de saisir le Conseil constitutionnel de l'exception d'inconstitutionnalité et de surseoir à statuer sur le pourvoi dirigé contre l'arrêt rendu par la cour d'appel.

LA COUR,

ATTENDU qu'au soutien d'un pourvoi régulier qu'il a formé contre l'arrêt n° 7 du 20 Janvier 1994 rendu par la chambre d'accusation, D. M., inculpé de détournement de deniers publics, soulève l'exception d' inconstitutionnalité de l'article 140 du Code de procédure pénale porté par la loi n° 77-22 du 22 février 1977; en ce que la chambre d'accusation qui a confirmé l'ordonnance du juge d'instruction rejetant sa demande de mise en liberté provisoire, s'est fondée sur ledit article alors qu'il est contraire d'une part, au Préambule de la Constitution lequel se réfère à la Déclaration des droits de l'homme et du citoyen de 1789 et à la Déclaration universelle de 1948 et proclame le respect et la garantie intangibles des droits et des libertés de la personne humaine et d'autre part, à l'article 6 alinéa 4 de la Constitution qui dispose que : Il la liberté de la personne est inviolable... La défense est un droit absolu dans tous les états et à tous les degrés de la procédure Il et institue ainsi une présomption de culpabilité et porte atteinte aux droits de la défense ;

ATTENDU que l'article 67 de la loi organique sur la Cour de Cassation dispose que

Il lorsque la solution d'un litige porté devant la Cour de Cassation est subordonnée à l'appréciation de la conformité des dispositions d'une loi ou des stipulations d'un accord international à la Constitution, la Cour saisit obligatoirement le Conseil constitutionnel de l'exception d'inconstitutionnalité ainsi soulevée et sursoit à statuer jusqu'à ce que le Conseil constitutionnel se soit prononcé.

ATTENDU en l'espèce que la solution du litige est subordonnée à l'appréciation par le Conseil constitutionnel de la conformité à la constitution de l'article 140 du Code de procédure susvisé; qu'il y a lieu en conséquence de saisir le Conseil constitutionnel de l'exception d'inconstitutionnalité et de surseoir à statuer sur le pourvoi dirigé contre l'arrêt n° 7 du 20 janvier 1994 rendu par la cour d'appel,

PAR MOTIFS

DECIDE de saisir le Conseil constitutionnel de l'exception d'inconstitutionnalité de l'article 140 du Code de procédure pénale ;

DECIDE de surseoir à statuer sur le pourvoi formé contre l'arrêt n° 7 du 20 janvier 1994 rendu par la Cour d'appel.

DIT que le présent arrêt sera imprimé, qu'il sera transcrit sur les registres de la cour d'appel en marge ou à la suite de la décision attaquée ;

ORDONNE l'exécution du présent arrêt à la diligence du Procureur général près la Cour de Cassation.

- **Exception d'inconstitutionnalité -rejet- déclaration de conformité de la loi à la Constitution par le Conseil constitutionnel**

91. C. cass. ch. pén. n° 5 du 07 mai 1996, *MP c/ Demba MBAYE, inédit*

L'exception doit être écartée dès lors que la loi pénale objet de l'exception d'inconstitutionnalité a été déclaré conforme à la Constitution par le Conseil constitutionnel

LA COUR,

SUR le deuxième moyen, pris de la violation de l'article 6, alinéa 4 de la Constitution et de son préambule qui se réfère à la Déclaration des droits de l 'Homme et du citoyen de 1789 et à la déclaration universelle de 1848, en ce que l'arrêt attaqué pour confirmer l'ordonnance de refus de mise en liberté provisoire de D. MB., inculpé de détournement de deniers public, a fait application de l'article 140 du Code de procédure pénale dont les dispositions portent atteinte aux droits de la défense et au principe de la présomption d'innocence et est, de ce fait, anticonstitutionnel, alors que les textes visés garantissent le respect des droits et libertés de la personne humaine ;

Attendu qu'eu égard aux dispositions de l'article 67 de la loi organique n° 92.25 du 30 Mai 1992, la Cour de Cassation a saisi le Conseil constitutionnel de l'exception d'inconstitutionnalité soulevée par le demandeur ;

QUE par décision n° 18/95 du 19 juin 1995, le Conseil constitutionnel a déclaré l'article 140 du Code de procédure pénale conforme à la Constitution ;

D'où il suit que le moyen doit être écarté ;

SUR le premier et troisième moyen réunis, pris de la violation de l'article 7 de la Charte Africaine des Droits de l'Homme et des Déclarations de 1789 et 1848, en ce quc l'arrêt attaqué a confirmé l'ordonnance de refus de mise en liberté provisoire du demandeur, alors que celui-ci a été l'unique arrêté dans la procédure, qu'il a été détenu durant deux années sans être interrogé ni mis en liberté ni renvoyé devant un tribunal pour être jugé alors que les textes visées proclament le principe de la présomption d'innocence et de l'égalité des citoyens devant la loi ;

Mais attendu, d'une part et comme l'affirme le Conseil constitutionnel dans sa décision, que le magistrat instructeur n'est obligé de délivrer mandat de dépôt contre l'inculpé de détournement de deniers publics que si l'accusation apporte la preuve du montant du manquant qui doit être initialement égal ou supérieur à 250 000 francs que celui-ci peut, en toute hypothèse, contester ce montant en produisant toutefois des preuves sérieuses que l'existence ou l'inexistence d'une contestation sérieuse n'a pas pour effet d'établir l'innocence ou la culpabilité de l'inculpé mais d'obliger ou non le juge d'instruction à délivrer mandat de dépôt et que, bien que s'agissant de libertés fondamentales, le législateur peut apporter des restrictions à leur exercice en invoquant d'autres principes de valeur constitutionnelle tels que la préservation de l'ordre public ou la sauvegarde de l'intérêt général ;

Attendu d'autre part que, s'il est assurément regrettable, comme le souligne d'ailleurs la chambre d'accusation dans l'arrêt attaqué et dans d'autres qui l'ont précédé, que le magistrat instructeur soit resté aussi longtemps sans interroger l'inculpé qu'il a placé sous mandat de dépôt et sans procéder aux actes d'information que la chambre d'accusation lui a cependant indiqués pour faire progresser l'enquête et aboutir à la manifestation de la vérité, il n'en demeure pas moins qu'il n'est pas tenu, légalement, de respecter n1 des délais ni l'ordre dans lesquels ces actes doivent intervenir, sa conscience étant son seul juge ;

D'où il suit que les moyens doivent être écartés ;

Sur le quatrième moyen, pris d'un défaut de motifs, en ce que l'arrêt attaqué a confirmé l'ordonnance de refus de mise en liberté provisoire de l'inculpé en se fondant sur un prétendu aveu de reconnaissance des faits par celui-ci alors que cet aveu a résulté d'une erreur de dactylographie dans la demande de mise en liberté provisoire présentée par l'avocat

Mais attendu que la chambre d'accusation a justifié sa décision; qu'en effet, abstraction faite du motif critiqué qui est surabondant, l'arrêt attaqué a retenu qu' "aucun cautionnement n'a été effectué; que c'est à bon droit que le magistrat instructeur pour rejeter la requête, a estimé que l'inculpé n'a pas satisfait aux conditions prévues à l'article 140 du Code de procédure pénale" où il suit que le moyen ne saurait être accueilli ;

- **Exception d'inconstitutionnalité-exception soulevée devant la chambre d'accusation de la cour d'appel**

92. CA Dakar, ch. acc. n° 168 du 16 mai 2017, *Khalifa Abacacar SALL c/ MP, inédit*

La chambre d'accusation, bien que disposant d'une compétence spécifique, n'en est pas moins une formation de la cour d'appel ; ainsi, l'exception d'inconstitutionnalité peut bien être soulevée devant elle à l'occasion des litiges relevant de sa compétence.

LA COUR

(…)

EN LA FORME

Considérant que la requête a été introduite dans les forme et délai légaux ;

Qu'il échet de la déclarer recevable

AU FOND

Considérant que les conseils de K. A. S. ont fait valoir, dans leur requête aux fins d'annulation, que les poursuites ont été initiées contre leur client sur la base des rapports n°11 et 12/2016 de l'Inspection Générale d'État sur la Ville de Dakar transmis aux enquêteurs par le Procureur de la République ;

Or, selon eux, la saisine de l'Inspection générale d'État, faite sur le fondement de l'article 6 alinéa 3 de la loi n° 2005-23 du 11 août 2005 portant statut des Inspecteurs généraux d'État est irrégulière car cette disposition légale, qui prévoit la possibilité pour les Inspecteurs généraux d'État de contrôler la gestion des collectivités locales, viole l'article 102 de la Constitution du Sénégal qui prévoit le principe de la libre administration des collectivités locales ; Qu'ils font observer qu'en vertu d'un tel principe, le Président de la République ne peut ordonner une mission de vérification sur les comptes d'une collectivité locale, le contrôle desdits comptes étant dévolu à la Cour des comptes ;

Que le rapport de l'Inspection générale d'État fait sur la gestion de la Ville de Dakar est dès lors nul, d'après eux ;

Qu'ils sollicitent en conséquence, en vertu de l'article 92 de la loi constitutionnelle n°2016-10 du 05 avril 2016 portant révision de la Constitution, le renvoi de l'exception d'inconstitutionnalité ci-dessus soulevée devant le Conseil constitutionnel et qu'il soit sursis à statuer jusqu'à ce que ladite juridiction statue sur l'exception ;

Qu'ils ont fait remarquer, par ailleurs, que le procès-verbal d'enquête préliminaire n°146/DIC du 07/02/2017 a été établi en violation des dispositions de l'article 5 du Règlement n°05/CM/UEMOA relatif à l'harmonisation des règles régissant la profession d'avocat dans l'espace UEMOA, mais aussi des articles 55 alinéas 10 à 13 nouveau, 129 et 130 du Code de Procédure pénale ; Que ces dispositions, prévoient le droit pour toute personne d'être assistée par un avocat dès son interpellation ;

Or, selon eux, K. A. S. a été interrogé le 27 janvier 2017 de 9 heures 05 minutes à 19 heures 20 minutes par les officiers de police judiciaire sans l'assistance d'un avocat ; Que lorsque l'un de ses avocats s'est présenté dans les locaux de la Brigade des Affaires générales , dès l'interpellation, les autorités policières lui ont refusé l'accès aux locaux pour l'assister ; Qu'en outre, l'officier de police judiciaire devait informer K. A. S. de son droit de constituer un avocat et de contacter ce dernier et communiquer avec lui par tous moyens garantissant la confidentialité de l'entretien ; Que mention de cette information devait être faite à peine de nullité sur le procès-verbal en vertu de l'article 55 du Code de Procédure pénale ;

Que toutes ces obligations légales ont été violées par l'officier de police judiciaire qui a ainsi porté gravement atteinte aux droits de la défense de K. S. l'empêchant notamment de se faire assister par un avocat avant la confrontation avec les autres personnes mises en cause ;

Que l'article 166 du Code de Procédure pénale sanctionne de la nullité toute violation des droits de la défense ;

Que dès lors, en application des textes susvisés et de l'article 9 alinéa 4 de la Constitution, ils sollicitent l'annulation du procès-verbal d'enquête préliminaire et de tous les actes subséquents, notamment le réquisitoire introductif, le procès-verbal de première comparution et le mandat de dépôt décerné contre le requérant ;

Qu'ils ont fait observer, en outre, que le réquisitoire introductif en date du 03 mars 2017 par lequel le Procureur de la République a saisi le magistrat instructeur a été fait en violation du principe constitutionnel d'égalité de traitement devant la loi, tels que consacrés par les articles 140 du Code de Procédure pénale, alinéa 1 et 7 alinéa 4 de la Constitution du 22/01/2001 combinés à l'article 140 précité ;

Qu'en effet, selon eux, le Procureur de la République a requis, dans l'acte précité, l'inculpation des percepteurs municipaux pour complicité de détournement deniers publics et d'escroquerie portant sur les deniers publics et leur placement sous contrôle judiciaire alors qu'il a requis, concernant K. A. S., son inculpation pour détournement et escroquerie portant sur les deniers publics et son placement sous mandat de dépôt ; Que cette différence de traitement par le parquet d'instance sur le sort de l'inculpé K. A. S. et des percepteurs municipaux est donc constitutive de violation de l'égalité des citoyens devant la loi dès lors que ces personnes étaient dans une situation identique du fait des poursuites entreprises contre elles ; Que pour cette raison, ils sollicitent l'annulation du réquisitoire introductif ;

Qu'ils ont, enfin soutenu, que le magistrat instructeur a également violé le principe d'égalité prévu par les textes susvisés ainsi que par la Déclaration Universelle des Droits de l'Homme, le Pacte International relatif aux droits civils et politiques et la Charte Africaine des Droits de l'Homme et des Peuples ; Qu'en effet, selon eux, c'est en violation de ces principes que le magistrat instructeur a laissé en liberté provisoire les percepteurs municipaux tout en plaçant K. A. S. en détention, ce, alors que tous les inculpés ont formulé les mêmes contestations ; Qu'en outre, ils ont fait remarquer que le magistrat instructeur, à l'audience de première comparution de K. A. S., n'a pas pris en compte les observations des conseils de ce dernier en ce qu'il ne les a pas notées et ne leur a pas apporté de réponse ; Que le magistrat instructeur ne devait pas écarter une demande de mise en liberté provisoire pour contestations sérieuses sans y statuer par une ordonnance motivée susceptible de voies de recours conformément aux articles 129, 130, 177 alinéa 1 et 180 du Code de Procédure pénale ; Qu'enfin, le magistrat instructeur n'a pas fait figurer sur le procès-verbal de première comparution les observations de l'inculpé, en violation de l'article 101 du Code de procédure pénale ;

Que cette attitude du magistrat instructeur constitue une violation des droits de la défense et justifie l'annulation du procès-verbal de première comparution et des actes subséquents;

Que la violation des textes et principes sus invoqués constitue une méconnaissance de dispositions substantielles ; Qu'ils sollicitent dès lors, en application de l'article 166 du Code de Procédure pénale, l'annulation de toute la procédure ;

Considérant que par conclusions du 27 avril 2017, l'Avocat général rétorque que l'article 102 de la Constitution qui prévoit le principe de la libre administration des collectivités locales n'exclut pas la possibilité pour le Président de la République de saisir l'Inspection générale d'Etat pour opérer un contrôle *a posteriori* sur la gestion des collectivités locales ; Que les Inspecteurs généraux d'État ne se sont, en l'espèce, jamais immiscés dans la gestion de la Ville de Dakar ;

Qu'ainsi, selon lui, l'exception d'inconstitutionnalité doit être rejetée ;

Qu'il fait observer, en outre, qu'il n'est pas prouvé qu'un conseil de K. A. S. avait été empêché d'assister ce dernier à l'enquête préliminaire ; Que K. A. S. ne s'est jamais plaint d'une quelconque obstruction à sa défense ni devant les enquêteurs, ni devant le magistrat instructeur alors qu'il a toujours comparu libre à toutes les étapes de l'enquête, ce qui justifie l'absence de toute mention relative à la présence des avocats dans le procès-verbal d'enquête ;

Qu'il soutient par ailleurs que le réquisitoire introductif et le procès-verbal de première comparution n'encourent la nullité qu'en l'absence de certaines mentions obligatoires indiquées aux articles 71 et 101 du Code de Procédure pénale ; Que ces textes n'exigent pas du juge d'instruction de prendre note ou de consigner des déclarations orales des avocats de la défense ;

Qu'enfin, il fait valoir que le principe d'individualisation en matière pénale exige que la situation de chaque inculpé soit appréciée en tenant compte de sa personne uniquement, sans aucune référence à son coinculpé ;

Que le Procureur de la République et le magistrat instructeur ont appliqué l'article 140 du Code de Procédure pénale en appréciant les conditions de son application par rapport à la situation de chaque inculpé, ce qui ne constitue pas une violation du principe d'égalité;

Qu'il sollicite en considération de tout ce qui précède, le rejet de la requête aux fins d'annulation comme mal fondée ;

Considérant que par conclusions du 03/05/2017, les conseils de K. A. S. ont rectifié l'objet de l'exception d'inconstitutionnalité soulevée en visant l'article 5 de la loi n°2011-14 du 08 juillet 2011 qui a abrogé et remplacé la loi n°2005-23 du 11 août 2005 ;

Considérant que par conclusions du 03/05/2017, les conseils de l'Agent Judiciaire de l'Etat ont fait observer que la Chambre d'Accusation ne peut connaître de l'exception d'inconstitutionnalité soulevée en l'espèce puisque le rapport de l'Inspection Générale d'Etat n'est pas un acte d'instruction pris par le juge d'instruction ; Qu'en outre, selon eux, la Chambre d'Accusation est une formation spéciale de la cour d'appel ayant une compétence d'attribution prévue par les articles 185 et suivants du Code de Procédure pénale ; Or, ces textes ne prévoient pas la compétence de la Chambre d'Accusation pour connaître de l'exception d'inconstitutionnalité ; Qu'ainsi, d'après eux, seules les juridictions de fond peuvent connaître de ladite exception au sens de l'article 92 de la loi constitutionnelle n°2016-10 du 05 avril 2016 ;

Qu'ils font observer, au surplus, que la solution du litige n'est pas subordonnée à l'appréciation de la conformité de l'article 5 de la loi n°2011-14 du 8 juillet 2011 à l'article 102 de la Constitution ;

Qu'ils sollicitent dès lors le rejet de l'exception d'inconstitutionnalité soulevée par K. A. S. ;

Qu'ils soutiennent, par ailleurs, que le requérant n'a pas prouvé que l'un de ses avocats a été interdit d'accès aux locaux de la Brigade des Affaires générales où s'est déroulée l'enquête préliminaire ;

Qu'en outre, selon eux, dans son réquisitoire introductif, le Procureur de la République a visé le rapport n°12/2016 du 24 mars 2017 de l'Inspection générale d'État mais aussi le procès-verbal d'enquête préliminaire ; Que c'est par la suite que le magistrat instructeur a procédé à l'inculpation de K. A. S. ; Que rien n'obligeait le juge d'instruction à répondre aux observations orales formulées par les conseils de l'inculpé ;

Qu'ils soutiennent que le principe d'égalité devant la loi n'a pas été violé puisque les percepteurs, comptables publics, n'ont pas été dans la même situation que K. A. S.;

Qu'ils sollicitent en conséquence le rejet de la requête en annulation comme étant mal fondée;

Considérant que par conclusions du 05/05/2017, les conseils de K. A. S. ont rétorqué que c'est à bon droit qu'ils ont soulevé l'exception d'incompétence devant la Chambre de céans qui est une formation de la cour d'appel et, comme telle, a l'obligation de transmettre la question de constitutionnalité soulevée au Conseil constitutionnel ;

Qu'ils soutiennent que le chapitre 10 du Code de Procédure pénale intitulé « des nullités de l'information », ne s'applique pas aux seuls actes du juge d'instruction, mais à tout autre acte de la procédure versée à l'appui ou aux fins d'une investigation dans le dossier d'information ; Que le rapport de l'Inspection générale d'État versé au dossier est un acte d'investigation dont la nullité peut être prononcée par la Chambre ;

Or, ledit rapport est le fondement aussi bien de l'enquête préliminaire que de la saisine du juge d'instruction ;Que son annulation entraîne celle de toute la procédure ;

Qu'ainsi, selon eux, l'exception d'inconstitutionnalité soulevée, s'il y était fait droit par le Conseil constitutionnel, enlèverait audit rapport toute base légale et entraînerait son annulation ainsi que, subséquemment, celle de toute la procédure ;

Considérant qu'à, l'audience de la juridiction de céans, les requérants ont, dans leurs observations orales, réitéré les termes de leurs écritures, de même que l'Avocat général, l'Agent judiciaire de l'État et ses conseils ;

SUR CE

I/Sur la saisine du Conseil constitutionnel

Considérant que l'article 22 de la loi n°2016-23 du 14 juillet 2016 relative au Conseil constitutionnel dispose, en son alinéa 1er, que : « Lorsque la solution d'un litige porté devant la cour d'appel ou la Cour suprême est subordonnée à l'appréciation de la conformité des dispositions d'une loi ou des stipulations d'un accord international à la Constitution, la juridiction saisit obligatoirement le Conseil constitutionnel de l'exception d'inconstitutionnalité ainsi soulevée et sursoit à statuer jusqu'à ce que le Conseil constitutionnel se soit prononcé » ;

Considérant qu'il y a lieu de préciser, d'emblée, que la Chambre d'Accusation, bien que disposant d'une compétence spécifique, n'en est pas moins une formation de la cour d'appel ; Qu'ainsi, l'exception d'inconstitutionnalité peut bien être soulevée devant elle à l'occasion des litiges relevant de sa compétence ;

Considérant, ceci étant précisé, qu'il ressort du texte susvisé que la cour d'appel ne saisit le Conseil constitutionnel de l'exception d'incompétence soulevée devant elle que si la solution du litige dont elle est saisie dépend de la conformité ou non d'une disposition légale à la Constitution ;

Considérant, qu'en l'espèce, pour solliciter l'annulation du rapport de l'Inspection générale d'État n°12/2016 du 24 mars 2016, le requérant fait valoir que les inspecteurs généraux d'état ne sont pas compétents pour contrôler la gestion des collectivités locales en raison de l'inconstitutionnalité de l'article 5 de la loi n°2011-14 du 08 juillet 2014 conférant une telle compétence à ces autorités ;

Que toutefois, il importe de relever qu'au sens des dispositions des articles 164 et suivants du Code de Procédure pénale, seuls les actes de l'information sont susceptibles d'annulation par la Chambre d'Accusation ;

Or, le rapport de l'Inspection générale d'État ne constitue pas un acte de l'information au sens de l'article 165 dudit code ; Qu'en effet, par « *acte de l'information* », ledit texte entend, non pas n'importe quelle pièce de la procédure, mais tout acte établi dans le cadre de l'information et qui y concourt ; celle-là, au sens large, allant de l'enquête préliminaire à l'instruction ;

Que le rapport de l'Inspection générale d'État étant un acte purement administratif dressé en dehors de toute information judiciaire, n'est pas justiciable du régime des nullités de l'information prévu aux articles 164 et suivants du Code de Procédure pénale et, en tant que tel, ne peut être annulé par la Chambre de céans quel que soit, par ailleurs, le vice dont il serait entaché ;

Qu'au surplus, même si ledit rapport avait pu être qualifié d' « acte de l'information », le vice invoqué par le requérant, à savoir l'incompétence des inspecteurs généraux d'état, à le supposer établi, n'aurait pas pu causer son annulation ;

Qu'en effet, aux termes des articles 164 et 166 combinés du Code de Procédure pénale, les seules irrégularités susceptibles d'entraîner la nullité d'un acte de l'information sont, d'une part, la violation des formalités prévues aux articles 101 à 105, d'autre part celle des dispositions substantielles du titre III (« De l'instruction ») du Livre I dudit code et, enfin, la violation des droits de la défense ; Or, l'incompétence des inspecteurs généraux d'état ne rentre dans aucun de ces cas de figure ;

Qu'au regard donc de tout ce qui précède, il apparait que la conformité ou non de l'article 5 de la loi n°2011-14 du 08 juillet 2011 portant statut des inspecteurs généraux d'état n'aurait aucune incidence sur l'issue de la demande d'annulation du rapport querellée, ladite demande étant, en tout état de cause, mal fondée ;

Qu'il échet en conséquence de dire n'y avoir lieu à saisir le Conseil constitutionnel de l'exception d'inconstitutionnalité soulevée par K. A. S. ;

(…)

PAR CES MOTIFS

Statuant en chambre du conseil, hors la présence des parties et de leurs conseils, du Ministère public et du greffier ;

EN LA FORME

Reçoit la requête ;

AU FOND

Dit n'y avoir lieu à saisir le Conseil constitutionnel ;

Rejette la requête aux fins d'annulation introduite par K. A. S. ;

Réserve les dépens.

- **Exception d'inconstitutionnalité- conformité lois n° 81-53 du 10 juillet 1981 sur la répression de l'enrichissement illicite et n° 81-54 du 10 juillet 1981 portant création de la Cour de répression de l'enrichissement à la Constitution**

93. Cons. const. n°1/C/2014 du 3 mars 2014, *affaire Karim WADE, inédit*

L'exception d'inconstitutionnalité relative aux lois n° 81-53 du 10 juillet 1981 sur la répression de l'enrichissement illicite et n° 81-54 du 10 juillet 1981 portant création de la Cour de répression de l'enrichissement illicite du 10 juillet 1981 doit être rejetée.

LE CONSEIL CONSTITUTIONNEL,

SUR LA RECEVABILITÉ DE LA SAISINE DU CONSEIL CONSTITUTIONNEL :

1. Considérant que la Cour suprême, pour déclarer recevable le recours introduit par Maîtres El hadj Amadou SALL, Ciré Clédor LY, Demba Ciré BATHILY et Mohamed Seydou Diagne, conseils de Monsieur K. M. W. contre l'ordonnance rendue le 17 avril 2013 par la commission d'instruction de la Cour de répression de l'enrichissement illicite, affirme : « que l'exercice du droit de se pourvoir en cassation, y compris les motifs pour lesquels il peut être exercé, sont régis par la loi, entendue au sens des lois constitutionnelles, des traités, conventions internationaux et principes généraux de droit ; que la loi doit être la même pour tous ; que si le législateur peut prévoir des règles de procédure différentes c'est à la condition que cela ne porte pas atteinte aux principes précités et que soient assurées aux justiciables des garanties égales notamment quant au respect du principe des droits de la défense, qui implique en particulier l'existence d'une procédure juste et équitable ; que l'article 13, alinéa 1 de la loi n° 81-54 du 10 juillet 1981 créant la Cour de répression de l'enrichissement illicite, en excluant tout recours contre les décisions de la Commission d'instruction, ne saurait s'opposer à la recevabilité du pourvoi manifesté de manière non équivoque » ;

2. Considérant que la Cour suprême doit se prononcer avant toute saisine du Conseil constitutionnel sur sa compétence et sur la recevabilité du recours ou la déchéance ; que ce préalable obligatoire a été formellement observé ;

3. Considérant cependant que l'appréciation de la conformité de la loi à la Constitution échappe totalement à l'emprise de la Cour suprême ; qu' en effet, cette mission est expressément et exclusivement dévolue au Conseil constitutionnel conformément à l'article 92 de la Constitution qui dispose :

« Le Conseil constitutionnel connaît de la constitutionnalité des lois, des règlements intérieurs des Assemblées et des Engagements internationaux, des conflits de compétence entre l'Exécutif et le Législatif, ainsi que des exceptions d'inconstitutionnalité soulevées devant la Cour suprême » ;

4. Considérant par suite, qu'en statuant ainsi, la Cour suprême a non seulement dépassé les limites de sa compétence, mais aussi et surtout, a empiété sur celle du Conseil constitutionnel;

5.Considérant que le Conseil constitutionnel n'est pas juge de la bonne application de la loi ; que par conséquent, il n'est pas habilité à censurer les décisions rendues par la Cour suprême

6. Considérant cependant, indépendamment de la violation manifeste de la loi opérée par la Cour suprême, que le Conseil constitutionnel reste tenu de se prononcer sur l'exception d'inconstitutionnalité dont il est saisi ; qu'il y a lieu de la déclarer recevable ;

– SUR L'EXCEPTION D'INCONSTITUTIONNALITÉ :

7. Considérant que par arrêt n° 23 du 6/2/2014, la Cour suprême, statuant sur le pourvoi en cassation contre l'ordonnance rendue le 17 avril 2013 par la Commission d'instruction de la Cour de répression de l'enrichissement illicite, a d'une part, saisi le Conseil constitutionnel d'une exception d'inconstitutionnalité visant la loi n° 81-53 relative à la répression de l'enrichissement illicite et la loi n° 81-54 du 10 juillet 1981 créant la Cour de répression de l'enrichissement illicite, et d'autre part, décidé de surseoir à statuer sur le pourvoi en cassation contre la décision de la Commission d'instruction de la Cour de répression de l'enrichissement illicite ;

8. Considérant que la loi organique n° 92-23 du 30 mai 1992 sur le Conseil constitutionnel, modifiée par la loi organique n° 99-27 du 17 janvier 1999 et par la loi organique n° 2007-03 du 12 novembre 2007, dispose dans son article 20 : « Lorsque la solution d'un litige porté devant le Conseil d'État ou la Cour de Cassation est subordonnée à l'appréciation de la conformité des dispositions d'une loi ou des stipulations d'un accord international à la Constitution, la haute juridiction saisit obligatoirement le Conseil constitutionnel de l'exception d'inconstitutionnalité ainsi soulevée et sursoit à statuer jusqu'à ce que le Conseil constitutionnel se prononce dans un délai de trois mois à compter de la date de la saisine » ;

9.Considérant que le requérant qui soulève l'exception d'inconstitutionnalité fait valoir que le Sénégal affirme dans le préambule de la Constitution son adhésion à la Déclaration des droits de l'Homme et du Citoyen de 1789 et aux instruments internationaux adoptés par l'Organisation des Nations Unies, l'Organisation de l'Union africaine, notamment la Déclaration universelle des droits de l'Homme de 1948 et la Charte africaine des droits de l'Homme et des Peuples du 21 juin 1981 ;

10. Considérant, selon le requérant, que le Sénégal a ratifié la Déclaration universelle des droits de l'Homme de 1948, le Pacte international relatif aux droits civils et politiques du 26 mars 1966, la Charte africaine des droits de l'Homme et des Peuples du 27 juin 1981, le Traité révisé de la CDEAO du 24 juillet 1993 et le Protocole A/P1/7/91 relatif à la Cour de justice de la CDEAO ;

11. Considérant, poursuit le requérant, que le Sénégal proclame le respect des libertés fondamentales et des droits du citoyen comme base de la société ; que l'article 98 de la Constitution énonce que les traités ou accords régulièrement ratifiés ou approuvés ont, dès leur publication, une autorité supérieure à celle des lois ; que la Convention de Vienne sur le droit des traités signée le 23 mai 1969 et entrée en vigueur le 27 janvier 1980 dispose en son article 26 que : « tout traité en vigueur lie les parties et doit être exécuté de bonne foi » ; que les lois internes ne peuvent contenir des dispositions contraires aux conventions, traités, protocoles et déclarations ci-dessus visés auxquels elles devraient

être conformes ; que l'article 9, alinéa 3 de la Constitution dispose : « la défense est un droit absolu dans tous les états et à tous les degrés de la procédure » ;

12. Considérant que le requérant affirme que les articles 13, alinéa 1, 17, 6, alinéas 2, 4, et 6 de la loi 81-54 du 10 juillet 1981 sont contraires aux articles 9 de la Constitution, 2-3 a et 14 du Pacte international sur les Droits civils et politiques adopté par l'Organisation des Nations Unies en 1966, 8 et 7 de la Déclaration Universelle des Droits de l'Homme de 1948, de la Déclaration des Droits de l'Homme et du Citoyen de 1789, 7-1 de la Charte Africaine des Droits de l'Homme et des Peuples ; qu'il ajoute que l'article 3 de la loi n° 81-53 du 10 juillet 1981 est contraire à la Constitution ainsi qu' aux normes internationales sus visées ;

– SUR LA LOI N° 81-54 DU 10 JUILLET 1981 :

13. Considérant que le requérant soutient que la loi n° 81-54 du 10 juillet 1981 créant une Cour de Répression de l'enrichissement illicite (CREI) institue à l'endroit du mis en cause une rupture de l'égalité des citoyens devant la loi relativement à l'exercice d'un appel contre les décisions rendues par la juridiction d'instruction, ou par celle de jugement, en ce que d'une part, l'article 13 al 1 de la loi précitée dispose que : « les décisions de la Commission d'instruction ne sont susceptibles d'aucun recours. » et que, d'autre part, l'article 17 de la même loi précise que « les arrêts de la Cour sont prononcés en audience publique. Ils sont susceptibles d'un pourvoi en cassation du condamné ou du ministère public dans les conditions prévues par l'ordonnance n° 60-17 du 3 septembre 1960 portant loi organique sur la Cour suprême » ;

14. Considérant que le requérant ajoute, que l'alinéa 2 de l'article 6 de la loi n° 81-54 méconnait les dispositions de l'article 9 in fine de la Constitution qui garantit les droits de la défense, en ce qu'il ne donne pas de délais raisonnables à un mis en cause pour prendre connaissance des indices ou charges rassemblés contre lui au cours d'une enquête préliminaire ; que les alinéas 4 et 6 du même article sont contraires d'une part à l'article 14-4 du Pacte International sur les droits civils et politiques aux termes duquel « toute personne accusée d'une infraction pénale a droit en pleine égalité au moins aux garanties suivantes :

—(g) « – à ne pas être contraint de témoigner contre elle-même ou de s'avouer coupable » et d'autre part, à l'article 8 de la Déclaration Universelle des Droits de l'Homme aux termes duquel « toute personne a droit à un recours effectif devant les juridictions nationales compétentes contre les actes violant les droits fondamentaux qui lui sont reconnus par la Constitution ou par la loi » ;

15. Considérant que l'article 13 de la loi n° 81-54 dispose que « les décisions de la Commission d'instruction ne sont susceptibles d'aucun recours ;

Toutefois, l'arrêt de non-lieu peut être frappé d'appel devant la Cour de répression de l'enrichissement illicite, par le procureur spécial. En cas d'appel, la Cour, selon le cas, évoque et juge l'affaire ou rejette le recours » ; que l'article 17 du même texte ajoute : « les arrêts de la Cour sont susceptibles d'un pourvoi en cassation du condamné ou du Ministère public, dans les conditions prévues par l'ordonnance n° 60-17 du 03/septembre 1960 portant loi organique sur la Cour suprême » ;

16. Considérant que ces deux dispositions relatives à l'exercice du droit de recours ne semblent pas être en adéquation formelle avec le principe du double degré de juridiction,

en vertu duquel tout justiciable a le droit de faire examiner par une juridiction supérieure la décision lui faisant grief ; que ce principe rappelé en des termes similaires par diverses sources, notamment l'article 14, alinéa 5 du Pacte international relatif aux droits civils et politiques, les articles 1 et 7 de la Déclaration universelle des droits de l'Homme de 1948, des articles 3 et 7 de la Charte africaine des droits de l'Homme et des peuples et la Déclaration des droits de l'Homme et du citoyen, garantit le droit à l'égalité des citoyens devant la justice;

17. Considérant que, dans la même finalité, l'article 9, alinéa 4 de la Constitution affirme : « la défense est un droit absolu dans tous les états et à tous les degrés de la procédure»;

18. Considérant que le principe du double degré de juridiction, corollaire du droit d'agir en justice, constitue, pour le justiciable, une garantie de procédure qui participe de l'impératif du procès équitable ;

19. Considérant cependant, qu'il appartient au législateur, sous réserve du respect des droits de la défense, de fixer les règles relatives à l'exercice du droit de recours, y compris le pourvoi en cassation, en fonction de la nature de la juridiction en cause ; que la Cour de répression de l'enrichissement illicite, juridiction spéciale, a été créée exclusivement pour prendre en charge une infraction spéciale ; que le législateur peut lui rendre applicables certaines règles formelles essentiellement tirées du droit commun de la procédure pénale ; qu'il en est ainsi, notamment à travers les articles 11 et 14 de la loi n° 81-54 portant création de la Cour de répression de l'enrichissement illicite ;

20. Considérant que le législateur peut aussi adopter des règles compatibles avec la nature de la juridiction créée ; qu'il peut ainsi s'autoriser, notamment, à restreindre l'étendue du droit de recours ;

21. Considérant que le respect du principe d'égalité devant la justice implique que le débat judiciaire, au sein d'une même procédure, soit loyal et équilibré ; que cet équilibre qui doit être absolu entre les parties ne s'oppose pas à ce que le Ministère public, chargé de la défense de l'ordre public, puisse recevoir de la loi des droits supérieurs à ceux ouverts aux justiciables, sans qu'une quelconque méconnaissance du principe d'égalité soit établie ;

22. Considérant, au surplus, que le recours en cassation, expressément reconnu au stade du jugement par l'article 17 de la loi n° 81-54, constitue, sans aucun doute, pour les justiciables, une garantie fondamentale ;

23. Considérant en effet que la fonction même d'une juridiction de cassation, cour souveraine, est d'assurer la stabilité, la sécurité du droit et l'unité de la jurisprudence ;

24. Considérant par conséquent, contrairement à ce que soutient le requérant, que l'absence de recours en appel n'induit pas nécessairement l'absence de recours utile ou effectif ; que l'absence de double degré de juridiction n'est pas, dès lors, nécessairement contraire à la Constitution ;

25. Considérant que si la présence d'avocat au niveau de l'enquête préliminaire peut s'avérer utile, son absence ne constitue pas pour autant une violation des droits de la défense, dès l'instant que la personne poursuivie est assistée à toutes les autres phases de la procédure ; qu'il n'apparaît nulle part dans la cause que Monsieur K. W. ait subi des contraintes ou violences ; qu'il est resté libre de participer activement ou non à son

audition, et que ses avocats ont pu, à temps, prendre connaissance de toutes les charges qui lui sont imputées ; que, par suite, l'article 6, alinéa 2 de la loi n° 81-54 n'est pas contraire à l'article 9 in fine de la Constitution ;

26. Considérant par ailleurs que la rupture d'égalité des citoyens devant la justice et la discrimination invoquées par le requérant ne peuvent, en l'occurrence, être retenues, faute de situations juridiques identiques avec des solutions différentes ; qu'en effet, toute personne poursuivie pour enrichissement illicite reste soumise à la seule procédure prévue à cet effet ; que la violation du principe d'égalité suppose l'adoption de règles différentes pour des cas identiques;

– SUR LA LOI N° 81-53 DU 10 JUILLET 1981 :

27. Considérant que le requérant conteste également la conformité de l'article 3 de la loi n° 81-53 relative à la répression de l'enrichissement illicite (l'article 163 bis du Code pénal) ; que ce texte dispose : « le délit d'enrichissement illicite est constitué lorsque, sur simple mise en demeure, une des personnes désignées ci- dessus se trouve dans l'impossibilité de justifier de l'origine des ressources qui lui permettent d'être en possession d'un patrimoine ou de mener un train de vie sans rapport avec ses revenus légaux » ;

28. Considérant que, pour le requérant, cette disposition qui opère un renversement du fardeau de la preuve porte atteinte, par là même, à un principe fondamental, celui de la présomption d'innocence, autre socle des droits de la défense ;

29. Considérant que ce principe est aussi reproduit dans divers textes, notamment la Charte africaine des droits de l'Homme et des peuples qui prévoit aux termes de l'article 7-1 : « toute personne a droit à ce que sa cause soit entendue. Ce droit comprend (…) b) le droit à la présomption d'innocence jusqu'à ce que sa culpabilité soit établie par une juridiction compétente » ; l'article 14-2 du Pacte international relatif aux droits civils et politiques qui affirme : « toute personne accusée d'une infraction pénale est présumée innocente jusqu'à ce que sa culpabilité ait été légalement établie… » ; la Déclaration universelle des droits de l'Homme de 1948 qui précise à l'article 11-1: « toute personne accusée d'un acte délictueux est présumée innocente jusqu'à ce que sa culpabilité ait été légalement établie au cours d'un procès public où toutes les garanties nécessaires à sa défense lui auront été assurées » ;

30. Considérant que le renversement de la charge de la preuve ne constitue pas une situation juridique inédite qui porte atteinte, a priori, à la présomption d'innocence ; que le législateur y a parfois recours dans plusieurs disciplines, notamment, en droit pénal, en droit fiscal, en droit douanier ; que ce principe se retrouve aussi dans d'autres systèmes juridiques étrangers, tout autant soucieux du respect des droits de la défense… ; qu'il est essentiellement motivé par un souci d'efficacité de l'objectif poursuivi ;

31. Considérant que le législateur, en principe, ne saurait instituer des présomptions de culpabilité en matière répressive ; que toutefois, à titre exceptionnel, de telles présomptions peuvent être établies, dès lors qu'elles ne revêtent pas un caractère irréfragable, et que le respect des droits de la défense est assuré ;

32. Considérant, en l'occurrence, que la présomption d'innocence est préservée dès l'instant que la personne poursuivie n'est ni détenue arbitrairement, ni condamnée définitivement ; qu' elle a la possibilité de se défendre, d'apporter la preuve contraire, par

tous moyens, des faits qui lui sont reprochés, et de se faire assister depuis la phase d'instruction jusqu'à la juridiction de jugement ; qu'il y a lieu, par conséquent, de déclarer l'article 3 de la loi n° 81-53 du 10 juillet 1981 conforme à la Constitution (article 163 bis du Code pénal) ;

33. Considérant, par ailleurs, qu'après examen de l'ensemble des dispositions de la loi n° 81-53 relative à la répression de l'enrichissement illicite, et de la loi n° 81-54 portant création de la Cour de répression de l'enrichissement illicite, le Conseil constitutionnel ne relève aucune violation de la Constitution,

DÉCIDE :

EN LA FORME

Article premier.- L'exception d'inconstitutionnalité est recevable.

AU FOND

Article 2.- L'exception d'inconstitutionnalité relative aux lois n° 81-53 sur la répression de l'enrichissement illicite et n° 81-54 portante création de la Cour de répression de l'enrichissement illicite du 10 juillet 1981 est rejetée.

Article 3.- Les lois n° 81-53 sur la répression de l'enrichissement illicite et n° 81-54 portante création de la Cour de répression de l'enrichissement illicite du 10 juillet 1981 sont conformes à la Constitution.

Article 4.- La présente décision sera publiée au Journal officiel du Sénégal.

- **Exception d'inconstitutionnalité : office de la cour d'appel**

94. CS ch. crim. n° 27 du 19 mai 2022, *Adama Bou Labeid et Alamer Mubarack Abdoul Ganic/ MP, inédit*

En procédant elle-même au contrôle de conformité des dispositions de l'article 344 du Code des Douanes à la Constitution et à son préambule, alors que cette attribution est exclusivement dévolue au Conseil constitutionnel, la chambre d'accusation a méconnu le sens et la portée de l'article 22 de la loi organique sur le Conseil constitutionnel. La solution du litige étant subordonnée à l'appréciation par le Conseil constitutionnel de la conformité de l'article 344 du code des Douanes à la Constitution, il y avait lieu, après avoir déclaré recevable l'appel des inculpés, de sursoir à statuer et de renvoyer devant le Conseil constitutionnel.

LA COUR,

Attendu qu'il ressort des énonciations de l'arrêt attaqué que par ordonnance du 20 janvier 2022, le juge d'instruction du troisième cabinet du Tribunal de grande Instance hors classe de Dakar a déclaré irrecevables les demandes de mise en liberté provisoire formulées par A. B. L. A. M. A. G. , inculpés d'association de malfaiteurs, de trafic de drogues, contrebande en bande organisée portant sur une somme de soixante-seize milliards huit cent quatre-vingt-dix-huit mille (76 898 000 000) FCFA et blanchiment de capitaux ;

Que par l'arrêt dont est pourvoi, la chambre d'accusation a rejeté l'exception d'inconstitutionnalité soulevée par les inculpés et confirmé les ordonnances entreprises ;

Sur le moyen unique tiré de la violation de la loi par refus d'application en ce que la chambre d'accusation a rejeté l'exception d'inconstitutionnalité de l'article 344 du Code des Douanes en refusant d'appliquer l'article 22 la loi organique sur le Conseil constitutionnel qui fait obligation à la cour d'appel ou à la Cour suprême, de surseoir à statuer pour saisine du Conseil constitutionnel, lorsque la solution du litige portée devant elles est subordonnée à l'appréciation de la conformité d'une loi à la Constitution, alors qu'elle a fait application de ladite disposition en retenant « qu'ils sont inculpés pour le chef de contrebande en bande organisée portant sur la somme de soixante-seize milliards huit cent quatre-vingt-dix-huit mille (76 898 000 000) FCA, que faute de s'acquitter du paiement des droits et taxes tel qu'il est prévu à l'article 344 du Code des Douanes, ils ne peuvent prétendre à une mise en liberté provisoire » ;

Vu l'article 22 de la loi organique sur le Conseil constitutionnel ;

Attendu qu'aux termes de ce texte, « Lorsque la solution d'un litige porté devant la cour d'appel ou la Cour suprême est subordonnée à l'appréciation de la conformité des dispositions d'une loi ou des stipulations d'un accord international à la constitution, la juridiction saisit obligatoirement le Conseil constitutionnel de l'exception d'inconstitutionnalité ainsi soulevée et sursoit à statuer jusqu'à ce que le Conseil constitutionnel se soit prononcé.

Le Conseil se prononce dans le délai d'un mois à compter de la date de sa saisine.

Si le Conseil, estime que la disposition dont il a été saisi n'est pas conforme à la Constitution, il ne peut plus en être fait application. » ;

Attendu que pour rejeter l'exception d'inconstitutionnalité de l'article 344 du Code des Douanes et confirmer les ordonnances entreprises, l'arrêt retient que « la conditionnalité de la mise en liberté provisoire au paiement des droits et taxes que l'article 344 du Code des Douanes a posé à la charge de tout inculpé, a une portée générale et vise tout individu poursuivi pour délit douanier ; que l'argument tiré de la violation du droit d'accès à un juge que l'article 344 aurait violé est fantaisiste puisqu'en tous les cas, le litige est soumis à une juridiction; que les articles 6 et 7 n'ont aucun rapport avec l'application de l'article 344 en ce sens que l'article 6 énumère les institutions de la République alors que l'article 7 proclame des principes à valeur constitutionnelle auxquels la République est attachée et que s'agissant de l'article 91 de la Constitution, le conseil de l'inculpé ne précise pas en quoi l'article 344 qui n'a pas de rapport avec l'article 16 de la Déclaration des Droits de l'Homme et des citoyens de 1789, viole l'article 91 de la Constitution » ;

Qu'en procédant elle-même au contrôle de conformité de la disposition visée au moyen à la Constitution et à son préambule, alors que cette attribution est exclusivement dévolue au Conseil constitutionnel, la chambre d'accusation a méconnu le sens et la portée du texte susvisé ;

Et attendu qu'en l'espèce, la solution du litige est subordonnée à l'appréciation par le Conseil constitutionnel de la conformité de l'article 344 du code des Douanes à la Constitution ;

Qu'il y avait lieu, après avoir déclaré recevable l'appel des inculpés, de sursoir à statuer et de renvoyer devant le Conseil constitutionnel, en application de l'article 22 précité ;

PAR CES MOTIFS

Casse et annule l'arrêt n°53 du 20 février 2022 de la Chambre d'accusation de la Cour d'Appel de Dakar ;

Saisit le Conseil constitutionnel de l'exception d'inconstitutionnalité de l'article 344 du Code des Douanes ;

Dit que la procédure d'appel contre les ordonnances entreprises va se poursuivre après la décision du Conseil constitutionnel ;

Réserve les dépens ;

Dit que le présent arrêt sera imprimé et qu'il sera transcrit sur les registres de la Cour d'Appel de Dakar en marge ou à la suite de la décision attaquée ;

Ordonne l'exécution du présent arrêt à la diligence du Procureur général près la Cour suprême.

- **Exception d'inconstitutionnalité : office de la Cour d'appel**

95. Cons. const. n° 5/C/2022 du 28 septembre 2022, *MP c/ A. B. L. et Alameer Mubarak Abdul Jalil Abdul GHANI, inédit*

L'exception d'inconstitutionnalité n'a pas été soulevée devant la Cour suprême, mais devant la cour d'appel ; le litige porté devant la Cour suprême avait pour objet la violation par la chambre d'accusation de l'article 22 de la loi organique relative au Conseil constitutionnel et que sa solution ne dépendait pas d'une appréciation préalable de la constitutionnalité de l'article 344 du Code des Douanes. Ainsi, à la suite de l'annulation de l'arrêt de la chambre d'accusation par la Cour suprême, il appartient à la cour d'appel de renvoi de saisir obligatoirement le Conseil constitutionnel de l'exception d'inconstitutionnalité soulevée et de surseoir à statuer jusqu'à ce que le conseil se soit prononcé.

LE CONSEIL CONSTITUTIONNEL,

Après en avoir délibéré conformément à la loi ;

Considérant que, par arrêt n° 27 du 19 mai 2022, la Chambre criminelle de la Cour suprême a cassé et annulé l'arrêt n° 53 du 24 février 2022 de la Chambre d'Accusation de la Cour d'Appel de Dakar, et saisi le Conseil constitutionnel de l'exception d'inconstitutionnalité dirigée contre l'article 344 du Code des Douanes qui avait été soulevée devant cette cour d'appel ;

Considérant que, par lettre n° 0484/PG.CS/Greffe du 14 septembre 2022 reçue et enregistrée au greffe du Conseil constitutionnel le même jour sous le numéro 5/C/22, le Procureur général près la Cour suprême a transmis l'arrêt n° 53 et les autres pièces de la procédure ;

SUR LA COMPÉTENCE

Considérant qu'en application des articles 92 de la Constitution et premier de la loi organique n° 2016-23 du 14 juillet 2016 susvisée, le Conseil constitutionnel est compétent pour connaître des exceptions d'inconstitutionnalité soulevées devant la cour d'appel ou la Cour suprême ;

SUR LA PROCÉDURE

4.Considérant que les inculpés A. L. et A. G., poursuivis des chefs d'association de malfaiteurs, de trafic international de drogue, de contrebande en bande organisée et de blanchiment de capitaux en bande organisée, ont interjeté appel des ordonnances de refus de mise en liberté provisoire rendues par le juge d'instruction du 3ème cabinet du Tribunal de grande instance hors classe de Dakar ;

5.Considérant que devant la Chambre d'Accusation de la Cour d'Appel de Dakar, les inculpés ont soutenu l'inconstitutionnalité des dispositions de l'article 344 du Code des Douanes, en ce qu'elles violeraient « les dispositions des articles 6, 7 et 91 de la Constitution et 16 de la Déclaration de 1789 » et ont demandé à la juridiction d'appel, en application de l'article 22 de la loi organique n° 2016-23 précitée, de saisir le Conseil constitutionnel de l'exception d'inconstitutionnalité ainsi soulevée et de surseoir à statuer

Considérant que par arrêt n° 53 du 24 février 2022, la Chambre d'Accusation a rejeté l'exception d'inconstitutionnalité au motif que l'article 344 du Code des Douanes ne viole pas les dispositions constitutionnelles invoquées et a confirmé les ordonnances de refus de mise en liberté provisoire ;

Considérant que les inculpés se sont pourvus en cassation contre cet arrêt ;

Considérant que, statuant sur le pourvoi, la Chambre criminelle de la Cour suprême, par arrêt n° 27 du 19 mai 2022, a rendu la décision suivante : « casse et annule l'arrêt n° 53 de la chambre d'accusation ; saisit le Conseil constitutionnel de l'exception d'inconstitutionnalité de l'article 344 du Code des douanes ; dit que la procédure d'appel contre les ordonnances entreprises va se poursuivre après la décision du Conseil constitutionnel (...) » ;

Considérant qu'aux termes de l'article 22 de la loi organique n° 2016-23 du 14 juillet 2016 : « Lorsque la solution d'un litige porté devant la cour d'appel ou la Cour suprême est subordonnée à l'appréciation de la conformité des dispositions d'une loi ou d'un traité international à la Constitution, la juridiction saisit obligatoirement le Conseil constitutionnel de l'exception d'inconstitutionnalité ainsi soulevée et sursoit à statuer jusqu'à ce que le Conseil constitutionnel se soit prononcé » ;

Considérant qu'il résulte de cette disposition que seule la juridiction saisie d'une exception d'inconstitutionnalité peut transmettre celle-ci au Conseil constitutionnel et ce, à condition que la solution du litige porté devant elle soit subordonnée à l'appréciation de la constitutionnalité d'une loi ou d'un traité ;

Considérant toutefois, qu'en l'espèce, l'exception d'inconstitutionnalité n'a pas été soulevée devant la Cour suprême, mais devant la cour d'appel ;

Considérant, en outre, que le litige porté devant la Cour suprême avait pour objet la violation par la Chambre d'Accusation de l'article 22 de la loi organique relative au

Conseil constitutionnel et que sa solution ne dépendait pas d'une appréciation préalable de la constitutionnalité de l'article 344 du Code des Douanes ;

Considérant, qu'à la suite de l'annulation de l'arrêt de la Chambre d'Accusation par la Cour suprême, il appartient à la cour d'appel de renvoi de saisir obligatoirement le Conseil constitutionnel de l'exception d'inconstitutionnalité soulevée et de surseoir à statuer jusqu'à ce que le Conseil se soit prononcé ;

DÉCIDE :

Article premier.- La Chambre d'Accusation de la Cour d'Appel de Dakar, saisie d'une exception d'inconstitutionnalité dirigée contre l'article 344 du Code des Douanes, a l'obligation de transmettre au Conseil constitutionnel l'exception ainsi soulevée et de surseoir à statuer jusqu'à ce que le Conseil constitutionnel se soit prononcé, conformément à l'article 22 de la loi organique relative au Conseil constitutionnel.

Article 2.- En conséquence, est irrecevable la saisine du Conseil constitutionnel par la Cour suprême de l'exception d'inconstitutionnalité dirigée contre l'article 344 du Code des Douanes, soulevée devant la Chambre d'Accusation de la Cour d'Appel de Dakar.

Article 3.- La présente décision sera publiée au Journal officiel de la République du Sénégal.

OBSERVATIONS

Le Conseil constitutionnel dispose d'une compétence essentielle consistant à apprécier, par la voie de l'exception d'inconstitutionnalité, la conformité à la Constitution des lois pénales déjà promulguées à l'occasion d'un procès (*En ce sens, EL. H. O. DIOP, La justice constitutionnelle au Sénégal. Essai sur l'évolution, les enjeux et les réformes d'un contre-pouvoir juridictionnel, Dakar, CREDILA/OVIPA, 2013, p. 189 ; I. M. FALL, Évolution constitutionnelle du Sénégal de la veille de l'indépendance aux élections de 2007, Dakar-Paris, CREDILA-CREPOS, 2007, p. 74 ; A. DIÈYE, « Le contrôle de constitutionnalité des lois : quelles pratiques », in I. M. FALL (dir.), Théorie et contentieux constitutionnels en Afrique, Mélanges en l'honneur du Professeur El Hadji Mbodj, Dakar, l'Harmattan 2022, p. 857 et s. ; A. KH. DIOP, « La particularité de l'exception d'inconstitutionnalité sénégalaise : une analyse à la lumière du contentieux de l'exception d'inconstitutionnalité en Afrique francophone », in I. M. FALL (dir.), Théorie et contentieux constitutionnels en Afrique, Mélanges en l'honneur du Professeur El Hadji Mbodj, Dakar, l'Harmattan 2022, p. 897 et s.*).

À l'image de l'exception d'illégalité, l'exception d'inconstitutionnalité est un moyen incident soulevé au cours d'un procès tendant à obtenir la neutralisation d'un acte législatif non conforme à la Constitution, c'est-à-dire à en écarter l'application dans le cadre du procès (*Sur une définition, V. B. BA, « Présentation de l'exception d'inconstitutionnalité : le dénouement », in DIOUF (ND.), Le Conseil constitutionnel sénégalais dans un contexte d'intégration régionale : passé, présent, devenir, actes du colloque de Dakar, 7 et 8 décembre 2020, Dakar, l'Harmattan, 2021, p. 58*).

Contrairement au recours en inconstitutionnalité, qui est un procès dirigé à titre principal contre un acte législatif, l'exception d'inconstitutionnalité est un procès dans un procès. Il s'agit d'un contrôle *a posteriori* de constitutionnalité des lois « *qui marque un progrès important pour l'État de droit* » (*Sur l'exception d'inconstitutionnalité, J.-H. STAHL, « La longue marche de l'exception d'inconstitutionnalité », in Mélanges en l'honneur du Président Bruno Genevois, Paris, Dalloz, 2008, p. 993 ; P. DEVELVE, « Sur l'introduction de l'exception d'inconstitutionnalité contre la loi en droit français », Commentaire 1986/3, n° 35, p. 418-420 ; P. MAZEAUD, « L'exception d'inconstitutionnalité », D. 2008, p. 64 ; J. RIVERO, « Sur l'exception d'inconstitutionnalité », Commentaire 1986/4 (numéro 36), p. 704-705 ; WANDA YENG SENG, « Le contrôle des lois promulguées dans la jurisprudence du Conseil constitutionnel, un mystère en voie de dissipation ?», RFDC 2005/1 (n° 61), p. 35-71 ; D. TURTIN, « L'admission de l'exception d'inconstitutionnalité est souhaitable et possible », Commentaire 1986/4, n° 36, p. 705-708 ; R. DRAGO, «L'exception d'inconstitutionnalité », Commentaire 1986/3, n° 35, p. 420-421*).

L'exception d'inconstitutionnalité est, en effet, considérée comme un instrument de protection des droits fondamentaux et de renforcement de l'État de droit (*F. LUCHAIRE, « La protection des droits de l'homme par l'exception d'inconstitutionnalité », Commentaire 1991/3, n° 55, p. 483-490*).

Contrairement à ce que l'on pourrait penser, elle ne constitue pas techniquement une exception de procédure, il s'agit plutôt d'un moyen de fond.

La Cour suprême du Sénégal l'a clairement affirmé, dans un arrêt du 26 septembre 2013. La haute juridiction a énoncé que «*l'exception d'inconstitutionnalité n'est pas une exception de procédure, mais un moyen de fond visant à établir le défaut de base légale de l'acte attaqué qui se fonde sur un texte de loi dont la constitutionnalité est contestée ; qu'ainsi l'ordre dans lequel il est présenté n'a aucune incidence sur sa recevabilité* » (*CS n° 50 du 26 septembre 2013, Ch. T. S. et autres c/ État du Sénégal, inédit*).

L'article 92 de la Constitution a reconnu au Conseil constitutionnel une compétence pour apprécier, par la voie de l'exception d'inconstitutionnalité, la conformité à la Constitution des lois déjà promulguées à l'occasion d'un procès devant la Cour suprême. Les citoyens peuvent ainsi obtenir l'application des garanties fondamentales reconnues par la Constitution, même après l'entrée en vigueur des actes législatifs.

Il résulte de ce texte que l'exception d'inconstitutionnalité ne pouvait être soulevée que dans le cadre d'un procès soumis à la Cour suprême. Elle ne pouvait être invoquée devant les juridictions de base (cour d'appel, tribunal de grande instance et tribunal d'instance, tribunal de commerce, tribunal du travail). Cette restriction était légitimée par le souci d'éviter l'encombrement du prétoire du juge constitutionnel ainsi que les recours fantaisistes (*EL. H. O. DIOP, La justice constitutionnelle au Sénégal. Essai sur l'évolution, les enjeux et les réformes d'un contre-pouvoir juridictionnel, Dakar, CREDILA/OVIPA, 2013, p. 194*).

Le Conseil constitutionnel a jugé, à plusieurs reprises, que le Conseil d'État et la Cour de Cassation, devaient se prononcer, avant toute saisine du Conseil constitutionnel, sur leur compétence et sur la recevabilité du pourvoi ou la déchéance, tout examen de la solution du litige leur étant subordonné (*Cons. const. n° 16/95 du 13 février 1995, in I. M. FALL (dir), Les décisions et avis du Conseil constitutionnel au Sénégal, Dakar, CREDILA, 2008, p. 121 ; Cons. const. n° 17/95 du 13 février 1995, in I. M. FALL (dir), op. cit., p. 125. Selon le juge constitutionnel, un pourvoi non purgé de toutes fins de non-recevoir ou simplement fantaisistes ne saurait servir de prétexte pour saisir le Conseil constitutionnel d'une exception d'inconstitutionnalité. Ainsi, le Conseil constitutionnel ne peut être saisi que de recours recevables devant la Cour de Cassation ou le Conseil d'État. Sur cette question, EL. H. O. DIOP, op.cit., 2013, p. 194-195 ; dans le même sens, CS ch. crim. n° 30 du 19 avril 2023, O. S. c/MP et A. S., inédit : « Attendu qu'il résulte d'une jurisprudence ferme du Conseil constitutionnel que la purge préalable des fins de non-recevoir pouvant entacher les recours dont sont saisies les cours d'appel et la Cour suprême, constitue une condition sine qua non de la saisine du Conseil de l'exception, ce pour éviter, selon les termes mêmes de celui-ci , un détournement de procédure l'obligeant à se prononcer alors que le recours ayant généré l'exception objet de sa saisine serait improductif parce qu'étant irrecevable »*).

La Cour de Cassation a déjà eu l'occasion de juger, dans l'arrêt Demba MBAYE rendu le 17 janvier 1995, que lorsque la solution du litige est subordonnée à l'appréciation par le Conseil constitutionnel de la conformité à la Constitution de l'article 140 du CPP, elle doit surseoir à statuer et renvoyer l'affaire devant le Conseil constitutionnel (*C. cass. pén. n° 2 du 17 janvier 1995, Demba MBAYE c/ Caiss. de Péréq. et MP, in Recueil des arrêts de la Cour de Cassation. Années judiciaires : 1993-1998, Paris, édition Giraf, 2001, p. 90*).

Mais depuis son institution par la réforme de 1992, le bilan du mécanisme de l'exception d'inconstitutionnalité était encore très modeste (*I. Y. NDIAYE, « L'exception d'inconstitutionnalité et la question prioritaire de constitutionnalité. Étude comparative des droits sénégalais et français », Communication au Séminaire interne sur le fonctionnement du Conseil constitutionnel, 09-07 septembre 2011, Méridien Président, Dakar, p. 10 ; EL. H. O. DIOP, op. cit., 2013, p. 195*).

Prenant en compte la maturité démocratique et le renforcement du système démocratique du Sénégal, la réforme introduite par la loi constitutionnelle n° 2016-10 du 05 avril 2016 portant révision de la Constitution (*JORS n° 6926 du jeudi 07 avril 2016, p. 505*) a consacré un élargissement des compétences du Conseil constitutionnel en matière d'exception d'inconstitutionnalité (*I. M. FALL, « La réforme constitutionnelle de mars 2016 : un hommage à l'œuvre du professeur Kanté » », in A. SALL et I. M. FALL (dir.), Actualités du droit public et de la science politique en Afrique, Mélanges en l'honneur de Babacar KANTE, Dakar, l'Harmattan, 2017, p. 152 et s. ; I. M. FALL, La réforme constitutionnelle du 20 mars 2016 au Sénégal. La révision consolidante record, Dakar, l'Harmattan, 2017, p. 127*).

En vertu de l'article 92 de la Constitution modifiée, le Conseil constitutionnel connaît « *des exceptions d'inconstitutionnalité soulevées devant la cour d'appel ou la Cour suprême*» (*Sur cette question, P. A. TOURÉ, La réforme de l'organisation judiciaire du Sénégal commentée et annotée, Paris, l'Harmattan, 2016, p. 183 ; P. A. TOURÉ, « La réforme de l'organisation judiciaire du Sénégal : évolution ou révolution judiciaire ? », La Balance, Revue semestrielle de l'Union des Magistrats sénégalais, n° 01, janvier-juin 2017, p. 34*). Ce texte constitutionnel est précisé par l'article 22 de la loi organique n° 2016 du 14 juillet 2016 relative au Conseil Constitutionnel.

Selon ce texte : « *Lorsque la solution d'un litige porté devant la cour d'appel ou la Cour suprême est subordonnée à l'appréciation de la conformité des dispositions d'une loi ou des stipulations d'un accord international à la Constitution, la juridiction saisit obligatoirement le Conseil constitutionnel de l'exception d'inconstitutionnalité ainsi soulevée et sursoit à statuer jusqu'à ce que le Conseil constitutionnel se soit prononcé* ».

Devant la cour d'appel, l'exception d'inconstitutionnalité est une question préjudicielle (*Y. MENY, « Pour la question préjudicielle », Commentaire 1986/4 (numéro 36), p. 699-702*) ; c'est-à-dire que lorsque la question de constitutionnalité soulevée devant le juge d'appel a un lien avec la solution du litige, il doit surseoir à statuer et saisir le Conseil constitutionnel de l'exception d'inconstitutionnalité.

Avec la modification constitutionnelle de 2016, dès l'instance en appel, les justiciables pourront soulever, au cours du procès, la non-conformité d'une disposition législative à la Constitution. La possibilité donnée aux justiciables de soulever l'exception d'inconstitutionnalité devant la cour d'appel contribuera à consolider la protection des libertés individuelles (*M. DUVERGER, « L'exception d'inconstitutionnalité devant les tribunaux ordinaires », Commentaire 1986/3 (numéro 35), p. 413-414*).

Néanmoins, la modification de la Constitution, en ouvrant une possibilité de soulever l'exception d'inconstitutionnalité devant « *la cour d'appel*», limite en même temps la portée de la protection des justiciables. En effet, cette exception ne pourra être invoquée devant le tribunal d'instance ou le tribunal de grande instance, même statuant en tant que juridiction d'appel. Cette réforme aurait été plus « *consolidante* » si elle avait habilité la juridiction constitutionnelle à statuer sur toutes les exceptions d'inconstitutionnalité soulevée devant la Cour suprême ou devant une juridiction d'appel, qu'il s'agisse de la cour d'appel ou du tribunal de grande instance statuant comme juge d'appel. Il en est ainsi par exemple, lorsque le tribunal de grande instance statue en appel des décisions rendues par le tribunal d'instance en matière de divorce.

Dans l'affaire Khalifa Ababacar SALL jugée le 16 mai 2017, la Chambre d'Accusation de la Cour d'Appel de Dakar a eu l'occasion d'apprécier, pour la première fois, à notre connaissance, une exception d'inconstitutionnalité soulevée au cours d'une instance en annulation de la procédure pénale dirigée contre l'ex-Maire de Dakar (*CA Dakar, ch. acc. n° 168 du 16 mai 2017, Kh. A. S. c/ MP, inédit ; dans le même sens, CA Dakar ch. corr. n° 398 du 18 juillet 2018, MP c/ Kh. A. S. et autres, inédit*). La cour d'appel a estimé que l'exception d'inconstitutionnalité peut bien être soulevée à l'occasion des litiges relevant de la compétence de la chambre d'accusation.

Selon la cour, bien que disposant d'une compétence spécifique, la chambre d'accusation n'en est pas moins une formation de la cour d'appel. Elle a jugé que la non-conformité du statut des inspecteurs généraux d'État à la Constitution alléguée n'a aucune incidence sur l'issue de la demande en annulation du rapport de l'Inspection générale d'État, dès lors que ce rapport, ne constituant pas un acte de l'information, n'est pas susceptible d'annulation.

Récemment, le Conseil constitutionnel, dans une décision rendue le 28 septembre 2022, a eu l'occasion de préciser l'office de la Cour d'appel et de la Cour suprême saisie d'un pourvoi en matière d'exception d'inconstitutionnalité (*Cons. const. n° 5/C/2022 du 28 septembre 2022, MP c/ A. B. L. et A. A. G., inédit*).

En l'espèce, des inculpés étaient poursuivis des chefs d'association de malfaiteurs, de trafic international de drogue, de contrebande en bande organisée et de blanchiment de capitaux en bande organisée.

Ils avaient interjeté appel des ordonnances de refus de mise en liberté provisoire rendues par le juge d'instruction du Tribunal de grande Instance hors classe de Dakar. Devant la Chambre d'Accusation de la Cour d'Appel de Dakar, les inculpés ont soutenu l'inconstitutionnalité des dispositions de l'article 344 du Code des Douanes, en ce qu'elles violeraient les dispositions des articles 6, 7 et 91 de la Constitution et 16 de la Déclaration de 1789 et ont demandé à la juridiction d'appel, en application de l'article 22 de la loi organique n° 2016 du 14 juillet 2016 précitée, de saisir le Conseil constitutionnel de l'exception d'inconstitutionnalité ainsi soulevée et de surseoir à statuer.

Par arrêt n° 53 du 24 février 2022, la Chambre d'Accusation a rejeté l'exception d'inconstitutionnalité au motif que l'article 344 du Code des Douanes ne viole pas les dispositions constitutionnelles invoquées et a confirmé les ordonnances de refus de mise en liberté provisoire.

Par la suite, la Chambre criminelle de la Cour suprême, saisie d'un pourvoi contre cet arrêt a, par une décision n° 27 du 19 mai 2022, cassé et annulé l'arrêt n° 53 de la chambre d'accusation, avant de saisir le Conseil constitutionnel de l'exception d'inconstitutionnalité de l'article 344 du Code des Douanes, en disant que la procédure d'appel contre les ordonnances entreprises va se poursuivre après la décision du Conseil constitutionnel.

Le Conseil constitutionnel a rappelé qu' « *il résulte des dispositions de l'article 22 de la loi organique n° 2016-23 du 14 juillet 2016 que seule la juridiction saisie d'une exception d'inconstitutionnalité peut transmettre celle-ci au Conseil constitutionnel, et ce, à condition que la solution du litige porté devant elle soit subordonnée à l'appréciation de la constitutionnalité d'une loi ou d'un traité* ».

Or, en l'espèce, précise la haute juridiction constitutionnelle, l'exception d'inconstitutionnalité n'a pas été soulevée devant la Cour suprême, mais devant la cour d'appel ; le juge constitutionnel a indiqué que le litige porté devant la Cour suprême avait pour objet la violation par la chambre d'accusation de l'article 22 de la loi organique relative au Conseil constitutionnel et que sa solution ne dépendait pas d'une appréciation préalable de la constitutionnalité de l'article 344 du Code des Douanes.

Ainsi, « *à la suite de l'annulation de l'arrêt de la chambre d'accusation par la Cour suprême, il appartient à la cour d'appel de renvoi de saisir obligatoirement le Conseil constitutionnel de l'exception d'inconstitutionnalité soulevée et de surseoir à statuer jusqu'à ce que le conseil se soit prononcé* ».

2. Le contrôle de la légalité de la loi pénale

- **Exception d'illégalité-compétence exclusive du juge de l'excès de pouvoir**

96. CA Dakar, ch. corr. n° 93 du 01 février 2017, *MP c/ Mody TOURE*, *inédit*

Il ne peut être donné suite à l'exception d'illégalité de l'acte administratif du maire, cette exception en tant que technique de contrôle de la légalité d'un acte administratif, n'est admise que devant le juge de l'excès de pouvoir qui, lors d'un recours, procède à une confrontation entre l'acte critiqué et la règle de droit.

LA COUR,

Considérant que par acte enregistré le 28 janvier 2015 au greffe du Tribunal de grande instance hors classe de Dakar, M. T. a interjeté appel du jugement correctionnel n° 0048 rendu le même jour qui l'a condamné pour occupation illégale de terrain appartenant à autrui à trois (03) mois avec sursis et ordonné son expulsion de la parcelle n°283 sise à Extension Kamb ;

Considérant que par acte enregistré à même date, le Ministère public a formé appel incident du jugement susvisé;

EN LA FORME

Considérant que le prévenu et la partie civile ont comparu, assisté de leurs conseils ;

Qu'il échet statuer contradictoirement en l'espèce ;

AU FOND

1) Sur les faits

Considérant qu'il résulte du dossier de la procédure les faits suivants :

M. F. a déposé plainte contre M. T. pour occupation illégale de sa parcelle n° 283 sise au lotissement de Kamb à Mbao sur laquelle il a édifié des constructions;

Qu'il a soutenu que la parcelle lui a été affectée suivant arrêté d'attribution délivré par la commune de Mbao ;

Que les services de l'urbanisme de la mairie de la ville de Pikine lui ont délivré un acte de frais d'urbanisme et lotissement ; Qu'il a payé la quittance au niveau de la perception de Pikine ;

Entendu par les enquêteurs, M. T. a déclaré occuper une parcelle différente de celle réclamée par M. F. ; Que la parcelle n°3 de la Coopérative d'Habitat des Travailleurs de l'UCAD dont il détient les papiers administratifs, lui a été attribuée par cette dernière en guise de paiement de la somme de 7 500 000 FCFA pour la construction du poste de courant et l'équipement en câbles dudit poste;

Considérant que M. T. a été jugé et condamné par le tribunal correctionnel pour occupation illégale de terrain appartenant à autrui ;

2) DEVANT LA COUR

Considérant que les parties ont réitéré leurs déclarations faites à l'enquête ;

Considérant que les conseils du prévenu ont plaidé l'infirmation totale du jugement, la relaxe de leur client et le débouté de la partie civile de sa demande d'expulsion en faisant valoir que le terrain occupé par M. T. est différent de celui réclamé par Moustapha FALL;

Qu'ils ont excipé l'exception d'illégalité de l'acte administratif du Maire de la Ville de Pikine, daté du 20 avril 2001, portant notification d'une attribution de terrain au sieur M. F. en arguant que cette autorité n'avait pas une telle compétence à l'époque ;

Qu'ils ont sollicité de la cour ordonner avant dire droit une expertise à défaut d'une relaxe pure et simple ;

Considérant que le représentant du Ministère public entendu en ses réquisitions, a sollicité la confirmation du jugement ;

Considérant que les conseils de la partie civile ont soutenu que les constructions de M. T. sont édifiées sur la parcelle de leur client ;

Que selon eu l'exception d'illégalité ne peut être soulevée pour la première fois en appel;

Que le délit est constitué au vu du procès-verbal de constat et de l'absence d'un acte administratif justifiant les constructions du prévenu ;

Qu'ils ont conclu à la confirmation du jugement entrepris ;

SUR CE

Considérant qu'il ne peut être donné suite à l'exception d'illégalité de l'acte administratif du Maire de la Ville de Pikine en date du 20 avril 2001, cette exception en tant que technique de contrôle de la légalité d'un acte administratif, n'est admise que devant le juge de l'excès de pouvoir qui, lors d'un recours, procède à une confrontation entre l'acte critiqué et la règle de droit;

Considérant que si les parties en procès divergent sur l'emplacement des sites des lotissements abritant la parcelle de chacune d'elle, il n'en demeure pas moins qu'elles s'accordent sur le fait que la parcelle objet du litige est située dans la même assiette foncière ;

Considérant que l'article 423 du Code pénal punit quiconque aura cultivé ou occupé d'une manière quelconque un terrain dont autrui pouvait disposer, soit en vertu d'un titre foncier, soit en vertu d'une décision administrative ou judiciaire ;

Que le délit prévu par l'article susvisé ne peut exister qu'en cas d'occupation illégale faite sans droit ni titre ;

Qu'il résulte toutefois des pièces du dossier notamment l'autorisation de lotir et de construire n°2003 en date du 15 septembre 2004 et de l'attestation de prise de possession en date du 30 janvier 2004 toutes établies au profit de la Coopérative d'habitat des travailleurs de l'Université Cheikh Anta Diop de Dakar et de l'acte administratif portant attribution de parcelle à usage d'habitat non datée pris par les responsables de la coopérative sus indiquée que c'est en vertu desdits documents dont la régularité n'est pas contestée que le prévenu a occupé la parcelle réclamée par la partie civile ;

Qu'au regard de ces considérations le délit d'occupation illégale de terrain appartenant à autrui dont est poursuivi M. T. ne saurait être retenue à son encontre ;

Qu'il échet ainsi infirmer le jugement entrepris, et statuant à nouveau, renvoyer le prévenu des fins de la poursuite sans dépens ni peine, et en conséquence débouter M. F. de sa demande d'expulsion comme mal fondée ;

En conséquence et débouter M. F. de sa demande d'expulsion comme mal fondée ;

Considérant qu'il y a lieu de mettre les dépens d'appel à la charge du Trésor public ;

PAR CES MOTIFS

Statuant publiquement, contradictoirement, en matière correctionnelle et en dernier ressort ;

EN LA FORME

Déclare recevables les appels du prévenu et du Ministère public ;

AU FOND

Infirme le jugement et, statuant à nouveau :

Renvoie le prévenu des fins de la poursuite ;

Met les dépens à la charge du Trésor public.

- **Exception d'illégalité- Acte administratif : fondement aux poursuites pénales**

97. TPI, Dakar, du 07 avril 1981, *MP c/ Cheikh Anta DIOP*, *GDJAS*, n° 04, tome 1, p. 29, obs. J. M. NZOUANKEU

Il est de jurisprudence constante que le prévenu doit être relaxé lorsque l'acte administratif, servant de fondement aux poursuites pénales est illégal.

LE TRIBUNAL,

Attendu que suivant ordonnance en date du 21 mai 1980 de Monsieur I. S., alors Doyen des Juges d'Instruction de Dakar, C. A. D. a été renvoyé devant le tribunal correctionnel de céans sous la prévention d'avoir à Dakar, dans le courant de l'année 1979, fait ou tenté de faire fonctionner une association sans enregistrement ou autorisation préalable ;

Faits prévus et réprimés par l'article 2 de la loi n° 68-02 du 26 mars 1968 modifiant le chapitre 2 du livre VI du Code des Obligations civiles et commerciales modifié par la loi n° 79-02 du 4 janvier 1979

Attendu que tant devant la barre du tribunal que par note en cours de délibéré datée du 10 février 1981, les conseils du prévenu ont invoqué par voie de l'exception d'illégalité de la décision implicite de refus d 'enregistrer le Rassemblement National Démocratique (R.N. D.) et de lui en délivrer récépissé excipant de ce que ledit refus, contrairement aux dispositions de l'article 812 du C.O. C.C. n'est pas motivé en tant qu'il est implicite

Attendu qu'il résulte des pièces régulièrement versées au débat et non contestées que la déclaration du R.N. D. a été déposée à la Gouvernance de la Région du Cap-Vert le 3 février 1976 et tendant à en obtenir récépissé d'enregistrement ; qu'à la suite d t une décision expresse de rejet émanant du Président de la République, C. A. D. a formé contre celle-ci un recours administratif gracieux ; qu' aucune réponse n'ayant été apportée par autorité de l'exécutif à ce recours gracieux une décision implicite de rejet de celui-ci est ainsi intervenue au bout de quatre (4) mois , soit le 10 juillet 1976;

Attendu qu'aux termes de l'article 812, alinéa 3 du COCC le refus d 'enregistrement doit être motivé ; que cependant, en l'espèce, il ne peut être discuté que la décision dont s'agit n'est nullement motivée étant donné son caractère implicite ; que dès lors, elle est manifestement illégale alors qu'elle sert -de fondement aux poursuites dirigées contre le sieur D. ;

Attendu effet, que le fait de faire fonctionner le RND sans enregistrement ou sans autorisation préalable découle indiscutablement de la décision susvisée qui porte une atteinte à la liberté d'association et par suite aux libertés individuelles garanties par la Constitution ;

Attendu que l'illégalité de la décision attaquée étant suffisamment établie, les faits reprochés au prévenu ne peuvent pénalement réprimés ; qu'en effet, il est de jurisprudence constante que le prévenu doit être relaxé lorsque l'acte administratif, en l'espèce le refus d'enregistrement du R.N. D. , servant de fondement à la poursuite est illégal ; qu'il y a lieu, en conséquence, de relaxer C. A. D. des fins de la poursuite sans peine ni dépens ;

PAR CES MOTIFS

Statuant publiquement, contradictoirement, en matière correctionnelle et en premier ressort

Relaxe C. A. D. des fins de la poursuite.

• Exception d'illégalité-moment de présentation-*in limine litis*

98. CA Dakar, ch. corr. n° 23 du 06 janvier 2012, *MP et Babacar Wagne c/ Mouhamadou LY, inédit*

L'exception d'illégalité des titres de propriété invoqués par le prévenu plaidée par une partie civile n'a pas été soulevée in limine litis ; elle est donc irrecevable.

LA COUR,

Considérant que suivant déclaration reçue au greffe le 24 août 2010, Me Aboubacry Barro, Avocat à la Cour, pour le compte de B. W. représentant des héritiers, partie civile, a interjeté appel du jugement rendu le 22 août 2010 par le Tribunal de grande instance hors classe de Dakar qui a relaxé le prévenu et donné acte aux héritiers de ce qu'ils ne réclament pas de dommages et intérêts ;

Considérant que par déclaration du même jour également reçue au greffe, le Procureur de la République a relevé appel incident de la même décision ;

En la forme

Considérant que lesdits appels ont été introduits dans les conditions prescrites par la loi ; qu'il échet de les déclarer recevables ;

Au fond

Sur les faits et la procédure

Considérant qu'il résulte du dossier de la procédure les faits suivants : le 19 août 2009, B. W. saisissait le Procureur de la République de Dakar d'une plainte à l'encontre de M. L. pour occupation illégale de terrain ; qu'il exposait que le terrain en question d'une dimension de 2h a 66 a56 ca sis à Niacourab a été acquis par ses parents ; que Mouhamadou Ly, après avoir enlevé les bornes y a construit une bassine et l'occupe ainsi illégalement depuis plus d'une année ; qu'il produit au soutien de sa plainte une attestation de prise de possession du terrain ainsi qu'une attestation portant avis favorable de la commission de contrôle des opérations domaniales à la régularisation par voie de bail au profit de son père ;

Qu'au cours de l'enquête subséquente, M. L. a expliqué avoir acquis ledit terrain d'une superficie de 17832m² en 2007 au profit de son GIE le Galoya ; qu'il a enlevé les bornes de la famille W. puisque celle-ci avait enlevé les siennes ; qu'il produit au dossier une lettre n°01257/DGIT/DEDT en date du 14 mai 2008 par laquelle le Directeur des Domaines l'informe de ce que l'État a consenti un bail sur le terrain au Gie Galoya ; un état des droits réels du 10 juin 2009 ainsi qu'un certificat d'inscription au livre foncier ;

Que I. W., Inspecteur des Impôts et Domaines, a révélé aux enquêteurs que le terrain litigieux était exploité par la famille de S. W. et qu'elle avait déposé un dossier de régularisation par voie de bail dudit terrain et que la commission des contrôles des opérations domaniales avait déjà donné un avis favorable ; qu'il a ajouté cependant que le service des domaines de Pikine a attribué le même terrain au GIE Galoya et ceci a abouti à un bail au profit du GIE ; qu'il explique cette situation par le fait que le terrain est géré à la fois par le service des domaines de Rufisque et de Pikine du fait que leur compétence territoriale respective n'est pas définie de manière précise ;

Considérant qu'attrait devant le tribunal correctionnel du chef d'occupation illégale de terrain, fait prévu et puni par l'article 423 du Code pénal, M. L. a été relaxé de ce chef par le jugement dont est appel ;

Sur l'action publique

Considérant que la partie civile appelante, par l'organe de son conseil, a soutenu que l'occupation du terrain par le GIE est illégale parce qu'elle a été décidée par une autorité incompétente qui est le Conservateur de Pikine ; qu'elle estime que la Cour a plénitude de juridiction pour constater l'illégalité des titres du GIE parce qu'ils comportent un faux intellectuel ; qu'elle plaide en conséquence l'infirmation du jugement contesté et statuant à nouveau déclarer le prévenu coupable et le condamner à lui payer la somme de 50 000 000 F CFA à titre de dommages et intérêts ;

Considérant que l'Avocat général a exposé qu'en l'espèce, toutes les parties disposent de titres pour occuper le terrain litigieux au vu de l'article 423 du Code pénal et a requis la confirmation du jugement entrepris ;

Considérant que le prévenu, par l'organe de son conseil, a exposé détenir les titres nécessaires lui permettant d'occuper le terrain qui lui a même été vendu par l'État ; qu'il n'appartient pas à la Cour mais à la juridiction administrative de statuer sur la régularité des actes délivrés par le Conservateur de Pikine ; qu'il a plaidé ainsi la confirmation du jugement entrepris en toutes ses dispositions ;

Sur ce ;

Considérant que l'exception d'illégalité des titres du prévenu plaidée par la partie civile n'a pas été soulevée *in limine litis* ; qu'elle est donc irrecevable ;

Considérant également que le prévenu dispose de titres et notamment d'un bail inscrit sur le livre foncier et d'un état de droit réel sur le terrain litigieux ; qu'il ne tombe pas donc sous le coup des dispositions de l'article 423 du Code pénal puisque son occupation paraît régulière ; que seule la juridiction civile demeure compétente pour se prononcer sur la question de la propriété ;

Considérant qu'il échet en conséquence de confirmer le jugement entrepris en toutes ses dispositions et de condamner la partie civile appelante aux dépens ;

PAR CES MOTIFS

Statuant publiquement, contradictoirement, en matière correctionnelle et en dernier ;

Déclare les appels enregistrés recevables ;

Déclare irrecevable l'exception d'illégalité soulevée ;

Confirme le jugement entrepris en toutes ses dispositions ;

Condamne la partie civile appelante aux dépens.

- **Exception d'illégalité-conditions de recevabilité**

99. CA Dakar, ch. corr. n° 996 du 06 juillet 2007, *MP et C.R. de DIASS c/ Amadou NDIAYE et autres, inédit*

L'exception d'illégalité d'un acte administratif dans un procès pénal, pour être recevable doit être soulevée comme moyen de défense et pour prospérer, être de nature à enlever aux faits poursuivis leur caractère délictueux.

LA COUR,

Considérant que suivant acte reçu au greffe le 07 avril 2003, A. N. et autres, par l'organe de leur conseil Me Mohamed F. FALL, ont relevé appel du jugement correctionnel n° 92/03 rendu contradictoirement le 13 mars 2003 par le Tribunal d'instance de Mbour, qui a condamné les prévenus appelants pour suppression de bornes, dommages à la propriété privée d'autrui et voies de fait, à trois (03) mois d'emprisonnement avec sursis et à payer solidairement la somme de 2 000 000 francs à la partie civile à titre de dommages et intérêts;

Considérant que ledit appel a été fait dans les forme et délai légaux, qu'il y a lieu de le déclarer recevable ;

(...)

Sur l'exception de nullité des procès-verbaux de délibération de la communauté rurale de Diass

Considérant que les prévenus ont plaidé la nullité des procès-verbaux de délibération de la communauté rurale de Diass, au motif que la procédure prévue n'a pas été respectée, et que l'autorité administrative en l'occurrence le sous-préfet n'avait pas pris d'arrêté d'approbation;

Que d'autre part le Code de l'Urbanisme était violé sur ce point ;

Considérant que le Ministère public a répondu que la question de la validité des délibérations n'influent en aucune manière sur les faits reprochés aux prévenus ; Qu'il requiert l'irrecevabilité de l'exception soulevée ;

Considérant que l'exception d'illégalité d'un acte administratif dans un procès pénal, pour être recevable doit être soulevée comme moyen de défense et pour prospérer, être de nature à enlever aux faits poursuivis leur caractère délictueux comme le précise l'article 374 du Code de Procédure pénale ;

Que tel n'est pas le cas en l'espèce ;

Qu'il y a lieu de rejeter l'exception soulevée ;

(…)

PAR CES MOTIFS

Statuant publiquement, contradictoirement en matière correctionnelle et en dernier ressort :

- Reçoit l'appel en la forme ;

- Rejette l'exception de nullité des mandats de dépôt et des actes subséquents ;

- Rejette l'exception de nullité des procès-verbaux de délibération de la communauté rurale de DIASS ;

- Rejette l'exception préjudicielle ;

Au fond

- Confirme le jugement entrepris sur la culpabilité des prévenus et les intérêts civils ;

- Réformant quant à la peine et statuant à nouveau condamne A. N., M. C. N., M. D., M. T., O. D., I. D. et C. S. chacun à trois (03) mois d'emprisonnement avec sursis pour le délit et à 5000 francs pour chaque contravention ;

- Confirme le jugement dont est appel pour le surplus ;

- Les condamne en outre aux dépens liquidés à 120.600 francs.

- **Exception d'illégalité- Cour d'appel -juge de la légalité des actes administratifs- non**

100. CA Dakar, ch. corr. n° 391du 02 mai 2005, *MP et Arona TINE c/ Baba DIOP*, *inédit*

La cour d'appel, statuant en matière correctionnelle ne saurait être juge de la légalité des actes administratifs, mais peut se prononcer dans le cadre d'une procédure pendante donnant sur sa régularité.

LA COUR,

Considérant que le Tribunal de grande instance de Thiès statuant en matière de citation directe, à l'initiative de la partie civile A. T. poursuivant B. D. pour occupation illégale de terrain appartenant à autrui, de vol, de destruction de biens appartenant à autrui, de menaces de mort et de construction sans autorisation de construire, faits prévus et punis par les articles 423, 364, 370, 292 du Code pénal et 69 et 85 alinéa 1er et 4 du Code de l'Urbanisme et 13. 6 du code des contreventions a rendu le 13 avril 2004 le jugement dont le dispositif est ainsi conçu:

« Statuant publiquement contradictoirement, en matière correctionnelle et en premier ressort ;

En la forme

- Déclare l'exception préjudicielle irrecevable ;

-Déclare l'exception d'illégalité recevable ;

-La déclare bien fondée ;

-Constate l'inégalité de l'acte administratif n° 43.40 /AMG/S2 en date du 09 Juillet 1991 et l'écarte des débats ;

-déclare l'action publique recevable

Au fond

- Dit n'y avoir lieu à ordonner une expertise ;

-Relaxe le prévenu des délits de menaces de mort, de vol, et de construction sans autorisation administrative ;

-Le déclare coupable du délit d'occupation illégale de terrain et de la contravention de destruction de biens appartenant à autrui ;

- Le condamne à une peine d'emprisonnement de trois (03) mois avec sursis et à une peine d'amende de ferme de vingt-cinq mille (25 000) francs ;

-Reçoit la constitution de la partie civile de Arona TINE ;

-Lui alloue la somme de 200 000 (deux cent mille) francs à titre de dommages et intérêts et 350 000 (trois cent cinquante mille) francs à titre de remboursement ;

-Condamne le prévenu à lui payer lesdites sommes ;

-Ordonne l'exécution provisoire pour la totalité ;

-Fixe la contrainte par corps au maximum ;

-Met les dépens à la charge du prévenu » ;

Considérant que B. D., par le biais de son conseil a interjeté appel dudit jugement le 23 avril 2004 ; qu'aucune autre partie n' a interjeté appel de cette décision ;

En la forme

Considérant que l'appel du prévenu, seul appelant intervenu dans les formes et délais de la loi, doit être déclaré recevable ;

Au fond

Considérant que A. T. dans sa citation directe, estime que par acte administratif n° 457/98/ CRM la parcelle acquise de M. H. D. n° 71/D, a été muté à son nom et inscrite au registre du Conseil rural de Malicounda le 10/10/2001 ;

Que le 11 mars 2002, il a déposé une demande de bail après s'être acquitté des frais divers dus au Trésor, déposé une demande d'autorisation de construction ;

Que faisant fi de tout cela, B. D. a occupé sa parcelle alors qu'aucun acte administratif ne l'y autorise donc et surtout que le procès-verbal de délibération du Conseil rural du 23 juin 1999 l'a désaffecté de la parcelle n° 71/ D qu'en plus, il a utilisé les briques laissées sur place pour réaliser ses constructions ; qu'il a détruit son portail qu'il avait installé ; il a menacé de mort quiconque s'aventurerait sur la parcelle ; qu'il a édifié sur le terrain des constructions sans autorisation ;

Considérant que le prévenu conteste les faits qui lui sont reprochés ; que son conseil a fait plaider la nullité de l'acte sur le fondement duquel la partie civile a obtenu la mutation du titre, que le terrain du domaine national ne peut être vendu ; que même si le conseil rural a procédé à la désaffectation aucune décision ne lui a été notifiée ; qu'enfin le Conseil d'État a annulé la délibération du Conseil rural ; qu'il a fait plaider l'infirmation du jugement entrepris et la relaxe de B. D. ;

Considérant que la partie civile fait valoir en ce qui le concerne son titre de propriété fondé sur la délibération du Conseil rural ;

Considérant enfin que le Ministère public a requis la confirmation du jugement entrepris;

Considérant cela posé, que la décision de désaffectation du Conseil rural concerne ainsi B. D. (décision du 27 juillet 1999) ;

Considérant que la Cour, statuant en matière correctionnelle ne saurait être jugé de la légalité des actes administratifs, mais peut se prononcer dans le cadre d'une procédure pendante donnant sur sa régularité ;

Considérant qu'en l'espèce, ainsi d'ailleurs que cela résulte de manière fort élégante de la décision du Conseil d'État du 22 juillet 2004, que la décision de désaffectation n'a pas fait l'objet d'une notification ou d'une publicité, en violation des dispositions de l'article 9 du décret n° 72-1288 du 27 août 1972 régissant la matière ;

Considérant que même si la décision du Conseil d'État ne s'applique pas dans le cas d'espèce, la Cour peut faire sienne ce raisonnement pour dire et juger que cette décision de désaffectation ne saurait être opposable à B. D.;

Considérant sur cette base, que B. D. conserve son statut d'avant la décision de désaffectation et ne saurait être déclaré coupable du délit qui lui est reproché ;

Considérant que dans ces conditions il y a lieu d'infirmer le jugement entrepris en toutes ses dispositions ;

Qu'il y a lieu, statuant à nouveau de renvoyer B. D. des fins de la poursuite sans peine ni dépens, purement et simplement et de débouter en conséquence la partie civile de ses demandes comme non fondées ;

PAR CES MOTIFS

Statuant publiquement, contradictoirement, en matière correctionnelle et en dernier ressort ;

Reçoit en la forme le seul appel du prévenu ;

Au fond

-Infirme le jugement entrepris en toutes ses dispositions,

Statuant nouveau :

-Renvoie le prévenu B. D. des fins de la poursuite sans peine ni dépens purement et simplement ;

-Déboute la partie civile A. T. de ses demandes comme mal fondées ;

-Met les dépens à la charge du Trésor public.

- **Exception d'illégalité- conditions- l'existence d'une norme supérieure dont la violation est alléguée**

101. CA Dakar, ch. corr. n° 172 du 05 février 2013, *MP et Viviane MENDY c/ Sidy BODIAN, inédit*

L'exception d'illégalité est une procédure visant à faire apprécier par le juge pénal la légalité d'une loi ou d'un règlement servant de fondement à la poursuite ou invoqué comme un moyen de défense ; cette exception suppose cependant l'existence d'une norme supérieure dont la violation est alléguée.

LA COUR,

Considérant que par acte reçu au greffe du Tribunal de grande instance de Ziguinchor le 30 mars 2011, le Procureur de la République a interjeté appel principal du jugement n° 118 rendu par cette juridiction le 08 mars 2011 et dont le dispositif est ainsi conçu :

« Statuant publiquement, contradictoirement, en matière correctionnelle et en premier ressort :

En la forme

Rejette l'exception d'illégalité comme mal fondée ;

Se déclare incompétent et renvoie le Ministère public à mieux se pourvoir en application de l'article 369 du Code de procédure pénale ;

EN LA FORME

Considérant que l'appel a été fait dans les conditions de forme et de délai prescrites par la loi ;

Qu'il échet de le déclarer recevable en la forme ;

Sur la compétence du tribunal

Considérant que dans son rapport d'appel en date du 24 août 2011 le Procureur de la République a requis l'infirmation du jugement entrepris ;

Qu'il a, en effet, fait valoir que le premier juge a rejeté l'exception d'illégalité qu'il a soulevée contre l'extrait de naissance n° 0740/2007 produit au dossier au motif que cet acte ne fait pas partie de la catégorie des actes susceptibles de ce moyen de défense ;

Qu'or un extrait de naissance est un acte pris par une autorité administrative (officier d'état civil) pour créer un droit ;

Qu'il est donc un acte administratif contre lequel cette exception peut être soulevée ;

Considérant que Monsieur l'Avocat général a également requis cette confirmation ;

Considérant qu'il convient de rappeler que l'exception d'illégalité est une procédure visant à faire apprécier par le juge pénal la légalité d'une loi ou d'un règlement servant de fondement à la poursuite ou invoqué comme un moyen de défense ;

Que cette exception suppose cependant l'existence d'une norme supérieure dont la violation est alléguée ;

Considérant qu'en l'espèce le Ministère public n'excipe de la violation d'aucun texte ;

Qu'en réalité le problème qui se pose est celui du pouvoir d'appréciation du juge pénal devant un acte authentique ;

Qu'en principe un tel acte fait foi jusqu'à inscription de faux et s'impose donc au juge pénal, cela suppose que l'acte présente des apparences extérieures de régularités ;

Que s'il en est autrement et notamment lorsque l'acte est entaché de vices évidents qu'une simple inspection oculaire ou l'examen de ses conditions d'éditions suffit à en démontrer la fausseté, le juge peut, contrairement à l'argumentaire retenu par le jugement querellé sans inscription de faux préalable, le déclarer inexact et comme tel, le rejeter des débats ;

Considérant qu'en l'espèce il résulte des déclarations du prévenu contenues dans le procès-verbal d'enquête préliminaire qu'il serait âgé de quinze ans et est en classe de sixième secondaire ;

Que cependant l'acte de naissance produit lui confère l'âge de 11 ans au moment des faits;

Que la confirmation de cet âge avec le niveau scolaire invoque que cet âge de 11 ans est manifestement inexact ;

Que cette fausseté a été du reste reconnue par le père du prévenu lui-même à la barre du tribunal, puisqu'il a déclaré avoir « retaillé » l'âge de son enfant pour lui permettre de poursuivre sa scolarité ;

Qu'il en résulte que l'acte de naissance n° 740-2007 produit aux débats comporte des mentions manifestement inexactes ;

Qu'il échet dès lors de l'écarter ;

Considérant cependant qu'il ressort de ces mêmes éléments invoqués ci-dessus que le prévenu était âgé au moins de quinze ans au moment des faits ;

Qu'il reste donc toujours un mineur ;

Considérant que comme l'a relevé avec pertinence le premier juge aux termes de l'article 563 du Code de procédure pénale, toutes les infractions commises par les mineurs sont de la compétence exclusive du tribunal pour enfants ;

Qu'en se déclarant incompétent il a ainsi fait une bonne application de la loi ;

Qu'il échet en conséquence de confirmer la décision ;

PAR CES MOTIFS

Statuant publiquement, par défaut à l'égard des parties, en matière correctionnelle et en dernier ressort ;

En la forme

Déclare l'appel recevable ;

Confirme le jugement entrepris ;

Met les dépens à la charge du Trésor public.

- **Exception d'illégalité- Non-conformité du décret fixant le statut des notaires aménageant une procédure pénale spéciale par rapport à l'article 67 de la Constitution**

102. CA Dakar n° 888 du 22 août 2012, *MP c/ Aïssatou GUEYE DIAGNE, in Bulletin des arrêts rendus par la Cour d'Appel de Dakar en matière pénale, année 2014*, p. 134

L'article 27, alinéa 3 du décret n°2009-328 du 08 avril 2009, abrogeant et modifiant certaines dispositions du décret n°2002-1032 du 15 octobre 2002 fixant le statut des notaires aménage une procédure pénale spéciale dérogatoire aux règles édictées par la loi n°65-61 du 21 juillet 1965 portant Code de procédure pénale et constituant une garantie supplémentaire pour le notaire ; il viole manifestement ladite loi ainsi que l'article 67 de la Constitution, en s'immisçant subrepticement dans les attributions relevant exclusivement du domaine du pouvoir législatif ; il s'ensuit qu'il doit être écarté.

LA COUR,

Considérant que par jugement correctionnel rendu par défaut le 22 octobre 2009, le Tribunal de grande instance hors classe de Dakar, saisi par citation directe de B. D., a déclaré A. G. D. coupable d'abus de confiance, délit prévu et puni par l'article 383 du Code pénal et, en répression, l'a condamnée à trois (03) mois d'emprisonnement ferme et à payer à la partie civile susnommée, avec exécution provisoire et contrainte par corps, la somme de 35 000 000 FCFA à titre de dommages et intérêts ;

Que par déclaration faite au greffe, le 25 novembre 2009, la prévenue, par l'intermédiaire de son conseil, a interjeté appel principal toutes les dispositions de ce jugement, suivi le même jour du Ministère public, qui a relevé appel incident ;

Considérant que devant la Cour, la partie civile a été représentée par son conseil ; que la prévenue, qui avait pourtant constitué un conseil en la personne de Maître Moustapha DIOP, Avocat à la Cour, n'a pas comparu ; que son conseil qui avait sollicité et obtenu un renvoi, a fait défaut à l'audience à laquelle l'affaire a été retenue ;

Qu'étant établie la preuve que la prévenue a eu connaissance de la citation, il sera dès lors statué par arrêt réputé contradictoire à son égard et contradictoirement à l'encontre de la partie civile, par application des articles 396 et 412 du Code de procédure pénale ;

Sur la recevabilité des appels

Considérant que le conseil de B. D., a soulevé, dans ses écritures du 16 août 2012, l'irrecevabilité de l'appel pour irrégularité et forclusion, sur le fondement de l'article 398 du Code de procédure pénale, aux motifs que, d'une part, le conseil de la prévenue, qui n'avait pas comparu, ne peut pas intervenir dans la procédure en formant appel et, d'autre part, le jugement ayant été signifié le 16 septembre 2010, la prévenue, qui n'a pas formé personnellement appel, est déchue de son droit ;

Considérant que la loi pénale est d'interprétation stricte ;

Considérant qu'il ne ressort ni l'article 398 du Code susvisé et ni d'aucune autre disposition dudit Code une interdiction pour le prévenu jugé par défaut de faire appel par l'intermédiaire de son conseil ;

Qu'il s'ensuit que les appels ci-dessus, qui ont été relevés dans les forme et délai légaux, doivent être déclarés recevables ;

Rappel des faits et de la procédure

Considérant qu'il résulte du jugement attaqué et des pièces de la procédure que, courant janvier 2008, le nommé B. D. a remis à Maître A. G. D., Notaire, la somme de 23 000 000 FCFA pour l'acquisition d'une parcelle à usage d'habitation, d'une superficie de 197 mètres carrés, formant le lot n°18 à détacher titre foncier 6515/DG, appartenant à A. N., outre celle de 5 934 700 FCFA à titre de provision sur les frais et honoraires ;

Qu'après plus de 03 mois d'attente sans voir la vente se formaliser, il a réclamé, par courrier en date du 09 avril 2008, la restitution des sommes versées ; que n'ayant pas obtenu satisfaction, il lui a adressé, le 23 décembre 2008, une mise en demeure également restée sans suite ; que par exploit d'huissier en date du 06 janvier 2009, il lui a servi une citation directe devant le tribunal correctionnel pour abus de confiance ;

Que devant le tribunal, qui a rendu la décision déférée, la prévenue n'a pas comparu ;

Motifs de la décision

Considérant que par écritures en date du 10 juillet 2012, le conseil de la prévenue a sollicité l'infirmation du jugement entrepris pour violation de l'article 27 du décret n°2009-328 du 08 avril 2009 relatif au statut des Notaires ; qu'il soutient que le jugement est intervenu postérieurement à l'adoption de ce texte et à la suite d'une procédure de citation directe ; or, en matière pénale, ce texte subordonne l'exercice des poursuites contre un Notaire à une autorisation préalable du Ministre de la Justice, après avis de la Chambre disciplinaire, sauf dans les cas de flagrant délit ou de crime flagrant ; que ce préalable n'a pas été respectée dans le cadre de la présente procédure où il n'y a ni délit flagrant encore moins crime flagrant ;

Considérant que l'Avocat général a requis la confirmation du jugement querellé ;

Considérant que dans écritures précitées, le conseil de la partie civile a sollicité la confirmation du jugement déféré ; qu'il a fait valoir que, d'abord, en vertu du principe de la non rétroactivité de la pénale (principe qui a valeur constitutionnelle), le décret susvisé, qui a été publié au *Journal officiel* du 25 juillet 2009, est intervenu postérieurement aux poursuites ; qu'ensuite, cet acte administratif, qui ne saurait être assimilé à une loi pénale plus douce et qui instaure une garantie s'analysant en une immunité procédurale pour les notaires, viole l'article 67 de la Constitution lequel donne compétence exclusive au législateur pour l'organisation de la procédure pénale ; qu'ainsi invoquant la loi n°84-19 du 02 février 1984 et un jugement du Tribunal de grande instance hors classe de Dakar en date 13 avril 2010 (*n°743, affaire Société d'Investissement des Mutuelles c/ Sérigne Mbaye BADIANE*) il demande à la Cour, après avoir constaté son illégalité, de l'écarter ;

Considérant qu'en vertu des articles 396 et suivants du Code de procédure pénale, le conseil du prévenu jugé par décision réputé contradictoire et qui ne bénéficie pas d'une dispense, n'a pas droit à la parole ni oralement ni par voie écrite ;

Qu'en l'espèce, la prévenue A. G. D. n'a pas bénéficié d'une dispense de comparution ; que dès lors, les écritures déposées par son conseil, Maître Moustapha DIOP, et qui constituent une manière subtile pour ce dernier de plaider le fond de l'affaire sans la présence de la prévenue, doivent être déclarées irrecevables et écartées en conséquence des débats ;

Considérant que, ceci étant, aux termes de l'article 67 de la Constitution, les règles concernant la détermination des crimes et délits ainsi que les peines qui leur sont applicables, la procédure pénale et les garanties fondamentales accordées aux citoyens et aux corps socioprofessionnelles relèvent exclusivement du domaine de la loi ;

Considérant qu'en vertu de l'article 4 de la loi n°84-19 du 02 février 1984 fixant l'organisation judiciaire les juridictions de jugement ont, au cours des instances dont elles sont saisies, compétence pour interpréter et apprécier la légalité des actes administratifs qui leurs sont soumis ;

Considérant que l'article 27 alinéa 3 du décret n°2009-328 du 08 avril 2009, abrogeant et modifiant certaines dispositions du décret n°2002-1032 du 15 octobre 2002 fixant le statut des notaires, dispose que « le notaire ne peut être poursuivi, recherché, arrêté, détenu ou jugé en matière pénale, à raison d'actes ou faits commis à l'occasion de l'exercice de ses fonctions professionnelles, sauf le cas de flagrant délit ou de crime flagrant, qu'avec l'autorisation du Ministre de la Justice, Garde des Sceaux, après avis de la Chambre disciplinaire prévue par l'article 106 » dudit décret ;

Considérant qu'il en résulte que ce texte aménage une procédure pénale spéciale dérogatoire aux règles édictées par la loi n°65-61 du 21 juillet 1965 portant Code de procédure pénale et constituant une garantie supplémentaire pour le notaire ; qu'il viole manifestement ladite loi ainsi que l'article 67 de la Constitution, en s'immisçant subrepticement dans les attributions relevant exclusivement du domaine du pouvoir législatif ;

Qu'il s'ensuit qu'il doit être écarté ;

Considérant que A. G. D. est poursuivie pour abus de confiance qui suppose la remise d'une chose au titre d'un des contrats visés à l'article 383 du Code pénal, une inexécution de l'obligation, après simple mise en demeure, et une intention coupable ;

Considérant qu'en l'espèce c'est par des motifs pertinents, dont la Cour fait siens, que les premiers juges ont statué ; qu'elle ajoutera, que conformément aux règles de preuve instituées par les articles 414 et suivants du Code de procédure pénale, les prétentions de la victime sont corroborées par les reçus de versement versés au dossier ;

Qu'il en résulte que A. G. D., a reçu, es-qualité de Notaire, de B. D., la somme de 28 934 700 FCFA, à la fois à titre de dépôt et de mandat pour l'acquisition d'un immeuble appartenant à A. N. et dont elle devrait se charger des formalités ; que n'ayant pas respecté son engagement d'en faire l'emploi convenu ou de restituer l'intégralité de la somme reçue, malgré les mises en demeure des 09 avril et 23 décembre 2008, elle tombe sous le coup des disposition du texte de loi susvisé ; que son intention coupable résulte du son empressement à dissiper les fonds reçus à titre précaire et dont elle a été incapable de justifier la non restitution à la victime d'autant qu'il n'est pas établi que lesdits fonds ont été reversé au vendeur ;

Que le jugement sera dès lors confirmé sur la culpabilité ;

Considérant qu'en revanche, sur la peine, alors que les faits qu'elle a commis sont très graves, A. G. D., qui est auxiliaire de justice, n'a pas comparu aussi bien en première instance qu'en appel ni fourni d'excuse pour justifier son absence ; qu'elle a profité de sa qualité d'officier ministériel pour détourner à son profit les fonds déposés par la victime qui était loin d'imaginer un telle attitude en raison de la confiance qu'inspire sa charge ; que ce comportement intolérable, qui exclue l'application en sa faveur des dispositions de l'article 433 du Code pénal relatives aux circonstances atténuantes , justifie que le jugement entrepris soit réformé sur ce chef et la prévenue condamnée en conséquence à une peine de six (06) mois d'emprisonnement ferme, assortie d'un mandat d'arrêt, par application des articles 383 dudit code et 452 du Code de procédure pénale ;

Considérant que, pour le surplus, les premiers juges ont fait une application correcte de la loi et une bonne appréciation du préjudice causé à la victime ;

Qu'il s'ensuit que le jugement attaqué, sera confirmé pour le surplus et les dépens mis en conséquence à la charge de l'appelante, qui a succombé ;

PAR CES MOTIFS

Statuant publiquement, contradictoirement à l'égard de la partie civile, par arrêt réputé contradictoire à l'encontre de la prévenue, en matière correctionnelle et en dernier ressort;

En la forme

Déclare recevables les appels principal de la prévenue A. G. D. et incident du Ministère public ;

Déclare irrecevables les écritures du conseil de la prévenue en date du 10 juillet 2012 ;

Au fond

Confirme le jugement entrepris en toutes ses dispositions exceptées sur la peine ;

Le réformant sur ce dernier chef ;

Condamne A. G. D. à six (06) mois d'emprisonnement ferme ;

Et y ajoutant :

Décerne mandat d'arrêt contre elle ;

La Condamne en outre aux dépens.

- **Exception d'illégalité- non-conformité du décret de grâce intervenu en cours d'instance d'appel à la Constitution-violation du principe de la séparation des pouvoirs**

103. CS ch. crim. n°18 du 07 mai 2020, *MP c/ Amadou Woury DIALLO et autre, inédit*

Pour apprécier la légalité du décret accordant la grâce à A. W. D., l'arrêt attaqué énonce, qu'en l'espèce, il ne s'agit pas d'un contentieux tendant à l'annulation du décret attaqué qui ne peut intervenir que dans le cadre d'un recours pour excès de pouvoir mais d'une exception d'illégalité qui ne vise pas l'annulation de l'acte administratif ; en prenant un décret de grâce, le Président de la République agit en tant qu'autorité administrative et que son acte se rattache exclusivement à l'exercice du pouvoir règlementaire (...); la mesure de grâce qui est une dispense d'exécution d'une peine prononcée par les tribunaux, ne peut intervenir que dans le cas d'une décision de justice passée en force de chose jugée ; ainsi en accordant la grâce au prévenu alors que la décision de condamnation, frappée d'appel, est susceptible d'être réformée, l'autorité administrative s'est immiscée dans le déroulement d'une procédure judiciaire en cours, en violation flagrante du principe de la séparation des pouvoirs. La mesure de grâce, intervenue à ce stade de la procédure, est manifestement entachée d'irrégularité.

LA COUR,

Attendu que par l'arrêt attaqué, la cour d'appel, saisie d'une exception d'illégalité du décret n° 2019-754 du 3 avril 2019, accordant la grâce à A. W. D., appelant, condamné en première instance notamment à 5 ans d'emprisonnement ferme des chefs d'association de malfaiteurs, de complicité de contrebande et d'exercice illégal de la profession de pharmacien, a écarté ledit texte du litige qui lui est soumis ;

Sur moyen unique tiré de la violation de la loi en ce que, la cour d'appel, pour motiver sa décision, s'est fondée sur les articles 8 de la loi n° 2014-26 du 3 novembre 2014, abrogeant et remplaçant la loi n° 84-19 du 19 février 1984 portant organisation judiciaire et 19 du décret n° 2015-1145 du 3 novembre 2015 fixant la composition et la compétence des Cours d'appel, des Tribunaux de grande Instance (TGI) et des Tribunaux d'Instance (TI) , alors que, d'une part, contrairement à l'interprétation de la Cour, les dispositions précitées visent plutôt le cas où il s'agit d'apprécier la légalité des actes administratifs ordinaires lorsque de cet examen dépend la solution du litige, et d'autre part, la mesure de grâce présidentielle accordée au prévenu A. W. D. relève des pouvoirs constitutionnels du Chef de l'État sur le fondement des dispositions de l'article 47 de la Constitution du Sénégal ; ainsi en considérant que ce pouvoir d'accorder la grâce au susnommé ne doit être mis en œuvre qu'après que la décision prononçant sa condamnation soit devenue définitive alors que ni la loi ni la constitution ne prescrit cette condition supplémentaire, le juge d'appel est allé au-delà de ce que prévoit la loi et sa décision encourt, en conséquence, la cassation de ce chef ;

Attendu qu'aux termes des articles 8 de la loi n° 2014-26 du 3 novembre 2014, abrogeant et remplaçant la loi n° 84-19 du 2 février 1984 portant organisation judiciaire et 19 du décret n° 2015-1145 du 3 août 2015 fixant la composition et la compétence des Cours d'appel, des Tribunaux de grande Instance et des Tribunaux d'Instance, que « les juridictions ont, au cours des instances dont elles sont saisies, compétence pour interpréter et apprécier la légalité des décisions des diverses autorités administratives », et que les Cours d'appel, les Tribunaux de grande Instance et les Tribunaux d'Instance « ont au cours des instances dont ils sont saisis, compétence pour interpréter et apprécier la légalité des décisions des diverses autorités administratives lorsque de cet examen dépend la solution du litige » ;

Attendu que, pour apprécier la légalité du décret accordant la grâce à A. W. D., l'arrêt attaqué énonce, qu'en l'espèce, il ne s'agit pas d'un contentieux tendant à l'annulation du décret attaqué qui ne peut intervenir que dans le cadre d'un recours pour excès de pouvoir mais « d'une exception d'illégalité qui ne vise pas l'annulation de l'acte administratif (…) ; qu'en prenant un décret de grâce, le Président de la République agit en tant qu'autorité administrative et que son acte se rattache exclusivement à l'exercice du pouvoir règlementaire (…) », puis ajoute « que la mesure de grâce qui est une dispense d'exécution d'une peine prononcée par les Tribunaux, ne peut intervenir que dans le cas d'une décision de justice passée en force de chose jugée ; qu'ainsi en accordant la grâce au prévenu A. W. D. alors que la décision de condamnation, frappée d'appel, est susceptible d'être réformée, l'autorité administrative s'est immiscée dans le déroulement d'une procédure judiciaire en cours, en violation flagrante du principe de la séparation des pouvoirs », et retient « que la mesure de grâce, intervenue à ce stade de la procédure, est manifestement entachée d'irrégularité ; qu'il échet, en conséquence, d'écarter le décret de grâce et de dire qu'il ne saurait avoir aucune conséquence sur le présent litige»;

Qu'en l'état de ces énonciations, l'arrêt attaqué, loin d'avoir violé la loi, en a fait l'exacte application ;

D'où il suit que le moyen, mal fondé, doit être rejeté ;

PAR CES MOTIFS

Rejette le pourvoi formé par le Procureur général près la Cour d'Appel de Thiès contre l'arrêt n° 182 du 22 juillet 2019 de ladite cour ;

Met les dépens à la charge du Trésor public ;

Dit que le présent arrêt sera imprimé, qu'il sera transcrit sur les registres de la Cour d'Appel de Thiès en marge ou à la suite de la décision attaquée ;

Ordonne l'exécution du présent arrêt à la diligence du Procureur général près la Cour suprême.

OBSERVATIONS

La législation sénégalaise a toujours affirmé, de façon constante, la compétence des juridictions pénales pour interpréter et apprécier la légalité des actes administratifs, à travers l'exception d'illégalité. La loi du 03 novembre 2014 a maintenu le mécanisme de l'exception d'illégalité en lui affectant un régime juridique particulier.

La loi n° 2014-26 du 03 novembre 2014 fixant l'organisation judiciaire a réaffirmé la compétence des juridictions pour connaître du contentieux de l'interprétation et de l'appréciation de la légalité des décisions administratives (*C. GAUTRON et M. ROUGEVIN BAVILLE, Droit public du Sénégal, Paris, éd. Pédone, 2e éd., 1977, p. 341 ; A BOCKEL, Droit administratif, Dakar-Abidjan, NEA, 1978, p. 450 ; J.M. NZOUANKEU, Les grandes décisions de la jurisprudence administrative sénégalaise, Tome I, Contentieux général de la légalité, 2e éd., publication, Dakar, RIPAS, 1984, p. 30 et s. ; A.A. BA, «L'exception d'illégalité dans le système sénégalais d'organisation judiciaire », EDJA, n° 33, avril-mai-juin 1997, p. 39 et s. ; J.M. NZOUANKEU, « Remarques sur quelques particularités du droit administratif sénégalais », RIPAS, n° 09, janvier-mars 1984, p. 1 ; D. SY, Droit administratif, Dakar, CREDILA, p. 122 ; plus récemment, I. DIALLO, « L'exception d'illégalité dans le système judiciaire sénégalais », Nouvelles Annales africaines, n° 01, 2010, p. 152*). L'article 8 de cette loi énonce que : « *les juridictions ont, au cours des instances dont elles sont saisies, compétence pour interpréter et apprécier la légalité des décisions des diverses autorités administratives* » (*CS du 05 juillet 1961, W. S. c/ Commune de Saint-Louis, Annales africaines, 1973, p. 257 ; RLJ, 1961, I, 33 ; GDJAS, n° 04, tome 01, p.28 et s., Rec. Législ. Jursip., 1962, n° 741, p. 33 ; CS, n° 106 du 16 décembre 2010, A. A. ND. c/ I. ND., Cour suprême. Bulletin des arrêts, n° 02-03, année judiciaire 2010-2011, décembre 2012, p. 125 : les juridictions de fond ont, au cours des instances dont elles sont saisies, compétence pour interpréter et apprécier la légalité des décisions des diverses autorités administratives*). Cependant, un arrêt isolé rendu par la Cour d'Appel de Dakar le 02 mai 2005 a jugé que la cour d'appel, statuant en matière correctionnelle ne saurait être juge de la légalité des actes administratifs, mais peut se prononcer dans le cadre d'une procédure pendante donnant sur sa régularité (*CA Dakar, ch. corr. n° 391du 02 mai 2005, MP et Arona TINE c/ Baba DIOP, inédit)*. Dans le même sens, il a été jugé qu'il ne peut être donné suite à l'exception d'illégalité de l'acte administratif du maire, cette exception en tant que technique de contrôle de la légalité d'un acte administratif, n'est admise que devant le juge de l'excès de pouvoir qui, lors d'un recours, procède à une confrontation entre l'acte critiqué et la règle de droit (*CA Dakar, ch. corr. n° 93 du 01 février 2017, MP c/ Mody TOURE, inédit*).

Les arrêts précités procèdent d'une mauvaise application de la loi, puisque déjà à la faveur de l'adoption de la loi n° 84-19 du 2 février 1984 fixant l'organisation judiciaire, le législateur avait reconnu aux juges du fond le pouvoir d'apprécier la légalité des actes administratifs à l'occasion des instances dont ils sont saisis.

Le mécanisme de l'exception d'illégalité est une application de la règle « *le juge de l'action (du fond) est le juge de l'exception* ». L'exception d'illégalité est une contestation incidente de la légalité d'un acte administratif soulevée au cours d'un procès en vue d'en obtenir la neutralisation (*V. PELLETIER, L'appréciation de la légalité des actes administratifs par le juge répressif, Thèse Paris, 1954 ; O. GOHIN, « Exception d'illégalité », Rép.cont.adm., n° 1 ; D. BOUTET,*

«Quelques problèmes concernant les effets de l'exception d'illégalité », RD publ. 1990, p. 1735 ; P.-G. FRANCOZ, «Les actes administratifs et l'exception d'illégalité », Cah. fonct. publ. territ. 1995, p. 15 ; G. LIET-VEAUX, « Précisions sur l'exception d'illégalité», Rev. adm. 1951, p. 492 ; V. LESCLOUS, « L'appréciation des actes administratifs par le juge répressif», JCP 1994. I. 3747).

Un arrêt rendu par la Cour d'Appel de Dakar le 5 février 2013 a énoncé que *« l'exception d'illégalité est une procédure visant à faire apprécier par le juge pénal la légalité d'un règlement servant de fondement à la poursuite ou invoqué comme un moyen de défense ; Que cette exception suppose cependant l'existence d'une norme supérieure dont la violation est alléguée » (CA Dakar, ch. corr. n° 172 du 05 février 2013, MP et V. M. c/ S. B., inédit).*

La question de l'appréciation de la légalité d'un acte administratif pose, à l'image du recours pour excès de pouvoir, un problème de contentieux objectif relatif à la légalité d'une décision administrative.

Toutefois, l'exception d'illégalité se différencie du recours pour excès de pouvoir.

En premier lieu, elle constitue un recours incident *(un procès dans un procès)* et non une voie d'action principale *(un procès contre un acte administratif)* ; c'est-à-dire qu'il dérive d'une instance en cours devant le juge. L'exception d'illégalité constitue un contrôle de légalité par voie d'exception.

En second lieu, contrairement au recours pour excès de pouvoir, l'exception d'illégalité n'est pas enfermée dans des délais. Elle permet de contester la légalité d'un acte administratif qui n'aurait pas été déféré en temps utile devant la juridiction administrative ; elle est perpétuelle (*crim. du 18 juin 1998, Bull.crim., n° 201 ; également, A. FAYE, « État de droit et contrôle de l'exécutif : réflexions d'un privatiste sur l'exception d'illégalité en droit sénégalais », EDJA, n° 33, avril-mai-juin 1997, p. 31 ; A. A. BA, « L'exception d'illégalité dans le système sénégalais d'organisation judiciaire », EDJA, n° 33, avril-mai-juin 1997, p. 39*).

Le droit sénégalais a adopté le système de l'unité de juridiction à dualité du contentieux *(un juge unique et deux droits)*. Le juge de l'Administration est, en principe, le juge de droit commun. Il y a au Sénégal un seul ordre de juridiction qui connaît de tous les litiges, quelle que soit leur nature. La compétence n'étant pas liée au droit applicable, le même juge applique le droit privé aux particuliers et connaît en même temps des litiges impliquant l'Administration.

Le système de l'unité de juridiction oblige le juge à rechercher le droit applicable à chaque espèce. C'est en conséquence, de lui que dépendra l'avenir du droit administratif (*B. KANTE, Unité de juridiction et droit administratif : l'exemple du Sénégal, Thèse de doctorat d'État, Université d'Orléans, 1983, p. 137 ; D. SY, « Réflexions sur la création du droit administratif par le juge administratif »,*

Rev. Ass. sén. dr.pén, janvier 1996, p. 9 ; MB. M. DIAGNE, Les méthodes et techniques du juge administratif sénégalais, Thèse de doctorat Dakar, 1995, 532 p. ; MB. M. DIAGNE, « La contribution du Conseil d'État sénégalais à la construction de l'État de droit », Rev. Adm., numéro spécial, p. 81-82 ; D. SY, Droit administratif, Dakar, CREDILA, l'Harmattan 2014, p. 47).

Dans le modèle de l'unité de juridiction, marqué par la suppression des questions préjudicielles devant les juridictions du fond, la légalité des actes administratifs constitue une question préalable de la compétence de toutes juridictions (*J. C. GAUTRON et M. ROUGEVIN BAVILLE, Droit public du Sénégal, Paris, éd. Pédone, 2e éd., 1977, p. 341 ; A. BOCKEL, Droit administratif, Dakar-Abidjan, NEA, 1978, p. 450 ; J.M. NZOUANKEU, Les grandes décisions de la jurisprudence administrative sénégalaise, Tome I, Contentieux général de la légalité, 2e éd., publication, Dakar, RIPAS, 1984, p. 30 et s.*).

Un arrêt de la Cour d'Appel de Dakar rendu le 06 janvier 2014 a énoncé que le tribunal correctionnel, saisi d'une procédure d'occupation illégale d'un terrain appartenant à autrui, a l'obligation d'apprécier la validité des actes administratifs, notamment des délibérations, soumises à son appréciation, conformément aux dispositions de l'article 4 de l'ancienne loi n°84-19 du 02 février 1984 fixant l'organisation judiciaire (*CA Dakar ch. corr., n° 01 du 06 janvier 2014, MP et O. T. c/ S. A. Th. et S. MB. F., inédit ; également, CA Dakar ch. corr, n° 1684 du 30 décembre 2013, MP et M. S. c/ O. S., inédit ; CA Dakar ch. corr., n° 144 du 21 mars 2007, D. G. ASECNA c /D. G. IPRES, inédit ; CA Dakar ch. corr., n° 106 du 21 avril 2016, Membres coll. des attrib. et propr. de Tivaouane Peulh c/ Institut Mozdahir International, inédit*).

La compétence ainsi reconnue aux juridictions de base constitue une simplification considérable par rapport au droit français. Lorsqu'une exception d'illégalité est soulevée, le juge du fond n'a pas à surseoir à statuer, il doit se prononcer sur la légalité de la décision en cause.

Toutes les juridictions sont compétentes pour connaître de l'exception d'illégalité. L'essentiel est que le contrôle par voie d'exception soit exercé à l'occasion d'un litige relevant au principal de la compétence de la juridiction saisie, qu'il s'agisse d'un litige entre un particulier et l'Administration ou entre deux particuliers (*C. GAUTRON et M. ROUGEVIN BAVILLE, Droit public du Sénégal, Paris, éd. Pédone, 2e éd., 1977, p. 341*).

Devant les juridictions de base, comme devant la Cour suprême, le contentieux de l'appréciation de la légalité des décisions administratives est une question préalable de la compétence de toutes les juridictions. La théorie de l'exception d'illégalité retrouve toute sa cohérence dans le modèle de l'unité de juridiction à la base et au sommet.

Il faut préciser que l'introduction de l'unité juridictionnelle n'est pas totale au sommet de la pyramide judiciaire. La Cour suprême ne cumule que les compétences dévolues à la défunte Cour de Cassation et à l'ancien Conseil d'État.

Toutefois, le Conseil constitutionnel et la Cour des Comptes conservent toujours leurs compétences d'attribution.

Dans le système judiciaire sénégalais, l'exception d'illégalité a une grande portée juridique. Elle peut être invoquée à l'encontre de tous les actes administratifs, qu'il s'agisse d'actes individuels ou d'actes réglementaires. L'essentiel est que la décision en question revête la nature d'un acte administratif.

Mais le droit sénégalais ne fait aucune distinction entre les actes administratifs réglementaires et les actes administratifs individuels, l'article 8 de la loi du 03 novembre 2014 se contentant de viser « *les décisions des diverses autorités administratives* ». Ainsi, le législateur semble soumettre tous les actes administratifs au contrôle de légalité du juge (*A. HOMONT, «L'appréciation de la légalité des actes administratifs individuels par les tribunaux répressifs de l'ordre judiciaire », JCP 1951, I. 956 ter*).

Les juges peuvent apprécier la légalité de tous les actes administratifs, quelle que soit leur place dans la hiérarchie des normes : décrets, arrêtés et même les ordonnances tant qu'elles n'ont pas été ratifiées (*Crim. 19 octobre 2004, Bull. crim. n° 247*).

Cependant, demeurent en dehors du champ d'application du contrôle par voie d'exception, les contrats administratifs qui ne constituent pas des actes administratifs unilatéraux (*Crim. 22 janvier 1997, Bull. crim. n° 26*).

Récemment, la Cour suprême a eu l'occasion de préciser sa jurisprudence sur les actes soumis au contrôle de légalité dans un arrêt rendu par sa chambre administrative le 3 juillet 2019 (*CS ch. adm. n° 59 du 3 juillet 2019, J. P. Ac c/M. Aa : https://juricaf.org/arret/SENEGAL-COURSUPREME-20190703-59*). Dans cette décision, la haute juridiction administrative a rejeté le pourvoi formé contre un arrêt d'appel qui a énoncé que l'exception d'illégalité dirigée contre un acte administratif « *ne peut être opposée qu'aux actes réglementaires et non aux actes individuels lesquels, en raison de leur non-permanence, s'ils ne sont contestés ou retirés dans le délai du recours pour excès de pouvoir, confèrent un droit acquis au profit de leurs destinataires* ».

Cet arrêt constitue une reprise d'une jurisprudence française constante qui admet que la recevabilité du recours suppose que l'acte non réglementaire dont on excipe de l'illégalité ne soit pas définitif (*CE, 08 juill. 1936, Sté chaudronneries et tôleries Est, Rec. CE 1936, p. 1441 ; CE, 06 déc. 1944, Mulier, Rec. CE 1944, p. 415 ; CE, 28 mai 1952, Sté française exportation et commission, Rec. CE 1952, p. 799 ; CE, 08 janv. 1954, Lefebvre, Rec. CE 1954, p. 17*), soit que le délai de recours contentieux à son encontre court encore, soit que son destinataire ou un tiers intéressé ait en temps utile exercé un recours contentieux, peu important alors que le délai de recours direct contre la décision dont le requérant invoque l'illégalité soit écoulé pour ce dernier (*CE, 08 mai 1963, Lejaille, Rec. CE 1963, p. 284, a contrario ; CE, sect., 04 janv. 1964, min. Int. c/ Limonier et a. : Rec. CE 1964, p. 21 ; AJDA 1964, p. 447, note V.S*).

L'arrêt de la Cour suprême rendu le 03 juillet 2019 doit être approuvé. En effet, les décisions non réglementaires, qui sont créatrices de droits acquis, sont destinées à régler une fois pour toutes des situations particulières.

Il s'agit là d'une application du principe de sécurité juridique qui constitue un objectif de valeur constitutionnelle, prévalant ainsi sur le principe de la légalité (*En ce sens, A. LOUVARIS, « Exception d'illégalité », Juris-class. adm., fasc. 1160, 2014, n°86*).

Quoi qu'il en soit en matière pénale, où la question des droits acquis n'est pas souvent en cause, la jurisprudence admet que l'exception d'illégalité peut porter sur une assignation à résidence (*Crim. 29 mars 1962, Bull. crim. n° 158, D. 1962, 102 rapport Costa*), un arrêté d'expulsion (*Crim. 1er février 1995, JCP 1995, II, n° 22564*), un arrêté préfectoral interdisant une manifestation sur la voie publique (*Crim. 2 avril 1998, Bull. crim. n° 130*) et un arrêté portant retrait d'une licence de transport (*Crim. 6 avril 2004, Bull. crim. n° 85*), qui constituent des actes administratifs individuels.

Dans l'arrêt Amadou Woury Diallo rendu le 07 mai 2020, la chambre criminelle de la Cour suprême a jugé que la cour d'appel est compétente pour apprécier au cours du procès pénal la légalité d'un décret présidentiel accordant la grâce à un prévenu, lorsque la peine prononcée contre ce dernier n'est pas définitive (*CS ch. crim. n°18 du 07 mai 2020, MP c/ A. W. D. et B. S., inédit*). Or, le décret de grâce collective constitue un acte administratif à caractère individuel (*acte collectif*).

Les moyens susceptibles d'être invoqués devant la juridiction administrative, en vue d'obtenir la nullité d'un acte administratif, peuvent également être allégués à l'appui d'une exception d'illégalité.

Bien que la loi du 3 novembre 2014 fixant l'organisation judiciaire et le décret du 03 août 2015 précité n'évoquent que l'examen de la « *légalité* » des décisions des autorités administratives, il ne fait pas l'ombre d'un doute que ces textes autorisent également les juridictions à contrôler leur constitutionnalité.

En effet, la légalité est entendue au sens large, ce qui implique toutes les normes supérieures, notamment la Constitution. En contentieux administratif, le contrôle de la régularité des règlements est classiquement désigné sous l'expression de contrôle de légalité bien qu'il inclut le contrôle de constitutionnalité.

Dans l'arrêt Aïssatou Guèye DIAGNE rendu le 22 août 2012, la Cour d'Appel de Dakar a mis en œuvre le mécanisme de l'exception d'illégalité en matière pénale. Dans cette affaire, le Tribunal de grande Instance hors classe de Dakar a déclaré la notaire Aïssatou Guéye DIAGNE coupable d'abus de confiance et l'a condamnée à six (6) mois d'emprisonnement ferme et à payer à la partie civile la somme de 35 000 000 de francs CFA à titre de dommages et intérêts (*CA Dakar ch. corr., n° 888 du 22 août 2012, MP c/ A. G. D., in Bulletin des arrêts rendus par la Cour d'Appel de Dakar en matière pénale, année 2014, p. 134*).

À l'appui de son appel contre le jugement de première instance, la prévenue a fait valoir que l'article 27 du décret n° 2009-328 du 08 avril 2009 relatif au statut des notaires subordonne l'exercice des poursuites contre un notaire à une autorisation préalable du Ministre de la Justice, après avis de la chambre disciplinaire, sauf dans les cas de flagrant délit. Elle a estimé que cette garantie de procédure n'a pas été respectée en l'espèce.

De son côté, le conseil de la partie civile a soulevé l'exception d'illégalité de l'article 27 du décret relatif au statut des notaires, au motif qu'il instaure une garantie procédurale pour les notaires violant l'article 67 de la Constitution, la procédure pénale relevant du domaine exclusif de la loi.

La cour d'appel a jugé « *qu'en vertu de l'article 4 de la loi n° 84-19 du 02 février 1984 fixant l'organisation judiciaire, les juridictions de jugement ont, au cours des instances dont elles sont saisies, compétence pour interpréter et apprécier la légalité des actes administratifs qui leur sont soumis ; considérant que l'article 27, alinéa 3 du décret n° 2009-328 du 08 avril 2009, abrogeant et modifiant certaines dispositions du décret n° 2002-1032 du 15 octobre 2002 fixant le statut des notaires, dispose que le notaire ne peut être poursuivi, recherché, arrêté, détenu ou jugé en matière pénale, à raison d'actes ou faits commis à l'occasion de l'exercice de ses fonctions professionnelles, sauf le cas de flagrant délit ou de crime flagrant, qu'avec l'autorisation du Ministre de la Justice, Garde des Sceaux, après avis de la chambre disciplinaire prévue par l'article 106 dudit décret ; Considérant qu'il en résulte que ce texte aménage une procédure pénale spéciale dérogatoire aux règles édictées par la loi n° 65-61 du 21 juillet 1965 portant Code de procédure pénale et constituant une garantie supplémentaire pour le notaire ; qu'il viole manifestement ladite loi ainsi que l'article 67 de la Constitution, en s'immisçant subrepticement dans les attributions relevant exclusivement du domaine du pouvoir législatif ; qu'il s'ensuit qu'il doit être écarté* ».

Les juges de la cour d'appel ont ainsi estimé que l'article 27 du décret fixant le statut des notaires, qui subordonne les poursuites contre les notaires à l'autorisation du Garde des Sceaux, Ministre de la Justice, après avis de la chambre disciplinaire, intervient dans le domaine de la loi et méconnaît l'article 67 de la Constitution. Le juge a ainsi écarté l'article 27 du décret fixant le statut des notaires du procès avant de condamner la prévenue à six (6) mois d'emprisonnement ferme.

Par ailleurs, saisie sur le pourvoi formé contre l'arrêt de la Cour d'Appel de Thiès, la chambre criminelle de la Cour suprême a, dans un arrêt rendu le 07 mai

2020, approuvé un arrêt d'appel qui a considéré que la mesure de grâce, constituant une dispense d'exécution d'une peine prononcée par les tribunaux, ne peut intervenir que dans le cas d'une décision de justice passée en force de chose jugée (*CS ch. crim. n°18 du 07 mai 2020, MP c/ A. W. D. et B. S., inédit*).

Ainsi, en accordant la grâce à une personne alors que la décision de condamnation, frappée d'appel, est susceptible d'être réformée, l'autorité administrative s'est immiscée dans le déroulement d'une procédure judiciaire en cours, en violation flagrante du principe constitutionnel de la séparation des pouvoirs. Dès lors, la juridiction suprême a reconnu au juge d'appel le pouvoir d'apprécier la conformité du décret de grâce par rapport à la Constitution.

Pour que l'exception d'illégalité prospère devant le juge pénal, il est nécessaire que la solution du procès soit subordonnée à l'appréciation de la légalité de l'acte administratif. Aux termes des dispositions de l'article 13 du décret n° 2015-1145 du 3 août 2015 fixant la composition et la compétence des cours d'appel, des tribunaux de grande instance et des tribunaux d'instance, les tribunaux d'instance ont, au cours des instances dont ils sont saisis, compétence pour interpréter et apprécier la légalité des décisions des autorités administratives, « *lorsque de cet examen de la légalité dépend la solution du litige* ».

En matière pénale, on admet que la décision administrative doit servir de fondement aux poursuites. L'exception d'illégalité doit tendre à contester la légalité de l'acte même qui a servi de base aux poursuites pénales. Le texte à l'encontre duquel l'exception d'illégalité est soulevée doit constituer le fondement même de la décision faisant grief (*J.M. NZOUANKEU, Les grandes décisions de la jurisprudence administrative sénégalaise, Tome I, Contentieux général de la légalité, Dakar, 2e éd., publication RIPAS, 1984, p. 36*).

Il a été jugé que l'exception d'illégalité d'un acte administratif dans un procès pénal, pour être recevable doit être soulevée comme moyen de défense et pour prospérer, être de nature à enlever aux faits poursuivis leur caractère délictueux (*CA Dakar, ch. corr. n° 996 du 06 juillet 2007, MP et C.R. de DIASS c/ Amadou NDIAYE et autres, inédit*).

Dans l'affaire Cheikh Anta DIOP, le juge sénégalais a eu l'occasion d'apprécier la condition tirée de l'influence de la légalité du règlement sur l'issue du procès. En l'espèce, une déclaration du Rassemblement National Démocratique (RND) a été déposée à la Gouvernance de la Région du Cap-Vert le 03 février 1976 en vue de l'obtention d'un récépissé d'enregistrement.

À la suite d'une décision expresse de rejet émanant du Président de la République, Cheikh Anta DIOP a formé contre celle-ci un recours administratif gracieux, aucune réponse n'ayant été apportée par l'autorité, une décision implicite de rejet du recours est ainsi intervenue au bout de quatre (4) mois.

Aux termes de l'article 812, alinéa 3 du COCC, le refus d'enregistrement doit être motivé. Or, en l'espèce, la décision dont s'agit n'était nullement motivée étant donné son caractère implicite. Dès lors, elle était manifestement illégale alors qu'elle servait de fondement aux poursuites dirigées contre le sieur Cheikh Anta DIOP.

Le Tribunal de grande instance de Dakar a jugé que le fait de faire fonctionner le RND sans enregistrement ou sans autorisation préalable découle indiscutablement de la décision susvisée qui porte une atteinte grave à la liberté d'association et par suite aux libertés individuelles garanties par la Constitution.

Le juge a estimé que l'illégalité de la décision attaquée étant suffisamment établie, les faits reprochés au prévenu ne pouvaient être pénalement réprimés, puisqu'il doit être relaxé lorsque l'acte administratif, en l'espèce le refus d'enregistrement du RND, servant de fondement à la poursuite était illégal.

Le tribunal a ainsi renvoyé C. A. D. des fins de la poursuite (*TPI, Dakar, du 07 avril 1981, MP c/ Cheikh Anta DIOP, GDJAS, n° 04, tome 1, p. 29 et s.*).

L'exception d'illégalité obéit à un régime procédural assez original. Elle ne constitue pas une exception au sens processuel du terme ; il ne s'agit pas d'un moyen de défense par lequel le défendeur conteste la régularité de la procédure initiée par le demandeur.

L'exception d'illégalité peut être invoquée aussi bien par le demandeur à l'appui de son action que par le défendeur pour s'opposer à celle-ci (*En ce sens, C. GAUTRON et M. ROUGEVIN BAVILLE, Droit public du Sénégal, Paris, éd. Pédone, 2e éd., 1977, p. 341*).

Lorsqu'elle est invoquée par le défendeur, elle constitue une défense au fond par laquelle ce dernier conteste la légalité d'un acte administratif susceptible de lui être appliqué par le juge.

En procédure pénale, l'exception d'illégalité ne s'analyse pas en une question préjudicielle au jugement au sens de l'article 374 du CPP, laquelle doit être soulevée avant toute défense au fond.

Toutefois, un arrêt très contestable rendu par la Cour d'Appel de Dakar le 6 janvier 2912 a déclaré irrecevable une exception d'illégalité des titres de propriété invoqués par le prévenu plaidée par une partie civile pour n'avoir pas été soulevée *in limine litis* (*CA Dakar, ch. corr. n° 23 du 06 janvier 2012, MP et Babacar Wagne c/ Mouhamadou LY, inédit*).

D'ailleurs, un autre arrêt rendu le 25 juin 1986, la Cour d'Appel de Dakar a rappelé que l'exception d'illégalité ne constitue pas une exception au sens procédural du terme, mais un moyen de défense. D'après les juges d'appel, « *l'exception d'illégalité, en tant que moyen de défense, peut être soulevée à tout moment de la procédure, même pour la première fois en cause d'appel* » (*CA Dakar ch. corr., n° 454 du 25 juin 1986, MP et F. S. c/ B. D., inédit*).

L'exception d'illégalité n'a pas pour objet d'obtenir l'annulation de l'acte administratif, mais simplement une déclaration relative à la légalité de cet acte (*Cass. crim., 7 nov. 1908, Bull. crim., n° 427; Cass. crim., 29 févr. 1912, Bull. crim., n° 117; Cass. crim., 10 oct. 1974, Bull. crim., n° 291*). S'il s'avère qu'il est illégal, le juge se contente d'écarter son application du litige qui lui est soumis. Il n'annule pas l'acte administratif entaché d'illégalité ; mais il procède seulement à sa neutralisation.

Les décisions des juges du fond sur l'exception d'illégalité n'ont que l'autorité relative de la chose jugée (*Cass. crim., 7 nov. 1908, Bull. crim., n° 427 ; Cass. 2e civ., crim. 8 juin 1995, Bull. civ. 1995, II, n° 217*). Elles ont pour seul effet d'écarter l'acte déclaré illégal du procès en cours ; ce qui ne vaut que pour ce seul procès (*F. MELLERAY, «L'étendue de l'autorité de chose jugée des déclarations d'illégalité d'actes administratifs opérées par le juge administratif », AJDA 2004, p. 138*). Un jugement qui prononcerait la nullité d'un acte administratif illégal, dans le cadre d'une exception d'illégalité, doit être censuré (*Crim. 7 nov. 1908, S., 1911, 1, 540 ; 30 déc. 1909, Bull. crim., n° 633*).

SECTION II : L'ÉLÉMENT MATÉRIEL DE L'INFRACTION

PARAGRAPHE PREMIER : L'INFRACTION TENTÉE : LA TENTATIVE

- **Tentative : combinaison des conceptions objective et subjective du commencement d'exécution**

104. CA Dakar ch. corr., n° 680 du 16 avril 2007, *affaire de la Clinique du Cap, inédit*

Le commencement d'exécution est constitué par des actes qui tendent directement à l'infraction avec l'intention de la commettre.

Considérant que suivant déclarations au greffe du Tribunal de grande instance de céans, en date du 15 mai 2006, le conseil de la « Clinique du Cap » ainsi que le substitut du Procureur de la République près ladite juridiction ont interjeté appel du jugement n° 1981 rendu le 9/05/2006 par ladite juridiction statuant en matière correctionnelle qui a relaxé purement et simplement M. D. et L. A. G. N. des fins de la poursuite et rejeté la constitution de partie civile de la Clinique du Cap, comme mal fondée ;

Considérant qu'il y a lieu de déclarer recevables, en la forme, les appels de la partie civile et du Ministère public, pour avoir été interjetés selon les forme et délai de la loi ;

AU FOND

FAITS

Considérant que par lettres en date du 11 nov. 2005, Y. D., Directeur général de la Clinique du Cap a saisi la police centrale de Dakar, d'une plainte dirigée contre les nommés M. D. et L. G. ND.;

Que dans ladite plainte et devant les policiers enquêteurs, Y. D. a exposé que ce jour, aux environs de 20 heures et après le départ des responsables de la clinique, M. D. technicienne supérieure de laboratoire, a introduit clandestinement L. ND., personne étrangère au service, dans le laboratoire;

Qu'une fois à l'intérieur de cette structure, ils se sont mis à utiliser l'ordinateur de service;

Qu'ils ont été surpris dans leur entreprise par mademoiselle B. D. E., surveillante générale de la clinique ;

Qu'il a fait observer que L. ND., employé à la société « SUP INFO », se voyait souvent confier par la clinique la réparation du système informatique auquel il est habitué ;

Que leurs agissements portent atteinte gravement à la sécurité des données informatiques de la Clinique du Cap et que de manière plus explicite, Y. D. a accusé M. D. et L. A. G. ND. de tentative de vol de données informatiques ;

Qu'à cet égard, il a fait remarquer qu'au moment de leur interpellation, l'ordinateur était allumé et que les données visées étaient non seulement relatives aux clients mais également au courrier et à la comptabilité de la clinique du Cap ;

MOYENS ET PRETENTIONS DES PARTIES

Considérant que l'Avocat général a requis la confirmation du jugement entrepris mais pour d'autres motifs ;

Qu'il a fait observer que les poursuites manquaient de base légale ;

Que selon lui, les dispositions de l'article 364 du Code pénal ne permettent pas de réprimer le vol de données informatiques car il faut une loi spéciale pour le faire ;

Considérant que les conseils de la partie civile notamment Mes Kanjo et Koïta ainsi que Mes TALL et associés et Me Ciré Clédor LY ont fait remarquer notamment que l'article 364 du Code pénal avait vocation à s'appliquer dès lors qu'il ne distinguait pas entre chose matérielle et chose immatérielle, et que d'ailleurs l'électricité est de la matière ; que selon eux, le commencement d'exécution est constant, dans la mesure où les prévenus ont forcé un Code pour sortir le menu de l'ordinateur ;

Qu'ils ont sollicité l'infirmation du jugement entrepris, l'application de la loi pénale ainsi que l'octroi d'un franc symbolique pour les intérêts civils ;

Considérant que les conseils des prévenus et notamment Me Etienne NDIONE et Me PADANOU ont fait remarquer que seul le Docteur Y. D. détenait le code d'accès aux données confidentielles et qu'en conséquence il était impossible de commettre ce délit ;

Qu'ils ont ajouté qu'il n'existait pas de corps du délit dans la mesure où il n'existait pas de support matériel (disquette, Clef USB, Imprimante en marche) destiné à recueillir les données informatiques ;

Que Me Jacques Baudin, conseil des prévenus a partagé l'opinion de l'Avocat général concernant l'absence de base légale aux poursuites, tout en ajoutant qu'il n'existait pas d'élément intentionnel ; qu'ils ont conclu à la confirmation du jugement entrepris ;

SUR CE,

Considérant qu'au sens de l'article 364 du Code pénal, l'un des éléments constitutifs du délit de vol, suppose l'existence d'une « chose », objet de la soustraction ; que cette chose non définie par la loi, peut être matérielle ou immatérielle ;

Qu'ainsi les données informatiques sont susceptibles de vol ;

Considérant que la tentative de vol visée en l'espèce est prévue par l'article 368 du Code pénal ;

Que cette tentative suppose un commencement d'exécution comme le prévoit l'article 02 du même code ;

Que le commencement d'exécution est constitué par des actes qui tendent directement à l'infraction avec l'intention de la commettre ;

Qu'en l'espèce, il résulte des pièces de la procédure et des débats que le laboratoire d'analyse est le lieu d'exercice de l'activité professionnelle de M. D. ;

Que l'ordinateur litigieux est celui sur lequel elle travaille ;

Que la consultation de cette machine a été effectuée pendant ses heures de travail ;

Qu'elle a donc été trouvée dans un local où elle a librement accès devant un ordinateur auquel elle a librement accès et pendant ses heures de travail ;

Que sa seule présence en ce lieu, en compagnie d'une personne même étrangère au service, et en l'absence de toute preuve de consultation ou de transfert de données auxquelles elle n'a pas droit, ne saurait constituer le commencement d'exécution du délit de vol ;

Qu'il échet en conséquence, de confirmer le jugement entrepris en ce qu'il a relaxé purement et simplement les prévenus des fins de la prévention ;

Considérant par ailleurs, qu'il y a lieu de confirmer le jugement entrepris en ce qu'il a rejeté comme mal fondée, la constitution de partie civile de la Clinique du Cap dès lors que le délit servant de fondement à cette demande n'est pas établi ;

PAR CES MOTIFS

Statuant publiquement, contradictoirement, en matière correctionnelle et en dernier ressort :

En la forme

Déclare recevables les appels du Ministère public et de la partie civile ;

Au fond

Confirme le jugement entrepris en toutes ses dispositions ;

Met les dépens à la charge du Trésor public.

• Notion de tentative- exigence d'un désistement involontaire

105. CA Dakar ch. corr. n° 1244 du 30 novembre 2007, *MP et Babacar SECK c/ Bérenger KANFANI, inédit*

Au regard des dispositions du Code pénal, la tentative est retenue dès lors que l'auteur n'a manqué de parvenir au résultat que par des circonstances indépendantes de sa volonté.

LA COUR,

Considérant que par déclaration au greffe en date du 20 juin 2006, le prévenu B. K., par l'organe de son conseil, a fait appel du jugement n° 2520 du 13 Juin 2006 rendu par le Tribunal de grande instance hors classe de Dakar qui statuant en matière correctionnelle, l'a déclaré coupable de tentative de vol avec violence, d'usurpation de fonction et de détention d'arme sans autorisation administrative et l'a condamné à cinq ans d'emprisonnement ferme, tout en donnant acte à la partie civile de son désistement;

Considérant qu'à la même date, par déclaration au greffe, le Ministère public a relevé incidemment appel du jugement susvisé ;

EN LA FORME

Considérant que tant l'appel du prévenu que celui du Ministère public ont été fait dans les forme et délai de la loi ; qu'il échet de les déclarer recevables ;

Considérant que le prévenu a régulièrement comparu à l'audience ; qu'il échet de statuer contradictoirement à son égard ;

Considérant que la partie civile, bien que régulièrement citée à voisin, n'a ni comparu ni été représentée ; qu'il échet de statuer par défaut à son égard ;

AU FOND

Considérant qu'il résulte du dossier et des débats les faits suivants :

Le 06 juin 2006, B. K. s'est présenté à l'agence Western Union de la SGBS sise à la Patte d'Oie au carrefour de la route des Niayes et de Tally Boubess ; S'étant adressé à la caissière à qui il a déclaré attendre un transfert de 8 000 000 de francs en provenance des États-Unis, il est prié, après vérification infructueuse, de patienter, ce qu'il a fait en s'installant sur les sièges réservés aux clients ; qu'à un moment donné, il s'est approché du vigile de service à qui il a déclaré être un ancien militaire, engageant une causerie pendant quelques minutes ; ensuite, procédant par surprise, il a asséné au vigile un coup à la nuque au moyen d'une tige d'amortisseur de véhicule et, voyant que la victime ne s'est pas évanouie, il a tenté de s'enfuir, mais a été maîtrisé par le gardien de l'immeuble, qui, alerté par les cris du vigile, venait s'enquérir de la situation et qu'il a tenté d'intimider en brandissant une arme à feu après lui avoir déclaré être policier sans convaincre ; résistant face à la menace du fuyard, le gardien a tenu ce dernier en respect en décrochant l'arme du vigile qu'il a brandie, permettant ainsi l'arrestation du prévenu à l'arrivée des éléments de la police ;

Considérant que le prévenu, a nié les faits comme il l'a d'ailleurs fait à toutes les étapes de la procédure ;

Considérant que l'argumentaire des conseils du prévenu pour plaider principalement sa relaxe a consisté en l'invocation de l'absence d'un commencement d'exécution de la tentative de vol, arguant de ce qu'il n'y aurait pas un acte matériel de nature à établir ladite tentative ;

Considérant que l'Avocat général a requis la confirmation du jugement entrepris ;

Que, répliquant à l'argumentaire de la défense, il a soutenu la réalisation de la tentative par tout acte matériel tendant de façon non équivoque à la commission de l'infraction, faisant valoir que tel est le cas en l'espèce ;

Considérant qu'il est établi que le prévenu s'est présenté à l'agence Western Union sus-indiquée prétextant y effectuer une opération bancaire, ; qu'il était porteur d'une arme à feu qui se révélera être factice et d'une tige d'amortisseur avec laquelle il a agressé le vigile de service ;

Qu'à la date des faits, il s'est rendu à différentes reprises à l'Agence en question et qu'il ne s'est attaqué au vigile que suite au renflouement de la caisse en sa présence ;

Considérant qu'au regard des dispositions du Code pénal la tentative est retenue dès lors que l'auteur n'a manqué de parvenir au résultat que par des circonstances indépendantes de sa volonté;

Que les circonstances sus-dessus décrites témoignent indiscutablement d'une volonté de procéder à un vol;

Que c'est après s'être attaqué au vigile et avoir constaté que celui-ci ne s'était pas évanoui mais plutôt tentait d'alerter l'entourage en criant, que le prévenu a renoncé à son acte et tenté de fuir ;

Que dès lors il s'ensuit que c'est ce qui a empêché le prévenu de parvenir à ses fins ;

Qu'en outre il est établi qu'il s'est déclaré ancien militaire et policier pour parvenir à ses fins ;

Qu'ainsi les éléments constitutifs des faits reprochés au prévenu sont suffisamment réunis ; qu'il y a lieu de confirmer le jugement entrepris sur la déclaration de culpabilité ;

Considérant cependant que la peine prononcée paraît excessive et qu'il y a lieu de la réformer et statuant à nouveau de la fixer à deux ans d'emprisonnement ferme.

PAR CES MOTIFS

Statuant publiquement, contradictoirement à l'égard du prévenu, par défaut à l'égard de la partie civile, en matière correctionnelle et en dernier ressort ;

En la forme

Reçoit les appels du prévenu et du Ministère public ;

Au fond

Confirme le jugement entrepris quant à la déclaration de culpabilité ;

Réformant ledit jugement quant à la peine et statuant à nouveau :

Condamne le prévenu à deux ans d'emprisonnement ferme ;

Le condamne en outre aux dépens liquidés à la somme de 41 600 francs.

OBSERVATIONS

L'article 2 du CP a apporté une réponse claire au problème de la tentative punissable. Aux termes de ce texte : « *toute tentative de crime qui aura été manifestée par un commencement d'exécution, si elle n'a été suspendue ou si elle n'a manqué son effet que par des circonstances indépendantes de la volonté de son auteur, est considérée comme le crime même»* (*M. M. BANGAGATARE, « Essai d'interprétation de la tentative punissable en droit répressif rwandais », Rev. Jur. Rwanda, 1978, n° 2-3, p. 138*). Pour que la tentative soit punissable, la loi pénale exige ainsi deux conditions : un commencement d'exécution et une absence de désistement volontaire (*Sur la question de la tentative, V. GALLET, La notion de tentative punissable, Thèse Cean, 1898 ; J.-C. GENIN, La répression des actes de tentative en droit criminel romain. Contribution à l'étude de la subjectivité répressive à Rome, thèse, Lyon, 1968. J. PINATEL, « La théorie de la tentative devant la criminologie et les sciences de l'homme », Annales de la Faculté de droit de Thessalonique, vol. 154, 1966, p. 241-254 ; J. CHAMPCOMMUNAL, « Étude critique de législation comparée sur la tentative », Rev. crit. législ. et jurispr. 1895. 41 et 94 ; J. DEVÈZE, «Le commencement d'exécution de l'infraction en jurisprudence », RSC 1981, p. 777 ; C. GERTHOFFER, « La tentative et la complicité », Mélanges Patin, 1966, Paris, Cujas, p. 153 ; A. LÉGAL, « La notion de tentative punissable d'après la jurisprudence française », RPS 1963, p. 293 et 1972, p. 422 ; R. SALEILLES, « Essai sur la tentative et plus particulièrement sur la tentative irréalisable», Rev. pénit. 1897. 53 et 321 ; M. SEGONDS, « Tentative », Juris-class.pén. 2002, art. 121-4 et 121-5 ; R. MERLE et A. VITU, Traité de droit criminel. Problèmes généraux de la science criminelle. Droit pénal général, tome 1, Paris, Cujas, 7e édition 1997, p. 482 et s. ; F. DESPORTES et F.LE GENEHEC, Droit pénal général, 12e édition, Paris, Economica, 2005, p. 413 ; D. REBUT, «Tentative », Rép. dr. pén. proc. pén. Dalloz, mai 2009 ; R. COMBALDIEU, « Le problème de la tentative de complicité ou le hasard peut-il être arbitre de la répression ? », RSC 1959, p. 454*).

On ne peut équitablement punir la volonté criminelle qu'à partir du moment où elle s'est concrétisée par des actes impliquant son caractère irrévocable ou qui contiennent déjà en germe une certaine potentialité dangereuse.

La notion de commencement d'exécution n'est pas définie par la loi, le législateur n'ayant fourni aucun critère permettant de distinguer les actes préparatoires du commencement d'exécution. Pourtant, il n'est pas facile d'isoler un critère de distinction entre le commencement d'exécution répréhensible et l'acte préparatoire qui reste impuni ; l'acte préparatoire est, en effet, un acte qui prépare la commission de l'infraction.

En tout état de cause, en exigeant un commencement d'exécution, le législateur impose la réalisation d'un acte matériel, c'est-à-dire « *un minimum de criminalité* » ; il exclut, en principe, les simples projets psychologiques. La doctrine a proposé deux conceptions du commencement d'exécution.

La conception objective définit le commencement d'exécution d'un point de vue matériel et s'attache strictement à l'analyse des faits. Ce critère prend en compte objectivement l'acte commis par l'agent pénal. Selon cette thèse, il y a commencement d'exécution, lorsque l'agent accomplit un acte qui fait partie de l'infraction, soit comme élément constitutif soit comme circonstance aggravante. Il s'agit de l'acte tendant directement à la commission de l'infraction, c'est-à-dire à la production du résultat de l'infraction. Le commencement d'exécution doit consister en un « *fragment de la matérialité infractionnelle* ». Par exemple, en matière de vol, il y a commencement d'exécution à partir du moment où l'agent a posé sa main sur l'objet convoité.

Constitue également un commencement d'exécution, le fait d'escalader un mur à des fins de soustraction frauduleuse, l'escalade s'analysant en une circonstance aggravante du vol. Ainsi, l'agent est répréhensible dès qu'il est «*entré en action, en vue de la réalisation de son entreprise, même si cette action est antérieure à l'exécution proprement dite de l'infraction*» (*R. GARRAUD, Traité de droit pénal, 1, p. 494; G. VIDAL et J. MAGNOL, op. cit., p. 150*).

La tentative de vol à main armée a été retenue à l'encontre de malfaiteurs armés et cagoulés, interpellés alors qu'ils s'approchaient d'un bureau de poste (*Crim. 19 juin 1979, Bull. crim. n° 219*). Il a été également jugé qu'une fausse déclaration de sinistre constitue le commencement d'exécution d'une escroquerie à l'assurance (*Crim. 1er juin 1994, Dr. pén. 1994, comm. 234 ; 22 février 1996, Bull. crim. n° 89*).

Un arrêt de la Cour d'Appel de Dakar rendu le 11 mars 2013 a énoncé que constitue un commencement d'exécution le fait pour une personne de pénétrer frauduleusement dans les locaux de la douane et de fracturer les portes du bureau qui abrite le coffre-fort contenant des fonds avant de prendre la fuite à la vue d'un agent (*CA Dakar ch. corr., n° 339 du 11 mars 2013, MP et Adm. des Douanes c/ D. S., Bulletin des arrêts rendus par la Cour d'Appel de Dakar en matière pénale, 2014, p. 195*).

Il en est de même des personnes qui ont été surprises par une patrouille de police entrain de s'affairer autour d'un véhicule qu'ils cherchaient à allumer (*C. ass. Dakar n° 26 du 07 juillet 2014, MP c/ A. S., inédit*) ou de la personne qui a enlevé des piquets d'un enclos de troupeau de bétail pendant la nuit pour réaliser un vol (*CA Dakar, ch. corr. 1, n°278 du 03 mai 2010, MP et Ab. S. c/ Kh. S., inédit*).

Mais dans l'affaire de la clinique du Cap jugée le 16 avril 2007, la Cour d'Appel de Dakar a considéré que la seule présence d'une jeune femme dans le laboratoire d'analyse d'une clinique, en compagnie d'une personne même étrangère au service, en l'absence de toute preuve d'une consultation ou d'un transfert de données, ne saurait constituer le commencement d'exécution du délit de vol de données électroniques (*CA Dakar ch. corr., n° 680 du 16 avril 2007, MP et Y. D. c/ M. D.-L. A. G. ND., inédit ; sur cette décision, V. P. A. TOURÉ, « Cinq ans de droit pénal des technologies de l'information et de la communication (2008-2013) : chronique de jurisprudence sénégalaise », in Cour suprême Bulletin des arrêts, Bulletin d'information 7-8, 2016, p. 117 et s.*)

La théorie objective du commencement d'exécution a le mérite de circonscrire le commencement d'exécution, mais elle a été critiquée, pour défendre mal les intérêts de la société ; elle conduit, en effet, à exclure de la répression des actes révélant chez leurs auteurs une intention criminelle bien arrêtée.

Cette thèse objective conduit à assurer l'impunité à des actes qui sont très près du résultat final. Le voleur, par exemple, n'encourrait aucune sanction s'il était surpris, muni de tous les instruments nécessaires à la réussite de son entreprise devant la porte qu'il est sur le point de fracturer. Il pourrait donc se prévaloir, avec cynisme, de ce que la police l'a arrêté alors qu'il n'a commis aucun acte rentrant dans l'infraction.

La notion de commencement d'exécution a été utilisée dans une perspective subjectiviste par d'autres auteurs. Selon ces auteurs, ce qui caractérise l'action pénale, c'est essentiellement l'état d'esprit du délinquant, beaucoup plus que les opérations matérielles qu'il accomplit. Il doit être réputé en action à partir du moment où il a irrévocablement décidé d'aller jusqu'au bout.

L'approche subjective du commencement d'exécution met l'accent sur l'intention de l'agent qui doit servir de critère d'identification de la tentative punissable ; il s'agit de la volonté irrévocable de commettre l'infraction. Selon Degois, le commencement d'exécution est « *l'acte par lequel l'agent a subjectivement conscience de commencer l'exécution de l'infraction qu'il a projetée* » (*C. DEGOIS, Traité élémentaire de droit criminel, 2e édition, Paris, sirey, 1911, n° 165*).

Pour Donnedieu de Vabres, la tentative est punissable lorsqu'il « *existe entre le mal qu'a commis l'agent et le but qu'il se proposait une distance morale si faible que, laissé à lui-même, il l'aurait presque certainement franchie* » (*H. DONNEDIEU DE VABRES, op. cit., n° 231*).

D'après Vidal et Magnol, il y a tentative « *quand l'agent s'est montré décidé à courir les risques de l'entreprise, quand il a entendu couper les ponts derrière lui* » (*G. VIDAL et J. MAGNOL, op. cit., p. 150).* Par exemple, une personne embusquée et munie d'un fusil à lunette chargé de balles préalablement striées est animée d'une intention homicide.

Le critère subjectif de la tentative permet incontestablement d'élargir le concept de commencement d'exécution et d'étendre démesurément le champ de la répression en vue d'assurer efficacement la défense de la société.

Toutefois, on peut lui faire deux reproches.

D'une part, il manque de certitude, puisque, en somme, il repose sur une simple observation de la psychologie du délinquant, c'est-à-dire sur une simple intention irrévocable.

D'autre part, cette conception subjective pourrait logiquement conduire à situer le moment de la tentative punissable dès la phase de la résolution manifeste, s'il apparaît qu'à cet instant l'agent avait entendu « *couper les ponts derrière lui* ». Or, cette analyse constituerait une négation de la théorie générale du commencement d'exécution forgée par le Code pénal.

Certains auteurs ont proposé une approche mixte du commencement d'exécution en vue d'éviter l'arbitraire, en objectivant l'intention irrévocable du délinquant en fonction de la matérialité des actes qu'il avait accomplis lorsqu'il a été interrompu.

Selon Garraud, seul devrait être retenu, au titre du commencement d'exécution, l'acte tendant «*directement et immédiatement à la perpétration du crime ou du délit* », c'est-à-dire le dernier ou l'un des derniers avant l'exécution proprement dite (*R. GARRAUD, op. cit., n° 232, p. 494*). VIDAL et MAGNOL considèrent la tentative comme punissable « *toutes les fois que l'acte ne présente pas un caractère vague et douteux et qu'il a un rapport direct avec l'infraction à laquelle il tend, qu'il s'y rattache par un lien visible et étroit* » (*G. VIDAL et J. MAGNOL, op. cit., p. 151*).

La jurisprudence française semble combiner les conceptions objective et subjective pour définir le commencement d'exécution (*En ce sens, F. DESPORTES et F. LE GENEHEC, Droit pénal général, 12e édition, Paris, Economica, 2005, p. 413*). La Cour de Cassation française a considéré que le commencement d'exécution est « *l'acte qui tend directement au délit lorsqu'il a été accompli avec l'intention de le commettre* » (*Crim. 5 juill. 1951, Bull. crim. n° 198, RSC 1952. 439, obs. A. Légal ; crim. 09 mai 1956, Bull. crim. n° 362 ; crim. 29 déc. 1970, Bull. crim. n° 356 ; crim. 8 novembre 1972, Bull. crim. n° 361 ; crim. 3 janv. 1973, RSC 1974, p.577, obs. J. Larguier ; crim. 2 mai 1974, Bull. crim. n° 156 ; crim. 11 juin 1975, Bull. crim. n° 150, RSC 1976. 407, obs. J. Larguier*).

Selon une autre définition jurisprudentielle, le « *commencement d'exécution est constitué par tous les actes qui tendent directement et immédiatement à la consommation du délit, le prévenu étant ainsi entré dans la période d'exécution* » (*crim. 03 mai 1974, Bull. crim. n° 157*). D'autres arrêts voient dans le commencement d'exécution l'acte « *qui tend directement au délit lorsqu'il a été commis avec l'intention de le commettre* » (*crim. 5 juillet 1951, Bull. crim. n° 198*) ou l'acte « *qui doit avoir pour conséquence directe et immédiate de consommer le crime, celui-ci étant entré dans sa période d'exécution* » (*crim. 25 oct. 1962, 2 arrêts, Bull. crim. nos 292 et 293, D. 1963. 221, note P. Bouzat, JCP 1963. II. 12985, note R. Vouin ; 18 août 1973, Bull. crim. n° 339*).

On retrouve les traces de la combinaison des conceptions objective et subjective du commencement d'exécution dans la jurisprudence pénale sénégalaise. L'arrêt de la Cour d'Appel de Dakar rendu le 16 avril 2007 a énoncé que « *le commencement d'exécution est constitué par des actes qui tendent directement à l'infraction avec l'intention de la commettre* » (*CA Dakar ch. corr., n° 680 du 16 avril 2007, MP et Y. D. c/ M. D. et L. A. G. Nd., inédit ; sur cette décision, V. P. A. TOURÉ, « Cinq ans de droit pénal des technologies de l'information et de la communication (2008-2013) : chronique de jurisprudence sénégalaise », in Cour suprême Bulletin des arrêts, Bulletin d'information 7-8, 2016, p. 117 et s.*). Il s'agit d'un acte qui ne laisse aucun doute sur les intentions de son auteur et qui conduit directement à la réalisation de l'infraction.

PARAGRAPHE II : L'INFRACTION IMPOSSIBLE

- **Infraction impossible-trafic de stupéfiant- poudre suspectée s'est révélée être de la farine**

106. C. ass. Dakar du 14 février 2012, *MP c/ Kapely MENDY et autres, inédit*

Le crime de trafic de drogue procède de la théorie de l'infraction impossible en cas d'inexistence du produit qualifié drogue, la poudre suspectée au début s'étant révélée être de la farine.

LA COUR,

Considérant que par arrêt n°108 en date du 07 juillet 2011, la Chambre d'Accusation de la Cour d'Appel de Dakar a ordonné le renvoi devant la Cour d'Assises de Céans de K. M., D. P., L. N. et El H. R. D., les deux premiers du chef d'association de malfaiteurs, les deux autres du chef de tentative d'escroquerie, faits prévus et punis par les articles 238, 239, 2, 3, 379 du Code pénal ;

En la forme

Considérant que la procédure est régulière pour avoir été faite dans les conditions prescrites par la loi ;

Considérant qu'en outre les accusés ayant régulièrement comparu assistés de leurs conseils respectifs, il y a lieu de statuer contradictoirement en l'espèce ;

Au fond

Dans la nuit du 29 au 30 janvier 2009, sur la base d'une information reçue de R. D. et faisant était de l'imminence d'une transaction portant sur sept (07) Kilogrammes de cocaïne d'une valeur de quarante-cinq millions de francs CFA dans une auberge sise à Nord Foire à la Cité Air Sénégal, le Commissariat de Police des Parcelles Assainies de Dakar dépêchait des éléments qui établissaient alors une planque au dit lieu à l'issue de laquelle ils interpellaient les nommés K. M., D. P. et L. N. Les dits éléments constataient que les deux premiers arrivés au rendez-vous à bord d'un scooter, détenaient une somme de quarante-quatre millions sept cent cinquante mille (44 750 000) Francs CFA contenue dans un sac et que L. N. détenait une importante quantité de poudre blanche qu'il devait livrer aux susnommés comme étant de la cocaïne sur recommandation de R. D. lequel en alertant les policiers voulait par ce procédé abuser ses co-contractants et se partager l'argent avec ces agents et sur mandataire ;

Durant la procédure, après analyse par le laboratoire de la police, la poudre blanche dont s'agissait s'est révélée être de la farine.

Devant les enquêteurs, les trois susnommés faisaient des déclarations divergentes. K. M. déclarait qu'il avait contracté R. D. qu'il avait connu par l'entremise d'un ami commun à eus nommé Doudou et avait fait une commande de sept (07) kilos de cocaïne pour un prix convenu de 45 000 000 F CFA sur l'initiative de D. P. qui lui en avait exprimé le besoin. Il ajoutait que le fournisseur avait chargé L. N. de leur livrer le produit et que cela était la raison du rendez-vous au lieu où ils ont été tous les trois arrêtés.

Quant à D. P., il a nié toute transaction relative à de la drogue et soutenait qu'il s'était ouvert à son ami M. pour l'achat d'un véhicule 4x4 Land Rover et qu'il était au rendez-vous pour finaliser l'opération conformément au souhait du vendeur.

L.N. de son côté déclarait que R. l'avait chargé de livrer de la poudre à des individus qui avait fait auprès de lui une commande de 7 Kilos de cocaïne dans le but de les arnaquer et que c'était la raison de sa présence sur les lieux ;

Devant le magistrat instructeur, P. maintenait constamment ses dénégations et réitérait ses déclarations. M. rejoignait la version de P. et, écartant toute entreprise d'achat de drogue déclarait que la transaction portait sur un véhicule 4x4 que son ami voulait acquérir auprès de L. N.. Ce dernier confortait alors cette position, précisant qu'il avait négocié avec M. et P. en vue de la vente d'un véhicule 4x4 Land Lover appartenant à un Mauritanien nommé B. O. A. ;

Quant à R. D., alors détenu pour autre cause à la maison d'arrêt et de correction de Kaolack, interrogé dans le cadre d'une commission rogatoire, il réfutait tous les griefs à son encontre et déclarait n'être aucunement concerné par les faits de la cause.

En cours de procédure, les faits retenus initialement sous une qualification criminelle, ont été disqualifiés, ce qui entraînait le renvoi des susnommés devant le tribunal de grande instance statuant en matière correctionnelle, laquelle juridiction estimant établie leur caractère criminel se déclarait incompétente et la Chambre d'Accusation saisie par la suite ordonnait le renvoi des accusés devant la Cour d'Assises de Céans.

Sur l'action publique

Considérant que les accusés ont été arrêtés par des éléments du Commissariat de Police des Parcelles Assainies à l'issue d'une planque dans la nuit du 29 au 30 Janvier 2009 alors qu'ils venaient de se retrouver dans une auberge sise à la Cité Air Sénégal, L. N. d'une part détenant un sac contenant Sept kilos d'une poudre et K. M. et D. DP. d'autre part détenant eux un sac contenant une somme de 44 750 000 Francs CFA ;

Que la poudre dont s'agissait, supposée initialement être de la cocaïne, s'est révélée être après analyse selon les modalités appropriées de la farine ;

Considérant que K. M. et D. P. sont poursuivis du chef d'association de malfaiteurs tandis que L. N. et R. D. sont poursuivis du chef de tentative d'escroquerie.

Que ces faits sont prévus et punis par les articles 238, 239, 2, 3, 379 du Code pénal ;

Considérant que les accusés ont nié les faits qui leur sont reprochés ;

Que K. M. a soutenu que pour le compte de son ami D . P. et à l'initiative de ce dernier, il avait contacté R. D. pour l'achat d'un véhicule 4x4 Land Rover et qu'à cet effet, le dernier nommé les avait mis en rapport avec L. N. qui devait traiter la transaction avec eux ;

Qu'il a précisé que c'est dans ce but que N. leur avait donné rendez-vous au lieu où dès leur arrivée ils ont été interpellés ;

Que D. P. a confirmé les déclarations de M. et soutenu comme ce dernier que c'est pour cette raison qu'ils étaient détenteurs de la somme d'argent qui a été saisie ;

Que L. N. a fait des déclarations dans le même sens et précisé que le véhicule objet de la transaction appartenait à un Mauritanien qui devait les rejoindre au lieu de rendez-vous ;

Que R. D. a déclaré n'avoir eu aucun contact à propos d'une quelconque transaction avec ses co-accusés, contredisant ainsi les déclarations de M. et de L. N. ;

Qu'il a contesté aussi bien la stratégie aux fins d'arnaquer M. et P. de concert avec M. N. que la transaction relative au véhicule ;

Considérant qu'à leur suite, leurs conseils ont plaidé tour à tour leur acquittement en soutenant leurs dénégations ;

Considérant que l'Avocat général a requis l'acquittement de R. D., K. M. et D. P., et la déclaration de culpabilité de L. N. du chef de tentative d'escroquerie ainsi que sa condamnation à trois (03) ans d'emprisonnement ferme ;

Considérant qu'au sens des dispositions de l'article 238, l'association de malfaiteurs suppose une association, une entente en vue de commettre soit un ou des délits, soit un ou des crimes ;

Considérant qu'en l'espèce, ni un délit ni un crime n'a été caractérisé à l'encontre de M. et P.;

Que le crime de trafic de drogue du chef duquel ces deux susnommés ont été inculpés à l'ouverture de la procédure et qui a fait l'objet d'un non-lieu lors du règlement définitif procédait de la théorie de l'infraction impossible en raison de l'inexistence d'un produit qualifié drogue, la poudre suspectée au début s'étant révélée être de la farine à l'analyse;

Qu'en l'absence d'un crime ou d'un délit et de la probabilité de la constitution matérielle de l'une ou de l'autre des dites infractions, l'association de malfaiteurs ne saurait être caractérisée ;

Considérant qu'en outre, en plus des dénégations de R. D. et L. N. que à la tentative d'escroquerie, M. et P. supposés en être victimes ont eux-mêmes écarté une telle éventualité, déclarant d'ailleurs qu'ils étaient en instance avec les susnommés de négocier l'achat d'un véhicule ;

Qu'il s'y ajoute qu'aucun élément de la procédure à l'issue des débats n'a permis la caractérisation de la tentative d'escroquerie ;

Considérant qu'en conséquence de ce qui précède, la preuve des faits reprochés aux accusés n'étant pas établie à l'encontre de ces derniers, il y a lieu de les acquitter au regard des dispositions susvisées et en application des dispositions de l'article 338 du Code de Procédure pénale ;

Considérant qu'en outre il y a lieu d'ordonner la restitution de la somme d'argent et du scooter saisis ;

PAR CES MOTIFS

Statuant publiquement, contradictoirement, en matière criminelle et en premier ressort ;

En la forme

Déclare la procédure régulière ;

Au fond

Prononce l'acquittement des accusés au regard des dispositions susvisées et en applications de l'article 338 du Code de Procédure pénale ;

Ordonne leur mise en liberté immédiate s'ils ne sont détenus pour autre cause ;

Ordonne la restitution de la somme d'argent et du scooter saisis ;

Laisse les dépens à la charge du Trésor public.

- **Infraction impossible : empoisonnement- nature mortifère de la substance (non)**

107. C. ass. Dakar, n° 06 du 09 novembre 2009, *MP et Mme Ursula Frieda DIRKS c/ Ibrahima DIAGNE, inédit*

Une substance dont la nature mortifère n'est pas établie est insuffisant pour caractériser le crime d'empoisonnement.

LA COUR,

Considérant que par arrêt en date du 03 juillet 2008, la Chambre d'Accusation de la Cour d'Appel de Dakar a ordonné le renvoi devant la Cour d'Assises de céans de F. N. et de I. D. des chefs d'empoisonnement et complicité ;

Que ces faits sont prévus et punis par les articles 286, 287, 45 et 46 du Code pénal ;

EN LA FORME

Considérant que la procédure est régulière pour avoir été faite dans les conditions prescrites par la loi ;

Qu'il échet de la déclarer recevable ;

Considérant que les accusés ont comparu assistés de leurs conseils ;

Que la partie civile a également comparu avec ses conseils ;

Qu'il y a lieu de statuer contradictoirement ;

AU FOND :

Sur les faits et la procédure

Considérant qu'il résulte du dossier de la procédure les faits suivants : le 06 juillet 2004, I. D. informait les gendarmes de la brigade de Ouakam de la mort de U. H. D. alias H., un ressortissant allemand, survenue à Yoff, au quartier Toundouya dans son appartement;

Sans désemparer, les enquêteurs se sont transportés sur les lieux où ils ont trouvé sur place I. D., F. N. , sa femme de ménage et M. A. D. Médecin au SUMA ;

Ibrahima Diagne indiquait alors aux gendarmes que H. prenait un traitement médical depuis quelque temps laissant croire ainsi que la mort est naturelle ;

Ses autres déclarations futures iront dans le même sens ; même si en expliquant aux uns et aux autres les causes du décès, il faisait état soit du Sida, soit de la consommation de « petit colas » ajouté à une poudre blanche, soit de l'état général de santé du défunt condamné depuis ses dernières analyses sanguines ;

F. N. domestique du défunt révélait, pour sa part, une visite qui lui a été rendue par I. D. dans la soirée du décès pour l'informer de ce que Hans était atteint de cirrhose du foie et était condamné ; qu'il lui a proposé de lui confectionner un faux certificat de mariage, de faire disparaître le corps pour se partager ses biens ;

U. D., sœur du défunt, déposait plainte à la Division des Investigations Criminelles le 18 septembre 2003 et sollicitait une autopsie ; elle a également produit, à l'appui de ladite plainte, un procès-verbal d'huissier dans lequel F. N. reconnaissait que le jour du décès, Ibrahima Diagne lui avait remis un talisman plus une poudre blanche qu'elle a mélangé puis servi à Hans dans un jus de bissap en vue d'accélérer son projet de mariage avec le défunt devenu entre-temps son amant ;

Les résultats de l'autopsie, faisaient état d'une mort à la suite de « congestion généralisée des viscères dont la cause n'a pu être déterminée » ;

L'analyse toxicologique entreprise à la suite de l'autopsie notait la présence de « substances présentant des propriétés d'alcaloïdes, l'absence de barbituriques, la mort peut ne pas être naturelle ; les produits présents dans le liquide gastrique pourraient être responsables du décès » ;

Devant le magistrat instructeur, I. D. et F. N. ont été inculpés d'assassinat et complicité ;

F. N. maintenait ses déclarations, précisant toutefois qu'elle a voulu réveiller H. au moment où elle rentrait puisqu'il commençait à somnoler mais Ibrahima l'en a dissuadé;

Elle déclarait également douter de la réalité de la maladie de H. avancée par Ibrahima Diagne puisqu'il venait de réaliser d'importants investissements en vue de réaliser une usine de fabrique de glace ;

Ibrahima Diagne maintenait sa déclaration ;

Considérant que l'enquête de personnalité a révélé que F. N. est une personne sympathique et respectueuse alors que I. D. est présenté comme un homme honnête, sérieux et travailleur ;

Qu'ils ne sont pas sujets toutefois à des troubles mentaux ;

Sur l'action publique

Considérant que les conseils de la partie civile ont plaidé que l'infraction est caractérisée à l'encontre des deux accusés ; qu'ils ont réclamé la somme de un milliard (1 000 000 000) de francs CFA à titre de dommages et intérêts ;

Considérant que l'Avocat général a soutenu, au vu des éléments du dossier et notamment des documents médicaux versés au dossier, que les faits sont constants ; qu'il a requis la peine de 20 ans de travaux forcés contre les accusés ;

Considérant que les conseils de la défense ont plaidé l'acquittement ; que la preuve d'un empoisonnement n'est pas établie et que la mort est naturelle ;

SUR CE

Sur la culpabilité

Considérant que F. N. a nié les faits ;

Qu'elle reconnaît cependant avoir administré au défunt une substance remise à elle par Ibrahima Diagne dans le but d'accélérer son projet de mariage avec celui - là ; qu'elle en ignorait toutefois le caractère mortifère ;

Considérant que Ibrahima Diagne a nié les faits à lui imputés;

Qu'il a contesté avoir remis à F. N. une quelconque substance à administrer au défunt ;

Considérant qu'au soutien de sa plainte, U. D. , sœur du défunt, a produit :

- un certificat de genre de mort en date du 10 juillet 2003 établi par Docteur I. A. B. en service au pavillon Bichat à l'Hôpital Aristide Le Dantec ;

- un rapport d'expertise toxicologique en date du 14 septembre 2003 établi par le Professeur M. C. de la Faculté de Médecine, de Pharmacie et d'Odontologie de l'Université Cheikh Anta Diop de Dakar ;

Considérant que l'article 286 du Code pénal définit l'empoisonnement comme étant le fait d'attenter à la vie d'une personne par l'emploi ou l'administration de substances qui peuvent donner la mort plus ou moins promptement ; de quelque manière que ces substances aient été employées ou administrées et qu'elles qu'en aient été les suites ;

Considérant qu'il résulte du texte susvisé, pour la réalisation de l'acte d'empoisonnement, l'exigence de l'administration ou l'emploi de substances de nature mortifère ;

Considérant qu'il résulte du certificat de genre de mort sus mentionné qu'à son décès, J. H. D. présentait « une congestion généralisée des viscères dont la cause n'a pu être déterminée à l'issue de l'autopsie » ;

Qu'il ne renseigne donc pas sur les causes du décès ;

Considérant que dans le rapport d'expertise toxicologique précité, l'expert a noté « la présence de substances présentant les propriétés des alcaloïdes ; l'absence de barbituriques » avant de conclure que « la mort peut ne pas être naturelle ; les produits présents dans le liquide gastrique pourraient être responsables du décès » ;

Considérant qu'il appert du rapport susvisé que l'expert n'a pas élucidé les causes du décès ; Qu'il a également conclu sa mission par une supposition après s'être exprimé en des termes dubitatifs sur l'origine de la mort ;

Considérant qu'il est constant donc que les documents médicaux versés au dossier n'ont pas mis en évidence les causes exactes du décès de J. H. D. ; qu'ils ne peuvent donc permettre d'imputer celui - ci à l'intervention criminelle des accusés ;

Considérant, par ailleurs, qu'il est résulté des débats à l'audience que le défunt n'était pas en parfaite santé ; qu'il prenait 7 à 14 comprimés au moins par jour ; qu'il était sujet, dans ses derniers jours, à des malaises graves obligeant I. B. à l'accompagner en consultation au SUMA à l'issue de laquelle son bilan sanguin a révélé un fort taux de gamma (84 alors que le maximum et de 50) ; que le vigile l'a également décrit sans être contredit, comme un homme amaigri et affaibli ;

Considérant qu'en tout état de cause, le droit pénal est le droit de la certitude ;

Qu'il est de jurisprudence constante que le juge ne peut fonder sa conviction ni sur des suppositions ni sur des probabilités ;

Considérant qu'en de pareilles circonstances, le seul fait pour F. N. de lui administrer une substance sans que la nature mortifère de celle-ci soit établie, est insuffisant pour caractériser le crime d'empoisonnement ;

Considérant qu'il échet en conséquence, de prononcer l'acquittement des accusés ;

Sur l'action civile

Considérant qu'aucune infraction n'a été retenue contre les accusés ;

Qu'il échet de débouter la partie civile de ses demandes.

PAR CES MOTIFS

Statuant publiquement, contradictoirement, en matière criminelle et en premier ressort ;

En la forme

Déclare la procédure régulière ;

Au fond

Sur l'action publique

Prononce l'acquittement de F. N. et I. D. des chefs d'empoisonnement et complicité ;

Sur l'action civile

Déboute la partie civile de toutes ses demandes ;

Le président avertit les parties de leur droit d'interjeter appel dans un délai de 15 jours après le prononcé dudit arrêt ;

Le tout par application des articles 286, 287, 45 et 46 du Code pénal, 205, 414 du CPP et la loi n° 2008-50 du 28 septembre 2008.

OBSERVATIONS

Il y a infraction impossible, lorsque le résultat visé n'est pas atteint, mais ce résultat ne pouvait matériellement pas être obtenu, soit parce que l'objet de l'infraction n'existe pas, soit parce que les moyens employés étaient insusceptibles de la consommer (*V. BESSON, « Le délit impossible », RCLJ, 1929, p. 240 ; M. BERNARD, « Notes sur le crime impossible », Rev. pénit. 1902, p. 1006*). C'est le cas où l'agent achève tous les actes d'exécution et n'a pas pu consommer l'infraction en raison d'une impossibilité juridique. Par exemple, tirer sur une victime déjà morte, tenter de faire avorter une femme qui n'était pas enceinte (*A. VARINARD, « La théorie de l'infraction impossible : vers la disparition d'un mythe doctrinal », in Mélanges A. Chavanne, 1990, Paris, Litec, p. 165*).

La théorie de l'infraction impossible a fait l'objet d'un remarquable raffinement de la part de Garraud et de Roux, par une distinction entre l'impossibilité de droit et l'impossibilité de fait.

L'impossibilité de droit implique l'absence d'un élément constitutif de l'infraction.

En premier lieu, l'impossibilité de droit se présente, lorsque l'élément légal de l'infraction n'existe que dans l'imagination de l'agent pénal. C'est l'hypothèse de l'infraction putative, c'est-à-dire la situation où l'agent a accompli avec un sentiment de culpabilité un acte qui n'est, en aucune circonstance, incriminé par la loi pénale.

Par exemple, l'agent a émis un chèque sans provision, en supposant que ce comportement est encore incriminé, alors que l'émission de chèque sans provision a été dépénalisée à la faveur de l'adoption de la loi uniforme n° 2008-48 du 03 septembre 2008 relative à la répression des infractions en matière de chèque, de carte bancaire et d'autres instruments et procédés techniques de paiement (*JORS n° 6453, du 7 février 2009, p. 120*).

Il y a encore infraction putative, lorsque l'agent a cru que certaines conditions juridiques indispensables à la répression étaient réalisées. Par exemple, il a enlevé une jeune fille majeure en la croyant mineure ou a contracté une seconde union en ignorant que son premier mariage était dissous par suite du décès de sa précédente épouse.

Dans tous ces cas, aucune sanction ne peut être prononcée : l'infraction n'existe pas, le principe de la légalité s'oppose à la répression.

En second lieu, il y a impossibilité de droit dans l'hypothèse où l'élément matériel expressément requis par la loi pour la qualification de l'infraction fait défaut. Tel est le cas notamment lorsque l'incrimination protège une personne vivante : homicide, infanticide, omission de porter secours à une personne décédée. L'infraction est alors légalement impossible si l'activité de l'agent s'est exercée à son insu vis-à-vis d'un cadavre. Il n'y a pas d'infanticide lorsque l'enfant était mort-né.

L'omission de porter secours n'est pas punissable lorsque la personne non secourue était déjà morte (*T. corr. Poitiers, 27 avr. 1950, JCP, 1950.11.5618*). Il n'y a pas d'homicide par imprudence lorsque la victime de l'imprudence était décédée avant l'accident (*CA Paris, 9 nov. 1951, D., 1952. S., 38 ; crim., 12 déc. 1972, RSC, 1973, p. 409*) ; et l'on peut tout aussi difficilement concevoir le meurtre pratiqué sur un cadavre (*V. cependant CA Paris, 9 avr. 1946, RSG, 1948, p. 147, obs. Gulphe, et surtout crim., 16 janv. 1986, D., 1986, p.265*).

L'infraction est alors juridiquement impossible, car, selon l'heureuse expression de Garraud, la « *matière criminelle* » requise par la loi fait défaut (existence de la personne ou d'un nouveau-né). Roux observait que le droit pénal est sanctionnateur : il sanctionne l'atteinte à un droit (en l'occurrence le droit à la vie) et ne peut, par conséquent, protéger des «*fantômes de droits*» (*R. GARRAUD, Traité théorique et pratique de droit pénal français, 2e éd., t. 1, 1898, n° 209 ; J.-A. ROUX, Cours de droit criminel français, t. 1, 1927, Paris, Sirey, p. 117 et s.*).

Dans l'arrêt ci-dessus rapporté, rendu par la Cour d'Assises de Dakar le 14 février 2012, il a été jugé que l'association de malfaiteurs suppose une association ou une entente en vue de commettre soit un ou des délits, soit un ou des crimes (*C. ass. Dakar du 14 février 2012, MP c/ K. M. et autres, inédit*). Mais dans cette espèce, *« ni un délit ni un crime n'a été caractérisé à l'encontre de M. et P. ; Que le crime de trafic de drogue du chef duquel ces deux susnommés ont été inculpés procédait de la théorie de l'infraction impossible en raison de l'inexistence d'un produit qualifié drogue, la poudre suspectée au début s'étant révélée être de la farine à l'analyse ; Qu'en l'absence d'un crime ou d'un délit et de la probabilité de la constitution matérielle de l'une ou de l'autre desdites infractions, l'association de malfaiteurs ne saurait être caractérisée »*.

Il y a impossibilité de fait, notamment lorsque les moyens auraient pu produire le résultat voulu s'ils avaient été mieux utilisés (coup de fusil tiré hors de portée de la victime) ou lorsque l'objet de l'infraction n'a été que momentanément impossible à atteindre (victime d'une agression fortuitement absente de la pièce dans laquelle un coup de feu a été tiré à travers une fenêtre).

Il faut signaler enfin qu'en matière d'empoisonnement, le législateur a expressément subordonné la répression à l'efficacité des moyens employés par le délinquant. En effet, l'article 286 du CP qualifie empoisonnement tout attentat à la vie d'une personne « *par l'effet de substances qui peuvent donner la mort plus ou moins promptement, de quelque manière que ces substances aient été employées ou administrées et quelles qu'en aient été les suites* ».

Ainsi, dans l'arrêt rendu le 09 novembre 2009, la Cour d'Assises de Dakar a eu l'occasion de juger que le seul fait pour une accusée d'administrer à une personne « *une substance sans que la nature mortifère de celle-ci soit établie, est insuffisant pour caractériser le crime d'empoisonnement* » (*D. MAYER, « La notion de substance mortelle en matière d'empoisonnement », D. 1994. chron. 325 ; A. PROTHAIS, « Plaidoyer pour le maintien de l'incrimination spéciale de l'empoisonnement», D. 1982. chron. 107*). En effet, dans cette hypothèse, la substance utilisée n'étant pas efficace pour donner la mort à la victime, l'infraction d'empoisonnement s'avère impossible juridiquement.

SECTION III : L'ÉLÉMENT MORAL DE L'INFRACTION

PARAGRAPHE PREMIER : LE DOL GÉNÉRAL

- **Dol général- Infraction intentionnelle : occupation illégale d'un terrain appartenant à autrui- nécessité d'établir la violation en connaissance de cause d'une prescription légale ou réglementaire**

108. CA Dakar ch. corr., n° 1019 du 24 septembre 2012, *MP et Mathieu KOSSENE NDIAYE c/ Hucheim OMAÏS, inédit*

En matière d'urbanisme, notamment en matière d'occupation illégale de terrain d'autrui ou de destruction de clôture, outre l'élément légal et matériel il faut nécessairement l'élément moral à savoir, la violation en connaissance de cause d'une prescription légale ou réglementaire.

LA COUR,

Considérant que par jugement contradictoire du 13 janvier 2009, le Tribunal de grande instance de Thiès, saisi par citation directe de la partie civile, M. K. N., a déclaré H. O. coupable de destruction de clôture et d'occupation illégale d'un terrain appartenant à autrui, infractions prévues et punies par l'article 423 et 428 du Code pénal et, en répression, l'a condamné à 50 000 FCFA d'amende ferme et à payer à la partie civile susdite la somme de 1 000 000 FCFA à titre de dommages et intérêts, avec exécution provisoire et contrainte par corps au maximum;

Que par déclaration faite au greffe le même jour, le prévenu a interjeté appel principal de toutes les dispositions de ce jugement, suivi du Ministère public, qui a immédiatement relevé appel incident ;

Considérant que ces appels sont réguliers et recevables en la forme ;

Considérant que devant la Cour, les parties ont comparu, assistées de leurs conseils ; qu'il sera en conséquence statué par arrêt contradictoire ;

Rappel des faits

Considérant qu'il résulte du jugement attaqué et des pièces de procédure que, suivant acte n°36/02, le Président de la Délégation spéciale de Malicounda a affecté à M. K. N. la parcelle n°88 C sise à Saly Carrefour précédemment attribuée à J. N., qui lui a cédé les peines et soins édifiés ; qu'en septembre 2008, M. K. N. , qui y avait érigé un mur de clôture et introduit un dossier de demande de bail, a constaté qu'une bonne partie a été détruite par des ouvriers sur ordre de H. O., qui prétend avoir acquis les lieux de . B. B. , en vue de l'extension de son usine de fabrique de glace dénommé « Saly Glace » située juste à côté ;

Que devant le refus d'O. de libérer la parcelle qu'il vient de rattacher à son usine, il l'a fait citer directement devant le tribunal correctionnel sous les préventions de destruction de clôture et d'occupation illégale d'un terrain appartenant à autrui ;

Que devant le tribunal, qui a rendu la décision déférée, H. O. a exhibé à son tour un acte administratif délivré, le 28 août 2008, par la même autorité administrative au nom de A. B. B. ainsi qu'un acte de vente daté du 21 août 2008 établi avec ce dernier ;

Motifs de la décision

Considérant que devant la Cour, le prévenu a soutenu avoir acquis régulièrement la parcelle auprès de A. B. B. qui dispose d'un acte administratif régulier ; que par la suite il a cassé une partie du mur pour construire un autre ; qu'il l'occupe donc de manière régulière ;

Que son conseil a plaidé l'infirmation du jugement, la relaxe du prévenu et le débouté de la partie civile de ses demandes ; qu'il a fait valoir que chacune des parties dispose d'un acte authentique ; que l'antériorité de l'acte ne constitue pas une preuve de droit acquis ; qu'il s'agit d'une question de validité des actes détenus de part et d'autre et dont la contestation obéit à une procédure particulière ; qu'en tout état de cause l'élément indispensable aux délits visés fait crânement défaut ; que le prévenu a acquis la parcelle de bonne foi ;

Que répliquant au conseil de la partie civile, il a fait observer que l'article 457 alinéa 2 du Code de procédure pénale, invoqué à titre subsidiaire et pour la première fois, n'est pas recevable en appel mais il traduit, si besoin en est, la faiblesse des arguments développés de l'autre côté ;

Considérant que l'Avocat général a affirmé que l'antériorité de l'acte doit servir de critère pour départager les parties ; que selon ce critère le terrain doit revenir à la partie civile ; qu'après avoir fait observer que le délit d'occupation illégale est une infraction matérielle, il a requis en conséquence la confirmation du jugement sur ce chef ; que s'agissant de la destruction de mur de clôture, il a déclaré s'en rapporter à la décision de la Cour ;

Considérant que la partie civile a réitéré ses déclarations faites dans la citation directe ; que son conseil a plaidé, à titre principal, la confirmation du jugement et, à titre subsidiaire, l'application de l'article 457, alinéa 2 du Code de procédure pénale par la condamnation du prévenu à lui payer la somme de 2 000 000 FCFA à titre de réparation ; qu'il a soutenu que le prévenu est de mauvaise foi surtout lorsqu'il parle de la destruction du mur : que se fondant sur un arrêt du Conseil d'État en date du 29 juillet 2004, il a estimé que l'acte d'affectation de la parcelle au prévenu, sans le respect de la procédure prévue à cet effet, doit être déclaré nul et ladite parcelle considérée comme appartenant à la partie civile ;

Considérant qu'en matière d'urbanisme, comme le délit d'occupation illégale de terrain d'autrui ou de destruction de clôture, outre l'élément légal et matériel il faut nécessairement l'élément moral à savoir, la violation en connaissance de cause d'une prescription légale ou réglementaire ;

Considérant qu'il n'est pas contesté comme en attestent les documents produits que chaque partie dispose d'un acte administratif dont l'authenticité n'est pas remise en cause pour justifier son droit ;

Mais considérant que le juge correctionnel n'est pas compétent pour trancher la question de la propriété ; que dès lors le moyen tiré de l'antériorité de l'acte n'est pas opérant ;

Considérant que l'examen des documents produits par le prévenu notamment l'acte d'affectation à A. B. B. et le montant de la transaction (7 500 000 FCFA) montre qu'il a occupé les lieux et agi comme il l'a fait de très bonne foi ; que les infractions visées à la prévention ne sont donc pas constituées à l'égard du prévenu ;

Qu'il s'ensuit dès lors, infirmant les dispositions pénales du jugement déféré, de renvoyer en conséquence H. O. des fins de la poursuite, conformément aux prescriptions de l'article 457 du Code de procédure pénale ;

Considérant que s'agissant de l'action civile, il y a lieu tout d'abord de rappeler que l'article 457 alinéa 2 ne constitue pas une demande, mais le fondement juridique de celle-ci ; que la victime qui a réclamé en première instance l'octroi de dommages et intérêts sur la base d'une infraction, est parfaitement recevable en appel et même en cassation à en changer le fondement juridique de celle-ci en invoquant un moyen nouveau comme le texte de loi susdit ; que l'article 503 alinéa 4 du Code de procédure pénale lui interdit seulement de faire, en cause d'appel, une demande nouvelle ; que tel n'est pas le cas de la demande de dommages et intérêts laquelle a déjà été soumise aux premiers juges ;

Considérant que ceci étant, en l'espèce, outre l'inexistence d'une infraction à la loi pénale, la victime, M. K. N., n'a ni allégué ni rapporté la preuve à l'encontre du prévenu d'une quelconque faute telle que découlant des faits objets qui sont l'objet de la prévention ;

Qu'il s'ensuit que les dispositions civiles du jugement attaqué doivent également être infirmées et le susnommé débouté en conséquence de toutes ses demandes ;

Considérant que l'appel ayant prospéré, les dépens seront laissés à la charge de la partie civile, qui a mis en mouvement l'action publique.

PAR CES MOTIFS

Statuant publiquement, contradictoirement, en matière correctionnelle et en dernier ressort ;

Reçoit les appels principal du prévenu et incident du Ministère public ;

Infirme en toutes ses dispositions le jugement entrepris ;

Et statuant à nouveau :

Renvoie H. O. des fins de la poursuite ;

Déboute M. K. N. de toutes ses demandes ;

Laisse les dépens à la charge du Trésor public.

- **Dol général-infraction intentionnelle : occupation illégale d'un terrain appartenant à autrui- exigence de la mauvaise foi du prévenu**

109. CA Dakar n° 318 du 09 mars 2015, *MP et Amadou Bocar DIALLO c/ Khoudia TOP, inédit*

Le délit d'occupation illégale de terrain nécessite pour sa réalisation l'obtention par la victime d'un titre foncier ou d'une décision administrative ou judiciaire et l'occupation de mauvaise foi par le prévenu des lieux, le tribunal a méconnu le sens et la portée de l'article 423 du Code pénal.

LA COUR,

Considérant que par jugement de défaut en date du 19 décembre 2013, le Tribunal de grande instance hors classe de Dakar, saisi par citation directe du procureur de la République, a déclaré K. T. coupable d'occupation illégale d'un terrain dont autrui pouvait disposait en vertu d'une décision administrative, délit prévu et puni par l'article 423 du Code pénal et, en répression, l'a condamnée à 50 000 FCFA d'amende avec sursis; Que le 09 mai 2013, la prévenue a interjeté appel principal de ce jugement, suivi du Ministère public, qui a relevé appel incident à la même date ;

Considérant que ces appels sont réguliers en la forme ;

Considérant que devant la Cour, la prévenue, n'a pas comparu, bien qu'ayant constitué conseil, alors que la victime, I. D., a été représentée par son avocat ; Qu'étant établie la preuve que la prévenue a eu connaissance de la citation, il sera en conséquence statué par décision réputée contradictoire à son encontre et contradictoirement à l'égard de la victime ;

Au fond

Considérant qu'il résulte du jugement et des pièces de la procédure que la dame K. T. et le nommé I. D. se disputent la propriété d'un terrain (lot n°75), d'une superficie de 150 mètres carrés à distraire du titre foncier n°50/DP, sis à Pikine, Rue 10, sur lequel la première a entamé des travaux de construction d'un immeuble ; que chacune des parties a exhibé un bail pour justifier son droit ; que cependant, sur plainte du second, l'enquête ouverte a révélé que seuls les droits de I. D. sont inscrits à la conservation foncière ; Qu'attraite devant le tribunal correctionnel, sous la prévention d'occupation illégale d'un terrain appartenant à autrui, la dame T. avait fait défaut ;

Considérant que la prévenue, qui a fait appel de la décision susvisée, n'a pas comparu pour soutenir son appel ; que conformément à la loi, son conseil n'a pas été autorisé à plaider ;

Considérant que l'Avocat général a déclaré n'avoir pas d'observation à faire valoir ;

Considérant que, se fondant sur l'état des droits réels versé, le conseil de la victime a demandé la confirmation du jugement déféré ;

Considérant que l'article 423 du Code pénal punit de peines de prison et d'amende toute personne qui aura occupé de manière quelconque un terrain d'un autrui pouvait disposer, soit en vertu d'un titre foncier, soit en vertu d'une décision administrative ou judiciaire ;

Considérant que pour déclarer K. T. coupable, le jugement attaqué énonce que le délit susvisé est une infraction matérielle et la prévenue a reconnu avoir entamé des constructions sur le terrain dont l'état des droits réels délivré par le conservateur de la propriété et des droits fonciers de Pikine atteste que I. D. est la seule personne titulaire des droits qui y sont inscrits ;

Considérant qu'en statuant ainsi alors que le délit d'occupation illégale de terrain nécessite pour sa réalisation l'obtention par la victime de l'un des titres susvisés et l'occupation de mauvaise foi par le prévenu des lieux, le tribunal a méconnu le sens et la portée du texte susdit;

Considérant que les parties disposent de titres concurrents ; que certes si les états des droits réels versés, qui ne constituent pas un titre, établissent que I. D. est la seule personne disposant d'un droit de jouissance sur le site en vertu d'un bail approuvé le 20 novembre 2007 par le représentant de l'État, K.T. est de son côté titulaire d'un bail délivré, le 14 novembre 2007, donc avant celui de la partie civile, par la même autorité administrative ; qu'ainsi tant que cet acte, dont l'authenticité n'a jamais été remise en cause, n'est pas rapporté ou annulé, la bonne foi de la prévenue, en matière pénale, ne peut être remise en cause ;

Considérant qu'aux termes de l'article 457 du Code de procédure pénale, si le fait poursuivi ne constitue aucune infraction à la loi pénale ou n'est pas établi ou encore qu'il n'est pas imputable au prévenu, celui-ci est renvoyé des fins de la poursuite ;

Qu'il y a lieu, en conséquence, infirmant le jugement entrepris, de renvoyer la prévenue des fins de la poursuite et de mettre les dépens à la charge du Trésor public ;

PAR CES MOTIFS

Statuant publiquement, par contradictoirement à l'égard de I. D., par décision réputée contradictoire à l'égard de la prévenue, en matière correctionnelle et en dernier ressort ;

Reçoit les appels ;

Infirme le jugement entrepris en toutes ses dispositions et, statuant à nouveau :

Renvoie K. T. des fins de la poursuite ;

Met les dépens à la charge du Trésor public.

• Dol général- dénonciation calomnieuse- infraction matérielle- non

110. CA Dakar, ch. corr. n° 343 du 10 mai 2017, *Bokeline THIAM c/ Patrick ASSI., inédit*

La dénonciation calomnieuse qui n'est pas une infraction matérielle n'est caractérisée que s'il est établi à l'encontre de l'agent pénal une intention coupable qui résulte de la connaissance de la fausseté du fait imputé à autrui au jour de la dénonciation.

LA COUR,

Considérant que par déclarations n° 408 du 06 mars 2014 et n°423 du 07 mars 2014 faites au greffe du Tribunal de grande instance hors classe de Dakar, le cabinet SCPA Guedel Ndiaye et Associés, agissant pour le compte de B. T. et maître P. S. M., agissant pour le compte de DHL Mali, civilement responsable de O. K. , ont respectivement relevé appel du jugement rendu par ledit tribunal ; Que le Ministère public, par acte n°424 du 07 mars 2014 a interjeté appel incident du jugement dont le dispositif est ainsi conçu :

« Statuant publiquement, contradictoirement à l'égard de B. T. et de DHL Sénégal et DHL Mali, en matière correctionnelle et en premier ressort :

Relaxe P. A. ;

Déclare O. T. coupable de dénonciation calomnieuse ;

Le condamne à six mois d'emprisonnement avec sursis ;

Déclare irrecevable les demandes civiles dirigées contre Patrick Assi ;

Condamne K. à payer à B. T. la somme de dix millions (10 000 000) de francs à titre de dommages et intérêts ;

Met hors de cause DHL Sénégal ;

Déclare DHL Mali civilement responsable ;

Ordonne l'exécution provisoire ;

Fixe la contrainte par corps au maximum ;

Condamne K. aux dépens ;

Le tout en application des textes de loi susvisés ; »

En la forme

Sur la recevabilité des appels

Considérant que les appels susvisés ayant été interjetés dans les formes et délais requis, qu'il y a lieu de les déclarer recevables ;

Que B. T. et O. K. régulièrement cités ont comparu assistés de leurs conseils; qu'en revanche Patrick Assi cité à parquet n'a pas comparu ; qu'il y a lieu de statuer contradictoirement à l'égard des premiers nommés et par défaut contre Patrick Assi ;

Sur la note en cours de délibéré

Considérant que les conseils d'O. K. ont déposé une note en cours de délibéré tendant principalement à faire admettre un acte d'appel interjeté dont la copie est jointe aux écritures sus indiquées; que les notes en cours de délibéré devant avoir pour objet que d'approfondir ou de développer des éléments de la procédure déjà discutés , qu'il y a lieu de rejeter la note susvisée qui ne tend qu' à faire admettre des pièces après clôture des débats ;

Qu'il y a lieu également d'écarter des débats celle déposée par les conseils de B. T. , la Cour étant déjà suffisamment instruite des faits de la cause et ladite note n'apportant aucun éclairage nouveau;

Que par ailleurs la réouverture des débats sollicitée n'est pas justifiée;

Au fond

(...)

SUR,

Considérant qu'il résulte des dispositions de l'article 362 du Code pénal que « Quiconque aura, par quelque moyen que ce soit, fait une dénonciation calomnieuse contre un ou plusieurs individus, aux officiers de justice ou de police administrative ou judiciaire ou à toute autorité ayant le pouvoir d'y donner suite ou de saisir l'autorité compétente, ou encore aux supérieurs hiérarchiques, ou aux employeurs du dénoncé, sera puni d'un emprisonnement de six mois à cinq ans et d'une amende de 50 000 à 500 000 F CFA » ;

Que l'incrimination sus évoquée tend en définitive à dissuader et à sanctionner les calomnies portées à l'attention des autorités publiques ou judiciaires ou hiérarchiques et mettant en cause un ou des individus bien déterminés ;

Considérant que P. A. qui a fait défaut n'a pas bénéficié par ailleurs d'une dispense de comparaître pour que ses conseils puissent utilement être entendus ;

Que force est cependant de noter qu'il ne résulte ni des débats ni des pièces versées au dossier que P. A. a déposé une plainte ou fait un acte matériel de dénonciation au sens de l'article 362 du Code pénal; que le licenciement auquel il a procédé pas plus que ses fonctions de Directeur régional de DHL ne peuvent pas suffire à eux seuls à engager sa responsabilité pénale ; qu'il convient dès lors de confirmer la décision de relaxe prononcée en sa faveur par les premiers juges, laquelle décision est juste et fondée au regard des faits de la cause ;

Considérant qu'il n'est pas en revanche contestable au regard des débats et des pièces de la procédure que DHL Mali a déposé plainte pour abus de confiance et complicité d'abus de confiance contre B. T. qui a été son Directeur général de 2000 à 2004 ; des malversations que DHL aurait évalué respectivement à 30.169.291 et 117.935.835 CFA; que la plainte qui a été déposée devant le juge d'instruction, une autorité de justice au sens de l'article 362 du Code pénal, s'est révélée toutefois dénuée de fondement dans la mesure où les faits articulés étaient inexacts ; que la fausseté de cette dénonciation résulte objectivement de l'arrêt définitif de la Cour d'Appel de Dakar et validé par la Cour suprême qui a relaxé B. T. au bénéfice du doute en considérant que les faits dénoncés ne lui sont pas imputables ;

Que K. qui ne conteste pas avoir fait initier les poursuites ayant abouti à la relaxe de Thiam en tant que Directeur de DHL Mali a fait plaider qu'il n'a pas agi pour autant avec une intention de nuire ;

Considérant que la dénonciation calomnieuse qui n'est pas en effet une infraction matérielle n'est caractérisée que s'il est établi à l'encontre de l'agent pénal une intention coupable qui résulte, selon une jurisprudence bien définie, de la connaissance de la fausseté du fait imputé à autrui au jour de la dénonciation ;

Que malgré les dénégations du prévenu, force est toutefois de relever, comme résultant des pièces régulièrement versées au dossier, que DHL Mali avait saisi le juge d'instruction du tribunal de grande instance de la commune 05 de Bamako d'une plainte visant A. C. pour détournement des mêmes sommes visées dans la plainte au Sénégal ; qu'elle soutenait à l'analyse que ce dernier trompait la vigilance de son directeur général en l'occurrence B. T. en libellant en chiffres et en lettres des chèques à son propre nom A. C. en « prenant la précaution de laisser un espace suffisant avant le montant inscrit en chiffres et en lettres et qu'après avoir présenté le ou les chèques à la signature du Directeur Général, il comblait l'espace volontairement laissé en y apportant un chiffre supplémentaire » ;

Considérant qu'il résulte des termes sans équivoque employés dans ladite plainte que la DHL qui connaissait l'étendue des responsabilités des uns et des autres dans le détournement des sommes précitées avait clairement dégagé B. T. de toute responsabilité pénale en soutenant que Cissé abusait des blanc-seing de T. pour commettre ces malversations;

Considérant que O. K. en tant que Directeur général de DHL Mali ne pouvant ignorer ce fait a agi de mauvaise foi en imputant à la partie civile des faits qu'ils savaient non établis ; que sa mauvaise foi est d'autant plus établie que le prévenu a agi avec une témérité qui ne pouvait que caractériser une intention de nuire en portant plainte contre une personne dénommée, donc B. T. nommément citée, alors que les informations à sa connaissance faisaient état que le responsable financier manipulait personnellement les chèques avec des ajouts de chiffres, ce qui non seulement excluait à priori la collaboration de son Chef hiérarchique mais devait conduire également à moins de témérité dans les procédures entamées ; que les éléments constitutifs de la dénonciation calomnieuse étant en conséquence réunis au regard des circonstances sus évoquées, il y a lieu de confirmer la déclaration de culpabilité prononcée à son encontre, laquelle décision procède d'une bonne appréciation des faits de la cause ;

Considérant qu'au regard des circonstances de la commission de l'infraction et de la personnalité du prévenu qui, comparaissant pour la première fois devant la justice, a répondu sincèrement et spontanément aux questions de la Cour, la peine prononcée par les premiers juges est fondée et mérite confirmation ;

(...)

PAR CES MOTIFS

Statuant, publiquement, contradictoirement à l'égard de O. K. et de B. T. et par défaut à l'égard de P. A., en matière correctionnelle et en dernier ressort ;

En la forme

Déclare les appels recevables ;

Au fond

Confirme le jugement en toutes ses dispositions ;

Met les dépens à la charge du Trésor public.

- **Dol général-vol- exigence d'une intention délictuelle**

111. CA Dakar n° 1179 du 05 août 2013, *MP et Youssoupha Senghor SOW c/ Babacar KONTE, Bulletin des arrêts rendus par la Cour d'Appel de Dakar en matière pénale*, année 2014, p. 151

Outre les éléments légal et matériel, le vol suppose une intention délictuelle. Ne commet pas le délit de vol celui qui, pour se venger d'une humiliation infligée par le frère de son ami, emporte des objets appartenant à ce dernier avant de l'appeler au téléphone pour l'informer de son acte et s'abstient de restituer lesdites objets jusqu'à son arrestation.

LA COUR,

Considérant que par jugement correctionnel contradictoire du 02 mars 2011, le Tribunal d'instance hors classe de Dakar, saisi par procès-verbal d'interrogatoire de flagrant délit du Procureur de la République, a déclaré B. K. coupable de vol simple et, en répression l'a condamné à trois (03) mois d'emprisonnement ferme, par application des articles 364 et 370 du Code pénal, reçu la constitution de partie civile de Y. S.S. et condamné le prévenu à lui payer la somme de 400 000 FCFA à titre de réparation ; ;

Que le 04 mars 2011, le prévenu a interjeté appel principal de ce jugement, suivi du Ministère public, qui a relevé appel incident le 09 mars 2011 ;

Considérant que ces appels sont réguliers en la forme ;

Considérant que devant la Cour, les parties n'ont pas comparu et il n'est pas établi qu'elles ont eu connaissance des citations ;

Qu'il sera dès statué par défaut à leur égard ;

Rappel des faits et de la procédure

Considérant qu'il résulte du jugement attaqué et des pièces de la procédure que, le 07 janvier 2011, suite à une bagarre l'ayant opposé au frère de son ami Y. S. S. , B. K., en quittant leur domicile situé aux HLM II, a emporté à leur insu, les clés d'un véhicule, deux téléphones portables et leurs chargeurs ainsi qu'une paire de chaussures, le tout appartenant à son ami ; que toutes les recherches entreprises par le propriétaire pour le retrouver sont restées vaines jusqu'au 21 février où la victime, qui avait déjà saisi depuis le 10 janvier la Brigade de Hann, l'a rencontré fortuitement dans les locaux du Commissariat Central qui a procédé à son interpellation avant de le remettre à la brigade susdite ;

Qu'interrogé, il a déclaré avoir confisqué les objets emportés en guise de représailles suite à la bagarre ; qu'il a affirmé avoir d'ailleurs appelé la victime pour l'en informer, ce que celle-ci a confirmé ; qu'il a restitué les clés de la voiture et pris l'engagement d'en faire autant pour le reste ;

Que devant le Procureur de la République, qui l'a inculpé de vol, et devant le tribunal, qui a rendu le jugement entrepris, il a réfuté le délit et réitéré ses déclarations antérieures ;

Motifs de la décision

Considérant que le Ministère public a requis la confirmation du jugement attaqué ;

Considérant que le prévenu, n'a pas comparu pour soutenir son appel ; qu'aucun moyen ou fait nouveau n'a été soumis à la Cour ;

Considérant qu'outre les éléments légal et matériel, le vol suppose une intention délictuelle ;

Considérant que le jugement n'est pas motivé alors que le prévenu a toujours invoqué la bonne foi ;

Considérant qu'il n'est pas contesté que, jusqu'à la fameuse bagarre, les parties étaient des amis intimes ; que s'il est vrai que le prévenu a soustrait frauduleusement les objets en cause, il ressort des propres déclarations de la victime consignées dans sa lettre plainte et le procès-verbal d'enquête qu'il l'en a informée par téléphone et a même eu à lui restituer les clés de la voiture ;

Considérant que si le comportement du prévenu est inacceptable et intolérable, il n'en demeure pas moins que l'intention frauduleuse fait en l'espèce manifestement défaut ;

Qu'il y a lieu dans ces conditions, infirmant le jugement entrepris sur l'action publique, de le renvoyer des fins de la poursuite ;

Considérant, en revanche, qu'en emportant et en confisquant des objets de son ami qu'il n'a pas restitués en dépit de l'engagement souscrit, le prévenu a commis une faute justifiant sa condamnation à réparer le préjudice qui en a découlé, sur le fondement de l'article 457 du Code de procédure pénale ; que le montant alloué à la victime procède d'une juste évaluation ;

Que les dispositions civiles du jugement seront en conséquence confirmées et les dépens mis à la charge de l'appelant ;

PAR CES MOTIFS

Statuant publiquement, par défaut, en matière correctionnelle et en dernier ressort ;

Reçoit les appels principal du prévenu et incident du Ministère public ;

Infirme partiellement le jugement entrepris et, statuant à nouveau :

Renvoie B. K. des fins de la poursuite ;

Confirme pour le surplus ;

Condamne l'appelant aux dépens.

OBSERVATIONS

Certaines infractions ne sont punissables que dans la mesure où il existe une relation psychologique entre leur résultat, effectif ou éventuel et l'intelligence de l'agent.

C'est en fonction de l'intensité de cette relation psychologique que s'établit la distinction entre les infractions intentionnelles et les infractions non intentionnelles (*R. LEGROS, L'élément moral dans les infractions, Paris, Sirey-Desoer, 1952, p. 11 à 16 ; J. Cl. BERREVILLE, «Quelques réflexions sur l'élément moral de l'infraction », RSC 1973, p. 865 ; M. PRALUS, «Réflexions autour de l'élément moral des délits », Dr. pén. 2002, chron. 41*).

L'infraction non intentionnelle, au contraire, implique simplement une faute qui peut consister dans la seule violation de la prescription légale ou réglementaire.

Les infractions non intentionnelles comprennent les délits d'imprudence, les délits matériels et la plupart des contraventions (*P. CORNIL, « La répression des infractions dites involontaires », Rev. (belge) dr. pén. et crim. 1958, p. 695 ; A. CHAVANNE, « Le problème des délits involontaires, RSC 1962, p. 241 ; M. E. CARTIER, « La nouvelle définition des délits non-intentionnels », RSC 2001, p. 725*).

Une infraction intentionnelle suppose une intention coupable ; elle n'est punissable que si cette intention est établie (*S. DETRAZ, « L'intention coupable, est-elle encore le principe ? », Le nouveau Code pénal, Paris, LGDJ, 2014, p. 63*). La Cour d'Appel de Dakar a jugé que le délit de dénonciation calomnieuse une infraction intentionnelle qui « *n'est caractérisée que s'il est établi à l'encontre de l'agent pénal une intention coupable qui résulte, selon une jurisprudence bien définie, de la connaissance de la fausseté du fait imputé à autrui au jour de la dénonciation* » (*CA Dakar ch. corr., n° 343 du 10 mai 2017, MP et B. Th. c/ P. A. et O. K., inédit*). Dans les arrêts ci-dessus rapportés, les magistrats ont précisé que le délit d'occupation illégale de terrain appartenant à autrui constitue une infraction intentionnelle dont la caractérisation suppose que soit établi une faute intentionnelle.

La Cour d'Appel de Dakar a estimé dans un arrêt du 05 août 2013, que ne commet pas le délit de vol celui qui, pour se venger d'une humiliation infligée par le frère de son ami, emporte des objets appartenant à ce dernier avant de l'appeler au téléphone pour l'informer de son acte et s'abstient de restituer lesdites objets jusqu'à son arrestation.

La distinction entre les infractions intentionnelles et les infractions non intentionnelles présente plusieurs intérêts. En effet, toutes les règles de droit pénal qui se rattachent à l'existence de l'intention criminelle ne peuvent s'appliquer aux infractions non intentionnelles.

D'abord, la tentative, toujours punissable en matière de crimes et parfois en matière de délits correctionnels (lorsque la loi l'a prévu), n'est pas punissable en matière de délits d'imprudence et de contraventions.

Ensuite, l'erreur de fait qui, dans les infractions intentionnelles, peut faire disparaître l'intention et muer celle-ci en une faute d'imprudence (changer un crime de meurtre en un délit d'homicide par imprudence), est sans effet dans les infractions non intentionnelles (*G. STÉFANI, G. LEVASSEUR et B. BOULOC, Droit pénal général, Paris, Dalloz, 17e éd., 2000, n° 438, p. 364*).

Enfin, la jurisprudence, qui admet la légitime défense pour les infractions intentionnelles, semble la rejeter dans le cas des infractions non intentionnelles commises par l'agresseur (*Cass. crim. 28 nov. 1991, n° 90-87.572, Bull. crim., n° 446, RSC 1992.751, obs. G. Levasseur ; sur cette question, V. P. A. TOURÉ, Droit pénal général sénégalais, tome 2 : la responsabilité pénale et la sanction pénale, Dakar, l'Harmattan 2023, n° 189*).

Quoi qu'il en soit, la loi peut exiger que le délinquant ait eu l'intention de provoquer le résultat incriminé. Cette intention est appelée « *dol spécial* ».

Mais dans d'autres cas, il suffit, pour que l'agent soit répréhensible, qu'il ait prévu ou dû prévoir que son action ou son omission était susceptible de produire tel résultat dommageable. Cette prévision ou cette prévisibilité est inhérente à la faute d'imprudence ou de négligence ainsi qu'à la faute de mise en danger délibérée.

- **Faute d'imprudence ou de négligence-exigence d'une maladresse, inattention, imprudence, négligence ou d'une inobservation des règlements**

112. CA Dakar, ch. corr. n° 366 du 11 juin 2003, *MP et Hoirs Hyssam FARHAT c/ Baye Assane DIAGNE et autres, inédit*

L'article 307 du Code pénal vise à réprimer le comportement d'une personne, qui par maladresse, inattention, imprudence, négligence ou inobservation des règlements, a commis involontairement un homicide.

LA COUR,

Considérant qu'il est constant que H. F. a été opéré à la clinique CASAHOUS par les Médecins B. A. D. et W. A. assistés de l'infirmier TH D.;

Qu'à la suite de complications, F. a été transféré à l'hôpital Principal de Dakar où il est décédé ;

Considérant en ce qui concerne le fondement de l'appel qu'il y a lieu de rejeter les arguments de J. M. C. et de la clinique Casahous puisqu'il s'infère de l'article 503 du Code de Procédure Pénale que la partie civile peut relever appel des décisions rendues en matière pénale et que contrairement à ce que CASAHOUS soutient l'article 457 dit bien que la partie civile peut dans le cas de relaxe demander réparation du dommage résultant de la faute du prévenu telle qu'elle découle des faits qui sont l'objet de la prévention ;

Que s'il a été admis que le juge ne peut d'office appliquer les dispositions de l'article 457 alinéa 2, rien n'interdit à la partie civile de demander devant la chambre des appels correctionnels réparation sur le fondement de l'article 457 ;

Que la partie civile peut parfaitement demander pour la première fois au juge saisi en cause d'appel de faire application des dispositions de l'article 457 ;

Considérant qu'il est admis aussi que le juge saisi en cause d'appel peut constater la culpabilité du prévenu malgré la décision de relaxe en première instance alors même que seule la partie civile a relevé appel ;

Qu'il y a lieu de rejeter l'argument de J. M. C. et de la clinique CASAHOUS consistant à dire que les demandes des parties civiles ne peuvent être fondées juridiquement ;

Considérant que les prévenus étaient poursuivis pour homicide involontaire sur le fondement de l'article 307 du Code pénal ;

Que les dispositions de cet article visent à réprimer le comportement des individus qui par maladresse, inattention, imprudence, négligence ou inobservation des règlements auraient commis involontairement un homicide;

Qu'une prévention aussi large ne vise pas seulement à sanctionner les faits d'adresse ou vigilance ou de précaution mais au-delà des termes utilisés par l'article 307 toutes les fautes possibles résultant du comportement du prévenu ;

Qu'en l'espèce, l'imprudence commise par les prévenus résulte de ce que les médecins et l'infirmier, en décidant de procéder à une opération même bénigne doivent prévoir toutes les éventualités surtout les plus pessimistes avant de procéder à l'opération étant admis que la faute d'imprudence est celle que les individus prévoyants ne commettent pas ;

Qu'en procédant à une opération sans anesthésie, le plateau médical doit avoir une claire conscience des risques liés à l'endormissement, aux complications liées à cette anesthésie et au réveil du malade;

Qu'il est constant que le seul fait d'avoir à évacuer H. F. à l'hôpital principal où il devait mourir, il est établi que les prévenus ne disposaient pas de tous les moyens pour faire face à toute éventualité avant de procéder à l'opération ;

Que cela soit le résultat de l'oubli ou de l'omission de précaution liée à la qualification de l'anesthésiste ou de l'existence de moyens matériels nécessaires dans la clinique, le fait a été établit que F. n'a pas pu être réveillé par ceux qui l'ont opéré dans la clinique;

Que ces derniers, les prévenus, en ordonnant le transfert de F. à l'Hôpital principal, où, selon leurs déclarations, officiant « le seul médecin anesthésiste de la place » ont indirectement fait la preuve qu'il leur manquait quelque chose que l'hôpital avait et qui était nécessaire à l'opération ;

Que le premier juge en ne procédant pas à la revue des différentes composantes de l'infraction visée à l'article 307 a fini par limiter son analyse ;

Qu'il échet donc de relever qu'il y a bien un homicide involontaire au sens de l'article 307 du Code pénal , et de constater la culpabilité des mis en cause ;

(...)

PAR CES MOTIFS

Statuant publiquement, par défaut à l'encontre de B. A. D. et TH. D., contradictoirement à l'égard de W.AA., J. M. C., et des AGS, en matière correctionnelle et en dernier ressort:

En la forme

Déclare recevable l'appel des héritiers de H. F. ;

Au fond

Déclare bien fondé l'appel des parties civiles ;

Constate que les prévenus B. A.D., W. A. et J. M. C. sont bien coupables du délit d'homicide involontaire;

Condamne les prévenus à payer aux héritiers de H. F. en réparation du préjudice moral qu'ils ont subi :

1 000 000 de francs à chacun des père et mère ;

5 000 000 de francs à la veuve ;

5 000 000 de francs à la fille ;

500 000 Francs à chacun des quatre frères ;

Soit au total la somme de quatorze millions (14 000 000) de francs ;

Dit que les Assurances générales Sénégalaises AGS seront tenues à garantie ;

Laisse les dépens à la charge du Trésor public.

OBSERVATIONS

On réserve traditionnellement la dénomination de «*faute pénale ordinaire*», par opposition au dol et à la faute contraventionnelle, à l'élément moral particulier qui permet d'imputer pénalement à une personne le résultat dommageable que celle-ci n'a pas voulu provoquer (*P. SALVAGE, « L'imprudence en droit pénal », JCP G. 1996, I, 3984 ; A. SERIAUX, « L'appréciation de la faute pénale d'imprudence en droit français contemporain », RSC 2017, p. 231 ; A. CHAVANNE et M.C. FAYARD, « Les délits d'imprudence », RSC 1975, p. 5 ; TH. DALMASSO, « Les délits d'imprudence », colloque de droit et commerce, 2001, RJ com. 2001, p. 18; S. PETIT, « Une nouvelle définition des délits d'imprudence », Gaz. pal. 9-11 juill. 2000, p. 2 ; Ph. SALVAGE, « Retour vers l'imprudence pénale », JCP 2000. I. 281*). La plupart des délits prévus par le Code pénal sont des infractions intentionnelles.

Cependant, lorsque la valeur à laquelle il est porté atteinte est d'une particulière importance, le législateur fait preuve d'une plus grande sévérité. Il érige en délits des comportements non intentionnels à condition que leur auteur, qui, par définition, n'a pas voulu violer la loi pénale, puisse se reprocher une faute de négligence ou d'imprudence.

Pour décrire la faute d'imprudence ou de négligence, le législateur emploie plusieurs expressions : « *maladresse* », « *imprudence* », « *inattention* », « *négligence* » ou « *inobservation des règlements*» (*V. art. 307 du CP).*

Les valeurs qui font l'objet d'une surprotection pénale sont assez nombreuses.

Le champ d'application de la faute d'imprudence et de négligence recouvre surtout les atteintes involontaires à la vie et à l'intégrité de la personne ou aux biens. L'exemple type du délit d'imprudence est l'homicide ou les blessures involontaires. L'article 307 du CP incrimine « *quiconque, par maladresse, imprudence, inattention, négligence ou inobservation des règlements, aura commis involontairement un homicide ou des blessures, ou en aura été involontairement la cause* ». Un arrêt de la Cour d'Appel de Dakar rendu le 11 juin 2003 a énoncé que « *les dispositions de cet article visent à réprimer le comportement des individus qui par maladresse, inattention, imprudence, négligence ou inobservation des règlements auraient commis involontairement un homicide* » (*CA Dakar ch. corr. n° 366 du 11 juin 2003, MP et Hoirs H. F. c/ B. A. D. et autres, inédit*).

La Cour d'Appel de Dakar a jugé, dans un arrêt du 19 novembre 2013, que le directeur général d'un hôtel qui n'a pas mis en place un cadre sécuritaire, notamment une barrière ou installation de protection dans une piscine, ce qui a entraîné la noyade d'une jeune fille, commet une faute d'imprudence (*CA Dakar ch. corr. n° 1542 du 19 novembre 2013, MP c/ P. D., inédit*).

Un autre arrêt de la Cour d'Appel de Dakar rendu le 24 avril 2017 a énoncé que le manque d'étanchéité qui a entraîné l'effondrement d'une partie d'une dalle du salon du prévenu et causé des blessures constitue une faute d'imprudence caractérisant le délit de blessures involontaires (*CA Dakar ch. corr. n° 312 du 24 avril 2017, MP et autres c/ F. F., inédit*). Commet également une faute d'imprudence, le conducteur qui, par défaut de maîtrise pendant une traversée en agglomération, cause un accident mortel (*CA Dakar ch. corr. n° 689 du 16 novembre 2016, MP et S. N. T. es qual. H. T. c/ A. S., inédit ; CA Dakar ch. corr., n° 296 du 18 avril 2017, MP et M. D. c/ S. Th. ND. D., inédit*).

L'article 308 du CP incrimine également l'incendie involontairement provoqué ayant entraîné la mort ou ayant provoqué les blessures d'une ou plusieurs personnes.

Les valeurs protégées concernent aussi les données à caractère personnel et même les intérêts fondamentaux de l'État. Ainsi, le législateur sanctionne la divulgation illicite de données à caractère personnel commise par imprudence ou négligence (*V. art. 431-27 du CP*) et la violation du secret de défense nationale commise «*par maladresse, imprudence, inattention, négligence ou inobservation des règlements* » (*V. art. 61 du CP*).

Dans ces types d'infractions, ce qui est incriminé c'est essentiellement l'imprudence ou la négligence, à laquelle s'apparentent l'inattention, la maladresse et même l'inobservation des règlements.

La faute pénale consiste donc soit à ne pas prévoir les conséquences dommageables de l'acte que l'on accomplit - ou à ne pas croire qu'elles pourront se produire - soit à ne pas prendre les précautions nécessaires pour empêcher qu'elles ne surviennent.

C'est la raison pour laquelle une doctrine classique qualifie les infractions d'imprudence de «*délits involontaires* » (*R. MERLE et A. VITU, op. cit., n° 603*). En cas de faute d'imprudence ou de négligence, il n'existe aucune intention de violer la loi pénale, puisque la réalisation du dommage n'a pas été prévue par l'auteur de la faute ; celui-ci n'a pas eu l'intention de provoquer ce dommage.

L'auteur d'une faute d'imprudence ou de négligence ne peut échapper à la répression qu'en démontrant qu'il n'a commis aucune imprudence, négligence ou inobservation des règlements.

La faute par imprudence suppose la réalisation d'un dommage qui n'avait pas été prévue. En l'absence de ce résultat dommageable, il n'y a pas de délit d'imprudence ou de négligence.

Par exemple, le fonctionnaire d'un service de renseignement, dépositaire d'un secret de la défense nationale, qui oublie de fermer son coffre, ne commet pas l'infraction de violation involontaire du secret de défense nationale prévu par l'article 61 du CP, si des personnes n'ont pu mettre à profit cet oubli pour dérober des documents secrets.

La Cour d'Appel de Dakar a jugé, dans un arrêt rendu le 11 juin 2003, que le délit d'homicide et de blessures involontaires « *suppose un acte de commission ayant un lien direct avec le préjudice dont se prévaut la victime* » (*CA Dakar ch. corr. n° 366 du 11 juin 2003, MP et Hoirs H. F. c/ B. A. D. et autres, inédit*).

La jurisprudence estime qu'en l'absence de preuve d'un lien de causalité certain entre la faute alléguée et le dommage, en l'occurrence le décès d'une personne, le prévenu, poursuivi du chef d'homicide involontaire, doit être relaxé (*Cass. crim., 22 nov. 2011, n° 11-81.706, JurisData n° 2011-029387*).

- **Faute de mise en danger délibérée- Violation d'une obligation particulière de sécurité ou de prudence- demi-tour sur l'autoroute**

112 bis. TGIHC Dakar, n° 1834 du 06 avril 2017, *MP c/Y. T., inédit.*

Le fait d'effectuer un demi-tour sur l'autoroute est constitutif d'une exposition d'autrui à un risque immédiat de mort ou de blessures de nature à entraîner une mutilation ou une infirmité permanente par la violation d'une obligation particulière de sécurité ou de prudence imposée par la loi ou le règlement.

LE TRIBUNAL,

Attendu que suivant procès-verbal d'interrogatoire de flagrant délit du 03 avril 2017 du Procureur de de la République, Y. T., comparait devant le tribunal correctionnel de céans sous la prévention d'avoir Dakar, le 24 mars 2017, en tout cas avant prescription dc l'action publique, au volant d'un véhicule de marque Renault, immatriculé sous le n° DK 9553 T, en vue d'entraver ou de gêner la circulation, édifié ou placé sur une voie ouverte à la circulation publique, un objet faisant obstacle au passage de véhicules ;

En sus, au volant dudit véhicule, procédé à un demi-tour sur l'autoroute ;

D'avoir en outre exposé autrui à un risque immédiat de mort ou de blessures de natures à entrainer une mutilation ou une infirmité permanente violation d'une obligation particulière de sécurité ou de prudence imposée par la loi ou le règlement ;

Faits prévus et punis par l'article 11,131 du code de la route et 307 du Code pénal ;

Au fond

Attendu que le prévenu a contesté les faits qui lui sont reprochés ;

Attendu que le ministère public a requis l'application de la loi;

Attendu qu'il résulte du dossier et des débats à l'audience la preuve contre le prévenu d'avoir commis les faits qui lui sont reprochés ;

Qu'il échet de le déclarer coupable des faits qui lui sont reprochés et de le condamner à la peine de 03 mois ferme et la suspension de son permis pour 01 an ferme ;

Qu'il y a lieu de le condamner aux dépens ;

PAR CES MOTIFS

Statuant publiquement, contradictoirement, en matière correctionnelle et en premier ressort ;

Au fond

Déclare Y. T. coupable des faits qui lui sont reprochés ;

Le condamne à trois (03) mois d'emprisonnement ferme ;

Ordonne la suspension de son permis de conduite pour un (01) an ;

Le condamne aux dépens ;

Le tout par application des textes de loi susvisés.

OBSERVATIONS

La loi n° 2016-29 du 8 novembre 2016 modifiant le Code pénal a institué dans ledit code le délit de mise en danger d'autrui (*M. PUECH, « De la mise en danger d'autrui », D. 1994, chron. p. 154 ; V. MALABAT, « Le délit dit de mise en danger, la lettre et l'esprit », JCP G 2000, I, 208 ; J.-Y. MARECHAL, « La mise en danger délibérée en droit pénal français » in Légalité, légitimité, licéité, Regards contemporains, Mélanges en l'honneur du professeur Jean-François Seuvic, éditions de l'Université de Lorraine, 2018, p. 325-338; B. BOURDEAU, « Mise en œuvre de l'article 223-1 du Code pénal : autrui en danger et dogmes en péril», ALD 1994, comm. législ. p. 188 ; J.-A. LEFEBVRE, La mise en danger d'autrui en droit pénal, Thèse Paris II, 2009 ; G. ACCOMANDO et C. GUERY, « Le délit de risque causé à autrui ou de la malencontre à l'article 223-1 du nouveau Code pénal », RSC 1994, p. 681 ; P. BORDESSOULE de BELLEFEUILLE et M. HAAS, « La mise en danger d'autrui », Rev. pénit. 1996. 289 ; J. DUMONT, « Risques causés à autrui », Juris-class. pén., art. 223-1, n° 51 ; O. MAURY, « À propos du délit de mise en danger : analyse du contentieux », Gaz. pal. 2006. 2. doctr. 3862*), par l'institution de la faute de mise en danger délibérée, qui constitue la consécration de la notion de dol éventuel (*J. PRADEL, Droit pénal général, n° 570 ; F. DESPORTES et F. LE GUNEHEC, op. cit., n° 493 ; Ph. CONTE et P. MAISTRE DU CHAMBON, op. cit.., n° 390 ; X. PIN, op. cit., n° 21 ; B. BOULOC, op. cit., n° 41, n° 291*).

L'article 307 bis du CP incrimine toute personne qui expose autrui à un risque immédiat de mort ou de blessures de nature à entraîner une mutilation ou une infirmité permanente, par la violation délibérée d'une obligation particulière de sécurité ou de prudence imposée par la loi ou le règlement. Il punit également des mêmes peines toute personne qui expose autrui à un risque de maladie grave par la violation délibérée d'une obligation particulière de sécurité ou de prudence.

En créant le délit de mise en danger d'autrui, le législateur a entendu incriminer le comportement de celui, qui, en violant délibérément une norme de sécurité ou de prudence, expose directement autrui à un risque immédiat de mort ou de blessures d'une extrême gravité. Destinée à améliorer la lutte contre de véritables fléaux sociaux, comme les accidents de la route ou ceux du travail, cette infraction de prévention incrimine un comportement indépendamment du résultat.

Le caractère novateur de cette infraction réside dans le fait qu'elle a opéré une dissociation complète entre le risque et le résultat (*G. ROUJOU DE BOUBEE, B. BOULOC, J. FRANCILLON et Y. MAYAUD, Code pénal commenté, Paris, Dalloz, 1996, p. 258, note 1*). Le risque est incriminé en tant que tel, indépendamment de ses suites. Il s'agit de sanctionner le comportement socialement inadmissible d'une personne qui expose délibérément autrui à un risque d'atteinte à son intégrité physique sans pour autant avoir la volonté de parvenir à un résultat dommageable.

En général, l'auteur d'une violation intentionnelle de la loi pénale recherche un certain résultat. En revanche, l'auteur d'une faute non intentionnelle, de pure négligence ou imprudence, peut provoquer un dommage gravissime sans avoir eu conscience des conséquences possibles de son comportement.

Mais la loi pénale n'appréhendait pas le comportement de la personne qui, consciente de faire encourir à autrui un risque majeur, agit néanmoins en espérant qu'il ne se réalisera pas. L'agent envisage le dommage comme possible, mais persiste dans son action. La répression de l'infraction de mise en danger d'autrui repose donc sur un critère d'éventualité.

La faute de mise en danger délibérée est une violation manifestement délibérée d'une obligation particulière de prudence ou de sécurité prévue par la loi ou le règlement (V. *F. DESPORTES et F. Le GUNEHEC, op. cit., n° 496 ; J. CEDRAS, « Le dol éventuel, aux limites de l'intention », D. 1995, p. 18*). Ainsi, la mise en danger délibérée devrait être considérée comme une forme d'imprudence aggravée, faute intermédiaire entre l'imprudence ordinaire et l'intention (*V. F. DESPORTES et F. LE GUNEHEC, ibid ; R. MERLE et A. VITU, op. cit., n° 613*).

La faute consciente ou délibérée peut être commise en l'absence de tout résultat. On dit que le comportement délibéré non suivi d'un résultat illicite réalise une mise en danger d'autrui.

La caractérisation d'une faute de mise en danger délibérée suppose la réunion de conditions précises.

Elle suppose la volonté de violer une obligation de sécurité ou de prudence. La preuve de cette intention est d'autant plus difficile à prouver que le législateur exige que la violation soit délibérée. Il faut démontrer que le prévenu a été animé par une volonté délibérée. Il semble que l'adjectif « *délibérée* » est destiné à rendre plus difficile la condamnation du prévenu lorsqu'il n'y a pas de dommage.

Cette preuve, qui incombe au ministère public, ne peut en pratique être établie que dans des circonstances très particulières. Par exemple, cette preuve peut résulter du comportement d'un conducteur qui a brûlé plusieurs feux consécutivement. Si cette preuve n'est pas rapportée, seule une contravention au Code de la Route pourra éventuellement être constituée.

Mais la faute de mise en danger délibérée, si elle suppose la volonté de violer une obligation de sécurité ou de prudence, n'implique pas, en revanche, que l'auteur de cette violation ait eu connaissance de la nature possible des conséquences dommageables de son imprudence consciente.

La Cour de Cassation française a jugé, dans un arrêt rendu le 16 février 1999, que l'élément moral de l'infraction de mise en danger d'autrui se situe exclusivement dans le caractère manifestement délibéré de la violation de l'obligation de sécurité (*Cass. crim., 16 févr. 1999, JurisData n° 1999-000763 ; Bull. crim., n° 24 ; RSC 1999, p. 581, note Y. Mayaud ; p. 808, note B. Bouloc et p. 837, note G. Giudicelli-Delage ; D. 2000, jurispr. p. 9, comm. A. Cerf ; Dr. pén. 1999, comm. 82, obs. M. Véron ; cass. crim., 9 déc. 2008, n° 08-80.788, JurisData n° 2008-046423 ; Dr. soc., p. 162, note F. Duquesne*). Il a été jugé que le fait pour un conducteur, circulant sur une bretelle d'autoroute ne comportant qu'une voie, de procéder à un dépassement à grande vitesse du véhicule le précédant, avant de se rabattre brutalement en contraignant ce dernier à un écart, caractérise la faute de mise en danger délibérée (*Cass. crim., 12 mars 1997, JurisData n° 1997-002441 ; Bull. crim., n° 102*).

La caractérisation de la faute de mise en danger délibérée suppose la violation délibérée d'une « *obligation particulière de sécurité ou de prudence imposée par la loi ou le règlement* ». L'article 307 bis du CP n'est pas destiné à réprimer un manquement au devoir général de sécurité ou de prudence, mais exige la violation d'une disposition précise prévue par un texte.

En l'absence de la violation d'une telle disposition, la faute d'imprudence ou de négligence, même d'une particulière gravité, n'est réprimée qu'à condition d'avoir produit un dommage. Ainsi, le fait de jeter un sac de détritus sur la chaussée avant le passage d'un véhicule ne constitue pas la violation d'une obligation de sécurité, aucune disposition du Code la Route n'interdisant un tel agissement (*CA Bordeaux, 15 mai 1997, JurisData n° 1997-047051 ; JCP G 1998, IV, 1647*). Il doit s'agir d'une obligation particulière.

Cela signifie qu'à la différence de la simple faute d'imprudence ou de négligence, qui peut être caractérisée soit par l'inobservation d'une réglementation préexistante, soit par la conduite contraire à celle d'une personne normalement prudente, le législateur a exclu que la faute de mise en danger délibérée puisse être retenue dans cette seconde hypothèse (*Cass. crim., 10 mai 2000, JurisData n° 2000-023376 ; Bull. crim. n° 183*).

Il doit s'agir d'une violation d'une loi ou d'un règlement imposé aux prévenus, pour protéger la sécurité d'autrui, en matière de circulation routière, de droit de travail, de pollution, etc. La Cour de Cassation impose aux juges de préciser « *la source et la nature* » de cette obligation particulière (*Cass. crim., 18 juin 2002, JurisData n° 2002-015291 ; Dr. pén. 2002, comm. 120, M. Véron ; Gaz. pal. 24-26 nov. 2002, jurispr. p. 8, note S. Petit*).

Le législateur n'a pas entendu incriminer le simple non-respect d'un devoir général de prudence ou de sécurité ou l'inobservation d'une prescription imprécise édictant de manière vague une norme générale de comportement qui ne définit pas précisément la conduite à tenir dans une circonstance déterminée.

Ainsi, doivent être écartées les obligations générales de prudence. L'obligation violée doit donc être suffisamment précise et imposer un mode de conduite circonstancié, ce qui n'est pas le cas de l'obligation pesant sur le maire de prévenir et faire cesser les événements de nature à compromettre la sécurité des personnes (*Crim. 25 juin 1996, Bull. crim. n° 274; Dr. pén 1996, p. 265, obs. Véron ; RSC 1997, 106 ; obs. Y. Mayaud*).

La loi, utilisant l'expression « *le règlement* », et non « *les règlements* », il en résulte que seules les obligations prévues par un règlement au sens administratif du terme (décret ou arrêté) peuvent être prises en compte et non, par exemple, les obligations prévues par un règlement intérieur (*CA Aix en Provence 22 novembre 1996, D. 1996, 405, note Boricans ; Gaz. pal. 1996, 1, 112, note Doucet*).

La jurisprudence exige que la règle édictée par l'autorité publique présente un caractère général et absolu.

L'exigence d'un acte doté d'un caractère général et absolu exclut également les actes qui n'ont qu'une valeur normative relative, telles les circulaires et les instruction (*Cass. crim., 10 mai 2000, JurisData n° 2000-023376 ; Bull. crim. n° 183*).

A la faveur de la pénalisation de la mise en danger de la vie d'autrui, le juge pénal sénégalais a eu l'occasion de faire application de la faute de mise en danger délibérée. Dans le jugement reproduit, le Tribunal de grande Instance hors Classe de Dakar, dans une décision rendue le 6 avril 2017, a jugé que le fait d'effectuer un demi-tour sur l'autoroute est constitutif d'une exposition d'autrui à un risque immédiat de mort ou de blessures de nature à entraîner une mutilation ou une infirmité permanente par la violation d'une obligation particulière de sécurité ou de prudence imposée par la loi ou le règlement.

En France, comme au Sénégal, plusieurs dispositions du Code de la Route prévoient des obligations auxquelles la jurisprudence a reconnu un caractère particulier, parce qu'elles imposent un modèle de conduite circonstanciée précisant exactement l'attitude à adopter dans telle ou telle situation. Les tribunaux ont, par exemple, retenu un tel caractère aux dispositions relatives aux précautions à prendre avant de réaliser un dépassement et à l'attitude à adopter en fin de dépassement (*Cass. crim., 11 mars 1998, JurisData n° 1998-001906 ; Bull. crim., n° 99 ; JCP G 1998, II, 10 064, note K. Hoyez ; cass. crim., 12 nov. 1997, JurisData n° 1997-005406 ; Bull. crim., n° 384 ; Dr. pén. 1998, comm. 49, obs. M. Véron ; RSC 1998, p. 547, obs. Y. Mayaud; Cass. crim., 23 juin 1999, JurisData n° 1999-002799; Bull. crim., n° 154 ; Dr. pén. 2000, comm. 4, obs. M. Véron*).

- **Délit matériel-faux caractérisé par un défaut d'authenticité résultant de l'altération de la vérité**

113. CA Dakar, n° 311 du 18 avril 2008, *MP et Bocar Samba DIEYE, inédit*

A la lumière de la définition du faux, cette infraction, caractérisée par un défaut d'authenticité, est un délit matériel

LA COUR,

Considérant que suivant actes en date des 13 et 14 août 2003 le sieur B. S. D. par l'organe de son conseil et le Ministère public à titre principal ont déclaré interjeter appel du jugement correctionnel n° 4719 rendu contradictoirement le 07 août 2003 par le Tribunal de grande instance hors classe de Dakar qui a renvoyé A. K. A. des fins de la poursuite et débouté B. S. D. de sa demande ;

Considérant que lesdits appels ont été faits dans les forme et délai ; qu'il échet de les déclarer recevables ;

Considérant qu'à l'audience de la Cour les parties assistées de leurs conseils respectifs ont comparu, qu'il y a lieu de statuer contradictoirement à leur égard ;

Au fond

Considérant qu'il résulte de la procédure les faits suivants : par lettre en date du 02/12/1999 adressée au Doyen des Juges d'instruction du Tribunal de grande instance hors classe de Dakar, le sieur B. S. D. portait plainte avec constitution de partie civile des chefs de faux, usage de faux et tentative d'escroquerie contre le Directeur de la Société « André et Compagnie » et ses complices ; que dans ladite correspondance rédigée par ses conseils en l'occurrence Mes L. et K. , D. dénonçait précisément les agissements de la société précitée qui se prévalait d'un contrat qu'il aurait signé et emportant son engagement au titre de l'achat d'une cargaison de 15 000 tonnes de « riz Thaï, A1 super»;

Qu'à ses dires la société mise en cause excipait d'un contrat revêtu de sa supposée signature sur la rubrique « l'acheteur » alors qu'en réalité il s'agissait « d'une offre de contrat de la part de la société André et Compagnie SA qu'il n'a jamais voulu entériner « préférant négocier pas à pas les conditions qu'il voulait lui-même faire accepter par André et Cie et c'est là que le rôle actif du sieur A. K. A. qui a servi d'intermédiaire entre les parties est assez nébuleux » ;

Qu'entendu par le magistrat instructeur le sieur A. Expert Maritime et Conseiller en matière d'importation par voie maritime ainsi mis en cause par le plaignant a soutenu que la signature apposée sur le document dont s'agit y a été effectivement apposée par B. S. D. en personne et ce sur l'instrumentum que constitue le projet de contrat envoyé par la société André et Compagnie par fax ;

Que les investigations du magistrat instructeur permirent à ce dernier de rendre une ordonnance de clôture en date du 02 février 2001 portant non-lieu partiel, disqualification et renvoi de A. K. A. en police correctionnelle des chefs de faux et usage de faux et tentative d'escroquerie ;

Que suite à l'appel relevé contre ladite ordonnance par le Ministère public à la date du 09 février 2001, la Chambre correctionnelle après avoir procédé à un complément d'information n'a finalement retenu de charges suffisantes à l'encontre de A. que des chefs de faux et usage de faux et renvoyé en conséquence le susnommé devant le Tribunal correctionnel de Dakar pour y être jugé pour les délits susvisés prévus et punis par les articles 135 et136 du Code pénal. Qu'ainsi le 07 août 2003 le juge d'instance saisi prononcera la relaxe du sieur A. K. A. non sans débouter en conséquence B. S. D. de sa demande de dommages et intérêts ;

Considérant que devant le juge d'appel la partie civile par l'organe de son conseil a plaidé le maintien de A. dans les liens de la prévention notamment du chef de faux intellectuel ; que A. a, quant à lui, réitéré des dénégations non sans indiquer que le contrat litigieux a bel et bien été signé par B. S. D. ; que ses conseils ont plaidé dans le même sens en sollicitant sa relaxe ;

Considérant que l'Avocat général a estimé qu'à défaut de pouvoir prouver la matérialité du faux imputé à A., il s'avère au moins, à la lumière des éléments du dossier que le prévenu a commis une faute puisqu'il a manifestement fait subir à B. S. D. la partie civile un préjudice ; qu'en effet ce dernier de par son comportement a été obligé à payer d'importantes sommes à la société André et Compagnie sur la base d'une sentence arbitrale ;

Considérant que le délit de faux reproché au sieur A. est prévu et puni par l'article 135 du Code pénal qui renvoie à l'article 132 du même code qui en définit les modalités de sa commission ainsi qu'il suit « soit par contrefaçon ou altération d'écritures ou de signatures ;

Soit par fabrication de conventions, dispositions, obligations ou décharges ou par leur insertion après coup dans ces actes ;

Soit par addition ou altération de clauses, de déclarations ou de faits que ces actes avaient pour objet de recevoir et de constater ;

Qu'à la lumière de cette définition le faux est avant tout caractérisé par un défaut d'authenticité de l'acte et en conséquence est un délit matériel ;

Considérant que lors de l'instruction de la cause à l'audience de la Cour la partie civile a sans ambages déclaré : « je ne sais pas si c'est A. qui a imité ma signature sur le contrat dont se prévaut la société André et Compagnie ou non ; il m'arrivait de remettre à A. des papiers signés en blanc» ;

Considérant qu'à la suite de la partie civile, son conseil a plaidé l'existence d'un faux intellectuel imputable à A. qui a profité de l'illettrisme de D. pour lui faire signer un contrat dont il ignorait la teneur ; qu'il a soutenu que A. étant conseiller maritime et homme de confiance de D. a abusé de sa position pour parvenir à ses fins intéressé doublement qu'il était à la conclusion du contrat litigieux, ses services étant rémunérés à la fois par son client et la société André et Compagnie ;

Considérant qu'il y a lieu de faire observer à la suite du juge d'instance « que même le faux intellectuel retenu par la jurisprudence comme des énonciations contraires à la vérité par le rédacteur qualifié d'un acte véritable et qui est donc un défaut de véracité et qui peut se manifester par l'obtention d'une signature par surprise doit également être prouvé» ;

Qu'en l'espèce B. S. D. n'a ni allégué encore moins démontré que sa signature apposée sur le contrat litigieux a été obtenue par surprise ; qu'il ressort de ses déclarations et des écritures de ses conseils qu'il était bien en négociation avec la société André et Compagnie pour l'achat d'une cargaison de 15 000 tonnes de riz ; qu'il a également indiqué que dans ce cadre, il lui a été communiqué un prix qu'il n'avait point agrée ; qu'il a cependant reconnu avoir bien reçu un échantillon du riz dont la vente lui avait été proposée par la société dont s'agit et qu'à l'arrivée de la cargaison il avait émis des traites libellés en dollars et en francs français pour faciliter le paiement à la convenance des vendeurs à condition qu'ils acceptent le prix qu'il leur proposait ;

Considérant que A. et à sa suite ses conseils ont soutenu qu'en réalité B. S. D. a fait une mauvaise affaire et « cherche à en faire porter le chapeau à quelqu'un » ;

Qu'ils ont relevé qu'il est difficilement compréhensible l'attitude de D. qui dit être étranger au contrat dont se prévaut la société André et Compagnie mais qui réclame une diminution du prix pour payer la cargaison en exhibant des traites libellées en dollars et en francs français ;

Qui plus est B. S. D. qui a invariablement déclaré tant devant le juge d'instance que lors de l'instruction de la cause à l'audience de la Cour ne pas être en mesure d'affirmer formellement que c'est A. K. A. qui a signé le contrat litigieux et n'a pas souvenir de l'avoir fait lui-même est mal fondé à imputer à ce dernier la commission d'un faux intellectuel à son détriment ;

Considérant que A. a invariablement contesté les faits qui lui sont reprochés non sans préciser que la signature sur le contrat faxé est bien celle de B. S. D. ; que ce dernier en déclarant qu'il lui arrivait de laisser à A. des papiers à en-entête signés en blanc tente d'accroire la thèse du faux intellectuel mais sans en rapporter la moindre preuve, qu'en effet en l'espèce en l'absence de témoins et en présence des déclarations contradictoires des parties il existe un doute quant à l'imputabilité des faits au prévenu ;qu'il échet en conséquence de confirmer le jugement entrepris sur ce point en renvoyant A. des fins de la poursuite mais au bénéfice du doute ;

(...)

PAR CES MOTIFS

Statuant publiquement, contradictoirement en matière correctionnelle et en dernier ressort ;

En la forme

Reçoit les appels principaux de la partie civile et du Ministère public ;

Au fond

Confirme le jugement entrepris en ce qu'il a renvoyé A. K. A. des fins de la poursuite mais au bénéfice du doute ;

Le confirme en toutes ses dispositions pour le surplus ;

Met les dépens liquidés à 22 000 francs à la charge de la partie civile.

OBSERVATIONS

La caractérisation de l'élément moral n'est pas une exigence pour toutes les infractions pénales. En effet, dans le silence de la loi, les tribunaux ont institué une catégorie spéciale de délits, punissables du seul fait de l'accomplissement matériel des faits, et indépendamment de la constatation d'une faute. On appelle ces infractions «*délits matériels* » (*A. LEGAL, « La responsabilité sans faute et les infractions matérielles », Mélanges Patin, p. 130 ; J.-P. MARTY, « Les délits matériels », RSC 1982, p. 41*), en raison du caractère inexistant de l'élément intentionnel. Ces infractions sont, en effet, constituées non seulement en l'absence de toute faute intentionnelle, mais également de toute faute d'imprudence ou de négligence.

La commission matérielle des faits incriminés suffit à caractériser l'infraction sans qu'il soit nécessaire de démontrer l'intention ou l'imprudence ou la négligence de leur auteur. Ces délits matériels sont très fréquents dans les matières techniques (chasse, eaux et forêts, environnement, urbanisme, contributions indirectes, douane, législation du travail, etc.).

Il en est ainsi notamment de la pollution des eaux de mer ou des eaux territoriales en violation de la loi (*V. art. L. 97 du Code de l'Environnement*), de l'altération de l'air en violation de la loi (*V. art. L 99 du Code de l'Environnement*), de la provocation d'un feu de brousse (*V. art. 68 de la loi n° 2018-25 du 12 novembre 2018 portant Code forestier*) et de la construction sans autorisation administrative (*V. art. 85 du Code de l'Urbanisme*). Il s'agit d'infractions sanctionnant souvent des atteintes à la discipline collective.

Dans l'arrêt ci-dessus rapporté, la Cour d'Appel de Dakar a jugé qu'à la lumière de la définition du faux, cette infraction, caractérisée par un défaut d'authenticité, est un délit matériel. Cette décision est très discutable et semble procéder d'une interprétation étonnée de l'élément moral du délit de faux.

Pour rappel, l'article 135 du Code pénal incrimine tout individu qui aura commis ou tenté de commettre un faux en écriture privée, de commerce ou de banque, soit par contrefaçon ou altération d'écritures ou de signatures, soit par fabrication de conventions, dispositions, obligations ou décharges ou par leur insertion après coup dans ces actes, soit par addition ou altération de clauses, de déclarations ou de faits que ces actes avaient pour objet de recevoir et de constater.

Le texte d'incrimination du faux vise l'altération frauduleuse de la vérité ce qui implique que l'auteur de la falsification l'ait accomplie intentionnellement. L'élément moral du faux est donc constitué par une intention ou dol général qui implique volonté et connaissance infractionnelle (*sur la notion d'intention ou dol général, V. G. STÉFANI, G. LEVASSEUR et B. BOULOC, Droit pénal général, 18e éd., 2003, Précis Dalloz, n° 256 et s.*). Ce dol général sera donc caractérisé lorsque l'auteur aura eu la volonté de réaliser la falsification tout en ayant conscience d'accomplir cette falsification c'est-à-dire d'altérer la vérité dans des conditions de nature à causer un préjudice. Donc l'infraction de faux est bien une infraction intentionnelle et non un délit matériel (*V. MALABAT, « Faux », Rép. dr. pén. proc. pén., Dalloz, n° 58-59*). En effet, en matière de faux, la commission matérielle de la falsification incriminée ne suffit pas à caractériser l'infraction sans qu'il soit nécessaire de démontrer l'intention. L'intention est un bien un élément constitutif de l'infraction, même si sa preuve résulte, surtout lorsqu'il s'agit d'un faux matériel, de l'acte matériel d'altération de la vérité.

L'intention frauduleuse résulte de la conscience de l'agent d'altérer la vérité et de son intention de nuire. L'acte de falsification matérielle révèle en effet généralement l'intention de l'auteur de par son simple accomplissement. Le fait de fabriquer un acte de toute pièce, d'apposer une fausse signature, d'effacer certaines dispositions ou de remplacer ces mêmes dispositions voire d'en rajouter, qui sont les procédés de falsification matérielle sont tous des faits volontaires.

De même, la preuve que l'auteur d'un faux matériel a conscience d'altérer la vérité ne pose guère de difficultés. En effet, il a été vu que s'agissant du faux matériel, l'altération de la vérité consiste en l'atteinte à l'authenticité du document. Or, l'auteur d'un acte de falsification matérielle a nécessairement conscience de porter atteinte à l'intégrité même ou à l'authenticité du document qu'il falsifie.

Ainsi, celui qui efface des dispositions sait nécessairement qu'il porte atteinte à l'authenticité du document de même que celui qui se fabrique un titre sait que ce titre n'est pas un document authentique même s'il est conforme à un original ou à la réalité. Cela explique donc que la Chambre criminelle de la Cour de Cassation française considère l'arrêt, qui déclare que l'agent a sciemment réalisé le faux en écriture, a suffisamment constaté l'élément intentionnel de ladite infraction *(Cass. crim., 25 févr. 1958 : Bull. crim. 1958, n° 197; cass. crim., 24 févr. 1972, Bull. crim. 1972, n° 78, cass. crim., 26 nov. 1974, Bull. crim. 1974, n° 348)*. Elle a également estimé que l'intention frauduleuse résultait de la connaissance qu'avait l'agent d'altérer la vérité dans un écrit *(Cass. crim., 30 nov. 1971 : Bull. crim. 1971, n° 326)*.

- **Principe de l'indifférence du mobile**

114. CA Dakar, ch. corr. n° 182 du 16 février 2005, *MP et Samba DIA c/ Abdou KÂ, inédit*

Les mobiles sont indifférents à l'engagement de la responsabilité pénale

LA COUR,

Considérant que par actes reçues au Greffe du Tribunal de grande instance de Louga en date du 25 novembre 1993, A. K. et le Procureur de la République ont respectivement relevé appel principal et incident du jugement rendu par ladite juridiction en date du 17 novembre 1993 et dont le dispositif est ainsi conçu :

« Coupable ;

Condamne A. K. à deux ans d'emprisonnement ferme et à 100 000 Frs d'amende ferme ;

Condamne A. K. à payer à la partie civile la somme de 3 000 000 Frs à titre de dommages et intérêts ;

Ordonne l'exécution provisoire pour la totalité des sommes allouées ;

En la forme

Considérant que les appels enregistrés ont été initiés dans les formes et délai de la loi ; il échet de les recevoir ;

Au fond

Considérant qu'il résulte de l'ensemble de la procédure les faits suivants :

Le Jeudi 16 septembre 1999 au soir alors que A. K. , berger demeurant au village de Dépérégal arrondissement de Sagatta Djoloff, s'était rendu au domicile du sieur S. D. habitant le même village pour une visite de courtoisie ;

A 22 heures quand ce dernier raccompagnait son hôte, A. K. celui-ci lui a asséné des coups de coupe-coupe lui occasionnant l'amputation de son pouce gauche ;

Interpellé A. K. a expliqué son geste par le fait que S. D. faisait la cour à sa femme malgré ses nombreuses mises en garde ;

Arrêté, il a été jugé et condamné à deux ans d'emprisonnement ferme ;

Considérant que le Ministère public a requis la confirmation du jugement entrepris ;

Considérant que l'appelant n'a pas comparu ni développé ses moyens de défense ;

Considérant qu'il est constant que le prévenu n'a pas nié les faits à lui reprochés ; qu'il les explique par une crise de jalousie, étant rapporté selon lui que S. D. (partie civile) courtisait sa femme en dépit de ses nombreuses mises en garde ;

Que dès lors il échoit de confirmer le jugement entrepris en toutes ses dispositions ; les mobiles allégués étant indifférentes à la responsabilité pénale encours ;

PAR CES MOTIFS

Statuant publiquement, par défaut contre A. K. , en matière correctionnelle et en dernier ressort ;

Reçoit les appels enregistrés ;

Au fond

Confirme le jugement entrepris en toutes ses dispositions ;

Condamne l'appelant A. K. aux dépens liquidés à la somme de trois cent vingt-quatre mille trois cent quarante-cinq (324 345) francs ;

- **Principe de l'indifférence du mobile- distinction du mobile avec l'intention**

115. CA Dakar, ch. corr., n°1247 du 03 décembre 2007, *MP c/ Amadou Tidiane DIALLO, inédit*

En droit pénal, l'intention est différente du mobile qui est indifférent à la constitution de l'infraction.

LA COUR,

Considérant que par acte reçu au greffe du Tribunal de grande instance hors classe de Dakar en date du 20 Juin 2007 le Procureur de la République et le prévenu ont interjeté appel du jugement en date du 13 juin 2007 rendu par ladite juridiction et dont le dispositif est ainsi conçu :

« - coupable

- 2 ans fermes ;

- ordonne la confiscation et la destruction de la drogue saisie »

En la forme

Considérant que les appels interjetés ont été réguliers et conformes à la loi, il échet de les déclarer recevables ;

Au Fond

Considérant qu'il résulte de l'ensemble de la procédure que :

Le 29 mai 2007, la direction générale de la sûreté nationale du Ministère de l'intérieur a été informée téléphoniquement par le médecin chef de la clinique des Mamelles de la présence d'un individu voulant se faire hospitaliser dans sa structure et qui détiendrait dans le ventre des boulettes vraisemblablement de drogue ; s'étant transportés sur les lieux, les éléments de L'OCRTIS de Dakar ont constaté à l'examen du cliché effectué dans un hôpital que détenait le mis en cause, la présence effective de boulettes dans l'abdomen ;

A. T. D. le mis en cause a été poursuivi pour détention, transfert international et trafic de drogue ;

Attrait devant la juridiction des flagrants délits, il a été condamné à deux ans d'emprisonnement ferme ;

Considérant que le Ministère public a relevé appel de la décision susvisé et a requis la confirmation du jugement entrepris ; que le conseil du prévenu a fait de même en sollicitant sa relaxe au motif principal que le prévenu a été victime des circonstances ; qu'en effet c'était pour sauver sa vie que ce dernier s'est retrouvé au Sénégal mais la destination de la drogue initialement retenue par un certain S. était la Gambie ;

Que dès lors c'est drogué par l'absorption des boulettes de drogue qu'il s'est rendu au Sénégal pour se soigner ;

Sur ce la Cour

Considérant qu'il est constant que de la drogue a été trouvée dans l'abdomen du prévenu ce qui assoit la détention que cependant ce dernier confond le mobile et l'intention en droit pénal le premier terme étant indifférent à la constitution du délit ; qu'ainsi le transport international ne souffrant d'aucune contestation par le franchissement du cordon douanier avec des produits qualifiés de cocaïne ; qu'il suit de là que les premiers juges ont fait une bonne application de la loi pénale et qu'il convient de confirmer le jugement entrepris ;

PAR CES MOTIFS

Statuant publiquement, contradictoirement matière correctionnelle et en dernier ressort ;

En la forme

Reçoit les appels interjetés ;

Au fond

Confirme le jugement entrepris en toutes ses dispositions ;

Condamne le prévenu aux dépens.

OBSERVATIONS

Le dol, et le dol spécial en particulier, ne doivent pas être confondus avec les mobiles qui sont les raisons pour lesquelles l'infraction est commise. Ces raisons peuvent être très variées puisqu'elles diffèrent selon les individus, alors que le dol spécial est propre à chaque infraction (*P. MIMIN, « L'intention et le mobile », Mélanges Patin, Paris, Cujas, 1965, p. 113 et s. ; P. E. TROUSSE, « Le mobile justificatif », RSC 1962-1963, p. 418 ; LABORDE-LACOSTE, « Le but de l'agent, élément constitutif de l'infraction dans la législation, la doctrine et la jurisprudence », RIDP, 1926, p. 125 ; Cf. CHAZAL, Essai sur la notion de mobile et de but en droit pénal, Thèse Lyon, 1929 ; A. YOTOPOULOS-MARANGOPOULOS, Les mobiles du délit : étude de criminologie et de droit pénal suisse et comparé, Paris, LGDJ, Paris, 1974*).

La définition de l'intention étant abstraite, elle est détachée des considérations psychologiques qui peuvent animer l'auteur des faits. Les mobiles, tels que la haine, l'amour, la cupidité, la jalousie ou encore la vengeance, sont d'une grande utilité pour comprendre les raisons de l'infraction et parfois pour déterminer son auteur, mais d'un point de vue juridique, ils sont sans incidence sur la caractérisation de l'intention. Le dol spécial en matière de meurtre est toujours l'intention de tuer, mais le meurtrier peut agir par vengeance, par jalousie, etc. Il peut même être mu par un mobile honorable, comme le désir d'abréger les souffrances d'un mourant.

En principe, ce mobile n'est pas pris en compte par le législateur pour définir l'infraction. On dit que le mobile est juridiquement indifférent. À titre d'exemple, en cas de vol de document commis par un salarié au préjudice de son employeur pour assurer sa défense dans une instance sociale, la Cour de Cassation française a eu l'occasion de censurer les décisions de relaxe fondées sur cette circonstance, après avoir rappelé que « *toute appropriation de la chose d'autrui contre le gré de son propriétaire caractérise la soustraction frauduleuse constitutive de vol, quel que soit le mobile qui a inspiré son auteur* » (*crim. 08 décembre 1998, Bull. crim. n° 336 ; Dr. pén. comm. 67*).

La Cour d'Appel de Dakar a jugé, dans un arrêt rendu le 16 février 2005, qu'une crise de jalousie d'une personne qui soupçonnait la partie civile de courtiser sa femme est indifférente à la caractérisation de l'infraction de coups et blessures volontaires ayant entraîné l'amputation du pouce gauche (*CA Dakar ch. corr. n° 182 du 16 février 2005, MP et S. D. c/A. K., inédit*).

Un autre arrêt de la Cour d'Appel de Dakar rendu le 03 décembre 2007, a précisé qu'en droit pénal, l'intention est différente du mobile qui est indifférent à la constitution du délit.

La règle de l'indifférence des mobiles s'explique essentiellement par deux raisons.

D'une part, si le mobile permet de savoir pourquoi l'agent est passé à l'acte, il n'excuse pas ce dernier qui demeure prohibé par la loi pénale.

D'autre part, le mobile peut être très difficile à prouver et donc à prendre en considération. Au demeurant, la question de l'incidence du mobile sur l'intention ne se pose guère que lorsque celui-ci est présenté par l'auteur de l'infraction comme louable ou du moins comme non condamnable. L'on songe ainsi à celui qui volerait de l'argent pour venir en aide à une personne dans le besoin ou celui qui tuerait la victime pour mettre fin à ses souffrances.

Mais le principe de l'indifférence du mobile sur l'existence de l'infraction n'interdit pas aux juridictions pénales de le prendre en considération pour déterminer, dans les limites prévues par la loi, le quantum des peines qu'elles prononcent (*J. C. COUAPEL, L'intérêt du mobile en criminologie et en droit pénal, Thèse Poitiers 1980*).

Le délinquant, guidé par des mobiles jugés honorables, pourrait bénéficier de l'indulgence des juges, tandis que celui animé par des mobiles crapuleux ou méprisables pourrait être plus sévèrement sanctionné.

La Cour de Cassation française rappelle ainsi fréquemment que les mobiles ne peuvent être retenus par les juges du fond autrement que pour l'application de la peine, notamment par l'octroi ou le rejet des circonstances atténuantes (*crim. 13 mai 1992, Dr. pén., 1992, comm. n° 279 ; crim. 3 sept. 1996, Bull. crim. n° 311*).

PARAGRAPHE II : LE DOL SPÉCIAL

- **Dol spécial- abus de biens sociaux- caractérisé par l'un des buts prévus par la loi**

116. CA Dakar ch. corr., n° 264 du 27 mars 2017, *MP et autre c/ Alain Charles GUY, inédit*

La réalisation de l'infraction d'abus de biens sociaux suppose l'existence d'un dol général résultant de l'intention coupable et d'un dol spécial caractérisé par l'un des buts prévus par la loi.

LA COUR,

Considérant que les appels visés ci-dessus ont été faits dans les formes et délais prévus par la loi, il échet de les déclarer recevables ;

Au fond

Considérant que la dame R. D. a saisi le délégué du procureur près le Tribunal d'instance de Pikine d'une plainte datée du 12 octobre 2010 dans laquelle elle reprochait à son époux A. C. G. d'avoir dilapidé les fonds de la Société France Bois dont la gestion lui a été temporairement confiée ;

Entendue, elle a expliqué avoir créé une SARL en janvier 2009 avec un capital de 1 000 000 FCFA qu'elle a confié à son mari pour diriger les opérations. Elle a ajouté que celui-ci a attendu son départ en France pour lui faire signer une subdélégation de pouvoirs pour lui permettre de retirer des fonds auprès de la banque BIC. Elle a en outre précisé s'être rendue au Sénégal à deux reprises et avoir, à chaque fois, interpellé son mari sur la gestion de la société, lequel objectait toujours qu'il n'y avait pas encore de bénéfices ;

Elle a ajouté que de retour au Sénégal, les investigations menées lui ont permis de découvrir que son mari a changé le nom de la Société initialement dénommée France Bois par une autre dénommée France Sénégal BOIS, le mis en cause ayant en outre détourné tout le matériel de France Bois au profit de sa nouvelle société ;

Interpellé A. G., a affirmé que R. D. est son épouse et est l'actionnaire majoritaire de la Société France Bois dont il assure la gérance. Il a en outre allégué que courant octobre 2010 cette dernière lui a proposé de lui vendre ses parts par l'intermédiaire de son avocat à 3 000 000 FCFA. Mais aucun accord n'ayant été trouvé, une demande de dissolution a été faite, c'est ainsi qu'il a retiré la somme de 9 000 000 FCFA dans les caisses de France BOIS pour payer les fournisseurs et créanciers. Concernant la société France Sénégal Bois, il a déclaré l'avoir créé par ses propres moyens tout en précisant que le matériel de France Bois est toujours sur place mais en rétention du fait de R. qui a bloqué le compte de la société empêchant ainsi le désintéressement des créanciers. Il a enfin réfuté toutes les accusations de son épouse;

Considérant que l'appelant a contesté les faits à lui reprochés et reprenant ses propos tenus devant les premiers juges, il a déclaré avoir créé en janvier 2009 une SARL dénommée France Bois avec R. D. qui était son épouse et la gérante statutaire ; qu'ayant quitté le Sénégal en février de la même année pour aller s'installer en France, elle n'est revenue qu'au mois d'Août et durant toute cette période, c'est lui qui assurait la gérance de fait ;

Que celui-ci a contesté les conclusions de l'expert qui ont tendance à faire croire que la société France Bois est l'un des premiers importateurs de bois du monde et a déclaré avoir quitté cette structure à la suite de problèmes conjugaux avec son épouse pour créer en octobre 2010 une nouvelle société appelée France Sénégal Bois, et c'est pour le compte de celle-ci que les commandes visées par l'expert dans son rapport ont été effectuées ;

Considérant que son conseil a plaidé l'infirmation du jugement entrepris pour absence d'infractions d'une part et pour violation de la loi de la part de l'expert qui a déposé le rapport qui a servi de fondement à la condamnation prononcée d'autre part ;

Qu'en effet dans sa plaidoirie comme dans ses écrits du 04 mars 2017, il a soutenu que la preuve de l'existence d'un mandat de gérance n'était pas rapportée en l'espèce puisque la partie civile a elle-même reconnu dans sa plainte que l'acte supposé émaner du cabinet du notaire était un faux et ceci a été corroboré par la lettre rédigée par l'officier ministériel le 23 mars 2011 ; qu'il en a déduit que les deux infractions retenues sont dépourvues de contenu en l'absence d'un contrat de mandat ;

Considérant qu'il a également soutenu le mal fondé de la constitution de partie civile de R. D. qui a agi es nom alors que l'atteinte dénoncée est supposée avoir été portée aux intérêts sociaux ;

Qu'il a en outre soulevé le défaut de qualité du technicien désigné non inscrit au tableau de l'ONECCA et de l'ONEEAS qui n'a pas les qualités requises pour mener à bien ce genre de mission alors que le premier expert nommé à savoir D. C. qui n'a pas reçu notification de sa désignation avant d'être remplacé trois semaines après est lui régulièrement inscrit à ces deux tableaux ;

Qu'il a également déclaré que le rapport ne présentait pas toutes les garanties de sérieux et d'objectivité puisque l'expert a fait une confusion entre deux sociétés que sont France Bois créée le 22/01/2009 avec comme actionnaires la partie civile qui détenait 51% des parts contre 29% pour le prévenu, le reste étant détenu par d'autres personnes, et France Sénégal Bois devenue M'Bao Bois constituée le 28 octobre 2010 avec comme actionnaire unique au moment de sa création A G. ; que cette confusion est corroborée par le fait que la douane en recevant du déclarant requis par cette dernière structure les documents d'importation a mis le code PPM réservé à France Bois ;

Qu'il a soutenu que l'expert a outrepassé ses prérogatives en prenant en compte une période non couverte par sa mission puisque son travail était circonscrit entre février 2009 et le 12 octobre 2010 date de création de France Sénégal Bois et qu'il n'a pas respecté le principe du contradictoire ;

Considérant qu'il a en outre mis l'accent sur les manquements techniques de l'expert qui a retenu que les importations concernant la période non couverte par sa mission étaient de l'ordre de 159 497 646 francs pour un chiffre d'affaires de 705 795 416 FCFA alors que France Bois était débitrice de son fournisseur la société DUCRET à hauteur de 87 000 000 de francs ; que dans cet ordre d'idées, il a également soutenu que l'expert a fait une confusion entre kilogramme et tonne puisque le document de la douane ne contient aucune unité de mesure, et retenir les chiffres mentionnés dans le rapport équivaudrait à dire que France Bois est le premier importateur mondial de bois ;

Qu'à titre infiniment subsidiaire, il a sollicité une contre-expertise ;

Considérant que le Ministère public a déclaré s'en rapporter ;

Que la partie civile bien que régulièrement citée n'a pas comparu ou été représentée ; qu'il échet de statuer par défaut à son encontre conformément aux dispositions de l'article 412 du CPP ;

SUR CE,

Considérant que pour déclarer le prévenu coupable des faits qui lui sont reprochés, les premiers juges ont estimé que le mandat de gestion à lui confié était constant et le fait de n'avoir pas produit des éléments justificatifs de sa gestion étaient suffisants pour caractériser les délits d'abus de confiance et d'abus de biens sociaux ; qu'ils ont également estimé que le fait d'avoir créé une société concurrente rentrait dans cet ordre d'idées ;

Considérant qu'aux termes de l'article 891 de l'Acte uniforme sur les sociétés commerciales et les GIE, encourt une sanction pénale le gérant de la société à responsabilité limitée, les administrateurs, le président directeur général, le directeur général, l'administrateur général ou l'administrateur adjoint, qui de mauvaise foi font des biens ou du crédit de la société, un usage qu'ils savaient contraire à l'intérêt de celle-ci, à des fins personnelles, matérielles ou morales, ou pour favoriser une autre personne morale dans laquelle ils étaient intéressés, directement ou indirectement ;

Considérant que l'abus de biens sociaux tout étant proche de l'abus de confiance se différencie de celui-ci d'abord par la différence des contrats qui leur servent de fondement et ensuite parce que la première incrimination est un délit de fonction lié à la qualité de dirigeant social alors que la seconde peut être commise par toute personne ;

Qu'en l'espèce il n'est pas contesté que R. D. a été désignée gérante statutaire de la SARL France Bois et est partie un mois après la création de cette société s'installer en France laissant sur place A. G. qui malgré ses dénégations faites à la barre de la cour, a effectué des actes de gestion corroborés par ses propres déclarations faites devant les premiers et par les écrits de son conseil qui a estimé à la page 12 de ses conclusions que «pour faire l'expertise de la gestion de A. G. qui s'est arrêtée en octobre 2010, l'expert n'a pas hésité à recueillir les informations de la société France Sénégal Bois devenue M'Bao Bois durant les exercices 2011 et 2012 pour les accorder à la société France Bois » ;

Que donc sa qualité de gérant de fait qui agissait sans avoir été régulièrement investi par les organes sociaux du pouvoir de représenter la société est matérialisée par les actes positifs de direction et de gestion posés et reconnus par lui ;

Que la réalisation de l'infraction d'abus de biens sociaux suppose l'existence d'un dol général résultant de l'intention coupable et d'un dol spécial caractérisé par l'un des buts prévus par le texte de loi susvisé ;

Considérant qu'il résulte des constatations faites par l'expert se fondant sur les états financiers déposés par le commissaire aux comptes qu'à la date du 31 décembre 2009, France Bois a enregistré une perte de 31 255 244 francs couvrant la période du 1er janvier au 31 décembre de cette année et qu'au 31 décembre 2010, une autre perte de 35 093 685 francs a également été notée pour l'exercice 2010 ;

Qu'une mauvaise gestion n'équivaut pas à la mauvaise foi requise en la matière en ce sens que les associés sont tenus des bénéfices comme des pertes, et il appartient à la partie poursuivante de l'établir en démontrant que le gérant avait pleine conscience que les actes posés étaient contraires à l'intérêt de la société en privilégiant ses propres intérêts ;

Qu'aucun acte allant de ce genre n'a été versé aux débats et l'expert pour aboutir à la conclusion que le chiffre d'affaire que devait réaliser France Bois pour les exercices 2010 et 2011 devrait s'élever à 705.795.416 francs, a sur la base de documents fournis par la douane qui ont révélé que durant cette période des importations d'une valeur de 159.497.646 francs ont été effectuées en utilisant le code PPM qui constitue l'identifiant de cette société au niveau de ses services, fait une simple étude de probabilité sur l'éventualité du chiffre d'affaire qui devait être réalisé ;

Qu'un chiffre d'affaires qui constitue la somme des ventes de biens ou services d'une entreprise sur un exercice comptable ne peut résulter d'une simple projection ;

Qu'il s'y ajoute que les documents douaniers versés aux débats ne contiennent aucune unité de mesure, l'expert s'évertuant à considérer qu'il s'agirait de tonnes de bois importées sans aucun document justificatif avant de faire son calcul ;

Qu'au vu de ces estimations le conseil de l'appelant a saisi le cabinet Ingénierie Bois International basé à Lyon pour recueillir son avis sur la quantité retenue par l'expert, et par correspondance du 26 décembre 2013 versée aux débats, ledit cabinet a estimé que le poids net inscrit est en kilogrammes et non en tonnes et en suivant l'interprétation de l'expert, France Bois aurait importé 1 279 200 m3 de sciages ce qui classerait cette société comme l'un des plus gros importateurs de bois du monde ; poursuivant son analyse il a considéré qu'en suivant le raisonnement de l'expert, 26650 containers seraient entrés dans les stocks de France Bois en l'espace de 12 mois soit 2220 containers par mois, ou 92 containers par jour ;

Qu'une société qui est sortie de deux exercices déficitaires ne pouvant du jour au lendemain se retrouver numéro un mondial sans aucune explication comptable ;

(...)

PAR CES MOTIFS

Statuant publiquement, contradictoirement contre le prévenu, par défaut contre la partie civile, en matière correctionnelle et en dernier ressort ;

En la forme

Déclare les appels recevables ;

Au fond

Infirme le jugement entrepris en toutes ses dispositions ;

Statuant à nouveau :

Relaxe le prévenu purement et simplement ;

Déboute la partie civile de sa demande ;

Met les dépens à la charge du Trésor public.

- **Dol spécial- abus de biens sociaux-caractérisé par l'un des buts prévus par la loi**

117. CA Dakar, n° 512 du 28 juin 2016, *MP et Dominique HEDINE c/ Waly DIAGNE, inédit*

La réalisation du délit d'abus de biens sociaux suppose l'existence d'un dol général résultant de l'intention coupable et d'un dol spécial caractérisé par l'un des buts prévus par la loi.

LA COUR,

Considérant qu'il résulte des éléments de la procédure les faits suivants :

W. D. et D. H. sont associés à parts égales dans le capital de la société Dowantrans, le premier nommé étant gérant statutaire avec comme apport sa force de travail alors que le second a, selon ses dires, versé la somme de 28.821 euros équivalant à 18.905.336F CFA et a constaté que les activités de la société n 'avaient toujours pas démarré ;

Il a cependant reconnu que deux camions ont été achetés par son associé et revendu et qu'il n'a reçu de cette opération que la somme de 1 000 000 francs et n'a aucune idée sur le prix de cession ; il a en outre souligné avoir reçu des remboursements partiels dont le dernier en date remonte au 19 janvier 2015 et s'élève à 700.000 francs et qu'en définitive, son associé lui doit la somme de 10 745 231 FCFA ;

Entendu, W. D. a reconnu avoir créé ladite société avec H., mais a déclaré n'avoir reçu que la somme de 12 000 euros pour le fonctionnement de la société et s'est attelé à acheter 2 camions qui ont été revendus à perte et a procédé à divers envois de sommes d'argent au profit de son associé;

Il a soutenu que c'est en accord avec ce dernier qu'il a vendu les 2 camions à 7 000 000F chacun et n'a reçu, après déduction des frais de transport et de dédouanement supportés par l'acquéreur la somme de 2 000 000F qu'il a eu à partager entre lui et H. ;

Il a nié devoir le montant réclamé par ce dernier en précisant lui avoir remis un autre montant de 3 000 000F le 07 février 2015 ;

Considérant que le conseil de W. D. a plaidé l'infirmation au motif que l'argent reçu a été utilisé à bon escient puisque matérialisé par l'achat des deux camions non contesté et l'envoi de diverses sommes à la partie civile et que si les comptes n'ont pas été faits, c'est dû au refus de celle-ci de rencontrer son client pour faire le point ;

Considérant que le Ministère public a déclaré s'en rapporter ;

Que le conseil de la partie civile a sollicité la confirmation, soutenant qu'en l'absence de comptabilité et de justification, le sieur D. doit être maintenu dans les liens de la prévention ;

Sur ce :

Considérant que pour disqualifier les faits d'abus de biens sociaux initialement retenu contre W. D. en abus de confiance, les premiers juges ont estimé que l'argent reçu par ce dernier devait être intégré dans l'actif de la société et qu'aucune pièce comptable ne permet d'établir que la société a effectivement reçu lesdites sommes ;

Considérant qu'aux termes de l'article 891 de l'Acte uniforme sur les sociétés commerciales et GIE, « encourent une sanction pénale le gérant de la SARL, les administrateurs, le Président Directeur général, le Directeur général, l'administrateur Général ou l'administrateur général adjoint qui, de mauvaise foi, font les biens ou du crédit de la société, un usage qu'il savaient contraire à l'intérêt de celle-ci à des fins personnelles, matérielles ou morales, ou pour favoriser une autre personne morale dans laquelle ils étaient intéressés directement ou indirectement ;

Considérant qu'il n'est pas discuté que l'appelant était gérant de la société Dawantrans ; que cependant des divergences persistent sur le véritable montant versé par D. H. entre ses mains puisqu'aucune pièce comptable n'a été versée par les parties, l'un soutenant avoir injecté 28 000 euros l'autre ne reconnaissant avoir reçu que la somme de 12 000 euros ;

Que la preuve de cette remise incombant à D. H. et ne l'ayant pas fait, il y a lieu de retenir celle reconnue par le prévenu ;

Considérant que la réalisation de ce délit suppose l'existence d'un dol général résultant de l'intention coupable et d'un dol spécial caractérisé par l'un des buts prévus par le texte de la loi susvisée;

Considérant qu'une mauvaise gestion n'équivaut pas à la mauvaise foi requise en la matière et qu'il appartient à la partie poursuivante de l'établir en démontrant que le gérant avait pleine conscience que les actes posés étaient contraires à l'intérêt de la société en privilégiant ses propres intérêts ;

Qu'il résulte des pièces versées aux débats notamment des certificats de mise à la consommation en suite d'importation directe de véhicule automobile que deux véhicules de marque Renault ont été achetés par W. D. qu'il a, selon ses dires, revendu à perte avant de remettre à son associé la somme de 1 000 000 ;

Qu'aucune preuve de l'utilisation personnelle des biens de la société par W. D. n'a été rapportée en l'espèce et il est incontestable que l'argent reçu de son associé constitue l'apport de ce dernier, d'où l'exclusion du délit d'abus de confiance puisque l'abus de bien sociaux est lié à la fonction de la personne poursuivie ;

Que les associés sont tenus des bénéfices et pertes réalisés par la société et qu'il convient de préciser que l'abus de biens sociaux n'est pas une action en remboursement d'apports ;

Qu'en sus des sommes visées ci-dessus et confirmées par les déclarations faites devant les premiers juges faisant état du fait qu'elle ait reçu la somme de 5 600 000 francs, la partie civile a en outre reçu celle de 3 000 000 francs à la date du 07 février 2015, donc après le prononcé de la première décision ;

Qu'il y a lieu au vu de ce qui précède d'infirmer la décision entreprise et de renvoyer W. D. des fins de la poursuite et de débouter la partie civile de sa demande ;

Qu'il échet de mettre les dépens à la charge du Trésor public.

PAR CES MOTIFS

Statuant publiquement, contradictoirement, en matière correctionnelle et en dernier ressort ;

En la forme

Déclare les appels recevables ;

Au fond

Infirme la décision entreprise en toutes ses dispositions ;

Statuant à nouveau :

Renvoie W. D. des fins de la poursuite ;

Déboute la partie civile de sa demande ;

Met les dépens à la charge du Trésor public.

- **Dol spécial-vol- fait de se comporter comme maître de la chose**

118. CA Saint-Louis, n° 42 du 15 mai 2013, *MP et Moussa BA c/ Aminata BA, inédit*

En matière de vol, l'élément moral caractérisé par le dol spécial réside dans le fait de se comporter comme maître de la chose.

LA COUR,

Considérant que par acte reçu au greffe du Tribunal d'instance de Saint-Louis le 24 février 2012, Maître Moustapha DIOP, agissant au nom et pour le compte d'A. B., a interjeté appel contre le jugement n° 42 rendu par ledit tribunal le 22 février 2012 et dont le dispositif est ainsi conçu :

« Statuant publiquement, contradictoirement, en matière correctionnelle et en dernier ressort ;

En la forme

Déclare l'action recevable ;

Au fond

Relaxe la prévenue des fins de la prévention (art. 364 et 457 al.1 CPP) ;

Reçoit la constitution de partie civile de M. B. (art.408 CPP) ;

Retient une faute de la prévenue au plan civil sur la base de l'article 457 al.2 CPP ;

La condamne à payer à M. B. la somme de 200 000frs pour toutes causes de préjudice confondues ;

La condamne en outre aux dépens (art.460 CPP) ;

Fixe la durée de la contrainte par corps au maximum (art.709 et s. CPP) » ;

CONSIDERANT que la prévenue et la partie civile ont été citées à parquet conformément à la loi ;

Qu'il y a lieu de statuer par défaut simple à leur égard

EN LA FORME :

CONSIDERANT que l'appel de la prévenue a été interjeté conformément à la loi ;

Qu'il échet de le déclarer recevable ;

AU FOND :

SUR LES FAITS ET LA PROCEDURE :

CONSIDERANT qu'il résulte du dossier et de la procédure les faits suivants :

Le 10 août 2011, M. B. saisissait le commissariat central de Saint-Louis d'une plainte dirigée contre A. B. pour vol. A l'enquête préliminaire, le plaignant expliquait avoir gardé en lieu sûr dans leur maison familiale ses pièces détachées pour automobile. Un dimanche, dit-il, le nommé I. D., vendeur de pièces de véhicule à Dakar voulait lui acheter une de ses pièces notamment un pont arrière de marque Hyundai et après discussion, ils tombaient d'accord sur le montant de 150 000 francs dont un acompte de 100 000 francs était déjà versé. Une fois à Saint-Louis, tout en espérant trouver les pièces sur place, M. B. disait avoir constaté, à sa grande surprise, leur disparition et quand il interpelait les membres de sa famille, ces derniers désignaient A. B. comme étant la responsable. Selon toujours M. B., cette dernière finissait par avouer les avoir données aux récupérateurs de la ferraille.

Interpelée sur les faits à elle reprochés, A. B. reconnaissait avoir effectivement, au cours d'un nettoiement, procédé à l'enlèvement de détritus de toutes sortes dont de la ferraille appartenant au plaignant. Elle reconnaissait également n'avoir pas pris langue avec lui encore moins reçu son autorisation avant d'y faire. Selon elle, son frère empilait de la ferraille dans un coin de la maison depuis des années et au fil du temps cet endroit devenait un refuge de rats qui y creusaient de grands trous. Elle n'avait pas l'intention de nuire, dit-elle, mais voulait juste créer un environnement propre et agréable en période d'hivernage.

Devant la barre du tribunal correctionnel, la partie civile et la prévenue ont reconduit l'intégralité de leurs déclarations faites à l'enquête préliminaire.

Le Ministère public, quant à lui, a déclaré se rapporter à la sagesse dudit tribunal.

C'est ainsi que le Tribunal d'instance de Saint-Louis, statuant en matière correctionnelle, a rendu le jugement n° 42 dont le dispositif est ci-dessus mentionné ;

CONSIDERANT que devant la barre de la Cour de céans, la prévenue et la partie civile ont fait défaut ;

Que l'Avocat général a requis la confirmation du jugement entrepris ;

SUR CE,

SUR L'ACTION PUBLIQUE :

CONSIDERANT qu'il résulte de l'article 364 du Code pénal que le vol est défini comme la soustraction frauduleuse de chose appartenant à autrui ;

CONSIDERANT qu'il résulte des pièces du dossier notamment du procès-verbal d'enquête préliminaire et l'extrait des notes d'audience que la prévenue a reconnu devant les enquêteurs et devant le premier Juge avoir donné les pièces d'automobile appartenant à la partie civile aux ferrailleurs ;

Qu'ainsi l'élément matériel du délit de vol, consistant d'appréhender la chose appartenant à autrui, est établi en l'espèce ;

Qu'elle a reconnu également l'avoir fait à l'absence de la partie civile et sans son autorisation ;

Qu'en donnant les pièces d'automobile de la partie civile à l'insu de celle-ci, la prévenue s'est comportée comme maître desdites pièces ;

Que l'élément moral caractérisé par le dol spécial c'est-à-dire le fait de se comporter comme maître de la chose, est suffisamment établi en l'espèce ;

CONSIDERANT cependant qu'il résulte de l'article 503 du Code de Procédure pénale que la Cour ne peut, sur le seul appel du prévenu ou du civilement responsable, aggraver le sort de l'appelant ;

Qu'en l'espèce, seule la prévenue a interjeté appel contre le jugement entrepris ;

Qu'il y a lieu dès lors de constater le caractère définitif des dispositions pénales dudit jugement ;

(...)

PAR CES MOTIFS :

STATUANT publiquement, par défaut à l'égard de la prévenue et de la partie civile, en matière correctionnelle et en dernier ressort ;

EN LA FORME

DECLARE l'appel recevable ;

AU FOND

INFIRME partiellement le jugement entrepris et statuant à nouveau :

CONSTATE le caractère définitif des dispositions pénales du jugement entrepris ;

DEBOUTE la partie civile de sa demande de réparation ;

MET les dépens à la charge du Trésor public.

- **Dol spécial-assassinant-préméditation- résulte des circonstances de l'acte homicide**

119. C. ass. Dakar n° 10 du 31 mars 2014, *MP c/ Papa NDONGO, inédit*

La préméditation doit être recherchée dans les circonstances qui ont accompagné l'acte de la personne poursuivie. Elle résulte des circonstances de l'acte homicide, notamment de la manière de donner la mort (strangulation), du moment choisi (absence des membres de la famille), de l'heure, de la dissimilation du corps et du silence de l'inculpé après son forfait.

LA COUR,

Considérant que suivant ordonnance de requalification, de mise en accusation et de renvoi en date du 24 décembre 2009, le juge du deuxième cabinet d'instruction près le Tribunal de grande instance hors classe de Dakar a renvoyé P. N. devant la cour d'assises de céans sous l'accusation d'avoir, à Dakar, courant 2008, en tout cas avant prescription de l'action publique, commis volontairement un homicide sur la personne de P. A. N., avec cette circonstance que ledit homicide a été commis avec préméditation, faits prévus et punis par les articles 281 et 287 du Code pénal ;

Considérant que l'accusé et la partie civile ont comparu ; Qu'il y a lieu de statuer contradictoirement à leur égard ;

(...)

Au fond

Sur l'action publique

Considérant qu'il résulte des éléments de la procédure que le 23 mai 2008, P. ND. a été conduit au poste de police de Grand Yoff par D. ND., lequel, y étant retourné quelques instants après, a informé les éléments dudit poste de la mort de son jeune frère P. A. ND. lors de son évacuation à l'hôpital général de Grand Yoff ;

Qu'entendu par les agents enquêteurs, D. ND. a exposé que le jour des faits, réveillé par des cris, il est sorti de sa chambre et a trouvé la victime, perdant son sang, couché à même le sol ;

Que selon lui, d'après les renseignements obtenus après son réveil, une première bagarre a opposé le mis en cause, récemment élargi de prison, et la victime et que des intervenants ont réussi à les séparer ;

Que le mis en cause qui a proféré des menaces de mort à l'encontre de la victime a trouvé celle-ci dans leur domicile où, il l'a attaquée par surprise et lui a planté un couteau dans la cavité du cœur avant de prendre la fuite ;

Que devant le magistrat instructeur, D. ND. a précisé qu'il a entendu dire que P. ND. avait donné à P. A. ND. des coups de couteau ;

Considérant que le témoin M. G. a déclaré devant le juge d'instruction et à la barre de la cour que le jour des faits, alors qu'il dormait après la prière du vendredi, il a été appelé par sa sœur afin de venir constater la mort de la victime qu'il a trouvé allongée à plat ventre avec une culotte et le torse nu, perdant son sang ;

Que l'ayant retourné, elle était inerte et portait une blessure sur le côté gauche de la poitrine ;

Qu'il a ajouté que P. ND. qui avait été élargi de prison quelques temps avant les faits, est un homme belliqueux qui n'a pas une bonne réputation dans leur quartier ;

Considérant qu'un autre témoin, G. MB., a expliqué devant les agents enquêteurs qu'il a vu la victime et l'accusé se battre jusqu'à ce qu'ils soient séparés par des passants ; Que tout au long de la procédure il a déclaré que l'accusé était muni d'un couteau, menaçant de tuer la victime ;

Que c'est quelques instants après qu'il a entendu des cris de la sœur de celle-ci, qu'il a trouvé couchée à terre, P. ND. debout à ses côtés, un couteau à la main, répétant « tu fais le mort, je vais t'achever » ;

Que l'accusé, qui a trouvé la victime chez elle pour la poignarder devant la chambre de sa mère, a ensuite pris la fuite pour aller se réfugier chez lui ;

Considérant que M. B., entendue également en qualité de témoin, a relevé devant la barre et le magistrat instructeur que P. A. ND., assis devant son atelier, s'était mis à railler P. ND. lorsqu'il est sorti de la maison avec une serviette autour des reins ; Que celui-ci l'ayant injurié de mère, elle l'a trouvé tenu par quelqu'un au moment où il disait avec insistance qu'il allait tuer la victime ; Qu'après avoir été séparé de celle-ci, il a revu l'accusé se diriger vers le domicile de la victime où il l'a poignardée ; Que P. ND. a rebroussé chemin lorsqu'elle l'a croisé, un poignard tâché de sang à la main ;

Considérant que P. ND., interpellé par les officiers de police judiciaire, a laissé entendre qu'il est l'auteur des blessures qui ont entraîné la mort de la victime habitant la maison qui fait face à la sienne ;

Qu'il a expliqué que le jour des faits, aux environs de 17 heures, la victime l'avait appelé pour l'envoyer lui faire une commission ;

Que lui ayant déclaré qu'il ne pouvait pas du fait qu'il faisait chaud, elle s'est mise à l'injurier de mère par deux fois, puis l'a frappé lorsqu'il lui a retourné les mêmes propos;

Qu'une altercation s'en est suivie jusqu'à ce que les voisins les aient séparés ; Que du fait qu'il a été offensé, frappé et blessé au visage devant les voisins, il ne pouvait plus se contrôler ;

Qu'il est entré à l'intérieur de son domicile, s'est saisi d'un couteau dans la cuisine et s'est dirigé vers la victime qui se tenait devant sa maison familiale où il l'a rejoint pour le poignarder une seule fois avant de prendre la fuite pour se réfugier chez lui ;

Qu'il a ajouté qu'il n'avait pas l'intention de donner la mort ;

Considérant que devant le juge d'instruction P. ND. a contesté les faits qui lui sont reprochés ;

Qu'il a également contesté avoir proféré des menaces de mort à l'encontre de la victime et de s'être mis à ses côtés menaçant de l'achever parce qu'elle faisait le mort ;

Qu'il a fait remarquer que la victime lui avait jeté une pierre au front après l'avoir injurié ; Qu'il pensait l'avoir atteinte aux fesses par un seul coup de couteau qu'il lui avait porté devant la porte de sa maison ;

Considérant que devant la barre de la cour de céans, P. ND. a désigné la jambe de la victime comme étant l'endroit où il lui a donné le coup de couteau ; Qu'il a évoqué l'existence d'une première bagarre suivie d'une deuxième qui a eu lieu devant la porte du domicile de la victime qu'il a attaquée lorsqu'elle y entrait ; Qu'il a en outre nié les menaces de mort et a justifié son acte par le fait qu'il s'est senti blessé dans son amour propre ;

Considérant que le représentant du Ministère public, dans ses réquisitions, a relevé qu'il y a eu une vive altercation entre l'accusé et la victime qui s'en sont venus aux mains avant d'être séparés ;

Qu'il a fait état de la mauvaise foi de l'accusé en ce qu'il a varié dans ses déclarations soutenant avoir donné le coup de couteau tantôt aux fesses, tantôt à la jambe ;

Qu'il a fait valoir que d'après les témoins, l'accusé qui a reconnu les faits à la police, est retourné chez lui avant de ressortir avec un couteau qu'il a planté au cœur de la victime ; Qu'il a mis ses menaces en exécution en s'introduisant dans le domicile de la victime qu'il a attaquée d'un violent coup à la cage thoracique ;

Qu'il en a déduit l'intention homicide ; Que pour établir la préméditation, il a estimé que celle-ci résulte des menaces de mort proférées devant témoins et de la recherche de l'arme;

Qu'il a requis la déclaration de culpabilité de l'accusé et sa condamnation aux travaux forcés à perpétuité ;

Considérant que le conseil de l'accusé a soutenu que la qualification d'assassinat ne saurait être retenue ;

Qu'il a plaidé les coups mortels au motif que la mort fait suite à une bagarre qui s'est déroulée en deux séquences et qu'il n'y a pas de preuve du caractère belliqueux de l'accusé ;

Que celui-ci copieusement tabassé et humilié devant tous les voisins a agi sous la colère, après avoir, auparavant, au vu des déclarations des témoins, été provoqué par la victime qui lui a lancé des piques et des moqueries et qu'il a, d'un seul coup non prémédité, frappé à l'aveuglette en l'absence d'effet de surprise lorsqu'il y a eu un face à face ;

Qu'il a sollicité de larges circonstances atténuantes tenant à sa jeunesse et de ce qu'il est inconnu du fichier même s'il a fait la prison ;

Sur ce

Considérant que l'article 281 du Code pénal qualifie d'assassinat le meurtre lorsqu'il est commis avec préméditation ; Qu'aux termes de l'article 280 dudit code, le meurtre est l'homicide commis volontairement ;

Qu'en l'espèce, il résulte du certificat de genre de mort établi le 24 mai 2008 par le Docteur V. A. M. que P. A. ND., décédé le 23 mai 2008, jour où il a été admis à l'hôpital général de Grand Yoff, est mort des suites de coups et blessures faites par arme blanche lui ayant occasionné une plaie profonde traumatique de l'hémarthrose gauche atteignant le cœur ;

Que cette description par le médecin de la région atteinte, correspond à celle faite par M. G. qui a expliqué que la victime qu'il a trouvée inerte perdant son sang portait une blessure sur le côté gauche de la poitrine ;

Qu'également, l'usage de l'arme blanche, dont il est fait état dans ledit certificat de genre de mort, est corroboré par G. MB. et M. B. qui ont déclaré avoir vu l'accusé détenir un couteau à la main, la dernière nommée ayant précisé qu'elle l'avait croisé rebroussant chemin muni d'un poignard tâché de sang ;

Qu'ainsi, il ressort tant des constatations du médecin que des déclarations des témoins que l'acte homicide résulte de ce que P. ND., qui ne le conteste pas, a administré un violent coup de couteau au niveau du côté gauche de la poitrine jusqu'à atteindre la région du cœur de la victime, acte qui a directement provoqué la mort de celle-ci ;

Considérant que l'acte homicide ainsi établi doit être accompagnée d'une faute intentionnelle pour être qualifié de meurtre ;

Que l'intention de l'auteur dépend de ses prédispositions à rechercher le résultat en manifestant la volonté de donner la mort quel qu'en soit le mobile, lequel demeure indifférent;

Qu'au vu des circonstances de l'espèce, P. ND. a fait usage d'un objet particulièrement meurtrier, en l'occurrence un couteau ;

Qu'il a en outre visé et atteint une partie vitale du corps, le côté gauche de la poitrine où se trouve le cœur qu'il a atteint ;

Qu'il s'y ajoute le fait pour l'accusé, qui l'a lui-même déclaré, alors qu'il avait été séparé de sa victime lors d'une première altercation, s'est introduit dans son domicile pour s'emparer du couteau, s'avancer et poursuivre la victime courant à reculons jusque dans son domicile où il lui a donné volontairement le coup qui lui a été fatal ; Qu'en cet état, l'intention homicide est établie ;

Considérant qu'il ne saurait être tenu compte d'une quelconque excuse de provocation ou colère compte tenu de ce que la première bagarre due aux railleries dont l'accusé a fait état se sont estompées avec la première bagarre et que les faits qui ont suivi et causé la mort de la victime ne se sont pas déroulés en réaction spontanée d'une menace contre sa personne venant de celle-ci ;

Qu'en effet, au moment où P. ND. donnait le coup de couteau à la victime, il n'en recevait pas de la part de celle-ci ;

Considérant en revanche, qu'au regard de l'article 282 du Code pénal, la préméditation consiste dans le dessein formé par son auteur avant l'action d'attenter à la vie de la victime quand bien même qu'il serait dépendant de quelque circonstance ou condition ;

Que la préméditation doit être recherchée dans les circonstances qui ont accompagné l'acte de la personne poursuivie ;

Qu'en l'espèce, P. ND., avant de passer à l'acte, s'est procuré un couteau à cette fin ; Qu'il a pris la décision de rechercher cet objet et d'en faire usage dès que la première altercation ou bagarre a pris fin par l'intervention de tiers l'ayant séparé de la victime de sorte qu'il a eu pendant ce temps pris la décision d'attenter à la personne de celle-ci ;

Que l'accusé s'étant, avant l'exécution de son acte homicide, doté des moyens et temps nécessaires pour le commettre, il en en résulte une préméditation ;

Considérant qu'au vu de tout ce qui précède, les faits reprochés à P. ND. sont établis ; qu'il échet de le déclarer coupable ;

Considérant que l'article 287 du Code pénal punissait de mort, tout coupable d'assassinat;

Que cependant, la peine de mort a été abolie par la loi n° 2004-38 du 28 février 2004, en son article premier ;

Que ladite peine, ainsi qu'il ressort de l'article 2 de la loi n° 2007-01 du 12 février 2007 modifiant le Code pénal, est remplacée par les travaux forcés à perpétuité dans toutes les dispositions antérieures à la loi n° 2004-38 du 28 février 2004 ; Qu'il échet de condamner P. ND. à la peine de travaux forcés à perpétuité ;

(...)

PAR CES MOTIFS

Statuant publiquement, contradictoirement, en matière criminelle et en premier ressort ;

En la forme

Rejette l'exception d'incompétence soulevée par le conseil de l'accusé comme étant mal fondée ;

Déclare la procédure régulière et recevable ;

Au fond

Déclare l'accusé coupable des faits qui lui sont reprochés ;

Le condamne à la peine des travaux forcés à perpétuité en application des articles 280, 281, 282 et 287 du Code pénal ;

Donne acte à la partie civile de ce qu'elle ne demande pas de dommages et intérêts ;

Condamne l'accusé aux dépens ;

L'informe de ce qu'il dispose d'un délai de 15 jours pour interjeter appel contre la présente décision à compter de son prononcé.

- **Dol spécial-assassinat-préméditation- résulte des circonstances de l'acte homicide**

120. C. ass. n° 09 du 28 mars 2014, *MP c/ Louis dit Moustapha DIOUF, inédit*

L'intention homicide transparaît, non seulement par les parties vitales du corps de la victime visées (le sternum et le dos sous l'omoplate gauche) mais également ses propos, rapportés de façon constante par lesquels l'accusé a déclaré avoir tué la victime pour se venger.

LA COUR,

Considérant que par ordonnance du 02 novembre 2009, le juge d'instruction du 4ème cabinet du Tribunal de grande instance hors classe de Dakar a renvoyé L. dit M. D. devant la Cour de céans sous l'accusation d'avoir, à Rufisque, le 24 août 2008, volontairement commis un homicide sur la personne de M. M. N., avec cette circonstance que ledit meurtre a été commis avec préméditation;

Que ces faits sont prévus et punis par les articles 280, 281, 282, et 287 du Code pénal ;

Considérant que l'accusé et les parties civiles ont comparu ;

Qu'il échet de statuer contradictoirement à leur égard ;

EN LA FORME

Considérant que la procédure a été initiée dans les conditions légales ;

Qu'il échet de la déclarer régulière et recevable ;

AU FOND

I - Sur les faits

Le 24/08/2008, les éléments du commissariat de police de Rufisque étaient avisés d'un homicide qui venait de se commettre au quartier Colobane Gouye-Mouride de ladite ville. Leur déplacement sur les lieux leur permettait de découvrir la victime, en l'occurrence, M. M. N., couchée, baignant dans son sang, avec deux blessures par arme blanche, l'une au sternum et l'autre au dos sur l'omoplate gauche.

A leur retour au service, après les formalités d'usage, le nommé L. dit M. D. les y rejoignait portant un couteau taché de sang et reconnaissait être l'auteur de l'homicide.

Entendu par les enquêteurs, L. dit M. D. soutenait que suite à une précédente altercation, la victime l'avait aspergé d'acide avant de tenter de le tuer avec une arme blanche. Selon lui, il l'aurait alors fait condamner par la justice à une peine de trois mois d'emprisonnement ferme, ce que la victime ne lui aurait jamais pardonné et raison pour laquelle, celle-ci ne cessait de proférer des menaces de mort à son encontre. C'est pourquoi, toujours selon lui, le jour des faits, lorsque la victime, en l'occurrence M. M. N. s'est introduit dans son domicile et l'a croisé en portant la main à son ventre, il a cru que ce dernier allait l'attaquer et s'est saisi d'un couteau qui était posé sur un banc et lui a assené un coup au bas du sternum et, lorsqu'il a tourné le dos pour s'enfuir, un autre au bas de l'omoplate gauche. Il précisait n'avoir pas voulu ôter la vie à la victime.

Entendu, P. D., frère du mis en cause, soutenait que le jour des faits, la victime était venue à leur domicile s'enquérir de l'état de son véhicule qu'elle lui avait donnée pour des travaux de réparation. Il déclarait avoir vu son frère poignarder la victime au dos.

Inculpé d'assassinat, L. dit M. D. contestait la préméditation et le guet-apens et déclarait n'avoir fait que se défendre. Il précisait au magistrat instructeur que l'hostilité manifestée par la victime à son endroit était due au fait que celle-ci le soupçonnait d'entretenir des relations intimes avec son épouse. Il maintenait l'essentiel de ses déclarations faites à l'enquête de police.

Entendu par le magistrat instructeur, P. D., grand-frère de l'inculpé, confirmait l'essentiel de ses déclarations faites à l'enquête de police. Il précisait que juste après son forfait, l'inculpé lui a tenu les propos suivants : « KH. (la victime) n'a qu'à mourir. Il m'a versé de l'acide, je l'ai tué, un point c'est tout. ». R. D., épouse de P. D., présente sur les lieux au moment des faits, précisera que l'arme utilisée par l'inculpé lui était inconnue de la maison puisque trop grande par rapport aux couteaux de cuisine qu'elle avait l'habitude d'utiliser.

II - Sur l'action publique

Considérant qu'à l'audience de la juridiction de céans, L. dit M. D. a réitéré ses déclarations faites devant le magistrat instructeur ;

Qu'il a cependant réfuté avoir dit à P. D., juste après avoir poignardé la victime, : « Qu'il meure. Il m'a versé de l'acide, je l'ai tué. » ;

Qu'il a en outre soutenu n'avoir pas eu l'intention de se venger de la victime, suite à leur première altercation, et n'avoir pas visé d'endroit particulier du corps de celle-ci ;

Qu'il a fait remarquer, par ailleurs, avoir ramassé le couteau sur un banc, juste avant de poignarder la victime ;

Considérant que R. D., épouse de P. D., a, à l'audience de la juridiction de céans, réitéré ses déclarations faites devant le magistrat instructeur ;

Considérant que P. D., frère de la victime, a également maintenu ses déclarations faites devant le juge d'instruction ;

Qu'il a précisé que le jour des faits, il était dans sa chambre et l'accusé était au seuil de celle-ci, lorsque la victime pénétrait dans la maison en saluant à haute voix ; Que c'est après ce salut que l'accusé s'est retourné en prononçant ces mots : « te voilà alors que c'est toi que je cherchais ! » et qu'immédiatement, la victime a crié : « Il m'a poignardé ! » ; Qu'il a juste eu le temps de sortir de la chambre et d'apercevoir la victime courir vers la sortie tandis que l'accusé lui asséner un second coup de couteau dans le dos ; Que juste après, ce dernier lui a tenu ces propos : « qu'il meure ! Il m'a versé de l'acide, je l'ai tué. Un point c'est tout » ;

Qu'il a en outre soutenu que le couteau utilisé par l'accusé, de par sa grande taille, était inconnu de la maison et qu'entre le moment où la victime est entrée dans la maison et celui où l'accusé s'est retourné pour la poignardé, il n'y avait pas de place pour aller chercher un couteau ;

Qu'il a enfin précisé, qu'après avoir versé de l'acide à son frère, la victime s'était présenté avec sa famille à leur domicile pour présenter ses excuses ; Que malgré tout, l'accusé avait déposé plainte, ce qui avait conduit, à l'époque, à l'arrestation et à la condamnation de la victime à une peine de trois mois ferme d'emprisonnement ;

Considérant que les parties civiles, en l'occurrence A. M. N. , frère de la victime, N. N. et M. G., veuves de la victime, ont déclaré ne pas demander de dommages et intérêts ;

Considérant que l'Avocat général, dans ses réquisitions, fait valoir que l'accusé a visé deux parties vitales de la victime, en l'occurrence le sternum et l'omoplate gauche ; Que le coup porté au dos de la victime atteste que celle-ci ne constituait nullement une menace pour lui ; Que les déclarations des témoins selon lesquelles le couteau n'était pas de la maison et que l'accusé n'aurait pas eu le temps de chercher une arme entre le moment où la victime est arrivée et celui où elle a été poignardé, corroborent la thèse de la préméditation ; Qu'il en est de même, selon le Ministère public, des propos tenus par l'accusé après son acte et par lesquels il explique son geste par l'acide que la victime lui avait versée ;

Qu'il conclut en l'absence de circonstances atténuantes et requiert la condamnation de l'accusé aux travaux forcés à perpétuité pour assassinat, conformément aux articles 280 et 281 du Code pénal ;

Considérant que le conseil de l'accusé soutient que l'accusé avait été traumatisé par la première altercation qu'il a eue avec la victime ; Qu'il fait valoir que l'accusé n'avait pas prémédité son acte et a regretté son geste ; Qu'il fait remarquer en outre que l'accusé s'est lui-même constitué prisonnier après son geste et a collaboré à la manifestation de la vérité;

Qu'il sollicite la disqualification des faits en meurtre et qu'il soit appliqué au prévenu le bénéfice des circonstances atténuantes ;

Considérant que L. dit M. D., a présenté ses excuses à la famille de la victime et déclaré regretter son geste ;

SUR CE :

Considérant que L. dit M. D. a reconnu, aussi bien à l'enquête préliminaire, devant le magistrat instructeur qu'à l'audience de la Cour de céans avoir poignardé M. M. N. au sternum et au dos ;

Que ces coups ont entraîné la mort du susnommé, comme en attestent les conclusions du certificat de genre de mort en date du 26 août 2008, duquel il ressort que la victime est décédée des suites « Plaie cutanée pénétrante avec lésions viscérales et hémorragies interne et externe » résultant de coups et blessures par arme blanche ;

Considérant que l'intention homicide de L. dit M. D. transparaît, non seulement par les parties vitales du corps de la victime visées (le sternum et le dos sous l'omoplate gauche) mais également ses propos, rapportés de façon constante par son frère P. D., par lesquels il a déclaré avoir tué M. M. N. pour se venger de l'acide que ce dernier lui avait versé lors de leur première altercation ;

Que ces propos, ainsi que la phrase que l'accusé a prononcée (selon le témoignage non contesté de son frère P. D. juste avant de poignarder la victime, à savoir « te voilà alors que c'est toi que je cherchais ! », atteste que L. dit M. D. avait formé le dessein d'attenter à la vie de M. M. N. dès que l'occasion se présenterait, ce qui caractérise la préméditation visée par les articles 281 et 282 du Code pénal , peu importe, à cet égard, qu'il ait su que la victime se présenterait à lui ce jour-là ; Que d'ailleurs, le laps de temps qui s'est écoulé entre l'arrivée de la victime sur les lieux des faits et l'agression de celle-ci par l'accusé, selon le témoin P. D., et le fait que le couteau du crime ait été inconnu des objets domestiques utilisés habituellement dans la concession, prouvent que l'accusé s'était prémuni d'une arme afin de réaliser son dessein criminel au moment qu'il jugerait opportun, ce qui corrobore l'existence d'une préméditation ;

Considérant qu'il résulte de tout ce qui précède, la preuve contre L. dit M. D., d'avoir, à Dakar, courant 2008, volontairement commis un homicide sur la personne de M. M. N., avec cette circonstance que ledit homicide a été prémédité ;

Que ces faits sont prévus et punis par les articles 280, 281, 282 et 287 du Code pénal ;

Considérant toutefois que le bénéfice des circonstances atténuantes doit être reconnu à l'accusé, compte tenu notamment de sa collaboration pour la manifestation de la vérité ;

Qu'il échet, en application des textes susvisés et de l'article 432 du Code pénal, de le condamner à vingt ans de travaux forcés ;

Qu'il y a lieu également d'ordonner la confiscation de l'arme saisie et de condamner l'accusé aux dépens ;

II - Sur l'action civile

Considérant que les parties civiles se sont désisté de leur action ;

Qu'il échet de leur en donner acte ;

PAR CES MOTIFS

Statuant publiquement contradictoirement en matière criminelle et en premier ressort ;

En la forme

Déclare la procédure régulière et recevable ;

Au fond

Déclare L. dit M. D. coupable des faits qui lui sont reprochés ;

Le condamne à vingt (20) ans de travaux forcés en application des articles 280, 281, 282, 287 et 432 du Code pénal ;

Ordonne la confiscation de l'arme ;

Donne acte aux parties civiles de leur désistement ;

Condamne l'accusé aux dépens ;

L'avise de ce qu'il peut interjeter appel de la présente décision dans un délai de quinze (15) jours à compter de son prononcé ;

Le président l'avertit de ce qu'il dispose d'un délai de quinze (15) jours pour interjeter appel contre la présente décision à compter de son prononcé en application des dispositions de l'article 344 du Code de procédure pénale.

- **Dol spécial -assassinat-préméditation**

121. C. ass. n° 06 du 26 mars 2014, *MP c/ Sounkarou NDIOR, inédit*

L'intention dépend des prédispositions de l'auteur de l'acte homicide qui doit avoir recherché le résultat en manifestant la volonté de donner la mort quel qu'en soit le mobile, lequel demeure indifférent.

LA COUR,

Considérant que suivant ordonnance aux fins de requalification, de mise en accusation et de renvoi en date du 29 décembre 2009, le juge d'instruction du sixième cabinet d'instruction près le Tribunal de grande instance hors classe de Dakar a renvoyé S. N. devant la cour d'assises de céans sous l'accusation d'avoir, à Tivaoune Peulh, dans la nuit du 02 au 03 novembre 2008, en tout cas avant prescription de l'action publique, commis un homicide sur la personne de A. C., avec cette circonstance que les faits ont été commis avec préméditation ;

Que ces faits sont prévus et punis par les articles 280 et suivants du Code pénal ;

Considérant que l'accusé et la partie civile ont comparu ;

Qu'il y a lieu de statuer contradictoirement à leur égard ;

EN LA FORME

Considérant que la procédure a été introduite conformément à la loi ;

Qu'il convient de la déclarer régulière et recevable ;

AU FOND

Sur l'action publique

Considérant qu'il résulte des éléments de la procédure, notamment du procès-verbal d'enquête préliminaire n° 170 du 3 novembre 2008 établi par la Brigade de NIAGUE qu'à cette date, les officiers de police judiciaire ont été informés, par un appel téléphonique du chef de village de Tivaoune Peulh, de la découverte d'un corps sans vie au quartier A. K. ;

Que suite à leur transport sur les lieux, situés dans un terrain abritant un seul puits entouré d'habitations et faisant face à la maison de S. C., les enquêteurs ont trouvé le corps de la victime, couché sur le dos, baignant dans une mare de sang, la tête cassée avec deux blessures ouvertes sur les deux joues, plusieurs places sur la face, une autre, profonde, sous l'aisselle gauche laissant jaillir du sang ;

Que la descente des enquêteurs, le 4 novembre 2008, dans la chambre occupée par S. N. au quartier Darou Salam a permis la découverte de traces de sang sur le sol ainsi que sur un caftan de couleur marron ;

Considérant que N. F. D., épouse de la victime, a laissé entendre que depuis cinq mois, elle a été informée des fréquentations de son époux chez S. C. qu'il courtisait et à qui il a acheté un poste téléviseur avec le matériel d'installation ;

Que son fils M. S. l'a informée, il y a deux semaines, de ce que S. N. s'était bagarré avec le défunt et l'avait menacé de mort ;

Que M. S. a confirmé cette déclaration, en précisant que le défunt lui avait fait part de la bagarre chez M. C. qui l'a opposé à l'accusé, lequel n'avait cessé de le menacer de mort;

Considérant que A. B. dit NG. a fait remarquer que S. N. habillé d'un caftan marron, s'était présenté dans sa boutique pour acheter deux cigarettes « Excellence » ;

Qu'étant intervenu dans leur discussion sur l'infanticide, celui-ci s'était adressé à O. D., déclarant que « si une personne se sent offensé, elle a le droit de tuer » ;

Que ce dernier a confirmé ces déclarations en précisant que l'accusé ivre, qui parlait de vengeance, les avait trouvé à cette boutique dans la nuit du dimanche 2 au lundi 3 novembre 2008 et que c'est au moment de son retour qu'il a dépassé la même personne qu'il a reconnu formellement comme étant S. N., lequel discutait violemment avec quelqu'un habillé en pantalon et jacket ;

Que celui-ci et la victime, s'injuriaient et se lançaient mutuellement des menaces de mort, chacun prétendant qu'une femme était amoureuse et préférait l'un de l'autre ;

Considérant qu'A. C., entendue, a déclaré que S. N., qu'elle a décrit comme un mendiant et un jaloux, avait suivi la télé chez elle le dimanche soir jusqu'à ce qu'elle lui demande de s'en aller aux environs de 23 heures;

Qu'elle a précisé l'avoir présenté à sa sœur S. C. qui a remis de l'argent à la victime pour qu'elle lui achète un téléviseur ;

Que cette dernière, reconnaissant que S. N. et A. C. fréquentaient son domicile où ils ne se sont jamais battus, a contesté qu'ils le courtisaient ;

Que la victime lui faisait certaines courses, lui rendait beaucoup de services et qu'elle lui a payé le poste téléviseur avec la somme de trente mille francs qu'elle lui a, elle-même, remise ;

Que plus de trois mois avant les faits, elle n'avait pas revu S. N. qu'elle avait interdit accès à son domicile eu égard à son comportement d'ivrogne ;

Que ce dernier lui avait signifié qu'il allait lui créer des problèmes lorsqu'elle a lui a dit qu'il est impossible qu'il obtienne sa main ;

Considérant que S. N., lors de son interpellation, a été trouvé porteur de traces de sang sur le plâtre qu'il portait à sa main droite ;

Que dans sa déposition devant les enquêteurs, il a reconnu qu'il a toujours eu des problèmes avec A. C. du fait qu'il courtisait S. C., sa concubine depuis quatre ans ;

Qu'il s'était battu avec la victime, il y a quinze jours, et il lui avait asséné des coups de bâtons à la tête et au cou dans l'enceinte de la mosquée du quartier vers deux heures ;

Que A. C., qui avait acheté un poste téléviseur à S. C., lui avait interdit d'y suivre les émissions ;

Considérant que l'accusé, qui a reconnu avoir déclaré à la boutique que tuer était légitime, a contesté avoir rencontré et donné la mort à A. C. la nuit des faits ;

Qu'il a également reconnu que les habits découverts dans sa chambre et constitués d'un complet caftan marron lui appartiennent mais que les traces de sang qu'il porte provenaient d'une autre bagarre ;

Que L. ND. son fils, chez qui il s'était rendu le lendemain du drame, a confirmé l'avoir reçu après le dîner à Keur Massar où il a passé la nuit la première fois depuis sept ans ;

Qu'il a fait observer qu'au lendemain de sa visite, son père lui avait demandé de se rendre chez M. C. pour vérifier si quelque chose s'y était passée ;

Considérant que devant le magistrat instructeur et la cour de céans, S. ND., en plus des déclarations tenues devant les agents enquêteurs, va défendu l'impossibilité pour lui d'avoir tué A. C. car à l'époque des faits où il était malade et son bras sous plâtre, celui-ci, ancien soldat, était plus grand et plus fort que lui ;

Que l'accusé a contesté être l'auteur des faits ainsi que l'existence des traces de sang sur son plâtre et ses habits ;

Qu'évoquant sa bagarre avec la victime avant les faits chez S. C., il a déclaré que la victime, qui avait la mauvaise habitude de guetter les prétendant de S. C. en se tapissant derrière la margelle du puits faisant face à la maison de cette dernière, l'avait menacé à l'aide d'une arme à balles en plomb avec laquelle elle lui a tiré dessus l'atteignant à la tête et au cou ;

Considérant que le représentant du Ministère public a, dans ses réquisitions, relevé que la victime et l'accusé, qui courtisaient la même personne et se sont bagarrés dans le passé, entretenaient des relations exécrables car il y avait entre eux de la jalousie ;

Qu'il a évoqué le caftan marron que S. N. portait la veille des faits ainsi que les traces de sang retrouvés sur lui et dans sa chambre ;

Que selon lui, l'accusé, qui a légitimé la vengeance, en voulait à mort à la victime dont il a délibérément mis fin à la vie ;

Qu'il a soutenu l'existence d'une préméditation qu'il tire de la rancune que l'accusé avait à l'égard de la victime qu'il est parti trouver ;

Qu'ainsi, il a requis qu'il soit déclaré atteint et convaincu d'assassinat et condamné aux travaux forcés à perpétuité ;

Considérant que Maître DIALLO, conseil de l'accusé, a relevé que certains témoins se sont dédies, devant la cour, de leurs déclarations tenues devant le juge d'instruction ;

Qu'il a estimé que la personne qui a tué la victime ne peut être qu'un polygame en ce que le témoin O. D. a entendu dire lors de la bagarre les termes « vous avez deux épouses » ;

Qu'il a ajouté que ce témoin ne connaît plus la couleur du caftan ;

Qu'il a plaidé que A. C. a été victime d'une agression car il a été blessé sous l'aisselle avec une arme tranchante qu'on a pas trouvé chez l'accusé lequel n'a jamais varié dans ses déclarations ;

Qu'il a sollicité sa relaxe au bénéfice du doute ;

Considérant que Me HILAL, conseil de l'accusé, a relevé que le caftan trouvé dans sa chambre est de couleur orange et n'a pas été mis sous scellé ;

Qu'il a fait observer que l'accusé qui va souvent au pavillon spécial a l'ulcère qui fait qu'il ne se soûlait pas ;

Que pour défendre son innocence, ledit conseil a soutenu que O. D. qui a parlé de dispute et non de bagarre, a varié dans ses déclarations qu'il demande d'écarter ;

Que selon ce conseil, les constatations du médecin légistes ne font pas apparaître de blessures aux aisselles, ni de coups ou de fractures sur le crâne ;

Que la préméditation ne saurait résulter du fait que l'accusé aurait dit qu'il a le droit de tuer ou qu'il ait menacé de mort ;

Sur ce :

Considérant que l'article 280 du Code pénal qualifie de meurtre l'homicide commis volontairement ;

Qu'en l'espèce, il résulte du vu du certificat de genre de mort établi le 3 novembre 2008 par le Docteur I. A. B. de l'hôpital Aristide LE DANTEC que A. C. est mort d'un traumatisme cranio-facial et cervical avec hémorragie interne et externe ;

Que les constatations faites par le médecin correspondent à celles faites par les gendarmes et apparaissant sur les photos produites au dossier ;

Que lesdites constatations indiquent des blessures ouvertes sur la tête, les joues et la face de la victime de sorte que la mort qui s'en est suivie suffit à établir l'acte homicide ;

Considérant que cet acte doit être accompagné d'une faute intentionnelle pour être qualifié de meurtre ;

Que l'intention dépend des prédispositions de l'auteur de l'acte homicide qui doit avoir recherché le résultat en manifestant la volonté de donner la mort quel qu'en soit le mobile, lequel demeure indifférent ;

Que M. S. et la veuve la victime ont fait état des menaces de mort répétées proférées par l'accusé à l'endroit de celle-ci ;

Qu'il existe des circonstances qui rattachent ce dernier à l'accomplissement des faits ;

Qu'en effet, la nuit de la mort de A. C., O. D., qui a confirmé A. B. dans ses déclarations a affirmé que l'accusé, vêtu d'un caftan marron, a plaidé la légitimation de la vengeance et de droit de tuer toute personne qui l'aurait offensé, a trouvé celui-ci et la victime à l'endroit où le corps de celle-ci a été trouvé en train de se proférer des injures et des menaces de mort, chacun se targuant d'être le plus préféré par S. C. ;

Qu'il s'y ajoute que des traces de sang ont été trouvées sur le plâtre de l'accusé, dans sa chambre ainsi sur ce caftan trouvé dans ladite chambre ;

Considérant en revanche, que si au regard de l'article 282 du Code pénal, la préméditation consiste dans le dessein, formé par son auteur avant l'action, d'attenter à la vie de la victime quand bien même qu'il serait dépendant de quelque circonstance ou condition, il y a lieu de relever qu'elle doit être recherchée dans les circonstances qui ont accompagné l'acte de la personne poursuivie ;

Or, même si la violence des coups reçus par la victime ainsi que la gravité de ses blessures laissent apparaître une volonté de donner la mort, il n'est pas établi que l'accusé a mûri à l'avance la décision d'attenter à la personne de la victime en ce qu'il n'est pas justifié qu'il s'est doté de moyens et de temps nécessaires pour commettre volontairement l'homicide ;

Que dès lors, il y convient de disqualifier les faits d'assassinat reproché à S. N. en meurtre et de l'en déclarer coupable ;

Considérant que l'article 289, alinéa 3 du Code pénal punit de la peine de travaux forcés à perpétuité le coupable de meurtre ;

Que lorsqu'il est reconnu à l'accusé des circonstances atténuantes, l'article 432 dudit code permet à la cour d'appliquer en lieu et place des travaux forcés à perpétuité prévus, celle des travaux forcés à temps de 10 à 20 ans ou de 5 à 10 ans ;

Qu'en l'espèce, les circonstances atténuantes tiennent à la personnalité de l'accusé, père de famille et de plusieurs enfants et à ses capacités d'amendement ;

Qu'il échoit de condamner S. N. à 20 ans de travaux forcés ;

SUR LES INTERETS CIVILS

Considérant que Nd. F. D., es-nom et es-qualité, a déclaré se constituer partie civile et a réclamé la somme de 10 000 000 F à titre de dommages et intérêts ;

Que cette constitution, qui a été faite avant les réquisitions du Ministère public, est régulière ; qu'il échet de la déclarer recevable ;

Considérant que selon les articles 2 et 3 du Code de procédure pénale, toute personne qui a personnellement et directement souffert du dommage causé par l'infraction peut solliciter et obtenir réparation pour tout chef de préjudice aussi bien matériel que moral découlant des faits objets de la poursuite et même pour tout autre résultant directement de la faute de l'auteur ;

Que la partie civile qui a perdu son époux du fait de l'acte homicide accompli par l'accusé a subi un préjudice direct et personnel ;

Que la demande étant fondée, il convient d'allouer à ND. F. D., es-nom et es-qualité, la somme de 10 000 000 F à titre de réparation et de condamner S. N. au paiement de ladite somme ;

Considérant qu'il convient en outre de condamner l'accusé aux dépens ;

PAR CES MOTIFS

Statuant publiquement, contradictoirement, en matière criminelle et en premier ressort ;

En la forme

Déclare la procédure régulière et recevable ;

Au fond

Disqualifie les faits d'assassinat reprochés à S. N. en meurtre ;

Le déclare coupable de ce chef ;

Le condamne à 20 ans de travaux forcés ;

Statuant sur intérêts civils :

Reçoit la constitution de partie civile de Madame ND. F. D. ;

Lui alloue, es-nom et es-qualité, la somme de 10 000 000 F à titre de dommages et intérêts;

Condamne S. N. à lui payer cette somme ;

Condamne l'accusé aux dépens ;

L'avise de ce qu'il dispose d'un délai de 15 jours pour interjeter appel de la présente décision à compter de son prononcé ;

Le président l'avertit de ce qu'il dispose d'un délai de quinze jours pour interjeter appel contre la présente décision à compter de son prononcé en application des dispositions de l'article 344 du Code de procédure pénale.

OBSERVATIONS

Dans de très nombreuses hypothèses, l'infraction intentionnelle suppose un élément intellectuel supplémentaire plus caractérisé que la simple volonté de commettre, en sachant qu'il est interdit, tel ou tel comportement. C'est cette intention particulière que l'on appelle le dol spécial. Il s'agit de l'intention d'atteindre un certain résultat prohibé par la loi pénale.

Par exemple, en matière d'abus de biens sociaux, la Cour d'Appel de Dakar a jugé que la réalisation de l'infraction suppose l'existence d'un dol général résultant de l'intention coupable et d'un dol spécial caractérisé par l'un des buts prévus par l'article 891 de l'AUSCGIE. En d'autres termes, le prévenu doit, de mauvaise foi, faire des biens ou du crédit de la société, un usage qu'il savait contraire à l'intérêt de celle-ci, à des fins personnelles, matérielles ou morales, ou pour favoriser une autre personne morale dans laquelle ils étaient intéressés, directement ou indirectement (*Pour des applications judiciaires, CA Dakar, ch. corr. n° 264 du 27 mars 2017, MP et R. D. c/ A. A. Ch. G., inédit ; dans le même sens, CA Dakar ch. corr. n° 512 du 28 juin 2016, MP et D. H. c/ W. D., inédit*).

Dans ce cas, lorsque cette intention n'existe pas, l'infraction n'est pas constituée. L'étude du contenu du dol spécial permet de mieux comprendre ses modalités.

Le dol spécial est une intention précise, requise par des lois particulières comme élément constitutif de certaines infractions à propos desquelles le législateur incrimine généralement la production d'un résultat déterminé. C'est l'intention d'atteindre un résultat prohibé par la loi pénale. La loi fait alors entrer dans la définition légale de l'infraction un résultat déterminé que l'agent doit avoir voulu.

L'agent n'est alors répréhensible que s'il a eu la volonté d'obtenir ce résultat.

Il s'agit par exemple de l'intention de nuire à l'honneur ou à la considération d'une personne dans la diffamation, de la volonté de causer un préjudice dans le faux documentaire, de l'intention de se comporter en propriétaire de la chose d'autrui en matière de vol, etc. Il en est de même de l'intention homicide (*animus necandi*) dans le meurtre (*Pour une étude détaillée, V. D. NZOUABETH, « L'animus necandi», Revue Ass. sén. dr. pén. , année 2010, n° 9, p. 73 et s.).*

Dans l'arrêt Mamadou Keita, rendu le 30 avril 1966, la Cour suprême du Sénégal a eu l'occasion de préciser la notion de dol spécial en matière de vol (*CS Sénégal, 30 avril 1966, arrêt Mamadou Keita, Penant, n° 715, janvier février mars 1967, p. 109, Rapport G. Arrighi*). Dans cette espèce, Mamadou Keita, délégué du personnel des établissements Freysseline, avait pris dans un atelier un cahier contenant les noms des clients et des travaux à effectuer pour chacun d'eux, afin de prouver, en les soumettant à son syndicat, que le licenciement d'une partie du personnel n'était pas justifié.

La Cour d'Appel de Dakar, par un arrêt du 8 février 1964, l'avait déclaré coupable de vol au motif qu'il s'était conduit en maître absolu de la chose soustraite, en faisant de ladite chose un usage destiné à nuire à son véritable propriétaire. La haute juridiction a considéré que « *la loi réprime la soustraction lorsqu'elle révèle l'intention de se comporter même momentanément en propriétaire* » (*Sur cette affaire, E. MICHELET, « Chronique jurisprudentielle : la jurisprudence de la Cour suprême du Sénégal en matière pénale », Annales. africaines, 1989, 1990, 1991, p. 303 et s.*)

Un arrêt de la Cour d'Assises de Dakar, rendu le 31 mars 2014, énonce que « *l'acte homicide établi doit être accompagné d'une faute intentionnelle pour être qualifié de meurtre ; Que l'intention de l'auteur dépend de ses prédispositions à rechercher le résultat en manifestant la volonté de donner la mort* » (*C. ass. Dakar, n° 10 du 31 mars 2014, MP c/ P. ND., inédit ; dans le même sens, C. ass. Dakar, n° 06 du 26 mars 2014, MP c/ S. ND., inédit ; C. ass. Dakar, n° 19 du 07 avril 2014, MP c/ R. G., inédit*).

À défaut de cette intention précise exigée par la loi, l'agent n'est pas punissable, au titre de l'infraction intentionnelle, caractérisée par le dol spécial.

Cependant, il peut être puni, le cas échéant, sous une autre qualification. Par exemple, s'il n'a pas eu l'intention de tuer, mais simplement de blesser, le délinquant pourra être condamné du chef de coups et blessures volontaires ayant entraîné la mort sans intention de la donner (coups mortels).

TITRE II :

LA RESPONSABILITÉ PÉNALE

CHAPITRE PREMIER :

LE PRINCIPE DE LA RESPONSABILITÉ PÉNALE PERSONNELLE

• Le principe de la responsabilité pénale personnelle

122. CA Dakar n° 714 du 27 novembre 2002, *MP et les héritiers de feu Falilou FALL et Macky BA c/ Cheikh SARR, inédit*

Le principe en la matière est l'irresponsabilité pénale du fait d'autrui outre la personnalité des peines qui s'oppose à la condamnation de celui qui n'est ni complice ni auteur d'un délit

LA COUR,

Considérant que par acte n° 88/2002 reçu au greffe du Tribunal de grande instance de Thiès, M. S., D. N. et C. S. ont déclaré interjeter appel contre le jugement n° 385 rendu le 18 avril 2002 par ledit tribunal, le dispositif dudit jugement étant conçu ainsi qu'il suit:

« Disqualifie les faits de meurtre en non-assistance à personne en danger ;

Déclare M. S. et D. N. atteints et convaincus de ce délit ;

Les condamne respectivement à 14 mois d'emprisonnement et 09 mois d'emprisonnement ;

Reçoit, en la forme, la constitution de partie civile de Y. F., et autres alloue à chacune des familles la somme de 2 500 000 francs à titre de dommages-intérêts ;

Condamne C. S. à leur payer ces sommes ;

Ordonne l'exécution provisoire pour la totalité de chacune des sommes allouées ;

Fixe la contrainte par corps au maximum ;

Met les dépens à la charge de C. S.;

Condamne, en outre, C. S., civilement responsable aux remboursement des frais liquidés à la somme de deux cent soixante-trois mille huit cent quarante (263.840) francs ;

Considérant que l'appel contre le jugement a été fait dans les forme et délai fixés par la loi ; qu'il échet de le déclarer recevable ;

Considérant que par ordonnance n° 560/02 de Mr le Premier Président de la Cour d'Appel de Dakar rendue le 24 septembre 2002 C. S. a été autorisé a assigner les héritiers des feus F. F. et M. B. devant la chambre Correctionnelle pour qu'il soit statué sur les défenses à l'exécution provisoire du jugement frappé d'appel ;

Considérant que par l'exploit de S. F. M. B., Huissier de Justice daté du sept octobre 2002 C. S. a fait servir assignation et signification aux héritiers de F. F. et M. B. ainsi qu'au Procureur de la République près le Tribunal de Thiès ;

Que cette procédure de défense à exécution provisoire étant régulière en la forme il échet de le recevoir et d'y statuer ;

Sur les défenses

Considérant que C. S. a été condamné en qualité de civilement responsable à payer des sommes d'argent à deux familles qui auraient subi un préjudice du fait que leurs enfants qui avaient commis un vol ont été frappés à mort par une foule dont feraient partie M. S. et D. N. qui ont été déclarés coupables du délit de non-assistance à personne en danger et condamnés à des peines de 14 et 9 mois d'emprisonnement ;

Considérant que C. S. a fait appel et qu'à défaut d'avoir établi le lien juridique entre lui et les personnes dont la responsabilité pénale a été retenue par le premier juge et que le principe en la matière est l'irresponsabilité pénale du fait d'autrui outre la personnalité des peines qui s'oppose à la condamnation de celui qui n'est ni complice ni auteur d'un délit, qu'il échet d'ordonner le sursis à l'exécution de la décision attaquée et de réserver les dépens.

PAR CES MOTIFS

Statuant publiquement, contradictoirement, en matière Correctionnelle et en dernier ressort ;

En la forme

Déclare recevable l'appel de C. S. et l'action en défense à exécution provisoire ;

Ordonne les défenses à l'exécution du jugement n° 385 rendu le 18 avril 2002 par le Tribunal de grande instance de Thiès ;

Réserve les dépens.

- **Responsabilité pénale personnelle**

123. CA Dakar, n° 25 du 11 janvier 2017, *MP et Saliou Amadou KANE c/ Timothée MBUTCHO, inédit*

La responsabilité pénale personnelle des prévenus ne pouvant être poursuivie sur la base des faits énoncés, aucune faute susceptible d'engager leur responsabilité civile ne peut être recherchée de ce chef.

LA COUR,

Considérant que par acte n°1987 du 22 décembre 2009 enregistré au Greffe du Tribunal de grande Instance hors classe de Dakar, le conseil de T.M et C. C. M. a interjeté appel du jugement n°1215/09 rendu le même jour par ledit tribunal qui, dans la cause les opposant à S. A. K, les a déclarés coupables d'abus de confiance, a condamné chacun à trois mois d'emprisonnement avec sursis et au paiement, sous le bénéfice de l'exécution provisoire, de la somme de cinq millions (5 000 000) de francs à titre de dommages et intérêts ; la contrainte par corps étant en outre fixée au maximum ;

EN LA FORME

Considérant que l'appel, régulier en la forme, a été fait dans les délais prévus ; qu'il y a lieu de le déclarer recevable ;

Que les appelants ont comparu assistés de leur conseil, il sera statué contradictoirement à leur égard et par défaut contre la partie civile qui n'a ni comparu ni été représentée ;

AU FOND

Rappel des faits et de la procédure :

Considérant qu'il résulte des pièces de la procédure ainsi que des débats d'audience les faits suivants : par contrat de gérance du 10 août 2007, S. A. K. avait confié à l'agence SARL Standing Immobilier la gestion de son immeuble sis aux Parcelles Assainies pour un an renouvelable par tacite reconduction ; puis par plainte du 26 novembre 2008, il saisissait le procureur de la République de Dakar pour dénoncer le défaut de reversement des loyers depuis six mois par ladite société.

Lors de l'enquête subséquente, objet du procès-verbal n°125 du 30 mars 2009 de la Brigade de recherches de la Gendarmerie, il précisait qu'au moment de la signature du mandat, il lui avait été dit qu'il allait percevoir la somme de 470 000 FCFA par mois, mais dans les faits, il n'avait jamais reçu un montant dépassant 200 000 FCFA durant tout le mandat de Standing Immobilier dont la mauvaise gestion avait fini de faire partir tous les locataires de l'immeuble qui avait été laissé dans un état de délabrement indescriptible par son mandataire.

Entendu, T. M., Directeur de l'agence immobilière, mettait en cause la responsabilité de M. N., le comptable, qui s'était occupé des contrats et de toutes les pièces comptables pouvant justifier les montants versés au Sieur K.

M. N. renseignait, à son tour, qu'il était l'aide comptable chargé seulement de la caisse et de la comptabilité de la société et que c'était T. M. ou sa fille C. M. qui étaient habilités à signer des contrats engageant Standing Immobilier.

A son audition, C. C. M. disait qu'en sa qualité de gérante de l'agence, c'était elle qui avait signé le contrat de gérance avec S. A. K. et qu'elle était aussi la signataire de toutes les autres pièces mêmes comptables.

Il était annexé au procès-verbal d'enquête le mandat de gérance du 10 août 2007, une lettre de l'agence datée du 07 juin 2007, un tableau dit « Détail Affaire S. A. K. » et cinq bons de paiement de la caisse des 15 octobre, 12 décembre 2007 et 15 janvier, 14 et 26 mars 2008.

Au reçu de ces éléments d'investigation, le procureur citait directement T. M., M. N. et C. C. M. devant le tribunal correctionnel sous la prévention d'abus de confiance.

Devant les premiers juges, la partie civile maintenait ses propos préliminaires alors que les prévenus affirmaient que l'agence s'était retirée de la gérance lorsque le Sieur K., sans les informer, était allé dire aux locataires de payer directement les loyers entre ses mains, rompant ainsi le contrat de gérance ; ils déposaient au dossier, outre les pièces fournies à l'enquête, notamment un procès-verbal de constat interpellatif du 27 juin 2008, divers relevés de comptes pour et un accusé de réception du 20 novembre 2007.

Statuant sur ladite action, les juges de première instance déclaraient T. et C. M. coupables d'abus de confiance et condamner chacun à trois mois d'emprisonnement avec sursis et relaxaient M. N.

Considérant qu'en appel, T. M. et C. C. M. réitérait leurs dénégations et explications ;

Que leur conseil a plaidé l'infirmation du jugement, la relaxe des prévenus et le rejet des demandes de la partie civile en faisant noter que leur condamnation est injustifiée compte tenu de la rupture abusive du contrat de gérance par la partie civile ;

Considérant que le Ministère public s'en est rapporté ;

Sur l'action publique

Considérant qu'il résulte des énonciations de la décision attaquée que les juges de première instance ont cru devoir retenir la culpabilité de T. M. et C. C. M., sur le fondement de l'article 383 du Code pénal, au motif qu'en leurs qualités respectives de Directeur et de gérante de la SARL Standing Immobilier, ils étaient responsables de l'inexécution du contrat de gérance contrairement à M. N. qui n'avait aucun pouvoir de décision propre ;

Considérant que la Cour souligne, d'une part, que nul n'est responsable pénalement que de son propre fait et que, d'autre part, la responsabilité pénale des personnes morales n'est pas encore consacrée par la législation sénégalaise ;

Considérant qu'en l'espèce, il est tout d'abord constant que le mandat de gérance dont l'inexécution est dénoncée a été conclu entre S. A. K. (partie civile) et la SARL Standing Immobilier et non par les prévenus pris individuellement ;

Qu'ensuite, il résulte des éléments du dossier que ce n'est pas la responsabilité personnelle des prévenus qui a été sensée être mise en cause mais leur responsabilité ès qualité de dirigeants de la SARL Standing Immobilier ; Or, les faits exposés ne caractérisent aucune des infractions prévues aux articles 886 et suivants de l'acte uniforme relatif au droit des sociétés commerciales et du groupement d'intérêt économique;

Qu'ainsi, T. M. et C. C. M. ne peuvent être tenus pénalement responsables, par ricochet, de la défaillance de la SARL Standing Immobilier dans l'exécution du mandat de gérance, étant rappelé que la responsabilité pénale de la personne morale n'est pas encore consacrée par notre droit positif ;

Qu'il y a lieu, dès lors, d'infirmer le jugement entrepris en toute ses dispositions et de renvoyer les prévenus des fins de la poursuite en application de l'article 504 du CPP ;

(...)

PAR CES MOTIFS

Statuant publiquement, par défaut contre S. A. K. et contradictoirement à l'égard des prévenus, en matière correctionnelle et en dernier ressort ;

EN LA FORME

Reçoit l'appel des prévenus ;

AU FOND

Infirme le jugement attaqué en toutes ses dispositions ;

Statuant à nouveau, renvoie T. M. et C. C. M. des fins de la poursuite ;

Déboute S. A. K. de sa demande de réparation ;

Laisse les dépens à la charge du Trésor public.

- **Responsabilité pénale personnelle- infraction collective- responsabilité de tous ceux qui ont joué un rôle direct ou indirect dans la commission de l'infraction**

124. C. ass. n° 27 du 06 février 2015, *MP et AJE c/ Cheikh Sidaty MANE alias GATTUSO, inédit*

En matière d'infraction collective, le juge doit rechercher l'implication personnelle de chaque auteur et la responsabilité pénale pèse sur tous ceux qui ont joué un rôle direct ou indirect dans sa commission peu importe qu'ils aient préparé ou conçu l'acte incriminé.

LA COUR,

Considérant que suivant ordonnance de mise en accusation du juge d'instruction du deuxième cabinet du Tribunal de grande instance hors classe de Dakar en date du 17 janvier 2014, C. S. M. alias G., C. D. alias CH. et C. C. alias Délai ont été renvoyés devant la juridiction de céans statuant dans le cadre de la troisième session de l'année 2014, sous l'accusation d'avoir à Dakar, courant 2012, en tout cas avant prescription de l'action publique, commis volontairement un homicide sur la personne de l'agent de police F. ND. ;

- d'avoir dans les mêmes circonstances de temps et de lieu formé une association ou établi une entente entre eux et d'autres personnes (des manifestants) non identifiés dans le but de commettre des crimes ou délits contre les personnes ou les propriétés ;

- d'avoir dans les mêmes circonstances de temps et de lieu, exercé des violences et voies de fait sur des agents de la police dans l'exercice de leurs fonctions ;

Faits prévus et punis par les articles 280, 289, 201 et 238 du Code pénal ;

AU FOND

SUR LES FAITS

Considérant qu'il résulte de l'information et des débats les faits suivants :

A la suite de la décision du Conseil constitutionnel validant la candidature de Me Abdoulaye Wade aux élections présidentielles du 27 janvier 2012, les participants au meeting du M23 organisé sur la place de l'obélisque à Colobane ont manifesté leur mécontentement en brûlant des pneus et en jetant des pierres sur la voie publique ;

C'est ainsi que les éléments du Groupement Mobile D'intervention (GMI) présents sur les lieux se sont lancés à la poursuite des manifestants pour les disperser ;

Le groupe constitué par F. ND., B. B., J. M. D. poursuivait certains manifestants jusqu'à la rue 45 du quartier de Colobane et pris à partie par ces derniers, ils se sont réfugiés à l'intérieur d'une maison où ils furent délogés par ceux-ci en démontant la porte d'entrée ; en voulant se sauver en compagnie de ses collègues, F. ND. trébucha avant de se retrouver par terre donnant l'occasion aux manifestants de se ruer sur lui à coups de pierre au niveau de la tête ; il succomba des suites de ses blessures quelques instants plus tard lors de son évacuation ; l'un des manifestants prit la peine de filmer une partie de la scène avant de la poster au niveau du site www.senrevolution.com permettant ainsi à la police de tenir les premiers indices de son enquête.

L'exploitation de ce document visuel a permis d'identifier la dame A. S. résidant à Colobane, présente sur les lieux au moment des faits ; les éléments de la division des investigations criminelles et ceux de la police technique et scientifique dépêchés sur place ont dans leurs constats confirmé l'absence de l'un des battants de l'unique porte d'entrée de l'immeuble à l'intérieur duquel la victime s'était réfugiée en compagnie de ses collègues, et la présence sur les lieux de beaucoup de pierres et d'une brique hourdie tachetée de sang ;

Entendu, C. S. M. alias G. a déclaré à l'enquête préliminaire avoir suivi les manifestations à la place de l'obélisque pendant une trentaine de minutes avant de rentrer chez lui en précisant que la personne vêtue d'un maillot vert-blanc aux manches courtes aperçue dans le film que les policiers lui ont montré n'est pas la sienne mais plutôt celle de C. D.;

Il a en outre déclaré que du haut de la terrasse de sa maison, à la suite de la blessure de F. ND., il a reconnu M. D. dit A. revêtu d'un tee-shirt blanc qui avait récupéré le bouclier de défense que tenait ce dernier pour l'exhiber aux forces de l'ordre avant de le leur balancer, et que le lendemain des faits, il a entendu d'un nommé AUNTO que les jeunes qui ont participé effectivement aux faits sont V. C., alias N., M. K. alias C., M. D. dit A. C. C. alias Délai et O. TH. ;

Devant le magistrat instructeur, il a réitéré ses déclarations selon lesquelles il n'était pas présent sur les lieux au moment des faits mais a souligné que le nommé Aunto n'est que le fruit de son imagination suite aux tortures dont il a été l'objet de la part des enquêteurs, propos qu'il a réitéré devant la Cour en soutenant l'existence d'une erreur sur la personne de C. D. qui ne correspond pas à son co-accusé mais serait plutôt un autre qui a déménagé à Ouakam ;

Il a également affirmé bien connaître A. S. avec qui il partage le même quartier, et ils ont également milité ensemble dans le cadre du mouvement de soutien au profit de M. D. ; il a en outre déclaré ne pas comprendre l'attitude de cette dernière tendant à lui imputer les faits à lui reprochés ;

C. D. alias CH. a de son côté reconnu à l'enquête préliminaire être présent sur les lieux, à cinquante mètres du corps de F. N. qui gisait à même le sol ; il tenait selon ses dires une pierre qu'il venait de récupérer du nommé Z. sans participer cependant au lynchage en précisant que les meneurs étaient G., A., O. T. et C. ; il avait auparavant nié connaître G. avant de changer de version ;

Devant le magistrat instructeur et la Cour, il est revenu sur ses déclarations soutenant qu'à son retour de la plage du Terrou-bi vers 19 heures, il est rentré chez lui à la demande de son épouse et n'est pas ressorti ; il n'a donc pas donné de noms aux enquêteurs ; il a également réfuté les déclarations de son épouse faites devant les enquêteurs selon lesquelles la personne revêtue d'un maillot vert blanc de l'équipe Ecossaise du CELTIC GLASGOW qui apparaît dans le film est bien la sienne ;

C. C. alias Délai a soutenu à l'enquête préliminaire être rentré chez lui le jour des faits vers 18 heures et en est ressorti quand il a entendu que des policiers ont été séquestrés dans la maison de la famille D. et une fois sur place, il a trouvé une cinquantaine de personnes qui tentaient de défoncer la porte ; les policiers ont pu selon ses dires réussir à forcer le passage à l'aide de grenades lacrymogènes ;

Devant le magistrat instructeur et la Cour, il est également revenu sur ses déclarations soutenant n'avoir pas été sur les lieux mais était bel et bien chez lui puisque son père avait fermé la porte d'entrée à clé ;

Considérant que la dame A. S. témoin des faits a déclaré devant les enquêteurs que de retour de Guédiawaye, elle avait emprunté la rue de la mosquée KHOC et a vu un groupe de jeunes s'affairer autour du corps d'un policier en lui jetant des pierres, et elle a pu identifier G. qu'elle a connu dans le cadre du mouvement de soutien à M. D., et qu'elle l'a rencontré deux fois dans la journée avec des accoutrements différents ;

Que devant le magistrat instructeur, elle a confirmé la présence de G. sur les lieux après visionnage du film détenu par les enquêteurs en précisant que le domicile de ce dernier est séparé du lieu où a eu lieu l'agression de deux rues et que l'attitude de celui-ci faisait croire qu'il essayait de s'interposer entre les agresseurs et leur victime ;

Que devant la Cour, elle a soutenu avoir constamment déclaré avoir vu G. tenir une pierre au-dessus de la victime même si elle ne peut pas affirmer que c'est lui qui a administré le coup fatal, et que du fait de son analphabétisme, elle ne pouvait pas corriger certaines phrases à elles attribuées dans son procès-verbal de déposition ;

Considérant que le sieur M. D. entendu à l'enquête préliminaire a déclaré que c'est bien G. qui tenait le bouclier de la victime et circulait avec dans la rue ;

Que la dame ND. A. S. épouse de C. D. alias Christ a déclaré aux enquêteurs après visionnage du film que c'est bien son mari vêtu d'un maillot de football de manches courtes de couleur blanche qui était à côté de la victime en tentant de parer vainement un manifestant qui jetait une grosse pierre sur celle-ci ;

Considérant que l'agent judiciaire de l'État s'est constitué partie civile en rappelant que la victime était en service commandé au moment des faits et a réclamé le franc symbolique en guise de réparation ;

Considérant que le Ministère public estimant les faits constants à l'endroit des trois accusés du fait de leur présence sur les lieux et du rôle actif qu'ils ont joué dans la commission des infractions pour lesquelles ils sont poursuivis, a requis leur disqualification en coups et blessures volontaires sur un agent de la force publique dans l'exercice de ses fonctions ayant entraîné la mort avec intention de la donner ;

Que pour la sanction, il a requis une peine des travaux forcés à perpétuité à l'endroit des trois accusés ;

Considérant que les conseils de ces derniers ont plaidé l'acquittement au motif que les auteurs de l'agression n'ont pu être identifiés du fait que c'est une foule qui est à l'origine des faits ; qu'ils ont soutenu que leurs clients n'étaient pas présents sur les lieux et que la Cour ne doit pas se fonder uniquement sur les déclarations de A. S. non étayées par un autre élément du dossier pour entrer en voie de condamnation ;

Qu'ils ont en effet demandé que soit écarté des débats ce témoignage contradictoire à leurs yeux provenant d'une personne qui n'est pas digne de confiance parce qu'ayant un passé pénal ;

SUR CE

(...)

SUR LA CULPABILITE

Considérant qu'en matière d'infraction collective comme c'est le cas en l'espèce, le juge doit rechercher l'implication personnelle de chaque auteur, et la responsabilité pénale pèse sur tous ceux qui ont joué un rôle direct ou indirect dans sa commission peu importe qu'ils aient préparé ou conçu l'acte incriminé ;

Qu'il n'est pas contesté que le crime objet de la présente procédure est le fait d'un groupe de plusieurs personnes réunies à la place de l'obélisque suite au mot d'ordre lancé par les organisateurs et instigateurs de ce rassemblement illicite prévu par l'article 98 du Code pénal dont le but était de jeter un discrédit sur une décision de justice, même si le résultat final n'était pas la cause de l'attroupement ; qu'en matière criminelle, le mobile n'efface pas l'acte;

Considérant que la présence de la dame A. S. sur les lieux au moment des faits est indiscutable et son témoignage ne peut être écarté des débats sur la base d'éléments extérieurs au dossier ;

Qu'il convient de rappeler que le témoignage est un mode de preuve prévu par la loi et il se suffit à lui-même, et n'a donc pas besoin d'être corroboré par un autre élément, et le juge est libre d'apprécier selon son intime conviction la valeur qu'il convient de lui donner ; qu'il est fondamental en matière d'infraction matérielle comme c'est le cas en l'espèce ; que toute personne citée est tenue de comparaître, de prêter serment et de déposer conformément aux dispositions de l'article 424 du Code de procédure pénale ;

Que la dame Sow ne rentrant pas dans la catégorie des personnes ne pouvant pas témoigner à savoir celles condamnées à une peine d'interdiction de droits ou ayant des liens de parenté avec les accusés, il y a de dire que sa déposition est parfaitement recevable ;

Considérant qu'elle n'a jamais varié sur la présence de C. S. M. alias G. sur les lieux au moment des faits précisant que c'est lui qui tenait une pierre au-dessus de la victime contrairement aux déclarations du mis en cause qui a soutenu sans en rapporter la preuve qu'il était chez lui ; qu'elle a écarté l'idée d'une quelconque confusion de ce dernier avec une autre personne puisqu'ils partagent le même quartier et ont milité ensemble dans le cadre d'un mouvement de soutien ;

Que le fait pour M. d'avoir donné aux enquêteurs une description détaillée de la scène en citant les noms de quelques participants démontre qu'il a pris une part active dans la commission de l'infraction, et son moyen de défense consistant à faire croire que du balcon de sa maison, il pouvait apercevoir le déroulement des faits est battu en brèche par le fait que deux rues séparent son domicile et le lieu du crime prouvant ainsi qu'il était dans l'impossibilité d'avoir une vue sur ladite scène qui s'est déroulée la nuit, et ceci résulte des constatations des enquêteurs, de ses propres déclarations faites devant le magistrat instructeur et de celles de A. S. ;

Que C. D. alias CH. l'avait également cité devant les enquêteurs comme faisant partie des meneurs;

Que de plus M. D. a indiqué aux enquêteurs que c'est bien G. qui tenait le bouclier de défense de la police après la commission des faits pour circuler avec dans la rue bien que ce dernier ait déclaré devant le magistrat instructeur et la Cour que c'est par esprit de vengeance que celui-ci l'a accusé puisqu'il avait fait une déclaration similaire le concernant ;

Considérant que C. D. qui avait nié à l'enquête préliminaire connaître G. est finalement revenu sur ses déclarations devant le magistrat instructeur et à la barre expliquant ce revirement par le fait qu'il ne voulait pas répondre aux questions concernant ce dernier ;

Que G. a été constant le concernant comme étant la personne visible sur le film portant le maillot vert-blanc même si à l'audience il a fait croire à l'existence d'une erreur sur la personne, et mieux la propre épouse de C. D. mise dans les mêmes conditions par les enquêteurs, a également identifié son mari en faisant référence au même maillot ;

Considérant que la qualité de la victime ne souffre d'aucune contestation en l'espèce et était connue des auteurs de l'infraction, et l'intention de donner la mort résulte du nombre d'auteurs, des armes utilisées à savoir des pierres et du nombre de coups reçus sur une partie sensible du corps à savoir la tête posée sur une brique hourdie qui servait de support, et les taches de sang trouvées sur place prouvent la violence de ces coups ;

Que le certificat de genre de mort établi le 28 janvier 2012 par le professeur V. M. fait ressortir un traumatisme crânien avec fracture et hémorragie interne et externe survenu à la suite de coups et blessures probables avec un ou des objets durs et contondants ;

Considérant qu'au vu de ce qui précède, il y a lieu de déclarer C. S. M. alias G. et C. D. alias CH. coupables des faits qui leur sont reprochés :

(…)

PAR CES MOTIFS

Statuant publiquement, contradictoirement, en matière criminelle et en premier ressort :

En la forme

Rejette les exceptions soulevées comme non fondées et ceci conformément aux articles 55, 56, 57, 417 du CPP, 295-1 du CP, 2 et 3 du décret n° 70-1216 du 07 novembre 1970;

Déclare recevable la présente procédure ;

Au fond

Sur l'action publique

Déclare C. S. M. alias G. et C. D. alias CH. coupables de coups et blessures volontaires sur un agent de la force publique dans l'exercice ou à l'occasion de l'exercice de ses fonctions ayant entrainé la mort avec intention de la donner ;

Condamne chacun d'eux a vingt (20) ans de travaux forces en application des dispositions des articles 200, 201, 204, 432 du Code pénal ;

Prononce l'acquittement de C. C. de ce chef ;

Prononce l'acquittement de tous les accuses du chef d'association de malfaiteurs ;

Sur les intérêts civils

Reçoit la constitution de partie civile de l'État du Sénégal ;

Lui alloue le franc symbolique ;

Condamne C. S. M. et C. D. alias christ au paiement ;

Les condamne aux dépens.

OBSERVATIONS

Le droit civil et le droit administratif ont prévu des mécanismes permettant d'engager la responsabilité d'une personne du fait d'autrui. À titre d'exemple, l'article 142 du COCC a posé le principe de la responsabilité civile du fait d'autrui. Aux termes de ce texte : « *On est responsable non seulement du dommage que l'on cause par son propre fait, mais encore de celui qui est causé par le fait des personnes dont on doit répondre* ».

Les cas de responsabilité civile du fait d'autrui évoquent la responsabilité des commettants du fait de leurs préposés (*V. art. 146 du COCC*) et la responsabilité des parents du fait de leurs enfants mineurs (*V. art. 143 du COCC. Sur cette question, R. MARTIN, « La responsabilité des parents du fait de leurs enfants mineurs », JCP G 1963, I, 1755 ; M. SALUDEN, « La responsabilité des parents n'est pas subordonnée à une faute du mineur », RJPF 2003, p. 20 ; P. REYNAUD, « Responsabilité des père et mère et résidence alternée », AJ fam. 2002, p. 133 s.*).

Mais le droit criminel s'accommode mal de la responsabilité du fait d'autrui.

En effet, celui qui n'a pas commis l'infraction ne saurait être ni poursuivi ni sanctionné pénalement, comme auteur, coauteur ou complice. Seule la personne qui a accompli tous les éléments constitutifs de l'infraction peut voir sa responsabilité pénale engagée. Le droit pénal est ainsi dominé par le principe de la personnalité de la responsabilité dont la portée doit être clairement déterminée.

En droit pénal, on ne peut être déclaré responsable que de son fait personnel. Le principe selon lequel la responsabilité pénale est une responsabilité individuelle ou personnelle est depuis longtemps affirmé par la Cour de Cassation française. Déjà 1859, la haute juridiction a jugé, à propos d'une contravention à un règlement de police qu'« *en général, chacun n'est responsable qu'à raison des faits qui lui sont personnels (...)*» (*Cass. crim., 26 août 1859, S. 1859, 1, 973*).

Un siècle plus tard, alors que l'infraction reprochée au prévenu était de nature correctionnelle, puisqu'il s'agissait d'une pollution de rivière, la cour régulatrice a conforté sa jurisprudence : « *en principe, nul n'est passible de peines qu'à raison de son fait personnel* » (*Cass. crim., 28 févr. 1956, n° 53-02.879, Bull. crim. n° 205; JCP G 1956, II, 9304, note R. de Lestang; Cass. crim., 17 oct. 1967, n° 66-93.462, Bull. crim. n° 250*).

La jurisprudence pénale sénégalaise a toujours admis le principe de la responsabilité pénale personnelle, même à une époque où aucun texte ne le consacrait (*CA Dakar, ch. corr. n° 993 du 05 décembre 2005, MP et la soc. NOVEL Comm. SA c/ W. J., inédit : « Considérant qu'en matière pénale la responsabilité est personnelle » ; CA Dakar, ch. corr. n° 401 du 09 septembre 2019, MP et M. B. D. c/ H. D., inédit ; CA Dakar ch. corr., n° 714 du 27 novembre 2002, MP et hér. de feu F. F. et M. B. c/ Ch. S., inédit : « le principe en la matière est l'irresponsabilité pénale du fait d'autrui outre la personnalité des peines qui s'oppose à la condamnation de celui qui n'est ni complice ni auteur d'un délit*). Dans un arrêt rendu le 11 janvier 2017, la Cour d'Appel de Dakar a jugé que la culpabilité du directeur et de la gérante d'une société commerciale ne saurait être engagée pour abus de confiance en raison de l'inexécution d'un contrat de gérance qu'ils n'ont pas personnellement conclu au motif que « *nul n'est responsable pénalement que de son propre fait* » (*CA Dakar ch. corr., n° 25 du 11 janvier 2017, MP et S. A. K. c/ Th. Mb. et autres, inédit*).

À la faveur de l'adoption de la loi n° 2021-32 du 23 juillet 2021 modifiant le Code pénal, le législateur a consacré, pour la première fois, le principe de la responsabilité pénale personnelle. Aux termes de l'article 45 du CP issu de la loi n° 2021-32 du 23 juillet 2021 précitée : « *Nul n'est responsable pénalement que de son fait personnel* ». Ce texte transcrit un principe coutumier et constitutionnel qui interdit qu'une personne soit déclarée coupable et pénalement réprimée à raison de l'infraction d'autrui (*S. VINCENT-COMTE, Le principe de la responsabilité personnelle : réalité ou fiction ?, Thèse Lyon 2006 ; J. Y. LASSALE, « Réflexions à propos de l'article 121-1 du futur Code pénal consacrant le principe de la personnalité de la responsabilité pénale », JCP G 1993, I, 3695 ; J-H. ROBERT, « Principe de la responsabilité personnelle », Juris-class. pén. code, art. 121-1, fasc. 20, 2021*). Loysel écrivait que : « *tous les délits sont personnels* ».

Toutefois, la référence faite par l'article 45 du CP au « *fait personnel* » est maladroite, puisque l'on est responsable d'une infraction et non d'un fait. Il aurait fallu écrire : « *Nul n'est responsable pénalement que de sa propre infraction* ».

Le principe de la responsabilité personnelle signifie qu'une personne ne peut voir sa responsabilité pénale engagée si elle n'a pas elle-même participé à la perpétration de l'infraction, comme auteur, coauteur ou complice. La responsabilité implique un agissement ou une omission imputable personnellement à l'agent. On ne saurait répondre pénalement du comportement d'autrui.

Il ne faut cependant pas se méprendre sur le sens de ce principe qui ne signifie nullement que le fait d'un tiers ne peut pas avoir d'incidences sur la responsabilité pénale d'un individu, une telle hypothèse étant, au contraire, très fréquente. En réalité, le principe signifie qu'il n'existe pas de responsabilité pénale du seul fait d'autrui.

Mais le fait d'une tierce personne peut avoir une influence directe sur la responsabilité pénale d'un individu, ou même constituer une condition nécessaire de sa responsabilité pénale, dès lors qu'il peut par ailleurs se voir reprocher un fait personnel. Cette importante limite au principe de la responsabilité personnelle permet notamment de comprendre les règles relatives à la coaction et à la complicité pénale.

CHAPITRE II :

LA RESPONSABILITÉ PÉNALE DES DIRIGEANTS DU FAIT DE LEURS PRÉPOSÉS

- **Responsabilité pénale du dirigeant du fait de leurs préposés : exigence d'une faute du dirigeant**

125. CA Dakar, ch. corr. n° 993 du 05 décembre 2005, *MP et la société Novotel Comm. SA c/ WALTER JOOS, inédit*

En matière pénale, la responsabilité est personnelle, même si par dérogation à ce principe, il est admis la responsabilité pénale du chef d'entreprise, dans les deux cas, il faut impérativement imputer au prévenu, une faute articulée se fondant sur les faits de la cause.

Considérant que le Tribunal de grande instance Hors classe de Dakar statuant en matière correctionnelle, sur la base d'une citation directe à la requête de la partie civile, dans la procédure suivie contre W. J. pris en sa qualité de Directeur général de la Société Maersk Sénégal SA, poursuivi pour abus de confiance faits prévus et punis par les dispositions de l'article 383 du Code pénal, a rendu le 11 mai 2004, le jugement dont le dispositif est ainsi conçu :

« Statuant publiquement, contradictoirement, en matière correctionnelle et en premier ressort ;

-Dit et juge que l'immunité consulaire ne constitue pas un obstacle aux poursuites pénales;

-Relaxe W. J. du chef d'abus de confiance ;

-Déclare irrecevable la constitution de partie civile de NOVEL COMMODITIES ;

-Déboute cette dernière de ses demandes fondées sur les dispositions de l'article 457 du Code de procédure pénale ;

-Met hors de cause la Société Maersk Line ;

-En conséquence met hors de cause la société AXA Assurances ;

-Condamne NOVEL COMMODITIES aux dépens » ;

Considérant que NOVEL COMMODITIES SA, partie civile, a interjeté appel dudit jugement le 12 Mai 2004 ; que le Ministère public également, en ce qu'il le concerne a interjeté appel principal contre le même jugement à la date du 01 Juin 2004 ;

En la forme

Considérant que les appels principaux de la partie civile et du Ministère public, introduits suivant les forme et délai de la loi, doivent être déclarés recevables ;

Au fond

Considérant qu'il résulte des pièces de la procédure et des débats les faits ci-après :

La société NOVEL COMMODITIES SA, de droit suisse, a vendu à la société Nouvelle, Société Sénégalaise une importante quantité de riz livrée suivant différentes cargaisons ;

Dans le cadre de cette opération, deux banques suisses ont financé l'opération au profit de la société NOVEL ;

C'est ainsi que pour sécuriser l'opération, la société NOVEL, les deux banques à savoir la banque Cantonale de Genève et le Crédit Suisse d'une part et la Société Maersk Line en qualité d'exploitant de la marchandise d'autre part, ont signé les 01 Septembre 2000 et 21 Janvier 2002, deux contrats de « tierce détention » desquels il résulte du préambule que : « le déposant et la banque ont demandé à Maersk d'effectuer les opérations de procédure à l'entreposage et à la détention diligente des marchandises dans les entrepôts sous douane adéquats pour le compte de la banque et du déposant et que Maersk a accepté cette requête aux termes et conditions ci-dessus mentionnées » ;

Il est toutefois à préciser que les connaissements ont été établis à ordre ;

L'article 5 des contrats précités devait préciser le préambule en ces termes :

« Maersk ne peut libérer de marchandises sans avoir reçu d'instructions écrites préalables de la banque précisant le destinataire, la qualité, la date ainsi que toutes autres précisions liées à chaque livraison ;

De plus MAERSK s'engage à ne pas libérer de marchandises, sans avoir également reçu de NOVEL ses instructions écrites sous forme d'un bon de livraison dûment signé avec le nom de la personne à qui les marchandises doivent être relâchées, la quantité à relâcher, ainsi que la date et les conditions de relâchements des marchandises .... Dans l'hypothèse où Maersk recevait des instructions contraires de la part du déposant, Maersk a l'obligation de les ignorer».

Considérant qu'il y a lieu de rappeler que la société NOVEL était destinataire de la presque totalité de la marchandise (riz) ;

Considérant qu'en application du mécanisme précité ,la société NOVEL COMMODITIES a estimé que sur un stock de riz d'une quantité totale de 33 382,6 tonnes, Maersk s'est libéré, conformément aux dispositions de l'article 5 précité d'une quantité de 30.459 tonnes de riz, qu'il reste donc un reliquat de 2923 tonnes pour lesquelles aucune pièce ne démontre que l'exploitant a reçu des instructions de relâche conformément aux dispositions contractuelles, que cette quantité reliquataire du riz ne se trouve plus dans les entrepôts de Maersk puisque comme l'a déclaré son directeur général confirmé par un procès-verbal de constat d'huissier la société DAR EL NEGOCE qui avait bénéficié de relâches sur ce stock restant, n'a pu recevoir livraison du fait que les magasins étaient vides ;

Considérant que sur cette base, la partie civile estime que la responsabilité pénale du Directeur Général est engagée et que les éléments constitutifs du délit d'abus de confiance ne peuvent souffrir de contestations ;

Qu'elle évalue en conséquence son préjudice à la somme de 612 millions 145 milles 714 francs ;

Que subsidiairement, elle fait plaider l'application des dispositions de l'alinéa 2 de l'article 457 du Code de procédure pénale ;

Considérant que sur la base de l'ensemble de ces éléments la société NOVEL COMMODITIES poursuit l'infirmation du jugement entrepris ;

Considérant que le Ministère public dans ses réquisitions a déclaré s'en rapporter à la sagesse de la Cour ;

Considérant que la Société AXA Assurances, appelée en cause et représentée par son conseil, a fait plaider l'irrecevabilité de l'appel en cause par application des dispositions de l'article 117 du Code de Procédure civile ; qu'elle soutient subsidiairement sa mise hors de cause, en application des dispositions contractuelles qui les lient au civilement responsable ;

Considérant enfin que le prévenu et la civilement responsable Maesrk Line par le biais de leur conseil ont soutenu :

-Que la responsabilité pénale du chef d'entreprise ne peut être une responsabilité sans faute ;

Que la société Nouvelle ne peut être en dehors de l'exécution du contrat qui lie les parties , puisqu'elle est propriétaire du riz et c'est elle qui a effectué les formalités douanières, payé le prix et procédé ou fait procéder à l'enlèvement ;

-Que le Code des Douanes doit primer sur les dispositions contractuelles ;

-Que les sociétés NOVEL, Nouvelles Don El Négoce qui sont toutes impliquées dans l'achat, l'importation et la vente, ont toutes les mêmes dirigeants ;

-Qu'enfin, l'intégralité du riz reçu a été livré conformément aux dispositions du Code des Douanes;

Que sur la base de l'ensemble de ces arguments le prévenu et le civilement responsable, ont fait plaider la confirmation du jugement entrepris ;

Considérant cela posé, qu'il résulte de manière constante des pièces de la procédure et des débats, que 33.382,6 tonnes de riz ont été réceptionnées par Maesrk Line aux termes du contrat précité, que sur cette quantité, l'exploitant a régulièrement libéré 30 459 francs ;

Qu'il reste donc un reliquat de 2923 tonnes pour lesquelles des ordres de relâche n'ont pas été produits ;

Considérant que Maersk Line sur ce point invoque les dispositions d'ordre public du Code des Douanes pour soutenir, qu'après les formalités douanières, elle avait l'obligation de libérer la marchandise même en l'absence d'instructions de relâches ;

Considérant que sur ce point, les dispositions invoquées du Code des Douanes ne sont pas d'ordre public ; que d'ailleurs Maesrk Line se garde de préciser la disposition qui concerne un tel caractère ;

Qu'en dehors de cet argument, en tant que professionnel Maersk, au moment de la conclusion de ce contrat aurait dû faire référence ou faire intégrer de telles dispositions dans le contrat de tierce détention, ce qui n'est pas le cas ;

Qu'enfin les dispositions 150 et suivants et 180 et suivants du Code des Douanes et celles de l'arrêté Ministériel n° 9497 MEF-AGD-DERG-BE1 du 17 Août 1988 fixant les conditions d'établissement de fonctionnement, d'exploitation et las modalités d'utilisation des magasins et aires de dédouanement, des magasins et aires d'exportations et de terminaux conteneurs, invoquées par l'exploitant, ne peuvent en aucun cas constituer un obstacle à la bonne exécution du contrat de tierce détention ;

Que dès lors, cet argument doit être écarté ;

Considérant que relativement à l'argument que la société Nouvelle importatrice du riz ne peut être en dehors de l'exécution du contrat et qu'elle a les mêmes dirigeants que la société NOVEL et la société DAR EL NEGOCE à qui la société Nouvelle a revendu la quasi-totalité de la marchandise, il y a lieu de préciser :

-Que tout d'abord même s'il n'est pas contesté que c'est la société Nouvelle qui a importé le riz et que c'est elle qui l'a revendu à la société DAR EL NEGOCE, il y a lieu de relever que ces deux sociétés en vertu de l'effet relatif des contrats, ne peuvent intervenir dans le cadre de l'exécution du contrat précité et que par ailleurs, elles ne sont pas parties à la présente procédure ; qu'il était loisible à la Société Maersk Line de les installer dans la procédure, ce qui n'a pas été le cas ;

-Que par ailleurs, la collision entre ces trois personnes morales, si elle était établie, en l'état , n'a aucune incidence en l'espèce, en raison de l'effet relatif des contrats ;

Considérant dés lors que Maersk a reçu en vertu d'un contrat une marchandise dans le but de la gérer et de la livrer sur demande ; qu'elle n'a pu, à la fin de l'opération justifiée de la délivrance régulière en vertu des dispositions contractuelles la liant à la partie civile; que sur cette base, il y a lieu de discuter à présent de l'imputabilité de ces faits ;

Considérant que W. J. a été cité es qualité de directeur Général de la société Maersk Line;

Considérant que la partie civile NOVEL COMMODITIES n'articule aucun fait précis de nature à engager la responsabilité pénale du prévenu ; qu'elle soutient simplement qu'en tant que premier responsable de la société, il est appelé à répondre des fautes commises par sa société ;

Considérant qu'en matière pénale la responsabilité est personnelle ; que même si par dérogation à ce principe, il est admis la responsabilité pénale du chef d'entreprise, dans les deux cas, il faut impérativement imputer au prévenu, une faute articulée se fondant sur les faits de la cause ;

Considérant qu'il résulte très clairement des débats et de la procédure, ainsi que l'a relevé avec pertinence le premier juge, que le prévenu n'a été au courant de ce qui s'est passé entre les parties au contrat qu'à la fin de son exécution et au moment où une sommation a été servie à Maersk Line ; qu'il n'a pas signé les contrats, n'a pas participé à son exécution ;

Qu'il est établi que c'est seul B. D. qui a géré ce dossier ;

Qu'aucun acte, ou fait n'est rapporté, indiquant l'implication de W. J. dans l'exécution de ce travail;

Considérant qu'en conséquence, qu'aucune faute ne pouvant être retenue contre le prévenu, il y a lieu de le renvoyer des fins de la poursuite sans peine ni dépens, confirmant en cela le jugement entrepris ;

(...)

PAR CES MOTIFS

Statuant publiquement, contradictoirement, en matière correctionnelle et en dernier ressort ;

Reçoit en la forme les appels principaux du prévenu et du Ministère public ;

Au fond

Confirme le jugement entrepris en toutes ses dispositions.

- **Responsabilité pénale du dirigeant du fait de leurs préposés : nature non intentionnelle de l'infraction commise par le préposé**

126. CA Dakar, ch. corr. n° 91 du 02 février 2016, *MP et la Compagnie générale de sécurité européenne c/ A. R. et CBAO, inédit*

La responsabilité pénale d'un dirigeant de société ne peut être retenue qu'en cas d'infractions matérielles non intentionnelles commises par un employé en vertu d'une présomption de faute de négligence dans son devoir de contrôle

LA COUR,

(...)

SUR CE,

Considérant qu'il résulte des éléments versés au dossier notamment des extraits de plumitif du Tribunal de grande instance hors classe de Dakar, qu'aux audiences des 03 février et 17 mars 2015, le magistrat signataire de la décision entreprise était en service dans la juridiction précitée et à la date du 05 mai 2015 retenue pour vider le délibéré, il était affecté aux Chambres Africaines et a prêté serment le 23 avril 2015, date d'installation de cette formation ;

Que dès lors il n'avait plus qualité pour signer une décision du Tribunal de grande instance hors classe de Dakar, la nouvelle composition devant, face à cette situation, rabattre le délibéré avant de réouvrir les débats pour lui permettre de statuer valablement;

Que cette violation ne pouvant être réparée, il y a lieu d'annuler la décision entreprise conformément aux dispositions de l'article 508 du Code de procédure pénale qui permet à la Cour face à une telle situation d'évoquer et de statuer sur le fond ;

Considérant que s'agissant du second point, la décision entreprise ayant été annulée, et la partie civile ayant bien été représentée devant la Cour, les dispositions de l'article 412 du Code de Procédure pénale n'ont pas vocation à s'appliquer en l'espèce ;

Qu'il échet par conséquent de le rejeter comme non fondé ;

Au fond

Sur les faits

Considérant que dans son exploit de citation, la CGSE a exposé qu'elle avait ouvert un compte bancaire dans les livres de la CBAO sous le numéro 02013601646665 ;

Qu'elle a exposé que ledit compte était tellement liquide que la chargée de clientèle auprès de cette banque l'a conseillé de constituer un dépôt à terme rémunéré avec un taux d'intérêt pour éviter que son argent ne dorme inutilement dans ce compte sans générer à son profit un bénéfice ;

Qu'elle a déclaré que c'est ainsi que par correspondance du 06 septembre 2007, elle a constitué un dépôt à terme pour un montant de 100 000 000 Frs pour une durée de 05 ans;

Qu'elle a soutenu que cette opération a donné lieu à l'ouverture d'un second compte à son nom sous le numéro 38087984002-56 crédité du montant sus indiqué ;

Que par correspondance des 11 mars 2009 et 26 juillet 2011, ce dépôt à terme a été augmenté respectivement à hauteur de 200 000 000 Frs, puis 250 000 000 Frs ;

Qu'au lieu que cette opération ne génère des intérêts de 9% tels que promis par sa chargée de clientèle, elle a constaté dans son relevé de compte que les intérêts et AGIOS appliqués sur son compte courant étaient non seulement excessifs, mais que la banque lui avait caché que pour constituer ce dépôt à terme, elle lui prêtait son propre argent avec un taux d'intérêt injustifié ;

Qu'en réalité a-t-elle indiqué, en lui conseillant ce mécanisme, la banque cherchait simplement à absorber l'important dépôt qu'elle avait constitué par le jeu de découverts à lui consentis injustement et auxquels elle appliquait un taux d'intérêts de 8% .

Qu'en outre, a-t-elle ajouté, elle a constaté plusieurs irrégularités dans la tenue de son compte courant ;

D'abord le débit du compte courant est passé de 157 903 757 francs le 31 décembre 2010 à 227 110 864 le lendemain 1er janvier 2011 et ce sans aucune justification ;

Ensuite, une opération irrégulière portant sur la somme de 2 120 964 frs reconnue et corrigée par la banque, a été portée sur son compte alors que les AGIOS et autres charges y relatifs n'ont pas été corrigés ;

Qu'elle a fait observer que le rapport établi par le Juge des référés désigné par le tribunal a révélé l'existence de demandes de concours censés émaner d'elle et qui étaient simplement destinées à produire des intérêts débiteurs calculés autour de 8% alors que de tels découverts n'ont été sollicités ni été consommés par elle ;

Que les demandes de découvert de 50 000 000 frs et 250 000 000 Frs datées respectivement des 31 mars 2010 et 31 juillet 2012 ont été faussement confectionnées par la CBAO puisqu'elle n'a fait qu'une seule demande à cet effet ;

Que ces demandes faussement établies par la CBAO l'ont été pour couvrir son stratagème;

Qu'en réalité, ces découverts fictifs, qui lui ont été cachés, étaient simplement destinées à permettre à la CBAO d'asseoir des intérêts débiteurs calculés sur des montants qui y étaient indiqués de manière à composer ultérieurement une prétendue dette avec l'important dépôt qu'elle a fait ;

Qu'elle a ajouté que même l'expert a déclaré n'avoir aucune explication sur l'écart de 69 207 107 Frs entre le relevé du 31 décembre 2010 et celui du 1er janvier 2011 ;

Considérant que le Directeur de la CGSE a en outre déclaré que malgré ses nombreuses demandes, aucun relevé de compte pour l'année 2010 ne lui a été notifié et les AGIOS étaient fondés sur des découverts non réclamés ;

Qu'il a soutenu que la seule demande d'augmentation de découvert qu'il a eu à effectuer portait sur le montant de 30 millions et devait passer à 50 millions ;

Qu'il a également déclaré que son compte de dépôt qui contenait la somme de 350 000 000F a été englouti par les AGIOS alors qu'il n'avait aucune information et cette situation lui a causé un préjudice certain puisque ne pouvant plus disposer de quittances fiscales l'empêchant ainsi de soumissionner aux différents appels d'offre ;

Considérant que les conseils de la partie ont soutenu que le fait que la banque ait alloué à l'insu de leur client des découverts non demandés pour les reprendre par le biais des AGIOS en se gardant de fournir une quelconque information à ce dernier est constitutif d'une mise en scène destinée à la dépouiller de son bien ;

Se fondant sur le fait que la CGSE faisait un bénéfice de 250 millions par an, ils ont sollicité la somme de un (01) milliard de francs à titre de dommages-intérêts ;

Considérant que le Ministère public a requis la confirmation et la réparation du préjudice;

Considérant que les conseils du prévenu ont plaidé la relaxe aux motifs que le compte de dépôt à terme génère des frais et aucune infraction ne peut être invoquée en l'espèce pour absence de manœuvres encore moins de remise puisque l'argent a été directement prélevé sur le compte dans le cadre d'une activité bancaire régulière ;

Que s'agissant du vol, ils ont estimé qu'il ne s'agissait que d'une erreur d'écriture qui a été rectifiée par la suite ;

SUR CE,

(...)

Sur le vol

Considérant qu'il est reproché à la CBAO d'avoir irrégulièrement inscrit une opération de débit portant sur la somme de 2 150 964F CFA sur les relevés de compte de la CGSE;

Qu'en dehors du fait que cette erreur a été régularisée, aucune intention coupable n'a été démontrée en l'espèce pour caractériser le délit de vol prévu par l'article 364 du Code pénal ;

Considérant qu'au vu de ce qui précède, il y a lieu de préciser que la responsabilité pénale d'un dirigeant de société ne peut être retenue qu'en cas d'infractions matérielles non intentionnelles commises par un employé en vertu d'une présomption de faute de négligence dans son devoir de contrôle ;

Que les infractions visées en l'espèce étant intentionnelles, seuls leur présumés auteurs devaient être pénalement responsables de leurs agissements ;

Qu'il y a lieu par conséquent de relaxer le prévenu purement et simplement ;

(...)

PAR CES MOTIFS

Statuant publiquement, contradictoirement, en matière correctionnelle et en dernier ressort ;

En la forme

Déclare les appels recevables ;

Sur les exceptions

Annule le jugement entrepris sur le fondement de l'article 508 du Code de Procédure pénale ;

Dit par conséquent que l'exception de la non comparution de la partie civile n'a plus d'objet ;

Évoquant :

Au fond

Relaxe le prévenu purement et simplement ;

Déboute la partie civile de sa demande ;

Met les dépens à la charge du Trésor public.

OBSERVATIONS

Notre droit pénal, contrairement au droit civil, a très vite consacré le principe de l'irresponsabilité pénale du fait d'autrui.

Toutefois, le principe de l'irresponsabilité pénale du fait d'autrui ne peut être rigoureusement appliqué que dans la mesure où la personne qui prétend en bénéficier est moralement étrangère à l'infraction d'autrui. En effet, ce qui permet d'exclure la responsabilité pénale lorsque la participation matérielle fait défaut, c'est en définitive la présomption que l'infraction n'est pas imputable à la volonté de l'intéressé.

Or, cette présomption ne correspond pas toujours à la réalité, ou tout au moins, elle n'y correspond parfois que partiellement. Il se peut, en effet, que, sans avoir physiquement collaboré aux actions d'autrui, une personne facilite indirectement ses agissements par la création d'un état délictueux latent (*R. MERLE et A. VITU, op. cit., n° 526*).

On s'est demandé si ce fait personnel de seconde zone, quoique matérialisé généralement par une défaillance à des obligations légales, n'est pas tout de même de nature à tomber sous le coup de la loi pénale. La question de la responsabilité pénale des dirigeants est souvent évoquée en parlant de la responsabilité pénale des chefs d'entreprise, puisque ces derniers sont souvent les plus concernés.

En vertu d'une jurisprudence constante, le chef d'entreprise est tenu de répondre des infractions commises à l'occasion du fonctionnement de l'entreprise placée sous sa responsabilité, le commettant étant appréhendé en qualité d'auteur médiat tandis que le préposé, à l'origine de la violation de la norme pénalement sanctionnée, est pris en qualité d'auteur immédiat.

Selon un arrêt fort ancien de la chambre criminelle de la Cour de Cassation française, la règle de la responsabilité pénale personnelle souffre d'exception en certaines matières, puisque les conditions ou le mode d'exploitation imposé à l'industrie, obligent le chef ou le maître de l'établissement, en cas d'infraction, à supporter la faute de ses ouvriers ou préposés (*Cass. crim., 28 janv. 1859, S. 1859, I, 364 ; C. MASCALA, « La responsabilité pénale du chef)d'entreprise », LPA 19 juill. 1996, p. 16*).

En France, c'est dans le cadre des entreprises ou des professions réglementées que se produisent les manifestations les plus nombreuses de la responsabilité pénale des dirigeants du fait de leurs préposés (*M.-E. CARTIER, « Notion et fondement de la responsabilité du chef d'entreprise », in La responsabilité pénale du fait de l'entreprise, Paris, Masson, 1977, p. 45 ; A. COEURET, « La responsabilité pénale en droit du travail ; continuité et rupture », RSC, 1992, p. 488 ; M. DELMAS-MARTY, « Le droit pénal, l'individu et l'entreprise : culpabilité du fait d'autrui ou du décideur ? » JCP, 1985, I, 3218 ; P. MORVAN, « Responsabilité pénale du chef d'entreprise», in Entreprise et responsabilité pénale, Paris, LGDJ, 1994 ; J. PRADEL, « Les responsabilités pénales dans l'entreprise », in Bilan et perspectives du droit pénal de l'entreprise, Paris, Economica, 1989, p. 35 ; V. VIEILLE, « L'obligation générale de sécurité du chef d'entreprise», Dr. soc., 1988, 185 ; A.-M. BATUT, « La responsabilité pénale du chef d'entreprise en matière de sécurité », CJEG, 1996, n° 520, p. 131 ; N. CATALA, « De la responsabilité pénale des chefs d'entreprises en matière d'hygiène et de sécurité du travail», JCP CI 1976. I. 12010*). Une jurisprudence constante fait peser sur le commettant la responsabilité pénale du fait des contraventions à certaines prescriptions réglementaires commises par son préposé. Ainsi, il a été jugé que les débitants de boissons sont pénalement responsables des violations réglementaires imputables à leurs employés à l'occasion de leurs fonctions au service de l'établissement (T. *corr. Pont-Audemer, 9 juill. 1958, JCP., 1958.II.10760 : condamnation d'un débitant de boissons dont une employée, violant l'art. L. 80 du Code des débits de boissons, avait servi à des mineurs des boissons interdites à cette catégorie de consommateurs*) et les pharmaciens sont pénalement engagés par les infractions à la législation pharmaceutique de leurs préparateurs ou employés (*Crim., 12 mai 1893, S., 94.I.201, note Villey ; Crim., 30 nov. 1944, D., 1945.161*).

La responsabilité pénale du dirigeant suppose non seulement la commission d'une infraction par le préposé, mais également l'existence d'une faute personnelle imputable au dirigeant.

Pour engager la responsabilité pénale du dirigeant, l'infraction commise par le préposé doit en principe être une infraction non intentionnelle : un délit d'imprudence ou de négligence ou une infraction matérielle. Il serait, en effet, incompréhensible de reprocher au dirigeant une infraction intentionnelle commise par un préposé, puisqu'une telle intention n'existe pas chez le dirigeant.

Dans un arrêt rendu le 02 février 2016, la CBAO a été poursuivie pour vol pour avoir irrégulièrement inscrit une opération de débit portant sur la somme de 2 150 964 francs CFA sur des relevés de compte. La Cour d'Appel de Dakar a jugé que « *la responsabilité pénale d'un dirigeant de société ne peut être retenue qu'en cas d'infractions matérielles non intentionnelles commises par un employé en vertu d'une présomption de faute de négligence dans son devoir de contrôle ; Que les infractions visées en l'espèce étant intentionnelles, seuls leurs présumés auteurs devaient être pénalement responsables de leurs agissements* ». La cour d'appel a en conséquence relaxé la CBAO purement et simplement.

Certaines décisions, très critiquées par la doctrine, en ont toutefois décidé autrement (*En matière de fraudes sur la qualité des marchandises vendues, Crim. 2 nov. 1963, Bull. crim., n° 330*). Par ailleurs, l'infraction du préposé peut être une infraction de commission ou une infraction d'omission (ce qui est plus fréquent).

En principe, la responsabilité pénale du dirigeant n'exclut pas celle du préposé, puisque celui-ci a commis une infraction.

Toutefois, des considérations d'opportunité justifient fréquemment la seule poursuite du dirigeant. Par ailleurs, la jurisprudence estime que les infractions concernant l'hygiène et la sécurité du travail ne peuvent être reprochées aux ouvriers, mais seulement aux personnes ayant une place élevée dans la hiérarchie de l'entreprise (*Crim. 2 févr. 1954, JCP, 1954, II, 8318*).

Le dirigeant ne peut être déclaré pénalement responsable que si une faute lui est imputable. La Cour d'Appel de Dakar a déjà eu l'occasion de juger « *qu'en matière pénale la responsabilité est personnelle ; que même si par dérogation à ce principe, il est admis la responsabilité pénale du chef d'entreprise, il faut impérativement imputer au prévenu, une faute articulée se fondant sur les faits de la cause* » (*CA Dakar, ch. corr. n° 993 du 05 décembre 2005, MP et la société Novotel Comm. SA c/ W. J., inédit*).

Un arrêt de la chambre criminelle de la Cour suprême rendu le 3 février 2009 a rejeté le pourvoi formé contre un arrêt de la Chambre d'Accusation de la Cour d'Appel de Dakar qui a jugé que « *la responsabilité pénale des dirigeants sociaux, en l'absence d'une faute délictueuse directe et personnelle, ne saurait être retenue en l'état de notre législation criminelle* » (*CS ch. crim. n°20 du 03 février 2009, A. D. ès nom et ès qual. de la SIDEC-LDA c/ Attijari Bank Sénégal-A. Mb. et Ch. MB., inédit*).

La jurisprudence décide que l'existence de la faute du dirigeant est présumée ; la violation des prescriptions légales ou réglementaires par le préposé implique, en effet, *a priori* une négligence fautive de la part du dirigeant dans son devoir de contrôle ou de surveillance, notamment en matière d'hygiène et de sécurité dans le travail.

En réalité, cette présomption de faute est une règle de preuve et n'interdit pas au dirigeant de démontrer qu'il n'a commis aucune faute.

Mais cette démonstration est très difficile, puisque les juridictions pénales ont une conception assez rigoureuse du devoir de contrôle et de surveillance incombant au dirigeant. L'irresponsabilité de celui-ci n'est, dès lors, admise que dans des situations exceptionnelles comme, par exemple, en cas d'accident causé par un employé ayant vingt ans de pratique professionnelle (*Crim. 20 sept. 1980, Bull crim., n° 237; crim. 14 mars 1979, Bull. crim., n° 109*).

CHAPITRE III :

LA RESPONSABILITÉ EN CASCADE

• Responsabilité en cascade

127. CS ch. crim. n° 134 du 07 octobre 2010, *Mamadou Diagna NDIAYE c/ MP et M. C., inédit*

En prévoyant que lorsque le directeur de publication est en cause, les auteurs peuvent être poursuivis comme complices, non pas l'auteur de l'infraction déjà désigné en la personne du directeur de publication mais, en l'espèce, le journaliste auteur de l'article de presse contenant les propos incriminés, la cour d'appel a violé les articles 270 et 271 du CP.

LA COUR,

Attendu que, par l'arrêt attaqué, la Cour d'Appel de Dakar a infirmé le jugement du Tribunal de grande instance hors classe de Dakar qui a déclaré nulles les citations directes servies par M. C. à M. D. N. du chef de diffamation ;

Sur le premier moyen tiré de la violation des articles 270 et suivants du Code pénal en ce que, la cour d'appel a déclaré valable la citation directe servie à M. D. N. en qualité d'auteur principal alors que le directeur de publication du journal ayant publié l'article contenant les propos jugés diffamatoires, bien qu'étant parfaitement identifiable, n'a pas été installé dans la procédure ;

Vu l'article 270 du Code pénal ;

Attendu que, selon ce texte, seront passibles, comme auteurs principaux, des peines qui constituent la répression des infractions commises par un moyen de diffusion publique les directeurs de publications, co-directeurs, producteurs, éditeurs ou gérants quelle que soit leur dénomination, à défaut, les auteurs (…) ;

Attendu que pour déclarer la citation valable et l'action de la partie civile recevable, l'arrêt attaqué retient que l'article 270 précité désigne comme auteurs principaux, en première position, les directeurs de publication ; que l'article 271 du Code pénal dispose que lorsque les directeurs de publication seront en cause, les auteurs seront poursuivis comme complices et qu'il ressort de ces dispositions que les auteurs des propos supposés diffamatoires peuvent être poursuivis soit comme complices soit comme auteurs principaux, cette dernière hypothèse étant seulement soumise à la condition que les directeurs et assimilés ne soient déjà poursuivis à titre principal ;

Mais attendu qu'en statuant ainsi alors que, d'une part, la loi désigne clairement les auteurs du délit de diffamation, à savoir, les personnes responsables du moyen de diffusion publique par lequel les propos présumés diffamatoires ont été divulgués et, d'autre part, vise, en prévoyant que lorsque le directeur de publication est en cause, les auteurs peuvent être poursuivis comme complices, non pas l'auteur de l'infraction déjà désigné en la personne du directeur de publication mais, en l'espèce, le journaliste auteur de l'article de presse contenant les propos incriminés, la cour d'appel a violé les textes visés au moyen ;

Qu'il s'ensuit que la cassation est encourue ;

PAR CES MOTIFS

Sans qu'il soit besoin d'examiner le second moyen ;

Casse et annule en toutes ses dispositions l'arrêt n° 720 rendu le 4 décembre 2009 par la Cour d'Appel de Dakar ;

Et, pour qu'il soit à nouveau statué, renvoie la cause et les parties devant la même cour d'appel autrement composée ;

Met les dépens à la charge du Trésor public ;

Dit que le présent arrêt sera imprimé, qu'il sera transcrit sur les registres de la Cour d'Appel de Dakar en marge ou à la suite de la décision attaquée ;

Ordonne l'exécution du présent arrêt à la diligence du Procureur général près la Cour suprême.

- **Responsabilité en cascade**

128. CA Dakar n° 202 du 10 février 2014, *MP et Issam OMAÏS c/ Serigne MBOUP, inédit*

Selon le régime des poursuites en matière de délit de presse est fixé par la loi, la responsabilité pénale première incombe au directeur de publication et les juges ne peuvent, sous aucun prétexte, modifier ce régime.

Sauf dans les cas particuliers où l'auteur principal ne peut pas être poursuivi, pour des causes attachées à sa personne, la relaxe de ce dernier implique automatiquement celle du complice dont la criminalité n'est que d'emprunt. Ainsi les premiers juges ne pouvaient pas relaxer les auteurs principaux et condamner le complice sans violer le fondement même du droit pénal.

LA COUR,

Par acte en date du 16 avril 2012, S. M. a fait appel du jugement rendu le 12 avril 2012 par le Tribunal correctionnel de Dakar qui l'a condamné à la peine de 3 mois d'emprisonnement assortie du sursis pour diffamation et injure publique, et au paiement de la somme de 30 000 000 F CFA à la partie civile ;

A la même date, le Ministère public a relevé appel incident de la décision ;

Le 14 mai 2012, la partie civile, I. O., a relevé appel des dispositions civiles du jugement ;

(…)

Au fond

Par exploit en date du 1er août 2011, I. O. a cité directement devant le Tribunal de grande instance hors classe de Dakar pour diffamation et injure publique :

S. M. et autres ;

Dans l'édition de l'Observateur en date du 07 février 2011, dans la rubrique portant le titre «index», contenue dans la page 2, il a été écrit : « Mais selon S. M., dans cette affaire, c'est le libano-syrien O. qui n'a pas joué franc-jeu ». « O. avait des difficultés financières et il m'a demandé de l'aider... Mais en lieu et place d'une collaboration, O. s'est mis à manipuler les ex travailleurs qui me réclament la somme de 56 000 000 F CFA alors que dans cette affaire j'ai perdu près de 340 000 000 F ».

I. O. a trouvé diffamatoires l'affirmation selon laquelle il est un libano-syrien, alors qu'il est de nationalité sénégalaise, et les allégations selon lesquelles il a eu à manipuler des ex travailleurs et qu'il a rencontré des difficultés que S. M. a résolues.

Pour O., l'injure dans l'article repose dans l'expression « c'est le libanais-syrien O. qui n'a pas joué franc jeu », ce qui tend à lui contester toute franchise.

Dans l'édition du journal le Populaire du 7 février 2011, dans la rubrique intitulée « Off », et à la page 7, plusieurs passages ont été considérés par le sieur O. comme diffamatoires et injurieux.

Pour la diffamation, il s'agit de l'imputation selon laquelle il « a influencé et téléguidé des ex travailleurs qui auraient intenté une action en justice ».

Pour l'injure, il s'agit de la référence à sa personne comme « un étranger coupable d'actes de sabotage, un comploteur et un libano-syrien qui a déclaré une banqueroute frauduleuse », ce qui dénoterait une volonté de jeter l'opprobre et la vindicte populaire sur sa personne en l'excluant de la nation à laquelle il appartient.

Dans une interview accordée au journal l'As du 07 février 2011, il est écrit :

« Un libano-syrien du nom de I. O. est venu me voir pour me dire qu'il avait des problèmes. En effet, il avait un différend avec une banque de la place et je lui avais prêté de l'argent, 11 000 000 F CFA environ. Ensuite, il m'a proposé d'acheter son usine à 100 000 000 F CFA, c'est moi, S. M., qui ai acheté l'usine, pas le Groupe CCBM. J'ai payé 46 000 000 F CFA directement à la banque, après avoir déduit les 11 000 000 F qu'il restait un devoir, mais, en vérité, O. a installé cette usine pour abuser les lougatois et le pouvoir d'autan, celui du Parti Socialiste. A chaque fois que les élections se rapprochaient, il faisait tout pour approcher les autorités afin de leur soutirer de l'argent. Mais lorsque l'alternance est survenue, il a senti que le vent ne tournait plus en sa faveur».

O. a trouvé diffamatoires les allégations selon lesquelles il a installé une usine pour abuser les lougatois et le pouvoir d'autan, s'approchait des autorités politiques, à la veille des élections, pour leur soutirer de l'argent, en sus de la référence à son origine libano-syrienne.

L'injure est tirée de la réponse suivante du prévenu à une question : « c'est sa façon de faire. L'escroquerie et le chantage sont sa spécialité et sa marque de fabrique. Il cherche à tout instant à extorquer des fonds aux gens ».

Sur la diffamation

Aux termes de l'article 258 du Code pénal : « toute allégation ou imputation d'un fait qui porte atteinte à l'honneur ou à la considération de la personne ou du corps auquel le fait est imputé est une diffamation... ».

La diffamation suppose donc l'imputation d'un fait précis. Ainsi l'utilisation du terme «libano-syrien » par le prévenu, et reproduit par les journalistes, pour désigner la partie civile ne saurait être considérée comme diffamatoire.

Par contre, la manipulation des travailleurs, les difficultés supposées de O., résolues par S. M., invoquées par ce dernier et reproduites dans l'Observateur, l'utilisation de travailleurs influencés et téléguidés par O. contre le prévenu, les tentatives de sabotage imputées au premier nommé invoquées par le même prévenu et reproduites dans le journal le Populaire, la création d'une usine par O. pour abuser les lougatois et le pouvoir socialiste, les pratiques du susnommé pour soutirer de l'argent aux politiques, invoquées par S. M. et reproduites dans le journal l'AS, sont autant d'imputations qui violent la dignité et l'honneur de O. alors qu'elles ne reposent sur aucune preuve.

Ainsi, dans le dossier le délit de diffamation est bien constitué.

Sur l'injure

I. O. a toujours revendiqué sa nationalité sénégalaise.

Pourtant les prévenus, tout comme les premiers juges, ont banalisé, l'utilisation de l'appellation « libano-syrien » qui lui est collée sous le prétexte qu'il s'agit d'une appellation courante au Sénégal.

La Cour n'est pas dans les mêmes dispositions pour accepter cette justification facile et dangereuse pour la cohésion nationale.

En effet, tout est dans le contexte. Il n'arriverait à l'idée d'aucune personne sensée de se sentir vexée lorsqu'il est fait référence à sa nationalité d'origine, la possession de plusieurs nationalités étant une source d'enrichissement, voire un privilège, qui ne devrait déplaire à personne. Toutefois, dans le cadre du conflit qui oppose O. à S. M., la référence aux origines du premier nommé par le second est plutôt une exclusion de la nationalité sénégalaise, comme si le sieur O. n'était pas digne d'être sénégalais. D'ailleurs, pour dire les choses comme elles sont, il s'agit d'une injure à connotation raciste, dans la mesure où, plus d'une fois, l'appellation « étranger » a été donnée au sieur O. de façon dubitative, comme si une personne d'origine libanaise ne pouvait pas être un Sénégalais.

Quant à l'appellation d'escroc et de maître chanteur, considérée à tort par la partie civile comme des injures, la Cour est d'avis qu'il s'agit plutôt de propos diffamatoires, car renfermant l'imputation de faits précis.

Sur la responsabilité des journalistes et des éditeurs

Les journalistes ont plaidé la bonne foi, arguant que leurs propos ne sont pas allés au delà de leur travail, ce que les premiers juges ont accepté en disposant que la responsabilité pour les délits de presse doit être conciliée avec le principe de la liberté de presse, reconnu et garanti par la Constitution.

Cette explication, assurément très courte, ne convainc pas la Cour. En effet, la reconnaissance de la liberté de la presse, proclamée à l'article 8 de la Constitution, est précédée par celle du caractère sacré et de l'inviolabilité de la personne humaine à l'article 7. La première ne peut donc se lire et se comprendre que dans le respect de la deuxième. C'est d'ailleurs dans ce sens qu'il faut lire l'article 10 qui fixe comme limite infranchissable à la liberté d'expression l'honneur et la considération d'autrui.

Par ailleurs, le régime des poursuites en matière de délit de presse est fixé par la loi (art. 270 et 271 du Code pénal) aux termes de laquelle, lorsque les directeurs de publications, codirecteurs, producteurs, éditeurs ou gérants seront en cause, ils seront poursuivis comme auteurs principaux, les auteurs n'étant poursuivis que comme complices. Ainsi la responsabilité pénale première incombe aux premiers et les juges ne peuvent, sous aucun prétexte, modifier ce régime.

D'ailleurs, sauf dans les cas particuliers où l'auteur principal ne peut pas être poursuivi, pour des causes attachées à sa personne, la relaxe de ce dernier implique automatiquement celle du complice dont la criminalité n'est que d'emprunt. Ainsi les premiers juges ne pouvaient pas relaxer les auteurs principaux et condamner le complice sans violer le fondement même du droit pénal et les dispositions non équivoques de la loi (art 270 et 271CP)

Toutefois, en l'absence d'appel principal du Ministère public, la Cour ne peut que constater que la décision contestée est définitive sur ce point, même si elle est d'avis que les faits reprochés aux prévenus journalistes sont bien constitués.

Sur la culpabilité de S. M.

Le prévenu n'a pas comparu pour défendre son appel.

En tout état de cause, en vertu de ce qui précède, et en application de l'article 271 du Code de procédure pénale, sa complicité est flagrante, les faits poursuivis étant constitués pour les auteurs principaux.

D'ailleurs, l'on ne voit pas de quel privilège le prévenu s'est arrogé le droit de convoquer la presse rien que pour s'attaquer à I. O. avec des propos injurieux et diffamatoires, dont il a du reste toujours revendiqué la paternité. Toutefois, le prévenu étant délinquant primaire, la Cour est d'avis que la peine de 3 mois d'emprisonnement prononcée à son encontre par les premiers juges peut être réduite à un mois avec sursis.

(...)

PAR CES MOTIFS

Statuant publiquement, contradictoirement à l'égard de I. O. , par défaut réputé contradictoire à l'égard de S. M. , en matière correctionnelle et en dernier ressort ;

Reçoit les appels enregistrés ;

Au fond

Infirme partiellement la décision entreprise ;

Statuant à nouveau :

Dit que les faits de diffamation et d'injure publique reprochés à M. T. T., P. I. K., C. O. N., à la Société le Groupe 3 M. Com (civilement responsable), D. D., K. W., au Groupe Com 7 (civilement responsable), à B. B. et au Groupe Futurs Médias (civilement responsable) sont constitués ;

Constate toutefois que la relaxe prononcée à leur encontre est définitive en l'absence d'un appel principal du Ministère public ;

Condamne le prévenu S. M. à un (01) mois d'emprisonnement avec sursis ;

Fixe le montant des dommages-intérêts alloués à I. O. à quinze millions de francs CFA (15 000 000 F CFA) ;

Condamne S. M. à lui payer ladite somme ;

Ordonne la publication, dans les mêmes caractères, du dispositif du présent arrêt, aux frais de S. M. , aux pages 7 du journal le Populaire, 4 du journal l'AS, 2 du journal l'Observateur, dans un délai d'un (01) mois à compter de la signification de la décision ;

Confirme pour le surplus ;

Met les dépens à la charge du prévenu.

- **Responsabilité en cascade**

129. C. cass. ch. crim. n° 38 du 18 avril 2000, *MP et Béchir Ben Yahmed-Jeune Afrique c/ Mansour TALL, inédit*

L'article 270 du Code pénal autorise les poursuites contre les directeurs de publication et édicte à leur encontre, hors le cas d'introduction sur le territoire de journaux interdits, une présomption de culpabilité sans distinction du lieu d'impression ou de publication de l'écrit incriminé.

LA COUR,

SUR LE TROISIEME MOYEN qui est préalable, pris de la violation de la loi, de la mise hors de cause et donc de la non culpabilité du prévenu devant les juridictions sénégalaises et de l'insuffisance de motifs constitutive d'un manque de base légale en ce que la cour d'appel a condamné B. B. A. du chef de diffamation au motif qu'il est directeur de publication du journal Jeune Afrique et que ce journal étant diffusé au Sénégal, les juridictions sénégalaises sont compétentes alors que Jeune Afrique est imprimé et publié à l'étranger mais introduit au Sénégal par l'Agence de Distribution et de Presse et que la présomption de culpabilité édictée par l'article 270 du Code pénal ne pouvait être invoquée que devant les juridictions françaises et que le principe général de la responsabilité du directeur de publication ne peut s'appliquer que dans le cas où le journal est à la fois produit, publié et diffusé au Sénégal et ne s'applique guère aux journaux publiés à l'étranger puis introduits au Sénégal et que dans ce dernier cas et selon la jurisprudence de la Cour de Cassation française les règles de droit commun se substituent à la présomption de responsabilité; qu'ainsi le directeur de publication ne peut être poursuivi du chef de diffamation que s'il est établi qu'il a pris une part effective et réelle dans l'introduction du journal incriminé au Sénégal et dès lors que le coupable du délit ne peut être que l'organe qui y a réalisé la publicité c'est-à-dire la vente, la mise en vente et la distribution de l'écrit supposé diffamatoire ;

Attendu que pour rejeter l'exception soulevée par B. B. Y. et pour reconnaître sa compétence à le juger, la cour d'appel énonce que les poursuites peuvent être engagées contre les directeurs de publication et portées devant le juge du lieu de l'infraction qui se situe en tout point du territoire sénégalais où la publication a été effectuée ;

Attendu qu'en prononçant ainsi, la cour d'appel a fait une juste application de l'article 270 du Code pénal lequel autorise les poursuites contre les directeurs de publication et édicte à leur encontre, hors le cas d'introduction sur le territoire de journaux interdits, une présomption de culpabilité sans distinction du lieu d'impression ou de publication de l'écrit incriminé;

D'où il suit que le moyen n'est pas fondé ;

SUR LE PREMIER MOYEN commun aux demandeurs pris de l'insuffisance de motifs, manque de base légale en ce que la cour d'appel a considéré comme diffamatoire l'imputation« un magistrat trop curieux» sans dire en quoi la curiosité consiste en un défaut pouvant porter atteinte à l'honneur et à la considération d'autrui et sans constater un fait précis permettant à la Cour de cassation d'exercer son contrôle en ce que la cour d'appel a condamné le prévenu du chef de diffamation aux motifs que l'allégation «un magistrat trop curieux» se rapporte à une situation précise relative à l'activité de la partie civile qui a tenté sans succès de prendre connaissance du dossier B. S., que l'écrit suppose que M. T. est un homme indiscret qui manque de réserve, qui est à la solde de l'opposition et que les imputations diffamatoires sont réputées faites de mauvaise foi alors que la cour d'appel était tenue de constater par des motifs non hypothétiques ou inexacts l'allégation d'un fait précis portant atteinte à l'honneur et à la considération de la personne visée alors qu'il n'y a rien de diffamatoire dans l'imputation de faits que la loi autorise, M. T. étant autorisé en raison de ses fonctions au ministère de la Justice à s'informer sur toutes les activités de ce département et alors que le juge est tenu de mesurer et d'établir l'intention de nuire du prévenu et alors que l'arrêt attaqué n'a pas répondu aux moyens qu'il a soulevés et qui tendaient à établir sa bonne foi par l'absence d'animosité et la croyance en l'exactitude des faits et a ainsi écarté ses moyens péremptoires de défense sans les examiner ;

SUR LE DEUXIEME MOYEN commun aux demandeurs pris de la dénaturation de l'écrit en ce que la cour d'appel a, par une interprétation intempestive, donné à l'article incriminé le sens qu'elle a voulu lui donner en suggérant que si M. T. s'est intéressé au problème c'est au profit de sa sœur qui milite dans un parti d'opposition alors que celui-ci pouvait être intéressé par l'affaire B. S. en sa triple qualité de sénégalais, d'intellectuel et de magistrat et alors que des allusions ou suppositions ne peuvent valablement fonder une décision de justice et en ce que la cour d'appel a établi la culpabilité du prévenu du chef de diffamation aux motifs que l'écrit incriminé suppose que T. est un homme indiscret qui manque de réserve et qu'il est à la solde de l'opposition alors que cette affirmation n'est corroborée par aucun terme utilisé dans ledit écrit que la cour d'appel a dénaturé en versant dans des supputations sans fondement réel;

Les moyens étant réunis ;

Attendu qu'il résulte des énonciations de l'arrêt attaqué que B. B. Y. est poursuivi sous la prévention de diffamation envers M. T., pour avoir, en sa qualité de directeur de publication du journal Jeune Afrique, publié dans le n° 1709 du 7 au 13 octobre 1993 un article intitulé « Un magistrat trop curieux» commençant par « M. T. magistrat et ancien directeur de cabinet du ministre de la Justice ... aujourd'hui conseiller technique au ministère de la pêche », se terminant par « M. T. est le frère d' A.T., député du Parti Démocratique Sénégalais d'Abdoulaye WADE» et dans lequel on relève: «son intérêt excessif pour les dessous de l'affaire Babacar SEYE expliquerait sa mise au placard ... il avait tenté sans succès de prendre connaissance du dossier. Il ne tarda pas à être remercié»;

Attendu que pour retenir la culpabilité de B. B. Y. du chef sus précisé la cour d'appel relève que la partie civile est nommément désignée par son nom et les fonctions successives qu'elle a occupées, que l'expression « un magistrat trop curieux» renferme l'imputation d'un fait précis relatif à ses tentatives répétées mais infructueuses de prendre connaissance du dossier B. S. et que ces démarches supposent que M. T. est un homme indiscret qui manque de réserve et est à la solde de l'opposition ;

Attendu que la cour d'appel ajoute que ces allégations portent gravement atteinte à sa loyauté, sa probité, à son honneur et à sa considération morale et professionnelle et sont réputées avoir été publiées dans l'intention de nuire sans égard pour l'absence d'animosité ou la croyance en l'exactitude des faits relatés qui ne constituent pas de faits justificatifs au bénéfice du prévenu;

Attendu que ces énonciations mettent la Cour de Cassation en mesure de s'assurer que la cour d'appel a, sans dénaturation ni insuffisance, répondu aux chefs péremptoires des conclusions dont elle était saisie et caractérisé en tous ses éléments le délit dont elle a déclaré le prévenu coupable ;

D'où il suit que les moyens réunis ne sauraient être admis ;

Et attendu que l'arrêt est régulier en la forme ;

PAR CES MOTIFS

Rejette les pourvois formés par le Procureur général près la Cour d'Appel de Dakar et par B. B. Y. contre l'arrêt rendu par cette cour le 14 décembre 1994 ;

Met les dépens à la charge du Trésor public et de B. B. Y.

Dit que le présent arrêt sera imprimé, qu'il sera transcrit sur les registres de la Cour d'Appel de Dakar en marge ou à la suite de la décision attaquée ;

Ordonne l'exécution du présent arrêt à la diligence du Procureur général près la Cour de Cassation.

- **Responsabilité en cascade**

130. CA Dakar, ch. corr. n° 150 du 17 février 2016, ***MP et Aïssatou MBODJ dite Aïda c/Madiambal DIAGNE et autres, inédit***

L'article 270 du Code pénal indique clairement que les poursuites ne peuvent être intentées que contre directeur de publication du journal ou l'auteur l'un ou l'autre et non les deux.

LA COUR,

Considérant que par actes n° 981 et 841 en date des 16 et 26 juin 2009, Maître Mbaye Jacques NDIAYE agissant au nom et pour le compte de la dame A. MB., partie civile et Maître Boubacar SAJHO, avocat à la cour, agissant pour le compte de P.S.D. et M. S.D. , prévenus , et le Procureur de la République ont respectivement relevé appel principal et incident contre le jugement n°590 rendu le 16 juin 2009 par le Tribunal de grande instance hors classe de Dakar dans la cause opposant M. D. , M. S.D. , P.S.D. et le Groupe «Avenir Communication » au Ministère public et à A. MB. et dont le dispositif est ainsi conçu :

« Statuant publiquement, contradictoirement, en matière correctionnelle et en premier ressort ;

En la forme ;

Rejette l'exception de nullité de la citation par application de l'article 624 du Code de procédure pénale ;

Dit que l'action est irrecevable en tant que dirigée contre M. D..

Le reçoit par contre comme dirigée contre les autres prévenus ;

Au fond ;

Sur l'action publique ;

Dit que le sieur P.S. D. est coupable du délit d'injures publiques ;

Dit que par application de l'article 271 du Code pénal, M. S. D. est coupable du délit de complicité d'injures publiques ;

Les condamne en conséquence à trois mois d'emprisonnement ferme chacun en application des articles 259, 260, 262 et 45 du Code pénal ;

Sur les intérêts civils ;

Reçoit l'appel en cause ;

Reçoit la constitution de partie civile de la dame A. MB. ;

Condamne solidairement les prévenus et le Groupe Avenir Communication à lui payer la somme de dix millions de francs à titre de dommages et intérêts pour toutes causes de préjudices confondues ;

Ordonne l'exécution provisoire ;

Ordonne la contrainte par corps au maximum ;

Ordonne la publication de la présente décision dans les journaux suivants :

Week-end magasine, le Soleil, l'Observateur, Sud Quotidien et Walf–Quotidien aux frais des prévenus et du Groupe « Avenir Communication » ;

Met les dépens à la charge des prévenus »

EN LA FORME.

Sur l'exception de nullité de la citation ;

Considérant que les prévenus ont plaidé la nullité de la citation pour violation des dispositions des articles 624 et 625 du Code pénal ;

Qu'en effet, ils ont déclaré que dans la citation non seulement leur qualité n'a pas été indiquée, mais aussi les textes visés sont en contradiction avec les faits articulés dans l'acte introductif d'instance ;

Qu'en outre, ils ont déclaré que le civilement responsable n'a pas été cité par le parquet mais par la partie civile et les délais de citation n'ont pas été respectés ;

Considérant qu'entendu, le Ministère public a requis le rejet de l'exception au motif qu'à la lumière des dispositions de l'article 553 du Code de procédure pénale, la citation ne peut être déclarée nulle que si les griefs qui lui sont portés portent atteinte aux intérêts des personnes concernées, ce qui n'est pas le cas en l'espèce ;

Considérant que la partie civile quant à elle, a sollicité le rejet de l'exception au motif que l'indication de la qualité des prévenus n'est requise que lorsque la citation est à l'initiative de la partie civile, ce qui n'est pas le cas ;

Considérant qu'aux termes des disposition de l'article 624 du Code de procédure pénale, en cas de citation à l'initiative du parquet, seule la précision et la qualification du fait incriminé et l'indication du texte visé sont exigées ;

Qu'en l'espèce, la citation émane du parquet et dans l'acte introductif d'instance, il a bien précisé et qualifié le fait incriminé en parlant d'injures publiques et par ailleurs, les articles 258 à 262 du Code pénal qu'il a visés sont bien applicables aux faits objet de la poursuite ;

Considérant que concernant les délais de citation, les prévenus n'ont pas prouvé avoir subi de préjudice et mieux , ils se sont présentés à toutes les audiences de renvoi, qu'il échet sous ce rapport, de considérer que c'est à bon droit que le premier juge a rejeté l'exception soulevée par les conseils des prévenus comma mal fondée ;

Considérant que les appels ont été interjetés conformément aux règles de délai et forme prescrites par la loi, qu'il échet de les déclarer recevables ;

Considérant que les prévenus régulièrement cités et ayant constitué conseils n'ont pas comparu, qu'il échet de statuer par défaut réputé contradictoire à leur encontre ;

Considérant que la partie civile régulièrement citée n'a pas comparu ni été représentée par son conseil, qu'il échet de statuer par défaut à son encontre ;

Sur la recevabilité de l'action dirigée contre le sieur M. D. ;

Considérant que M. D. a plaidé l'irrecevabilité de l'action dirigée contre lui, en se fondant sur l'article 270 du Code pénal, selon lequel, il ne peut être poursuivi en même temps que le Directeur de Publication du journal Week-end ;

Considérant que le représentant du Ministère public a estimé que la distinction invoquée par le sieur M. D. n'est pas fondée ;

Considérant qu'aux termes de l'article 270 alinéas 1er du Code pénal, seront passibles de peines qui constituent la répression des injures publiques comme auteurs principaux, le Directeur de publication ou les gérants entre autres ;

Considérant que le mot « ou » inséré dans le texte indique clairement que les poursuites ne peuvent être intentées que contre l'un ou l'autre et non les deux ; qu'en l'espèce, le Directeur de publication du journal et l'auteur de l'article ayant été poursuivis , qu'il échet de considérer que c'est à bon droit que le premier juge a déclaré irrecevable l'action dirigée contre le sieur M. D.;

AU FOND

Sur les faits et la procédure ;

Considérant qu'il est constant, comme résultant du dossier et de la procédure, que par exploit en date du 26 novembre 2008 servi par maitre Malick N'Diaye Huissier de Justice à Dakar, la dame A. MB. dite A. députée à l'Assemblée Nationale a fait citer directement M. D., M. S. D., P. S. D. et le Groupe « Avenir Communication »pour injures publiques;

Que réitérant les termes contenus dans la citation, elle a déclaré que ces derniers l'ont injurié publiquement en ces termes : « jadis au Parti Socialiste, elle fait office de porteuse d'eau.

Quel est son secret ? Comment a-t-elle-fait pour monter si rapidement les marches bleues ? ;

Que cache sa vie de femme ? » ;

A la loupe, elle présente plutôt un C.V, une vie sentimentale d'actrice de télé Nova et une carrière politique remplie de reniements inavouables et de revirements politiciens »

« A. M'B. aurait laissé sa vie amoureuse sur la mode des montagnes, des unions calculées pour se tirer d'affaire et échapper ainsi aux contingences » ;

« Le mariage a été arrangé par sa mère qui voyait en ce Diola un mécène à même de la faire sortir des difficultés financières qu'elle traversait. Son entourage savait qu'elle s'était mariée, pour suivre les recommandations de sa mère .Son mari n'était pas son idéal d'homme mais arrivait quand même à l'entretenir. »

Que de tels propos portent atteinte à son honneur et sa considération ;

Considérant qu'interrogés, les prévenus ont reconnu être l'auteur des écrits ;

Qu'en outre, le sieur P. S. D., Directeur de Publication du journal a expliqué que l'article a été rédigé sur la base de réponses fournies par des personnes choisies au hasard et qu'avant de publier l'article, ils ont tenté de joindre la partie civile pour faire un recoupement, ce qui prouve qu'ils n'avaient nullement l'intention de nuire à celle-ci ;

Qu'ils ont plaidé la relaxe pure et simple à défaut de bénéficier d'une application bienveillante de la loi pénale ;

Considérant que, cependant aux termes d'un débat contradictoire et après avoir entendu les parties, le tribunal a déclaré les prévenues coupables d'injures publiques et les a condamnés à une peine de trois mois d'emprisonnement ferme et à payer à la partie civile la somme de 10 000 000 francs à titre de dommages et intérêts pour toutes causes de préjudices confondues ;

Considérant que l'Avocat général a requis la confirmation du jugement entrepris ;

SUR CE.

Considérant qu'aux termes de l'article 258 du Code pénal, toute expression outrageante, tout terme de mépris relatif ou non à l'origine d'une personne, toute invective qui ne renferme l'imputation d'aucun fait est une injure ;

Qu'elle est publique si elle a été diffusée par tous moyens de diffusion publique, telle que la presse, entre autre, conformément à l'article 248 du Code pénal ;

Considérant que contrairement à la diffamation qui fait référence à un fait précis, l'injure doit viser une personne précise et requiert la publicité ;

Considérant qu'en l'espèce, le directeur de Publication du journal Week-end et la dame M. S. D. ont reconnu de manière invariable avoir traité A. M'B. de « porteuse d'eau et d'actrice de Télé Novela qui à la loupe, présente un C.V parsemé de Blanco, une vie sentimentale d'actrice de Télé Novela et une carrière politique remplie de revirement inavouable et de revirement politiciens ; » dans le journal Week-end » n°59 du 11aout 2008;

Que ce faisant ils ont traité celle-ci de femme n'ayant aucune personnalité ni caractère et de mœurs légères et ces propos relayés par le journal week-end ont été portés à la connaissance du grand public ;

Qu'ainsi le sieur P. S. D., Directeur de publication du journal et la dame M . S. D., auteurs de l'article incriminé qui ont reconnu les faits à toutes les étapes de la procédure, sont atteints et convaincus respectivement d'injures et de complicité d'injures publiques en application de l'article 271 du Code pénal ;

Considérant qu'en outre, il n'est pas contesté que de tels faits ont profondément porté atteinte à l'honneur et à la considération de la dame A. MB. qui est mère de famille, qu'il échet par conséquent de confirmer le jugement entrepris quant à la culpabilité et la peine des prévenus, le premier juge ayant fait une bonne application de la loi ;

(...)

PAR CES MOTIFS

Statuant publiquement, par défaut réputé contradictoire à l'encontre des prévenus et par défaut à l'encontre de la partie civile en matière correctionnelle et en dernier ressort ;

EN LA FORME

Déclare recevables les appels enregistrés ;

AU FOND

Confirme le jugement entrepris en toutes ses dispositions ;

Condamne les prévenus appelants aux dépens.

• Responsabilité en cascade

131. CA Dakar ch. corr. n° 897 du 24 juin 2014, *MP et Abdou GUEYE dit Abdou Kader GUEYE c/ Madiambal DIAGNE et autres, inédit*

Au sens de l'article 270 du Code pénal, une seule personne est visée et peut être poursuivie et c'est à son défaut qu'opère la responsabilité subsidiaire encore dite en cascade.

LA COUR,

Attendu que par exploits des 15 et 16 avril 2013, A. G. a attrait pour les faits de diffamation, délit prévu par les articles 258, 261, 278, 45 et 46 du Code pénal : M. D., M. B., comme auteurs principaux en leurs qualités respectives de représentant légal de l'éditeur et de Directeur de Publication du journal « le Quotidien », M. G. comme complice du fait du fait de sa qualité d'auteur de l'article querellé et le Groupe AVENIR COMMUNICATION SA, en sa qualité de civilement responsable ;

Sur la recevabilité de l'action dirigée contre M. D. :

Attendu que pour sa défense, D. s'est interrogé sur la possibilité de le juger en tant qu'éditeur en même temps que le Directeur de publication ; qu'il a précisé qu'il n'est ni le Directeur de Publication, ni l'auteur de l'article mais l'administrateur du groupe et que sa présence dans la procédure n'était pas justifiée ;

Attendu qu'aux termes de l'article 270 du Code pénal, seront passibles qui constituent la répression des infractions comme la diffamation par voie de presse, les directeurs de publications, co-directeurs, éditeurs ou gérants quelle que soit leur dénomination, comme auteurs principaux ;

Attendu que ces dispositions impératives n'admettent pas la coaction du directeur de publication et de l'éditeur ;

Attendu qu'il n'est pas contesté comme il ressort des pièces du dossier à savoir les journaux versés au dossier et des débats à l'audience que M. B. étant le Directeur de Publication sur qui pèse une responsabilité de plein droit ;

Qu'en sens de l'article 270 précité, une seule personne est ainsi visée et peut être poursuivie et c'est à son défaut qu'opère la responsabilité subsidiaire encore dite en cascade ;

Qu'il s'agit, en réalité, d'une exception péremptoire que Diagne a pu soulever régulièrement ;

Qu'il y a lieu en conséquence de déclarer irrecevable l'action publique dirigée contre M. D. ;

Au fond :

1 - Sur l'action publique :

Attendu que dans son exploit introductif d'instance, le plaignant faisait état de la publication par le journal « Le Quotidien » dans son édition n° 3061 des 06 et 07 avril 2013, avec son image en médaillon, l'information suivante : « Miemac autour d'un marché d'engrais de 17 milliards A. K. G. d'AGROFITEX et 6 autres personnes sous mandat de dépôt page 11 » que la page 11 de cette édition, l'article signé par le journaliste M. G. lui imputait des frais de fraude, de malversations autour d'un marché d'engrais de 17 milliards et l'a présenté comme : 1- un délinquant placé sous mandat de dépôt en compagnie de six autres ;

2 - un homme qui a commis plusieurs actes de délinquance qui pourraient justifier son arrestation;

3- un homme qui a livré des produits toxiques à la population sénégalaise ;

4- un homme qui a ruiné la politique agricole du nouveau régime ;

5- un homme protégé par de grands marabouts de Touba et par l'ancien ministre de l'agriculture avec qui, il aurait des connexions douteuses ;

Qu'il faisait noter que ces affirmations sont aussi fausses qu'il n'a ni été convoqué à la Gendarmerie, ni été poursuivi pour des faits délictuels, ni livré des produits toxiques ; qu'il a convenablement exécuté ses engagements antérieurs avec l'État ;

Que ses imputions portent atteinte à son honneur et à sa considération ; qu'il y est dépeint comme un délinquant habituel, autour de malversations et de corruption, fossoyeur de l'économie sénégalaise, danger pour la santé des populations ... ;

Que, toujours selon le plaignant, l'intention de nuire à sa réputation, à son honneur et à sa considération est manifeste puisqu'en plus de la fausseté de la nouvelle, dans le corps de l'article incriminé, il n'y est plus traité de ces six personnes arrêtées et des propos discourtois et malveillants ont été utilisés du genre « le bonhomme traînait plein de casseroles ;

Qu'il a ajouté que l'article du journal « Le Quotidien » est intervenu dans un contexte où un marché d'engrais était en cours de dépouillement depuis le 26 mars 2013, les soumissions ont été déposées, dans un contexte de rude concurrence, ce qui dénote, selon le plaignant, une volonté de nuire à ses intérêts à la place d'une information juste et objective ;

Attendu que M. B. a expliqué que l'information venait de source sûre ;

Attendu que M. G. a, à son tour, que la manchette ne lui concernait pas mais son directeur;

Qu'il a expliqué avoir reçu l'information trop tard avant le bouclage de l'édition ; que les informations étaient concordantes ;

Qu'il avait pris le soin d'appeler A. G. en vain ;

Que dans l'édition suivante, il avait fait une note n'excuse et était disposé à lui accorder une interview ;

Attendu que l'Avocat de la partie civile a fait observer que ce qui s'est passé n'est pas une erreur de journaliste et qu'il en veut pour preuve les SMS et le fait des six personnes annoncées à la une, il n'a parlé que de son client ;

Attendu que le Ministère public a requis l'application de la loi ;

Que B. a affirmé avoir publié l'article de bonne foi et ils ont fait par la suite le rectificatif ; qu'il a ajouté que c'est la pire sanction qui peut arriver à un journaliste ;

Que M. G. a affirmé n'avoir été commandé par personne ; que les informations sont sorties dans la précipitation ;

Sur l'infraction :

Attendu qu'aux termes de l'article 258 du Code pénal : « toute allégation ou imputation d'un fait qui porte atteinte à l'honneur ou à la considération de la personne ou corps auquel le fait est imputé est une diffamation. Lorsqu'elle a faite par l'un des moyens visés en l'article 248, elle est punissable même si elle s'exprime sans une forme dubitative (..);

Attendu qu'il résulte des pièces de la procédure et des débats à l'audience que le journal « « Le Quotidien » avait publié un article signé par le journaliste M. G. et qui relatait la mise sous de dépôt de A. K. G., entre a autres termes : « Le bonhomme traînait pleins de casseroles, au point que l'on se demande laquelle lui a coûté sa liberté », une bonne part de l'urée qu'il avait commandé se trouve encore en souffrance (...) de ne pas répondre aux normes exigées et même pour une bonne partie d'être toxique, cette affaire d'engrais avait failli coûter cher à la première campagne agricole l'homme aurait fait jouer ses relations avec des grands marabouts de Touba pour ne pas avoir des comptes à rendre » ; le Ministre S. tout le temps qu'il était à la télé du département de l'Agriculture couvert les agissements de M. G. » ;

Que cette information en plus d'être fausse, a porté atteinte à la considération de l'homme d'affaire qu'est A. K. G., par rapport à ses performances et compétitivité parce que touchant directement à son activité et à ses relations d'affaires et aussi, à son honneur parce que l'imputant des faits réprimés pénalement ;

Que les moyens qui ont été utilisés étant un journal d'information tiré à des milliers d'exemplaires et l'internet, rentrent dans les catégories énumérées par l'article 248 du Code pénal ;

Que le délit de diffamation est ainsi constitué ;

Sur les responsabilités pénales du délit :

Sur l'implication de M. B. :

Que s'il est vrai que dans son édition n° 3062 du lundi 08 avril 2013, le journal a publié à sa «une» une note d'excuses soutenant qu'il avait annoncé par erreur dans son édition du Week-end l'arrestation d'A. K. G., qu'il avait confondu avec un autre opérateur économique ;

Que cependant, cette note d'excuse n'est pas suffisante pour en déduire la bonne foi du Directeur de Publication au moment des faits parce qu'intervenue au lendemain ; Que l'absence de temps utile pour prendre les précautions nécessaires avant la publication de l'article ne peut pas être retenu comme un fait justificatif ;

Qu'il échet de déclarer M. B. coupable des faits qui lui sont reprochés ;

Sur l'implication de M. G.

Attendu qu'aux termes de l'article 271 du Code pénal : « lorsque les directeurs de publications, co-directeurs, producteurs, éditeurs, ou gérants seront en cause, les auteurs seront poursuivis comme complices » ; qu'il est à rappeler qu'aux termes de l'article 46 du Code pénal : ceux qui auront aidé ou assisté les auteurs de délit dans les faits qui l'ont consommés seront punis comme complices ;

Attendu qu'il n'est pas discuté que l'article incriminé a été signé par M. G. ;

Que le contenu et le style catégorique de l'article révèlent qu'il a agi en toute connaissance de cause, qu'il échet de le déclarer coupable de complicité de diffamation ;

(…)

PAR CES MOTIFS

Statuant publiquement, contradictoirement, en matière correctionnelle et premier et dernier ressort;

Au fond :

Sur l'action publique

Déclare M. B. coupable comme auteur de diffamation et M. G. coupable de complicité de diffamation ;

Les condamne chacun à une peine d'emprisonnement de six mois avec sursis ;

Sur l'action civile

Reçoit la constitution de partie civile du sieur A. K. G. ;

Condamne M. B. et M. G. à lui payer la somme de (trente millions) 30 000 000FCA ;

Déclare le Groupe Avenir Communication SA civilement responsable ;

Ordonne l'exécution provisoire ;

Condamne les prévenus et le civilement responsable au paiement solidaire des dépens ;

Dit n'y avoir lieu à prononcer la contrainte par corps.

- **Responsabilité en cascade**

132. CA Dakar ch. corr. n° 720 du 04 décembre 2009, *MP et Mansour CAMARA c/ Mamadou Diagna NDIAYE, inédit*

L'article 270 du Code pénal désigne comme auteurs principaux, en première position, les directeurs de publication, co-directeurs, producteurs, éditeurs ou gérants. Ce texte désigne en seconde position, à défaut des premiers, les auteurs de l'infraction ; l'article 271 dispose en son alinéa 1er que lorsque les directeurs de publication, co-directeurs, producteurs, éditeurs ou gérants seront en cause, les auteurs seront poursuivis comme complices ; il ressort de la lecture de ces dispositions que le auteurs des propos supposés diffamatoires peuvent être poursuivis soit comme complices soit comme auteurs principaux, cette dernière hypothèse étant seulement soumise à la condition que les directeurs et assimilés ne soient déjà poursuivis à titre principal.

LA COUR,

Considérant que par déclaration au Greffe en date du 02 décembre 2004, M. C., en sa qualité de partie civile et par l'organe de son conseil, a relevé appel du jugement rendu contradictoirement le 07 décembre 2004 par le Tribunal de grande instance hors classe de Dakar qui, statuant en matière correctionnelle, a déclaré nulle et de nul effet la citation qu'il a fait servir en date des 09 et 11 août 2004 à M. D. ND. sous les préventions des délits de diffamation et de révélation de secrets ainsi qu'au Ministère public, en déclarant son action irrecevable ;

EN LA FORME

Considérant que l'appel a été fait dans les forme et délai légaux ;

Qu'il échet de le déclarer recevable ;

Considérant que le prévenu a été régulièrement défendu par son Conseil ;

Que la partie civile, bien que régulièrement citée, n'a ni comparu ni été représentée ;

Qu'il échet de statuer contradictoirement à l'égard du premier et par défaut à l'égard de la seconde ;

AU FOND

Sur les faits

Par exploits de Me Abdoulaye BA, Huissier de Justice à Dakar, en dates des 09 et 11 Août 2004, M. C. a fait citer M. D. ND. à comparaître devant le Tribunal de grande instance hors classe de Dakar, statuant en matière correctionnelle sous les préventions de diffamation et de révélations de secrets ; les faits de la cause ont trait à des propos tenus par D. au cours d'un entretien publié par le *Journal Wal Fadjiri* dans ses éditions du jeudi 27 mai et du vendredi 28 mai 2004 et que K. a qualifié de diffamations à son égard en plus d'être révélateurs de secrets de façon à être punissables au regard de la loi pénale ;

Statuant sur l'exception de nullité de la citation soulevée par le prévenu, le premier Juge a annulé le dit acte et déclaré l'action irrecevable ; la partie civile a alors relevé appel, objet de la présente instance ;

Sur l'appel

Considérant que la partie civile n'a ni comparu ni été représentée pour le soutien de son appel;

Considérant que le Conseil du prévenu a plaidé la confirmation du jugement dont est appel ;

Qu'il a invoqué la violation par la partie civile des dispositions de l'article 270 du Code pénal en ce que celle-ci a visé dans la citation, non pas le Directeur de publication du journal ou le journaliste, mais le prévenu et à tort, ainsi que l'inobservation des dispositions de l'article 624 du Code de procédure pénale relativement à l'articulation des propos diffamatoires ;

Considérant que l'Avocat général a requis l'infirmation partielle du jugement entrepris, plus précisément l'annulation de la citation en ce qu'elle impute au prévenu le délit de diffamation et la déclaration de validité de ladite citation à propos de la prévention de révélation de secrets;

Considérant que le prévenu est poursuivi des chefs de diffamation et de révélation de secrets professionnels ;

Que ces délits sont régis par les dispositions des articles 258, 261, 270, 271, 363 du Code pénal et 618 à 632 du Code de procédure pénale ;

Considérant que pour prononcer l'annulation de la citation en l'espèce, le Premier Juge a, d'une part fait état de la violation de l'article 270 du Code pénal en ce que seul D. ND. qui a tenu les propos incriminés a été cité comme auteur en lieu et place et à l'exclusion du journaliste qui a recueilli lesdits propos et du Directeur de publication du journal éditeur et d'autre part reproché à la partie civile l'inobservation de la formalité d'articulation des passages diffamatoires pour s'être contentée de reproduire lesdits passages ;

Considérant que l'article 270 du Code pénal désigne comme auteurs principaux, en première position, les directeurs de publications, co-directeurs, producteurs, éditeurs ou gérants ;

Que ledit texte désigne en seconde position, à défaut des premiers, les auteurs de l'infraction avant de mentionner d'autres catégories de personnes en positions suivantes;

Que l'article 271 dispose en son alinéa 1er que lorsque les directeurs de publications, co-directeurs, producteurs, éditeurs ou gérants seront en cause, les auteurs seront poursuivis comme complices ;

Considérant qu'il ressort de la lecture analytique de ces dispositions que les auteurs des propos supposés diffamatoires peuvent être poursuivis soit comme complices soit comme auteurs principaux, cette dernière hypothèse étant seulement soumise à la condition que les directeurs et assimilés ne soient déjà poursuivis à titre principal ;

Qu'il s'ensuit qu'en poursuivant M. D. ND. comme auteur des propos à défaut du directeur de publication et du journaliste du quotidien impliqué, la partie civile n'a pas violé la loi contrairement à ce qu'a retenu le premier Juge ;

Considérant qu'en outre l'article 624 du Code de procédure pénale relativement à la voie de la citation directe en la matière dispose que « la citation précisera et qualifiera le fait incriminé, elle indiquera le texte de loi applicable à la poursuite » ;

Que cette formalité est prescrite à peine de nullité de la poursuite ;

Considérant qu'en l'espèce, la citation contient la reproduction des propos supposés diffamatoires, la qualification du fait incriminé et l'indication des textes applicables ;

Que dès lors la partie civile s'est conformée à la loi ;

Qu'il s'ensuit que, contrairement à ce qu'a retenu le premier Juge, la citation en l'espèce doit être déclarée valide et l'action recevable

PAR CES MOTIFS

Statuant publiquement, contradictoirement à l'égard du prévenu, par défaut à l'égard de la partie civile, en matière correctionnelle et en dernier ressort ;

En la forme

Reçoit l'appel formé par la partie civile ;

Au fond

Infirme le jugement entrepris ;

Dit et juge que la citation servie en l'espèce est valable et que l'action est recevable ;

Renvoie la partie civile à se pourvoir devant la Juridiction compétente pour qu'il soit statué sur le fond ;

Condamne le prévenu aux dépens.

- **Responsabilité en cascade**

133. CA Dakar ch. corr. n° 560 du 07 août 2017, *MP et El Hadji HACHEM c/Youssoupha DIALLO, inédit*

Il est de jurisprudence que la responsabilité de l'auteur de propos diffamatoires repris par un journaliste ne peut être engagée s'il n'existe pas de faits personnels, positifs et conscients de complicité et que la poursuite de l'auteur des propos diffamatoires n'est pas subordonnée à la mise en cause à titre principal de l'auteur de la publication.

LA COUR,

En la forme

Considérant que les appels visés ci-dessus ayant été faits dans les formes et délais prévus par la loi, il échet de les déclarer recevables ;

Au fond

Considérant que DIAB retient comme diffamatoires, d'une part, à son endroit des passages d'un article du journal « l'Enquête » dans sa livraison du 03 juin 2015, avec comme titre le « docteur Y. D. » porte plainte contre le Docteur El A. H. D. » où il est écrit que « le Docteur D. reproche au Docteur D ; d'être un danger pour les salles d'opération et de porter plainte atteinte à l'image de la Clinique » et, d'autre part, des passages du journal « le Témoin » dans sa livraison des 8 et 9 août 2015, reprenant le journal Ivoirien « Faux diplômes » et mentionnant qu'il s'est fait exclure de l'Ordre National des Médecins de France » ;

Que le docteur D ; est l'auteur et l'instigateur de ces propos puisque sommé par acte d'huissier en date du 17 juin 2015, il a déclaré « je ne te reconnais pas comme anesthésiste réanimateur parce que tu as fourni de faux diplômes, je t'empêcherai d'accéder au bloc opératoire et j'userai de tous les moyens ;

Considérant que l'appelant a nié les faits à lui reprochés en soutenant n'être en relation avec aucun organe de presse et que l'huissier s'est contenté de reproduire des propos tenus dans un cadre purement privé à savoir au sortir d'une réunion, propos qui du reste ne lui étaient pas destinés ;

Qu'il a soutenu qu'ils étaient soutenus, dans un contexte particulier de conflit entre associés ;

Considérant que la partie civile a confirmé que ces propos émanaient des menaces proférées par ce dernier tout en précisant cependant en tant que musulman n'avoir pas la preuve famille, que c'est bien son adversaire qui a saisi la presse ;

Considérant que les conseils de la partie civile ont sollicité la réformation du jugement entrepris sur les intérêts civils en réclamant la somme de 500 000 000 Francs à titre de dommages-intérêts ; qu'ils ont estimé que les faits étaient suffisamment établis à l'encontre du prévenu au vu de la sommation interpellative versée aux débats, et qu'il n'était pas obligatoire §§ dans la cause l'auteur principal ;

Considérant que le Ministère public a déclaré s'en rapporter ;

Que les conseils du prévenu ont plaidé l'infirmation en soutenant que ni l'auteur principal qu'est le directeur de publication ni le complice qu'est l'auteur de l'article n'ont été installés dans la cause; qu'ils ont en outre déclaré qu'aucun élément du dossier n'établit le bien entre le prévenu et les organes de presse ;

SUR CE

Considérant que pour retenir la culpabilité du prévenu les premiers juges ont estimé que ce dernier cité comme auteur peut être déclaré coupable de complicité, la modalité de participation à l'infraction important peu puisque l'exigence légale se trouve dans l'existence d'un forêt principal punissable et non effectivement poursuivi ou puni ;

Considérant qu'en matière de diffamation par voie de presse, le principe de la responsabilité en cascade est fixé par les articles 270, 271 et 272 du Code pénal en vertu duquel les Directeurs de publication, codirecteurs, producteurs, éditeurs ou gérants à leur défaut, les auteurs, directeurs des entreprises d'impression, d'enregistrement dc reproduction ou de diffusion et à leurs défaut lcs vendeurs, afficheurs et distributeurs sont considérés comme auteurs principaux il en est de même des importateurs exportateurs ou transitaires qui ressort sciemment participé aux dites infractions;

Que lorsque les directeurs de publication, co-directeurs, producteurs, éditeurs ou gérants seront en cause, les auteurs seront poursuivis pour complices ;

Que les propriétaires de journaux, d'écrits périodiques et de toutes entreprises de diffusion seront responsables des condamnations pécuniaires prononcées au profit des tiers ;

Considérant qu'il est aisé de constater en l'espèce qu'aucune des personnes visées ci-dessus n'a été installée dans la cause ;

Qu'il est reproché au Docteur D. d'avoir mis en œuvre ses menaces contenues dans le PV d'huissier en déposant plainte d'une part et en saisissant la presse ;

Considérant qu'il est de jurisprudence que la responsabilité de l'auteur de propos diffamatoires repris par un journaliste ne peut être engagée s'il n'existe pas de faits personnels, positifs et conscients de complicité et que la poursuite de l'auteur des propos diffamatoires n'est pas subordonnée à la mise en cause à titre principal de l'auteur de la publication;

Qu'en l'espèce, s'il est légitime pour la partie civile de croire que le prévenu est le commanditaire des articles de presse au vu du contexte, il n'en demeure pas moins que la preuve n'a pas été rapportée que c'est effectivement lui qui a saisi les journalistes, ceci résultant de ses propres déclarations puisqu'elle a affirmé en tant que croyant, ne pas être catégorique la dessus, et la plainte étant déposé avant la sortie des articles, le prévenu n'avait plus le monopole des informations diffusées ;

Qu'au vu de ce qui précède, il y'a lieu d'infirmer la décision entreprise en toutes ses dispositions et de renvoyer le prévenu des fins de la poursuite ;

Considérant que la responsabilité du prévenu n'étant- pas retenue, il y'a lieu de débouter la partie civile de sa demande ;

Qu'il échet de mettre les dépens à la charge du Trésor public ;

PAR CES MOTIFS

Statuant publiquement, contradictoirement, en matière correctionnelle et en dernier ressort ;

En la forme

Déclare les appels recevables ;

Au fond

Infirme la décision entreprise en toutes ses dispositions ;

Statuant à nouveau :

Renvoie le prévenu des fins de la poursuite ;

Déboute la partie civile de sa demande ;

Met les dépens à la charge du Trésor public.

- **Responsabilité en cascade**

134. CA Dakar, ch. corr. n° 695 du 16 novembre 2016, ***MP et Jaraf Youssou NDOYE c/ Félix NZALE et Ahmed Bachir NDIAYE, inédit***

Conformément aux articles 270 et 271 du Code pénal, le directeur de publication doit être déclaré coupable du délit de diffamation comme auteur principal et l'auteur comme complice.

LA COUR,

Considérant que par actes n°586 et 587 enregistrés au Greffe du Tribunal de grande Instance hors classe de Dakar le 02 avril 2015, le conseil de F. NZ. et M. B. ND. et le Ministère public ont respectivement interjeté appel principal et incident du jugement n°389/2015 prononcé le même jour par ledit tribunal dans les termes suivants:

« Statuant publiquement, contradictoirement, en matière correctionnelle et en premier ressort ;

En la forme :

Déclare l'action publique régulière ;

Au fond :

Déclare F. NZ., directeur de publication du quotidien « La Tribune », coupable du délit de diffamation;

Déclare A. B. ND., journaliste au quotidien « La Tribune », coupable de délit de complicité de diffamation;

Les condamne à une peine de deux (2) mois d'emprisonnement assortis du sursis ;

Ordonne la publication du présent jugement dans les quotidiens « Le Soleil », « L'Observateur » et « Walfadjri » durant une journée aux frais des prévenus ;

Sur les intérêts civils :

Reçoit la constitution de partie civile de Y. ND.;

Lui alloue la somme de trois millions « 3 000 000) francs à titre de dommages et intérêts pour toutes causes de préjudices confondues;

Déclare le Groupe D Media comme civilement responsable ;

Ordonne l'exécution provisoire ;

Condamne solidairement les prévenus et le civilement responsable aux dépens ;

Le tout en application des textes de loi susvisés » ;

EN LA FORME

Considérant que les appels ont été faits dans les formes et délais prévus ; qu'il y a lieu de les déclarer recevables ;

Que bien que régulièrement cités, les prévenus n'ont pas comparu; qu'il convient de statuer par défaut à leur encontre et contradictoirement à l'égard de la partie civile dûment représentée par son conseil;

AU FOND

Rappel des faits et de la procédure :

Considérant qu'il résulte des éléments de la procédure ainsi que des débats d'audience les faits suivants : dans sa parution n°874 du mercredi 03 septembre 2014, le journal «

La Tribune » titrait, entre autres, « Scandale foncier à Ouakam, le Jaraaf Y. ND. au cœur d'une affaire de 13 millions » et dans l'article contenu à la page 3, il écrivait ceci : « Un scandale foncier secoue le village de Ouakam. C'est une affaire dans laquelle le Jaraaf Y. ND. est cité. Il s'agit de la frauduleuse vente d'un terrain nu établi au TF5007.Une propriété de la communauté Léboue dudit village. Et ce serait un certain D. ND. qui a monnayé la parcelle à 13 millions CFA. Il aurait cédé cette terre au nommé M. D., en lui présentant des documents certifiés par le Jaraaf Y. ND.. ».

A la suite dudit article, Y. ND. citait directement F. NZ., en sa qualité de directeur de publication du journal, A. B. ND., journaliste-auteur de l'article, et le Groupe D Media, comme civilement responsable, devant le Tribunal de grande instance hors classe de Dakar pour entendre déclarer le premier coupable de diffamation, le second de complicité et les condamner à la peine requise par le Ministère public et au paiement notamment de la somme de 100 000 000 FCFA à titre de dommages et intérêts .

Devant le tribunal, F. NZ. contestait les charges retenues contre lui en faisant remarquer qu'il avait simplement été dit que le Jaraaf était cité dans une affaire de fraude puisque l'acte qui avait permis de vendre le terrain comportait le cachet de ce dernier.

Quant à A. B. ND., il déclarait qu'il avait téléphoné le Jaraaf pour avoir sa version et celui-ci lui avait dit qu'il avait le droit de certifier les transactions sur les terrains à Ouakam. Et ne parvenant plus à le joindre par la suite, il avait juste utilisé le mot « cité ». Il précisait aussi que quand le vendeur D. G. avait été condamné pour avoir vendu un terrain appartenant à autrui, il l'avait à nouveau joint et, le Sieur ND. lui avait réitéré qu'il pouvait autoriser les ventes alors qu'un autre Jaraaf lui disait qu'il n'avait pas ledit droit.

La partie civile renseignait que c'est de mauvaise foi que les prévenus l'ont cité dans une affaire ne le concernant pas en notant que des personnes comme D. ND. imitaient sa signature pour faire des transactions sur les terrains de la communauté léboue de Ouakam.

Finalement, par le jugement dont est appel, les prévenus seront reconnus coupables des délits poursuivis et les condamnations susvisées prononcées contre eux.

Considérant qu'en appel, les appelants principaux n'ont pas comparu pour soutenir leur recours ;

Que par correspondance du 18 avril 2016, le conseil de Y. ND. demande à la Cour de bien vouloir noter son désistement dans cette affaire ;

Que le Ministère public a requis la confirmation ;

Sur le désistement de la partie civile :

Considérant, d'abord, que la lettre susvisée du conseil de la partie civile ne précise pas sur quoi porte le soi-disant désistement ;

Qu'ensuite, non seulement il n'a pas fait appel et ne peut donc pas désister de la présente instance, mais le désistement de son action est, en état, tardif et inopérant dans la mesure où l'article 620 du CPP prévoit qu'en cas de désistement de la partie poursuivante, les poursuites commencées sont arrêtées ; Or, en l'espèce, la phase de poursuite est déjà dépassée puisqu'un jugement est intervenu entre les parties, de sorte qu'il est seulement loisible à Y. ND. de renoncer à ses intérêts ; ce qu'il n'a pas fait expressément ;

Que la Cour étant régulièrement saisie des appels des prévenus et du parquet, il convient d'écarter la demande de désistement de la partie civile et de statuer sur les recours de ces derniers ;

Sur les préventions

Considérant qu'en vertu des articles 261 et 258 du Code pénal, d'une part, la diffamation commise envers les particuliers par l'un des moyens énoncés à l'article 248 sera puni d'un emprisonnement de trois mois à deux ans et d'une amende de 100 000 à 1 000 000 de francs ou de l'une de ces deux peines seulement ; d'autre part, constitue une diffamation, toute allégation ou imputation d'un fait qui porte atteinte à l'honneur ou à la considération de la personne à laquelle le fait est imputé ;

Considérant qu'en l'espèce, il est constant, au vu de l'aveu des prévenus et de l'exemplaire du journal versé au dossier, que dans sa livraison du mercredi 03 septembre 2014 le quotidien « La Tribune » avait publié un article qui faisait état de l'implication du Jaraaf Y. ND. dans un scandale foncier à Ouakam en titrant qu'il était « au cœur » de ladite affaire de 13 millions ; qu'il précisait à sa page 3 le degré de cette implication en écrivant qu'il s'agissait [...]de la frauduleuse vente d'un terrain nu établi au TF5007 appartenant à la communauté Léboue dudit village qui aurait été vendu à 13 millions CFA par un certain D. ND. au nommé M. D. en lui présentant des documents certifiés par le Jaraaf Y. ND. ;

Qu'il ne fait nul doute que cette mise en cause, sans équivoque, du Jaraaf dans une affaire de vente frauduleuse de terrain appartenant à la communauté léboue est attentatoire à la considération de celui-ci en ce sens qu'une telle allégation, qui associe le Jaraaf à une fraude, est de nature à susciter l'émoi chez la communauté léboue et à jeter le discrédit sur leur Jaraaf en laissant croire que celui-ci dilapide, à son profit personnel, le patrimoine foncier communautaire qu'il était censé administrer pour l'intérêt communautaire, étant souligné que l'article parle de « parcelle vendue au nom du Jaraaf Y. ND.» ;

Que l'intention de nuire est d'autant plus manifeste que l'auteur de l'article (A. B. ND.) souligne la délinquance du Sieur S. G., le vendeur de la parcelle, puisqu'il affirme vers la fin que ce dernier a été, pour ces faits, condamné à six mois d'emprisonnement ferme et au paiement de 17 millions ;

Qu'ainsi, en « citant », comme les prévenus l'ont reconnu, Y. ND. à côté de D. G., dans un moyen de diffusion qu'est la presse prévu à l'article 248 du Code pénal, malgré la claire conscience du comportement indélicat du dernier nommé, la « Tribune » ne pouvait alléguée une quelconque bonne foi ;

Que dès lors, les éléments caractéristiques du délit de diffamation sont tous réunis à l'encontre des prévenus, d'autant qu'il n'est pas discuté et cela résulte partiellement des énonciations du journal qu'au moment des faits, F. NZ. était le directeur de publication du journal « La tribune» et que A. B. ND. est l'auteur de l'article ;

Que c'est donc à bon droit que, conformément aux articles 270 et 271 du Code pénal, les premiers juges ont déclaré le premier coupable du délit poursuivi comme auteur principal et le second coupable de complicité ;

Considérant, par ailleurs, que tant les peines principales que complémentaires sont bien fondées et justifiées au regard, d'une part, des articles 277 et suivants du Code pénal et, d'autre part, de la qualité de délinquants contre lesquels il n'est démontré aucun passé pénal ; qu'en plus, les condamnations n'ont pas été remises en cause par le parquet en dépit de son appel incident ;

Qu'il convient, pour tous ces éléments, de confirmer le jugement entrepris en ses dispositions pénales ;

Considérant, pour les intérêts civils, qu'ainsi qu'il a été dit plus haut, le conseil de la partie civile n'a pas dit expressément qu'il renonçait au bénéfice du jugement attaqué qui, à la lumière des articles 02, 03 et 405 et suivants du CPP, mérite confirmation tant sur le principe de la réparation que le montant alloué ;

Qu'il suit de tout ce qui précède que le jugement doit être confirmé en toutes ses dispositions ;

Que la partie ayant succombé devant supporter les dépens, il convient de condamner les prévenus à leur paiement ;

PAR CES MOTIFS,

Statuant publiquement, par défaut contre les prévenus et contradictoirement à l'égard de la partie civile, en matière correctionnelle et en dernier ressort ;

EN LA FORME

Reçoit les appels des prévenus et du Ministère public;

AU FOND :

Confirme le jugement attaqué en toutes ses dispositions ;

Condamne F. NZ. et A. B. ND. aux dépens.

OBSERVATIONS

En matière d'infractions commises par tous moyens de diffusion publique, le législateur a consacré un système de responsabilité en cascade ou de responsabilité éditoriale. Ce régime de responsabilité est prévu par les dispositions de l'article 270 du CP contenu dans le paragraphe VI intitulé « *Des personnes responsables* » (*Sur le système de la responsabilité en cascade, P. MONGIN, « Le problème de la responsabilité pénale des directeurs de publication », Echos des huitièmes journées juridiques franco-italiennes, RSC 1974. 57 ; E. DERIEUX, « La responsabilité des médias... », JCP, éd. G, 1999. I. 153 ; J.-C. SAINT-PAU, « La responsabilité pénale des infractions de presse », Travaux de l'Institut de sciences criminelles et de la justice, vol. 1, Paris, Cujas, 2011, p. 228 ; P. MONGIN, « Le problème de la responsabilité pénale des directeurs de publication », RSC 1974, p. 59 ; P. AUVRET, « Détermination des personnes pénalement responsables », Juriscl. comm., fasc. 3050, 2007 ; P. AUVRET, « La détermination des personnes responsables », Gaz. pal., Rec.*

2002, doct., p. 744 ; M. VERON, « La responsabilité pénale du directeur de publication. Infractions de presse et infractions par voie de presse », Dr. pén. 1996, chron. 5 ; A. SENAMAUD et A. GAUTRON, « Le régime dérogatoire de responsabilité et de procédure », Lamy droit des médias et de la communication, étude n° 230, V. spéc. n° 230-30 ; P. A. TOURÉ, Le traitement de la cybercriminalité devant le juge : l'exemple du Sénégal, Paris, l'Harmattan, 2010, n° 466 et s.). Aux termes de ce texte « *seront passibles, comme auteurs principaux, des peines qui constituent la répression des infractions prévues à la présente section :*

1) les directeurs de publications, co-directeurs, producteurs, éditeurs ou gérants, quelle que soit leur dénomination ;

2) à leur défaut, les auteurs ;

3) à défaut des auteurs, les directeurs des entreprises d'impression, d'enregistrement, de reproduction, ou de diffusion, de quelque nature qu'elles soient ;

4) à défaut de ceux-ci, les vendeurs, afficheurs et distributeurs, quelle que soit leur dénomination.

Les importateurs, exportateurs ou transitaires qui auront participé sciemment auxdites infractions pourront être poursuivis directement comme auteurs principaux » (*Pour des applications de la responsabilité en cascade, V. notamment, CA Dakar ch. corr. n° 590 du 22 avril 2015, MP et LONASE et A. B. W. c/ A. L. C. et autres, inédit ; CA Dakar, ch. corr. n° 695 du 16 novembre 2016, MP c/ Y. ND. c/ F. NZ., inédit ; CA Dakar, ch. corr. n° 560 du 07 août 2017, MP et El H. H. c/ Y. D., inédit*).

Le mécanisme de la responsabilité éditoriale prévoit, à titre principal, la responsabilité du directeur de publication en raison de son pouvoir de contrôle sur le contenu diffusé (*Sur le système de la responsabilité en cascade, E. DERIEUX, « La responsabilité des médias... », JCP, G., 1999. I. 153 ; P. AUVRET, « Détermination des personnes pénalement responsables», Juriscl. comm., fasc. 3050, 2007 ; E. DERIEUX, « Responsabilité des services de communication au public en ligne. Détermination des responsables », RLDI mars 2010, n° 1964 ; E. DERIEUX, « Responsabilité du directeur de publication », RLDI sept. 2009, n° 52, n° 1734*).

Mais si en principe, le directeur de publication est poursuivi en qualité d'auteur principal, les auteurs des articles diffamatoires ou injurieux, par exemple, ne seront pas exonérés de toute responsabilité. En effet, selon l'article 271 du CP, lorsque les directeurs de publication seront en cause, les auteurs seront poursuivis comme complices.

Les infractions commises par tous moyens de diffusion publique obéissent à des règles spécifiques de détermination des personnes pénalement responsables, qui sont une illustration un peu particulière de la responsabilité pénale des dirigeants. Le système spécial de responsabilité pénale en matière d'infractions commises par tous moyens de diffusion publique à un double objectif. Il s'agit, d'une part, de s'assurer de l'existence d'une personne pénalement responsable, d'autre part, de protéger les journalistes en leur garantissant une certaine liberté (*F. DESPORTES et F. LE GUENEHEC, op. cit., n° 532*).

La responsabilité éditoriale, fondée sur « *une présomption de responsabilité* » (*M. VERON, «La responsabilité du directeur de la publication. Infractions de presse et infractions par voie de presse», Dr. pén., février 1996, p. 1 ; R. MERLE et A. VITU, Traité de droit criminel, Droit pénal spécial, Paris, éditions Cujas, 1982, p. 1244, n° 1577*), couvrant les infractions visées par les articles 249 et suivants du CP, est exclusive de la responsabilité de droit commun (*Cass. crim., 7 mai 2019, n° 18-82.876, JurisData n° 2019-007348 ; RSC 2020, p. 96, obs. E. Dreyer ; Légipresse 2019, p. 398 ; Légipresse 2020, p. 193, étude N. Verly ; Cass. crim., 6 octobre 1992, JurisData n° 1992-002733 ; JCP G 1993, IV, n° 125 ; Bull. crim. n° 303 ; Gaz. Pal. Rec. 1993, 1, jurispr. p. 122 ; D. 1993, IR p. 5*). Elle est liée à l'obligation qui incombe au directeur de publication de surveiller et de contrôler le contenu diffusé (*Sur la description de la responsabilité éditoriale, E. DREYER, « L'auteur de l'infraction de presse : auteur naturel ou artificiel ? », Dr. pén., n° 9, septembre 2008, étude 18*).

Aux termes des dispositions de l'article 74 de la loi n° 2017-27 du 13 juillet 2017 portant Code de la Presse (*JORS n° 7036 du samedi 19 août 2017, p. 945*) : « *Le directeur de publication est le responsable de la gestion de l'information de son organe de presse écrite* ». En effet, il est la personne qui, en principe, est chargée de décider de rendre ou non publics les écrits rédigés ou les émissions réalisées par les journalistes et susceptibles de comporter des messages tombant sous le coup de la loi pénale.

D'ailleurs, l'insertion dans un organe de presse écrite d'un article, d'un document ou d'un autre texte non signé engage la responsabilité du directeur de publication (*V. art. 91, alinéa 3 du Code de la Presse*).

La Cour de Cassation sénégalaise a déjà jugé que l'article 270 du CP autorise les poursuites contre les directeurs de publication et édicte à leur encontre, hors le cas d'introduction sur le territoire de journaux interdits, une présomption de culpabilité sans distinction du lieu d'impression ou de publication de l'écrit incriminé (*C. cass. ch. crim. n° 38 du 18 avril 2000 MP et B. B. Y.- Jeune Afrique c/ M. T., inédit*).

Un arrêt de la Cour d'Appel de Dakar a énoncé que l'article 270 du CP désigne comme auteurs principaux, en première position, les directeurs de publication et que l'article 271 dudit code dispose que lorsque les directeurs de publication seront en cause, les auteurs seront poursuivis comme complices et qu'il ressort de ces dispositions que les auteurs des propos supposés diffamatoires peuvent être poursuivis soit comme complices soit comme auteurs principaux, cette dernière hypothèse étant seulement soumise à la condition que les directeurs de publication et assimilés ne soient déjà poursuivis à titre principal.

La chambre criminelle de la Cour suprême, dans un arrêt rendu le 7 octobre 2010, a cassé cet arrêt de la cour d'appel au motif « *qu'en statuant ainsi alors que, d'une part, la loi désigne clairement les auteurs du délit de diffamation, à savoir, les personnes responsables du moyen de diffusion publique par lequel les propos présumés diffamatoires ont été divulgués et, d'autre part, vise, en prévoyant que lorsque le directeur de publication est en cause, les auteurs peuvent être poursuivis comme complices, non pas l'auteur de l'infraction déjà désigné en la personne du directeur de publication, mais en l'espèce, le journaliste auteur de l'article de presse contenant les propos incriminés, la cour d'appel a violé les textes visés au moyen* » (*CS ch. crim. n° 134 du 07 octobre 2010, M. D. ND., MP c/M. C., inédit*).

CHAPITRE IV :

LA COMPLICITÉ

- **Notion de complice**

135. CA Dakar ch. corr. n° 617 du 05 octobre 2016, *MP et SIEGEM c/ Ablaye FAYE, inédit*

Il ressort des dispositions de l'article 46 du Code pénal que les complices sont ceux qui auront, avec connaissance, aidé ou assisté l'auteur ou les auteurs de l'action, dans les faits qui l'auront préparée ou facilitée, ou dans ceux qui l'auront consommée.

LA COUR,

Considérant que par déclaration en date du 11 juin 2015, enregistrée au greffe le même jour, Maître Cheikh Tidiane Seck, avocat à la Cour, agissant au nom et pour le compte de A. F. , a interjeté appel du jugement correctionnel rendu contradictoirement le 12 mai 2015 par le tribunal des flagrants délits de céans qui l'a déclaré coupable de complicité de vol commis dans l'enceinte du port et l'a condamné deux ans d'emprisonnement dont 6 mois ferme et au paiement de 1 000 000 francs à titre de dommages et intérêts à la société SIEGEM ;

Considérant que par déclaration en date du 11 juin 201, enregistrée au greffe le même jour, le Ministère public a fait appel contre toutes les dispositions du même jugement ;

En la Forme

Considérant les appels ayant été régulièrement formés conformément à la loi, doivent être déclarés recevables ;

Au Fond

Considérant qu'il résulte des pièces de la procédure notamment du procès-verbal n° 0051 du 14 avril 2015 de la brigade des hydrocarbures de la Compagnie maritime de la gendarmerie nationale que cette nuit vers 00 heures en patrouille dans l'enceinte portuaire plus précisément dans la zone des Hydrocarbures, a été attirée par la présence douteuse d'un individu dénommé A. K. qui était assis à la devanture du poste dénommé poste avancé à quelques mètres de la barre de l'entrée principale assurée par les vigiles ;

Qu'interpellé sur sa présence sur les lieux, il a commencé à balbutier quand A. S., vigile de son état, est sorti immédiatement de la cage d'escaliers pour tromper leur vigilance et que interpellé et pressé de questions, il a avoué que, chargé d'assurer la sécurité du site de stockage de la société SIEGEM, il en profite quand l'occasion se présente de vendre de l'huile à des tierces personnes venant de l'extérieur du port ;

Qu'il s'est fait par le sieur A. K., manœuvre de son état, pour récupérer les 36 bouteilles vides du véhicule de A. F. en vue de les remplir dans les grands tanks ou bacs d'huile et qu'après les avoir remplis ils les ont cachés sous les escaliers en attendant le moment propice pour que A. F. vienne les récupérer en raison de 7000 par bidons ;

Que la société SIEGEM qui a porté, a déclaré avoir subi suivant les conclusions des experts commis un préjudice s'élevant à 10 843 tonnes équivalents à 595 bidons de 20 litres soit une valeur marchande de 9 966 250 francs ;

Considérant que le prévenu O. S., préposé à la sécurité à la société SIEGEM a expliqué qu'il était confronté à des problèmes financiers et que c'est le vigile K. K. de la société de gardiennage SPS qui était en faction à l'entrée principale qui lui a proposé de puiser dans les vannes comme le faisaient ses prédécesseurs sans problèmes et qu'il avait déjà tenté une fois cette opération le 10 avril et que cette fois ci c'est K. K. qui l'a mis en rapport avec A. F. pour les 36 bidons ;

Que le sieur A. F. a expliqué qu'il était parti à la zone des hydrocarbures pour chercher du gasoil auprès du bateau accosté au poste n°1 et qu'arrivée à l'entrée principale un vigile dont il ignore le nom lui a proposé de lui transporter des bidons d'huile car le véhicule qui devait le faire est tombé en panne et que n'étant pas tombé d'accord, il l'a plus revu et que sur les appel téléphoniques reçus de K. K., il a déclaré simplement l'avoir appelé 9 fois pour lui demander si le bateau accosté au post 1 avait du gasoil ;

Qu'à l'audience A. F. n'a pas reconnu les faits de recel et a expliqué qu'il attendait l'arrivée d'un bateau et entre temps il est resté dans son véhicule et c'est ca que les gendarmes l'ont trouvé et l'ont fouillé et rien n'a été trouvé sur lui ;

Considérant que le Ministère public a requis la confirmation du jugement entrepris ;

Sur ce ;

Considérant que pour condamner le prévenu A. F., le premier juge a considéré que les faits qui lui sont reprochés s'analysent plutôt en complicité de vol commis dans l'enceinte du port, l'a déclaré coupable de ce chef ;

Considérant qu'il ressort des dispositions de l'article 46 du Code pénal que les complices sont ceux qui auront, avec connaissance, aidé ou assisté l'auteur ou les auteurs de l'action, dans les faits qui l'auront préparée ou facilitée, ou dans ceux qui l'auront consommée ;

Considérant cependant qu'il est constant comme résultant des pièces de la procédure et notamment des débats que le sieur A. F. n'a pas aidé ou assisté le sieur A. S. dans le remplissage des bidons sur les tanks dont il assurait la garde au niveau de l'enceinte dans les locaux de la société SIEGEM ;

Qu'il a plutôt manifesté sa volonté d'acheter de l'huile et a donné les bidons pour le liquide et s'est tranquillement garé en dehors du port en attendant la livraison de la marchandise ;

Que ces faits s'analysent plutôt en recel qui consiste à l'achat d'huile que l'on sait issu de vol étant entendu que le sieur A. F. savait très bien que les gardiens n'étaient pas habilités à vendre de l'huile, la nuit et avec un prix aussi dérisoire ;

Qu'il y a lieu, infirmant le premier juge sur la disqualification, de le déclarer coupable de recel et de le condamner à une peine de 6mois avec sursis ;

PAR CES MOTIFS

Statuant publiquement, contradictoirement, en matière correctionnelle et en dernier ressort ;

EN LA FORME

Déclare recevables les appels ;

AU FOND

Infirme partiellement le jugement déféré sur la disqualification ;

Statuant à nouveau :

Déclare le prévenu A. F. coupable de recel et le condamne à une peine d'emprisonnement de 6 mois avec sursis ;

Confirme pour le surplus ;

Condamne le prévenu aux dépens.

OBSERVATIONS

Le droit pénal distingue, à côté de l'auteur ou des coauteurs de l'infraction, ayant en quelque sorte agi au premier plan, les personnes qui sont qualifiées de complices dont le rôle est moins apparent (*F. DESPORTES et F. LE GENEHEC, Droit pénal général, 12e édition, Paris, Economica, 2005, n° 534*). La complicité est une forme accessoire de participation criminelle (*B. ZLATARIC, « La participation criminelle et les différentes formes de culpabilité », RID pén. 1967, p. 157 ; Ch. LAZERGUES, « La participation criminelle », in Réflexions sur le nouveau Code pénal , Paris, Pédone, 1995, p. 11 s.*).

On peut définir le complice comme l'individu qui, sans accomplir personnellement les éléments constitutifs de l'infraction imputable à l'auteur, a seulement facilité ou provoqué l'action principale par des agissements d'une importance matérielle secondaire (aide ou assistance, fourniture de moyens, instigation). Dans le présent arrêt, la Cour d'Appel de Dakar a donné un contenu conceptuel à la notion de complice. La juridiction d'appel a jugé qu'il ressort des dispositions de l'article 46 du Code pénal que les complices sont ceux qui auront, avec connaissance, aidé ou assisté l'auteur ou les auteurs de l'action, dans les faits qui l'auront préparée ou facilitée, ou dans ceux qui l'auront consommée.

Le complice est une personne qui n'a pas commis les éléments matériel et intellectuel de l'infraction tels que définis par la loi ou le règlement, mais qui a participé, dans certaines conditions, à la commission de celle-ci. La complicité est un mode d'imputation appliqué à une personne qui a participé à la réalisation d'une situation infractionnelle sans pour autant accomplir matériellement aucun des actes décrits par le texte d'incrimination (*Sur la complicité, V. P. A. PAGEAUD, « Complicité », Juriscl. pén. art. 59 et 60, 1955 ; J. CARBONNIER, « Du sens de la répression applicable au complice selon l'article 59 du Code pénal », JCP, 1952, I, 1034 ; D. GERTHOFFER, « La tentative et la complicité », Mélanges Patin, 1966, p. 153; A. CHAVANNE, « Complicité », Rép. dr. pén. proc. pén., Dalloz ; A. DECOCQ, « Inaction, abstention et complicité par aide ou assistance », JCP, 1983, I, 3124 ; V. S. DETRAZ, « La nature de la complicité », Gaz. pal. spécialisée, 2015, n° 305 à 307, p. 5 s. ; V. A. DARSONVILLE, « Faut-il étendre la notion générale de complicité ? », in G. BEAUSSONIE (dir.), Faut-il regénéraliser le droit pénal ?, Paris, LGDJ, Lextenso, Grands Colloques, 2015, p. 151 s. ; A. FOURNIER, « La répression de la complicité et ses avatars en droit pénal international », RSC 2003, p. 13 ; J.-H. ROBERT, « Imputation et complicité », JCP, 1075, I, 2720 ; P. SALVAGE, « Le lien de causalité en matière de complicité », RSC, 1981, p. 25 ; S. FOURNIER, « Le nouveau Code pénal et le droit de la complicité», RSC, juillet-sept. 1995, p. 475 ; J. BIGUENET, « De la nécessité d'opérer une distinction entre complicité et instigation », Dr. pén. 2001, chron. n° 25 ; S. FOURNIER, « Complicité », Rép. dr. pén. proc. pén., Dalloz, septembre 2019*).

Le complice doit être distingué du receleur. En effet, il apporte son concours à l'auteur avant la fin de la consommation de l'infraction, alors que le receleur intervient après sa consommation. Le Code pénal a prévu les règles applicables à la complicité punissable qui fixent ses conditions ainsi que son régime de répression.

- **Complicité-nécessité d'un fait principal punissable**

136. CS n° 13 du 24 avril 1971, *Abdoulaye THIAM, Ibrahima SOW et Moustapha FALL c/ MP, Rev. sén. dr.* juin 1974, n°15, p. 90

En omettant de constater et le fait principal et les faits constitutifs de la complicité qu'elle retient, la cour d'appel, dont les énonciations sont, au surplus, contradictoires, ne permet pas à la Cour suprême d'exercer son contrôle sur la régularité des condamnations prononcées

LA COUR,

Statuant sur les pourvois formés le 24 mars 1970 au greffe de la Cour d'Appel de Dakar par T., S. et F. contre l'arrêt n° 177 rendu la veille par la Chambre des appels correctionnels qui les a condamnés, Thiam et Sow, à six ans d'emprisonnement et dix ans d'interdiction de séjour, F. à sept ans d'emprisonnement et dix ans d'interdiction de séjour;

Sur les pourvois de S. et de F., et le moyen soulevé d'office et pris d'une violation de l'article 46 du Code pénal, d'une contradiction de motifs et d'un manque de base légale ;

Attendu que l'arrêt attaqué qui « confirme le jugement entrepris en sa disposition déclarative de culpabilité, et qui ne contient aucun exposé des faits reprochés aux prévenus, qualifie S. et F. de complice sans autre précision, alors que le juge de paix, statuant en matière correctionnelle, avait retenu la participation des susnommés en qualité d'auteurs principaux aux soustractions frauduleuses commises par T. ;

Attendu qu'en omettant de constater et le fait principal et les faits constitutifs de la complicité qu'elle retient, la cour d'appel, dont les énonciations sont, au surplus, contradictoires, ne permet pas à la Cour suprême d'exercer son contrôle sur la régularité des condamnations prononcées ;

Sur les pourvois de T., de S. et de F., et sur le moyen d'office et pris d'une violation de l'article 44 du Code

Attendu que la cour d'appel, pas plus que la justice de paix retenu l'état de récidive des trois demandeurs au pourvoi, constate que les condamnations qui ont été prises en considération devenues définitives au jour où ont été commis les nouveaux délits ;

Que la réalité de ces condamnations, qui ne résultent de d'une fiche de renseignements établie par la police, les prépas, d'autre part, été interrogés

Attendu que l'aggravation de la peine, qui a été portée à plus de cinq ans d'emprisonnement, n'est pas, enfin, justifiée par le fait, au demeurant très succinctement relevé dans l'arrêt, que les vols reprochés à Thiam ont été commis la nuit avec effraction, ces circonstances n'ayant pas en définitive été retenues par la Cour, puisque est confirmée la déclaration de culpabilité contenue dans le jugement qui ne pouvait viser, en raison de la compétence du juge de paix, que des vols et une tentative de vol non spécifiée auxquels a été appliqué l'article 370 du Code pénal ;

PAR CES MOTIFS,

Casse et annule l'arrêt n° 177 rendu le 23 mars 1970 par la Cour d'Appel de Dakar.

- **Complicité corespective**

137. CA Dakar ch. corr., n° 761 du 07 décembre 2016, *MP et Alassane Djiguéne NDOYE c/ Papa Seyni MBENGUE, inédit*

Des personnes qui ont échangé des coups de pierres et de briques ayant causé des blessures et des destructions sont coupables de complicité de destruction volontaire de biens appartenant à autrui, violences et voies de fait et de détention d'armes sans autorisation. Il y a un cas typique de complicité corespective où chaque prévenu est responsable de tous les actes commis par les autres dans le cadre d'une bataille rangée.

LA COUR,

Considérant que par déclaration au greffe en date du 05 mars 2013, les nommés P. S. M., B. B.M. S. M. et M. M. ont relevé appel du jugement n°114/13 rendu le 26 février 2013 par le Tribunal de grande instance hors classe de Dakar statuant en grande correctionnelle qui les a déclarés tous coupables de détention illégale d'armes, P. S., B. B., S. M. de violences et voies de fait, M. M. de destruction volontaire de biens appartenant à autrui et les a condamné à payer 1 000 000 de francs de dommages et intérêts A. D. N.;

Considérant que par déclaration au greffe du même jour, le Procureur de la République a interjeté appel du même jugement ;

Considérant que régulièrement cités, les prévenus et la partie civile ont comparu et été assistés de leurs conseils ; qu'il échet de statuer contradictoirement contre eux ;

EN LA FORME

Considérant que les appels tant principal qu'incident ont été interjetés dans les forme et délais prescrits par la loi ; qu'il échet de les déclarer recevables ;

AU FOND

Considérant que le 11 avril 2012, la dame A. D. N. a saisi le Commissaire de Police du Plateau d'une plainte pour destruction volontaire de biens appartenant à autrui, menaces de mort, violences et voies de fait contre les frères P. S., B. B., S. et M. M. sa famille la même concession ; que le 05 avril 2012, son frère I. N. a demandé à un maçon d'élever un mur sur un passage sur lequel des enfants se soulageaient souvent créant à la longue une odeur nauséabonde ; qu'ayant vu le maçon en œuvre, P. S. l'a interpelé et celui-ci lui a expliqué qu'il travaillait sur ordre d'I. N. ; que P. S. a saisi ce dernier au téléphone qui lui a promis de venir discuter avec lui de la situation ; que comme I. tardait à rentrer, P. N. a voulu aller voir sa mère mais elle-même s'est interposée et l'a empêchée d'aller voir sa mère ; qu'à sa grande surprise, les membres de la famille M. dont les personnes citées dans sa plainte ont subitement fait irruption dans leur domicile armés de couteaux et de coupe-coupe ; qu'ils ont saccagé sa chambre dont ils ont détruit la toiture faite en tuiles et elle a constaté la disparition de deux boucles d'oreilles en or et d'une de 300 000 francs qu'elle gardait dans sa chambre ; qu'après l'avoir malmenée, les susnommés l'ont menacée de mort ;

Considérant qu'interpellés sur les faits qui leur sont reprochés à l'enquête préliminaire, les susnommés, excepté S. M. ont partiellement reconnu les faits qui sont reprochés ; que le nommé P. S. M. a confirmé les déclarations de la plaignante à propos du mur qu'érigeait I. N. dans un espace commun ; que toutefois, lorsqu'il a attendu ce dernier en vain que la plaignante s'est opposée à ce qu'il parle à leur mère, il a quitté les lieux avec son épouse ; que c'est en cours de route qu'une de ses sœurs l'a appelé pour l'informer qu'il y avait une bataille rangée entre sa famille et celle de la plaignante ; qu'à son arrivée, son frère M. M. avait fini de se battre avec I. N. et les membres de chaque famille étaient armés chacun de ce qui était à porte de sa main ; qu'il y avait eu une vive tension suivie d'une bataille rangée et d'un échange de jet de pierre puis des voisins sont venus s'interposer ; que tous les protagonistes, y compris ses frères et coïnculpés étaient armés de couteaux et de coupe-coupe et lui-même avait en main une barre de fer ; que toutefois, il ignore qui a saccagé la chambre de la plaignante car il n y a pas pris part ;

Considérant que le nommé S. M. a contesté les faits qui lui sont reprochés ; qu'il a soutenu n'avoir à aucun moment pris part à la bataille rangée ; qu'il était à son lieu de travail lorsqu'il a été informé de cette situation ; qu'il a rappliqué et quand il est arrivé sur les lieux, il a trouvé les membres des deux familles dont ses 03 frères et coïnculpés, armés de couteaux, de coupe-coupe et de barres de fer ; que comme son cousin S. N. avait été blessé, il l'a évacué pour le faire soigner ;

Considérant que B. B. M. a reconnu sans équivoque avoir pris à la bataille rangée ; qu'au début, il tentait de calmer les protagonistes mais quand il a reçu des projectiles venant de la plaignante et d'un de ses cousins, il s'est armé d'une pierre puis d'une pelle mais n'a frappé personne ; qu'il ignore qui a saccagé la chambre de la plaignante ;

Considérant que M. M. a également reconnu les faits qui lui ont reprochés ; qu'il a expliqué avoir lui-même détruit les tuiles qui composaient la toiture de la chambre même s'il ignore qui a saccagé l'intérieur de la chambre ; qu'il a part à la bataille car il a appris qu'I.N. érigeait un mur et a entendu ce dernier insulter les membres de sa famille ;

Considérant qu'entendu comme témoin, I. N. a expliqué qu'il avait demandé à un maçon de lui ériger un mur dans un endroit de leur concession lorsqu'il a reçu un coup de fil de

P. S. M. à qui il a promis de venir discuter ; que toutefois, lorsqu'il est arrivé au domicile commun, P. S. n'était plus sur place ; qu'il a voulu retourner à son travail mais a croisé M. M. qui lui a reproché l'érection du mur ; qu'ils en sont venus aux mains, ont été séparés et il est allé s'installer dans la chambre de sa mère ; que c'est en ce moment que les 04 prévenus ont envahi la chambre de sa sœur qu'ils ont passée à sac ; qu'ils étaient tous armés ;

Considérant que A. N.Y a également été entendu comme témoin ; qu'il a expliqué qu'il était en réunion au stade le jour des faits lorsque son cousin P. B. M. l'a informé de ce qu'une bataille rangée avait cours entre sa famille et celle d'I. N.; qu'il s'est rendu sur les lieux et a trouvé tous les protagonistes de toutes les deux familles armés ; qu'il a tenté de faire revenir le calme mais a été touché par une pierre et s'est évanoui ; qu'il a été évacué pour des soins avant de se rendre au Commissariat ; que comme il saignait toujours, les policiers lui ont conseillé d'aller se faire soigner ; que c'est le lendemain qu'il a été informé que l'affaire avait été réglée à l'amiable ; qu'il ne peut dire qui a saccagé la chambre de la plaignante mais tous les protagonistes étaient armés et il y a eu échange de jets de briques ;

Considérant qu'à l'audience correctionnelle, les différentes parties et les témoins ont réitéré leurs déclarations, certains variant par moment ;

Considérant que prenant la parole, le Procureur de la République a requis dans le sens de la culpabilité des prévenus et leur condamnation à 06 mois d'emprisonnement avec sursis;

Considérant que les conseils des prévenus ont plaidé la relaxe de leurs clients ;

Considérant que statuant sur la cause, le tribunal avait relaxé P. S., Sellé et B. B. M. du chef de destruction de biens appartenant à autrui et déclaré M. M. coupable de ce chef; qu'il a déclaré tous les prévenus coupables de violences et voies de fait sur A. M. N. et de détention illégale d'armes ;

Considérant que les prévenus ont relevé appel de cette décision ;

Considérant qu'à l'audience de la Cour, ils ont réitéré leurs déclarations et nié les faits qui sont reprochés ; que leurs conseils ont plaidé la relaxe ;

Considérant que le Parquet général a requis la confirmation de la décision attaquée ;

Considérant que malgré leurs dénégations à l'audience, les prévenus excepté S. M. ont de façon circonstanciée reconnu les faits à l'enquête préliminaire ; que P. S. , B. B. et M. M. avaient tous reconnu s'être armés de tous objets à leur portée dans le cadre d'une bataille rangée ; qu'il est constant et non contesté tel qu'il résulte de leurs déclarations croisées et concordantes, de celles des et de la partie civile que les familles étaient armées et ont échangé des coups de pierres et de briques ; que si la plaignante a subi des violences, c'est du fait des protagonistes de la bagarre et non de personne extérieures ; qu'en l'espèce, il y a un cas typique de complicité corespective où chaque prévenu est responsable de tous les actes commis par les autres dans le cadre d'une bataille rangée ; que malgré ses dénégations, S. M. a été cité par ses frères, la partie civile et les témoins comme ayant pris part aux faits ; qu'il résulte de là que les prévenus sont atteints et convaincus de tous les chefs de prévention retenus contre eux ; qu'il échet d'infirmer partiellement le jugement attaqué sur ce point et de déclarer les prévenus coupables de destruction volontaire de biens appartenant à autrui, violences et voies de fait ainsi que détention d'armes blanches sans autorisation et de confirmer la peine prononcée contre eux ;

Considérant qu'il avait été alloué à A. D. N. la somme de un million de francs de dommages et intérêts ; qu'au regard des dégâts matériels qui lui ont été causés notamment la destruction de la toiture de sa chambre, ce montant n'est pas exagéré ; qu'il échet de confirmer le jugement attaqué sur les intérêts civils ;

Considérant que les prévenus ont succombé ; qu'il échet de les condamner aux dépens ;

PAR CES MOTIFS

Statuant publiquement, contradictoirement, en matière correctionnelle et en dernier ressort ;

EN LA FORME

Reçoit les appels ;

AU FOND

Infirme partiellement le jugement entrepris ;

Statuant à nouveau :

Déclare P. S. M. , B. B. M. , S. M. et M. M. coupables de destruction volontaire de biens appartenant à autrui, violences et voies de fait et de détention d'armes sans autorisation ;

Confirme le jugement pour le surplus ;

Condamne les prévenus aux dépens.

OBSERVATIONS

En droit pénal, il faut établir une nette distinction entre la coaction et la complicité.

En premier lieu, lorsqu'une infraction est le fait de plusieurs personnes, chacune d'elles peut avoir commis les éléments matériel et intellectuel prévus par la loi. Ainsi, deux individus qui pénètrent dans un enclos pour y dérober du bétail commettent chacun les éléments constitutifs du vol. Ces individus sont alors qualifiés de coauteurs et peuvent faire l'objet de poursuites dans les mêmes conditions que s'ils avaient été seuls (*E. BARON, La coaction en droit pénal, thèse, Bordeaux IV, 2012*). Un arrêt de la Cour d'Appel de Dakar rendu le 9 mai 2008 a énoncé qu'en matière de vol, il y a coaction lorsque « *l'acte de soustraction de l'objet du vol a été accompli par les deux prévenus successivement l'un après et à la suite de l'autre, c'est-à-dire en vol en réunion*» (*CA Dakar ch. corr., n° 383 du 09 mai 2008, MP c/ S. M. M. MB., inédit*).

La coaction implique les mêmes poursuites, la même mise en œuvre de la responsabilité pénale, dans les mêmes conditions que les auteurs. Le coauteur est donc un auteur parce qu'il réalise, en même temps que d'autres, les éléments constitutifs de l'acte infractionnel prohibé. Il s'agit de la personne qui, participant directement à la commission d'une infraction aux côtés d'une ou plusieurs autres personnes, en est considérée comme l'un des auteurs principaux, par opposition au complice.

Alors que le coauteur commet avec un autre l'infraction, le complice ne fait que s'associer à l'auteur principal, sans commettre lui-même l'infraction. Ainsi, la personne qui, avec une autre, assène des coups à la victime commet des violences, tandis que tel n'est pas le cas de celle qui ne fait que fournir le manche avec lequel est donnée la cognée (*P. BISWANG, La distinction du coauteur et du complice, thèse dactyl., Paris, 1963 ; J. LÉAUTÉ, « Coactivité, complicité et provocation en droit français », RSC 1947, p. 1 ; D. ALLIX, Essai sur la notion de coaction : contribution à l'étude d'une notion prétorienne, Thèse Paris II, 1974 ; PH. GULPHE, « La distinction entre coauteurs et complices », RSC 1948, p. 665, spéc. n° 16*).

En second lieu, il faut relever une différence substantielle entre la complicité et la coaction. La complicité suppose, pour être punissable, un fait principal lui-même punissable auquel l'acte du complice se rattache, alors que la coaction est réprimée de manière autonome. Le coauteur est puni pour l'acte qu'il a accompli et indépendamment du point de savoir si les autres coauteurs ont ou n'ont pas eux aussi commis un acte punissable.

Mais, la distinction entre le coauteur et le complice est parfois mise à mal par la jurisprudence. On peut, en effet, observer que, parfois, des complices sont qualifiés de coauteurs et qu'inversement, des coauteurs peuvent être assimilés à des complices.

La Cour de Cassation française n'hésite pas, le cas échéant, à assimiler le coauteur à un complice. Depuis longtemps, la jurisprudence française considère qu'un coauteur est nécessairement un complice. Elle relève que « *le coauteur d'un crime aide nécessairement l'autre coupable dans les faits qui consomment l'action et devient nécessairement son complice* » (*Cass. crim. 9 juin 1848, S. 48.1.527 ; crim. 15 juin 1860, S., 1861, I, 398*).

L'intérêt de cette analyse, dite de la « *complicité corespective* », résulte de la théorie de l'emprunt de pénalité. Lorsqu'un des auteurs encourt une peine aggravée en raison d'une circonstance liée à sa personne, cette aggravation peut se communiquer à l'autre auteur au titre de la complicité. Ainsi, celui qui participe, en tant qu'auteur à un meurtre en compagnie du fils de la victime, est, comme ce dernier, également passible de la réclusion criminelle (*Cass. crim. 11 mai 1866, DP 1868.5.96*). Il aurait été, en effet, choquant que le complice d'un parricide encourût une peine plus grave et que le coauteur d'un tel crime.

La complicité corespective permet de justifier la condamnation des coauteurs de violences volontaires, lorsqu'il n'est pas possible d'identifier précisément la personne qui a donné les coups ayant entraîné le dommage (mutilation ou mort de la victime). Chaque auteur, étant complice des autres, encourt la peine prévue pour l'infraction la plus grave, comme s'il l'avait lui-même commise.

Ainsi, la Cour d'Appel de Dakar, dans un arrêt rendu le 07 décembre 2016, a jugé que des personnes qui ont échangé des coups de pierres et de briques ayant causé des blessures et des destructions sont coupables de complicité de destruction volontaire de biens appartenant à autrui, violences et voies de fait et de détention d'armes sans autorisation (*CA Dakar ch. corr., n° 761 du 07 décembre 2016, MP et A. D. ND. c/ P. S. MB., inédit*). Selon le juge, « *il y a un cas typique de complicité corespective où chaque prévenu est responsable de tous les actes commis par les autres dans le cadre d'une bataille rangée* ».

Mais la théorie de la complicité corespective exclut, face à une infraction commise par une seule personne, de la déclarer à la fois auteur et complice (*Cass. crim. 12 avril 1861, DP 64.5.853*).

Dans le même ordre d'idées, le recel ayant été par le passé un cas de complicité, il est également exclu qu'une même personne puisse être déclarée à la fois auteur d'un vol et receleur de l'objet volé (*Par ex. cass. crim. 15 décembre 1959, Bull. crim. n° 350*).

En revanche, il est possible qu'une même personne soit complice d'une infraction, puis receleur du produit de cette infraction, car ce sont alors deux actes différents qui lui sont reprochés (*Cass. crim. 10 octobre 1996, Dr. pén. 1997.10*).

- **Complicité-formes- instigation**

138. CA Dakar, ch. corr. n° 456 du 30 avril 2012, *MP et Mamadou Fadièye DIOP c/ Ismaïla DIAGNE, inédit*

Se rend coupable d'un acte de complicité par instigation prévu par l'article 46 alinéa 1er du Code pénal, le prévenu qui a exposé l'idée du délit à des personnes et leur a donné la description de la maison de la victime qu'il connaît très bien du fait de sa proximité avec le fils de cette dernière.

LA COUR,

Considérant que par actes reçus au greffe du Tribunal de grande instance hors classe de Dakar les 20 Octobre et 03 novembre 2008 Mes Sidy Kanouté et Omar DIOP Avocats à la Cour, agissant au nom et pour le compte de I. D. et le Procureur de la République ont respectivement interjeté appel principal et incident du jugement rendu par cette juridiction le 03 octobre 2008 et dont le dispositif est ainsi conçu :

« Statuant publiquement, contradictoirement en matière correctionnelle et en premier ressort ;

Déclare Y. D. et M. D. coupables des faits qui lui sont reprochés ;

Déclare A. D. coupable de complicité ;

Déclare Y. D. coupable de recel ;

Condamne Y. D., M. D. et A. D. a trois ans d'emprisonnement ;

Condamne I. D. a deux ans d'emprisonnement ferme ;

Reçoit la constitution de partie civile de M. F. D. ;

Condamne les prévenus à lui payer solidairement la somme de 3 900 000 F à titre de dommages-intérêts ;

Ordonne l'exécution provisoire ;

Fixe au maximum la contrainte par corps ;

Met les dépens à la charge des prévenus » ;

En la forme

Considérant que tant l'appel principal qu'incident ont été faits dans les conditions de forme et délai prescrits par la loi ;

Qu'il échet de les déclarer recevables en la forme ;

Considérant que bien que régulièrement cités à domicile I. D. et F. D. n'ont pas comparu ;

Qu'il échet de statuer par défaut à leur égard ;

Sur les faits et sur la procédure

Considérant qu'il résulte des pièces de la procédure les faits suivants :

Le 08 septembre 2008, M. F. D. a saisi le poste de police de Diamaguène Sicap Diamagueye d'une plainte portant sur des faits de vol de pigeons commis à son domicile ;

Dans son audition il a expliqué que dans la nuit du 01 au 02 Juin 2008 des individus se sont introduit dans son domicile pour y dérober 39 pigeons. Que les investigations menées lui ont permis d'avoir de fortes présomptions sur un dénommé A. D. qui est venu la veille rendre visite à son fils.

Interpelle et interroge sur ces faits A. D. les a aussitôt reconnu. Il a expliqué que Y. D., M. D. et lui ont constitué un groupe musical. Pour financer leur projet de réaliser une maquette et un clip il leur a suggérer l'idée de commettre un vol en leur donnant l'adresse et la description des lieux ;

Qu'après avoir réussi leur entreprise Y. D. et M. D. sont venus lui présenter le butin à son domicile ou ils ont procédé au partage ;

Qu'il a reçu une paire qu'il a finalement donne à son frère I. D. lequel a acheté une autre paire et le reste a été remis à Y. et à M. pour la vente ;

Interrogés à leur tour Y. D. et M. D. ont confirmé ces déclarations et ont expliqué la manière dont il se sont pris pour parvenir à leur fin ;

I.D. de son côté a expliqué que le jour des faits il été réveillé a 05 heures du matin par son frère à l'arrivée de ses camarades. Qu'il les a trouvés dans un bâtiment en construction de la maison entrain de déplumer les pigeons. Qu'avant d'aller se recoucher son frère lui a emprunté la somme de 5000 F. Que le lendemain en guise de remboursement ce dernier lui a donné une paire et lui en a offert une autre.

Déférés au parquet et traduits devant le tribunal Y. D. et M. D. ont réitéré leurs propos tandis que A. D. et I. D. sont revenus sur leurs déclarations.

Ils ont néanmoins été tous déclarés coupables par le jugement dont il est fait appel ;

Sur l'action publique

Considérant que I. D. n'a pas comparu pour soutenir son appel ;

Considérant que le Ministère public a requis la confirmation du jugement entrepris ;

(...)

Sur le délit reproché à A. D.

Considérant que I. D. est poursuivi du chef de complicité de ce délit ;

Considérant qu'il résulte des déclarations concordantes de D. et de D. que c'est D. qui leur a exposé l'idée du délit et leur a donné la description de la maison de F. D. qu'il connaît très bien du fait de sa proximité avec le fils de ce dernier ;

Qu'il a lui-même reconnu les faits à l'enquête préliminaire avec forces détails avant de se rétracter à l'audience faisant ainsi état de sa mauvaise ;

Qu'il s'est ainsi rendu coupable de la complicité par instigation prévue par l'article 46 alinéa 1 du Code pénal ;

Considérant qu'aux termes de l'article 45 du Code pénal les complices sont punis de la même pleine que les auteurs d'un crime ou délit ;

Que c'est donc a bon droit qu'il a été condamné à trois ans d'emprisonnement ferme ;

Sur le délit reproché à I. D.

Considérant que I. D. est poursuivi du chef de recel délit prévu et puni par l'article 430 du Code pénal ;

Considérant que I. D. a lui-même reconnu avoir reçu deux paires de pigeons alors qu'il savait qu'il provenait d'un vol ;

Que ces pigeons lui ont en effet été donnés tard dans la nuit à 5 heures du matin selon ses dires par des personnes qu'il n'a jamais connu comme étant des vendeurs de volaille ;

Que le délit qui lui est reprochés est ainsi établi ;

Considérant que le recel est puni des peines prévues à l'article 370 du Code pénal ; Considérant que ce texte prévoit une peine d'emprisonnement d'un an à cinq ans ;

Que la peine d'un an d'emprisonnement prononce à son égard est donc conforme à la loi ;

Qu'il échet de la confirmer ;

(...)

PAR CES MOTIFS

Statuant publiquement, par défaut à l'égard des parties en matière correctionnelle et en dernier ressort ;

En la forme

Déclare recevables les appels enregistrés ;

Au fond

Infirme partiellement le jugement entrepris et statuant à nouveau ;

Condamne solidairement les prévenus à payer à M. F. D. la somme de 3 600 000 Francs ;

Confirme le jugement pour le surplus ;

Condamne I. D. aux dépens.

- **Complicité-forme- instigation (provocation)**

139. CA Dakar ch. corr., n° 316 du 12 juin 1972, *MP c/ OPT c/ Abib FALL., et autres, Rev. sén. dr.* juin 1974, n° 15, p. 86

La complicité suppose nécessairement un auteur principal et un fait principal, mais n'est subordonnée ni à la condamnation de l'un, ni aux caractéristiques du délit ; elle est punissable seulement par emprunt de criminalité au fait principal réalisé dans la provocation au détournement des deniers publics.

LA COUR,

Considérant que, par actes des 26 mai et 3 juin 1970, les prévenue O. L., alias O. N., I. A., C., M. F. et A. F., ainsi que le Ministère public, ont régulièrement jugement du tribunal relevé appel correctionnel des dispositions de Dakar pénales du 22 mai 1970 qui a condamné A. F. à six ans d'emprisonnement, 100 000 francs d'amende, prononcé l'interdiction des droits de l'article 34 du Code pénal et la confiscation de ses biens ;

I.A., alias C., à sept ans d'emprisonnement, francs d'amende, prononcé l'interdiction des droits de 34 du Code pénal et la confiscation de ses biens, O. N. et M. F., chacun à la peine de ans d'emprisonnement, 100 000 francs d'amende, prononcé l'interdiction des droits de l'article 34 du Code pénal et la confiscation de leurs biens ;

Pour le premier nommé : détournement de deniers publics, pour les trois derniers : complicité de détournement de deniers le jugement ayant disqualifié les préventions d'escroquerie complicité d'escroquerie initialement retenues à la charge trois derniers nommés en complicité de détournement de deniers publics ;

FAITS

Il résulte du dossier que, courant octobre 1969, A. F., nourrissait depuis quelques temps le désir de s'enrichir par un procédé très en vogue consistant à faire multiplier une certaine somme d'argent par des marabouts doués de pouvoirs magiques, en parla à son collaborateur L. D., manœuvre à la poste de Potou, kilomètre 3 route de Rufisque. Celui-ci, qui vivait précisément avec l'un de ces marabouts dénommé M. F., le présenta à ce dernier;

Le jour convenu, F. et deux de ses compagnons, S. et O. N., dit S. L., se rendirent avec Diarra auprès d'A. F. déclarait à leur hôte que, n'étant pas versé dans la science de la multiplication des billets, lui réclamait 6 000 francs pour le mettre en rapport avec un marabout plus compétent dénommé C. A., domicilié à Pikine. Aux frais d'A. F., tout le groupe se rendit à Pikine pour quérir le marabout A. qui, au cours de la nuit, procéda au travail demandé ;

Selon A. F., il aurait demandé et obtenu du postier, d'abord 500 000 francs, puis 1 000 000 de francs, qu'il s'engageait à transformer d'abord en une somme de 3 000 000 de francs, puis en 7 000 000 de francs.

Après s'être livré à des opérations cabalistiques, qui ont consisté notamment en la manipulation de diverses enveloppes dont l'une contenait la somme de 500 000 francs brûler cet argent, en prières accompagnées de gestes et d'Incantations magiques, A. remettait à F. une valise remplie dires du second, de coupures de 5 000 francs représentant une valeur de 7 000 000, à ouvrir le lendemain matin, après avoir procédé à des sacrifices rituels portant sur un mouton, des aumônes de percale, colas, etc. ;

Peu de temps après le départ des marabouts, A. F. ouvrait la valise et s'apercevait qu'elle ne contenait que de la cendre ;

A l'enquête de police, les quatre prévenus ont totalement reconnu les faits, A. F. avait pu, grâce à la paie du personnel qu'il avait reçue le jour même, et qui s'élevait à 1.988.842 francs, sortir les sommes précitées en vue de les faire multiplier par le marabout C. A.. La perquisition faite à son domicile avait permis de retrouver, dans une serviette confiée à son épouse, une somme de 436.011 francs. Les sommes qu'il avait réglées à une partie du personnel avant les faits, d'une part, et les saisies effectuées sur Chérif et Ousseynou N'Diaye, soit 289 000 francs, ont ramené le montant du préjudice subi par 1'OP.T. à 1 177 265 francs, chiffre reconnu par A. F.;

C. A. a contesté le chiffre de 1 500 000 francs, affirmant n'avoir reçu en tout et pour tout que 500 000 francs, qu'il s'est partagé avec ses trois compagnons, gardant 200 000 francs pour lui-même et allouant à chacun des trois autres : S., F. et N., 100 000 francs ;

Des trois complices, seul M . F. est revenu sur ses déclarations à l'information ;

Après avoir nié tout concert entre lui, F., N. et S., en vue de se faire remettre les fonds détenus par A. F.. C. A. reconnut, dans une lettre adressée au juge d'instruction le 15 janvier 1970, que ses camarades et lui avaient ourdi un complot contre A. F. en vue de lui soutirer, par une mise en scène d'apparence mystique, les sommes que ce dernier détenait en sa qualité de comptable public ;

Considérant que ces circonstances ont permis au Ministère public de requérir contre les trois susnommés ta disqualification du délit d'escroquerie et de complicité initialement retenus contre eux en complicité de détournement de deniers publics ;

Considérant que le tribunal a fait droit à cette demande et condamné les susnommée aux peines sus rappelées ;

Considérant qu'en cause d'appel le Ministère public et la partie civile demandent confirmation du jugement. Lo prévenu A. F. quant à lui, reconnait log faits et sa culpabilité, mai0 souhaite radoucissement de la peine prononcée ;

Les autres prévenus, M. F., O. N. et I. A., retenus comme complices de détournement, font plaider que l'article 152 du Code pénal énonce, pour la qualification du détournement public, des critères obligatoires limitativement énumérés et exige que le délinquant soit dépositaire de fonds publics, ce que n'étaient pas les trois prévenus susnommés ; ils concluent ainsi à la requalification en délit d'escroquerie et complicité d'escroquerie et à la réduction du quantum de la peine infligée, cependant que I. A. persiste à soutenir qu'il n'a reçu que 500 000 francs d'A. F. et ne saurait être condamné à rembourser davantage ;

SUR LA QUALIFICATION

Considérant que la complicité suppose nécessairement un auteur principal et un fait principal, mais n'est subordonnée ni à la condamnation de l'un, ni aux caractéristiques du délit ; elle est punissable seulement par emprunt de criminalité au fait principal ici réalisé dans la provocation au détournement des deniers publics ; c'est donc à bon droit que le juge du premier degré a disqualifié les faits d'escroquerie et complicité d'escroquerie initialement retenus en délit de complicité de détournement de deniers publics ;

Considérant cependant que rien en l'occurrence ne permet d'affecter à leur méfait collectif une gravité différente, qu'il échet, par conséquent, et compte tenu de leur qualité de délinquants primaires, de l'importance des amendes et des peines accessoires prononcées, de ramener à cinq ans le quantum des peines d'emprisonnement applicables aux quatre prévenus, et de confirmer le montant des amendes et les mesures accessoires d'interdiction prononcées ;

Considérant qu'il est constant que le montant total du détournement est de 1 177 265 francs, à la distraction desquels les quatre prévenus ont tous concouru ; c'est donc à bon droit qu'I. A. a été condamné à les restituer solidairement avec ses trois acolytes, et ils devront, sous la même solidarité, supporter la charge des entiers dépens d'instance et d'appel ;

PAR CES MOTIFS

Statuant publiquement, contradictoirement, en matière correctionnelle et en appel ;

En la forme

Reçoit les prévenus et le Ministère public on leur appel ;

Au fond

Confirme la qualification de complicité de détournement de deniers public ;

Amendant sur la peine d'emprisonnement seulement :

Condamne A. F. et C. A. à la peine de cinq ans d'emprisonnement ;

Confirme la peine d'emprisonnement infligée à M. F. et S. L. , O. N ;

Confirme les peines d'amende prononcées ;

Confirme les peines accessoires d'interdiction des droits de l'article 34 du Code pénal et de confiscation des biens ;

Confirme la disposition civile relative au remboursement de l'O. P.T.

OBSERVATIONS

L'instigateur d'une infraction est celui qui, sans participer physiquement à l'infraction, a suggéré à l'auteur matériel de la commettre. La complicité par instigation peut prendre la forme d'une provocation ou d'instructions données en vue de la commission de l'infraction (*B. FILLION, La responsabilité pénale de l'instigateur, thèse Paris II, 1979*).

L'article 46 du CP punit comme complices d'une action qualifiée crime ou délit « *ceux qui, par dons, promesses, menaces, abus d'autorité ou de pouvoir, machinations ou artifices coupables, auront provoqué à cette action* » (*F. DEFFERRARD, « La provocation », RSC 2002, p. 233 ; S. MARTIN-VALENTE, La provocation en droit pénal, thèse, mai 2002, Paris-XI ; J. LEAUTE, « Activité, complicité et provocation en droit français », Rev. pén. suisse 1947, p. 1*).

C'est dans le latin *provocare* (de *pro* : en avant, et *vocare* : appeler) que le verbe provoquer trouve son origine. La provocation est entendue comme une action qui consiste dans le fait d'inciter autrui à faire ou à ne pas faire quelque chose. Le provocateur est l'individu qui, par le geste, la parole, l'écrit, l'attitude, appelle à agir ou à s'abstenir, guide, incite, excite et contribue ainsi à l'adoption d'une certaine conduite par une ou plusieurs personnes (*F. BOULAN, La provocation. Problèmes actuels de sciences criminelles, t. 2, 1989, PUAM, p. 7 ; J-Y. LASSALLE, « Provocation », Rép. dr. pén. proc. pén., Dalloz, 2016, n° 1*).

L'instigateur est un complice plus dangereux que celui qui se borne à apporter son aide et son assistance à l'auteur, puisqu'il pèse sur la volonté ou sur l'intelligence de l'auteur principal et c'est pourquoi il est souvent lui-même traité comme auteur (*J. BIGUENET, « De la nécessité d'opérer une distinction entre complicité et instigation », Dr. pén. 2001, chron. 25*). Il est, en réalité, l'une des causes génératrices de l'infraction, et peut être considéré comme l'auteur moral ou intellectuel. La provocation n'est un acte de complicité punissable que dans la mesure où elle a été accompagnée des circonstances décrites par l'article 46 du CP, qui sont destinées à la renforcer et à la rendre plus suggestive.

La complicité n'est punissable que si la provocation a été circonstanciée, c'est-à-dire si elle est accompagnée de certaines circonstances qui la renforcent et lui donnent plus de poids, tels que les dons, les promesses, les menaces, l'abus d'autorité ou de pouvoir, les machinations ou les artifices coupables. Ainsi, ne peut être complice par provocation le passager d'un véhicule ayant donné l'ordre au conducteur, qui n'était pas son subordonné, de prendre la fuite (*Crim. 21 septembre 1994, Bull. crim. n° 302*).

Dans l'arrêt rendu le 30 avril 2012, la Cour d'Appel de Dakar a jugé que se rend coupable d'un acte de complicité par instigation prévu par l'article 46 alinéa 1er du Code pénal, le prévenu qui a exposé l'idée du délit à des personnes et leur a donné la description de la maison de la victime qu'il connaît très bien du fait de sa proximité avec le fils de cette dernière.

La provocation doit présenter des caractères spécifiques pour être répréhensible.

D'une part, elle doit être directe, c'est-à-dire que l'idée de l'infraction doit être nettement et clairement exprimée par le provocateur ; la provocation doit aussi être individuelle, c'est-à-dire adressée personnellement à celui que l'on veut convaincre de commettre l'infraction.

D'autre part, il est nécessaire que la provocation ait été suivie d'effet ; c'est-à-dire que le crime ou le délit doit avoir été consommé ou tout au moins tenté par celui qui avait été provoqué (*Pour un cas de provocation à un détournement de deniers publics, V. CA Dakar ch. corr., n° 316 du 12 juin 1972, MP c/ OPT c/ A. F., et autres, Rev. sén. dr. juin 1974, n° 15, p. 86*).

En l'absence d'un commencement d'exécution ou en cas de désistement volontaire, le provocateur n'est pas punissable, puisqu'il n'y a pas d'acte principal punissable. Il a été jugé que « *la provocation non suivie d'effet ne peut pas constituer un acte de complicité et n'est pas punissable lorsqu'elle n'est pas prévue par un texte formel* » (*Crim. 25 oct. 1962, D. 1963. 221, note Bouzat, JCP 1963. II. 12935, note Vouin*).

- **Complicité par aide ou assistance**

140. CS n° 27 du 08 juin 1968, *Thierno Souleymane SY c/ MP, inédit*

Un commerçant, qui se substitue au titulaire du prêt dans les fonctions d'organisme administrant les fonds, est un complice, par aide ou assistance de l'utilisation irrégulière des fonds.

LA COUR,

Sur le moyen unique pris d'une absence de motifs et d'une fausse application des articles 385 et 386 du Code pénal ;

Attendu qu'il est reproché à l'arrêt attaqué d'avoir T. S. S. coupable d'obtention frauduleuse prêts, garantis par l'État et de détournement de ces prêts, que les avances ont été consenties, non à T. S. S. mais à M. B., qui était seul responsable de leur utilisation et qu'aucune manœuvre frauduleuse n'a déterminé l'attribution de ces avances ;

Attendu que la cour d'appel énonce, d'une part, que T. S. S. a fait, pour la campagne 1963-1964, agréer, en ses lieux et place, M. B. , manœuvre à son service, comme organisme stockeur des arachides destinées à l'Office de Commercialisation agricole, que, d'autre part, M. B. était possibilité de justifier de l'emploi des fonds que lui avait l'Office, et, enfin, que les fonctions d'organisme stockeur en réalité exercées par T. S. S., ancien titulaire du poste, qu'un détournement commis au cours de la campagne n'avait pas permis d'agréer à nouveau ;

Attendu qu'au vu de ces constatations, c'est à tort confirmé le jugement ayant déclaré T. S. S. coupable d'avoir obtenu frauduleusement, puis détourné, des garantis par l'Etat, infractions dont M. B. se serait complice ;

Attendu que les délits prévus par la loi du 22 janvier dont les articles 385 et 386 du Code pénal ont repris les dispositions, ne peuvent, en effet, être commis que par les des avances frauduleusement obtenues ou irrégulièrement utilisées ;

Mais attendu qu'en se substituant à M. B. , titulaire du prêt, dans les fonctions d'organisme stockeur, administrant les fonds, T. S. S. a été complice, par aide et assistance, de l'utilisation irrégulière de ces fonds, qu'ainsi se trouve justifiée la peine prononcée contre le demandeur au pourvoi qui était passible, en application de l'article 45 du Code pénal, même peine que l'auteur du délit, d'où il suit que le moyen pas fondé ;

PAR CES MOTIFS

Rejette le pourvoi.

OBSERVATIONS

La loi punit « *ceux qui auront, avec connaissance, aidé ou assisté l'auteur ou les auteurs de l'action, dans les faits qui l'auront préparée ou facilitée, ou dans ceux qui l'auront consommée* ». Est complice d'un crime ou d'un délit la personne qui sciemment, par aide ou assistance, en a facilité la préparation ou la consommation.

L'aide et l'assistance consistent en une participation à l'action délictueuse, fournie avant ou pendant que celle-ci se consomme ; le complice apporte soit des biens soit une activité, un peu à la manière de l'associé d'une société commerciale qui fait des apports en numéraire, en nature ou en industrie. L'aide ou l'assistance apportée à l'auteur ou au coauteur au cours de l'entreprise délictuelle est le cas le plus fréquent de complicité (*C. GIRAULT, « Le relâchement du lien de concertation entre l'auteur principal et le complice », D. 2008, p. 1714*).

Dans un arrêt rendu par la Cour suprême le 08 juin 1968, il a été jugé qu'un commerçant, qui se substitue au titulaire du prêt dans les fonctions d'organisme administrant les fonds, est un complice, par aide ou assistance de l'utilisation irrégulière des fonds (*CS du 08 juin 1968, inédit*). On peut donc être complice pour avoir donné de fausses clés ou des armes employées au cours d'un cambriolage (*Cass. crim., 27 mai 1963, Bull. crim. n° 188. En l'espèce, l'arme était factice, mais suffisante pour intimider les victimes*) ; est aussi complice du voleur, la personne qui lui donne de l'argent pour qu'il achète un camion destiné à transporter les câbles dont le vol est projeté (*Cass. crim., 17 janv. 2018, n° 16-*

81.372). De manière plus générale, constitue un acte de complicité, toute aide donnée pour faciliter la préparation d'un crime ou d'un délit.

Le fait de s'associer aux actes préparatoires ou de prendre des mesures en vue de faciliter la commission d'une infraction ultérieure en sachant que ces actes vont permettre l'exécution d'un crime ou d'un délit, constitue, en effet, un acte de complicité, mais à la condition que l'auteur principal ne se soit pas borné à ces actes préparatoires et qu'il ait commencé l'exécution (*Crim. 21 févr. 1968, JCP 1969. II. 15703, note de Lestang : le complice a téléphoné pour faire venir la victime ; Crim. 26 mai 1983, Bull. crim. n° 156 : le complice a ouvert des comptes téléphoniques pour aider un parieur à jouer ; crim. 3 janv. 1985, Bull. crim., n°2 : un banquier, qui, connaissant la situation compromise du débiteur, accepte de prendre à l'escompte des traites sans cause ; crim. 22 déc. 1986, Bull. crim. n° 832*). Un seul acte d'aide ou d'assistance suffit pour être complice de l'auteur d'un délit d'habitude (*Crim. 19 mars 2008, Bull. crim. n° 70; Dr. pén. 2008, n° 79; crim. 13 sept. 2016, n° 15-85046*).

Un arrêt de la Cour d'Appel de Dakar, rendu le 24 janvier 2017, a énoncé que le fait pour un Huissier de Justice, en sa qualité d'officier ministériel, d'inciter à la conclusion d'une vente frauduleuse portant sur un terrain, en vantant les avantages du site qu'il a présenté comme étant une zone intéressante jouant ainsi un rôle actif dans la transaction, constitue un acte de complicité d'escroquerie (*CA Dakar, ch. corr. n°61 du 24 janvier 2017, MP c/ I. M. D., inédit*).

Selon le juge d'appel, « *cette intermédiation déterminante dans l'acte de remise de fonds par les intimées consacre incontestablement le rôle de certificateur de maître I. M. D., lequel doit à bon droit être analysé comme un acte positif de complicité par facilitation de l'action au sens des dispositions de l'article 46, alinéa 3 du Code pénal* ».

La chambre criminelle de la Cour suprême, dans un arrêt rendu le 07 février 2013, a considéré comme complice d'abus de confiance, le chef d'agence et gestionnaire des comptes d'une partie civile, qui en tant que professionnel tenu à une obligation générale de prudence, de diligence et de sécurité, a accordé des facilités à l'auteur d'un détournement sur le compte de cette dernière en autorisant des découverts sans l'accord du titulaire. Selon la cour, en adoptant une telle attitude faite de manquements et de négligences, le chef d'agence s'est rendu coupable de complicité d'abus de confiance (*CS ch. crim. n°22 du 07 février 2013, M. ND., SGBS et A. O. D. c/ MP et M. A. D., inédit*).

En revanche, le simple fait d'avoir présenté à une candidate à l'avortement une personne susceptible de connaître un avorteur ne constitue pas un acte de complicité (*Crim. 4 janv. 1975, Gaz. pal. 1975. I. 343*).

- **Complicité par fourniture de moyens**

141. CS ch. crim. n°32 du 07 juillet 2022, ***Mor GAYE c/ La société SOMICOA, inédit***

La cour d'appel, qui déclare une personne coupable de complicité de faux, sans préciser en quoi le comportement du prévenu pouvait être analysé en une aide ou fourniture de moyens ayant préparé ou facilité l'infraction, n'a pas mis la Cour suprême en mesure d'exercer son contrôle.

LA COUR,

Attendu qu'il résulte des énonciations de l'arrêt attaqué qu'à la suite de la sortie, de son entrepôt, des marchandises importées par la société ESSBS sans production des connaissements originaux, la SOMICOA, compagnie consignataire, a porté plainte ; que l'enquête a permis l'arrestation de Y. I. A. et M. G., gérant de la société ESSBS et leur renvoi devant le Tribunal de grande Instance de Dakar qui les a déclarés coupables respectivement de faux et d'usage de faux en écriture de commerce ;

Que par l'arrêt partiellement infirmatif, M. G. a été également déclaré coupable de complicité de faux en écritures de commerce ;

Sur le second moyen pris d'un défaut de base légale ;

Vu les articles 45, 46, alinéa 3 et 132 du Code pénal ;

Attendu que pour déclarer M. G. coupable d'usage de faux en écriture de commerce et de complicité de faux, l'arrêt se borne à retenir qu'il a exhibé un bon à enlever délivré par Y. T., un agent de la SOMICOA habilité à le faire ; que cependant si le document est d'apparence régulier, car contenant toutes les informations requises devant permettre d'enlever les marchandises, il n'en demeure pas moins que lesdites informations ne reflètent pas la réalité car Gaye n'a jamais payé la facture des marchandises… qu'il est aussi prouvé qu'il avait l'intention de consommer le délit en s'adjoignant les services de Y. T. pour obtenir satisfaction;

Qu'en se déterminant ainsi, sans préciser les informations mensongères nécessaires à la qualification du faux intellectuel, ni préciser en quoi le comportement du prévenu pouvait être analysé en une aide ou fourniture de moyens ayant préparé ou facilité l'infraction, la cour d'appel n'a pas mis la Cour suprême en mesure d'exercer son contrôle ;

PAR CES MOTIFS

Et sans qu'il soit besoin de statuer sur le premier moyen, en ses deux branches ;

Casse et annule l'arrêt n° 130 du 21 avril 2021 de la Cour d'Appel de Dakar ;

Renvoie la cause et les parties devant la Cour d'Appel de Thiès ;

Condamne la SOMICOA aux dépens ;

Dit que le présent arrêt sera imprimé et qu'il sera transcrit sur les registres de la Cour d'Appel de Dakar en marge ou à la suite de la décision attaquée ;

Ordonne l'exécution du présent arrêt à la diligence du Procureur général près la Cour suprême.

- **Complicité-formes- fourniture de moyens et instigation**

142. C. ass. Dakar, n° 24 du 18 mai 2012, *MP c/ Pape Cissé MBAYE et autres, inédit*

La complicité par fourniture de moyens est le fait pour une personne de procurer des armes, des instruments ou tout autre moyen qui aura servi à l'action sachant qu'ils devraient y servir.

Est complice d'un crime ou délit, celui qui par don, promesse, menace, abus d'autorité ou de pouvoir, machination ou artifice coupable, provoque ce crime ou délit ou donne des instructions pour la commettre.

LA COUR,

Considérant que suivant ordonnance de non-lieu partiel, de disqualification, de mise en accusation et de renvoi de Monsieur le Doyen des Juges d'instruction près le Tribunal de grande instance hors classe de Dakar en date du 30 Juin 2010, A. L. N., P. C. M., M. G. dit N., M. N., P. M. N. dit S. et N. M. N. ont été renvoyés devant la cour d'assises de céans sous les préventions d'avoir à Dakar, courant Août 2007, en tout cas depuis temps non prescrit, ensemble et de concert, frauduleusement soustrait une somme de 2 039 000Fcfa au préjudice de C. F. et F. F., avec ces circonstances que ladite soustraction a été commise avec usage de violences, d'armes à feu et de véhicule ;

D'avoir dans les mêmes circonstances de temps et de lieu, formé une association ou une entente dans le but de commettre des crimes ou délits contre les personnes ou leurs propriétés contre les trois premiers nommés ; D'avoir à Dakar, courant août 2007, en tout cas depuis temps non couvert par la prescription, avec connaissance, aidé ou assisté A. L. N., P. C. M. et M. G. dans la commission des faits de vol qui leur sont reprochés, contre les quatrième et cinquième nommés et d'avoir à Dakar, courant également août 2007, en tout cas avant prescription de l'action publique, sciemment recelé une personne qu'elle savait avoir commis un crime ou recherchée de ce fait par la justice ou tenté de la soustraire à l'arrestation et aux recherches ou aidé à se cacher ou prendre la fuite, faits prévus et punis par les articles 47 alinéa 2, 364, 366, 368, 238 et 239, 2, 3 du Code pénal;

EN LA FORME

Considérant que la procédure est recevable pour avoir été introduite dans les forme et délai légaux ; Que N. M. N., C. F. et F. F. n'ayant ni comparu ni été représentées, il y a lieu de statuer par défaut contre elles et contradictoirement à l'égard de A. L .N., P. C. M., M. G., M. N. et P. M. N. qui ont comparu en personne assistés de leurs conseils respectifs ;

AU FOND

(...)

SUR CE

Sur l'acquittement

Considérant que l'article 46 du Code pénal définit la complicité par fourniture de moyens reprochée à P. M. N. comme étant le fait pour une personne de procurer des armes, des instruments ou tout autre moyen qui aura servi à l'action sachant qu'ils devraient y servir ;

Que l'article 47, alinéa 2 du même code définit le receleur de malfaiteur comme étant celui qui sciemment, aura recelé une personne qu'il savait avoir commis un crime ou qu'il savait recherché de ce fait par la justice ou qui aura soustrait ou tenté de soustraire le criminel à l'arrestation ou aux recherches ou l'aura aidé à se cacher ou prendre la fuite ; Que l'article 338 du Code de procédure pénale a prévu que lorsqu'un accusé est déclaré non coupable, la cour d'assises prononce son acquittement ;

Considérant que P. M. N. a constamment et invariablement expliqué sans être démenti que jusqu'à l'éclatement de cette affaire, il ignorait tout de l'usage criminel qui a été fait du véhicule qu'il a sous loué A. L. N. qui lui a lui a expliqué avoir besoin d'un moyen de locomotion pour rallier Saint-Louis afin de prendre part à la prière dite des trois « Rakas » communément appelée « Kashu Rajab » ; Que confirmant les affirmations de N. M. N., A. L. N. a réitéré ses déclarations selon lesquelles cette dernière ignorait tout de ses activités criminelles ;

Considérant qu'il ne résulte pas de ce qui précède que P. M. N. avait la claire connaissance et conscience de l'usage criminel auquel A. L. N. destinait le véhicule qu'il lui a sous loué par l'entremise de M. et que N. M. N. savait également que le même accusé avec lequel elle sortait et recevait régulièrement à son domicile avait commis le crime qui lui est reproché et était de ce fait recherché par la justice ou qu'elle l'a soustrait ou tenté de le soustraire à l'arrestation ou aux recherches ou l'a aidé à se cacher ou prendre la fuite ; Qu'il échoit en conséquence de prononcer leur acquittement en application des dispositions de l'article 338 sus visé ;

(...)

Sur la complicité reprochée à M. N.

Considérant que l'article 46 du Code pénal qualifie de complice d'un crime ou délit, celui qui par don, promesse, menace, abus d'autorité ou de pouvoir, machination ou artifice coupable, aura provoqué ce crime ou délit ou donné des instructions pour la commettre ;

Considérant que cette affaire est partie comme l'a souligné à juste raison le représentant du Ministère public, du renseignement donné par M. N. à M. G. sur l'objet et la présence de C. F. et F. F. au marché des HLM ; Qu'en effet, A. L. N. et P. C. M. ont constamment soutenu qu'à leur arrivée à la station « Mobil On The Run », M. G. leur a désigné les victimes à lui indiquées comme étant détentrices d'une forte somme d'argent par M. N. qui n'a jamais pu donner une explication convaincante sur les raisons qui l'ont amené à porter une telle information à la connaissance de son interlocuteur occasionnel à ses propres dires ;

Que la rapidité avec laquelle les accusés ont agi dès réception de ce renseignement conforte l'effectivité du « Deal » proposé à ses coaccusés par M. N. qui les attendait sur les lieux de commission des faits qui leur sont reprochés et prouve en conséquence que leur rencontre à la station services « Mobil On The Run » n'est nullement le fruit d'un hasard ; Que faisant preuve d'une mauvaise foi caractérisée, M. G. et M. N. ont soutenu que la somme de 200 000 FCFA à eux proposée par A. L. N. quelques heures après la commission des faits de l'espèce était destinée à acheter leur silence alors qu'il s'agit en vérité de leur part du butin ; Qu'il échoit a en conséquence de ce qui précède de déclarer M. N. coupable du chef de complicité par instigation qui lui est reproché ;

(...)

PAR CES MOTIFS

Statuant publiquement, par défaut contre C. F., F. F. et N. M. N., contradictoirement à l'égard des coaccusés de cette dernière, en matière criminelle et en premier ressort ;

En la forme

Déclare la procédure régulière et recevable ;

Au fond

Prononce l'acquittement de P. M. N. et N. M. N. en application des dispositions de l'article 338 du Code de procédure pénale ;

Déclare A. L. N., M. G., P. C. M. et M. N. coupables des faits qui leur sont reprochés ;

Les condamne chacun en ce qui le concerne à la peine des travaux forcés à perpétuité en application des articles 5, 45, 46, 238, 239, 364, 366 et 367 du Code pénal ;

Ordonne la confiscation des armes et munitions saisies ;

Réserve les intérêts civils de C. F. et F. F. ;

Condamne les accusés déclarés coupables aux dépens ;

Le président avertit les accusés de ce qu'ils disposent d'un délai de quinze jours pour interjeter appel contre la présente décision à compter de son prononcé en application des dispositions de l'article 344 du Code de Procédure pénale.

OBSERVATIONS

Pour être punissable, la complicité suppose un acte de participation, non pas un acte quelconque ; il doit s'agir d'un acte qui rentre dans l'énumération prévue par l'article 46 du CP. L'acte matériel de complicité, pour être incriminé, doit présenter des formes et des caractères spécifiques.

Bien qu'il soit réprimé par référence au fait principal, l'acte de complicité comporte un élément matériel qui lui est rigoureusement propre et qui est décrit par l'article 46 du CP.

Ce texte énumère, en effet, les agissements qui permettent d'individualiser le complice au sein d'une entreprise délictueuse commise en participation. Il s'agit de la complicité par instigation, de la complicité par aide ou assistance et de la complicité par fourniture de moyens.

La fourniture de moyens constitue une forme de complicité prévue par l'article 46 du CP. Ce texte considère comme complices ceux qui auront procuré des armes, des instruments ou tout autre moyen qui aura servi à l'action sachant qu'ils devraient y servir.

Ainsi, celui qui a procuré une arme, du poison, une échelle ou de fausses clefs, etc., en sachant qu'ils devaient servir à la commission d'un meurtre, d'un empoisonnement ou d'un vol, pourra être puni comme complice, si le crime ou le délit a été consommé ou même seulement tenté (*CA Montbéliard, 22 nov. 1963, D. 1964. 78, note Pelier : à propos d'un directeur d'auto-école qui avait laissé donner des leçons de conduite par un préposé non muni de la carte professionnelle de moniteur ; CA Alger, 20 oct. 1965, Gaz. pal. 1966. 1. 133 : prêt d'une automobile à un individu qui se trouvait sous l'empire d'un état alcoolique ; TGI Paris, 5 déc. 1978, JCP 1979. II. 19138, note Brière de l'Isle : directeur d'un établissement de sauna condamné pour complicité d'outrage public à la pudeur par fourniture de moyens ; crim. 24 nov. 1986, Bull. crim. n° 352 : mise à la disposition, par une banque d'un compte de passage ayant permis une fraude fiscale ; Cass. ass. plén., 23 juill. 2010, Bull. ass. plén., n° 2 ; crim. 14 déc. 2010, Bull. crim. n° 200*).

Est complice de l'incendiaire celui qui lui fournit un briquet (*Cass. crim., 12 mai 1993, n° 92-85.076, JurisData, n° 1993-001746 ; Gaz. pal. Rec. 1993, 2, som., p. 463*). De même, fournit des moyens le dirigeant d'une officine de fausse facturation qui remet, contre contribution, des factures à des entreprises leur permettant de justifier des sorties d'argent et d'obtenir la récupération de la TVA (*crim. 13 mars 1995, Bull. crim. n° 100*).

Dans une espèce, pour déclarer M. G. coupable d'usage de faux en écriture de commerce et de complicité de faux, la cour d'appel s'est bornée à retenir qu'il a exhibé un bon à enlever délivré par Y. T., un agent de la SOMICOA habilité à le faire ; que cependant si le document est d'apparence régulier, car contenant toutes les informations requises devant permettre d'enlever les marchandises, il n'en demeure pas moins que lesdites informations ne reflètent pas la réalité car G. n'a jamais payé la facture des marchandises… qu'il est aussi prouvé qu'il avait l'intention de consommer le délit en s'adjoignant les services de Y. T. pour obtenir satisfaction;

Mais dans l'arrêt rendu le 07 juillet 2022, la chambre criminelle de la Cour suprême a, sur le visa des articles 45, 46, alinéa 3 et 132 du CP, cassé cet arrêt. Selon la haute juridiction « *en se déterminant ainsi, sans préciser les informations mensongères nécessaires à la qualification du faux intellectuel, ni préciser en quoi le comportement du prévenu pouvait être analysé en une aide ou fourniture de moyens ayant préparé ou facilité l'infraction, la cour d'appel n'a pas mis la Cour suprême en mesure d'exercer son contrôle* ».

Quant à la Cour d'assises de Dakar, elle a jugé dans un arrêt du 18 mai 2012, que la complicité par fourniture de moyens est le fait pour une personne de procurer des armes, des instruments ou tout autre moyen qui aura servi à l'action sachant qu'ils devraient y servir.

Mais il faut admettre qu'il s'agit d'une forme d'aide et d'assistance. Il importe peu que les moyens n'aient pas été indispensables pour réaliser l'infraction (*Crim. 22 janv. 1991, Bull. crim. n° 36; JCP 1992. II. 21909, note Garé*).

- **Complicité-caractères- exigence d'un acte positif- tempérament**

143. CA Dakar ch. corr. n° 81 du 05 mars 2019, ***MP et Marième SALL c/ Mor DIA et la soc. immob. DIA et frères, inédit***

La complicité par aide ou assistance peut s'induire d'une simple abstention, lorsque celui à qui elle est reprochée avait l'autorité et les moyens légaux de s'y opposer.

LA COUR,

Considérant que suivant acte n°1173 du 29 mai 2017, reçu au greffe, Mes Abdoul Birane WANE et FALL, avocats à la cour, ont pour le compte de M. D et du civilement responsable, interjeté appel contre les dispositions du jugement n°682 du 23 mai 2017 rendu par le Tribunal de grande Instance de Dakar qui a déclaré M. D. coupable de complicité d'escroquerie et pour la répression, l'a condamné à 06 mois avec sursis et à payer à titre de dommages et intérêts la somme de trois millions (3 000 000) frs CFA à M. S.;

Que le Ministère public, par acte formalisé le même jour a fait un appel incident contre ledit jugement :

En la forme

Considérant que les appels susvisés sont recevables pour avoir été interjetés dans les délai et forme requis par les dispositions des articles 485 et suivant du CPP ;

Considérant que les parties ont été régulièrement citées et chacune d'entre elle a pu bénéficier de l'assistance de son conseil; qu'il échet, au regard de ce qui précède, de statuer contradictoirement, par application des articles 399 et suivants du CPP ;

Au fond

Sur la culpabilité ;

Considérant que le 21 mars 2017, M. S. a fait citer M. D. devant le Tribunal correctionnel de Dakar pour escroquerie au jugement ; qu'il soulignait dans l'acte de saisine qu'elle et ses enfants sont copropriétaire avec les héritiers de A. C. de l'immeuble objet du TF 4059 DK sis à la rue Fleurus ; qu'à son insu, l'immeuble a été vendu à la société SOSICOM à deux cent vingt-cinq millions(225 000 000) de francs CFA suivant une ordonnance présidentielle d'autorisation de vente qui a été ultérieurement rétractée en référé ; qu'il a fait inscrire une pré notation sur ledit titre en attendant l'annulation de la mutation effectuée par l'acquéreur ; qu'il ajoutait que malgré l'existence d'une telle procédure, M. D. lui a servi un préavis de congé pour occupation personnelle, préavis qu'elle a contesté en assignant ce dernier en contestation de congé devant le Tribunal de grande Instance de Dakar ;

Que toutefois, et contre toute attente, une ordonnance d'expulsion n°2681 pour non-paiement de loyers, en date du 15 juillet 2016, rendue cette fois par défaut par le Tribunal d'Instance hors classe de Dakar lui a été signifiée ;

Qu'elle soutenait dans ledit exploit que cette ordonnance a été obtenue par fraude et tromperie ;

Considérant que le tribunal correctionnel à l'issue des débats a requalifié les faits poursuivis en complicité d'escroquerie et retenu la culpabilité de M. D., condamné aux peines sus rappelées ;

Considérant qu'à l'audience de céans, M. D. a contesté les faits en faisant valoir qu'il ne connaissait pas personnellement la dame qui continue d'occuper l'appartement et l'obligeant à supporter ses consommations d'eau ; que l'immeuble a été confié à la société Immobilière DIA et Frères (SIDF) qui a initié la procédure d'expulsion de M. F. ; qu'il n'était pas informé de cette procédure, et pour cause, la gérante de l'agence immobilière ne lui rendait compte qu'en fin d'année ; qu'il fait plaider l'infirmation du jugement de première instance dans la mesure où le mandat de gestion donné par M. D. à la SIDF, seule responsable de l'expulsion, ne lui prescrivait pas du tout de commettre des indélicatesses ; que la décision d'expulsion qui est la base de la saisine du tribunal correctionnel n'a jamais d'ailleurs été exécutée puisque rétractée par le tribunal d'instance avec l'accord des conseils du prévenu;

Considérant que le Ministère public, entendu, a requis l'application de la loi ;

Considérant que la partie civile a fait plaider la confirmation du jugement en faisant remarquer la situation de M. F. qu'on veut de spolier de sa part d'héritage avec la complicité du séquestre qui essaie de brader l'immeuble de son ex époux ; qu'il soulignait que DIA, contrairement à ses dénégations, est à la base de toutes les procédures tendant à l'expulser injustement de l'immeuble ; qu'il a ainsi obtenu son expulsion en la présentant faussement devant le tribunal d'instance comme une locataire alors qu'ils étaient déjà en procédure devant le tribunal de grande instance pour des litiges portant sur le même immeuble;

Sur ce ;

Considérant qu'il résulte des dispositions de l'article 379 bis du Code pénal que commet le délit d'escroquerie « quiconque aura reçu des avantages ou des commodités matérielles, des prestations ou se serait fait fournir des services en employant soit des manœuvres frauduleuses quelconques, soit en faisant usage de faux nom ou de fausses qualités . . . »

Qu'au sens des articles 46 et suivants du CP est punie de complicité la personne qui sciemment par aide ou assistance facilite la préparation ou la consommation d'une infraction ; qu'est également complice la personne qui par don, promesse, menace, ordre, abus d'autorité ou de pouvoir aura provoqué une infraction ou donné des instructions pour la commettre ;

Considérant que pour requalifier les faits et déclarer le prévenu coupable de complicité d'escroquerie au jugement, les premiers juges ont estimé par des motifs pertinents et suffisants que la cour adopte que « que l'analyse des faits permet de constater que , contrairement aux mentions faites dans l'ordonnance d'expulsion, en aucun moment la plaignante n'occupe les lieux où elle vit en qualité de locataire; qu'il s'agit plutôt d'un appartement faisant partie d'un immeuble appartenant à des héritiers dont elle fait partie ; qu'en établissant d'abord des quittances de non-paiement du loyer pour la plaignante pour ensuite les produire devant le juge des référés , la Société Immobilière DIA et frères (SIDF) à travers la dirigeante a fourni de fausses déclarations qui lui ont permis d'obtenir l'expulsion de la plaignante des lieux qu'elle occupe pour non-paiement de loyer ... ; que si les poursuites ont été faites à la diligence de la directrice générale de la Société Immobilière DIA et frères, il y a lieu de préciser en se référant aux développements susmentionnés, que cette société a reçu mandat du prévenu M. D. propriétaire et représentant légal de la SOSICOM… ;que ce mandat au regard de tous les développements qui précèdent s'analysent comme une instruction donnée à la SIDF ; qu'en effet, à travers ce document écrit, le prévenu a fourni des instructions à la directrice générale de la SIDF afin d'obtenir un jugement d'expulsion, après avoir en vain tenté d'obtenir cette expulsion par d'autres moyens de droit »

Considérant qu'il y a lieu d'ajouter, sous ce rapport, que la gérante de l'agence immobilière SIDF chargée d'administrer et de gérer au quotidien l'immeuble dont il s'agit en l'espèce , censé connaître la situation de tous les occupants de l'immeuble, ne pouvait concrètement ignorer que la partie civile qui n'a signé aucun contrat de bail n'était pas une locataire mais au contraire une indivisaire qui conteste la vente de l'immeuble devant les tribunaux ; que dès lors les assignations en expulsion pour défaut de paiement de loyers , faites que de mauvaise foi dans le souci évident de contourner les procédures légales et de prendre à défaut la justice, ne s'inscrivaient que dans une série de manœuvres frauduleuses qui ont abouti indument à lui procurer des avantages, l'expulsion de la dame M. F. ;

Considérant par ailleurs qu'il ne peut être contesté, au vu des éléments du dossier, que Mor DIA ne pouvait ignorer cette procédure tendancieuse instruite par celle qui est censée agir en son nom dès lors qu'il a signé personnellement le contrat en vertu duquel cette dernière peut agir au nom et pour le compte de la SOSECOM ; qu'il s'y ajoute que la situation de M. F. qui est une indivisaire en procès avec M. D. dans des procédures portant sur la contestation de la vente de l'immeuble et sur des procédures d'expulsion fait qu'il ne peut être envisagé que la procédure d'expulsion pour défaut de paiement de loyer à l'encontre de cette occupante bien particulière puisse être entamée et poursuivie à l'insu de M. D. par celle qui n'est en fait, aux termes du contrat de gérance, que son mandataire ;

Considérant qu'en laissant faire, par son attitude passive, alors qu'il avait les moyens juridiques et l'autorité d'arrêter cette procédure illégale, dont il ne pouvait qu'être informé,

M. D. a implicitement et sciemment marqué son accord à l'acte délictuel commis ; que sa posture caractérisant, sous ce rapport, une forme d'encouragement moral constitutif d'une complicité par aide ou assistance ;

Que la complicité par aide ou assistance peut s'induire en effet d'une simple abstention lorsque celui à qui elle est reprochée avait les moyens légaux, comme en l'espèce, de s'y opposer ;

Considérant qu'il résulte en conséquence de l'ensemble des éléments susvisés que les faits reprochés à M. D. sont constitués et qu'il y a lieu de confirmer la décision le déclarant coupable de complicité d'escroquerie au jugement ainsi que la peine de 06 mois avec sursis et l'amende qui sont justifiées au regard de la qualité de délinquant primaire du prévenu qui n'a pas d'antécédent judiciaire connu ;

(…)

PAR CES MOTIFS

Statuant publiquement, contradictoirement, en matière correctionnelle et en dernier ressort ;

Confirme le jugement en toutes ses dispositions ;

Condamne l'appelant aux dépens.

OBSERVATIONS

L'acte de complicité doit présenter certains caractères pour être punissable. Il doit s'agir d'un acte positif. La complicité suppose l'accomplissement d'un acte positif et ne peut s'induire d'une simple abstention (*V. Cass. crim. 21 oct. 1948, Bull. crim. n° 242; crim. 9 févr. 1950, JCP 1950. IV. 53 ; crim. 27 décembre 1960, Bull. crim. n° 624*). On n'est pas complice par abstention. Si blâmable qu'elle puisse être, l'abstention n'est pas, en principe, punissable sous la qualification de complicité. Le comptable, qui garde le silence sur les agissements illicites de son employeur, n'en est pas le complice ni le témoin d'un vol de voiture, qui passe son chemin (*Cass. crim., 6 décembre 1989, Dr. pén. 1990, comm. 117, note M. Véron*). Il en est de même de la personne surprenant plusieurs voleurs en flagrant délit, accepte de garder le silence contre rémunération (*crim. 15 janv. 1948, S., 1949, I, 81*).

Un arrêt de la Cour suprême rendu le 29 mai 1971 a censuré l'arrêt d'une cour d'appel qui a déclaré coupable de complicité de détournement de deniers publics et de faux et usage de faux en écritures de commerce, le directeur général d'une société qui n'avait pris aucune mesure alors qu'il était au courant d'un détournement imputé au chef magasinier de la société (*CS n° 18 du 29 mai 1971, T. D., A. B. N. et A. ND. c/ MP et la SDRS, Rev. sén. dr. juin 1974, n° 15, p. 84*). Selon la cour d'appel, cette abstention constitue une « *aide et assistance morale aux détournements commis* ».

Mais la haute juridiction a jugé que « *la complicité retenue n'est pas établie, la cour d'appel n'ayant relevé contre N. qu'une inaction ayant favorisé les détournements commis* ».

On constate en jurisprudence une tendance à l'élargissement de la répression de certains cas d'abstentions au titre de la complicité pénale (*Sur l'ensemble de cette question, A. DECOCQ, « Inaction, abstention et complicité par aide ou assistance », JCP 1983.I.3124 ; A. MIHMAN, « La répression de la complicité passive : distinction entre complicité par simple abstention et complicité par abstention aggravée », Gaz. pal. spéc., 2015, n° 305-307, p. 9*).

Ainsi, a condamné comme complice, l'amant qui avait seulement assisté à l'avortement de sa maîtresse, parce que, par sa présence et par son attitude, il avait apporté un appui moral à l'auteur de l'avortement (*crim. 5 nov. 1941, S.*

1942. 1. 89, note Bouzat; V. égal. Crim. 27 oct. 1971, Bull. crim. n° 284, Gaz. pal. 1972. 1. somm. 2, note J. P. I. ; obs. Légal, RSC 1972. 375 : qui a vu une complicité par aide ou assistance, dans la promesse par un individu de ne pas s'opposer comme il aurait dû le faire, en raison de ses fonctions, aux délits projetés, procurant ainsi aux auteurs de ces délits l'assurance de pouvoir les commettre sans être inquiétés).

Aussi, a pu être condamnée, comme complice, une mère à qui il était reproché de n'avoir pas retiré l'arme avec laquelle son fils a commis un parricide (*Cass. crim. 19 décembre 1989, D. 1990, p.198, note D. Mayer, RSC 1990.775, obs. A. Vitu*).

La jurisprudence retient plus largement la complicité de ceux qui ne se sont pas opposés à la commission d'une infraction, alors qu'ils avaient pourtant le devoir de le faire. Sera ainsi complice le gardien de la paix qui, au cours d'une ronde, a laissé son collègue voler dans un local qu'ils avaient précisément la charge de surveiller (*T. corr. Aix, 14 janv. 1947, D. 1947.somm.19, JCP 1947.II.3465, note R. Beraud, RSC 1947.581, obs. J. Magnol*).

La complicité a encore pu être retenue à la charge d'un notaire qui, en s'abstenant de révéler à ses clients certaines informations, avait facilité l'escroquerie commise à leur détriment (*Cass. crim. 10 avril 1975, Bull. crim. n° 89, RSC 1977.81, obs. J. Larguier*).

Dans arrêt rapporté ci-dessus, la Cour d'Appel de Dakar a énoncé que la complicité par aide ou assistance peut s'induire d'une simple abstention, lorsque celui à qui elle est reprochée avait l'autorité et les moyens légaux de s'y opposer. Ainsi, le juge d'appel a considéré que le gérant d'une société immobilière qui, par son attitude passive, n'a pas arrêté une procédure frauduleuse de vente d'un immeuble, dont il était informé, a implicitement et sciemment marqué son accord à l'acte délictueux, sa posture caractérisant, une forme d'encouragement moral constitutif d'une complicité par aide ou assistance (*CA Dakar ch. corr. n° 81 du 05 mars 2019, MP et M. S. c/ M. D. et la soc. Immob. DIA et frères, inédit*).

Dans ces différents cas, l'agent s'est abstenu volontairement d'accomplir un acte, alors qu'il lui appartenait d'agir pour s'opposer à la réalisation de l'infraction, si bien qu'il ne peut être assimilé au cas du spectateur passif (*A. DECOCQ, « Inaction, abstention et complicité par aide et assistance », JCP 1983. I. 3124)*.

Lorsque l'abstention traduit l'exécution d'un engagement antérieur à l'infraction, la répression est bien évidemment possible. Celui qui promet, avant l'infraction, de s'abstenir lors de la commission de celle-ci sera déclaré complice, non pas tant en raison de l'abstention elle-même, mais sur le fondement de la promesse faite, c'est-à-dire d'un acte positif (*V. par ex. Cass. crim. 27 oct. 1971, Bull. crim. n° 284, RSC 1972.375, obs. A. Légal et 385, obs. A. Vitu*).

Il arrive des cas où l'auteur d'une abstention peut être poursuivi, non pas comme complice, mais en tant qu'auteur d'un délit d'omission. Il en est ainsi en cas de non-dénonciation d'un crime ou de non-assistance à une personne en danger.

- **Complicité- caractères- acte postérieur au fait principal-exigence d'un concert frauduleux avec l'auteur principal- exigence d'un acte positif**

144. CS n° 18 du 29 mai 1971, *Talla DIOP et autres c/ MP et la SDRS, Rev. sén. dr.* juin 1974, n° 15, p. 84

L'aide et l'assistance reprochées un complice ne seraient punissables, ayant été postérieures à la perpétration de l'infraction, que si un concert frauduleux entre l'auteur principal et le complice était relevé.

N'est pas coupable de complicité de détournement de deniers publics et de faux et usage de faux en écritures de commerce, le directeur général d'une société qui n'avait pris aucune mesure alors qu'il était au courant d'un détournement imputé au chef magasinier de la société. La complicité retenue n'est pas établie, la cour d'appel n'ayant relevé contre le directeur général qu'une inaction ayant favorisé les détournements.

LA COUR,

Statuant sur les pourvois formés par T. D., qui avait donné mandat à son conseil Maitre Peyron, A. N. et A. B. N., pourvois déclarés, le 3 février 1970, au greffe de la cour d'appel, contre l'arrêt ne 89 rendu, la veille, par la chambre des appels correctionnels qui a condamné les demandeurs au pourvoi, pour faux et usage de faux en écritures de commerce, détournement et complicité de ces deux délits, D. et N. à sept ans d'emprisonnement et 60 000 francs d'amende, N. à cinq ans d'emprisonnement et 60 000 francs d'amende, et les trois, solidairement, à restituer à la Société de Développement Rizicole du Sénégal la somme de 15 210 000 francs, montant des détournements constatés ;

Attendu qu'en raison de leur connexité il convient de joindre les trois recours ;

Sur le pourvoi de T. D. ;

Attendu que T. D. n'a fait valoir aucun moyen à l'appui de son pourvoi ;

Attendu que l'examen de l'arrêt attaqué ne révèle aucune irrégularité de nature à préjudicier aux intérêts du demandeur ;

Que c'est à bon droit, notamment, qu'il a été fait application à celui-ci des articles 152 à 155 du nouveau Code pénal, réprimant « les détournements commis par les agents publics non pas, comme le retient l'arrêt, parce que les faux qui ont accompagné ces détournements sont moins rigoureusement punis par le nouvel article 135, mais parce que les faits sont, en partie, postérieurs au 25 mai 1964, date de publication de la loi n° 64-28 du 7 avril 1964 dont les articles 152 à 155 du Code n'ont fait que reprendre les dispositions;

D'où il suit que le pourvoi doit être rejeté ;

Sur le pourvoi d'A. N. et sur le moyen proposé d'office pris d'une violation de l'article 46 du Code pénal ;

Attendu que, pour déclarer N. complice des détournements et des faux et usage de faux en écriture de commerce imputés à T. D., la cour d'appel a retenu que les agissements de D., chef magasinier dans la société dont N. était directeur général, avaient été révélés à celui-ci et que N. n'avait pris aucune mesure, abstention que l'arrêt analyse en une aide et assistance morale aux détournements commis ;

Attendu cependant que l'aide et l'assistance reprochées à N. ne seraient punissables, ayant été postérieures à la perpétration de l'infraction, que si un concert frauduleux entre N. et T. D. était relevé par la décision ;

D'où il suit que l'arrêt doit être cassé ;

Sur le pourvoi de B. N. et sur le premier moyen pris de ce que la cour d'appel a statué sur des faits dont elle n'était pas saisie ;

Attendu que s'il appartient à la cour d'appel de changer la qualification des faits et de substituer un délit nouveau à celui qui lui était déféré, c'est à la condition qu'il ne soit rien changé à ces faits et qu'ils restent tels qu'ils ont été dénoncés dans les actes de la procédure ;

Attendu que la cour d'appel a déclaré B. N. complice des détournements et des faux et usage de faux en écriture de commerce imputés à T. D. ;

Attendu cependant qu'il ne résulte d'aucune des énonciations de l'arrêt que N. ait accepté d'être jugé sur ces faits, du chef desquels il n'avait pas été inculpé et qui n'avaient pas été visés par l'ordonnance de renvoi ;

Qu'au surplus la complicité retenue n'est pas établie, la cour d'appel n'ayant relevé contre N. qu'une inaction ayant favorisé les détournements commis par D. ;

Attendu, enfin, que la peine de sept ans d'emprisonnement infligée à N., directeur administratif de la Société de Développement Rizicole du Sénégal, n'est pas justifiée par le détournement de 1 700 000 francs dont N. a été, également, déclaré coupable au préjudice de son employeur ;

Que ce détournement, en effet, a été commis au début de l'année 1964, avant que ne soient incriminés les détournements préjudiciables à l'État, aux collectivités publiques ou aux personnes morales d'intérêt public ;

Que les faits tombaient donc à l'époque sous le coup de l'article 408, paragraphe 4 de l'ancien Code pénal qui réprimait l'abus de confiance qualifié d'une peine de réclusion à laquelle l'article 383, alinéa premier du nouveau Code a substitué une d'emprisonnement qui ne peut excéder quatre ans ; ce texte ne s'attachant plus au lien de subordination pouvant exister entre l'auteur et la victime du délit

D'où il suit que l'arrêt doit être cassé sans qu'il y alt lieu d'examiner les autres moyens proposés ;

PAR CES MOTIFS

Ordonne la jonction des recours de D., N. et N ;

Rejette le pourvoi formé par T. D. ;

Le condamne à l'amende et aux dépens :

Fixe au minimum la durée de la contrainte par corps ;

Sur les pourvois d'A. N.et de B. N. ;

Casse et annule l'arrêt n° 89 rendu le 2 février 1970 par la Cour d'Appel de Dakar, mais seulement en ce qu'il a condamné les demandeurs, tant pénalement que civilement, N. du chef de complicité dans les faits commis par T. D., et N. de ce même chef, et, en outre, du chef de détournement.

- **Complicité- caractères- acte postérieur au fait principal-exigence d'un accord antérieur à l'aide ou l'assistance**

145. C. ass. Dakar, n° 12 du 11 juillet 2014, *MP c/ Wassila ICHITI, inédit*

La complicité peut résulter d'un fait postérieur à la commission de l'infraction s'il y a eu accord antérieur à l'aide ou l'assistance

LA COUR,

Considérant que par ordonnance en date du 27 novembre 2013, le juge du 10e Cabinet d'Instruction du Tribunal de grande instance hors classe de Dakar a ordonné le renvoi devant la Cour d'assises de céans de W. I. des chefs d'accusation de détention et trafic international de drogue et de contrebande, faits prévus et punis par les articles 96 du Code des drogues , 287,293 ;309 et suivants du Code des douanes ;

En la forme

Considérant que la procédure est régulière pour avoir été diligentée dans les conditions prescrites par la loi ,

Au fond

Considérant que le 14 janvier 2010, les éléments du bureau des Douanes des colis postaux sis à l'avenue El Hadji Malick Sy, ont mis à la disposition des éléments de l'Office central pour la Répression du Trafic illicite des Stupéfiants (OCRTIS), une ressortissante française du nom de W. I. pour trafic international de drogue ;que selon le chef du bureau des douanes, cette dernière s'est présentée ce jour vers 16 heures à leur guichet avec un bout de papier sur lequel étaient inscrites les références de quatre colis, provenant du Paraguay qu'elle voulait récupérer ; qu'à l'ouverture des colis ,dont l'un avait été enlevé plus tôt par une autre personne ,il a été découvert dans les trois paquets restant, des habillements sportifs de l'équipe nationale du Paraguay et des drapeaux sur les quels était cousu un symbole en forme de cercle d'une certaine épaisseur, dont la rupture des coutures a permis de découvrir des sachets en plastique contenant une quantité de 1400 grammes de poudre qui, après analysée, s'est révélée être de la cocaïne ;qu'une livraison surveille fut organisée à l'effet d'appréhender le commanditaire allégué, mais sans succès;

Considérant qu'interrogée à l'enquête préliminaire l'accusée a expliqué s'être présentée au bureau des Colis postaux à la demande d'une connaissance du nom de Raoul qu'elle avait précédemment rencontré au lieu dit « Café de Rome » et dans divers autres endroits de Dakar, qui lui avait demandé cela comme un service, parce que se trouvant, selon ses dires, hors de Dakar ;

Qu'inculpée de trafic international de drogue et de contrebande, W. I. a persisté à nier les faits à elle reprochés ;

Que devant la barre de la Cour de céans, l'accusée a réitéré les dénégations faites tout au long de la procédure écrite ;

Que les témoins F. S. et R. A. N. ont déclaré ne pas connaître l'accusée et ne l'avoir rencontrée que le jour où elle est venue prendre le colis à la poste alors que le témoin I. N. a précisé que la fille a passé un coup de fil avec son portable avant que celui-ci ne soit confisqué ;

Que le Ministère public a fait observer que l'histoire de l'accusée suscite des interrogations puisque c'est une française qui a tout quitté pour s'établir au Sénégal et dont le passeport a expiré sans que pour autant elle se rapproche des services consulaires pour le renouveler ;

Qu'ensuite, aucune communication n'a été relevée entre elle et le nommé R. avant le jour des faits, ce qui fait penser qu'ils étaient ensemble ou qu'ils ont utilisé d'autres canaux de communications,

Qu'enfin, après son interpellation, elle a continué à utiliser son téléphone aux Colis postaux de 15h 57 mn à 17h 57 mn, ce qui laisse penser qu'elle était au courant que 1400 grammes de cocaïne ont été découverts dans les colis ;

Que selon lui, la constance des faits ne souffrant d'aucun doute, puisque la participation aux faits et la mauvaise foi de l'accusée son établies, il a requis de la Cour, une peine de 10 ans après la déclaration de culpabilité pour trafic international de cocaïne et de contrebande ;

Que les conseils de W. I. ont souligné que celle-ci est connue des services consulaires comme étant effectivement une française puisque son père s'est adressé à ces derniers qui ont confirmé sa nationalité et sa présence au Sénégal ;

Qu'ensuite, la matérialité des faits n'est pas établie puisqu'elle n'a jamais eu entre les mains de la drogue et un problème d'externalité se pose puisqu'elle n'est pas sortie des locaux ;

Qu'enfin, la complicité supposée est à écarter puisqu'elle doit être antérieure à la commission des faits ; qu'ils ont plaidé l'acquittement même au bénéfice du doute ;

Considérant qu'aux termes de l'article 96 du code des drogues, »seront punis de travaux forcés à temps de 10 à 20 ans et d'une amende égale au triple de la valeur des drogues saisies, ceux qui contreviennent aux dispositions du présent Code relatives à l'exportation ,l'importation et le transport international des drogues à haut risque du tableau 1 » ;

Que ce texte spécial qui prévoit en outre des peines plus sévère prime sur les articles 310 et suivants du Code des Douanes qui réprime le délit de contrebande en général ;

Qu'il s'infère de toutes ces dispositions que l'importation comme l'exportation de drogues, marchandises soumises à une réglementation particulière, sont pris en compte et réprimés par le Code des drogues, qu'en outre lorsqu'un fait criminel est susceptible de plusieurs qualifications, seule l'infraction la plus grave est retenue ; que le trafic international de cocaïne, drogue à haut risque du tableau 1, sanctionné de peines criminelles doit être retenue ;

Considérant que pour ce qui est chef de trafic international de drogue, il fait qu'il ne soit pas discuté que l'accusée a été arrêtée alors qu'elle était venue récupérer des colis contenant de la drogue n'est pas suffisant pour établir le trafic surtout qu'elle a, tout au long de la procédure, nié être la propriétaire de la drogue saisie et savoir ce que contenait les colis ;

Que s'il est établi d'après les relevés des communications de son téléphone portable, quelle a émis un appel et envoyé des messages écrits après son interpellation par les services douaniers, le contenu de ceux-ci n'est pas connu et ne renseigne donc pas sur une alerte éventuelle lancée par elle en direction de l'individu désigné par le prénom R. ;

Que même si la complicité peut résulter d'un fait postérieur à la commission de l'infraction s'il y a eu accord antérieur à l'aide ou l'assistance, il n'est pas objectivement démontré en l'espèce une quelconque aide ou assistance apportée par I. au destinataire de la drogue ;

Qu'ainsi, il existe un doute sur la culpabilité de l'accusée comme auteur principal ou complice, qui impose d'entrer en voie d'acquittement à son égard ;

Considérant qu'aux termes de l'article 108 du code des drogues, toute drogue trouvée en la possession d'une personne, qui la détient de manière illicite est saisie, confisquée par décision judiciaire indépendamment de toute poursuite et détruite conformément aux dispositions des articles 145 à 148 du présent Code ; qu'il échet d'ordonner la confiscation et la destruction de la drogue saisie ;

Considérant qu'il échet du fait de l'acquittement de mettre les dépens à la charge du Trésor public;

PAR CES MOTIFS

Statuant publiquement contradictoirement en matière criminelle et en premier ressort ;

En la forme

Déclare l'action publique recevable ;

Au fond

Acquitte W. I. au bénéfice du doute en application des articles 340 et suivants du Code de Procédure pénale ;

Ordonne la confiscation et la destruction de la drogue saisie, en application des articles 108 et 115 du Codes des Drogues ;

Met les dépens à la charge du Trésor public.

OBSERVATIONS

La complicité punissable suppose l'accomplissement d'un acte de complicité antérieur ou concomitant au fait principal (*Crim. 15 déc. 2004, Bull. crim. n° 322*). Il serait illogique de considérer comme complices des personnes qui n'ont en rien facilité la commission de l'acte délictueux et qui n'ont agi qu'après que celui-ci a été consommé.

Le complice doit avoir pris part à la préparation ou à la consommation de l'infraction.

En revanche, des faits postérieurs à sa consommation ne constituent pas des actes de complicité, même s'il apparaît qu'ils sont dictés par la seule volonté de prêter un concours à l'auteur de l'infraction. Après la consommation de l'action principale, les concours apportés aux malfaiteurs ne sont pas punissables, au titre de la complicité. N'est pas complice, celui qui aide un évadé déjà sorti de prison (*cass. crim., 4 mai 2000, Bull. crim. n° 78*) ou celui qui fournit son arbitrage pour partager un butin (*cass. crim., 23 juill. 1927, S. 1929, 1, 73, note J.-A. Roux*).

Ainsi a été cassé l'arrêt qui a condamné une personne pour complicité d'avortement en se fondant sur la seule circonstance que cette personne a fait disparaître le fœtus en l'enterrant dans son jardin (*cass. crim. 6 août 1945, D. 1946.somm.3, Gaz. pal. 1945.2.143, RSC 1946.58, obs. J. Magnol*). N'est pas aussi complice celui qui charge le produit d'un vol sur un véhicule et en assure le transport (*Cass. crim. 31 déc. 1920, S. 1922.1.45*).

Au Sénégal, déjà, un arrêt, ci-dessus rapporté rendu le 29 mai 1971, dans l'affaire Talla DIOP et autres c/ MP et la SDRS la Cour suprême a énoncé que l'aide et l'assistance reprochées un complice ne seraient punissables, ayant été postérieures à la perpétration de l'infraction, que si un concert frauduleux entre l'auteur principal et le complice.

Dans son arrêt rendu le 11 juillet 2014, la Cour d'assises de Dakar a retenu la même orientation jurisprudentielle. Elle a jugé que la complicité peut résulter d'un fait postérieur à la commission de l'infraction s'il y a eu accord antérieur à l'aide ou l'assistance.

Toutefois, l'exigence d'une antériorité ou d'une concomitance de l'acte de complicité avec l'infraction principale ne veut pas dire que tous les actes postérieurs échappent à la répression.

En raison du lien qui les rattache à l'infraction, la loi en punit certains actes postérieurs comme constitutifs d'un délit distinct. Il en est ainsi du recel de malfaiteur (*V. art. 47, alinéa 1er du CP*), du recel de terroristes (*V. art. 279-8 1° du CP*), du recel de choses (*V. art. 430 du CP*) et du blanchiment de capitaux (*V. art. 7 de la loi n° 2018-03 du 23 février 2018 relative à la lutte contre le blanchiment de capitaux et le financement du terrorisme*).

Cependant, les tribunaux décident que la collaboration, quoique postérieure à l'action, entre dans le champ de la complicité si elle est le fruit d'un accord préalable. Est considéré comme le complice d'un vol, le conducteur d'une automobile régulièrement appointé pour assurer la fuite de deux voleuses (*cass. crim., 30 avril 1963, Bull. crim. n° 57; RSC 1964, p. 134, obs. A. Légal. Dans le même sens, à propos de la fuite d'assassins ; cass. crim., 11 juill. 1994, Bull. crim. n° 74 ; RSC 1995, p. 343, obs. B. Bouloc ; V. aussi, à propos d'une prise illégale d'intérêt, Cass. crim., 1er déc. 1998, Dr. pén. 1999, comm. 80, note M. Véron*).

Mais encore faut-il que l'existence d'un tel accord antérieur soit établie, à défaut de quoi celui qui a apporté un concours postérieur à la commission de l'infraction ne peut être condamné comme complice (*Cass. crim. 28 janv. 1981, Bull. crim. n° 41*).

En outre, dire que des actes postérieurs à l'infraction ne peuvent constituer des actes de complicité ne signifie pas que ces actes ne puissent être pris en considération, au titre de la preuve, pour établir l'existence de faits antérieurs constitutifs de complicité (*Cass. crim. 4 déc. 1947, Bull. crim. n° 239, RSC 1948, p. 105*) ou pour donner une coloration intentionnelle aux actes accomplis avant (*Cass. crim. 4 nov. 1991, Bull. crim. n° 391*).

On retrouve les traces de cette solution dans la jurisprudence criminelle sénégalaise. En effet, la Cour suprême a déjà jugé, dans un arrêt rendu le 29 mai 1971, que l'aide et l'assistance reprochées un complice ne seraient punissables, ayant été postérieures à la perpétration de l'infraction, que si un concert frauduleux entre l'auteur principal et le complice *était relevé. (CS n° 18 du 29 mai 1971, Talla DIOP et autres c/ MP et la SDRS, Rev. sén. dr. juin 1974, n° 15, p. 84).* L'ex Cour d'Assisses va dans le même sens. Elle a estimé dans un arrêt rendu le 11 juillet 2014 que la complicité peut résulter d'un fait postérieur à la commission de l'infraction s'il y a eu accord antérieur à l'aide ou l'assistance (*C. ass. Dakar, n° 12 du 11 juillet 2014, MP c/ W. I ., inédit*).

- **Complicité- élément moral-exigence d'une aide et d'une assistance avec connaissance**

146. CA Dakar n° 658 du 19 juillet 2010, *MP et Alioune FALL et autres c/ Eve CISSOKHO et Amadou SAGNA BALDE, inédit*

En vertu de l'article 46 du Code pénal, la complicité suppose notamment que l'auteur avec connaissance, ait apporté aide ou assistance à un ou des auteurs d'une action dans les faits qui l'auront préparée ou facilitée ou dans ceux qui l'auront consommée.

LA COUR,

Considérant que suivant actes au greffe les 08, 10 et 11 Mai 2009 la dame E. C., A. S. B. agissant par l'organe de leurs conseils respectifs et le Ministère public à titre incident ont relevé appel du jugement correctionnel n°1891 rendu contradictoirement le 07 mai 2009 par le Tribunal de grande instance hors classe de Dakar dont le dispositif est ainsi conçu « Statuant publiquement, contradictoirement, en matière correctionnelle et en premier ressort ;

En la forme

Déclare l'action publique recevable ;

Au fond

Sur l'action publique

Déclare les prévenus coupables des faits qui leur sont reprochés ;

Condamne A. S. M. à deux ans d'emprisonnement ferme ;

Condamne E. C. à 6 mois d'emprisonnement ferme ;

Décerne mandat de dépôt contre la susnommée, conformément à l'article 452 du Code de Procédure pénale ;

Sur l'action civile

Reçoit la constitution de partie civile de A. F., O. D., G. C. et M. B.;

Alloue à A. F. la somme de 8 500 000 francs, O. D. 13 000 000 Francs ; G. C. 4 100 000 Francs et M. B ; 4 300 000 Francs ;

Ordonne le versement de la somme de 10 000 000 francs, objet de la consignation ainsi qu'il suit :

A.F. 3 000 000 Francs ;

O. D. la somme de 4 000 000 francs ;

G. C. la somme de 1 500 000 francs ;

M. B. la somme de 1 500 000 francs ;

Condamne les prévenus à payer aux parties civiles précitées la somme reliquataire de 15 600 000 Francs à titre de dommages-intérêts pour toutes causes de préjudices confondues ;

Réserve les intérêts civils de K. A., O. P. et de M. F. E. ;

Ordonne l'exécution provisoire du jugement ;

Fixe la contrainte par corps au maximum ;

Condamne les prévenus aux dépens »;

Considérant que les appels susvisés ont été faits dans les forme et délai prescrits ;

Qu'il y a lieu de les déclarer recevables ;

Considérant que les prévenus E.C. et A. S. M. ont comparu à l'audience de la Cour assistés de leurs conseils respectifs ; Que les parties civiles A. F., O. D. et M. B. ont été représentées par leurs conseils en l'occurrence Mes Ndiaga DABO, Borso POUYE et Amadou KA substitué par Me Pape Mor NIANG. Que G. C. autre partie civile n'a ni comparu ni été représentée ; Que dès lors il échet de statuer contradictoirement à l'égard des prévenus E. C., A. S. B., des parties civiles A. F., O. D., M. B.A et par défaut à l'encontre de G. C. épouse S.;

Au fond

Sur l'action publique

Considérant qu'il résulte tant de la procédure écrite que de l'instruction d'audience les faits suivants : Par lettre en date du 23/01/2009 le sieur A. F. portait plainte formellement contre la dame E. C. devant l'autorité en charge de la Division des Investigations Criminelles pour escroquerie ; Qu'en confirmant les termes de ladite plainte il a précisé aux enquêteurs que la mise en cause l'avait approché au mois de Septembre 2008 pour lui parler d'une de ses connaissances en l'occurrence un certain A. B. mandaté par des gens travaillant à la Présidence de la République à l'effet de vendre des véhicules réformés appartenant à l'ANOCI ; Qu'ainsi étant intéressé par un véhicule de marque Mitsubishi Pajero Chassis Long au prix de 7 700 000 Francs qu'il envisageait d'acquérir pour le compte de son partenaire Belge du nom de Bernard Barro, il en a parlé à ce dernier qui a immédiatement viré l'argent dans son compte bancaire ; Qu'il a par la suite libellé un chèque du même montant au nom de E. C.; Qu'à ses dires après plusieurs promesses postérieurement à la remise dudit chèque intervenue le 05/09/2008 la dame C. à sa demande lui a finalement communiqué le numéro de téléphone de Baldé qu'il est d'ailleurs parvenu à joindre au moment où ce dernier se trouvait à Kolda du moins d'après ce qu'il lui a dit ;

Que toujours selon le plaignant B. était devenu injoignable et flairant l'arnaque il s'est résolu à saisir l'officier de Police judiciaire sus-indiqué ;

Qu'entre-temps plus exactement le 2 mars 2009 la dame M. F. E. à son tour dénoncé, par lettre plainte, des agissements similaires de dame C. qui lui avait promis contre la somme de 5 700 000 Francs un véhicule genre Peugeot 307 réformé par l'ANOCI dont la vente lui avait été confiée par un certain A. B. de ladite agence ; Qu'en dépit du virement au profit de dame C. du montant convenu elle n'a reçu ni le véhicule promis ni l'argent viré dans le cadre de la transaction en question ; Que lors de l'enquête le Colonel M. B. et le sieur O. D. qui ont versé à dame C., contre décharge pour le dernier nommé, respectivement les sommes de 4 700 000 Francs et 12 400 000 Francs aux fins d'acquérir du parc des véhicules réformés de l'ANOCI une Peugeot 406 pour BA, deux véhicules une Peugeot 406 et un, Pajero pour D. ; Qu'ils ont attendu vainement plusieurs mois sans obtenir livraison des véhicules dont l'intégralité des montants convenus ont été pourtant libérés entre les mains de dame C. ;

Qu'ils ont déclaré que la mise en cause leur avait fait croire qu'elle disposait d'un lot de véhicules à récupérer auprès d'un certain B. de l'ANOCI ;

Qu'en outre la dame G. C. (sœur de même père et même mère de la mise en cause E. C.) a révélé aux enquêteurs avoir elle-même versé, contre décharge, à A. S. B. la somme de 3 800 000 Francs pour l'acquisition d'un véhicule genre « Toyota double Cabine » et ce en présence de sa sœur sus désignée ;

Qu'elle a précisé avoir à plusieurs reprises relancé B. en vue d'obtenir livraison, de la voiture objet de leur transaction mais en vain ;

Que l'enquête subséquente a permis d'interpeller et de déférer au Parquet la dame E. C. et le sieur A. S. B. ;

Qu'ils seront finalement attraits devant le tribunal des flagrants délits respectivement des chefs d'escroquerie pour le second nommé et de complicité dudit délit pour la première, que suivant jugement susvisé ils en ont été déclarés coupables par le juge d'instance, et condamnés aux peine et paiement comme ci-dessus indiqués ;

Qu'ils ont alors introduit la présente instance d'appel ;

Considérant qu'à toutes les étapes de la procédure y compris devant la Cour de Céans la dame E. V. a toujours nié les faits de complicité d'escroquerie qui lui sont reprochés ; Qu'elle a indiqué avoir rencontré fortuitement le sieur B. dans un magasin de vente de meubles sis à la rue Félix Faure à Dakar et ce au mois de mai 2008 ; Qu'à cette occasion précise-elle, B. lui a été présenté et au terme de leurs discussions elle a décliné sa qualité professionnelle de décoratrice ; Que séance tenante B. lui a proposé la décoration de ses appartements ;

Qu'à ses dires ils ont ainsi noué des relations à caractère strictement professionnel jusqu'au jour où ce dernier lui a révélé être mandaté par des responsables de l'ANOCI pour la vente des véhicules réformés de ladite Agence ; Qu'une telle opportunité ne l'ayant pas laissé indifférente elle a porté son choix sur une voiture genre Peugeot 307 au prix de 4 700 000 francs et a versé un acompte de 2 700 000 francs sur la base de la confiance sans exiger une décharge; que c'est ainsi qu'elle en a parlé à ses proches et ceux qui étaient intéressés par l'offre ont versé entre ses mains les montants y afférent suivant le genre de véhicule choisi ; Qu'elle a alors reversé l'argent reçu des clients par elle contactés au sieur B. ; Que cependant au début de l'opération elle n'exigeait point de décharge pour les sommes reversées ce qui explique qu'elle n'a pu justifier les remises faites à B. concernant certains acquéreurs ; Qu'elle a précisé n'avoir à aucun moment eu le moindre soupçon quant aux agissements de son co-prévenu qu'elle croyait travailler à la Présidence de la République et qu'elle prenait pour le Secrétaire Général de ladite structure ; Qu'elle reconnaît avoir reçu pour le compte de Baldé au titre des transactions relatives au « marché » de vente des véhicules réformés de l'ANOCI différentes sommes des personnes ci-après désignées:

A. F. 7 700 000 francs pour l'achat d'une Pajero et ce à la date du 05 septembre 2009 montant reversé le même jour à Baldé contre décharge ;

O. P. 7 700 000 Francs pour l'acquisition d'une Pajero, 4 700 000 Francs pour une 406, 5 700 000 Francs pour une 307 Peugeot et 4 200 000 Francs pour une L 200 double Cabine ;

O. D. 7 700 000 Francs pour une Pajero et 4 700 000 francs pour une 406 Peugeot ;

K. A. 4 700 000 Francs pour une Peugeot 406 et 3 800 000 Francs pour une « Double Cabine » ;

M. B. 4 700 000 Francs pour une Peugeot 406 ;

Que poursuivant elle a indiqué que sa sœur de même mère et de même père en l'occurrence G. C. épouse S. a versé directement à B. en sa présence au Méridien Président la somme de 3 800 000 F contre décharge pour l'acquisition d'une « Double Cabine » ; Que pour les mêmes fins précise-t-elle aux enquêteurs, la dame M. F. E. a versé contre décharge pour l'acquisition d'une Peugeot 307 la somme de 5 700 000 Francs ;

Que dame C. a soutenu être une victime au même titre que les personnes qui ont porté plainte contre elle ; Qu'à sa suite ses conseils ont plaidé dans le même sens en sollicitant sa relaxe non sans relever le caractère injuste de sa condamnation par le juge d'instance ; Qu'ils ont fait observer que dame C. ignorait le caractère chimérique du marché que lui avait proposé B. qui lui-même n'a pas servi une réponse claire quand il soutient à la barre de la Cour de façon laconique « elle devait le savoir » ;

Qui plus est ils ont relevé le rôle joué par dame C. qui a été déterminant en permettant l'arrestation de B. en acceptant d'être placée sous écoute téléphonique et en localisant elle-même le sieur B. avant d'alerter les policiers qui l'ont appréhendé ; Qu'en outre à leur avis elle ne peut en toute connaissance du caractère fictif du marché que leur proposait B. y impliquer sa propre sœur qu'elle a personnellement démarché ;

Considérant que B. a reconnu sans ambages les faits qui lui sont reprochés ; Qu'il a cependant précisé que dame C. ne lui a pas reversé l'intégralité des montants encaissés et qu'elle a accepté le « marché » dont elle n'ignorait pas le caractère chimérique ;

Qu'il a indiqué avoir lui-même inventé ce stratagème afin de trouver de l'argent puisqu'il traversait à l'époque une passe difficile, ployant sous le poids des dettes ; Qu'à ses dires ce marché n'a existé que dans son imagination et dame C. y a pris une part active intéressée qu'elle était par une commission qu'elle percevait pour chaque opération finalisée ;

Qu'à a suite son conseil a plaidé la disqualification des faits qui lui sont reprochés en complicité d'escroquerie (par instigation) puisque, comme il le reconnaît lui-même il est le concepteur de ce « marché chimérique»; Qu'à leur avis dame C. est l'auteur principal pour avoir démarché toutes les victimes alors que B. n'est allé voir personne, n'a appelé personne et n'a été en contact avec personne à l'exception de G. C. ; Qu'ils ont fait remarquer que dame C. a encaissé plus de 60 000 000 de Francs mais n'a reversé à B. que la somme de 26 800 000 francs ; Qu'il est d'ailleurs assez révélateur que toutes les plaintes soient dirigées contre E. C. ; Qu'enfin soutiennent-ils, B. ne conteste pas sa responsabilité et a en conséquence pris les engagements de rembourser mais dans la mesure de ce qu'il a pris non sans rappeler qu'il a déjà versé un acompte de 10 000 000 Francs et reste devoir la somme reliquataire évaluée à 7 000 000 environs ; que tenant compte de cet effet il y a lieu de réduire sa peine pour lui permettre de recouvrer la liberté afin de rembourser le montant restant dû ;

Considérant que l'Avocat général a requis la confirmation du jugement attaqué quant à la déclaration de culpabilité du chef d'escroquerie à l'encontre de B. et l'infirmation de ladite décision en ce qui concerne E. C. qui doit être relaxée purement et simplement;

Considérant que les conseils des parties civiles à savoir A. F., M. B. et O. D. ont tous plaidé la confirmation du jugement dont est appel non sans insister sur la culpabilité de E. C. ;

Que pour le conseil de D. dame C. n'est pas une complice mais son rôle s'analyse plus exactement comme celui d'un auteur principal ;

Qu'en effet «elle n'a parlé de B. que lorsqu'il y a eu des reports de livraison » ; Qu'en définitive les conseils des parties civiles ont plaidé le maintien de dame C. notamment dans les liens de la prévention du chef d'escroquerie et non complicité de ce délit ;

(...)

Sur le délit de complicité d'escroquerie reproché à E. C.

Considérant qu'aux termes de l'article 46 du Code pénal, la complicité suppose notamment que l'auteur avec connaissance, ait apporté aide ou assistance à un ou des auteurs d'une action « dans les faits qui l'auront préparée ou facilitée ou dans ceux qui l'auront consommée »;

Considérant qu'il n'est pas contesté que dame C. comme l'a relevé le premier juge a servi d'intermédiaire entre A. S. B. convaincu du délit d'escroquerie et les victimes qui ont cru en sa prétendue qualité de mandataire des services de la Présidence de la République pour la vente des véhicules réformés de l'ANOCI ;

Considérant que dame C. qui se dit elle-même victime pour avoir versé de l'argent à B. a véhément contesté les faits de complicité qui lui sont reprochés ; Que s'il est vrai qu'elle a pu déterminer les parties civiles à adhérer au projet en versant différents montants pour l'acquisition des véhicules promis il reste que, contrairement à l'appréciation des premiers juges, sa mauvaises foi ne saurait se déduire du seul fait qu'elle a omis d'exiger de B. des reçus en contrepartie des sommes à lui reversées ; Qu'en effet, elle a expliqué qu'au début de l'opération ses rapports avec B. étaient basés sur la confiance, et qu'ainsi elle n'a eu le moindre soupçon quant au caractère fictif du projet dont s'agit ;

Qu'elle n'a réclamé des décharges, à ses dires, que pour certains acquéreurs suite au non-respect des délais de livraison initialement fixés ; Qu'il ressort indubitablement des éléments du dossier qu'elle a bien reversé de l'argent à B. sans exiger les décharges y afférents ; Que d'ailleurs sur ce point précis B. a servi des déclarations contradictoires ;

Que devant le premier juge il a soutenu n'avoir établi au profit de dame C. que quatre (04) décharges alors qu'à la barre de la Cour il a avancé le chiffre de trois (03) que dame C. a du reste contesté ;

Que B. a par ailleurs soutenu n'avoir reçu de dame C. que la somme de 26 800 000 Francs alors que le montant des décharges par lui délivrées à cette dernière et à sa sœur G. C. correspond à la somme de 16 200 000 Francs d'où un gap de 10 600 000 Francs ne faisant l'objet d'aucune décharge, ce qui corrobore les déclarations de dame C. au sujet des versements effectués sur la base de la confiance ; (cf. documents portant décharges de la somme de 7 700 000 versée par A. F., celle de 4 700 000 francs versée par le Colonel M. B. et celle de 3 800 000 Francs directement versée à B. par la dame G. C.) ;

Considérant que B. a déclaré sans en apporter la preuve que dame C. a perçu des commissions sur les montants encaissés ce que cette dernière a du reste contesté ;

Qu'au demeurant E. C. a révélé avoir été convaincue par B. qui a simulé son appel laissant croire qu'il avait joint une secrétaire de la Présidence et sommait cette dernière de le mettre en contact rapidement avec le Président de la République ; Qu'une telle mise en scène destinée à gagner la confiance de dame Eve n'aurait pas été nécessaire si comme le soutient B. elle était au fait du caractère fictif du projet ; Que d'ailleurs à la barre du juge d'instance B. a déclaré « c'est vrai qu'au début Eve voulait acquérir une voiture mais après c'est elle qui m'a proposé le deal ... c'est dès les premières remises d'argent que j'ai dit à Eve que je ne disposais d'aucune voiture »; Qu'en cause d'appel lors de l'instruction d'audience B. (et à sa suite son conseil l'a confirmé dans sa plaidoirie) a déclaré sans ambages que l'idée (c'est à dire le stratagème qui leur a permis de gruger les parties civiles) est venue de lui non sans préciser qu'il ne disposait d'aucun véhicule ;

Qu'il s'infère des éléments ci-dessus exposés notamment de l'analyse des déclarations de B. lui-même que c'est de bonne foi que E. C. a approché les victimes dont sa sœur de même mère et même père en l'occurrence G. C. ;

Qu'en le faisant a-t-elle indiqué, elle voulait leur faire profiter de ce qu'elle croyait légitimement être une bonne opportunité ;

Que O. P. qui a versé la somme de loin la plus importante (22 800 000 Francs) l'a si bien compris qu'il n'a même pas porté plainte ni contre elle (qui a encaissé le montant sus-indiqué) encore moins contre B. avec qui il n'est jamais entré en contact ; Que consécutivement à ce qui précède il échet de dire et juger que les éléments constitutifs du délit de recel qui lui est reproché ne sont pas suffisamment établis à son encontre et de la renvoyer des fins de la poursuite au bénéfice du doute en infirmant le jugement attaqué dans toutes ses dispositions la concernant ;

(...)

PAR CES MOTIFS

Statuant publiquement, contradictoirement à l'égard des prévenus, des parties civiles A. F.L, M. B. et O. D. , par défaut à l'égard de G. C. autre partie civile, en matière correctionnelle et en dernier ressort ;

En la forme

Reçoit les appels principaux des prévenus et ceux incidents du Ministère public ;

Au fond

Confirme le jugement entrepris quant à la culpabilité du sieur A. S. B. et sur les intérêts civils de A. F., M. B. et G. C. ;

Condamne B. à six (06) mois d'emprisonnement assortis du sursis ;

Le condamne en outre au paiement des sommes allouées par le premier juge aux parties civiles sus désignées ;

Réformant ledit jugement et statuant à nouveau :

Renvoie E. C. des fins de la poursuite au bénéfice du doute ;

Déboute O. D. de sa demande ;

Met les dépens à la charge de B.

- **Complicité- élément moral exigence d'une aide et d'une assistance avec connaissance**

147. CA Dakar, ch. corr. n° 514 du 12 juillet 2017, *MP et Société. Neel Steel SA c/O. L. et autres, inédit*

Au sens de l'article 46 et suivants du Code pénal, la complicité qui est un délit d'emprunt suppose pour qu'elle soit punissable que l'agent pénal ait sciemment facilité la préparation ou la consommation d'un crime ou d'un délit.

LA COUR,

Considérant que par actes n°03 du 17 mai 2017 et n° 14 du 15mai 2017 O. L. et C. T. ont formé successivement opposition contre l'arrêt n° 682 rendu le 16 novembre 2016 par la deuxième chambre correctionnelle de la cour d'appel de céans dont le dispositif est ainsi conçu:

« Statuant publiquement, contradictoirement contre la partie civile, par défaut réputé contradictoire contre P. A. D. et C. T., par défaut simple contre O. L., en matière correctionnelle et en dernier ressort;

Reçoit les appels des prévenus et du Ministère public;

Infirme partiellement le jugement attaqué ;

Statuant à nouveau, requalifie les faits en abus de biens sociaux et complicité dudit délit;

Déclare O. L. coupable d'abus de biens sociaux ;

Déclare P. A. D. et C. T. coupables de complicité d'abus de biens sociaux;

Condamne chaque prévenu à deux ans de prison et 100 000 d'amende ferme;

Confirme le surplus du jugement ;

Condamne les prévenus aux dépens »

En la forme

1-Sur la recevabilité

Considérant qu'il résulte de l'examen des pièces que les susnommés ont été cités en première instance, le premier à parquet et le second à son bureau ; que les oppositions susvisées formées chacune dans les conditions et délai prévus par l'article 478 et suivants du CPP ont été régulièrement signifiées et notifiées aux autres parties et qu'il échet en conséquence de les déclarer recevables ;

2- Sur la portée des oppositions

Considérant que P. A. D. a fait plaider que l'opposition rend le jugement non avenu dans toutes ses dispositions ; que la Cour précisait il doit être saisie de l'entièreté du dossier et de la situation de tous les mis en cause y compris celle le concernant, bien que n'ayant exercé aucun recours ;

Qu'il y a lieu de préciser à cet égard que si l'article 476 du CPP dispose que l'opposition rend le jugement non avenu, il ne résulte toutefois d'aucune disposition de la loi que l'opposition doit être étendue aux prévenus qui n'ont pas fait opposition; qu'il échet en conséquence de dire et juger que la Cour n'est pas saisie de la situation personnelle de P. A. D. ;

3-Sur la règle *electa una via*

Considérant que la défense a par ailleurs soutenu l'irrecevabilité de la citation de la partie civile au motif que le juge civil a été antérieurement saisi de la procédure ; qu'il est toutefois de relever que cette règle consacrée par l'article 5 du CPP constitue une fin de non-recevoir qui ,comme toutes les exceptions , doit nécessairement être soulevée avant toute défense au fond, par application des articles 373 et suivants du CPP; qu'en l'espèce la règle n'a été soulevée que dans la phase ultime de la procédure, notamment dans les plaidoiries finales et qu'il y a lieu par conséquent de la rejeter, comme tardivement soulevée ;

Au Fond

Sur la culpabilité

1-Sur les faits et la procédure

Considérant que le 28 août 2013, la société Neel Steel a fait citer directement devant le Tribunal de grande instance Hors classe de Dakar O. L., P. A. D. et C. T. pour escroquerie contre le premier et complicité d'escroquerie contre les deux derniers nommés ; qu'au soutien de son action, elle soulignait que pour arrêter une procédure entamée contre Lô, auteur de malversations dans le cadre de ses fonctions antérieures de Directeur général de Neel Steel, P. A. D. , promoteur immobilier, avait accepté et signé un protocole d'accord aux termes duquel une villa sise à Hann Maristes et objet du lot 76 que L. avait réservée à son niveau, suivant un contrat de réservation, ainsi qu'un immeuble situé à Dakar Thiaroye Azur d'une superficie de 300 mètres carrés soient affectés à Neel Steel en paiement des sommes détournées ; que Neel Steel soulignait avoir découvert postérieurement que le titre 2721/DG sur lequel est bâti la villa susvisée a fait l'objet d'une fusion avec le TF 4297/DG appartenant à l'État du Sénégal qui l'a donné à la coopérative des travailleurs de l'ISRA par une convention dont une clause interdisait la cession ou la sous location du bail ; qu'elle faisait observer que le notaire est toujours dans l'attente des documents que D. doit lui transmettre pour procéder au transfert de propriété ; qu'elle considérait que le délit est par conséquent établi à l'encontre d'O. L. qui s'est prévalu faussement d'une qualité de propriétaire ; que P. A. D., en sa qualité de directeur de la société Nouvelle Destination SA et de gérant de la SCI SOCOBAT, et le sieur C. T., président du GIE K. M. S. ont, ajoutait-elle, aidé O. L. dans la commission de l'infraction en portant leur signature sur le protocole pour lui faire échapper à des poursuites;

Considérant que la partie civile a produit au soutien de ses prétentions différents documents dont le protocole d'accord daté du 30 mars 2011 précité qui définissait les termes prévus pour le règlement à l'amiable du préjudice de Neel Steel que les parties évaluaient à 266 710 966 CFA et mettaient sur le compte de Lô; que ledit protocole prévoyait principalement qu' O. L. transférerait à Neel Steel la propriété de la villa formant le lot 76 d'un immeuble bâti à Hann Marinas ainsi qu'un hangar de 300metres carrés qu'il a acquis respectivement auprès des sociétés « Nouvelle Destination » et « SCI ECOBAT appartenant à P. A. D.; qu'également 03 terrains de Lô situés dans le département de Mbour devait, aux termes du protocole précité, revenir au plaignant par transfert de propriété ;

Considérant que le Tribunal de grande instance hors classe de Dakar saisi de la procédure n'a pas toutefois retenu la qualification d'escroquerie visée par la partie civile ; qu'elle opérait une requalification des faits en faux et usage de faux en écritures privées et condamnait chacun des prévenus qui ont fait défaut à 2 ans de prison et au paiement solidaire de la somme de 275 millions à la partie civile ;

Que saisie d'un recours, la cour d'appel a pour sa part considéré qu'au-delà des documents argués de faux , une analyse plus globale de la procédure révélait que O. L. a dilapidé le patrimoine de la société en acquérant des biens personnels payés avec le matériel de Neel Steel ; qu'elle requalifiait par voie de conséquence les faits en abus de biens sociaux et déclarait O. L. coupable de ce chef, P. A. D. et C. T. coupables de complicité d'abus de biens sociaux et confirmait pour le surplus les dispositions du premier jugement ;

Considérant qu'à l'audience d'opposition de céans, O. L. a contesté les faits et expliqué les circonstances dans lesquelles il a signé le protocole d'accord dont se prévaut la partie civile ; qu'il soulignait qu'après son départ de la direction de Neel Steel pour convenances personnelles, un audit a établi que son compte était débiteur, solde qu'il a accepté de payer dans un échéancier fixé d'accord partie à 03 ans ; que trois mois plus tard, Neel Steel l'a fait arrêter arbitrairement par la police où il a été maintenu plus de 04 jours et c'est dans ce contexte que le conseil de la partie civile présent sur les lieux a établi un deuxième protocole faisant état cette fois-ci faussement d'un détournement de 266 millions et par suite une pression intense a été exercée sur son épouse afin que celle-ci le pousse à signer ledit document ; qu'il ajoutait que le pseudo protocole d'accord a été par la suite acheminé auprès d'un notaire pour authentification des signatures, étude où paradoxalement il ne s'est jamais personnellement rendu ; qu'interrogé sur les biens personnels acquis en payant avec le fer à béton de la société, il a déclaré avoir eu l'autorisation du PCA, O. G.;

Considérant qu'il a fait plaider que l'abus de biens sociaux est une infraction applicable qu'aux gérants et dirigeants des SARL et non à ceux des sociétés anonymes ; que l'escroquerie initialement visée dans les poursuites n'est pas constituée, pas davantage le faux retenu par le juge d'instance dans la mesure où les plaignants n'ont produit aucun document pouvant être qualifié de faux et que le prévenu n'a commis aucune infraction ;

Considérant que C. T. a véhément contesté à son tour toute connivence avec O. L.; que faisant la genèse des événements, il a souligné que P. A.D. lui a confié dans le cadre du projet Marinas, le marché de la fourniture de carreaux qui a été exécuté mais Dieng qui l'avait quasiment désintéressé restait toutefois lui devoir un peu d'argent ; que c'est dans ce contexte que le coassocié de ce dernier est venu à son tour prendre auprès de lui et à crédit du marbre pour les besoins d' une mosquée à Thiès ; que les susnommés ont fini par lui proposer de prendre en compensation des sommes qu'ils lui devaient un hangar situé à Thiaroye Azur leur appartenant, ce qu'il a accepté ; qu'il ajoutait que Dieng l'avait toutefois saisi plus tard pour le prier de donner le hangar à O. L. qui en a besoin avant de lui payer l'intégralité des sommes dues ;

Qu'il soulignait avoir, pour ce qui le concerne, toujours acheté auprès de Neel Steel avec des bons de commande et des factures en bonne et due forme et il versait dans la procédure certains des documents ci-dessus évoqués ;

Considérant que pour demander l'infirmation du premier jugement T. a également fait plaider que le protocole d'accord revêtu du sceau du notaire est un titre exécutoire qui produit les mêmes effets qu'un jugement et que la transaction dont il est l'objet emporte renonciation de Neel Steel de toute procédure ultérieure ; qu'il soulignait que le protocole d'accord du 30 mars 2011 a reçu une pleine et entière exécution dans la mesure où Dieng a transféré à Neel Steel tous les biens concernés ;

Considérant que P. A. D., entendu dans le cadre de la procédure, a confirmé les déclarations de T. et expliqué le contexte dans lequel O. L., après lui avoir avancé 15 millions pour une des villas du projet Marinas a souhaité payer le reste sous forme de dation en paiement; qu'il déclarait avoir accepté sans aucune arrière-pensée de fraude car d'une part il ne pouvait savoir, au regard de la qualité de directeur général de ce dernier, que le matériel ne lui appartenait pas et qu'il a, d'autre part, pris le fer à béton dans les mêmes conditions de prix que s'il l'avait acheté dans le marché ;

Considérant que les conseils de la défense qui ont contesté l'existence d'un quelconque délit ont finalement fait observer que non seulement le préjudice de la partie civile a été déjà réparé suivant décision en date du 30 mars 2015 de la juridiction civile mais qu'en plus, tous les biens recensés dans le protocole d'accord liant les parties ont été transférés à la partie civile dont ils dénoncent la mauvaise foi ;

Que le Procureur général, entendu, a soutenu une telle idée en considérant dans son réquisitoire qu'autant le juge de première instance que ceux d'appel, qui ont tour à tour requalifié les faits, ont statué en dehors du périmètre contentieux délimité par la citation directe servie par la partie civile qui a préféré ce mode de saisine à ses risques et périls ;qu'il sollicitait l'infirmation du jugement et la relaxe des prévenus dès lors que d'une part aucun délit n'était caractérisé et que la partie civile a pris possession en plus, d'autre part, de tous les biens que les parties avaient visé dans l'accord de transaction ;

Considérant que les conseils de la partie civile ont fait relever en revanche que la citation directe n'est qu'un simple moyen de saisine de la juridiction et que le juge garde toute sa liberté d'action pour donner aux faits leur véritable qualification ; qu'ils ajoutaient par ailleurs, d'une part, que le protocole d'accord évoqué par les conseils des prévenus n'est revêtu d'aucune formule exécutoire et ne peut dans ce cadre valoir titre, ni matérialiser une quelconque transaction et que, d'autre part ,contrairement aux affirmations de la défense, l'article 891 de l'Acte uniforme est bien applicable aux dirigeants des sociétés anonymes;

Considérant que la partie civile a par ailleurs fait plaider que la culpabilité des prévenus est établie ; qu'O.L. en signant le protocole d'accord sus évoqué reconnaissait par cet acte les malversations qui lui étaient reprochées ; que P. A. D. qui connaissait le PCA de Neel Steel a accepté malgré tout d'entrer dans un deal avec O. L. et qu'il est impliqué dans les malversations commises par celui- ci au même titre que C. T. également signataire du protocole d'accord ;

Sur ce ;

(...)

2 Sur les faits de complicité reprochés à C. T.

Considérant qu'aux termes de l'article 46 et suivants du CP, la complicité qui est un délit d'emprunt suppose pour qu'elle soit punissable que l'agent pénal ait sciemment facilité la préparation ou la consommation d'un crime ou d'un délit ;

Considérant que force est de relever, sous ce rapport, que les débats d'audience n'ont pas permis de caractériser un acte matériel de complicité à l'encontre de C. T. qui a par ailleurs constamment nié les faits ;

Que, ni le Ministère public qui a au demeurant requis sa relaxe, ni la partie civile n'ont produit des éléments pouvant asseoir, sous quelle forme que ce soit, une quelconque aide ou assistance apportée par ce dernier à O. L dans la commission des actes délictuels qui lui sont reprochés ;

Qu'il s'y ajoute que le protocole d'accord du 30 mars 2011 qui détermine l'étendue des engagements et des responsabilités des uns et des autres dans le règlement du litige ne l'incrimine point ni ne l'impute d'aucun fait précis, d'une part, et que T., contrairement à ses co-prévenus, et à sa décharge n'a pris, d'autre part, aucun engagement précis de dédommager la partie civile pouvant valoir une reconnaissance de faute ;

Que seuls P. A. D. et O. L. ont pris en effet, des engagements concrets dans le protocole d'accord dans la perspective du dédommagement de la partie civile ;

Considérant ceci rappelé, il est à ajouter que le juge pénal doit aux termes de l'article 414 du CPP se déterminer que d'après son intime conviction et sur la base de preuves apportées et discutées devant lui ;

Que, sous ce rapport, force est de relever que malgré les accusations répétées de la partie civile, la culpabilité de C. T. ne ressort pas pour autant des débats d'audience et des éléments de la procédure ; qu'il subsiste objectivement un doute sur sa culpabilité et qu'il échet en conséquence, infirmant le premier jugement, de le relaxer au bénéfice du doute;

(...)

PAR CES MOTIFS

Statuant publiquement, contradictoirement, en matière correctionnelle et en dernière instance ;

En la forme

Déclare les oppositions de O. L. et de P. C. T. recevables ;

Dit que la Cour n'est pas saisie de la situation personnelle de P. A. D.

Rejette l'exception « *electa una via* », comme tardivement soulevée;

Au fond

Requalifie les faits en abus de biens sociaux ;

Relaxe C. T. au bénéfice du doute ;

Déclare O. L. coupable d'abus de biens sociaux ;

Le condamne à 02 ans de prison avec sursis ;

Déclare recevable la constitution de partie civile de Neel Steel ;

Constate que son préjudice a été réparé ;

La déboute de ses demandes comme mal fondées ;

Condamne O. L. aux dépens.

- **Complicité-élément moral de complicité-exigence d'une intention coupable caractérisée par une aide consciente et voulue**

148. CA Dakar n° 602 du 06 juin 2012, *MP et Mamadou Aliou DIALLO c/ Alpha Omar DIALLO, inédit*

La complicité définie par les articles 45 et 46 du Code pénal exige non seulement un fait principal punissable, mais encore une intention coupable caractérisée par une aide consciente et voulue à la perpétuation du délit auquel le complice s'associe.

LA COUR,

Considérant que par arrêt n°46 du 03 juin 2008, la Cour de Cassation (première chambre), statuant sur pourvoi de M. A. D., a déclaré irrecevable le mémoire produit par celui-ci, cassé et annulé, en toutes ses dispositions, l'arrêt n°148 rendu le 19 janvier 2007 par la Cour d'Appel de Dakar, autrement composée, laquelle, infirmant le jugement n°086 du 29 mars 2006 du Tribunal de grande instance de Kolda, a relaxé les prévenus A. O. D. et M. N. des fins de la poursuite puis, renvoyé la cause et les parties devant la présente Cour dans sa composition actuelle ;

Considérant que devant la Cour, les prévenus ont comparu, assistés de leurs conseils ; que la partie civile a été représentée par son conseil ;

Qu'il sera dès lors statué par arrêt contradictoire ;

Considérant que par arrêt n°714 du 24 juillet, devenu définitif, la présente Cour, autrement composée, avait déclaré recevables les appels principaux des prévenus et du civilement responsable et incidents du Ministère public formés contre le jugement susvisé ;

(...)

Sur la complicité d'abus de confiance

Considérant que la complicité définie par les articles 45 et 46 du Code pénal exige non seulement un fait principal punissable, mais encore une intention coupable caractérisée par une aide consciente et voulue à la perpétuation du délit auquel le complice s'associe ;

Considérant que M. N. était au moment de la commission de la plupart des faits commis par A. O. D. à la fois Chef d'agence et gestionnaire des comptes de M. A. D. ;

Considérant que le chef d'agence a une connaissance meilleure de l'entreprise ou du client que les autres responsables de sa structure ; qu'en tant que professionnel, il est tenu d'une obligation générale de prudence, de diligence et de sécurité ; que la charge de la preuve de ces obligations lui incombe ;

Considérant qu'il ressort de l'examen des conclusions de l'expertise que les fonds détournés ou dissipés par A. O. D. n'auraient pas été possibles sans l'existence d'une complicité au niveau de la SGBS ;

Considérant que M. N. a accordé des facilités à A. sur le compte de la partie civile en autorisant des découverts sans l'accord du titulaire ; qu'en tout cas il n'en a pas rapporté la preuve comme il a été du reste incapable d'établir la preuve que celle-ci a été avisée de la clôture de son compte ; qu'en outre certains documents bancaires n'ont pas été retrouvés par son remplaçant lequel a déclaré que son prédécesseur a emporté avec lui un carton plein de documents ; qu'ainsi les chèques litigieux réclamés par l'expert n'ont pas été retrouvés ; qu'il a fermé les yeux sur l'utilisation par A. des numéros NINEA et NITI de CASA DOUNIA pour son compte ouvert dans son agence ainsi que sur tous les mouvements suspects quasi simultanés de fonds des comptes de la partie civile vers ceux de son mandataire d'autant qu'il a admis que pour tout retrait supérieur ou égale à 250 000 FCFA l'avis du gestionnaire du compte était obligatoire ;

Qu'il est donc évident qu'en adoptant une telle attitude faite de manquements et de négligences tout en ayant conscience qu'il contribuait à l'état de cessation de paiement de CASA DOUNIA M. A. D., M. N. doit être considéré comme complice de A. O. D. ;

Considérant que s'agissant de la peine il y a lieu, tenant compte de la personnalité du prévenu, délinquant primaire, marié et père, de le condamner à six mois d'emprisonnement avec sursis, par application des textes susvisés et des articles 383 et 433 du Code pénal ;

(...)

PAR CES MOTIFS

Statuant publiquement, contradictoirement, en matière correctionnelle et en dernier ressort ;

Vu l'arrêt n°714 du 24 juillet de la présente Cour, autrement composée ;

Vu arrêt n°46 du 03 juin 2008 de la Cour de Cassation (première chambre) ;

Infirme partiellement le jugement déféré ;

Statuant à nouveau :

Requalifie les faits en abus de confiance et complicité d''abus de confiance ;

Déclare A. O. D. et M. N. coupables respectivement d'abus de confiance et de complicité de ce délit ;

Condamne A. O. D. à trois (03) ans d'emprisonnement dont la moitié avec sursis ;

Condamne M. N. à six mois d'emprisonnement avec sursis ;

Confirme pour le surplus ;

Condamne les prévenus aux dépens.

OBSERVATIONS

Le complice doit avoir participé sciemment à la commission de l'infraction principale (*V. J.-H. ROBERT, « Imputation et complicité », JCP 1975. I. 2720*). La notion de complicité est inséparable de la mauvaise foi, c'est-à-dire de la conscience par l'agent, au moment où il accomplit les faits constitutifs de la complicité, du concours qu'il apporte à l'exécution d'une infraction principale (*R. LEGROS, « L'élément intentionnel dans la participation criminelle », RDPC., 1952, p. 117 ; B. ZLATARIC, « La participation criminelle et les différentes formes de culpabilité », RID pén. 1967, p. 157 ; R. KOERING- JOULIN, « L'élément moral de la complicité par fourniture de moyens ruineux », D., 1980, chr., p. 231 ; Cf. BERREVILLE, « Quelques réflexions sur l'élément moral », RSC, 1973, p. 868 ; J. H. ROBERT, « Imputation et complicité», JCP 1975. I. 2720*). D'après un arrêt de la Cour d'Appel de Dakar rendu le 11 janvier 2017, « *la complicité suppose l'accomplissement d'un acte matériel réalisé par le présumé complice avec la claire conscience que l'auteur principal commettait une infraction à la loi pénale* » (*CA Dakar, ch. corr. n°22 du 11 janvier 2017, MP et M. Th. ND. c/ Mb. D., inédit*).

La complicité suppose, outre un fait principal punissable, un acte matériel de complicité sous-tendu par une conscience du caractère délictueux de l'attitude adoptée (*CA Dakar, n° 227 du 06 mars 2009, MP et DHL international Mali c/ B. TH., in Bulletin des arrêts rendus par la Cour d'Appel de Dakar en matière pénale, 2011, vol n° 2, p. 72*).

Il a été également jugé que la complicité exige « *une intention coupable caractérisée par une aide consciente et voulue à la perpétration du délit auquel le complice s'associe* » (*CA Dakar, ch. corr. n° 602 du 06 juin 2012, MP et M. A. D. c/ A. O. D. et M. ND., inédit ; dans le même sens, CA Dakar ch. corr., n° 537 du 19 juillet 2017, MP et l'AJE c/ M. S. et autres, inédit : «la complicité au sens des dispositions de l'article 46 et suivants du CP suppose de la part de l'agent pénal une aide ou assistance apportée en connaissance de cause à l'auteur principal dans les faits qui ont préparé ou consommé l'infraction » ; CA Dakar, ch. acc. n° 304 du 03 décembre 2015, MP c/ M. A. T. S. et autres, inédit : « la complicité supposant un acte moral, en l'occurrence une intention coupable et puisqu'il ne peut être imputé à S. A. E. M. aucun fait de nature à établir une connivence entre lui et les vendeurs d'or malien, c'est à bon droit que le magistrat instructeur a prononcé le non-lieu à l'égard du susnommé »*).

Le juge d'appel a estimé que le simple fait pour un chauffeur de taxi d'offrir ses services à l'auteur d'un vol alors que les faits se déroulaient à l'intérieur d'une auberge où le prévenu n'était pas présent ne suffit pas à établir un élément moral de complicité, d'autant que les objets subtilisés étaient facilement dissimulables.

Dans l'arrêt rendu le 12 juillet 2017, il a été jugé qu'au sens de l'article 46 et suivants du Code pénal, la complicité, qui est un délit d'emprunt, suppose pour qu'elle soit punissable que l'agent pénal ait sciemment facilité la préparation ou la consommation d'un crime ou d'un délit (*CA Dakar, ch. corr. n° 514 du 12 juillet 2017, MP et Soc. N. S. SA c/O. L. et autres, inédit*).

Même l'étourderie ou la légèreté ne suffit pas à constituer une aide et assistance (*V. J. Y. MARECHAL, « Réflexions sur la complicité des délits non intentionnels », Dr. pén. 2016, étude n° 27*). Ainsi, l'employé des postes, n'ayant pas scrupuleusement examiné des bons du Trésor alors qu'ils étaient faux, les a remboursés au faussaire, a été relaxé de la prévention de complicité d'usage de faux (*Cass. crim., 6 décembre 1989, n° 88-84.873, JurisData n° 1989-004595 ; Dr. pén. 1990, comm. 117, note M. Véron*).

La conscience de l'accomplissement d'actes matériels de complicité, qui se déduit naturellement de la provocation circonstanciée ou de la fourniture de moyens ou d'instructions, est aussi l'élément moral indispensable à la répression de la complicité par aide et assistance (*Cass. crim. 15 novembre 1990, RSC 1991, p. 337, obs. Delmas Saint-Hilaire ; JCP, éd. E., I, 41, obs. M. Vivant et A. Lucas*). La nécessité d'une participation consciente conduit de prime abord à exiger qu'il y ait eu une correspondance rigoureuse entre l'intention du complice et les faits accomplis par l'auteur principal.

- **Complicité- répression- théorie de l'emprunt de criminalité**

149. CA Dakar, ch. corr. n° 489 du 03 juillet 2017, *MP et la société TRAFIGURA PTE LTD c/ Malick GUEYE et la Soc. NELL STEEL SA, inédit*

Les actes de complicité ne sont pas punissables en eux-mêmes puisque ne faisant qu'emprunter la criminalité des actes de l'auteur principal ; la responsabilité du complice est étroitement commandée quant à l'incrimination et à la peine par l'infraction commise par cet auteur.

LA COUR,

Considérant que suivant acte du greffe en date du 20 mai 2016, le prévenu et le parquet ont relevés appel du jugement dont le dispositif suit :

« Statuant publiquement, contradictoirement en matière correctionnelle et en premier ressort :

Déclare M. G. coupable de complicité d'abus de confiance ;

Le condamne à six mois d'emprisonnement avec sursis ;

Reçoit la constitution de partie civile de T. ;

Lui alloue la somme globale deux milliards sept cent millions (2 700 000 000) de Francs CFA à titre de dommages et intérêts ;

Condamne M. G. au paiement ;

Déclare Nell Steel civilement responsable ;

Ordonne l'exécution provisoire à hauteur de deux milliards de francs ;

Fixe la contrainte par corps au minimum ;

Condamne M. G. et NELL STEEL aux dépens» ;

Considérant que les appels visé ci-dessus ont été fait les formes et délais prévus par la loi, il échet de les déclarer recevables;

Sur l'irrecevabilité de l'action

Considérant que l'appelant par l'intermédiaire de ses conseils a soulevé l'irrecevabilité de la présente action au motif que le juge d'instruction était saisi de la même procédure et n'avait pas clôturé son information au moment de la saisine du juge correctionnel d'une procédure dirigée contre un présumé complice alors que le sort de l'auteur principal n'était pas réglé ;

Qu'il a également invoqué le défaut de qualité à agir de T. PTE LTD qui a une personnalité juridique différente de celle de la société qui a envoyé les marchandises ;

Considérant que le Ministère public a requis la confirmation ;

Considérant que T. a plaidé la forclusion au motif que ladite exception devait être soulevée avant toute défense au fond et elle a été invoquée pour la première fois devant le juge d'appel ;

Qu'à sa suite, le conseil du prévenu a indiqué que cette exception, a déjà été soulevée par le Ministère public en première instance ;

SUR CE

Considérant que cette exception tendant à s'appliquer en cas de violation au cours d'une procédure judiciaire d'une disposition de procédure pénale concernant l'indépendance des juridictions d'instruction et de jugement relativement à la criminalité d'emprunt est une exception préjudiciable au sens de l'article 374 du CPP ;

Qu'il résulte des dispositions de ce texte de loi qu'elle doit être présentée avant toute défense au fond ;

Qu'en espèce en dehors du fait qu'elle a été présentée en même temps que les défenses au fond, il apparaît au vu du jugement querellé et des notes d'audience qu'elle a été formulée pour la première fois devant le juge d'appel, le Ministère public s'étant limité en première instance au vu des débats d'audience à s'assurer que le juge d'instruction n'était pas saisi de la même affaire pour éviter une contrariété de décision ;

Qu'il échet par conséquent de déclarer cette exception irrecevable ;

Au fond

Sur l'action publique

Considérant que T. a fait exposer dans sa citation qu'en 2011 et en 2012, elle a eu à conclure plusieurs contrats de vente avec les sociétés ONIL et UNISTEEL portant sur du fer à béton et du sur fil machine, sous le régime de la tierce détention confiée à la Société MLT, l'acheteur final étant la société NELL STEEL, dont le prévenu est le Président directeur général ;

Que NELL STEEL se trouve être propriétaire de l'entrepôt sous douane sénégalaise servant de lieu de stockage pour la Société MLT;

Que le 09 novembre 2013, alors qu'un ordre de relâche portant sur 9168 tonnes de fer déchargés des navires « M/V KARSOY » et « M/V ASSOS STRIKER » a été donné par T. à MLT qui a livré à NELL STEEL, à charge pour cette dernière d'effectuer les formalités douanières en vue d'une exportation, à travers la Société de transit dénommée SOSETRAC, dont le propriétaire est le même que celui de NELL STEEL, les déclarations en douane ont été annulées par NELL STEEL, engendrant pour T., obligée de dédommager l'acquéreur évincé, un préjudice de 400 000 000 de francs ;

Que NELL STEEL a fait retourner 9618 tonnes de fer du Port de Dakar vers ses entrepôts de Diamniadio, en soutenant, sans le prouver par un document, que le fer lui a été vendu par ONL;

Que l'expert commis par le Doyen des juges d'instruction a conclu que « le stock de fer à béton trouvé sur le site de Diamniadio abritant les entrepôts de MLT S.A et NELL STEEL, représente bel et bien la marchandise ayant fait l'objet de relâches pour exportation en date du 09 novembre 2013 de 1876,445 tonnes et 7291,555 tonnes soit au total 9168 de fer et précédemment déchargée respectivement du « M/V KARSOY » et « M/V ASSOS STRICKER » ; Cette relâche avait été ordonnée par T. et avait été livrée à la société NELL STEEL chargée d'effectuer les formalités douanières en vue d'une exportation (voir la lettre de demande d'escorte douanière et copie de la déclaration réexportation » ;

Considérant que le prévenu a contesté les faits à lui reprochés soutenant n'avoir aucun lien juridique avec la Société T. puisque le fer lui a été vendu par la Société ONIL qui elle-même l'avait acquis de T. ;

Qu'à sa suite, ses conseils ont sollicité l'infirmation du jugement entrepris en soutenant que TRAFIGURA n'était pas propriétaire de la marchandise et que les sommiers en douane, qui portaient le nom de Nell Steel prouvent la propriété de celle-ci qui par la suite a été redressée à ce titre ;

Considérant que le Ministère public a relevé que le prévenu ne pouvait être poursuivi que es-qualité ;

Que le conseil de la partie civile a sollicité la confirmation en soutenant que 9168 tonnes de fer ont été confiées à NELL STEEL qui devait procéder à sa réexportation après l'ordre de relâche reçu de sa part ;

Qu'il a précisé que sur cette quantité, rien ne peut être reproché à la société MLT qui était tierce détentrice et dont le directeur à savoir N. MB. fait l'objet d'une procédure d'instruction pour une autre quantité ;

Qu'il a en définitive déclaré que ce dernier ne pouvait pas être considéré comme auteur principal en l'espèce et que cette qualité devait revenir à NELL STEEL ;

Que reprenant la parole, les conseils du prévenu ont maintenu leurs prétentions ;

SUR CE

Considérant qu'après avoir relevé que sept contrats de vente concernant différentes sociétés sont à l'origine des faits reprochés au prévenu, les premiers juges ont estimé qu'en vendant le fer dont il connaissait le propriétaire au vu des documents en sa possession et en expédiant le produit à ONIL simple partie à notifier, M. MB. s'est rendu complice du délit d'abus de confiance ;

Considérant qu'il résulte des éléments du dossier qu'une procédure d'instruction opposant la Société T. et MLT est en cours et a abouti à l'inculpation du directeur de cette structure à savoir N. MB. ;

Qu'un expert ayant été désigné par le magistrat instructeur relativement à cette procédure dont n'est partie ni le prévenu M. G. ni la société NELL STEEL, un rapport a été déposé et l'exploitation de ce document a permis à T. de traduire le sieur G. devant le tribunal correctionnel de faits de complicité d'abus de confiance ;

Considérant qu'il ne peut être discuté que les actes de complicité ne sont pas punissables en eux-mêmes puisque ne faisant qu'emprunter la criminalité des actes de l'auteur principal ; qu'en effet, la responsabilité du complice est étroitement commandée quant à l'incrimination et à la peine par l'infraction commise par cet auteur ;

Que dans sa plaidoirie, le conseil de la partie civile a soutenu en l'espèce que le sieur Mbengue qui fait l'objet de la procédure d'instruction et dont le dossier n'était pas clôturé ne devait pas être considéré comme auteur principal mais c'est la société Nell Steel qui devait être considérée comme tel ;

Considérant qu'il est évident qu'un tel argument n'a pour but que de contourner la difficulté liée au fait que le sort du présumé complice ait été réglé avant celui de l'auteur principal puisqu'en l'état actuel de la législation sénégalaise, une personne morale ne peut être poursuivie de faits d'abus de confiance à titre principal, que cela est confirmé par T. dans sa citation puisqu'elle a traduit Nell Steel devant le juge correctionnel en qualité de civilement responsable et non de prévenue ;

Que relativement au lien de droit existant entre les parties, les premiers juges ont eux-mêmes constaté l'existence de contrats de vente du 10 octobre 2011 concernant 3000 tonnes de fer de T. à ONIL, un autre du 12 octobre 2011 concernant 5000 tonnes de T. à UNISTEEL et un autre du 12 octobre 2011 concernant 2400 tonnes de T. à ONIL et aucun contrat direct liant T. à Nell Steel n'a été versé aux débats;

Considérant que le prévenu a tout au long de la procédure déclaré que Nell Steel a acheté le fer à ONIL société basée à Fribourg;

Qu'il résulte des éléments versés aux débats que suivant lettre de cession portant sur 9167, 995 T - 4816 Bundle de fer à béton, en date du 9 novembre 2013, ONIL a effectivement cédé ledit matériel à Nell Steel aux conditions suivantes :

- dans le but de réexportation vers l'étranger de l'intégralité des 9167 tonnes de fer à béton ;

- l'intégralité des frais de réexpédition devaient être supportés par T. ;

- Enfin T. devant obtenir l'accord de Unisteel Limited London pour la réexportation de cette matière ;

Considérant que de l'exploitation de ce document, il résulte que l'ordre de relâche était soumis à condition puisque T., cocontractant d'ONIL devait satisfaire à ses obligations décrites ci-dessus pour exiger de Nell Steel qui a reçu ces ordres d'ONIL la libération du matériel;

Que par autre correspondance du 20 mars 2014, ONIL tirant les conséquences de l'inertie de T. a demandé à Nell Steel de liquider les stocks au dernier prix de relâche, de déduire les montants dus suite à l'opération échouée et de virer en sa faveur le solde de la trésorerie ;

Considérant qu'en dehors de ces éléments objectifs, il est également à noter que le cocontractant de T. à savoir N. MB. de MLT a été inculpé par le magistrat instructeur qui n'étant pas saisi in personam pouvait en cas de charges retenues contre M. G., à l'issue de ses investigations procéder à son inculpation, ce qui n'a pas été le cas ;

Que l'expert n'ayant également aucun élément lui permettant de placer les 9168 T de fer sous-main de justice conformément à sa mission telle que définie par l'ordonnance du magistrat instructeur a laissé cette marchandise librement entre les mains de Nell Steel ;

Considérant qu'aucun élément tendant à la culpabilité du prévenu ne pouvant être retenu en l'espèce du fait de la nature purement commerciale des relations entre les parties et en l'absence d'un des contrats de l'article 383 du Code pénal et d'auteur principal, il y'a lieu d'infirmer la décision entreprise et de renvoyer M. G. des fins de la poursuite et de débouter T. de sa demande en réparation fondée sur la responsabilité contractuelle de Nell STEEL;

Qu'il y'a lieu de mettre les dépens à la charge du Trésor public ;

PAR CES MOTIFS

Statuant publiquement, contradictoirement, en matière correctionnelle et en dernier ressort ;

En la forme

Déclare les appels recevables;

Déclare irrecevable l'exception soulevée ;

Au fond

Infirme la décision entreprise en toutes ses dispositions ;

Statuant à nouveau :

Relaxe le prévenu purement et simplement ;

Déboute T. de sa demande en réparation ;

Met les dépens à la charge du Trésor public.

OBSERVATIONS

Le caractère accessoire de la complicité, en tant que forme de participation criminelle, conduit à se poser la question relative aux bases objectives de la sanction des actes de complicité. On se demande si la répression de l'acte de complicité doit être solidaire de celle de l'acte de l'auteur principal.

Autrement dit, la responsabilité pénale du complice est-elle étroitement commandée, s'agissant de l'incrimination et de la sanction légalement applicable, par l'acte accompli par l'auteur ? Cela conduit à rechercher si l'acte de complicité se confond avec l'acte principal dans une infraction unique dont il serait en quelque sorte un fragment indivisible ou s'il peut être considéré comme un délit distinct comportant des éléments constitutifs propres susceptibles d'être appréciés séparément et différemment (*R. MERLE et A. VITU, Traité de droit criminel, Paris, éd. Cujas, 1967, n° 536*).

À cet égard, avant d'analyser la solution consacrée par le droit positif sénégalais, il importe de revenir sur les théories proposées.

Plusieurs solutions ont été proposées par la doctrine. Il s'agit du système du délit distinct, de la thèse de la circonstance aggravante et la théorie de la criminalité d'emprunt.

Le système de la pluralité d'infractions considère la complicité comme un délit distinct de l'infraction principale.

D'après cette thèse, le complice est l'auteur d'une infraction autonome, juridiquement distincte de celle de l'auteur ou du coauteur. Autrement dit, le fait collectivement accompli par tous les participants serait fractionné en autant de délits particuliers qu'il n'y a de délinquants en concours et chacun, jugé en fonction de son activité réelle, sous la qualification pénale correspondant aux actes qu'il a matériellement et intentionnellement accomplis.

Cette conception très simple et séduisante.

D'une part, en rompant le lien qui rattache la répression de l'acte de complicité à celle de l'acte principal, le système de la pluralité d'infractions supprime les inconvénients de la théorie de la criminalité d'emprunt.

D'autre part, ce système permet de tenir compte de la personnalité du complice et des particularités de sa situation.

Toutefois, cette théorie efface complètement la notion même de complicité.

La complicité n'est pas une fiction qui existe dans tous les faits accessoires qui facilitent l'action criminelle d'autrui. Elle implique, par essence, une relation avec un acte principal. Il est donc impossible de faire abstraction de l'acte principal ou de perdre de vue l'unité de but et l'interdépendance psychologique des divers participants.

Selon une autre thèse, la participation de plusieurs individus à une même infraction est une circonstance aggravante (*V. P. CUCHE, Une théorie nouvelle de la complicité, thèse, Grenoble, 1896*). Cette participation donne, en effet, à l'infraction une efficacité particulièrement préjudiciable à la société. En outre, c'est chez les délinquants les plus pervertis que l'on trouve le plus grand nombre de cas d'associations. Mais ils sont plus rares chez les délinquants primaires ou d'occasion. Il est, dès lors, normal que la complicité devienne une circonstance aggravante de l'infraction.

Selon le système de l'unité d'infractions, encore appelé théorie de la criminalité d'emprunt, les actes accomplis par le complice « *empruntent* » la criminalité de l'acte réalisé par l'auteur ou le coauteur (*Mme HENNAU-HUBLET, « La participation punissable : vers un affranchissement de la théorie de l'emprunt de criminalité », RSC 1990, p. 591*). En effet, les opérations matérielles qui caractérisent la complicité sont généralement dépourvues de criminalité propre.

La fourniture d'une arme qui va servir au crime, la surveillance des alentours du théâtre de l'infraction, voire les ordres ou les instructions données à un agent d'exécution ne prennent, en principe, une coloration pénale que par contagion avec l'infraction commise par l'auteur ou le coauteur et par le lien qui, dans l'esprit du complice, les rattache à cette infraction.

La criminalité de l'acte de complicité n'apparaît donc qu'en vertu du reflet projeté par les agissements criminels de l'auteur. D'après la thèse de l'emprunt de criminalité, le complice n'a pas personnellement commis une infraction autonome qui serait juxtaposée à celle de l'auteur : il a favorisé l'entreprise délictueuse de l'auteur et emprunte ainsi la criminalité de l'auteur principal.

Le droit pénal positif sénégalais a consacré la théorie de l'emprunt de criminalité. L'article 45-3 du CP, issu de la loi n° 2021-33 du 23 juillet 2021 modifiant la loi n° 65-60 du 21 juillet 1965 portant Code pénal , énonce que les complices d'un crime ou d'un délit seront punis de la même peine que les auteurs mêmes de ce crime ou de ce délit, sauf les cas où la loi en aurait disposé autrement.

Le législateur lie l'acte de complicité à l'infraction principale. Auteur et complice « *sont cousus dans le même sac* », pour reprendre la célèbre expression du doyen Jean CARBONNIER (*J. CARBONNIER, « Du sens de la répression applicable aux complices », JCP G 1952, I, 1034*), mais « *pas [...] du même fil* » (*B. DE LAMY, obs. sous cass. crim., 8 janv. 2003, D. 2004, p. 310*).

Un arrêt de la Cour d'Assises de Dakar, rendu le 8 mars 2011, a énoncé que « *la complicité est établie par emprunt de criminalité, en d'autres termes, l'acte du complice emprunte la criminalité de l'acte de l'auteur principal* » (*C. ass. Dakar, n°20 du 08 mars 2011, MP c/ Ch. N., inédit*).

La Cour d'Appel de Dakar a jugé, dans un arrêt rendu le 12 juillet 2017, que « *la complicité, qui est un délit d'emprunt, suppose pour qu'elle soit punissable que l'agent pénal ait sciemment facilité la préparation ou la consommation d'un crime ou d'un délit* » (*CA Dakar, ch. corr. n° 514 du 12 juillet 2017, MP et Soc. N. S. SA c/O. L. et autres, inédit*). On considère que le comportement du complice trouve sa raison d'être dans son lien avec l'infraction principale au point que l'acte de complicité est finalement neutre en lui-même vis-à-vis du droit pénal. Cet acte ne se colorera d'un aspect pénal que lorsqu'il aura un lien de causalité avec un fait principal punissable.

Dans un autre arrêt rendu le 03 juillet 2017, il a été jugé dans le même sens que « *les actes du complice ne sont pas punissables en eux-mêmes puisque ne faisant qu'emprunter la criminalité des actes de l'auteur principal ; qu'en effet, la responsabilité du complice est étroitement commandée quant à l'incrimination et à la peine par l'infraction commise par cet auteur* » (*CA Dakar, ch. corr. n° 489 du 03 juillet 2017, MP et la soc. T. P. LTD c/ M. G. et la Soc. N. S. SA, inédit*).

Le système du délit d'emprunt assimile pratiquement le complice à l'auteur principal et consacre donc indirectement une sorte de responsabilité collective (*V. MALABAT, « Vers une collectivisation de la responsabilité pénale », Peines, dangerosité, Dalloz 2012, p. 27*). Or, cette assimilation procède d'un postulat très contestable. En effet, l'emprunt de criminalité est une fiction qui masque les particularités matérielles, psychologiques ou criminologiques de l'acte de complicité. Le droit pénal est trop proche de l'humain et s'accommode mal de la fiction.

La thèse de l'emprunt de pénalité comporte d'importantes conséquences juridiques.

En premier lieu, compte tenu du fait que le complice s'est volontairement associé à l'infraction d'autrui, on déduit qu'il a lié son sort personnel à celui de l'auteur de l'infraction et qu'il a d'avance accepté, par une sorte de blanc-seing, d'assumer la responsabilité pénale de l'activité des participants principaux. Il tombe donc sous le coup de la même qualification pénale et des mêmes pénalités légales que ces derniers ; et cela même si l'acte principal est plus grave qu'il ne l'avait prévu.

Mais l'égalité de traitement du complice et de l'auteur n'existe qu'au plan législatif. Autrement dit, si le complice encourt une peine de même nature et de même taux légal que l'auteur principal, cela ne veut pas dire qu'il subira en fait la même condamnation que ce dernier puisque, pour fixer le quantum de la sanction, les tribunaux se réfèrent aux particularités du cas de chacun des protagonistes de l'infraction (*R. MERLE et A. VITU, Traité de droit criminel, Paris, éd. Cujas, 1967, n° 537*).

La modulation de la sanction s'opère en fonction de chaque cas. Le complice pourra donc, selon les cas, être traité de manière plus favorable que l'auteur (lorsque son rôle a été secondaire) ou au contraire être puni plus sévèrement que ce dernier (notamment lorsqu'il est l'instigateur).

En second lieu, du fait qu'il n'y a qu'une infraction punissable (celle de l'auteur principal), on déduit que si l'acte principal n'est pas punissable, pour une raison ou pour une autre, le complice échappera à la répression.

CHAPITRE V :

LA RESPONSABILITÉ PÉNALE DES PERSONNES MORALES

- **Responsabilité pénale des personnes morales-abus de confiance-exclue**

150. CS ch. corr. n°19 du 07 juin 2018, *la Société TRAFIGURA PTE LTD c/ Malick GUEYE et la Société NELL STEEL, inédit*

En l'état actuel de la législation sénégalaise, une personne morale ne peut être poursuivie pour des faits d'abus de confiance à titre principal.

LA COUR,

Attendu que les défendeurs soulèvent, d'une part, la déchéance pour dépôt tardif de la requête contenant les moyens de cassation et, d'autre part, pour nullité de l'exploit du 3 octobre 2017 portant signification de ladite requête au motif que les dispositions de l'article 62 alinéas 2 et 3 de la loi organique susvisée, n'ont pas été respectées notamment en ce que ledit exploit ne mentionne pas que les défendeurs devaient déposer leur mémoire dans un délai d'un mois, que le recours n'a pas été signifié au Procureur général, partie au procès et, enfin, que ledit exploit ne reproduit que les dispositions de l'article 38 de la même loi organique alors que celles-ci ne sont pas applicables à la procédure pénale soumise au régime spécial de l'article 62 « qui prévoit un délai d'un mois »;

Mais attendu que, d'une part, la demanderesse qui, en dépit de sa demande dans le délai d'un mois, n'a obtenu l'expédition de la décision attaquée que le 22 août 2017 et déposé la requête aux fins de cassation le 22 septembre 2017, doit être relevée de la déchéance éventuellement encourue conformément à l'article 63 de la loi organique susvisée, d'autre part, les irrégularités invoquées sont couvertes, comme en l'espèce, par la production d'un mémoire en défense et, enfin, les défendeurs ne peuvent se prévaloir de l'inobservation d'une formalité vis-à-vis d'une autre partie;

D'où il suit que la déchéance n'est pas encourue (ou que le pourvoi n'encourt pas les griefs allégués) ;

Attendu que par l'arrêt infirmatif attaqué, la cour d'appel a renvoyé le prévenu des fins de la poursuite purement et simplement, débouté TRAFIGURA de sa demande en réparation et mis les dépens à la charge du Trésor public ;

Sur le premier moyen, subdivisé en deux branches, tiré de la violation de la loi :

En sa première branche tirée de la violation de la loi par fausse qualification des faits en ce que, la cour d'appel a excipé de la motivation suivante « Qu'un expert ayant été désigné par le magistrat instructeur relativement à cette procédure dont n'est partie ni le prévenu M. G. ni la société NELL, un rapport a été déposé et l'exploitation de ce document a permis à TRAFIGURA de traduire le sieur G. devant le tribunal correctionnel de faits de complicité d'abus de confiance » alors qu'au regard de la citation directe du 2 novembre 2015, le sieur M. G. a été attrait en justice non pas pour complicité d'abus de confiance comme retenu par la cour, mais pour abus de confiance ; Qu'ainsi, la cour qui a l'obligation « de donner ou de restituer aux faits leur exacte qualification » conformément aux dispositions de l'article 1-6 du Code de procédure civile, n'ayant pas satisfait à cette obligation en ne donnant pas aux faits leur exacte qualification, a contrevenu audit texte et son arrêt encourt cassation de ce chef ;

Mais attendu que la cour d'appel qui n'avait pas à appliquer ce texte n'a pu le violer ;

Qu'il s'ensuit que le moyen, en cette branche, manque en fait ;

En sa seconde branche tirée de la violation de l'article 46 du Code pénal en ce que, l'arrêt querellé « en considérant qu'il ne peut être discuté que les actes de complicité ne sont pas punissables en eux-mêmes puisque ne faisant qu'emprunter la criminalité des actes de l'auteur principal ; qu'en effet, la responsabilité du complice est étroitement commandée quant à l'incrimination et à la peine par l'infraction commise par cet auteur » alors qu'au regard des dispositions de l'article 46 alinéa 1er du Code pénal, l'infraction de complicité est autonome et est punissable dès lors qu'elle se rattache à un fait principal constaté, même en cas de non identification d'un auteur principal ;

Mais attendu que, l'arrêt énonce « Que dans sa plaidoirie, le conseil de la partie civile a soutenu en l'espèce que le sieur Mb. qui fait l'objet de la procédure d'instruction et dont le dossier n'était pas clôturé ne devait pas être considéré comme auteur principal mais c'est la société NELL STEEL qui devait être considéré comme tel ;

Considérant qu'il est évident qu'un tel argument n'a pour but que de contourner la difficulté liée au fait que le sort du présumé complice ait été réglé avant celui de l'auteur principal puisqu'en l'état actuel de la législation Sénégalaise, une personne morale ne peut être poursuivie de faits d'abus de confiance à titre principal, que cela est confirmé par TRAFIGURA dans sa citation puisqu'elle a traduit Nell Steel devant le juge correctionnel en qualité de civilement responsable et non de prévenue » puis constate « qu'aucun élément tendant à la culpabilité du prévenu ne pouvant être retenu en l'espèce du fait de la nature purement commerciale des relations entre les parties et en l'absence d'un des contrats de l'article 383 du Code pénal et d'auteur principal » et retient qu'«il ya lieu d'infirmer la décision entreprise et de renvoyer M. G. des fins de la poursuite et de débouter TRAFIGURA de sa demande en réparation fondée sur la responsabilité contractuelle de Nell Steel » ;

Qu'en l'état de ces énonciations et constatations, abstraction faite de la référence à l'absence d'auteur principal qui est surabondante, la cour d'appel a légalement justifié sa décision ;

D'où il suit, que le moyen, en sa seconde branche, est mal fondé ;

Sur le deuxième moyen tiré du défaut de base légale en ce que, l'arrêt qui énonce « considérant qu'il est évident qu'un tel argument n'a pour but que de contourner la difficulté liée au fait que le sort du présumé complice ait été réglé avant celui de l'auteur principal..... Considérant qu'en dehors de ces éléments objectifs, il est également à noter que le cocontractant de TRAFIGURA à savoir N. M. de MLT a été inculpé par le magistrat instructeur qui n'était pas saisi in personam pouvait en cas de charges retenues contre M. G., à l'issue de ses investigations procéder à son inculpation, ce qui n'a pas été le cas », sans l'exprimer expressément comme tel, semble manifestement dire que le sort d'un complice ne saurait être réglé avant celui de l'auteur principal, d'une part et, que d'autre part, seule la procédure pendante devant le magistrat instructeur contre N. M. pouvait déterminer l'existence d'une complicité imputable à M. G. ; qu'ainsi, en se limitant seulement à suggérer de telles positions sans indiquer clairement les conséquences juridiques qu'elles ont sur la solution du litige apparaît comme tributaire d'une imprécision ou une confusion qui ne permet pas de déterminer sur quel fondement légal exact la cour a statué, ce qui s'analyse en motivations purement dubitatives et équivoques rendant la décision sans base légale ;

Mais attendu que le moyen, tel que formulé, sous couvert de défaut de base légale, ne tend qu'à rediscuter la portée des éléments de fait et de preuve soumis à l'appréciation souveraine des juges du fond ;

D'où il suit qu'il doit être déclaré irrecevable ;

Sur le troisième moyen tiré de la contrariété de motifs en ce que, l'arrêt querellé en énonçant « que l'expert n'ayant aucun élément lui permettant de placer les 9168 tonnes de fer sous-main de justice conformément à sa mission telle que définie par l'ordonnance du magistrat instructeur a laissé cette marchandise librement entre les mains de NELL STEEL.....qu'aucun élément de culpabilité du prévenu ne pouvait être retenu en l'espèce du fait de la nature purement commerciale des relations entre les parties....qu'aucun contrat direct liant Trafigura à NELL STEEL n'a été versé au dossier », est tributaire d'une contrariété de motifs ; qu'en effet, il appert indubitablement contradictoire de soutenir d'une part, que l'expert qui ne dispose d'aucun élément, bute sur une impossibilité matérielle de mettre sous-main de justice le fer, et de dire d'autre part, qu'il aurait laissé ce même fer entre les mains de NELL STEEL ; qu'il en est de même en affirmant qu'il n'existe pas de lien juridique d'ordre contractuel entre TRAFIGURA et NELL STEEL d'une part et d'estimer d'autre part que ces dernières seraient liées par des relations commerciales qui sont par nature contractuelles ;

Mais attendu que, le moyen, sous couvert de contradictions de motifs, tend simplement à remettre en cause la portée des éléments de fait et de preuve soumis à l'appréciation souveraine des juges du fond ;

D'où il suit qu'il doit être déclaré irrecevable ;

Sur le quatrième moyen tiré de la dénaturation d'un écrit en ce que, l'arrêt qui énonce « Qu'il résulte des éléments versés aux débats que suivant lettre de cession portant sur 9167,995 T-4816 Bundle de fer à béton, en date du 9 novembre 2013, ONIL a effectivement cédé ledit matériel à NELL STEEL aux conditions suivantes… », consacre une motivation qui qualifie une lettre de contrat synallagmatique de vente, qui suppose un accord de volonté sur la chose et le prix, sans dire en quoi ladite correspondance entre ONIL et NEEL STEEL bien qu'elle n'en recèle nullement les caractéristiques légales, constituerait un contrat de vente commerciale portant sur le fer transporté et détenu au Sénégal par TRAFIGURA, société tierce à ce dit contrat ; qu'ainsi, la cour d'appel a donc dénaturé l'écrit qu'est la lettre précitée, en lui attribuant une nature juridique d'un contrat synallagmatique qu'elle n'a pas lorsqu'on la met en rapport avec les autres contrats figurant au dossier ;

Mais attendu que le grief de dénaturation n'est admis que lorsque les juges du fond méconnaissent le sens clair et précis d'un écrit et non, comme en l'espèce, lorsqu'ils apprécient souverainement, hors toute dénaturation, les éléments de fait et de preuve soumis au débat contradictoire ;

Qu'il s'ensuit que le moyen doit être déclaré irrecevable ;

PAR CES MOTIFS

Rejette le pourvoi formé par la société TRAFIGURA PTE LTD contre l'arrêt n° 489 du 3 juillet 2017 de la Cour d'Appel de Dakar ;

La condamne aux dépens ;

Dit que le présent arrêt sera imprimé, qu'il sera transcrit sur les registres de la Cour d'Appel de Dakar en marge ou à la suite de la décision attaquée ;

Ordonne l'exécution du présent arrêt à la diligence du Procureur général près la Cour suprême.

- **Responsabilité pénale des personnes morales- absence de consécration législative**

151. CA Dakar ch. corr., n° 25 du 11 janvier 2017, *MP et Salif Amadou KANE c/Thimothée MBUTCHO et autres, inédit*

Nul n'est responsable pénalement que de son propre fait et que la responsabilité pénale des personnes morales n'est pas encore consacrée par la législation sénégalaise.

LA COUR,

Considérant que par acte n°1987 du 22 décembre 2009 enregistré au Greffe du Tribunal de grande Instance hors classe de Dakar, le conseil de T. M. et C. C. M. a interjeté appel du jugement n°1215/09 rendu le même jour par ledit tribunal qui, dans la cause les opposant à S. A. K., les a déclarés coupables d'abus de confiance, a condamné chacun à trois mois d'emprisonnement avec sursis et au paiement, sous le bénéfice de l'exécution provisoire, de la somme de cinq millions (5 000 000) de francs à titre de dommages et intérêts ; la contrainte par corps étant en outre fixée au maximum ;

EN LA FORME

Considérant que l'appel, régulier en la forme, a été fait dans les délais prévus ; qu'il y a lieu de le déclarer recevable ;

Que les appelants ont comparu assistés de leur conseil, il sera statué contradictoirement à leur égard et par défaut contre la partie civile qui n'a ni comparu ni été représentée ;

AU FOND

Rappel des faits et de la procédure :

Considérant qu'il résulte des pièces de la procédure ainsi que des débats d'audience les faits suivants : Par contrat de gérance du 10 août 2007, S. A. K. avait confié à l'agence SARL Standing Immobilier la gestion de son immeuble sis aux Parcelles Assainies pour un an renouvelable par tacite reconduction ; puis par plainte du 26 novembre 2008, il saisissait le procureur de la République de Dakar pour dénoncer le défaut de reversement des loyers depuis six mois par ladite société.

Lors de l'enquête subséquente, objet du procès-verbal n°125 du 30 mars 2009 de la Brigade de recherches de la Gendarmerie, il précisait qu'au moment de la signature du mandat, il lui avait été dit qu'il allait percevoir la somme de 470 000 FCFA par mois, mais dans les faits, il n'avait jamais reçu un montant dépassant 200 000 FCFA durant tout le mandat de Standing Immobilier dont la mauvaise gestion avait fini de faire partir tous les locataires de l'immeuble qui avait été laissé dans un état de délabrement indescriptible par son mandataire.

Entendu, T. M., Directeur de l'agence immobilière, mettait en cause la responsabilité de M. N., le comptable, qui s'était occupé des contrats et de toutes les pièces comptables pouvant justifier les montants versés au Sieur K.

M. N. renseignait, à son tour, qu'il était l'aide comptable chargé seulement de la caisse et de la comptabilité de la société et que c'était T. M. ou sa fille qui étaient habilités à signer des contrats engageant Standing Immobilier.

A son audition, C. C. M. disait qu'en sa qualité de gérante de l'agence, c'était elle qui avait signé le contrat de gérance avec S. A. K. et qu'elle était aussi la signataire de toutes les autres pièces mêmes comptables.

Il était annexé au procès-verbal d'enquête le mandat de gérance du 10 août 2007, une lettre de l'agence datée du 07 juin 2007, un tableau dit « Détail Affaire S. A. K. » et cinq bons de paiement de la caisse des 15 octobre, 12 décembre 2007 et 15 janvier, 14 et 26 mars 2008.

Au reçu de ces éléments d'investigation, le procureur citait directement T. M., M. N. et C. C. M. devant le tribunal correctionnel sous la prévention d'abus de confiance.

Devant les premiers juges, la partie civile maintenait ses propos préliminaires alors que les prévenus affirmaient que l'agence s'était retirée de la gérance lorsque le Sieur K., sans les informer, était allé dire aux locataires de payer directement les loyers entre ses mains, rompant ainsi le contrat de gérance ; ils déposaient au dossier, outre les pièces fournies à l'enquête, notamment un procès-verbal de constat interpellatif du 27 juin 2008, divers relevés de comptes pour et un accusé de réception du 20 novembre 2007.

Statuant sur ladite action, les juges de première instance déclaraient T. et C.M. coupables d'abus de confiance et condamner chacun à trois mois d'emprisonnement avec sursis et relaxaient M. N.

Considérant qu'en appel, T. M. et C. C. M. réitérait leurs dénégations et explications ;

Que leur conseil a plaidé l'infirmation du jugement, la relaxe des prévenus et le rejet des demandes de la partie civile en faisant noter que leur condamnation est injustifiée compte tenu de la rupture abusive du contrat de gérance par la partie civile ;

Considérant que le Ministère public s'en est rapporté ;

Sur l'action publique :

Considérant qu'il résulte des énonciations de la décision attaquée que les juges de première instance ont cru devoir retenir la culpabilité de T. M. et C. C. M., sur le fondement de l'article 383 du Code pénal, au motif qu'en leurs qualités respectives de Directeur et de gérante de la SARL Standing Immobilier, ils étaient responsables de l'inexécution du contrat de gérance contrairement à M. N. qui n'avait aucun pouvoir de décision propre ;

Considérant que la Cour souligne, d'une part, que nul n'est responsable pénalement que de son propre fait et que, d'autre part, la responsabilité pénale des personnes morales n'est pas encore consacrée par la législation sénégalaise ;

Considérant qu'en l'espèce, il est tout d'abord constant que le mandat de gérance dont l'inexécution est dénoncée a été conclu entre S. A. K. (partie civile) et la SARL Standing Immobilier et non par les prévenus pris individuellement ;

Qu'ensuite, il résulte des éléments du dossier que ce n'est pas la responsabilité personnelle des prévenus qui a été sensée être mise en cause mais leur responsabilité ès qualité de dirigeants de la SARL Standing Immobilier ; Or, les faits exposés ne caractérisent aucune des infractions prévues aux articles 886 et suivants de l'acte uniforme relatif au droit des sociétés commerciales et du groupement d'intérêt économique;

Qu'ainsi, T. M. et C. C. M. ne peuvent être tenus pénalement responsables, par ricochet, de la défaillance de la SARL Standing Immobilier dans l'exécution du mandat de gérance, étant rappelé que la responsabilité pénale de la personne morale n'est pas encore consacrée par notre droit positif;

Qu'il y a lieu, dès lors, d'infirmer le jugement entrepris en toute ses dispositions et de renvoyer les prévenus des fins de la poursuite en application de l'article 504 du CPP ;

Sur l'action civile:

Considérant qu'en vertu des articles 2 et 3 du CPP, la victime peut obtenir réparation devant le juge répressif de tous dommages découlant des faits poursuivis ou résultant de la faute de l'auteur de l'infraction ;

Considérant que la responsabilité pénale personnelle des prévenus ne pouvant être poursuivie sur la base des faits énoncés, aucune faute susceptible d'engager leur responsabilité civile ne peut être recherchée de ce chef ;

Qu'il convient d'infirmer la décision sur ce point et rejeter la demande d'allocation de dommages et intérêts formulée par le Sieur K. ;

Considérant que les dépens seront mis à la charge du Trésor public ;

PAR CES MOTIFS

Statuant publiquement, par défaut contre S. A. K. et contradictoirement à l'égard des prévenus, en matière correctionnelle et en dernier ressort ;

EN LA FORME

Reçoit l'appel des prévenus;

AU FOND

Infirme le jugement attaqué en toutes ses dispositions ;

Statuant à nouveau, renvoie T. M. et C. C. M. des fins de la poursuite ;

Déboute S. A. K. de sa demande de réparation ;

Laisse les dépens à la charge du Trésor public.

- **Responsabilité pénale des personnes morales-escroquerie-exclue**

152. CA Dakar, ch. corr. n° 654 du 19 octobre 2016, *MP et Stéphane Serges SANCHEZ c/Amadou BA représentant Carrefour Automobile, inédit*

En droit pénal sénégalais, la responsabilité pénale des personnes morales n'est pas prévue en matière d'escroquerie.

Considérant que par déclaration au greffe en date du 24 juin 2013, S. S. S. a relevé appel du jugement rendu le 20 juin 2013 par le Tribunal de grande instance hors classe de Dakar statuant en matière correctionnelle qui a relaxé la Société Carrefour Automobile et A. B. du chef d'escroquerie a déclaré irrecevable sa constitution de partie civile et l'a condamné aux dépens ;

Considérant que cités à personne, la partie civile et le prévenu n'ont ni comparu ni été représentés; qu'il échet de statuer par défaut contre eux ;

EN LA FORME

Considérant que l'appel de S. S. S. a été introduit dans les forme et délais prescrits par la loi ; qu'il échet de le déclarer recevable ;

AU FOND

Considérant que le sieur S. S. S. a soutenu dans sa citation avoir acheté un véhicule de marque BMW X3 immatriculé DK 6254-AF auprès de Carrefour Automobile; qu'il a constaté après l'achat que le véhicule présente des pannes consistant en des fuites d'huile du moteur qui ne lui ont pas été signalées par le vendeur au moment de l'acquisition mais qui sont indiquées par le témoin lumineux de bord tous les 300 à 600 kilomètres ; qu'il s'agit là de vices cachés qui entraînent une consommation excessive d'huile motrice ; que le service technique du vendeur a été sollicité à 03 reprises sans succès car les pertes continuaient ; que malgré le changement de carburateur et de turbo sur recommandation du service technique susvisé et à ses propres frais, la même panne persiste ; qu'il a dû louer un véhicule à raison de 30 000 francs par jour pour le transport de ses enfants ; qu'au terme de l'article 299 du code des Obligations Civiles et Commerciales, si le vendeur ignorait le vice de la chose, il doit restituer le prix et rembourser les frais et coûts loyaux du contrat ; que s'il connaissait le vice de la chose, il est en outre tenu de réparer le dommage résultant de la vente ; que Carrefour Automobile a manifestement usé de manœuvres frauduleuses pour l'amener à acheter le véhicule ; que dans ce cas, cette société prise en la personne de son directeur général, tombe sous le coup de l'article 379 du Code pénal et doit être déclarée coupable d'escroquerie ; qu'il sollicite enfin qu'il lui soit alloué 30 millions de dommages et intérêts et que Carrefour Automobile, prise en la personne de son Directeur général, soit condamné à lui payer cette somme ;

Considérant que parallèlement à la procédure engagée devant le juge correctionnel, S. S. avait saisi le juge des référés pour entendre ordonner une expertise ; qu'un expert avait été désigné pour examiner le véhicule et déterminer l'origine de la défaillance du véhicule dans la consommation d'huile ; que l'expert a déposé son rapport et conclut que la défaillance technique est due d'abord à une consommation de mauvais produit relativement aux opérations d'entretien et de graissage du moteur, ensuite à l'exécution de travaux de contrôle et d'entretien en dehors des services techniques de maintenance et d'après vente du concessionnaire, enfin au non-respect des normes de garantie prescrites par le constructeur sur deux ans avec kilométrage illimité ;

Considérant que par mémoire en date du 17 avril 2013, S. S. S. a contesté les conclusions de ce rapport ; qu'il a fait remarquer que l'expert et la partie adverse affirment, sans pouvoir en rapporter la preuve, qu'il avait recours aux services d'autres structures que Carrefour Automobile ; qu'il explique n'avoir eu recours à d'autres structures que lorsque les services techniques de son vendeur se sont montrés incapables de réparer la panne de son véhicule et c'est lui-même qui a versé aux débats les documents l'attestant ; que si des mauvais produits ont été utilisés, c'est de la responsabilité de Carrefour Automobile qui a reçu 06 fois le véhicule et a fourni tous les produits utilisés pour l'entretien et les réparations ;

Considérant que le premier juge a renvoyé Carrefour Automobile des fins de la poursuite et déclarer la constitution de partie civile de S. irrecevable motif pris de ce que la responsabilité pénale des personnes morales n'est pas prévue par le Code pénal sénégalais;

Considérant que l'appelant n'ayant pas comparu n'a élevé aucun grief contre le jugement attaqué ;

Considérant que c'est à bon droit que le juge de première instance a fondé sa décision sur le motif susvisé ; qu'il échet de confirmer le jugement attaqué dans toutes ses dispositions et de condamner S. S. S. aux dépens ;

PAR CES MOTIFS

Statuant publiquement, par défaut à l'égard du prévenu et de la partie civile, en matière correctionnelle et en dernier ressort ;

EN LA FORME

Reçoit l'appel de S. S. S. ;

AU FOND

Confirme le jugement en toutes ses dispositions ;

Condamne S. S. S. aux dépens.

OBSERVATIONS

Le droit pénal sénégalais a pendant longtemps été marqué par un dogme tenace : le principe de l'irresponsabilité pénale des personnes morales (*Sur la question, V. P. A. TOURÉ, «Réflexion critique sur le principe de l'irresponsabilité pénale des personnes morales (de droit privé et de droit public), in Bulletin d'information de la Cour suprême, n° 15-16, mars 2020, p. 99 et s.*).

Ainsi, les personnes morales ne pouvaient encourir qu'une responsabilité civile, mais elles ne pouvaient pas être déclarées responsables d'une infraction.

Déjà en 1883, la Cour de Cassation française, par une formule devenue célèbre, a énoncé que « *l'amende est une peine et toute peine est personnelle, sauf les exceptions prévues par la loi ; elle ne peut donc être prononcée contre un être moral, lequel ne peut encourir qu'une responsabilité civile* » (*Cass. crim. 8 mars 1883, DP, 1884, 1, p. 428*). À cet égard, le principe de l'irresponsabilité pénale des personnes morales, exprimé par l'adage « *sociétas delinquere non potest* » (*Cette maxime signifie que la société n'a pas le pouvoir de commettre de délit*), était étayé par plusieurs arguments (*Sur l'ensemble de cette question, V. F. DESPORTES ET F. LE GUNEHEC, Droit pénal général, Paris, Économica 16e éd. 2009, n° 572 et 573*).

En premier lieu, il a été soutenu, conformément à la théorie de la fiction, que les personnes morales sont des fictions juridiques désincarnées, des êtres dépourvus d'enveloppe charnelle, des sortes de créations métaphysiques du droit qui n'auraient donc pas de volonté propre. Admettre leur responsabilité serait «*un puéril anthropomorphisme*», parce qu'il n'y a pas de responsabilité sans être doué de volonté : l'absence de l'élément psychologique de l'infraction serait ainsi un des principaux obstacles à la responsabilité des personnes morales (*P. FAIVRE, « La responsabilité pénale des personnes morales », RSC 1958, p. 553*).

En deuxième lieu, certains faisant valoir que selon le principe de la « *spécialité* », les personnes morales n'existent et n'agissent que dans la limite de leur objet social ; or la commission d'infractions pénales n'entre pas dans ledit objet social. En conséquence, elles ne seraient pas légalement capables de commettre des infractions.

En troisième lieu, le régime des peines était présenté comme inapplicable aux groupements. Il n'aurait été conçu que pour les personnes physiques qui, seules, peuvent être privées de liberté par l'emprisonnement ou privées de vie par la peine de mort ; la sanction pénale ne pourrait donc atteindre aucune de ses finalités traditionnelles, à savoir l'amendement ou l'intimidation.

En quatrième lieu, la responsabilité pénale des entités morales porterait atteinte au principe de la personnalité des peines, dès lors qu'elle a pour effet de punir indistinctement tous les membres d'un groupement, y compris ceux qui n'avaient pas voulu la commission de l'infraction (*Sur ces arguments, V. notamment, M. ORTOLAN, Éléments de droit pénal, t. 1, 1886, Paris, Plon, p. 203, n° 492 ; J. VIDAL, Cours de droit criminel et de science pénitentiaire, 1902, Paris, Rousseau, n° 65 bis ; J.-A. ROUX, Rapport Congrès Assoc. Int. dr. pénal 1929, RID pén. 1930, p. 60 ; G. VIDAL et J. MAGNOL, Cours de droit criminel et de science pénitentiaire, t. 1, 1940, Paris, Rousseau, p. 80, n° 65-2*).

Le législateur sénégalais a même parfois consacré expressément la solution de l'irresponsabilité pénale des personnes morales. Ainsi, en matière de détournement des prêts consentis ou garantis par l'État, l'article 386, alinéa 2 du Code pénal énonce que lorsque le bénéficiaire du prêt, de l'avance, de la garantie ou de l'aval est une personne morale, ses directeurs, gérants, administrateurs ou mandataires sont pénalement responsables de l'infraction.

En outre, en matière de presse, l'article 276 du Code pénal prévoit que : «*Lorsque le responsable de l'infraction sera une personne morale, les poursuites seront exercées à l'encontre du président-directeur général ou du directeur, ou de l'administrateur délégué, ou du gérant* ».

Le juge pénal sénégalais a eu l'occasion, dans certaines espèces, de rappeler le principe de l'irresponsabilité pénale des personnes morales.

Dans une espèce, la société SENTEL GSM et la société d'Aménagement et de Gestion d'Équipements Fonciers dite SAGEF, prises en la personne de leurs directeurs généraux respectifs, ont été citées directement devant le Tribunal correctionnel de Dakar, sous la prévention d'escroquerie et de faux. Par une décision en date du 17 juillet 2007, le tribunal a déclaré l'action publique irrecevable. Selon le juge : « *en droit positif sénégalais, la responsabilité pénale d'une personne morale ne peut être valablement recherchée que si elle est prévue par une disposition spéciale pour l'infraction considérée ; (...) Que cependant ni les textes susvisés (textes sur l'escroquerie et le faux), ni aucune autre disposition légale ou réglementaire ne prévoient expressément que la responsabilité pénale des personnes morales puisse être engagée à raison de telles infractions* » (*TGIHC Dakar, n° 3106 du 17 juillet 2007, MP et M. L. D. c/ Soc. Sentel GSM et la société SAGEF, inédit*).

Dans un arrêt rendu par la Cour d'Appel de Dakar le 19 octobre 2016, un client reprochait à la société Carrefour Automobiles SA de lui avoir vendu un véhicule qui présentait des défaillances techniques (fuites d'huile du moteur). La cour a confirmé le jugement d'instance qui a relaxé la société du chef d'escroquerie au motif que « *la responsabilité pénale des personnes morales n'est pas prévue par le Code pénal sénégalais* » (*CA Dakar, ch. corr. n° 654 du 19 octobre 2016, MP et S. S. S. c/ A. B. rep. Carref. Auto., inédit ; CA Dakar, ch. corr. n° 374 du 08 décembre 2016, MP et I. B. et N. K. et autres c/ A. D. inédit : « en l'état actuel de la législation sénégalaise, la personne morale de la BSIC ne peut commettre d'infraction pour que son représentant légal en réponde pénalement »*).

La Cour suprême du Sénégal a aussi considéré qu'en l'état actuel de la législation sénégalaise, une personne morale ne peut être poursuivie pour des faits d'abus de confiance à titre principal (*CS ch. corr. n°19 du 07 juin 2018, la Société TRAFIGURA PTE LTD c/ Malick GUEYE et la Société NELL STEEL, inédit*).

Dans un autre arrêt rendu par la chambre correctionnelle de la Cour d'Appel de Dakar le 11 janvier 2017, il a été jugé que le directeur et la gérante d'une société à responsabilité limitée, poursuivis pour abus de confiance, ne peuvent être déclarés responsables de l'inexécution du contrat de gérance d'un immeuble signé entre le propriétaire et le directeur-gérant, *és* qualité de représentant de la société (*CA Dakar, ch. corr. n° 25 du 11 janvier 2017, MP et S. A. K. c/ Th. MB., M. ND. et Ch. Ch. MB., inédit*). Selon la cour d'appel, « *nul n'est responsable pénalement que de son propre fait et que la responsabilité pénale des personnes morales n'est pas encore consacrée par la législation sénégalaise* ».

La Cour d'Appel de Dakar a aussi estimé dans un arrêt du 19 octobre 2016 qu'en droit pénal sénégalais, la responsabilité pénale des personnes morales n'est pas prévue en matière d'escroquerie *(CA Dakar, ch. corr. n° 654 du 19 octobre 2016, MP et S. S. S. c/ A. B. rep. Carref. Auto., inédit).*

Mais l'immunité pénale accordée aux personnes morales était d'autant plus discutable que les arguments sur lesquels était traditionnellement fondé le principe de l'irresponsabilité pénale des êtres moraux étaient de plus en plus contestés.

Premièrement, la jurisprudence ne considère plus les personnes morales comme des êtres fictifs depuis 1954. La jurisprudence de la Cour de Cassation française s'est fixée en faveur de la théorie de la réalité. Dans un arrêt célèbre de la chambre civile du 28 janvier 1954, elle a jugé que « *la personnalité civile n'est pas une création de la loi* », mais « *appartient, en principe, à tout groupement pourvu d'une possibilité d'expression collective pour la défense d'intérêts licites, dignes, par suite, d'être juridiquement protégés* » (*Cass. 2e civ., 28 janvier 1954, D. 1954, jur., p. 217, note G. Levasseur ; JCP G 1954, II, 7978, concl. P. Lemoine*). Les personnes morales sont capables d'intelligence et de volonté, à travers leurs organes et leurs représentants. Cette volonté collective est capable de décider de commettre une infraction pénale. Par exemple, un blanchiment de capitaux peut être la conséquence d'une décision prise à l'occasion d'une réunion de conseil d'administration d'une société commerciale.

Deuxièmement, le principe de la spécialité des personnes morales ne peut pas être interprété comme faisant obstacle à la responsabilité pénale des groupements. Si aucune personne morale ne comporte, dans son objet social, la commission d'infractions, la personne morale peut néanmoins être le cadre d'une activité infractionnelle favorisée par le fonctionnement même de ses organes, de sorte que celle-ci en soit l'objet secret.

Troisièmement, l'argument tiré de l'inadaptation du régime des sanctions pénales ne résiste pas à l'évolution de la pénologie des personnes morales. En effet, la personne morale dispose de droits et d'un patrimoine. Des sanctions déjà existantes peuvent parfaitement être appliquées à de tels groupements, notamment, l'amende, la fermeture d'établissement ou la dissolution, etc. De nouvelles sanctions peuvent aussi être infligées à l'être moral, telles que l'exclusion des marchés publics, les interdictions professionnelles, etc.

Quatrièmement, la responsabilité pénale de la personne morale ne heurte qu'en apparence le principe de la personnalité des peines. Sans doute, les salariés, les actionnaires minoritaires, les créanciers sociaux, etc. risquent de subir, à des degrés divers, les conséquences imméritées de la sanction pénale infligée à la personne morale. Mais le même argument peut être invoqué concernant les personnes physiques, leur famille ou leurs créanciers subissant aussi les conséquences de la sanction pénale. En réalité, toute condamnation est susceptible d'avoir des répercussions sur des tiers. L'incarcération d'une personne ou sa condamnation à une lourde amende peut priver sa famille de tout revenu.

- **Responsabilité pénale des personnes morales-mise en œuvre-cas spécifiques prévus par la loi**

153. CA Dakar, ch. acc. n° 237 du 20 juillet 2017, *MP et B. S. D. c/ Mounir OUDGHIR et la CBAO, inédit*

La responsabilité pénale des personnes morales ne peut être engagée que dans les cas prévus par la loi.

LA COUR,

EN LA FORME

Considérant que l'appel a été introduit dans les forme et délai légaux ;

Qu'il échet de le déclarer recevable ;

AU FOND

Considérant qu'il résulte des pièces de la procédure les faits suivants ;

Le 13 août 2015, B. S. D. saisissait le Doyen des Juges d'Instruction du Tribunal de grande Instance hors classe de Dakar d'une plainte avec constitution de partie civile dirigée contre le sieur M. O., es-qualité de Directeur Général de la Banque CBAO et la CBAO, en qualité de civilement responsable ;

Dans cette plainte, il expliquait avoir acquis auprès de la société ASCOT COMMODITIES une cargaison de 17 000 tonnes de riz débarquée à Dakar le 31 mai 2008. Il soutenait avoir convenu avec ASCOT que le règlement de la marchandise se ferait comme il est de coutume, c'est-à-dire paiement contre remise documentaire. Mais, finalement, selon lui, il avait pris possession de la marchandise avant même la date officielle de l'envoi des documents devant permettre l'enlèvement des marchandises ;

Toutefois, d'après lui, la CBAO ATTIJARIWAFA BANK, avec qui il était en relations d'affaires, a reçu les documents précités et a avalisé une traite y figurant et qui devait servir au paiement des marchandises. Il soutenait ainsi qu'après avoir avalisé ladite traite et payé le montant, la CBAO l'a débité sur son compte. Or, il n'a jamais donné son consentement à un aval de la CBAO puisqu'il avait déjà reçu les marchandises et les avait commercialisées ;

Il soutenait ainsi que c'est en vertu de l'aval qu'elle avait, à son insu et contre son gré, donné sur ladite traite, que la CBAO l'a poursuivi en recouvrement devant la juridiction des criées ;

Il précisait que cet aval injustifié constituait une altération dévoyant le sens et la portée de la traite sur laquelle s'est fondée la CBAO pour le poursuivre en paiement ;

Il considérait ainsi ces faits comme constituant les délits de faux et usage de faux en écritures privées de commerce et tentative d'escroquerie pour lesquels il demande l'ouverture d'une information judiciaire contre M. O. et de la CBAO ;

Entendu par le magistrat instructeur, B. S. D. réitérait les termes de sa plainte et soutenait avoir réclamé, en vain, à la CBAO l'original de la traite ;

Entretemps, une expertise avait été ordonnée par le juge des référés saisi par B. S. D.. L'expert, en l'occurrence M. N. , dans son rapport du 28/01/2016, avait écarté la traite litigieuse en estimant que B. S. D. avait contesté la signature qui lui était attribuée sur le document par lequel il était censé avoir accepté ladite traite ;

Entendu par le juge d'instruction, l'expert confirmait les termes de son rapport ;

M. O., Directeur général de la CBAO, n'a pu être entendu par le magistrat instructeur, malgré le mandat de comparution délivré à cet effet ;

L'analyse de la traite annexée au rapport d'expertise, d'un montant de 8.574.962, 94 euros, révélait qu'elle avait été émise le 21 juillet 2008 par la société ASCOT COMMODITIES GENEVE, fournisseur de la cargaison invoquée par B. S. D. dans sa plainte ; Ladite société l'avait émise au profit d'ASCOT COMMODITIES SA avec comme tiré B. S. D. Sur ladite traite, figurait la mention de l'aval de la CBAO ;

Un acte intitulé « ordre de paiements d'effets domiciliés » en date du 30/07/2008, donnant instruction à la CBAO de payer ladite traite par le débit du compte de B. S. D. était également annexé au rapport d'expertise. Cet acte comportait une signature attribuée à B. S. D. signature que ce dernier avait argué de faux durant les travaux d'expertise ;

D'autres documents étaient également produits, notamment :

- un protocole d'accord du 16 septembre 2013 (annexé au rapport d'expertise) signé entre la CBAO et B. S. D. par lequel ce dernier reconnaissait devoir à celle-ci la somme totale de 7 100 000 000 F CFA payable en trimestres de 157 142 857 F CFA ;

-Un arrêt n°32 du 18/05/2016 confirmant un jugement rendu à l'audience éventuelle ayant rejeté les dires de B. S. D. et déclaré la créance de la CBAO certaine ;

-Un jugement d'adjudication n°1328 du 09/08/2016 ayant adjugé à la CBAO trois immeubles objets des TF 8403/GR, 12/788/DG devenu 16.797/GR et 9986/DG devenu 9293/DG appartenant à B. S. D. ;

Les immeubles susvisés étant finalement mutés au nom de la CBAO, B. S. D., par l'entremise de ses conseils, saisissait le magistrat instructeur pour solliciter l'inscription d'une prénotation sur lesdits biens en application de l'article 72 de la loi n°2011-07 du 30/03/2011 sur la propriété foncière ;

Le juge d'instruction, contrairement aux réquisitions du Procureur de la République, ordonnait en vertu de l'article 87 bis du Code de Procédure pénale, l'inscription d'une prénotation sur les immeubles précités. Pour justifier sa décision, il estimait que contrairement aux arguments du Ministère public, la prise de mesures provisoires ne nécessitait pas l'accomplissement préalable de la formalité d'inculpation et qu'il suffisait que l'intéressé ait été visé dans le réquisitoire introductif ou l'ordonnance aux fins d'informer, comme cela a été le cas pour la CBAO et M. O.. Poursuivant, il soutenait que la mesure querellée se justifiait d'autant plus que c'est la traite dont l'authenticité est contestée qui a servi de base à la créance de la CBAO et permis à celle-ci de se faire adjuger les immeubles de la partie civile ;

Par acte du 24 février 2017, le Procureur de la République interjetait appel contre cette décision ;

Considérant que l'Avocat général a fait valoir que contrairement aux motifs de l'ordonnance entreprise, les mesures conservatoires prévues par l'article 87 bis du Code de Procédure pénale ne peuvent être prises que sur les biens de la personne déjà inculpée ; Qu'en l'espèce, les immeubles objets de la mesure querellée appartiennent à la CBAO, personne morale non inculpée ;

Qu'il sollicite dès lors l'infirmation de l'ordonnance entreprise ;

Qu'il ajoute que le contentieux déféré devant le magistrat instructeur est purement civil et commercial ; Que la partie civile B. S. D. a fait l'objet de procédure d'exécution, non pas en vertu d'une traite, mais d'un protocole d'accord dans lequel il avait reconnu la créance de la CBAO ;

Que de plus, selon lui, le sieur M. O., visé dans le réquisitoire introductif, n'était même pas en service à la CBAO au moment des faits, ce, alors que la responsabilité pénale doit être individuelle;

Que compte tenu de tout ce qui précède, il sollicite l'évocation en vertu des articles 194 et suivants du Code de Procédure pénale et qu'il soit dit n'y avoir lieu à suivre contre Mounir OUGDHIR et la CBAO ;

Considérant que les conseils de la CBAO, abondant dans le même sens que l'Avocat général, ont sollicité l'infirmation de l'ordonnance entreprise, eu égard notamment au fait que la prénotation est de la compétence des juridictions civiles et nécessite qu'une action en modification d'une inscription soit en cours, et le non-lieu après évocation ;

Considérant que les conseils de B. S. D. ont fait valoir que la responsabilité pénale des personnes morales existe en droit ; Qu'il ne résulte pas du dossier que le sieur M. O. n'était pas en fonction au moment des faits ; Qu'ils soutiennent qu'en tout état de cause, une personne morale ne peut être inculpée qu'en la personne de son représentant légal ;

Que la prise de mesures conservatoires est bien justifiée en l'espèce ;

Que s'agissant de l'évocation sollicitée par le Ministère public et la partie civile, ils font observer que les articles 194 et suivants du Code de Procédure pénale ne permettent pas à la Chambre d'Accusation d'évoquer dans le sens d'accorder un non-lieu ; Que selon eux, ces dispositions ne permettent à ladite chambre que d'ordonner des mesures d'informations complémentaires ;

Qu'ils font remarquer, en outre, que le protocole d'accord invoqué en l'espèce ne justifie pas qu'on écarte les contestations de B. S. D. puisque la CBAO avait promis d'apporter les justificatifs de sa créance après la signature dudit protocole, ce qu'elle n'a jamais fait;

Que les immeubles du susnommé ont bien été vendus sur la base de la traite querellée ;

Que le sieur M. O. a bien commis l'usage de faux qui lui est reproché car c'est après l'année 2015 que la fausse traite a été utilisée pour la vente forcée des immeubles de la partie civile ;

Que compte tenu de tout ce qui précède, ils sollicitent la confirmation de l'ordonnance entreprise et le rejet de la demande d'évocation ;

SUR CE

Considérant que l'article 87 bis du Code de Procédure pénale dispose que : « Lorsqu'il est saisi d'un dossier, le juge d'instruction peut d'office ou sur demande de la partie civile ou du Ministère public, ordonner des mesures conservatoires sur les biens de l'inculpé »;

Considérant qu'il résulte de ce texte que les mesures conservatoires ne peuvent être ordonnées que sur les biens de l'inculpé, étant entendu que, contrairement à la motivation de l'ordonnance entreprise, la qualité d'inculpé résulte bien de la formalité d'inculpation consistant, pour le juge d'instruction, à faire connaître à la personne poursuivie les faits qui lui sont imputés (article 101 alinéa 2) ;

Or, en l'état actuel de la procédure, le juge d'instruction n'a encore posé aucun acte d'inculpation ; Que de plus, la CBAO ATTIJARIWAFA BANK, propriétaire des immeubles objets de la mesure querellée ne peut, en tant que personne morale, être inculpée des chefs visés au réquisitoire (faux et usage de faux en écriture privée de commerce, tentative d'escroquerie) puisque la responsabilité pénale des personnes morales ne peut être engagée que dans les cas prévus par la loi (en matière de blanchiment de capitaux, par exemple – article 42 de la loi n° 2004-09 du 06 février 2004) ;

Qu'au regard donc de tout ce qui précède, c'est à tort que le magistrat instructeur a pris des mesures conservatoires sur les immeubles de la CBAO ; Qu'il échet, en conséquence, d'infirmer l'ordonnance entreprise et, statuant à nouveau, de rejeter la requête aux fins de prise de mesures conservatoires formulée par B. S. D. ;

(...) ;

Qu'il échet dès lors, en application de l'article 203, alinéa 3 du Code de Procédure pénale, de dire n'y avoir lieu à suivre contre quiconque de ces chefs et de mettre les dépens à la charge de B. S. D. ;

PAR CES MOTIFS

Statuant en chambre du conseil, hors la présence des conseils des parties, du Ministère public et du greffier ;

EN LA FORME

Déclare l'appel recevable ;

AU FOND

Infirme l'ordonnance entreprise ;

Statuant à nouveau :

Rejette la demande de mesures conservatoires formulée par B. S. D. ;

Évoquant :

Dit n'y avoir lieu à suivre davantage contre quiconque des chefs de faux et usage de faux en écritures privées et de tentative d'escroquerie ;

Met les dépens à la charge de B. S. D.

- **Responsabilité pénale des personnes morales-mise en œuvre-cas spécifiques prévus par la loi**

154. TGIHC Dakar, n° 3106 du 17 juillet 2007, *MP et Mamadou Lamine DIEDHIOU c/ Soc. Sentel GSM et la société SAGEF, inédit*

En droit positif sénégalais, la responsabilité pénale d'une personne morale ne peut être valablement recherchée que si elle est prévue par une disposition spéciale pour l'infraction considérée.

LA COUR,

Attendu que par exploit en date des 22 et 31 mai 2007 M. L. D. a cité directement devant le tribunal correctionnel de ce siège la société SENTEL GSM et la société d'Aménagement et de Gestion d'Équipements Fonciers dite SAGEF sous les préventions de violation de domicile, d'escroquerie, et de fausses publications d'informations, sur le fondement des articles 164 alinéa 2, 379 bis du Code pénal, 35 et 36 de la loi n° 94-63 du 22 août 1994 sur les prix, la concurrence et le contentieux économique ;

EN LA FORME

Attendu que les sociétés SENTEL et SAGEF ont enlevé par l'organe de leurs conseils respectifs l'irrecevabilité de l'action publique ainsi initiée, et la nullité de la citation directe ;

Qu'à l'appui, elles ont soutenu que l'assignation doit contenir notamment la liste nominative des personnes mises en cause, ce qui implique que l'auteur de l'infraction est nécessairement une personne physique ;

Qu'or poursuivent-elles, en l'espèce, la citation directe n'est pas dirigée contre personne dénommée, en violation des dispositions des articles 538 et suivants du Code de procédure pénale;

Attendu qu'en réponse, M. L. D. a fait remarquer par le canal de son conseil que SENTEL et SAGEF sont des sociétés anonymes et ont été citées en la personne de leur Directeur général;

Que donc, c'est cette personne qui représente la société en justice ;

Qu'il s'y ajoute selon lui qu'aucune disposition n'exige, s'agissant des personnes morales, que l'on cite nommément la personne du prévenu ;

Attendu que les parties ont rétorqué que l'article 392 du Code de procédure pénale exige l'interrogatoire du prévenu sur son identité (nom prénom, âge) au début de l'audience et n'aura pas vocation à s'appliquer en cas de citation d'une personne morale, surtout qu'avant la date prévue pour l'audience, un changement de Directeur général peut intervenir ;

Attendu qu'en réplique, le sieur D. a estimé qu'il ne s'agit guère d'une fiction, dès lors que le Directeur général d'une société est une personne physique régulièrement nommée par les actionnaires ;

Attendu que le représentant du Ministère public a déclaré s'en rapporter ;

Attendu qu'il est constant comme résultant des termes mêmes de l'assignation que M. L. D. a cité directement devant le tribunal correctionnel de céans les sociétés SENTEL Gsm et SAGEF, prises en la personne de leurs Directeurs Généraux respectifs, du chef d'escroquerie ;

Attendu qu'en règle générale, nul n'est responsable pénalement que de son fait personnel

Attendu qu'il est vrai, que le Directeur général d'une société commerciale est nécessairement incarné par une personne physique, il ne peut être contesté en l'espèce que les Directeurs Généraux des sociétés assignées n'ont nullement été mis en cause dans le texte de la citation, à quelque degré que ce soit ;

Que du reste, ils n'ont même pas été identifiés ;

Qu'il est dès lors manifeste que le sieur D. n'a pas dirigé son action contre des personnes physiques nommément désignées, mais que la prévention est formulée plutôt à l'encontre des sociétés SENTEL Gsm et SAGEF, personnes morales ;

Mais attendu qu'en droit positif sénégalais, la responsabilité pénale d'une personne morale ne peut être valablement recherchée que si elle est prévue par une disposition spéciale pour l'infraction considérée ;

Qu'au cas d'espèce, les sociétés SENTEL et SAGEF sont indistinctement poursuivies pour des faits qualifiés de violation de domicile prévue par l'article 164 du Code pénal, d'escroquerie sur la base de l'article 379 du même code, et de fausse publication d'informations sur le fondement des articles 35 et 36 de la loi n° 94-63 du 22 août 1994;

Que cependant ni les textes susvisés, ni aucune autre disposition légale ou réglementaire ne prévient expressément que la responsabilité pénale des personnes morales puisse être engagée à raison de telles infractions ;

Qu'il s'ensuit que les poursuites ainsi initiées contre les sociétés SENTEL Gsm et SAGEF sont dépourvues de base légale et ne sauraient être accueillies ;

Que dès lors, il y a lieu de déclarer l'action publique irrecevable, sans qu'il soit besoin d'examiner les autres moyens et prétentions des parties ;

Attendu qu'il y a lieu de condamner M. L. D. aux entiers dépens ;

PAR CES MOTIFS

Statuant publiquement, contradictoirement, en matière correctionnelle et en premier ressort

EN LA FORME

Déclare l'action publique irrecevable ;

Condamne M. L. D. aux dépens.

- **Responsabilité pénale des personnes morales- en matière de blanchiment de capitaux**

155. CS, ch. crim. n°33 du 06 mars 2014, *MP et AJE c/ Cheikh GUEYE et autres, inédit*

LA COUR,

EN LA FORME

Attendu qu'il n'est pas établi qu'A. D. I., S. MB., M. O. S., la société Nickel Print SARL unipersonnelle et la société Compagnie d'Équipement, de Service et de Production (CESP) SARL, régulièrement cités et non comparants, aient eu connaissance de leur citation ;

Qu'il y a lieu de statuer par défaut simple à leur égard, conformément aux dispositions de l'article 399 du Code de procédure pénale ;

Attendu qu'il y a lieu de statuer contradictoirement, à l'égard de tous les autres prévenus et de la partie civile, l'État du Sénégal, représentée par l'Agent judiciaire de l'État, tous comparants;

Attendu qu'à l'audience, le Procureur général a sollicité un supplément d'information au motif que le dossier n'a pas fait l'objet d'une information par le magistrat instructeur qui s'est déclaré incompétent et qu'il recèle de nombreuses zones à éclaircir pour la manifestation de la vérité ; que cette demande a été corroborée par l'Agent judicaire de l'État ;

Attendu que le conseil des prévenus, Maître Serigne Khassim TOURE, avocat à la cour, a déclaré s'opposer à une telle demande ;

Attendu que la demande de complément d'information n'est pas justifiée, dès lors qu'il n'a pas été rapporté la preuve de son utilité et qu'elle ne porte sur aucun point particulier dont l'examen pourrait aider à la manifestation de la vérité ;

Qu'ainsi il y a lieu de rejeter cette demande ;

Attendu, en définitive, qu'il y a lieu de déclarer l'action recevable ;

AU FOND

I/ Sur les faits et la procédure

Attendu qu'il résulte des pièces du dossier et des débats que le Procureur de la République près le Tribunal de grande instance hors classe de Dakar, donnant suite à un rapport sans numéro du 17 août 2010 de la Cellule Nationale de Traitement des Informations Financières dite CENTIF, portant sur des faits de corruption, faux et usage de faux, détournement de deniers publics par entente sur marché public et surtout blanchiment de capitaux, a demandé à la section des recherches de la Gendarmerie Nationale de mener une enquête sur les faits suivants :

En 2006, pour les besoins de l'organisation des scrutins présidentiel et législatif, le ministère de l'Intérieur, après évaluation des besoins, avait lancé plusieurs marchés de fournitures dont celui d'urnes transparentes ;

Suivant l'article 4 du cahier des charges n° 018/MINCL/DGHE/BAF du 25 août 2006, relatif à la passation des marchés par appel d'offre national ouvert pour la fourniture d'urnes, d'isoloirs et de rideaux pour isoloirs, deux lots ont été définis ;

Le lot n° 1 concernant les urnes munies de deux cadenas chacune, avait été décrit avec l'obligation de présenter un échantillon pour les sociétés soumissionnaires, comme suit : -quantité : trente-huit mille (38 000) ; -forme : parallélépipède ; -format démonté : 43, 5X 30, 5 X 6 ; -format monté : 43,5 X 30,5X 31 ; -épaisseur paroi : 4 mm.

Pour ce lot n°1 des urnes, dix sociétés avaient soumissionné. Il s'agit de Nickel Print, Le Ndiambour S.A., NEDEM, SODATRI, SEV AM, CESP, CIC, Groupement Coudou-Hicarex, Ducform-Senegal et BITS ;

La commission technique, composée de trois (03) membres du Ministère de l'Intérieur et instituée pour l'examen de la qualité des échantillons et la capacité financière des candidats, en sa séance du 03 octobre 2006, a rejeté les offres des sociétés Le Ndiambour S.A., NEDEM, SODATRI, SEVAM, CIC, Ducform-Senegal et BITS au motif que les échantillons n'étaient pas conformes aux spécifications techniques exigées par le cahier des charges ;

Après examen de la capacité financière, la commission technique propose Nickel Print et CESP pour le lot n° 1 comme étant «conforme et moins disant » ;

Le 09 octobre 2006, la commission des marchés, présidée par T. T. F., directeur des opérations électorales, adopte le rapport de la commission technique et recommande l'adjudication provisoire du lot n° l à Nickel Print et CESP pour le prix de cinquante-cinq mille quatre cent soixante (55 460) francs CFA TTC et quarante-sept mille (47 000) francs CFA HTVA ;

Suivant « une mystérieuse clé de répartition », les deux sociétés ont contracté avec le ministère de l'intérieur pour les quantités suivantes : Nickel Print vingt-trois mille (23 000) urnes à quarante-sept mille (47 000) francs HTVA l'unité pour un montant total d'un milliard quatre-vingt et un millions (1 081 000 000) de francs et CESP quinze mille (15.000) urnes au même prix pour un montant total de sept cent cinq millions (705 000 000) de francs CFA ;

Les investigations menées par la CENTIF ont révélé plusieurs faits troublants dans l'exécution de ce marché double ;

En effet, l'analyse des documents d'importation révèle que Nickel Print, bien qu'intégralement payé par le Trésor public, n'a pu s'acquitter de ses obligations contractuelles car n'ayant importé et livré que dix-huit mille deux cent cinquante (18.250) urnes et dix-huit mille trois cents (18 300) cadenas en lieu et place des vingt-trois mille (23 000) urnes et 46 000 cadenas résultant de la commande. En outre, il résulte de la facture de la société Krafosint adressée à Nickel Print que le prix unitaire d'urne munie de deux cadenas est de vingt et un mille (21 000) francs soit une marge de cent vingt-deux virgule cinquante-neuf pour cent (122,59 %) par rapport au prix de cession au ministère de l'Intérieur qui est de quarante-sept mille 47 000 francs. Enfin, les flux financiers au niveau des comptes bancaires des sociétés CESP et Nickel Print révèle des faits inquiétants notamment, avec l'implication d'une tierce personne nommée M. O. S. qui, sans justification apparente, a bénéficié d'une somme de deux cent vingt-six millions (226 000 000) de francs CFA, dans un compte ouvert à la BHS, qu'il a tiré lui-même du compte de Nickel Print en bénéficiant d'un éphémère statut de cogérant ;

A la suite de ce rapport de la CENTIF, le Procureur de la république près le Tribunal de grande instance hors classe de Dakar, par un réquisitoire du 30 mai 2012, a saisi le Doyen des juges d'instruction de cette juridiction pour l'ouverture d'une information sur des présomptions graves d'association de malfaiteurs, de détournement de deniers publics, corruption, faux et usage de faux et blanchiment de capitaux contre C. G., M. O. S, H. A. D, S. MB., A. D. I., M. G., I. MB. et T. T. F. ;

Le 28 juin 2012, les mis en cause ont comparu devant ce magistrat instructeur accompagnés de leur conseil qui a, dès cet instant, versé au dossier des pièces établissant l'appartenance de C. G. au corps des inspecteurs généraux d'État et soulevé l'incompétence de ce juge en se fondant sur l'article 17 de la loi n°2011-14 du 08 juillet 2011 portant statut des inspecteurs généraux d'État ;

Faisant droit à cette requête, le magistrat instructeur s'est déclaré incompétent par une ordonnance en date du 28 juin 2012 frappée d'appel par le Procureur de la République. Ladite ordonnance sera confirmée par un arrêt de la chambre d'accusation n°287 en date du 27 décembre 2012 ;

Suite à cette décision, le Procureur général près la Cour suprême, en vertu de pouvoirs qu'il tient de l'article 661 du Code de procédure pénale et conformément aux dispositions de l'articles 17 de la loi n° 2011-14 du 8 août 2011 portant statut des IGE, a cité les prévenus devant la chambre criminelle de ladite cour sous les préventions susvisées ;

II/ Sur la culpabilité

Attendu qu'entendus, les prévenus ont nié les faits à eux reprochés ;

Que C. G., en sa qualité de directeur général des élections, a rappelé le contexte particulier des élections de 2007 qui ont été à l'origine de la signature de ce marché de fourniture d'urnes et d'isoloirs ; qu'il a soutenu que la commande a été régulièrement passée avec toutes les étapes exigées par la procédure de passation des marchés publics jusqu'à la sélection de deux candidats avec une situation inédite où les deux candidats moins disant ont présenté des offres identiques les obligeant à diviser le marché selon un procédé approuvé par la commission de contrôle et de vérification des marchés publics; qu'il a ajouté que c'est suite à cela que les conditions d'organisation des élections ont changé avec une nouvelle loi ordonnant le couplage des élections législatives et présidentielles et nécessitant des urnes plus larges pouvant contenir les bulletins avec le flux important d'électeurs qui sont passés d'un million cinq cent mille (1 500 000) à cinq millions (5 000 000) alors que la commande avait déjà été passée ; qu'il a précisé qu'ainsi il a demandé à H. A. D., en sa qualité de chef de la division financière, de saisir les fournisseurs pour changer la commande ;

Que ce dernier, entendu, a confirmé ces déclarations en ajoutant que c'est en accord avec les fournisseurs Nickel Print et CESP, que la commande a été modifiée verbalement ;

qu'il a confessé ce qui a été fait et qui a impacté sur le montant des urnes et isoloirs ; qu'il a souligné que le procès-verbal de réception a mentionné les montants initiaux pour éviter que les fournisseurs ne rencontrent des difficultés pour obtenir paiement du Trésor public ; qu'il a reconnu être signataire de ce document en tant que membre de la commission de réception au même titre qu'I. MB.et M. G. ;

Que ces derniers entendus, ont confirmé le procédé utilisé pour le changement de la commande et déclaré avoir signé le document après avoir reçu l'aval du directeur C. G. ;

Que T. T. F., en sa qualité de directeur des opérations électorales, a rappelé les conditions d'attribution du marché à Nickel Print et CESP en insistant sur le fait qu'il a présidé la commission de passation du marché du matériel sur demande de son directeur C. G. ; qu'il a fait observer toutefois, que ne s'occupant que de l'organisation matérielle du scrutin, n'avoir ni signé le procès-verbal de réception ni demandé aux membres de cette commission de le faire ;

Attendu que NG. F. K.E, entendu à titre de témoin, a rappelé que le rapport a été établi par la CENTIF alors qu'il en assumait les fonctions de directeur général ; que revenant sur les conditions de son établissement, il a souligné que la CENTIF travaille sur la base d'informations reçues des assujettis qui lui transmettent des déclarations de soupçons qui sont traités par des analystes avant qu' un comité ne se réunisse pour rédiger un rapport qui sera, par la suite, transmis au Procureur de la République, pour approfondir l'enquête et lui donner une suite; que revenant sur une interpellation concernant la référence faite dans le rapport à une haute autorité de l'État qui aurait un pouvoir de décision dans l'attribution du marché et qui entretiendrait des relations privilégiées avec M. O. S., il a confirmé ne pas connaître son identité et qu'il appartenait au Procureur de la République d'approfondir l'enquête ;

Attendu que l'État, partie civile dans la cause, représenté par l'Agent judiciaire de l'État, a réclamé le paiement de la somme de deux cent vingt-six millions (226 000 000) de francs CFA représentant les sommes indûment perçues au préjudice de l'État à titre de réparation ;

Attendu que l'Avocat général, dans ses réquisitions, après une relation des faits puisés du procès-verbal d'enquête et du rapport de la CENTIF a estimé qu'il n'y avait aucun doute sur le manquant de 226 000 000 francs CFA à l'origine de la déclaration de soupçon et sur le fait que toutes les personnes poursuivies savaient non seulement que la livraison était inférieure à la commande, mais avaient agi en connaissance de cause ; qu'il a ajouté qu'il s'agit là d'un faux intellectuel par association de malfaiteurs à cause de leur entente établie dans le but de commettre le délit ; qu'il a fait remarquer que le sieur M. O. S., cogérant de la société Nickel Print, ayant reçu gratuitement la somme de 226 000 000 francs CFA, a commis de ce fait un blanchiment de capitaux ; qu'ainsi, il a requis que les prévenus soient déclarés atteints et convaincus des faits qui leur sont reprochés et qu'il leur soit appliqué les dispositions des articles 238, 239, 240, 152 et suivants du Code pénal, 131 et 132 du Code pénal et des articles 37, 39, 41 et 45 de la loi uniforme du 06 février 2004 sur le blanchiment de capitaux ;

Attendu que Maître Serigne Khassim TOURE, avocat défenseur des prévenus présents, a également rappelé le contexte de la passation du marché de fourniture de matériel du ministère de l'Intérieur en insistant sur la possibilité offerte à C. G., en sa qualité de directeur général des élections de prendre un avenant compte tenu des circonstances pour procéder à des modifications techniques des termes du contrat ; que selon lui, dans cette affaire il manque des éléments à charge car les faits sont établis sur la base de simples déclarations de soupçon et aucune preuve n' a été rapportée par l'Avocat général; qu'aucun élément matériel ne fonde le blanchiment d'argent et une simple réquisition téléphonique pouvait permettre d'établir s'il y a association de malfaiteurs ; qu'il a prétendu qu'il n'y avait pas de détournement de deniers publics, dans la mesure où toute la procédure de passation des marchés publics avait été respectée ; qu'il a, pour terminer, sollicité la relaxe pure et simple des prévenus;

Sur ce ;

Attendu que l'association de malfaiteurs, définie par les articles 238 et suivants du Code pénal , comme une entente frauduleuse entre deux ou plusieurs personnes dans le but de commettre des infractions, suppose pour sa réalisation, l'existence d'une bande dotée d'une certaine structure de commandement, ce qui n'est pas établi dans le dossier ; qu'en effet aucune entente frauduleuse entre les attributaires des marchés et les agents du ministère de l'intérieur H. A. D., I. MB., M. G., T. T. F. avec, à leur tête, le directeur des élections C. G., ne peut être déduite des pièces de la procédure et des débats d'audience ; qu'il y a lieu, dès lors, de dire et juger que l'infraction d'association de malfaiteurs, faute d'éléments matériels, n'est pas constituée à l'égard des prévenus; qu'il y a lieu de renvoyer les prévenus des fins de la poursuite de ce chef ;

Attendu que, de même, la corruption, telle que posée par les articles 159 et suivants du Code pénal, suppose, un élément matériel consistant soit à solliciter ou agréer des offres ou promesses, soit à solliciter ou à recevoir des dons ou présents en vue de faire ou s'abstenir de faire un acte de ses fonctions ou de son emploi ; qu'en l'espèce aucun lien n' a été établi entre les prévenus C. G., H. A. D., I. MB., M. G. et T.T.F. et les deux attributaires des marchés et surtout qu'il n'a pas été rapporté la preuve de l'existence d'un quelconque don ou présent que ces derniers auraient faits aux mis en cause, encore moins l'acceptation d'une proposition de corruption ; qu'il y a lieu, dès lors, de retenir que les prévenus ne sont pas atteints et convaincus de ce chef ;

Attendu que l'infraction de blanchiment de capitaux et celle d'entente en vue du blanchiment de capitaux, supposent, pour leur réalisation, l'existence d'une infraction préalable dont le produit est légitimé suivant des opérations matérielles déterminées par l'article 2 de la loi n° 2004-09 du 6 février 2004 relative à la lutte contre le blanchiment des capitaux comme la conversion, le transfert, la manipulation, la dissimulation, le déguisement de l'origine, l'acquisition, la détention ou l'utilisation de biens dont l'auteur sait qu'ils proviennent d'un délit ou d'un crime; qu'en l'espèce, non seulement il n'est pas rapporté la preuve d'une infraction principale dont les fruits ont été introduits dans le circuit de blanchiment et qui serait imputable à C. G., H. A. D., I. MB., M. G. et T. T. F., mais aussi la matérialité des faits objet des poursuites fait défaut ; qu'il s'ensuit qu'il y a lieu de les relaxer des chefs de blanchiment de capitaux et d'entente en vue du blanchiment de capitaux;

Attendu, cependant, que s'agissant des infractions de faux et d'usage de faux, il résulte des débats et des pièces de la procédure que C. G., en sa qualité de directeur des opérations électorales, a donné l'ordre de modifier les termes du contrat liant son ministère de tutelle et les sociétés Nickel Print et CESP ; qu'il a reconnu que cet ordre a été donné verbalement ; qu'il a reconnu, en outre, qu'il n'avait aucune preuve écrite d'une approbation de ses supérieurs hiérarchiques, notamment celle du ministre de l'intérieur, aux motifs qu'il y a eu des changements intervenus tardivement qui ne permettaient pas de refaire une autre procédure, alors que cela ne résulte que de déclarations non étayées par une preuve écrite ; que, ce faisant, il a avoué qu' il n'avait aucun pouvoir pour modifier verbalement un marché déjà conclu et approuvé ; que ceci constitue une violation des stipulations contractuelles entrainant des paiements indus au préjudice du Trésor public ;

Que si l'article 23, ancien comme nouveau, du code des marchés publics permet des modifications des conditions initiales du marché public après son approbation, c'est à la condition que d'une part, elles fassent l'objet d'un avenant sans aucune incidence sur le montant du marché et sur le volume des fournitures et d'autres part, elles portent sur l'augmentation ou la réduction de la masse de fourniture, excédant les variations maximales prévues par le dossier d'appel à la concurrence ou la réalisation de fournitures, services ou travaux non prévus au marché, mais nécessaires à l'exécution de son objet, du fait de survenance de sujétions imprévues etc. ;

Attendu que les mis en cause n'ont pas eu recours à un avenant ; que, n'ayant ni qualité ni pouvoir pour ce faire, ils n'ont pas prouvé ou même offert de prouver les modifications alléguées qui ne pouvaient intervenir qu'après autorisation du Ministre de l'intérieur ;

Que c'est par suite d'une altération des termes du contrat que les procès-verbaux de réception qui ont été élaborés, contenaient de fausses informations relatives à la réception d'une quantité inférieure à la commande initiale et dont le paiement a porté sur la totalité de la commande normale d'urnes et de cadenas; qu'en effet, c'est sur la base du faux procès-verbal de réception mentionnant la quantité de vingt-trois mille (23 000) urnes et quarante-six mille (46 000) cadenas pour Nickel Print et quinze mille (15 000) urnes et cadenas pour CESP que ces derniers ont pu être payés intégralement par le Trésor public sans avoir livré la totalité de la commande puisque seulement dix-huit mille deux cent cinquante (18 250) urnes et dix-huit mille trois cents (18.300) cadenas ont été livrés et reçus ; qu'il y a lieu, en conséquence, de déclarer C. G. atteint et convaincu des faits de faux et usage de faux qui lui sont reprochés, conformément aux dispositions de l'article 661 du Code pénal ;

Que les prévenus H. A. D., I. MB., M. G., à l'exception de T. T. F., ont tous signé le procès-verbal de réception des urnes et cadenas qui ne rendait pas compte de la réalité de la commande et ils ont tous reconnu ce faux en prétextant un ordre venant de C. G. ;

Que H. A.D. , en sa qualité de responsable administratif et financier a reconnu qu'il a donné des instructions verbales pour le changement de la commande et de la quantité à livrer sans avenant et sans autorisation écrite et il a reconnu avoir signé un procès-verbal de réception non conforme à la commande ; que ces faits constituent des actes de faux et d'usage de faux ;

Que le magasinier M. G. et le comptable des matières I. MB. ont reconnu également avoir cautionné cette opération en acceptant de signer le procès-verbal de réception faux et le bordereau de livraison afin de faciliter le paiement intégral par le Trésor public alors que son contenu n'est pas conforme à la commande, en se basant sur des explications verbales de leurs supérieurs T. T. F. et C. G. ;

Que dès lors, ils doivent également être déclarés atteints et convaincus de faux et d'usage de faux;

Que s'agissant de T.T.F., qui n'a pas signé le procès-verbal de réception, rien ne permet d'établir sa participation à la réalisation des infractions de faux et d'usage de faux ; qu'il échet, dès lors, de le renvoyer des fins de la poursuite sans peine ni dépens des chefs de faux et d'usage de faux ;

Attendu que s'agissant des prévenus A. D. I., S. MB. et M. O.S., leur entente leur a permis d'être attributaires des marchés, en utilisant un procédé illicite d'entente et de fractionnement du marché avec des surfacturations entraînant des gains indus et l'utilisation de rétro-commission et de faux documents qui leur ont permis d'être payés sans avoir livré l'intégralité de la commande ; qu'ainsi il y a eu sans aucun doute une association de malfaiteurs visant la réalisation de ces faits illicites ; que cela a permis à A. D. d'obtenir frauduleusement de l'État du Sénégal les sommes d'un montant de deux cent vingt-six millions (226 000 000) de francs CFA, de deux cent vingt-trois millions deux cent cinquante mille (223 250 000) de francs CFA et de trois cent dix-neuf millions six cent quarante-sept mille cent soixante-dix-sept (319 647 177) de francs CFA, à S. MB. d'obtenir la somme de trois cent dix-neuf millions six cent quarante-sept mille cent soixante-dix-sept (319 647 177) de francs CFA et à M. O.S. d'obtenir également la somme de deux cent vingt-six millions (226 000 000) de francs CFA, ces faits étant prévus et punis par les articles 153, 154 et 155 du Code pénal ; qu'ils apparaissent comme étant les auteurs principaux de ces malversations au préjudice de l'État ; que cela a été facilité par l'utilisation d'un faux bordereau de livraison et surtout l'utilisation de faux procès-verbaux de réception qu'ils ont présentés au Trésor public pour être payé intégralement sans avoir respecté leurs obligations contractuelles; qu'ils sont ainsi atteints et convaincus d'association de malfaiteurs, de faux et d'usage de faux en écriture publique et d'escroquerie ;

Qu'en outre A.D.I., S. MB. et M. O.S. ont pu intégrer...deniers publics obtenus frauduleusement dans le circuit régulier par un système « d'auto blanchiment », en concertation frauduleuse entre les deux premiers et l'implication de M. O.S. qui, sans justification apparente, a bénéficié d'une somme de deux cent vingt-six millions (226 000 000) de francs CFA dans un compte ouvert à la BHS, montant qu'il a tiré lui-même du compte de Nickel Print en bénéficiant d'un éphémère statut de cogérant ; que ces faits sont constitutifs non seulement de blanchiment mais également d'entente ou d'association en vue de la réalisation de cette infraction ; qu'il échet de les déclarer atteints et convaincus de ces chefs ;

Attendu, toutefois, que s'agissant de l'infraction de corruption, rien dans le dossier ne permet d'établir son existence ou sa matérialité ; qu'il y a lieu dès lors de relaxer les prévenus susnommés de ce chef ;

Attendu que concernant les sociétés Nickel Print et CESP, Il existe entre elles une collusion frauduleuse par une entente qui leur a permis de gagner le marché avec une offre identique ne permettant pas de les départager, ce qui a amené l'autorité contractante à adopter une pratique consistant à partager le marché entre les deux, suivant un procédé purement arbitraire ; qu'il est avéré, comme reconnu par Mouhamadou O. S., que les deux sociétés ont eu le même fournisseur et enfin, qu'elles n'ont pu livrer la totalité de la commande conformément au cahier des charges, alors que la totalité du prix a été payée par le Trésor public ; qu'également les comptes de ces deux sociétés ont servi à recevoir les mouvements de fonds illicites, comme cela résulte aussi bien du rapport de la CENTIF (p. 6 et 7) que du procès-verbal d'enquête de la gendarmerie (voir pièces n° 01, feuillets n°3 et n° 4) ; qu'ainsi l'infraction de blanchiment a été commise pour le compte et au bénéfice de ces deux sociétés ; qu' il échet de les déclarer atteints et convaincus de ce chef, conformément aux dispositions de l'article 42 de la loi uniforme sur le blanchiment de capitaux ;

III/ Sur les peines

Attendu que C. G., H. A.D., I. MB., M. G. ont été déclarés atteints et convaincus des infractions de faux et d'usage de faux ; qu'il échet, pour la répression, de les condamner à une peine de trois (03) ans d'emprisonnement pour le faux en écritures publiques et deux (02) ans pour l'usage de faux ; faits prévus et punis par les articles 130, 131 et 133 du Code pénal ; qu'il existe toutefois des circonstances atténuantes qui justifient qu'ils puissent bénéficier des dispositions de l'article 433 du Code pénal et en ordonnant la confusion des peines, de retenir que la peine la plus forte, soit celle de trois (03) ans ;

Attendu qu'ils sont tous des délinquants primaires ; que dès lors, il sera sursis à l'exécution de la peine conformément aux dispositions de l'article 704 du Code de procédure pénale ;

Attendu que s'agissant des prévenus A.D.I., S. MB. et M. O. S., ils ont été déclarés atteints et convaincus des infractions d'association de malfaiteurs, de faux et usage de faux, de blanchiment de capitaux et d'entente ou association en vue de blanchiment ;

Que pour la répression, il y a lieu de les condamner aux peines suivantes :

-pour l'infraction de faux : dix (10) ans d'emprisonnement pour chacun ;

-pour l'infraction d'usage de faux : deux (02) ans d'emprisonnement pour chacun ;

-pour l'infraction d'association de malfaiteurs : dix (10) ans d'emprisonnement pour chacun ;

-pour l'infraction de soustraction frauduleuse de deniers public : cinq (05) d'emprisonnement et un million (1 000 000) de francs CFA d'amende pour chacun (153, 154 et 155 du Code pénal) ;

-Pour l'infraction de blanchiment de capitaux : sept (7) ans d'emprisonnement pour chacun et une amende égale au triple, soit deux milliards trois cent six millions six cent quatre-vingt-onze mille cinq cent trente et un (2 306 691 531) francs CFA pour A. D. I., neuf cent cinquante-huit millions neuf cent quarante et un mille (958 941 000) francs CFA pour S. MB. et six cent soixante-dix-huit millions (678 000 000) francs CFA pour M. O.S. correspondant à la valeur des biens ou des fonds sur lesquels ont porté les opérations de blanchiment de capitaux (articles 37, 39 et 41 de la loi uniforme n° 2004-09 du 06 février 2004 relative à la lutte contre le blanchiment de capitaux) ;

Qu'il ya lieu d'ordonner la confusion des peines et de retenir à leur encontre la peine la plus forte, soit celle de dix (10) ans, contre A.D. I., S. MB. et M. O. S. ;

Attendu que ces prévenus qui n'ont pas comparu, n'ont pu être entendus pour rendre compte de leurs faits délictuels malgré la gravité des charges qui pèsent sur eux ; qu'il y a lieu de décerner mandat d'arrêt contre eux, conformément aux dispositions de l'article 452 du Code de procédure pénale ;

Attendu que s'agissant de la Société Nickel Print SARL unipersonnelle, siège social HLM Grand-Yoff, ayant comme gérant A. D. I. et la société Compagnie d'Équipement, de Service et de Production (CESP) SARL, siège social HLM Grand-Yoff n°12892, Dakar, Sénégal, ayant pour gérant S. MB., elles ont été reconnues coupables comme bénéficiaires du produit de la commission de l'infraction de blanchiment de capitaux ; qu'il échet de les condamner chacune à une peine d'amende de deux cent vingt-six millions francs CFA fois cinq (226 000 000 X 5)=un milliard cent trente millions (1 130 000 000) francs CFA, correspondant au taux égal au quintuple de celles encourues par les personnes physiques et de les condamner en outre à l'exclusion des marchés publics pour une durée de cinq (05) ans, à l'interdiction pour une durée de cinq (05) ans d'exercer directement ou indirectement une ou plusieurs activités professionnelles ou sociales à l'occasion de laquelle l'infraction a été commise et, enfin à la fermeture définitive des établissements ayant servi à commettre les faits incriminés (article 42 de loi uniforme n°2004-09 du 06 février 2004 relative à la lutte contre le blanchiment de capitaux) ;

(...)

PAR CES MOTIFS

Statuant publiquement, par défaut simple à l'égard A. D. I., S. MB., M. O. S., la Société Nickel Print, SARL unipersonnelle, siège social HLM Grand-Yoff et ayant comme gérant A. D. I. et la société Compagnie d'Équipement, de Service et de Production (CESP) SARL, siège social HLM Grand-Yoff n°12892, Dakar, Sénégal et ayant pour gérant Serigne MBACKE, contradictoirement à l'égard de C. G. , H. A. D.F, I. MB., M. G. et T. T. F., en matière correctionnelle ;

Sur la culpabilité

Renvoie C. G., H. A. D., I. MB., M. G. et T. T. F., des fins de la poursuite d'association de malfaiteurs, de corruption, d'escroquerie et de détournement de deniers publics, de blanchiment de capitaux, d'entente ou d'association en vue de la réalisation de blanchiment de capitaux ;

Renvoic T. T. F. des fins de la poursuite d'association de malfaiteurs, de corruption, de détournement de deniers publics, de blanchiment de capitaux, d'entente ou d'association en vue de la réalisation de blanchiment de capitaux, de faux et d'usage de faux en écritures publiques, sans peines ni dépens ;

Déclare C. G., H. A. D., I. MB. et M. G. atteints et convaincus des faits de faux et d'usage de faux en écritures publiques ;

Les condamne chacun à trois (03) ans d'emprisonnement, après confusion des peines, en application des dispositions de l'article 5 du Code pénal ;

Dit qu'il sera sursis à l'exécution de la peine, le tout en application des articles 17 de la loi du 08 juillet 2011 portant statut des inspecteurs généraux d'État, 661 et 704 du Code de procédure pénale, 433, 130 et 131 du Code pénal ;

Renvoie A. D. I., S. MB. et M. O.S. des fins de la poursuite de corruption ;

Déclare A. D. I., S. MB. et M. O. S., atteints et convaincus des faits d'association de malfaiteurs, de faux et usage de faux, de blanchiment de capitaux et d'entente ou association en vue de blanchiment ;

Les condamne, chacun, à 10 ans d'emprisonnement et à un million (1 000 000) de francs CFA d'amende après confusion des peines, en application des dispositions de l'article 5 du Code pénal;

Condamne également A. D. I. à deux milliards trois cent six millions six cent quatre-vingt-onze mille cinq cent trente et un (2 306 691 531) de francs CFA d'amende, S. MB. à neuf cent cinquante-huit millions neuf cent quarante et un mille (958 941 000) francs CFA d'amende et Mouhamadou Omar SY à six cent soixante-dix-huit millions (678 000 000) francs CFA d'amende, le tout en application des articles 17 de la loi du 08 juillet 2011 portant statut des inspecteurs généraux d'État, 661 du Code de procédure pénale, 153, 154 et 155 du Code pénal, 37, 39 et 41 de la loi uniforme n° 2004-09 du 06 février 2004 relative à la lutte contre le blanchiment de capitaux ;

Décerne mandat d'arrêt contre A. D. I., S. MB. et M. O. S., en application des dispositions des articles 451 et 452 du Code de procédure pénale ;

Déclare les personnes morales Nickel Print SARL unipersonnelle et la Compagnie d'Équipement, de Service et de Production (CESP) SARL, atteintes et convaincues des faits de bénéficiaires de blanchiment de capitaux ;

Les condamne chacune à une peine d'amende d'un milliard cent trente millions (1 130 000 000) de francs CFA;

Prononce leur exclusion des marchés publics pour une durée de cinq (05) ans, l'interdiction pour une durée de cinq (05) ans, d'exercer directement ou indirectement une ou plusieurs activités professionnelles ou sociales à l'occasion de laquelle l'infraction a été commise et, enfin ordonne la fermeture définitive, de ces établissements ayant servi à commettre les faits incriminés en application de l'article 42 de loi uniforme n°2004-09 du 06 février 2004 relative à la lutte contre le blanchiment de capitaux ;

Sur les intérêts civils

Reçoit la constitution de partie civile de l'État représenté par l'Agent judicaire de l'État ;

Y faisant droit, lui alloue la somme de deux cent vingt-six millions (226 000 000) de francs CFA à titre de réparation de son préjudice ;

Condamne tous les prévenus atteints et convaincus solidairement au paiement de cette somme;

Les condamne tous également aux dépens, en application des dispositions des articles 451, 460 du Code de Procédure pénale ;

Ordonne l'exécution du présent arrêt à la diligence du Procureur général près la Cour suprême.

OBSERVATIONS

En vue de faire reculer la délinquance générée par les groupements moraux, le législateur, sous l'influence du droit international (V. notamment, l'art. 12 de la Convention de Budapest sur la cybercriminalité et l'art. 10 de la Convention de Palerme sur la criminalité transnationale organisée) et du droit communautaire (*V. art. 114 de la Directive n° 02/CM/UEMOA du 02 juillet 2015 relative à la lutte contre le blanchiment de capitaux et le financement du terrorisme dans les États de l'UEMOA ; art. 27 de la Directive C/DIR/1/08/11 du 19 août 2011 portant lutte contre la cybercriminalité dans l'espace de la CEDEAO ; V. art. 124 de la loi n° 2018-03 du 23 février 2018 relative à la lutte contre le blanchiment de capitaux et le financement du terrorisme*), a eu l'occasion d'effriter, par couches successives, le principe de l'irresponsabilité pénale des êtres collectifs, par des consécrations spécifiques de la responsabilité pénale des êtres moraux.

Il en est ainsi notamment en matière de blanchiment de capitaux et de financement du terrorisme (*V. art. 124 de la loi n° 2018-03 du 23 février 2018 relative à la lutte contre le blanchiment de capitaux et le financement du terrorisme*), d'infractions de presse (*V. art. 122 de la loi n° 2017-27 du 13 juillet 2017 portant Code de Presse*), de faux monnayage (V. *art. 19 de la loi n°2018-02 du 23 février 2018 relative à la répression du faux monnayage et des autres atteintes aux signes monétaires*), d'infractions prévues par le Code miner (*V. art. 138 de la loi n° 2016-32 du 08 novembre 2016 portant Code minier*), de cybercriminalité (*V. ancienne loi n° 2008-11 du 25 janvier 2008 portant sur la cybercriminalité (art. 431-62 du CP). Mais par la suite, la loi n° 2016-29 du 08 novembre 2016 modifiant le Code pénal a procédé à la suppression malencontreuse du principe de responsabilité pénale des personnes morales en matière de cybercriminalité*), d'infractions à la réglementation des relations financières extérieures des États membres de l'UEMOA (V. *art. 20 de la loi uniforme n° 2014-12 du 28 février 2014 sur le contentieux des infractions à la réglementation des relations financières extérieures des États membres de l'UEMOA ; également, art. 15 de la loi n° 2014-14 du 28 mars 2014 relative à la fabrication, au conditionnement, à l'étiquetage, à la vente et à l'usage du tabac; loi n° 2015-09 du 04 mai 2015 relative à l'interdiction de la production, de l'importation, de la détention, de la distribution, de l'utilisation de sachets plastiques de faible micronnage et à la gestion rationnelle des déchets plastiques*) et d'infractions relatives aux prix et à la protection du consommateur (*V. art. 120 et 121 de la loi n° 2021-25 du 12 avril 2021 sur les prix et la protection du consommateur*).

Dans ce cadre, la Chambre d'Accusation de la Cour d'Appel de Dakar avait déjà jugé que la CBAO Attijariwafa Bank, ne pouvait, en tant que personne morale, être inculpée des chefs de faux et usage de faux en écriture privée de commerce et de tentative d'escroquerie, « *puisque la responsabilité pénale des personnes morales ne peut être engagée que dans les cas prévus par la loi* » (*CA Dakar, ch. acc. n° 237 du 20 juillet 2017, MP et B. S. D. c/ M. O. et la CBAO, inédit ; dans le même sens, CA Dakar, ch. acc. n° 101 du 24 mars 2015, MP et M. F. c/ Y. M. A. C. Q. D., inédit*).

Dans le même sens, le Tribunal correctionnel de Dakar, a estimé qu'en droit positif sénégalais, la responsabilité pénale d'une personne morale ne peut être valablement recherchée que si elle est prévue par une disposition spéciale pour l'infraction considérée (*TGIHC Dakar, n° 3106 du 17 juillet 2007, MP et Mamadou Lamine DIEDHIOU c/ Soc. Sentel GSM et la société SAGEF, inédit*).

Dans un arrêt rendu le 06 mars 2014, la chambre criminelle de la Cour suprême a eu l'occasion, pour la première fois à notre connaissance, d'appliquer le régime de la responsabilité pénale des personnes morales en matière de blanchiment de capitaux (*CS, ch. crim. n°33 du 06 mars 2014, MP et AJE c/ Ch. G. et autres, inédit*). En l'espèce, deux sociétés commerciales ont été reconnues coupables comme bénéficiaires du produit de la commission de l'infraction de blanchiment de capitaux. Ainsi, le juge suprême, statuant en première instance, a condamné chacune à une peine d'amende de un milliard cent trente millions (1 130 000 000) francs CFA, correspondant au taux égal au quintuple de celles encourues par les personnes physiques (soit deux cent vingt-six millions francs CFA fois cinq (226 000 000 X 5).

En outre, lesdites sociétés ont été condamnées à l'exclusion des marchés publics pour une durée de cinq (5) ans, à l'interdiction pour une durée de cinq (5) ans d'exercer directement ou indirectement une ou plusieurs activités professionnelles ou sociales à l'occasion de laquelle l'infraction a été commise et enfin à la fermeture définitive des établissements ayant servi à commettre les faits incriminés, conformément à l'article 42 de l'ancienne loi uniforme n°2004-09 du 06 février 2004 relative à la lutte contre le blanchiment de capitaux.

Les rédacteurs de la loi n° 2021-33 du 23 juillet 2021 modifiant le Code pénal ont fixé un régime général de responsabilité pénale des personnes morales, en insérant un article 45-1 dans ledit code. En vertu de ce texte, les personnes morales sont pénalement responsables des infractions, commises pour leur compte, par leurs organes ou représentants (*Sur cette question, J.-H. ROBERT, « La responsabilité pénale des personnes morales », Dr. pén. 2000, hors-série n° 3, p. 20 ; D. GUERIN, « L'introduction en droit français de la responsabilité pénale des personnes morales », LPA 11 décembre 1996, n° 149, p. 04 ; P. FAIVRE, « La responsabilité des personnes morales », RSC 1958, p. 547 ; G. ROUJOU DE BOUBÉE, « La responsabilité pénale des personnes morales », Colloque de la Baule sur « la dépénalisation dans la vie des affaires », RJ com. 2001. 11 ; J. TRICOT, « Le droit pénal à l'épreuve de la responsabilité des personnes morales, l'exemple français », RSC 2012. 19 ; B. MERCADAL, « La responsabilité pénale des personnes morales et celle des personnes physiques, auteurs ou complices des mêmes faits », RJDA 1994, p. 375 s. ; V. WESTER-*

OUISSE, « La responsabilité pénale des personnes morales et les dérives anthropomorphiques», Rev. pénit. 2009, p. 63; O. SAUTEL, « La mise en œuvre de la responsabilité pénale des personnes morales, entre litanie et liturgie », D. 2002, p. 1147 ; du même auteur, « La responsabilité pénale des personnes morales », LPA 18 juin 2008, p. 7).

La consécration de la responsabilité pénale des personnes morales constitue une grande innovation du droit pénal sénégalais. Désormais, les personnes morales pourront être condamnées par les tribunaux répressifs à certaines peines comme l'amende ou la dissolution.

En disposant, dans son premier alinéa, que « *les personnes morales, autres de l'Etat, les collectivités territoriales, les établissements publics, les agences d'exécution et les structures administratives similaires sont pénalement responsables des infractions, commises pour leur compte, par leurs organes ou représentants* », l'article 45-1 du CP institue une responsabilité pénale générale applicable à toutes les infractions et une responsabilité spéciale quant aux personnes morales concernées (*P. A. TOURE, « La responsabilité pénale des personnes morales en droit sénégalais : contribution à l'étude de l'article 45-1 du Code pénal », Rev. sén.dr., n° 01, août 2023, p. 97)*.

CHAPITRE VI :

LES CAUSES D'IRRESPONSABILITÉ PÉNALE

SECTION PREMIÈRE : LES CAUSES SUBJECTIVES D'IRRESPONSABILITÉ PÉNALE

PARAGRAPHE PREMIER : LA DÉMENCE

- **Démence- contrainte- état de démence au temps de l'action- relaxe**

156. CA Dakar ch. corr. n° 358 du 26 juin 1972, *Diary Diby Samba BA c/ MP, Rev. sén. dr.* juin 1974, n°15, p. 92

Est en état de démence au temps de l'action, la personne dont le comportement avait beaucoup changé, à la suite d'une morsure de chacal et qui était fréquemment sujette à des dépressions et des crises qui la laissaient prostrée plusieurs jours durant.

LA COUR,

AU FOND

Considérant que, par acte au greffe en date du 14 juin 1971 la prévenue D. D. S. B. a régulièrement relevé appel de la décision du 3 juin 1971 de la justice de paix de Matam qui l'a condamnée du chef d'inhumation sans autorisation d'un enfant mort-né, à la peine de 50 000 francs d'amende ;

Considérant qu'en cause d'appel le Ministère public requiert confirmation, tandis que la prévenue sollicite sa relaxe ou, à tout le moins, le bénéfice du sursis ;

LES FAITS

Considérant que sur dénonciation anonyme, la dame D. D. S. B. était arrêtée, le 16 août 1970, par la brigade de gendarmerie de Matam pour Infanticide. Elle fut inculpée et placée sous mandat de dépôt par le juge d'instruction de Saint-Louis le 19 août 1970

Considérant que ni l'enquête préliminaire, ni l'information n'ont pu établir le crime à elle reproché, il s'est néanmoins avéré constant qu'elle était sujette à des crises de folie ; qu'elle avait accouché d'un enfant mort-né qu'elle avait enterré en un lieu dont elle a été incapable de se souvenir et qu'aucune des investigations entreprises par les habitants du village que par les gendarmes n'ont pu déterminer

Le crime fut disqualifié en délit d'inhumation sans autorisation d'un enfant mort-né ,

Considérant que le médecin-chef de la circonscription médicale de Matam, le docteur O. M. D., qui examine en premier lieu la prévenue, indique dans son rapport en date du 20 août 1970 «femme atteinte de troubles du comportement remontant à l'époque où elle avait été mordue par un chacal. Ses actes, à ce moment, peuvent échapper à son contrôle » ;

Considérant que l'expert-psychiatre le docteur Schurmans de l'hôpital de Saint-Louis, conclut, dans un rapport du 26 décembre 1970 : « Nous ne disposons d'aucun élément nous permettant de conclure à une totale irresponsabilité, car l'examen psychiatrique actuel est normal. Les témoignages reçus nous font poser comme possible l'existence, au moment des faits, d'un état névrotique (par exemple de type hystéroïde). Selon les notions classiques, celui-ci n'élimine pas toute responsabilité, mais peut constituer une circonstance atténuante. Les circonstances très défavorables dans lesquelles l'inculpée a vécu les derniers mois de sa grossesse, doivent, s'ils sont confirmés, être pris en considération comme ayant pu troubler l'équilibre de la personnalité » ;

Considérant que la prévenue a toujours soutenu que lors de son accouchement et de l'inhumation du nouveau-né elle se trouvait dans un état de crise ;

Considérant que sa famille, comme tous les témoins entendus, s'accordent à déclarer qu'à la suite d'une morsure de chacal en 1967, son comportement avait beaucoup changé, qu'elle était fréquemment sujette à des dépressions et des crises qui la laissaient prostrée plusieurs jours durant ; qu'elle avait suivi des traitements auprès des marabouts de la région et même à l'hôpital psychiatrique de Fann ;

Considérant que les conclusions expertales, comme les témoignages recueillis font apparaitre qu'au temps de l'action D. D. S. B. devait se trouver en état de démence ou, à tout le moins, était contrainte par une force à laquelle elle n'a pu résister : qu'en ces conditions, il échet, par application de l’article 50 du Code pénal , de la relaxer purement et simplement des fins de la poursuite sans peine ni dépens ,

Considérant que les dépens incombent au Trésor public ;

PAR CES MOTIFS

EN LA FORME

Reçoit D. D. S. B. en son opposition ;

AU FOND

La relaxe des fins de la poursuite sans peine ni dépens.

- **Démence- notion**

157. CA Dakar ch. corr., n° 324 du 23 avril 2008, *MP et Khardiatou Mbougal DIARRA és qualité de sa fille Siga MBAYE c/ Matar BÂ, inédit*

La démence, qui vient du mot latin dementia, peut être définie comme une conduite dépourvue de raison, un affaiblissement intellectuel global, progressif et irréversible ; elle est assimilée à la folie, terme générique qui désigne des troubles mentaux, un manque de jugement, une absence de raison.

LA COUR,

Considérant que suivant actes reçus au greffe du tribunal de grande instance hors classe de Dakar en date du 23 mars 2007, Maître Cheikh Cissé, représentant Maître Cheikh Fall, avocat, agissant pour le compte de M. B., et le procureur de la République, ont, respectivement relevé appel principal et incident du jugement rendu le 22 Mars 2007 par ladite juridiction et dont le dispositif est ainsi conçu :

« Statuant publiquement, contradictoirement, en matière correctionnelle et en premier ressort ; Déclare le prévenu atteint et convaincu des faits qui lui sont reprochés ;

Le condamne à deux (2) ans d'emprisonnement ferme

Reçoit KH. M. D. es qualité de sa fille S. MB. en sa constitution de partie civile ;

Condamne le prévenu à lui verser la somme d'un million (1 000 000) francs pour toutes causes de préjudice confondues ;

Ordonne l'exécution provisoire ;

Fixe au maximum la durée de la contrainte par corps ;

Condamne en outre le prévenu au remboursement des frais liquidés à la somme de cinquante huit mille huit cent(58.800) francs » ;

Considérant que les appels ayant été interjetés dans les forme et délai de la loi, il échet de les déclarer recevables ;

I / Sur les faits et la procédure

Considérant qu'il résulte de la procédure et des débats les faits suivants :

« Dans la nuit du dimanche 16 juillet 2006, vers 2 heures du matin, la dame KH. M. D., revenant d'une boutique située dans le quartier Golf Nord, tenait à la main sa fille S. MB., âgée de 4 ans;

Profitant d'un moment d'inattention de sa mère, la petite S. s'éloigna et un voisin du quartier, M. B., la fit entrer chez lui et éjacula entre ses jambes avant de la laisser partir ;

Suite à la plainte initiée par la dame D., M. B. a été traduit devant le juge des flagrants délits du Tribunal de grande instance hors classe de Dakar ;

Ledit juge ordonna le 14 août 2006 une expertise médico-légale sur la personne de M. B., avant de le déclarer coupable de pédophilie en son audience du 22 Mars 2007 et de le condamner à une peine de deux ans d'emprisonnement ferme ;

Le prévenu a été également condamné à payer à la partie civile la somme de un million de francs CFA, à titre de réparation ;

Suite à l'appel interjeté par le prévenu et le Ministère public, les parties comparaissent devant la Cour de céans ; qu'il échet de statuer contradictoirement à leur égard ;

II / Sur l'action publique

Considérant que le conseil du prévenu a plaidé l'infirmation du jugement attaqué et la relaxe en faisant valoir que M. B. étant un malade mental, il ne peut encourir aucune responsabilité pénale du fait de ses actes, invoquant en cela les dispositions de l'article 50 du Code pénal ;

Qu'à l'appui de sa demande, d'une part, il a versé le rapport d'expertise établi le 02 Février 2007 par le docteur S. S. du centre hospitalier national psychiatrique de Thiaroye et le certificat médical établi le 24 juillet 2006 par le docteur A. N. N. de la clinique psychiatrique M. D. du centre hospitalier national universitaire de Fann ;

Que d'autre part, ledit conseil a soutenu que les déclarations du prévenu aussi bien à l'enquête préliminaire qu'à la barre du tribunal et de la Cour de céans confirment son état de démence car, entre autres, il a déclaré être né en France et en est revenu pour répondre à l'appel de CH. I. F. et que la petite S. lui a été offerte dans le mystère (Bâtine) par la maman de celle-ci ;

Considérant que le Procureur général a abondé dans le même sens que le conseil du prévenu en précisant que même s'il est indéniable que les faits sont graves, le prévenu étant en état de démence au moment où il les commettait, d'après les constatations du médecin, sa responsabilité pénale est difficile à apprécier ;

Qu'en effet, il est inaccessible à la sanction pénale parce qu'il résulte du rapport d'expertise médico légale que l'évolution naturelle de sa maladie aboutit à la destruction complète de la personne avec toutes les conséquences que cela comporte ;

Considérant que le conseil de la partie civile a plaidé la confirmation du jugement querellé aux motifs que même si le prévenu est déficient malade, au moment des faits il n'était pas dément au sens de l'article 50 du Code pénal, mais il était simplement dans un état voisin de la démence car, tapis dans l'ombre, il a profité d'un moment de relâchement de la surveillance de la mère de S. M. pour soustraire cette dernière ;

Considérant que pour déclarer coupable M. B. et le condamner, le premier juge a simplement estimé que la preuve de sa culpabilité résulte du dossier et des débats ;

Considérant que la démence, qui vient du mot latin *dementia*, peut être définie comme une conduite dépourvue de raison, un affaiblissement intellectuel global, progressif et irréversible et que d'autres assimilent à la folie, terme générique qui désigne des troubles mentaux, un manque de jugement, une absence de raison ;

Que cette conduite dépourvue de raison peut être inhérente à une consommation de drogue et qu' il résulte de la procédure et des débats que le prévenu ,qui est consommateur de cocaïne, a déjà été condamné en France pour trafic de drogue ;

Considérant qu'il résulte des pièces, non contestées de la procédure, que M. B. a été hospitalisé à la clinique psychiatrique M. D. du Centre hospitalier universitaire de Fann du 26 février 2001 au 12 mars 2001 ainsi qu'à l'hôpital « Dalal Khel » ; qu'il résulte du rapport d'expertise établi par le docteur Sara Sey du centre hospitalier National psychiatrique de Thiaroye qu'il présente une schizophérénie paranoïde ayant débuté avant les années 2000, donc bien avant les faits qui lui sont reprochés et qu'en période aiguë ou de rechute la personne atteinte de cette maladie n'est accessible à aucune sanction pénale ; que les propos tenus aussi bien à la barre du tribunal de grande instance que devant la cour d'appel confirment l'état de démence du prévenu ;

Que s'y ajoute que relève, sans conteste, d'une conduite dépourvue de raison, de la démence, le fait pour un homme d'introduire chez lui à 2 heures du matin une petite fille de 4 ans, d'éjaculer entre les jambes de cette dernière et de la laisser partir ensuite tranquillement sans rien faire d'autre ;

Qu'au vu de tout ce qui précède, il y a lieu de constater que le prévenu, étant en état de démence au temps de l'action, il n'y a pas de délit, en application de l'article 50 du Code pénal ; qu'en conséquence, il échet d'infirmer le jugement entrepris sur ce point, le premier juge n'ayant pas fait une bonne analyse des faits et une correcte application de la loi ;

Considérant cependant qu'en vertu de l'article 55 du Code pénal, il y a lieu en l'espèce, sur le plan de la responsabilité civile de se conformer aux dispositions du code des obligations civiles et commerciales ;

Considérant qu'un dément doit être surveillé, encadré et dirigé par la personne qui en assure la garde ; qu'en l'espèce la dame S. F., mère du prévenu, présente à la barre de la Cour a reconnu que c'est elle - même qui s'occupe de la garde de celui-ci ;

Qu'elle a soutenu, par devant la Cour, qu'elle savait que son fils qui vit chez elle est un malade mental ; qu'en conséquence, elle est débitrice d'une obligation de surveillance et de direction sur la personne de ce dernier ; qu'ayant laissé ledit fils sans surveillance dans sa maison où ne se trouvait aucun adulte, elle doit répondre de l'acte commis par M. B. ; que cet acte étant la cause directe du dommage invoqué, il y a lieu de dire qu'elle est civilement responsable des conséquences dommageables du préjudice dont la réparation est demandée par la partie civile, en vertu de l'article 142 du COCC ;

III / Sur les intérêts civils

Considérant que le conseil de la partie civile a également demandé la confirmation du jugement sur les intérêts civils ;

Considérant que le conseil du prévenu qui a plaidé l'infirmation du jugement et la relaxe en a conclu au débouté de la partie civile ;

Considérant que le premier juge a seulement déclaré que le tribunal possède des éléments d'appréciation suffisants pour fixer le montant de la réparation à 1 000 000 francs CFA, toutes causes de préjudices confondues ;

Considérant que le principe de la réparation postule la réparation intégrale du préjudice, mais du seul préjudice ;

Considérant qu'il résulte de l'analyse des faits que la dame KH. M. D., mère de la victime S. MB., a incontestablement une part de responsabilité dans les faits reprochés au prévenu M. B. pour avoir failli gravement à son devoir de garde et de surveillance ; qu'en effet une maman qui se trouve dans la rue à 2 heures du matin avec sa fille de 4 ans, doit au moins tenir constamment la main de cette dernière, afin d'éviter qu'elle ne lui échappe pour aller faire autre chose ;

Qu'il ne résulte des documents médicaux délivrés par le centre de promotion de la Santé qu'une inflammation de la vulve ; que ses parties intimes n'ont pas subi de lésions ;

Qu'au vu du tous ces éléments, il y a lieu de fixer le montant de la réparation à la somme de 600 000 francs CFA, toutes causes de préjudice confondues et de condamner M. B., sous la responsabilité civile de sa mère S. F., à payer le montant de ladite somme à la partie civile ;

PAR CES MOTIFS

Statuant publiquement, contradictoirement, en matière pénale et en dernier ressort ;

Déclare les appels recevables ;

Infirmant partiellement le jugement entrepris et statuant à nouveau :

Constate que le prévenu était en état de démence au moment des faits ;

Dit en conséquence que le délit n'est pas constitué ;

Condamne M. B., sous la responsabilité civile de sa mère la dame S. F., à payer à la partie civile la somme de 600 000 francs CFA, toutes causes de préjudice confondues ;

Met les dépens à la charge du Trésor public.

- **Démence-état de démence**

158. CA Dakar ch. corr. n° 496 du 25 juin 2001, *MP c/ Abdoulaye SAMB, inédit*

Est en état de démence et doit être relaxé en vertu de l'article 50 du Code pénal, la personne atteinte d'une pathologie mentale chronique constaté par le rapport d'expertise.

LA COUR,

Considérant que suivant acte enregistré au Greffe du Tribunal de grande instance de Louga en date du 15/10/1999, Maître René Louis LOPY avocat à la Cour agissant au nom et pour le compte de A. H. partie civile, a déclaré interjeter appel du jugement n°318 contradictoirement rendu le 22 septembre 1999 en ce que ledit jugement par application de l'article 50 du Code de procédure pénale a relaxé A. S. et a alloué le franc symbolique à la partie civile;

Considérant que ledit appel a été relevé dans les conditions requises par la loi ; qu'il y a donc lieu de le déclarer recevable;

Considérant que la partie civile A. H. a été régulièrement cité;

Qu'il a comparu assisté de son conseil Me René Louis LOPY qu'il convient de statuer contradictoirement à son égard ;

Au fond

Considérant que A. S. a été arrêté en flagrant délit et conduit devant le magistrat instructeur qui l'a inculpé d'avoir le 22 avril 1999 avant prescription, menacé de mort A. H., d'avoir dans les mêmes constances de temps et de lieu détenu une arme prohibée (arme blanche), et enfin d'avoir également dans les mêmes circonstances de temps et de lieu causé des dommages à la propriété mobilière d'autrui ;

Fait prévus et punis par les articles 290, 241 du Code pénal et 13, alinéa 6 du Code des contraventions ;

Considérant qu'il résulte du dossier et des débats que A. S. a commis des violences sur la personne de A. H. et qu'il soutient qu'il ne veut pas que les blancs habitent avec des noirs ;

Considérant qu'il est joint à la même procédure le délit d'audience commis par le même individu qui a été sanctionné sur le champ;

Que cependant eu égard au comportement général de la personne une expertise a été ordonnée et l'expert commis en la personne de E. H. S. MB. de l'hôpital régional de Saint Louis a déposé son rapport en date du 3 août 1995 et a conclu que A. S. est atteint d'une pathologie mentale chronique; qu'il a été donc été relaxé en vertu de l'article 50 du Code pénal ;

Considérant qu'en cause d'appel la partie civile s'insurge en prétendant que l'auteur est bien responsable et qu'il agit en connaissance de cause;

Considérant que l'Avocat général déclare s'en rapporter à la décision de la Cour;

Qu'en conséquence il y a lieu de confirmer le jugement entrepris par adoption les motifs du premier juge qui n'a fait qu'appliquer les dispositions de l'article 50 du Code pénal qui dispose « qu'il n'y a ni crime ni délit si au moment de l'action le prévenu était eu en état de démence » ce qui ressort des conclusions de l'expert;

PAR CES MOTIFS

Statuant publiquement contradictoirement en matière correctionnelle et en dernier ressort;

En la forme

Reçoit l'appel de la partie civile A. H..

Au fond

Confirme le jugement entrepris en toutes ses dispositions ;

Condamne la partie civile aux dépens liquidés à la somme de vingt-deux mille deux cent (22 200) francs.

- **Démence- contrainte- état de démence**

159. CA Dakar, ch. corr. n° 981 du 09 décembre 2011, *MP et Daba NDIAYE c/ Babacar SENGHOR, inédit*

Un individu à humeur dépressive cyclique avec irritabilité, de type narcissique qui était au moment des faits très excité, était contraint par une force à laquelle, il n'a pu résister; il s'agit là de cause d'irresponsabilité pénale ou de non-imputabilité.

LA COUR,

Considérant que par acte numéro 990 enregistré au greffe le 30 juin 2009 le Ministère public a interjeté appel à titre principal contre le jugement 2789 rendu le 26 juin 2009 par le TRHCD dont le dispositif est le suivant : « Statuant publiquement contradictoirement en matière correctionnelle et en premier ressort,

Disqualifie les faits reprochés à Babacar Senghor en violences et voies de fait ;

Le déclare coupable de ce chef ;

Le condamne à trois (03) mois ferme d'emprisonnement ;

Donne acte à la partie civile de son désistement ;

Dépens contre prévenu ; »

Considérant que les parties régulièrement citées ont comparu, il y a lieu de statuer contradictoirement à leur égard ;

Au fond

Considérant qu'il résulte des pièces de la procédure , notamment du procès-verbal d'enquête préliminaire dressé le 16 février 2009 par la brigade de gendarmerie de Keur Massar, qu'à cette date, la nommée D. ND. déposait plainte contre B. S. pour viol sur sa personne en produisant un certificat médical ; que ce certificat médical établi par le gynécologue du district sanitaire de Rufisque Docteur D. N. faisait état d' « un contact génito-génital sans préservatif avec éjaculation suivi d'un saignement vulvaire »; Que D. ND. expliquait que le mis en cause très excité usant d'un couteau avec lequel il l'aurait tenue en respect dans la chambre de sa tante qui se trouve être également la mère du mis en cause avant d'abuser sexuellement d'elle ;qu'elle ajoutait avoir été bâillonnée par le quidam avec un chiffon , raison pour laquelle elle n'a pu crier ;

Considérant qu'interpellé sur les faits qui lui sont reprochés B. S. les reconnaissait sans ambages soutenant être frustré par le projet de mariage de son frère qu'il dit être privilégié à son détriment;

Qu'inculpé par le Procureur de la République, il revenait sur ses aveux ; qu'il campait sur ses dénégations à la barre du tribunal ;

Que le Ministère public requerrait la déclaration de culpabilité du prévenu arguant que B. S. est doté d'une capacité de discernement et a requis une peine de cinq ans ;

Que les conseils du prévenu ont plaidé la relaxe évoquant les dispositions de l'article 50 du Code pénal à titre principal ; qu'à titre subsidiaire, ils ont demandé à ce que le prévenu soit confié au chef d'état-major des armées ;

Que le tribunal après avoir disqualifié les faits en violences et voies de fait a condamné le prévenu à une peine de trois mois ferme ;

Que le parquet a relevé appel contre cette décision ;

Qu'à la cour soutenant son appel, l'Avocat général a sollicité que B. S. soit déclaré coupable et se voir infliger une peine de cinq ans estimant que l'article 50 du Code pénal ne saurait s'appliquer en l'espèce car le prévenu n'est pas un dément ;

Que les conseils du prévenu ont réitéré que le prévenu est un dément comme en fait foi les pièces médicales versées au dossier ;

Considérant qu'aux termes des dispositions de l'article 320 CP est puni d'une peine de 10 ans ferme quiconque a commis un acte de pénétration sexuelle de quelque nature qu'elle soit par contrainte violence, surprise, sur la personne d'une mineure ;

Considérant qu'en l'espèce il est constant qu'un acte de pénétration sexuelle a été commis sur la personne de D. ND. mineure au moment des faits ;

Que pour autant, il n'est pas contesté que l'auteur des faits qui est présenté médicalement comme un individu à humeur dépressive cyclique avec irritabilité, de type narcissique se trouvait au moment des faits hystérique et très excité, ce qui aurait d'ailleurs poussé sa mère à passer la nuit hors de son domicile ; que sans épiloguer sur l'état de démence qui s'induit des circonstances de l'espèce, il y a lieu de faire remarquer de façon indiscutable que B. S. était contraint par une force à laquelle ,il n'a pu résister ; qu'il s'agit là de cause d'irresponsabilité pénale ou de non imputabilité même si la matérialité des faits ne souffre d'aucun doute ; qu'au regard de ce qui précède, il échet d'infirmer le jugement entrepris en toutes ses dispositions, de relaxer purement et simplement B. S. et de donne acte à la partie civile de son désistement ;

PAR CES MOTIFS

Statuant publiquement, contradictoirement, en matière correctionnelle et en dernier ressort,

Infirme le jugement entrepris en toutes ses dispositions ;

Statuant à nouveau :

Renvoie B. S. des fins de la poursuite en application des dispositions de l'article 50 du Code pénal;

Donne acte à la partie civile de son désistement ;

Met les dépens à la charge du Trésor public.

• Démence-état de démence

160. CA Dakar ch. corr., n° 1017 du 24 septembre 2012, *MP et Mamadou BARRY ès qual. de sa fille Mariama Sadio BARRY c/ Mamadou PAYE alias Bibi., inédit*

La démence peut résulter d'un tableau clinique révélant une baisse globale de l'efficience secondaire, un ralentissement du développement intellectuel et de passibles troubles affectifs associés comme l'impulsivité et l'agressivité.

LA COUR,

Considérant que par déclaration au greffe en date du 28 octobre 2010, le prévenu M. P. par l'organe de son conseil, a relevé appel du jugement n°4355 rendu contradictoirement le 21 octobre 2010 par le Tribunal de grande instance Hors classe de Dakar qui, statuant en matière de flagrants délits, l'a déclaré coupable de pédophilie sur la personne de M. S. B. et l'a condamné à trois (03) ans d'emprisonnement ferme ainsi qu'au paiement de la somme de 2 000 000 F CFA à titre de réparation à la partie civile, tout en le relaxant des chefs de tentative de viol, attentat à la pudeur et de détournement de mineure dont il était également poursuivi ;

Considérant que par déclaration au greffe en la même date, le Ministère public a incidemment relevé appel du jugement susvisé ;

En la forme

Considérant que les appels ont été faits dans les forme et délai légaux ;

Qu'il y a lieu de les déclarer recevables ;

Considérant qu'en outre, le prévenu a régulièrement comparu assisté de son conseil;

Que la partie civile, bien que régulièrement citée, n'a ni comparu ni été représentée ;

Qu'il y a lieu de statuer contradictoirement à l'égard du premier et par défaut à l'égard de la seconde;

Au fond

Sur les faits

Le 23 septembre 2010, M. W. B. déposait plainte au commissariat de Police de la Médina de Dakar contre M. P. qu'il soupçonnait pour avoir appris qu'il était surpris avec sa fille M. S. B. dans des conditions douteuses ;

Entendue, la petite Mariama déclarait que le jour des faits, M. P., l'ayant trouvée en train de s'amuser avec ses copines, l'a invitée à la rejoindre à la terrasse de l'immeuble où elle habitait avec ses parents et, à la suite d'attouchements sur ses parties intimes après lui avoir enlevé son slip, a introduit un doigt en son sexe ; Elle ajoutait que ses copines surgissaient alors les surprenant dans cette situation et qu'elle s'en est allée rejoindre sa mère ;

M. P. après avoir reconnu au cours de l'enquête avoir fait des attouchements sur la fille et l'avoir embrassée à l'initiative de cette dernière qui selon lui l'a rejoint sans y être invitée, niait complètement les faits lors de l'interrogatoire de flagrant délit et aussi devant le premier juge et la Cour de céans.

En cours de procédure, une expertise médico - psychiatrique sur la personne du prévenu a été ordonnée par la Cour de céans à la demande de la défense ;

Sur l'appel

Sur l'action publique

Considérant que le prévenu a vigoureusement nié les faits ;

Que, le conseil s'en est rapporté au rapport d'expertise en plaidant qu'il en soit tiré toutes les conséquences de droit ;

Considérant que l'Avocat général estimant qu'il n'est pas sûr que l'état démentiel décrit par l'expert ait été effectif lors des faits et trouvant ces faits établis, a requis la confirmation du jugement entrepris ;

Que la partie civile, même si elle n'a pu valoir ses moyens, est réputé avoir connaissance de la date de l'audience, ayant elle-même ainsi que son conseil plusieurs fois lors d'audiences précédentes sollicité et obtenu le renvoi de l'affaire ;

Considérant qu'il ressort du rapport d'expertise établi par le docteur M. G., Chef du service de psychiatrie psychologie médicale de l'Hôpital de Fann de Dakar en date du 17 Février 2012, régulièrement versé au dossier et non contesté, que le prévenu a connu dans le passé un suivi au service pédopsychiatrie dudit hôpital avec preuve à l'appui et que son cursus scolaire a été interrompu ;

Que l'expert a fait état de perturbations affectives marquées par une inhibition importante, une certaine passivité voire un infantilisme, d'une déficience mentale limité ou légère n'ayant pas permis une scolarisation normale ;

Que l'homme de l'art a en outre révélé que le tableau clinique ressortant de l'examen peut entraîner une baisse globale de l'efficience secondaire au ralentissement du développement intellectuel et de passibles troubles affectifs associés comme l'impulsivité et l'agressivité, et indiqué que le prévenu pourrait commettre des actes de cette nature surtout en l'absence de traitement adéquat ;

Qu'en outre il a proposé son suivi régulier en milieu spécialisé par des consultations de contrôle pouvant nécessiter une prise en charge globale aussi bien clinique que psychologique ;

Considérant que l'expert a en outre fait état d'une incapacité du prévenu à répondre de façon cohérente aux questions qui lui sont posées ;

Que ce constat s'est d'ailleurs vérifié à l'analyse des déclarations du prévenu à travers la procédure, par des aveux et rétractations suivis de dénégations avec au passage des incohérences ;

Considérant qu'ainsi la situation du prévenu s'avère passible des dispositions de l'article 50 du Code pénal aux termes duquel « il n'y a ni crime, ni délit lorsque le prévenu était en état de démence au temps de l'action »;

Qu'il y a lieu en conséquence de renvoyer le prévenu des fins de la poursuite en application dudit article ;

Sur les intérêts civils

Considérant qu'au regard de l'action publique une faute pénale n'a pas été retenue à l'encontre du prévenu ;

Qu'il n'a pas été fait état d'une base autre que la faute pénale pour le fondement de la demande en réparation ;

Qu'il y a lieu par conséquent de débouter la partie civile de sa demande ;

PAR CES MOTIFS

Statuant publiquement, contradictoirement, en matière correctionnelle et en dernier ressort ;

En la forme

Reçoit les appels du prévenu et du Ministère public ;

Au fond

Infirme le jugement entrepris et, statuant à nouveau :

Renvoie le prévenu des fins de la poursuite par application de l'article 50 du Code pénal;

Ordonne sa mise en liberté immédiate s'il n'est détenu pour autre cause ;

Débouter la partie civile ;

Laisse les dépens à la charge du Trésor public.

OBSERVATIONS

Aux termes des dispositions de l'article 50 du CP : « *Il n'y a ni crime ni délit lorsque le prévenu était en état de démence au temps de l'action* ».

La démence, en tant que cause de non-imputabilité, suppose la réunion de deux conditions pour entraîner l'irresponsabilité pénale du délinquant. Il s'agit, d'une part d'un état de démence et, d'autre part, de l'existence de cet état au moment des faits.

En médecine mentale, la notion de « *démence* » s'applique à une forme particulière d'aliénation mentale caractérisée par la déchéance progressive des facultés mentales sous l'influence de la sénilité, de l'artériosclérose ou de la paralysie générale syphilitique (*L. D'ALMEIDA, La folie au Sénégal, Dakar, Association des chercheurs sénégalais, 1997 ; R. VOUIN et M. L. RASSAT, « Démence, contrainte et excuses », Juriclass. pén. c. pén. art. 64 à 65, 1965 ; S. MAUGENDRE, « La réforme de l'article 64 du Code pénal », Journée de médecine légale et droit médical, oct. 1990, p. 457*). Elle désigne une forme particulière de maladie mentale caractérisée par la déchéance progressive et irréversible de la vie psychique, qui survient normalement chez les personnes âgées (démence sénile), mais qui peut également toucher des sujets jeunes (démence précoce) (*I. SOW, « Sur la notion de folie », in L. D'ALMEIDA, La folie au Sénégal, Dakar, Association des chercheurs sénégalais, 1997, p. 141*).

Face à l'étroitesse de la notion de démence, on admet que le mot « *démence* » utilisé par le législateur dans l'article 50 du CP ne se limite pas à son sens technique et scientifique, mais concerne tous les troubles mentaux du moment qu'ils abolissent la capacité de comprendre et de vouloir (*CH. NDIAYE, « Le statut de l'aliéné en droit sénégalais », EDJA, n° 11 et 12, 1988, p. 7*).

Elle doit être entendue comme « *synonyme d'aliénation mentale dans son acception la plus large* » (*G. VIDAL et J. MAGNOL, Cours de droit criminel et de science pénitentiaire, Rousseau, 9e, 1949, p. 308*), c'est-à-dire « *toutes les formes d'aliénation mentale* » (*P. BOUZAT et J. PINATEL, op. cit., t. 1, n° 242*). Les rédacteurs du Code pénal ont employé l'expression « *démence* » dans un sens plus populaire que médical ; ils ont entendu consacrer l'irresponsabilité pénale des individus atteints de n'importe quelle forme d'aliénation mentale (*R. MERLE et A. VITU, op. cit., 6e éd., t. 1, n° 592*). En réalité, le terme « *démence* » s'applique à tous les états mentaux pathologiques et aux troubles mentaux qui sont de nature à influer sur la volonté de telle sorte que l'agent pénal ne jouit plus de son libre arbitre.

Un arrêt de la Cour d'Appel de Dakar rendu le 23 avril 2008 a énoncé que « *la démence, qui vient du mot latin dementia, peut être définie comme une conduite dépourvue de raison, un affaiblissement intellectuel global, progressif et irréversible et que d'autres assimilent à la folie, terme générique qui désigne des troubles mentaux, un manque de jugement, une absence de raison* » (*CA Dakar ch. corr., n° 324 du 23 avril 2008, MP et Kh. Mb. D. és qual. de sa fille S. MB. c/ M. B., inédit*).

Ainsi, le législateur, en consacrant une approche extensive de la démence, vise toutes les formes de troubles mentaux, quelles que soient leur origine ou leur nature. Il peut donc s'agir non seulement d'une maladie provenant d'un traumatisme psychique ou d'une lésion organique, congénitale ou accidentelle, mais également d'un trouble non pathologique, comme le somnambulisme naturel ou hypnotique, de maladies cérébrales graves ou de maladies évolutives, comme les psychoses paranoïaques aiguës ou chroniques délirantes.

Un arrêt de la chambre criminelle de la Cour de Cassation française, rendu le 28 mars 2018, a rappelé qu'il appartient aux juges du fond d'apprécier de manière souveraine les faits et aussi de déterminer l'existence éventuelle d'un trouble mental au moment des faits ainsi que l'intensité de ce trouble (*Crim. 28 mars 2018, n° 17-81.232, D. actu. 11 avr. 2018, obs. M. Recotillet*).

Le trouble mental doit abolir le discernement de la personne ou le contrôle de ses actes. Soit la personne a perdu la capacité de comprendre, autrement dit d'interpréter ses actes, soit elle a perdu la capacité de contrôler ses actes (*J. DANET, « Sur l'altération du discernement, prudence et mesure de sûreté, mais pour quel résultat ? », Gaz. pal. 2014 spécialisée, nos 192 à 194, p. 9*). En réalité, la démence est un trouble psychique ou neuropsychique ou une aliénation mentale qui aboli le discernement ou le contrôle des actes d'une personne.

Il peut ainsi s'agir d'une psychose (telle que la schizophrénie (*Crim. 18 févr. 1998, n° 85-91.274, Bull. crim. n° 66*) ou la psychose maniaco-dépressive (*S. DETRAZ, « La décision d'irresponsabilité pénale pour cause de trouble mental », RSC 2008, p. 873*) qui, dans ses moments pathologiques féconds, entraîne chez le sujet une perte totale de contrôle ou de discernement. Il peut également s'agir d'un délire toxicomane, lié à l'absorption de « *crack* » ou encore d'un défaut de développement des facultés mentales (imbécilité, crétinisme, idiotie, arriération mentale) lorsqu'il en résulte une véritable absence de discernement (*F. DESPORTES et F. LE GUENEHEC, op. cit., n° 635*).

Dans un arrêt du 23 avril 2008, la Cour d'Appel de Dakar a tiré argument d'un rapport d'expertise selon lequel le prévenu présente « *une schizophrénie paranoïde ayant débuté avant les années 2000, donc bien avant les faits qui lui sont reprochés* » et que la personne atteinte de cette maladie n'est accessible à aucune sanction pénale, pour en conclure qu'il était en état de démence au temps de l'action (*CA Dakar ch. corr., n° 324 du 23 avril 2008, MP et Kh. Mb. D. és qual. de sa fille S. MB. c/ M. B., inédit*). Il en est de même des conclusions d'un expert selon lesquelles le prévenu est « *atteint d'une pathologie mentale chronique* » (*CA Dakar ch. corr., n° 496 du 25 juin 2001, MP c/ A. S., inédit*).

La Cour d'Appel de Dakar a également jugé, dans un arrêt du 24 septembre 2012, que l'état de démence peut résulter de « *perturbations affectives marquées par une inhibition importante, une certaine passivité voire un infantilisme, une déficience mentale limitée ou légère n'ayant pas permis une scolarisation normale et (...) une baisse globale de l'efficience secondaire au ralentissement du développement intellectuel et de passibles troubles affectifs associés comme l'impulsivité et l'agressivité* » (*CA Dakar ch. corr., n° 1017 du 24 septembre 2012, MP et M. B. és qual. de sa fille M. S. B. c/ M. P. alias B., inédit*).

En France, la jurisprudence a considéré que la démence peut résulter de troubles d'épilepsie. Il a été jugé que l'auteur d'un meurtre commis au cours d'une crise d'épilepsie est irresponsable pénalement (*Cass. crim., 14 déc. 1982, JurisData n° 1982-003110*). A été considéré aussi comme irresponsable, l'épileptique qui se trouvait, au moment où il se livrait à des voies de fait, sous l'influence d'une attaque imminente (*CA Orléans, 22 juin 1886, DP 1887. 5. 213 ; CA Paris 27 mai 1970, RSC 1971. 119, obs. Levasseu ; crim. 14 déc. 1982, Gaz. pal. 1982. 1. Pan. 178*).

Mais au Sénégal, la jurisprudence, encore discrète sur la question, n'est pas toujours constante. Ainsi, la Cour d'Appel de Dakar a estimé, dans un arrêt du 02 février 2011, que de simples « *troubles de comportement et une amnésie critique c'est-à-dire une épilepsie temporale* », ne sauraient constituer un état de démence, au sens de l'article 50 du CP (*CA Dakar ch. corr., n°108 du 02 février 2011, MP et F. S. c/ B. C., inédit ; CA Dakar ch. corr., n° 445 du 07 juillet 2003, MP et Nd. D. MB. c/ A. S., inédit. Il a été aussi jugé qu'une épileptique ne saurait être considérée comme irresponsable pénalement*).

L'article 50 du CP ne distingue pas l'aliénation mentale totale abolissant le discernement de la simple altération de la volonté. Mais il est certain que n'est irresponsable pénalement que la personne qui était atteinte, au moment des faits, d'un trouble psychique ou neuropsychique ayant aboli son discernement ou le contrôle de ses actes.

En l'état actuel du droit positif, le trouble mental qui ne fait qu'altérer le discernement de la personne ou le contrôle de ses actes, sans supprimer totalement le libre arbitre, ne constitue pas une cause d'irresponsabilité pénale.

Tout au plus, le juge pourrait, dans ce dernier cas, appliquer les circonstances atténuantes à l'auteur des faits.

Ainsi, les maladies de la volonté, comme la kleptomanie et la pyromanie, ne peuvent entrer dans le champ d'application de l'article 50 du CP (*crim. 11 avr. 1908, DP 1908. 1. 271*).

Le juge sénégalais ne distingue pas toujours la démence de la contrainte. Dans un arrêt rendu le 9 décembre 2011, la Cour d'Appel de Dakar a jugé qu'une personne ayant commis un viol, qui était « *présenté médicalement comme un individu à humeur dépressive cyclique avec irritabilité, de type narcissique se trouvant au moment des faits dans un état hystérique et très excité* », était en état de démence (*CA Dakar ch. corr., n° 981 du 09 décembre 2011, MP et D. ND. c/ B. S., inédit)*. Dès lors, estime la cour, le prévenu « *était contraint par une force à laquelle il n'a pu résister* ».

Certains auteurs estiment que le trouble mental peut aussi provenir d'une intoxication due à l'alcool ou aux stupéfiants, même si cette intoxication est volontaire. Ainsi, si l'ivresse a aboli le discernement au moment de l'action, l'imputabilité disparaît. En effet, l'article 50 du CP ne distingue pas selon l'origine du trouble lié la démence, à condition toutefois que cette intoxication entraîne une disparition du libre arbitre (*V. LEGAL, « La prévention des infractions contre la vie et l'intégrité physique commise sous l'influence de l'alcool », in La prévention des infractions de la vie humaine, Paris, Cujas, 1954, p. 129*).

La jurisprudence n'a pas apporté de réponse claire et précise à cette question.

En cas d'ivresse alcoolique, la Cour de Cassation française a nettement affirmé que cet état n'est qu'une question de fait souverainement appréciée par les juges (*Crim. 5 févr. 1957, Bull. crim. n° 112; RSC 1958, p. 93, obs. Légal ; Crim. 11 mars 1958, Bull. crim. n° 238*).

La jurisprudence dominante se refuse en général à voir dans l'ivresse une cause d'irresponsabilité pénale (*T. corr. Nevers, 30 janv. 1976, Gaz. pal. 1976. 2. 227*).

Quant à la Cour d'Appel de Dakar, elle a jugé, dans un arrêt rendu le 29 juillet 2010, que « *l'aliénation mentale consécutive à l'ivresse est souverainement appréciée par la juridiction de jugement* » (*CA Dakar, ch. corr. n° 111 du 29 juillet 2010, MP c/ S. MB., in Bulletin des arrêts rendus par la Cour d'Appel de Dakar en matière pénale, 2011, vol n° 2, p. 120*). Dès lors, la cour a ainsi estimé que l'inculpé en état d'ivresse, qui a mis le feu dans la chambre de la partie civile, ne saurait invoquer son irresponsabilité pénale sur le fondement de l'article 50 du CP. Il a été aussi jugé que le prévenu qui connaissait les propriétés enivrantes des multiples boissons qu'il a consommées doit être reconnu entièrement responsable (*T. corr. Nevers, 30 janv. 1976, Gaz. pal. 1976. 2. Somm. 227*).

- **Démence-expertise-office de l'expert**

161. C. cass. n° 069 du 21 septembre 2004, *M. B. D. c/ MP, inédit*

L'expert psychiatrique ne pouvait se prononcer que sur l'état de l'accusé au moment de l'examen et faute de preuve de l'état de démence de l'accusé au moment de la commission des faits.

LA COUR,

Attendu que par déclaration reçue au greffe de la Cour d'Appel de Dakar le 26 janvier 2000, Maître Iba Mar DIOP, avocat à la Cour, muni d'un pouvoir spécial régulier, agissant au nom et pour le compte de M. B. D., s'est pourvu en cassation contre l'arrêt n° 08 rendu le 20 janvier 2000 par la Cour d'assises de Dakar qui a condamné l'accusé à la peine capitale ;

Attendu que le pourvoi est recevable en la forme ;

Attendu qu'il résulte des pièces de la procédure que, dans la nuit du 30 au 31 mars 1992, une bande de malfaiteurs a pu accéder à un immeuble, celui de M. W. situé au 55 rue Carnot à Dakar par escalade en passant par l'une des fenêtres d'un bâtiment contigu en construction; que les malfaiteurs se sont ensuite introduits dans l'appartement d'un nommé J. K.; que le chef de bande, un libérien dénommé W. K. a ouvert le feu sur les domestiques et l'épouse de K. qu'il a grièvement blessée pendant que J. K. tentait de le désarmer; qu'au même moment M. B. D., un des membres de la bande, chutait du balcon de l'immeuble et se fracturait le bassin ;

Que l'enquête diligentée par la police a permis d'arrêté W. K. et M. B. D. et d'établir l'existence d'un gang, véritable association de malfaiteurs qui avaient auparavant courant octobre et novembre 1991 agressé et tué deux chauffeurs de taxi pour leur voler leurs recettes journalières ;

(...)

Sur le troisième moyen pris de la violation de l'article 50 du Code pénal en ce que la Cour d'assises a de bonne foi statué et condamné l'accusé en se fondant sur un document qui ne répond ni à la véritable question ni à l'ordonnancement chronologique susceptible d'éclairer le débat juridique, le rapport psychiatrique du professeur S. commis comme expert ayant simplement indiqué, qu'au moment de l'examen, l'accusé était dans un état normal et accessible à une sanction pénale alors que pour se conformer aux dispositions de l'article 50 du Code pénal, l'examen aurait dû porter sur l'état de l'accusé au moment de la commission des faits ;

Attendu qu'aux termes de l'article 50 du Code pénal : «il n y a ni délit ni crime si l'accusé est en état de démence au moment de la commission des faits» ;

Mais attendu que l'expert psychiatrique ne pouvait se prononcer que sur l'état de l'accusé au moment de l'examen et faute de preuve de l'état de démence de l'accusé au moment de la commission des faits, l'arrêt n'encourt pas le reproche du moyen qui doit être considéré comme étant mal fondé ;

Rejette le pourvoi formé le 26 janvier 2000 par M. M D. contre l'arrêt n° 08 rendu le 20 janvier 2000 par la Cour d'assises de Dakar ;

Le condamne aux dépens.

Dit que le présent arrêt sera imprimé qu'il sera transcrit sur les registres de la Cour d'Appel de Dakar en marge ou à la suite de la décision attaquée ;

Ordonne l'exécution du présent arrêt à la diligence du Procureur général près la Cour de Cassation

- **Démence- contre-expertise**

162. CA Dakar ch. corr. n° 544B du 17 juillet 2009, ***MP et A. D. és qualité de A. K. G. c/ B. S., inédit***

Face aux griefs dirigés contre le jugement ayant écarté le rapport d'expertise selon lesquels les actes reprochés au prévenu ne sont pas en adéquation avec son état mental, il y a lieu d'ordonner une contre-expertise à l'effet de savoir si au moment des faits, le prévenu était en état de démence ou non.

LA COUR,

Considérant que suivant actes reçus au greffe le 18 janvier 2008, le sieur B. S. par l'organe de son conseil et le Ministère public a titre incident ont relevé appel du jugement correctionnel n° 53 rendu le 17 janvier 2008 par le Tribunal de grande instance de Diourbel dont le dispositif es ainsi conçu :

« Statuant publiquement, contradictoirement à l'égard du prévenu B. S. et de la partie civile A. GN. et par défaut à l'égard de la partie civile Y. S. en matière correctionnelle et en premier ressort;

Sur l'action publique

- Déclare B. S. coupable du délit de viol sur mineurs de moins de 13 ans ;

- Le condamne à 10 ans d'emprisonnement ferme ;

- Le déclare coupable du délit d'acte contre nature ;

- Le condamne à 5 ans d'emprisonnement ferme ;

- Le déclare coupable du délit de détournement de mineurs sans fraude ni violence ;

- Le condamne à un (01) an d'emprisonnement ferme ;

- Ordonne la confusion des peines en application de l'article 5 du Code pénal ;

- Dit que seule la peine de 10 ans d'emprisonnement sera exécutée ;

Sur l'action civile

En la forme

- Reçoit la constitution de partie civile de A. D. es qualité de représentante de A. R. GN.;

Au fond

- Lui alloue la somme d'un million (1 000 000) de francs à titre de dommages - intérêts ;

- Condamne le prévenu au paiement de ladite somme ;

- Ordonne l'exécution provisoire ;

- Condamne le prévenu aux dépens » ;

Considérant que lesdits appels ont été faits dans les forme et délai prescrits, qu'il y a lieu de les déclarer recevables ;

Considérant qu'à l'audience de la Cour tenue le 17 juillet 2009, le prévenu assisté de son conseil en l'occurrence Me Assane Dioma NDIAYE, Avocat à la Cour a comparu tandis que la partie civile a été régulièrement représentée par son conseil Me Issa DIAW, Avocat à la Cour, qu'il échet dès lors de statuer contradictoirement à l'égard des parties ;

Au fond

AVANT DIRE DROIT

Faits et procédure

Considérant qu'il résulte des pièces du dossier et des débats ce qui suit : le 14 juin 2007 les éléments de la Brigade Spéciale de Touba ont été anonymement informés de ce que le sieur B. S., gardien de son état, rassemblait à son poste de travail au marché Daroumarnane tous les soirs des mineurs de sexe masculin dans le but d'abuser d'eux sexuellement ; Que le transport effectué par le éléments de la Brigade saisie sur les lieux a permis d'y trouver le mis en cause en compagnie de quelques mineurs ; Qu'interrogé lors de l'enquête subséquente B. S. a reconnu avoir entretenu des relations sexuelles avec A. R. G. et Y. S. qui sont tous mineurs âgés respectivement de 12 et 08 ans non sans préciser qu'il les avait accueilli dans le seul but de leur offrir le gîte ; Que les mineurs sus-désignés entendus dans les mêmes circonstances ont déclaré avoir été abusés sexuellement par B. S.en précisant qu'il mettait un liquide lubrifiant sur son sexe pour faciliter la pénétration ;

Qu'attrait devant le juge d'instance des chefs de viol sur mineurs de moins de 13 ans, actes contre nature et détournement sans fraude ni violence, le mis en cause a été déclaré coupable des délits susvisés et condamné notamment à 10 ans d'emprisonnement ferme en dépit d'un rapport d'expertise le présentant comme « un homme qui ne jouit pas de toutes ses capacités mentales avec une débilité légère » que l'homme de l'art a également soutenu que « les actes qui lui sont reprochés ne sont pas en adéquation avec son état mental c'est-à-dire qu'il ne peut pas commettre un tel acte compte tenu de ses capacités intellectuelles limitées » ;

Devant la Cour, le conseil du prévenu a contesté la décision du premier juge qui « n'avait aucune raison d'écarter ce rapport » et a en conséquence demandé aux juges d'appel de dire que B. S. n'est pas accessible à une sanction pénale ; Que devant la juridiction d'appel, le conseil de la partie civile après avoir rappelé les faits reprochés à S. a quant à lui sollicité la confirmation de la décision du premier juge ;

Qu'ainsi à la lumière de ce qui précède une contre-expertise s'impose à l'effet de savoir si au moment des faits, le prévenu B. S. était en état de démence ou non ;

Que dès lors il y a lieu d'ordonner une contre-expertise sur la personne de B. S. et de désigner le chef du service psychiatrique de l'Hôpital de Fann pour y procéder ;

PAR CES MOTIFS

Statuant publiquement, contradictoirement à l'égard du prévenu et de la partie civile A. R. S. et par défaut à l'encontre de la partie civile Y. S., en matière correctionnelle et en dernier ressort ;

Avant dire droit

Ordonne une contre-expertise psychiatrique sur la personne de B. S. détenu actuellement au Camp pénal de Liberté VI à Dakar ;

Désigne le Chef du Service Psychiatrique de l'Hôpital de Fann pour y procéder ;

Dit que l'homme de l'art désigné devra indiquer si B. S. était ou non en état de démence au moment des faits ;

Lui impartit un délai de 2 mois à compter de la notification de la présente décision ;

Réserve les dépens.

• Démence- expertise- non

163. CA Dakar ch. corr. n° 291 du 11 mars 2011, *MP et Alla GUEYE c/ Mame Thierno GADIAGA, inédit*

Lorsque l'état de déficience mentale s'est manifesté au moment de l'audience, ce fait objectivement avéré rend inutile une expertise médicale alors surtout qu'au regard de ses comportements anormaux, le prévenu a présenté des actes médicaux récents du médecin traitant.

LA COUR,

Considérant que par déclarations reçues au greffe du Tribunal de grande instance Hors classe de Dakar le 27 août 2009, le prévenu M. TH. G. et le Procureur de la République près ledit Tribunal ont fait appel du jugement n° 3011 du 30 juillet 2010 ayant condamné le prévenu à six mois ferme et réservé les intérêts civils ;

AU FOND :

Considérant que dans la nuit du 14 juillet 2010, le prévenu M. TH. G. après avoir négocié le prix d'un taxi, et s'être installé à bord a sortir un couteau et l'a pointé au chauffeur l'obligeant à heurté un camion ; que suite à ces faits, les poursuivants ont porté des coups au nommé G., après l'avoir sorti du taxi, jusqu'à l'évanouissement, faisant ainsi intervenir les sapeurs pompier pour son traitement ;

Considérant que le prévenu a plaidé la clémence et a déposé plusieurs pièces médicales du centre psychiatrique de Thiaroye ;

Considérant qu'aux termes de l'article 50 du Code pénal, il n'y a pas d'infraction lorsque le prévenu au moment de l'action était en état de démence ;

Considérant que l'Avocat général a requis la confirmation ;

Considérant que l'état de déficience mentale est manifesté au moment de l'audience ; que ce fait objectivement avéré rend inutile une expertise médicale alors surtout qu'au regard des comportements anormaux le prévenu a présenter des actes médicaux récents du médecin traitant du Centre psychiatrique de Thiaroye ;

Considérant que la partie civile s'est désisté ;

Qu'il convient au vu de ce qui précède, le relaxe du prévenu ;

PAR CES MOTIFS

Statuant publiquement, contradictoirement, en matière correctionnelle et en dernier ressort ;

En la forme

Reçoit les appels;

Au fond

Infirme le jugement entrepris ;

Statuant à nouveau :

Relaxe le prévenu M. TH. G.

OBSERVATIONS

La juridiction répressive, qui s'interroge sur l'état des facultés mentales de la personne poursuivie, ordonne une expertise psychiatrique (*Sur cette question, M.-L. RASSAT, Procédure pénale, Paris, Ellipses, 3e éd., 2017, n° 248 s. ; J. PATARIN, « Le particularisme de la théorie des preuves en droit pénal », in Quelques aspects de l'autonomie du droit pénal, Paris, Dalloz, 1956, p. 7 s. ; L. ROCHE, « L'expertise médicale dans le Code de procédure pénale », RSC 1959, p. 657 ; P.-E. HIVERT, « Quelques problèmes posés à l'expert psychiatre », Rev. pénit. 1962, p. 745 ; Y. MARX, « Observations sur le problème de l'expertise pénale », Mélanges L. Hugueney, Paris, Sirey, 1964, p. 193 ; J. LEYRIE, Manuel de psychiatrie légale et de criminologie clinique, Vrin, 1977 ; J. MICHAUD, « Le juge d'instruction et l'expert », RSC 1975, p. 791 s.*). Les experts sont chargés de déterminer l'existence et en définitive le degré de gravité de la démence.

Selon l'article 149 du CPP, toute juridiction d'instruction ou de jugement, dans le cas où se pose une question d'ordre technique, peut, soit à la demande du Ministère public, soit à la requête des parties, soit même d'office le parquet entendu, ordonner une expertise. Le procureur de la République peut décider une expertise au stade de l'enquête préliminaire. Les parties peuvent même formuler des demandes, notamment aux fins de complément d'expertise ou de contre-expertise (*V. art. 161 du CPP*).

Lorsque le juge d'instruction estime ne pas devoir faire droit à une demande d'expertise, il doit rendre une ordonnance motivée, qui est susceptible d'appel (*V. art.149, alinéa 2 du CPP; Cass. crim., 18 févr. 1942, DA 1942, p. 83 ; Cass. crim., 7 oct. 1958, D. 1958, jurispr. p. 767 ; Cass. crim., 22 janv. 1992, JurisData n° 1992-001844*).

La juridiction d'instruction ou de jugement peut refuser un examen mental ou un examen supplémentaire demandé par la défense si elle s'estime suffisamment éclairée (*Cass. crim., 13 oct. 1853, DP 1853, 5, p. 204 ; Cass. crim., 27 sept. 2000, JurisData n° 2000-006703 ; CA Paris, 15 juin 1992, JurisData n° 1992-001844, pour un trouble mental invoqué 5 ans après les faits*). Il en est ainsi lorsque les éléments produits ne permettent pas d'établir sérieusement l'état de démence au moment des faits (*Cass. crim., 28 oct. 1980, JurisData n° 1980-001735*), si le demandeur invoque non pas un véritable trouble mental, mais un simple « *état d'égarement* » ou tout autre état qui ne pourrait constituer un trouble psychologique (*Cass. crim., 18 févr. 1942, DA 1942, p. 83; Cass. crim., 7 oct. 1958, D. 1958, jurispr. p. 767; Cass. crim., 3 déc. 1963, Bull. crim. n° 343*).

Dans un arrêt rendu par la Cour d'Appel de Dakar le 26 juin 1972, il a été jugé que la femme, qui à la suite d'une morsure de chacal survenue en 1967, était fréquemment sujette à des dépressions et des crises lesquelles se sont manifestées au temps de l'action selon les conclusions de l'expert, est irresponsable pénalement pour cause de démence (*CA Dakar ch. corr. n° 358 du 26 juin 1972, D. D. S. B. c/ MP, Rev. sén. dr. juin 1974, n°15, p. 92*).

Dans un jugement rendu le 21 avril 2021 (*TGIHC Dakar, ch. crim. n° 46 du 21 avril 2021, MP et I. MB c/ K. H. A., inédit*), la chambre criminelle du Tribunal de grande Instance hors classe de Dakar a fondé l'état de démence de l'accusé sur un rapport d'expertise psychiatrique duquel il résulte qu'il «*présentait à l'époque où les faits qui lui sont reprochés se sont produits, un délire chronique (schizophrénie paranoïaque) qui est une maladie mentale d'évolution chronique et capable d'altérer le fonctionnement mental d'un individu et sa vie en société et de troubler son discernement* ».

Mais les juges ne fondent pas toujours l'état de démence sur les conclusions d'un expert. La chambre correctionnelle de la Cour d'Appel de Dakar a jugé, dans un arrêt rendu le 11 mars 2011, que lorsque l'état de déficience mentale est manifesté au moment de l'audience « *ce fait objectivement avéré rend inutile une expertise médicale alors surtout qu'au regard des comportements anormaux le prévenu a présenté des actes médicaux récents du médecin traitant du centre psychiatrique de Thiaroye* » (*CA Dakar ch. corr., n° 291 du 11 mars 2011, MP et A. G. c/ M. Th. G., inédit*). Mais, cette décision est très contestable juridiquement, puisque, le juge qui n'est pas un homme de l'art, ne saurait fonder l'état de démence sur ses propres constatations en se passant ainsi du recours à un expert.

Conformément au droit commun de l'expertise, les conclusions de l'expert ne lient juridiquement pas le juge (*Cass. crim., 11 mars 1958, Bull. crim. n° 238; Cass. crim., 6 juin 1979, Bull. crim. n° 194*).

Mais il est évident qu'en raison de la technicité de la matière, si le rapport conclut à l'existence d'un état de démence, et sauf l'hypothèse d'une contre-expertise donnant un avis contraire, le juge est souvent amené à constater l'irresponsabilité pénale de la personne poursuivie (*F. DESPORTES et F. LE GUNEHEC, op. cit., n° 638*).

• Démence- concomitance de l'état de démence aux faits

164. CA Dakar ch. corr., n°108 du 02 février 2011, *MP et Fatoumata SOW c/ Boussey COULIBALY, inédit*

Le prévenu n'a pas rapporté la preuve qu'au moment des faits il était en état de démence.

LA COUR,

Considérant que par actes en date du 14 novembre 2008, le prévenu B. C. et le Procureur de la République près le Tribunal de grande instance hors classe de Dakar ont interjeté appel contre le jugement rendu le même jour par le Tribunal correctionnel de céans qui l'a condamné à un (01) mois ferme et à payer à la partie civile la somme de cinq cent mille (500 000) francs à titre de dommages et intérêts, et ce, des chefs de menaces de mort et de destruction de biens ;

EN LA FORME

Considérant que les appels ont été interjetés dans les forme et délai légaux ; qu'il y a lieu de les déclarer recevables ;

Considérant que le prévenu a été cité à parquet et la partie civile à personne par acte d'huissier du 12 juillet 2010 ;

Que seule la partie civile a comparu avec son conseil ;

Qu'il y a lieu de statuer par défaut à l'égard du prévenu et contradictoirement à l'encontre de la partie civile ;

AU FOND

1°) Sur les faits

Considérant qu'il résulte des faits de la cause ce qui suit :

F. S. et B. C. sont des voisins et leurs maisons sont contiguës. Dans la nuit du 02 au 03 octobre 2008, de trois (03) heures à sept (07) heures du matin, le prévenu s'est présenté devant le domicile de la dame S. et s'est mis à y jeter des pierres qui ont endommagé les vitres de la porte de son salon et du balcon. Il disait en même temps que quiconque sortait de la maison, il allait le tuer.

C'est son copain qui vit avec lui qui est venu le faire entrer chez lui le matin vers sept (07) heures.

La maison était jonchée de pierres et de débris de verre ;

Le mis en cause a toujours reconnu les faits et a soutenu tant à l'enquête préliminaire que devant le premier juge qu'il est de temps en temps pris par des crises de déficience mentale. Qu'à ce moment, il n'est plus maître de lui-même et fait des dégâts comme ce jour sans pour autant s'en rendre compte.

Qu'il verse aux débats un compte rendu électroencéphalographique établi par le Docteur M.M. S. Neurologie au CHU de Fann qui a diagnostiqué des troubles de comportement et amnésie critique c'est à dire une épilepsie temporale et a conclu à un état normal (E.E.G. normal) ; que le surveillant de service A. Y. S. lui a délivré un résumé de suivi qui atteste qu'il est suivi en extrême pour affection psychiatrique ;

2°) Sur la culpabilité et la peine

Considérant que le prévenu n'a pas rapporté la preuve qu'au moment des faits il était en état de démence ;

Qu'aucune des pièces produites ne justifient l'état dans lequel il a déclaré se trouver quand il commettait les actes qui lui sont reprochés ;

Que le juge d'instance a bien appliqué la loi en le condamnant à un mois ferme en lui accordant des circonstances atténuantes ;

3°) Sur les intérêts civils

Considérant que le juge d'instance a alloué à la partie civile la somme de 500 000 (cinq cent mille) francs à titre de dommages et intérêts ;

Considérant que la partie civile a versé aux débats un procès-verbal de constat d'où il résulte un certain nombre de dégâts dont les débris de verre cassés, et notamment ceux de la porte et du balcon, en plus de ce que la maison est jonchée de pierres et de débris de verre ;

Considérant cependant que la somme allouée est exagérée eu égard au préjudice ;

Qu'il y a lieu, de réformer le jugement sur les intérêts civils et statuant à nouveau, de lui allouer la somme de 300 000 (trois cent mille) francs et de condamner C. à lui payer ladite somme ;

PAR CES MOTIFS

Statuant publiquement, contradictoirement à l'égard de la partie civile et par défaut à l'encontre du prévenu :

En la forme

Reçoit les appels enregistrés ;

Au fond

Confirme le jugement attaqué sur la culpabilité et la peine ;

Réforme quant aux intérêts civils ;

Et statuant à nouveau :

Alloue à la partie civile la somme de trois cent mille (300 000) francs à titre de dommages et intérêts ;

Condamne B. C. à lui payer ladite somme ;

Confirme pour le surplus ;

Met les dépens à la charge du prévenu appelant.

- **Démence-concomitance de l'état de démence aux faits**

165. CA Dakar ch. corr. n° 1139 du 30 juillet 2013, ***MP et Dame CISS c/ Adama DIALLO, inédit***

Il résulte de l'article 50 du Code pénal que la démence ne peut être exonératoire que si elle est concomitante à l'action fautive.

LA COUR,

Considérant que suivant actes n° 1711 et n° 1712 enregistrés le 05/09/12 au greffe du Tribunal de grande instance hors classe de Dakar, A. D., le prévenu à titre principal et le Ministère public à titre incident ont respectivement déclaré relever appel les 30/08/2012 et 03/09/2012 contre le jugement contradictoire n° 3696 rendu le 27/08/2012 par la juridiction précitée statuant en matière de flagrant délit, laquelle a déclaré A. D. et I. D. non appelant) coupables de vol commis en réunion avec violences et voies de fait, a condamné l'appelant à une peine de 3 ans d'emprisonnement ferme et a réservé les intérêts de la partie civile ;

EN LA FORME

Considérant qu'il échet de déclarer les appels susvisés recevables pour avoir été introduite dans les forme et délai légaux ;

Considérant que le prévenu averti, a comparu assisté de son conseil Me Issa DIOP Avocat, qu'il échet de statuer contradictoirement à son égard ;

AU FOND :

Faits et procédure :

Considérant qu'il résulte des éléments du dossier que le 27/07/2012 à 23 H, Dame CISS assisté de vigiles sis à la zone de captage (Front de terre-Hann Mariste) ont conduit A. D. et I. D. au Commissariat de police de Grand-Yoff où il a déposé plainte contre ces derniers aux motifs que cette nuit là en se rendant à sa dibiterie il a, à peine franchi la passerelle de l'autoroute, été interpellé par quatre individus, dont A. D., armés de coupe - coupe et de couteaux, qu'il l'ont dépouillé de ses biens (deux portables télé et 100 000F) ; qu'aussi, il est allé quérir du renfort auprès des vigiles de la zone qui l'ont aidé à appréhender les susvisés tandis que leur chef de gang lui échappait ;

Considérant qu'à l'issue des interrogatoires à l'enquête A. D., entre autres, a été déféré dont Monsieur le Procureur de la République qui l'a inculpé, mis sous mandat dépôt le 30/07/2013 et traduit dont le Tribunal Correctionnelle qui a rendu la décision dont est appel ;

Sur l'action publique :

Considérant que le prévenu interrogé a déclaré devant la Cour qu'il n'est né en 1989 à Kaolack mais réside avec ses parents à Saint-Louis ; qu'il a étudié la maçonnerie et la souderie, ; c'est sans avertir qu'il est venu à Dakar pour trouver du travail et habite chez sa marraine M. F. D. à Pikine Khourrounar ; qu'il est devenu Boudioumane - Ferrailleur et fréquente le Port de Mermoz (Piste) où il dort dans un parc avec I. D. ; qu'il a affirmé en outre ; qu'il vend de la ferraille qu'il ramasse dans les décharges d'ordures ;

Considérant qu'en guise de réfutation, il a déclaré qu'il était assis à un arrêt de Bus prêt à aller à la « Nafila » de la mosquée, lorsqu'on l'a pris avec Diouf munis de leurs sacs ;

Pressé de questions, il a fini par reconnaître et, sollicité la clémence de la Cour ;

Considérant qu'à sa suite, son conseil a soutenu que A. D. est un jeune qui souffre d'une tare émanant d'une méningite depuis sa naissance ; qu'il est un déficient mental, qui fuit Saint - Louis se rend à Dakar à l'insu de sa famille et est hébergé par une tante qui n'a aucune autorité sur lui ; qu'il est d'expédient, sans domicile fixe, alors que son père est un fonctionnaire du Sénégal que son client est à la merci de la rue publique qu'il a fait valoir que A. D. mérite une chance de récupération et de prise en charge compatible à son état de déficience mentale ; qu'à 25 ans, la vie de celui-ci est compromise du fait de son handicap ; qu'il a regretté qu'en l'espèce, le dossier pénal de A. D.ait manqué d'être personnalisé ; que ce dernier mérite aide et secours ; que sa place n'est pas la prison ;

Considérant qu'en réplique que l'Avocat général, il a fait valoir que l'Avocat général ne peut valablement reprocher à son client de faire appel, ce qui est un droit pour tout justiciable ; qu'il a soutenu qu'il n'est pas rapporté la preuve que D. est l'agresseur car l'arme n'a pas été trouvée sur lui ; que la peine doit être personnalisée en fonction du degré de culpabilité ;

Considérant de son côté ; l'Avocat général a requis la confirmation du jugement, en arguant que les faits sont graves et établis ; qu'il évoqué la recrudescence de la criminalité dans les zones concernées ; que le sieur, Dame C. da bel et bien été agressé et volé de ses biens ; qu'il a rappelé que malgré la nuit, la victime a pu conduire les prévenus dans un temps très voisin de l'action délictuelle et ce avec l'aide des vigiles de bonne volonté ; qu'en dépit du profil bas, affiché à la barre, D. est un caïd armé, de même que sa bande ; que son besoin de prise en charge ne peut suffire à justifier, des comportements délictueuse de sa part ; qu'il est passé à l'acte délibérément et mérite la sanction prononcée ;

Sur ce,

Considérant que A. D. est poursuivi du chef de vol en réunion avec violences et voies de fait délits prévus et punis par les articles 364, 366, 368 et 296 du Code pénal ;

Considérant qu'il est constant que A. D. a nié les faits à la barre du Tribunal et devant le Procureur de la République ;

Considérant cependant qu'il y a lieu de souligner qu'à l'interrogatoire de la Cour, il a tenté de nier puis s'est ravisé et a reconnu sa participation au vol commis en compagnie de Ibrahima DIOUF au préjudice de la partie civile ;

Considérant qu'il importe de relever que l'appelante au cours de l'enquête préliminaire, a, par des aveux détaillés, déclaré sans fioritures qu'il est installé avec Ibrahima DIOUF sous le pont « Sénégal 92 » à l'endroit des dépôts d'ordures ; que pour gagner leur vie, ils se transforment en voleurs, opérant sus les ordres de leurs chefs T. D. qui ensuite écoule le butin et leur donne leur part ;

Considérant qu'il n'est pas inutile de rappeler que A. D. a été appréhendé et conduit à la police en même temps que son acolyte I.B. D. par la victime et des vigiles appelés au secours;

Considérant, que I.B D., a reconnu les faits tout en impliquant clairement A. D. et en désignant, lui aussi, leur chef de bande T. D., comme l'ont mentionné les enquêteurs qui ne pouvaient inventé ce personnage s'il n'avait été dénoncé par les agresseurs ;

Considérant cependant que même s'il y a d'admettre que A. D. a commis le vol ensemble avec sa bande dont I.B. D., il convient de signaler qu'il n'a été trouvé en possession ni de coupe-coupe ni du couteau trouvé sur I.B D. et confisqué pour être mis sous scellés ;

Considérant qu'aucun élément objectif ne permet de dire que D. a usé de violences et voies de fait;

Considérant par ailleurs, que contrairement aux arguments du conseil de A. D. il n'est pas rapporté la preuve que ce dernier est atteint de déficience mentale découlant d'une méningite antécédente ; qu'à pu bénéficier de résister à commettre le délit ;

Considérant qu'en effet, il résulte de l'article 50 du Code pénal que la démence ne peut être exonératoire que si elle est concomitante à l'action fautive, ce qui n'est pas avéré ;

Considérant qu'il ressort de ce qui précède, que l'appelante est co-auteur du vol commis en réunion avec I. D. ;

Qu'il échet d'infirmer partiellement le jugement à l'égard de l'appelant coupable de faits disqualifiés en vol commis en réunion et la nuit quant à la peine, il y a lieu de la réduire à un an d'emprisonnement ferme en raison de la disqualification de l'infraction et de la qualité ; primo délinquante de l'appelant, non remise en cause ;

Considérant que D. C. a régulièrement déclaré sa constitution de partie civile mais n'a pas comparu pour soutenir son action civile motivant que ses intérêts civils aient été réservé par premier juge ;

Qu'il échet de confirmer sur ce point la partie civile n'ayant fait défaut en appel également;

PAR CES MOTIFS

Statuant publiquement, contradictoirement à l'égard du prévenu et par défaut à l'égard de la partie civile, en matière correctionnelle et en dernier ressort ;

En la forme

Déclare recevables les appels enregistrés ;

Au fond

Infirme partiellement le jugement et statuant à nouveau :

Disqualifie les faits en vol commis en réunion la nuit ;

Déclare A. D. coupable dudit délit ;

Le condamne à une peine de un an d'emprisonnement ferme ;

Confirme pour le surplus ;

Met les dépens à la charge du prévenu appelant ;

Le tout en application des articles 364, 366, 368, 433 du Code pénal et 460 du Code de Procédure pénale.

OBSERVATIONS

Il résulte de l'article 50 du CP que seule la démence «*au temps de l'action* » peut entraîner l'irresponsabilité pénale du délinquant. La Chambre criminelle du Tribunal de grande instance hors classe de Dakar a déjà jugé que « *cette disposition consacre ainsi l'irresponsabilité pénale de la personne atteinte de démence au moment de l'accomplissement de faits criminels ou délictueux* » (*TGIHC Dakar, ch. crim. n° 46 du 21 avril 2021, MP et I. MB c/ K. H. A., inédit*).

L'état de démence doit exister au moment de la commission de l'infraction. Un arrêt de la Cour d'Appel de Dakar rendu le 30 juillet 2013 a énoncé « *qu'il résulte de l'article 50 du CP que la démence ne peut être exonératoire que si elle est concomitante à l'action fautive* ». C'est, en effet, à cet instant précis qu'il convient de se placer pour apprécier la responsabilité ou l'irresponsabilité pénale du délinquant (*CA Dakar ch. corr. n° 1139 du 30 juillet 2013, MP et D. C. c/ A. D., inédit)*.

Dans un arrêt rendu par la Cour de Cassation sénégalaise le 21 septembre 2004, le moyen soutenait que le rapport psychiatrique avait simplement indiqué, qu'au moment de l'examen, l'accusé était dans un état normal et accessible à une sanction pénale alors que pour se conformer aux dispositions de l'article 50 du CP, l'examen aurait dû porter sur l'état de l'accusé au moment de la commission des faits.

Selon la haute juridiction, « *aux termes de l'article 50 du CP, il n'y a ni délit ni crime si l'accusé est en état de démence au moment de la commission des faits; mais attendu que l'expert psychiatrique ne pouvait se prononcer que sur l'état de l'accusé au moment de l'examen et faute de preuve de l'état de démence de l'accusé au moment de la commission des faits, l'arrêt n'encourt pas le reproche du moyen qui doit être considéré comme étant mal fondé* » (*C. cass. n° 069 du 21 septembre 2004, M. B. D. c/ MP, inédit*).

La condition tirée de l'état de démence au moment des faits présente non seulement un aspect temporel, mais également un aspect causal. En effet, la démence doit être en relation avec l'infraction, faute de quoi la responsabilité pénale demeure. Ainsi, un individu paranoïaque atteint d'un délire de persécution, qui le conduit à assassiner la personne objet de son délire, est pénalement responsable s'il commet un vol sans rapport avec sa folie (*En ce sens, F. DESPORTES et F. LE GUNEHEC, op. cit., n° 636*).

Cependant, les juges ne sont pas toujours rigoureux dans l'appréciation du moment d'intervention de l'état de démence. Dans un arrêt de la Cour d'Appel de Dakar rendu le 25 juin 2001, les juges se sont fondés sur un rapport d'expertise qui a conclu que le prévenu était « *atteint d'une pathologie mentale chronique* » pour établir l'état de démence de ce dernier au moment de la consommation de l'infraction (*CA Dakar ch. corr., n° 496 du 25 juin 2001, MP c/ A. S., inédit*).

La tâche de l'expert est souvent très délicate. Il est, en effet, difficile d'établir avec précision que l'état de démence s'est manifesté au moment de la commission de l'infraction. Il en est notamment ainsi dans l'hypothèse d'un état de démence intermittent dont il est difficile de savoir s'il existait au moment de l'acte.

La démence survenue avant la commission de l'infraction n'affecte pas l'élément moral de l'infraction. Il importe peu, en principe, que le délinquant ait été atteint d'aliénation mentale avant l'action délictueuse.

Ainsi, l'état antérieur d'un accusé considéré, avant les faits, comme déséquilibré ou faible d'esprit ne suffit pas à supprimer sa responsabilité pénale (*CA Dakar ch. corr., n° 496 du 25 juin 2001, MP c/ A. S., inédit*).

La démence intervenue après la commission de l'infraction n'est pas aussi une cause d'irresponsabilité pénale.

Ainsi a été annulé l'arrêt qui ne s'était fondé, pour repousser une allégation de démence au temps de l'action, que sur des faits postérieurs au délit (*Cass. crim., 4 févr. 1904, Bull. crim. n° 69*).

Mais on admet que lorsqu'un état de démence survient après la commission l'infraction et alors qu'une procédure est en cours, l'action publique est suspendue. La démence est alors assimilée à un obstacle de fait suspensif de la prescription de l'action publique, au sens de l'article 7 du CPP.

Il n'est, en effet, pas concevable de juger une personne incapable de comprendre la procédure dont elle fait l'objet, qui est dans l'impossibilité de se défendre. Ainsi, l'internement d'un prévenu en état de démence dans un asile d'aliénés a pour effet de suspendre la prescription de l'action publique (*Cass. crim., 8 juill. 1858, Bull. crim. n° 192*).

Lorsque la démence survient après le jugement définitif, il fait obstacle à l'exécution des peines privatives de liberté, mais l'exécution des peines pécuniaires peut être poursuivie.

- **Démence-suppression de la responsabilité pénale- subsistance de la responsabilité civile**

166. CA Dakar, ch. corr. n° 202 du 12 février 2013, *MP c/ Oumar SÉNE, inédit.*

Le prévenu, malgré l'absence de discernement, a commis une faute objective qui a causé à la victime, vu son âge, un préjudice moral et un traumatisme psychologique certain.

LA COUR,

Considérant que par actes reçus au greffe du Tribunal de grande instance de Ziguinchor le 02 février 2011 O. S., prévenu et le Procureur de la République ont respectivement interjeté appel principal et incident du jugement rendu par cette juridiction le 11 Janvier 2011 et dont le dispositif est ainsi conçu :

« Statuant publiquement, contradictoirement en matière correctionnelle et en premier ressort,

En la Forme

Reçoit l'action.

Au fond

Déclare O. S. coupable de viol sur mineur de moins de 13 ans et de pédophilie ;

Le condamne à dix (10) ans d'emprisonnement ferme pour le viol et 05 ans d'emprisonnement ferme pour la pédophilie ;

Ordonne la confusion des peines et dit que seule la peine de 10 ans sera exécutée par le prévenu ;

Reçoit la constitution de partie civile ;

Condamne le prévenu à lui payer la somme de trois millions (3 000 000 f) francs à titre de dommages et intérêts ;

Ordonne l'exécution provisoire ;

Fixe la contrainte par corps au maximum ;

Condamne le prévenu aux dépens ;

EN LA FORME

Considérant que tant l'appel principal qu'incident ont été faits dans les conditions de forme et de délai prescrites par la loi ;

Qu'il échet de les déclarer recevables en la forme ;

Considérant que le prévenu en détention à la maison d'arrêt et de correction de Ziguinchor et qui a reçu un avertissement en date du 19 avril 2012 n'a pas comparu ;

Qu'il échet en application de l'article 493 du Code de procédure pénale de statuer contradictoirement à son égard ;

Considérant que la partie civile bien que citée à personne n'a pas comparu ;

Qu'il échet de statuer par défaut à son égard ;

AU FOND

Sur les faits et sur la procédure

Considérant qu'il résulte des pièces de la procédure les faits suivants :

Le 26 aout 2009 A.S.F. a saisi le commissariat de police de Yamatogne sis à Ziguinchor d'une plainte dirigée contre O. S. pour des faits d'agression sexuelle commis sur sa fille mineure dénommée M. D. F. ;

Dans cette lettre et lors de son audition S. F. a expliqué que le 25 août 2009 de retour du marché, son épouse a trouvé leur fille Mame Diarra, âgée de o3 ans couchée au prés de sa grand-mère et entrain de pleurer ;

Que lorsqu'elle l'a 'interrogée sur les raisons de ses pleurs, M. D. lui a signifié son désir d'aller aux toilettes ;

Qu'elle lui a alors enlevé sa culotte mais aussitôt elle et la grand-mère ont constaté la présence de beurre de karité et des traces de sang entre ses fesses et au niveau de ses parties intimes ;

Que M. S. lui a alors révélé qu'elle était avec ses copines qui résident en face de la maison;

Qu'interrogée, l'une d'elles, du nom de M. S., âgée de 06 ans lui a déclaré avoir vu le nommé O. S. l'amener dans une chambre en construction et se coucher sur elle ;

Que cette déclaration a été confirmée par toutes les autres filles qui étaient avec elle ;

Que A. S. F. a précisé en outre que ce garçon fait partie des maçons travaillant sur ce chantier et que dès qu'il a compris que son acte a été découvert il s'est absenté de la maison pendant toute la journée ;

Interpelle et interrogé sur ces faits O. S. les a entièrement reconnus ;

Il a précisé qu'il était dans la chambre de P., un de ses amis lorsque M. D. est venue le rejoindre, se déshabiller et se coucher près de lui ;

Qu'elle s'est ensuite enduite de beurre de karité au niveau des fesses et lui a demandé de venir se coucher sur elle ;

Qu'il a répondu à cette invitation et a introduit son sexe entre les fesses de Mame Diarra qui n'a pas crié ;

Qu'il est parvenu à éjaculer avant de se retirer ;

Interrogée sur le comportement de son neveu, F. G. a soutenu qu'O. S.ne jouit pas de toutes ses facultés mentales et qu'il a fait l'objet de plusieurs internements à l'hôpital psychiatrique de Fann;

Déféré au parquet et traduit devant le tribunal il a été déclaré, à la suite de deux décisions avant dire droit ordonnant une expertise sur sa personne , expertise jamais réalisée, coupable des délits de viol et de pédophilie par le jugement dont est appel ;

Sur l'action publique

Considérant que le prévenu n'a pas comparu pour soutenir son appel ;

Que le Ministère public a requis la confirmation du jugement ;

Considérant que O. S. a été condamné des chefs de viol commis sur un mineur âgé de moins de 13 ans et de pédophilie , délits prévus et punis par les articles 320 al 5 du Code pénal ;

Considérant qu'est constitutif du délit de pédophilie tout geste, attouchement, caresse, manipulation pornographique, utilisation d'images ou de sons par un procédé technique quelconque, à des fins sexuels sur un enfant de seize ans ;

Considérant qu'en l'espèce l'allégation ou la preuve de la commission de tels actes sur la personne ou à l'égard de la victime n'est ni soutenue ni rapportée ;

Qu'il échet dès lors réformant le jugement entrepris sur ce point de relaxer le prévenu sur ce point;

Considérant qu'en revanche il est produit au dossier un certificat médical en date du 28 Mars 2009 qui faisant état, à l'examen anal de la victime, de lésions récentes péri-anales douloureuses ;

Que ces constatations prouvent qu'il y a eu sur elle une relation sexuelle complète par voie anale facilitée sans doute par l'usage du beurre de karité ;

Considérant qu'il est également produit au dossier un acte de naissance d'où il résulte que la victime était âgée de trois ans au moment des faits ;

Qu'elle ne pouvait donc à cet âge donner un consentement éclairé ;

Que les éléments matériels constitutifs du délit de viol sont ainsi réunis ;

Considérant que M. D. a constamment désigné O. S. comme étant l'auteur du dit viol ;

Que ce dernier a également toujours reconnu les faits ;

Que cependant devant la barre du tribunal son conseil a plaidé la démence ;

Considérant qu'aux termes de l'article 50 du Code pénal : « il n'y a ni crime, ni délit lorsque le prévenu était en état de démence au temps de l'action » ;

Que cette démence est une cause de non imputabilité qui fait disparaître l'élément moral de l'infraction et par conséquent la responsabilité pénale du prévenu ;

Considérant que l'appréciation de la démence est une question de fait laissée à la libre appréciation du juge de fond ;

Qu'en l'espèce le premier juge a ordonné à deux reprises une expertise psychiatrique sur le prévenu, expertise qui n'a jamais eu lieu ;

Considérant qu'il résulte des dispositions de l'article 414 du Code pénal que le juge pénal peut se fonder sur tout élément de preuve susceptible d'emporter sa conviction ;

Considérant que lors de son audition à l'enquête préliminaire et devant la barre du tribunal le prévenu a déclaré entre autre que c'est la victime qui n'est âgée que de trois ans qui s'est elle-même enduite les fesses de karité, qui lui a demandé de la pénétrer et qui lui a assuré qu'elle connaissait déjà l'acte sexuel ;

Que cette incohérence dans les propos a été relevée a la fois par le Ministère public et par l'avocat de la défense ;

Que cette incohérence a été confirmée par les déclarations de la tante du prévenu et par l'avis technique du Docteur S. T., qui même s'il n'est qu'un généraliste et n'a jamais eu à examiner le prévenu a déclaré que les médicaments utilises par ce dernier à savoir le Largactyl 100 mg et l'Artane 5mg sont prescrits pour des malades présentant des troubles graves de comportement ;

Qu'il a conclu que l'on est en présence d'un malade mental ;

Qu'il s'agit là d'autant d'éléments qui établissent à suffisance la preuve de la démence d'O. S. ;

Qu'il échet en conséquence de le déclarer atteint de démence au moment des faits et par application de l'article 50 susvisés de le relaxer purement et simplement, après avoir infirmé le jugement entrepris sur ce point ;

Qu'il échet en outre au regard de son état de santé d'ordonner son internement au centre Psychiatrique Émile Badiane de Ziguinchor ;

Sur l'action civile

Considérant que le jugement querellé a déclaré recevable la constitution de partie civile d'A. S. F. et lui a alloué la somme de 3 000 000 f CFA à titre de dommages et intérêts ;

Considérant que le prévenu malgré l'absence de discernement a commis une faute objective qui a causé à la victime, vu son âge, un préjudice moral et un traumatisme psychologique certain ;

Que la somme qui lui est ainsi allouée en réparation de ce préjudice est juste et équitable;

Qu'il échet de confirmer la décision ;

PAR CES MOTIFS

Statuant publiquement, contradictoirement à l'égard du prévenu et par défaut en matière correctionnelle et en dernier ressort ;

EN LA FORME

Déclare recevable l'appel tant principal qu'incident ;

AU FOND

Infirme partiellement jugement entrepris et statuant à nouveau :

Relaxe le prévenu purement et simplement sur le fondement de l'article 50 du Code pénal;

Ordonne son internement à l'hôpital psychiatrique Émile BADIANE de Ziguinchor ;

Confirme pour le surplus ;

Condamne le prévenu aux dépens.

- **Démence-suppression de la responsabilité pénale-exclusion de la responsabilité civile**

167. CA Dakar ch. corr., n° 1017 du 24 septembre 2012, *MP et Mamadou Woury BARRY ès qual. de sa fille Mariama Sadio BARRY c/ Mamadou PAYE alias Bibi.*, *inédit*

Au regard de l'action publique, une faute pénale n'a pas été retenue à l'encontre du prévenu qui est en état de démence ; il n'a pas été fait état d'une base autre que la faute pénale pour le fondement de la demande en réparation civile.

LA COUR,

Considérant que par déclaration au greffe en date du 28 octobre 2010, le prévenu M. P., par l'organe de son conseil, a relevé appel du jugement n°4355 rendu contradictoirement le 21 octobre 2010 par le Tribunal de grande instance hors classe de Dakar qui, statuant en matière de flagrants délits, l'a déclaré coupable de pédophilie sur la personne de M. S. B. et l'a condamné à trois (03) ans d'emprisonnement ferme ainsi qu'au paiement de la somme de 2 000 000 F CFA à titre de réparation à la partie civile, tout en le relaxant des chefs de tentative de viol, attentat à la pudeur et de détournement de mineure dont il était également poursuivi ;

Considérant que par déclaration au greffe en la même date, le Ministère public a incidemment relevé appel du jugement susvisé ;

En la forme

Considérant que les appels ont été faits dans les forme et délai légaux ;

Qu'il y a lieu de les déclarer recevables ;

Considérant qu'en outre, le prévenu a régulièrement comparu assisté de son conseil;

Que la partie civile, bien que régulièrement citée, n'a ni comparu ni été représentée ;

Qu'il y a lieu de statuer contradictoirement à l'égard du premier et par défaut à l'égard de la seconde;

Au fond

Sur les faits

Le 23 septembre 2010, M. W. B. déposait plainte au commissariat de Police de la Médina de Dakar contre M. P. qu'il soupçonnait pour avoir appris qu'il était surpris avec sa fille M. S. B. dans des conditions douteuses ;

Entendue, la petite M. déclarait que le jour des faits, M. P., l'ayant trouvée en train de s'amuser avec ses copines, l'a invitée à la rejoindre à la terrasse de l'immeuble où elle habitait avec ses parents et, à la suite d'attouchements sur ses parties intimes après lui avoir enlevé son slip, a introduit un doigt en son sexe ; Elle ajoutait que ses copines surgissaient alors les surprenant dans cette situation et qu'elle s'en est allée rejoindre sa mère ;

M. P. après avoir reconnu au cours de l'enquête avoir fait des attouchements sur la fille et l'avoir embrassée à l'initiative de cette dernière qui selon lui l'a rejoint sans y être invitée, niait complètement les faits lors de l'interrogatoire de flagrant délit et aussi devant le premier juge et la Cour de céans.

En cours de procédure, une expertise médico-psychiatrique sur la personne du prévenu a été ordonnée par la Cour de céans à la demande de la défense ;

Sur l'appel

Sur l'action publique

Considérant que le prévenu a vigoureusement nié les faits ;

Que, le conseil s'en est rapporté au rapport d'expertise en plaidant qu'il en soit tiré toutes les conséquences de droit ;

Considérant que l'Avocat général estimant qu'il n'est pas sûr que l'état démentiel décrit par l'expert ait été effectif lors des faits et trouvant ces faits établis, a requis la confirmation du jugement entrepris ;

Que la partie civile, même si elle n'a pu valoir ses moyens, est réputé avoir connaissance de la date de l'audience, ayant elle-même ainsi que son conseil plusieurs fois lors d'audiences précédentes sollicité et obtenu le renvoi de l'affaire ;

Considérant qu'il ressort du rapport d'expertise établi par le docteur M. G., Chef du service de psychiatrie psychologie médicale de l'Hôpital de Fann de Dakar en date du 17 Février 2012, régulièrement versé au dossier et non contesté, que le prévenu a connu dans le passé un suivi au service pédopsychiatrie dudit hôpital avec preuve à l'appui et que son cursus scolaire a été interrompu ;

Que l'expert a fait état de perturbations affectives marquées par une inhibition importante, une certaine passivité voire un infantilisme, d'une déficience mentale limité ou légère n'ayant pas permis une scolarisation normale ;

Que l'homme de l'art a en outre révélé que le tableau clinique ressortant de l'examen peut entraîner une baisse globale de l'efficience secondaire au ralentissement du développement intellectuel et de passibles troubles affectifs associés comme l'impulsivité et l'agressivité, et indiqué que le prévenu pourrait commettre des actes de cette nature surtout en l'absence de traitement adéquat ;

Qu'en outre il a proposé son suivi régulier en milieu spécialisé par des consultations de contrôle pouvant nécessiter une prise en charge globale aussi bien clinique que psychologique;

Considérant que l'expert a en outre fait état d'une incapacité du prévenu à répondre de façon cohérente aux questions qui lui sont posées ;

Que ce constat s'est d'ailleurs vérifié à l'analyse des déclarations du prévenu à travers la procédure, par des aveux et rétractations suivis de dénégations avec au passage des incohérences ;

Considérant qu'ainsi la situation du prévenu s'avère passible des dispositions de l'article 50 du Code pénal aux termes duquel « il n'y a ni crime, ni délit lorsque le prévenu était en état de démence au temps de l'action »;

Qu'il y a lieu en conséquence de renvoyer le prévenu des fins de la poursuite en application dudit article ;

Sur les intérêts civils

Considérant qu'au regard de l'action publique une faute pénale n'a pas été retenue à l'encontre du prévenu ;

Qu'il n'a pas été fait état d'une base autre que la faute pénale pour le fondement de la demande en réparation ;

Qu'il y a lieu par conséquent de débouter la partie civile de sa demande ;

PAR CES MOTIFS

Statuant publiquement, contradictoirement, en matière correctionnelle et en dernier ressort ;

En la forme

Reçoit les appels du prévenu et du Ministère public ;

Au fond

Infirme le jugement entrepris et, statuant à nouveau :

Renvoie le prévenu des fins de la poursuite par application de l'article 50 du Code pénal;

Ordonne sa mise en liberté immédiate s'il n'est détenu pour autre cause ;

Débouter la partie civile ;

Laisse les dépens à la charge du Trésor public.

- **Démence- suppression de la responsabilité pénale- responsabilité civile du parent du dément**

168. CA Dakar ch. corr., n° 324 du 23 avril 2008, *MP et Kh. Mb. D. és qual. de sa fille Siga Mbaye e c/ Matar BA*, *inédit* ; obs. S. D. NDIR, *Rev. sén.dr.*, n° 01, août 2023, p. 237

Un dément doit être surveillé, encadré et dirigé par la personne qui en assure la garde. La mère, qui savait que son fils vivant chez elle est un malade mental, est débitrice d'une obligation de surveillance et de direction sur la personne de ce dernier. Ayant laissé son fils sans surveillance dans sa maison où ne se trouvait aucun adulte, elle doit être déclarée être civilement responsable des conséquences dommageables du préjudice dont la réparation est demandée par la partie civile, en vertu de l'article 142 du COCC.

LA COUR,

Considérant que suivant actes reçus au greffe du tribunal de grande instance hors classe de Dakar en date du 23 mars 2007, Maître Cheikh Cissé, représentant Maître Cheikh Fall, avocat, agissant pour le compte de M. B., et le procureur de la République, ont, respectivement relevé appel principal et incident du jugement rendu le 22 mars 2007 par ladite juridiction et dont le dispositif est ainsi conçu :

« Statuant publiquement, contradictoirement, en matière correctionnelle et en premier ressort ; Déclare le prévenu atteint et convaincu des faits qui lui sont reprochés ;

Le condamne à deux (2) ans d'emprisonnement ferme

Reçoit K. M. D. es qualité de sa fille S. M. en sa constitution de partie civile ;

Condamne le prévenu à lui verser la somme d'un million (1 000 000) francs pour toutes causes de préjudice confondues ;

Ordonne l'exécution provisoire ;

Fixe au maximum la durée de la contrainte par corps ;

Condamne en outre le prévenu au remboursement des frais liquidés à la somme de cinquante huit mille huit cent (58.800) francs » ;

Considérant que les appels ayant été interjetés dans les forme et délai de la loi, il échet de les déclarer recevables ;

I / Sur les faits et la procédure

Considérant qu'il résulte de la procédure et des débats les faits suivants :

« Dans la nuit du dimanche 16 juillet 2006, vers 2 heures du matin, la dame K. M. D., revenant d'une boutique située dans le quartier Golf Nord, tenait à la main sa fille S. MB., âgée de 4 ans ;

Profitant d'un moment d'inattention de sa mère, la petite S. s'éloigna et un voisin du quartier, M. B., la fit entrer chez lui et éjacula entre ses jambes avant de la laisser partir ;

Suite à la plainte initiée par la dame D., M. B. a été traduit devant le juge des flagrants délits du tribunal de grande instance hors classe de Dakar ;

Ledit juge ordonna le 14 août 2006 une expertise médico-légale sur la personne de M. B., avant de le déclarer coupable de pédophilie en son audience du 22 mars 2007 et de le condamner à une peine de deux ans d'emprisonnement ferme ;

Le prévenu a été également condamné à payer à la partie civile la somme de un million de francs CFA, à titre de réparation ;

Suite à l'appel interjeté par le prévenu et le Ministère public, les parties comparaissent devant la Cour de céans ; qu'il échet de statuer contradictoirement à leur égard ;

II / Sur l'action publique

Considérant que le conseil du prévenu a plaidé l'infirmation du jugement attaqué et la relaxe en faisant valoir que M. B. étant un malade mental, il ne peut encourir aucune responsabilité pénale du fait de ses actes, invoquant en cela les dispositions de l'article 50 du Code pénal ;

Qu'à l'appui de sa demande, d'une part, il a versé le rapport d'expertise établi le 02 Février 2007 par le docteur S. S. du centre hospitalier national psychiatrique de Thiaroye et le certificat médical établi le 24 juillet 2006 par le docteur A. N. N. de la clinique psychiatrique M. D. du centre hospitalier national universitaire de Fann ;

Que d'autre part, ledit conseil a soutenu que les déclarations du prévenu aussi bien à l'enquête préliminaire qu'à la barre du tribunal et de la Cour de céans confirment son état de démence car, entre autres, il a déclaré être né en France et en est revenu pour répondre à l'appel C. I. F. et que la petite S. lui a été offerte dans le mystère (Bâtine) par la maman de celle-ci ;

Considérant que le Procureur général a abondé dans le même sens que le conseil du prévenu en précisant que même s'il est indéniable que les faits sont graves, le prévenu étant en état de démence au moment où il les commettait, d'après les constatations du médecin, sa responsabilité pénale est difficile à apprécier ;

Qu'en effet, il est inaccessible à la sanction pénale parce qu'il résulte du rapport d'expertise médico légale que l'évolution naturelle de sa maladie aboutit à la destruction complète de la personne avec toutes les conséquences que cela comportent ;

Considérant que le conseil de la partie civile a plaidé la confirmation du jugement querellé aux motifs que même si le prévenu est déficient malade, au moment des faits il n'était pas dément au sens de l'article 50 du Code pénal, mais il était simplement dans un état voisin de la démence car, tapis dans l'ombre, il a profité d'un moment de relâchement de la surveillance de la mère de S. M. pour soustraire cette dernière ;

Considérant que pour déclarer coupable M. B. et le condamner, le premier juge a simplement estimé que la preuve de sa culpabilité résulte du dossier et des débats ;

Considérant que la démence, qui vient du mot latin *dementia*, peut être définie comme une conduite dépourvue de raison, un affaiblissement intellectuel global, progressif et irréversible et que d'autres assimilent à la folie, terme générique qui désigne des troubles mentaux, un manque de jugement, une absence de raison ;

Que cette conduite dépourvue de raison peut être inhérente à une consommation de drogue et qu' il résulte de la procédure et des débats que le prévenu ,qui est consommateur de cocaïne, a déjà été condamné en France pour trafic de drogue ;

Considérant qu'il résulte des pièces, non contestées de la procédure, que M. B. a été hospitalisé à la clinique psychiatrique M. D. du Centre hospitalier universitaire de Fann du 26 Février 2001 au 12 mars 2001 ainsi qu'à l'hôpital « Dalal Khel » ; qu'il résulte du rapport d'expertise établi par le docteur S. S. du centre hospitalier National psychiatrique de Thiaroye qu'il présente une schizophrénie paranoïde ayant débuté avant les années 2000, donc bien avant les faits qui lui sont reprochés et qu'en période aiguë ou de rechute la personne atteinte de cette maladie n'est accessible à aucune sanction pénale ; que les propos tenus aussi bien à la barre du tribunal de grande instance que devant la cour d'appel confirment l'état de démence du prévenu ;

Que s'y ajoute que relève, sans conteste, d'une conduite dépourvue de raison, de la démence, le fait pour un homme d'introduire chez lui à 2 heures du matin une petite fille de 4 ans, d'éjaculer entre les jambes de cette dernière et de la laisser partir ensuite tranquillement sans rien faire d'autre;

Qu'au vu de tout ce qui précède, il y a lieu de constater que le prévenu, étant en état de démence au temps de l'action, il n'y a pas de délit, en application de l'article 50 du Code pénal ; qu'en conséquence, il échet d'infirmer le jugement entrepris sur ce point, le premier juge n'ayant pas fait une bonne analyse des faits et une correcte application de la loi ;

Considérant cependant qu'en vertu de l'article 55 du Code pénal, il y a lieu en l'espèce, sur le plan de la responsabilité civile de se conformer aux dispositions du code des obligations civiles et commerciales ;

Considérant qu'un dément doit être surveillé, encadré et dirigé par la personne qui en assure la garde ; qu'en l'espèce la dame S. F., mère du prévenu, présente à la barre de la Cour a reconnu que c'est elle-même qui s'occupe de la garde de celui - ci ;

Qu'elle a soutenu, par devant la Cour, qu'elle savait que son fils qui vit chez elle est un malade mental ; qu'en conséquence, elle est débitrice d'une obligation de surveillance et de direction sur la personne de ce dernier ; qu'ayant laissé ledit fils sans surveillance dans sa maison où ne se trouvait aucun adulte, elle doit répondre de l'acte commis par M. B. ; que cet acte étant la cause directe du dommage invoqué, il y a lieu de dire qu'elle est civilement responsable des conséquences dommageables du préjudice dont la réparation est demandée par la partie civile, en vertu de l'article 142 du COCC ;

III / Sur les intérêts civils

Considérant que le conseil de la partie civile a également demandé la confirmation du jugement sur les intérêts civils ;

Considérant que le conseil du prévenu qui a plaidé l'infirmation du jugement et la relaxe en a conclu au débouté de la partie civile ;

Considérant que le premier juge a seulement déclaré que le tribunal possède des éléments d'appréciation suffisants pour fixer le montant de la réparation à 1 000 000 francs CFA, toutes causes de préjudices confondues ;

Considérant que le principe de la réparation postule la réparation intégrale du préjudice, mais du seul préjudice ;

Considérant qu'il résulte de l'analyse des faits que la dame K. M. D., mère de la victime S. M., a incontestablement une part de responsabilité dans les faits reprochés au prévenu M. B. pour avoir failli gravement à son devoir de garde et de surveillance ; qu'en effet une maman qui se trouve dans la rue à 2 heures du matin avec sa fille de 4 ans, doit au moins tenir constamment la main de cette dernière, afin d'éviter qu'elle ne lui échappe pour aller faire autre chose ;

Qu'il ne résulte des documents médicaux délivrés par le centre de promotion de la Santé qu'une inflammation de la vulve ; que ses parties intimes n'ont pas subi de lésions ;

Qu'au vu du tous ces éléments, il y a lieu de fixer le montant de la réparation à la somme de 600 000 francs CFA, toutes causes de préjudice confondues et de condamner M. B., sous la responsabilité civile de sa mère S. F., à payer le montant de ladite somme à la partie civile ;

PAR CES MOTIFS

Statuant publiquement, contradictoirement, en matière pénale et en dernier ressort ;

Déclare les appels recevables ;

Infirmant partiellement le jugement entrepris et statuant à nouveau :

Constate que le prévenu était en état de démence au moment des faits ;

Dit en conséquence que le délit n'est pas constitué ;

Condamne M. B., sous la responsabilité civile de sa mère la dame S. F. , à payer à la partie civile la somme de 600 000 francs CFA, toutes causes de préjudice confondues ;

Met les dépens à la charge du Trésor public.

- **Démence- suppression de la responsabilité pénale-obligation du dément de réparer le dommage causé en vertu de l'article 121 du COCC**

169. TGIHC Dakar, ch. crim. n° 46 du 21 avril 2021, *MP et d'Ibrahima MBALLO c/ Kamel Hage ALI, inédit*

L'article 50 du Code pénal consacre l'irresponsabilité pénale de la personne atteinte de démence au moment de l'accomplissement de faits criminels ou délictueux. Aux termes de l'article 121 du COCC, applicable à l'action civile en vertu de l'article 10 alinéa 3 du CPP, il n'y a pas de faute si l'auteur du dommage était par son état naturel dans l'impossibilité d'apprécier son acte. Toutefois, tout acte peut obliger l'auteur du dommage à réparation ou être pris en compte pour l'exonération partielle ou totale prévue au présent titre ; il s'infère de ce fondement textuel que celui qui cause un dommage à autrui alors qu'il était sous l'empire d'un trouble mental n'en est pas moins obligé à réparation.

LE TRIBUNAL,

Attendu que suivant ordonnance de mise en accusation, de prise de corps et de renvoi rendue le 09 avril 2018 par le juge en charge du 4ème Cabinet d'instruction du Tribunal de grande Instance hors classe de Dakar, K. H. A. a été attrait devant la Chambre criminelle de céans sous l'accusation d'avoir, à Dakar, le 25 janvier 2008, en tout cas avant prescription de l'action publique, tenté de commettre un assassinat sur la personne d'I. M., laquelle tentative, manifestée par un commencement d'exécution, n'a manqué son effet que par des circonstances indépendantes de sa volonté ;

D'avoir dans les mêmes circonstances de temps et de lieu, détenu et porté un révolver de marque TAURUS n° SK 63127 sans être titulaire d'un permis de port d'arme ;

Faits prévus et punis par les articles 2, 280, 289 du Code pénal et la loi n° 66-03 du 18 janvier 1966;

Attendu que l'accusé, assisté de ses conseils, et la partie civile ont comparu ; qu'il échet statuer contradictoirement ;

En la forme

Attendu que l'action publique a été initiée dans les forme et délai légaux ; qu'il convient de la déclarer recevable ;

Au fond

Sur l'action publique

Il ressort de la procédure que le 04 aout 2017, les éléments de la Sûreté Urbaine du Commissariat central de Dakar mettaient à la disposition de leur chef de service, le nommé K. H. A., interpellé pour des faits de tentative de meurtre, coups et blessures volontaires et détention d'arme à feu sans autorisation.

Selon les agents interpellateurs, le susnommé aurait commis un double forfait avant d'être appréhendé et conduit au poste de police du Ministère de l'Intérieur par un Agent de Sécurité de Proximité (ASP). Ils expliquaient que le mis en cause s'était attaqué à un mendiant en l'étranglant et en le rouant de coups. Et n'eut été l'intervention des voisins, alertés par les cris de la victime, le pire se serait produit. Se sentant poursuivi, le sieur A. est allé se réfugier dans le restaurant de son père à l'enseigne « ELIAS » avant d'y ressortir avec une arme à feu qu'il a utilisé à trois reprises sur le nommé I. M., vigile de son état, l'atteignant à la cuisse et la poitrine. La détonation ayant alerté le sieur G. S., ASP détaché au Ministère de l'Intérieur, celui-ci s'est lancé à sa poursuite et a réussi à l'interpeller dans le restaurant de son père.

Entendu, le mendiant du nom de M. D. a expliqué que le mis en cause l'avait étranglé pour la première fois le 13 aout 2017 vers 16 heures, avant de récidiver le lendemain vers 04 heures du matin. Il a déclaré ignorer les raisons pour lesquelles le mis en cause s'est acharné sur sa personne.

Quant à I. M., il a déclaré qu'il était tranquillement assis lorsque le sieur A. l'a surpris pour tirer trois coups de feu sur lui, l'atteignant ainsi à la poitrine et à la cuisse.

Entendu par les enquêteurs, K. H. A. a expliqué que le jour des faits, vers 04 heures du matin, alors qu'il écoutait de la musique et fumais de la cigarette, il était subitement animé par l'idée d'aller faire un tour au centre-ville puisqu'il n'arrivait pas à dormir. Une fois dehors, il a aperçu un mendiant qui dormait sous une tente et s'est rapproché de lui pour l'étrangler violemment, mais les cris de celui-ci ayant alerté les passants, il prit la fuite pour aller se réfugier dans le restaurant de son père. Il poursuivait pour dire qu'il a profité d'un moment d'inattention de son père pour subtiliser son arme à feu et une fois dans la rue, il tira sur la première personne qu'il a rencontrée avant de retourner dans le restaurant de son père pour s'y cacher. Il a révélé aux enquêteurs être un usager occasionnel de cannabis, tout en expliquant son geste par le simple plaisir de tuer.

Son père K. H. A. a reconnu être propriétaire de l'arme utilisée à son insu par son fils et a déclaré que ce dernier faisait l'objet d'un suivi psychiatrique à l'hôpital principal en produisant un certificat médical, daté du 16 aout 2007, faisant état de troubles de conduite à type d'actes auto et hétéro agressifs paroxystiques, sur un mode impulsif.

Inculpé de tentative d'assassinat et de détention d'arme à feu, K. H. A. a reconnu les faits qui lui sont reprochés, en maintenant l'essentiel de ses déclarations tenues à l'enquête. Il a toutefois précisé ne pas se rappeler de son altercation avec un mendiant et qu'il est schizophrène, sujet à des troubles de comportement. Il a ajouté qu'il suit un traitement et qu'au moment des faits, il ne prenait pas régulièrement ses médicaments.

Le nommé I. D. a réitéré ses déclarations antérieures et s'est constitué partie civile.

Par ordonnance en date du 31 octobre 2017, le Docteur M. H. T., chef du service de Psychiatrie de l'hôpital FANN a été désigné par le magistrat instructeur à l'effet d'examiner l'inculpé.

Dans son rapport, l'homme de l'art a soutenu que le sujet présentait à l'époque des faits un délire chronique (schizophrénie paranoïaque) qui est une maladie mentale d'évolution chronique et capable d'altérer le fonctionnement mental d'un individu et sa vie en société et de troubler son discernement. Toujours selon son analyse, l'inculpé devait effectivement être sous l'influence d'une intense perturbation affective et intellectuelle ayant fortement altéré son discernement en entravé le contrôle de ses actes.

Devant la barre de la Chambre criminelle, K. H. A. a reconnu la détention d'arme sans autorisation administrative et contesté le crime de tentative d'assassinat à lui reproché ;

Prenant ses réquisitions, le Ministère public a estimé que la responsabilité de l'accusé est établie en ce qui concerne le délit de port illégal d'arme, dès lors qu'il s'agit d'un délit matériel. Il a par conséquent requis la déclaration de culpabilité pour cette infraction et la condamnation du sieur A. à une peine d'un mois d'emprisonnement ferme.

Pour ce qui est de la tentative d'assassinat, il a requis, en application de l'article 50 du Code pénal, le renvoi de K. H. A. des fins de l'accusation. Il a en effet fait observer que le certificat médical produit atteste que ce dernier souffrait de délires chroniques au moment des faits et que ses facultés étaient largement altérées.

Les conseils de l'accusé ont exposé que l'infraction de détention d'arme sans autorisation est incontestablement établie, dès lors que la simple détention suffit à la caractériser. Ils ont sollicité à cet égard une application bienveillante de la loi pénale.

S'agissant du chef de tentative d'assassinat, ils ont d'abord estimé que les circonstances de la cause ne révèlent pas l'existence d'actes préparatoires posés par l'accusé pour attenter à la vie de la victime. Sous un autre registre, ils ont fait valoir que les conclusions de l'expert et les déclarations des parties indiquent clairement que K. H. A. ne jouissait pas de toutes ses facultés mentales et était sous le coup de la démence ou d'une force extérieure. Ils ont ainsi plaidé l'application de l'article 50 du Code pénal et l'acquittement de leur client du chef susvisé.

Sur ce

Sur la culpabilité

Attendu qu'aux termes de l'article 50 du Code pénal, « il n'y a ni crime ni délit lorsque le prévenu était en état de démence au temps de l'action, ou lorsqu'il a été contraint par une force à laquelle il n'a pu résister » ;

Que cette disposition consacre ainsi l'irresponsabilité pénale de la personne atteinte de démence au moment de l'accomplissement de faits criminel ou délictueux ;

Attendu qu'en l'espèce, il est constant comme résultant des pièces de la procédure et des débats d'audience, que dans la nuit du 04 aout 2017, K. H. A. s'était emparée du pistolet de marque TAURUS n° SK 63127 appartenant à son père, avant d'ouvrir le feu sur le nommé I. D., vigile de son état, l'atteignant à la cuisse et la poitrine ;

Qu'il est tout aussi établi que l'accusé, renvoyé devant la juridiction de céans pour les chefs de tentative d'assassinat et détention d'arme sans autorisation administrative, faisait l'objet, depuis avril 2017, d'un suivi au service de psychiatrie de l'hôpital principal de Dakar, ce ainsi qu'en atteste le certificat médical, établi le 16 aout 2017 par le médecin Lieutenant-Colonel T. S. D., et faisant état de troubles de conduite à type d'actes auto et hétéro agressifs paroxystiques, sur un mode impulsif ;

Qu'en outre, le rapport d'expertise psychiatrique établi le 12 décembre 2017 par le Docteur H. T., désigné par le juge d'instruction à l'effet d'examiner K. H. A., laisse apparaître que ce dernier « présente et présentait à l'époque où les faits qui lui sont reprochés se sont produits, un délire chronique (schizophrénie paranoïaque) qui est une maladie mentale d'évolution chronique et capable d'altérer le fonctionnement mental d'un individu et sa vie en société et de troubler son discernement » ;

Que l'homme de l'art a conclu que le sieur A. devait effectivement être sous l'influence d'une intense perturbation affective et intellectuelle ayant fortement altéré son discernement et entravé le contrôle de ses actes ;

Attendu que le certificat de suivi psychiatrique produit et les conclusions de l'expert désigné achèvent de convaincre que l'accusé était en proie, au moment des faits, à des troubles mentaux ayant considérablement altéré son discernement ;

Qu'en sus dossier médical, l'incongruité du comportement de l'accusé et les explications tout aussi irrationnelles sur le mobile de ses agissements plaident en faveur d'une application des dispositions de l'article 50 du Code pénal ;

Qu'il importe par ailleurs de préciser qu'une telle application a pour effet de supprimer l'imputabilité de l'infraction à son auteur et donc la responsabilité pénale, sans qu'il y ait lieu de distinguer selon que l'infraction revête un caractère formel ou matériel, intentionnel ou non intentionnel ;

Qu'au vu de toutes ces considérations, il y a lieu d'acquitter K. H. A. et d'ordonner la confiscation de l'arme de marque Taurus n° SK 63127 et des quatre (04) douilles de calibre 38 spécial objets du scellé n°384/PJSU ;

SUR L'ACTION CIVILE

Attendu qu'I. M. s'est constitué partie civile à l'audience et a sollicité la condamnation de l'accusé à lui payer la somme de cinquante (50 000 000) FCFA à titre de dommages et intérêts;

Qu'il a fait valoir qu'il ne travaille plus depuis la survenance de l'incident, au vu de la dégradation de son état de santé ;

Attendu qu'en réponse, les conseils de l'accusé ont fait observer que le montant réclamé est excessif, avant de solliciter qu'il soit revu à la baisse ;

Sur ce

Attendu que la constitution de partie civile d'I.M. est régulière pour avoir été faite conformément à la loi ; qu'il convient de la recevoir ;

Attendu que l'article 2 du Code de procédure pénale dispose que l'action civile en réparation de dommage causé par toute infraction appartient à tous ceux qui ont personnellement souffert du dommage directement causé par l'infraction ;

Que l'article 300 du CPC prévoit par ailleurs que la chambre criminelle, dans le cas d'acquittement ou d'absolution, s'il résulte des faits objet de la prévention, une faute civile, statue sur la réparation du dommage invoqué par la partie civile ;

Qu'aux termes de l'article 121 du Code des Obligations Civiles et Commerciales, applicable à la présente action civile en vertu de l'article 10 alinéa 3 du CPP, « il n'y a pas de faute si l'auteur du dommage était par son état naturel dans l'impossibilité d'apprécier son acte (...). Toutefois, tout acte peut obliger l'auteur du dommage à réparation ou être pris en compte pour l'exonération partielle ou totale prévue au présent titre » ;

Qu'il s'infère de ce fondement textuel que celui qui causé un dommage à autrui alors qu'il était sous l'empire d'un trouble mental n'en est pas moins obligé à réparation ;

Attendu qu'en l'espèce, il n'est pas discuté que le sieur I. M. a été victime des agissements de K. H. A., qui lui a administré deux coups de feu au niveau de la cuisse et de la poitrine ;

Que les blessures occasionnées par cette agression ont valu à la partie civile une hospitalisation de plusieurs jours au CHU de FANN ;

Qu'il en est par conséquent résulté un dommage corporel et un préjudice financier et moral qu'il échet de réparer ;

Que toutefois, le montant réclamé étant exagéré, il convient de le ramener à juste proportion et de condamner K. H. A. à lui payer la somme de dix millions (10 000 000) FCFA à titre de réparation;

Sur les dépens

Attendu qu'aux termes de l'article 295 alinéa 2 du CPP, en cas d'acquittement de l'accusé en raison de son irresponsabilité au sens de l'article 50 du Code pénal, la chambre criminelle peut cependant le condamner aux dépens envers l'État ou tout partie ;

Qu'il y a lieu en l'espèce de condamner K. H. A. aux dépens ;

PAR CES MOTIFS

Statuant publiquement, contradictoirement, en matière criminelle et en premier ressort ;

Vu les articles 50 du Code pénal, 2, 3, 10, 295 et 300 du Code de procédure pénale et la loi n° 66-03 du 18 janvier 1966 ;

EN LA FORME

Reçoit l'action publique ;

AU FOND

Acquitte K. H. A. ;

Ordonne la confiscation de l'arme de marque Taurus n° SK 63127 et des quatre (04) douilles de calibre 38 spécial objets du scellé n°384/PJSU ;

Reçoit la constitution de partie civile d'I. M.;

Condamne K. H. A. à lui payer la somme de dix millions (10 000 000) FCFA à titre de réparation;

Le condamne en outre aux dépens ;

Informe l'accusé de ce qu'il dispose d'un délai de quinze (15) jours pour interjeter appel.

OBSERVATIONS

La personne en état de démence ne relève plus du droit pénal et doit être déclarée irresponsable. La démence supprime l'élément moral de l'infraction. La Cour d'Appel de Dakar a jugé, dans un arrêt rendu le 12 février 2013, que la « *démence est une cause de non-imputabilité qui fait disparaitre l'élément moral de l'infraction et par conséquent la responsabilité pénale du prévenu* » (*CA Dakar ch. corr., n° 202 du 12 février 2013, MP et A. S. F. c/ O. S., inédit).*

Le dément doit, selon que son irresponsabilité est judiciairement constatée au stade de l'enquête, de l'instruction ou du jugement, faire l'objet d'une décision de classement sans suite, de non-lieu, de relaxe ou d'acquittement.

S'il était en détention provisoire, il doit immédiatement être libéré.

En cas de démence abolissant les facultés de comprendre et de vouloir au moment des faits, l'élément moral de l'infraction fait défaut et celle-ci n'est pas constituée quelle que soit sa nature (crime, délit ou contravention).

Malgré la rédaction de l'article 50 du CP, qui emploie l'expression défectueuse « *il n'y a ni crime ni délit* », cette formule doit être prise au sens générique d'infraction pénale. Ainsi, la solution de l'irresponsabilité pénale vaut aussi bien pour les auteurs de crimes, de délits que de contraventions.

La chambre criminelle du Tribunal de grande instance a jugé, dans une espèce, que la démence « *a pour effet de supprimer l'imputabilité de l'infraction à son auteur et donc la responsabilité pénale, sans qu'il y ait lieu de distinguer selon que l'infraction revête un caractère formel ou matériel, intentionnel ou non intentionnel* » (*TGIHC Dakar, ch. crim. n° 46 du 21 avril 2021, MP et I. MB c/ K. H. A., inédit*).

Mais l'état de démence, cause subjective d'irresponsabilité pénale, ne fait obstacle à la constitution de l'élément moral de l'infraction qu'à l'égard du dément. En revanche, l'infraction est constituée à l'égard des autres personnes impliquées malgré le trouble mental de l'une d'entre elles ; ainsi, le coauteur et le complice de l'infraction non affectés eux-mêmes par la démence peuvent faire l'objet de poursuites (*Cass. crim., 13 mars 1991, JurisData n° 1991-001295; Bull. crim. n° 125).*

En cas de démence, la responsabilité civile de l'auteur de l'infraction subsiste-t-elle, malgré son irresponsabilité pénale ?

Aux termes des dispositions de l'article 121, alinéa 1er du COCC intitulé « *Imputabilité* » : « *Il n'y a pas de faute si l'auteur du dommage était par son état naturel dans l'impossibilité d'apprécier son acte* ». Ce texte consacre une conception subjective de la faute. La faute, partant de cette disposition, suppose une volonté libre et consciente. Selon Georges RIVES, l'article 121, alinéa 1er du COCC « *introduit l'imputabilité morale dans la définition de la faute civile* » (*G. RIVES, « Théorie générale des obligations en droit sénégalais », Rev. sén. dr. décembre 1971, n° 10, p. 32*).

Il s'agit de l'approche traditionnelle de la faute fondée sur le principe de l'identité entre la faute civile et la faute pénale.

La Cour suprême a déjà eu l'occasion de juger, dans un arrêt rendu le 26 janvier 1974, que la faute pénale prévue par l'article 307 du CP, incriminant l'homicide et les blessures involontaires, comprend tous les éléments de la faute civile (*CS 26 janvier 1974, S. D. Nd., inédit*). La haute juridiction a ajouté que si le juge pénal estime qu'il n'y a pas faute pénale (infraction), le juge civil ne peut pas conclure à l'existence d'une faute civile au sens de l'article 119.

En conséquence, estime le juge suprême, c'est à bon droit que l'arrêt attaqué a décidé que la relaxe du chef d'homicide involontaire dont a bénéficié le conducteur du taxi s'oppose à ce qu'une faute quelconque soit retenue contre lui.

Le principe de l'irresponsabilité civile concerne toute personne auteur du dommage qui « *était par son état naturel dans l'impossibilité d'apprécier son acte* » ; ce qui vise notamment le dément affecté d'un trouble mental inné.

Toutefois, on peut se demander si la personne atteinte de troubles mentaux résultant de l'usage abusif de drogues est dans un son « *état naturel* » dans l'impossibilité d'apprécier ses actes.

La solution de l'irresponsabilité civile est de nature à entraîner des conséquences assez choquantes, dès lors que la victime d'une personne privée de discernement ne pourrait pas être indemnisée au prétexte que l'auteur était sans conscience et n'avait commis aucune faute.

Face à cette situation, un colloque de l'Association sénégalaise d'études et de recherches juridiques (ASERJ), organisé en 1972, avait mis l'accent sur les lacunes du droit sénégalais de la responsabilité civile (*CH. NDIAYE, « Le statut de l'aliéné en droit sénégalais », EDJA, n° 11 et 12, 1988, p. 9*). Les travaux du colloque ont abouti à l'adoption de la loi n°77-64 du 26 mai 1977 (*JORS du 18 juin 1977, p. 736*), qui a complété l'article 121 par un nouvel alinéa 3.

En vertu de cet alinéa « *toutefois, tout acte peut obliger l'auteur du dommage à réparation ou être pris en compte pour l'exonération partielle ou totale prévue au présent titre* ». Cette réforme a été très critiquée par un auteur qui y a vu une déstabilisation du droit commun de la responsabilité civile, par une sorte de « *diffraction du discours* » (*A-E. K. BOYE, « L'article 121 du Code des*

Obligations civiles et commerciales ou le bouleversement du droit commun sénégalais de la responsabilité civile », Rev.sén.dr., n° 32, janvier-février-mars 1984, p. 11 ; également V. Y. AGBOYIBOR, « Responsabilité fondée sur la faute prouvée », in Encyclopédie juridique de l'Afrique, Les Nouvelles éditions africaines, 1982, p. 287), puisque, estime-t-il, le système de responsabilité prévu par l'alinéa 3 de l'article 121 du COCC n'est fondé ni sur la faute ni sur le fait de la chose d'un animal ou le fait d'autrui.

Face à l'ambiguïté de la rédaction de l'article 121 du COCC, la jurisprudence est caractérisée par une grande sinuosité sur la question de la responsabilité civile du dément.

Certains arrêts excluent, en cas de démence, tout engagement de la responsabilité civile du dément, motif pris de l'absence de faute. Dans un arrêt rendu le 24 septembre 2012, la Cour d'Appel de Dakar, après avoir relaxé un prévenu pour cause de démence, a estimé qu'au regard de l'action publique « *une faute pénale n'a pas été retenue à l'encontre du prévenu ; qu'il n'a pas été fait état d'une base autre que la faute pénale pour le fondement de la demande en réparation* » (*CA Dakar ch. corr., n° 1017 du 24 septembre 2012, MP et M. B. és qual. de sa fille M. S. B. c/ M. P. alias B., inédit*). La Cour a, en conséquence, débouté la partie civile de sa demande d'allocation de dommages-intérêts.

Cette décision est critiquable, dès lors, que l'alinéa 3 de l'article 121 du COCC n'exige pas l'articulation d'une quelconque faute pour engager la responsabilité civile du dément, son comportement objectivement illicite suffisant.

Dans un autre arrêt rendu le 23 avril 2008, la chambre correctionnelle de la Cour d'Appel de Dakar, après avoir constaté l'état de démence du prévenu et prononcé sa relaxe, a justifié l'allocation de dommages-intérêts à la victime par la faute du parent de celui-ci (*CA Dakar ch. corr., n° 324 du 23 avril 2008, MP et Kh. Mb. D. és qual. de sa fille S. Mb. e c/ M. B., inédit ; pour un commentaire, V. S. D. NDIR, « Vers la consécration d'un principe général de responsabilité du fait d'autrui en droit sénégalais. A propos de l'arrêt de la Cour d'Appel de Dakar du 23/04/2008, n° 324, inédit », Rev. sén.dr., n° 01, août 2023, p. 237*). En l'espèce, profitant d'un moment d'inattention de la mère d'une jeune fille, un dément majeur l'avait conduit à son domicile avant d'éjaculer entre ses jambes. Le prévenu a été déclaré coupable de pédophilie en première instance et a été condamné à payer à la partie civile la somme de un million de francs CFA, à titre de réparation.

Mais la cour d'appel a relaxé le prévenu pour cause de démence avant d'engager la responsabilité civile de son parent.

La cour d'appel a jugé « *qu'un dément doit être surveillé, encadré et dirigé par la personne qui en assure la garde ; qu'en l'espèce la dame S. F., mère du prévenu, présente à la barre de la cour a reconnu que c'est elle-même qui s'occupe de la garde de celui-ci ; qu'elle a soutenu, devant la cour, qu'elle savait que son fils qui vit chez elle est un malade mental ; qu'en conséquence, elle est débitrice d'une obligation de surveillance et de direction sur la personne de ce dernier ; qu'ayant laissé ledit fils sans surveillance dans sa maison où ne se trouvait aucun adulte, elle doit répondre de l'acte commis par M. B. ; que cet acte étant la cause directe du dommage invoqué, il y a lieu de dire qu'elle est civilement responsable des conséquences dommageables du préjudice dont la réparation est demandée par la partie civile, en vertu de l'article 142 du COCC* ».

Le juge a précisé que selon l'article 142 du COCC, on est responsable, non seulement du dommage que l'on cause par son propre fait, « *mais encore de celui qui est causé par le fait des personnes dont on doit répondre* ».

Cette décision est très discutable, puisque l'article 142 du COCC, en énonçant que l'on est responsable du dommage causé par le fait des personnes dont on doit répondre, ne fait qu'annoncer les cas de responsabilité du fait d'autrui, à savoir la responsabilité des parents du fait de leurs enfants et la responsabilité des commettants du fait de leurs préposés ; il n'autorise nullement le juge à engager la responsabilité civile des parents du fait de leurs enfants majeurs atteints de troubles mentaux. Ainsi, comme l'a écrit un auteur (*V. C. A. W. NDIAYE, « Le majeur en curatelle, un état de questions », Annales africaines, vol. 2, décembre 2022, n° 17, p. 370 et s.*), la Cour d'Appel de Dakar semble consacrer un principe général de responsabilité du fait d'autrui fondé sur l'article 142 du COCC (*Cependant, il faut préciser qu'une partie de la doctrine sénégalaise soutient la thèse de l'existence d'un principe général de responsabilité civile du fait d'autrui, V. J. I. SAYEGH, « Commentaire de l'article 146, dernière phrase, du Code des obligations civiles et commerciales (COCC) du Sénégal », Revue EDJA, 1995, n° 26, juillet-août-septembre, p. 7 ; A. A. DIOUF, « L'article 142 du Code des obligations civiles et commerciales et l'existence d'un principe général de responsabilité du fait d'autrui en droit positif sénégalais, Mélanges offerts au professeur Isaac Yankhoba NDIAYE, Dakar, l'Harmattan, 2021, p. 387 et s. ; S. D. NDIR, « Vers la consécration d'un principe général de responsabilité du fait d'autrui en droit sénégalais. A propos de l'arrêt de la Cour d'Appel de Dakar du 23/04/2008, n° 324, inédit », Rev. sén.dr., n° 01, août 2023, p. 237*).

En tout état de cause, malgré les controverses suscitées par la réforme de 1977, force est de constater que la responsabilité civile prévue à l'alinéa 3 de l'article 121 du COCC n'est pas fondée sur la faute ; d'ailleurs, le mot « *faute* » n'est pas utilisé dans cet alinéa par le législateur, qui évoque à la place l'expression *« tout acte »*. Le législateur ne fonde pas aussi la subsistance de la responsabilité civile, en cas de démence, sur le fait d'autrui, la loi n'ayant pas envisagé un cas de responsabilité civile des parents du fait du dément majeur.

C'est le « *comportement objectivement illicite* » qui est le fondement de la responsabilité civile du dément, en dehors de tout élément subjectif (*J-P. TOSI, Droit des obligations au Sénégal, Dakar, LGDJ-NEA, p. 200, n° 550 ; G. B.*

SARR, « Vers un élargissement des fondements de la responsabilité civile au Sénégal », Annales africaines, décembre 2015, n° 3, p. 266). En effet, selon l'exposé des motifs de la loi n° 77-64 du 26 mai 1977 précitée, l'absence d'indemnisation de la victime d'un acte commis par une personne privée de discernement sous le prétexte que l'auteur était sans conscience et n'a pas commis de faute « *choque l'équité surtout quand l'inconscient est solvable et possède des biens* » (*En ce sens, J-P. TOSI, op. cit., p. 198, n° 545*). C'est donc bien la responsabilité civile du dément que le législateur envisage malgré son irresponsabilité pénale.

Dans un jugement rendu le 21 avril 2021, la chambre criminelle du Tribunal de grande Instance hors classe de Dakar a fait une correcte application des dispositions de l'article 121 du COCC (*TGIHC Dakar, ch. crim. n° 46 du 21 avril 2021, MP et I. MB c/ K. H. A., inédit*). Elle a considéré que « *celui qui a causé un dommage à autrui alors qu'il était sous l'empire d'un trouble mental n'en est pas moins obligé à réparation* ». Le tribunal a, en conséquence, condamné l'accusé, déclaré irresponsable pour cause de démence, à payer à la partie civile la somme de dix millions (10 000 000) de francs CFA à titre de réparation.

Outre l'argument tiré de l'article 121, alinéa 3 du COCC, la solution du maintien de la responsabilité civile du dément est confortée par l'article 457, alinéa 2 du CPP qui prévoit que la partie civile, dans le cas de relaxe, peut demander réparation du dommage résultant de la faute du prévenu, telle qu'elle découle des faits qui sont l'objet de la prévention (V. *également, V. art. 300 du CPP : « La chambre criminelle, dans le cas d'acquittement ou d'absolution et, s'il résulte des faits objet de la prévention, une faute civile, statue sur la réparation du dommage invoqué par la partie civile en application des articles 16, 71 et 76 du présent code » et art. 529 du CPP*). Or, une décision judiciaire de relaxe ou d'acquittement peut être justifiée par l'existence d'une cause de non-imputabilité, comme la démence.

D'ailleurs, selon l'article 295 du CPP, en cas d'acquittement de l'accusé en raison de son irresponsabilité au sens de l'article 50 du CP, la chambre criminelle peut cependant le condamner aux dépens envers l'État en tout ou partie. On peut se demander comment le dément acquitté peut avoir à payer des frais du procès, alors qu'aux termes de l'article 50 du CP « *il n'y a ni crime ni délit* » (*Sur cette question, V. P. BOUZAT et J. PINATEL, Traité de droit pénal et de criminologie, Paris, Dalloz, 2e éd. 1970, p. 335*).

En tout état de cause, la solution consacrant la subsistance de la responsabilité civile du dément n'est pas satisfaisante sur le plan éthique alors surtout que la solvabilité de l'inconscient est loin d'être une réalité sociologique.

PARAGRAPHE II : L'ERREUR DE DROIT

- **Erreur de droit-indifférence**

170. CA Dakar ch. corr., n° 692 du 16 novembre 2016, *MP et Ibou Sylla MANE et Amadou SECK c/ S., inédit*

L'attitude d'une personne poursuivie pour conclusion d'une convention portant sur un terrain du domaine national, qui a soutenu qu'elle ignorait que son comportement était incriminé ne saurait être justificative, puisqu'il est de principe que nul n'est censé ignoré la loi.

LA COUR,

Considérant que par actes n°662 et 663 enregistrés au Greffe du Tribunal de grande Instance hors classe de Dakar le 27 mars 2013, S. N. et le Ministère public ont respectivement interjeté appel principal et incident du jugement n°183/2013 rendu 21 mars 2013 par ledit tribunal, dont le dispositif est ainsi conçu:

« Statuant publiquement, par défaut à l'égard des parties civiles et contradictoirement à l'encontre de la prévenue, en matière correctionnelle et en premier ressort ;

Reçoit la procédure ;

Au fond :

Sur l'action publique

Déclare S. N. coupable de conclusion de convention ayant pour objet un terrain du domaine national;

La condamne à cent milles (100 000) FCFA d'amende avec sursis;

Sur les intérêts civils :

Réserve les intérêts civils ;

Condamne S. N. aux dépens ;

Le tout en application des textes de loi susvisés.» ;

EN LA FORME

Considérant que les appels ont été faits dans les formes et délais prévus ; qu'il y a lieu de les déclarer recevables ;

Que les parties, toutes cités à parquet, n'ont pas comparu ni été représentées; qu'il convient de statuer par défaut à leur encontre;

AU FOND

Rappel des faits et de la procédure :

Considérant qu'il résulte des éléments de la procédure notamment du procès-verbal d'enquête n°758 du 1er septembre 2012 de la brigade de gendarmerie de Keur Massar et des débats d'audience les faits suivants : la coopérative des employés et agents municipaux de la ville de Pikine, par le bais d'A. S., portait plainte contre S. N.

relativement à une parcelle de 228 mètres carrés sise à Keur Massar Extension, quartier Médina kelle, qui dépendrait du lot attribué à la coopérative mais qui était revendiquée et vendue par la Dame N. ;

Dans sa déposition, A. S. soulignait que S. N. occupait irrégulièrement une partie d'un site de 09 hectares que le Gouverneur de Dakar avait octroyé à la coopérative suivant acte administratif ; il précisait qu'un précédent litige avait opposé les parties mais, la Dame NIANG, qui avait été débouté par le Tribunal de grande instance hors classe de Dakar, avait cédé une parcelle à usage d'habitation à un tiers sur le site appartenant à la coopérative.

Entendu, I. S. M., l'acquéreur de ladite parcelle, confirmait que S. N. lui avait vendu, à 5 000 000 FCFA, une parcelle de 228 mètres carrés située dans le quartier précité ; Et lorsqu'il avait voulu la bâtir, la coopérative était venue contester sa propriété.

S. N., à son tour, expliquait qu'en 1997, elle avait légué de J. L. un terrain de 6957 mètres carrés intégrant le périmètre revendiqué par la coopérative. Elle déclarait avoir entamé, en 2005, des démarches en vue de l'obtention d'un bail sur ledit terrain en faisant remarquer qu'un jugement avait, d'ailleurs, été rendu dans le sens de la reconnaissance de sa propriété et en admettant avoir vendu la parcelle de 228 mètres carrés à I. S. M.

Les enquêteurs annexaient à leur procès-verbal des documents constitués de diverses correspondances, d'une demande de régularisation, de l'acte notarié du 07 mai 1997 relatif au legs allégué, de l'attestation de cession du 15 mai 2009 et du certificat administratif du 24 septembre 1996 du Gouverneur de Dakar affectant un terrain de 09 hectares à la commune de Pikine.

Par exploit servi à la requête du procureur de la République, S. N. avait été citée directement devant le tribunal sous la prévention d'avoir conclu une convention ayant pour objet un terrain du domaine national.

Devant les premiers juges, elle rejetait la prévention en réitérant ses déclarations faites à l'enquête et en ajoutant qu'elle ne savait pas qu'elle ne devait pas céder la parcelle.

Par le jugement dont est appel, S. N. avait été déclarée coupable du délit poursuivi et condamnée à 100 000 FCFA d'amende avec sursis.

Considérant qu'en appel, la prévenue, appelante principale, n'a pas comparu pour soutenir son recours ;

Que les parties civiles, qui avaient fait défaut en première instance, non plus n'ont comparu ;

Que le parquet général a requis la confirmation;

Sur ce:

Considérant qu'en vertu de l'article 423 du Code pénal, sera puni d'un emprisonnement de six mois à trois ans et d'une amende qui ne saurait être inférieure à 50 000 francs quiconque aura occupé sans droit une terre faisant partie du domaine national ou immatriculé au nom de l'Etat ou d'une collectivité publique ou aura conclu ou tenté de conclure une convention ayant pour objet une telle terre ;

Considérant, en l'espèce, que S. N., poursuivie pour avoir conclu une vente portant sur un terrain du domaine national, admet ledit fait qui lui est reproché mais prétend seulement qu'elle ignorait qu'elle ne pouvait pas vendre la parcelle en question ;

Que toutefois, son ignorance ne saurait être justificative puisqu'il est de principe que nul n'est censé ignoré la loi ;

Qu'il s'y ajoute qu'il résulte tant de son aveu que des déclarations, non contestées d'I. S. M., que la vente effectuée porte sur un terrain du domaine national et non sur des impenses qui auraient été réalisées par S. N. ;

Que de plus, il est constant, de l'aveu même de la prévenue, qu'elle ne détient jusque-là aucun titre sur le site dont elle se prétend légataire ; qu'ainsi, dans l'attente de l'aboutissement de ses soi-disant démarches entreprises pour l'obtention d'un bail sur ledit site, elle ne pouvait donc conclure aucune transaction ayant pour objet ce terrain de 6957 mètres carrés qui est une partie du domaine national qui ne lui est pas affectée ;

Que dès lors, ayant vendu à I. S. M. une parcelle de 228 mètres carrés à distraire de ces 6957 mètres carrés, S. N. tombe sous le coup de la prévention poursuivie; que c'est, donc, à bon droit que les premiers juges l'ont déclarée coupable de ce chef ;

Qu'aussi, sa condamnation à l'amende de 100 000 FCFA avec sursis est juste en ce qu'elle tient compte des circonstances de l'affaire desquelles il ressort une certaine bonne foi de la prévenue et de l'absence de la preuve d'un passé pénal déjà terni par une peine;

Que pour tous ces éléments, il y a lieu de confirmer le jugement entrepris en toutes ses dispositions, étant ajouté que les parties civiles n'ont pas comparu en première et en seconde instance pour faire valoir leurs intérêts civils ;

Que la partie ayant succombé devant supporter les dépens, il convient de condamner l'appelante à leur paiement ;

PAR CES MOTIFS,

Statuant publiquement, par défaut contre les parties, en matière correctionnelle et en dernier ressort;

EN LA FORME

Reçoit les appels principal et incident de S. N. et du Ministère public;

AU FOND

Confirme le jugement attaqué en toutes ses dispositions ;

Condamne S. N. aux dépens.

- **Erreur de droit- indifférence**

171. CA Dakar, ch. corr. n° 78 du 22 janvier 2013, *MP et la SONATEL c/ Issakha NIANG, inédit*

Nul n'est censé ignorer la loi

LA COUR,

Considérant que par déclaration au greffe du Tribunal de grande instance hors classe de Dakar datée du 30 décembre 2011, Maître Sadio Diaw, avocat à la Cour pour le compte du prévenu I. N. condamné pour usage frauduleux d'un réseau de télécommunication à 03 mois d'emprisonnement assorti du sursis et au paiement de 1 500 000 frs à titre de dommages et intérêts, a relevé appel contre le jugement n° 4173 rendu dans ladite cause;

Considérant que suite à ce recours par le prévenu, le procureur de la république a relevé appel incident par déclaration enregistrée au greffe le même jour ;

EN LA FORME

Considérant que les appels ont été interjetés dans les forme et délai requis ;

Qu'il échet de les déclarer recevables ;

Qu'il échet d'statuer par défaut réputé contradictoire à son égard et contradictoirement à l'égard de la partie civile représentée par ses conseils ;

AU FOND

Considérant qu'il résulte des éléments du dossier les faits suivants :

Le 18 août 2011 le chef du département du contentieux de la société nationale des télécommunication (SONATEL) a saisi la brigade de gendarmerie de Thiaroye pour porter plainte contre M. N. et x pour fraude par branchement internet frauduleux ;

Entendu, Madame R. S. au nom de la SONATEL déclare que leurs services ont constaté courant juin 2011 des fraudes sur le réseau internet à partir de la ligne d'abonnement n° 33 834 37 60 attribuée à Monsieur M. N. ;

Elle explique que le mis en cause qui avait souscrit un abonnement pour le pack kheweul s'est permis d'en faire bénéficier huit autres personnes moyennant le paiement de redevances qu'il percevait ;

Que la SONATEL du fait de ces actes a subi un préjudice estimé à 2.619.940 frs en raison de 10.234 frs par mois le prix de la souscription pendant 32 mois pour 08 autres «abonnés» ;

Le mis en cause invité à s'expliquer déclare avoir effectivement souscrit un abonnement pour le pack Kheweul mais comme le débit était trop lent il a demandé à son fils I. N. de se rendre à l'agence pour des explications ;

Que sur place on lui aurait expliqué que la seule solution était de souscrire à un abonnement dont le débit est à 10 mégas ; Ce qu'il fit et a ainsi pu satisfaire les doléances des personnes qui s'étaient abonnés sur sa ligne ce qui lui a permis d'honorer les factures mensuelles qui étaient trop chères pour le retraité qu'il était ;

Il précise toutefois avoir souscrit cet abonnement pour ses enfants pour uniquement leur faire plaisir et qu'en ce qui le concerne il ne connaît rien à l'informatique ; Que toutefois les précisons dont il fait état lui ont été données par I.N. qui s'est investi dans le projet ;

I.N. entendu réitère les déclarations de son père en précisant effectivement être le principal acteur des doléances de la SONATEL mais ne reconnaît pas avoir fraudé ;

Qu'en effet explique-t-il avec les mégas souscrits, il avait droit à 160 machines or il ne disposait que de 50 machines. Quand la SONATEL s'est rendue compte des branchements ont été effectués sur la ligne n° 33 834 37 60 ils l'ont saisi il leur a expliqué qu'il ne disposait que de 50 machines sur les 160 dont il avait droit ; Il leur alors demandé d'enlever l'internet et de lui laisser les autres services ; Ils ont alors fait comprendre qu'ils ne voulaient pas le perdre comme client car sans l'internet il ne peut pas y avoir d'autres services ; Et comme à la fin de chaque mois il recevait sa facture qu'il honorait ; Il dit être surpris de la plainte de la SONATEL, car c'est en toute bonne foi qu'il a continué ses activités ;

SUR CE

Considérant qu'il résulte des déclarations du prévenu en première instance consignées dans les notes d'audience versées au dossier et lors de l'enquête préliminaire devant les gendarmes enquêteurs que des aveux circonstanciés ont été faits ;

Considérant comme il le déclare qu'il croyait être dans des droits, qu'en souscrivant à un abonnement de 10 mégas donc pouvant connecter 160 machines alors qu'il ne disposait que de 50 machines il pouvait utiliser le gap à des fins personnelles ;

Considérant que le branchement frauduleux ne peut souffrir d'aucune contestation comme l'atteste le procès-verbal de constat établi le 09 juin 2011 par Me Safietou NDIAYE Huissier de Justice ;

Considérant qu'aux termes des dispositions de l'article 112 de la loi n° 2011-01 du 24 février 2011 portant code des télécommunications : je cite « quiconque utilise frauduleusement, à des fins une ligne privée, sera puni d'un emprisonnement d'un an à cinq ans et d'une amende de 1 à 3 millions de francs CFA » ;

Considérant que nul n'est censé ignorer la loi ;

Considérant les faits constants et avérés compte tenu de ce qui précède ;

Considérant qu'il s'y ajoute qu'il ne résulte pas des éléments du dossier la preuve que le prévenu est récidiviste comme le définit les dispositions de l'article 433 du CP ;

Qu'en le condamnant à trois mois d'emprisonnement assorti du sursis en lu accordant de larges circonstances atténuantes, les premiers juges ont bien analysé les faits et ont fait une bonne application de la loi pénale ;

Qu'il échet en conséquence compte tenu de ce qui précède de confirmer le jugement tant sur la culpabilité que sur la peine ;

SUR LES INTERETS CIVILS

Considérant que ce point n'a pas fait l'objet de discussions ;

Considérant que les conseils de la partie civile ont sollicité la confirmation ;

Considérant que le prévenu a été condamné au paiement de la somme de 1 500 000 de frs à titre de dommages et intérêts ;

Considérant au vu du préjudice subi, soit 10.234 frs le prix d'un pack kheweul l'unité par le nombre de personnes connectées frauduleusement du 29 septembre 2008 au 30 Mai 2011, la somme allouées est juste et raisonnable ;

Qu'il échet en conséquence de la confirmer ;

PAR CES MOTIFS

Statuant publiquement, par défaut réputé contradictoire à l'égard du prévenu et contradictoirement à l'égard de la partie civile en matière correctionnelle et en dernier ressort;

EN LA FORME

Déclare recevables les appels ;

Confirme en toutes ses dispositions le jugement entrepris ;

Condamne le prévenu aux dépens.

- **Erreur de droit- indifférence**

172. CA Dakar n° 136 du 30 janvier 2013, *MP c/ Ibrahima Dieng et autres, inédit*

Nul n'est censé ignorer la loi.

LA COUR,

Considérant que les prévenus, O. B. et I. D. ont relevé appel principal respectivement le 20 et 30 janvier 2012 ainsi que le parquet aux dates du 24 janvier et 1er février 2012, du jugement du tribunal des flagrants délits du 18 janvier 2012 ayant condamné le premier à deux (02) ans d'emprisonnement ferme et pour le deuxième à trois ans d'emprisonnement ferme pour offre ou cession de chanvre indien ;

Considérant que les appels susvisés, interjetés conformément à la loi, doivent être déclarés recevables ;

Au fond

Considérant que les sieurs O. B. et I. D. ont été condamnés aux peines précitées pour avoir été reconnus coupables du délit d'offre ou cession de drogue ;

Que le premier juge pour les retenir dans les liens de la prévention a estimé que les faits étaient constants à l'égard des sieurs I. D. et O. B. dit « orienté » qui ont cédé ou offert du chanvre indien à des tiers en vue de la consommation personnelle ;

Considérant qu'à l'appel de la cause le sieur O. B. a nié les faits qui lui sont reprochés ;

Que les conseils de I. D. ont à leur tour estimé qu'il n'a fait que fumer ; qu'il l'a toujours reconnu ; qu'en conséquence, ils sollicitent qu'il plaise à la Cour disqualifier les faits en usage ;

Considérant que le Ministère public a requis la confirmation du jugement entrepris

Sur quoi la Cour

Considérant qu'aux termes de l'article 99 du Code des Drogues : « sont punis d'un emprisonnement de 2 à 5 ans et d'une amende égale au triple de la valeur des drogues saisies, ceux qui cèdent ou offrent des drogues à une personne en vue de la consommation personnelle» ; et 109 du même code qui nonobstant les dispositions des articles 95 prévoit à 102, du présent code ceux qui de manière illicite, achètent, détiennent ou cultivent des plantes ou substances psychotropes dont la faible quantité permet de considérer qu'elles sont destinées à leur consommation personnelle sont punis :d'un emprisonnement de deux (02) mois à un an et une amende égale au triple de la valeur des drogues saisies ;

S'il s'agit

-d'une plante ou d'une substance classée comme drogue à haut risque y compris l'huile de cannabis ;

-d 'un dérivé de plante de cannabis autre que l'huile de cannabis ;

-d'une plante ou d'une substance classée comme drogue à risque ;

l'intéressé peut être dispensé de peine ou de l'exécution de celle - ci :

S'il n'a pas atteint l'âge de la majorité pénale,

S'il n'est pas en état de récidive ;

Si par déclaration solennelle faite à l'audience, il s'engage à ne plus recommencer cet acte ;

Considérant qu'il ressort des débats et de la procédure que : le sieur I. D. a été trouvé en compagnie de plusieurs personnes en train de fumer du chanvre indien ; que les enquêteurs ont découvert sur le tapis au milieu de la chambre du chanvre indien en vrac sur du papier ; et d'où il s'approvisionnaient, qu'interrogé il a reconnu avoir remis à son compagnon M. B. la quantité de drogue trouvée sur lui et déclaré que cette drogue lui a été livrée par son fournisseur principal répondant au nom de « orienté » qu'ils se sont rendus chez ce dernier et après l'avoir piégé au téléphone ; que c'est ainsi que la fouille a permis de découvrir deux cent cinquante (250) grammes de chanvre indien , contenus dans un sac à dos et la somme de cinquante mille (50 000) francs trouvée dans la valise contenant ses effets vestimentaires ; qu'interrogé, il a reconnu que la drogue et l'argent sont sa propriété et qu'il se livre à ce trafic depuis près d'un an ;

Considérant que nul n'est censé ignorer la loi ;

Considérant que le délit d'offre ou cession est établi à l'encontre des sieurs I. D. et O. L. ; qu'il échet par conséquent, confirmer le jugement entrepris et condamner les appelants aux dépens ;

PAR CES MOTIFS

Statuant publiquement, contradictoirement à l'encontre de tous, en matière correctionnelle et en dernier ressort ;

En la forme

Déclare recevables les appels enregistrés ;

Au fond

Confirme le jugement entrepris dans toutes ses dispositions ;

Condamne les appelants aux dépens ;

- **Erreur de droit-indifférence**

173. CA Dakar n° 135 du 30 janvier 2013, *MP c/A. C. et autres, inédit*

Nul n'est censé ignorer la loi.

LA COUR,

Considérant que par acte en date du 19 août 2010 le sieur G. D. a relevé appel contre le jugement du tribunal de grande instance de Thiès statuant en matière correctionnelle le 17 août 2010 qui l'a condamné à quatre (04) ans d'emprisonnement ferme ;

Que le Ministère public a également relevé appel à la même date contre le jugement sus-énoncé ;

Considérant que les appels du prévenu et du Ministère public interjetés conformément à la loi ; doivent être déclarés recevables ;

Au fond

Considérant que G. D. a été condamné à quatre (04) ans d'emprisonnement ferme pour d'offre ou cession de chanvre indien ;

Considérant qu'à l'appel de la cause, le sieur G. D. a comparu et plaidé l'infirmation du jugement déféré et sa relaxe ; que le Ministère public, après un rappel des faits reprochés à G. D. a requis la confirmation du jugement entrepris ;

Sur quoi la Cour,

Considérant qu'aux termes de l'article 99 et suivant ceux qui cèdent ou offrent des drogues à une consommation personnelle, sont passibles des peines y prévues ;

Considérant que nul n'est censé ignorer la loi ;

Considérant qu'il ressort des débats, des faits et de la procédure que suite à un renseignement, les éléments enquêteurs de la Brigade de recherches de Thiès sont arrivés à passer commande de 500 grammes de chanvre indien à un dénommée A. C. qui leur a ramené ladite commande ; qu'ils ont piégé son fournisseur G. D. qui a fini par se rendre au lieu dit ;

Que les gendarmes ayant décliné leur identité ont procédé à son arrestation ;qu'appréhendé , le sieur D. qui avait tenté de fuir en abandonnant son propre véhicule persistait dans des dénégations en précisant n'être qu'un consommateur

Considérant qu'au vu des constations qui précèdent le délit d'offre ou cession est établi à l'encontre de G. D. ; qu'il échet par conséquent, confirmer le jugement entrepris et condamner l'appelant aux dépens ;

PAR CES MOTIFS

Statuant publiquement, contradictoirement , en matière correctionnelle et en dernier ressort ;

En la forme

Déclare recevables les appels enregistrés ;

Au fond

Confirme le jugement entrepris ;

Condamne l'appelant aux dépens.

• Erreur de droit-indifférence

174. CA Dakar n° 135 du 08 février 2006, *MP et M. J. S. c/ Rolande Morisset, inédit*

En enlevant les biens saisis sans l'autorisation de la juridiction compétente, la prévenue se rend coupable de détournement d'objets saisi et ne saurait se prévaloir de son ignorance.

LA COUR,

Considérant que par acte en date du 28 août 2000 au greffe du Tribunal de grande instance de Thiès, Me Abdou KANE, avocat à la Cour, substituant Me Mayacine TOUNKARA, conseil de Rolande Morisset a déclaré interjeter appel contre le jugement n° 320 rendu le 1er août 2000 par le Tribunal correctionnel de Céans qui a condamné R. M. à deux (02) mois avec sursis et 300 000 francs à titre de dommages et intérêts à payer à la partie civile M. J. S.;

Que le Ministère public a également relevé appel à la même date contre le jugement sus-énoncé ;

Considérant que les appels de la prévenue et du Ministère public interjetés conformément à la loi, doivent être déclarés recevables ;

AU FOND

Considérant que R. M. a été condamnée à la peine précitée pour avoir détourné des objets saisis ou gagés ;

Considérant qu'à l'appel de la cause, la prévenue R. M. n'a pas comparu, mais a été représentée par son conseil Me Tounkara qui a plaidé l'infirmation du jugement déféré et la relaxe de Morisset;

Que le Ministère public a requis la confirmation du jugement déféré ;

SUR QUOI LA COUR

Considérant qu'aux termes de l'article 373 du Code pénal, le détournement d'objets saisis ou gagés s'entend du « saisi » qui aura détruit, détourné ou tenté de détourner des objets saisis sur lui et confiés à sa garde ou à celle d'un tiers ;

Considérant qu'il n'est pas contesté que les biens de R. M. ont fait l'objet d'une saisie pour défaut de paiement de loyers échus ;

Conformément à l'article 55 de l'Acte uniforme portant organisation des procédures simplifiées de recouvrement et des voies d'exécution ;

Considérant que la mainlevée de la saisie conservatoire sur les biens de la dame M. n'a pas été autorisée par la juridiction compétente ;

Considérant qu'en enlevant les biens saisis sans autorisation de la juridiction compétente, la dame M. se prévaut d'une ignorance ;

Que nul n'est censé ignorer la loi ;

Considérant que le délit de détournement d'objets saisis ou gagés est établi à l'encontre de R. M.; qu'il échet par conséquent, confirmer le jugement entrepris et condamner l'appelante aux dépens;

PAR CES MOTIFS

Statuant publiquement, par défaut à l'encontre de M. J. S., contradictoirement à l'égard de R. M. , en matière correctionnelle et en dernier ressort ;

En la forme

Déclare recevables les appels enregistrés ;

Au fond

Confirme le jugement entrepris ;

Condamne l'appelante aux dépens.

OBSERVATIONS

L'erreur est la croyance non conforme à la réalité chez l'auteur d'une infraction au moment où il agit. Dans le silence de la loi, la question a été posée de savoir si l'erreur pouvait être considérée comme une cause d'irresponsabilité pénale. La réponse à cette question diffère selon que l'on est en présence d'une erreur de fait ou d'une erreur de droit.

L'erreur de droit s'analyse en une méprise sur l'illicéité de l'acte accompli, soit par une ignorance de l'existence de la loi ou par une interprétation inexacte de ses dispositions. L'auteur d'une erreur de droit méconnaît les règles applicables, qu'il s'agisse de leur existence même (il ignore ces règles) ou de leur portée (il les interprète de façon erronée) (*R. GUILLIEN, « Nul n'est censé ignorer la loi», Mélanges Roubier, I, p. 253 ; J. P. DOUCET, « Une discussion sur l'erreur de droit », RSC 1962, p. 407 ; S. PLAWSKI, « L'erreur de droit », Ann. de la faculté de Toulouse 1982, p. 131 ; N. HOSNI, « L'erreur de droit et son influence sur la responsabilité pénale », RSC 1999, p. 711 ; R. DECOTTIGNIES, « L'erreur de droit », RTD civ. 1951, p. 309 ; J. P. DOUCET, « Une discussion sur l'erreur de droit », RSC 1962, p. 497 ; O. FARDOUX, « Erreur de droit et intention délictueuse», D. 2006, p. 561 ; D. VIRIOT-BARRIAL, « Erreur sur le droit », Rép. dr. pén. proc. pén., 2010. A. LEGAL, «L'évolution de la jurisprudence française en matière d'erreur de droit », RPS 1960, p. 316 ; COUTURIER, « L'erreur de droit invincible en matière pénale », RSC, 1968, p. 547 ; A. FRANÇON, « L'erreur en droit pénal », in Etudes sur l'autonomie du droit pénal, dirigées par G. Stefani, n° 27*).

En droit sénégalais, cette forme d'erreur n'a aucun effet sur l'élément moral, en application de la règle « *nul n'est censé ignorer la loi* » ; elle laisse subsister le dol général. L'adage « *nul n'est censé ignorer la loi* », rappelé par la cour d'appel dans son arrêt du 30 janvier 2013, est fondé sur une présomption de connaissance du droit qui concerne les textes de droit pénal, qu'il s'agisse des lois réprimant les crimes ou les délits ou les règlements prévoyant les contraventions. Cet adage concerne également les dispositions non pénales, de droit civil, commercial ou administratif, qui doivent parfois être prises en compte pour apprécier les éléments constitutifs d'une infraction.

Déjà dans l'arrêt Oumar FALL rendu le 09 avril 1970, la Cour d'Appel de Dakar a fait application du principe « *Nemo legem ignorare censetur* ». La Cour a, en effet, jugé qu'un décret du 23 décembre 1970 portant baisse du prix du riz publié au quotidien *Le Soleil* et ayant fait l'objet d'un communiqué radiophonique et d'un communiqué au Bulletin de la Chambre de commerce, conformément au système de publication d'urgence, est « irréfragablement présumé » être connu d'un commerçant poursuivi pénalement pour pratiques de prix illicites (*CA Dakar, n° 209 du 09 avril 1970, MP et Contrôle économique c/ Oumar FALL, ASERJ, 1973, n° 02, p. 58*).

Dans un arrêt rendu le 08 février 2006, dans l'affaire MP et M. J. S. c/ Rolande Morisset, la Cour d'Appel de Dakar a estimé qu'une prévenue qui a procédé à l'enlèvement de biens saisis sans l'autorisation de la juridiction compétente, se rend coupable de détournement d'objet saisi et ne saurait se prévaloir d'une ignorance.

PARAGRAPHE III : LA MINORITÉ DE MOINS DE TREIZE ANS

• Minorité de moins de treize ans-irresponsabilité pénale

175. CA Dakar, ch. min. n° 933 b du 20 juin 2007, *MP c/ K. M. G. et autres, inédit*

Doivent être déclarés irresponsables pénalement deux mineurs âgés de moins de 13 ans au moment de la commission de l'infraction.

LA COUR,

Considérant que par actes du 1er juin 2004 Me Mamadou Ciré BA pour le compte des prévenus et 20 mai 2004, A. ND. ès qualité de M. ND. sont respectivement relevé appel du jugement n°1061 du 28/05/2004 dont le dispositif est ainsi conçu :

« Déclare K. M. G., A. B. D. pénalement irresponsables pour être âgés de moins de 13 ans au moment des faits ;

Confie la garde des enfants à leur civilement responsable M. D. G. D. et A. A. S. avec l'assistance éducative de l'AEMO de Saint-Louis ;

Condamne les civilement responsables à la somme d'un million de francs »

Considérant que les appels interjetés dans les forme et délai de la loi sont recevables ;

Considérant qu'il est constant que pendant la nuit, la fille M. ND. sortie faire une commission a été maîtrisée par K. M. G., et aidé par son ami A. B. D., a conduit la partie civile dans sa chambre qu'ils ont eu à tour de rôle des pénétrations sexuelles, au préjudice de M. ND. ;

Considérant que les parties n'ont pas comparu bien que régulièrement citées ; elles n'ont amené aucun fait nouveau de nature à entraîner la modification du jugement qu'il échet de confirmer ;

PAR CES MOTIFS

Statuant en chambre du conseil par défaut en matière correctionnelle et en dernier ressort;

En la forme

Déclare les appels recevables ;

Au fond

Confirme le jugement entrepris ;

Condamne les civilement responsables aux dépens liquidés à la somme de 81.850 francs CFA.

OBSERVATIONS

Le discernement est une condition de la responsabilité pénale que l'on rattache souvent à l'imputabilité (*Ph. BONFILS, « Le discernement en matière pénale », in Mélanges R. Gassin, PUAM, 2007, p. 97 ; Cf. également : E. DREYER, Droit pénal général ; Paris, LexisNexis, 2e éd. 2012, n° 739 et s. ; J. PRADEL, Droit pénal général, Paris, Cujas, 19e éd. 2012, n° 464 ; B. BOULOC, Droit pénal général, Paris, Dalloz, 21e éd. 2009, n° 416 ; Ph. CONTE et P. MAISTRE DU CHAMBON, Droit pénal général, Paris, éd. Armand Colin, Coll. U. droit, 7e éd. 2004, n° 350 et s. ; J.-H. ROBERT, Droit pénal général, Paris, PUF, coll. Thémis, 6e éd. 2005. p. 287 ; R. MERLE et A. VITU, Traité de droit criminel, t. 1, Droit pénal général, Paris, éd. Cujas, 1997, n° 625 ; G. LOPEZ et S. TZITZIS (dir.), Dictionnaire des sciences criminelles, Paris, Dalloz, 2004, V° Responsabilité pénale*). La responsabilité pénale, étant fondée sur le libre arbitre, seuls peuvent être condamnés pénalement les individus dotés d'une intelligence lucide et d'une volonté libre. Ce qui pose le problème de la responsabilité pénale des mineurs.

En vertu de l'article 1er de la Convention internationale des droits de l'enfant, le mineur s'entend de toute personne n'ayant pas atteint l'âge de la majorité, fixée à dix-huit ans que ce soit en vertu de la législation pénale ou civile (V. *M. GREGORY, « La place du mineur dans la Convention européenne des droits de l'Homme », XIe Assises nationales des avocats d'enfants-Séminaire 21 novembre 2008 (ENA), Journal du droit des jeunes, vol. 286, n° 06, 2009, p. 8*).

En droit sénégalais, la loi n° 99-82 du 03 septembre 1999 modifiant la loi n° 72-61 du 12 juin 1972 portant Code de la Famille a procédé à la modification de l'article 276 du Code de la Famille. Selon l'article 276 du Code de la Famille, le mineur est la personne n'ayant pas atteint l'âge de dix-huit ans révolus (*Mb. DIOUF et M. M. TALL, « Personnes, famille », Juris-class. dr. comp. V° Sénégal, fasc. 1, 2006, n° 112 ; S. N. DIAGNE, « Minorité et exercice des droits subjectifs : brèves réflexions sur la capacité juridique », Annales africaines, avril 2021, p. 387*).

Force est de constater que par la suite, le législateur n'a pas procédé à la mise à jour des dispositions du Code de Procédure pénale relatives à l'enfance délinquante ou en danger, certaines dispositions de ce code faisant encore référence à la minorité de vingt-et-un ans (*V. art. 565 du CPP*).

Il résulte de l'article 566 du CPP que lorsque seule l'année de naissance du mineur est connue, il est présumé né le 31 décembre de ladite année. L'âge pris en compte pour la responsabilité pénale est celui de l'auteur de l'infraction au moment de sa consommation (*Cass. crim., 11 juin 1969, Gaz. pal. 1969, 2, p. 140*). Le cas échéant, le calcul est effectué d'heure en heure (*Cass. crim., 11 juin 1969, Gaz. pal. 1969, 2, p. 140*). Le cas échéant, le calcul est effectué d'heure en heure. Il a été jugé que l'âge d'une personne est déterminé par le temps écoulé depuis sa naissance, calculé d'heure à heure (*Cass. crim., 3 sept. 1985, Bull. crim. n° 283; RSC 1986, p. 355, obs. Vitu*).

L'âge du mineur, en tant que composante de l'état des personnes, se prouve selon les règles du droit civil, par les actes de l'état civil (*V. art. 29 du Code de la Famille ; C. ass. Dakar n° 10 du 31 mars 2014, MP c/ P. ND., inédit : « il appartient à la personne poursuivie, invoquant le statut de mineur, d'établir qu'il était, au moment des faits, âgé de moins de 18 ans ; Que l'âge de la personne poursuivie constitue un état de la personne qui ne peut être établi et prouvé que par les actes d'état civil conformément à l'article 29 du Code de la Famille »*).

En France, au lendemain de l'entrée en vigueur de l'ordonnance du 02 février 1945, il a été soutenu que la prescription des mesures de socialisation ou de resocialisation des mineurs de treize ans était simplement subordonnée à la constatation de la culpabilité matérielle de l'enfant, sans qu'il soit nécessaire de se référer au discernement. C'est ce qu'avait décidé le Tribunal pour enfants de Meaux (*T. enf. Meaux, 28 mai 1948, GP., 1948.2.177),* dans un jugement, qui a fait couler beaucoup d'encre (*Cf. CHAZAL, « Le petit enfant devant l'ordonnance du 2 février 1945 relative à l'enfance délinquante », GP., 1954.1, doct. 26 ; R. NERAC-CROISIER, « Irresponsabilité ou responsabilité des mineurs ? », in R. NERAC-CROISIER (dir.), Le mineur et le droit pénal, Paris, l'Harmattan, 1997, p. 133*).

La chambre criminelle de la Cour de Cassation française fut saisie de cette question dans l'affaire dite « *Laboube* ». En l'espèce, un enfant de six ans, Jean Laboube, avait blessé un camarade de jeu. Le tribunal pour enfants le déclara coupable de blessures involontaires et ordonna sa remise à ses parents, à titre de mesure éducative.

Le jugement rendu par le tribunal pour enfants de Strasbourg fut infirmé par la Cour d'Appel de Colmar, non sur la mesure prononcée, mais sur la culpabilité.

Compte tenu du jeune âge de l'enfant, la cour d'appel estima qu'il ne pouvait pas être tenu pour responsable de l'infraction. Elle jugea qu'une mesure prévue par l'ordonnance du 02 février 1945 pouvait tout de même être appliquée en dépit de l'absence d'infraction, c'est-à-dire, d'imputabilité, de culpabilité et donc, de responsabilité pénale. Le Procureur général intenta un pourvoi dans l'intérêt de la loi afin de clore la controverse.

L'arrêt d'appel fut cassé par la chambre criminelle de la Cour de Cassation française. Dans le célèbre arrêt rendu le 13 décembre 1956, la cour régulatrice a condamné l'interprétation du tribunal de Meaux: « *si les articles 1er et 2 de l'ordonnance du 02 février 1945 posent le principe de l'irresponsabilité pénale du mineur abstraction faite du discernement de l'intéressé et déterminent les juridictions compétentes pour prendre à l'égard des mineurs les mesures de redressement appropriées, encore faut-il, conformément aux principes généraux du droit, que le mineur dont la participation à l'acte matériel à lui reprocher est établie, ait compris et voulu cet acte ; toute infraction même non intentionnelle suppose, en effet, que son auteur ait agi avec intelligence et volonté*» (*Crim.,13 déc. 1956, D., 1957. 349, note Patin; CA Colmar, 2 fév. 1954, GP., 1954.2.147 ; cf. COSTA, « A propos d'un arrêt récent en matière de minorité pénale », RSC 1957, p. 363. V. cass. ass. plén. 9 mai 1984, Bull. crim., n° 162, qui se contente de l'affirmation d'une cour d'appel, selon laquelle l'enfant avait volontairement allumé un incendie*).

Il résulte des motifs de l'arrêt que l'application des mesures d'assistance et d'éducation prévues par l'ordonnance du 02 février 1945 est subordonnée à l'imputabilité du mineur. Par conséquent, un mineur dépourvu de discernement au moment des faits ne peut en aucun cas répondre pénalement d'une infraction devant la juridiction répressive.

À la faveur de l'adoption du nouveau Code pénal français, l'article 122-8 du Code pénal énonce que *« les mineurs capables de discernement sont pénalement responsables... ».* Dès lors, on peut considérer que les mineurs, n'ayant pas atteint un certain âge, qui sont considérés comme sans discernement, ne sont pas responsables pénalement de leurs actes.

Mais alors, quel est le seuil d'âge en deçà duquel le mineur est irresponsable pénalement ? (*Ch. LAZERGES, « Seuils d'âge et responsabilité pénale en Europe, RSC 1991, p. p. 414*).

Force est de constater qu'en droit sénégalais, ni le Code pénal ni le Code de procédure pénale n'a fixé clairement l'âge en deçà duquel le mineur est déclaré irresponsable pénalement.

En effet, le législateur, qui évoque, souvent de façon allusive, la question de la responsabilité pénale des mineurs (*I. H. DEME, « Le mineur délinquant de moins de 13 ans devant la justice : entre théorie et pratique », EDJA n°77, avril-mai-juin 2008, p. 23*), n'apporte pas une réponse non équivoque au problème du seuil d'âge de responsabilité pénale (*Sur une interprétation de l'art. 52 du CP, V. Ch. LAZERGES-ROTHE, « La gamme des peines et des mesures », in Encyclopédie juridique de l'Afrique, tome dixième Droit pénal et procédure pénale, Dakar-Abidjan-Lomé, 1982, p. 100*). En effet, certaines dispositions éparses du Code de procédure pénale semblent admettre la possibilité d'engager la responsabilité pénale du mineur de moins de treize ans, que la loi qualifie quelquefois de « *mineur de 13 ans* ».

Il résulte de l'article 576, alinéa 2 du CPP que le juge d'instruction ne peut placer provisoirement dans une maison d'arrêt un mineur de treize ans que par ordonnance motivée et s'il y a prévention de crime pour appel. Mais il faut relever l'ambiguïté de la notion de «*prévention de crime pour appel* » difficilement compréhensible. Il est certain que la décision de placement d'un mineur en détention provisoire suppose au préalable son inculpation par le magistrat instructeur et une possible déclaration de culpabilité devant le tribunal pour enfants, en cas de renvoi.

En outre, l'article 580 du CPP prévoit que lorsque la prévention est établie à l'égard du mineur de treize ans, le tribunal pour enfants prononce des mesures comme la remise à ses parents, ou à une personne digne de confiance, le placement dans une institution ou un établissement public ou privé d'éducation ou de formation professionnelle habilité, dans un établissement médical ou médico-pédagogique habilité ou dans un internat approprié aux mineurs délinquants d'âge scolaire.

Cette disposition semble confirmer la responsabilité pénale du mineur de moins de treize ans, dès lors que les mesures de sûreté prononcées par le juge, en tant que sanctions pénales, sont subordonnées à une décision le déclarant coupable. C'est certainement la raison pour laquelle, dans la pratique, les magistrats n'hésitent pas à appliquer les mesures d'assistance, même à l'égard de mineurs de moins de treize ans.

Toutefois, d'autres dispositions du Code de procédure pénale semblent au contraire exclure la responsabilité pénale du mineur de moins de treize ans.

D'abord, l'article 567, alinéa 1er du CPP énonce que le tribunal pour enfants peut, lorsque les circonstances et la personnalité du délinquant lui paraissent l'exiger, prononcer à l'égard du mineur âgé de plus de treize ans, une condamnation pénale, conformément aux dispositions des articles 52 et 53 du CP. Il résulte de l'article 52 du CP que « *si, en raison des circonstances et de la personnalité du délinquant, il est décidé qu'un mineur âgé de plus de treize ans doit faire l'objet d'une condamnation pénale* », des peines peuvent être prononcées dans les conditions fixées par la loi (*V. dans le même sens, art. 583 du CPP : « Si la prévention est établie à l'égard d'un mineur âgé de plus de 13 ans, celui-ci peut faire l'objet d'une condamnation pénale conformément à l'article 567 du CPP»*).

En outre, lorsqu'un mineur a plus de treize ans et moins de dix-huit ans, il est passible des mêmes peines qu'un majeur, à moins que le tribunal de simple police n'estime suffisant de lui adresser une simple admonestation (*V. art. 585, alinéas 2 et 3 du CPP*).

De plus, lorsque l'une des mesures de protection, d'éducation et d'assistance s'avère inopérante en raison de la mauvaise conduite opiniâtre, de l'indiscipline constante ou du comportement dangereux du mineur, le tribunal peut prononcer une condamnation pénale en application de l'article 567 du CPP, « *si le mineur avait plus de 13 ans au moment des faits ayant entraîné la poursuite* » (*V. art. 591, alinéa 2 du CPP*).

Enfin, l'article 576, alinéa 1er du CPP précise que le mineur âgé de plus de 13 ans ne peut être placé provisoirement dans une maison d'arrêt par le juge d'instruction que si cette mesure parait indispensable ou encore s'il est impossible de prendre toute autre disposition.

La jurisprudence sénégalaise n'est pas très abondante sur la question.

Mais elle a eu l'occasion de conforter la thèse de l'irresponsabilité pénale du mineur de moins de treize ans. En effet, dans une espèce jugée par la chambre des Mineurs de la Cour d'Appel de Dakar, pendant la nuit, une petite fille, sortie faire une commission, a été maîtrisée par un mineur qui, aidé par son ami, l'a conduit dans sa chambre où elle a été violée. Par un jugement rendu le 28 août 2004, le Tribunal de grande Instance de Saint-Louis a déclaré les prévenus pénalement irresponsables pour être âgés de moins de 13 ans au moment des faits, avant de confier la garde des enfants à la personne civilement responsable avec l'assistance éducative de l'AEMO de Saint-Louis.

Sur appel, l'arrêt de la chambre des mineurs de la Cour d'Appel de Dakar, ci-dessus rapporté, rendu le 20 juin 2007, a confirmé le premier jugement dans toutes ses dispositions (*CA Dakar, ch. min. n° 933 b du 20 juin 2007, MP c/ K. M. G. et autres, inédit*).

À notre avis, l'affirmation, sans réserve, de l'irresponsabilité pénale du mineur de moins de treize (13) ans procède d'une analyse hâtive des dispositions du Code de Procédure pénale, qui envisagent aussi bien la possibilité pour le juge d'engager que d'exclure la responsabilité pénale du mineur de moins de treize (13) ans.

En réalité, toute la question est de savoir si le mineur de moins de treize ans était, au moment des faits incriminés, doué de raison et de discernement. Il s'agit là d'une question de fait laissée à l'appréciation du juge pénal, qui dans chaque cas d'espèce, doit prendre en considération, notamment, la personnalité du mineur de moins de treize (13) ans, son développement psychologique et les circonstances de l'infraction, pour se prononcer sur son discernement (*En ce sens, M. PUECH, Droit pénal général, Paris, édition Litec, 1988, p. 396*). À cet égard, pour établir cet état de fait, la juridiction pénale pourra désigner un expert (notamment, un psychologue).

Ainsi, lorsqu'il est établi que le mineur était hors d'état de comprendre la portée de son acte au moment des faits, la minorité de moins de treize ans constitue une cause de non-imputabilité, qui a pour effet de supprimer l'élément moral de l'infraction.

SECTION II : LES CAUSES OBJECTIVES D'IRRESPONSABILITÉ PÉNALE

PARAGRAPHE PREMIER : L'ORDRE DE LA LOI ET LE COMMANDEMENT DE L'AUTORITÉ LÉGITIME

- **Ordre de la loi et le commandement de l'autorité légitime**

176. CS. crim. n° 62 du 16 juin 2009, *Pieter Vanden Berghe c/ M. MB. et M. L., inédit*

L'infraction de voies de fait résultant d'une saisie réalisée sur le fondement d'une ordonnance et d'un procès-verbal de saisie conservatoire du 17 octobre 2003, est justifiée par le commandement de l'autorité légitime.

LA COUR,

Sur le moyen unique, pris de la violation des articles 11, 3e du code des contraventions, 451 et 455 du Code de procédure pénale en ce que les juges d'appel, après avoir admis que l'infraction de voies de fait est établie, ont néanmoins prononcé la relaxe des prévenus du fait du commandement de la loi résultant d'une ordonnance de saisie conservatoire en faveur des prévenus sur les biens réclamés alors que ladite saisie est intervenue postérieurement à la décision de condamnation ;

Mais attendu qu'en relevant qu'il a été produit aux débats une ordonnance et un procès-verbal de saisie conservatoire du 17 octobre 2003, les juges d'appel ont pu en déduire, qu'au jour de leur saisine, la contravention n'est plus constituée du fait du commandement de l'autorité légitime ;

D'où il suit que le moyen n'est pas fondé ;

PAR CES MOTIFS

Rejette le pourvoi formé par P. V. B. contre l'arrêt n° 490 rendu le 16 juin 2008 par la Cour d'Appel de Dakar ;

Le condamne aux dépens ;

Dit que le présent arrêt sera imprimé, qu'il sera transcrit sur les registres de la Cour d'Appel de Dakar en marge ou à la suite de la décision attaquée ;

Ordonne l'exécution du présent arrêt à la diligence du Procureur général près la Cour suprême.

- **Commandement de l'autorité légitime- ordre du maire de Dakar**

177. CA Dakar ch. corr., n° 212 du 12 février 2014, *MP et A. K. c/ P. S. C.-Kh. S., inédit*

Les agissements d'un agent en service à la Direction de l'Aménagement urbain de la Commune de Dakar, ayant fait procéder à la démolition des constructions édifiées sur une parcelle de terrain sur ordre du Maire de Dakar, qui n'a fait qu'user de ses pouvoirs de police, sont justifiés par le commandement de l'autorité légitime.

LA COUR,

Considérant que par jugement contradictoire du 13 juillet 2010, le Tribunal de grande instance hors classe de Dakar ,saisi par citation directe a condamné P. S. C. et KH. S. pour destruction de biens appartenant à autrui, violation de domicile et complicité à deux (02) ans d'emprisonnement assortis du sursis et alloué la somme de douze millions (12 000 000) francs à la partie civile ;

Que par déclarations au greffe en date du 14 juillet 2010, les prévenus et le Ministère public ont interjeté appels principal et incident dudit jugement ;

Considérant que ces appels sont recevables pour avoir été faits dans les délais de la loi ;

Au fond

Considérant qu'il est constant comme résultant du dossier de la procédure les faits suivants :

Le sieur A. K. se plaint de ce que courant mai 2010, le Sieur P. S. C., agent en service à la Direction de l'Aménagement Urbain de la Commune de Dakar, a fait procéder, sur ordre de KH. S., Maire de Dakar, à la démolition des constructions édifiées sur une parcelle de terrain de 150 mètres carrés jouxtant le cimetière de Yoff et appartenant au sieur Amadou Konaté ;

Sur l'appel

Considérant que tour à tour, Maîtres Baba Diop, Moustapha Mbaye et Khassim Touré, Avocats à la Cour et conseils des prévenus, ont sollicité l'infirmation du jugement entrepris et la relaxe pure et simple de leurs clients au motif que les démolitions opérées sur le site sont réglementaire et obéissent au seul souci de sauvegarder l'espace ou reposent nos morts ;

Qu'en conséquence, sollicitent - t-ils le débouté de K. de sa constitution de partie civile ;

Considérant qu'à son tour, Maître Baboucar Cissé, avocat à la Cour et conseil de la partie civile, a sollicité la confirmation du jugement entrepris en toutes ses dispositions au motif que le terrain litigieux constitue un terrain non immatriculé qui aurait été désaffecté par l'État du Sénégalais ;

Considérant que l'Avocat général a requis l'infirmation du jugement et la relaxe pure et simple des prévenus par application de l'article 315 du Code pénal ;

Considérant qu'en faisant procéder aux démolitions, le maire n'a fait qu'utiliser ses pouvoirs de police après avoir procédé aux sommations réglementaires requises en pareilles circonstances pour préserver l'intérêt général et l'ordre public ;

Qu'ainsi la Cour dispose des éléments d'appréciation suffisant pour infirmer le jugement entrepris en toutes ses dispositions et, statuant à nouveau, relaxer les prévenus appelants purement et simplement, débouter la partie civile de sa demande comme non fondée et mettre les dépens à la charge du Trésor public ;

PAR CES MOTIFS

Statuant publiquement, contradictoirement, en matière correctionnelle et en dernier ressort ;

En la forme

Déclare recevables en la forme les appels enregistrés ;

Au fond

Infirme le jugement entrepris en toutes ses dispositions et, statuant à nouveau :

Relaxe les prévenus appelants purement et simplement ;

Déboute la partie civile de sa demande comme non fondée ;

Mettre les dépens à la charge du Trésor public.

- **Ordre de la loi - permission justificative**

178. CA Dakar ch. acc. n° 002 du 20 juin 2017, *affaire Malick BA*, *inédit*

Les gendarmes de la Brigade de Sangalkam, ayant subi une violente attaque, dans les locaux où ils exerçaient leurs fonctions, par une foule armée, qui ont fait usage de leurs armes à feu, ont agi dans le cadre de l'ordre de la loi, c'est-à-dire conformément à la loi n°70-37 du 13 octobre 1970 relative à l'usage des armes et à l'emploi de matériel spécial de barrage par les militaires de la Gendarmerie et les membres des forces de police et au décret n° 74-571 du 13 juin 1974 portant règlement sur l'emploi et le service de la Gendarmerie nationale.

LA COUR,

EN LA FORME

Considérant que l'appel a été introduit dans les forme et délai légaux ;

Qu'il échet de le déclarer recevable ;

AU FOND

Considérant qu'il ressort des pièces de la procédure les faits suivants ;

Le 30 mai 2011, les éléments de la Section de Recherches de la Gendarmerie Nationale étaient informés du décès d'une personne, survenu suite aux affrontements intervenus entre les populations de la Communauté Rurale de Sangalkam, qui manifestaient contre la dissolution de celle-ci et l'installation d'une Délégation Spéciale, et les gendarmes de la brigade de ladite localité;

L'enquête révélait que la personne décédée s'identifiait sous le nom de M. B. et a succombé par « fracture multiple des os du crâne et de la face à la suite de coups et blessures par arme à feu » selon les termes même du certificat de genre de mort établi le

31/05/2011 par le Laboratoire d'Anatomie et de Cytologie Pathologique de l'hôpital Aristide LE DANTEC ;

Entendu par les enquêteurs de la Section de Recherches, le commandant de la brigade de Sangalkam, l'adjudant-chef S. S. soutenait que les manifestants, en surnombre, avaient fini par assaillir les locaux de la brigade ce qui les a amenés, lui et ses agents, à faire usage de leurs armes, leurs stocks de grenades lacrymogène étant épuisé. Il précisait toutefois n'avoir tiré qu'une seule fois et en l'air. Il soutenait également ne pas pouvoir identifier l'auteur du coup de feu mortel, même s'il a pu identifier le gendarme A. S. comme faisant partie des tireurs. Il ajoutait que lorsque les manifestants avaient pris d'assaut la brigade, il avait joint au téléphone le président de la communauté rurale dissoute en l'occurrence le sieur O. G. afin qu'il intervienne auprès des assaillants supposés être ses militants ;

Entendu, O. G. confirmait avoir reçu l'appel de S. S.;

Tous les autres gendarmes présents à la brigade au moment des échauffourées, confirmaient le siège de celle-ci par les manifestants munis de pierres et d'armes blanches mais déclaraient n'être pas en mesure d'identifier l'auteur du coup fatal. Les gendarmes précités confirmaient également qu'étant à cours de grenades lacrymogènes, ils ont été contraints de se replier dans la brigade assiégée et ont été obligés de tirer en l'air avec leurs armes face à la menace de la foule ;

La dame A. DJ., qui se trouvait dans la Brigade à l'occasion de l'instruction d'une plainte, confirmait l'assaut des manifestants et soutenait avoir été bloquée dans ces locaux jusqu'à ce que les gendarmes réussissent à repousser les assaillants ;

Certains témoins entendus, soutenaient que le défunt M. B. faisait partie des manifestants tandis que d'autre déclaraient qu'il n'y avait pas pris une part active ;

Le pharmacien A. G. dont l'officine faisait face à la brigade de gendarmerie, soutenait avoir fermé ses locaux dès que les jets de pierres ont débuté. Il contestait la rumeur selon laquelle M. B. avait pénétré dans les locaux de sa pharmacie au moment d'être atteint par la balle fatale ;

Par ailleurs, les nommés I. T., S. A. D., M. D. et I. D. déposaient une plainte avec constitution de partie civile contre des éléments de la brigade de Sangalkam pour arrestations illégales, séquestration, coups et blessures, abus d'autorités et tortures. Ils estimaient avoir été victimes de ces faits le jour des manifestations mais précisaient ne pas être en mesure d'identifier les gendarmes auteurs de ces violences ;

Inculpés par le Doyen des juges d'instruction de meurtre, coups et blessures volontaires et abus d'autorité et placés sous mandat de dépôt, l'adjudant-chef S. S. et le gendarme A. S. niaient les faits qui leur étaient reprochés. Le premier nommé désignait le second comme étant l'auteur du tir mortel, ce que celui-ci réfutait en soutenant que le fusil MAS 36 qu'il détenait ne pouvait être à l'origine de la mort de la victime surtout que, selon lui, il avait tiré en l'air ;

Les témoins entendus à l'enquête réitéraient leurs déclarations devant le magistrat instructeur ;

Les dames L. B. et C. F., respectivement mère et épouse du défunt déclaraient se constituer partie civile ;

Aux termes de son information, le magistrat instructeur rendait une ordonnance de non-lieu, d'un part contre X pour les chefs d'abus d'autorité et coups et blessures volontaires aux motifs que X n'avait pas pu être identifié, et d'autre part contre les gendarmes S.S. et A. S.. Pour justifier le non-lieu contre lesdits gendarmes, le juge d'instruction estimait qu'en usant de leurs armes au moment de l'attaque violente de la brigade, ces derniers avaient agi sous l'autorité de la loi, notamment l'article 81 du décret n°74-571 du 13 juin 1974 et la loi n°70-37 du 13 octobre 1970 portant réglementation de l'emploi des armes dans la gendarmerie, lesquels permettent l'usage des armes lorsque le gendarme fait l'objet de violences et voies de fait caractérisées, lorsqu'il est menacé par des individus armés ou encore lorsqu'il ne peut défendre autrement le terrain occupé, les installations et postes ;

Par acte du 03 février 2017, le Procureur de la République interjetait appel contre cette décision ;

Considérant qu'à l'audience de la juridiction de céans, l'Avocat général, après avoir sollicité la confirmation d'ordonnance querellée en ce qu'elle a prononcé le non-lieu contre X et contre les inculpés pour les chefs d'abus d'autorité et coups et blessures volontaires, a fait observer que contrairement à la motivation de ladite ordonnance, il n'est pas démontré que les inculpés ont agi sous l'autorité de la loi ; Qu'il a fait observer, en effet, que même si la brigade avait été attaquée par une foule armée de pierres et d'armes blanches, il n'en demeure pas moins qu'il n'est pas prouvé que ses locaux ont été envahie puisque la victime était à 50 mètre desdits locaux au moment où elle recevait le coup de feu mortel ;

Qu'il sollicite en conséquence l'infirmation de l'ordonnance entreprise, la disqualification des faits en coups mortels et le renvoi des inculpés devant la juridiction de jugement ;

Considérant que les défendeurs militaires ont fait observer tout d'abord que les constatations du médecin légiste, faisant état d'un orifice d'entrée de la balle mortelle de 1,5 mm sont incompatible avec le calibre d'un fusil Mas 36 que détenait A. S. ; Que cela confirme, selon eux, l'absence d'imputabilité aux gendarmes de la blessure mortelle de la victime ;

Qu'ils ajoutent qu'en tout état de cause, aussi bien le décret n°74-571 du 13 juin1974 que la loi n°70-37 du 13 octobre1970 permettent aux gendarmes, attaqués de faire usage de leurs armes pour défendre leurs postes lorsqu'ils ne peuvent faire autrement ; Qu'en l'espèce, les gendarmes de la brigade de Sangalkam, assiégés par une foule armée, n'avaient plus de grenade lacrymogène alors qu'ils étaient tenus de faire rétablir l'ordre; Que l'usage d'arme était donc règlementaire dans ce cas de figure, ce qui établissait, selon eux, que les inculpés avaient agi dans le cadre de l'ordre de la loi et du commandement de l'autorité légitime, mais aussi de la légitime défense ;

Qu'ils sollicitent en conséquence la confirmation de l'ordonnance entreprise ;

Considérant que les avocats commis par les inculpés ont abondé dans le même sens que les défenseurs militaires, en invoquant d'abord l'absence d'imputabilité du coup de feu mortel aux gendarmes inculpés, faute d'expertise balistique ; Qu'ils ont ensuite fait valoir que les inculpés étaient en situation de légitime défense et n'ont usé de leurs armes que dans le cadre réglementaire;

Qu'ils sollicitent ainsi la confirmation de l'ordonnance entreprise ;

Considérant que les conseils des parties civiles, régulièrement convoqués, n'ont pas comparu ;

SUR CE

Considérant qu'il importe de relever tout d'abord que l'imputabilité de la mort de feu M. B. aux inculpés S. S. et A.S. n'est pas établie ; Qu'en effet, il ressort du rapport d'expertise médicale et du certificat de genre de mort versés au dossier que le susnommé est décédé après avoir reçu une seule balle, dont les orifices d'entrée (œil droit) et de sortie (arrière du crâne) ont été déterminées dans lesdits documents ; Or, aucune expertise balistique n'a été ordonnée sur les armes détenues par les gendarmes qui étaient intervenus le jour des faits afin de déterminer laquelle de ces armes a tiré la balle mortelle ; Qu'il est invraisemblable qu'une seule balle puisse être tirée par deux armes, ce qui signifie qu'il est manifeste qu'au moins l'un des inculpés est nécessairement innocent ; Que comme ci-dessus relevé, l'absence d'expertise balistique et de témoins objectifs fait que le coup de feu fatal ne peut, en l'état de la procédure, être imputé à aucun des deux inculpés ;

Considérant, au surplus, qu' il est constant que la brigade de gendarmerie de Sangalkam avait été violemment attaquée par des manifestants munis de pierres, d'armes blanches et d'autres armes alors que les gendarmes présents sur les lieux, parmi lesquels les inculpés S. S., commandant de brigade, et S. S., gendarme, étaient à cours de grenades lacrymogènes; Que les témoins entendus ont pratiquement tous confirmé ce fait constant ; Que d'ailleurs, la dame A. DJ., qui se trouvait dans la brigade au moment des faits pour suivre une plainte qu'elle avait déposée, a confirmé à l'enquête préliminaire l'attaque violente de celle-ci par une foule nombreuse armée de pierre et d'armes blanches ; Qu'elle a ainsi déclaré avoir vu le commandant de brigade blessé poursuivi par des manifestants qui étaient à la porte de la brigade (C.F procès-verbal d'enquête);

Qu'en outre, O. G. président du Conseil rural de Sangalkam au moment des faits, a confirmé avoir reçu l'appel du commandant S. S. qui lui demandait de calmer ses militants qui étaient entrain d'envahir la brigade, et a soutenu qu'avant qu'il ne puisse agir, le drame est survenu ;

Qu'il résulte ainsi de ce qui précède que les gendarmes de la brigade de Sangalkam avaient subi une violente attaque dans les locaux où ils exercent leurs fonctions par une foule armée qu'ils n'avaient pas les moyens de repousser autrement que par l'usage des armes, les grenades lacrymogènes dont ils disposaient étant épuisées ;

Or, il ressort des dispositions des articles 1er de la loi n°70-37 du 13 octobre 1970 relative à l'usage des armes et à l'emploi de matériel spécial de barrage par les militaires de la Gendarmerie et les membres des forces de police et 81 du décret n° 74-571 du 13 juin 1974 portant Règlement sur l'emploi et le service de la Gendarmerie nationale, que les militaires de la gendarmerie peuvent user de leurs armes lorsque des violences ou des voies de fait caractérisées, graves ou généralisées sont exercées contre eux ou lorsqu'ils sont menacés par des individus armés ou encore lorsqu'ils ne peuvent défendre autrement le terrain qu'ils occupent, les installations qu'ils protègent, les postes où les personnes qui leur sont confiés ou si la résistance est telle qu'elle ne peut être vaincue autrement que par la force ;

Qu'ainsi, en usant de leurs armes à feu dans les circonstances décrites supra, les gendarmes de la brigade de Sangalkam, notamment les inculpés S. S. et A. S., ont agi dans le cadre de l'ordre de la loi conformément à l'article 315 du Code pénal qui dispose que : « Il n'y a ni crime, ni délit, lorsque l'homicide, les blessures et les coups étaient ordonnés par la loi et commandés par l'autorité légitime » ;

Que compte tenu de tout ce qui précède, c'est à bon droit que le magistrat instructeur a rendu l'ordonnance de non-lieu querellée ; Qu'il échet de confirmer ladite ordonnance en toutes ses dispositions, étant donné que seul le non-lieu prononcé en faveur de S. S. et A. S. était querellé ;

PAR CES MOTIFS

Statuant en chambre du conseil, hors la présence des conseils des inculpés, du Ministère public et du Greffier ;

EN LA FORME

Déclare l'appel recevable ;

AU FOND

Confirme l'ordonnance entreprise ;

Met les dépens à la charge du Trésor public.

OBSERVATIONS

Aux termes de l'article 315 du CP : « *Il n'y a ni crime ni délit, lorsque l'homicide, les blessures et les coups étaient ordonnés par la loi et commandés par l'autorité légitime* » (*J. MEKHANTAR, « Le devoir de résistance du fonctionnaire aux ordres illégaux », AJDA 2004, p. 1681 ; MÜLLER-RAPPART, L'ordre supérieur militaire et la responsabilité pénale du subordonné, Paris, Pedone, 1965 ; P. A. PAPADATOS, Le problème de l'ordre reçu en droit pénal, Genève 1964 ; J. MAES « Propos sur la nécessité militaire et l'obéissance aux ordres invoqués comme cause de justification ou d'excuse », Rev. pén. milit. 1983, p. 249*). Dans l'esprit des rédacteurs du Code pénal, l'ordre de la loi est indissociable du commandement de l'autorité légitime, comme en atteste l'emploi législatif de la conjonction de coordination « *et*» (*W. JEANDIDIER, Droit pénal général, 2e éd., 1991, Paris, Montchrestien, n° 259, parlant de la « prévalence » de l'ordre de la loi par rapport au commandement de l'autorité légitime*).

Alors que les autres faits justificatifs procèdent de circonstances de fait qui rendent la commission de l'infraction nécessaire en raison de son utilité pour le corps social (nécessité de se défendre dans le cas de la légitime défense ou de faire face à un danger grave et imminent dans le cas de l'état de nécessité), le mécanisme de l'ordre de la loi et le commandement de l'autorité légitime se présente comme la conséquence logique de l'application « *d'une norme ou d'un acte juridique particulier et exprès* » (J. *ROBERT, Droit pénal général, 6e éd., 2005, Paris, Thémis, PUF, p. 251*).

À la lecture de l'article 315 du CP, le législateur ne prévoit que l'ordre de la loi proprement dit.

Mais à côté de l'ordre justificatif, la jurisprudence envisage des cas où la loi permet ou autorise la commission d'infractions ; on parle alors de permission justificative.

Pour apprécier si l'ordre de la loi constitue une cause d'irresponsabilité pénale, il convient de distinguer selon que cet ordre résulte d'un texte pénal ou d'un texte non pénal, c'est-à-dire d'une loi civile au sens large.

L'article 315 du CP évoque les homicides, les blessures et les coups « *ordonnés par la loi* ». L'ordre invoqué pour justifier une activité infractionnelle est, le plus souvent, le fait de la loi pénale, c'est-à-dire une loi donnant un ordre dont la méconnaissance est assortie d'une sanction pénale (*M. DANTI-JUAN, « Ordre de la loi », Rép. dr. pén. proc. pén., janvier 2021, n° 1*). La « *loi pénale* » désigne naturellement la loi au sens formel ou matériel du terme, c'est-à-dire l'acte du pouvoir législatif ou exécutif ayant une portée générale et obligatoire et comportant en l'occurrence des dispositions pénales.

La chambre criminelle de la Cour suprême a jugé, dans un arrêt du 16 juin 2009, que la voie de fait alléguée par une personne ayant fait l'objet d'une saisie conservatoire ordonnée par une décision de justice et constatée par un procès-verbal d'huissier, même si elle est établie, est justifiée par l'ordre de la loi (*CS. crim. n° 62 du 16 juin 2009, P. V. B. c/ M. MB. et M. L., inédit*).

La jurisprudence sénégalaise retient quelquefois une approche extensive de la notion d'ordre de la loi en y incluant la permission de la loi. Dans un arrêt rendu le 20 juin 2017, la Chambre d'Accusation de la Cour d'Appel de Dakar a jugé que des gendarmes de la Brigade de Sangalkam, ayant subi une violente attaque, dans les locaux où ils exerçaient leurs fonctions, par une foule armée, qui avaient fait usage d'armes, ont agi dans le cadre de l'ordre de la loi (*CA Dakar ch. acc. n° 002 du 20 juin 2017, MP c/ S. S. et autre, inédit*).

En effet, il résulte de la loi n°70-37 du 13 octobre 1970 relative à l'usage des armes et à l'emploi de matériel spécial de barrage par les militaires de la Gendarmerie et les membres des forces de police et du décret n° 74-571 du 13 juin 1974 portant règlement sur l'emploi et le service de la Gendarmerie nationale que les militaires de la gendarmerie peuvent user de leurs armes lorsque des violences ou des voies de fait caractérisées, graves ou généralisées sont exercées contre eux ou lorsqu'ils sont menacés par des individus armés ou encore lorsqu'ils ne peuvent défendre autrement le terrain qu'ils occupent, les installations qu'ils protègent, les postes où les personnes qui leur sont confiées ou si la résistance est telle qu'elle ne peut être vaincue autrement que par la force.

PARAGRAPHE II : LA LÉGITIME DÉFENSE

- **Légitime défense-exclusion**

179. CA Dakar ch. corr. n° 16 du 11 janvier 2017, *MP et S. B. c/ Nd. S. et autres, inédit*

Deux prévenues, qui sont à l'origine d'une bagarre, en portant des coups et en causant des blessures à la victime, ne sauraient invoquer la légitime défense.

LA COUR,

Considérant que par déclaration au greffe en date du 6 mars 2015, les nommées ND. S., D. S. et Y. ND. ont interjeté appel du jugement n° 641 rendu par le Tribunal d'Instance de Pikine, statuant en matière correctionnelle le 23 juillet 2015, qui les a déclarées coupables de coups et blessures volontaires et les a condamnés respectivement à 45 jours ferme, 1 mois avec sursis et à 50 000 francs d'amende avec sursis et à payer 800 000 francs de dommages et intérêts à S. B.;

Considérant que citées à parquet, la partie civile et les prévenues n'ont pas comparu ; qu'il échet de statuer par défaut contre elles ;

EN LA FORME

Considérant que l'appel des prévenues a été interjeté dans les forme et délais prescrit par la loi ; qu'il échet de le déclarer recevable ;

AU FOND

Considérant que le 07 juillet 2015, la dame S. B. a saisi le Commissariat de Thiaroye d'une plainte dirigée contre les nommées ND S., D. S. et Y. ND. pour coups et blessures volontaires ; qu'elle a soutenu que les susnommées sont ses voisines et le dimanche 05 juillet 2015, en rentrant de son travail, D. S. a jeté des bancs sur la marmite où cuisait le diner de sa famille manquant de peu de le renverser ; qu'en ce moment elle révisait mais vu le bruit étourdissant, elle est sortie et a remarqué la scène ; qu'elle a interpelé D. S. sur cette attitude mais pour toute réponse, celle-ci l'a abreuvée d'injures et a jeté le récipient que son père utilisait pour ses ablutions ; qu'en réponse, elle a rendu ses injures à D. S. et a jeté un petit sceau qui appartenait à sa famille ; que ND. S., grande sœur de D. est sorte de leur chambre pour l'insulter ; qu'alors qu'elle expliquait à cette dernière l'attitude de sa petite sœur, D. S. en a profité pour se jeter sur elle, la saisissant par les tresses ; que pendant qu'elle tentait de se défaire de l'emprise de D., ND. S., aidée de Y.ND. leur amie, ont prêté main forte sa protagoniste ; que ND S. lui a même mordu l'oreille jusqu'à en couper la partie inférieure ; qu'elle a dû son salut à l'intervention des voisins qui les ont séparées ; que la dame Y. D. est témoin oculaire de tous les faits ; qu'elle joint à sa plainte un certificat médical faisant état d'une ITT de 18 jours ;

Considérant qu'entendues à l'enquête préliminaire, ND. S. et D. S. ont reconnu les faits qui leur sont reprochés tandis que Y. ND. les niait ; que D. S. a expliqué que le jour des faits, rentrée à la maison, elle a trouvée des bancs mal rangés qu'elle a déplacés ; que S. B. est alors sortie pour demander des explications ; que pendant qu'elles s'expliquaient, S. l'a insultée ; qu'elle l'a alors attaquée et l'a giflée ; que sa grande sœur ND. S. étant venue les séparer, Saly l'a mordue et comme elle ne lâchait pas prise, ND S. l'a mordue en retour ; que les petites sœurs de S. B. âgées de 10 et 07 ans sont intervenues pour prêter main forte à leur aînée ;

Considérant que ND S. a expliqué que le jour des faits, elle a entendu S. B. insulté sa petite sœur D. et elle est sortie ; que celles-ci qui se disputaient en sont venues aux mains et alors qu'elle les séparait, S. B. l'a mordue aux doigts et en réponse elle l'a mordu sans savoir sur quelle partie du corps ;

Considérant que Y. ND. a nié toute implication dans la bagarre ; qu'elle a soutenu s'être bornée à séparer les protagonistes ;

Considérant qu'entendue à l'enquête préliminaire, le témoin Y. D. a expliqué qu'elle était présente le jour des faits et a assisté à toute la scène ; que de retour de son travail, D. S. a trouvé des bancs sur un espace qu'elle estimait appartenir à sa famille ; qu'elle a jeté les bancs sur la marmite sur dans laquelle la famille de S. B. préparait son diner ; que S. étant sorti pour lui demander des explications, D. s'est mise à l'insulter ; que D. lui a jeté un autre ustensile et comme elle ripostait, D. s'est jetée sur elle, l'a giflée avant de lui agripper les cheveux ; que pendant qu'elles se bagarraient, ND. S. et Y. ND. s'en sont mêlées, prêtant main forte à D. S. ; qu'à 03 contre une, Y. ND. n'avait d'autre recours que de prendre la fuite pour se réfugier dans sa chambre ;

Considérant que traduites en flagrant délit, les prévenues ont toutes maintenu leurs versions ; que leur conseil a plaidé la relaxe pour Y. ND., l'excuse de provocation pour D. S. qui giflé la plaignante parce que celle-ci l'a insultée et la relaxe pour légitime défense pour N. D. dont la morsure n'était qu'une réponse à la morsure que lui a infligée S. B. ;

Considérant que la plaignante et le témoin ont également maintenu leurs versions des faits ;

Considérant que le délégué du Procureur de la République avait à l'audience requis l'application de la loi ;

SUR L'ACTION PUBLIQUE :

Considérant que le Tribunal avait déclaré les prévenues coupables des coups et blessures volontaires qui leur sont reprochés ; qu'il avait condamné ND. S. à 45 jours d'emprisonnement ferme, D. S. à 01 mois avec sursis et Y. ND. à 50 000 francs d'amende avec sursis ;

Considérant que les prévenues ont relevé appel de cette décision ;

Considérant que les appelantes n'ont pas comparu à l'audience pour défendre leur appel ; que le Parquet Général a requis la confirmation du jugement ;

Considérant que D. S. et ND. S . ont constamment reconnu avoir porté des coups et fait des blessures sur la personne de S. B. ; que ni la légitime défense ni l'excuse de provocation plaidée ne tiennent en droit puisque le témoin oculaire des faits a expliqué que ces deux prévenues sont à l'origine de la bagarre ; que concernant Y. ND. également, il résulte du même témoignage que malgré ses dénégations, elle a pris une part active à la bagarre et ne s'est pas bornée à séparer comme elle le soutient ; qu'il y a lieu, compte tenu de ce qui précède, de confirmer le jugement entrepris dans ses dispositions pénales;

SUR L'ACTION CIVILE :

Considérant que S. B. n'a pas relevé appel de la décision d'instance et n'a pas comparu à l'audience devant la cour d'appel ; qu'il échet de confirmer le jugement attaqué sur ses dispositions civiles;

Considérant que les prévenues ont succombé ; qu'il échet de les condamner aux dépens;

PAR CES MOTIFS

Statuant publiquement, par défaut contre les parties, en matière correctionnelle et en dernier ressort;

EN LA FORME

Déclare l'appel des prévenues recevable ;

AU FOND

Confirme la décision attaquée en ses dispositions ;

Condamne les prévenues aux dépens.

- **Légitime défense- exclusion**

180. C. ass. Dakar n° 27 du 23 juillet 2013, *MP c/Nd. M. D., inédit*

L'accusé, qui a été le premier à se jeter sur une victime non armée pour lui porter un coup mortel de couteau à la gorge, est malvenu à invoquer la légitime défense.

LA COUR,

Considérant que par arrêt contradictoire du 16 novembre 2009, la Cours d'Assises de Saint-Louis, saisie par ordonnance de renvoi de la Chambre d'Accusation de Dakar, a rejeté la demande d'expertise formulée par le conseil de l'accusé, déclaré ND. M. D. coupable du crime de meurtre commis sur la personne de S. K. D. son épouse et, en répression, l'a condamné aux travaux forcés à perpétuité, ordonné la confiscation au profit des Domaines de l'arme saisie (un couteau) et donné acte à la partie civile (K. D.) de son désistement, le tout par application des articles 296 du Code de procédure pénale, 280 et 289 du Code pénal ;

Que suivant déclaration faite à la maison d'arrêt et de correction de Saint-Louis, le 19 novembre 2009, l'accusé a interjeté appel de cette décision ;

En la forme

Considérant que conformément à l'article 367-10 du Code de procédure pénale, le Premier Président de la Cour suprême a, par ordonnance du 28 juin 2011, déclaré l'appel recevable et désigné la Cour d'Assises de Dakar pour y statuer ;

Qu'il échet dès lors de déclarer la procédure régulière ;

Considérant que devant la Cour, l'accusé a comparu, assisté de ses conseils ; que la partie civile, qui a été régulièrement citée, n'a ni comparu ni été représentée ;

Qu'il sera en conséquence statué par arrêt contradictoire à l'égard du premier et par défaut à l'encontre de la seconde, par application des articles 400 et 412 du Code de procédure pénale ;

Au fond

Considérant qu'il résulte de l'arrêt attaqué et des pièces de la procédure que, le 15 décembre 2007, à quelques jours de la fête de la Tabaski, la dame S. K. D., de retour du village de Wouro Dembel où elle s'était rendue pour acheter des chaussures et quelques effets de toilette a eu une bagarre avec son époux, ND. M. D.; que ce dernier, qui lui reproche d'avoir bradé son interdiction et qui pense que les objets et effets qu'elle a ramenés lui ont été offerts par son amant, s'est rué sur elle et a commencé à la battre ; que pour se défendre, la femme s'est agrippée à ses parties intimes ; que le mari a alors sorti un couteau avec lequel il lui a tranché la gorge avant de l'abandonner sur les lieux pour aller se coucher dans la chambre ;

Qu'alertés, des éléments du poste de gendarmerie de Ranérou se sont immédiatement transportés sur les lieux du drame, situé au village de Mboul Gawdi, où ils trouvèrent la victime couchée sur son flanc gauche baignant dans une mare de sang ; qu'après avoir procédé aux constatations d'usage, ils ont interpellé le mari qui n'a fait aucune difficulté pour reconnaître les faits ;

Que le certificat de genre de mort dressé le lendemain par le médecin chef du district sanitaire de Ranérou Ferlo a conclu à une « mort due à une spoliation sanguine par section des carotides »

Qu'inculpé du chef de meurtre, ND. M. D. a soutenu tant à l'instruction que devant la Cour qui a rendu la décision déférée qu'il n'avait pas l'intention de donner la mort à la victime, justifiant son acte par la nécessité de se défendre pour se libérer de l'emprise que celle-ci exerçait sur lui ;

Considérant que devant la Cour, l'accusé fait grief à l'arrêt attaqué de l'avoir condamné alors qu'il souffre de troubles psychiques ; que ses conseils ont plaidé, à titre principal, l'état de démence en faisant observer que l'accusé ne jouissait pas de toutes ses facultés mentales au moment des faits comme en attestent son comportement après son forfait ainsi que le témoignage de sa mère qui a déclaré qu'il était sujet à des crises ; que subsidiairement, ils ont demandé la disqualification des faits en homicide involontaire et sollicité une application extrêmement bienveillante de la loi pénale par la reconnaissance à l'accusé le bénéfice de larges circonstances atténuantes ;

Considérant que l'Avocat général a requis la confirmation de l'arrêt attaqué ; qu'il a fait observer qu'il n'existe aucun document médical attestant de l'état de démence allégué par la défense ; que la seule maladie dont souffre l'accusé et qui, du reste, a justifié son transfèrement à Dakar, est un problème cardiaque ; que le meurtre est incontestable ; qu'en effet, furieux et jaloux, l'accusé a, d'un geste calculé, tranché la gorge de la victime dont le seul tort est de lui avoir désobéi, justifiant le mobile du meurtre par la jalousie ;

Considérant qu'en réplique, la défense a fait noter que le certificat médical parle de section des artères carotidiennes et n'a pas utilisé le terme « égorgé » ;

Considérant que prenant la parole en dernier, l'accusé a demandé pardon pour son acte et sollicité une réduction de peine ;

Considérant que ND. M. D. est accusé du crime de meurtre qui, au sens de l'article 280 du Code pénal, est l'homicide commis volontairement ;

Considérant que l'accusé prétend qu'il n'avait aucune intention homicide au moment des faits et qu'il avait en outre perdu sa capacité de discernement ;

Considérant que pour le déclarer coupable, l'arrêt attaqué a statué par des motifs pertinents dont la Cour fait siens ; qu'elle ajoutera qu'il ressort de ses propres déclarations faites devant les enquêteurs, quelques heures seulement après le drame, que non content de l'attitude de la victime qui a osé défier son autorité et gagné par un profond sentiment de jalousie surtout au vu des objets et effets achetés par sa femme à qui il n'avait pas remis de somme d'argent, il s'est immédiatement jeté sur cette dernière en la rouant de coups ; que lorsque celle-ci, pour se défendre, s'est agrippée à ses parties intimes, il s'est emparé du couteau qui se trouvait sous l'oreiller et lui a administré un violent coup à la gorge, ce qui n'a laissé aucune chance de survie à la victime dont les artères carotidiennes ont été littéralement sectionnées ; que la partie du corps atteinte et la violence du coup montrent que l'accusé était manifestement et indubitablement animé par une volonté homicide d'autant plus qu'il a révélé devant la Cour d'assises d'instance qu'il n'aimait pas la victime avec qui il n'avait pas d'enfant et dont le mariage lui aurait été imposé par ses parents et qui, plus, fuguait de temps en temps ; qu'en outre lorsque la victime s'est écroulée suite au coup de couteau et commençait à se vider de son sang, l'accusé n'a jamais essayé de la secourir, préférant l'abandonner sur les lieux pour aller se coucher dans la chambre comme si de rien n'était;

Que l'argument tiré de la démence ne peut pas prospérer car non seulement démenti par les témoins entendus dont la mère et la sœur de l'accusé mais aucun dossier médical n'a été produit pour corroborer cet état de fait ; que la seule maladie incontestée dont souffre l'accusé est d'origine cardiaque se manifestant par des palpitations ou une tachycardie ; qu'en tout état de cause rien dans le comportement de l'accusé avant, pendant et après les faits ne laisse apparaître une défaillance psychique ; que cela est d'autant plus évident que jusqu'à la clôture de l'information ni lui ni son conseil n'ont jugé utile de solliciter une mesure d'expertise ; qu'il en est de même du moyen tiré de la légitime défense en raison du fait que d'une part la victime n'était pas armée et l'accusé a été le premier à se jeter sur elle et, d'autre part, l'absence de proportionnalité entre la supposée prise des partie intimes et le coup de couteau à la gorge ;

Qu'il y a lieu, dès lors, de confirmer l'arrêt sur la culpabilité ;

Considérant qu'en revanche, sur la peine, il ressort du dossier que ND. M. D. n'a pas eu d'antécédents judiciaires ; qu'il est sujet à des problèmes cardiaques suite à un accident dont il a été victime ; que son acte, aussi intolérable soit-il, est motivé par une jalousie qui le rongeait ; que conscient de la gravité de son acte, il a manifesté devant la Cour des sentiments réels de regrets et a demandé une fois de plus pardon à la famille de la victime; que celle-ci lui a déjà accordé son pardon et ne s'est par conséquent pas constituée partie civile ;

Qu'il existe ainsi dans la cause de larges circonstances atténuantes justifiant la condamnation de l'accusé à quinze (15) ans de travaux forcés, par application des articles 280, 289 et 432 du Code pénal ;

Considérant que les dépens seront mis à la charge de l'accusé, qui a succombé ;

PAR CES MOTIFS

Statuant publiquement, contradictoirement à l'égard de l'accusé, par défaut à l'égard de la partie civile, en matière criminelle et en dernier ressort ;

EN LA FORME

Déclare la procédure régulière ;

AU FOND

Confirme l'arrêt entrepris en toutes ses dispositions, exceptée sur la peine et, le réformant sur ce dernier chef ;

Condamne ND. M. D. à quinze (15) ans de travaux forcés ;

Le condamne en outre aux dépens ;

Le tout par application des articles 280, 289 et 432 du Code pénal, 367-12, 500 et suivants du Code de procédure pénale ;

Constate que, conformément à l'article 344 du Code de procédure pénale, le Président a averti l'accusé qu'il dispose d'un délai de six (06) jours à compter du prononcé du présent arrêt pour se pourvoir en cassation.

- **Légitime défense - exclusion**

181. CA Dakar ch. corr. n° 522 du 04 juillet 2016, ***MP et P. D. c/ El H. O. D., inédit***

Le prévenu, qui a porté un coup de poing à son protagoniste est malvenu à soutenir qu'il était en légitime défense ou qu'il a été provoqué

LA COUR,

Considérant que par actes enregistrés au greffe le 21 décembre 2015, le prévenu a relevé appel contre le jugement rendu le 17 décembre 2015 par le Tribunal de grande instance hors classe de Dakar, le déclarant coupable de coups et blessures et le condamnant à un mois avec sursis ;

Considérant que ledit appel a été introduit dans les formes et délais requis ; qu'il échet de le déclarer recevable ;

Au fond

Considérant qu'il résulte de l'ensemble de la procédure que le 1er juillet 2015, P. D. déposait plainte au commissariat de police de Pikine contre le nommé El H. O. D; Que réitérant les termes de sa plainte, il expliquait que ce dernier s'est rué sur lui et à commencer à le rouer de coups ; Qu'il a été blessé au visage ; Qu'il a cité comme témoin d ; b ; et M . T. D. ;

Qu'un certificat médical ne mentionnant aucune identité avec une ITT de 03 jours a été versé au dossier ;

Qu'entendu, DJ. B. soutenait avoir vu El H. D. administrer un coup de poing à P. D. en plein visage et de façon soudaine ;

Qu'interpellé, le mis en cause contestait les faits et estimait avoir riposté à un coup reçu en infligeant à son protagoniste un coup de poing ;

Considérant qu'au terme d'un débat contradictoire le tribunal rendait le jugement attaqué sans aucun motif ;

Considérant que le prévenu a relevé appel contre ce jugement ; Qu'à la barre de la cour, il reconnaissait avoir administré un coup de poing au plaignant mais réfutait l'avoir blessé; Qu'il contestait le certificat médical qui faisait état d'une ITT de trois jours ;

Considérant que le plaignant n'a pas comparu ; Considérant qu'aux termes des dispositions de l'article 294 du Code pénal « lorsque les blessures ou les coups ou d'autres violences n'auront pas occasionné une maladie ou une incapacité temporaire de travail de mentionnée à l'article 294, le coupable sera puni d'un emprisonnement d'un mois à deux ans et d'une amende de 20 000FCFA à 100 000 FCFA ou de l'une de ces deux peines seulement » ;

Considérant qu'il est constant que le prévenu a porté un coup de poing à son protagoniste; Qu'il a invariablement reconnu ce coup confirmé d'ailleurs par le seul témoin entendu notamment DJ. B. ;Qu'il n'est pas établi qu'il était en légitime défense ou qu'il a été provoqué ; Que par contre , le certificat médical ne comporte aucune identité et ne permet pas de conclure que ce coup a occasionné au plaignant une ITT de 03 jours ; Que ces faits cadrent en violence et voie de fait et doivent par conséquent être requalifiés en ce chef de délit ; Que c'est à tort que les premiers juges ont retenu sa culpabilité du chef de coups et blessures; Qu'il échet d'infirmer le jugement et statuant à nouveau requalifie les faits initialement retenus sous la qualification de coups et blessures volontaires en violences et voie de fait ;

Le déclare coupable de ce chef ;

PAR CES MOTIFS

Statuant publiquement, par défaut contre la partie civile, contradictoirement contre le prévenu, en matière correctionnelle et en dernier ressort ;

En la forme

Déclare recevable l'appel du prévenu ;

Au fond

Infirme le jugement entrepris et statuant à nouveau requalifie les faits reprochés au prévenu en violences et voie de fait ;

L'en déclare coupable, en application des articles 296 et 433 du Code pénal et 704 et suivants du CPP;

Confirme pour le surplus ;

Condamne l'appelant aux dépens.

OBSERVATIONS

La légitime défense est prévue par l'article 316 du CP. Ce texte dispose : « *Il n'y a ni crime ni délit, lorsque l'homicide, les blessures et les coups étaient commandés par la nécessité actuelle de la légitime défense de soi-même ou d'autrui* » (*P. COUVRAT, « La notion de légitime défense dans le nouveau droit pénal français », Rev. crim. et pol. techn. 1984, p. 497 ; P. DECHEIX, « À côté de la légitime défense, le motif légitime : de l'usage de violences par les agents publics », D. 1980, chron. p. 89 ; P. BOUZAT, « Quelle légitime défense ? », JCP, 1979.1.2965 ; P. SAVEY-CASARD, « Réflexions sur l'article 329 du Code pénal », RSC 1960, p. 29 ; R. SIMONS, Traité pratique de la légitime défense, Bruxelles 1911 ; J.-P. DELMAS SAINT-HILAIRE, « La crise de la légitime défense dans la doctrine moderne », RI crim. et pol. tech. 1975, p. 5 ; G. DENIS, « Légitime défense et autodéfense », Gaz. pal. 1979, 1, doctr. p. 74 ; T. GIVANOVITCH, « La légitime défense et les droits de l'Homme », RID pén. 1956, p. 37 ; S. KEHRIG, « La mesure de la défense », Gaz. pal. 1979, 1, doctr. p. 269 ; D. LEGEAIS, « Légitime défense et protection des biens : aperçu de droit comparé », RSC 1980, p. 325 ; M. LUGA, « Légitime défense et femmes battues », Dr. pén. 2019, étude 3 ; R. BERNARDINI, « Légitime défense », Rép. dr. pén. proc. pén., 2017, n° 1*). Ainsi, la loi consacre le droit de riposter, même par violence, à une attaque injuste. Le législateur a conféré à celui qui se défend un pouvoir de police privée ou d'autodéfense (*G. DENIS, «Légitime défense et autodéfense », Gaz. pal. 1979, 1, doctr. p. 74*).

Mais ce pouvoir ne relève pas exclusivement de la justice privée. En effet, la loi a enfermé les conditions, la preuve ainsi que les effets de la légitime défense dans des règles précises.

Selon l'article 316 du CP, la légitime défense ne peut être admise que si plusieurs conditions sont réunies. Ces conditions sont relatives à la fois à l'agression (attaque), génératrice de la défense et à la riposte, c'est-à-dire à l'acte même de défense.

L'agression ou l'attaque doit être réelle. Cette réalité s'apprécie à un double point de vue quant à son contenu et quant à son objet.

La réalité de l'agression quant à son contenu implique que le comportement envisagé, contre lequel on réagit par la force, ait créé un danger certain et préalable (*Cass. crim., 7 juin 1968, Bull. crim., n° 186*). Ainsi, n'est pas en état de légitime défense celui qui frappe un adversaire maintenu fermement par des spectateurs et qui, par conséquent, ne peut plus lui faire courir un péril (*Cass. crim., 28 mars 1937, Gaz. pal. 1937, 2, p. 336; CA Nancy, 25 juill. 1925, DP 1926, 2, p. 24*). Il en sera de même lorsqu'une personne se tenait les mains en l'air lorsque le coup de feu mortel l'a atteint (*Cass. crim., 20 oct. 1993, Dr. pén. 1994, comm. 34, obs. M. Véron*). Le fait justificatif est également écarté lorsqu'à la suite d'une altercation avec une voisine, le prévenu a pris à partie une tierce personne qu'il a mordue, à qui il a porté des coups associés à un début d'étranglement, alors qu'elle était tombée à terre (*CA Poitiers, 17 oct. 1998, JurisData n° 1998-049045*).

Un arrêt de la Cour d'Appel de Dakar rendu le 11 janvier 2017 a jugé que deux prévenues qui sont à l'origine d'une bagarre ne sauraient invoquer la légitime défense (*CA Dakar, ch. corr. n° 16 du 11 janvier 2017, MP et S. B. c/ Nd. S. et autres, inédit)*. Il a été jugé que ne peut bénéficier de la légitime défense, le prévenu qui a terrassé sa victime avant de lui cogner la tête contre le sol pour avoir cru que celle-ci avait un couteau par devers lui (*CA Dakar ch. corr., n° 602 du 21 juin 2006, MP et D. MB. c/J. B. P. S. L. B., inédit ; CA Dakar, n° 16 du 11 janvier 2017, MP et S. B. c/Nd. S. et autres, inédit ; TGIHC Dakar, n°907 du 25 juillet 2017, MP et M. T. S. c/ M. S. K., inédit. Il a été jugé que ne peut valablement invoquer la légitime défense, l'auteur de coups et blessures volontaires qui, ne présentant aucune trace de violence, a reconnu avoir pris le dessus sur la victime lors de la bagarre*).

La Cour d'Assises de Dakar a estimé que l'accusé, qui a été le premier à se jeter sur une victime non armée pour lui porter un coup mortel de couteau à la gorge, est malvenu à invoquer la légitime défense (*C. ass. Dakar, n° 27 du 23 juillet 2013, MP c/ Nd. M. D., inédit*).

Pour être réelle, l'agression n'a pas besoin de mettre en péril de mort la victime. En effet, la Cour de Cassation française estime qu'une telle exigence serait ajoutée à la loi (*Cass. crim., 19 juin 1990, Bull. crim., p. 250*).

La cour régulatrice a même cassé l'arrêt d'une chambre d'accusation qui avait refusé le bénéfice de la légitime défense à l'accusé sous prétexte que ce dernier, victime de l'agression, « *n'avait pu justifier d'aucune blessure* ». En effet, «*aucune disposition de la loi ne subordonne la légitime défense à une blessure de la personne attaquée* » et pas même, ajoute la cour, « *à un état d'infériorité* » de cette dernière (*Cass. crim., 5 juin 1984, aff. Bayrak, n° 84-91.553*).

La réalité de l'agression quant à son objet suppose l'existence d'une atteinte envers soi-même ou autrui. L'agression prise en considération dans le cadre de la légitime défense n'est réelle qu'autant qu'elle menace un intérêt juridiquement protégé, c'est-à-dire qu'elle risque de léser un droit. Peu importe que l'intérêt menacé concerne personnellement celui qui se défend ou une autre personne.

L'article 316 du CP évoque d'ailleurs « *la nécessité actuelle de la légitime défense de soi-même ou d'autrui* ». Ainsi, est légitime le fait de défendre, soit les membres de sa famille, soit des amis, soit même des personnes inconnues en danger. De même, il a été jugé que le prévenu qui, pour défendre son domestique contre une agression injustifiée dont il était victime après avoir été menacé de mort, a dû tirer, après deux coups de semonce, un coup de pistolet sur l'agresseur, le blessant sérieusement, a été considéré comme ayant agi en état de légitime défense (*T. corr. Ambert, 5 juin 1956, Gaz. pal. 1956, 2, p. 136*).

S'agissant d'agressions dirigées contre l'honneur (injure, diffamation, par exemple), la riposte qu'elles ont provoquée peut être justifiée sur le terrain de la légitime défense. Ainsi, a été relaxé, un professeur d'éducation physique ayant donné un léger coup de pied à un élève qui l'a insulté en des termes particulièrement grossiers (*Cass. crim., 18 juin 2002, n° 01-88.062, JurisData n° 2002-015532 ; Dr. pén. 2002, comm. 134, note M. Véron*).

En ce qui concerne les agressions d'ordre moral, il a été jugé que le danger encouru par un garçon de seize ans, exposé aux assiduités et aux provocations d'une fille de dix-huit ans qui risquaient de compromettre son avenir et ses études, constituait une menace sérieuse justifiant la gifle spectaculaire donnée à ladite fille par la mère du garçon (*T. pol. Valence, 19 mai 1960, Gaz. pal. 1960, 2, p. 29 ; S. 1960, p. 270, obs. L. Hugueney ; Y. MAYAUD, « Quelle justification pour une gifle éducative ? », RSC 2013, p. 343*).

L'acte de légitime défense prend naturellement la forme d'une infraction pénale. En principe, l'infraction commise dans cette situation est toujours justifiée, quelle que soit sa qualification, pourvu qu'elle ait été nécessaire. La légitime défense n'est pas limitée aux homicides, blessures et coups volontaires, comme pourrait le laisser penser la lettre de l'article 316 du CP. Elle peut donc se manifester par la commission d'un crime, d'un délit ou d'une contravention (*par exemple, des violences légères, crim., 20 nov. 1956, Bull. crim., n° 761*). On peut, pour se défendre, commettre un vol, une séquestration momentanée de personnes, proférer des menaces ou porter atteinte à la propriété mobilière d'autrui ou à la vie des animaux.

La défense doit être mesurée, c'est-à-dire proportionnée à la gravité de l'attaque (*S. KEHRIG, « La mesure de la défense », Gaz. pal. 1979, 1, doctr. p. 269*). Cette condition de juste mesure de la riposte était très tôt exigée par la jurisprudence. Lorsque la défense est démesurée par rapport à l'attaque, il y a excès ou abus de légitime défense. En effet, la riposte ne doit pas excéder la mesure de la résistance suffisante pour arrêter l'agression. Pour apprécier la proportionnalité de la défense, il convient, par une démarche comparative, de se tourner, d'une part, du côté de l'agression et, d'autre part, du côté de la riposte.

Du côté de l'agression, on doit prendre en considération la nature des intérêts menacés. Si la vie ou l'intégrité physique de la victime est en jeu, la réaction la plus violente (la réaction homicide) sera autorisée. Il a ainsi été jugé par une cour d'appel que doit être relaxé de la contravention de violences volontaires le prévenu, directeur d'un restaurant, qui a porté un coup de tête à un serveur de son établissement alors que ce dernier venait, lui-même, de lui porter un coup.

En effet, le prévenu a, en agissant ainsi, accompli un acte commandé par les nécessités de sa défense et proportionné à l'agression dont il venait d'être victime (*CA Toulouse, 25 nov. 1999, JCP G. 2000, IV, 1760*). Commet un acte de défense proportionné, celui qui porte des coups en réponse à des actes de violence physique volontaires (*Cass. crim., 17 janv. 2017, n° 15-86.481, JurisData n° 2017-000582; JCP G 2017, 410, note P.-J. Delage ; Gaz. pal. 2017, p. 42, obs. E. Dreyer; D. 2017, p. 2501, obs. G. Roujou de Boubée; Dr. pén. 2017, comm. 54, note Ph. Conte*). Il en est de même du gendarme qui a tiré un coup de feu mortel sur un détenu qui tentait de s'évader pendant un transfert pénitentiaire routier en se saisissant d'une arme dont une balle était déjà engagée dans le chargeur et en menaçant l'escorte de gendarmerie (*Cass. crim., 9 janv. 2018, n° 16-86.552, JurisData n° 2018-000042 ; RSC 2018, p. 87, note Y. Mayaud ; D. 2018, p. 2259, obs. G. Roujou de Boubée ; Act. jur. pén. 2018, p. 145, obs. Thierry*).

Toutefois, a été jugé disproportionné le fait de frapper un individu au visage avec une chope de bière, en réponse à une sévère bousculade (*Cass. crim., 8 janv. 2008, n° 07-83.423, JurisData n° 2008-042503*). A été aussi jugé disproportionné, le comportement d'un militaire à la corpulence très imposante, qui a blessé par balles un agresseur seul et non armé (*Cass. crim., 26 juin 2012, n° 11-86.809, JurisData n° 2012-016229; Dr. pén. 2012, comm. 139, M. Véron*).

La Cour d'Appel de Dakar a jugé qu'une jeune femme, qui a versé de l'eau chaude sur le corps de la victime entraînant une brûlure thermique de la face, est malvenue à invoquer la légitime défense, dès lors que la riposte n'a été ni concomitante ni proportionnelle à l'action (*CA Dakar ch. corr., n°46, 28 juin 2006, MP et A. S. c/ A. S., inédit*).

Un arrêt de la Cour d'Assises de Dakar rendu le 23 juillet 2013 a énoncé que la condition de proportionnalité n'est pas réunie dans une espèce où l'accusé a porté un coup mortel de couteau à la gorge de la victime au motif qu'elle aurait pris ses parties intimes (*C. ass. Dakar ch. corr., n° 27 du 23 juillet 2013, MP c/ Nd. M. D., inédit*).

Dans une espèce, la Cour d'Appel de Ziguinchor a jugé qu'au sens des dispositions de l'article 316 du CP, la légitime défense suppose une attaque et une riposte proportionnelle quant aux moyens utilisés. Dès lors, la riposte du prévenu, consistant à administrer un coup de pilon fatal à la victime, est disproportionnée à l'attaque qu'il a subie de la part de celle-ci, laquelle confondue à un voleur, avait accouru pour prendre un pic (*CA Ziguinchor, ch. corr. n° 04 du 11 janvier 2018, MP et S. B. c /M. S., inédit*).

La jurisprudence a sanctionné parfois le simple excès involontaire dans la riposte, en condamnant par exemple un propriétaire qui, tirant sans visibilité un coup de revolver pour effrayer des malfaiteurs qui venaient d'escalader la clôture de sa propriété, a blessé l'un d'eux (*T. corr. Mayenne, 06 mars 1957, D. 1957, p. 458, note Pageaud*).

TITRE III : LA SANCTION PÉNALE

CHAPITRE PREMIER : LE PRINCIPE DE L'INDIVIDUALISATION DE LA PEINE

- **Principe de l'individualisation de la peine-pouvoir d'appréciation du juge dans la fixation de la peine**

182. CA Dakar ch. corr. n° 788 du 02 mai 2007, *MP c/ M .U.*, *inédit*

C'est en toute souveraineté que le juge apprécie la peine qu'il veut appliquer au délinquant en vertu du principe de l'individualisation de la peine, l'essentiel est que cette peine soit conforme à la loi.

LA COUR,

Considérant que suivant actes en date des 25 juillet 06 et 11 octobre 06, M. U. et le Procureur de la République près le Tribunal de grande instance hors classe de Dakar ont respectivement interjeté appels principal et incident du jugement sans numéro rendu le 24 juillet 2006 dont le dispositif est le suivant ;

« Statuant publiquement, contradictoirement en matière correctionnelle et en premier ressort ;

Relaxe F. D. au bénéfice du doute ;

Déclare les autres prévenus coupables;

Condamne M. U. à deux ans d'emprisonnement ferme ;

Condamne M. L. à deux ans dont un an d'emprisonnement ferme;

Condamne I. B. à deux dont 06 mois d'emprisonnement ferme ;

Dit qu'il sera sursis à l'exécution de la peine de 18 mois d'emprisonnement dans les conditions énoncées par les articles 704 et suivant du Code de Procédure pénale;

Ordonne la confiscation et la destruction des faux billets ;

Ordonne la confiscation des mille (1000) euros et des trois cent mille francs (300 000) au profit du trésor ;

Condamne les prévenus coupables aux dépens;

En la forme

Considérant que l'appel du prévenu interjeté dans les forme et délai prévus par la loi est recevable à l'opposé de celui incident du Ministère public qui doit être déclaré irrecevable parce que tardif;

Au fond

Considérant que le 29 juin 2006, les éléments de la brigade de gendarmerie de Thiaroye ont été informés par une personne anonyme que le nommé I. B. s'adonnait au trafic de faux billets de banque, l'enquête subséquente effectuée en collaboration avec B. a permis l'interpellation des nommés M. L., M. U. et F. D. et une quantité importante de faux billets notamment 190 000 F trouvés sur B., 400 000 Francs trouvés sur M. L. outre la somme de 2 900 000 F découverte chez lui, sur M. U. , il a été découvert 1 040 000 F alors que la perquisition effectuée au domicile de F. D. a permis la découverte de coupures de billets durs à poursuivi du chef de participation à la distribution de signes monétaires contrefaits, par le Ministère public en procédure de flagrant délit, les susnommés à l'exception de F. D. ont été reconnus coupables et condamnés par le Tribunal de grande instance hors classe de Dakar dont la décision est déférée devant la Cour de céans par l'appel interjeté par M. U. ;

Sur la culpabilité

Considérant que M. U. est poursuivi du chef de participation à la distribution de signes monétaires contrefaits en vertu de l'article 120 du Code pénal ;

Considérant que lors de son audition autant par les enquêteurs qu'à la barre de la juridiction de céans, le prévenu a reconnu les faits qui lui sont reprochés en déclarant qu'il avait des difficultés pour aider sa sœur malade qu'il s'est lancé dans cette activité de distribution de faux billets lesquels lui ont été remis par une personne au Nigeria ;

Considérant que le prévenu par l'organe de son conseil a sollicité l'infirmation du jugement sur la peine aux motifs qu'il a été condamné à deux ans alors que ses co-prévenus ont bénéficié en partie d'une peine assortie du sursis ;

Considérant que c'est en toute souveraineté que le juge apprécie la peine qu'il veut appliquer au délinquant en vertu du principe de l'individualisation de la peine, l'essentiel est que cette peine soit conforme à la loi :

Que le moyen invoqué par le prévenu est mal fondé dès lors qu'il est le responsable de la circulation des faux billets ;

Considérant que les faits reprochés au prévenu sont établis en ce qu'ils résultent de ses propres aveux, que par conséquent c'est à bon droit que le premier juge a retenu la culpabilité, qu'il échet de confirmer la décision attaquée ;

Sur la demande de restitution de la somme de trois cent mille francs (300 000)

Considérant que le prévenu par l'organe de son conseil a sollicité la restitution de la somme de trois cent mille francs (300 000) en vrais billets ;

Considérant que les enquêteurs ont placé sous scellé n°3 le sommes de 1 040 000 F en faux billets et trois cent mille francs (300 000) en vrais billets ;

Considérant que le prévenu a déclaré que la somme de trois cent mille francs (300 000) appartient à son épouse, mais n'en rapporte pas la preuve, que par conséquent sa demande est mal fondée dès lors que cette somme proviendrait sans nul doute de l'écoulement des faux billets elle en est al contrepartie, que c'est à bon droit que le premier juge a estimé devoir ordonner la confiscation de cette somme, qu'il échet de confirmer sur ce point la décision entreprise;

PAR CES MOTIFS

Statuant publiquement, contradictoirement en matière correctionnelle et en dernier ressort ;

En la forme

Déclare l'appel principal recevable ;

Déclare irrecevable l'appel incident;

Au fond

Confirme la décision attaquée en toutes ses dispositions ;

Condamne le prévenu aux dépens.

- **Principe de l'individualisation de la peine- individualisation de la condamnation pécuniaire**

183. CA Dakar, n° 743 du 03 octobre 2001, *MP et O. B. et autres, c/ M. T. MB., inédit*

Le juge pénal doit procéder à une individualisation des condamnations pécuniaires pour mettre à la charge de chaque prévenu le montant exact à payer à chacune des parties civiles.

LA COUR,

En la forme

Considérant que par acte en date du 28 juillet 2000 au greffe du Tribunal de grande instance hors classe de Dakar, il a été enregistré la déclaration d'appel de M. T. M. contre le jugement n° 4051 rendu contradictoirement le 21 juillet 2000 par ledit tribunal qui l'a condamné à six (6) mois d'emprisonnement ferme et à payer solidairement avec A. D. respectivement les sommes de 125.000 et 75.000 francs aux parties civiles O. B. et M. P. M. ;

Que le Ministère public a relevé le 19 Septembre 2000 appel incident ;

Considérant que l'appel de M. T. M. interjeté conformément à la loi est recevable ;

Que par contre l'appel incident du Ministère public interjeté le 19 Septembre 2000 a été introduit au mépris des dispositions des articles 485 et suivants du Code de procédure pénale, par conséquent irrecevable ;

Au fond

Considérant que M. T. MB. a été condamné à la peine précitée pour avoir à Dakar avec d'autres courant juillet 2000, en tout cas avant prescription de l'action publique, sciemment recelé divers objets frauduleusement soustraits par le nommé A. C. dit Thiallé au préjudice des nommés O. B., M. P. M. et autre non encore identifiée qui en étaient les légitimes propriétaires ;

Faits prévus et punis par l'article 430 du Code pénal ;

Considérant qu'en dehors de O. B., l'une des parties civiles, toutes les parties ont comparu devant la Cour à l'appel de la cause et ont présenté leurs moyens de défense et fourni les explications sur les circonstances des faits reprochés aux prévenus ;

Considérant que le Ministère public a déclaré s'en rapporter à la décision de la Cour ;

SUR QUOI LA COUR

Considérant que les prévenus avaient reconnu les faits à la barre du Tribunal et que M. T. MB. qui avait été condamné à 6 mois d'emprisonnement et placé sous mandat de dépôt depuis le 13 juillet 2000 a bénéficié le 22 novembre 2000 d'une mise en liberté provisoire soit après quatre (04) mois de détention ;

Considérant que la dame M. P. M., partie civile, a déclaré avoir été payée par A. D. sans toutefois préciser le montant qu'elle a perçu ;

Considérant qu'il n'a pas été contesté par les parties que M. T. MB.et A. D. prévenus de vol avec violence et recel, ont été condamnés à payer solidairement 125 000 et 75 000 francs respectivement à O. B. et à M. P. M., parties civiles ;

Que si l'une des parties civiles en l'occurrence M. P. M. déclare avoir été payée par l'un des prévenus, sans préciser comment, la Cour alors se heurte à une difficulté d'appréciation ;

Qu'en effet le jugement n'a pas procédé à une individualisation des condamnations pécuniaires pour mettre à la charge de chaque prévenu le montant exact à payer à chacune des parties civiles ;

Considérant que le jugement procède d'une exacte appréciation des faits et d'une correcte application des dispositions de l'article 430 du Code pénal ;

Qu'il échet de le confirmer en toutes ses dispositions ;

PAR CES MOTIFS

Statuant publiquement, contradictoirement à l'égard de M. T. MB.et autres, par défaut à l'encontre de O. B., en matière correctionnelle et en dernier ressort ;

En la forme

Déclare recevable l'appel du prévenu ;

Déclare irrecevable l'appel du Ministère public ;

Au fond

Confirme le jugement entrepris en toutes ses dispositions ;

Condamne M. T. MB. aux dépens liquidés à la somme de 39.100 (trente-neuf mille cent) francs.

OBSERVATIONS

Malgré la consécration du principe de la légalité criminelle, il serait erroné d'assimiler le juge a un simple « *distributeur de peines* », chargé de prononcer automatiquement les peines prévues par la loi. La peine fixée, de façon très abstraite, par le texte incriminateur, ne peut être appliquée de façon uniforme et automatique.

La question de l'aménagement de la sanction pénale se pose surtout en ce qui concerne les peines (*M. GIACOPELLI, « De l'individualisation de la peine à l'indétermination de la mesure », Mélanges Gassin, p. 233 ; L. LERNELL, « L'individualisation de la peine et la personnalité du délinquant », Mélanges Constant, 1971, p. 175 ; F. STAECHELE, « Le régime et l'individualisation des peines », Le nouveau Code pénal , enjeux et perspectives, Paris, Dalloz, 1994, p. 118; J. LEBLOIS-HAPPE, « Individualisation des peines », Juris-class. pén. Code, art. 132-1, fasc. 20, 2021*). En effet, le dispositif d'aménagement des peines a pour objet, notamment de favoriser l'amendement du condamné et de préparer son éventuelle réinsertion. L'individualisation (ou la personnalisation) de la peine renvoie à l'ajustement de la sanction à la situation du condamné (*V. notamment, Cass. crim. 23 mai 2012, n° 11-80.869, JurisData n° 2012-014984 ; Bull. crim. n° 135; Cass. crim., 30 oct. 2012, n° 11-87.244, JurisData n° 2012-026577; Bull. crim. n° 228; Cass. crim., 11 juill. 2017, n° 16-87.502; Cass. crim., 20 juin 2018, n° 17-83.767; Cass. crim., 16 avr. 2019, n° 18-83.183, JurisData n° 2019-006093*).

En France, le Conseil constitutionnel a reconnu au principe de l'individualisation des peines une valeur constitutionnelle. Il a jugé que ce principe découle de l'article 8 de la Déclaration des droits de l'homme et du citoyen de 1789 selon lequel « *la loi ne doit établir que des peines strictement et évidemment nécessaires* » (*Cons. const., 14 sept. 2018, n° 2018-731 QPC, cons. 5, JurisData n° 2018-015645; Cons. const., 29 mars 2019, n° 2019-770 QPC, cons. 5, JurisData n° 2019-004605*). Le juge constitutionnel français a considéré « *qu'aucun principe non plus qu'aucune règle de nature constitutionnelle n'interdit au législateur de confier à des autorités autres que les juridictions le soin de fixer certaines modalités d'exécution de fin de peines d'emprisonnement* » (*Cons. const. n° 2004-492 DC du 2 mars 2004*).

Cette interprétation se retrouve aussi dans une décision postérieure : « *le principe d'individualisation des peines, qui découle de l'article 8 de la Déclaration de 1789, ne saurait faire obstacle à ce que le législateur fixe des règles assurant une répression effective des infractions ; qu'il n'implique pas davantage que la peine soit exclusivement déterminée en fonction de la personnalité de l'auteur de l'infraction* » (*Cons. const., 9 août 2007, n° 2007-554 DC, préc. n° 31, cons. 13 ; « Il ressort des articles 7, 8 et 9 de la Déclaration des droits de l'homme et du citoyen de 1789 qu'il appartient au législateur, dans l'exercice de sa compétence, de fixer des règles de droit pénal et de procédure pénale de nature à exclure l'arbitraire dans la recherche des auteurs d'infractions, le jugement des personnes poursuivies ainsi que dans le prononcé et l'exécution des peines. Le principe d'individualisation des peines, qui découle de l'article 8 de cette déclaration, implique qu'une sanction pénale ne puisse être appliquée que si le juge l'a expressément prononcée, en tenant compte des circonstances propres à chaque espèce » (Cons. const., 29 mars 2019, n° 2019-770 QPC, préc. n° 17., cons. 5*).

Mais si l'individualisation des peines est consacrée, le juge constitutionnel français précise que: « *si la législation française a fait une place importante à l'individualisation des peines, elle ne lui a jamais conféré le caractère d'un principe unique et absolu prévalant de façon nécessaire et dans tous les cas sur les autres fondements de la répression pénale ; qu'ainsi, à supposer même que le principe de l'individualisation des peines puisse, dans ces limites, être regardé comme l'un des principes fondamentaux reconnus par les lois de la République, il ne saurait faire obstacle à ce que le législateur, tout en laissant au juge ou aux autorités chargées de déterminer les modalités d'exécution des peines un large pouvoir d'appréciation, fixe des règles assurant une répression effective des infractions* » (*Cons. const., 20 janv. 1981, n° 80-127, préc., cons. 16*).

Au Sénégal, le principe de l'individualisation de la peine n'a pas fait l'objet d'une consécration législative, mais il irrigue tout l'arsenal répressif.

Dans l'arrêt ci-dessus rapporté rendu le 02 mai 2004, la Cour d'Appel de Dakar a jugé que c'est en toute souveraineté que le juge apprécie la peine qu'il veut appliquer au délinquant en vertu du principe de l'individualisation de la peine, tant que cette peine est conforme à la loi (*CA Dakar ch. corr., n° 788 du 02 mai 2007, MP c/ M. U., inédit*).

Dans un autre arrêt rendu le 03 octobre 2001, la Cour d'Appel de Dakar a indiqué que le juge pénal doit procéder à une individualisation des condamnations pécuniaires pour mettre à la charge de chaque prévenu le montant exact à payer à chacune des parties civiles.

En réalité, les circonstances dans lesquelles le comportement incriminé par la loi a été commis, de même que la personnalité de son auteur, varient considérablement d'une espèce à l'autre. Le lieu et le moment des faits, la qualité ou l'âge de la victime, le passé pénal et l'âge de l'auteur de l'infraction, les moyens qu'il a employés, son attitude après les faits et sa situation personnelle, familiale et professionnelle sont autant de facteurs objectifs ou subjectifs qui peuvent influer sur la peine effectivement prononcée par le juge (*F. DESPORTES et F. LE GUNEHEC, op. cit., n° 879*).

Le législateur reconnaît au juge un véritable pouvoir d'individualisation de la peine prononcée, par une sorte de modulation de la sanction. L'ajustement de la sanction à la situation du condamné est une exigence qui s'applique à toutes les sanctions ayant le caractère d'une punition (*V. PELTIER, Droit de la peine, Paris, Lexisnexis, coll. Manuels, 2e éd., 2015, note (128) p. 159 ; M. GIACOPELLI, « De l'individualisation de la peine à l'indétermination de la mesure », Mélanges offerts à Raymond Gassin, Sciences pénales & sciences criminologiques, Presses universitaires d'Aix-Marseille, 2007, p. 233 ; V. PELTIER, «L'individualisation de la peine dans les décisions liées aux questions prioritaires de constitutionnalité », Dr. pén. 2011, étude 4*).

CHAPITRE II : L'INTERDICTION DE SEJOUR

- **Interdiction de séjour-vol-obligation de se prononcer sur l'interdiction de séjour**

184. C. cass. n° 10 du 21 mars 1995, *Moustapha MBOW et Cheikh TOURE c/ MP, inédit*

Une cour d'appel, en condamnant des personnes à la peine de six mois d'emprisonnement, en vertu des articles 364, 368, alinéas 6 et 45 du CP, et en omettant de prononcer l'interdiction de séjour, a violé l'article 36 du CP

LA COUR,

SUR le premier moyen relevé d'office et tiré de l'insuffisance de motifs, violation des articles 472 du Code de procédure pénale, 364, 368 alinéa 6 et 45 du Code pénal, manque de base légale

VU lesdits articles ;

ATTENDU que pour déclarer les demandeurs coupables, du délit de vol commis la nuit et de complicité et confirmer le jugement qui ne comportait aucun motif, la cour d'appel, après avoir exposé les circonstances du vol telles que relatées par la victime, s'est bornée à énoncer" qu'ils ont été confondus par le témoignage spontané de la dame M. B. qui a été le premier employeur de M. M. et sa première victime que les déclarations de la dame B. ont fait l'objet d'une procédure et ont été consignées au procès-verbal; qu'ainsi, la Cour possède des éléments d'appréciation suffisante pour confirmer le jugement entrepris tant sur la culpabilité que sur la peine " ;

ATTENDU qu'en ne retenant que le seul témoignage de M. H., sans en faire connaître la teneur, en s'abstenant de relever les éléments constitutifs de l'infraction, de rechercher S1 elle est imputable à M. M. et par quels moyens C. T. a participé à sa réalisation, alors que selon ses propres énonciations les prévenus ont constamment nié les faits mis à leur charge, la Cour d'appel n'a pas légalement justifié sa décision et a violé les textes visés au moyen ;

SUR le deuxième moyen relevé d'office et tiré de la violation des articles 364, 368, alinéa 6, 45 et 433 du Code pénal

ATTENDU qu'aux termes desdits articles, lorsque le vol aura été commis la nuit, les auteurs principaux et leurs complices seront punis d'un emprisonnement de 5 ans à 10 ans et d'une amende de 50 000 à 500 000 francs, à moins que des circonstances atténuantes n'aient été déclarées en leur faveur ;

QU'ainsi les juges du fond qui n'ont pas déclaré exister des circonstances atténuantes en faveur des prévenus qu'ils ont reconnus coupables de vol de nuit et complicité, étaient tenus de prononcer cumulativement une peine d'empoissonnement égale au moins à 5 ans et une peiné d'amende égale au moins à 50 000 francs

QU'en condamnant M. M. et C. T. à 6 mois d'emprisonnement et en omettant de prononcer la peine d'amende sans faire application des dispositions de l'article 433 du Code pénal la Cour d'appel a violé les articles visés au moyen ;

ATTENDU qu'aux termes dudit article l'interdiction de séjour dans la région du Cap-Vert et aux chefs-lieux des autres régions est obligatoirement prononcée pour une durée de 10 ans contre toute personne condamnée à une peine privative de liberté sans sursis en vertu des articles 364 à 373 inclus du Code pénal ;

ATTENDU qu'en condamnant les demandeurs à la peine de 6 mois d'emprisonnement en vertu des articles 364, 368 alinéas 6 et 45 du Code pénal et en omettant de prononcer l'interdiction de séjour, la cour d'appel a violé l'article visé au moyen.

PAR CES MOTIFS

CASSE et annule l'arrêt n° 367 rendu le 7 juillet 1993 par la cour d'appel et pour être à nouveau statué conformément à la loi, renvoie la cause et les parties devant la même Cour autrement composée ;

MET les dépens à la charge du Trésor public ;

DIT que le présent arrêt sera imprimé, qu'il sera transcrit sur les registres de la cour d'appel en marge ou à la suite de la décision attaquée ;

ORDONNE l'exécution du présent arrêt à la diligence du Procureur Général près la Cour de Cassation.

- **Interdiction de séjour- mesure étendue à tout le territoire sénégalais- violation de la loi**

185. CS ch. pén. n° 4 du 10 janvier 1976, *Jean Michel MBENGA contre MP, Rev. sén. dr.,* n° 30, juillet-août-septembre 1983, p. 37

Doit être cassé l'arrêt de la cour d'appel qui prononce l'interdiction de séjour sur l'étendue sénégalaise, alors que l'article 36 al. 1er du Code pénal dispose que si la loi le prévoit, les tribunaux peuvent interdire au condamné, pendant une durée de deux ans à 10 ans, de résider dans les localités qu'ils désignent.

LA COUR,

Sur le moyen d'office pris de la violation de l'article 36 du Code pénal :

Attendu qu'aux termes de l'article 36, premier alinéa du Code pénal, «lorsque la loi le prévoit, les tribunaux peuvent interdire au condamné, pendant une durée de deux ans à 10 ans, de résider dans les localités qu'ils désignent » ;

Attendu qu'en condamnant Mb. à l'interdiction de séjour sur toute l'étendue du territoire sénégalais», l'arrêt attaqué a violé le texte visé au moyen ;

PAR CES MOTII.S

Casse et annule, mais seulement dans ses dispositions relatives à l'interdiction de séjour. l'arrêt n° 215 rendu le 10 avril 1972 par la Cour d'Appel de Dakar

Met les dépens à la charge du Trésor public ;

Dit que le présent arrêt sera imprimé, qu'il sera transcrit sur les registres de la Cour d'Appel de Dakar et que mention en sera faite en marge ou à la suite de la décision attaquée ;

Ordonne l'exécution du présent arrêt à la diligence de Monsieur le Procureur général près la Cour suprême.

OBSERVATIONS

L'interdiction de séjour constitue une peine restrictive de liberté. Elle consiste en une interdiction de fréquenter ou de paraître dans les lieux précisés par la juridiction (*P. J. DOLL, « Interdiction de séjour », Juriscl. pén., art. 44 à 50, 1971 ; A. VITU, « La réforme de l'interdiction de séjour », JCP G. 1955, I, 1251 ; M.-H. RENAUT, « Les avatars de l'interdiction de séjour », RSC 2001, p. 307 ; G. LEVASSEUR, « Une mesure qui va prendre son vrai visage : l'interdiction de séjour », RSC 1956, p. 1*).

Elle a pour but de prévenir la récidive en soumettant certains détenus libérés à une surveillance et en les empêchant de fréquenter certains lieux où ils rencontreraient trop facilement des tentations et dans lesquels leur état dangereux constituerait une menace pour l'ordre public. Selon l'article 36 du CP, lorsque la loi le prévoit, les tribunaux peuvent interdire au condamné pendant une durée de deux à dix ans de résider dans les localités qu'ils désignent.

L'interdiction de séjour dans la Région de Dakar et aux chefs-lieux des autres régions est obligatoirement prononcée pour une durée de dix ans contre toute personne condamnée à une peine privative de liberté sans sursis en vertu des articles 241 à 247 inclus et des articles 364 à 373 du CP (*Sur les modalités d'application de ce texte, V. décret n° 66-183 du 16 mars 1966 relatif aux conditions d'application de l'article 36 du Code pénal sur l'interdiction de séjour (JORS 1966, p. 318*).

La Cour de Cassation sénégalaise a jugé, dans un arrêt rendu le 21 mars 1995, qu'une cour d'appel, en condamnant des personnes à la peine de six mois d'emprisonnement, en vertu des articles 364, 368, alinéas 6 et 45 du CP, et en omettant de prononcer l'interdiction de séjour, a violé l'article 36 du CP (*C. cass. n° 10 du 21 mars 1995, M. MB. et Ch. T. c/ MP, inédit*).

Il a été également jugé qu'en condamnant un prévenu à cinq ans d'emprisonnement sans sursis pour vol et rupture de ban, sans s'expliquer sur la dispense totale de la peine d'interdiction de séjour, une cour d'appel a violé l'article 36 du CP (*CS n° 24 du 3 juillet 1971, D. T. c/ MP, Rev. sén. dr. juin 1974, n° 15, p. 96 ; CS n° 33 du 3 juillet 1971, M. B c/ MP, Rev. sén. dr. juin 1974, n° 15, p. 97 ; CS n° 46 du 18 décembre 1971, M. M'B. c/ MP, Rev. sén. dr. juin 1974, n° 15, p. 99 ; C. cass. n° 10 du 21 mars 1995, M. MB. c/ Ch. T., inédit*).

Mais les lieux où le condamné ne doit pas paraître doivent être fixés par la juridiction pénale. Ainsi, dans l'arrêt rendu le 10 janvier 1976 par la chambre pénale de la Cour suprême, il a été jugé que doit être cassé l'arrêt de la cour d'appel qui prononce l'interdiction de séjour sur l'étendue sénégalaise, alors que l'article 36 alinéa 1er du Code pénal dispose que si la loi le prévoit, les tribunaux peuvent interdire au condamné, pendant une durée de deux ans à 10 ans, de résider dans les localités qu'ils désignent.

La Cour suprême a considéré qu'en condamnant une personne pour vol, à trois ans d'emprisonnement sans sursis et cinq ans d'interdiction de séjour, « *dans toutes les régions du Sénégal, sauf Thiès* », le juge d'appel qui étend la loi pénale et restreint la durée de l'interdiction de séjour sans s'en expliquer, viole l'article 36 du CP (*CS n° 33 du 3 juillet 1971, M. B. c/ MP, Rev. sén. dr. juin 1974, n° 15, p. 97 ; CS n° 46 du 18 décembre 1971, M. M'B. c/ MP, Rev. sén. dr. juin 1974, n° 15, p. 99 : en condamnant M. M'B. pour vol et infraction à une interdiction de séjour, à six ans d'emprisonnement sans sursis et dix ans d'interdiction de séjour dans tous les chefs-lieux de toutes les régions du Sénégal, sans s'expliquer sur la réduction de la portée territoriale de cette dernière peine, la cour d'appel a violé l'art. 36 du CP visé au moyen*).

En outre, la durée et la portée territoriale de la peine d'interdiction de séjour peuvent être réduites, mais la décision doit être motivée en ce sens (*CS n° 16 du 18 février 1981, A. Nd. c/ MP, inédit*).

La violation de l'interdiction de séjour, qualifiée rupture de ban, est punie d'une peine d'emprisonnement qui ne pourra être inférieure à deux ans (*V. art. 36, in fine du CP*).

CHAPITRE III : L'EXCUSE DE PROVOCATION

• Excuse de provocation-excuse atténuante-conditions

186. CA Dakar ch. corr., n° 632 du 11 juin 2012, *MP et Sokhna NGOM c/ Awa NDIAYE, inédit*

Au sens de l'article 314 du Code pénal, l'excuse de provocation, excuse atténuante de responsabilité pénale dans le cadre de l'individualisation de la sanction, suppose que les coups et blessures infligés par la partie qui l'invoque aient été provoqués par des coups et blessures et préalablement.

LA COUR,

Considérant que par déclaration au greffe en date du 23 Septembre 2010, la prévenue A. N. a relevé appel du jugement n°3854 rendu contradictoirement le même jour par le Tribunal de grande instance hors classe de Dakar qui, statuant en matière de flagrants délits, l'a déclarée coupable de coups et blessures volontaires sur la personne de S. N. également déclarée coupable du même délit ; A. N. ayant été condamnée en ce qui la concerne à un mois d'emprisonnement ferme ainsi qu'au paiement de la somme de 2 000 000 F à titre de réparation à sa victime laquelle s'est constituée partie civile ;

Considérant que par déclaration au greffe en la même date, le Ministère public a incidemment relevé appel du jugement susvisé ;

En la forme

Considérant que les appels ont été faits dans les forme et délai légaux ;

Qu'il y a lieu de les déclarer recevables ;

Considérant que les parties ont régulièrement comparu assistées de leurs conseils ;

Qu'il y a lieu de statuer contradictoirement en l'espèce ;

Au fond

Sur les faits

Le 05 Septembre 2010, la dame S. N. déposait plainte au poste de Police de Diamaguène Sicap Mbao pour coups et blessures contre A. N. ;

Dans sa plainte et au cours de la procédure, elle reprochait à A. N. de l'avoir mordue au doigt au point de le broyer au cours d'une bagarre. Elle précisait que ces faits faisaient suite au différend entre son époux et la mère de la susnommée S. M. T. et que les deux familles étaient voisines en tant que locataires dans la même maison à Wakhinane DIACKSAO.

Quant à A. N., elle reconnaissait avoir mordu S. N. au doigt tout en soutenant qu'elle a agi ainsi au cours de la bagarre parce son antagoniste, qu'elle accusait de l'avoir attaquée en la basculant au sol, l'avoir mordue à la joue et qu'elle était en mauvaise posture.

D'ailleurs, elle déposait elle aussi plainte à l'encontre de son adversaire ;

Devant le premier juge, les deux parties étaient déclarées coupables de coups et blessures réciproques, et A. N. était condamnée à un mois d'emprisonnement ferme ainsi qu'au paiement de la somme de 2 000 000 F à S. N. tandis que cette dernière était condamnée à 20 000 F d'amende ferme en plus du franc symbolique alloué à son adversaire ;

A. N. relevait alors appel suivie en cela par le Ministère public à titre incident, d'où la présente instance ;

Sur l'appel

Sur l'action publique

Considérant que A. N. a reconnu lors des débats avoir mordu S. N. au doigt tout en soutenu que cette dernière l'a provoquée et s'est mise sur elle après l'avoir clouée au sol et l'a aussi mordue à la joue ;

Qu'elle a ajouté que les rapports entre elles étaient d'habitude conflictuels parce que sa mère et l'époux et son adversaire avaient souvent des différends ;

Considérant que S. N. a réitéré ses griefs à l'encontre de A. N. en soutenant n'avoir pas mordu cette dernière à qui elle a reproché d'avoir provoqué la bagarre et d'avoir été aidée par son petit ami en renfort qui l'aurait retenue elle et favorisé la morsure ;

Considérant que le conseil de A. N. a plaidé à titre principal la relaxe et subsidiairement l'excuse de provocation ou encore la clémence ;

Que ce faisant, le dit conseil a fait valoir que A. N. a mordu S. N. pour résister à celle-ci qui s'est mise sur elle avec sa masse ;

Qu'il a ajouté que A. était atteinte dans sa dignité puisque l'époux de S. traitait sa mère de prostituée ;

Considérant que le conseil de la partie civile a plaidé la confirmation du jugement attaquée en soutenant que A. a provoqué S. et l'a grièvement blessée en lui mordant le doigt, lui causant ainsi un préjudice incommensurable ;

Considérant que l'Avocat général la requis la confirmation du jugement entrepris;

Considérant qu'il ressort du certificat médical établi au nom de S. N. par le Docteur A. A. NB. de l'Hôpital Le Dantec de Dakar en date du 13 septembre 2010, régulièrement versé au dossier et non contesté que l'homme de l'art a fait état d'une amputation traumatique du majeur gauche et conclu à une ITT de 45 jours ;

Considérant que S. N. a imputé ses blessures à A. N. qui a reconnu avoir mordu la première nommée au doigt au cours d'une bagarre ;

Que A. N. a produit un certificat médical établi par le Docteur M. B. S. du Cabinet médical Krissal en date du 05 septembre 2010 faisant état entre autres lésions d'une plaie traumatique de la joue droite et d'une ITT de 21 jours ;

Que la bagarre a été confirmée par les deux parties ;

Considérant qu'au regard des déclarations des parties et des pièces du dossier, notamment les certificats médicaux produites, que les coups et blessures réciproques sont constants en l'espèce et que la morsure du doigt de S. par A. est tout aussi établie ;

Considérant qu'au sens de l'article 314 du Code pénal, l'excuse de provocation, excuse atténuante de responsabilité pénale dans le cadre de l'individualisation de la sanction, suppose que les coups et blessures infligés par la partie qui l'invoque aient été provoqués par des coups et blessures et préalablement ;

Qu'en l'espèce il n'est pas établi que la morsure dont s'agit ait été postérieure à des coups et blessures du fait de l'autre partie et provoquée par de tels faits ;

Que n'ayant pas apporté cette preuve qui ne ressort pas des circonstances de la cause, A. N. ne peut se prévaloir d'une telle excuse ;

Considérant qu'il y a lieu de relever que c'est à bon droit que le premier juge a déclaré A. N. coupable des faits à elle reprochés et l'a condamnée à la peine sus-indiquée ;

(...)

Sur ce :

Considérant qu'en conséquence, il y a lieu de confirmer le jugement entrepris en application des articles 294, 433 du Code pénal, compte tenu des circonstances atténuantes en la cause, 451, 2 et 3 du Code de Procédure pénale ;

PAR CES MOTIFS

Statuant publiquement contradictoirement, en matière correctionnelle et en dernier ressort ;

En la forme

Reçoit les appels de A. N. et du Ministère public ;

Au fond

Confirme le jugement entrepris;

En application des articles 294, 433 du Code pénal, 451, 2 et 3 du Code de procédure pénale ;

Condamne la prévenue appelante A. N. aux dépens.

- **Excuse de provocation-exigence de la proportionnalité de la riposte**

187. CA Saint-Louis, n° 43 du 26 février 2014, *MP c / Denguéré BA et autres, inédit*

L'excuse de provocation suppose une riposte proportionnée à une attaque injustifiée.

LA COUR,

CONSIDERANT que par acte reçu au greffe du Tribunal de grande instance de Louga le 09 janvier 2013, Maître Sidy SECK, substituant Maître Khassimou TOURE, agissant au nom et pour le compte de B. S. S., a interjeté appel contre le jugement n°578 rendu le 19 décembre 2012 par ledit tribunal et dont le dispositif est ainsi conçu :

« Statuant publiquement, contradictoirement, en matière correctionnelle et en premier ressort ;

Requalifie les faits initialement qualifiés de coups et blessures volontaires sur les personnes de S. B. et de D. B., occasionnant l'amputation de l'avant-bras droit de D. B. et respectivement des ITT de 30 jours et 45 jours en coups et blessures volontaires avec amputation sur les personnes de D. B. et de S. B., leur occasionnant une ITT de 45 et 30 jours;

En déclare B. S.S. coupable ;

Le condamne à 03 ans d'emprisonnement ferme par application des articles 294 et 433 du Code pénal ;

Reçoit les constitutions de partie civile de D. B. et de S. B. ;

Alloue à D. B. la somme de cinq millions (5 000 000) francs à titre de dommages et intérêts ;

Alloue à S. B. la somme de dix millions (10 000 000) francs à titre de dommages et intérêts ;

Condamne B. S.S. au paiement desdites sommes ;

Ordonne l'exécution provisoire ;

Condamne le prévenu aux dépens liquidés à la somme de sept cent cinquante-quatre mille trois cent quarante-cinq (754.345) francs ;

Fixe la contrainte par corps au maximum » ;

CONSIDERANT que le prévenu et les parties civiles ont comparu à l'audience assistés de leurs conseils ;

QU'il échet statuer contradictoirement à leur égard ;

EN LA FORME

CONSIDERANT que l'appel a été interjeté conformément à la loi ;

QU'il y a lieu de le déclarer recevable ;

AU FOND

SUR LES FAITS ET LA PROCEDURE

CONSIDERANT qu'il résulte de la procédure et des débats les faits suivants :

Le 06 mai 2012, la brigade de gendarmerie de Dahra était informée d'une bataille rangée qui avait lieu au forage du village de Thiéyène. Le transport des gendarmes sur les lieux permettait à ces derniers de mettre la main sur le mis en cause, en l'occurrence B. S.S., enfermé dans un local pour éviter tout acte de vengeance. A l'arrivée des enquêteurs, les blessés étaient déjà évacués au centre de Santé de Dahra. Interrogé, B. S. S . soutenait que, en compagnie de sa femme, il recevait un coup de fil d'un inconnu sur le téléphone portable de son épouse et il identifiait la voix masculine qu'il avait entendue comme étant celle de D. B.. Ce dernier, affirma-t-il, l'avait injurié de père avant de demander à parler au propriétaire dudit téléphone. Le lendemain au forage, précisa-t-il, s'en prît à D. B. et son frère S. B. s'en mêla. Pendant la bagarre, martela-t-il, il réussissait, avec son coupe-coupe, à blesser les deux frères. Entendus, S. B. et D. B. déclarèrent être surpris par le comportement de B. S.S. qui leur avait administré des coups de coupe-coupe entrainant des blessures graves sur eux.

Devant le juge d'instruction, B. S.S., D. B. et S. B. réitérèrent leurs déclarations faites à l'enquête préliminaire. Le premier nommé fut, par la suite, renvoyé en police correctionnelle sous la prévention de coups et blessures volontaires avec amputation.

Devant la barre du tribunal de grande instance de Louga, le prévenu et les parties civiles reconduisirent leurs allégations faites à l'enquête et à l'instruction. A l'issue des débats, des réquisitions du Ministère public et des plaidoiries des avocats des parties, ledit tribunal déclara B. S. S. coupable de coups et blessures volontaires avec amputation et le condamna à 03 ans d'emprisonnement ferme, puis alloua à D. B. la somme de 5 000 000f et à S. B. celle de 10 000 000f à titre de dommages et intérêts ;

CONSIDERANT que devant la Cour de céans, le prévenu et les parties civiles ont confirmé leurs dépositions faites à toutes les étapes de la procédure ;

CONSIDERANT que Maître BA, conseil du prévenu, a plaidé l'excuse de provocation en soutenant que les parties civiles ont provoqué son client en essayant de courtiser sa femme ;

QU'il a enfin sollicité la réduction considérable de la peine prononcée en première instance et l'application bienveillante de la loi ;

CONSIDERANT que l'Avocat général a exposé que les faits reprochés au prévenu étaient constants et a requis la confirmation du jugement entrepris en toutes ses dispositions ;

CONSIDERANT que Maître NAHAM, conseil des parties civiles, a réitéré ses demandes faites devant les premiers juges à titre de dommages et intérêts à savoir trente millions (30 000 000) de francs pour D. B. et (50 000 000) de francs pour S. B. ;

SUR L'ACTION PUBLIQUE

CONSIDERANT qu'aux termes de l'article 294 alinéa 3 du Code pénal, quand les coups et blessures volontaires auront été suivis d'amputation ou privation d'un membre, le coupable sera puni d'un emprisonnement de cinq à dix ans et d'une amende de 20 000 à 200 000 francs;

CONSIDERANT qu'il résulte des certificats médicaux datés du 05 mai 2012 établis par le chirurgien orthopédiste du centre hospitalier de grande instance de Louga en l'occurrence A. B. que D. B. présentait des blessures graves matérialisées par une grosse plaie de la main droite, une amputation de l'index droit et une amputation partielle de la majeure de la main droite avec une incapacité temporaire de travail de quarante-cinq (45) jours ;

QUE le même chirurgien orthopédiste constatait également sur la personne de S. B. la section quasi-complète du 1/3 proximal de l'avant-bras droit ne tenant que par un mince lambeau de peau avec une incapacité temporaire de travail de trente (30) jours ;

QU'il n'est pas contesté comme cela résulte des accusations des victimes et de l'aveu du prévenu que ce dernier est bien l'auteur de ces blessures ;

QUE l'excuse de provocation invoquée par le conseil du prévenu ne saurait prospérer en l'espèce car celle-ci suppose une riposte proportionnée à une attaque injustifiée, or, il ne résulte pas du dossier et des débats que les victimes portaient par devers elles des armes blanches et qu'elles auraient attaqué en premier lieu le prévenu ;

QU'il y a lieu, dès lors, de confirmer le jugement entrepris en ce qu'il a déclaré B. S. S. coupable de coups et blessures volontaires avec amputation ou privation d'un membre sur les personnes de D. B. et de S. B. ;

QUE la peine de trois (03) ans d'emprisonnement ferme prononcée à l'encontre du prévenu, après lui avoir fait bénéficier des circonstances atténuantes de l'article 433 en tenant compte de son jeune âge et de ses regrets, est légale et justifiée ;

QU'il échet confirmer ledit jugement sur la culpabilité et sur la peine ;

(…)

PAR CES MOTIFS :

STATUANT publiquement, contradictoirement, en matière correctionnelle et en dernier ressort ;

EN LA FORME

DECLARE l'appel recevable ;

AU FOND

CONFIRME le jugement entrepris en toutes ses dispositions ;

CONDAMNE B. S. S. aux dépens.

• Excuse de provocation-exigence d'une attaque injustifiée

188. CA Dakar n° 455 du 15 juin 2009, *MP et L. F. ND. es qual. de son fils A. M. Nd. c/ Babacar BA, inédit*

L'excuse de provocation invoquée tirée du fait que c'est la victime qui a démarré les hostilités n'est établie par aucun élément objectif du dossier

LA COUR,

Considérant que par déclaration reçue au greffe le 25 juillet 2008, le prévenu B. B. a interjeté appel du jugement rendu le 27 Juin 2008 par le Tribunal des flagrants délits de Dakar qui l'a condamné à 06 mois d'emprisonnement ferme et à payer à la partie civile la somme de deux millions (2 000 000) francs à titre de dommages et intérêts ;

En la forme

Considérant que l'appel du prévenu a été introduit dans les forme et délai voulus par la loi ;

Qu'il échet de le déclarer recevable ;

Considérant que le prévenu et la partie civile, régulièrement cités, ont tous comparu assistés de leurs conseils ;

Qu'il y a lieu de statuer contradictoirement à leur égard ;

Au fond

Sur les faits et la procédure

Considérant qu'il résulte du dossier de la procédure les faits suivants : le 28 Mai 2008, L. F. ND. es-qualité de son fils A. M. ND., par l'organe de son conseil, a saisi le Procureur de la République d'une plainte à l'encontre de B. B. pour coups et blessures volontaires ; qu'elle expose que le 28 Février 2008, au cours d'un Match de football entre les enfants de leur quartier, une dispute a éclaté entre son fils et B. B. ; leurs camarades les ayant séparés, l'incident a été clos ;

Que cependant dès le lendemain, B. B. a retrouvé A. M. ND. au même terrain pour lui asséner plusieurs coups de pilon dont l'un a atterri sur sa tête et un autre sur l'épaule droite lui occasionnant une disjonction acramio claviculaire ; que lesdits coups et blessures lui ont occasionné 45 jours d'incapacité temporaire de travail et une hospitalisation à l'Hôpital Principal ;

Considérant que l'enquête subséquente a abouti à l'arrestation de B. B. ; qu'il reconnaît avoir porté 03 coups de bâton à sa victime dont l'un au niveau de l'épaule et les 02 autres sur la tête ; que cependant, il soutient que c'est son antagoniste qui a débuté les hostilités alors que la veille l'incident avait été calmé ;

Qu'attrait devant le tribunal des flagrants délits, il a été déclaré coupable du chef de coups et blessures volontaires par le jugement dont est appel ;

Sur la culpabilité

Considérant que les conseils du prévenu ont plaidé la réformation du jugement entrepris quant à la peine prononcée et au montant des dommages et intérêts alloués ;

Considérant que l'Avocat général a déclaré s'en rapporter à la sagesse de la Cour ;

Considérant que le conseil de la partie civile a plaidé l'infirmation du jugement querellé quant au montant des dommages et intérêts et sollicité qu'ils soient portés à cinq (05) millions de francs CFA ;

Considérant qu'à l'appui de sa plainte, la partie civile a produit des certificats médicaux : le premier daté du 29 février 2008 et le second du 10 Avril 2008 ;

Considérant que c'est à tort que les conseils du prévenu ont soutenu que le certificat médical daté du 10 avril 2008 a fixé le taux de l'ITT à 08 jours puisqu'il prescrit un repos de 08 jours à la victime suite à son hospitalisation ; que ce repos diffère en droit de l'ITT;

Considérant que le certificat médical daté du 29 Février 2008 fixe le taux de l'ITT à 45 jours suite aux coups et blessures reçus par la victime ;

Que ce seul taux est pris en compte au pénal ;

Considérant qu'il y a lieu de faire observer, en effet, que l'incapacité temporaire totale (termes utilisés par le certificat médical du 29 février 2008) se traduit pour le blessé par une perte de son autonomie au moins sur certains aspects de sa vie consécutivement aux blessures subies ;

Considérant qu'en l'espèce, les coups ayant atteint la clavicule de la victime, il est normal qu'elle ne soit pas en mesure d'effectuer certains gestes quotidiens sans que cela ne puisse l'empêcher de suivre ses cours ou passer ses examens ;

Considérant qu'ainsi le procès-verbal de constat du 20 août 2008 par exploit de Me Mamadou Mansour KAMARA, Huissier de Justice à Dakar, qui établit que la victime a fréquenté son établissement scolaire après seulement une interruption de 08 jours ne compte aucune conséquence en droit quant à la durée de l'ITT ;

Considérant qu'il résulte des déclarations du prévenu qu'il a porté plusieurs coups de bâton à la victime ;

Que ces coups l'ont atteint à la tête et à l'épaule ;

Considérant qu'ainsi le délit qui lui est reproché est constant ;

Considérant que l'excuse de provocation soutenue par ses conseils et tirée du fait que c'est la victime qui a démarré les hostilités n'est établie par aucun élément objectif du dossier ;

Considérant qu'il n'est pas contesté que le prévenu âgé de 27 ans est plus fort physiquement que la victime âgée de 16 ans ;

Considérant qu'en de pareilles circonstances, l'usage du bâton, le nombre de coups donnés (au moins 06 selon le prévenu) et les points atteints (la tête et la clavicule) attestent de la violence et de la cruauté du traitement infligé à la victime ;

Considérant qu'ainsi la peine prononcée contre lui par le premier juge est amplement justifiée;

Sur les intérêts civils

Considérant que la partie civile a sollicité l'allocation de la somme de 5 millions de francs CFA à titre de dommages et intérêts en infirmation du jugement querellé ;

Considérant que celle-ci n'a pas relevé appel du jugement entrepris ;

Considérant qu'il échet de la débouter de sa demande par confirmation du jugement entrepris sur ce point ;

Considérant qu'il y a lieu de condamner le prévenu appelant aux dépens.

PAR CES MOTIFS

Statuant publiquement, contradictoirement, en matière correctionnelle et en dernier ressort ;

En la forme

Déclare l'appel du prévenu recevable ;

Au fond

Confirme le jugement entrepris en toutes ses dispositions ;

Condamne le prévenu appelant aux dépens.

- **Excuse de provocation-exigence d'une agression entamée**

189. CA Dakar ch. corr., n° 726 du 19 septembre 2001, ***MP c/ Mbacké Thierno MBAYE, inédit***

L'excuse de provocation suppose une agression déjà commencée

LA COUR,

En la forme

Considérant que par acte en date du 11 août 1999 reçu au Greffe, M. T. M. a déclaré interjeter appel contre le jugement n°300 rendu contradictoirement le même jour par le Tribunal de grande instance de Louga, lequel jugement l'a condamné à deux (2) ans d'emprisonnement assorti du sursis, 50 000 Francs d'amende ferme pour coups mortels et un (01) mois avec sursis et 25 000 francs d'amende avec sursis pour détention d'arme sans autorisation administrative ;

Considérant que le Ministère public à la même date a relevé appel incident contre le jugement sus-énoncé ;

Considérant que ces appels sont recevables pour avoir été faits dans les forme et délai de la loi ; qu'il échet dès lors de les recevoir ;

Au fond

Considérant que M. T M. a été condamné par le Tribunal de grande instance de Louga aux peines précitées pour avoir à Laloye Ndiassar, Arrondissement de Darou Mousty, département de Kébémer dans le ressort judiciaire de Louga, le 23 avril 1999, en tout cas avant prescription de l'action publique, volontairement porté des coups et fait des blessures sur la personne de A. C. S., avec cette circonstance que lesdits coups et blessures ont entraîné la mort sans intention de la donner ;

- de s'être dans les mêmes circonstances de temps et de lieux, trouvé porteur d'une arme sans autorisation administrative ;

Faits prévus et punis par l'article 294 du Code pénal ; loi n°66-03 du 18 janvier 1966 en ses articles 1, 3, 8, 13, et 14 ;

Considérant que devant la barre de la cour d'appel Maître Khassimou TOURE, conseil du prévenu, a plaidé la légitime défense et l'excuse de provocation, qu'il a sollicité de la Cour la réduction de la peine infligée à son client et des sommes allouées aux parties civiles en première instance au titre de dommages et intérêts;

Considérant que le Ministère public a déclaré s'en rapporter à la décision de la Cour ;

SUR QUOI LA COUR

Considérant qu'à toutes les étapes de la procédure, M. T. M. a reconnu les faits qui lui sont reprochés, qu'il a soutenu en première instance qu'à cinq reprises A. C. S. lui a volé ses biens, la dernière fois qu'il a été appréhendé, il a pris la fuite et a laissé sur place les bœufs qu'il venait de lui soutirer ;

Considérant qu'il a ajouté que A. C. S. s'est réfugié dans la maison de M. M. S. d'où il est sorti avec un coupe-coupe pour le charger et sur ces entrefaits il a alors tiré à l'aide de son fusil sur les pieds de C. S. pour le blesser ;

Considérant que le témoin A. S. à la barre du tribunal en première instance a affirmé que lorsque A. a reçu la balle, il n'allait pas chercher Thierno qui se trouvait sur le seuil de la porte d'où il a pointé son fusil et tiré sur A. ;

Considérant qu'à la barre de la cour d'appel, Maître Khassimou TOURE, conseil de M. T. M. a invoqué la légitime défense et l'excuse de provocation ;

Considérant que devant le premier juge, Maître Khassimou TOURE a lui-même écarté la légitime défense pour ne soutenir que l'excuse de provocation ; qu'il s'agit d'une demande nouvelle qui doit être rejetée ;

Considérant que l'excuse de provocation suppose une agression déjà commencée ;

Que rien dans le dossier ne permet de soutenir que M. T. M. a été agressé par la victime avant qu'il ne riposte en tirant un coup de fusil, il échet par conséquent d'écarter cette excuse de provocation soulevée par Me Khassimou TOURÉ ;

Considérant que les faits reprochés à M. T. M. sont constants comme cela ressort des pièces du dossier;

Qu'il échet dès lors de le retenir dans les liens des préventions de coups mortels et de détention d'arme sans autorisation, faits prévus et punis par l'articles 294 du Code pénal ; loi n°66-03 du 17 janvier 1966 ;

Considérant que le jugement rendu en premier ressort procède d'une saine appréciation des faits et d'une correcte application de la loi ; qu'il y a lieu de le confirmer et de condamner M. T. M. aux dépens.

PAR CES MOTIFS

Statuant publiquement, contradictoirement en matière correctionnelle et en dernier ressort ;

En la forme

Reçoit les appels du prévenu et du Ministère public ;

Au fond

Déclare l'appel de M. T. M. mal fondé ;

Confirme le jugement entrepris en toutes ses dispositions pénales et civiles ;

Condamne M. T. M. aux dépens liquidés à la somme de 169.995 francs (cent soixante-neuf mille neuf cent quatre-vingt-quinze).

OBSERVATIONS

Les excuses atténuantes peuvent être définies comme des faits prévus et définis par le législateur qui entraînent une réduction de la peine applicable au coupable. Elles constituent un procédé d'indulgence légale qui résulte d'une disposition expresse de la loi (*Sur cette question, A. DESJARDINS, « Des excuses en droit criminel », Rev. crit. législ. et jur. 1859, t. 14, p. 517 ; H. BEKAERT, Théorie générale de l'excuse en droit pénal, thèse, Bruxelles, 1957 et s., t. 15, p. 312 et s. ; A. de SARRAU de BOYNET, Des excuses légales en droit pénal, thèse, Paris, 1875*). Les excuses atténuantes, qui constituent une des manifestations de la tolérance en droit pénal (*D. NZOUABETH, « La tolérance en matière pénale au Sénégal », Annales africaines, décembre 2017, n°, p. 190-191*), sont des causes de diminution ou d'atténuation des peines (*B. PEREIRA, « Excuses », Rép dr. pén.proc. pén. Dalloz, 2021,n° 1*).

Elles sont donc étroitement réglementées par la loi, tant en ce qui concerne leur influence sur la pénalité, que s'agissant de leurs sources (*Y. MAYAUD, « Ratio legis et incrimination », RSC 1983, p. 597*). C'est ce qui les distingue des circonstances atténuantes, qualifiées de «*judiciaires* », précisément parce que le juge a un large pouvoir d'appréciation dans leur prononcé.

Aux termes de l'article 51 du CP : « *Nul crime ou délit ne peut être excusé, ni la peine mitigée, que dans les cas et dans les circonstances où la loi déclare le fait excusable ou permet de lui appliquer une peine moins rigoureuse* ». Cette clause générale figurant dans le livre deuxième du Code pénal, relatif aux personnes punissables, excusables ou responsables pour crimes et délits, signifie que l'application des excuses atténuantes nécessite que les textes d'incrimination relevant du droit pénal spécial les prévoient explicitement. Il en ressort qu'en l'absence d'un texte légal, un fait quelconque ou même déterminé ne saurait constituer une excuse (*Cass. crim. 7 mai 1851, DP 1852.5.564 ; 3 août 1855, DP 1855.1.380 ; crim. 16 janv. 1869, DP 1869.1.381 ; crim. 7 avr. 1894, DP 1896.1.80 ; crim. 29 nov. 1928, DP 1929.1.41, note R. Savatier ; crim. 8 janv. 1931, S. 1932.1.233, note L. Hugueney ; crim. 29 déc. 1949, JCP 1950. II. 5386, note A. Costes ; crim. 3 mai 1961, Bull. crim., n° 449 ; 11 avr. 1964, Bull. crim., n° 112 ; crim. 1er juin 1965, D. 1965.667 ; 8 févr. 1966, Bull. crim., n° 36*).

Les excuses atténuantes de nature légale, qui sont fondées sur un affaiblissement présumé de la responsabilité de l'agent pénal. L'excuse de provocation est une excuse atténuante.

La loi pénale a prévu plusieurs cas d'excuse de provocation. Elle a défini clairement le comportement du provocateur et celui du provoqué. L'excuse de provocation est spéciale en ce que les infractions excusables sont limitativement énumérées (*R. VOUIN et M. L. RASSAT, «Démence, contrainte et excuses », Juricl. pén. c. pén. art. 64 à 65, 1965*).

L'article 309 du CP énonce que le meurtre ainsi que les blessures et les coups sont excusables, s'ils ont été provoqués par des coups ou violences graves envers les personnes. Les faits constitutifs de provocation sont limitativement énumérés par la loi : il s'agit des « *coups ou violences graves envers les personnes* ». Ils doivent donc être interprétés restrictivement. Ainsi, des injures verbales, à moins qu'elles soient accompagnées de gestes ou de menaces avec une arme ou des violences envers des animaux, ne constituent pas légalement des actes de provocation.

Mais la jurisprudence des cours et tribunaux sénégalais retient parfois une approche très large de la notion d'actes de provocation.

Déjà, la Cour suprême du Sénégal a jugé, dans un arrêt rendu le 18 mai 1974, que les violences constitutives de provocation se caractérisent moins par leur résultat matériel que par l'impression qu'elles ont produite sur la personne attaquée (*CS n° 41 du 18 mai 1974, D. c MP, inédit*).

Un jugement de la chambre criminelle du Tribunal de grande Instance hors classe de Dakar rendu le 19 janvier 2022 a énoncé que l'attitude de la victime qui s'est présentée devant la chambre de l'accusé pour tambouriner à la porte et en proférant à son encontre des injures, constitue un acte de provocation du crime de meurtre (*TGIH Dakar ch. crim. n° 007 du 19 janvier 2022, MP c/ MB. S., inédit*).

Le cas d'excuse de provocation prévu par l'article 309 du CP paraît justifié en ce que la provocation fait naître une colère qui met le provoqué hors de lui, ce qui diminue sa faculté de jugement. En outre, cette excuse prend en considération l'idée de réciprocité des torts entre les protagonistes (provocateur et provoqué) (*B. PEREIRA, « Excuses », Rép pén. dr. proc. pén., Dalloz, 2021, n° 60*).

La Cour d'Assises de Dakar a jugé, dans un arrêt rendu le 27 janvier 2015, que doit bénéficier de l'excuse de provocation l'accusé, qui ayant reçu au cours d'une bagarre un coup de couteau s'est, en réaction au coup reçu, emparé du couteau détenu par la victime pour la poignarder avant de fracasser sa tête contre des briques (*C. ass. n° 05 du 27 janvier 2015, MP et M. B. c/ M. D., inédit ; TGIH Dakar ch. crim. n° 007 du 19 janvier 2022, MP c/ MB. S., inédit*).

Par contre, un arrêt de la Cour d'Appel de Dakar a indiqué, qu'au sens de l'article 314 du CP, « *l'excuse de provocation, excuse atténuante de responsabilité pénale dans le cadre de l'individualisation de la sanction, suppose que les coups et blessures infligées par la partie qui l'invoque aient été provoqués par des coups et blessures et préalablement* ». Le juge d'appel a jugé que ne saurait invoquer cette excuse, une jeune femme qui a mordu sa victime au doigt au cours d'une bagarre sans avoir été provoquée au préalable (*CA Dakar ch. corr., n° 632 du 11 juin 2012, MP et S. NG. c/A. ND., inédit*).

Il a été également jugé que l'excuse de provocation ne peut être valablement invoquée par un prévenu qui est à l'origine d'une bagarre ayant donné lieu à des échanges de coups (*CA Dakar ch. corr., n° 16 du 11 janvier 2017, MP et S. B. c/Nd. S., D. S., Y. ND., inédit ; dans le même sens, TGIHC Dakar, n° 907 du 25 juillet 2017, MP et M. T. S. c/ M. S. K., inédit : ne peut valablement invoquer l'excuse de provocation, l'auteur de coups et blessures volontaires qui, ne présentant aucune trace de violence, a déclaré que la victime a voulu prendre la fuite après avoir senti sa présence*).

Un arrêt de la Cour d'Appel de Dakar rendu le 19 septembre 2001 a énoncé que « *l'excuse de provocation suppose une agression déjà commencée* » (*CA Dakar ch. corr., n° 726 du 19 septembre 2001, MP c/ Mb. Th. MB., inédit*). Dès lors, une personne n'ayant pas été agressée, qui a tiré un coup de fusil, ne saurait invoquer l'excuse de provocation.

La jurisprudence semble exiger, comme en matière de légitime défense, que la riposte du provoqué soit proportionnelle à l'attaque. Ainsi, un arrêt de la Cour d'Appel de Dakar rendu le 10 mars 2003 a précisé que des coups et blessures ayant occasionné une incapacité totale de travail (ITT) de sept jours constituent une riposte manifestement disproportionnée par rapport à des injures et autres insanités dont a été victime une personne (*CA Dakar ch. corr., n° 167 du 10 mars 2003, MP et M. A. F. c/I. D., inédit*). Le juge a, en conséquence, refusé de retenir l'excuse de provocation.

L'article 310 du CP énonce que le meurtre ainsi que les blessures et les coups sont également excusables, s'ils ont été commis en repoussant pendant l'escalade ou l'effraction des clôtures, murs ou entrée d'une maison ou d'un appartement habité ou de leurs dépendances. L'alinéa 2 de ce texte précise que lorsque le fait est arrivé pendant la nuit, ce cas est réglé par l'article 317 du CP. En d'autres termes, le législateur assimile cette situation à un cas de présomption de légitime défense. Ainsi, les infractions excusables sont le meurtre, les blessures et les coups.

CHAPITRE IV : L'EXCUSE DE MINORITÉ

- **L'excuse de minorité-effet sur la peine encourue**

190. CA Dakar, ch. min., n° 01 du 15 juin 2016, *MP c/ Moussa DIOP, inédit*

En vertu des dispositions des articles 565 et suivants du Code de Procédure pénale, 52 et 53 du Code pénal, le mineur de plus de 13 ans peut faire l'objet d'une condamnation pénale et la peine sera au maximum la moitié de celle à laquelle il aurait pu être condamné s'il avait 18 ans.

LA COUR,

Considérant que par déclaration n° 859, enregistrée le 13 mai 2015 au Greffe du Tribunal de Grande Instance de Dakar, Maître Mbaye SENE, Avocat à la Cour, agissant au nom et pour le compte Madame K. D. es qualité de sa fille mineure S. D., partie civile, a relevé appel du jugement n° 249/2015, rendu contradictoirement en Chambre du Conseil par le Tribunal pour Enfants de ladite juridiction qui statuant en matière correctionnelle avait déclaré M. D. coupable des faits à lui reprochés, le confiant à son civilement responsable et condamnant ce dernier au paiement de la somme de cinq cent mille francs CFA (500 000FCFA) à titre de dommages et intérêts à la partie civile, ainsi qu'au remboursement des frais de justice liquidés à la somme de onze mille huit cents francs (11 800f), sous le bénéfice de l'exécution provisoire ;

Considérant que par déclaration n° 860 en la même date faite au greffe de la même juridiction, le Ministère public a incidemment relevé appel du jugement susvisé ;

En la forme :

Considérant que les appels ont été faits dans les forme et délai légaux ;

Qu'il y a lieu de les déclarer recevables ;

Considérant que les parties ont régulièrement comparu, assistées de leurs conseils et de leurs civilement responsables ;

Qu'il y a lieu de statuer contradictoirement à leur égard ;

Au fond :

Sur les faits et la procédure :

Considérant qu'il ressort du dossier et des débats les faits suivants :

Le 06 avril 2015 la dame K. D. déposait au commissariat de Police de THIAROYE une plainte contre les nommés M. D. et N. D. pour des faits de viol sur la personne de sa fille mineure, S. D. ;

A l'enquête Préliminaire, elle déclarait que le samedi 04 avril 2015 vers 18 heures, elle avait dû rentrer précipitamment chez elle après avoir reçu un appel téléphonique alarmant de sa fille ;

Celle-ci lui confia à son arrivée en pleurant à chaude larmes, inconsolable, que les susnommés venaient de la violer à tour de rôle, dans un endroit inconnu, après l'avoir bâillonnée pour l'empêcher de crier et alerter les passants ;

Elle déposait en même temps un certificat médical établi le 07 avril 2015 par l'Hôpital de PIKINE ;

Entendue en présence de sa mère, S. D. confirmait les déclarations de celle-ci en expliquant qu'elle avait connu les garçons au marché où elle vendait de l'eau et ils avaient échangé les numéros de téléphone ;

Que le jour des faits, ils l'avaient appelé et lui avaient fait comprendre qu'ils étaient dans le quartier et voulaient la voir, qu'elle partit à leur rencontre et se retrouva brusquement à terre, déséquilibrée par un croc en jambe de M., puis ballonnée et étranglée jusqu'à perdre connaissance ;

En reprenant ses sens dans un endroit isolé, elle constata qu'elle saignait abondamment et cela fit fuir les garçons par crainte d'être découverts ;

Interpellé puis interrogé en présence de son père M. D., M. D. nia les faits à lui reprochés, prétendant que S. était sa petite amie et qu'elle lui avait rendu visite ce samedi 04 avril comme à l'accoutumée, vers 17 heures, au moment du combat de lutte ;

Qu'ils ont entretenu un rapport sexuel dans la chambre prise en location par son frère germain N. D. ;

Que la vue du sang et la difficulté de pénétration lui avaient fait comprendre qu'elle était vierge ;

Il jura d'avoir été son unique partenaire et de n'avoir exercé aucune violence sur elle ;

Déféré au Parquet et jugé devant le Tribunal pour enfin pour viol et détournement de mineur contre S. D., tous deux réitéraient leurs précédentes déclarations et le Tribunal rendit la décision dont est appel ;

Sur l'appel

Sur l'action publique

Considérant que devant la Cour de céans, le prévenu a encore nié les faits à lui reprochés ;

Qu'il affirmait que S., bien vierge au moment de leur première conjonction du 04 avril mais n'avait pas saigné, et qu'ils avaient entretenu un second rapport à son retour de voyage deux jours après ;

Que son civilement responsable fit remarquer que la version de S. était invraisemblable car les faits s'étaient déroulés dans un quartier populeux ;

Qu'entendues à leur tour, cette dernière et sa mère maintenaient encore leurs déclarations antérieures ;

Qu'à la suite, leur conseil commença par relever l'incohérence de la première décision, le prévenu ayant reconnu l'acte sexuel et le mineur n'ayant pas de consentement, rappelant en même temps le comportement de la jeune fille qui avait nié s'être donnée avait aussitôt cherché le soutien de sa mère après les faits ;

Considérant que l'Avocat général, signalant à son tour l'incohérence de la décision du premier juge, ainsi que la constance et la gravité des faits, avait requis l'infirmation du jugement et la condamnation du prévenu à un an ferme de prison ;

Considérant qu'au sens des dispositions de l'article 320 du Code pénal, le viol est un acte de pénétration sexuelle par violence, contrainte, menace ou surprise puni d'un emprisonnement de cinq à dix ans ; qu'au sens des dispositions de l'article 348 du même Code, celui qui, sans fraude ni violence, enlève ou détourne un mineur de 18 ans sera puni d'un emprisonnement de deux à cinq ans et d'une amende de 20 000f à 200 000f ;

Qu'en vertu des dispositions des articles 565 et suivants du Code de procédure pénale, 52 et 53 du Code pénal, le mineur de plus de 13 ans peut faire l'objet d'une condamnation pénale et la peine sera au maximum la moitié de celle à laquelle il aurait pu être condamné s'il avait 18 ans ;

Considérant qu'en l'espèce, il ressort des débats ainsi que dans les pièces du dossier, notamment le certificat médical établi le 07 avril 2015 par le Chef du Service de Gynécologie de l'Hôpital de PIKINE que s ; d ; avait subi une déchirure hyménale récente et avait la vulve souillée de sang ;

Considérant que de l'enquête préliminaire à l'audience devant la Cour de céans en passant par la consultation médicale, la jeune fille a toujours donné la même version des faits et désigné les mêmes garçons N.D. et M. D. comme étant les auteurs des faits ;

Que par contre, M. a, lui, brillé par la diversité de ses déclarations truffées en plus de contradictions, affirmant tout d'abord qu'il y a eu un rapport, que la fille étant vierge, qu'elle avait saigné, ensuite qu'il n'y avait pas eu de sang, qu'il y a eu deux rapports, un premier le 04 avril, un second quelques jours après, qu'elle lui rendait souvent visite, qu'elle était venue d'elle-même le fameux jour et qu'il avait dû envoyer son jeune frère à sa rencontre car elle ne connaissait pas sa demeure ;

Considérant en outre que S., qui était mineure à l'époque des faits, ne pouvait consentir valablement ;

Qu'il est plus qu'évident qu'elle a été manipulée par le garçon afin de l'attirer hors de son domicile pour réaliser son plan machiavélique ;

Que les variations et contradictions relevées dans les déclarations de celui-ci révèlent sa mauvaise foi ;

Que sa stratégie maladroite de défense ne faisait que mettre en évidence sa culpabilité, surtout face aux déclarations constantes, cohérentes et sans équivoque, donc plus crédibles de la jeune fille ;

Qu'il convient dans ces conditions de le déclarer coupable de détournement de mineur et de viol, confirmant ainsi la décision entreprise, ensuite réformant quant à la peine et statuant à nouveau, de le condamner à un an d'emprisonnement ferme ;

Sur les intérêts civils :

Considérant que la partie civile par l'organe de son conseil a sollicité qu'il plaise à la Cour recevoir sa constitution de partie civile et de lui allouer la somme de deux millions (2 000 000) de francs CFA à titre de dommages et intérêts pour la réparation du préjudice subi ;

Considérant qu'au sens des dispositions des articles 133 et 134 du Code des Obligations Civiles et Commerciales, en abrégé COCC, le préjudice est en principe réparé par équivalence en allouant à la victime des dommages et intérêts qui doivent être fixés de telle sorte qu'ils soient pour la victime la réparation intégrale du préjudice subi ;

Considérant en l'espèce qu'au regard de l'action publique la faute pénale du prévenu est établie, de même qu'est avéré le préjudice qui en a résulté à l'égard de la partie civile qui a été violentée, traumatisée et a perdu son hymen, cette membrane d'aune haute valeur symbolique dans notre société ;

Qu'ainsi il y a lieu d'en conclure que la demande est bien justifiée ;

Que dans ces conditions, la Cour disposant d'éléments d'appréciation suffisants, il sera alloué à la victime la somme de deux millions de francs CFA réclamée pour toutes causes de préjudice confondus et le sieur M. N., civilement responsable, condamné au paiement ;

PAR CES MOTIFS

Statuant contradictoirement, en chambre du conseil, en matière correctionnelle et en dernier ressort ;

En la forme

Reçoit les appels, principal comme incident ;

Au fond

Infirme partiellement le jugement entrepris ;

Statuant à nouveau et réformant quant à la peine :

Condamne M. D. à un an d'emprisonnement ferme ;

Reçoit la constitution de partie civile de K. N. es qualité de S. D. ;

Réformant quant au quantum ;

Lui alloue la somme de deux millions de francs CFA à titre de dommages et intérêts ;

Condamne M. N., civilement responsable, au paiement ;

Confirme pour le surplus ;

Met les dépens à la charge de l'appelant.

OBSERVATIONS

L'excuse de minorité est aussi une cause d'atténuation de la peine motivée par le jeune âge du délinquant et par la nécessité de tempérer la répression pénale lorsqu'on l'applique à un mineur (*C. MARGAINE, « L'atténuation de la responsabilité des mineurs », Dr. pén. 2012, étude 19*). Elle est la seule excuse atténuante générale qui a vocation à s'appliquer à toutes les infractions pénales qualifiées crimes, délits ou contraventions (*V. art. 314 du CP*). L'excuse de minorité bénéficie aux mineurs de plus de treize ans. Selon l'article 567, alinéa 2 du CPP, le juge peut, lorsque les circonstances et la personnalité du délinquant lui paraissent l'exiger, prononcer à l'égard du mineur âgé de plus de treize ans, une condamnation pénale, conformément aux dispositions des articles 52 et 53 du CP. Ces condamnations sont toujours susceptibles d'être modifiées dans les conditions fixées par la loi.

Lorsqu'en raison des circonstances et de la personnalité du délinquant, il est décidé qu'un mineur âgé de plus de treize ans doit faire l'objet d'une condamnation pénale, les peines seront prononcées dans les conditions fixées par les articles 52 et 53 du CP. Il a été jugé que l'excuse atténuante de minorité joue à l'égard d'une peine déjà affectée, le cas échéant, par l'octroi de circonstances atténuantes (*Crim. 8 février 1978, Bull. crim. n° 51, obs. Larguier; RSC 1979, p. 824 ; crim. 7 septembre 1981, Bull. crim. n° 253; crim. 27 nov. 1985, Bull. crim. n° 384*).

Lorsque le mineur encourt la peine de réclusion criminelle à perpétuité, il sera condamné à une peine de dix à vingt ans d'emprisonnement.

S'il encourt la peine de réclusion criminelle à temps de dix à vingt ans ou de cinq à dix ans, de la détention criminelle de dix à vingt ans ou de cinq à dix ans, il sera condamné à l'emprisonnement pour un temps égal à la moitié au plus de celui pour lequel il aurait pu être condamné à l'une de ces peines.

Si le mineur encourt la peine de la dégradation civique, il sera condamné à l'emprisonnement pour deux ans au plus (*V. art. 52 du CP*).

Lorsque l'infraction commise par un mineur âgé de plus de treize ans est un délit ou une contravention, la peine qui pourra être prononcée contre lui ne pourra, sous la même réserve, s'élever au-dessus de la moitié de celle à laquelle il aurait été condamné s'il avait eu dix-huit ans (*V. art. 53 du CP*).

La chambre des mineurs de la Cour d'Appel de Dakar a jugé, dans un arrêt rendu le 28 février 2002, que lorsqu'un mineur est déclaré coupable de viol (délit à l'époque), c'est à bon droit que le tribunal pour enfants l'a condamné à deux ans d'emprisonnement ferme, en application de l'article 53 du CP (*CA Dakar, ch. min. n° 145 du 28 février 2002, MP et Ph. M. C. c/M. M., inédit*).

Dans le présent arrêt, la chambre des mineurs de la Cour d'Appel de Dakar a estimé qu'en vertu des dispositions des articles 565 et suivants du Code de Procédure pénale et des articles 52 et 53 du Code pénal, en matière correctionnelle, le mineur de plus de 13 ans peut faire l'objet d'une condamnation pénale et la peine sera au maximum la moitié de celle à laquelle il aurait pu être condamné s'il avait 18 ans.

CHAPITRE V : LES CIRCONSTANCES ATTENUANTES

- **Les circonstances atténuantes- atténuation de la peine-obligation de prononcer les circonstances atténuantes**

191. CS, ch. pén. n° 40 du 10 juin 1976, *Mamour Thiam DIENG el M.P. contre Ets CHOUERY et Sté CODIPRAL*, *Rev. sén. dr.*, n° 30, juillet-août-septembre 1983, p. 84

Doit être cassé l'arrêt de la cour d'appel qui condamne une personne pour escroquerie à la peine de 3 mois d'emprisonnement ainsi qu'à 50 000 francs d'amende sans déclarer qu'il existait des circonstances atténuantes en faveur du prévenu.

LA COUR,

Attendu qu'aucun moyen de cassation n'est produit à l'appui du pourvoi ; par ailleurs l'examen de l'arrêt ne révèle aucune irrégularité de nature à préjudice aux intérêts du demandeur ;

Sur le pourvoi du Procureur général près la Cour d'Appel de Dakar et sur le moyen pris de la violation de l'article 379 du Code pénal ;

Attendu que l'article 379 du Code pénal dispose que quiconque, par l'un des que ce texte énumère, aura escroqué ou tenté d'escroquer la totalité ou de la fortune d'autrui sera puni d'un emprisonnement d'un an au moins et de cinq ans au plus et d'une amende de 100 000 à 1 000 000 francs;

Attendu qu'en condamnant M. T. D. pour escroquerie à la peine de trois mois d'emprisonnement ainsi qu'à cinquante mille francs d'amende sans déclarer qu'il existait des circonstances atténuantes en faveur du prévenu, l'arrêt attaqué a violé le texte visé au moyen ;

PAR CES MOTIFS

Rejette comme irrecevable le pourvoi formé par M. T. D.,

Le condamne à l'amende et aux dépens ;

Fixe au minimum la durée de la contrainte par corps;

Reçoit le pourvoi du Procureur général près la Cour d'Appel de Dakar,

Casse et annule l'arrêt no 380 du 9 juillet 1973 de la Cour d'Appel de Dakar, seulement en ce qu'il a statué sur l'action pénale à l'égard de D., toutes les autres dispositions dudit arrêt demeurant expressément maintenues, et pour être statué à nouveau dans les limites de la cassation ainsi prononcée ;

Renvoie la cause et les parties devant la Cour d'Appel de Dakar autrement composée.

Dit que le présent arrêt sera imprimé. qu'il sera transcrit sur les registres de la Cour d'Appel de Dakar et que mention en sera faite en marge ou la suite de la décision attaquée;

Ordonne l'exécution du présent arrêt à la diligence de Monsieur le Procureur général près la Cour suprême.

OBSERVATIONS

Contrairement aux excuses atténuantes qui sont fixées par la loi, les circonstances atténuantes sont des causes d'atténuation laissées à la discrétion du juge pénal. Il importe au préalable de cerner les contours de la notion de circonstances atténuantes avant de déterminer ses effets sur la pénalité encourue.

Lorsque le législateur instaure un système dit de la fourchette comportant un maximum et un minimum, le juge ne peut sortir des limites légales que dans la mesure où il est autorisé à adoucir les peines au-dessous du minimum légal en fonction des circonstances atténuantes expressément constatées (*C. P. COLLARD, Du système des circonstances atténuantes, Paris, 1840 ; J. J. H. BERTIN, Des circonstances atténuantes, Paris, 1859 ; E. FLANDIN, « De la mansuétude dans la répression », R.C.L.J., 1859, t. XV, p. 403 ; P. ABADIE, Des circonstances atténuantes en matière correctionnelle et de simple police, thèse, Toulouse, 1930 ; cf aussi, V. COMBATDIEU, « Du maximum applicable en matière criminelle en vertu de l'article 463 nouveau du Code pénal », JCP, 1961.1.1599*). Le législateur autorise le juge à atténuer la peine prévue par la loi dans tous les cas où il existe des circonstances atténuantes en faveur du délinquant (*El H. DIOUF, « Réflexions sur quelques textes : articles 433, 307, 380 du Code pénal et articles 11 du Code des Contraventions », Rev. sen. dr., spéc., n° 12, 1973, p. 157 et s.*).

Mais la loi ne définit pas la notion de circonstances atténuantes qui est, par conséquent, laissée à l'appréciation du juge. Les circonstances atténuantes sont tellement liées à la personnalité du délinquant, et si peu attachées à l'infraction elle-même, que lorsqu'en Cour d'assises plusieurs crimes concurrents sont reprochés à l'accusé, la question relative aux circonstances atténuantes ne doit être posée qu'une seule fois (*Crim., 9 oct. 1968, JCP, 1968.IV.177*). Il suffit au juge de constater « *qu'il existe des circonstances atténuantes* » ou encore « *qu'il y a lieu de faire au prévenu ou à l'accusé une application modérée de la loi* ».

Dans la pratique, les juges prennent en compte aussi bien les circonstances personnelles à l'agent, antérieures (enfance malheureuse, antécédents judiciaires, etc.), concomitantes (âge, état de santé, ivresse passagère, immoralité de la victime, etc.) que celles postérieures à l'infraction (réparation volontaire, repentir actif, etc.) (*CA Paris, 9 mai 1951, Gaz. pal. 1951, II, 55, RSC 1952, p. 249*).

Les circonstances atténuantes sont comprises comme une sorte de correctif judiciaire de la rigueur abstraite de la loi. Elles permettent donc aux juges de tenir compte même « *des faits postérieurs à l'infraction lorsque ceux-ci seront de nature à les éclairer sur le caractère du délinquant, à démontrer qu'il n'était pas foncièrement perverti, à faire apparaître rétrospectivement sa faute comme moins répréhensible* » (*R. GARRAUD, Tr. dr. pén., 11, p. 763*).

Les circonstances atténuantes sont des faits indéfinis laissés à l'appréciation souveraine des juges du fond. Les juridictions répressives prononcent une peine réduite ou aménagée à l'encontre du délinquant selon les circonstances de la cause relatives à la commission de l'infraction : il s'agit alors de la reconnaissance d'une responsabilité allégée et corrélativement du prononcé d'une peine individualisée.

Dans un arrêt rendu par le 15 juillet 2009, la Cour d'Appel de Dakar, pour justifier l'octroi des circonstances atténuantes, a indiqué que « *les prévenus sont des délinquants primaires et que leur âge avancé et leur repentir même tardif devant la Cour de céans sont des éléments suffisants pour leur faire bénéficier de larges circonstances atténuantes, en application des dispositions de l'article 433 du CP* » (*CA Dakar ch. corr., n° 537 du 15 juillet 2009, MP et O. D. c/ B. Ch. C., inédit*).

Les circonstances atténuantes ont des effets importants sur les peines. Ainsi, sauf dispositions contraires et expresses de la loi, les peines prononcées contre celui ou ceux des prévenus reconnus coupables, en faveur de qui il aura été déclaré exister des circonstances atténuantes seront modifiées.

Lorsque la peine prévue est supérieure à cinq ans d'emprisonnement, le tribunal appliquera l'emprisonnement de deux ans au moins, sauf lorsque le minimum prévu est inférieur à deux ans, dans ce dernier cas il sera fait application de la réduction de peine prévue dans le cas où la peine prévue est inférieure ou égale à cinq ans.

C'est pourquoi, dans l'arrêt du 10 juin 1976 ci-dessus rapporté, la Cour suprême a jugé que doit être cassé l'arrêt de la cour d'appel qui condamne une personne pour escroquerie à la peine de 3 mois d'emprisonnement ainsi qu'à 50 000 francs d'amende sans déclarer qu'il existait des circonstances atténuantes en faveur du prévenu.

La chambre criminelle de la Cour suprême a jugé, dans un arrêt rendu le 06 janvier 2009, que méconnaît l'article 433 du CP, la cour d'appel, qui pour condamner une personne à la peine d'un an d'emprisonnement du chef de détention et trafic de drogues, délit puni d'une peine d'emprisonnement de cinq à dix ans, retient qu'il est « *délinquant primaire et qu'il y a lieu de lui appliquer les dispositions bienveillantes de l'article 433 du CP* » (*CS ch. crim. n° 02 du 06 janvier 2009, MP c/ B. D., inédit*).

Un arrêt de la Cour suprême, rendu le 22 juillet 1981, a énoncé qu'une cour d'appel, ayant condamné une personne à la peine de six mois d'emprisonnement et à 50 000 francs d'amende pour faux en écritures privées a violé les dispositions de l'article 433, alinéa 2 du CP selon lesquelles si la peine prévue est supérieure à cinq ans d'emprisonnement, le tribunal appliquera l'emprisonnement de deux ans au moins, sauf lorsque le minimum prévu est inférieur à deux ans (*CS n° 61 du 22 juillet 1981, G. D. c/ MP, inédit*).

Lorsque la peine prévue est un emprisonnement égal ou inférieur à cinq ans, les juridictions correctionnelles sont autorisées, même en cas de récidive, à réduire l'emprisonnement même au-dessous d'un mois et l'amende même à 20 000 francs ou une somme moindre. Elles pourront aussi prononcer séparément l'une ou l'autre de ces peines et même substituer l'amende à l'emprisonnement (*V. art. 433 du CP*).

CHAPITRE VI : LES CIRCONSTANCES AGGRAVANTES

- **Circonstances aggravantes réelles : transmission aux coauteurs**

192. C. ass. Dakar n°12 du 16 novembre 2009, *MP c/ Babacar MBAYE et autres, inédit*

La circonstance d'usage d'arme est une circonstance aggravante réelle qui s'applique à tous les co-auteurs.

LA COUR,

Considérant qu'il échet de déclarer régulière la saisine faite conformément à la loi, notamment l'article 205 du Code de procédure pénale ;

I – Sur l'action publique :

1 – 1 Sur les faits et la procédure :

Considérant qu'il ressort de la procédure et des débats les faits suivants :

Dans la nuit du mardi 4 au mercredi 5 février 2003, le gendarme B. M. , A. T. dit Tété et A. D. alias F. B. ont braqué I. G., conducteur du véhicule-taxi DK 84 99 X, l'ont ligoté, bâillonné et jeté dans la malle arrière de son véhicule.

Ils se sont ensuite rendus, à l'aide de ce véhicule, au domicile de Dame S. où ils séquestrèrent aussi le gardien, M. D. en le plaçant sur le siège arrière de véhicule taxi.

Ce qui leur permit de s'introduire illégalement dans le domicile de Dame S. où ils menacèrent, avec leurs armes, deux pistolets automatiques, les occupants et leur prirent des bijoux , divers effets et documents ainsi que les sommes de :

3 200 000 francs à Dame S. ;

1 684 000 francs à Madame S. née L. S. K. ;

350 000 francs à N. B. ;

Parmi les biens volés il y avait une sacoche en cuir et un appareil magnétoscope (vidéo). Ils obligèrent leurs victimes, qu'ils ont recouvert de drap, à ne pas quitter la chambre, en les menaçant de les abattre, avant de se sauver à bord du véhicule-taxi volé ;

Ayant attendu longtemps, les S. prirent finalement leur courage à deux mains pour sortir de la pièce et trouvèrent le gardien ligoté et jeté par terre devant la maison et ils alertèrent la gendarmerie de la foire le 05 février 2003 vers 02 heures du matin.

S'étant retirés du domicile des S., les trois, à bord du taxi volé, se partagèrent le butin, à raison de 1 250 000 francs, chacun de même que les bijoux, avant de se séparer.

B. M., qui continua seul avec le taxi volé, abandonna le chauffeur I. G., toujours ligoté et bâillonné, à hauteur de la raffinerie de Mbao. Il peint ensuite le véhicule pour essayer de l'exploiter commercialement en « clando ». A. T. revendit sa part des bijoux à un nommé Cheikh LO, établi au marché Sandaga, au prix de 285 000 francs CFA ;

F. B. donna en gage la vidéo volée à A. S., pour la somme de 25 000 francs CFA, empruntée à ce dernier.

Arrêtés tous les trois par la brigade de gendarmerie de Dakar ville de la compagnie de gendarmerie territoriale de Dakar, suivant procès-verbal d'enquête n° 005 du 03 mars 2003, F. B. s'évada, ultérieurement, des locaux de la bridage de gendarmerie où il était en garde à vue ;

Suivant procès-verbaux d'interrogatoire de première comparution du 07 mars 2003, B. M. et A. T. dit Tété furent inculpés par le doyen des juges des chefs de : vol en réunion avec usage d'arme et de véhicule ;

-séquestration ;

-association de malfaiteurs ;

-détention d'armes de la deuxième catégorie sans autorisation administrative

Ils furent placés sous mandat de dépôt le même jour ;

C. L. et A. S. inculpés de recel le même jour et placés sous mandat de dépôt à ladite date, bénéficièrent d'une liberté provisoire en avril 2003, alors que F. B., en fuite, fut l'objet d'un mandat d'arrêt décerné le 1er Avril 2003 par le même juge ;

Suite à l'ordonnance de transmission des pièces rendue par le doyen des juges le 24 juillet 2006, la chambre d'accusation, par arrêt n° 187 du 28 août 2007 prononça la mise en accusation de B. M., A. T. dit Tété , F. B., C. L. et A. S., décerna ordonnance de prise de corps contre eux et les renvoya devant la Cour de céans ;

B. M. est décrit dans l'enquête de personnalité comme un individu normal auquel, rien, ni dans son cursus scolaire et professionnel, ni dans sa vie familiale ne prédisposait à de tels actes et qui bénéficie toujours du soutien de sa famille pour une éventuelle réinsertion.

A. T., lui, est décrit comme un individu certes généreux, mais violent, avec un passé pénal déjà lourdement chargé et qui est animé par l'appât du gain facile. Sa famille s'est dissoute lors de sa détention en prison, sa femme s'étant remariée et il ne semble bénéficier d'aucun appui social en vue d'une éventuelle réinsertion.

F. B. a fait l'objet d'un mandat d'arrêt en date du 1er avril 2003 , sanctionné par un procès-verbal de recherches infructueuses n° 324 du 22 juillet 2004 de la Bridage de Gendarmerie de Rufisque.

Considérant qu'il échet de statuer contradictoirement contre B. M., A. T. dit Tété , C. L. et A. S. qui ont comparu, assistés de leurs conseils ; qu'il y a lieu de statuer par contumace contre A. D. alias F. B., en fuite ;

Sur la culpabilité

Sur les crimes d'association de malfaiteurs, de vol en réunion avec usage d'armes et de véhicule, de séquestration et de vol de véhicule en réunion avec usage d'arme

Considérant que les conseils de Dame S., de son épouse L. S. K., de sa nièce N. B. et de son gardien M. D. ont demandé à la Cour de recevoir leur constitution de partie civile , en faisant valoir que les accusés B. M., A. T. dit Tété et F. B. ont reconnu les faits à tous les stades de la procédure ; que notamment B. M., qui est le cerveau de la bande, après avoir ciblé la villa des victimes, a recruté les autres accusés et a fourni les deux armes qui ont permis d'accomplir leur forfait, d'abord en braquant et en séquestrant le conducteur de taxi I. G., puis le gardien M. D., avant de s'introduire dans la maison des époux S. pour y soustraire frauduleusement des biens, sous la menace de leurs armes ;

Considérant que les deux autres parties civiles, H. M., propriétaire du taxi volé et le conducteur I. G. ont également déclaré se constituer partie civile pour les faits relatifs au vol du taxi et à la séquestration ;

Considérant que l'Avocat général a requis la condamnation aux travaux forcés à perpétuité contre ces trois accusés aux motifs que les faits qui leur sont reprochés sont graves et constants et que l'article 367 du Code pénal est applicable dans la mesure où il y a eu vol en réunion et avec usage d'arme et de véhicule au préjudice des membres de la famille S. ; qu'il y eu usage d'arme et non port d'arme, en ce sens que les accusés ont utilisé leurs armes en les braquant sur les victimes pour les menacer et parvenir à leur fins ;

Qu'il a ajouté que les crimes d'association de malfaiteurs et de vol de véhicule en réunion avec usage d'armes sont également constants parce que non seulement les malfaiteurs se sont entendus pour accomplir leur forfait, mais également ils ont braqué le conducteur de taxi I. G., pour s'assurer d'un moyen de locomotion pour pouvoir se rendre chez les S. ;

Considérant que les conseils de B. M. ont d'une part plaidé l'inapplicabilité des dispositions de l'alinéa 3 de l'article 367 du Code pénal aux motifs que non seulement l'arrêt de renvoi de la chambre d'accusation n'a pas visé ledit texte, mais également M. n'a ni tiré , ni utilisé son pistolet pour assommer les membres de la famille S., mais s'est contenté d'en menacer ces derniers, et que concernant le chauffeur de taxi sa déclaration selon laquelle M. lui a braqué un pistolet à la tempe a été faite pour la première fois à la barre de la Cour de céans ;

Que d'autre part lesdits conseils ont plaidé coupable du chef de vol prévu par l'article 366 du Code pénal et sollicité la clémence de la Cour, en s'appuyant sur les capacités d'amendement et de réinsertion de leur client ;

Considérant que le conseil d' A. T. a soutenu que les faits d'association de malfaiteurs ne sont pas constants en ce sens que la seule circonstance de réunion ne suffit pas pour asseoir cette infraction, car il n'y a pas eu un dessein commun et un acte matériel les caractérisant ; qu'il a également déclaré que son client ne peut être poursuivi pour le vol du véhicule-taxi parce qu'il n'était pas au courant de ce que B. M. s'était finalement approprié le taxi, qu'il a affirmé, enfin, que son client ne peut être poursuivi que pour vol en réunion avec usage de véhicule dans la mesure où il n'a jamais détenu d'arme car B. M. étant le seul qui détenait une arme pendant leur forfait ;

(...)

Considérant que relativement à l'argument selon lequel la chambre d'accusation n'a pas visé l'article 367 du Code pénal, il y a lieu de répondre qu'il s'agit d'une simple omission matérielle ladite chambre ayant bien retenu l'usage d'arme parmi les circonstances aggravantes du vol ;

Considérant que les trois accusés, après avoir reconnu leurs forfaits à l'enquête préliminaire, revenaient partiellement sur leurs déclarations, B. M. comme A. T. que se rejetant la balle quant à l'instigateur de l'opération, tentant maladroitement de faire croire qu'à l'origine il était question d'interpeller le propriétaire de la maison visitée qui serait un trafiquant de drogue ;

Considérant qu'il demeure tout de même constant, comme résultant des déclarations circonstanciées de B. M. , A. T. et F. B., qu'ils ont formé entre eux une association en vue de commettre des crimes et délits contre les personnes et les biens et que notamment ils se sont entendus pour cambrioler le domicile de Dame S. ; que pour ce faire il ont d'abord braqué le véhicule-taxi immatriculé DK 8466 X appartenant à H. M. et conduit par son chauffeur I. G., qui sous la menace d'une arme à feu a été ligoté, bâillonné et jeté dans la malle arrière dudit véhicule ; que les trois se sont ensuite attaqués à M. D. gardien du domicile des S., qu'ils ont aussi ligoté, bâillonné et jeté sur le siège arrière du même taxi ; qu'après ils ont réveillé N. B. qui , sous la menace de leurs armes , leur a donné ses propres biens avant d'user de subterfuge pour amener les époux S. à lui ouvrir leur porte ; que ce couple, a été, sous la menace de leurs armes à feu , contraint de donner aux trois cambrioleurs des bijoux, des numéraires et divers effets et documents ; que les malfaiteurs ont ensuite recouvert leurs victimes de drap et les ont obligés à ne pas quitter la chambre, en menaçant de les abattre et se sont ensuite sauvés à bord du véhicule-taxi volé dont le chauffeur, I. G., a été abandonné vivant, toujours ligoté et bâillonné à hauteur de la raffinerie de MBAO ;

Qu'il est incontestable que c'est suite à une entente survenue entre ces trois accusés que les vols ont été accomplis ceci, notamment, au vu de la précision avec laquelle la maison visitée a été identifiée et l'opération rondement menée ;

Considérant que la circonstance d'usage d'arme est une circonstance aggravante réelle s'appliquant à tous les co-auteurs ; que contrairement aux affirmations de la défense il y a bien eu usage d'arme en ce que le sieur M. n'a jamais contesté qu'il détenait une arme ; que même à l'enquête préliminaire, M. a reconnu qu'il a utilisé pour leur forfait deux armes dont l'une prêtée par le gendarme A.K. L. et l'autre achetée à Touba ; que F. B. a reconnu devant les gendarmes enquêteurs l'existence de ces deux armes et a précisé qu'ils se les passaient tous les trois ;

Qu'il est constant que c'est sous la menace d'arme braquée contre eux que non seulement N. B. a été dépouillée de ses biens et obligée à aller réveiller les époux S. mais également que ces derniers ont été neutralisés et dépossédés de leur argent, bijoux et autres effets ;

Considérant qu'A. T. lui-même a reconnu à l'enquête de gendarmerie que c'est suite à des besoins d'argent que tous les trois se sont retrouvés pour discuter des voies et moyens pour en avoir et que B. M. leur a proposé le cambriolage des membres de la famille S. ; que le crime d'association de malfaiteurs, qui suppose une simple entente et qui est sanctionné Indépendamment des infractions qui en résultent, est dès lors constant ;

Qu'il est, par ailleurs incontestable que les accusés ont illégalement maintenu de force des personnes quelque part, en l'occurrence I. G., qu'ainsi, ils ont intentionnellement :

1°) constitué une association de malfaiteurs ;

2°) commis un vol en réunion de véhicule avec usage d'arme ;

3°) commis un vol en réunion avec usage d'armes et de véhicule ;

4°) séquestré des personnes ;

Qu'il échet de les déclarer coupables de ces crimes en application de textes de loi susvisés;

(...)

PAR CES MOTIFS

Statuant publiquement, contradictoirement contre B. M., A. T., C. L. et A. S. et par contumace contre F. B., en matière criminelle et en premier ressort ;

Déclare la saisine régulière ;

Acquitte C. L. et A. S. ;

Déclare B. M., A. T. et F. B. coupables de vol en réunion avec usage d'armes et de véhicule, de séquestration, de vol de véhicule en réunion avec usage d'armes et du crime d'association de malfaiteurs ;

Déclare B. M. et A. T. coupables de détention d'armes et la deuxième catégorie, sans autorisation administrative ;

Déclare F. B. coupable d'évasion ;

Les condamne, chacun, en vertu des articles 5, 215, 238, 239, 364 334, 336, 337 et 367 du Code pénal et de la loi n ° 66-03 du 18 février 1966, aux travaux forcés à perpétuité ;

Prononce à leur encontre l'interdiction de séjour dans la région de Dakar et des autres chefs-lieux de région pour une durée de 10 ans ainsi que l'interdiction définitive de la totalité des droits énumérés à l'article 34 du Code pénal en application des articles 34 et 36 du Code pénal et 337 du Code de procédure pénale ;

Confirme le mandat d'arrêt décerné contre F. B. ;

Reçoit la constitution de partie civile de Dame S., L. S. K., N.B., M. D., I. G. et H. M. ;

Leur alloue la somme totale de 16 200 000 Francs se répartissant comme suit :

- 10 000 000	Dame S.
- 3 000 000	Madame S. née L. S. K.
- 1 000 000	N. B.
- 500 000	M. D.
- 1 000 000	I. G.
- 700 000	H. M.

Condamne solidairement B. M., A. T. et F. B. au paiement du montant total des dites sommes :

Ordonne l'exécution provisoire sur les intérêts civils ;

Fixe la contrainte par corps au maximum ;

Condamne B. M., A. T. et F. B. aux dépens ;

Avertit les condamnés qu'ils ont un délai de quinze jours pour interjeter appel ;

Et ordonne que le présent arrêt sera exécuté à la diligence de Monsieur le Procureur général.

• Circonstances aggravantes réelles : transmission aux coauteurs

193. C. ass. Dakar n° 16 du 09 décembre 2010, *MP c/ D. D., inédit*

Le propre d'une circonstance aggravante réelle est de modifier la nature de l'infraction à l'égard de tous les accusés et complices. Dès lors, la circonstance aggravante tirée du port d'armes blanches doit être retenue contre tous les accusés.

LA COUR,

Considérant que par arrêt en date du 11 décembre 2008, la chambre d'accusation a ordonné le renvoi devant la cour d'assises de céans de B. M., F. M. B. M. et A. S. des chefs d'association de malfaiteurs, de vols multiples commis en réunion, avec violences et port d'armes, de détention illégale d'armes blanches de détention de chanvre indien, de défaut de permis de conduire et de coups et blessures volontaires ;

Que ces faits sont prévus et punis par les articles 364,366,367,238,239 et 294 du Code pénal et les lois n° 97-18 portant Code des Drogues et n° 66-03 du 18 janvier 1966 portant régime général des armes et munitions.

EN LA FORME

Considérant que la procédure est régulière pour avoir été faite dans les conditions prescrites par la loi ;

Qu'il échet de la déclarer recevable ;

Considérant que les accusés ont comparu assistés de leurs conseils ;

Qu'à l'exception de M. S. et de A. N., les parties civiles ont également comparu ;Qu'il échet de statuer par défaut à l'encontre de M. S. et de A. N. et contradictoirement à l'égard de tous les autres.

AU FOND

Sur les faits

Considérant que courant 2006, différents commissariats avaient été saisis de plaintes relatives à des vols commis suivant le même modus operandis ;

Qu'il ressort en effet des différentes dépositions des nommés A. S., C. T. N. et A. N. que les malfaiteurs, toujours au nombre de quatre, circulaient à bord d'un véhicule Peugeot 505 en faisant croire à leur victime qu'il s'agissait d'un taxi clando ; que dès que la victime entrait dans le véhicule, les deux passagers de l'arrière se débrouillaient pour la prendre en sandwich et, une fois dans un endroit isolé, la dépouillaient de tous ses biens après l'avoir tenue en respect avec leurs de couteaux.

Que le 25 octobre 2006, à l'occasion d'une opération de sécurisation initiée par le commissariat de Guédiawaye, les policiers interceptaient au quartier « fith Mith. » un véhicule de marque Peugeot 505 avec à bord quatre passagers dont le chauffeur ; La machette que le passager du siège avant qui se trouvait être B. M., tentait de dissimuler attira l'attention des policiers ; ceux-ci procédèrent aussitôt à l'arrestation

des trois autres, à savoir F. M. qui tenait le volant B. D. et A. S. qui occupaient le siège arrière ;la fouille qui s'ensuivit permit de découvrir un couteau à longue lame effilée sur A. S., trois téléphones portables et la sommes de 340 000 et celle de 35 000F qui se trouvaient respectivement sur B. M. et B. D..

Que contactés par les enquêteurs, A. S., C. T. N. et A. N. se présentèrent au commissariat de Guédiawaye où ils désignaient les mis en cause comme étant ceux qui les avaient agressés ; A. S. précisait d'ailleurs avoir retenu le numéro du véhicule qu'il avait donné dans sa plainte déposée la veille.

En cours d'enquête, M. S. déposait une plainte contre B. D. ; il expliquait que c'est lors de l'altercation qui l'a opposé à B. D. que ce dernier, prenant fait et cause pour son frère, lui asséna trois coups de couteaux, lui occasionnant une ITT de 21 jours.

Considérant que lors de leurs interrogatoires tant à la police que devant le juge d'instruction ou à la barre de la cour, les accusés ont juste reconnu avoir pris A. S . à bord de leur véhicule et avoir eu une altercation avec ce dernier. Qu'ils ont par contre affirmé n'être nullement impliqués dans les faits de vols commis au préjudice de C. T. N. et de A. N..

Sur l'action publique

Considérant que l'avocat général estimé qu'à l'exception du délit de détention chanvre indien qui ne peut être imputé à F. M., celui-ci ayant occupé le siège avant du véhicule alors que la drogue a été trouvée sur le siège arrière, toutes les autres infractions sont établies ; que s'agissant de l'infraction de vol aggravé, il a tenu à préciser que lorsqu'une circonstance aggravante a été le fait d'un seul accusé, elle doit être retenue contre tous les accusés ; que relativement à l'infraction d'association de malfaiteurs, il a souligné que l'entente préalable, caractéristique de l'intention criminelle, résulte suffisamment du briefing que les accusés ont tenu au SAF BAR avant de s'attaquer aux victimes ; qu'en ce qui concerne la répression, il a fait observer que compte tenu du fait que les violences exercées sur A. N. ont occasionné à ce dernier une ITT de plus de quinze jours, les faits tombent sous le coup des dispositions de l'article 367 du code qui exclut en pareille circonstance, la possibilité d'octroyer des circonstances atténuantes ; qu'il a requis en conséquence, la peine des travaux forcés à perpétuité.

Considérant que les conseils des accusés ont tous estimé que l'infraction d'association de malfaiteurs n'est pas établie ; qu'ils ont fait valoir qu'avant la date des faits, les accusés ne se connaissaient pas tous et qu'ils s'étaient retrouvés au SAF BAR tout juste pour les besoins de la fête et non pour envisager des actions criminelles. Que Maître René NDIAYE ,conseil de B. M. a sollicité l'acquittement de ce dernier ou, à défaut une application bienveillante de la loi pour son client ; que Maître AMETTI conseil de B. D. et de A. S. a reconnu que les infractions de coups et blessures volontaires, de détention illégales d'armes blanches sont établies pour avoir été reconnues par les accusés ; que cependant, il a souligné que le délit de détention de chanvre indien ne peut être retenu contre B. D. compte tenu du fait que celui-ci n'était pas seul au siège arrière où la drogue a été retrouvée ;qu'enfin s'agissant de l'infraction de vols multiples, les avocats de la défense ont unanimement estimé qu'en dépit de la similitude du modus operandi, la preuve de l'implication des accusés n'a été établie que par rapport au vol commis au préjudice de A. S.. Ils sollicitent une application bienveillante de la loi.

(...)

Sur les vols multiples, en réunion, avec violences et port d'armes

Considérant que les accusés ont toujours nié les faits relatifs au vol commis au préjudice de A. N. ; qu'il s'y ajoute que ce dernier, après avoir déclaré à la police qu'il reconnaissait formellement les accusés, admettait devant le juge d'instruction qu'il n'était pas en mesure de les reconnaître tous en raison du fait qu'au moment des faits, ses agresseurs portaient des bonnets qu'ils avaient tirés jusqu'au front. Qu'au regard de ces éléments, il y a une incertitude sur l'implication des accusés dans les faits de vols commis au préjudice de A. N., qu'il échet de les acquitter de ce chef.

Considérant que les accusés ont reconnu avoir pris A. S. à bord de leur véhicule ; que B. D. a déclaré lui avoir administré une gifle tandis que A. S. reconnaît que le portable de la victime a été retrouvé entre ses mains ; qu'en dépit des dénégations incohérentes des accusés, il apparaît qu'ils ont commis l'infraction à eux reprochée comme l'ont du reste admis Maître AMETTI, conseil de B. D. et Maître S., conseil de F. M.

Considérant qu'au moment de leur arrestation B. M. et A. S. ont été trouvés porteurs d'armes blanches ; que comme l'a relevé l'avocat général, cette circonstance aggravante doit être retenue contre tous les accusés, le propre d'une circonstance aggravante réelle étant de modifier la nature de l'infraction à l'égard de tous les accusés et complices.

Considérant par ailleurs qu'à toutes les étapes de la procédure C. T. N. a invariablement soutenu qu'il reconnaissait les accusés comme étant ceux qui l'avaient dépossédé de ses biens sur la route de Rufisque ; que même si les accusés ont toujours nié ces faits de vols, force est de reconnaître que l'identité de la marque du véhicule et la similitude du modus operandis ne laissent aucun doute sur l'implication des accusés dans les faits de vols commis au préjudice de C. T. N..

(...)

PAR CES MOTIFS

Statuant publiquement, contradictoirement à l'égard des accusés, des parties civiles A. S., S. T. N. ;

Par défaut à l'encontre de M. S. et de A. N. en matière criminelle et en premier ressort ;

En la forme

Déclare la saisine régulière et l'action recevable ;

Au fond

Sur l'action publique

Déclare les accusés coupables d'association de malfaiteurs et de vols multiples commis en réunion avec violence et port d'arme au préjudice de A. S. et de C. T. N. ;

Déclare B. D. coupable de coups et blessures volontaires ayant entraîné une ITT de 21 jours sur la personne de M. S. ;

Déclare A. S. et B. M. coupable, de détention illégale d'armes blanches ;

Déclare F. M. coupable du délit de conduite d'un véhicule automobile sans permis ;

Prononce l'acquittement de F. M. et de B. D. pour le délit de détention de chanvre indien ;

Pour la répression, les condamne à 7 ans de travaux forcés chacun ;

Ordonne la confiscation des armes blanches saisies ;

Le tout en application des dispositions des articles 5, 238, 239, 294, 364, 366 et 432 du Code pénal, de la loi n° 66-03 du 18 janvier 1964 de l'article 1er du Code de la Route et 340 du Code de Procédure pénale ;

Avertit les accusés de la faculté qui leur est accordée pour rejeter appel dans un délai de 15 jours à compter du prononcé de l'arrêt.

- **Circonstances aggravantes réelles transmission aux complices et coauteur**

194. TGIHC Dakar, ch. crim. n°78 du 16 juin 2021, *MP c/ Héritiers de feu J. P. A. Ch. D., inédit*

Les circonstances aggravantes réelles, en ce qu'elles sont objectives, relatives à l'infraction, s'appliquent en principe automatiquement à tous les participants et donc aux complices. Toutefois, l'application systématique d'une circonstance aggravante au complice ne saurait être envisagée lorsque ce dernier n'avait en vue que la réalisation d'une infraction sans complication et avait ignoré ou désapprouvé la circonstance dont s'agit.

LA COUR,

Attendu que suivant ordonnance de non-lieu partiel, de requalification, de mise en accusation et de renvoi rendue le 27 janvier 2021 par le juge d'instruction chargé du 3ème Cabinet d'instruction du Tribunal de grande Instance hors classe de Dakar, F. Ch. C. , M. D. dit M. S. D. alias B. et M. W. D. ont été renvoyés devant la chambre criminelle de céans, sous les accusations :

- Contre M. D. et S. D. , d'avoir à Dakar, courant 2017, en tout cas avant prescription de l'action publique, frauduleusement soustrait un ordinateur, une somme d'argent, un coffre-fort et divers documents au préjudice de Jean Charles D. , avec ces circonstances que ledit vol a été commis la nuit, en réunion avec usage de moyen de locomotion et de violences ayant entraîné la mort;
- Contre F. Ch. C. , d'avoir dans les mêmes circonstances de temps et de lieu, avec connaissance aidé ou assisté les nommés M. D. et S. D. dans les faits de vol en réunion commis la nuit avec usage de véhicule et de violences ayant entraîné la mort qui leur sont reprochés ;
- Contre M. W. D. , d'avoir dans les mêmes circonstances de temps et de lieu, sciemment recelé des numéraires qu'elle savait provenir d'un vol commis en réunion commis la nuit avec usage de véhicule et de violences ayant entraîné la mort de la victime, reproché à M. D. et S. D. ;

- Contre M. D., S. D. , Mame W. D. et F. Ch. C. , d'avoir dans les mêmes circonstances de temps et de lieu, formé une association ou établi une entente dans le but de commettre des infractions ;

Faits prévus et punis par les articles 45, 46, 238, 239, 364, 366, 367, 368 et 431 du Code pénal ;

Attendu que les accusés ont comparu à l'audience, assistés de leurs conseils ;

Que les héritiers de feu Jean Charles D. , parties civiles, ont été représentés ;

Qu'il convient de statuer contradictoirement à l'égard de toutes les parties ;

En la forme

Attendu que l'action publique a été initiée dans les forme et délai légaux ; qu'il convient de la déclarer recevable ;

Au fond

Sur l'action publique

Il ressort de la procédure que le 30 mars 2018, les éléments de la Brigade de Gendarmerie de la Foire ont été informés de la découverte du corps sans vie du sieur Jean-Pierre D. à son domicile sis à Yoff, par sa femme de ménage F. D..

La Brigade de Recherches de Dakar dépêchée sur les lieux constatait que le défunt était couché sur le ventre au bas des escaliers, les mains ligotées au dos, les pieds attachés, la bouche, le nez et le cou entourés d'un ruban adhésif. Les enquêteurs notaient en outre des traces de sang au niveau des fosses nasales et des hématomes au niveau du cou et sur le muscle triceps brachial de la main gauche. Le transport sur les lieux permettait en outre la découverte d'une décharge signée par F. Ch. C. portant sur la somme de 150 000 FCFA comportant deux paiements de 10 000 FCFA effectués le 11 et 13 mars 2018.

Requis, le médecin I. T. de l'hôpital Le Dantec établissait un certificat de genre de mort en date du 06 avril 2018 faisant état d'une asphyxie mécanique par suffocation causée par une obstruction des orifices nasaux externes et buccal et d'une strangulation.

F. D. déclarait avoir trouvé le défunt dans l'état décrit ci-dessus, avant de faire appel à son bailleur. Elle précisait qu'elle travaillait pour le compte de Jean Pierre D. et F. D. depuis le 31 octobre 2017.

F. D. déclarait vivre avec la victime depuis 7 ans et qu'ils ont tissé une relation amoureuse. Leur dernière communication sur WhatsApp datait du 29 septembre 2018, alors qu'elle se trouvait en voyage en Gambie. Elle ajoutait avoir constaté la disparition du coffre-fort, de l'ordinateur, de l'imprimante et du téléphone portable.

L'exploitation des résultats de la réquisition adressée à la SONATEL permettait aux enquêteurs de constater que le numéro 77 ……. a communiqué 13 fois avec le défunt sur son téléphone fixe et sur son téléphone portable, entre 12 heures 13 minutes et 20 heures 59 minutes, ce dans la journée du 29 mars 2018,

Le propriétaire du numéro, identifié sous le numéro de F. Ch. C. , a été arrêtée le 6 avril 2018 dans les locaux de la Brigade des Affaires Générales où elle s'était présentée pour déposer la carte d'identité de son copain dénommée A. N., en détention à la maison d'arrêt de Rebeuss.

Interrogée, F. Ch. C. expliquait qu'elle fréquentait J. P. D. depuis longtemps et a entretenu à maintes reprises des relations intimes avec lui. Le 11 mars 2018, il lui avait consenti un prêt de 150 000 FCFA contre décharge. En remboursement dudit prêt, il lui a imposé des rapports sexuels tout en exigeant de lui présenter ses amies à cette fin. Se sentant sous pression, elle déclarait avoir filtré le numéro de la victime en raison des multiples appels et s'était confiée au nommé M. D., qui avait affirmé détenir la solution pour mettre un terme à cette pratique.

Ainsi, de concert avec ce dernier, ainsi que les nommés S. D. et W. D., ils se sont rendus au domicile de la victime vers 20 heures à bord d'un taxi. Selon F. Ch. C. , il s'agissait de commettre un vol pendant que Jean Pierre D. serait occupé à entretenir des rapports sexuels avec W. D.. Mais contre toute attente, M. D. et S. D. ont fait irruption à l'intérieur de l'appartement lorsque le sieur D. a ouvert la porte. Ils se sont alors acharnés sur lui en le fauchant et en le neutralisant. S. D. l'a étranglé en le saisissant à la gorge, puis à l'aide d'un scotch acheté pour la circonstance, il l'a bâillonné et lui a ligoté les pieds et les mains avec l'aide de M. D..

W. D. ayant pris peur, a quitté les lieux au moment où S. D. et M. D., qui ont fouillé la maison, ont pris un coffre-fort, un ordinateur, un portable, une pochette et des cartes GAB. Ils ont par la suite quitté les lieux, à bord d'un taxi, avec tout le matériel caché dans une valise.

C'est arrivé au domicile du nommé Ahmet, ami de S. D. , que le coffre-fort a été défoncé à l'aide d'un rase cloue acheté par M. D.. Ils y ont trouvé deux enveloppes, l'une contenant un passeport, des cartes GAB et autres documents de la victime, l'autre contenant la somme de 500 000 FCFA, ajoutée à celle de 70 000 FCFA découverte dans la pochette de la victime trouvée sur le lit. La dame C. précisait que l'argent a été partagé ainsi : 150 000 FCFA pour elle, 190 000 FCFA pour M. D. et le reste pour S. D. .

Poursuivant, F. Ch. C. précisait que S. D. et M. D. étaient respectivement armés d'un coupe-coupe et d'un couteau et qu'elle ne l'a constaté qu'à leur arrivée chez Jean Pierre D. . Elle soulignait en outre qu'elle avait organisé le vol mais n'avait pas souhaité la mort de ce dernier et n'y avait aucun intérêt. Elle précisait avoir même informé ses acolytes de ce que la victime était malade.

Entendu, M. D. déclarait que le jour des faits, il était en compagnie de S. D. lorsque F. Ch. C. , accompagnée de M. W. D. , était venue le chercher. Il indiquait que le sieur D., qui avait accepté de participer à l'opération, s'était prémuni d'un ruban adhésif. Il ajoutait qu'une fois sur place, c'est ce dernier qui avait bâillonné la victime pour l'empêcher de crier et après l'avoir neutralisée, ils étaient montés dans l'appartement, guidés par F. Ch. C. qui leur indiquait les lieux. Il précisait qu'après le partage du produit du vol, ils ont retrouvé Mame W. D. chez elle, laquelle a reçu de lui et de la part de F. C. , les sommes respectives de 15 000 FCFA et 20 000 FCFA. Il contestait l'intention de donner la mort au sieur D. et soutenait qu'ils s'étaient armés pour se défendre uniquement. Il terminait par mentionner qu'il avait vendu l'ordinateur à un ami du nom de T., travaillant à la salle de vente.

S. D. alias B. confirmait les déclarations de M. D. et précisait avoir jeté le coffre-fort dans un véhicule de ramassage d'ordures, aidé en cela par le nommé A. Toujours en compagnie de ce dernier, il s'était débarrassé du coupe-coupe, des cartes GAB, des clés et du passeport de la victime dans le canal 4. Il déclarait avoir reçu plus de 150 000 FCFA et contestait l'intention de donner la mort, due probablement selon lui au scotch. Il contestait avoir pris le parfum et l'alliance de la victime.

Mame W. D. déclarait que F. Ch. C. lui avait expliqué qu'elle devait la somme de 150 000 FCFA au sieur D. Comme elle était dans l'impossibilité de s'acquitter de cette dette, elle avait requis son aide afin qu'elle devienne la copine de ce dernier.

Elle indiquait que quelques jours plus tard, F. Ch. C. avait changé de plan et décidé de commettre un vol au domicile de J. P. D. et qu'elle était chargé, pour ce faire, de distraire la victime pendant que les autres commettaient leur forfait. Toutefois, à leur arrivé sur les lieux, elle avait pris peur et s'était enfuie à bord d'un taxi, lorsque les hommes ont fait irruption dans la maison et que les choses ont mal tournées. Elle déclarait avoir accepté la somme de 15 000 FCFA de F. Ch. C. , sur insistance de cette dernière et de peur d'éveiller les soupçons de sa grand-mère, présente au moment de la remise. Elle ajoutait que F. C. lui avait déclaré que Jean Pierre D. , qui avait été ligoté et bâillonné, s'était évanoui mais qu'il s'était réveillé le lendemain et se portait mieux.

B. MB., mère de F. Ch. C. , déclarait qu'un jour, celle-ci l'avait informée téléphoniquement avoir commis un vol d'argent chez un français avec trois compagnons. Elle avait refusé de lui fournir l'identité de ceux-ci et avait fugué pendant plusieurs jours.

La perquisition effectuée au domicile de M. D. permettait de découvrir un arrache clou qui aurait servi à défoncer le coffre de la victime. Celle de la chambre louée à Yoff par S. D. et M. D. après la commission des faits aboutissait à la découverte d'un parfum de marque BOSS qui selon la nommée F. D., appartenait à la victime. Les recherches relatives à l'ordinateur, au coffre-fort et aux documents restaient infructueuses.

Inculpés d'association de malfaiteurs, assassinat, vol commis en réunion la nuit avec effraction et usage de moyen de locomotion, F. Ch. C. , M. D. dit M., S. D. alias B. et M. W. D. contestaient les faits.

F.D., F. D., B. N. et B. MB., entendus en qualité de témoin, réitéraient leurs déclarations faites à l'enquête préliminaire.

F. D., déposant une procuration faite à son profit par M. D. , T. D. et Marion D. , respectivement épouse, fils et fille de la victime, déclarait se constituer partie civile.

F. Ch. C. exposait, devant le magistrat instructeur, que c'est le jour des faits qu'elle a vu S. D. pour la première fois, alors que M. D. lui avait juste promis de mettre en demeure la victime, du fait des harcèlements sexuels dont elle était victime. Elle indiquait que W. D. l'avait accompagnée mais ignorait tout de ce qui se tramait et n'a rien reçu à l'issue de l'opération. Cette dernière a pris la fuite lorsque les sieurs D. et D. ont attaqué la victime ; quant à elle, elle s'était enfermée dans une pièce au moment où la victime était ligotée et bâillonnée. Elle prétendait avoir été informée du décès du sieur D. le jour de son interpellation.

Mame W. D. contestait avoir déclaré qu'elle devait tenir compagnie à la victime pour permettre à M. D. et S. D. de s'introduire dans la maison. Selon elle, F. Ch. C. l'avait convaincue de l'accompagner pour rendre visite à la victime et ce n'est qu'en cours de route qu'elles avaient été rejointes par deux individus, lesquels selon la dame C., devaient juste partager leur trajet. Cependant, après être descendus en cours de route, les deux individus avait fait irruption au moment où la victime leur ouvrait la porte. Prise de peur, elle avait quitté les lieux, avant d'appeler plus tard F. C. au téléphone pour comprendre ce qui s'était passé et cette dernière lui reprochait d'être une peureuse. Comme promis, F. C. l'avait retrouvée à son domicile deux heures plus tard pour la rassurer. Elle lui avait remis 10 000 FCFA pour payer une dette tout en lui offrant un montant de 5 000 FCFA.

M. D. et S. D. contestaient toute participation aux faits, de même que leurs déclarations tenues à l'enquête préliminaire. M. D. précisait qu'il ne connaissait que F. C. , ce par l'intermédiaire d'un laveur de véhicule. Quant à S. D. , il soutenait connaître M. D. et F. C. C. pour leur avoir fourni du chanvre indien.

Devant la barre de la chambre criminelle, les accusés ont contesté les faits à eux reprochés, en réitérant leurs déclarations tenues à l'instruction.

Prenant ses réquisitions, le Ministère public a d'abord fait observer que le sieur Jean Pierre D. a été étranglé et est décédé d'une asphyxie buccale et nasale lors du vol survenu à son domicile. Il a fait relever que les perquisitions effectuées aux domiciles de M. D. et S. D. ont permis de retrouver un arrache-clou chez le premier et au domicile du second, un parfum appartenant à la victime. Il a soutenu que ces derniers ont soustrait les biens du sieur D. en le ligotant et le bâillonnant, ce ainsi qu'en attestent les déclarations constantes de W. D. et F. C.. Il a ainsi sollicité leur déclaration de culpabilité pour le chef de vol en réunion commis la nuit avec usage de véhicule et de violences ayant entraîné la mort.

S'agissant de F. Ch. C. , il a requis sa déclaration de culpabilité pour complicité de ce chef, en faisant relever que cette dernière a reconnu avoir aidé et assisté les sieurs D. et D..

Pour ce qui est de W. D., le Ministère public a requis son acquittement du chef de recel, en indiquant que même si l'accusée susnommée a admis avoir perçu la somme de 15 000 FCFA après le vol, il était difficile de déterminer l'origine d'un tel montant.

Le maître des poursuites a par ailleurs sollicité la déclaration de culpabilité de tous les accusés pour le chef d'association de malfaiteurs, en soulignant que le projet criminel a été arrêté et planifié avant l'action et que tous les mis en cause étaient au fait de ce qui se tramait.

Il a en définitive requis la condamnation de W. D. à une peine de cinq (05) ans de prison ferme et celle de M. D., S. D. et F. C. aux travaux forcés à perpétuité.

Les conseils de W. D. ont exposé, relativement au chef d'association de malfaiteurs, que leur cliente ignorait le but de leur visite chez la victime et a été confirmée en cela par F. Ch. C. . Ils ont soutenu, en ce qui concerne l'infraction de recel, que la somme d'argent reçue provenait d'une dette que lui devait cette dernière. Ils ont ainsi sollicité son acquittement, ne serait-ce qu'au bénéfice du doute.

En ce qui concerne F. Ch. C. , la défense a d'abord indiqué que l'accusée n'a pas nié avoir participé à l'opération qui consistait à se rendre au domicile du sieur D. afin d'y commettre un vol et de mettre fin au chantage sexuel dont elle était victime. Les conseils de la dame C. ont ajouté que leur cliente s'est ainsi uniquement rendue coupable de complicité de vol en réunion, mais ne saurait être comptable de la circonstance aggravante de violences ayant entraînées la mort, en ce qu'elle n'a pas assisté à la réalisation du vol ni participé aux audites violences. Ils ont ajouté que la mort d'homme survenue n'était pas recherchée par leur cliente, à l'égard de qui l'article 367 du Code pénal n'est pas applicable au même titre que ses co-accusés. Ils ont par conséquent sollicité la disqualification des faits en ce qui la concerne en complicité de vol en réunion et une application bienveillante de la loi, compte tenu de sa qualité de délinquante primaire et de son jeune âge.

Le conseil de M. D. dit M. a de prime abord plaidé l'acquittement du chef d'association de malfaiteurs, motif pris de ce que ladite infraction n'a pas été visée dans le dispositif de l'ordonnance de renvoi. Il a par ailleurs fait noter que le but initialement recherché par son client était de soustraire des biens et non de donner la mort, même s'il existe un lien de connexité entre le décès de la victime et les violences exercées. Il a plaidé, compte tenu du jeune âge de son client, l'application des dispositions de l'article 432 du Code pénal et une application bienveillante de la loi.

L'avocat de S. D. a abondé dans le même sens, en mettant en exergue l'impossibilité de nier l'évidence du vol chez le sieur D. et l'absence d'intention homicide des accusés.

Sur la culpabilité

Sur les faits de vol en réunion commis la nuit avec usage de véhicule et de violences ayant entraîné la mort reprochés à M. D. et S. D. et sur la complicité de ce chef reprochée à F. Ch. C.

Attendu que l'article 364 du Code pénal définit le vol comme la soustraction frauduleuse de la chose d'autrui ;

Que l'article 366 du code dispose : *« seront punis des travaux forcés à temps de dix à vingt ans, les individus coupables de vol commis avec deux des circonstances suivantes:*

1) Si le vol a été commis par deux ou plusieurs personnes;

2) Si le ou les coupables étaient porteurs d'armes véritables ou factices;

3) S'il a été fait usage de menaces, violences ou voies de fait;

4) Si le ou les coupables se sont assurés la disposition d'un véhicule en vue de faciliter leur entreprise ou de favoriser leur fuite » ;

Que les articles 367 et 368 du Code pénal prévoient et répriment respectivement le vol commis avec des violences ayant entraîné la mort et le vol commis en temps de nuit ;

Qu'il s'infère par ailleurs des dispositions de l'article 46 du Code pénal que la complicité suppose un fait principal punissable à la réalisation duquel l'agent pénal collabore activement et sciemment par des actes matériels d'aide ou d'assistance, de fourniture de moyens ou d'instigation ;

Attendu qu'en l'espèce, il constant comme résultant des constatations matérielles des enquêteurs, consignées dans le procès-verbal n°079 bis du 30 mars 2018 de la Brigade de Recherches de Dakar, que le domicile de J. P. D. sis à Yoff a fait l'objet d'un cambriolage, suivi de la mort de ce dernier, des suites d'une asphyxie mécanique par suffocation causée par une obstruction des orifices nasaux externes et buccal et d'une strangulation, ce au vu du certificat de genre de mort établi le 06 avril 2018 ;

Qu'outre le désordre constaté dans le domicile de la victime, le coffre-fort, le téléphone, un parfum, l'ordinateur, des documents et l'imprimante de cette dernière ont été déclarés disparus par la dame F. D., qui résidait dans ledit domicile ;

Qu'interpellés dans le cadre de l'enquête consécutivement menée, grâce notamment à l'exploitation des communications échangées entre le sieur D. et F. Ch. C. , M. D. et S. D. ont, par des aveux circonstanciés, reconnu le vol commis au préjudice de Jean Pierre D. , chez qui ils s'étaient rendus la nuit à bord d'un taxi comme moyen de transport qu'ils avaient également emprunté pour emporter les biens volés ;

Que dans la foulée de leurs aveux, ils ont spécifié tout le matériel emporté, notamment l'ordinateur, les documents personnels et la somme de 570 000 FCFA soustraite de la pochette et du coffre-fort de la victime en précisant même la clé de la répartition du montant : 150 000 FCFA reçu par F. C., 190 000 FCFA pour M. D., le reste étant emporté par S. D. ;

Qu'ils ont par ailleurs admis avoir neutralisé le sieur D. une fois sur place, en ligotant ses mains au dos, avant d'attacher ses pieds et d'entourer d'un ruban adhésif sa bouche, son nez et son cou ; que l'accusé S. D. l'avait auparavant étranglé en le saisissant à la gorge ;

Qu'il ne saurait être discuté, au regard des termes du certificat de genre de mort, que les violences sus décrites ont été à l'origine du décès de la victime ;

Que les dénégations ultérieures de M. D. et S. D. ne sauraient suffire à les disculper, dès lors que leurs aveux tenus à l'enquête ont été corroborées par les déclarations constantes des deux autres co-accusés et la perquisition effectuée à leur domicile, qui a permis de retrouver l'arrache clou ayant servi à défoncer le coffre-fort de la victime et un parfum de marque BOSS appartenant à cette dernière;

Qu'au vu de ce qui précède, il échet déclarer M. D. et S. D. coupables de vol en réunion commis la nuit avec usage de véhicule et de violences ayant entraîné la mort ;

Attendu que F. Ch. C. , poursuivie pour complicité de ce chef, a reconnu, à toutes les étapes de la procédure, être l'instigatrice de l'opération menée Jean Pierre D. , en sollicitant les services de M. D. et S. D. pour soustraire des biens de ce dernier ;

Qu'il est par ailleurs établi qu'elle a aidé et assisté ces derniers dans la commission des faits criminels, en les conduisant au domicile du sieur D. et en les guidant dans l'accomplissement de leurs tâches ;

Qu'elle s'est ainsi rendue coupable de complicité du vol dont les sieurs D. et D. ont été reconnus coupables ;

Attendu qu'il importe de relever que les circonstances aggravantes réelles, en ce qu'elles sont objectives, relatives à l'infraction, s'appliquent en principe automatiquement à tous les participants et donc aux complices ;

Que toutefois, l'application systématique d'une circonstance aggravante au complice ne saurait être envisagée lorsque ce dernier n'avait en vue que la réalisation d'une infraction sans complication et avait ignoré ou désapprouvé la circonstance dont s'agit ;

Qu'il est établi en l'espèce que F. Ch. C. , qui est à l'origine de la descente opérée au domicile du sieur D. , avait envisagé une soustraction des biens de ce dernier par M. D. et S. D. , au moment où la victime serait occupé par sa présence et celle de W. D. ;

Qu'elle a toutefois été dépassée par la tournure des événements, notamment l'acharnement des sieurs D. et D. sur la victime et les violences exercées sur cette dernière, qu'elle a même tenté d'éviter et informant ses coaccusés de sa santé fragile ;

Qu'elle ne peut dès lors être comptable de la circonstance aggravante des violences ayant entraîné la mort de J. P. D. ;

Qu'il convient en conséquence de disqualifier les faits de complicité de vol en réunion commis la nuit avec usage de véhicule et de violences ayant entraîné la mort initialement reprochés à F. Ch. C. en complicité de vol en réunion commis la nuit avec usage de véhicule et de la déclarer coupable de ce chef ;

(...)

PAR CES MOTIFS

Statuant publiquement, contradictoirement, en matière criminelle et en premier ressort ;

Vu les articles 5, 45, 46, 238, 239, 364, 366, 367, 368 et 430 du Code pénal ;

EN LA FORME

Reçoit l'action publique ;
AU FOND

Acquitte M. W. D. ;

Disqualifie les faits de complicité de vol en réunion commis la nuit avec usage de véhicule et de violences ayant entraîné la mort initialement reprochés à F. Ch. C. en complicité de vol en réunion commis la nuit avec usage de véhicule ;

La déclare coupable de ce chef ;

La déclare également coupable d'association de malfaiteurs ;

Déclare M. D. dit M. et S. D. dit Baba coupables des faits qui leur sont reprochés ;

Condamne F. Ch. C. à une peine de dix (10) ans de réclusion criminelle ;

Condamne M. D. dit M. et S. D. dit Baba à la réclusion criminelle à perpétuité ;

Reçoit la constitution de partie civile des héritiers de feu J.-P. A. C. D. représentés par F. D. ;

Alloue à M. S. la somme de vingt-cinq millions (25 000 000) FCFA ;

Alloue à T. P. H. D. la somme de vingt-cinq millions (25 000 000) FCFA ;

Alloue à M. C. J. D. la somme de vingt-cinq millions (25 000 000) FCFA ;

Condamne solidairement F. Ch. C. , M. D. dit M. et S. D. dit Baba au paiement desdits montants, pour toutes causes de préjudice confondues ;

Ordonne l'exécution provisoire ;

Condamne les accusés reconnus coupables aux dépens ;

Fixe la durée de la contrainte par corps au maximum ;

Informe les accusés condamnés de ce qu'ils disposent d'un délai de quinze (15) jours pour interjeter appel.

OBSERVATIONS

La prise en compte des circonstances entourant la commission d'une infraction pour en moduler la répression est une constante en droit pénal. La peine encourue par l'auteur d'un crime ou d'un délit peut être aggravée lorsque l'infraction a été commise dans des circonstances considérées par la loi comme en aggravant la criminalité.

L'aggravation de la sanction peut être due à la présence d'une ou de plusieurs circonstances dites aggravantes qui accompagnent le fait principal (*C. DE JACOBET DE NOMBEL, Théorie générale des circonstances aggravantes, Paris, Dalloz, 2006 ; A. CHAVANNE, « Les circonstances aggravantes en droit français », RID pén. 1965, p.527 ; R. JANICOT, Étude, d'après la jurisprudence, de l'effet, sur la pénalité du complice, des circonstances aggravantes et des excuses légales, thèse Lyon 193*). Ce sont des éléments qui, fixés de façon limitative par la loi, sont rattachés à un comportement pénalement répréhensible et entraînent un accroissement de la sévérité des peines encourues dans des proportions également définies par le législateur (*M. DALLOZ, « Circonstances aggravantes », Rép. dr. pén. proc. pén. Dalloz, 2017, n° 1 ; M. DALLOZ, Les circonstances aggravantes légales en droit criminel français, thèse, Nice, 2001; E. DREYER, « Notations sur l'éclatement des circonstances aggravantes », in V. MALABAT, B. DE LAMY et M. GIACOPELLI (dir.), La réforme du Code pénal et du Code de procédure pénale- Opinio doctorum, coll. Thèmes et commentaires, Dalloz, 2009, p. 63*).

Dans le système répressif sénégalais, l'aggravation de la peine prévue par la loi ne peut être l'œuvre que de la loi. Le législateur prévoit à l'avance la liste des événements qui sont de nature à aggraver la répression de tous les délinquants coupables d'un fait identique dans des circonstances identiques.

On classe généralement en trois catégories les causes spéciales d'aggravation des peines : les circonstances aggravantes personnelles, les circonstances aggravantes réelles (ou matérielles) et les circonstances aggravantes mixtes.

Les circonstances aggravantes réelles sont attachées à la gravité particulière de la structure matérielle de l'infraction. Elles sont inhérentes au fait infractionnel même, à la matérialité du fait poursuivi. Il en est ainsi des circonstances tenant aux modalités de l'infraction (l'escalade, la réunion, le port d'armes, l'usage de fausses clefs, etc.), au lieu de l'infraction (les chemins publics ou un moyen de transport en commun ou l'enceinte d'une gare, d'un port ou d'un aéroport, un lieu destiné ou servant à l'exercice d'un culte, etc.), à l'époque de l'infraction (la nuit, notamment), aux effets de l'action ou à l'importance du résultat (cécité, amputation d'un membre, mort, etc.).

Toutes les circonstances réelles aggravent, dans la même mesure, la situation du co-auteur et du complice (*Crim. 15 juin 1860, S. 1860. 1. 600*).

La chambre criminelle du Tribunal de grande instance hors classe de Dakar a déjà jugé que « *les circonstances aggravantes réelles, en ce qu'elles sont objectives, relatives à l'infraction, s'appliquent en principe automatiquement à tous les participants et donc aux complices* » (*TGIHC Dakar, ch. crim. n°78 du 16 juin 2021, MP c/ Héritiers de feu J. P. A. Ch. D., inédit*). Ainsi, un arrêt de la défunte Cour d'Assises de Dakar rendu le 16 novembre 2009 a énoncé que « *la circonstance d'usage d'arme est une circonstance aggravante réelle s'appliquant à tous les co-auteurs* » (*C. ass. Dakar n°12 du 16 novembre 2009, MP c/ B. MB. et autres, inédit*).

Un autre arrêt de la Cour s'assises de Dakar rendu le 09 décembre 2010, a énoncé que le propre d'une circonstance aggravante réelle étant de modifier la nature de l'infraction à l'égard de tous les accusés et complices ; dès lors la circonstance aggravante tirée du port d'armes blanches doit être retenue contre tous les accusés.

Il y a ainsi une sorte de transmission des circonstances aggravantes réelles au co-auteur et au complice (*V. TELLIER-CAYROL, « Étude critique de la transmission des circonstances aggravantes au complice », RRJ 2016-3, p. 1069*). Ainsi, « *les circonstances aggravantes réelles, qui sont purement matérielles, inhérentes au fait même, ne peuvent exister à l'égard de l'un des auteurs sans exister à l'égard de l'autre* » (*crim. 2 avr. 1898, Bull. crim. n° 144; crim. 22 déc. 1905, Bull. crim. n° 570*). Ces causes d'aggravation, ayant leur source dans les circonstances de l'action, sont automatiquement étendues à tous les coauteurs et complices (*crim. 26 mai 1948, Bull. crim. n°141*).

CHAPITRE VII : LE CONCOURS RÉEL D'INFRACTIONS

- **Concours réel d'infractions**

195. CA Dakar, ch. corr. n° 451 du 19 juin 2017, *MP et CH. T. D. c/ B. D., inédit*

En cas de condamnation d'un prévenu des chefs d'escroquerie et d'abus de confiance, le juge doit constater le cumul réel d'infractions et prononcer la peine la plus forte qui est celle relative à l'escroquerie.

LA COUR,

Considérant que par actes n° 270 et 271 enregistrés au greffe du Tribunal de grande Instance hors classe de Dakar le 05 février 2016, le prévenu B. D. et le Procureur de la république ont respectivement relevé appel principal et incident du jugement n° 205 rendu par ladite juridiction le 11 janvier 2016 dans la cause l'opposant au Ministère public et à CH. T. D et dont le dispositif est ainsi conçu :

« Statuant publiquement, contradictoirement, en matière correctionnelle et en premier ressort ;

En la forme ;

Reçoit l'action ;

Au fond ;

Déclare le prévenu coupable d'escroquerie et d'abus de confiance ;

Le condamne à une peine de trois mois d'emprisonnement ferme ;

Reçoit la constitution de partie civile de CH. T. D;

Condamne le prévenu à lui payer la somme de 10 000 000 francs à titre de réparation ;

Ordonne l'exécution provisoire ;

Condamne B. D. aux dépens ;

Fixe la durée de la contrainte par corps au maximum ; »

EN LA FORME.

Considérant que les appels ont été introduits conformément aux règles de délai et forme prescrites par la loi, qu'il échet de les déclarer recevables ;

Considérant que le prévenu et la partie civile régulièrement cités à personne n'ont pas comparu, qu'il échet de statuer par défaut réputé contradictoire à l'encontre du prévenu et par défaut à l'encontre de la partie civile ;

AU FOND.

Sur les faits et la procédure ;

Considérant qu'il résulte du jugement attaqué et de la procédure, que courant mars 2015, le sieur CH. T. D, peintre demeurant à N'Guerigne saisissait le procureur de la république d'une plainte dirigée contre B. D. pour abus de confiance ;

Qu'entendu par les enquêteurs, il a déclaré avoir donné en location son véhicule genre 4x4 de marque Mitsubishi à B. D. le 30 décembre 2014 moyennant la somme de 40 000 francs par jour ;

Qu'à l'arrivée du terme, B. D. lui a fait part de son désir de prolonger le contrat mais entretemps, il l'a vu avec une voiture de marque 206 et sans tarder, il lui a fait part de son désir de l'acheter

Qu'après des pourparlers, ils sont tombés d'accord sur le prix fixé à 1 800 000 francs et il lui a versé un acompte de 950 000 francs contre décharge ;

Qu'étant donné qu'il devait lui remettre la somme de 300 000 francs représentant le reliquat du prix du contrat de location antérieur, il lui a donné la somme globale de 850 000 francs ;

Qu'après avoir patienté pendant longtemps, il lui a réclamé sa voiture et l'argent tiré de la location estimé à 14 000 000francs mais B. D. ne s'est pas exécuté puis s'est fondu dans la nature ;

Considérant qu'entendu au cours de l'enquête préliminaire et des débats d'audience, B. D. a reconnu les faits en précisant qu'il payait régulièrement le prix de la location de la voiture mais présentement, il est confronté à des difficultés financières l'ayant obligé à utiliser l'acompte qu'il avait reçu pour acheter un véhicule au Maroc mais la voiture a été confisquée dans ce pays ;

Considérant que prenant la parole, l'Avocat général a requis la confirmation du jugement;

SUR CE,

Considérant qu'aux termes de l'article 383 du Code pénal, quiconque aura reçu des détenteurs, propriétaire ou possesseur des effets, fonds, meubles , marchandises, billets quittances ou écrit contenant ou opérant obligation ou décharge à titre de louage, de dépôt, de mandat, de nantissement, de prêt à usage, ou pour un travail salarié ou non salarié, n'aura pas après simple mise en demeure, exécuté son engagement de les rendre ou représenter ou d'en faire un usage ou un emploi déterminée sera puni d'un emprisonnement de six mois au moins et quatre ans et d'une amende de 20 000 à 300 000 francs ;

Qu'en l'espèce, CH. T. D avait donné en location sa voiture genre 4x 4 de marque Mitsubishi à B. D. moyennant la somme de 40 000 francs par jour mais à la fin du contrat ce dernier ne lui a pas restitué la voiture ;

Qu'en outre, le prévenu s'était engagé à lui vendre une voiture de marque 206 à 1 800 000 francs mais après avoir encaissé la somme de 950 000 francs, il est devenu introuvable et injoignable au téléphone ;

Considérant qu'en donnant sa voiture genre 4x 4 de marque Mitsubishi à B. D. moyennant la somme de 40.000 francs par jour, la partie civile a conclu un contrat de louage avec le prévenu qui non seulement devait payer le prix de la location mais aussi restituer la voiture au propriétaire à la fin du contrat ;

Qu'en se gardant de représenter le véhicule à la partie civile à la fin du contrat de location malgré les mises en demeure qu'elle lui a faites, B. D. a violé son obligation de restitution et s'est rendu coupable d'abus de confiance ;

Considérant que par ailleurs en présentant une voiture de marque 206 à la partie civile en lui déclarant qu'elle est à vendre pour lui soutirer la somme de 950 000 francs à titre d'acompte sur le prix fixé à 1 800 000 francs, le prévenu a usé de manœuvres frauduleuses pour soutirer à CH. T. D la somme de 950 000 francs et en agissant de la sorte, il s'est rendu coupable d'escroquerie ;

Considérant que compte tenu de l'existence des deux infractions commises par le prévenu, il y'a lieu de constater le cumul réel d'infractions et de prononcer la peine la plus forte qui est celle relative à l'escroquerie;

Considérant que la peine de trois mois d'emprisonnement ferme prononcée contre le prévenu est juste et proportionnelle à la faute qu'il a commise et ce dernier ne s'est pas présenté à l'audience bien qu'étant cité à personne pour soutenir son appel, qu'il échet par conséquent de confirmer le jugement entrepris en toutes ses dispositions ;

PAR CES MOTIFS

Statuant publiquement, par défaut réputé contradictoire à l'encontre du prévenu et par défaut à l'égard de la partie civile en matière correctionnelle et en dernier ressort ;

EN LA FORME

Déclare recevables les appels enregistrés ;

AU FOND

Confirme le jugement entrepris en toutes ses dispositions ;

Condamne le prévenu appelant aux dépens.

OBSERVATIONS

Il arrive des cas où le même délinquant commet plusieurs infractions distinctes non séparées les unes des autres par une condamnation définitive. Par exemple, dans un espace de temps plus ou moins long, il a commis successivement un détournement de mineur, un viol et un attentat à la pudeur, alors qu'aucun jugement passé en force de chose jugée n'est intervenu pour sanctionner l'une de ces infractions avant l'accomplissement de l'autre. Cette situation est celle du concours réel d'infractions (*Sur le concours réel ou matériel d'infractions, V. notamment D. Al BECHERAOUI, Le concours réel d'infractions, Thèse, Université de Strasbourg, juin 1991 ; R. MERLE, « Le régime pénal des faits les moins graves en cas de concours réel d'infractions », JCP G 1949, 773 ; F. GONZALVES, Étude critique du régime du concours réel d'infractions, Paris, PUAM, 2000 ; B. BOULOC, Droit pénal général, Paris, Dalloz, 21e éd., n° 686 à 704 ; Ph. CONTE et P. MAISTRE DU CHAMBON, Droit pénal général, Paris, A. Colin, 7e éd., n° 485 à 502 ; A. DECOCQ, Droit pénal général, Paris, A. Colin, 1971, p. 404 à 410 ; F. DESPORTES et F. LE GUNEHEC, Droit pénal général, Paris, Économica, 16e éd., n° 894 à 922 ; M.-L. RASSAT, Droit pénal général, Paris, Ellipses, 2ᵉ éd., n° 480 à 490 ; J. LARGUIER, Ph. CONTE, P. MAISTRE DU CHAMBON, Droit pénal général, op. cit., p. 163*).

Le concours réel d'infractions, se caractérisant par une pluralité d'infractions commises par une même personne, le problème est alors de déterminer la ou les peines applicables.

Faut-il cumuler purement et simplement les peines encourues ou éventuellement prononcées pour chacune des infractions, ou, au contraire, le cumul est-il interdit ? Il est certain que celui qui se trouve en situation de concours réel présente une criminalité particulière : il est sans doute plus dangereux que le primodélinquant, mais l'est peut-être moins que le récidiviste (au sens juridique du terme) dans la mesure où il n'a pas encore été averti solennellement par une condamnation définitive.

Le législateur sénégalais a consacré la règle du non-cumul. L'article 5 du CP énonce qu'en cas de commission de plusieurs crimes ou délits, la peine la plus forte est seule prononcée.

Mais cette règle assez laconique est exprimée de façon assez ambigüe. Elle a donné lieu en doctrine à des discussions et à des controverses passionnées.

Ce principe signifie simplement qu'en cas de commission de plusieurs infractions, l'auteur des infractions multiples exécutera une seule peine : celle la plus forte. Chacune des infractions commises conserve son caractère délictueux originaire et reste pour l'avenir distinctement imputable à son auteur, notamment du point de vue de la récidive.

Ainsi, l'auteur d'infractions multiples n'exécute qu'une seule peine parce qu'il est moins coupable qu'un récidiviste, mais il n'en reste pas moins l'auteur de plusieurs infractions, de sorte que chacune de ces infractions est susceptible d'entraîner des conséquences pénales après la condamnation.

Pour déterminer la peine la plus forte, il faut comparer la durée (emprisonnement) ou le montant (amende) respectif des peines de même nature en concours. Lorsque la durée ou le montant des peines est identique, la jurisprudence française considère que c'est la première peine prononcée qui absorbe la ou les autres peines (*Crim. du 03 juin 1987, Bull. crim. n°475 ; crim. du 04 décembre 1958, Bull. crim. n° 724*).

Lorsque l'une des peines en concours est assortie du sursis, la jurisprudence estime que la gravité de plusieurs peines doit être appréciée eu égard à leur seule durée et sans tenir compte des modalités d'application de l'une d'elles ou de plusieurs d'entre elles, singulièrement du sursis qui les affecte (*CA Dijon, 22 octobre 1954, Gaz. pal. 1955, I, p. 116 ; crim. 19 octobre 1981, Bull. crim, n° 278*).

On dit, dans ce cas, que les peines les moins graves sont absorbées par la peine la plus forte.

Dans le présent arrêt, la Cour de Dakar a jugé qu'en cas de condamnation d'un prévenu des chefs d'escroquerie et d'abus de confiance, le juge doit constater le cumul réel d'infractions et prononcer la peine la plus forte qui est celle relative à l'escroquerie.

Dans une autre espèce, le prévenu a été déclaré coupable d'escroquerie et d'abus de biens sociaux. La cour d'appel a jugé que le cumul réel d'infractions est caractérisé et qu'il échet de prononcer la confusion des peines et de condamner le prévenu à la peine la plus forte qui est celle de six mois d'emprisonnement assorti du sursis applicable au délit d'abus de biens sociaux, en application de l'article 5 du CP (*CA Dakar ch. corr., n° 546 du 24 juillet 2017, MP c/J. P. D., inédit*).

- **Sursis : exclusion en matière de stupéfiant**

196. CS ch. crim. n° 92 du 18 octobre 2012, *MP c/ Fara Birame DIOP, inédit*

Le mode d'aménagement de la peine qu'est le sursis ne saurait trouver application en matière de délit relatif aux stupéfiants en application de l'article 44-2 du Code pénal.

LA COUR,

Attendu que par déclaration souscrite au greffe de la Cour d'Appel de Dakar le 17 janvier 2012, le Procureur général près ladite cour s'est pourvu en cassation contre l'arrêt n° 79 rendu le 17 janvier 2012, qui a disqualifié les faits en détention de drogue en vue d'un usage personnel, ramené à six mois d'emprisonnement avec sursis la peine de deux ans d'emprisonnement à laquelle F. B. D. avait été condamné pour offre ou cession de drogue en vue d'une consommation personnelle ;

Sur le moyen unique tiré de la violation de l'article 44-2 du Code pénal en ce que la cour d'appel ne pouvait appliquer une peine avec sursis dans la répression d'un délit relatif aux stupéfiants ;

Vu l'article 44-2 du Code pénal ;

Attendu que, selon ce texte, le sursis ne peut être appliqué aux délits relatifs aux stupéfiants ;

Attendu que, selon ce texte, le sursis ne peut être appliqué aux délits relatifs aux stupéfiants ;

Qu'en condamnant à la peine d'emprisonnement de six mois avec sursis F. B. D., déclaré coupable de détention de drogue en vue d'un usage personnel, délit puni d'une peine d' emprisonnement de deux mois à un an par l'article 109 du code des drogues, la cour d'appel a méconnu le sens et la portée du texte visé au moyen ;

PAR CES MOTIFS

Casse et annule l'arrêt n° 79 rendu le 17 janvier 2012 par la Cour d'Appel de Dakar ;

Et, pour être à nouveau statué, renvoie la cause et les parties devant la même cour d'appel, autrement composée ;

Met les dépens à la charge du Trésor public ;

Dit que le présent arrêt sera imprimé, qu'il sera transcrit sur les registres de la Cour d'Appel de Dakar en marge ou à la suite de la décision attaquée ;

Ordonne l'exécution du présent arrêt à la diligence du Procureur général près la Cour suprême.

OBSERVATIONS

À la faveur de l'adoption de la loi n°2000-38 du 29 décembre 2000 modifiant le Code pénal, le législateur a instauré plusieurs modes d'aménagement des peines par la mise en place d'une véritable « *une politique pénale post-sentencielle plus efficiente* » selon l'expression de la circulaire de politique pénale générale n° 00246 du 14 janvier 2019 signée par le Garde des Sceaux, Ministre de la Justice.

Au-delà du caractère afflictif, rétributif et intimidant de la peine, le reclassement du condamné, amené à réintégrer la société, est une mission fondamentale désormais assignée à la sanction pénale.

C'est pourquoi le législateur, s'inspirant essentiellement du pacte international relatif aux droits civils et politiques de 1966, de la résolution n° 45/110 du 14 décembre 1990 de l'Assemblée générale des Nations-Unies sur les règles minima des Nations-Unies pour l'élaboration des mesures non privatives de liberté (règles de Tokyo) et de la déclaration de Kampala du 21 septembre 1996 sur les conditions de détention en Afrique, a prévu dans l'édifice des sanctions un dispositif d'aménagement des peines (*B. GUEYE, Droit pénitentiaire sénégalais. Réformes pénitentiaires et droit de l'homme, Dakar, EDJA, 2015, p. 207 ; V. P. PONCELA, « Le droit des aménagements de peine. Essor et désordre », in L'aménagement des peines privatives de liberté. L'exécution de la peine autrement : Direction de l'administration pénitentiaire, coll. Travaux et documents, n° 79, 2013 ; NGO NLEP, « Les peines alternatives introduites par la loi camerounaise n°2016/007 du 12 juillet 2016 portant Code pénal : un instrument de politique criminelle» : http://afrilex.u-bordeaux.fr*). En effet, la loi n°2000-38 du 29 décembre 2000 modifiant le Code pénal a introduit des modes d'aménagement des peines que sont le sursis, la probation, le travail au bénéfice de la société, la semi-liberté, le fractionnement de la peine, la dispense de peine et l'ajournement (*V. art. 44-2 du CP*).

Ce dernier mécanisme a été ajouté le placement sous surveillance électronique à l'énumération des modes d'aménagement des peines par la loi n° 2020-28 du 07 juillet 2020 modifiant la loi n° 65-60 du 21 juillet 1965 portant Code pénal (*JORS n° 7257 du 13 janvier 2020, p. 30*). Ces modes d'aménagement des peines sont prescrites, dans les limites fixées par la loi, par la juridiction qui prononce la peine, le comité d'aménagement des peines et le juge d'application des peines « *en fonction des circonstances de l'infraction et de la personnalité de l'auteur* » (*V. art. 44-1 du CP*).

Le législateur a ainsi entendu offrir aux juridictions pénales des options aussi diverses que variées destinées à substituer à l'incarcération des mesures de nature à faciliter la réinsertion sociale des condamnés et le maintien des liens familiaux (*Sur cette question, V. M. L. DIOP, Le système pénitentiaire sénégalais, Paris, l'Harmattan 2016, p. 122 et s.*). Il a voulu également favoriser le désengorgement des prisons et la maîtrise de la population carcérale.

Toutefois, le législateur exclut l'application des modes d'aménagement des peines dans certains cas (*V. M. L. DIOP, op. cit., p. 124*).

Il résulte de l'article 44-2, alinéa 2 du CP que les modes d'aménagement des peines que sont le sursis, la probation, le travail au bénéfice de la société, la semi-liberté (*selon l'art. 143 du Code des Drogues, en cas de condamnation à une peine d'emprisonnement non assortie du sursis, prononcée en application des art. 95 à 103 dudit code et d'une durée égale ou supérieure à un an, le condamné ne peut, en aucun cas, bénéficier d'une semi-liberté. Mais cette disposition est neutralisée par l'art. 44-2 du CP qui interdit l'application des modes d'aménagement des peines en matière d'infractions relatives aux stupéfiants*), le fractionnement de la peine, la dispense de peine, l'ajournement et le placement sous surveillance électronique ne peuvent être appliqués ou prescrits, ni en cas de récidive, ni en matière criminelle, ni en matière correctionnelle pour les infractions suivantes : détournement de derniers publics, délits douaniers, attentats à la pudeur et délits relatifs aux stupéfiants.

Un arrêt de la Cour d'Appel de Dakar rendu le 06 janvier 2010 a énoncé que les dispositions de l'article 44-2 du CP interdisent au juge de faire bénéficier à la personne condamnée pour détention et trafic de chanvre indien des modes d'aménagement des peines prévus par la loi (*CA Dakar ch. corr., n° 15 du 06 janvier 2010, MP c/ P. Ib. D., inédit ; CA Dakar ch. corr., n° 219 du 04 mars 2009, MP et A. ND. c/ MB. F., inédit*).

Dans l'arrêt ci-dessus rapporté rendu le 18 octobre 2012, la Cour suprême, a sur le visa de l'article 44-2 du CP, précisé que « *selon ce texte, le sursis ne peut être appliqué aux délits relatifs aux stupéfiants* ». Ainsi, ajoute la haute juridiction de cassation, en condamnant à la peine d'emprisonnement de six mois avec sursis, le prévenu déclaré coupable de détention de drogue en vue d'un usage personnel, délit puni d'une peine d'emprisonnement de deux mois à un an par l'article 109 du Code des drogues, la cour d'appel a méconnu le sens et la portée du texte visé au moyen.

En outre, le législateur a enfermé le recours au placement sous surveillance électronique dans des conditions strictes en matière de détournements de deniers publics. En vertu de l'article 44-2, alinéa 3 du CP, le placement sous surveillance électronique n'est applicable aux personnes condamnées pour détournements de deniers publics que s'il y a remboursement ou restitution de l'intégralité de la valeur détournée ou soustraite, ni à celles condamnées pour délits douaniers qu'après paiement de la valeur de l'objet de la fraude et, s'il y a lieu, de la totalité des droits et taxes dus.

CHAPITRE VIII : LA GRÂCE

• Grâce- en cours d'instance d'appel- cause d'extinction de la peine

197. CA Dakar ch. corr., n° 49 du 27 janvier 2003, *MP et M. P. B. et I. S. c/ L. M., inédit*

Le décret de grâce, intervenue en cours d'instance d'appel a pour effet d'entrainer l'extinction de la peine.

LA COUR,

Considérant que par actes du greffe du Tribunal de grande instance de Thiès en date du 20 juillet 2001, Me Amadou Sonko avocat à la Cour agissant au nom et pour le compte du prévenu L. M. a déclaré interjeter appel du jugement contradictoirement rendu le 13 juillet 2001 par ladite juridiction qui a condamné le prévenu pour abus de confiance a un mois d'emprisonnement ferme et à payer aux parties civiles M. P. B. et I. S. les sommes 385. 00 et 600 000 francs ;

Considérant que le même jour et dans la même forme, le procureur de la République a déclaré interjeter appel de ce jugement ;

Considérant que les parties ont été régulièrement citées, qu'elles n'ont pas comparu, qu'il sera rendu arrêt de défaut à leur égard ;

Au fond

Considérant qu'il résulte des pièces du dossier et des débats que Lamine Manga avait proposé à ses parents, M. P. B. et I . S. de les faire voyager en Europe et lui avait demandé pour cette opération 385.000 francs et 600.000 francs ; que non seulement il ne s'est pas exécuté dans les délais mais il a disparu ;

Considérant que les faits ont été reconnus devant les premier juges qui l'ont retenu dans les liens de la prévention d'avoir à Dakar courant 2000-2001 en tout cas depuis temps non prescrit ayant reçu de M. P. B. et I. S. les sommes de 385 000 et 600 000 francs à titre de mandat, manqué à son engagement d'en faire un usage déterminé après simple mise en cause de meure et l'ont condamné comme sus énoncé en application de l'article 383 du Code pénal ;

Considérant que par décret n° 1073 du 19 décembre 2001 L. M. a bénéficié de la grâce présidentielle ; qu'il y a lieu en conséquence sur l'action publique de constater l'extinction de la peine ;

Sur l'action civile

Considérant que L. M. n'a jamais contesté avoir reçu des parties civiles les sommes de 385 000 et 600 000 francs ; qu'il avait même avant son arrestation fait les offres de remboursement ; que le premier juge avait bien apprécié le préjudice subi par B. et S. ;

Qu'il y a lieu de confirmer la décision sur les intérêts civils ;

PAR CES MOTIFS

Statuant publiquement par défaut en matière Correctionnelle et en dernier ressort ;

En la forme

Déclare recevables les appels enregistrés ;

Au fond

Constate l'extinction de la peine suite à la grâce accordée au prévenu par le décret n° 1073 du 19 décembre 2001 ;

Confirme le jugement sur les intérêts civils ;

Condamne le prévenu aux dépens liquidés à la somme de 34.330 francs.

- **Grâce- exigence d'une décision de justice passée en force de chose jugée**

198. CA Thiès, ch. corr. n°182 du 22 juillet 2019, *Amadou Woury DIALLO, inédit*

En prenant un décret de grâce, le Président de la République agit en tant qu'autorité administrative et que son acte se rattache exclusivement à l'exercice du pouvoir règlementaire. La mesure de grâce, qui est une dispense d'exécution d'une peine prononcée par les tribunaux, ne peut intervenir que dans le cas d'une décision de justice passée en force de chose jugée. Ainsi, en accordant la grâce au prévenu alors que la décision de condamnation, frappée d'appel, est susceptible d'être réformée, l'autorité administrative s'est immiscée dans le déroulement d'une procédure judiciaire en cours, en violation flagrante du principe de la séparation des pouvoirs. La mesure de grâce, intervenue à ce stade de la procédure, est manifestement entachée d'irrégularité.

LA COUR,

Considérant que, par actes enregistrés au Greffe du Tribunal de grande Instance de Diourbel le 05 décembre 2018, Maître Moustapha NDIAYE, agissant pour le compte du prévenu B. S., et le Ministère public ont, respectivement, interjeté appel principal et incident contre le jugement rendu le 04 décembre 2018 par ladite juridiction et dont le dispositif est ainsi conçu ;

« Statuant publiquement, contradictoirement, en matière correctionnelle et en premier ressort

EN LA FORME

Déclare la procédure recevable ;

AU FOND

Sur l'action publique

Déclare les prévenus coupables d'association de malfaiteurs ;

Déclare, également, B. S. coupable d'exercice illégal de la profession de pharmacien ;

Déclare A. W. D coupable de contrebande et de complicité d'exercice illégal de la profession de pharmacien ;

Requalifie les faits de contrebande en délit d'intéressé à la fraude prévu et puni par l'article 376 du code des Douanes ;

En déclare B. S. coupable et le condamne à sept (07) ans d'emprisonnement ferme et à une amende de deux millions (2 000 000) F CFA ;

Condamne A. W. D à cinq (05) ans d'emprisonnement ferme et à une amende de deux millions (2 000 000) F CFA ;

Ordonne la confiscation au profit de l'Administration des Douanes du son de blé et des véhicules saisis ;

Ordonne, en outre, la confiscation aux fins de destruction des médicaments saisis ;

Sur les intérêts civils

Rejette le moyen tiré de l'irrecevabilité des constitutions de parties civiles ;

Reçoit, en conséquence, les constitutions de parties civiles de l'Ordre national des pharmaciens du Sénégal et celle du Syndicat des pharmaciens privés du Sénégal

Condamne solidairement les prévenus à leur payer chacun la somme de deux cent millions (200 000 000) F CFA ;

Ordonne l'exécution provisoire ;

Fixe la durée de la contrainte par corps au maximum ;

Dispense A. W. D de la contrainte par corps par application des dispositions de l'article 711 du CPP »

EN LA FORME

Considérant que les appels ont été introduits dans les conditions de forme et de délai requises par la loi ; qu'il échet de les déclarer recevables ;

Considérant qu' A. W. D, qui a bénéficié d'une mesure de grâce par décret en date du 03 avril 2019, a été cité à domicile ; qu'il échet, en conséquence, de statuer par défaut à son encontre ;

Sur les exceptions

Considérant que les conseils du prévenu B. S. ont soulevé, *in limine litis*, des exceptions tirées de la nullité de la procédure ;

Qu'ils ont fait observer que, devant le tribunal, ils avaient déjà soulevé l'exception portant sur la nullité du procès-verbal d'arrestation et d'audition de B. S. et que, malgré tout, le tribunal a omis de statuer sur cette exception ; qu'ils entendaient réitérer les arguments déjà exposés ;

Qu'ils ont tenu à rappeler qu'aux termes des dispositions du règlement n° 05 de l'UEMOA et de l'article 55 du Code de procédure pénale (CPP) du Sénégal, la mention relative au droit de se faire assister d'un conseil doit être notifiée à la personne poursuivie dès son interpellation ; que conformément à la circulaire interprétative du Garde des

Sceaux en date du 11 janvier 2018, le terme « interpellation » désigne toute situation dans laquelle la personne se trouve être à la disposition des Officiers de Police judiciaire (OPJ) , peu importe qu'elle ait été arrêtée ou pas ;

Qu'ils ont, aussi, fait valoir que les textes visés par les Officiers de Police judiciaire (OPJ), à savoir l'article 55 alinéa 9 et l'article 66, qui traitent de la prolongation de la garde à vue, ne sont pas applicables en l'espèce ;

Qu'ils font précisément observer que le prévenu B. S. a été d'abord , interpellé et arrêté à Dakar, puis transféré à Touba où il a été auditionné ; que ce n'est qu'après audition qu'il lui a été notifié son droit de se faire assister d'un conseil ;

Qu'une telle manière de procéder viole les dispositions du Règlement numéro 05 de l'UEMOA précité ; qu'ils sollicitent, en conséquence, l'annulation du procès-verbal n° 1936 du 11 novembre 2018 établi par la Brigade spéciale de Touba, ainsi que celle de toute la procédure subséquente ;

Considérant que le Ministère public a requis la confirmation du jugement et le rejet de cette exception de nullité ; qu'il a, tout d'abord, fait observer que contrairement à ce que soutiennent les conseils du prévenu, le tribunal a effectivement examiné l'exception de nullité soulevée devant lui, par les conseils de la défense avant de conclure à son rejet;

Qu'il a, ensuite, soutenu que le fait que des textes non applicables aient été visés par les OPJ ne constitue pas une irrégularité de nature à entrainer la nullité du procès-verbal ; qu'il a, également, fait observer que la mention relative au droit d'être assisté d'un conseil dès l'interpellation a été bel et bien été notifiée à B. S. comme cela ressort du contenu du procès-verbal ; qu'il estime que la présence de cette mention sur le troisième et non sur le premier feuillet ne signifie pas que la notification a été faite après audition ; que du reste, contrairement à ce qu'affirment les conseils du prévenu B. S., rien dans le dossier n'indique que la notification a été faite avant ou après l'audition ;

Qu'il a, enfin, souligné que la Brigade de recherches de Dakar , qui s'était contentée de mettre B. S. à la disposition de la Brigade spéciale de Touba, n'avait pas dressé de procès-verbal d'arrestation et qu'en pareil cas, il était donc matériellement impossible de procéder à une quelconque mention;

Considérant que les conseils des parties civiles ont également sollicité le rejet de cette exception ;

Qu'à l'instar du Ministère public, ils ont fait observer qu'en l'absence de procès-verbal d'arrestation, la notification relative au droit de se faire assister par un avocat ne pouvait être faite qu'à l'arrivée du prévenu à Touba ;

Considérant que Maître Sidy KANOUTE a également souligné que les conseils de la défense n'ont pas relevé appel du jugement ayant statué sur les exceptions ;

Considérant que Maître Abdoulaye BABOU a soulevé l'exception d'illégalité du décret de grâce dont a bénéficié A. W. D ;

Qu'il a d'abord rappelé que les juridictions pénales ont compétence pour écarter les actes administratifs entachés d'irrégularité ;

Qu'il estime qu' A. W. D, dont la décision de condamnation est frappée d'appel, ne pouvait, à ce stade, bénéficier d'une grâce ;

Qu'il sollicite de la Cour qu'elle use de son pouvoir d'interprétation et d'appréciation pour écarter le décret de grâce et juger A. W. D ;

Considérant que le Ministère public a requis le rejet de cette exception ; qu'il a fait valoir que le droit de grâce n'est pas règlementé et qu'au surplus, le décret de grâce relève de la catégorie des actes de gouvernement ; qu'il a, également, estimé qu'en l'espèce, il n'y avait pas lieu d'user du pouvoir prévu en matière d'exception d'illégalité, dans la mesure où la solution du litige ne dépend pas de l'examen de la régularité de la décision de grâce;

SUR CE,

(...)

Sur l'exception d'illégalité

Considérant qu'aux termes de l'article 8 de la loi n° 2014-26 du 03 novembre 2014, abrogeant et remplaçant la loi n° 84-19 du 2 février 1984 portant organisation judiciaire « les juridictions ont, au cours des instances dont elles sont saisies, compétence pour interpréter et apprécier la légalité des décisions des diverses autorités administratives » ;

Que l'article 19 du décret 2015-1145 du 03 août 2015 fixant la composition et la compétence des Cours d'appel, des Tribunaux de grande Instance (TGI) et des Tribunaux d'Instance (TI) précise que les TGI « ont, au cours des instances dont ils sont saisis, compétence pour interpréter et apprécier la légalité des décisions des diverses autorités administratives lorsque de cet examen dépend la solution du litige » ;

Considérant que le Ministère public a requis le rejet de l'exception au motif que, d'une part, le décret de grâce constitue un acte de gouvernement insusceptible de recours et que, d'autre part, la solution du litige, en l'espèce, ne dépend pas de l'examen de la régularité de la grâce ;

Considérant que la notion d'acte de gouvernement, consacrée par la jurisprudence, a été répartie en deux catégories d'actes, à savoir :

- ceux se rapportant aux relations entre les Pouvoirs publics constitutionnels;
- ceux pris dans le cadre de la conduite des relations internationales, notamment dans les rapports avec les organisations internationales et les États étrangers.

Considérant qu'il ne résulte d'aucune disposition légale, en vigueur au Sénégal, que le décret de grâce constitue un acte de gouvernement ;

Qu'il s'y ajoute qu'en tout état de cause, la qualification d'acte de gouvernement n'exclut pas toujours la possibilité d'un examen de la régularité, par le juge, notamment lorsqu'il s'agit, comme c'est le cas en l'espèce, non pas d'un recours pour excès de pouvoir, mais d'une exception d'illégalité qui ne vise pas l'annulation de l'acte administratif ;

Considérant, par ailleurs, qu'il convient de faire observer qu'en prenant un décret de grâce, le Président de la République agit en tant qu'autorité administrative et que son acte se rattache exclusivement à l'exercice du pouvoir réglementaire ;

Qu'en pareil cas et conformément aux dispositions précitées du CPP, le juge est habilité à apprécier la légalité des actes administratifs lorsque la solution du litige dépend, d'une manière ou d'une autre, de l'examen de la régularité de l'acte administratif ;

Considérant que par « solution du litige », il faut entendre, non seulement les aspects liés à la saisine de la juridiction mais, également, à l'existence de l'infraction, au prononcé de la peine ainsi qu'aux mesures d'arrestation éventuelles que le juge estimerait devoir ordonner ;

Considérant qu'en l'espèce, l'acte administratif en cause est une mesure de grâce qui a pour effet de dispenser le prévenu de l'exécution de la peine

Que si , du point de vue de la saisine de la juridiction et de l'existence de l'infraction, la solution du litige ne dépend point de l'examen de la régularité de la grâce, il n'en est pas de même du prononcé de la peine et des mesures de contraintes susceptibles d'être ordonnées ; qu'en effet , la Cour ne saurait, sans se contredire, admettre que le prévenu bénéficie régulièrement et définitivement d'une dispense d'exécution de la peine et ordonner des mesures d'arrestation ; que sous ce rapport, la solution du litige dépend, indéniablement, de l'examen de la régularité de l'acte administratif ;

Considérant qu'en l'espèce, il ressort des pièces du dossier qu'à la suite du jugement rendu le 04 décembre 2018 par le Tribunal de grande instance de Diourbel, A. W. D, condamné à cinq ans d'emprisonnement ferme, a interjeté appel le 5 décembre 2018 ; qu'avant l'enrôlement de l'affaire devant la cour d'appel, il a été gracié par décret en date du 03 avril 2019 ;

Considérant que si, comme l'a relevé le Parquet général , l'autorité administrative dispose d'un pouvoir discrétionnaire dans le choix des personnes pouvant bénéficier de la grâce, il n'en demeure pas moins que , dans l'exercice de ses prérogatives, elle reste soumise au principe de légalité ; que les normes qui servent de base de contrôle de ce principe comprennent non seulement la loi, mais également la Constitution du Sénégal dont le Préambule proclame clairement « la séparation et l'équilibre des Pouvoirs, conçus et exercés à travers des procédures démocratiques » ;

Considérant que la mesure de grâce, qui est une dispense d'exécution d'une peine prononcée par les Tribunaux, ne peut intervenir que dans le cas d'une décision de justice passée en force de chose jugée ;

Qu'ainsi, en accordant la grâce au prévenu A. W. D, alors que la décision de condamnation, frappée d'appel, est susceptible d'être réformée, l'autorité administrative s'est immiscée dans le déroulement d'une procédure judiciaire en cours, en violation flagrante du principe de la séparation des pouvoirs.

Qu'au regard de ce qui précède, la mesure de grâce, intervenue à ce stade de la procédure, est manifestement entachée d'irrégularité ;

Qu'il échet, en conséquence, d'écarter le décret de grâce et de dire qu'il ne saurait avoir aucune conséquence sur le présent litige ;

(...)

PAR CES MOTIFS

Statuant publiquement, contradictoirement à l'égard de B. S. et des parties civiles, par défaut à l'encontre d' A. W. D, en matière correctionnelle et en dernier ressort ;

EN LA FORME

Déclare les appels recevables ;

Déclare irrecevable l'exception de nullité du procès-verbal d'enquête soulevée ;

Déclare recevable l'exception d'illégalité ;

La déclare fondée et, en conséquence, écarte le décret en date du 03 avril 2019 accordant la grâce à A. W. D ;

Dit que la Cour n'en tirera aucune conséquence sur le présent litige;

AU FOND

Sur l'action publique

Confirme le jugement sur les déclarations de culpabilité et les peines prononcées contre B. S. et A. W. D. ;

Vu la gravité des faits reprochés à A. W. D ;

Décerne mandat d'arrêt contre lui ;

Sur l'action civile

Infirme le jugement et, statuant à nouveau :

Alloue, respectivement, la somme de vingt-cinq (25) millions de francs F CFA à l'Ordre national des pharmaciens du Sénégal et au Syndicat des pharmaciens privés du Sénégal ;

Confirme le jugement pour le surplus ;

Condamne les prévenus aux dépens.

- **Grâce- exigence d'une décision de justice passée en force de chose jugée**

199. CS ch. crim. n°18 du 07 mai 2020, *Amadou Woury DIALLO, inédit*

En prenant un décret de grâce, le Président de la République agit en tant qu'autorité administrative et que son acte se rattache exclusivement à l'exercice du pouvoir règlementaire ; la mesure de grâce qui est une dispense d'exécution d'une peine prononcée par les tribunaux, ne peut intervenir que dans le cas d'une décision de justice passée en force de chose jugée ; ainsi en accordant la grâce au prévenu alors que la décision de condamnation, frappée d'appel, est susceptible d'être réformée, l'autorité administrative s'est immiscée dans le déroulement d'une procédure judiciaire en cours, en violation flagrante du principe de la séparation des pouvoirs. La mesure de grâce, intervenue à ce stade de la procédure, est manifestement entachée d'irrégularité.

LA COUR,

Attendu que par l'arrêt attaqué, la cour d'appel, saisie d'une exception d'illégalité du décret n° 2019-754 du 3 avril 2019, accordant la grâce à A. W. D., appelant, condamné en première instance notamment à 5 ans d'emprisonnement ferme des chefs d'association de malfaiteurs, de complicité de contrebande et d'exercice illégal de la profession de pharmacien, a écarté ledit texte du litige qui lui est soumis ;

Sur moyen unique tiré de la violation de la loi en ce que, la cour d'appel, pour motiver sa décision, s'est fondée sur les articles 8 de la loi n° 2014-26 du 3 novembre 2014, abrogeant et remplaçant la loi n° 84-19 du 19 février 1984 portant organisation judiciaire et 19 du décret n° 2015-1145 du 3 novembre 2015 fixant la composition et la compétence des Cours d'appel, des Tribunaux de grande Instance (TGI) et des Tribunaux d'Instance (TI) , alors que, d'une part, contrairement à l'interprétation de la Cour, les dispositions précitées visent plutôt le cas où il s'agit d'apprécier la légalité des actes administratifs ordinaires lorsque de cet examen dépend la solution du litige, et d'autre part, la mesure de grâce présidentielle accordée au prévenu A. W. D. relève des pouvoirs constitutionnels du Chef de l'État sur le fondement des dispositions de l'article 47 de la Constitution du Sénégal ; ainsi en considérant que ce pouvoir d'accorder la grâce au susnommé ne doit être mis en œuvre qu'après que la décision prononçant sa condamnation soit devenue définitive alors que ni la loi ni la constitution ne prescrit cette condition supplémentaire, le juge d'appel est allé au-delà de ce que prévoit la loi et sa décision encourt, en conséquence, la cassation de ce chef ;

Attendu qu'aux termes des articles 8 de la loi n° 2014-26 du 3 novembre 2014, abrogeant et remplaçant la loi n° 84-19 du 2 février 1984 portant organisation judiciaire et 19 du décret n° 2015-1145 du 3 août 2015 fixant la composition et la compétence des Cours d'appel, des Tribunaux de grande Instance et des Tribunaux d'Instance, que « les juridictions ont, au cours des instances dont elles sont saisies, compétence pour interpréter et apprécier la légalité des décisions des diverses autorités administratives », et que les Cours d'appel, les Tribunaux de grande Instance et les Tribunaux d'Instance « ont au cours des instances dont ils sont saisis, compétence pour interpréter et apprécier la légalité des décisions des diverses autorités administratives lorsque de cet examen dépend la solution du litige » ;

Attendu que, pour apprécier la légalité du décret accordant la grâce à A. W. D., l'arrêt attaqué énonce, qu'en l'espèce, il ne s'agit pas d'un contentieux tendant à l'annulation du décret attaqué qui ne peut intervenir que dans le cadre d'un recours pour excès de pouvoir mais « d'une exception d'illégalité qui ne vise pas l'annulation de l'acte administratif (...) ; qu'en prenant un décret de grâce, le Président de la République agit en tant qu'autorité administrative et que son acte se rattache exclusivement à l'exercice du pouvoir règlementaire (...) », puis ajoute « que la mesure de grâce qui est une dispense d'exécution d'une peine prononcée par les Tribunaux, ne peut intervenir que dans le cas d'une décision de justice passée en force de chose jugée ; qu'ainsi en accordant la grâce au prévenu A. W. D. alors que la décision de condamnation, frappée d'appel, est susceptible d'être réformée, l'autorité administrative s'est immiscée dans le déroulement d'une procédure judiciaire en cours, en violation flagrante du principe de la séparation des pouvoirs », et retient « que la mesure de grâce, intervenue à ce stade de la procédure, est manifestement entachée d'irrégularité ; qu'il échet, en conséquence, d'écarter le décret de grâce et de dire qu'il ne saurait avoir aucune conséquence sur le présent litige»;

Qu'en l'état de ces énonciations, l'arrêt attaqué, loin d'avoir violé la loi, en a fait l'exacte application ;

D'où il suit que le moyen, mal fondé, doit être rejeté ;

PAR CES MOTIFS

Rejette le pourvoi formé par le Procureur général près la Cour d'Appel de Thiès contre l'arrêt n° 182 du 22 juillet 2019 de ladite cour ;

Met les dépens à la charge du Trésor public ;

Dit que le présent arrêt sera imprimé, qu'il sera transcrit sur les registres de la Cour d'Appel de Thiès en marge ou à la suite de la décision attaquée ;

Ordonne l'exécution du présent arrêt à la diligence du Procureur général près la Cour suprême.

OBSERVATIONS

Certaines institutions ont pour effet d'éteindre la peine sans pour autant effacer la condamnation. Il en est ainsi de la grâce. Il s'agit d'une mesure de clémence décidée par le Chef de l'État et en vertu de laquelle un condamné est dispensé de subir sa peine en totalité ou en partie (remise de peine) ou par l'effet de laquelle une peine plus douce est substituée à la peine normalement exécutoire (commutation de peine) *(V. CORNU, op. cit., p. 485-486. V° grâce*). L'article 47 de la Constitution se contente, par une formule très brève, d'énoncer que « *Le Président de la République a le droit de faire grâce* ». Il s'agit d'une faveur et d'une prérogative régalienne exercée de manière discrétionnaire par le Président de la République (*J. MONTEIL, La grâce en droit français moderne, Paris, Librairie technique, 1959, spéc. p. 14 ; D. GALLOT, Les grâces de dieu, Paris, Albin Michel, 1993 ; J. DANET, S. GRUNVALD, M. HERZOG-EVANS, Y. LE GALL, Amnistie, prescription et grâce, Paris, Dalloz, 2008 ; V. LACOINTA, « Du droit de grâce », Rev. pénit., 1881, p. 725 ; E. VERGÈS, « Réflexions sur la nature et la fonction de la grâce présidentielle », RSC 2008. 952; M.-H. RENAUT, « Le droit de grâce doit-il disparaître ? », RSC 1996. 575 ; L. GRIFFON-YARZA, « Droit de grâce présidentiel : le coup de grâce ? », Dr. pén. n° 5, mai 2018, ét. 14 ; M.-H. RENAUT, « Le droit de grâce doit-il disparaître? », RSC 1995. 575 ; B. LAVIELLE et C. LECOINTRE, « De grâce monsieur le Président », Gaz. pal., 29 octobre 1997*).

La grâce touche à l'exécution de la peine ; il est donc indispensable qu'une condamnation ait été prononcée et qu'elle soit devenue définitive (*Crim., 10 janv. 1947, RSC, 1948, p. 85, obs. Patin; crim. 24 oct. 1991, Bull. crim. n° 373; crim. 20 oct. 1992, Bull. crim. n° 328*). Une tradition ancienne et constante exclut du domaine de la grâce les condamnations non définitives en général (*H. DONNEDIEU DE VABRES, Traité de droit criminel et de législation pénale comparée, 3e éd., 1947, p. 544, n° 967 ; P. BOUZAT, Traité théorique et pratique de droit pénal, Paris, Dalloz, p. 529, n° 776 ; Cass. crim., 10 janv. 1947 RSC 1948, p. 85, obs. Patin*). L'exigence d'une condamnation définitive résulte même de la définition de la grâce qui constitue une mesure de dispense ou de commutation de peine. Dès lors, tant que le condamné peut utiliser une voie de recours suspensive de l'exécution, sa demande est considérée comme prématurée. Ainsi, le contumax, l'individu condamné par défaut tant que le délai d'opposition court et celui qui dispose encore du droit de faire appel ou de se pourvoir en cassation, dans les cas où le pourvoi est suspensif, ne peuvent solliciter utilement une grâce.

Dans un premier temps, et dans plusieurs arrêts, la Cour d'Appel de Dakar, constatant que la mesure de grâce était intervenue au cours de l'instance d'appel, a déclaré l'action publique éteinte (*CA Dakar ch. corr., n° 891 du 19 décembre 2001, MP et AJE- F. S. c/ Ch. T. S., inédit ; CA Dakar ch. corr., n° 319 du 26 mai 2003, MP c/B. ND., inédit ; CA Dakar ch. corr., n° 490 du 22 juillet 2002, MP et M. D. c/ B. ND., inédit ; CA Dakar ch. corr., n° 470 du 15 juillet 2002, MP et O. W. c/ Kh. S., inédit ; CA Dakar ch. corr., n° 368 du 10 juin 2002, MP c/ T. D., inédit ; CA Dakar ch. corr., n° 347 du 03 juin 2002, MP et D. B. et S. D. c/ M. S., inédit ; CA Dakar ch. corr., n° 344 du 03 juin 2002, MP et E. S. 2° Ph. M. c/ O. M., inédit ; CA Dakar ch. corr., n° 49 du 27 janvier 2003, MP et M. P. B. et I. S. c/ L. M., inédit. ou a considéré que l'intimé ou l'appelant était dispensé de l'exécution de la partie non exécutée*) ou a même constaté la culpabilité de ce dernier (*CA Dakar ch. corr., n° 445 du 08 juillet 2002, MP et F. M. et M. M. c/ A. ND., inédit*).

Un arrêt de la Cour d'Appel de Dakar rendu le 24 février 2003 a même jugé que malgré le décret de grâce intervenu alors que le jugement de condamnation n'était pas définitif, « *la cour est tenue de constater cette remise de peine et dès lors il n'y a aucun intérêt à s'attarder sur la culpabilité de la prévenue* » ; elle a ainsi constaté l'extinction des peines tant principales, complémentaires qu'accessoires, en ce qui la concerne (*CA Dakar ch. corr., n°134 du 24 février 2003, MP c/S. Nd., inédit*).

Mais dans l'arrêt Amadou Woury DIALLO rendu le 22 juillet 2019, la chambre correctionnelle de la Cour d'Appel de Thiès est revenue sur cette orientation jurisprudentielle (*CA Thiès, ch. corr. n°182 du 22 juillet 2019, MP et Ordre des pharm. du Sénégal et le Synd. des pharm. priv. du Sénégal c/ A. W. D. et B. S., inédit*). Elle a, en effet, rappelé que la grâce ne peut porter que sur une décision pénale définitive. Le juge d'appel, approuvé en cela par la Cour suprême, a considéré que « *la mesure de grâce, qui est une dispense d'exécution d'une peine prononcée par les tribunaux, ne peut intervenir que dans le cas d'une décision de justice passée en force de chose jugée » (CS ch. crim. n°18 du 07 mai 2020, MP c/ A. W. D. et B. S., inédit).*

Seules peuvent être remises, les peines en cours d'exécution ou exécutoires. Ainsi, une condamnation suspendue par l'effet d'un sursis simple ou avec mise à l'épreuve fait obstacle à l'octroi d'une grâce ou une condamnation dont les effets ont été éteints par la prescription, la réhabilitation ou l'amnistie. Il en est de même des peines privatives de liberté, dès lors que le condamné a été admis au bénéfice de la libération conditionnelle.

Le recours en grâce est sans objet lorsque la peine a déjà été exécutée. Par exemple, l'amende acquittée ne peut être restituée par voie de grâce.

CHAPITRE IX : L'AMNISTIE

- **Amnistie-infractions amnistiées- compétence du législateur-effet-suppression pour l'avenir du caractère délictueux de certains faits pénalement répréhensibles**

200. Cons. const. n° 1 et 2/C/2005 du 12 février 2005, *loi EZZAN, in Conseil constitutionnel du Sénégal. Recueil des décisions-janvier 1993-mars 2019*, 2020, p. 334 ; I. M. FALL, *Les décisions et avis du Conseil constitutionnel du Sénégal*, Dakar, CREDILA, 2008, p. 473, obs. A. Dièye

Sur le fondement de l'article 67 de la Constitution le législateur peut faire disparaître pour l'avenir tout caractère délictueux à certains faits pénalement répréhensibles en interdisant toute poursuite à leur égard et en effaçant les condamnations qui les ont frappés. Il lui appartient de déterminer les infractions amnistiées en fonction de critères objectifs et au besoin les personnes auxquelles doit s'appliquer le bénéfice de l'amnistie ; ni la Constitution ni aucune norme de valeur constitutionnelle ne limitent le pouvoir du législateur d'amnistier des catégories quelconques d'infractions qu'elles soient punies de peines criminelles, correctionnelles ou contraventionnelles, ni des faits déjà amnistiés sous réserve du respect du principe de l'intangibilité des droits acquis ; il est de la nature même de la loi d'amnistie de faire disparaître pour l'avenir tout caractère délictueux de certains faits pénalement répréhensibles, en interdisant toute poursuite à leur égard ou en effaçant les condamnations qui les ont frappés. La dérogation ainsi apportée au principe de la séparation des pouvoirs trouve son fondement dans les dispositions de l'article 67 de la constitution qui font figurer au nombre des matières qui relèvent de la loi la fixation des règles concernant l'amnistie.

LE CONSEIL CONSTITUTIONNEL,

Le Conseil constitutionnel saisi de deux recours en inconstitutionnalité par requêtes en date des 12 et 13 janvier 2005 enregistrées à son greffe les 13 et 14 janvier 2005 sous les n°1/C/2005 et 2/C/2005 contre la loi n°01/2005 portant amnistie votée par l'Assemblée nationale le 7 janvier 2005 par A. D. et autres, tous députés à l'Assemblée nationale.

LE CONSEIL CONSTITUTIONNEL

Vu la constitution ;

Vu la loi organique n° 92-23 du 30 mai 1992 sur le Conseil constitutionnel, modifié par la loi organique n° 99-71 du 17 février 1999 ;

Ensemble les pièces du dossier, notamment le compte rendu des débats du 7 janvier 2005 de l'Assemblée nationale réunie en session ordinaire ;

Le rapporteur ayant été entendu :

Après en avoir délibéré conformément à la loi ;

Sur la première requête :

1. Considérant que les auteurs de la première saisine demandent au Conseil constitutionnel de déclarer contraire à la constitution la loi n°01/2005 votée le 7 janvier 2005 ; qu'à l'appui de leur recours ils font valoir que les articles 1,2,4 al 2, 5 al 2, et 10 de la loi violent le Préambule notamment les articles 7,8, et 10 de la déclaration universelle des droits de l'homme et les articles 1, 67, 76, et 88 de la constitution, et les articles 3 et 7 la de la charte africaine des droits de l'homme et des peuples :

Sur les articles 1er et 2 de la loi ;

2. Considérant que les auteurs de la saisine font grief aux articles 1er et 2 de la loi d'être conçus en des termes généraux et impersonnels incluant les infractions en matière de terrorisme, les fraudes électorales et les assassinats politiques ; qu'ils n'excluent de leur champ d'application aucune catégorie d'infraction qu'ils sont dès lors en contradiction avec les principes fondamentaux d'une loi d'amnistie et ne garantissent pas les intérêts civils des victimes et des tiers, qu'ils amnistient des faits déjà amnistiés ; qu'ils violent le préambule de la constitution notamment les articles 7 et 8 de la déclaration universelle des droits de l'homme et les articles 3 et 7 de la charte africaine des droits de l'homme et des peuples relatifs à l'égalité devant la loi à une égale protection de la loi et au droit à un recours effectif devant les juridictions ; qu'ils violent la constitution en ses articles 67 et 88 relatifs au principe de la séparation des pouvoirs.

3. Considérant que les articles 1er et 2 de la loi sont ainsi conçus :

Art. premier- sont amnistiées, de plein droit, toutes les infractions criminelles ou correctionnelles commises tant au Sénégal qu'à l'étranger, en relation avec les élections générales ou locales ou ayant eu une motivation politique, situées entre le 1er janvier 1983 et le 31 décembre 2004, que les auteurs aient été jugés ou non.

Art. 2- sont amnistiés de plein droit toutes infractions criminelles ou correctionnelles commises tant au Sénégal qu'à l'étranger, en relation avec le décès de M. Babacar SEYE, magistrat au Conseil constitutionnel que leurs auteurs aient été jugés ou non.

En ce qui concerne la généralité des termes et la non exclusion de certaines infractions.

4. Considérant que sur le fondement de l'article 67 de la constitution le législateur peut faire disparaître pour l'avenir tout caractère délictueux à certains faits pénalement répréhensibles en interdisant toute poursuite à leur égard et en effaçant les condamnations qui les ont frappés ; qu'il lui appartient de déterminer les infractions amnistiées en fonction de critères objectifs et au besoin les personnes auxquelles doit s'appliquer le bénéfice de l'amnistie ; que ni la constitution ni aucune norme de valeur constitutionnelle ne limitent le pouvoir du législateur d'amnistier des catégories quelconques d'infractions qu'elles soient punies de peines criminelles, correctionnelles ou contraventionnelles, ni des faits déjà amnistiés sous réserve du respect du principe de l'intangibilité des droits acquis ;

5. Considérant dès lors que les dispositions des articles 1er et 2 ne contreviennent en rien à ces exigences ;

En ce qui concerne les droits des victimes et des tiers ;

6. Considérant que la loi d'amnistie n'efface pas la faute civile commise à l'encontre des victimes et des tiers ; qu'elle conserve son caractère illicite et permet d'obtenir devant les tribunaux la réparation du préjudice subi ;

7. Considérant au demeurant que l'article 7 de la loi précise qu'en cas d'instance sur les intérêts civils, le dossier pénal sera versé aux débats et mis à la disposition des parties ; qu'il en résulte que la loi ne préjudicie pas aux droits des tiers ;

En ce qui concerne la séparation des pouvoirs ;

8. Considérant que les requérants font valoir qu'en amnistiant des infractions définitivement jugées ou non, les articles 1er et 2 ont pour effet de dessaisir le juge d'un dossier et de permettre l'immixtion du pouvoir législatif dans l'exercice du pouvoir judiciaire ; que l'article 10, qui ne prévoit l'action en révision devant la juridiction compétente qu'au profit des seuls condamnés en vue de faire établir leur innocence, entraîne une limitation du pouvoir judiciaire par le pouvoir législatif ;

9. Considérant qu'il est de la nature même de la loi d'amnistie de faire disparaître pour l'avenir tout caractère délictueux de certains faits pénalement répréhensibles, en interdisant toute poursuite à leur égard ou en effaçant les condamnations qui les ont frappés ; que la dérogation ainsi apportée au principe de la séparation des pouvoirs trouve son fondement dans les dispositions de l'article 67 de la constitution qui font figurer au nombre des matières qui relèvent de la loi la fixation des règles concernant l'amnistie ;

Sur les articles 1er, 4 al 2, et 5 al 2 de la loi ;

10. Considérant que les requérants soutiennent que l'article 1er, en laissant au pouvoir judiciaire le soin de déterminer les infractions amnistiées, a violé l'article 67 de la constitution qui donne compétence au législateur pour fixer les règles de l'amnistie ; qu'en outre, en renvoyant au pouvoir règlementaire la mission de déterminer les conditions de la réintégration des bénéficiaires de l'amnistie, les articles 4 al 2 et 5 al 2 opèrent une subdélégation contraire à la constitution ;

11. Considérant qu'il appartient au législateur, dans l'exercice de sa compétence en matière de fixation des règles de l'amnistie, de dégager les critères objectifs qui permettent de définir les infractions entrant dans le champ de la loi d'amnistie ;

12. Considérant qu'en laissant le soin au juge d'interpréter la loi et au pouvoir règlementaire la compétence pour rendre des mesures individuelles de réintégration, le législateur ne viole ni les articles 1er, 67 et 76 ni aucun principe de valeur constitutionnelle ;

Sur les articles 2, 4 al 2, 5 al 2 et 10 de la loi ;

13. Considérant que selon les requérants les articles 2, 4 al 2, 5 al 2 et 10 de la loi méconnaissent le principe en vertu duquel tous les citoyens sont égaux devant la loi, le service public de la justice et jouissent d'une égale protection de la loi ; qu'ils estiment que l'article 2 viole l'article 10 de la déclaration universelle des droits de l'homme et l'article 7-1.a. de la charte africaine des droits de l'homme et des peuples qui consacrent le droit de saisir les juridictions nationales compétentes de tout acte violant les droits fondamentaux reconnus à toute personne et garantis par les conventions internationales ; que les articles 4 al 2 et 5 al 2 de la loi accordent aux personnes qui en feront la demande dans les fonctions ou emplois publics et les ordres nationaux ;

14. Considérant que la loi d'amnistie n'a pas pour effet d'interdire les recours aux juridictions nationales compétentes ; qu'elle ne comporte pas obligatoirement la réintégration de ses bénéficiaires dans les fonctions, emplois publics et les ordres

nationaux ; que cependant le législateur peut apporter à cette règle des exceptions sans contrevenir à aucun principe de valeur constitutionnelle sous réserve que les réintégrations ne soient pas contraires aux droits et libertés des personnes tierces ;

15. Considérant qu'en conséquence le moyen tiré de la violation du principe d'égalité n'est pas fondé :

Sur l'article 2 ;

16. Considérant que selon les requérants la loi déférée tend à assurer l'impunité et l'injustice et non le pardon ; qu'elle constitue un détournement de pouvoir dans la mesure où son but est contraire à celui d'une loi d'amnistie ;

17. Considérant que c'est dans un but d'apaisement politique ou social que le législateur doit rechercher, dans l'exercice de la compétence que la constitution lui reconnaît en matière d'amnistie, l'oubli de certains faits par l'effacement de leur caractère répréhensible ;

18. Considérant qu'il ressort de l'examen des travaux préparatoires notamment de l'exposé des motifs de la loi qu'à la suite d'actes criminels ayant entraîné le décès de Babacar Sèye Vice - président du Conseil constitutionnel, l'exploitation de ces actes crapuleux ne fait que réveiller des souvenirs douloureux pour la famille et les proches du défunt qui ont le droit au respect de leur nom, intimité et dignité ;

19. Considérant qu'en poursuivant un objectif de protection des intérêts d'une famille et les proches du défunt, l'article 2 de la loi vise un but différent de celui pour lequel compétence a été conférée au législateur ; qu'en conséquence, il est entaché de détournement de procédure ;

Sur la deuxième requête

20. Considérant que les requérants font valoir que les articles 1er et 2 de la loi d'amnistie seraient contraires à l'article 4.0 de l'Acte constitutif de l'Union africaine qui consacre le respect du caractère sacré de la vie humaine, condamne et rejette les assassinats politiques, les actes de terrorisme et des activités subversives ;

21. Considérant que l'article 74 de la constitution donne au Conseil constitutionnel, compétence pour se prononcer seulement sur la conformité à la constitution des lois déférées à son examen.

22. Considérant qu'aux termes de l'article 98 de la constitution, « les traités ou accords régulièrement ratifiés ou approuvés ont, dès leur publication, une autorité supérieure à celle des lois, sous réserve, pour chaque accord ou traité, de son application par l'autre partie » ; que ces dispositions ne prescrivent ni n'impliquent le contrôle de la conventionalité des lois dans le cadre du contrôle de la conformité des lois à la constitution prévu à l'article 74 de celle - ci ;

23. Considérant, par suite, qu'il n'appartient pas au Conseil constitutionnel d'apprécier la conformité de la loi aux stipulations d'un traité ou d'un accord international ;

Décide :

Art. premier-Les articles 1er, 4 al 2, 5 al 2 et 10 de la loi n° 01/2005 du 7 janvier 2005 portant amnistie ne sont pas contraires à la constitution.

Art. 2 - L'article 2 est non conforme à la constitution ;

Art. 3- La présente décision sera publiée au Journal officiel de la république du Sénégal.

- **Amnistie-nature de réparation civile de l'amende douanière-inapplicabilité de la loi d'amnistie**

201. C. cass. n°12 du 1er février 1994, *Etabliss. Bourgi Frères c/ adm. des Douanes, inédit*

L'amende douanière est moins une peine qu'une réparation civile accordée en raison du préjudice causé au Trésor public et qui peut être mise à la charge de tout civilement responsable conformément aux dispositions des articles 280 et 282 de la loi n° 74-78 du 18 juillet 1974. En constatant l'amnistie des dispositions pénales du jugement qui lui était déféré et en retenant l'inapplicabilité de la loi d'amnistie à l'amende douanière, la cour d'appel a fait au contraire une juste et exacte application.

LA COUR,

ATTENDU qu'il appert des énonciations de l'arrêt attaqué, des procès-verbaux et pièces de procédure auxquels il se réfère que, suivant procès-verbaux de saisie douanière du 17 novembre 1984, la Société Industrielle commerciale, dite SIC, ayant pour directeur le sieur R. B., réexportait en lieu et place des fermetures à glissières pour la fabrication desquelles il importait des matières premières sous le régime de l'admission temporaire, des cailloux entreposés dans des caisses et vendait sur le marché intérieur les produits finis ;

ATTENDU que par l'arrêt infirmatif attaqué, la cour d'appel, après avoir constaté l'amnistie des faits d'exportation sans déclaration reprochés à R. B., a déclaré recevable l'appel en cause servi par l'administration des Douanes, mis hors de cause la Société Africaine de Transport Automobile dite CATA, concessionnaire en douane agréée, caution de la SIC, a condamné la Société Bourgi Frères Transit, signataire de la déclaration de réexportation, la Société Générale de Banques au Sénégal, caution de cette dernière, à payer solidairement avec les principaux obligés la somme globale de 351.748.560 Francs avec intérêts de droit sur les droits et taxes pour compter du 17 novembre 1984;

Sur les 1er et 2e moyens réunis et pris de la violation des articles 439 et 500, 24, 26 et 498 du Code de procédure pénale, en ce que le plumitif d'audience ne contient pas le nom de toutes les parties, n'a pas été signé par le greffier ni visé par le président du tribunal dans les trois jours qui ont suivi l'audience du 13 juillet 1989 et que l'extrait relatif à cette audience de renvoi n'a pas mentionné la présence du Ministère public ;

Mais attendu que les pourvois ne peuvent être formés que contre les arrêts et jugements rendus en dernier ressort ; que les moyens dirigés contre le plumitif d'audience sont irrecevables ;

Sur le 3e moyen pris du défaut de vase légale, absence d'un motif substantiel en ce que l'arrêt attaqué a condamné les requérants sans jamais prononcer l'infirmation du jugement du 3 mars 1988 dont il était fait appel ni dans ses motifs ni dans son dispositif ;

Mais attendu que si les jugements doivent contenir des motifs, il n'est pas nécessaire que l'infirmation de la décision attaquée soit prononcée expressément, qu'il suffit qu'elle résulte des énonciations du dispositif incompatibles avec le maintien des chefs du jugement déféré ;

Qu'en l'espèce, en énonçant qu'il échet, en conséquence, réformant, de condamner BELBOL, la Société Bourgi Frères Transit et la SGBS ...," la cour d'appel a infirmé le jugement qui avait déclaré irrecevable la mise en cause des susnommés ;

Qu'il s'ensuit que le moyen n'est pas fondé ;

Sur les 41e et 5e moyens réunis pris de la violation des articles 472 et 500 du Code de Procédure pénale, défaut de motifs, manque de base légale ;

ATTENDU que le pourvoi fait grief à la cour d'appel d'avoir omis d'une part de reproduire les moyens de droit invoqués par les parties et d'énoncer en son dispositif les infractions et les textes de loi applicables et d'autre part d'examiner les motifs du premier Juge alors que les requérantes demandaient la confirmation du jugement qui avait prononcé l'irrecevabilité de la procédure à leur encontre ;

Mais ATTENDU que si la cour d'appel est tenue, lorsqu'elle infirme le jugement dont la confirmation est demandée par l'une des parties, de répondre aux motifs péremptoires dudit jugement, c'est à la condition que des conclusions régulières de confirmation aient été prises! qu'en l'espèce, les demanderesses n'ont déposé devant elle que des notes en délibéré ;

Qu'elles n'indiquent pas les motifs du premier juge qui n'auraient pas été examinés alors que, contrairement à ce qu'elles allèguent, la cour d'appel a discuté tant la recevabilité de l'appel en cause que les mérites des demandes des Douanes ainsi que le montant du préjudice subi !

Qu'en énonçant que seule était recherchée l'indemnisation des Douanes en dehors de toute action pénale à l'encontre des appelés en cause et en déclarant au surplus les faits amnistiés, la cour d'appel n'avait plus obligation de citer dans le dispositif ni les infractions ni les textes de loi qui leur sont applicables ;

D'où il suit que les moyens ne sont pas fondés ;

Sur le 6e moyen pris de la violation de l'article 173 du Code de Procédure pénale et dc l'article 8 de la loi n°88-01 du 4 juin 1988 portant amnistie ;

ATTENDU que le pourvoi fait grief à l'arrêt attaqué d'avoir déclaré recevable l'appel en cause en violation du principe de la saisine *in personam* de la juridiction de jugement, de la prohibition des inculpations tardives et de l'interdiction d'attraire devant la juridiction de jugement des personnes entendues par le juge d'instruction en qualité de témoin et non visées par l'ordonnance du pourvoi;

Mais ATTENDU que l' action qu'exerce l' Administration des Douanes trouve son fondement dans l'article 224 du Code des Douanes applicable qui dispose que : «L'action pour l'application des sanctions fiscales est exercée par l'Administration des Douanes. Toutefois, le Ministère public peut l'exercer accessoirement à l'action publique » ; qu'il s'en déduit que cette administration a le droit d'exercer directement et principalement l'action fiscale en vue d'obtenir les réparations qui lui sont dues à raison d'une infraction douanière ;

Qu'en énonçant que « le but poursuivi par la Douane est son indemnisation en dehors de toute action pénale à l'encontre des appelés en cause », la cour d'appel n'a ni violé les principes invoqués qui n'étaient nullement en cause ni les articles Vises au moyen mais, a, au contraire légalement justifié sa décision ;

Qu'il s'ensuit que le moyen n'est pas fondé ;

Sur le 7e moyen pris de la violation de l'article 8 de la loi n°88-01 du 4 juin 1988 portant amnistie et de l'article 291 du Code des Douanes ;

ATTENDU qu'il est fait grief à l'arrêt attaqué d'avoir d'une part estimé que l'article 8 de la loi du 4 juin 1988 portant amnistie a réservé les intérêts des tiers et d'autre part considéré que l'amende douanière a un double caractère de peine et de réparation et néanmoins rejeté l'application de ladite loi alors que l'article 273 du Code des Douanes en vertu duquel les demanderesses sont poursuivies et l'article 291 du même code qui prévoit l'amende douanière se trouvent respectivement dans les chapitres intitulés "Responsabilité pénale" et "Dispositions répressives", ce qui établit que l'Administration des Douanes recherchait en réalité la responsabilité pénale des demanderesses

Mais, ATTENDU que l'amende douanière est moins une peine qu'une réparation civile accordée en raison du préjudice causé au Trésor public et qui peut être mise à la charge de tout civilement responsable conformément aux dispositions des articles 280 et 282 de la loi 74-78 du 18 juillet 1974 ;

Qu'en constatant l'amnistie des dispositions pénales du jugement qui lui était déféré et en retenant l'inapplicabilité de la loi d'amnistie à l'amende douanière, la cour d'appel loin de violer les textes visés au moyen en a fait au contraire une juste et exacte application ;

D'où il suit que le moyen n'est pas fondé ;

Sur le 8e moyen pris de la violation de la loi et manque de base légale ;

ATTENDU que les demanderesses font grief à la cour d'appel d'avoir" admis l'appel en cause des sociétés commerciales devant une juridiction répressive alors que l'Administration des Douanes recherchait leur responsabilité pénale et alors que des sociétés, personnes morales, ne peuvent être condamnées pénalement ;

Mais ATTENDU qu'en retenant que le but poursuivi par l'Administration des Douanes est son indemnisation en dehors de toute action pénale à l'encontre des appelés en cause la cour d'appel a exclu la responsabilité pénale des sociétés demanderesses ;

Que le moyen n'est pas fondé ;

Sur le 9è moyen pris de la violation de la loi, et manque de base légale ;

ATTENDU que les demanderesses font grief à la cour d'appel d'avoir, pour condamner la SGBS, invoqué dans ses motifs les articles 298 et 299 du code des Douanes promulgué par la loi n°87-47 du 28 décembre 1987 alors que ce code n'est pas applicable aux faits qui ont eu lieu en 1984

ATTENDU que la responsabilité des cautions et la solidarité des condamnés sont régies non pas par les articles 298 et 299 du code des Douanes de 1974 applicable en la cause mais par les articles 281 et 282 de ce code : que cependant les dispositions des articles 298 et 299 du code des Douanes de 1987 visées à tort sont J'exacte réplique de celles des articles 281 et 282 précités ;

Qu'ainsi, le visa par les Juges d'appel des articles incriminés résulte d'une simple erreur matérielle;

ATTENDU que le moyen qui relève dans la décision attaquée une pure erreur matérielle restée sans influence sur le raisonnement juridique que des juges du fond et qui n'empêche pas la Cour de Cassation d'exercer son contrôle et de vérifier que la loi a été bien appliquée à la situation de fait, est irrecevable ;

Sur les 10e et 11e moyens pris de la violation de l'article 841 du Code des Obligations Civiles et Commerciales, absence de motifs, manque de base légale ;

ATTENDU que le pourvoi fait grief à la cour d'appel d'avoir, en condamnant la SGBS à payer la somme de 351 748 560 francs, statué ultra petite alors que la caution de la banque ne porte que sur une somme de 300 000 000 de francs et que l'Administration des Douanes, tant dans ses conclusions que dans ses observations orales, n'a demandé la condamnation qu'à hauteur de la caution et que la cour d'appel n'a pas déchargé la banque alors que la subrogation de celle-ci aux droits et garanties du créancier ne peut plus s'opérer en sa faveur par le fait du créancier ;

Mais ATTENDU d'une part que, contrairement à ce qui est allégué, l'Administration des Douanes a réclamé dans des conclusions régulières, notamment celle du 27 juin 1989, le paiement de sommes dont le montant excède largement celui de la caution ;

ATTENDU d'autre part que la caution douanière est régie non pas par les dispositions de l'article 841 du Code des Obligations Civiles et Commerciales invoqué mais par celles de l'article 281 du Code de Douanes qui édictent que "les cautions sont tenues, au même titre que les principaux obligés de payer les droits et taxes, pénalités pécuniaires et autres sommes dues par les redevables qu'elles ont cautionnés" ; qu'il s'agit d'une responsabilité légale exclusive de la responsabilité contractuelle résultant du contrat de cautionnement qui lui, n'a d'effets qu'entre les parties contractantes; que la caution douanière n'est, dans ses rapports avec l'Administration des Douanes ni une caution proprement dite dans le sens du Code des Obligations Civiles et Commerciales, ni un codébiteur ordinaire, mais un redevable au même titre que le principal obligé lui -même et soumise comme tel à des règles exorbitantes du droit commun ; qu'ainsi la SGBS est tenue, outre le montant des droits et taxes, au paiement des amendes, pénalités pécuniaires et des intérêts courus, même si ces sommes dépassent le montant du cautionnement par] 'effet d'une fraude non prévue ;

Qu'en fixant à la somme de 351.748.560 francs le montant des réparations dues par les redevables, en condamnant la SGBS au paiement solidaire de cette somme, en écartant les dispositions de l'article 841 du Code des obligations civiles et commerciales, la cour d'appel a statué dans les limites des demandes de l'Administration des Douanes et a légalement justifié sa décision ;

D'où il suit que les moyens ne sont pas fondés ;

PAR CES MOTIFS

Rejette le pourvoi formé par la Société Bourgi Frères Transit et la Société Générale de Banques au Sénégal contre l'arrêt n0392 rendu le 25 juillet 1989 par la cour d'appelv;

Prononce la confiscation de l'amende consignée ;

Met les dépens à la charge des demanderesses ;

Dite que le présent arrêt sera imprimé, qu'il sera transcrit sur les registres de la cour d'appel en marge ou à la suite de la décision attaquée ;

Ordonne l'exécution du présent arrêt à la diligence du Procureur général près la Cour de Cassation.

OBSERVATIONS

Selon son étymologie grecque (*amnesia*), l'amnistie est conçue comme un geste d'oubli ou de pardon (*Sur cette question, S. LEFRANC, Politiques du pardon, Paris, 2002, PUF ; C. GATTO, Le pardon en droit pénal, thèse, Nice, 2012*). Il s'agit d'une mesure d'oubli qui a pour effet de faire sombrer dans l'oubli certains faits délictueux ou certaines condamnations déjà prononcées. La formulation jurisprudentielle est très comparable : « *L'amnistie a pour objet de couvrir du voile de l'oubli et d'effacer le souvenir et l'effet des condamnations et des poursuites* » (*C. cass. 19 juill. 1839, inédit*).

Elle peut être définie comme une institution pénale reposant sur une fiction et qui a pour but d'enlever, de façon rétroactive, tout caractère délictueux à certains faits pénalement répréhensibles, en interdisant toute poursuite à leur égard ou en effaçant les condamnations qui les ont frappés (*sur cette question, V. M. MERLE et A. VITU, op. cit, n° 1555 ; G. RICHAUD, « L'évolution des lois d'amnistie », Lois nouv. 1921, 1re partie, p. 26 ; A. PITON, De la rétroactivité de la loi d'amnistie au point de vue pénal et disciplinaire, Thèse Rennes 1933 ; F. MEGRET, « L'amnistie, au confluent des logiques juridiques : imposée, honnie, réclamée ? », RD publ. 2018. 1001 ; B. BOULOC, « Quelques propos sur l'amnistie », Cahier rouge, p. 1847 ; P. POUJAUD, De l'amnistie en droit français, Thèse, Paris, 1885 ; J. ROCHE-DAHAN, L'amnistie en droit français, thèse, Aix-Marseille, 1994 ; F. LE GUNEHEC, « Présentation des dispositions de la loi du 3 août 1995 portant amnistie », JCP 11 oct. 1995, n° 41, actualités ; G. LORHO, « Pour en finir avec l'amnistie », Dr. pén. 1994, chron. 44 ; B. PY, « Amnistie », Rép. dr. pén. proc. pén., 2020, n° 1 ; M. DIAKHATE, « L'amnistie au Sénégal dans tous ses états » : https://ceracle.com/lamnistie-au-senegal-dans-tous-ses-etats-par-pr-meissa-diakhate/)*.

Le Conseil constitutionnel sénégalais a déjà jugé qu'il est de la nature même de la loi d'amnistie de faire disparaître tout caractère délictueux de certains faits pénalement répréhensibles, « *en interdisant toute poursuite à leur égard ou en effaçant les condamnations qui les ont frappés* » (*Cons. const. n° 91/2005*

1/C/2005 du 12 février 2005, affaire de la loi n° 2005-01 du 07 janvier 2005 portant loi d'amnistie dite loi EZZAN, in I. M. FALL, Les décisions et avis du Conseil constitutionnel du Sénégal, Dakar, CREDILA, 2008, p.473, obs. A. Dièye).

L'amnistie représente classiquement une mesure en faveur de délinquants politiques inspirée par un esprit d'apaisement et d'oubli. Elle intervient surtout après les périodes de troubles pour faire taire les rancœurs et apaiser les esprits (*S. WAHNICH, Une histoire politique de l'amnistie, Paris, PUF, 2007*).

Le Conseil constitutionnel sénégalais a déjà eu l'occasion de juger dans l'affaire dite EZZAN jugée le 12 février 2005 que « *c'est dans un but d'apaisement politique ou social que le législateur doit rechercher, dans l'exercice de la compétence que la Constitution lui reconnaît en matière d'amnistie, l'oubli de certains faits par l'effacement de leur caractère répréhensible* » (*Cons. const. n° 91/2005 1/C/2005 du 12 février 2005, affaire de la loi n° 2005-01 du 07 janvier 2005 portant loi d'amnistie dite loi EZZAN, précitée*).

Mais de nos jours, on n'hésite pas à recourir à l'amnistie comme remède au surpeuplement des prisons. L'amnistie intervient aussi souvent chaque fois qu'un Président de la République est nouvellement élu.

L'amnistie est accordée par l'Assemblée nationale, conformément à l'article 67 de la Constitution. Selon ce texte, le législateur fixe les règles relatives à l'amnistie (*Cons. const. 07 juin 2013, déc. n° 2013-319 QPC, consid. 5*).

Le Parlement accorde seul la mesure d'amnistie ; il lui revient de déterminer les catégories de bénéficiaires de l'amnistie ainsi que la portée du pardon octroyé.

Dans l'affaire dite EZZAN jugée le 12 février 2005, le Conseil constitutionnel sénégalais a précisé les contours de la compétence législative en matière d'amnistie (*Cons. const. n° 91/2005 1/C/2005 du 12 février 2005, affaire de la loi n° 2005-01 du 07 janvier 2005 portant loi d'amnistie dite loi EZZAN, précitée*). En l'espèce, suite à l'adoption de la loi n° 2005-01 du 07 janvier 2005 portant loi d'amnistie dite loi EZZAN, qui avait amnistié de plein droit, toutes les infractions criminelles ou correctionnelles en relation avec les élections générales ou locales perpétrées entre le 1er janvier 1983 et le 31 décembre 2004 ainsi que celles commises en relation avec le décès du juge Babacar SEYE, ex-vice-président du Conseil constitutionnel, un groupe de députés a saisi le juge constitutionnel d'un recours en inconstitutionnalité dirigé contre ladite loi.

La haute juridiction constitutionnelle a considéré « *que la dérogation ainsi apportée au principe de la séparation des pouvoirs trouve son fondement dans les dispositions de l'article 67 de la constitution qui font figurer au nombre des matières qui relèvent de la loi la fixation des règles concernant l'amnistie* ». Le juge constitutionnel a ajouté « *qu'il appartient au législateur, dans l'exercice de sa compétence en matière de fixation des règles de l'amnistie, de dégager les critères objectifs qui permettent de définir les infractions entrant dans le champ de la loi d'amnistie* ».

Pour le Conseil constitutionnel, la compétence reconnue par l'article 67 de la Constitution au législateur pour fixer les règles relatives à l'amnistie lui confère un large domaine de compétence dans la détermination des infractions pouvant faire l'objet d'une amnistie. En vertu de l'article 46 du décret n° 2023-679 du 23 mars 2023 portant organisation du Ministère de la Justice, la Direction des Affaires criminelles et des Grâces est chargée de la préparation des lois d'amnistie. Il s'agit, en réalité, des projets de loi d'amnistie qui sont à l'initiative du Gouvernement.

L'amnistie peut aussi se présenter sous la forme d'une proposition de loi. Il en est ainsi de la loi n° 2005-01 du 07 janvier 2005 portant loi d'amnistie qui fut à l'initiative du député Ibrahima Isidore EZZAN.

En droit sénégalais, l'amnistie peut porter sur toutes les infractions pénales (crimes, délits et contraventions).

Le Conseil constitutionnel sénégalais, dans sa décision précitée rendue le 12 février 2005, a jugé que, sur le fondement de l'article 67 de la Constitution : « *le législateur peut faire disparaître pour l'avenir tout caractère délictueux à certains faits pénalement répréhensibles, en interdisant toute poursuite à leur égard et en effaçant les condamnations qui les ont frappées ; qu'il lui appartient de déterminer les infractions amnistiées en fonction de critères objectifs et, au besoin, les personnes auxquelles doit s'appliquer le bénéfice de l'amnistie ; que ni la Constitution ni aucune norme de valeur constitutionnelle ne limitent le pouvoir du législateur d'amnistier des catégories quelconques d'infractions qu'elles soient punies de peines criminelles, correctionnelles, ni des faits déjà amnistiés sous réserve du respect de l'intangibilité des droits acquis* ».

Pour lui faire remplir son but d'apaisement, la jurisprudence a vite posé le principe de la rétroactivité de l'amnistie qui doit effacer l'infraction, autant que possible, jusqu'au souvenir de l'infraction (*A. PITON, De la rétroactivité de la loi d'amnistie au point de vue pénal et disciplinaire, Thèse Rennes 1933*). Il s'agit d'un véritable principe de rétroactivité du pardon législatif. En effet, l'amnistie fait disparaître rétroactivement la condamnation pénale prononcée et le caractère délictueux des faits (*en ce sens, V. B. PY, « Amnistie », Rép. dr. pén. proc. pén., Dalloz, 2020, n° 215 ; G. CORNU, Vocabulaire juridique, Paris, PUF, 2004, p. 63 ; B. MATHIEU, «Fragments d'un droit constitutionnel de l'amnistie », LPA 23 mars 1990, p. 2*).

La Cour de Cassation française a jugé qu'il est de principe que l'amnistie efface rétroactivement le caractère délictueux des faits visés par le législateur, car ceux-ci doivent être tenus comme n'ayant jamais existé à l'état d'infraction (*Cass. crim., 22 oct. 1928, S 1929, 1, p. 97*). La haute juridiction avait paru faire application du principe de la rétroactivité de l'amnistie en décidant que la réhabilitation de droit demeurait possible lorsque les condamnations prononcées pendant le délai d'épreuve se trouvaient amnistiées (*Cass. crim., 3 mai 1924, DH 1924, p. 394*).

Pourtant, dans l'affaire EZZAN précitée, le Conseil constitutionnel sénégalais a clairement affirmé le principe inverse de la non-rétroactivité de l'amnistie.

Selon le juge constitutionnel, « *il est de la nature même de la loi d'amnistie de faire disparaître pour l'avenir tout caractère délictueux de certains faits pénalement répréhensibles, en interdisant toute poursuite à leur égard ou en effaçant les condamnations qui les ont frappés* ».

Toutefois, cette analyse s'accommode mal de la nature même de l'amnistie qui lorsqu'elle intervient après le prononcé de la condamnation pénale, a pour effet de l'effacer. Comment, dès lors, la loi d'amnistie a-t-elle pu se saisir et supprimer la condamnation intervenue avant son entrée en vigueur, sans avoir un effet rétroactif ? Il est vrai que la jurisprudence admet parfois des dérogations au principe de la rétroactivité de l'amnistie, notamment lorsqu'elle reconnaît le droit de réparation du préjudice causé à la victime résultant des faits amnistiés, mais il reste que le principe de la rétroactivité de l'amnistie est largement consacré (*D. CARON, « Action publique- Extinction. Décès, amnistie et autres causes », Jurisclass. proc. pén., art. 6, fasc. 20-10, n° 19 : « La loi d'amnistie ne s'applique qu'aux faits commis avant la date qu'elle fixe »*).

L'amnistie a pour effet de soustraire le délinquant à la peine rétributive de l'infraction ; on raisonne différemment en ce qui concerne les mesures prises dans l'intérêt public et qui n'ont pas le caractère de peine, notamment les mesures de sûreté. Un auteur a considéré que l'amnistie des mesures de sûreté est une « *absurdité* » (*G. LEVASSEUR, « Amnistier une mesure de sûreté est une absurdité », RSC 1969, p. 944*).

La jurisprudence écarte traditionnellement du bénéfice de l'amnistie certaines sanctions au motif qu'elles présentent « *le caractère de mesures de sécurité publique et de police* » (*Crim. 7 janvier 1972, D. 1972, p. 501, note Roujou de Boubée*). Aussi, la jurisprudence a-t-elle refusé d'étendre l'effet extinctif de l'amnistie à la suspension ou à l'annulation du permis de conduire, même si elles constituent des peines (*crim. 29 avril 1970, JCP, 1971, 11, 16739 note Huet ; 21 décembre 1987, Bull. crim. n° 473*). Il en est de même de la suspension du permis de chasser (*crim. 23 nov. 1982, D. 1983, IR. 242*), des déchéances professionnelles (*crim. 5 octobre 1988, Gaz. pal. 1989, 2 ; 520 ; 26 nov. 1997, Bull. crim. n° 404)* et de la fermeture d'un débit de boisson (*crim. 10 octobre 1983, D. 1984, IR. 226, obs. Roujou de Boubée*).

Selon la jurisprudence, lorsqu'une loi d'amnistie ne l'inclut pas dans son domaine d'application, la fermeture d'établissement échappe à son champ (*Cass. crim., 16 mars 1955, D. 1955, Jur., p. 345 ; Cass. crim., 14 mars 1961, D. 1961, Jur. p. 303*).

De même, le fait amnistié peut entraîner l'application d'une mesure disciplinaire, sauf si la loi d'amnistie en dispose autrement.

L'amnistie ne s'applique pas aux mesures ayant pour objet la réparation d'un dommage.

Dans l'arrêt reproduit rendu le 1er février 1994, la Cour de Cassation sénégalaise a jugé que « *l'amende douanière est moins une peine qu'une réparation civile accordée en raison du préjudice causé au Trésor public et qui peut être mise à la charge de tout civilement responsable conformément aux dispositions des articles 280 et 282 de la loi n° 74-78 du 18 juillet 1974* ». La haute juridiction a jugé qu'en constatant l'amnistie des dispositions pénales du jugement qui lui étaient déférées et en retenant l'inapplicabilité de la loi d'amnistie à l'amende douanière, la cour d'appel a fait une juste et exacte application de la loi.

CHAPITRE X : LA RÉHABILITATION

- **Réhabilitation judiciaire- conditions de fond- diligences du condamné**

202. CA Dakar, ch. acc. n° 13 du 05 mai 1998, *MP c/ M. G., inédit*

Les frais de justice n'ont pas été payés parce que le requérant suspendu de la fonction publique est complètement démuni, comme cela résulte du certificat d'indigence versé aux débats. La requête obéit aux conditions édictées par les articles 739 et s. du CPP. Il y a lieu d'accorder au requérant la réhabilitation.

LA COUR,

Vu la demande de réhabilitation introduite le 26 janvier 1998 par le sieur M. G, né le 2 octobre 1962 à Mbacké, contrôleur du Trésor demeurant à Diourbel, quartier Demba Wélé ;

Vu le procès-verbal n° 58/CUD/MB/PJ du 11 février 1998 du Commissariat de Police de Diourbel ;

Vu le certificat d'indigence n° 276 du 3 mars 1998 délivré par le Préfet du Département de Dakar ;

Vu le bulletin n° 1 du casier judiciaire du requérant ;

Vu les articles 742 et suivants du CPP ;

Vu le réquisitoire n° 69/PG du Procureur général près la Cour d'Appel de Dakar ;

Après en avoir délibéré conformément à la loi ;

En la forme

Considérant que cette requête introduite dans les formes prescrites par la loi, est recevable ;

Au fond

Considérant que par jugement en date du 5 mai 1994, le Tribunal de grande instance de Dakar a condamné M. G. à la peine de deux ans d'emprisonnement avec sursis pour tentative de détournement de deniers publics ;

Considérant que cette décision frappée d'appel par le requérant a été confirmée en toutes ses dispositions par la cour d'appel par arrêt n° 79 du 25 janvier 1995 ;

Considérant que les frais de justice n'ont pas été payés parce que le sieur M. G. suspendu de la fonction publique est complètement démuni comme cela résulte du certificat d'indigence versé aux débats ;

Considérant que la requête obéit aux conditions édictées par les articles 739 et s. du CPP ;

Que M. G. est marié et père de trois enfants mineurs se conduit de manière honorable depuis sa condamnation intervenue en 1995 ;

Qu'il y a lieu de lui accorder sa réhabilitation ;

PAR CES MOTIFS

Statuant en chambre du conseil hors la présence du Ministère public et du greffier ;

En la forme

Reçoit la requête de M. G.

Ordonne la réhabilitation de M. G. ;

Dit qu'il sera fait mention du présent arrêt prononçant la réhabilitation en marge du jugement de condamnation et du casier judiciaire ;

Dit que le présent arrêt efface la condamnation et fait cesser pour l'avenir toutes les incapacités qui en résultent ;

Met les dépens à la charge du Trésor public ;

Ordonne l'exécution du présent arrêt à la diligence du Procureur général près la Cour d'Appel de Dakar.

OBSERVATIONS

La réhabilitation peut être définie comme le rétablissement du condamné dans son honneur et sa probité par l'effacement de la condamnation et de toutes les déchéances et incapacités qui peuvent en résulter. Il s'agit d'une institution pénale qui tend à rendre à l'individu frappé par une juste condamnation tous les droits qu'il a perdus par l'effet de la décision de condamnation. La réhabilitation permet l'effacement de la condamnation des bulletins n° 2 et 3, voire n° 1, du casier judiciaire, tantôt par l'écoulement du temps, tantôt par l'intervention d'une décision judiciaire constatant que l'intéressé est totalement réinséré et amendé (*M. HERZOG-EVANS, « Réhabilitation », Rép. dr. pén. proc. pén. 2008 ; J-F. DREUILLE, « Réhabilitation de plein droit », Juris-class. pén. code, art. 133-12 à 133-17, fasc. 20, 2020*).

La réhabilitation judiciaire est une décision par laquelle la chambre d'accusation efface, quelques années après le prononcé de la condamnation, les mentions qui ont été portées aux bulletins n° 2 et 3 du casier judiciaire, voire, sur décision spéciale, celles portées au bulletin n° 1, à condition que le condamné se soit totalement réinséré (*G. LORHO, « La réhabilitation judiciaire et ses effets sur le casier judiciaire », Dr. pén. 1993, chron. 18 ; M. SACOTTE, « La réhabilitation judiciaire », in G. LEVASSEUR (dir.), Les techniques de l'individualisation de la peine, Paris, Cujas, 1971*). Si les conditions de la réhabilitation légale paraissent trop exigeantes, il reste au condamné la possibilité de solliciter sa réhabilitation judiciaire.

La réhabilitation ne peut être demandée en justice, du vivant du condamné, que par celui-ci, ou s'il est interdit, par son représentant légal. En cas de décès, et si les conditions légales sont remplies, la demande peut être suivie par son conjoint ou par ses ascendants ou descendants et même formée par eux, mais dans le délai d'une année seulement à compter du décès (*V. art. 742 du CPP*). La demande doit porter sur l'ensemble des condamnations prononcées qui n'ont été effacées ni par une réhabilitation antérieure, ni par l'amnistie. La réhabilitation judiciaire est donc globale (*crim. 16 janvier 2002, Bull. crim. n° 13*). Il s'agit là d'une différence fondamentale avec la réhabilitation légale qui opère condamnation par condamnation.

La chambre d'accusation est seule compétente pour connaître des demandes de réhabilitation. Sous ce rapport, elle participe à l'œuvre de réinsertion sociale des condamnés (*A. DIOP, « Une juridiction méconnue : la Chambre d'accusation », Rev. sén.dr., décembre 1975, n° 18, p. 47 ; P. A. TOURÉ, La réforme de la composition et de la compétence des juridictions, Dakar, Abis édition, 2017, n° 448*). La demande en réhabilitation est adressée par le condamné au procureur de la République de sa résidence habituelle. Cette demande précise la date de la condamnation et les lieux où le condamné a résidé depuis sa libération (*V. art. 747 du CPP*).

Selon l'article 748 du CPP, le procureur de la République procède à l'instruction de la demande. Ce magistrat s'entoure de tous renseignements utiles aux différents lieux où le condamné a pu séjourner. Ainsi, il se fait délivrer une expédition des jugements de condamnation, un extrait du registre des lieux de détention où la peine a été subie constatant quelle a été la conduite du condamné et un bulletin n° 1 du casier judiciaire (*V. art. 749 du CPP*).

Une fois l'instruction terminée, le procureur de la République transmet les pièces avec son avis au procureur général qui saisit la chambre d'accusation de la cour d'appel. Le demandeur peut soumettre directement à la cour toutes pièces utiles.

La cour statue dans le mois sur les conclusions du procureur général, la partie ou son conseil étant entendus ou dûment convoqués (*V. art. 751 du CPP).* En cas de rejet de la demande, une nouvelle demande ne peut être formée avant l'expiration d'un délai de deux années, à moins que le rejet de la première demande ait été motivé par l'insuffisance des délais d'épreuve. En ce cas, la demande peut être renouvelée dès l'expiration de ces délais *(V. art. 752 du CPP*).

Il ne suffit pas que la condamnation susceptible d'entraîner la réhabilitation ait été prononcée, il importe, en outre, qu'elle ait été exécutée. Il faut donc que le délinquant subisse entièrement la peine principale à laquelle il a été condamné.

Cette solution est implicitement admise par le législateur.

Toutefois, à cette exigence, la loi apporte des tempéraments.

D'une part, les personnes qui ont été graciées peuvent obtenir leur réhabilitation. La grâce, en effet, n'efface pas la condamnation et il paraît logique de permettre à celui qui a déjà été gracié d'obtenir l'oubli de la décision qui l'a condamné.

D'autre part, le législateur a laissé ouverte la voie de la réhabilitation à ceux dont la peine est prescrite. On devrait, en principe, regarder la personne dont la peine est prescrite avec méfiance, puisqu'on présume qu'elle s'est volontairement soustraite à l'exécution de la condamnation.

Mais il faut aussi envisager le cas du condamné qui ignorait la condamnation prononcée contre lui par défaut.

La réhabilitation ne peut être accordée avant l'expiration d'un certain délai. La demande en réhabilitation ne peut être formée qu'après un délai de cinq ans pour les condamnés à une peine criminelle et de trois ans pour les condamnés à une peine correctionnelle (*V. art. 743, alinéa 1er du CPP*).

Toutefois, ce délai est porté à dix ans pour les condamnés qui sont en état de récidive légale, ceux qui, après avoir obtenu la réhabilitation, ont encouru une nouvelle condamnation, ceux qui, condamnés contradictoirement ou par contumace à une peine criminelle, ont prescrit contre l'exécution de la peine (*V. art. 744, alinéa 1er du CPP*).

Néanmoins, les récidivistes qui n'ont subi aucune peine criminelle et les réhabilités qui n'ont encouru qu'une condamnation à une peine correctionnelle sont admis à demander la réhabilitation après un délai de dix années écoulées depuis leur libération (*V. art. 744, alinéa 2 du CPP*).

Sont également admises à demander la réhabilitation, après un délai de six années écoulées depuis la prescription, les personnes condamnées, contradictoirement ou par défaut, à une peine correctionnelle qui ont prescrit contre l'exécution de la peine (*V. art. 744, alinéa 3 du CPP*).

Le point dc départ du délai pour formuler une demande de réhabilitation varie selon la nature de la condamnation.

Pour les condamnés à une amende, il est fixé au jour où la condamnation est devenue irrévocable (*V. art. 743, alinéa 2 du CPP*).

S'agissant des condamnés à une peine privative de liberté, ce délai est fixé au jour de leur libération définitive, ou au jour de leur libération conditionnelle, lorsque celle-ci n'a pas été suivie de révocation (*V. art. 743, alinéa 2 du CPP*).

Pour les autres condamnés, le délai court à compter de l'expiration de la sanction subie (*V. art. 745, alinéa 3 du CPP*). La Cour de Cassation française en a déduit que lorsqu'une condamnation à l'emprisonnement est assortie du sursis, le délai ne court qu'à compter du jour où elle doit être considérée comme non avenue, la personne n'étant réputée avoir subi sa peine qu'à l'expiration du délai d'épreuve (*crim. 17 février 1998, Bull. crim. n° 62 ; crim. 9 novembre 1998, Bull. crim., n°292*).

Même si le texte ne le précise pas, il est évident qu'en cas de prescription de la peine, le délai court compter de l'acquisition de la prescription (*F. DESPORTES et F. LE GUNEHEC, op. cit., n° 1133*).

Il résulte de l'article 745, alinéa 1er du CPP que le condamné doit, sauf le cas de prescription, justifier du payement des frais de justice, de l'amende et des dommages et intérêts ou de la remise qui lui en est faite. À défaut de cette justification, il doit établir qu'il a subi le temps de contrainte par corps déterminé par la loi ou que le trésor a renoncé à ce moyen d'exécution.

S'agissant d'un condamné pour banqueroute frauduleuse, il doit justifier du payement du passif de la faillite en capital, intérêts et frais ou de la remise qui lui en est faite (*V. art. 745 du CPP*).

Néanmoins, si le condamné justifie qu'il est hors d'état de se libérer des frais de justice, il peut être réhabilité même dans le cas où ces frais n'auraient pas été payés ou ne l'auraient été qu'en partie.

Dans une espèce, un contrôleur du Trésor a été condamné, par un jugement en date du 5 mai 1994 rendu par le Tribunal de grande Instance hors classe de Dakar, à une peine de deux ans d'emprisonnement avec sursis pour tentative de détournement de deniers publics. Ce jugement a été confirmé, en toutes ses dispositions, par un arrêt de la Cour d'Appel de Dakar n° 79 du 25 janvier 1995.

À la date du 26 janvier 1998, le condamné a saisi la Chambre d'Accusation de la Cour d'Appel de Dakar d'une demande de réhabilitation. Par un arrêt en date du 05 mai 1998, la chambre d'accusation a jugé que « *les frais de justice n'ont pas été payés parce que le sieur M. G. suspendu de la fonction publique est complètement démuni comme cela résulte du certificat d'indigence versé aux débats ; considérant que la requête obéit aux conditions édictées par les articles 739 et s. du CPP ; que M. G. est marié et père de trois enfants mineurs se conduit de manière honorable depuis sa condamnation intervenue en 1995* ». La chambre d'accusation a, en conséquence, ordonné la réhabilitation du condamné, et a dit qu'il sera fait mention de l'arrêt prononçant la réhabilitation en marge du jugement de condamnation et du casier judiciaire.

Il faut préciser que, dans le cas d'espèce, la condition tirée de l'expiration du délai de trois ans pour les condamnés à une peine correctionnelle prévue par l'article 743 du CPP a été respectée.

En cas de condamnation solidaire, la chambre d'accusation fixe la part des frais de justice, des dommages et intérêts ou du passif qui doit être payée par le demandeur.

Lorsque la partie lésée ne peut être retrouvée ou si elle refuse de recevoir la somme due, celle-ci est versée à la Caisse des Dépôts et Consignations, comme en matière d'offres de payement et de consignation. Si la partie ne se présente pas dans un délai de cinq ans pour se faire attribuer la somme consignée, cette somme est restituée au déposant sur sa simple demande.

La réhabilitation entraîne principalement l'effacement de la condamnation. Mais ce principe d'effacement comporte des limites.

La réhabilitation produit les mêmes effets. Aux termes des dispositions de l'article 754 du CPP, elle « *efface la condamnation* » (*V. notamment, G. LOHRO, « La réhabilitation légale et ses effets sur les mentions au casier judiciaire (du régime antérieur à 1970 au nouveau Code pénal) », Dr. pén. 1993, chron. 18*).

S'agissant plus particulièrement de la réhabilitation judiciaire, l'article 798 du CPP précise que la mention de l'arrêt prononçant la réhabilitation est faite en marge des jugements de condamnation et au casier judiciaire. Le réhabilité peut se faire délivrer sans frais une expédition de l'arrêt de réhabilitation et un extrait du casier judiciaire. Dans ce cas, les bulletins n° 2 et 3 du casier judiciaire ne doivent pas mentionner la condamnation (*V. art. 753 du CPP*).

Selon l'article 732 3° du CPP, les condamnations effacées par la réhabilitation de plein droit ou judiciaire ne sont pas mentionnées au bulletin n° 2 du casier judiciaire (*V. art. 734 du CPP qui prévoit que les condamnations effacées par la réhabilitation de plein droit ou judiciaire ne sont pas mentionnées au bulletin n° 3 du casier judiciaire*).

En d'autres termes, la condamnation demeure inscrite au bulletin n° 1 du casier judiciaire avec mention de la réhabilitation obtenue (*G. LORHO, « Réhabilitation et casier judiciaire », RSC 1993, p. 511*). Ce résultat est conforme à l'objectif poursuivi par le législateur, qui veut que la réhabilitation puisse « *assurer un véritable pardon* ». Ainsi, en cas de réhabilitation, la condamnation ne compte plus pour la récidive et ne fait plus obstacle à l'octroi du sursis.

Il faut ajouter que l'article 742, alinéa 2 du CPP précise que la demande de réhabilitation « *doit porter sur l'ensemble des condamnations prononcées qui n'ont été effacées ni par une réhabilitation antérieure ni par l'amnistie* ». De cette disposition, la jurisprudence a déduit le principe d'indivisibilité de l'institution de la réhabilitation, qui ne peut être partielle ; elle efface toutes les condamnations antérieures, puisqu'elle doit rendre au condamné la plénitude de ses droits.

La Cour de Cassation française a considéré qu'en vertu de ce principe d'indivisibilité de la réhabilitation, un arrêt de réhabilitation doit être annulé au motif que la chambre d'accusation ignorait l'une des condamnations ayant frappé le demandeur (*Cass. 25 janvier 1918, 1918. 1. somm.14*).

Toutefois, le principe de l'effacement de la condamnation par l'effet de la réhabilitation comporte des limites.

La disparition de la condamnation ne vaut que pour l'avenir. La réhabilitation se borne à récompenser le bon comportement ultérieur à la condamnation ; elle prend effet à compter du jour où cette mesure est acquise, mais elle ne rétroagit pas ; c'est ce qui distingue la réhabilitation de l'amnistie. Par conséquent, les effets produits dans le passé par la condamnation sont maintenus. Dans l'arrêt du 05 mai 1998 précité, la Chambre d'Accusation de la Cour d'Appel de Dakar, après avoir ordonné la réhabilitation du condamné, a dit qu'il sera fait mention de l'arrêt la prononçant en marge du jugement de condamnation et du casier judiciaire et a dit que l'arrêt efface la condamnation pour l'avenir (*CA Dakar, ch. acc. n° 13 du 05 mai 1998, MP c/ M. G., inédit*).

La réhabilitation, pas plus que l'amnistie, ne donne lieu à restitution. Par ailleurs, le réhabilité ne peut prétendre être investi à nouveau dans ses fonctions ou ses honneurs, perdus à la suite de la condamnation (*Cass. crim., 28 nov. 2006, n° 05-43.016, JurisData n° 2006-036280*).

La réhabilitation emporte extinction de la totalité des incapacités résultant de la condamnation. L'article 754 du CPP dispose, en effet, que la réhabilitation « *fait cesser pour l'avenir toutes les incapacités qui en résultent* ». Donc, la personne réhabilitée ne peut se voir signifier un licenciement au motif que la condamnation antérieure était légalement incompatible avec ses fonctions. La réhabilitation permet l'extinction des incapacités de droit découlant de la condamnation, même celles qui présentent le caractère de mesures de sécurité publique et de police (*Cass. crim., 28 nov. 2006, n° 05-43.016, JurisData n° 2006-036280*), à moins que la loi en dispose autrement (*Crim. 14 oct. 1971, Bull. crim. n° 266, D. 1972. 501, note Roujou de Boubée, Gaz. pal. 1971. 771, note X*).

C'est pour prendre en considération la disparition des incapacités en matière électorale, résultant de la réhabilitation que l'article L 28 de la loi n° 2021-35 du 23 juillet 2021 portant Code électoral énonce que nul ne peut refuser l'inscription sur les listes électorales aux personnes qui, frappées d'incapacité électorale à la suite d'une condamnation, « *bénéficient de la réhabilitation* ».

Dans l'arrêt du 05 mai 1998 ci-dessus rapporté, la Chambre d'Accusation de la Cour d'Appel de Dakar, après avoir ordonné la réhabilitation du condamné, a dit que l'arrêt efface et « *fait cesser pour l'avenir toutes les incapacités qui en résultent* » (*CA Dakar, ch. acc. n° 13 du 05 mai 1998, MP c/ M. G., inédit*).

INDEX ALPHABÉTIQUE

(les chiffres renvoient aux numéros de paragraphe)

TABLE DES MATIÈRES

Structures éditoriales du groupe L'Harmattan

L'Harmattan Italie
Via degli Artisti, 15
10124 Torino
harmattan.italia@gmail.com

L'Harmattan Hongrie
Kossuth l. u. 14-16.
1053 Budapest
harmattan@harmattan.hu

L'Harmattan Sénégal
10 VDN en face Mermoz
BP 45034 Dakar-Fann
senharmattan@gmail.com

L'Harmattan Cameroun
TSINGA/FECAFOOT
BP 11486 Yaoundé
inkoukam@gmail.com

L'Harmattan Burkina Faso
Achille Somé – tengnule@hotmail.fr

L'Harmattan Guinée
Almamya, rue KA 028 OKB Agency
BP 3470 Conakry
harmattanguinee@yahoo.fr

L'Harmattan RDC
185, avenue Nyangwe
Commune de Lingwala – Kinshasa
matangilamusadila@yahoo.fr

L'Harmattan Congo
219, avenue Nelson Mandela
BP 2874 Brazzaville
harmattan.congo@yahoo.fr

L'Harmattan Mali
ACI 2000 - Immeuble Mgr Jean Marie Cisse
Bureau 10
BP 145 Bamako-Mali
mali@harmattan.fr

L'Harmattan Togo
Djidjole – Lomé
Maison Amela
face EPP BATOME
ddamela@aol.com

L'Harmattan Côte d'Ivoire
Résidence Karl – Cité des Arts
Abidjan-Cocody
03 BP 1588 Abidjan
espace_harmattan.ci@hotmail.fr

Nos librairies en France

Librairie internationale
16, rue des Écoles
75005 Paris
librairie.internationale@harmattan.fr
01 40 46 79 11
www.librairieharmattan.com

Librairie des savoirs
21, rue des Écoles
75005 Paris
librairie.sh@harmattan.fr
01 46 34 13 71
www.librairieharmattansh.com

Librairie Le Lucernaire
53, rue Notre-Dame-des-Champs
75006 Paris
librairie@lucernaire.fr
01 42 22 67 13